Schneider
Taschenbuch der Informatik

Herausgeber

Prof. Dr.-Ing. Uwe Schneider, Hochschule Mittweida

Autoren

Prof. Dr. Georg Disterer, Fachhochschule Hannover
Prof. Dr. rer. nat. Erich Ehses, Fachhochschule Köln
Prof. Dr.-Ing. Hannes Federrath, Universität Hamburg
Prof. Dr. Friedrich Fels, Fachhochschule Hannover
Prof. Dr. Andreas Hausotter, Fachhochschule Hannover
Prof. Dr.-Ing. Jochen Heinsohn, Fachhochschule Brandenburg
Prof. Dr. rer. nat. habil. Peter A. Henning, Hochschule Karlsruhe
Prof. Dr.-Ing. Frank Jaeger, Hochschule für Technik, Wirtschaft und Kultur Leipzig
Prof. Dr. rer. nat. Heiner Klocke, Fachhochschule Köln
Prof. Dr.-Ing. Ludwig Krauß, Westsächsische Hochschule Zwickau
Prof. Dr.-Ing. Thomas Kudraß, Hochschule für Technik, Wirtschaft und Kultur Leipzig
Prof. Dr.-Ing. habil. Helmut Löffler, Dresden
Prof. Dr. Rainer Oechsle, Fachhochschule Trier
Prof. Dr. rer. nat. Walter Pätzold, Dresden
Prof. Volkhard Pfeiffer, Hochschule Coburg
Prof. Dr. Andreas Pfitzmann †, Technische Universität Dresden
Prof. Dr. jur. Matthias Pierson, Hochschule Braunschweig/Wolfenbüttel
Dipl.-Inf. Thomas B. Preußer, Technische Universität Dresden
Prof. Dr.-Ing. Uwe Schneider, Hochschule Mittweida
Prof. Dr. Rolf Socher, Fachhochschule Brandenburg
Prof. Dr.-Ing. habil. Rainer G. Spallek, Technische Universität Dresden
Prof. Dr. agr. Heinz-Jürgen Spielmann, Hochschule für angewandte Wissenschaften Würzburg – Schweinfurt
Prof. Dr. rer. nat. Frank Victor, Fachhochschule Köln
Prof. Dr.-Ing. habil. Dr. rer. nat. Dieter Werner, Gotha
Dipl.-Inf. Martin Zabel, Technische Universität Dresden

Taschenbuch der Informatik

begründet von
Uwe Schneider und **Dieter Werner**

herausgegeben von
Uwe Schneider

7., neu bearbeitete Auflage

Mit 271 Bildern und 99 Tabellen

Fachbuchverlag Leipzig
im Carl Hanser Verlag

Alle in diesem Buch enthaltenen Programme, Verfahren und elektronischen Schaltungen wurden nach bestem Wissen erstellt und mit Sorgfalt getestet. Dennoch sind Fehler nicht ganz auszuschließen. Aus diesem Grund ist das im vorliegenden Buch enthaltene Programm-Material mit keiner Verpflichtung oder Garantie irgendeiner Art verbunden. Autor und Verlag übernehmen infolgedessen keine Verantwortung und werden keine daraus folgende oder sonstige Haftung übernehmen, die auf irgendeine Art aus der Benutzung dieses Programm-Materials oder Teilen davon entsteht.

Die Wiedergabe von Gebrauchsnamen, Handelsnamen, Warenbezeichnungen usw. in diesem Werk berechtigt auch ohne besondere Kennzeichnung nicht zu der Annahme, dass solche Namen im Sinne der Warenzeichen- und Markenschutz-Gesetzgebung als frei zu betrachten wären und daher von jedermann benutzt werden dürften.

Bibliografische Information der Deutschen Nationalbibliothek

Die Deutsche Nationalbibliothek verzeichnet diese Publikation in der Deutschen Nationalbibliografie; detaillierte bibliografische Daten sind im Internet über <http://dnb.d-nb.de> abrufbar.

ISBN 978-3-446-42638-2

Fachbuchverlag Leipzig im Carl Hanser Verlag

http://www.hanser.de/taschenbuecher

Lektorat: Dr. Martin Feuchte
Herstellung: Dipl.-Ing. Franziska Kaufmann
Satz: Satzherstellung Dr. Steffen Naake, Brand-Erbisdorf
Coverconcept: Marc Müller-Bremer, www.rebranding.de, München
Coverrealisierung: Stephan Rönigk
Druck und Binden: Kösel, Krugzell
Printed in Germany

Vorwort zur 7. Auflage

Die Informatik hat sich als innovative Wissenschaft etabliert und beeinflusst nahezu alle Wissens-, Arbeits- und Lebensbereiche nachhaltig. Sie ist zudem durch eine ungeheure Dynamik gekennzeichnet. Computernetze und ihre (Anwendungs-)Software bestimmen unsere tägliche Arbeit oder Ausbildung und unser privates Leben immer mehr und oft so, dass wir die zentrale Rolle der Informatik dabei gar nicht mehr direkt wahrnehmen, z. B. bei der Nutzung mobiler Geräte wie Handy, MP3-Player oder Digitalkamera. Die Informatik hat auch unseren Umgang mit Informationen und weltweit verteiltem Wissen sowie die Art unserer Kommunikation mit anderen Menschen verändert.

Mit innovativen Lösungen in immer neuen Anwendungsbereichen ist die Informatik zu einem entscheidenden Motor der wirtschaftlichen Entwicklung geworden. Die modernen Entwicklungen und Anwendungen, selbst Computerspiele oder die einfache Internet-Nutzung, verleiten oft zur Annahme, dass Informatik einfach sei, und man vor allem die Bedienung (grafischer) Oberflächen erlernen muss. Welch hochkomplexer Wissensvorrat und Erfahrungsschatz sich hinter einer guten Hard-/Softwarelösung verbirgt, wird oft unterschätzt, ebenso wie der dafür erforderliche Aufwand an Technik, Zeit und vor allem kreativer Entwicklungsarbeit. Gut ausgebildete und verantwortungsvoll agierende Informatiker sind nach wie vor in allen Branchen dringend gesucht und finden i. Allg. exzellente Bedingungen vor. Typische Einsatzfelder sind Software-Entwicklung für alle Wirtschaftsbereiche, Betriebssysteme/Netzwerke, Service und Support sowie IT-Beratung (Consulting), wobei eine enge Verflechtung von Informatik-Teildisziplinen untereinander sowie mit den verschiedensten Anwendungsbereichen besteht.

In vielen Informatik-Teilbereichen haben sich Wissen und Technologien weiter rasant entwickelt. Grund genug für Herausgeber und Verlag, das Taschenbuch der Informatik als etabliertes Standardwerk zu überarbeiten. Die vorliegende nunmehr 7. Auflage wendet sich an alle, die in ihrer Aus- oder Weiterbildung, im Beruf oder im Privatleben mit Themen der Informatik konfrontiert werden, wobei ein vorrangig praxisorientiertes Niveau angestrebt wird. Dies betrifft Studierende, die direkt oder berufsbegleitend an Universitäten, vor allem aber an Fachhochschulen, Berufsakademien oder privaten Bildungseinrichtungen Informatik im Haupt- oder Nebenfach studieren, Lehrer und Schüler an Gymnasien, Fachoberschulen und beruflichen Ausbildungsstätten, Ingenieure und Praktiker in der Industrie, aber auch „Quereinsteiger“ die sich im Zuge von Qualifizierungsmaßnahmen das erforderliche Know-how aneignen wollen.

Es ist unmöglich, alle Themenfelder der Informatik in einem Taschenbuch zusammen zu fassen. Jedes einzelne füllt selbst dicke Fachbücher. Dennoch haben sich Herausgeber, Autoren und Verlag wieder engagiert dieser Herausforderung gestellt. Spezialisten der jeweiligen Fachgebiete aus ganz Deutschland behandeln in insgesamt 21 Kapiteln theoretische und technische Grundlagen, die Entwicklung und Anwendung von Software, grundlegende Technologien sowie typische Anwendungen. Überarbeitet und ergänzt wurden z. B. Abschnitte zur Datendarstellung/-Beschreibung und -Kompression. Die bisherigen Kapitel zu Multimedia, Standardsoftware und Steuerungssystemen mussten aus Gründen des Umfangs leider entfernt werden, unverzichtbare Inhalte davon wurden jedoch an anderen Stellen eingearbeitet. Damit umfasst das Buch nach wie vor die wesentlichen Bereiche der theoretischen, technischen, praktischen und angewandten Informatik gleichermaßen.

Wichtigste Aufgabe dieses Taschenbuches ist die konzentrierte Vermittlung von Wissen und die Beschreibung grundlegender Zusammenhänge der Informatik in kompakter und übersichtlicher Form. Dabei war ein Kompromiss zwischen der Fülle an Wissen und dem begrenzten Umfang nötig. An vielen Stellen gibt es daher Querverweise zu anderen Kapiteln und Empfehlungen zu weiterführender Fachliteratur. Ein umfangreiches Sachwortverzeichnis soll ein effizientes Studium erleichtern und das Buch zu einem hilfreichen Nachschlagewerk machen. Außerdem gibt es unter https://www.mni.hs-mittweida.de/taschenbuch-informatik.html zusätzliche Informationen und Links zum Buch.

Als Herausgeber möchte ich mich bei allen Autoren, bei Frau Werner, Frau Kaufmann und Herrn Dr. Feuchte vom Fachbuchverlag Leipzig sowie bei Herrn Dr. Naake (Satzlegung) herzlich bedanken. Mein besonderer Dank gilt Herrn Prof. Dr. rer. nat. Dr.-Ing. habil. Dieter Werner, der dieses Buch mit aus der Taufe gehoben und über viele Jahre wissenschaftlich begleitet hat.

Für Hinweise zu Verbesserungen oder Fehlern sind Herausgeber und Autoren nach wie vor jedem aufmerksamen Leser dankbar.

Hainichen im Herbst 2011 Uwe Schneider

Inhaltsverzeichnis

1 Informatik

Uwe Schneider, Dieter Werner

1.1 Gegenstand

Der Begriff Informatik entstand in Deutschland aus dem Wort Information und in Anlehnung an „Mathematik“ und wurde so ähnlich auch in Frankreich eingeführt („informatique“). Im Englischen wird „informatics“ eher selten gebraucht, stattdessen spricht man hier von „computer science“ und drückt damit den Bezug zur Computertechnik stärker aus. Allerdings beschränkt sich Informatik nicht auf diesen technischen Aspekt /1.22/.

Informatik ist die Wissenschaft von der Darstellung, Speicherung, Übertragung und systematischen Verarbeitung von Informationen unter Nutzung technischer Systeme (i. Allg. Computer). Sie spielt die Rolle einer Grundlagen- als auch einer innovativen Ingenieurwissenschaft.

Die Informatik untersucht Strukturen und Prozesse, Prinzipien und Architekturen von Systemen und die Kommunikation in Netzwerken. Sie befasst sich mit der Konzeption, Entwicklung und Implementierung von Hard- und Software bis hin zu hochkomplexen Anwendungen, wozu auch eine kritische Reflexion hinsichtlich der gesellschaftlichen Auswirkungen gehört. Kaum eine andere Wissenschaft hat in den letzten 50 Jahren die Welt so stark verändert wie die Informatik, deutlichstes Beispiel ist das Internet (nach /1.10/).

Information als zentrales Element der Informatik kann als Wissen, Kenntnis bzw. Faktensammlung betrachtet werden. Gleichzeitig ist sie aber auch mit dem Prozess der Kommunikation bzw. des Austausches verbunden. Information wird auf verschiedene Weise erzeugt, dargestellt, gespeichert, übertragen und benutzt.

Aus Sicht der Informatik sind folgende Aspekte der Information relevant (→ 2.1):

1. **syntaktischer Aspekt**: *Struktur* der physikalischen Darstellung der Information. Dabei sind verschiedene, aufeinander aufbauende Stufen sichtbar:
   - *Signal* als materieller Träger der Information,
   - *Datum* (Daten): Signal, das mittels digitaler Zeichen dargestellt ist,
   - *Nachricht*: eine räumliche Anordnung bzw. zeitliche Folge von Signalen.
2. **semantischer Aspekt**: *Bedeutung* der Information. Sie wird entweder direkt durch den Empfänger entschlüsselt, kann aber auch indirekt nach weiterer Verarbeitung aufgedeckt werden.

3. **pragmatischer Aspekt**: praktischer *Wert* bzw. *Zweck* der Information, der durchaus für verschiedene Empfänger unterschiedlich sowie zeitabhängig sein kann.

Informationsverarbeitende Systeme, wie Computer, umfassen:

- **Hardware**: physikalische Komponenten, technische Geräte. Sie stehen im Mittelpunkt der technischen Informatik (→ 1.2.1).
- **Software**: alle Programme, die auf einem Computer eingesetzt werden können inkl. benötigter Daten und Dokumentation. Software wird unterschieden in
  - die zum Betrieb nötige *Systemsoftware*, mit der sich die praktische Informatik (→ 1.2.2) befasst,
  - verschiedenste Anwendungsprogramme, die Gegenstand der Angewandten Informatik (→ 1.2.4) sind.
- **Firmware**: Software, die fest in die jeweilige Hardware eingebettet und mit ihr funktional verbunden ist. Hierzu zählen z. B. Mikroprogramme im Prozessor oder spezielle Steuerprogramme in Flash- oder ROM-Speichern der Geräte.

► *Hinweis*: Die **Informationstechnik (IT)** kann als Bindeglied zwischen den Bereichen Elektrotechnik/Elektronik und Informatik aufgefasst werden und berührt daher besonders die technische Informatik (→ 1.2.1). Aus dem Zusammenwachsen von IT, Telekommunikationstechnik und Unterhaltungselektronik entstand die Bezeichnung **Informations- und Kommunikationstechnik (IuK)**, die auch als übergreifende Branchenbezeichnung verwendet wird.

1.2 Teilgebiete der Informatik

Aufgrund der großen Spannbreite der Informatik ist eine Gliederung in verschiedene Teilgebiete sinnvoll. Da die Informatik jedoch eine vergleichsweise junge und dynamische Wissenschaft ist, die außerdem durch zahlreiche Verflechtungen zwischen ihren eigenen (und fremden) Teildisziplinen gekennzeichnet ist, bestehen im Detail durchaus unterschiedliche Auffassungen hinsichtlich ihrer Untergliederung /1.14/, /1.22/, /1.23/.

1.2.1 Technische Informatik

Primärer Gegenstand der technischen Informatik ist die **Rechnerarchitektur** *(computer architecture)*. Dieses Gebiet umfasst Entwurf und Konstruktion aller physikalischen Komponenten von Computersystemen wie z. B.:

- elektronische *Schaltungen*/digitale *Schaltwerke* (→ 3.2),
- *Prozessoren* (→ 3.4, 3.5) sowie *Arbeitsspeicher/Hauptspeicher* und *Pufferspeicher/Cache* (→ 3.4.2)

- *Schnittstellen* und *Verbindungselemente* wie z. B. *Bussysteme* zur Übertragung von Informationen zwischen Teilkomponenten eines Computersystems (→ 3.4.6, 3.4.7)
- *externe Speicher* zur dauerhaften Aufbewahrung von Daten (→ 4)
- *Peripheriegeräte* zur Ein-/Ausgabe von Daten (→ 5)
- *Daten-/Rechnernetze* (→ 10, 11) bzw. *verteilte Systeme* (→ 12) durch Kopplung mehrerer (ggf. auch autonom arbeitsfähiger) Computer unter Nutzung verschiedenster Verbindungstechnologien

Die technische Informatik steht insofern in enger Verbindung mit der Elektrotechnik/Elektronik, widmet sich aber stärker den Fragen der Organisation, um ein effizientes Zusammenwirken aller Teilkomponenten zu erreichen. Dieser Aspekt ist umso wichtiger, da sich Computersysteme wegen unterschiedlicher Einsatzanforderungen (z. B. Hochleistungs-/Parallelrechner, PC, mobile oder eingebettete Computer) in ihrer Architektur durchaus stark voneinander unterscheiden können (→ 3.6).

Im engeren Sinne bezieht sich die Rechnerarchitektur auf:

- Das äußere Erscheinungsbild des Computers gegenüber der Software. Dies betrifft insbesondere die verwendbaren Befehle und Datentypen.
- Die interne Realisierung der Funktionalität. Hierbei werden die *Informationsstruktur* (interne Darstellung von Befehlen und Daten, → 2.2, 2.3, 2.4, 2.5) sowie die *Rechnerstruktur* (Topologie der Funktionskomponenten und ihrer Verbindungen) und das konkrete *Operationsprinzip* (Arbeitsweise) des Computers (→ 3.3, 3.4, 3.5) betrachtet.

1.2.2 Praktische Informatik

Die Praktische Informatik befasst sich mit allen Aspekten der Entwicklung und des Betriebs von Software auf einem Computersystem. Sie schlägt damit die Brücke zwischen der technischen Informatik (→ 1.2.1) und der angewandten Informatik (→ 1.2.4).

Algorithmen und Datenstrukturen (data structures, → 6) bilden quasi das Fundament der praktischen Informatik.

Programmiersprachen (programming languages, → 7) dienen zur Notation der Programme. Es gibt sie in großer Vielfalt und mit unterschiedlich abstraktem Sprachniveau (z. B. maschinennahe oder höhere Programmiersprachen). Abhängig vom zugrunde liegenden Berechnungsmodell (Programmierparadigma, -Methodik) sind sie einsetzbar für:

- *imperative Programmierung* z. B. mit Hilfe *maschinennaher Sprachen* (abgestimmt auf die spezifische Architektur des Prozessors, z. B. Assemblersprachen), vor allem aber mittels höherer Programmiersprachen. Hierzu zählen *prozedurale Sprachen* (z. B. C), *objektorientierte Sprachen* (z. B.

Java, C++, C#), *Skriptsprachen* (z. B. PHP, Perl, Python) sowie einige Mittel zur *parallelen/verteilten Programmierung* (→ 12).
- *funktionale Programmierung* auf der Basis von Ausdrücken und Funktionen (z. B. mit Lisp)
- *logische Programmierung* (z. B. mit Prolog).

Software-Entwicklung (auch: **Softwaretechnik, Software Engineering**, → 8) umfasst den gesamten Prozess der ingenieurmäßigen Bereitstellung und Nutzung von Methoden, Techniken und Werkzeugen zur Entwicklung qualitätsgerechter Software.

Zur Software-Entwicklung inkl. Programmierung werden verschiedene Hilfsmittel (*Tools*) benötigt wie z. B.:
- zur *Anforderungsanalyse* und zur *Modellierung* von Software
- zur Erfassung von Programmtext (*Editoren*), zur Programmübersetzung (*Compiler* oder *Interpreter*), zum Hinzubinden von Bibliotheken (*Binder*) und zum Laden der Programme,
- zu Test und Diagnose (*Debugger*), sowie zur *Dokumentation* und *Versionskontrolle*

Zur **Systemsoftware** zählt neben diesen Hilfsmitteln auch das **Betriebssystem** (*operating system*, → 9). Es steuert und überwacht vor allem den Betrieb der Programme auf der konkreten Hardware. Ergänzt wird es ggf. durch Mittel zur **Virtualisierung** (→ 9.8.6) und (automatisierten) Verteilung von Software. Die praktische Informatik untersucht auch die Konsequenzen, die sich aus speziellen Einsatzanforderungen ergeben, wie sie z. B. für mobile, eingebettete und parallele/verteilte Systeme gelten (→ 3.6, 9.8.7).

Nicht zuletzt stellt die **Mensch-Maschine-Schnittstelle** (human computer interface, → 16) ein wichtiges Teilgebiet der praktischen Informatik zur Beschreibung der Interaktion zwischen Mensch und Computer dar.

1.2.3 Theoretische Informatik

Die theoretische Informatik befasst sich mit grundlegenden, abstrakten und formalen Fragen der Informatik und bildet quasi die mathematische Basis der Informatik. Dazu gehören u. a. die Gebiete:
- **Theorie der formalen Sprachen** und die **Automatentheorie** hängen eng zusammen (→ 19.1). Sie behandeln z. B. die theoretischen Grundlagen von Programmiersprachen und werden vor allem zum Bau von Compilern benötigt.
- Die **Algorithmentheorie** beschäftigt sich mit der **Berechenbarkeit** (→ 19.2) und der **Komplexität** (→ 19.3) von Algorithmen.

- Ergänzend kann man auch Gebiete der **Logik** (z. B. Aussagenlogik, Prädikatenlogik, → 19.4) sowie theoretische Aspekte der verteilten Verarbeitung (→ 12.4) zur theoretischen Informatik zählen.

1.2.4 Angewandte Informatik

Schwerpunkt der angewandten Informatik ist die vielfältige Nutzung von Computersystemen in den verschiedensten Bereichen. Hard- und Software werden hier als Werkzeug zur Lösung einer Aufgabe betrachtet.

1.2.4.1 Allgemeine Anwendungen

Für eine Reihe von methodisch orientierten Anwendungen wurden Systeme entwickelt, die auf eine eigene wissenschaftliche Grundlage zurück greifen und universell auf verschiedenen Gebieten eingesetzt werden können:

- **Datenbanksysteme** (*data base systems*, → 13) dienen der Beschreibung, Speicherung und Wiedergewinnung von Informationen. **Informationssysteme** (→ 21) greifen auf Datenbanken zurück, deren Informationen sie geeignet miteinander kombinieren und auswerten.
- Mittels **Modellierung** und **Simulation** können komplexe reale Vorgänge auf einem Computersystem nachgebildet werden.
- Die **Computergrafik** (→ 17) widmet sich vor allem der Generierung grafischer Darstellungen aus beschreibenden Daten. Schwerpunkte der **Bildverarbeitung** (→ 18) sind hingegen die Bildbearbeitung und Bildanalyse.
- **Virtuelle Realität** (*virtual reality*, → 5.7) beschreibt eine computergenerierte, künstliche Umgebung, die dem Benutzer vorspiegelt, er sei ein Teil dieser und könne mit ihr interagieren. **Erweiterte Realität** (*augmented reality*) versucht den Eindruck zu erwecken, dass sich künstliche Objekte in der realen Welt befinden und man mit diesen ebenfalls interagieren kann. Dafür sind zudem spezielle Formen der Mensch-Maschine-Kommunikation (→ 16.5) nötig.
- **Multimedia** beschreibt eine mehrere Sinne ansprechende Informationsumgebung und verwendet dazu neben Text und Grafik auch zeitabhängige Medientypen wie Video und Ton (→ 2.6.3).
- **Die künstliche Intelligenz** mit der Symbol- und Wissensverarbeitung (→ 20) widmet sich vor allem der Untersuchung intelligenten Verhaltens und dessen Implementierung auf Computersystemen.
- Beim **E-Learning** werden zahlreiche der zuvor genannten Bereiche verknüpft, um mithilfe der Informatik die Prozesse des Lehrens und Lernens optimal zu unterstützen. Aktuell werden hybride Formen („**Blended Learning**“) als Kombination traditioneller Lehr-/Lernformen mit E-Learning-Elementen als besonders geeignet angesehen.

1.2.4.2 Spezielle Anwendungen

Da die Informatik nahezu alle Lebensbereiche durchdringt, sind auch verschiedene interdisziplinäre Wissenschaftsgebiete entstanden, die sich speziellen Anwendungsbereichen zuwenden. Dazu zählen u. a.:

- **Wirtschaftsinformatik** und **Verwaltungsinformatik** untersuchen den Einsatz von Informations- und Kommunikationssystemen zur Organisation in Wirtschaft und Verwaltung (→ 21)
- Für die **Medizininformatik**, die **Bioinformatik** und die **Umweltinformatik** ist charakteristisch, dass aus äußerst umfangreichen und teilweise unscharfen Datenbeständen Schlussfolgerungen gezogen werden sollen.
- Die **Geoinformatik** verknüpft „herkömmliche" Daten mit geographischen Referenzangaben zu Geodaten und ermöglicht damit die Realisierung und vielfältige Nutzung von Geoinformationssystemen.
- Die **Computerlinguistik** befasst sich mit der Analyse und Verarbeitung natürlicher und künstlicher Sprachen.
- Die **Medieninformatik** ist ebenfalls ein sehr interdisziplinäres Gebiet mit Bezug zu Multimedia sowie Aspekten der Psychologie, der Medientheorie, -gestaltung und -didaktik. Ihre Anwendungen liegen nicht nur in der Medienwirtschaft sondern auch in den Bereichen Bildung, Kunst und Kultur (z. B. „interactive entertainment").
- Die **Rechtsinformatik** (juristische Informatik) beschäftigt sich einerseits mit der Nutzung von Computersystemen im Rechtswesen als auch mit rechtlichen Fragen zur Informatik selbst (→ 15). Dem sehr nahe stehen die Bereiche **Datenschutz** und **Datensicherheit** (→ 14).
- **Steuerungssysteme** sind z. B. mittels Sensoren mit einem Prozess aus der Umgebung verbunden und ermöglichen über Aktoren eine Rückwirkung auf diesen, z. B. in der Automatisierung.

1.3 Historische Entwicklung

1.3.1 Erste Rechenhilfen

1100 v. Chr.: In Ostasien entsteht der **Abakus** (chin. Suanpan, jap. Soropan, russ. Stschoty).

825 n. Chr.: Der Mathematiker und Astronom MUHAMMAD IBN MUSA AL-HWARIZMI (780–859) schreibt in Bagdad das erste Lehrbuch über die Rechenregeln mit dem aus Indien stammenden dezimalen Stellenwertsystem. (Auf eine verstümmelte Schreibweise seines Namens geht übrigens die Bezeichnung *Algorithmus* zurück.)

1.3.2 Mechanische Rechenmaschinen

1623: WILHELM SCHICKARD (1592–1635), Professor in Tübingen, konstruiert für den Astronomen JOHANNES KEPLER seine „*Rechenuhr*“, die alle vier Grundrechenarten mit sechsstelligen Operanden realisiert haben soll – leider wurde sie bereits ein Jahr später bei einem Brand vernichtet.

1643: Der französische Mathematiker und Philosoph BLAISE PASCAL (1623–1662), Sohn eines Steuereinnehmers, baut für seinen Vater eine achtstellige Addiermaschine. Etwa vierzig weitere folgen, von denen heute noch sieben funktionstüchtige Exemplare erhalten sind.

1673: Der deutsche Universalgelehrte GOTTFRIED WILHELM LEIBNIZ (1646–1716) entwickelt eine Rechenmaschine für die vier Grundrechenarten mit zwölfstelligen Zahlen und benutzt dabei erstmalig die so genannte *Staffelwalze*, einen Zylinder, auf dem neun, in axialer Richtung unterschiedlich lange Zähne angeordnet sind.

1778: PHILIPP MATTHÄUS HAHN (1739–1790), ein Pfarrer in Württemberg, konstruiert mehrere zuverlässig arbeitende Rechenmaschinen.

1820: Beginn der Serienproduktion von mechanischen Rechenmaschinen durch den französischen Unternehmer CHARLES XAVIER THOMAS.

1.3.3 Programmgesteuerte Automaten

1728: Der französische Mechaniker FALCON versucht, Webstühle mit Hilfe von kettenförmig miteinander verbundenen Holzplättchen zu steuern. In ihnen sind die Webmuster durch Löcher codiert, die mechanisch abgetastet werden.

1804: Der Seidenweber JOSEPH-MARIE JACQUARD (1752–1834) aus Lyon entwickelt dieses Verfahren weiter und setzt dabei Pappkarten ein.

1823: CHARLES BABBAGE (1792–1871), Professor in Cambridge, entwirft für den Druck von mathematischen Tafelwerken die „*Difference Engine*“, eine mechanische Anlage zum Berechnen der Funktionswerte eines Polynoms sechsten Grades für äquidistante Werte des Arguments auf zwanzig Dezimalstellen. Dieser Versuch endet 1833 erfolglos.

1840: BABBAGE konzipiert unter Nutzung der Ideen von JACQUARD die „*Analytical Engine*“. Diese Rechenmaschine für alle vier Grundrechenarten besteht aus den drei Hauptteilen „store“ (Speicher) für 1 000 fünfzigstellige Zahlen, „mill“ (Rechenwerk) und „control“ (Leitwerk). Das Programm wird fortlaufend über Lochkarten eingegeben. Außerdem soll der Programmablauf selbsttätig über das Vorzeichen des Resultats der jeweils letzten Rechenoperation gesteuert werden. Leider scheitert auch dieses Projekt an den mangelnden technischen Möglichkeiten.

1886: Der Ingenieur HERMANN HOLLERITH (1860–1929) in Washington erfindet zur schnelleren Abwicklung einer Volkszählung in den USA die bekannte EDV-Lochkarte von der Größe des damaligen 1-Dollar-Scheins und entwickelt die für die Auswertung erforderlichen Stanz-, Sortier- und Zählmaschinen. Die in den Lochkarten verschlüsselten Daten werden elektromechanisch abgefühlt, die jeweiligen Arbeitsprogramme durch Steckverbindungen eingestellt.

1.3.4 Computer

1935: Der deutsche Bauingenieur KONRAD ZUSE (1910–1996) entwirft einen mechanisch arbeitenden Rechenautomaten, den **Z1** /1.25/.

1941: ZUSE stellt den **Z3** vor, die erste vollautomatische, programmgesteuerte und frei programmierbare Rechenanlage der Welt. Unwissentlich legt er dabei die in Vergessenheit geratene Struktur der „*Analytical Engine*" von BABBAGE zugrunde. Für die Zahlen wählt er eine binäre, halblogarithmische Gleitkommadarstellung mit 22 Bit. Die Anlage arbeitet elektromechanisch mit Hilfe von rund 2 000 Relais – 1 400 für den Speicher (64 Zahlen), 600 für das Rechenwerk. Als Grundlage für die Realisierung der Operationen dient die Schaltalgebra. Eine Addition dauert weniger als eine Zehntelsekunde, Multiplikation, Division bzw. das Ziehen einer Quadratwurzel rund drei Sekunden. Die Eingabe des linearen Programms erfolgt schritthaltend mit den Berechnungen über einen 8-Kanal-Lochstreifen. Die zu verarbeitenden Daten werden über eine Tastatur eingegeben, die Ausgabe der Resultate findet über ein Lampenfeld statt. Das Gerät fällt 1944 in Berlin dem Bombenkrieg zum Opfer /1.25/.

1943: HOWARD H. AIKEN (1900–1973), Professor an der Harvard-Universität, stellt unabhängig von ZUSE in Zusammenarbeit mit der Firma IBM die Rechenanlage **MARK 1** fertig. Sie weist eine ähnliche Struktur wie der Z3 auf, ist technisch aufwendiger realisiert, aber nicht ganz so ausgereift. Sie arbeitet mit dezimalen Festkommazahlen, benutzt Schrittschalter als mechanischen Speicher und wird über Lochkarten und Lochstreifen gesteuert. Sie benötigt etwa eine Drittelsekunde für eine Addition, ungefähr sechs Sekunden für eine Multiplikation.

1945: Die Anlage **ENIAC** (Electronic Numerical Integrator And Computer) von JOHN P. ECKERT und JOHN W. MAUCHLY verfügt über rund 18 000 Elektronenröhren und 1 500 Relais und hat einen Leistungsbedarf von fast 200 Kilowatt. Sie realisiert 5 000 Additionen bzw. 300 Multiplikationen je Sekunde, kann aber keine bedingten Befehle und keine Rückwärtssprünge ausführen. Die Programmierung erfolgt durch Einstecken fest verdrahteter Schalttafeln.

1945: JOHN VON NEUMANN (1903–1957), gebürtiger Ungar, und seine Mitarbeiter A. W. BURKS und H. H. GOLDSTINE formulieren in Auswertung des Aufbaus und der Arbeitsprinzipien der ihnen bekannten Rechenanlagen ihre Vorstellungen vom logischen Entwurf eines universellen Rechenautomaten. Die wichtigste Ergänzung des auch ihnen unbekannten Konzepts von BABBAGE besteht darin, das Programm in denselben Speicher wie die binär codierten Daten zu laden. Dadurch werden u. a. Sprungoperationen und Programmmodifikationen möglich.

Auf dieser Grundlage wird in der Folgezeit eine ganze Reihe von Rechenanlagen entwickelt. So stellt M. V. WILKE **1949** an der Universität von Manchester den **EDSAC** (Electronic Delay Storage Automatic Calculator) fertig. Am Institute of Advanced Study in Princeton bauen VON NEUMANN und andere Wissenschaftler um **1952** die Rechenanlage **EDVAC** (Electronic Discrete Variable Automatic Computer).

1.3.5 Computergenerationen

Die Serienproduktion von Computern beginnt um **1951** in den USA mit der Rechenanlage **UNIVAC 1** der Firma Remington Rand. Der Entwicklung der technischen Basis entsprechend unterscheidet man in den ersten Jahrzehnten mehrere aufeinander folgende Generationen, die allerdings nicht scharf voneinander abzugrenzen sind:

1. Generation (ca. ab 1950): Die Computer arbeiten mit Elektronenröhren und werden im internen Maschinencode programmiert. Als Speichermedium werden magnetische Trommelspeicher eingesetzt. Die Arbeitsgeschwindigkeit liegt bei rund 1 000 Operationen je Sekunde. Nachteilig sind der hohe Energie- und Platzbedarf und die geringe Zuverlässigkeit.

2. Generation (ca. ab 1955): Für die Schaltglieder werden Transistoren und Dioden verwendet, für den Arbeitsspeicher Ferritkerne und als Massenspeicher Magnetbänder. Die Rechengeschwindigkeit erhöht sich auf ungefähr 10 000 Operationen je Sekunde. Die Bedienung wird durch die Einführung des Stapelbetriebs rationalisiert. Die Programmierung erfolgt meist in der Assemblersprache; zur Vereinfachung werden erste höhere Programmiersprachen entwickelt: Fortran, Algol60, Cobol.

3. Generation (ca. ab 1965): Durch den Einsatz integrierter Schaltkreise nähert sich die Rechengeschwindigkeit einer Million Operationen je Sekunde. Als externe Speicher mit Direktzugriff dienen Wechselplatten. Die Computer erhalten Betriebssysteme für Multiprogramming und Time-Sharing. Erste Programmiermethoden werden eingeführt, z. B. die Strukturierte Programmierung.

4. Computergeneration (ca. ab 1970): Der Mikroprozessor mit bis zu 10 Millionen Operationen je Sekunde wird eingeführt. Arbeitsspeicher auf Halbleiterbasis (RAM – Random Access Memory) werden eingesetzt. Disketten, Festplatten und später CD-ROM dienen als Massenspeicher. Auf dieser technischen Basis entstehen u. a. sowohl Personalcomputer als auch Rechnernetze. Komplexe Programmierumgebungen erleichtern die Bereitstellung von Programmen. Die Methoden der Objektorientierten Programmierung werden entwickelt.

Steigende Integrationsdichte und Entwicklungen der Optoelektronik machen in den folgenden Jahrzehnten eine weitere Erhöhung der Rechengeschwindigkeit möglich. Zunehmende Probleme mit der Kühlung von Prozessoren führen zu einem Strategiewechsel: Der „Gewinn" durch die weitere Erhöhung der Integrationsdichte wird zu grundlegenden Architekturveränderungen benutzt, es entstehen mehrkernige bzw. Multicore-Prozessoren (→ 3.5.1). Die Informatik forciert u. a. den Übergang zur Wissensverarbeitung auf Grundlage der künstlichen Intelligenz (→ 20), die zunehmende parallele bzw. verteilte Verarbeitung (→ 12) und die umfassende Nutzung des Internets als weltweites Kommunikationsmedium (→ 11). Über eine Einteilung dieser anhaltenden stürmischen Entwicklung gibt es keine einheitliche Auffassung bzw. allgemein anerkannte weitere Nummerierung der Generationen. Gegenwärtig dominieren Begriffe wie z. B. ubiquitous/pervasive computing (allgegenwärtiges Rechnen, → 3.6.7), Virtualisierung (→ 4.4, 9.8.6) und Cloud Computing (→ 11.5.3) die IT-Welt.

1.4 Informatik und Gesellschaft

1.4.1 Die Informationsgesellschaft

Mittel und Methoden der Informatik spielen in der Öffentlichkeit bereits seit langem eine wichtige Rolle, wenn man z. B. an den Einsatz der Lochkartentechnik zur Volkszählung durch HOLLERITH denkt (→ 1.3). Inzwischen haben sie eine derart zentrale Bedeutung für die wirtschaftliche Entwicklung und die Arbeits- und Lebensbedingungen der Menschen erlangt, dass man den Begriff *Informationsgesellschaft* geprägt hat.

Heute stehen Computer nicht nur überall in Wirtschaft und Verwaltung (→ 21), sondern sind beispielsweise als steuernder Kern in verschiedensten, insbesondere mobilen Geräten enthalten. In vielen Haushalten sind sie zum unverzichtbaren Arbeitsgerät, Unterhaltungsinstrument oder Spielzeug geworden. Eine derart weite Verbreitung fordert dazu heraus, sich Gedanken über den Einfluss der Informatik auf die Gesellschaft zu machen /1.22/.

Im Vordergrund solcher Überlegungen steht meist der sicher unbestreitbare Nutzen der Informatik für den Menschen. Auch der Bildungswert wird genannt, so z. B. die Erziehung zum algorithmischen Denken. Es wird aber auch auf ernst zu nehmende Probleme hingewiesen. Die Hilfe des Computers ist zweifellos nützlich und in der Wirtschaft oft unumgänglich, sie kann aber auch zur Abhängigkeit und zu kritischen Situationen führen, vor allem bei Störungen in komplexen Systemen. Besorgnis können aber auch mögliche Einflüsse des Computers auf den Menschen selbst erregen („Computersucht", insbesondere bei Jugendlichen und Alleinstehenden): Wer vor den Problemen des täglichen Lebens ausweichen möchte, flüchtet sich oft in die Scheinwelten des Computers. Virtuelle Kontakte über soziale Netzwerke wie z. B. Facebook werden z. T. als Ersatz für persönliche Beziehungen benutzt. Aber: „Man soll den Computer nur als Werkzeug, nicht als Partner des Menschen einsetzen" (RECHENBERG /1.22/).

Durch die Vernetzung der Computersysteme nimmt die Gefahr des unbefugten Zugriffs auf die abgespeicherten Daten laufend zu. Die destruktiven Aktivitäten von Hackern sorgen immer wieder für Schlagzeilen. Ständig wird vor „Viren" und anderen Schadprogrammen gewarnt. Entsprechend steigt die Bedeutung des Schutzes der abgespeicherten Daten vor Ausspähung und Missbrauch. Verbunden damit sind sowohl Forderungen an die Einhaltung ethischer Richtlinien wie auch an die Gesetzgebung und Justiz ($\rightarrow$ 14, 15).

Zu nennen sind auch soziale Gesichtspunkte. So durchdringen Elemente der Informatik viele klassische Berufe und erfordern eine ständige Weiterbildung. Der Einsatz von Computern macht zahlreiche Arbeitsplätze überflüssig. Es entstehen aber auch viele neue Arbeitsmöglichkeiten z. B. durch die Nutzung des Internets zur Abwicklung von Geschäftsbeziehungen wie etwa beim elektronischen Handel (electronic commerce, $\rightarrow$ 21). In der Wirtschaft besteht insofern weiterhin ein Mangel an qualifizierten IT-Mitarbeitern.

1.4.2 Ausbildung

Die Ausbildung auf dem Gebiet der Informatik beginnt heute schon in der Schule. Dabei dürften die richtige Einordnung in den Lehrplan und die geeignete Form des Unterrichts durchaus noch einer kritischen Diskussion wert sein.

Ein Studium der Informatik ist in Deutschland an zahlreichen Universitäten und Fachhochschulen sowie weiteren Bildungseinrichtungen möglich. Neben der klassischen Informatik werden auch verschiedene speziellere Studiengänge (etwa Software-Engineering) angeboten. Zudem gibt es in vielen Studiengängen Vertiefungsrichtungen wie z. B. technische oder angewandte Informatik. Weiterhin werden zahlreiche Studiengänge mit konkreter Ausrichtung auf bestimmte Anwendungsbereiche angeboten, wie z. B. Wirtschaftsinformatik, Bioinformatik, oder Medieninformatik (→ 1.2.4.2). Im Zuge der z. T. unterschiedlichen Umsetzung der Bologna-Reformen werden gegenwärtig sowohl die bisherigen Diplom- als auch (zunehmend) die jüngeren Bachelor- und Masterabschlüsse vergeben.

Hochschulabsolventen werden in den Unternehmen u. a. als Anwendungsentwickler, Netzwerkadministratoren und Systemberater eingesetzt. Es gibt aber auch Lehrberufe wie Fachinformatiker/-in und IT-Systemelektroniker/-in, Informatikkaufmann/-kauffrau und IT-Systemkaufmann/-kauffrau sowie künstlerische Berufe wie Animationsdesigner/-in und Webdesigner/-in.

1.4.3 Fachverbände

Die Belange von Informatikern werden durch eine Reihe von Organisationen vertreten. Zu nennen ist in Deutschland vor allem die **GI**, die Gesellschaft für Informatik e. V. (http://www.gi-ev.de). Sie veranstaltet Fachtagungen und gibt Publikationen heraus. Weiterhin wird sie im öffentlichen Leben wirksam, vor allem im Bildungswesen. Die fachliche Arbeit wird dezentral u. a. in Arbeitskreisen und Fachgruppen geleistet.

Der **Fakultätentag Informatik** (http://www.ft-informatik.de) vertritt die Interessen der Fakultäten von Universitäten und ihnen gleichgestellter Hochschulen, die Informatiker ausbilden, im Hinblick auf eine wissenschaftliche Zusammenarbeit und die Koordinierung der Ausbildung. Er führt jährliche Plenartagungen durch und setzt zur Vorbereitung bestimmter Fragen Kommissionen ein. Die entsprechende Institution für die Informatik-Fachbereiche von Fachhochschulen ist der **Fachbereichstag Informatik** (http://www.fbti.de).

Der **VDE**, der *Verband der Elektrotechnik, Elektronik und Informationstechnik* (www.vde.de), ist ein technisch-wissenschaftlicher Verein der auf den genannten Gebieten tätigen Ingenieure und Wissenschaftler. Im Rahmen des VDE arbeitet die Informationstechnische Gesellschaft ITG.

Internationale Dachorganisationen der nationalen Vereinigungen auf dem Gebiet der Informatik/Informationstechnik sind die **IFIP** (*International Federation for Information Processing*; www.ifip.org) sowie **CEPIS** (*Council of European Professional Informatics Societies*; www.cepis.org).

In Deutschland vertritt der *Bundesverband Informationswirtschaft, Telekommunikation und neue Medien* (**Bitkom**) kommerziell über 1300 Unternehmen dieser Branche (www.bitkom.org).

1.4.4 Normungsgremien

Mit dem schnellen Fortschritt von Informatik und Informationstechnologie entstand bald die dringende Notwendigkeit, die individuellen Entwicklungen von Verfahrensregeln und Produktspezifikationen auf der Basis freiwilliger Vereinbarungen zu vereinheitlichen. Träger dieser Bestrebungen waren zunächst Interessengemeinschaften von Firmen sowie nationale und internationale Fachverbände der Telekommunikations- und Computerbranche. Ihre Arbeit wurde später von Normungsgremien übernommen. Auf dieser Grundlage entwickelte sich eine intensive Zusammenarbeit von eng miteinander verbundenen nationalen, regionalen und weltweit agierenden Standardisierungsorganisationen, Fachverbänden und Industrievereinigungen, von denen nachfolgend einige der wichtigsten aufgeführt sind.

Internationale Organisationen

ISO – *International Organization for Standardization*, Genf (www.iso.ch): weltweite Vereinigung von nationalen Normungsgremien.

IEC – *International Electrotechnical Commission*, Genf (www.iec.ch): arbeitet mit internationalen und regionalen Organisationen bei der Entwicklung von Standards, Technical Specifications (TS) und Technical Reports (TR) auf dem Gebiet der Elektrotechnik zusammen.

JTC 1 – *Joint Technical Committee 1* (www.jtc1.org): gemeinsames Gremium von IEC und ISO, koordiniert deren Zusammenwirken auf dem Gebiet der Informationstechnologie.

ITU-T – *International Telecommunication Union – Telecommunication Standardization Sector*, Genf (www.itu.int): Dachverband von Telekommunikationsfirmen sowie regionalen und internationalen Organisationen, gibt Recommendations heraus.

IEEE-SA – *Institute of Electrical and Electronics Engineers – Standards Association*, Picataway (New Jersey) (www.standards.ieee.org): internationaler Berufsverband von Ingenieuren, entwickelt Standards.

IETF – *Internet Engineering Task Force*, Reston (Virginia) (www.ietf.org): Industrievereinigung, gibt Internet-Drafts und Requests For Comments (RFC) zu Problemen des Internets heraus.

IRTF – *Internet Research Task Force* (www.irtf.org): Arbeitsgruppe des IAB zur Förderung der Forschung zu Netzwerken, vor allem zum Internet.

IAB – *Internet Architecture Board* (www.iab.org): überwacht Aktivitäten zur Standardisierung der Internet-Architektur.

ISOC – *Internet Society* (www.isoc.org): nichtkommerzielle Organisation, die sich für die offene Weiterentwicklung und Nutzbarkeit des Internet engagiert.

W3C – *WorldWideWeb Consortium* (www.w3c.org): Industrievereinigung, entwickelt technische Spezifikationen für Web-Technologien.

Open Group (www.opengroup.org): Internationales Konsortium zur Entwicklung offener Systeme.

OASIS – *Organization for the Advancement of Structured Information Standards* (www.oasis-open.org): fördert die Entwicklung und Konvergenz von offenen Standards für die globale Informationsgesellschaft.

Regionale Organisationen

ANSI – *American National Standards Institute*, Washington (www.ansi.org): koordiniert die Entwicklung von nationalen Standards in den USA.

INCITS – *InterNational Committee for Information Technology Standards,* Washington (www.incits.org) – früher NCITS – *National Committee for Information Technology Standards*: arbeitet im Auftrag von ANSI und ECMA; gibt Standards (X3) heraus.

CEN – *Comité Européen de Normalisation*, Brüssel (www.cenorm.be): Vereinigung von nationalen Standardorganisationen aus dem Bereich von EU und EFTA; bietet über das ISSS – *Information Society Standardization System* – Dienste und Produkte für die Wirtschaft an.

CENELEC – *Comité Européen de Normalisation pour l'Électrotechnique*, Brüssel (www.cenelec.org): EU-Normungsgremium auf dem Gebiet der Elektrotechnik.

ETSI – *European Telecommunications Standards Institute,* Sophia Antipolis bei Nizza (www.etsi.org): Vereinigung von europäischen Verwaltungen, Betrieben und Forschungseinrichtungen, arbeitet Standards für Telekommunikation und Informationstechnologie aus.

ECMA – *European Computer Manufacturers Association*,
Genf (www.ecma.ch): internationaler Industrieverband zur Standardisierung auf dem Gebiet Informationstechnik und Telekommunikation, veröffentlicht Standards und Technical Reports.

Nationale Organisationen

DIN – *Deutsches Institut für Normung*, Berlin (www.normung.din.de): technisch-wissenschaftlicher Verein, organisiert die Normungsarbeit in Deutschland und arbeitet bei der Entwicklung europäischer und internationaler Normen mit.

NI – *Normenausschuss Informationstechnik* im DIN (www.ni.din.de): erarbeitet Normen auf dem Gebiet der Informationstechnik; Spiegelgremium zu ISO/IEC JTC 1 bzw. CEN/ISSS.

DKE – *Deutsche Kommission Elektrotechnik Elektronik Informationstechnik* im DIN und VDE, Frankfurt/Main (www.en.din.de): koordiniert die Normungstätigkeit dieser Verbände.

► Hinweise sowohl zu deutschen als auch zu internationalen Normen und technischen Regeln sind außerdem unter den Adressen www.din-katalog.de bzw. www.beuth.de zu finden.

2 Informationsdarstellung

Rainer G. Spallek, Thomas B. Preußer

2.1 Information

Information ist der bestimmende Begriff für den Gegenstand der Informatik (→ 1.1), /2.11/, /2.16/, /2.10/.

Information (information): neues, verhaltensbestimmendes Wissen über ein Ereignis, einen Tatbestand oder einen Sachverhalt in der Wirklichkeit. Information ist Beseitigung von Ungewissheit.

❑ *Beispiel*: Information in Zahlen, in einem Text, in einem Bild

Information kann unter drei wesentlichen Blickwinkeln betrachtet werden:
- **Syntax** Strukturierung und formale Darstellung
- **Semantik** Aussageinhalt
- **Pragmatik** Bedeutung und Konsequenz.

Die technische Verarbeitung von Information erfolgt auf der syntaktischen Ebene durch die Verarbeitung der darstellenden Daten (→ 2.2). Mit der Codierung (→ 2.2.3), Bewertung und Messung von Information befassen sich die Informations- und die Codierungstheorie /2.16/, /2.10/. Auch das Wissen über die semantische und insbesondere auch die pragmatische Interpretation von Information durch den Empfänger kann technisch beispielsweise zur Datenkompression (→ 2.6) ausgenutzt werden. Insbesondere sind verlustbehaftete Kompressionen von Audio- und Videodaten weit verbreitet, die für die menschliche Wahrnehmung keine oder nur eine geringe pragmatische Konsequenz in Form von Qualitätseinbußen haben.

2.2 Daten, Zeichen, Maschinenwort

2.2.1 Konzept

Daten (data) sind strukturiert codierte Informationen, die als solche rechentechnisch formal verarbeitet werden können.

► *Anmerkung*: Die Hardware eines Rechners ist auf die Verarbeitung von wenigen genau definierten Datenformaten beschränkt. Die Universalität des Rechners wird durch die Verkettung der auf ihnen definierten Grundoperationen und durch die Strukturierung der Basisdatenformate zu größeren Komplexen wie Felder und Records erreicht.

Bezüglich ihrer Aufgaben werden drei Klassen von Daten unterschieden:
- **Verarbeitungsdaten** stellen die zu verarbeitenden Informationen und Verarbeitungsergebnisse dar (Operanden, z. B. Festkommazahlen → 2.3.4),
- **Programmdaten** bestimmen Art und Reihenfolge der Verarbeitungsschritte (Operationen, z. B. Befehle → 2.5),
- **Steuerdaten** steuern und registrieren Arbeitsmodi des Computers und unterstützen die geordnete Programmabarbeitung sowie die Übergänge zwischen verschiedenen Programmen (z. B. *Programmstatuswort*).

Daten bestehen im allgemeinen Fall aus *Zeichenfolgen*, die aus einem *Zeichenvorrat* nach bestimmten Regeln erzeugt werden. Diesbezüglich unterscheidet man:
- **numerische Daten** (Zahlen), die aus numerischen *Zeichen* (Ziffern) und eventuell einem Vorzeichen gebildet werden,
- **alphabetische Daten** (z. B. Personennamen), die nur aus alphabetischen *Zeichen* (Buchstaben) gebildet werden,
- **alphanumerische Daten**, die aus beliebigen Zeichen (Ziffern, Buchstaben und Sonderzeichen wie +, ∗, /, [, §, . . .) gebildet werden.

2.2.2 Darstellung und Quantisierung

Daten werden im Computer mit physikalischen Größen (Signalen) dargestellt, bei denen typischerweise genau zwei Zustände unterschieden werden:
- hohe/niedrige Spannung auf einer Leitung (high/low),
- elektrische Ladung/keine elektrische Ladung in einer Speicherzelle.

> Abstrahierend von den jeweiligen physikalischen Signalen, werden den beiden unterschiedenen Zuständen die **Binärzeichen** 0 und 1 zugeordnet. Mit diesen erfolgt eine logische Informationscodierung unabhängig von der momentan genutzten physikalischen Repräsentation.

Bei der externen Übertragung und Speicherung von Daten erfolgt häufig eine feinere Quantisierung der physikalischen Größe. Die Zahl der unterschiedenen Zustände entspricht oft einer Zweierpotenz, um eine einfache Umcodierung in die rechnerinterne binäre Darstellung zu ermöglichen.

Ein **Maschinenwort** (auch: **Binärwort**, word) ist eine geordnete Folge fester Länge von Binärzeichen. Es wird im Computer als Einheit geführt und verarbeitet. Die Anzahl der in einem Maschinenwort zusammengefassten Binärzeichen ist die **Wortlänge**. Ihre Zähleinheit ist das **Bit** (Akronym aus *Binary Digit*). Bei der Verwendung von Bit als Maßeinheit wird die Kleinschreibung bevorzugt (→ Bild 2.1).

Die Wortlänge ist eine charakteristische Eigenschaft einer Rechnerarchitektur ($\rightarrow$ 3) und beschreibt ihren Parallelitätsgrad auf niedrigster Ebene, der **Bitebenenparallelität** ($\rightarrow$ 3.5.1).

Für einige kurze Längen von Bitfolgen sind die in Tabelle 2.1 angegebenen Bezeichnungen üblich. Besonders verbreitet ist die Zähleinheit **Byte** ($\rightarrow$ Bild 2.2):

$$\boxed{1 \text{ Byte} = 8 \text{ bit}} \tag{2.1}$$

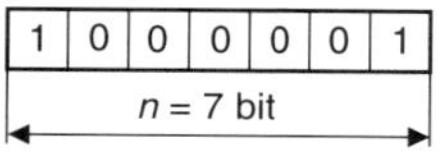

Bild 2.1 Codierung des Buchstabens A in einem Maschinenwort der Länge 7 bit (Code ASCII $\rightarrow$ Tabelle am Buchende, links)

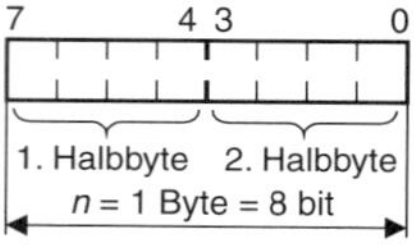

Bild 2.2 Struktur eines Bytes

Tabelle 2.1 Benannte Längen kurzer Bitfolgen

Länge in Bit	Bezeichnung	Anzahl unterscheidbarer Wörter ($\rightarrow$ 2.2.3)	Anwendung zur Codierung von ...
3	Triade	$2^3 = 8$	Oktalziffern
4	Tetrade, Halbbyte, Nibble	$2^4 = 16$	(Dezimal-,) Hexadezimalziffern
8	Byte, Oktett	$2^8 = 256$	Alphanumerischen Zeichen

Im Kontext konkreter Rechnerarchitekturen wird häufig die Breite des Maschinenwortes als weitere Zähleinheit verwendet, von der noch markante Vielfache abgeleitet werden. Wie in Tabelle 2.2 gezeigt, ergeben sich je nach Basiswortlänge verschiedene konkrete Bitbreiten für die gleichen Bezeichnungen. Die zugrunde gelegte Basiswortlänge kann hierbei auch aus der historischen Entwicklung der Architektur herrühren. So wird bei der x86-Architekturfamilie von Intel ein Wort immer noch mit einer Länge von 16 Bit angenommen, obwohl die Entwicklung schon längst bei 32-Bit- und 64-Bit-Architekturen angelangt ist.

Zur Bemessung großer Datenmengen und insbesondere zur Angabe von Speicherkapazitäten kommen die Binärpräfixe aus Tabelle 2.3 zur Anwendung. Diese sind von den Dezimalpräfixen des SI-Einheitensystems abgeleitet, wachsen jedoch jeweils um den Faktor $2^{10} = 1024$ und nicht wie im Dezimalsystem mit $10^3 = 1000$. Die prozentualen Unterschiede zwischen den korres-

Tabelle 2.2 Verbreitete benannte Vielfache eines Maschinenworts

Bezeichnung		Bitbreite	
		16-Bit- bzw.	32-Bit-Maschinenwort
Halbwort	Halfword	(1 Byte)	16
Wort	Word	16	32
Doppelwort	Doubleword	32	64
Vierfachwort	Quadword	64	128
Achtfachwort	Octaword	128	256

pondierenden Binär- und Dezimalpräfixen wachsen mit der Größenordnung der Präfixe. Zur Unterscheidung dient das „i" im Vorsatz, das in den Namen als *bi* für *binär* integriert wird.

► *Beachte*: Diese Unterscheidung wurde erst 1998 in der Norm IEC 60 027-2 standardisiert. Sie fehlt deshalb in älterer Literatur und wird auch heute in eindeutigen Kontexten oft noch weggelassen.

Tabelle 2.3 Binärpräfixe

Vorsatz	Name	Quantität	
Ki	Kibi	$2^{10} =$	1 024
Mi	Mebi	$2^{20} = 1024\,\text{Ki} =$	1 048 576
Gi	Gibi	$2^{30} = 1024\,\text{Mi} =$	1 073 741 824
Ti	Tebi	$2^{40} = 1024\,\text{Gi} =$	1 099 511 627 776
Pi	Pebi	$2^{50} = 1024\,\text{Ti} =$	1 125 899 906 824 624

❑ *Beispiel*: 2 KiByte = 2048 Byte = 16 384 bit

2.2.3 Codierung

Begriffe

Ein **Code** bestimmt eine pragmatische Darstellungsvorschrift, d. h. die **Codierung**, von Informationseinheiten mithilfe der Zeichen eines **Alphabets**. In Verallgemeinerung des Begriffes wird die Menge der verwendeten **Codewörter** zu einem Alphabet höherer Ordnung.

Zur Spezifikation endlicher Codes kommt häufig eine Codetafel zur Anwendung:

> Eine **Codetafel** ist die tabellarische Zuordnung der Codierungen von semantisch äquivalenten Informationseinheiten unter Verwendung verschiedener Codes. Eine solche Zuordnung erfolgt meist eineindeutig.

► *Beachte*: Eine Codetafel ist nur dann von Nutzen, wenn die Interpretation eines der dargestellten Codes (intuitiv) bekannt ist.

❑ *Beispiel*: Die Codetafel zum Morsecode bildet die bekannten Buchstaben- und Ziffernsymbole auf Folgen aus den Morsezeichen Strich und Punkt ab.

Im technischen Umfeld sind Codes mit fester Codewortlänge weit verbreitet. Über einem Alphabet Σ mit $|\Sigma|$ Symbolen können bei einer Wortlänge von n Zeichen

$$k = |\Sigma|^n \qquad (2.2)$$

Codewörter unterschieden werden.

> Ein Code heißt genau dann **dicht**, wenn dessen feste Wortlänge die minimale ist, mit der die zu unterscheidenden Informationseinheiten noch codiert werden können.

Konkret bedeutet das, dass die feste Wortlänge n eines Codes über dem Alphabet Σ bei q zu unterscheidenden Informationseinheiten die folgende Bedingung erfüllt:

$$|\Sigma|^{n-1} < q \leqq |\Sigma|^n \qquad (2.3)$$

Die Zahl der Stellen, an denen sich zwei Codewörter eines Codes mit fester Wortlänge unterscheiden, ist deren **HAMMING-Distanz**. Die minimale HAMMING-Distanz zweier Codewörter eines Codes ist die HAMMING-Distanz des Codes.

Ein Code, der nicht auf alle möglichen Codierungen zurückgreift und eine HAMMING-Distanz größer als 1 aufweist, ermöglicht es, Verfälschungen von Codewörtern (z. B. bei der Datenübertragung) zu erkennen oder gar zu korrigieren. Codes mit diesen Eigenschaften heißen **fehlererkennend** (Error Detecting Code – EDC) bzw. **fehlerkorrigierend** (Error Correcting Code – ECC) /2.16/, /2.21/.

> Ein Code erfüllt die **Präfixeigenschaft**, wenn kein Codewort Präfix eines anderen Codewortes ist. Ein solcher Code heißt **Präfixcode**.

In einem Präfixcode sind Nachrichten aus mehreren Codewörtern immer eindeutig in die Einzelwörter zerlegbar. Relevant ist diese Eigenschaft insbesondere für Codes mit variabler Codewortlänge, da dort die Wortgrenzen nicht schon durch die feste Wortlänge gegeben sind. Ein Code mit fester Wortlänge erfüllt die Präfixeigenschaft trivialerweise, da ein Codewort nur ein Präfix von sich selbst sein kann.

Binäre Blockcodes

Codes über dem Alphabet $\Sigma = \{0, 1\}$ mit fester Codewortlänge heißen **binäre Blockcodes**.

Aufgrund der internen Datendarstellung im Rechner genießen binäre Blockcodes eine hohe technische Bedeutung. Ein solcher Code ist *dicht*, falls:

$$2^{n-1} < q \leqq 2^n \tag{2.4}$$

Eine Variante des dichten Binärcodes ist der **GRAY-Code**, dessen besondere Eigenschaften sich erst aus der Ordnung der Codewörter ergeben. Wie in Tabelle 2.4 gezeigt, unterscheiden sich beim GRAY-Code benachbarte Codewörter lediglich an einer Bitposition. Diese Eigenschaft wird beispielsweise zur fehlerfreien Übernahme von Zählerständen über Taktbereichsgrenzen in FIFO-Puffern genutzt.

Tabelle 2.4 Beispiel für einen 3-Bit-GRAY- und einen 1-aus-n-Code

Dezimal	Binär	GRAY	1-aus-*n*
0	000	000	0000 0001
1	001	001	0000 0010
2	010	011	0000 0100
3	011	010	0000 1000
4	100	110	0001 0000
5	101	111	0010 0000
6	110	101	0100 0000
7	111	100	1000 0000

Einen praktisch bedeutsamen nicht dichten Binärcode stellt der **1-aus-*n*-Code** (**1-Hot-Code**) dar, dessen Codewörter genau eine 1 enthalten (→ Tabelle 2.4). Dieser findet Anwendung in der Arbitrierung von Zugriffen auf nur exklusiv nutzbare Ressourcen (z. B. Busse), in der Adressdecodierung zur Aktivierung der einen ausgewählten Speicherzeile oder -spalte und auch in der Codierung von Zuständen von Steuerautomaten. Für letztere ist die besonders einfache Erkennung eines speziellen Automatenzustandes durch die Auswertung eines einzelnen Bits von Bedeutung. Ferner sind in einem 1-aus-*n*-Code alle Einzelbitfehler und viele andere durch einfache Zählung der Einsen leicht erkennbar.

Eine einfache Möglichkeit, binäre Codes gegen unerkannte Einfachfehler abzusichern, ist das Hinzufügen eines **Paritätsbits**. Dieses ergänzt die Anzahl der Einsen im Codewort, wie für den Code festgelegt, auf eine gerade oder ungerade Anzahl. Alle Verfälschungen eines einzelnen Bits führen damit zu Worten mit falscher Parität, die keine gültigen Codewörter darstellen. Es können so sogar alle ungeradzahligen Bitfehler erkannt werden, geradzahlige bleiben dagegen unerkannt, da sie zu einem anderen, aber gültigen Codewort führen.

2.3 Zahlendarstellung

2.3.1 Stellenwertsysteme

Aufgrund der internen binären Codierung von Daten im Rechner bieten sich zur Darstellung numerischer Daten neben dem Dezimalsystem noch andere Systeme an. Besondere Bedeutung genießen hierbei die Stellenwertsysteme (positional number systems) mit den Basen 2, 8 und 16. Allen Stellenwertsystemen ist gemein, dass sie ganze Zahlen (ohne Nachkommastellen) und reelle Zahlen (mit Nachkommastellen) durch Wörter über einer endlichen Ziffernmenge repräsentieren. Der Beitrag einer Ziffer zum Zahlenwert wird dabei maßgeblich durch ihre Position innerhalb der Ziffernfolge relativ zum Komma bestimmt.

Ein Stellenwertsystem ist charakterisiert durch:

- seine Basis B (auch Radix genannt), und
- seine Ziffernmenge D.

Der Wert einer Zahl $Z = z_{n-1} \dots z_1 z_0, z_{-1} \dots z_{-m}$ mit $z_i \in D$ berechnet sich zu:

$$\begin{aligned} Z &= B^{n-1} z_{n-1} + \dots + B^1 z_1 + B^0 z_0 + B^{-1} z_{-1} + \dots + B^{-m} z_{-m} \\ &= \sum_{i=-m}^{n-1} B^i \cdot z_i \qquad (2.5) \\ &= (\dots (z_{n-1} B + z_{n-2}) B + \dots + z_1) B + z_0 \\ &\quad + \frac{1}{B}\left(z_{-1} + \frac{1}{B}\left(z_{-2} + \dots + \frac{1}{B}\left(z_{-m+1} \frac{1}{B} z_{-m}\right) \dots\right)\right) \qquad (2.6) \end{aligned}$$

❑ *Beispiel*: Im Dezimalsystem mit $B = 10$ und $D = \{0, 1, 2, \dots, 9\}$ gilt:

$$\begin{aligned} 436{,}95 &= 4 \cdot 10^2 + 3 \cdot 10^1 + 6 \cdot 10^0 + 9 \cdot 10^{-1} + 5 \cdot 10^{-2} \\ &= (4 \cdot 10 + 3) \cdot 10 + 6 + \frac{1}{10} \cdot \left(9 + \frac{1}{10} \cdot 5\right) \end{aligned}$$

In konventionellen Stellenwertsystemen gilt $D = [0, B) = \{0, 1, \dots, B-1\}$. In diesen ist die Darstellung eines codierten Zahlenwertes eindeutig. Es ist ferner jede ganze Zahl darstellbar und jede reelle Zahl durch das Hinzufügen weiterer Nachkommastellen beliebig genau approximierbar.

Insbesondere für die interne Zahlendarstellung in arithmetischen Schaltungen kommen auch andere unkonventionelle Stellenwertsysteme zum Einsatz (→ Tabelle 2.5). Diese verwenden häufig auch negative Ziffern, die ihr Vorzeichen – zur Unterscheidung von der Subtraktion – über der Betragsziffer tragen.

Tabelle 2.5 Verwendung unkonventioneller Stellenwertsysteme

Basis	Ziffern	Verwendung
2	0, 1, 2	Carry-Save: Mehroperandenadditon, Multiplikation
2	$\bar{1}, 1$	Nicht-restaurierende Division
2	$\bar{1}, 0, 1$	SRT-Division (SWEENEY, ROBERTSON, TOCHER)
4	$\bar{2}, \bar{1}, 0, 1, 2$	BOOTH-Multiplikation, ROBERTSON-Division

► *Hinweis*: Im Weiteren werden hier nur konventionelle Stellenwertsysteme betrachtet. Für andere und deren Anwendungen sei auf die weiterführende Literatur verwiesen: /2.17/, /2.7/.

Ist die Basis einer Zahlendarstellung nicht aus dem Kontext erkennbar, wird sie durch Zusätze markiert. Universell anwendbar ist das Anfügen der tief gestellten Basis im Dezimalsystem. Für die Basen 2, 8 und 16 kommen oft auch die Präfixe 0b, 0 bzw. 0x zur Anwendung. Ziffernwerte jenseits der 9 werden fortlaufend durch die Buchstaben des lateinischen Alphabets dargestellt, wobei A den Wert 10 annimmt.

❑ *Beispiel*: $0x7A = 7A_{16} = 122_{10} = 172_8 = 111\,1010_2$

In Stellenwertsystemen kann prinzipiell mit den aus dem Dezimalsystem bekannten Verfahren zur Addition, Subtraktion, Multiplikation und Division gerechnet werden. In jedem Stellenwertsystem entspricht die Multiplikation mit einer Basispotenz B^k einer Rechtsverschiebung des Kommas um k Stellen, eine Division durch B^k einer Linksverschiebung um k Stellen.

Besonders kurz lassen sich die Rechenregeln für die vier Grundrechenarten im **Dualsystem** mit $B = 2$ und $D = \{0, 1\}$ beschreiben (→ Tabelle 2.6).

Tabelle 2.6 Rechenregeln ($ü_{\mu+1}$ Übertrag in die nächsthöhere Stelle)

Addition	Subtraktion	Multiplikation	Division
$0+0=0$ $0+1=1$ $1+0=1$ $1+1=0 \rightarrow ü_{\mu+1}=1$	$0-0=0$ $0-1=1 \rightarrow ü_{\mu+1}=-1$ $1-0=1$ $1-1=0$	$0 \cdot 0=0$ $0 \cdot 1=0$ $1 \cdot 0=0$ $1 \cdot 1=1$	$0 \div 0$ verboten $0 \div 1=0$ $1 \div 0$ verboten $1 \div 1=1$
101 + 011 $ü \rightarrow$ 111 1000	101 − 011 $ü \rightarrow$ −1 010	101 · 011 101 101 000 1111	$10110 \div 11 = 111$ −11 0101 − 11 0100 − 11 001 → Rest

Von praktischer Bedeutung sind ferner das **Oktalsystem** mit $B = 8$ und $D = \{0, 1, 2, 3, 4, 5, 6, 7\}$ und insbesondere das **Hexadezimalsystem** mit $B = 16$ und $D = \{0, 1, 2, 3, 4, 5, 6, 7, 8, 9, \mathrm{A}, \mathrm{B}, \mathrm{C}, \mathrm{D}, \mathrm{E}, \mathrm{F}\}$. Durch höhere Zweierpotenzen als Basis erlauben sie Binärdaten einfach und kompakter darzustellen. Tabelle 2.7 gibt die Operationstafeln für die Addition und die Multiplikation im Hexadezimalsystem an.

Tabelle 2.7 Addition und Multiplikation im Hexadezimalsystem

+ ·	1	2	3	4	5	6	7	8	9	A	B	C	D	E	F
0	1	2	3	4	5	6	7	8	9	A	B	C	D	E	F
1	2 1	3	4	5	6	7	8	9	A	B	C	D	E	F	10
2	2	4 4	5	6	7	8	9	A	B	C	D	E	F	10	11
3	3	6	6 9	7	8	9	A	B	C	D	E	F	10	11	12
4	4	8	C	8 10	9	A	B	C	D	E	F	10	11	12	13
5	5	A	F	14	A 19	B	C	D	E	F	10	11	12	13	14
6	6	C	12	18	1E	C 24	D	E	F	10	11	12	13	14	15
7	7	E	15	1C	23	2A	E 31	F	10	11	12	13	14	15	16
8	8	10	18	20	28	30	38	10 40	11	12	13	14	15	16	17
9	9	12	1B	24	2D	36	3F	48	12 51	13	14	15	16	17	18
A	A	14	1E	28	32	3C	46	50	5A	14 64	15	16	17	18	19
B	B	16	21	2C	37	42	4D	58	63	6E	16 79	17	18	19	1A
C	C	18	24	30	3C	48	54	60	6C	78	84	18 90	19	1A	1B
D	D	1A	27	34	41	4E	5B	68	75	82	8F	9C	1A A9	1B	1C
E	E	1C	2A	38	46	54	62	70	7E	8C	9A	A8	B6	1C C4	1D
F	F	1E	2D	3C	4B	5A	69	78	87	96	A5	B4	C3	D2	1E E1

2.3.2 Konvertierungsverfahren

Die Konvertierung zwischen Stellenwertsystemen unterschiedlicher Basis erfolgt auf der Grundlage der Gleichungen (2.5) oder (2.6). Diese eröffnen zwei Herangehensweisen:

- die Berechnung des Zahlenwertes im Zielsystem oder
- das fortlaufende Abtrennen der ganzen Basisvielfachen im Herkunftssystem nach dem HORNER-Schema gemäß Gleichung (2.6).

Typischerweise wird das Verfahren so gewählt, dass im gewohnten Dezimalsystem gerechnet werden kann. Beide Verfahren sind in Bild 2.3 an Beispielen illustriert.

$$X_2 = 1011{,}101_2$$
$$X_{10} = 1\cdot 2^3 + 0\cdot 2^2 + 1\cdot 2^1 + 1\cdot 2^0 + 1\cdot 2^{-1} + 0\cdot 2^{-2} + 1\cdot 2^{-3}$$
a) $X_{10} = 11{,}625_{10}$

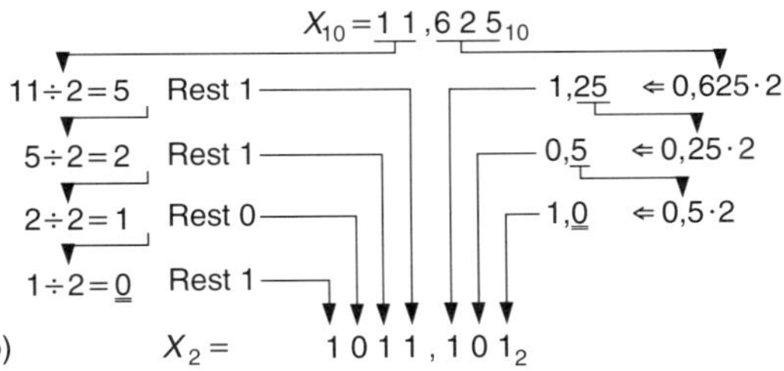

b)

Bild 2.3 a) Schema für das Konvertieren von Dual- in Dezimalzahlen. Oktal- bzw. Hexadezimalzahlen werden nach dem gleichen Schema in Dezimalzahlen konvertiert, jedoch ist die Basis 2 durch 8 bzw. 16 zu ersetzen.
b) Schema für das Konvertieren von Dezimal- in Dualzahlen. Dezimalzahlen werden nach dem gleichen Schema in Oktal- bzw. Hexadezimalzahlen konvertiert, jedoch ist an Stelle von 2 mit 8 bzw. 16 zu multiplizieren oder zu dividieren.

Besonders einfach ist die Konvertierung zwischen Stellenwertsystemen mit kohärenten Basen mit $B_1 = B_2^k$. Bei diesen gibt es eine eineindeutige Abbildung zwischen einer Ziffer des Systems zur Basis B_1 und einem Block von k aufeinander folgenden Ziffern im System zur Basis B_2. So bildet eine Binärtriade auf genau eine Oktalziffer und eine Binärtetrade auf genau eine Hexadezimalziffer ab. Die Umwandlung erfolgt jeweils durch die am Komma ausgerichtete Bildung von Ziffernblöcken.

❑ *Beispiel*: Oktalsystem $X_8 = 1\ 7\ 5\ 2\ ,\ 3\ 4\ 7$
Dualsystem $X_2 = 1111101010{,}0111001110$
Hexadezimalsystem $X_{16} = 3\ \mathrm{E}\ \mathrm{A}\ ,\ 7\ 3\ 8$

2.3.3 Zifferndarstellung im dichten Binärcode

Zahlen in einem Stellenwertsystem lassen sich im Rechner als Folgen von Ziffern darstellen. Während die Dualziffern 0 und 1 direkt auf eine Binärstelle abbilden, werden die Ziffern bei höheren Basen üblicherweise dicht binär codiert (→ Tabelle 2.8).

Tabelle 2.8 Dichte Codes für Oktal-, Dezimal- und Hexadezimalziffern

Tetraden- bzw. Triadenstelle →				3.	2.	1.	0.
Stellenwert →				$2^3 = 8$	$2^2 = 4$	$2^1 = 2$	$2^0 = 1$
Ziffern-wert	Oktal-ziffer[1]	Dezimal-ziffer[2]	Hexa-dezimal-ziffer	Codierung im Maschinenwort			
0	0	0	0	0	0	0	0
1	1	1	1	0	0	0	1
2	2	2	2	0	0	1	0
3	3	3	3	0	0	1	1
4	4	4	4	0	1	0	0
5	5	5	5	0	1	0	1
6	6	6	6	0	1	1	0
7	7	7	7	0	1	1	1
8		8	8	1	0	0	0
9		9	9	1	0	0	1
10			A	1	0	1	0
11			B	1	0	1	1
12			C	1	1	0	0
13			D	1	1	0	1
14			E	1	1	1	0
15			F	1	1	1	1

[1] Für die Codierung der Oktalziffern werden stets die Triadenstellen 0., 1. und 2. verwendet.
[2] Für die Codierung der Dezimal- und Hexadezimalziffern werden stets alle Tetradenstellen 0. bis 3. verwendet.

Die Darstellung von Dezimalziffern in Binärtetraden wird **BCD-Code** (Binary-Coded Decimal) genannt. Die nicht als Codeworte genutzten Tetradenwerte werden in diesem Kontext als **Pseudo-Tetraden** bezeichnet. Für die eigentliche Datenverarbeitung besitzt der BCD-Code kaum noch Bedeutung. Er kommt jedoch noch regelmäßig in der Kommunikation mit einfachen Ein- und Ausgabegeräten zur Anwendung (z. B. 7-Segment-Anzeige).

2.3.4 Festkommazahlen

Für die interne Verarbeitung von Festkommazahlen wird das binär codierte, duale Stellenwertsystem genutzt. Typisch sind Datenformate über 8, 16, 32 oder 64 bit, bei denen das Komma fest rechts neben dem niederwertigsten Bit (least significant bit – LSB) angenommen wird. Es werden so natürliche oder auch ganze Zahlen dargestellt.

Die Datenwörter haben eine bestimmte Länge n, die von den Möglichkeiten der Rechnerarchitektur und dem vom Programmierer daraus ausgewählten Datentyp „ganze Zahl“ (→ 7.2.1) abhängt. Arithmetische Operationen mit einem Ganzzahltyp erfolgen, unter Vernachlässigung auslaufender Überträge, modulo 2^n.

Die Arithmetik modulo 2^n erlaubt die Bildung des Entgegengesetzten $-x$ einer Zahl x durch das **Zweierkomplement**:

$$-x = 0 - x \equiv 2^n - x \pmod{2^n} \tag{2.7}$$

► *Beachte*: Wegen $2^n - x = (2^n - 1) - x + 1$ kann das Zweierkomplement auch durch bitweise Negation (= Subtraktion von $2^n - 1 = 1 \dots 11$) und ein anschließendes Inkrement gebildet werden. Diese Vorgehensweise vermeidet die vielen Überträge, die bei der direkten Berechnung von Gleichung (2.7) auftreten.

Das Zweierkomplement kommt bei der Realisierung der Subtraktion von Festkommazahlen zur Anwendung. Ferner kann dadurch neben der **vorzeichenlosen** (unsigned) natürlichen Interpretation der Dualzahlen auch eine **vorzeichenbehaftete** (signed) Interpretation des Zahlenwertes definiert werden. Für letztere bestimmt man alle Dualzahlen mit gesetztem höchstwertigen Bit (most significant bit – MSB) zu negativen Zahlen. Dieses wird damit zum **Vorzeichenbit**. Die so je nach Wortbreite entstehenden Wertebereiche listet Tabelle 2.9.

Tabelle 2.9 Wortlängen und Wertebereiche für duale Festpunktzahlen

Wortlänge n	Wertebereich *signed*	Wertebereich *unsigned*
allgemein	$-2^{n-1} \leqq X_n \leqq 2^{n-1} - 1$	$0 \leqq X_n \leqq 2^n - 1$
8 bit	$-128 \dots 0 \dots + 127$	$0 \dots 255$
16 bit	$-32\,768 \dots 0 \dots + 32\,767$	$0 \dots 65\,535$
32 bit	$-2\,147\,483\,648 \dots + 2\,147\,483\,647$	$0 \dots 4\,294\,967\,295$
64 bit	$-9{,}223 \cdot 10^{18} \dots + 9{,}223 \cdot 10^{18}$	$0 \dots 1{,}845 \cdot 10^{19}$

Wegen Gleichung (2.7) ist es für die Ausführung von Addition und Subtraktion irrelevant, ob ein Zahlenwort als vorzeichenbehaftet oder vorzeichenlos interpretiert wird – solange modulo 2^n gerechnet wird. Diese Interpretationen müssen jedoch für höhere arithmetische Operationen wie die Division, Wertvergleiche und natürlich die Ein- und Ausgabe von Daten unterschieden werden.

❑ *Beispiel*: Gesucht ist das 8-Bit-Maschinenwort für -42_{10}:

2^8:	1 0000 0000		*Zahl bitweise negieren*	1101 0101
-42_{10}:	−0010 1010	oder	*und inkrementieren*	+1
	1101 0110	← Maschinenwort →		1101 0110

❑ *Beispiel*: Die Maschinenworte 0110 1011 und 1111 1111 sind jeweils sowohl als vorzeichenlose als auch vorzeichenbehaftete Zahl im Zweierkomplement zu interpretieren.

- vorzeichenlos:

$$0110\,1011_2 = 6B_{16} = 6 \cdot 16 + 11 = 107$$
$$1111\,1111_2 = FF_{16} = 15 \cdot 16 + 15 \quad 255$$

- vorzeichenbehaftet:

$(0|110\,1011)_2 =$ → nicht negativ, Betrag wie oben +107

$(1|111\,1111)_2 =$ → negativ, Betrag nach Zweierkomplement:
0000 0000 + 1 = 1: −1

2.3.5 Gleitkommazahlen

Gleitkommaformate verwenden die Exponentialdarstellung von Zahlen, die einen sehr großen dynamischen Wertebereich bei einer festen Zahl genauer Stellen ermöglicht. Dies entlastet den Programmierer in hohem Maße vom Abschätzen der Größenordnung von Zwischen- und Endergebnissen der gewünschten Berechnungen.

Gleitkommadarstellung. Grundlage der Darstellung ist, dass eine reelle Zahl X im Zahlensystem mit der Basis B ($= 2, 8, 10$ oder 16) wie folgt dargestellt werden kann:

$$\boxed{X = m \cdot B^e} \tag{2.8}$$

Wertbestimmende variable Bestandteile sind der als *ganzzahlig* definierte *Exponent e* und die *Mantisse m*. Das Vorzeichen der Mantisse ist identisch mit dem der Zahl X.

$$\boxed{e = \pm|e|} \tag{2.9}$$

$$\boxed{m = \pm|m|} \tag{2.10}$$

Normalisierung. Bei Kommaverschiebungen in m um eine Stelle nach rechts (links) bleibt der Wert von X erhalten, wenn gleichzeitig e um 1 erniedrigt (erhöht) wird.

❑ *Beispiel*:

$$X = (+12{,}51) \cdot 10^0 = (+125{,}1) \cdot 10^{-1} = (+0{,}0001251) \cdot 10^5$$
$$= (+1{,}251) \cdot 10^1 = (+0{,}1251) \cdot 10^2$$

Steht – wie in den beiden letzten Darstellungsformen – die erste von Null verschiedene Mantissenziffer stets unmittelbar vor bzw. hinter dem Komma, bezeichnet man X als *normalisiert*. Es gilt dann je nach Prozessor bzw. Gleitkommabibliothek eine der beiden Festlegungen:

$$10_B > m \geqq 1_B \qquad (B = 2, 8, 10 \text{ oder } 16) \tag{2.11}$$

$$1_B > m \geqq 0{,}1_B \qquad (B = 2, 8, 10 \text{ oder } 16) \tag{2.12}$$

► *Beachte*: Die Zahl Null lässt sich nicht normalisieren und erfordert eine Sonderbehandlung.

Charakteristik. Für den Exponenten genügt ein relativ kleiner Wertebereich (z. B. $e = -50 \ldots + 49$ bei $B = 10$), um extrem kleine bis extrem große Zahlenbeträge darstellen zu können. Die Vorzeichenbehandlung des Exponenten wird umgangen, indem mittels einer *Verschiebekonstante* K_v zur *Charakteristik* c gewechselt und der Wertebereich an den Anfang des positiven Zahlenbereichs verschoben wird (→ Bild 2.4):

$$\boxed{c = e + K_\text{v}} \tag{2.13}$$

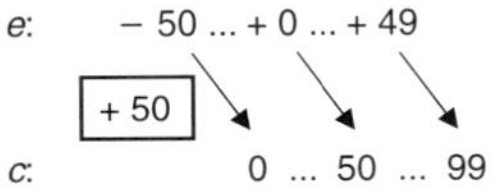

Bild 2.4 Abbildung des Exponenten e auf die stets positive Charakteristik c mit $K_\text{v} = 50$ (Beispiel)

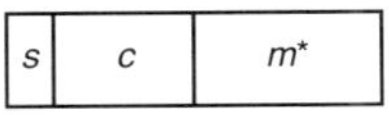

Bild 2.5 Struktur eines Gleitkommawortes
s Sign- oder Vorzeichenbit ($s = 1 \Rightarrow -$, $s = 0 \Rightarrow +$); c Charakteristik (7 ... 15 bit); m^* im Gleitkommawort direkt abgelegter Teil des Mantissenbetrags (20 ... 120 bit). Die Lage des Gleitkommas ist im Wort nicht codiert.

Für die computerinterne Darstellung einer Gleitkommazahl werden nur die variablen Bestandteile der Zahlenbeschreibung nach den Gln. (2.9), (2.10) und (2.13) codiert, was zu einer Struktur nach Bild 2.5 führt. Bei einer Normalisierung nach Gl. (2.11) erspart man sich die Speicherung der unmittelbar vor dem Komma stehenden 1 im Gleitkommawort. Abgelegt werden lediglich die Nachkommastellen m^*.

Grundrechenarten mit Gleitkommazahlen. In Operationen mit Gleitkommazahlen muss die Mantisse normalerweise „ungepackt" sein, d. h., dass die implizite 1 hinzugefügt werden muss. Zur Ausführung der Addition, Subtraktion, Multiplikation und Division erfolgt eine getrennte Verarbeitung von Mantisse und Charakteristik – die nichtnegativen Zahlen können wie Festkommazahlen behandelt werden. Dabei sind einige Besonderheiten (*Überlauf, Unterlauf, Rundungsfehler*) zu beachten, weil nur eine begrenzte Anzahl von Bitstellen zur Darstellung der Gleitkommazahlen zur Verfügung steht. Auch sind die Assoziativ-, Distributiv- und Kürzungsregeln nicht allgemein anwendbar.

Für normalisierte Operanden X und Y gelten folgende *Rechenregeln*:

$$X + Y = (m_x \cdot 2^{e_x - e_y} + m_y) \cdot 2^{e_y} \quad \text{für } e_x \leqq e_y \tag{2.14}$$

$$X - Y = (m_x \cdot 2^{e_x - e_y} - m_y) \cdot 2^{e_y} \quad \text{für } e_x \leqq e_y \tag{2.15}$$

$$X \cdot Y = (m_x \cdot m_y) \cdot 2^{e_x + e_y} \tag{2.16}$$

$$X : Y = (m_x : m_y) \cdot 2^{e_x - e_y} \tag{2.17}$$

► *Anmerkung*: Falls $e_x > e_y$ ist, dann werden die Zahlen X und Y getauscht (das Kommutativgesetz gilt).

In der Computertechnik sind herstellerspezifisch unterschiedliche Implementierungen der Darstellung und Verarbeitung von Gleitkommazahlen gebräuchlich:

- spezielle Gleitkomma-Hardware bzw. Coprozessor,
- mikroprogrammierte Festkomma-Arithmetik,
- Software-Emulation.

Gleitkommaformat nach ANSI/IEEE 754. Durch das *American National Standard Institute* und das *Institute of Electrical and Electronics Engineers* wurden computerübergreifend Datenformate, Arithmetik- und Konvertierungsoperationen sowie Ausnahmebehandlungen standardisiert, um die Portabilität diesbezüglicher Software zu gewährleisten (ausgewählte Festlegungen für dieses derzeitig bevorzugte Gleitkommaformat → Tabelle 2.10 und Tabelle 2.11).

Tabelle 2.10 Parameter des IEEE-Gleitkommastandards 754 (Auswahl) /2.1/

Basis: $B = 2$		
Formate:	32-bit-Wort	64-bit-Wort
Charakteristik c	8 bit	11 bit
Darstellung der Mantisse m^*	23 bit	52 bit
Verschiebekonstante K_v	$127_{10} = 111\,1111_2$	$1023_{10} = 11\,1111\,1111_2$

Tabelle 2.11 Spezielle Darstellungen im Gleitkommaformat nach ANSI/IEEE 754

Wert:				
	(a)	$c = 0$	$m^* = 0$	$X = (-1)^s \cdot 0$
	(b)	$c = 0$	$m^* \neq 0$	$X = (-1)^s \cdot 2^{-K_v+1} \cdot (0.m^*)$
	(c)	$0 < c < 2K_v + 1$	m^* beliebig	$X = (-1)^s \cdot 2^{c-K_v} \cdot (1.m^*)$
	(d)	$c = 2K_v + 1$	$m^* = 0$	$X = (-1)^s \cdot \infty$
	(e)	$c = 2K_v + 1$	$m^* \neq 0$	$X = \text{NaN}$

► *Anmerkung*: Neben den in der Tabelle dargestellten einfachen und doppelten Genauigkeiten sind in der Norm (nicht vollständig spezifiziert) auch eine einfach erweiterte Genauigkeit ($\geqq$ 32 Mantissenstellen) und eine doppelt erweiterte Genauigkeit ($\geqq$ 64 Mantissenstellen) aufgeführt.

► *Anmerkungen*:
zu (a): *vorzeichenbehaftete* Darstellung der „Null".
zu (b): Bei sehr kleinen Werten wird die Normalisierung aufgehoben.
zu (c): normalisierte Darstellung mit „verborgener 1" (hidden one) *vor* dem Komma der Mantisse. Sie wird nicht im Maschinenwort mitgeführt, jedoch bei allen Operationen extern hinzugesetzt.

❑ *Beispiel*: Der Wert $X = -11.625 = -1011.101_2 = -2^3 \cdot 1.011101000\ldots_2$ wird in einem Maschinenwort von 32 bit Länge wie folgt dargestellt:

$$\underset{s}{\overset{\Uparrow}{1}}\ \ \underset{c}{\overset{\Uparrow}{\underline{10000010}}}\ \ \underset{m^*}{\overset{\Uparrow}{\underline{01110100000000000000000}}}$$

zu (d): *vorzeichenbehaftete* Darstellung von ∞.
zu (e): NaN: „Not a Number". Codiert unbestimmte oder nicht zugelassene Ausdrücke, wie z. B. $\infty \cdot 0$, $\infty - \infty$, $0 \div 0$, $\sqrt{-17}$ usw., wobei der Standard freistellt, welche Werte von m^* für die einzelnen Ausdrücke gewählt werden.

Weiterführende Literatur: /2.1/, /2.7/, /2.17/.

2.4 Darstellung von Zeichensätzen

Zur Ein- und Ausgabe, Speicherung sowie zur Verarbeitung von Textinformationen müssen Schriftzeichen codiert werden. Im dichten Binärcode genügen für Buchstabenalphabete wie das lateinische, auch nach Hinzufügen von Ziffern, Satz- und Steuerzeichen, Codeworte von 6 bis 7 Bits. Universelle Zeichensätze, die viele Alphabete und logografische Schriftsysteme abdecken, sind deutlich größer.

ISO-7-Bit-Code/ASCII (*American Standard Code for Information Interchange*). Durch die International Organization for Standardization wurde die internationale Referenz-Version (ISO/IEC 646) genormt. Mit dieser ist die US-Referenz (ASCII) identisch. Für die deutsche Referenz gilt DIN 66003. Jedes Zeichen wird mit 7 bit dargestellt ($\rightarrow$ Tab. am Buchende, links). Die binäre Belegung der einzelnen Bitpositionen ergibt sich aus Spalte und Zeile, die das Zeichen in der Codetafel einnimmt (abgekürzte Angabe in Hexadezimaldarstellung, z. B. $* \Rightarrow 010\,1010_2 \Rightarrow 2A_{16}$).

► *Anmerkungen*:
- Die schattierten Positionen können dem nationalen Bedarf entsprechend (Umlaute u. Ä.) festgelegt werden.
- Sollen ASCII-Zeichen in Bytes dargestellt werden, wird die Bitposition 8 durchgängig mit 0 oder einem *Prüfbit* belegt.
- Neben Ziffern, Schrift- und Sonderzeichen enthält die Codetafel auch *Steuerzeichen*. Ihre Bedeutung ist in der Tabelle am Buchende, rechts, erklärt.

EBCDIC-Code (*Extended Binary Coded Decimal Interchange Code*). Er verwendet die Darstellung in Bytes, die zu zwei Tetraden gruppiert sind.

Sein Aufbauprinzip unterscheidet sich nicht vom ASCII-Code, wohl aber die Zuordnung von Zeichen zu den Binärwörtern.

ISO-8-Bit-Codes. Genereller Bestandteil der Fassung der Codes nach ISO/IEC 8859 ist die internationale Referenz-Version des ISO-7-bit-Codes. Weitere Bestandteile orientieren sich an den Bedürfnissen von Sprachgruppen bzw. Regionen (Latein 1 genügt z. B. den Erfordernissen westeuropäischer Sprachen sowie Amerikas, Australiens und Afrikas; Latein 2 deckt die osteuropäischen Sprachen mit lateinischen Schriftzeichen ab; andere Codebestandteile sind an hebräischen, arabischen, kyrillischen usw. Schriftzeichen orientiert).

Unicode, UCS (*Universal Character Set*). Dies sind praktisch gleiche Codes nach den kompatiblen Standards ISO/IEC 10646 und Unicode (6.0.0). Sie stellen einen universellen Zeichensatz mit dem Ziel der Erfassung der Zeichen aller Schriftkulturen dar. Sie haben damit als quasi globale Codierung im Internet (→ 11) eine hohe Bedeutung erlangt. Während UCS einen reinen Zeichensatz definiert, legt Unicode auch Verarbeitungsregeln wie die lexikografische Ordnung und die Darstellung von bidirektionalem Text fest.

Der Coderaum für die 32-Bit-Darstellungen **UCS-4** bzw. **UTF-32** ist aktuell per Konvention auf die Codepunkte (Zeichen) im Bereich 0x0 0000 ... 0x10 0000 eingeschränkt. Er ist in 17 Ebenen (Planes) von je 256 Zeilen mit je 256 Zellen strukturiert. Die Ebene 0 stellt die *Basic Multilingual Plane* dar, die die gebräuchlichsten Zeichen enthält. Deren erste 128 Codepunkte stimmen mit dem ASCII-Code überein. Hexadezimale Zeichencodes werden durch das Voranstellen von „U+“ gekennzeichnet, z. B. U+107A.

Alle definierten Codepunkte der Ebene 0 werden in den 16-Bit-Darstellungen **UCS-2** bzw. **UTF-16** direkt durch ihre 16-Bit-Offsets in dieser Ebene repräsentiert, Codepunkte anderer Ebenen durch mehrere 16-Bit-Worte. Am verbreitetsten ist die 8-Bit-Darstellung **UTF-8**, die insbesondere die häufigen lateinischen Buchstaben aus den ersten 128 Codepunkten durch einzelne Bytes repräsentieren kann. Andere Codepunkte müssen durch längere Bytefolgen dargestellt werden (→ Tabelle 2.12).

Tabelle 2.12 UTF-8-Darstellung von Unicode-Zeichen

Unicode-Codepunkte (hex)	UTF-8-Sequenz
U+00 0000 - U+00 007F	0xxxxxxx
U+00 0080 - U+00 07FF	110xxxxx 10xxxxxx
U+00 0800 - U+00 FFFF	1110xxxx 10xxxxxx 10xxxxxx
U+01 0000 - U+10 FFFF	11110xxx 10xxxxxx 10xxxxxx 10xxxxxx

UTF-8 erfüllt die Präfixeigenschaft: die Anzahl der führenden Einsen des ersten Bytes einer UTF-8-Sequenz bestimmt direkt die Länge der Sequenz.

❑ *Beispiel*: Der Buchstabe „ä", Codepunkt U+E4, wird in UTF-8 als 2-Byte-Sequenz codiert: 0b1100 0011-0b1010 0100 bzw. 0xC3-0xA4.

► *Beachte*: Die Codierungen der Zeichen (Grapheme) für Ziffern sind prinzipiell vollkommen unabhängig von der Codierung von Zahlen. Zur Ein- und Ausgabe von Zahlen müssen diese und ihre zugehörigen textuellen Darstellung ineinander umgewandelt werden. Nichtsdestotrotz stimmt bei den Dezimalziffern schon seit dem ASCII-Code die niederwertigste Tetrade mit dem dualen Ziffernwert überein. Für als Hexadezimalzahlen interpretierte Buchstaben gilt dies jedoch nicht! (→ Tabelle am Buchende, links).

Weiterführende Literatur: /2.4/, /2.5/, /2.6/, /2.15/, /2.24/.

2.5 Befehlsdarstellung

2.5.1 Struktur von Maschinenbefehlen, Befehlssatz

Ein **Befehl** (auch *Maschinenbefehl*, *instruction*) ist eine **eindeutig spezifizierte Arbeitsanweisung an den Prozessor**. Er ordnet eine Operation an, die in der Regel an spezifizierten Daten (→ 2.2) – Operanden – vorzunehmen ist.

Die Informationsverarbeitung in einem Computer erfordert die schrittweise Umsetzung eines *Algorithmus* (→ 6.1). Der Algorithmus wird als Folge von Anweisungen, Befehlen dargestellt. In maschinenlesbarer Form codierte Befehle werden *Maschinenbefehle* genannt. Durch die Menge aller Maschinenbefehle (*Befehlssatz*) ist eine hardwareabhängige Programmiersprache – die *Maschinensprache* – gegeben; damit realisierte Programme werden *Maschinenprogramme* genannt.

Maschinensprache. Die Maschinensprache (der Befehlssatz des Prozessors) ist wesentliches Architekturmerkmal eines Computers (*Instruction Set Architecture, ISA*). Hauptmerkmale einer Maschinensprache sind:

- *Befehlsvorrat* – Menge aller verfügbaren Maschinenbefehle (*Befehlsliste*),
- *Befehlsformat* – innere Struktur der Befehle, dargestellt durch *Binärworte* (→ 2.2).

Je nach Umfang des im Prozessor realisierten Befehlssatzes können zwei Kategorien von Computern unterschieden werden:

- **CISC** (*Complex Instruction Set Computer*) sind Computer mit einem sehr umfangreichen Befehlsvorrat/vielen Befehlsformaten – typisch 400 . . . 500 verschiedene Befehle/Formate (z. B. Intel x86, Pentium, DEC-VAX);

- **RISC** (*Reduced Instruction Set Computer*) sind Computer mit einem stark reduzierten Befehlsvorrat/wenigen Befehlsformaten – typisch 40...50 verschiedene Befehle/Formate (z. B. MIPS R10000, Sun-SPARC, DEC-ALPHA, IBM-PPC, ARM).

Ein Befehlssatz heißt *symmetrisch*, wenn jeder Befehl mit jedem relevanten *Datentyp* ausgeführt sowie jede zulässige *Adressierungsart* benutzt werden kann.

Die Befehle eines Befehlssatzes lassen sich wie folgt nach ihrer Funktion einteilen:

- Datentransportbefehle:
  - Speicherzugriffe (Load/Store),
  - Register-Register-Moves und
  - Ein-/Ausgabe (Peripherieansteuerung).

► *Beachte*: In modernen Rechnersystem erfolgt die Peripherieansteuerung meist durch Einblendung in den Speicheradressraum über gewöhnliche Load/Store-Befehle.

- Datenverarbeitungsbefehle:
  - arithmetische Verknüpfungen (z. B. +, –, *, /, Vergleiche),
  - bitweise boolesche/logische Verknüpfungen (z. B. AND, OR, XOR) und
  - Shift- und Rotationsbefehle.
- Befehle zur Kontrollflusssteuerung:
  - unbedingte Sprünge,
  - bedingte Verzweigungen,
  - Unterprogrammaufrufe und -rückkehr sowie
  - Systemaufrufe (Softwareinterrupts).
- Befehle zur Systemsteuerung:
  - Status- und Flagmanipulation,
  - Interruptkontrolle und
  - Cachesteuerung.

Befehlswort. Im Computer wird jeder Befehl in einem Befehlswort dargestellt. Dieses enthält den *Operationsteil* und je nach Befehl auch die Operanden bzw. deren Adressen in einem *Operandenteil* (→ Bild 2.6). Die *Länge* der Befehlswörter ist im Allgemeinen nicht einheitlich. Je nach Befehlsart werden byteweise abgestufte Wortlängen verwendet, um sie den unterschiedlich umfangreichen Informationen im Operandenteil besser anzupassen (→ 2.5.2).

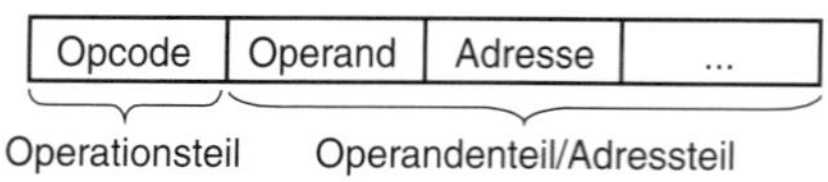

Bild 2.6 Struktur von Befehlswörtern

Im Operationsteil wird die auszuführende Operation binär codiert (so genannter Operationscode – kurz Opcode). Der Operandenteil kann direkt Operanden enthalten oder auch Adressen von Operanden bzw. Bestandteile von Adressen (→ 2.5.2).

2.5.2 Befehlsformate

Befehlsformate können grob nach der Anzahl der in ihnen enthaltenen Adressen unterschieden werden. Das typische für binäre Operationen (mit zwei Operanden) verwendete Befehlsformat ist architekturabhängig und dient der Klassifizierung von Befehlssatzarchitekturen und Rechnern in 0-, 1-, 2- oder 3-Adressmaschinen. Eine Adresse umfasst hierbei neben Speicheradressen und Registernummern im weiteren Sinne auch direkt im Befehlswort enthaltene Operanden (Direktoperanden).

Die Ausführung einer binären Operation erfordert folgende Angaben im Befehlswort:

- die Art der Operation (Opcode),
- die Adresse des 1. Operanden (1. Quelladresse),
- die Adresse des 2. Operanden (2. Quelladresse), und
- die Adresse für das Ergebnis (Zieladresse).

3-Adressmaschinen codieren in einem Befehlswort alle drei Angaben (→ Bild 2.7).

$n-1$ … 0

Opcode	1. Quelladresse	2. Quelladresse	Zieladresse
OP	A	B	C

$\langle C \rangle := \langle A \rangle \text{ OP } \langle B \rangle$

Bild 2.7 Struktur und formale Notation eines Dreiadressbefehls

Bei der **überdeckten** Adressierung wird eine Adresse im Befehlswort für mehrere Zwecke genutzt. Bei binären Operationen wird z. B. oft die Adresse des 1. Operanden auch als Zieladresse verwendet (→ Bild 2.8). Dies ermöglicht **2-Adressmaschinen**.

$n-1$ … 0

Opcode	1. Quelladresse/Zieladresse	2. Quelladresse
OP	A	C

$\langle A \rangle := \langle A \rangle \text{ OP } \langle C \rangle$

Bild 2.8 Struktur und formale Notation eines Zweiadressbefehls

Bei der **impliziten** Adressierung ist eine Adresse fest mit der im Opcode codierten Operation verknüpft, wodurch deren Angabe im Befehlswort entfallen kann. Dies wird von **1-Adressmaschinen** mit **Akkumulator** ausgenutzt. Der

1. Quelloperand und das Ziel einer binären Operation ist immer implizit das Akkumulatorregister im Rechenwerk (→ Bild 2.9).

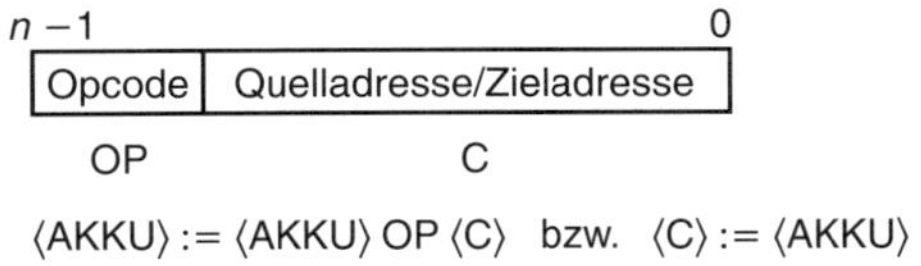

Bild 2.9 Struktur und formale Notation eines Einadressbefehls

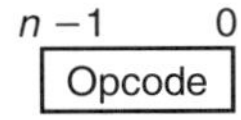

Bild 2.10 Struktur eines Nulladressbefehls

Es können auch alle Adressen einer binären Operation durch den Befehl impliziert werden. Dies wird auf **Stackarchitekturen** praktiziert, die für binäre Verknüpfungen beide Argumente vom Stack beziehen und das Ergebnis auch wieder dorthin zurücklegen (→ Bild 2.10). Eine solche **0-Adressmaschine** besitzt auch 1-Adressbefehle, die jedoch nicht direkt zur Berechnung beitragen, sondern lediglich Daten zwischen Speicher und Stack bewegen.

Eine Sonderform unter den Befehlsformaten stellen die **VLIW-Befehle** (Very Long Instruction Word) dar /2.9/. Diese sind aus mehreren voneinander unabhängigen Befehlen zusammengesetzt und codieren einen durch den Compiler explizit vorgegebenen Befehlsablauf für die *parallelen* Funktionseinheiten von VLIW-Rechnern. Diese Funktionseinheiten und damit auch die zugehörigen Befehlselemente (Slots) im VLIW-Wort sind oft spezialisiert, z. B. auf Ganzzahl- oder Gleitkommaarithmetik oder Speicherzugriffe. Die Befehlscodierungen sind damit slotabhängig. Wird eine Funktionseinheit in einem VLIW-Befehl nicht benötigt, wird ihr zugeordneter Slot mit einem NOP-Befehl (no operation) als Platzhalter belegt. Zur Vermeidung der Aufblähung der Programmgröße durch viele NOP-Befehle verwenden manche Architekturen ein **gepacktes VLIW-Format**, in dem ein zusätzlicher Steuerkopf (Header) im Befehlswort die genutzten Funktionseinheiten spezifiziert und ungenutzte Slots damit weggelassen werden können (→ Bild 2.11).

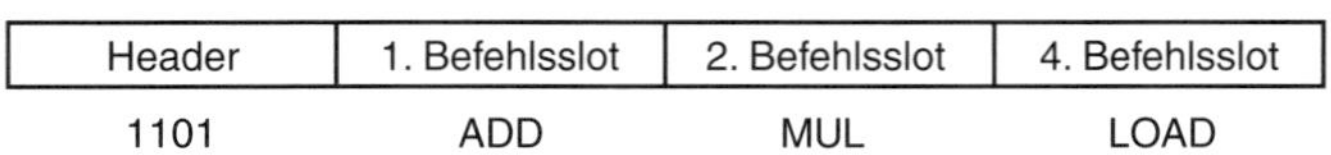

Bild 2.11 Struktur eines gepackten VLIW-Befehls

2.5.3 Adressierungsarten

Während Registernummern gewöhnlich direkt in einem Befehlswort codiert werden, wird die effektive Adresse eines Befehlsoperanden im Speicheradressraum des Programmes durch eine oft komplexere Adressrechnung bestimmt. Diese Adressrechnung erfolgt in einem dedizierten Adresswerk. Man unterscheidet folgende Adressierungsarten:

- **immediate**: Es erfolgt kein Speicherzugriff. Der Operand ist als **Direktwert** im Befehlswort enthalten.

  ► Anwendung bei der Verarbeitung von Compilezeit-Konstanten.
- **direkt**: Die Adresse ist direkt im Befehlswort enthalten (**Direktadresse**).

  ► Anwendung beim Zugriff auf globale Programmvariablen.
- **indirekt**: Der Befehl identifiziert ein Register (registerindirekt) oder einen Speicherplatz (speicherindirekt), in dem sich die eigentliche Operandenadresse befindet.

  ► Anwendung beim Operandenzugriff über Zeigervariablen (→ 7.2.3).
- **relativ**: Der Befehl enthält einen **Offset**, der zu einer **Basisadresse** hinzuaddiert wird, um die effektive Adresse zu berechnen. Die Basisadresse liefert meist ein im Befehl benanntes **Basisregister**.

  ► Anwendung beim Zugriff zu lokalen Programmvariablen auf dem Programmstack und beim Zugriff auf die Elemente von Strukturen (Records, → 7.2.3).
- **indiziert**: Der Befehl identifiziert ein **Indexregister**, dessen Inhalt zu einer Basisadresse hinzuaddiert wird. Die Basisadresse liefert meist ebenfalls ein im Befehl benanntes Basisregister. Manche Befehlssätze unterstützen ferner die Angabe eines (kleinen) **Skalierungsfaktors** im Befehl, mit dem der **Index** vor der Addition zur Basisadresse multipliziert wird.

  ► Anwendung beim Zugriff auf die Elemente von Feldern (Arrays, → 7.2.3).

► *Hinweis*: Rechnerarchitekturen und damit Befehlssätze müssen nicht all diese Adressierungsarten unterstützen. Beispielsweise genügt die Unterstüzung von Direktwerten und der indirekten Adressierung, um alle anderen Adressierungsarten durch eine schrittweise Adressberechnung im Rechenwerk zu ersetzen. Andererseits können auch kombinierte Adressierungsarten unterstützt werden. So ermöglicht eine relative und indizierte Adressierung den einfachen Zugriff auf Elemente eines Feldes, das selbst Teil einer Struktur ist.

2.6 Datenaustausch

2.6.1 Byteordnung

Für die Speicherung und Übertragung von Daten hat sich deren Organisation als Folgen von Bytes, sogenannten Byteströmen (byte stream, octet stream), über alle modernen Rechnersysteme und -netzwerke fest etabliert. Es ist die Aufgabe der Speicher- und Übertragungsdienste, ein Byte wieder so zurückzuliefern, wie es übergeben wurde.

Zahlreiche, insbesondere nicht textbasierte Anwendungen verarbeiten Datenwörter anderer Längen. Einerseits verwenden viele Kompressionsverfahren bis auf einzelne Bits optimierte Zeichenrepräsentationen, sodass diese eher einen Bit- als einen Bytestrom benötigen. Andererseits erfordert die Darstellung größerer numerischer Werte Datenwörter, die sich über mehrere Bytes erstrecken. In beiden Fällen müssen die Anwendungsdaten zur Speicherung und Übertragung in einen Bytestrom eingebettet werden.

Für die Abbildung zwischen einem breiten (numerischen) Datenwort und einer äquivalenten Folge kürzerer Datenwörter gibt es grundsätzlich zwei Ansätze:

- **Little Endian**: das Datenwort wird vom rechten, dem niederwertigen Ende beginnend zerlegt und abgespeichert bzw. übertragen, oder
- **Big Endian**: das Datenwort wird vom linken, dem höchstwertigen Ende beginnend zerlegt und abgespeichert bzw. übertragen.

Beide Ansätze werden in der Praxis verwendet.

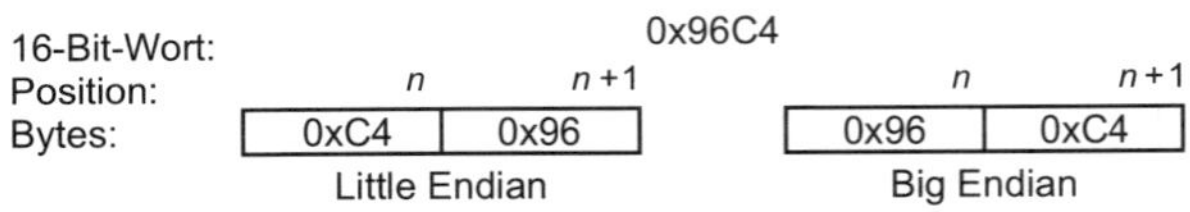

Bild 2.12 Little- und Big-Endian-Byteordnung

Praktisch besonders relevant ist die Byteordnung (byte order) bei der Speicherung von 16-, 32-, 64-Bit-Datenwörtern (→ Bild 2.12). Je nach dem verwendeten Ansatz können so Little-Endian- und Big-Endian-Rechnerarchitekturen unterschieden werden. Die Standard-Byteordnung im Internet (→ 11), die zur Darstellung sämtlicher Protokolldaten wie z. B. Adressen und Portnummern verwendet wird, ist Big Endian.

2.6.2 Datenkompression

Überblick

> Unter **Datenkompression** versteht man die Umcodierung von Information mit dem Ziel der Reduktion des Umfangs der repräsentierenden (Binär-)Daten. Die Wiederherstellung der Daten in ihrer ursprünglichen Repräsentation heißt **Dekompression**. Das Verhältnis von komprimiertem zu unkomprimiertem Datenvolumen heißt **Kompressionsgrad**.

Datenkompression wird genutzt, um bei der Speicherung oder der Übertragung von Daten den Ressourcenbedarf an Speicherkapazität bzw. Übertragungsbandbreite zu reduzieren. Insbesondere im Kontext von Bild- und Tondatenströmen wird das (Software-)Werkzeug, das die Kompression und Dekompression der Daten realisiert, als **Codec** (*Coder+Decoder*) bezeichnet.

Eine Datenkompression heißt **verlustfrei** (lossless), wenn die Originaldaten durch die zugehörige Dekompression *exakt* wiederhergestellt werden können. Andernfalls heißt sie **verlustbehaftet** (lossy).

Eine verlustbehaftete Kompression ermöglicht durch die Reduktion der in den Daten enthaltenen Information einen deutlich höheren Kompressionsgrad als eine verlustfreie Kompression. Dies ist nur zulässig, wenn die daraus resultierenden Qualitätseinbußen die dekomprimierten Daten nicht unbrauchbar machen. Ein typisches Einsatzgebiet für verlustbehaftete Verfahren ist die Kompression von Audio- und Videodaten. Hier kann auf für Menschen nicht wahrnehmbare Details verzichtet werden. Auch ein begrenzter wahrnehmbarer Qualitätsverlust macht die Daten nicht sofort unbrauchbar und kann je nach Zweckbestimmung akzeptabel sein.

Die erfolgreiche Datenkompression erfordert ein Modell über die Eigenschaften der als Informationsquelle dienenden Originaldaten. Dieses ist entweder a priori bekannt oder muss während der Kompression erarbeitet werden. Während **statische** Verfahren sich auf ein festes Quellenmodell stützen, können **adaptive** Verfahren dieses während der Verarbeitung kontinuierlich verfeinern. Die von der Quelle entnommenen Informationseinheiten werden als **Zeichen** bezeichnet. Für verlustbehaftete Verfahren ist auch ein Modell über die Signifikanz der Information für den Datenempfänger relevant. Solche Senkenmodelle erlauben es, selektiv weniger wichtige Information wegzulassen.

Verlustfreie Kompressionsverfahren

Lauflängencodierung (Run Length Encoding, RLE). Treten Zeichen im Datenstrom häufig in unmittelbarer Wiederholung auf, so bietet sich an, einen gesamten Lauf jeweils durch ein Tupel aus dem Zeichen und der Lauflänge zu repräsentieren. Dieses Verfahren erreicht beispielsweise beim Fax (schwarz-weiß) eine Datenreduktion um bis zu 90 %. Auch bei der Audiocodierung kommt dieses Verfahren zum Einsatz, um insbesondere das Datenaufkommen von Stummzeiten deutlich zu reduzieren.

Delta-Codierung. Weisen aufeinander folgende Zeichen einer Informationsquelle eine große Ähnlichkeit, d. h. eine geringe Differenz auf, so kann diese Differenz in deutlich kürzeren Datenwörtern als die ursprünglichen Daten codiert werden. Dieser Ansatz eignet sich beispielsweise bei kontinuierlich erfassten Messwerten von typischerweise trägen physikalischen Größen. Eine wichtige Anwendung der Delta-Codierung sind auch die Generierung von **Patches** zur Aktualisierung großer Datenbestände und die Videokompression, bei der die häufige Ähnlichkeit direkt aufeinander folgender Bilder ausgenutzt wird.

Linear Predictive Coding (LPC). Dieses Verfahren berechnet eine Linearkombination aus den vorangegangenen codierten Daten, um das nächste Datum abzuschätzen. Bildet dieses Modell die tatsächliche Werteentwicklung gut ab, so können die Werte ähnlich der Delta-Codierung als kleine Differenz zum errechneten Modellwert codiert werden. Dieses Verfahren wird erfolgreich bei der Kompression von Audio- und insbesondere von Sprachdaten eingesetzt. Seine mathematisch einfache Struktur erlaubt dabei auch die Anwendung unter Echtzeitbedingungen, beispielsweise beim Mobilfunk.

BURROWS-WHEELER-Transformation /2.3/. Diese Transformation ist selbst keine Kompression, wird aber regelmäßig als unterstützender Vorverarbeitungsschritt bei der Kompression von Text eingesetzt. Bei dieser Transformation werden alle Rotationen des Eingabetextes gebildet und lexikografisch sortiert untereinandergeschrieben. Der transformierte Text ist die letzte Spalte dieser sortierten Texte, besteht also aus denselben Zeichen wie der Ausgangstext. Die Zeile, in die der Ausgangstext sortiert wurde, wird entweder durch ein gesondertes Zeichen markiert oder als numerischer Index hinzugefügt. Durch statistische Häufungen konkreter Buchstabenfolgen in der Schrift einer Sprache entstehen im transformierten Text leichter zu komprimierende Läufe. Sämtliche Textrotationen sind durch die bekannte Sortierung der ersten Spalte wiederherstellbar. Mithilfe des Index wird der Ausgangstext aus diesen eindeutig bestimmt.

HUFFMAN-Codierung /2.14/. Dieses Verfahren implementiert eine Entropiecodierung, die häufiger auftretenden Zeichen kürzere Codewörter zuweist als selteneren. Der entstehende Code ist ein Präfixcode mit variabler Wortlänge. Ein HUFFMAN-Code ist beweisbar optimal, wenn einzelne Quellzeichen binär codiert werden. Die Codewörter bestimmen sich aus den Pfaden in einem binären Codebaum von dessen Wurzel zu den Blattknoten mit den zu codierenden Zeichen. Dabei sind die beiden ausgehenden Zweige aller inneren Knoten jeweils disjunkt mit 0 und 1 beschriftet.

Berechnung des Codebaums eines HUFFMAN-Codes ($\rightarrow$ Bild 2.13):

1. Erzeuge einen (nicht verbundenen) Knoten für jedes zu codierende Zeichen und wichte ihn mit der absoluten oder relativen Zeichenhäufigkeit.
2. Sortiere die Knoten nach Gewicht aufsteigend in eine Liste.
3. Entferne die ersten zwei Knoten (mit den geringsten Gewichten) aus der Liste und fasse sie unter einem gemeinsamen Elternknoten gewichtet mit der Summe der Gewichte der Kinder zusammen und sortiere diesen wieder in die Liste.
4. Wiederhole den vorangegangenen Schritt, bis nur ein Knoten in der Liste verbleibt. Dieser bildet dann die Wurzel des binären Codebaumes.

Die HUFFMAN-Codierung wird häufig zur weiteren Kompression der von vorgelagerten Kompressionsverfahren generierten Zeichenfolgen genutzt.

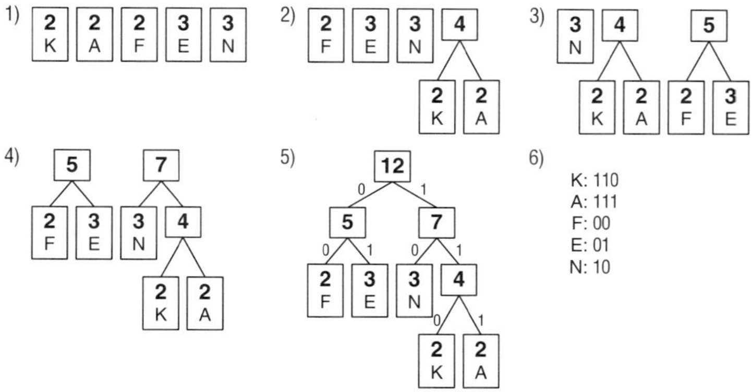

Bild 2.13 HUFFMAN-*Codierung: Beispiel für das Wort „Kaffeekannen“*

Arithmetische Codierung /2.22/. Diese Entropiecodierung verwendet keine Codewörter für einzelne Zeichen, sondern codiert die gesamte Nachricht in eine einzelne rationale Zahl aus einem vorher festgelegten Intervall. Als Ausgangsintervall dient meist $[0, 1)$. Die relativen Häufigkeiten der geordneten Zeichen geben eine Zerlegung in Teilintervalle vor. Häufigere Zeichen induzieren also breitere Teilintervalle. Bei der Codierung wird das zur Verfügung stehende Intervall rekursiv für jedes zu codierende Zeichen auf das diesem Zeichen zugeordnete Teilintervall reduziert. Aus dem am Ende verbleibenden Intervall wird eine beliebige Zahl als Codewort gewählt. Als Abbruchbedingung für die Decodierung muss ein Abschlusszeichen vorgesehen sein oder zusätzlich die ursprüngliche Nachrichtenlänge übermittelt werden (→ Tabelle 2.13). Die arithmetische Codierung lässt sich auch gut als ein adaptives Verfahren implementierten.

LZ77. Dieses früheste wörterbuchbasierte Verfahren geht auf die Arbeit von A. LEMPEL und J. ZIV zurück /2.28/. Das Verfahren verwendet einen linearen Puffer, in den die Eingabefolge von rechts nach links zeichenweise eingelesen wird (→ Bild 2.14). Der Puffer ist in ein relativ kurzes Vorschaufenster und ein sehr viel längeres Suchfenster unterteilt. Das Vorschaufenster enthält die zu codierenden Zeichen, das Suchfenster bereits codierte. Im Suchfenster wird nun überprüft, ob eine sich im Vorschaufenster befindliche Zeichenkette schon einmal aufgetreten war. Gesucht wird die längste Übereinstimmung. Eine gefundene Zeichenkette (im Bild 2.14 „ische“) kann dann durch einen Tupel, bestehend aus einem Offset (Abstand zur rechten Grenze des Suchfensters), der Länge der Übereinstimmung und dem nachfolgenden Zeichen, abgebildet werden.

Tabelle 2.13 Demonstration der Verfahrensschritte zur arithmetischen Codierung am Beispiel der Folge „Ritter“

	Zeichen a mit relativer Häufigkeit $p(a)$					
Eingabe	E 50 %	I 10 %	R 10 %	T 20 %	? 10 %	
$[l_a;\ r_a)$	[0,0; 0,5)	[0,5; 0,6)	[0,6; 0,7)	[0,7; 0,9)	[0,9; 1,0)	①
leer						②
R			[0,6; 0,7)			③
I	0,6; 0,65	0,65; 0,66	0,66; 0,67	0,67; 0,69	0,69; 0,7	④
T	0,65; 0,655	0,655; 0,656	0,656; 0,657	0,657; 0,659	0,659; 0,66	⑤
T	0,657; 0,658	0,658; 0,6582	0,6582; 0,6584	0,6584; 0,6588	0,6588; 0,659	⑥
E	0,6584; 0,6586	usw.				
R						
?						⑦

① Jedem Zeichen des Eingabealphabets wird ein Teilintervall $[l_a;\ r_a)$ zugewiesen. Die Breite der Teilintervalle entspricht der relativen Häufigkeit der Zeichen.
② Das Gesamtintervall [0; 1) steht für alle möglichen Eingabefolgen.
③ Das Teilintervall [0,6; 0,7) steht für alle Eingabefolgen, die mit R beginnen. Es wird für das nächste Eingabezeichen verfeinert, d. h., wiederum im Verhältnis der Häufigkeiten unterteilt.
④ Das Teilintervall [0,65; 0,66) steht für alle Eingabefolgen, die mit RI beginnen.
⑤ Nun ist das Teilintervall [0,65; 0,66) verfeinert worden, was die Abbildung aller Eingabefolgen, die mit RIT beginnen, ermöglicht.
⑥ Rekursiv wird der Code entwickelt.
⑦ **RITTER?** liegt im Intervall [0,658538; 0,65854). Das Ende der zu komprimierenden Datenfolge ist mit einem speziellen Zeichen anzugeben (hier nicht gezeigt).

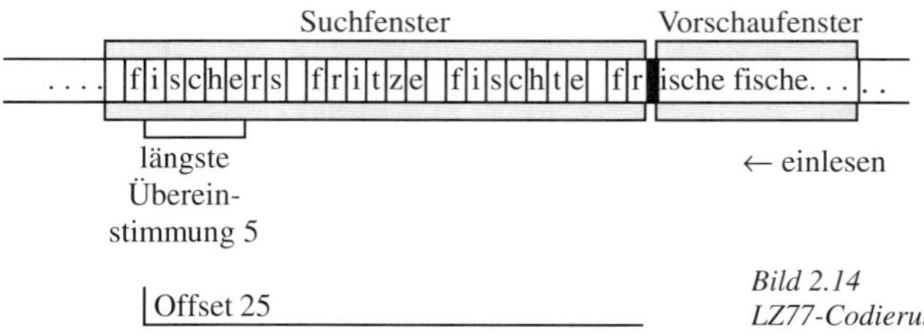

Bild 2.14 LZ77-Codierung

► *Anmerkung*: Genutzt wird eine Variante von LZ77 in Kombination mit der HUFFMANN-Codierung z. B. in den Kompressionsprogrammen Zip und Gzip.

LZ78, LZW. Die zweite von LEMPEL und ZIV publizierte Lösung wurde von T. WELCH praktikabel gemacht. Die codierten Zeichen bzw. Zeichenketten werden hier nicht in einem linearen Puffer gehalten, sondern in einem indizierten Verzeichnis. Vor Beginn des Vorgangs wird das Verzeichnis mit dem zu verwendenden Alphabet (z. B. mit allen ASCII-Zeichen) initialisiert. Das erste zu codierende Zeichen ist logischerweise im Verzeichnis vorhanden. Es wird durch den entsprechenden Index repräsentiert. Im Folgenden wird nun sukzessive versucht, nach Anhängen des folgenden Zeichens eine Übereinstimmung von Zeichenketten in der Eingabefolge und den Verzeichniseinträgen zu finden. Immer, wenn eine erweiterte Zeichenkette im Verzeichnis nicht gefunden wurde, wird sie unter neuem Index dem Verzeichnis hinzugefügt. Sich im Verzeichnis befindliche Zeichenketten werden durch den entsprechenden Index codiert (eine Längenangabe ist hier nicht erforderlich). Letztlich besteht eine codierte Datenfolge nur aus solchen Indizes.

► *Anmerkung*: Das UNIX-Programm Compress und das Graphics Interchange Format (GIF) z. B. nutzen LZW.

LZ-Derivate. Sie basieren auf LZ77 oder LZ78 und unterscheiden sich im Wesentlichen durch

- die Datenstruktur des Wörterbuchs,
- das Suchverfahren im Wörterbuch,
- den Einsatz von Postprozessoren zur Verbesserung der Kompressionsergebnisse und
- das Verfahren bei gefülltem Wörterbuch.

Verlustbehaftete Kompressionsverfahren

Bei der verlustbehafteten Kompression wird ein höherer Kompressionsgrad durch den Verzicht auf Information erkauft. Sie ist insbesondere bei der Bild-, Video- und Audiocodierung für Verbraucherprodukte weit verbreitet. Da die Qualität durch wiederholte Kompressions- und Dekompressionszyklen weiter sinkt, ist diese jedoch nicht zur Speicherung oder Übertragung von noch weiter zu bearbeitenden Originalen geeignet.

Die Trennung der wichtigen von den weniger wichtigen Informationsanteilen geschieht sowohl im zeitlichen (Ton) oder räumlichen (Bild) Originalbereich als auch im Spektralbereich, in den die Daten durch eine **Transformationscodierung** überführt werden. Dort sind sie als Superposition von Wellenfunktionen repräsentiert. Eine Informationsreduktion wird dann durch die selektive Entfernung unwichtiger Spektralanteile erreicht. Des Weiteren wird häufig eine logarithmische Quantisierung der Amplituden oder eine Gleitkommadarstellung für diese verwendet. Damit lässt sich ein großer dynamischer Wertebereich mit fester relativer Genauigkeit in relativ kurzen Datenworten erfassen.

Für die Transformationscodierung sind folgende Verfahren verbreitet:

- **DCT** (Discrete Cosine Transform). Die diskrete Kosinustransformation zerlegt einen Signalverlauf in eine Superposition von Kosinusfunktionen. Sie produziert, im Gegensatz zur verwandten Fourier-Transformation, ausschließlich reelle Koeffizienten (Amplituden). Verwendet wird diese Transformation vor allem für Bild- und Videodaten (JPEG bzw. MPEG). Im Audiobereich dominiert die Modified DCT (MDC) /2.19/.

- **DWT** (Discrete Wavelet Transform). Die diskrete Wavelettransformation zerlegt einen Signalverlauf in eine Superposition von Wavelets, „kurzen" Funktionen mit einem Gesamtintegral von Null. Die DWT kommt bei dem neueren JPEG 2000-Format für Bilddaten zur Anwendung.

Die Informationsreduktion erfolgt durch die Eliminierung:

- von Information mit Amplituden unter einem frequenzabhängigen Schwellwert, der sich an der menschlichen Wahrnehmungsgrenze orientiert, und
- von Information, die durch benachbarte hohe Amplituden zeitlich oder spektral überdeckt wird.

Besonders ausgereift ist diese Filterung für die Audiokompression, die sich auf detaillierte Ergebnisse der Psychoakustik stützen kann.

Der akzeptable Informationsverlust richtet sich auch nach dem Anwendungsszenario. Im Audiobereich muss Musik deutlich exakter wiedergegeben werden als Sprache, bei der im Wesentlichen das Verständnis erhalten bleiben muss.

2.6.3 Datenaustauschformate

Überblick

Zur Speicherung und Übertragung von Daten werden diese in Dateien organisiert (→ 9.7). Diese bündeln inhaltlich zusammengehörige Daten, die einem gemeinsamen Zweck dienen. Zur Wiederverwertung der Daten muss die *Struktur* der in einer Datei enthaltenen Daten und deren *semantische Bedeutung* bekannt sein. Bekannte und oft auch formal standardisierte Dateiformate beschreiben dieses Wissen. Das Format einer Datei wird häufig durch eine Namenserweiterung (Extension) markiert, kann mitunter aber auch anhand markanter Signaturen in den Daten selbst erkannt werden. Einige Übertragungsprotokolle nutzen ferner die ursprünglich zur Markierung von E-Mail-Anhängen definierten **MIME-Typen** (Multipurpose Internet Mail Extension, → 11.3.5) /2.18/.

Dateien können nach ihrer Bestimmung eingeteilt werden in:

- Programmquelltext und Skripte,
- ausführbarer kompilierter Programmcode (Applikationen, Laufzeitbibliotheken),
- Applikationsdaten, und
- elektronische Dokumente.

Elektronische Dokumente adressieren den menschlichen Nutzer direkt und vermitteln die enthaltene Information über Medien wie *Text*, *(Einzel-)Bild*, *Ton* und *Video*.

Ferner können Dateien die Daten in lesbarer Textform oder binär enthalten:

- Text macht neben Fließtext auch strukturierte Applikationsdaten für Menschen leicht zugänglich, die mithilfe von Skriptsprachen und regulären Ausdrücken einfach verarbeitet werden können. Binärformate bedürfen einer Spezialanwendung für die Inhaltsdarstellung oder müssen aufwändig anhand eines meist hexadezimalen Datenauszugs analysiert werden.
- Insbesondere numerische Daten sind binär kompakter repräsentiert und müssen so zur Verarbeitung nicht umgewandelt werden. In Textform werden jedoch die Endian-Problematik (→ 2.6.1) und die formatbedingte Beschränkung des Wertebereichs vermieden.
- Textdaten werden meist durch Leerraum, Punktierung und Klammern, also zusätzliche Zeichen strukturiert. Binärdaten benötigen Trennzeichen oder Längenangaben bei Datenfeldern variabler Länge.
- Die formale Spezifikation eines Textformates erfolgt in der Regel durch eine Grammatik (→ 19.1.3.1). Binärformate werden meist durch die Beschreibung von Datenstrukturen (Records) spezifiziert.

Textbasierte Dateien werden zur Speicherung und Übertragung häufig komprimiert (→ 2.6.2), wodurch sie dann in einem binären Format vorliegen. Dieser Ansatz vereinigt die Vorteile beider Repräsentationsformen. Einige wichtige elektronische Dokumentformate sind in Tabelle 2.14 zusammengestellt.

Beachte: Datenübertragungsprotokolle übermitteln ihre eigenen Steuerdaten mithilfe hinzugefügter Kopfdaten in sogenannten Headern. Während diese bis zur Transportschicht (TCP/UDP, → 10.4) typischerweise kompakt binär codiert sind, verwenden zahlreiche Applikationsprotokolle Textheader (z. B. HTTP, SMTP, → 11.4).

Audio- und Videocontainer

Zur Speicherung und Übertragung von multimedialen Daten kommen häufig **Containerformate** zum Einsatz. Diese realisieren eine *Datenstruktur*, in die die tatsächlichen Inhalte eingebettet werden. Die Container ermöglichen es, verschiedenartige, aber zusammengehörige Daten in einem Dokument zu vereinen. So können diese beispielsweise Bild- und Tondatenströme eines Videos, aber auch entsprechende Untertitel und kommentierende Metainformationen umfassen. Insbesondere bei vertonten Videoströmen übernimmt das Containerformat meist auch die Synchronisation beider Datenströme. In Hinblick auf die Codierung und Kompression der Nutzdaten sind viele Containerformate flexibel und unterstützen zahlreiche Alternativen. Ein Werkzeug zur Verarbeitung oder Ausgabe eines Dokumentencontainers muss

Tabelle 2.14 Ausgewählte wichtige Dokumentformate

Endung	Name: Inhalt	Repräsentation
.txt	Text: unspezifisches Textdokument/Fließtext	Text
.rtf	Rich Text Format: Text mit Formatanweisungen	Text
.ps	PostScript: Dokument zur grafischen Ausgabe (Text/Grafik)	Text
.pdf	Portable Document Format: Dokument zur grafischen Ausgabe (Text/Grafik)	Binär
.html	Hypertext Markup Language: Text mit Struktur- und Formatauszeichnung	Text
.xml	Extensible Markup Language: Daten mit Strukturauszeichnung	Text
.dtd	Dokumenttypdefinition: Strukturdefinition für XML	Text
.png	Portable Network Graphics: verlustfrei komprimiertes Bild (LZ77, HUFFMAN)	Binär
.jpg	Joint Photographic Experts Group: (meist verlustbehaftet) komprimiertes Bild	Binär
.mp3	MPEG Layer 3 Audio: verlustbehaftet komprimierte Audiodaten	Binär
.mpg, .mp4	MPEG Video/Audio Container: kombinierte komprimierte Video-/Audiodaten	Binär
.avi	Audio Video Interleave: kombinierte komprimierte Video-/Audiodaten	Binär
.gzip	GNU zip: Komprimierte Daten (LZ77, HUFFMAN)	Binär
.bz2	Komprimierte Daten (BWT, To-Front, HUFFMAN)	Binär
.xz	Komprimierte Daten (LZMA2)	Binär
.tar	Tape Archiver: unkomprimiertes Dateiarchiv	Binär
.tgz	.tar.gz: mit gzip komprimiertes tar-Archiv	Binär
.tbz	.tar.bz2: mit bzip2 komprimiertes tar-Archiv	Binär
.zip	komprimiertes Dateiarchiv (verschiedene Algorithmen)	Binär

sowohl das Containerformat verstehen als auch die im konkreten Dokument verwendete Codierung der Nutzdaten unterstützen.

Apple Quicktime (.mov, .qt) /2.2/ ist das Containerformat der gleichnamigen Abspielsoftware. Es enthielt in früheren Versionen das SORENSEN-Videoformat und heute H.264/MPEG-4 AVC.

MPEG /2.23/:

- **MPEG-1** System Stream (.mpg, .mpeg) ist der offizielle Container für das MPEG-1-Videoformat. Das Bildformat von MPEG-1 ähnelt dem JPEG-Format. Die Bildgröße des verwendeten Video-Codecs beträgt maximal

768x576 Pixel, die maximale Datenrate 1,5 Mbit/s. Dadurch lassen sich nur geringe Auflösungen und Bildfrequenzen erzielen. Dieses Format wird daher nicht mehr verwendet.
- **MPEG-2**-Programmstrom (.mpg, .mpeg, .ps) ist fast identisch zum MPEG-1 System Stream, jedoch erlauben die spezifizierten Codecs eine höhere Auflösung und höhere Bildfrequenzen. Zur Video-Codierung wird häufig der H.262 Codec (MPEG-2 Part 2 oder einfach MPEG-2-Video-Codec) verwendet. Dieser gestattet auch die Codierung von HD-Videoinhalten. Mit der Anwendung des aktuellen H.264 AVC Codecs lassen sich jedoch bessere Kompressionsraten erzielen. Dieser Codec kommt insbesondere bei HD-Bildinhalten zum Einsatz.
- **MPEG-2**-Transport Stream (.ts, .tsp, .m2ts) ist ein sog. self-contained Multiplex-Stream, d. h. es werden verschiedene Audio-/Videoströme unter Verwendung relativer Streampositionen zusammengefügt. Durch Umcodierung von Synchronisationsinformationen und Zeitmarken lassen sich Transportströme und Programmströme verlustfrei ineinander umwandeln.
- **MPEG-4**-Dateiformat (.mp4) ist das Standard-Containerformat für MPEG-4-Videostreams und basiert auf dem Apple-Quicktime-Containerformat. Die gebräuchlichsten MPEG-4-Video-Codierungen sind Advanced Simple Profile (ASP), welches in den DivX- und Xvid-Codecs verwendet wird, und Advanced Video Coding (AVC), das kompatibel zum H.264-Verfahren ist und hauptsächlich zur Codierung von HD-Videoinhalten verwendet wird.

Als Audio-Codecs werden bei allen MPEG-Streamformaten die Audio-Codecs MPEG-2 Layer 2 (vereinzelt auch Layer 3) sowie für Mehrkanal-HD-Audio Advanced Audio Coding (AAC) und AC3 (Dolby Digital) eingesetzt.

Video Object (.vob) ist das Containerformat für DVD-Video und stellt einen MPEG-2 Programmstrom dar.

Enhanced VOB (.evo) ist das Containerformat für HD-DVD- und Blu-Ray Disc-Video /2.26/ und verwendet sowohl MPEG-2 Programmströme als auch MPEG-2 Transportströme.

Xiph.org /2.27/ **Ogg** (.ogg) ist der offizielle Container für Ogg-Formate. Ogg Media (.ogm) ist ein Variante des Ogg-Containers, die ihn um einige Möglichkeiten erweitert. Der am häufigsten im Zusammenhang mit dem Ogg-Format verwendete Video-Codec ist Theora, der auch die Codierung von HD-Videoinhalten ermöglicht. Als Audio-Codec wird meist Vorbis eingesetzt.

Auszeichnungssprachen

Zur Auszeichnung von Text, d. h. dessen Strukturierung (z. B. in Abschnitte) und Formatierung (z. B. als Fettdruck), sowie zur darstellungsunabhängigen Strukturierung von Daten sind Auszeichnungssprachen verbreitet. Die Verwendung einer textbasierten Repräsentation macht sie plattformunabhängig. Im weiteren Wortsinne erfassen die Auszeichnungssprachen auch Text mit Formatanweisungen wie RTF- und LaTeX-Dokumente. Im engeren Sinne werden häufig nur noch die von **SGML** (Standard Generalized Markup Language, ISO 8879: 1986, EN 28 879: 1990) abstammenden, heute zum Datenaustausch im Internet (→ 11) weit verbreiteten Sprachen gemeint.

SGML selbst ist eine **Metasprache**, aus der sich durch Spezifikation der erlaubten Sprachelemente konkrete Sprachen, wie beispielsweise **HTML** (HyperText Markup Language, → 11.6.2) gewinnen lassen. Praktische Bedeutung genießt heute im Wesentlichen nur noch der vereinfachte SGML-Ableger **XML** (eXtensible Markup Language) /2.8/. Auf ihm basieren zahlreiche konkrete Dokumentenformate, wie z. B.:

- **XHTML** (eXtensible HyperText Markup Language) als Neuformulierung von HTML in XML;
- **SVG** (Scalable Vector Graphics) zur Beschreibung zweidimensionaler Vektorgrafiken;
- **RSS** (Really Simple Syndication) als einfaches Basisformat für meist über das Internet verteilte Aktualisierungsmeldungen (Websiteänderung, Nachrichten, ...);
- **MathML** (Mathematical Markup Language) zur Beschreibung mathematischer Formeln und Ausdrücke sowie
- **GraphML** (Graph Markup Language), **GXL** (Graph eXchange Language) und **XGMML** (eXtensible Graph Markup and Modeling Language) zur Beschreibung von Graphen.

In XML verfasste Dokumente sind durch *paarige* **Marken**, auch **Tags** genannt, *streng hierarchisch* strukturiert. Die Marken sind benannt und werden in spitzen Klammern eingeschlossen. Öffnende Marken können benannte **Attribute** mit Wertzuweisung enthalten. Mithilfe dieser Marken lassen sich für Dokumentenstrukturen spezifische Eigenschaften festlegen.

Ein XML-Dokument heißt **wohlgeformt** (SGML: tag-valid), falls es die wesentlichen Syntaxregeln erfüllt:

- Es gibt ein den gesamten Dokumentinhalt umschließendes Markenpaar, das damit die Wurzel des Dokuments ist.
- Die Marken treten paarig auf und sind streng hierarchisch geschachtelt. Beide Markenbezeichner nutzen die gleiche Groß-/Kleinschreibung. Nur wenn ein Paar `<Marke></Marke>` keinen Inhalt umschließt, kann es durch eine selbstschließende Marke in der Form `<Marke/>` abgekürzt werden.
- Attribute zu einer Marke treten nur einmalig auf. Zugewiesene Werte sind in doppelten Anführungszeichen eingefasst.

- Die speziellen Markupzeichen < und & sind im eigentlichen Dokumentinhalt durch die Zeichensequenzen `<` bzw. `&` ersetzt.
- Das XML-Dokument *kann* einen **Header** (`<?xml ... ?>`) enthalten, der Auskunft über die XML-Version und/oder den Dokumenttyp gibt.
- Kommentare (`<!-- ... -->`) treten nicht vor dem Header und nicht innerhalb von Marken auf.

```
<?xml version="1.0"?>
<!DOCTYPE buch SYSTEM "buch.dtd">
<buch isbn="978-3-446-40754-1">
   <titel>Taschenbuch der Informatik</titel>
   <!-- ... -->
   <kapitel>
      <titel>Informationsdarstellung</titel>
      <!-- ... -->
      <abschnitt>
         <titel>Datenaustauschformate<titel>
         <absatz>Zur Speicherung und Übertragung von
            ... </absatz>
      </abschnitt>
      <!-- ... -->
   </kapitel>
   <!-- ... -->
</buch>
```

Bild 2.15 Beispiel für ein XML-Dokument

Durch die Verknüpfung einer XML-Datei mit einem konkreten Dokumententyp unter Angabe einer **DTD** (Document Type Definition) wird die Konformität mit den Strukturregeln einer bestimmten XML-Sprache deklariert. Mithilfe der DTD kann die Einhaltung dieser Regeln automatisiert überprüft werden. Ist dies für ein *wohlgeformtes* XML-Dokument der Fall, so heißt es **gültig** (SGML: type-valid).

```
<!-- buch.dtd -->
<!ELEMENT buch (titel, kapitel+)>
<!ELEMENT kapitel (titel, abschnitt+)>
<!ELEMENT abschnitt (titel, absatz+)>
<!ELEMENT absatz (#PCDATA)>
<!ELEMENT titel (#PCDATA)>
<!ATTLIST kapitel
   isbn CDATA #IMPLIED
>
```

Bild 2.16 Beispiel für eine DTD

Eine DTD enthält Elementdeklarationen der Form:

```
<!ELEMENT Markenbezeichner Inhalt>
```

Die Spezifikation des Inhalts kann ein leeres Markenpaar (`EMPTY`), beliebige Kindselemente (`ANY`) oder eine Auswahl möglicher Kindselemente in einer geklammerten Liste vorsehen. Text als eingeschlossener Inhalt wird durch (`#PCDATA`) (Parsed Character Data) erlaubt. Wie in Bild 2.16 für das vorangegangene Beispiel (→ Bild 2.15) gezeigt, werden die Attributlisten zu den Dokumentelementen ähnlich deklariert.

Eine DTD ist in ihren Spezifikationsmöglichkeiten, insbesondere in Bezug auf den nicht weiter strukturierten Textinhalt, eingeschränkt. Es besteht keine Möglichkeit, ihn beispielsweise durch die Vorgabe von anderen Datentypen oder regulären Ausdrücken einzuschränken. Aus diesem Grunde wurden verschiedene **Schema**-Sprachen entworfen, die diesen Mangel beseitigen und meist sogar selbst auf XML basieren. Dies erlaubt, dass so beschriebene Schemen selbst durch die XML-Standardwerkzeuge validiert werden können. Ein prominenter Vertreter dieser Sprachen ist **XML Schema** vom W3C /2.20/.

Die Strukturierung eines XML-Dokuments ist *darstellungsunabhängig*. Die gewünschte Darstellung kann durch die Verknüpfung des XML-Dokuments mit einem **CSS** (Cascading Style Sheet) im Header spezifiziert werden:

```
<?xml:stylesheet "datei.css"?>
```

Alternativ steht auch hier mit **XSL** (eXtensible Stylesheet Language) eine XML-basierte Technologie zur Verfügung. Diese stützt sich auf zwei XML-konforme Sprachen:

- **XSLT** (XSL Transformations) zur automatisierten Überführung beliebiger XML-Dokumente in ein anderes Format /2.25/, und
- **XSL-FO** (XSL Formatting Objects) zur Spezifikation der visuellen Darstellung eines XML-Dokuments /2.13/.

3 Computer

Rainer G. Spallek, M. Zabel

3.1 Grundbegriffe

3.1.1 Beschreibungsniveaus

Beim Entwurf wie auch bei der Analyse komplexer digitaler Systeme hat sich eine Unterteilung und Betrachtung in einzelne Abstraktionsniveaus/Ebenen als zweckmäßig erwiesen ($\rightarrow$ Tabelle 3.1).

Tabelle 3.1 Abstraktionsebenen beim Entwurf digitaler Systeme

Abstraktionsniveau/Ebene	Inhalte
7. System	Systeme, Funktionseinheiten, Verbindungskanäle
6. Algorithmen	Algorithmen
5. Register-Transfer	Funktionselemente, Verbindungsstruktur
4. Logik/Gatter	Grundkomponenten, Verbindungen
3. Schaltung/Bauelement	Bauelement, Verbindungen
2. Elektrisch/Layout	Strom-Spannungs-Beziehungen
1. Technologie	Halbleitertechnologie, Halbleiterelektronik

Die einzelnen Ebenen stellen eine Charakterisierung des jeweiligen Detailliertheitsgrades der Beschreibung dar. Der Abstraktionsgrad von der eigentlichen physikalischen Realisierung in der Technologieebene als Bezugspunkt ist für jede Ebene signifikant.

Auf jeder der Ebenen sind vier verschiedene Betrachtungsweisen üblich, die sich vor allem darin unterscheiden, aus welcher Sicht die Betrachtung der Inhalte und Eigenschaften erfolgt: Verhalten, Struktur, Geometrie und Test.

Bei der Beschreibung von Rechnern werden allgemein die System- und die Algorithmenebenen zur Architekturebene und die Register-Transfer- und die Gatterebenen zur Logikebene zusammengefasst. Die restlichen Ebenen fallen mehr in den Bereich der Elektrotechnik und Physik als in den der Informatik und sollen hier daher nicht weiter betrachtet werden.

Logikebene. Bei der Logikebene abstrahiert man vom eigentlichen „analogen" physikalischen Verhalten und betrachtet nur noch „digitale" (binäre) Werte an den Ein- und Ausgängen der Komponenten. Die innere physikalische Realisierung der Komponenten wird nicht betrachtet. Darstellungs- und Beschreibungsmittel sind Schaltsymbole, Logikschaltungen (Schaltpläne), BOOLE'sche Gleichungen, Beschreibungssprachen, Signalflussgraphen, Taktdiagramme (Impulsfolgediagramme) u. a.

Architekturebene. Hier wird von der Logikebene noch weiter abstrahiert, so dass im Wesentlichen nur noch Funktionseinheiten, Verbindungskanäle und Algorithmen betrachtet werden. Darstellungs- und Beschreibungsmittel sind Blockschaltbilder, Busstrukturen, Register- und Speicherbelegungen, Programmablaufpläne u. a.

► *Hinweis*: In der Praxis sind die einzelnen Abstraktionsebenen und Betrachtungsweisen nicht immer exakt voneinander zu trennen. Oft ist es sinnvoll, mehrere Ebenen oder Betrachtungsweisen gleichzeitig zu betrachten bzw. miteinander zu kombinieren.

Der Entwurf und die Analyse hochkomplexer digitaler Systeme wird erst durch den Einsatz moderner computerunterstützter Verfahren (CAD-Tools) auf allen oben genannten Ebenen ermöglicht (→ Prozess- und Bauelementesimulation, Schaltungssimulation, Logiksimulation, Verhaltenssimulation, Layoutsynthese, ...).

3.1.2 Komponenten/Baugruppen

Auf der Logikebene unterscheidet man in digitalen Systemen folgende Grundkomponenten (→ Tabelle 3.2), die im Abschnitt 3.2 näher betrachtet werden. Vorweggenommen werden kann bereits, dass die Verknüpfungsglieder die Basis für Schaltnetze bilden und die Schaltnetze und Speicherglieder die Basis für die Schaltwerke.

Tabelle 3.2 Grundkomponenten digitaler Systeme

Komponenten	Merkmale
Verknüpfungsglieder	Realisierung logischer Grundverknüpfungen
Schaltnetze	Realisierung von Schaltfunktionen
Speicherglieder	Speicherung von Schaltvariablen
Schaltwerke	Realisierung von Automaten

Die Verknüpfungsglieder sind also die einfachsten digitalen Komponenten, die Schaltwerke dagegen die komplexesten. Betrachtet man die technische Realisierung von Computern, so sind in ihnen all diese Komponenten in sehr hoher Anzahl enthalten. Erst ihr Zusammenwirken, ihre Vernetzung, bestimmt die Gesamtheit der Eigenschaften eines Computers.

Auf der Architekturebene ist dagegen die Unterscheidung der einzelnen Komponenten/Baugruppen eines Computers nicht so fest gefügt wie auf der Logikebene. Vielmehr sind sie vom aktuellen Entwicklungsstand der Computertechnik abhängig. Die Einteilung der Hauptbestandteile eines Computers auf Architekturebene (→ Tabelle 3.3) ist also mehr oder weniger willkürlich. Eine genauere Betrachtung dieser Komponenten soll in den Abschnitten 3.3 bis 3.6 erfolgen.

Tabelle 3.3 Hauptbestandteile des Computers

Komponenten	Merkmale
CPU	Zentrale Verarbeitungseinheit
Speichersysteme	Informationsspeicherung
Bussysteme	Informationsübertragung
I/O-Systeme	Ein-/Ausgabe von Informationen

3.2 Logische Schaltungen /3.6/, /3.20/

3.2.1 Verknüpfungsglieder

Verknüpfungsglied (logic element): ein Schaltnetz, das eine Verknüpfung mehrerer Eingangsvariablen zu genau einer Ausgangsvariablen bewirkt. Verknüpfungsglieder (auch als Gatter bezeichnet) für BOOLE'sche Schaltvariablen sind z. B. NOT-Glied, AND-Glied, OR-Glied, NAND-Glied, NOR-Glied, XOR-Glied.

Verknüpfungsglieder realisieren üblicherweise nur einfache BOOLE'sche Verknüpfungen einer oder zweier Schaltvariablen. Verknüpfungsglieder mit mehr als zwei Eingängen, aber gleichem Verknüpfungsoperator sind jedoch auch möglich (Mehrfachverknüpfungen).

Die Funktionsweise der Verknüpfungsglieder kann am einfachsten durch Schalter erklärt werden (→ Bild 3.1). Ein einfacher Schalter ist dadurch gekennzeichnet, dass er nur zwei Zustände (binär) annehmen kann: offen oder geschlossen. Führt man nun für den Zustand des Schalters eine binäre Variable S ein (BOOLE'sche Schaltvariable), so ergeben sich folgende Zusammenhänge (elektrisch):

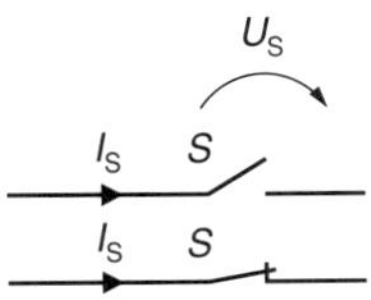

Schalter	S	UI-Relation
offen	0	$I_S = 0$ für $U_S \neq 0$
geschlossen	1	$U_S = 0$ für $I_S \neq 0$

Bild 3.1 Elektrischer Schalter

Schaltet man nun zwei Schalter zusammen, so ist leicht nachvollziehbar (durch Vergleich der Strom-Spannungsbeziehungen), dass eine Reihenschaltung einer UND-Verknüpfung (AND) und eine Parallelschaltung einer ODER-Schaltung (OR) der entsprechenden Schaltvariablen entspricht (→ Bild 3.2).

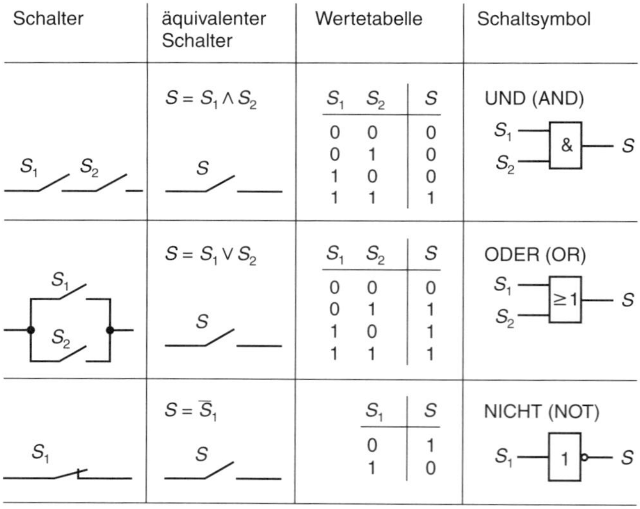

Bild 3.2 UND- und ODER-Verknüpfung mit Schaltern, Wertetabellen und Schaltsymbolen

Für die Realisierung der Negation (NOT) wird jedoch unbedingt noch eine aktive Komponente benötigt. Dazu muss z. B. der Schalter als ein elektrisch gesteuerter Schalter mit einer entsprechenden Randschaltung betrachtet werden.

Durch geeignete Zusammenschaltung (Überlagerung) dieser drei Grundverknüpfungen OR, AND und NOT kann nun jede beliebige andere Verknüpfung realisiert werden (→ 3.2.2, Bilder 3.3 und 3.4).

Verknüpfungsglieder mit speziellen Ausgängen. Um speziell bei der Vernetzung von Verknüpfungsgliedern in Schaltnetzen auch ausgangsseitige Verknüpfungen zuzulassen (Sammelleitungen, Bussysteme), sind zwei Varianten von Ausgängen üblich (→ Bild 3.5).

- **Open Collector/Open Drain**: Der Ausgang kann nur eine logische 0 realisieren und hat anstelle der logischen 1 einen offenen Ausgang Z (hochohmig). Die logische 1 wird in der Schaltung durch einen gesonderten externen Pull-up-Widerstand erzeugt.

- **Tristate**: Der Ausgang kann eine logische 0 und eine logische 1 realisieren. Durch Steuerung über einen gesonderten Eingang EN (enable) kann zusätzlich ein offener Ausgang Z (hochohmig) erzeugt werden.

Schaltzeichen	Schaltsymbol	logische Funktion y = 1, wenn	x_1 0 0 1 1 x_2 0 1 0 1
Konjunktion (AND)	x_1, x_2 – & – y	$y = x_1 \wedge x_2$ x_1 und $x_2 = 1$	y 0 0 0 1
Disjunktion (OR)	x_1, x_2 – ≥1 – y	$y = x_1 \vee x_2$ x_1 und/oder $x_2 = 1$	y 0 1 1 1
SHEFFER-Funktion (NAND)	x_1, x_2 – & o– y	$y = \overline{x_1 \wedge x_2}$ x_1 und/oder $x_2 = 0$	y 1 1 1 0
PIERCE-Funktion (NOR)	x_1, x_2 – ≥1 o– y	$y = \overline{x_1 \vee x_2}$ x_1 und $x_2 = 0$	y 1 0 0 0
Äquivalenz (XNOR)	x_1, x_2 – = – y	$y = x_1 \equiv x_2$ x_1 und x_2 gleich	y 1 0 0 1
Antivalenz (XOR)	x_1, x_2 – =1 – y	$y = x_1 \not\equiv x_2$ x_1 und x_2 ungleich	y 0 1 1 0
Negation (NOT)	x_1 – & o– y	$y = \bar{x}_1$ $x_1 = 0$	y 1 0
Identität (Buffer)	x_1 – ▷ – y	$y = x_1$ $x_1 = 1$	y 0 1

Bild 3.3 Verknüpfungsglieder mit ein und zwei Eingangssignalen

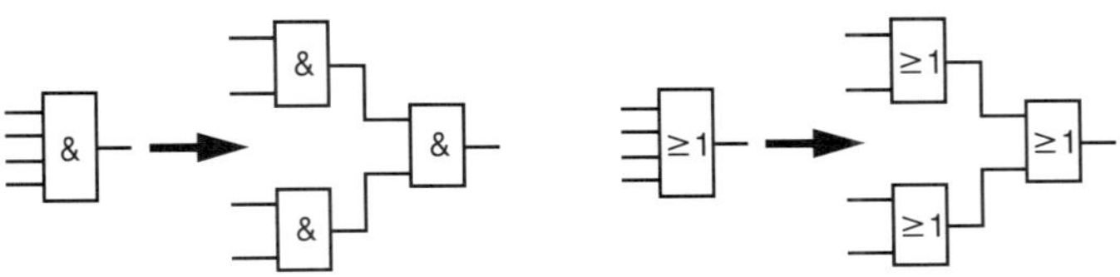

Bild 3.4 Verknüpfungsglieder mit mehr als zwei Eingangssignalen

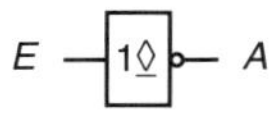

E	A
0	Z
1	0

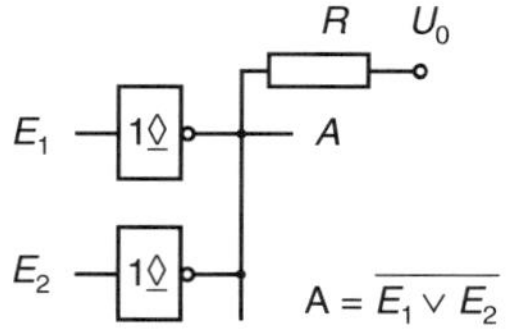

E_1	E_2	A
0	0	1
0	1	0
1	0	0
1	1	0

◊ Kennzeichen für Open-Collector/Open-Drain

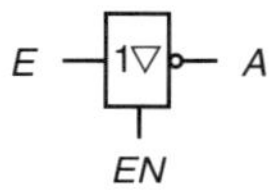

E	EN	A
0	0	Z
0	1	1
1	0	Z
1	1	0

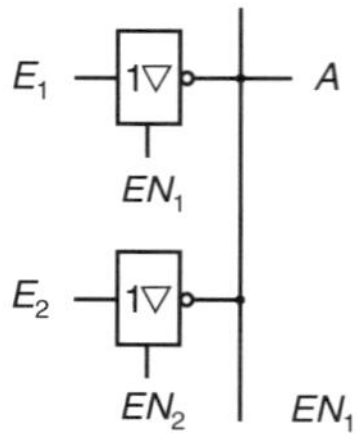

E_1	E_2	EN_1	EN_2	A
0	X	1	0	1
1	X	1	0	0
X	0	0	1	1
X	1	0	1	0
X	X	0	0	Z
X	X	1	1	–

$EN_1 \wedge EN_2 = 1$ nicht erlaubt

▽ Kennzeichen für Tristate

Bild 3.5 Open Collector/Open Drain (Beispiel: Interrupt-Leitung) und Tristate (Beispiel: Busanbindung) R – Pull-up-Widerstand

Reale Verknüpfungsglieder. Bei der Anwendung realer Verknüpfungsglieder sind unbedingt folgende Parameter zu beachten:

- Signalanstiegszeiten (t_T – *transition time*) und Signalverzögerungszeiten (t_P – *propagation delay time*) vom Eingang zum Ausgang,
- fan-in (Lastfaktor am Eingang) und fan-out (Lastfaktor am Ausgang),
- Betriebsspannung und Leistungsaufnahme,
- Signalpegel und Störsicherheiten.

3.2.2 Schaltnetze

Schaltnetz (combinatorical circuit) /3.3/: Funktionseinheit zum Verarbeiten von Schaltvariablen, bei der die Werte aller Schaltvariablen am Ausgang (Ausgangsvariablen) zu einem bestimmten Zeitpunkt t_0 nach Verstreichen der Lauf- und Verzögerungszeit Δt nur abhängen von den Werten aller Schaltvariablen am Eingang (Eingangsvariablen) zum Zeitpunkt $t_0 - \Delta t$.

► *Hinweis*: Ein Schaltnetz hat keine inneren Zustände. Es enthält keine Speicherglieder. Der Ausdruck Schaltkreis anstelle Schaltnetz ist als missverständlich zu vermeiden.

Schaltnetze (kombinatorische Schaltungen) dienen der Realisierung von Schaltfunktionen. Sie können durch eine Vernetzung von Verknüpfungsgliedern realisiert bzw. auf eine solche zurückgeführt werden. Bei der Vernetzung sind unbedingt folgende Punkte zu beachten:

- Die Eingänge der Verknüpfungsglieder dürfen nur mit Ausgängen voranliegender Glieder oder mit Klemmen verbunden sein (Signalrückführungen sind nicht zulässig).
- Die Ausgänge von Verknüpfungsgliedern dürfen nicht miteinander verbunden werden (Ausnahmen: Open Drain/Open Collector, Tristate → 3.2.1).
- Alle Eingänge der Verknüpfungsglieder sind zu beschalten. Werden sie nicht mit vernetzt, so sind sie mit 0 oder 1 geeignet zu beschalten.

> **Schaltfunktion** (switching function) /3.3/: eine Funktion, bei der alle Argumentvariablen (Eingangsvariablen) und die abhängige Variable (Ausgangsvariable) Schaltvariablen sind. Wird eine Schaltfunktion mit Hilfe eines Operationssymbols dargestellt, spricht man von Verknüpfung.

Schaltalgebra. Schaltfunktionen können mithilfe der Schaltalgebra dargestellt werden. Die Schaltalgebra ist ein Modell (und eine technische Anwendung) der BOOLE'schen Algebra. Sie ist nur über zwei Werten definiert $B = \{0, 1\}$ (→ Tabelle 3.4). Die Schaltvariable ist ein Symbol für ein Element der Schaltalgebra. Es existieren die Operatoren $\wedge$, $\vee$, $\neg$ (→ Tabelle 3.5).

Tabelle 3.4 Wertezuordnung bei Schaltalgebra

Schalter	positive Logik	negative Logik
offen	0	1
geschlossen	1	0

Tabelle 3.5 Operatoren der BOOLE*'schen Algebra*

Operator	$\wedge$	$\vee$	$\neg$
BOOLE'sche Verknüpfung	AND (UND)	OR (ODER)	NOT (NICHT)
Schreibweise	•	+	—

Es gelten die Gesetze der BOOLE'schen Algebra /3.14/.

Normalformen. Normalformen beschreiben eine Schaltfunktion z. B. ausgehend von einer Wertetabelle in Gleichungsform. Bei der kanonisch disjunktiven Normalform (KDNF) werden alle Elementarkonjunktionen (AND-Verknüpfung aller Schaltvariablen, negiert oder unnegiert), die den Funktionswert 1 liefern, disjunktiv miteinander verknüpft. Die nichtkanonische Form entsteht durch Vereinfachung (Kürzung von Schaltvariablen aus den Elementarkonjunktionen).

Vereinfachung oder Umformung von Schaltfunktionen. Die Vereinfachung von Schaltfunktionen dient vor allem der Minimierung des Hardwareaufwandes bei der Realisierung des Schaltnetzes (Minimierung der Anzahl der Verknüpfungsglieder), der Anpassung der dynamischen Eigenschaften (Schaltzeiten) und der Verbesserung der Testbarkeit des Schaltnetzes. Folgende Verfahren zur Vereinfachung/Umformung lassen sich unterscheiden:

- *Mathematische Verfahren*: systematische Umformung durch Anwendung der Rechenregeln der BOOLE'schen Algebra.
- *Algorithmische Verfahren*: Verfahren nach QUINE-MCCLUSKEY oder ESPRESSO, meist in CAD-Systemen implementiert /3.14/.
- *Grafische Verfahren*: VENN-Diagramm oder KARNAUGH-VEITH-Diagramm /3.14/.

► *Hinweis*: Während die rein mathematischen und grafischen Verfahren nur für die Vereinfachung von Schaltfunktionen mit bis zu 6 Schaltvariablen effektiv einsetzbar sind, eignen sich die algorithmischen Verfahren, implementiert auf Computern, für nahezu beliebig große Variablenzahlen. Äquivalente Schaltnetze können auch direkt aus dem Schaltplan gewonnen werden (Anwendung der DE MORGAN'schen Regel /3.14/, → Bild 3.6).

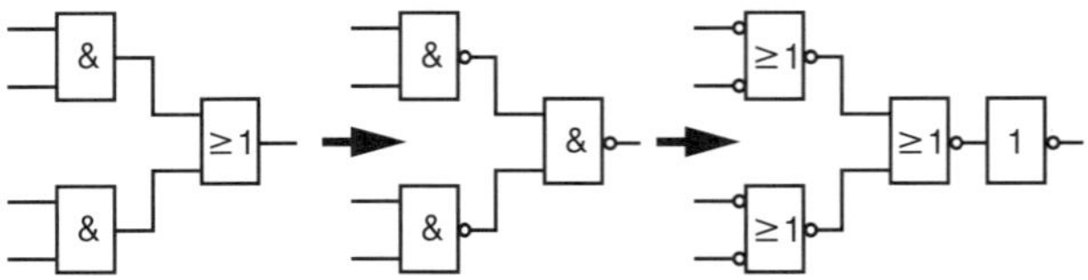

Bild 3.6 Äquivalente Schaltnetze/Verknüpfungen

Realisierung von Schaltnetzen. Folgende Verfahren sind für die Realisierung von Schaltnetzen üblich:

- Netzwerke aus Verknüpfungsgliedern,
- Multiplexer-Netzwerke,
- ROM-basierte Netzwerke,
- programmierbare Logikbausteine (PLA, PAL),
- universelle Logikgatter (LUT, ULM).

Typen von Schaltnetzen. Unterteilung der Schaltnetze nach ihren Anwendungsgebieten:

- zuordnende Schaltnetze: Codierer (Encodierer/Decodierer),
- verteilende/auswählende Schaltnetze: Multiplexer (Demultiplexer),
- vergleichende Schaltnetze: Komparatoren,
- berechnende Schaltnetze: ALU (arithmetisch-logische Einheit),
- speichernde Schaltnetze: ROM.

Codierer. Ein Codierer ordnet einer Menge von Eingangswerten eine Menge von Ausgangswerten eindeutig zu (→ Bild 3.7). Diese Zuordnung ist nicht immer eineindeutig.

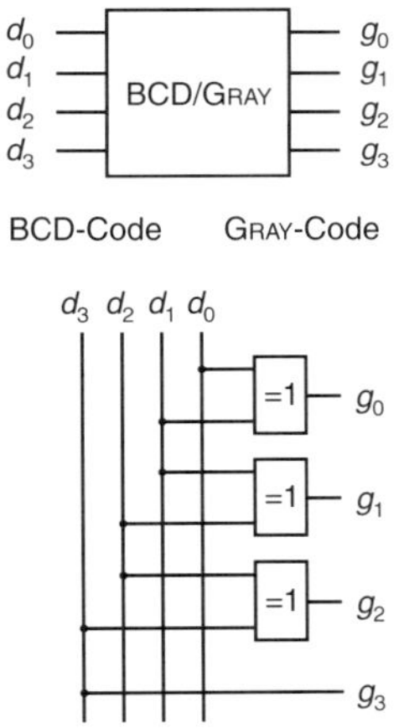

Dez	d_3	d_2	d_1	d_0	g_3	g_2	g_1	g_0
0	0	0	0	0	0	0	0	0
1	0	0	0	1	0	0	0	1
2	0	0	1	0	0	0	1	1
3	0	0	1	1	0	0	1	0
4	0	1	0	0	0	1	1	0
5	0	1	0	1	0	1	1	1
6	0	1	1	0	0	1	0	1
7	0	1	1	1	0	1	0	0
8	1	0	0	0	1	1	0	0
9	1	0	0	1	1	1	0	1
10	ungültig				ungültig			
11	ungültig				ungültig			
12	ungültig				ungültig			
13	ungültig				ungültig			
14	ungültig				ungültig			
15	ungültig				ungültig			

Bild 3.7 Beispiel eines BCD-zu-GRAY-Code-Codierers

Adressdecodierer. Decodierer, die Binär- zu 1-aus-n-Code umsetzen. Für jede Kombination der Eingangsvariablen (auch Adressen) wird nur je ein Ausgang 1, alle anderen bleiben 0 (→ 3.6.2, Bild 3.8).

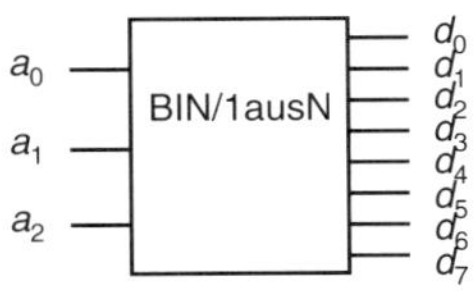

$d_0 = \bar{a}_2\bar{a}_1\bar{a}_0$ $d_4 = a_2\bar{a}_1\bar{a}_0$

$d_1 = \bar{a}_2\bar{a}_1 a_0$ $d_5 = a_2\bar{a}_1 a_0$

$d_2 = \bar{a}_2 a_1\bar{a}_0$ $d_6 = a_2 a_1\bar{a}_0$

$d_3 = \bar{a}_2 a_1 a_0$ $d_7 = a_2 a_1 a_0$

Dez	a_2	a_1	a_0	d_7	d_6	d_5	d_4	d_3	d_2	d_1	d_0
0	0	0	0	0	0	0	0	0	0	0	1
1	0	0	1	0	0	0	0	0	0	1	0
2	0	1	0	0	0	0	0	0	1	0	0
3	0	1	1	0	0	0	0	1	0	0	0
4	1	0	0	0	0	0	1	0	0	0	0
5	1	0	1	0	0	1	0	0	0	0	0
6	1	1	0	0	1	0	0	0	0	0	0
7	1	1	1	1	0	0	0	0	0	0	0

Bild 3.8 Beispiel eines 3-Bit-Adressdecodierers

Multiplexer. Beim Multiplexer wird entsprechend der Belegung der Steuereingänge (binär codierte Adressen) aus einer Menge von N Eingängen einer ausgewählt und auf den Ausgang durchgeschaltet ((N : 1)-Multiplexer) bzw. auch umgekehrt ein Eingang auf einen von N möglichen Ausgängen durchgeschaltet (1 : N)-Multiplexer, auch Demultiplexer → Bild 3.9).

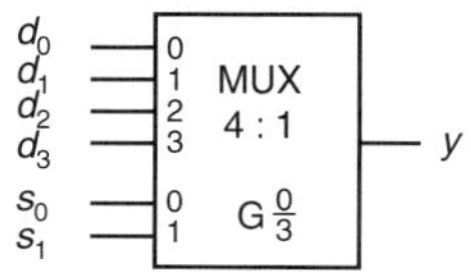

Dez	s_1	s_0	y
0	0	0	d_0
1	0	1	d_1
2	1	0	d_2
3	1	1	d_3

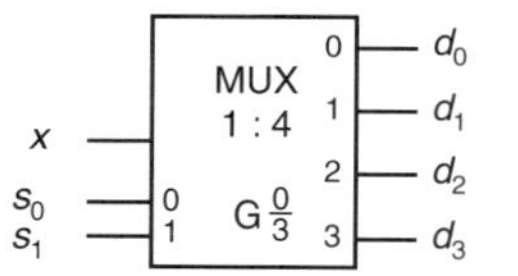

Dez	s_1	s_0	d_3	d_2	d_1	d_0
0	0	0	0	0	0	x
1	0	1	0	0	x	0
2	1	0	0	x	0	0
3	1	1	x	0	0	0

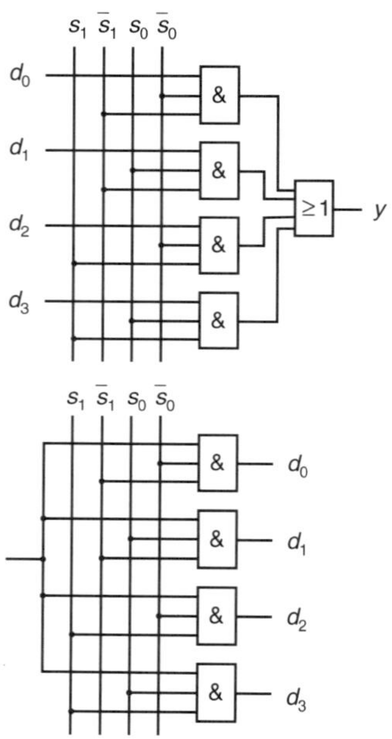

Bild 3.9 Beispiel eines (4 : 1)-und (1 : 4)-Multiplexers

Torschaltungen (*gates*) und Knotenschaltungen (*nodes*) können auch als Sonderfälle des Multiplexers verstanden werden.

Komparatoren. Digitale Komparatoren vergleichen zwei Dateneingänge (binär codiert) entsprechend ihrer dualen Wertigkeit und liefern als Ausgang z. B. die Vergleichskriterien: $=, \neq, >, <$ (→ Bild 3.10).

Addierer. Addierer addieren zwei Eingänge (binär codiert), ggf. auch einen einlaufenden Übertrag, entsprechend ihrer dualen Wertigkeit und liefern als Ausgänge die Summe und den auslaufenden Übertrag (→ Bild 3.11). Addierer sind Bestandteil der ALU (→ 3.4.1). Carry-Look-Ahead-Addierer nutzen eine schnellere Übertragungsvorausberechnung.

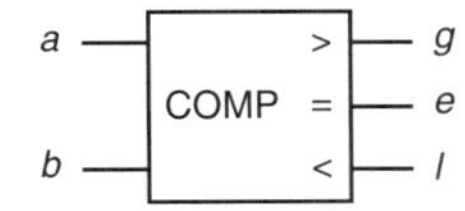

		$(a > b)$ g	$(a = b)$ e	$(a < b)$ l
a	b	g	e	l
0	0	0	1	0
0	1	0	0	1
1	0	1	0	0
1	1	0	1	0

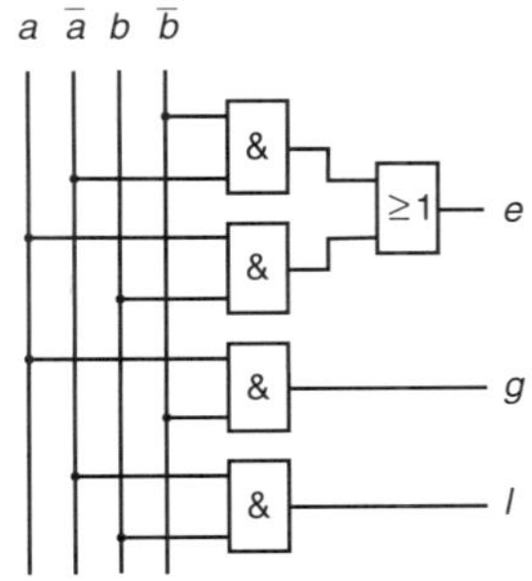

Bild 3.10 Beispiel eines 1-Bit-Komparators

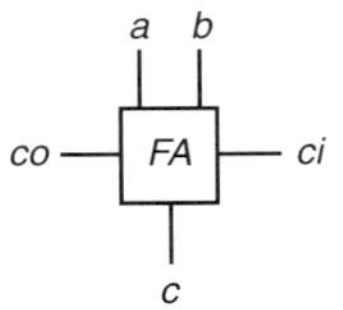

a, b Summanden
co neuer Übertrag
ci letzter Übertrag
s Summe

ci	a	b	s	co
0	0	0	0	0
0	0	1	1	0
0	1	0	1	0
0	1	1	0	1
1	0	0	1	0
1	0	1	0	1
1	1	0	0	1
1	1	1	1	1

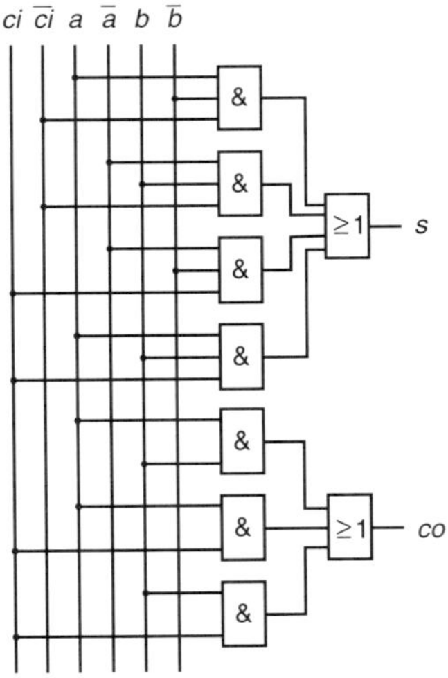

Bild 3.11 Normalformschaltnetz eines 1-Bit-Volladdierers

ROM (Read Only Memory). ROMs geben bei Anlegen einer Adresse an den Eingängen (binär codiert) einen entsprechenden, fest gespeicherten Zustand am Ausgang aus (Schaltnetz mit fester logischer Funktion → Bild 3.12).

Reale Schaltnetze. Bei der Realisierung realer Schaltnetze sind dieselben Parameter wie bei realen Verknüpfungsgliedern zu beachten. Zusätzlich ist für das dynamische Verhalten noch die Schaltungstiefe von Bedeutung. Sie gibt die Anzahl von Verknüpfungsgliedern (Stufen) an, die ein Signal vom Eingang bis zum Ausgang maximal durchläuft (kritischer Pfad) und ist damit für die maximale Verzögerungszeit im Schaltnetz von Bedeutung.

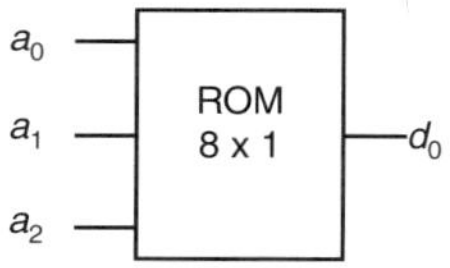

a_2	a_1	a_0	d_0
0	0	0	0
0	0	1	0
0	1	0	1
0	1	1	0
1	0	0	1
1	0	1	1
1	1	0	1
1	1	1	0

$$d_0 = \bar{a}_2 a_1 \bar{a}_0 + a_2 \bar{a}_1 \bar{a}_0 + a_2 \bar{a}_1 a_0 + a_2 a_1 \bar{a}_0$$

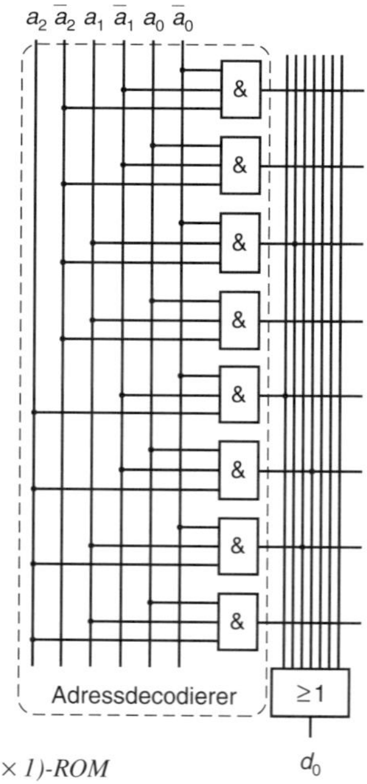

Bild 3.12 Beispiel eines (8 Bit × 1)-ROM

Analyse und Synthese von Schaltnetzen. Für die Analyse und Synthese von Schaltnetzen steht eine Vielzahl von CAD-Systemen zur Verfügung. Dabei reicht die Palette von der Simulationsunterstützung für den Handentwurf bis hin zur vollständigen, automatischen Schaltungssynthese.

3.2.3 Speicherglieder

Speicherglied /3.3/: Bestandteil eines Schaltwerks, der Werte von Schaltvariablen aufnimmt, aufbewahrt und abgibt. Die Abgabe kann je nach Funktion ständig oder zu bestimmten Zeitpunkten oder nach Aufforderung erfolgen.

Flipflop. Das ist eine bistabile Kippschaltung auf der Basis der Zusammenschaltung von zwei NAND- oder NOR-Verknüpfungsgliedern (→ 3.2.1) mit einer statischen Rückkopplung (der Ausgang des einen Verknüpfungsgliedes wird jeweils mit dem Eingang des anderen verbunden, Kreuzkopplung). Dieses Basis-Flipflop (bzw. RS-Flipflop → Bild 3.13) kann bei der Eingangsbelegung $R = 0$, $S = 1$ in den Zustand $Q = 1$ bzw. bei $R = 1$, $S = 0$ in den Zustand $Q = 0$ am Ausgang gesetzt bzw. rückgesetzt werden und speichert bei $R = S = 0$ den jeweils vorherigen Zustand. Die Belegung $R = S = 1$ führt bei anschließender Speicherphase $R = S = 0$ zu einem undefinierten Zustand $Q = X$ (0 oder 1) und ist daher prinzipiell zu vermeiden.

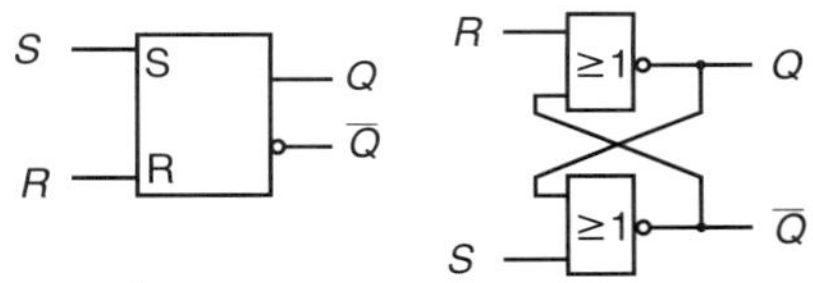

S	R	Q	$\overline{Q}$	
0	0	0	1	nach $S = 0$, $R = 1$
0	0	1	0	nach $S = 1$, $R = 0$
0	1	0	1	
1	0	1	0	
1	1	(0	0)	verbotene Belegung

Bild 3.13 RS-Basis-Flipflop

Komplexes Flipflop. Durch eine geeignete Zusatzbeschaltung des Basis-Flipflops kann dessen logisches Verhalten geändert werden, z. B. Vermeidung des undefinierten Zustandes (→ Bild 3.14). Andererseits kann die Zusatzbeschaltung auch der gezielten Beeinflussung des dynamischen Verhaltens dienen, z. B. zur Festlegung des Zeitpunktes der Datenübernahme von den Eingängen und des Zeitpunktes der Datenausgabe am Ausgang. Die Synchronisation erfolgt dabei durch ein gesondertes Taktsignal (taktsynchron, c-clock, → Bild 3.15). Es ist zwischen asynchronen Eingängen (wirken unabhängig vom Takt) und synchronen Eingängen (wirken nur taktsynchron) zu unterscheiden.

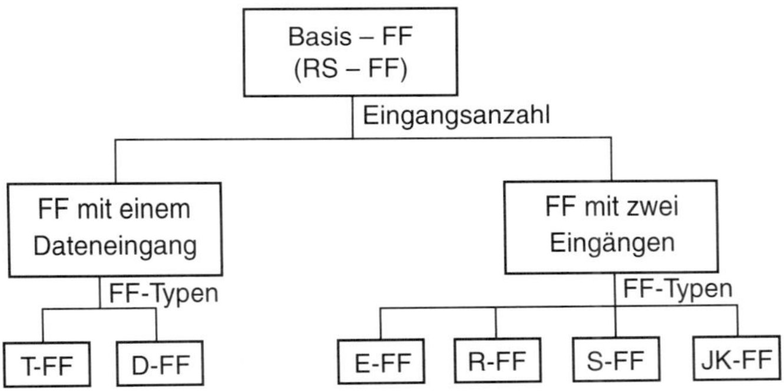

Bild 3.14 Übersicht zur logischen Funktion komplexer Flipflops (FF)

Flipflop-Typen (→ Bild 3.16):

T-FF: (Toggle-Flipflop) – Invertierung des Ausganges bei $T = 1$, Speichern bei $T = 0$,

D-FF: (Delay-Flipflop) – verzögerte Übernahme der Eingangsdaten auf den Ausgang,

JK-FF: wie RS-FF, jedoch bei $J = K = 1$ Invertierung des Ausganges,

S-, R-, E-FF: wie RS-FF, jedoch bei $R = S = 1$ zusätzliches Setzen, Rücksetzen bzw. Speichern.

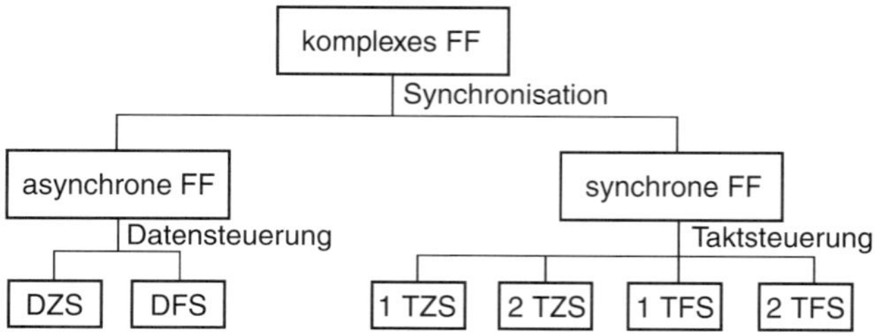

Bild 3.15 Übersicht zur Taktsteuerung komplexer Flipflops

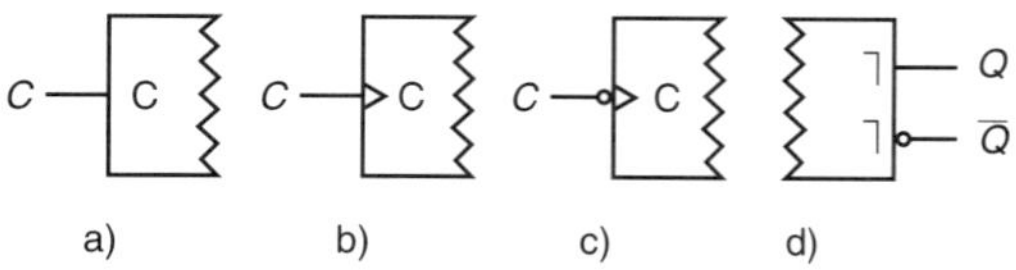

Bild 3.16 Kennzeichnung der Flipflop-Typen
a) zustandsgesteuert, b) flankengesteuert, c) negierter Takt, d) zweizustands- bzw. zweiflankengesteuert

Taktsteuerung (→ Bild 3.15):

- *1-Taktzustandssteuerung (1TZS)*: gleichzeitige Datenübernahme und Datenausgabe bei $C = 1$. Bei $C = 0$ keine Verarbeitung, speichern.
- *2-Taktzustandssteuerung (2TZS)*: Datenübernahme bei $C = 0$, Datenausgabe bei $C = 1$.
- *1-Taktflankensteuerung (1TFS)*: gleichzeitige Datenübernahme und Datenausgabe bei positiver Taktflanke $C\uparrow$, sonst keine Verarbeitung, speichern.
- *2-Taktflankensteuerung (2TFS)*: Datenübernahme bei positiver Taktflanke $C\uparrow$, Datenausgabe bei negativer Taktflanke $C\downarrow$, sonst speichern.

Für die Darstellung der logischen und dynamischen Eigenschaften synchroner FF (taktgesteuert) reichen die einfache Wertetabelle oder eine Schaltfunktion nicht mehr aus. Folgende Darstellungsvarianten sind üblich (→ Bild 3.17): Schaltfunktionen mit Zeitverhalten, Zustandsfolgetabelle, Zustandsübergangstabelle, Zustandsgraph und Impulsfolgediagramm. Dabei wird unter $Q(t = t_n)$, kurz Q, der aktuelle Zustand und unter $Q(t = t_{n+1})$, kurz Q^+, der darauf folgende Zustand, der Folgezustand, verstanden.

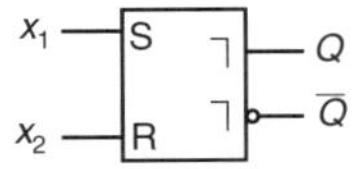

Q	Q^+	R	S
0	0	X	0
0	1	0	1
1	0	1	0
1	1	0	X

$Q^+ = (\overline{R}Q + \overline{R}S)$ mit $RS = 0$

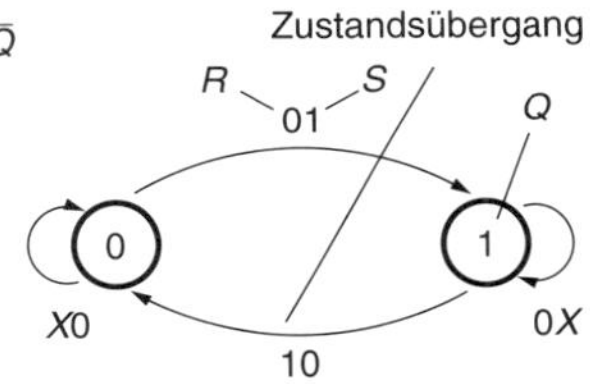

R	S	Q	Q^+
0	0	0	0
0	1	0	1
1	0	0	0
1	1	0	–
0	0	1	1
0	1	1	1
1	0	1	0
1	1	1	–

Bild 3.17 Darstellungsvarianten für Flipflops (links: Schaltsymbol, Zustandsübergangstabelle, Mitte: BOOLE*'sche Gleichung, Zustandsgraph, rechts: Zustandsfolgetabelle)*

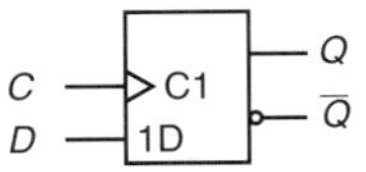

D	Q^+	$\overline{Q}^+$
0	0	1
1	1	0

$Q^+ = D$

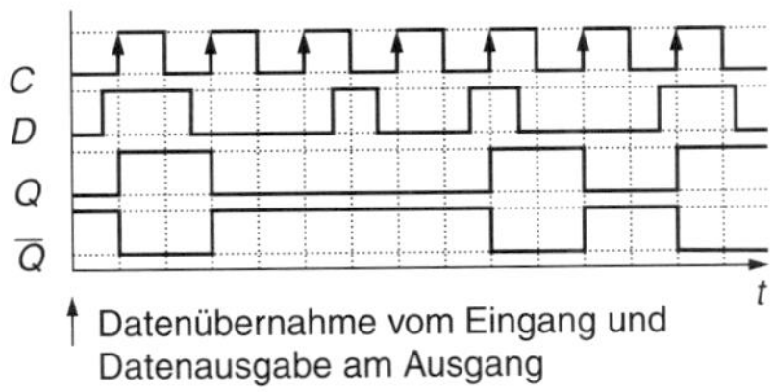

Bild 3.18 Beispiel eines einflankengesteuerten D-FF mit Impulsfolgediagramm (rechts)

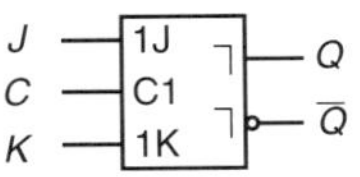

J	K	Q^+	$\overline{Q}^+$
0	0	Q	$\overline{Q}$
0	1	0	1
1	0	1	0
1	1	$\overline{Q}$	Q

$Q^+ = J \wedge \overline{Q} \vee \overline{K} \wedge Q$

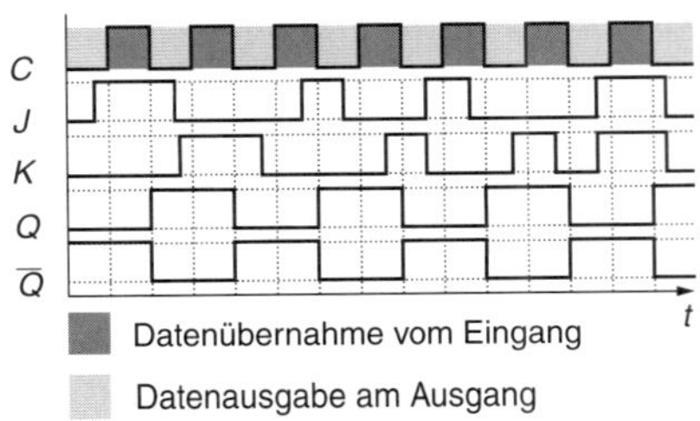

Bild 3.19 Beispiel eines zweizustandsgesteuerten JK-Master-Slave-FF

Das prinzipielle Zeitverhalten der verschiedenen komplexen FF-Typen geht aus den Bildern 3.18 und 3.19 hervor. Die einzelne FF-Typen können durch eine geeignete Zusatzbeschaltung bzgl. ihres logischen und ihres Zeitverhaltens ineinander umgewandelt werden (→ Bild 3.20).

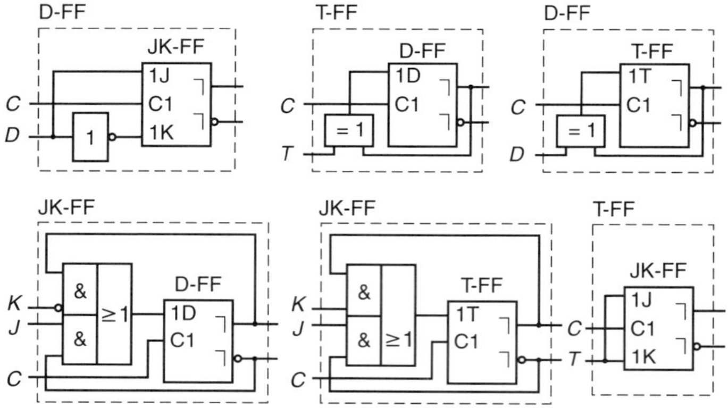

Bild 3.20 Umwandlung der einzelnen FF-Typen ineinander

3.2.4 Schaltwerke

Schaltwerke (sequential circuit) /3.3/: eine Funktionseinheit zum Verarbeiten von Schaltvariablen, bei der die Werte aller Schaltvariablen am Ausgang (Ausgangsvariablen) zu einem bestimmten Zeitpunkt t_0 nach Verstreichen der Lauf- und Verzögerungszeit Δt nur abhängen von den Werten aller Schaltvariablen am Eingang (Eingangsvariablen) zum Zeitpunkt $t_0 - \Delta t$ und zu endlich vielen vorangegangenen Zeitpunkten sowie gegebenenfalls vom Anfangszustand. Ein Schaltwerk hat eine endliche Anzahl von inneren Zuständen und ist, abstrakt gesehen, ein endlicher Automat.

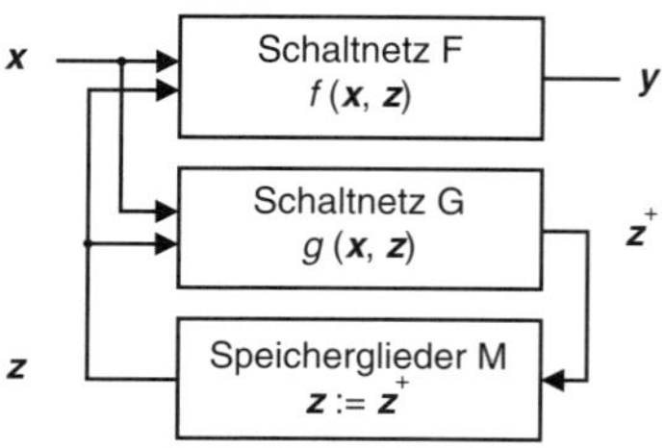

Bild 3.21 Beschreibung von Schaltwerken (MEALY-Automat)

x	*Eingangsvektor*
y	*Ausgangsvektor*
z	*Zustandsvektor*
z^0	*Anfangszustandsvektor*
z^+	*Folgezustandsvektor*
$g(x,z)$	*Übergangsfunktion*
$f(x,z)$	*Ausgangsfunktion*
$z := z^+$	*Zustandsübergang der Speicherglieder*

Flipflops sind elementare Schaltwerke. Die Beschreibung der Schaltwerke erfolgt mit den Methoden der Automatentheorie (→ 19.1.2). Hauptbestandteile eines Schaltwerks sind die beiden Schaltnetze F (Realisierung der Ausgangsfunktion $\boldsymbol{f}$) und G (Realisierung der Übergangsfunktion $\boldsymbol{g}$) und die Speicherglieder M in der Rückführung (→ Bild 3.21).

MOORE-Automaten unterscheiden sich von den allgemeineren MEALY-Automaten nur dadurch, dass die Ausgangsfunktion nur vom Zustandsvektor abhängt.

Bei synchronen Schaltwerken werden im Gegensatz zu asynchronen alle Speicherglieder mit dem gleichen Takt angesteuert.

Ein Schaltwerk kann durch folgendes Gleichungssystem ausreichend beschrieben werden:

$$\begin{aligned} z^+ &= g(\boldsymbol{x}, z) \\ z^0 &= (z_1^0; z_k^0) \\ \boldsymbol{y} &= f(\boldsymbol{x}, z) \\ z &= z^+ \end{aligned}$$

Weitere Beschreibungsformen sind die Zustandsfolgetabelle (Automatentabelle), der Zustandsgraph und das Impulsfolgediagramm (→ 3.2.3).

Typen von Schaltwerken: Unterteilung der Schaltwerke nach ihren Anwendungsgebieten:

- *speichernde* Schaltwerke: Register (Latches, Schieberegister),
- *zählende* Schaltwerke: Zähler (Teiler, Taktgeber),
- *steuernde* Schaltwerke (→ Bild 3.22): Steuerwerke (Mikroprogrammsteuerwerke),
- *verarbeitende* Schaltwerke: Automaten (Computer).

► *Hinweis*: **Register** sind einfache, aus Flipflops aufgebaute Schaltwerke, die einen sehr schnellen parallelen Lese- und Schreibzugriff erlauben. Sie dienen innerhalb eines Prozessors i. Allg. zur temporären Speicherung von Daten und Befehlen. Mehrere Register werden zu einem **Registersatz** zusammengefasst.

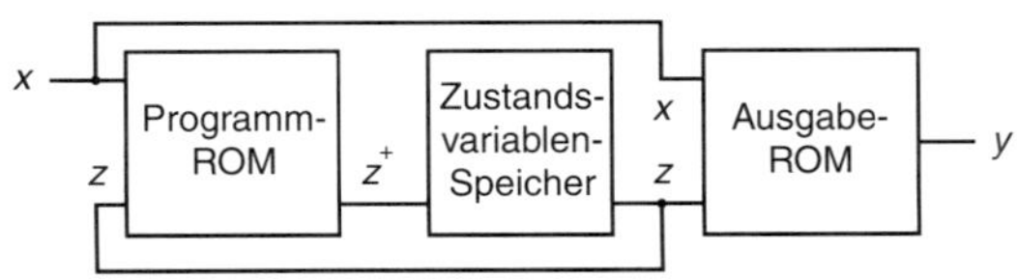

Bild 3.22 Beispiel eines ROM-basierten Steuerwerks (Automaten)

Analyse und Synthese von Schaltwerken. Für die Analyse und Synthese von Schaltwerken steht wie bei Schaltnetzen eine Vielzahl von CAD-Systemen zur Verfügung. Dabei reicht die Palette von der Simulationsunterstützung für den Handentwurf bis hin zur vollständigen, automatischen Schaltungssynthese.

3.3 VON-NEUMANN-Rechnerkonzept

Das VON-NEUMANN-Rechnerkonzept (→ Bild 3.23) stellt (ca. seit 1946) das grundlegende Operationsprinzip von Computern dar, wie es heute, wenn auch mit einigen Abwandlungen, noch in fast allen modernen Computern genutzt wird. Es basiert auf folgenden Punkten:

1. Hauptkomponenten des Rechners sind Rechenwerk, Steuerwerk, Hauptspeicher, Eingabe-/Ausgabeeinheit und die Verbindungen (Datenwege, Busse). Steuerwerk und Rechenwerk bilden zusammen die zentrale Recheneinheit (Prozessor, CPU).
2. Die intern verwendete Signalmenge ist binär codiert. Es werden Worte fester Länge parallel verarbeitet. Die Verarbeitung erfolgt taktgesteuert. Der Rechner arbeitet nach einem Start automatisch.
3. Programmbefehle und Daten werden im einheitlichen Hauptspeicher ohne Kennzeichnung gespeichert. Der Hauptspeicher besteht aus fortlaufend adressierten Speicherworten, deren Inhalt nur über die Adresse angesprochen werden kann.
4. Der Rechner verarbeitet extern eingegebene Programme und Daten, die intern gespeichert werden, sequenziell. Die normale Verarbeitung erfolgt in der Reihenfolge der Abspeicherung der Programmbefehle. Die sequenzielle Abarbeitung kann durch Sprungbefehle oder datenbedingte Verzweigungen unterbrochen werden.

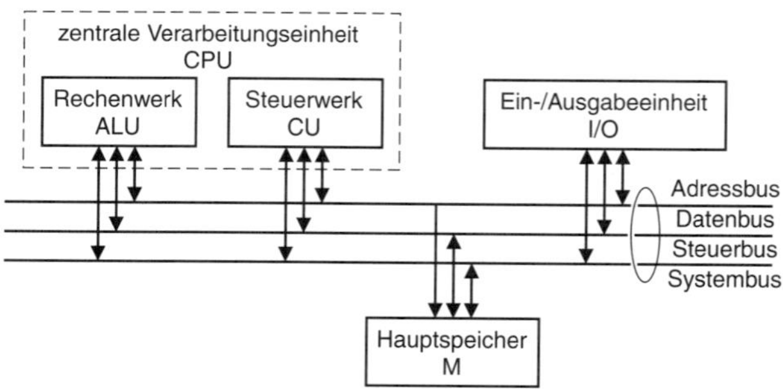

Bild 3.23 Komponenten des VON-NEUMANN-*Rechners*

Befehlszyklus des VON-NEUMANN-Rechners. Zwei zeitlich getrennte Phasen der Befehlsabarbeitung, die sich ständig zyklisch abwechselnd wiederholen:

1. Befehl aus dem Hauptspeicher holen und im Steuerwerk interpretieren (decodieren),
2. Operand aus dem Hauptspeicher holen und Befehl ausführen (und Resultat in den Hauptspeicher schreiben).

Engpässe (Flaschenhälse) der VON-NEUMANN-Architektur:

1. Befehle und Daten stehen gleichzeitig nebeneinander im Hauptspeicher und werden über den gleichen Weg gelesen bzw. geschrieben (Speicherschnittstelle) und behindern sich damit gegenseitig.
   Ausweg: Getrennte Speicher und Busse für Befehle und Daten (getrennte Caches, Harvard-Architektur).
2. Sequenzielle Abarbeitung der einzelnen Programmschritte in jeweils zwei Phasen. Keine Möglichkeit der gleichzeitigen Ausführung mehrerer Schritte.
   Ausweg: Nutzung von Parallelität: ILP (Instruction Level Parallelism), MT (Multithreading) und MP (Multiprocessor).
3. Feste Befehlsabfolge und Steuerung in nur einer Ebene (nur ein Befehlszähler, ein Befehlsregister) bereitet Probleme bei Unterprogrammtechnik, Multitasking, Multiuser-Betrieb.
   Ausweg: Einführung eines Universalregistersatzes (register renaming, register windows) und vereinfachte Steuerungsabläufe für die Befehlsausführung (RISC-Architekturen).

3

3.4 Hauptkomponenten von Computern /3.11/, /3.5/, /3.19/, /3.10/, /3.1/, /3.12/

3.4.1 Arithmetisch-logische Einheit (ALU)

Arithmetisch-logische Einheit (ALU, Arithmetic Logic Unit): eine Komponente des Rechners, die Rechenoperationen mit den vom Speicher bereitgestellten Operanden ausführt.

Die ALU wird oft, historisch bedingt, auch als Rechenwerk bezeichnet. Für Fest- und Gleitkommaarithmetik werden üblicherweise getrennte Rechenwerke verwendet. Der Operationsumfang der ALU kann grob in drei Klassen unterteilt werden:

- *arithmetische Operationen*: Grundrechenarten wie Addition, Subtraktion, Multiplikation, Division (→ 3.2.2),
- *logische Operationen*: z. B. AND, NOR, XOR, NOT (→ 3.2),
- *Bitmanipulationen* und *-verknüpfungen*: Rotationen, Verschiebungen, Vergleiche.

Die ALU umfasst mehrere Register zur Aufnahme von Operanden und Ergebnissen für verschiedene Operationen. Es ist nicht zwingend erforderlich, alle Operationen in Hardware durchzuführen, da mit einem Grundvorrat an Operationen alle anderen softwaremäßig emuliert werden können. Einen Operationsvorrat für ein einfaches Festkomma-Rechenwerk zeigt Tabelle 3.6:

Tabelle 3.6 Operationen für ein einfaches Rechenwerk

Bsp.-Operationscode	Bezeichnung	Funktion
0 0 0	Addition	$A+B$
0 0 1	Subtraktion	$A-B$
0 1 0	bitweises logisches OR	$A \vee B$
0 1 1	bitweises logisches AND	$A \wedge B$
1 0 0	bitweises logisches XOR	$A \oplus B$
1 0 1	Rechtsverschiebung um ein Bit	$A/2$

Flag. Ein Statusbit, das von der ALU zur Unterstützung des Steuerwerks bei der Kontrolle des Befehlsflusses generiert wird. Die meisten Rechenwerke stellen folgende Flags zur Verfügung:

- Überschreitung (*overflow*) und Unterschreitung (*underflow*) des zulässigen Zahlenbereichs, O-Flag,
- Übertrag im höchstwertigen Bit bei der Addition (*carry*) bzw. Subtraktion (*borrow*), C-Flag,
- Ergebnis ist gleich Null (*zero*), Z-Flag,
- Ergebnis ist negativ (*negative* oder *sign*), N-Flag.

Bit-Slice ALU. Bei geringen Bitbreiten der Operanden bietet sich eine Zusammensetzung der ALU aus einfachen Rechenelementen an, die alle erforderlichen Operationen für jeweils ein Bit implementieren (so genannte „Bitscheiben“ oder Bit-Slice, → Bild 3.24). Durch Zusammenschaltung dieser Bitscheiben (Kaskadierung) kann eine ALU beliebiger Verarbeitungsbreite realisiert werden.

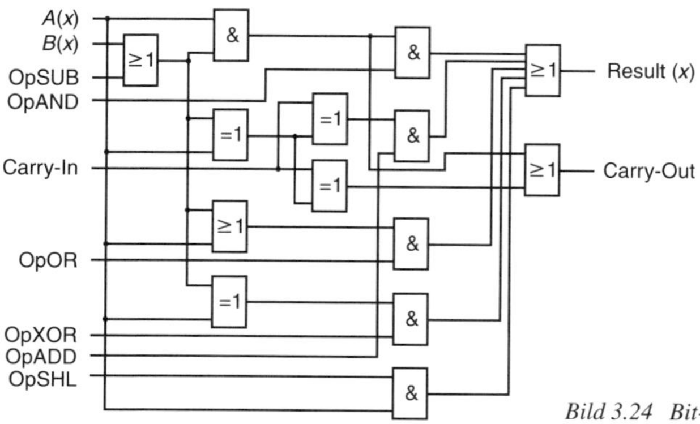

Bild 3.24 Bit-Slice

Für höhere Anforderungen an die Verarbeitungsgeschwindigkeit wird die ALU aus Teilschaltungen realisiert, die speziell für einzelne Funktionen optimiert sind (→ Bild 3.25):

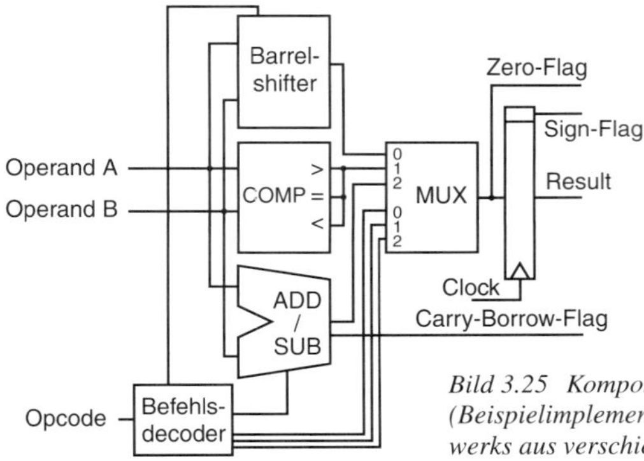

Bild 3.25 Komponentenbasierte ALU (Beispielimplementierung eines Rechenwerks aus verschiedenen Teilschaltungen)

- Addierer/Subtrahierer: Die Addition kann durch eine Reihe von Schaltungen realisiert werden, die sich in Leistungsfähigkeit und Chipflächenbedarf unterscheiden. Eine gute Balance wird mit Carry-Look-Ahead-Addierern erreicht. Die Subtraktion kann durch eine separate Schaltung oder die Addition im Zweierkomplement implementiert werden. Logische Verknüpfungen wie AND und XOR können bei Addierern und Subtrahierern mit erzeugt werden.
- Komparatoren: Spezialschaltungen zum Vergleich zweier oder mehrerer Zahlen. Universelle Komparatoren erlauben alle drei Vergleichsarten (größer, kleiner, gleich) sowohl für vorzeichenlose als auch für vorzeichenbehaftete Zahlen. Alternativ können Vergleichsoperationen mit Addierern oder Subtrahierern realisiert werden.
- Barrelshifter: Im Gegensatz zu einfachen Schieberegistern, die in einem Taktzyklus nur eine Verschiebung um ein Bit erlauben, können die Barrelshifter in einem Schritt eine beliebige Verschiebung (die „herausgeschobenen" Bits gehen verloren) oder eine Rotation (die herausgeschobenen Bits werden am anderen Ende des Wortes wieder angefügt) ausführen. Bei den Bitverschiebungen wird zwischen dem arithmetischen Modus (unter Beibehaltung des Vorzeichens) und dem logischen Modus (ohne Beibehaltung des Vorzeichens) unterschieden.

3.4.2 Hauptspeicher und Cache

Speicher sollen folgende **Anforderungen** erfüllen:

- *Persistente Speicherung*: Die Speicherzustände sind zeitlich stabil und reproduzierbar.
- *Veränderbarkeit und Lesbarkeit*: Der Speicherzustand muss zu jedem beliebigen Zeitpunkt lesbar und je nach Anwendung ein- oder mehrmalig

(ROM, PROM, EEPROM, Flash-ROM) oder beliebig oft (RAM, magnetische Speicher) veränderbar sein.
- *Adressierbarkeit*: Die Speicherplätze sind einzeln adressierbar und eindeutig unterscheidbar.
- *Bündelung*: Mehrere Speicherplätze sind zu einer Einheit, einem Block zusammengefasst und nur gemeinsam ansprechbar.

Allgemeine **Eigenschaften** von Speichern:
- *Zugriffsart*: sequenziell (FIFO, LIFO); assoziativ (CAM) oder wahlfrei (RAM)
- *Zugriffszeit* (Adresse $\rightarrow$ Datum), Zykluszeit (minimaler Abstand zweier aufeinander folgender Zugriffe)
- *Änderbarkeit*: ROM (nur lesbar); PROM (programmierbar, nur lesbar) und (E)EPROM (löschbare PROM)
- *Zeitverhalten*: statisch, nicht flüchtig (SRAM); dynamisch, flüchtig (DRAM) oder bei Spannungswegfall nicht flüchtig (NVRAM)
- *Zugriffsbreite* (bit-, byte- oder wortweise)
- *Ansteuerung*: synchron zu einem Takt oder asynchron mittels Steuersignalen
- *Speicherbandbreite*: maximale Datenmenge pro Zeiteinheit bei Lese- und Schreibzugriffen

Speicherhierarchie. Ein idealer (praktisch nicht implementierbarer) Hauptspeicher hat eine unendliche Kapazität und eine verschwindend geringe Zugriffszeit. Reale Speicherbausteine weisen mit steigender Kapazität steigende Zugriffszeiten auf. Ihre Implementierung dagegen wird für geringe Zugriffszeiten immer aufwendiger und teurer. Für sehr viele Anwendungen gilt das Lokalitätsprinzip: 10 % des Programmcodes sind für 90 % der Laufzeit verantwortlich, wobei viele zeitlich beieinander liegende Speicherzugriffe auf räumlich benachbarte Adressen erfolgen (zeitliche und räumliche Lokalität). Als logische Konsequenz dieser Tatsachen wird in den Rechnersystemen eine hierarchische Anordnung des Speichers realisiert: Ein schneller Speicher geringer Kapazität wird durch einen preiswerteren langsameren Speicher höherer Kapazität ergänzt. Der Hauptspeicher bildet dabei nur eine Ebene dieser Hierarchie, in die auch Plattenspeicher sowie räumlich entfernte und über das Netzwerk erreichbare Speicherknoten einbezogen werden. Bei der Gestaltung einer Speicherhierarchie sind folgende Probleme von Bedeutung, die durch Migration von Information zwischen den verschiedenen Hierarchieebenen entstehen und zu deren Lösung i. Allg. das Betriebssystem beiträgt ($\rightarrow$ 6.5):
- *Abbildungsfunktion*: Wie sind einzelne Speicherplätze (bzw. Adressen) verschiedener Ebenen aufeinander abgebildet? Hierzu bietet i. Allg. eine Memory Management Unit (MMU) Hardwareunterstützung an.

- *Suchstrategie*: Wie sind die Daten in jeder Hierarchieebene wiederzufinden?
- *Kohärenzsicherung*: Wie sind verschiedene Kopien eines Datums in jeder Ebene zu behandeln?
- *Ersetzungsstrategie*: Was soll beim Überlauf einer Ebene passieren?

Die große Datenmenge der im PC verwendeten Programme wird allgemein in den magnetischen und optischen Massenspeichern (Sekundärspeicher) gehalten (→ 4).

Alle Halbleiterspeicher sind RAM, d. h. wahlfreier Zugriff auf eine Speicherzelle durch Adressierung (Zeilen- und Spaltenanwahl). Speicherzellen für Hauptspeicher und Cache sind aus SRAM- oder DRAM-Zellen zusammengesetzt (→ Bild 3.26):

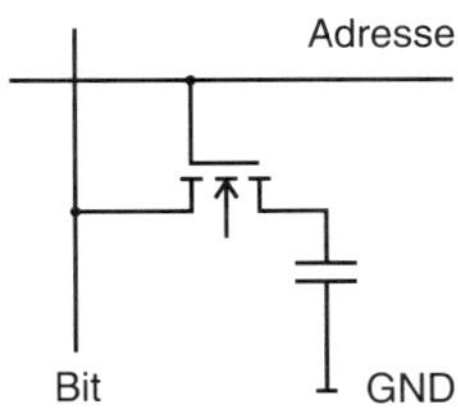

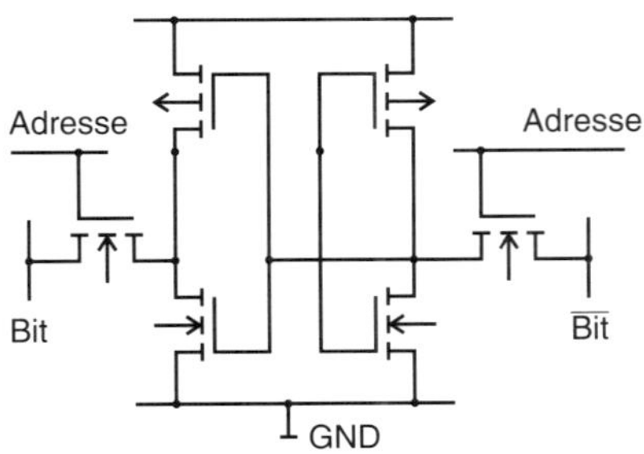

Bild 3.26 Speicherzellen (links DRAM, rechts SRAM)

Die Speicherzelle des SRAM (4 oder 6 Transistoren/Zelle) stellt ein *RS*-Flipflop dar. Beim DRAM wird die Information als Ladung auf einer am Transistor integrierten MOS-Kapazität (1 Transistor/Zelle) gespeichert. Allerdings geht im Gegensatz zum SRAM die gespeicherte Information bereits nach kurzer Speicherzeit bzw. beim destruktiven Lesen verloren. Refresh-Zyklen zur Ladungsauffrischung sind erforderlich.

> In der Speicherhierarchie des PC ist der **Hauptspeicher** (primärer Arbeitsspeicher) der einheitliche Speicher für die Befehle und Daten aller geladenen Programme. Die Speicherzellen sind dynamisch RAM.

Die Zugriffszeit zu DRAM ist wesentlich größer als die Periodendauer des Prozessortaktes (z. B. 60 ns). Da sich nach dem Lokalitätsprinzip 90 % des aktuellen Programmcodes in 10 % des Speichers befinden, werden die aktuellen Daten temporär in Caches und prozessornahen Registern (kleiner Adressraum) abgelegt.

Cache: Pufferspeicher (SRAM) zwischen der Verarbeitungseinheit und dem Hauptspeicher; L1-Cache auch getrennt für Daten und Befehle (Split-Cache) in der CPU (on-chip). Der L2-Cache enthält gleichzeitig Daten und Befehle (unified cache) und ist entweder auf der CPU realisiert oder außerhalb (off-chip).

Die Abbildungsfunktion zwischen Hauptspeicher und Cache kann auf unterschiedliche Arten implementiert werden (→ Bild 3.27):

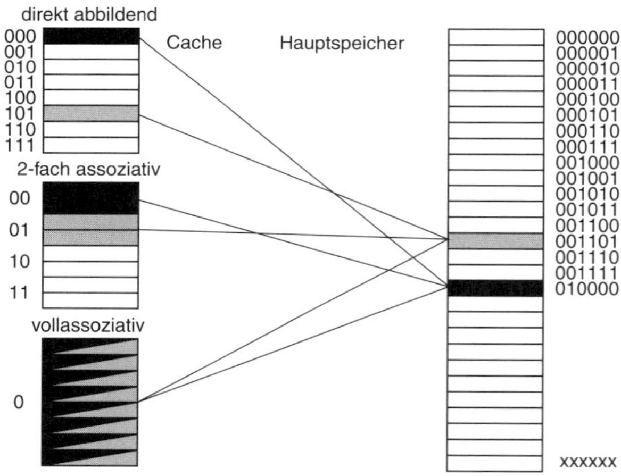

Bild 3.27 Cache-Abbildungsfunktionen

- *Direkt abbildend (einfach assoziativ)*: Ein Datum hat nur einen zulässigen Platz im Cache, dieser wird aus einem Teil der Adresse (Index) decodiert. Es können nur Daten mit gleichen Index im Cache eingetragen werden. Der übrig bleibende höherwertige Teil der Adresse wird als Tag (Identifikator) im Tag-Speicher des Caches abgelegt.
- *N-fach assoziativ*: Ein Datum hat durch den Index decodierte N zulässige Plätze im Cache.
- *Vollassoziativ*: Ein Datum hat im Cache einen beliebigen Platz. Der gesamte frei verfügbare Adressteil wird als Tag verwendet.

In einer Cache-Line werden w Worte zu je b Byte gleichzeitig gespeichert. Die Suche eines Datums im vollassoziativen Cache erfolgt durch Vergleich der Adresse des Datums abzüglich der Wort- und Byteadresse der Cache-Line mit allen Tag-Einträgen. Beim direkt abbildenden Cache wird nur mit dem durch den Index angewählten Tag-Eintrag verglichen.

Die schaltungstechnische Implementierung eines direkt abbildenden Caches ist im Bild (→ Bild 3.28) gezeigt.

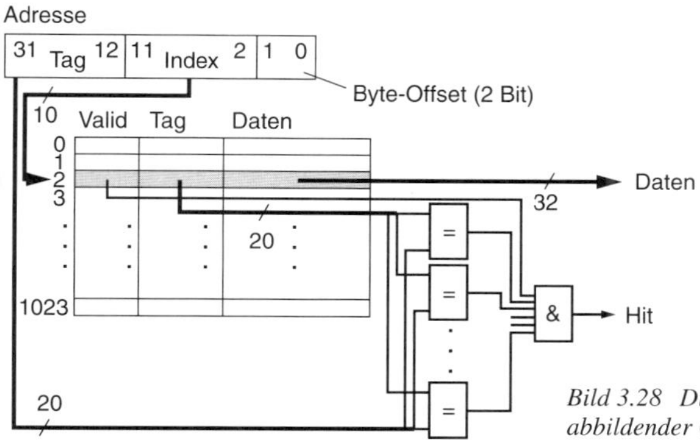

Bild 3.28 Direkt abbildender Cache

Wird bei einem Speicherzugriff der Eintrag im Cache gefunden, so spricht man vom Cache-Treffer (hit), ansonsten vom Cache-Fehler (miss). Bei der Kohärenzsicherung muss zwischen Treffern und Fehlern unterschieden werden:

- *Write Back* (beim Treffer): Änderung nur im Cache, Markierung der Änderung (z. B. Dirty-Bit), Propagierung in den Hauptspeicher erst später bei Verdrängung des Datums aus dem Cache
- *Write Through* (beim Treffer): Änderung gleichzeitig in den Hauptspeicher propagieren
- *Write Allocate* (beim Fehler): Ist das zu ändernde Datum nicht im Cache, wird es zunächst in den Cache geholt und dann geändert.
- *No-write Allocate* (beim Fehler): Ist das zu ändernde Datum nicht im Cache, wird es nicht in den Cache geholt, sondern sofort in den Hauptspeicher geschrieben.

Die Notwendigkeit der Verdrängung von Daten aus dem Cache ergibt sich dann, wenn entweder der Cache voll ist oder kein freier Platz (Index) mehr vorhanden ist. Die entsprechende Ersetzungsstrategie ist bei den direkt abbildenden Caches trivial, ansonsten können folgende Algorithmen zum Einsatz kommen:

- *LRU* (Least Recently Used): das am längsten nicht verwendete Datum ersetzen.
- *Round Robin*: jedes Mal ein anderes Datum in festgelegter Reihenfolge ersetzen.
- *Random*: ein zufällig ausgesuchtes Datum ersetzen (bei Caches selten, jedoch in den anderen Ebenen der Speicherhierarchie denkbar).

3.4.3 Steuerwerk

Steuerwerk (control unit): eine Komponente des Rechners, die anhand von Befehlen und Statussignalen den Verarbeitungsfluss steuert.

Zu den wichtigsten Aufgaben des Steuerwerks gehören die Bereitstellung von Daten für die ALU (das Holen und das Decodieren von Befehlen) sowie die Gestaltung des Programmflusses in Abhängigkeit vom aktuellen Zustand (Programmverzweigungen, Unterbrechungen). Zum Zweck der eigentlichen Steuerung nimmt das Steuerwerk Zustandsinformationen (z. B. Flags) entgegen und erzeugt eine Reihe von Steuersignalen, die an die einzelnen Einheiten weitergeleitet werden. Die überwiegende Mehrheit von Steuerwerken arbeitet synchron (→ 3.2.4). Das Verhalten eines Steuerwerks wird mit Zustandsübergangsdiagrammen spezifiziert. Die schaltungstechnische Implementierung des Steuerwerks erfolgt mit Schaltwerken (→ 3.2.4), wobei folgende Alternativen zur Verfügung stehen:

- *Mikroprogrammsteuerung*: Unterteilung der Steuerung in kleinere interne Befehle (Mikrobefehle), die vom Steuerwerk als so genanntes Mikroprogramm ausgeführt werden. Bei der Abarbeitung eines Befehls des Programms werden mehrere Mikrobefehle in fester Abfolge oder auch bedingt ausgeführt. Jeder Mikrobefehl bewirkt die Zuweisung von entsprechenden Steuersignalen.
- *Automatensteuerung* (FSM, Finite State Machine): Die Zustände werden durch verschiedene Belegungen von Speichergliedern (→ 3.2.3) repräsentiert. Die Zustandsübergänge sind durch die mit den Speichergliedern verbundenen, rückgekoppelten Logikstufen implementiert.

Das Steuerwerk führt seine Arbeit unter Nutzung mehrerer spezieller Register aus. Dazu gehören der **Befehlszähler** (instruction pointer), der **Stapelzeiger** (stack pointer), das Befehlsregister und Statusregister.

3.4.4 Ein-/Ausgabe

Die Ein-/Ausgabe von Informationen erfolgt auf vielfältige Weise. Eingabegeräte (→ 5) sind Tastatur, Scanner, Grafiktabletts und Digitalkamera. Maus, Joystick, Lichtgriffel und Touchscreen dienen ebenfalls der Eingabe. Bildschirm und Drucker sind Ausgabegeräte (→ 5), wobei ersterer der direkten Kommunikation mit dem PC dient.

Steuerung der Ein-/Ausgabe. Ein- und Ausgabe sind extrem unterschiedliche Vorgänge und erfordern innerhalb eines Rechnersystems eine spezielle Steuerung. Dabei werden folgende Verfahren genutzt:

- **Synchronisation**: Die planmäßige Arbeit des Prozessors wird durch Synchronisationstechniken ermöglicht:
- **Polling**: Der Prozessor fragt in bestimmten Zeitabständen sein Status-Register ab, in das vom peripheren Gerät ein Statusbit (Readybit) eingetragen wird. Ist es vorhanden, erfolgt der Datentransfer.
- **Synchronisation durch Programmunterbrechung**: Das Readybit wird als Interrupt interpretiert und als solcher behandelt.
- **Handshake**: Liegen bei vorhandenem Readybit und vom Prozessor durch das Quittungssignal ACKN bestätigter Datenübernahme weitere Daten an, wird dieses als Bereitschaft zu weiterer Datenübernahme interpretiert.
- **X-ON/X-OFF-Synchronisation**: Ist der Speicher eines peripheren Gerätes voll, wird von ihm X-OFF (Disable) gesetzt, um den Transfer zu stoppen. Zum Nachfüllen mit Daten wird wieder X-ON gesendet.
- **Befehlssteuerung**: Der Prozessor kommuniziert mit der peripheren Einheit über spezielle Befehle (keine E/A-Routinen), die in den Programmfluss integriert sind. Diese Art des Informationsaustauschs bietet sich nur bei extrem schnellen Komponenten an, die mit dem Prozessor fest gekoppelt sind, wie z. B. den Gleitkommakoprozessoren oder speziellen Beschleunigern.
- **Interrupt-Steuerung**: Der Prozessor stellt eine oder mehrere Signalleitungen zur Verfügung, über die externe Geräte bei Bedarf eine Unterbrechung (Interrupt) der normalen Befehlsabarbeitung anfordern können. Wird ein Interrupt gemeldet, so wird die Programmabarbeitung in die E/A-Routine verlagert, wo die Unterbrechungsquelle identifiziert und vorher festgelegte Schritte zur Bedienung der E/A-Anforderung eingeleitet werden. Varianten der Interrupt-Annahme sind:
  - **Polling** (softwaremäßige Abfrage): Alle Interruptquellen speisen ihr Anforderungssignal (Interrupt Request) auf eine Sammelleitung. Die CPU ermittelt bei Annahme des Interrupts die Quelle des Interrupts durch Abfrage in vorgegebener Reihenfolge (softwaremäßige Priorisierung) und startet die in einer Tabelle festgelegte Interruptroutine.
  - **Daisy-chain**: Die Interruptquellen besitzen zusätzlich einen Ein- und Ausgang zur Interruptfreigabe. Sie haben eine hardwaremäßige Zuordnung der Priorität (z. B. Nummer des Steckplatzes). Eine Quelle schaltet bei Interruptauslösung ihren Ausgang inaktiv und sperrt damit alle hinter ihr liegenden Geräte, solange die Interruptroutine läuft (hardwaremäßige Priorisierung).
  - **Interrupt-Controller**: Die Interruptquellen sind an einen Schaltkreis des Chipsatzes angeschlossen, der die Interruptbehandlung (Priorisierung) für die CPU vorbereitet und der dann entsprechend abgefragt wird.

3

- **DMA** (Direct Memory Access): Zu seiner Entlastung initialisiert der Prozessor den zum Chipsatz gehörenden DMA-Controller mit allen nötigen Informationen und gibt den Bus für eine festgelegte Zeit frei. Der DMA-Controller steuert unter Nutzung vorhandener Bustransferzyklen den Datentransfer zwischen zwei E/A-Einheiten oder zwischen einer E/A-Einheit und dem Hauptspeicher oder zwischen Speichern /3.4/, /3.9/.

3.4.5 Grafik-Subsystem

Die Grafikkarte ist Bildbearbeitungszentrum mit folgenden Aufgaben:

- Kommunikation mit dem Prozessor, Hauptspeicher und Display
- Aufbau und Speicherung eines oder mehrerer Bilder im VRAM
- Bearbeitung der Bilder und Zuordnung von Effekten
- Bereitstellung der kompletten Ansteuersignale für Monitor oder Display.

2D-Grafikkarte. Beim **Grafik-Modus** ist im Video-Speicher (VRAM) jedes Pixel (Picture Element) mit seinen Farbinformationen lagegetreu abgelegt. Der Mindestspeicherplatzbedarf für ein Bild beträgt $M = P_v \times P_H \times b$, wobei P_v Zeilenzahl, P_H Pixel je Zeile und b die abgelegte Farbtiefe je Pixel in bit ist. (24 bit: 8 bit je Subpixel Rot, Grün und Blau).

Im **Textmodus** werden die als Punktmatrix (z. B. 9×14) in einem ROM von z. B. $2\,\text{k} \times 8\,\text{bit}$ abgelegten ASCII-Zeichen zeilenweise aufgerufen. Eine Textzeile wird sooft aufgerufen, wie die Punktmatrix Zeilen hat. Im Bildwiederholspeicher (RAM) ist lediglich der Code der ASCII-Zeichen eingetragen.

Berechnung des Datentransfers bei **Video-Clips**: Die Übertragung eines Videos mit einer Auflösung von 1920×1080 Pixel mit 50 Bildern/s und einer Farbtiefe von 24 bit erfordert einen Datentransfer über den PCI-Express-Bus (PCIe) und zum Display von: $(50 \cdot 1920 \cdot 1080 \cdot 24)\,\text{bit/s} = 311\,\text{MByte/s}$.

Grafik-Beschleunigung. Eine Grafik-Beschleuniger-Karte entlastet die CPU von Grafikbearbeitungen: Verschieben eines Bildbereiches von einer Bildstelle zur anderen (Bit-Blocktransfer-Routinen); Wiederauffüllen eines Hintergrundes (Fill-Routinen), Zeichnen geometrischer Grundelemente (Line-Routinen) und Rollen von Textseiten.

3D-Effekte. Zu den 3D-Effekten gehören: Texturen als Bitmaps, die 3D-Objekte mit Oberflächen und Strukturen (Ziegelwände, Kacheln) überziehen ($\rightarrow$ 17). Dabei ist ein Texel (Texture Element) das kleinste Element (Bildpunkt) einer Textur auf einem Objekt in dreidimensionaler Darstellung. Folgende Begriffe sind üblich: Vertex ist der Eckpunkt eines Polygons im 3D-Raum. Raytracing ist Strahlenverfolgung zur plastischen Darstellung von Körpern (Berechnung von Lichtstrahlen auf ein Objekt und der dabei entstehenden Schatten), als Rendern wird ein vereinfachtes Raytracing bezeichnet.

Fogging sind Nebel-, Dunst-, Schleier- u. ä. Effekte, im Hiddenprozess werden verdeckte Linien und Objekte ermittelt.

3D-Grafikkarte. Der Ursprung jedes Bildaufbaus liegt bei der CPU. Das erfordert einen hohen Datentransfer zwischen Grafikkarte und CPU (und Hauptspeicher), der aktuell über den PCIe-Bus abgewickelt wird. Der **Grafikprozessor (GPU)** stellt eine eigene Verarbeitungseinheit dar (Slave-Prozessor) und erreicht fast die Komplexität einer CPU. Durch Pixel-Pipelines und Textureinheiten werden Grafikeffekte hardwaremäßig unterstützt.

3

Der **Videospeicher** (VRAM) beinhaltet neben dem aktuellen Bild weitere Bilder als Puffer, einen Z-Speicher für Tiefeninformationen zu jedem Bild und einen Speicher für lokale Texturen, um diese nicht immer aus dem Arbeitsspeicher holen zu müssen.

Für **Monitoransteuerung** sind in den VESA-Normen die Bildgeometrie und die Übertragung der Signale (Pixeltakt für R,G und B, Zeilenwechsel, Bildwechsel inklusive Signalpegel und Steckverbinder) festgelegt.

Aus einer Oszillatorfrequenz werden durch Zähler die Synchronimpulse für horizontale und vertikale Auslenkung und der Pixeltakt generiert (Zeilen- und Bildauslenkung). Die aus dem VRAM in 256-bit-Blöcken (256/512/768/1024/1280 usw.) zeilenweise ausgelesenen Pixelinformationen (RGB) werden in SRAM, die als Schieberegister fungieren, zwischengespeichert. Nach Digital/Analog-Wandlung durch drei RAM-DAC (RGB) werden die Analogwerte mit dem Pixeltakt f_P zum Monitor übertragen. Es gilt etwa: $f_P = P_H \times f_Z = P_H \times P_V \times f_B$ mit f_Z Zeilenfrequenz und f_B Bildwechselfrequenz.

Bei digitaler Ansteuerung eines **Flachdisplays** (→ 5.3.1) werden die Zeilen- und Spaltenadresse jedes im VRAM abgelegten Pixels inklusive seiner RGB-Informationen über eine digitale Schnittstelle direkt zum Display übertragen. Im Display erfolgt nur noch die D/A-Wandlung der Farbinformationen.

Digitale Grafik-Schnittstellen sind z. B.: DVI (Digital Video Interface) oder HDMI (High Definition Multimedia Interface) mit TMDS (Transition Minimized Differential Signaling) oder LVDS (Low Voltage Differential Signaling) für Notebookdisplay-Ansteuerung. Die DVI-Schnittstelle ist in Bild 3.29 dargestellt:

Auf der Seite der Grafikkarte werden die aus dem VRAM ausgelesenen Pixeldaten mit der Zeilen- und Spaltenansteuerung (Pixeltakt) verknüpft. Die Farbinformationen für R, G und B werden über je eine massefreie Verbindung übertragen und auf der Seite des Displays zur Ansteuerung der Subpixel aufbereitet (bei einer Farbtiefe von 24 bit sind bei einer Pixeltaktfrequenz von 65 MHz je Kanal 65 MByte/s zu übertragen).

Eine universell nutzbare Grafikkarte besitzt weitere Anschlüsse für Videosignale: Scartanschluss für das FBAS-Signal, Hosidenbuchse oder Scartanschluss für S-Video (Helligkeit und Farbwerte werden auf getrennten Leitungen übertragen) und FireWire für DVD-Abspielungen.

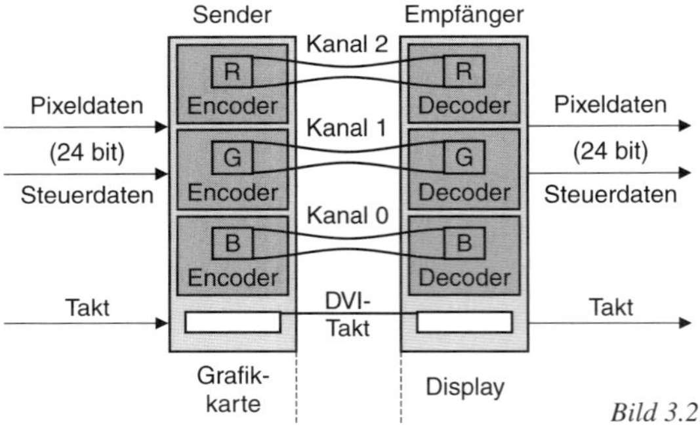

Bild 3.29 DVI-Schnittstelle

3.4.6 PC-Bushierarchie

PC-Busse sind streng hierarchisch nach ihrem Datendurchsatz (Bandbreite) angeordnet. Das für jeden Prozessor optimierte Chipset der Hauptplatine gewährleistet diese Anordnung.

Das **Interface** dient dem Informationsaustausch zwischen Systemen. Es umfasst alle Hardware-Eigenschaften der Schnittstelle und der Übertragungsstrecke, aber auch die Software-Eigenschaften wie Protokolle und Codierungen. Pragmatisch ist eine Schnittstelle eine Datenübertragungsverbindung zwischen genau zwei Geräten.

Das **Bussystem** ist ein universelles Verbindungssystem zwischen verschiedenen Systemkomponenten über ein- bzw. mehradrige Sammelleitungen. Je nach Art des Busses können nur eine oder auch mehrere Komponenten gleichzeitig auf ihn schreiben. Ein Multiplexbetrieb dient der Reduzierung der notwendigen Leitungsanzahl.

Für die Verbindungen sind standardisiert:

- statische und dynamische Werte der elektrischen Signale
- elektrische Eigenschaften der Treiber und Empfänger
- Übertragungsprotokoll für die Daten
- elektrische Eigenschaften der Leitungen bzw. des Kabels
- maximale Leitungs- bzw. Kabellänge
- Zahl der maximal anschließbaren Baustufen bzw. Geräte
- evtl. zusätzliche Leitungen für Steuersignale.

Sind die Kabel mechanisch trennbar, enthält der Standard auch

- den mechanischen Aufbau der Steckverbindungen und die
- Zuordnung der elektrischen Signale auf die einzelnen Kontakte.

Man unterscheidet die synchrone, isochrone und asynchrone Datenübertragung. Bei seriellem (1 bit pro Takt) oder parallelem (*n* bit pro Takt) Transfer sind zusätzliche Leitungen für Takt und Steuersignale möglich. Es gibt lokale, globale bzw. geteilte (shared) Nutzung des Busses und uni- und bidirektionale Übertragung. Das elektrische Signal kann symmetrisch (massefrei) oder unsymmetrisch (Signal gegen Masse) übertragen werden. Bei Multiplexbetrieb werden die Adressen und Daten nacheinander übermittelt.

Der maximal mögliche Datentransfer über einen Bus errechnet sich aus Bitbreite mal Taktfrequenz (z. B. $8\,\text{bit} \cdot 5\,\text{MHz} = 5\,\text{MByte/s}$). Man nennt diesen Wert **Bandbreite** des Busses. Wird mit jeder Taktflanke ein Bit übertragen (2 bit/Takt), verdoppelt sich der Datentransfer (DDR, Double Data Rate).

Zwischen langen parallelen Busleitungen treten Laufzeitunterschiede auf. Deshalb werden solche Busse zunehmend seriell standardisiert.

Als **Systembus** werden die prozessornahen Busse bezeichnet, deren Taktfrequenzen in festem Frequenzverhältnis zum Prozessortakt stehen.

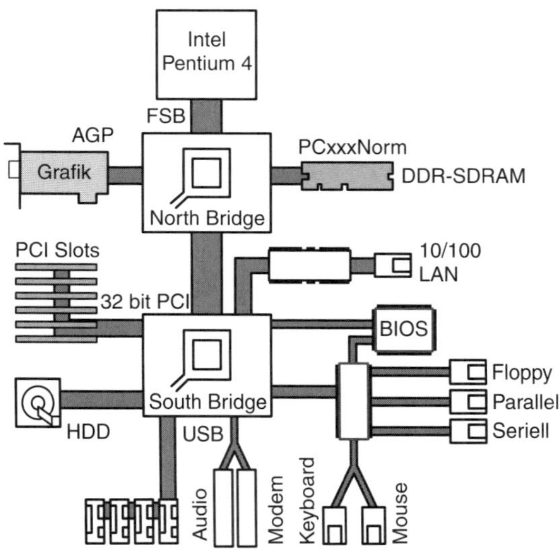

Bild 3.30 Intel PC-Struktur mit Pentium 4 (Quelle: /3.23/)

Bei Umsetzung des Datentransfers auf eine andere Taktfrequenz werden die Daten blockweise mit der einen Bustaktfrequenz in Schieberegister eingeschrieben und mit der anderen ausgelesen (FIFO-Register). Diese Umsetzer werden als Bridge bezeichnet.

Bild 3.30 zeigt ein Beispiel für eine PC-Architektur mit allen Komponenten.

Der Anschluss zum **Frontsidebus** (FSB) des Prozessors, die North und South Bridge, das AGP, ein Kanal zum Hauptspeicher und der PCI-Bus werden durch den Chipsatz der Hauptplatine bereitgestellt. Bei aktuellen Chipsätzen stehen häufig zwei oder mehr Kanäle zum Hauptspeicher zur Verfügung. Es ergeben sich höhere Speicherbandbreiten.

Bild 3.31 zeigt die Umgebung des AMD Athlon 64.

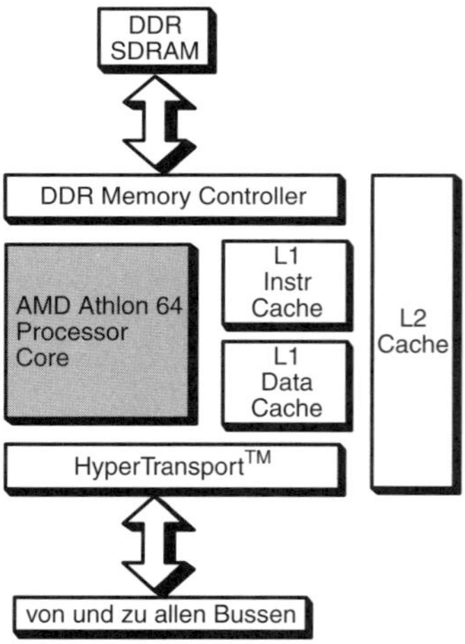

Bild 3.31
Umgebung des AMD-Prozessors Athlon 64 (Quelle: /3.24/)

HyperTransport ist eine bidirektionale Punkt-zu-Punkt-Verbindung. Es ist ein LVDS-Hochgeschwindigkeitsbus (LVDS – Low Voltage Differential Signaling) mit Bridges zu AGP, PCI, PCI-Express, FireWire, USB, Infiniband, Ethernet und weiteren Bussen /3.25/.

Einige wichtige Schnittstellen und Bussysteme sind:

1. PCI-Busse. Bis zu PCI-3.0 handelt es sich um einen 32 bzw. 64 bit breiten multiplex arbeitenden Bus mit Taktfrequenzen von 33 oder 66 MHz. Für Steckkarten (Host-Adapter, I/O-Karten, ADU, DAU) stehen bis 5 Steckplätze (10 Lasteinheiten je 10 pF) zur Verfügung /3.9/, /3.2/. Mit dem abwärtskompatiblen PCI-X-2.0 wird bei 133 MHz durch Quad-Data-Rate ein Datentransfer bis 1 Gbit/s erreicht.

PCI-Express (PCIe) ist ein Standard für serielle Übertragung mit bis zu 4 Gbit/s pro Lane und Richtung, bei maximal 32 Lanes /3.27/ und wird unter dem Dach der PCI Special Interest Group (http://www.pcisig.org) betreut. PCIe hat den AGP-Bus und den parallelen PCI-Bus als Verbindungsstandard für PC-Komponenten weitestgehend abgelöst. PCIe Advanced Switching ist als eine Variante für den Backplan-Standard in modularen Servern vorgesehen.

2. ATA-(EIDE-)Bus. Festplatten können über den ATA-Bus (AT-Bus Attachment) angebunden werden. Der Host ist für die Festplatte optimiert, ein Steckverbinder führt zum Chipsatz. Bei Serial-ATA (S-ATA, SATA) in der Version 3.0 steht eine Bruttodatenrate von 6 Gbit/s pro Gerät und Richtung zur Verfügung /3.17/. SATA hat in PC-Systemen den parallelen ATA-Bus als Verbindung zu den Sekundärspeichern (Festplatte, DVD, CD, ..., $\rightarrow$ 4) weitgehend abgelöst.

3. ExpressCard. Der ExpressCard-Standard löst den alten PCMCIA-Standard (auch Cardbus, PC-Card genannt) ab. Er ist vorrangig bei Notebooks zu finden um bspw. Funk-Modems nachzurüsten. Die Anbindung an den Systembus erfolgt über eine PCI-Express-Lane und/oder über USB 2.0 /3.31/. Es gibt zwei verschiedene Bauweisen: Expresscard/54 (54 mm breit) und Expresscard/34 (34 mm breit, die auch mittels einer Führungsschiene in einen /54-Steckplatz passen).

4. SCSI (Small Computer System Interface). Ein 8 oder 16 bit breiter Bus mit vielen Normen zum Anschluss von bis zu sieben externen Geräten bei einer maximalen Kabellänge von 25 m. Der Ultra-Wide 3 SCSI erreicht 160 MByte/s. Geräte unterschiedlicher Norm können zusammenarbeiten, da in einer Aushandelphase ihre Parameter festgestellt werden und danach die Betriebsweise gewählt wird /3.17/. Eine aktuelle Entwicklung ist Serial Attached SCSI (**SAS**). SAS arbeitet ähnlich wie SATA, jedoch um SCSI-Kommandos auszuführen. SAS-Controller können SATA-Geräte unterstützen, umgekehrt ist das nicht möglich. SAS bietet gegenüber SATA Dual-Porting, Full Duplex und eine höhere Performance und Zuverlässigkeit und wird im Workstation-Segment und im Server-Segment eingesetzt. Aktuell wird eine Datenrate von 6 Gbit/s (750 MByte/s) pro Richtung unterstützt, geplant ist eine Verdopplung.

5. IEC-Bus (IEEE-488-Bus). Der IEEE-488-Standard dient der Steuerung von bis zu 15 Messgeräten. Er hat acht bidirektionale Datenleitungen, drei Leitungen für Handshake- Datenübertragung und fünf Steuerleitungen und eine Kabellänge bis 20 m. Anstelle des PC kann auch ein Messgerät als Master arbeiten /3.26/.

6. Universal Serial Bus (USB). An USB 2.0 können bis 127 Geräte betrieben werden. Der Datentransfer beträgt maximal 480 Mbit/s (Hi-Speed). Vieradrige Kabel (zwei symmetrisch betriebene verdrillte Leitungen für den Datentransfer und zwei Leitungen für Betriebspannungen) verbinden die Geräte. In der neuen Version 3.0 werden neue Steckverbinder für einen Super-Speed-Modus mit einer Datenrate von 5 Gbit/s eingeführt /3.28/.

7. FireWire nach IEEE 1394. Serieller Hochgeschwindigkeitsbus mit zwei Leitungspaaren für die Datenübertragung (> 1 Gbit/s angestrebt) und eines für die Versorgungsspannung. Ausstattung bis 16 Geräte bei einer maximalen Buslänge von 4,5 m. Jedes Gerät kann eine Bridge sein, an die weitere Geräte anschließbar sind /3.29/.

8. Optische Schnittstellen. Kabellose Infrarotstrecken zwischen Rechner und peripheren Geräten haben eine Reichweite von 15 cm bis 1 m. Mit Infrarotmodulen des IrDA1.2-Standards (Infrared Data Association) wird ein Datentransfer von etwa 4 Mbit/s erreicht (→ www.irda.org). Zur Übertragung durch Lichtwellenleiter ist entweder der Optobus bis etwa 4 GByte/s oder Fibre Channel (FC) für bis zu 126 anschließbare Geräte und 10 km Kabellänge zu nennen /3.22/.

9. Funkschnittstellen. Es besteht eine Funkverbindung bei 2,4 GHz (evtl. 5 GHz) entweder zwischen zwei Geräten oder über einen „Access Point" zu mehreren Geräten. Durch Wahl der Sendeleistung, des Modulationsverfahrens und der Empfangsempfindlichkeit wird die Reichweite auf einen Raum oder eine größere Umgebung eingestellt. Bei „Bluetooth" (IEEE 802.15) ist der Datentransfer bei Gewährleistung der Datensicherheit und der Reichweite auf 1 Mbit/s festgesetzt (→ http://www.bluetooth.org). Wireless LAN (IEEE 802.11x) ermöglicht bei bis zu 600 Mbit/s den Übergang zur drahtlosen Netzwerktechnik zwischen Computern und peripheren Geräten.

10. Serielle und parallele Schnittstelle. Die serielle Schnittstelle **V.24-/RS-232** (DIN 66 020 T1) bzw. **RS-485** (DIN E 66 259 T4) und die parallele **Centronics**-Schnittstelle werden zunehmend verdrängt.

3.4.7 Industrielle Bussysteme

Industrielle Bussysteme sind die Schlüsseltechnologie für die Automatisierungstechnik und werden hauptsächlich in der Gebäudeleittechnik, der Fahrzeugtechnik, der Energietechnik und der Fertigungstechnik eingesetzt. Sie zeichnen sich durch geringen Installationsaufwand, Robustheit gegenüber Störungen, übersichtliche Anlagenstruktur und einfache Erweiterbarkeit aus.

Die Einteilung eines Automatisierungssystem erfolgt in 5 hierarchische Ebenen: Betriebsebene, Leitebene, Steuerungsebene, Feldebene und Sensor-Aktor-Ebene. Hauptkennzeichen zu ihrer Differenzierung sind die Häufigkeit einer Übertragung und die jeweils übertragene Datenmenge /3.8/.

Der **Feldbus** verbindet die sog. **Feldgeräte** mit dem Prozess- und Leitrechner und bildet ein Field Area Network (FAN). Zu den Feldgeräten zählen insbesondere speicherprogrammierbare Steuerungen (SPS) sowie intelligente Sensoren und Aktoren. Beispiele für Feldbusse /3.8/ sind: ASI (Actor-Sensor-Interface), CAN (Controller Area Network), Profibus (Process Field Bus), FIP (Flux Information Processbus), INTERBUS-S, BITBUS, EIB (European Installation Bus), LON (Local Operating Network) und der DIN-Messbus. Feldbusse bieten insbesondere einfache Protokolle, Echtzeitfähigkeit und eine sichere Datenübertragung.

3.5 Alternative Rechnerkonzepte /3.11/, /3.5/, /3.12/

3.5.1 Nutzung von Parallelität

Einer der wesentlichen Engpässe des VON-NEUMANN-Rechners ist die sequenzielle Abarbeitung der einzelnen Programmschritte (→ 3.3). Eine Möglichkeit zur Verbesserung dieses Konzepts liegt in der Ausnutzung der in vielen Programmen explizit oder implizit enthaltenen Parallelität. Dabei wird zwischen 4 Parallelitätsebenen unterschieden:

Bitebenenparallelität (bit level parallelism). Parallele Verarbeitung von mehreren Einzelbitoperanden. Diese Parallelitätsebene bezieht sich im Gegensatz zu allen anderen nicht auf Befehle, sondern auf Daten und wird auch im VON-NEUMANN-Konzept intensiv genutzt, indem die Verarbeitung nicht mit einzelnen Bits, sondern mit ganzen Wörtern (8, 16, 32 oder 64 bit breit) erfolgt.

Befehlsebenenparallelität (ILP, Instruction Level Parallelism). Parallele oder überlappte Ausführung von Befehlen. Die überlappte Ausführung erfordert eine Unterteilung der Befehlsausführung in mehrere Phasen (z. B. Befehl holen und decodieren, Rechenoperation ausführen, Ergebnisse speichern). Während ein Befehl gerade geholt wird, erfolgt bei seinem Vorgänger die Ergebnisberechnung und bei einem noch früher geholten Vorgänger die Ergebnisspeicherung. So wird in jeder Phase ein neuer Befehl geholt und einer fertig gestellt. Dieses Verfahren wird Pipelining (Fließbandverarbeitung) genannt (→ Bild 3.32). Werden mehrere Pipelines parallel betrieben, um mehrere Befehle gleichzeitig zu verarbeiten, spricht man von einer superskalaren Architektur. Der Parallelisierungsgrad ist stark anwendungsabhängig.

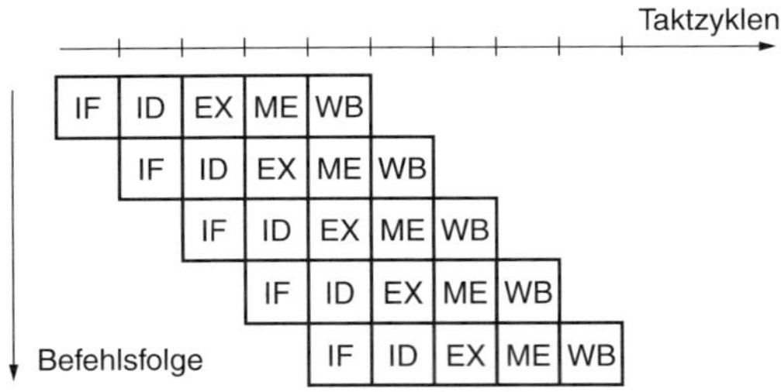

IF Instruction Fetch (Befehl holen)
ID Instruction Decode (Befehl decodieren)
EX Execute (Ausführen)
ME Memory (Speicherzugriff)
WB Write Back (Ergebnis zurückschreiben)

Bild 3.32 Beispiel einer 5-stufigen Pipeline

Thread-Ebenen-Parallelität (thread level parallelism). Parallele Ausführung mehrerer Programmfäden (threads). Innerhalb eines Programms bzw. einer Multitasking-Umgebung können mehrere Threads (→ 9.3.2.4) existieren. Bis auf notwendige Synchronisierungszeitpunkte können die Threads unabhängig voneinander (also parallel) ausgeführt werden. Eine CPU zur Unterstützung dieses Konzepts muss unter anderem über mehrere Registersätze und ein komplexeres Steuerwerk verfügen und wird Multithreaded Architecture (MTA) genannt.

Programmebenenparallelität (application level parallelism). Parallele Ausführung mehrerer Anwendungen oder Prozesse (→ 9.3.1). Die Ausnutzung dieser Parallelitätsebene ist erst in einer Multitasking-Umgebung beim Vorhandensein mehrerer Prozessoren (in einem Rechner oder auch separat über ein Netzwerk verbunden) möglich. Das resultierende Konzept, bei dem mehrere unabhängige oder auch zu einer Anwendung gehörenden Programme parallel auf mehreren Prozessoren ausgeführt werden, heißt Multiprocessing (MP) oder auch MIMD (Multiple Instructions Multiple Data).

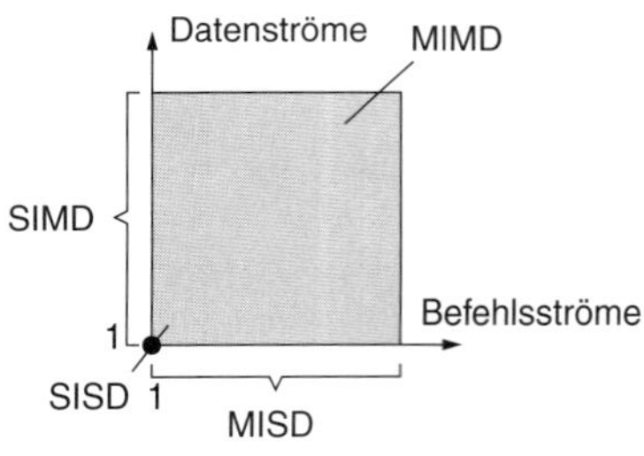

Bild 3.33 Rechnerklassifikation nach FLYNN

Die Bit- und Befehlsebenenparallelität werden als feinkörnig bzw. feingranular (fine grained) bezeichnet, während man bei Threads und Prozessen von grobkörniger oder grobgranularer (coarse grained) Parallelität spricht. Als eine einfache Einordnung von Parallelarchitekturen hat sich die Klassifikation nach FLYNN durchgesetzt (→ Bild 3.33, /3.7/). Dabei werden die Rechner nach Anzahl der Befehlsströme (instruction flow) und Datenströme (data flow) in vier Klassen eingeteilt:

- **SISD**: Single Instruction, Single Data; entspricht dem ursprünglichen VON-NEUMANN-Konzept,
- **MISD**: Multiple Instruction, Single Data; leere Klasse,
- **SIMD**: Single Instruction, Multiple Data; Feld- und Vektorrechner,
- **MIMD**: Multiple Instruction, Multiple Data; Mehrprozessorsysteme.

3.5.2 Datenflussarchitekturen

Ein anderes, mit der VON-NEUMANN-Architektur nicht zu vereinbarendes Verarbeitungsprinzip basiert auf der Programmflusssteuerung durch Datenabhängigkeiten. Ein Algorithmus kann in Form eines Datenflussgraphen dargestellt werden, bei dem die Knoten die Rechenoperationen und die Kanten die Operandenzuordnung zu einzelnen Operationen wiedergeben (→ Bild 3.34). Das Datenflussprinzip besteht darin, jede Rechenoperation sofort bei Verfügbarkeit aller Eingangsoperanden auszuführen, wobei die in der Anwendung vorhandene feinkörnige Parallelität maximal ausgenutzt wird. Das Konzept der Datenflussverarbeitung in dieser reinen Form kann nicht in einem existierenden VON-NEUMANN-Computer implementiert werden, da abhängig vom Algorithmus sehr viele Hardwareressourcen notwendig wären.

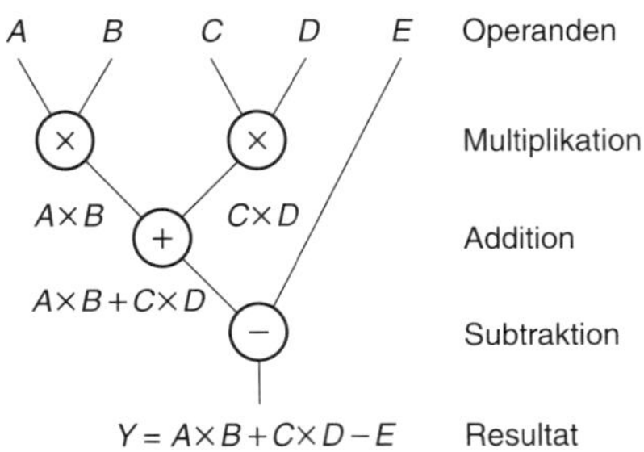

Bild 3.34 Datenflussgraph

3.5.3 SIMD-Architekturen

Die Bezeichnung SIMD (Single Instruction Multiple Data) fasst diejenigen Rechner zusammen, die in der Lage sind, mit einem Befehl mehrere Operanden, die aus mehreren Datenwörtern bestehen, zu verarbeiten. SIMD-Rechner nutzen demzufolge feinkörnige Datenparallelität aus. Allgemein können zwei Gruppen unterschieden werden:

- **Feldrechner**: Die Parallelität wird durch eine Anordnung von gleichartigen Verarbeitungseinheiten, die alle mit einem einzigen Befehl angesprochen werden können, erreicht (z. B. CM-2, MasPar).
- **Vektorrechner**: Eine Reihe von Befehlen ist für so genannte Vektortypen definiert, d. h., mit einem Befehlswort wird die Berechnung für jedes einzelne Element eines Vektors initiiert (z. B. Matrizennumerik). Im Gegensatz zu den Feldrechnern werden die Einzelberechnungen nicht alle parallel ausgeführt, sondern überlappt (Daten-Pipelining). Klassisches Beispiel: Cray 1.

Die SIMD-Architekturen zeigen ihre Leistungsfähigkeit insbesondere bei Schleifenberechnungen der Art „für jedes Element führe die Operation x aus", da sie die Schleifen auf Hardwareebene parallelisieren. SIMD-Architekturen sind überwiegend in Höchstleistungs- oder Spezialrechnern (→ 3.6.1) zu finden. So genannte Multimedia-Befehlssatzerweiterungen in modernen Mikroprozessoren basieren ebenfalls auf dem SIMD-Prinzip.

3.5.4 MIMD-Architekturen

MIMD (Multiple Instruction Multiple Data) ist eine Sammelbezeichnung für eine größere Klasse von Parallelrechnern, die aus mehreren, durch verschiedene Befehlsflüsse gesteuerten Knoten (Teilrechnern) bestehen und zur Ausnutzung grobkörniger Parallelität ausgelegt sind. Die derzeit leistungsfähigsten Rechner gehören dieser Klasse an. Die einzelnen Knoten eines MIMD-Systems können wiederum auf die Ausnutzung der feinkörnigen Parallelität (Datenparallelität, Pipelining, SIMD) optimiert sein. Ein wesentliches Merkmal zur feineren Unterteilung der MIMD-Systeme ist die Speicheranbindung der Knoten (wobei es auch hybride Varianten gibt):

- **Gemeinsamer Speicher** (shared memory): Alle Knoten nutzen gemeinsam einen Hauptspeicher (wobei jeder Knoten einen lokalen Cache-Speicher besitzt).
- **Verteilter Speicher** (distributed memory): Jeder Knoten hat einen eigenen Hauptspeicher und einen eigenen Cache. Ein Beispiel für Systeme mit verteiltem Speicher sind die so genannten Workstation-Cluster, d. h. lose über das Intra- oder Internet gekoppelte Arbeitsplatzrechner, die gemeinsam an der Lösung einer Aufgabe arbeiten. MIMD-Architekturen sind vor allem im Bereich der Supercomputer, aber auch der Server zu finden.

In Abhängigkeit von den Speicherzugriffsmodellen werden folgende Systemklassen unterschieden:

- **UMA**: Uniform Memory Access, globaler gemeinsamer Adressraum, Zugriffszeit unabhängig vom Wert der Adresse,
- **NUMA**: Non Uniform Memory Access, globaler gemeinsamer Adressraum, Zugriffszeit abhängig vom Wert der Adresse,
- **NORMA**: No Remote Memory Access, physisch und programmtechnisch verteilter Speicher.

Zur Verbindung einzelner Rechnerknoten untereinander und mit dem Speicher werden verschiedene Arten von Verbindungsnetzwerken eingesetzt, z. B. Kreuzschienenverteiler (Crossbar, ermöglichen jede beliebige Verschaltung von Ein- und Ausgängen), BENEŠ- und BANYAN-Netzwerke (zellenbasiert, ermöglichen nur eine Auswahl aus allen theoretisch möglichen Verschaltungsvarianten, verbessert durch Kaskadierung). Beispiele von leistungsfähigen MIMD-Systemen sind IBM SP2 und Fujitsu VPP500.

3.5.5 Multicore-Architekturen

Derzeit wird die Verarbeitungsleistung von Prozessoren durch Integration mehrerer CPU-Kerne auf einem Chip gesteigert. Diese **Multicore-Architekturen** (Mehrkern-Architekturen) sind damit von ihrer Arbeitsweise zu den MIMD-Architekturen zu zählen (→ 3.5.4). Beginnend mit einfachen Doppelkern-Architekturen (Dualcore, Bild 3.35), Vierfach- und Achtfachkernen

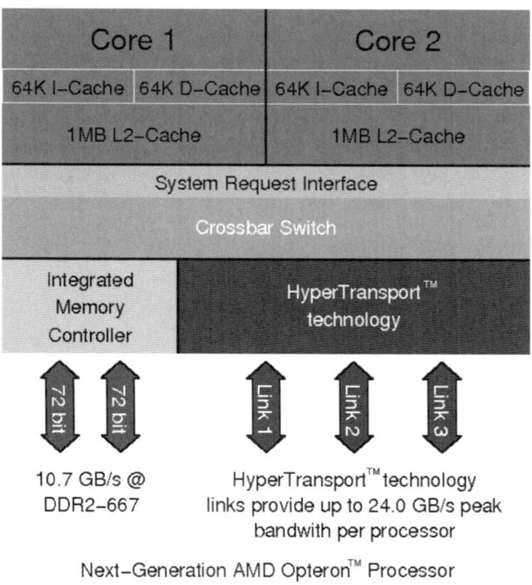

Bild 3.35 AMD-Opteron-Prozessor (Quelle: /3.24/)

werden in den nächsten Jahren Architekturen mit bis zu 128 Prozessorkernen zu erwarten sein.

Multicore-Architekturen können in jedem Kern wie Einzelprozessoren ebenfalls alle anderen Arten der Parallelität nutzen (ILP, MTA, SIMD).

Für die effektive Nutzung der Multicore-Architekturen ist eine angepasste Software (parallele Programmierung) zwingend erforderlich. Vom Betriebssystem werden hier entsprechende Voraussetzungen für das **Multiprocessing** erwartet, z. B. symmetrisches Multiprocessing (SMP) für eine gleichmäßige Lastverteilung auf alle Prozessorkerne.

Aktuelle Grafikprozessoren (**GPU**, Graphics Processing Unit) bestehen aus mehreren Kernen (stream processor) mit SIMD-Architektur (→ 3.5.3). Aufgrund ihrer Universalität werden sie zunehmend auch für die Beschleunigung von allgemeinen Berechnungen (also als **GPGPU**, general-purpose GPU) in Workstations und Servern eingesetzt. Ebenso ist die Zusammenfassung von CPU und GPU oder anderen spezialisierten Kernen in einem Chip üblich.

3.5.6 Spezialarchitekturen

Zur Lösung spezieller Aufgaben, meistens in so genannten eingebetteten Systemen (Maschinensteuerungen, Peripheriegeräten, Automobilelektronik usw.), werden spezielle Rechnerarchitekturen eingesetzt. Solche Systeme zeichnen sich durch folgende Merkmale aus:

- Kompakte Bauart (Einchiplösung bzw. kleine Leiterplatten), die alle wesentlichen Komponenten (Rechnerkern, Speicher, Taktgeberlogik, A/D-D/A-Wandler usw.) integriert;
- geringer Leistungsverbrauch,
- Spezialfunktionen, die auf bestimmte Anwendungen bzw. Algorithmen zugeschnitten sind.

Beispiele solcher Spezialarchitekturen sind digitale Signalprozessoren (**DSP**). Deren Befehlssätze sind auf die Signalverarbeitungsalgorithmen (digitale Filter, Signaltransformationen, Kanalcodierung) zugeschnitten. DSP und andere Prozessoren mit spezialisierten Befehlssätzen werden unter dem Oberbegriff **ASIP** (Application Specific Integrated Processor) zusammengefasst. Im Allgemeinen kann man auch von **ASIC** (Application Specific Integrated Circuits) sprechen, dazu zählen so genannte CCM (Custom Computing Machines), die meistens auf der Basis rekonfigurierbarer Hardware aufgebaut sind und ihre schaltungstechnische Struktur an die jeweiligen Anwendungsanforderungen anpassen können. Unter rekonfigurierbaren Schaltkreisen versteht man **PLD** (Programmable Logic Devices) und **FPGA** (Field-Programmable Gate Arrays). Die schaltungstechnische Funktion solcher Chips kann durch Veränderung des Konfigurationsspeichers (SRAM- oder EEPROM-Zellen) variiert werden.

3.5.7 Echtzeitsysteme

Echtzeitsysteme werden u. a. für die Steuerung und Regelung von technischen Prozessen, häufig als **eingebettete Systeme** (**embedded systems**) eingesetzt. Sie müssen neben der Korrektheit der Ergebnisse auch die Einhaltung von Zeitbedingungen gewährleisten. Man stellt i. Allg. folgende Anforderungen /3.21/:

- **Rechtzeitigkeit**: Das Ergebnis für den zu steuernden Prozess muss rechtzeitig vorliegen.
- **Gleichzeitigkeit**: Viele Aufgaben müssen parallel mit ihren jeweiligen Zeitbedingungen bearbeitet werden.
- **Spontane Reaktion auf Ereignisse**: Die Reaktion auf zufällige interne oder externe Ereignisse muss innerhalb einer definierten Zeitspanne erfolgen.

Um diese Anforderungen einzuhalten, kommen spezialisierte Echtzeit-Betriebssysteme ($\rightarrow$ 9.8.7.1) zum Einsatz.

3.6 Rechnersysteme

Heutige Computer können grob in 7 Klassen eingeordnet werden ($\rightarrow$ Tabelle 3.7). Die Komplexität der verwendeten Architektur wie auch der Preis des Computers steigt vom einfachen Controller bis zum Supercomputer steil an. In Bezug auf die produzierten und verarbeiteten Stückzahlen liegen dagegen die Controller in eingebetteten Systemen, wie sie in Autos, Waschmaschinen, HiFi-Geräten usw. vorkommen, mit deutlichem Abstand an der Spitze. Als Maßeinheit für Verarbeitungsleistung verschiedener Rechner haben sich MIPS (Million Instructions Per Second, Million Befehle pro Sekunde) und

Tabelle 3.7 Einordnung von Computern nach Typen

Computertyp	Hauptanwendung
Controller	eingebettete Systeme, Spezialanwendungen
Mobile Computer	Notebook, PDA, Tablet, Smartphone
Personal Computer	Universalrechner
Workstation, Server	Arbeitsplatzrechner, Netz-Server, Daten-Server
vernetzte Workstation	Abteilungsrechner, Cluster
Mainframe (Großrechner)	Hintergrundrechner, Stapelverarbeitung
Supercomputer	Hochleistungsdatenverarbeitung, HPC

FLOPS (Floating Point Operations Per Second, Anzahl Gleitkommabefehle pro Sekunde) etabliert. Im Zusammenhang mit Peripherie- und Speichersubsystemen sind als Leistungskennwerte meistens Bandbreite bzw. Durchsatz von Interesse, ausgedrückt z. B. in Megabyte pro Sekunde (MByte/s).

3.6.1 Supercomputer

Supercomputer sind vom Raumvolumen den großen Mainframes ebenbürtig, übertreffen diese jedoch vor allem in der Spitzenverarbeitungsleistung um ein Vielfaches (HPC, High Performance Computing). Die Rechnerarchitektur dieser Computer ist meist auf die zu bearbeitende Problematik angepasst und so optimiert, dass höchste Verarbeitungsleistungen erzielt werden können. Die Hauptarchitekturmerkmale sind massiv-parallele Systeme, Multiprozessorsysteme, Vektorrechner, Transputer (MIMD- und SIMD-Architekturen).

► *Hinweis*: Hauptanwendungsgebiete der Supercomputer sind Festkörperphysik, Weltraumforschung, Chemie, Biologie, Wettervorhersage u. a.

❑ *Beispiele* für Supercomputer: Cray X-MP, Y-MP, T3E.

Die meisten Supercomputer, besonders massiv-parallele Systeme, erfordern neue Programmiermodelle und spezielle Programmiersprachen bzw. Spracherweiterungen ($\rightarrow$ 7.5).

3.6.2 Mainframes

Mainframe-Computer sind Großrechner, Hintergrundrechner, die von den Nutzern allgemein nur über Terminals bzw. andere Rechner im Rechnernetz angesprochen werden können. Mainframes zeichnen sich vor allem durch folgende Eigenschaften aus:

- effektiver Multiuser-Betrieb ($\rightarrow$ 9.1.2),
- effektives Multitasking ($\rightarrow$ 9.1.2),
- großer Hauptspeicherausbau,
- umfangreiche zentralisierte Speichermedien,
- hohe, effektive Verarbeitungsleistung.

Das Haupteinsatzgebiet von Mainframe-Computern liegt bei der zentralen Stapeldatenverarbeitung und im komplexen Mehrnutzerbetrieb, wie er z. B. in Banken, Versicherungen usw. anzutreffen ist. Im Gegensatz zu HPC kommt es beim Mainframe vor allem auf hohe Stabilität, großen effektiven Datendurchsatz und zentralisierte Datenhaltung an. Vom Architekturkonzept her sind Mainframes oft wie die Supercomputer aufgebaut, jedoch universeller ausgelegt.

❑ *Beispiele* für Mainframes: IBM z/Serie, x/Serie; SQ-Mainframes von Fujitsu Technology Solutions.

3.6.3 Workstations

Workstations sind Arbeitsplatzsysteme, die sich allgemein durch eine hohe Rechenleistung, eine hohe Verfügbarkeit (geringere Ausfallzeiten), einen hohen Datendurchsatz und eine hochauflösende schnelle Grafik auszeichnen. Darüber hinaus besitzen sie meist einen direkten Zugang zu Hochgeschwindigkeits-Kommunikationsnetzwerken. Gut ausgestattete bzw. aufgerüstete PCs sind ebenfalls als Workstation geeignet.

Bezüglich ihrer Architektur verfügen Workstations meist über Prozessoren, die eine Parallelität auf allen Ebenen realisieren. Aktuell sind Multicore-Systeme mit bis zu acht Kernen, die ein mehrfaches Multithreading und eine hohe Superskalarität pro Kern erlauben. Sie erreichen damit durchaus das untere Segment der Mainframes.

Workstations werden für Spezialaufgaben eingesetzt, bei denen einer oder mehrere der folgenden Punkte von besonderer Bedeutung sind: Rechenleistung, Grafikleistung, Datendurchsatz, Verfügbarkeit, Speicherplatz, Netzwerkanbindung. Typische Einsatzfälle sind z. B.:

- Multimedia-Workstation,
- Grafik-Workstation, Video-Workstation (→ 17, 18),
- Server (File-Server, Mail-Server, Web-Server, Backup-Server, Compute-Server, … → 9, 11, 12).

Workstations können im Netzwerk auch so konfiguriert werden, dass sie Funktionen von Switches und Routern bzw. Gateways (→ 10.3.1, 11.3.1) übernehmen können.

Workstation-Cluster sind lokal vernetzte Workstations oder auch PCs in Verbindung mit einem oder mehreren Servern. Diese **Cluster** können durch Verteilung der Datenverarbeitung (verteilte Systeme, → 12), also der Nutzung grobgranularer Parallelität, die Leistung von Mainframes erreichen und übertreffen. Derartige Cluster ersetzen mehr und mehr die Mainframes und kleineren Supercomputer (zum Leistungsvergleich siehe auch www.top500.org).

3.6.4 PC/NC

Unter einem **Personal Computer** (PC) versteht man einen Computer, der mehr oder weniger dem persönlichen Bedarf im beruflichen und im privaten Bereich dient. Das Spektrum reicht dabei vom normalen Desktop-System über Notebooks bis hin zum PDA (*personal digital assistant*). Die Ausstattungsmerkmale eines PC sind je nach Anwendungen stark differenziert. Die hardwaretechnische Basis für PCs bilden einfache Mikroprozessorsysteme (z. B. Intel x86, …, Pentium) mit Hauptspeicher, Festplatte, Grafikkarte, Netzwerkkarte und diversen Schnittstellen. PCs mit umfangreicher Hardwareausstattung können durchaus die Kategorie von Workstations (z. B. Multimedia-Workstation) bzw. auch die von Servern erreichen.

Network Computer (NC) verfügen gegenüber den PC lokal nur über ein Minimum an Hardware und Verarbeitungsleistung. Sie beziehen ihre Ressourcen fast ausschließlich über das Netzwerk (LAN, WAN) von einem oder mehreren Servern. Sie stellen damit einerseits eine sehr kostengünstige Lösung dar und sind andererseits sehr flexibel einsetzbar.

3.6.5 Mikrocontroller

Die steigende Integrationsdichte in der Halbleitertechnologie erlaubt es, mehr und mehr Komponenten eines Mikrorechnersystems auf einem einzigen Chip zu integrieren. Neben RAM und ROM gehören dazu vor allem diverse Peripherieeinheiten wie Schnittstellen, Timer, AD/DA-Wandler usw. (z. B. Atmel AVR 32). Die Hauptanwendungsgebiete dieser hochkomplexen Mikrorechnersysteme (Mikrocontroller) sind die Steuerungs-, Mess- und Regelungstechnik, aber auch die Kommunikationstechnik und Bildverarbeitung. Mikrocontroller sind vor allem als in die jeweilige Anwendung eingebettete Systeme (embedded systems) realisiert. Sie sind damit im Allgemeinen von außen nicht direkt sichtbar (z. B. Kfz-Elektronik) und verfügen im Gegensatz zum PC auch nicht über eine direkte Bedien- und Programmierschnittstelle zum Benutzer (z. B. Keyboard). Obwohl wie Universalrechner aufgebaut, dienen sie, einmal installiert und programmiert, fast ausschließlich der Lösung von Spezialaufgaben. Die weitaus überwiegende Anzahl aller weltweit installierten Rechnersysteme sind Mikrocontroller.

3.6.6 Mobile Computer (Mobile Computing)

Zum **Mobile Computing** gehören vor allem transportable, ortsunabhängige PCs und Mikrocontroller als eingebettete Systeme in mobilen Applikationen. Typische Endgeräte sind:

- Für den vielfältigen Einsatz: Notebook, Netbook, Tablet, Smartphone (→ 5.8).
- Für Spezialanwendungen: Handys, Navigationssysteme, Foto-/Videokamera, Audio-/Video-Player, E-Books und Smart Cards.

Sie weisen häufig folgende Merkmale auf:

- Energiesparsamkeit von Prozessoren und Displaybeleuchtung,
- für kleine Displayflächen optimierte Betriebssysteme (→ 9.8.7.2),
- Bedienung per Touchscreens und/oder Stift (→ 5.2.3),
- Internet-Anbindung per Funk-Schnittstellen (→ 10.2.7.5),
- Individualisierung durch zusätzliche Applikationen (*Apps*),
- geringes Gewicht, geringe mechanische Störanfälligkeit.

Zur Unterstützung für mobile Computing wurden verschiedene neue bzw. speziell angepasste „mobile Betriebssysteme" entwickelt (→ 9.8.7.3).

3.6.7 Pervasive/Ubiquitous Computing

Hierunter sind vernetzte Computer in beliebigen Alltagsgegenständen zu verstehen, die hauptsächlich die Bereiche PC/NC, Mikrocontroller und Mobile Computing umfassen. Sie sind gekennzeichnet durch eine umfassende Informatisierung und Vernetzung unserer unmittelbaren Umgebung: dem Internet der Dinge (Internet of Things). Szenarien wie

- Weareables, Smart Clothes (→ 5.7),
- Handhelds, Smart Devices,
- allumfassende Vernetzung, Smart Environments, E-Health

stehen dabei im Vordergrund und werden das „Post-PC-Zeitalter" mitbestimmen.

3.6.8 Verlustleistungsbetrachtung

Die Verlustleistung von Rechnersystemen wird nicht nur durch den Prozessor bestimmt, sondern zunehmend auch durch periphere Komponenten (→ 5). Mit abnehmender Bedeutung kommen folgende Stellen in Betracht:

- der Prozessor, die Grafikkarte mit Grafikprozessor,
- Monitor (→ 5.3), Drucker (→ 5.4),
- Mainboard mit Hauptspeicher,
- Netzteilverluste,
- Festplatten, optische Laufwerke (→ 4.2),
- Netzwerkkarten u. a. Schnittstellen.

Eine Rolle spielt ebenso die Vernetzung von Rechnersystemen über aktive Netzwerkkomponenten (Bridges, Router, Switches, → 10.3.1, 11.3.1).

Insbesondere die Verlustleistung von (Grafik-)Prozessoren lässt sich über folgende Faktoren reduzieren:

- Senkung der *Betriebsspannung*, vor allem der Kernspannung,
- Dynamische Anpassung der *Taktfrequenz* bis hin zur Abschaltung einzelner Taktdomains
- Verbesserung der *Halbleitertechnologien* (low power)
- Optimierung der *Prozessorarchitektur* bspw. durch Erhöhung der Parallelität (z. B. Multicore-Architekturen, → 3.5.5).

Die Verlustleistung ist ebenso vom installierten Betriebssystem (→ 9) und der auf dem Prozessor laufenden Software abhängig. Effizientere Software und bessere Hardware-Auslastung (z. B. durch Virtualisierung, Standby-Modi) tragen wesentlich mit zur Energieeinsparung bei.

Strategien zur Energieeinsparung im IT-Bereich sind unter dem Schlagwort „**Green IT**“ zusammengefasst. Dazu gehören /3.18/:

- Reduktion von Abfall, gefährlichen Substanzen und Energie im Produktlebenszyklus (von der Herstellung über die Nutzung bis hin zur Entsorgung)
- Reduktion von Energie in der Nutzung von IT: Verringerung des Energiebedarfs, Steigerung der Energieeffizienz, Nutzung alternativer Energiequellen
- Reduktion des Energiebarfs in anderen Sektoren durch die Nutzung von IT.

4 Externe Speicher

Ludwig Krauß

4.1 Grundlagen, Speicherhierarchie und externe Speicher

Externe Speicher sind Datenträger zur dauerhaften Speicherung von Daten. Die Daten bleiben auch ohne ständige Energiezufuhr erhalten.

Das Leistungsvermögen externer Speicher wird bestimmt durch

- die Speicherkapazität des einzelnen Datenträgers
- die Zeit für den Zugriff auf eine definierte Position des Speichermediums (Zugriffszeit)
- die Übertragungsgeschwindigkeit der Daten zwischen dem externen Speicher und anderen Komponenten eines Computers (CPU, Hauptspeicher, Grafikspeicher usw.)
- die Möglichkeit der Integration in komplexe Speichersysteme (z. B. RAID → 4.2.2.4).

Ein wichtiger Gesichtspunkt ist die Zuverlässigkeit, die in der vom Hersteller statistisch ermittelten Maßzahl MTBF ihren Ausdruck findet.

MTBF (Mean Time Between Failure) ist die durchschnittliche Zeit zwischen Funktionsausfällen von Produkten.

Bei realen externen Speichern wachsen mit steigender Kapazität auch die Zugriffszeiten und der Herstellungsaufwand. Ideal wäre eine unbegrenzte Speicherkapazität. In der Praxis wird versucht, diesem Idealzustand durch eine Speicherhierarchie nahe zu kommen (→ Bild 4.1).

Speicher werden auch bezüglich ihres Zugriffsverfahrens unterschieden.

Speicher mit wahlfreiem Zugriff (RAM: Random Access Memory) erlauben die konkrete Adressierung jeder Speichereinheit.

Bei den externen Speichern kann man die Memory-Sticks und die Solid State Disk zu dieser Gruppe zählen.

Bei **Speicher mit sequenziellem Zugriff** können die gespeicherten Daten nur in einer festen Reihenfolge abgerufen werden.

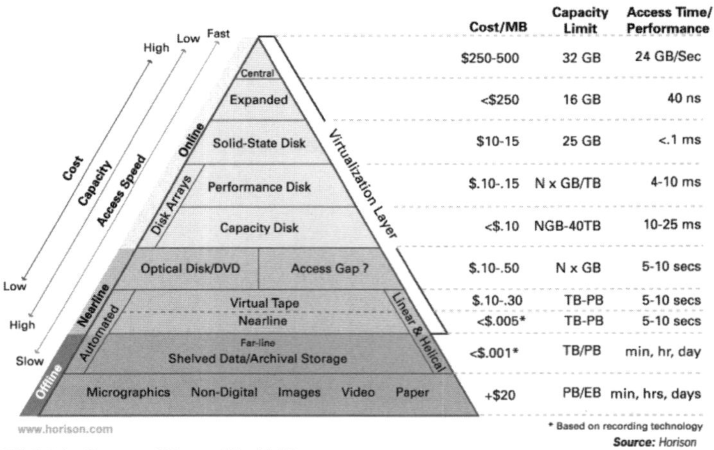

Bild 4.1 Storage-Hierarchie /4.8/

Bei Schreib- und Leseoperationen brauchen hier keine Adressen von außen angelegt werden. Magnetbänder (*tapes*) sind die typischen Vertreter dieses Speichertyps. Durch die Bildung von Speicherblöcken wird versucht, die Zugriffszeiten zu verbessern.

Speicher mit indexsequenziellem Zugriff sind eine Mischform zwischen dem sequenziellen und dem direkten Zugriff.

Größere Speicherblöcke sind hier direkt aufrufbar. Innerhalb dieser Speicherblöcke wird sequenziell gesucht. Typisches Beispiel sind Disketten und Festplatten.

Die Menge der zu speichernden digitalen Daten auf externen Speichermedien nimmt in den letzten Jahren ständig zu. Man rechnet mit einem Wachstum von 30 bis 70 % pro Jahr.

► *Hinweis*: Für die Angabe der Speicherkapazität von externen Speichern werden von den Herstellern sehr gern anstelle der Binärpräfixe (→ 2.2.2) die SI-Präfixe des internationalen Einheitensystems genutzt, weil die Werte dadurch beträchtlich höher ausfallen (→ Tabelle 4.1).

Die Speichertechnologien erfordern zunehmend ein automatisiertes Umfeld, aber auch mehr Zeit für die Speicherung der Daten.

Zwingend führt dies zu NAS (Network Attached Storage) oder SAN (Storage Area Network) und Storage-Management (→ 4.4).

Tabelle 4.1 Maße für die Speicherkapazität

Kapazität	SI-Präfix	Unterschied zum Binärpräfix
10^9 Byte	1 GB (Gigabyte)	+7,4 %
10^{12} Byte	1 TB (Terabyte)	+10,0 %
10^{15} Byte	1 PB (Petabyte)	+12,6 %
10^{18} Byte	1 EB (Exabyte)	+15,3 %
10^{21} Byte	1 ZB (Zettabyte)	+18,1 %
10^{24} Byte	1 YB (Yottabyte)	+20,9 %

4.2 Systematisierung nach dem physikalischen Prinzip

In der Praxis haben sich bestimmte Datenträger durchgesetzt:

- **bedruckte und handschriftliche Datenträger**, bei denen die zu speichernden Daten durch Drucken oder manuelles Schreiben von Strichcodemarkierungen oder Schriftzeichen realisiert werden
- **magnetische Datenträger**, bei denen Daten in binärer Form durch Magnetisierung feinster Partikel auf dünnem, flexiblem oder starrem Trägermaterial gespeichert werden
- **optische Datenträger**, bei denen Licht, meist Laser, zum Schreiben und Lesen von Informationen auf optisch reaktivem Material dient
- **elektronische Datenträger**, bei denen Daten in die Zellen eines Halbleiterspeichers geschrieben werden /4.3/.

4.2.1 Mechanische und bedruckte Speichermedien

Die mechanischen Datenträger **Lochband** und **Lochkarte** haben ihre Bedeutung verloren.

Bedruckte Speichermedien sind **Markierungsbelege** und **Klarschriftbelege**, die maschinell auswertbar gestaltet sein müssen. Größere Bedeutung haben die Strichcodemarkierungen erlangt.

> Datenträger mit vorgedruckten **Strichcodemarkierungen** (Barcode) enthalten in genormten oder herstellerspezifischen Strichcodes dargestellte Information, die bei der Eingabe magnetisch oder optisch erkannt wird.

Barcodes findet man z. B. auf Verpackungen. Hier handelt es sich meist um die 13-stellige europäische Artikelnummer EAN ($\rightarrow$ Bild 4.2). Unternehmen nutzen Strichmarkierungen zur Organisation des Produktionsdurchlaufes

(Autos, Geräte). Noch mehr Informationen kann man in zweidimensionalen Strichcodes unterbringen. Beispiele dafür sind:

- PDF417-Code, häufig auf Formularen verwendet
- Data-Matrix-Code, z. B. zur Kennzeichnung kleiner Fertigungsteile
- QR-Code (Quick Response-Code), ebenfalls zur Teilemarkierung, heute oft auf Printmedien zu finden, wo er u. a. zur Codierung von Webadressen dient, die z. B. via Handy fotografiert, decodiert und anschließend sofort in einem Browser verwendet werden können.

9 783446 217539
ISBN 3-446-21753-3

Bild 4.2 13-stelliges EAN-Symbol des Taschenbuches Informatik zur 4. Auflage (links), PDF417-Code (mitte) und Data-Matrix-code (rechts) (Quelle: /4.3/)

4.2.2 Magnetische Speichermedien

4.2.2.1 Grundprinzip

Die magnetischen Datenträger sind nach wie vor die wichtigsten externen Speicher. Die eigentliche Speicherschicht besteht aus ferromagnetischem Material, z. B. Eisenoxid, Chromnickel, Chromdioxid und Cobaltverbindungen. Damit werden extrem hohe Bitdichten erreicht. Die Entwicklung der letzten Jahre bezüglich der Speicherkapazität (besonders bei Festplatten) deutet auf noch vorhandenes Leistungspotenzial dieser Technologie hin. Der Datenträger bewegt sich mit definierter Geschwindigkeit am Schreib-Lese-Kopf vorbei. Die Daten werden in fest vorgegebenen Spuren aufgezeichnet. Beim Schreiben auf einem magnetischen Datenträger beeinflusst eine stromdurchflossene Spule (Schreibkopf) die magnetische Polarisation der Partikel. Beim Lesen wird entsprechend des Induktionsgesetzes bei Polarisationswechsel zwischen nebeneinander liegenden magnetischen Partikeln eine kleine elektrische Spannung induziert, die vom Leseverstärker zu einem Binärsignal verstärkt wird. Da nur Flusswechsel vom Lesekopf ausgewertet werden können, muss die zu speichernde Information in erkennbare „Flusswechsel“ codiert werden. Es existieren verschiedene Codierungsverfahren, z. B.:

- Modified Frequency Modulation (Modifizierte Frequenzmodulation, MFM) für DD- und HD-Disketten
- Run Length Limited (Lauflängenbegrenzung, RLL).

Das heute verbreitete **Codierungsschema RLL** für Festplatten beruht darauf, Bitgruppen zu Einheiten zusammenzufassen und so zu kombinieren, dass spezielle Muster von Flussrichtungswechseln entstehen. Damit können Daten noch dichter auf den Datenträger gepackt werden. Es existieren verschiedene Varianten, die sich durch die Unterschiede in der kleinsten zulässigen Anzahl von Bitstellen (*run length*) und der größten zulässigen Anzahl von Bitstellen (*run limit*) zwischen zwei Flusswechsel unterscheiden /4.6/.

4.2.2.2 Disketten

Disketten (Floppy Disk, FD) haben wesentlich die Entwicklung der Computertechnik beeinflusst, inzwischen aber ihre Marktbedeutung als Bootdevice und als Speichermedium verloren und werden daher nur noch in Ausnahmefällen angewendet. Man findet deshalb kaum noch Diskettenlaufwerke (Floppy Disk Drive, FDD) in modernen PCs oder gar in Notebooks. Stattdessen kann man externe Diskettenlaufwerke an die USB-Schnittstelle anschließen. Meist ist der Diskettencontroller dennoch auf dem Mainboard vorhanden, sodass man dann nachträglich selbst ein Diskettenlaufwerk einbauen kann (/4.11/: Diskette).

4.2.2.3 Festplatten

Festplatten (Hard Disk, HD) sind die wichtigsten externen Speicher in einem Computersystem. Bei Festplatten verwendet man hochfestes, verwindungsfreies Trägermaterial für die magnetische Beschichtung, was einerseits eine hohe Drehzahl (bis $15\,000\,\text{min}^{-1}$) und andererseits eine höhere Positionierungsgenauigkeit der Schreib- und Leseköpfe ermöglicht. In einem Festplattenlaufwerk (Hard Disk Drive, HDD) liegen mehrere Magnetscheiben übereinander, die in Spuren und Sektoren aufgeteilt sind. Jeder Platte können zwei Schreib-/Leseköpfe (*heads*) zugeordnet werden, die auf die Ober- bzw. Unterseite der Platte wirken. Sie sind über den Schreib-/Lesearm mit allen anderen Köpfen verbunden, sodass ein Spurwechsel für alle Platten gleichzeitig vollzogen wird. Die Position aller Köpfe zu einer Spur wird mit dem Begriff **Zylinder** beschrieben. Die Blöcke der Festplatte werden im Gegensatz zur ehemaligen Zylinder-Kopf-Sektor-Adressierung (CHS) komplett unabhängig von der Festplattengeometrie adressiert. Dabei werden beim LBA-Verfahren (Logical Block Addressing) die Blöcke einfach von 0 an gezählt.

Ähnlich dem MOOREschen Gesetz zeigt die zeitliche Entwicklung der maximalen Festplattenkapazität einen annähernd exponentiellen Verlauf. Die Kapazität verdoppelt sich etwa aller 18 Monate ($\rightarrow$ Bild 4.3). Die Kosten pro Speichereinheit verringern sich dabei enorm ($\rightarrow$ Tabelle 4.2).

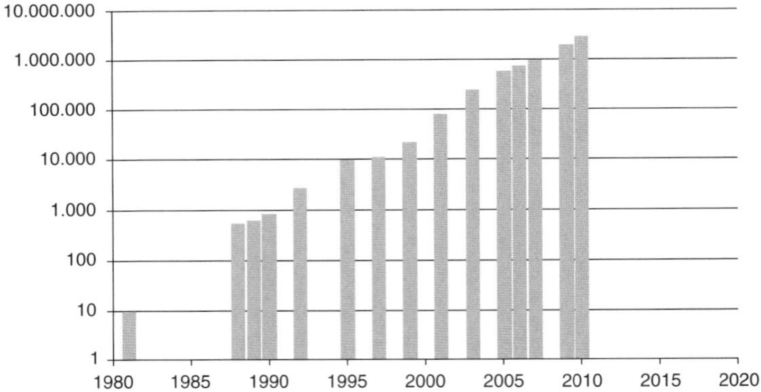

Bild 4.3 Entwicklung der Festplattenkapazität (in Anlehnung an /4.11/: Festplatte; ergänzt)

Üblich ist auch die Integration eines Festplattencaches in der Größe zwischen derzeit 2 bis 64 MiB. Ein Festplattencache ist ein schneller Zwischenspeicher (DRAM) einer Festplatte, der Schreib- und Lesezugriffe auf einen Datenträger puffert, um den Einfluss der Latenzzeit und Datenübertragungsrate des Datenträgerzugriffs auf das System zu verringern.

Tabelle 4.2 Technische Parameter und Kosten von Festplatten auf dem Massenmarkt (EIDE/SATA)

Jahr	Kapazität in GByte	Zugriffszeit in ms	Kosten in €	Kosten in €/GByte
1999	15	7	150,–	10,–
2000	80	9	500,–	6,–
2002	200	9	500,–	2,50
2006	400	9	190,–	0,48
2010	2000	9	100,–	0,05

Die Verbindung zum Computersystem erfolgt über verschiedene Schnittstellen (→ 3.4.6), z. B. über die **SATA**-(Serial-ATA-)Schnittstelle, über einen **SCSI**-Bus, über die serielle Variante **SAS** (Serial Attached SCSI) oder über **Fibre Channel**. Die älteren EIDE-Festplatten werden nur noch als Ersatzbedarf benötigt.

SCSI-Festplatten werden vorrangig in Server-Systemen eingesetzt. Im Gegensatz zu **SATA**-Festplatten sind sie für den Dauerbetrieb (höhere Zuverlässigkeit mit entsprechenden MTBF-Werten) konzipiert. **Ultra SCSI**, Ultra SCSI 2,

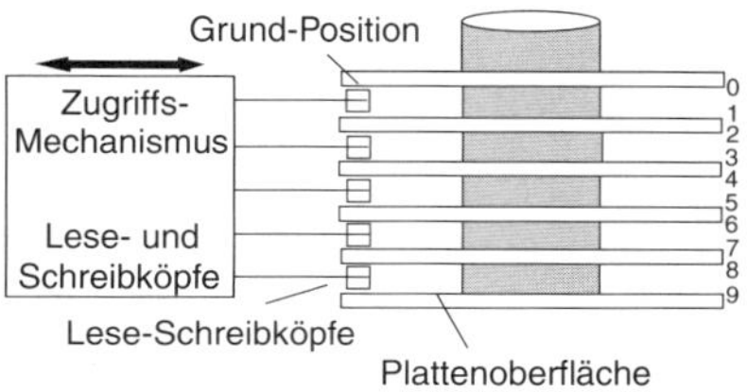

Bild 4.4 Schema (links) /4.4/ und Ansicht eines geöffneten Festplattenlaufwerks (rechts) (Quelle: www.seagate.com)

Ultra 160 SCSI und Ultra SCSI 320 bezeichnen aktuelle Auslegungen von SCSI-Festplatten. Die Bezeichnungen beinhalten z. T. auch Hinweise auf die theoretische Übertragungsrate (160 MByte/s bzw. 320 MByte/s).

Serial-ATA (S-ATA, SATA) ist eine serielle Schnittstelle, die in der aktuellen Version Serial-ATA II eine Datentransferrate von 300 MByte/s bewältigen kann. Die Erhöhung der Transferrate auf 6 GByte/s ist seit 2009 standardisiert (www.serialata.org).

Die seriellen Varianten von SCSI sind zum einen das etwas ältere **FC** (Fibre Channel) und das **SAS**. Fibre Channel wird in der Regel für große Speichersysteme eingesetzt. SAS gilt als leistungsfähigere Alternative zu SATA. Der hauptsächliche Vorteil besteht in der **Kompatibilität mit Serial-ATA**. Beide Arten von Laufwerken können im selben SAS-System installiert und verwendet werden.

4.2.2.4 RAID-Systeme

Unter dem Oberbegriff **RAID** fasst man Technologien zusammen, die mehrere Festplatten-Laufwerke zu größeren, ausfallsicheren Gesamtsystemen vereinigen.

RAID steht dabei für Redundant Array of Independent (oder Inexpensive) Disks. Es handelt sich um eine redundante Anordnung unabhängiger Festplatten. Hintergrund ist die Forderung nach immer größeren und schnelleren Datenspeichern bei begrenzter Ausfallsicherheit von Festplatten. Ausfallsicher bedeutet, dass der Ausfall eines Einzellaufwerks weder zu einem Ausfall des Gesamtsystems noch zu Betriebsunterbrechung oder zu Datenverlusten führen darf. Mit verschiedenen RAID-Levels versucht man zielgerichtet entweder die Zugriffsgeschwindigkeit zu erhöhen oder im Regelfall das Problem der Ausfallsicherheit zu lösen.

Die grundsätzlichen Technologien sind:

- Mirroring: Spiegelung von zwei oder mehreren Laufwerken
- Duplexing: Mirroring, aber mit zwei getrennten Controllern
- Striping: mehrere Laufwerke werden als logische Einheit zusammengeschaltet, um die Speicher- und Lesevorgänge durch Verteilung der Daten zu beschleunigen
- ECC: Fehlererkennung (Error Correction Code).

Beispiele für typische RAID-Level sind

- RAID-0, Striping
- RAID-1, Mirroring
- RAID-5 mit Verteilung von Parity- und Nutzerdaten
- weitere herstellerspezifische RAID-Level
- Kombinationen aus verschiedenen RAID-Levels, z. B. RAID 01 (0 + 1) und RAID 10 (1 + 0).

Implementierungen nutzen **SCSI**, **Fibre Channel**, **SATA** oder **SAS** als Schnittstelle. Die Anzahl der RAID-Platten liegt momentan zwischen 4 und 60. Meist können bei konkreten Subsystemen verschiedene, jedoch kaum alle RAID-Level eingestellt werden.

Qualitätsmerkmal eines RAID-Systems ist, dass die Festplatten im laufenden Betrieb ausgewechselt werden können und somit der Datenzugriff nicht unterbrochen werden muss (Hot-Swap).

4.2.2.5 Magnetische Wechselmedien

ZIP, **JAZ** und **REV** sind Markennamen nicht mehr produzierter Baureihen von Wechselplattenlaufwerken der Firma Iomega. Die Datenträger funktionieren nach demselben Prinzip wie Diskettenlaufwerke und Festplatten. In kleinen und mittelständischen Unternehmen findet man sie noch als Backup-Medium.

Das ZIP-Speichermedium konnte sich im größeren Umfang auf dem Markt etablieren. Je nach Laufwerk können 100, 250 oder 750 MByte gespeichert werden. Dies gelingt durch die deutlich gesteigerte Spurdichte des Folienspeichers.

Die JAZ-Speichermedien werden als Nachfolger der ZIP-Medien geführt. Wechselmedien gibt es in den Kapazitäten 500 Megabyte (selten), 1 Gigabyte und 2 Gigabyte. Im Unterschied zum ZIP werden Festplatten eingesetzt.

Eine ähnliche Technik weist das REV auf. Laufwerke und Speichermedien sind mit einer maximalen Speicherkapazität von 35, 70 oder 120 GByte erhältlich. Die Laufwerke und Speichermedien wurden bezüglich Staubschutz optimiert. Anfang des Jahres 2010 kündigte Iomega aber auch die Einstellung der Produktion dieses Laufwerkes an /4.15/. Diese Speichermedien werden jedoch noch eine längere Zeit vertrieben. Durch die rasante Entwicklung der Flash-Speicher, der optischen Speichermedien und der NAS-Systeme haben sie jedoch inzwischen an Bedeutung verloren.

4.2.2.6 Magnetbänder

Magnetbänder (*tapes*) sind nach wie vor die kostengünstigsten Medien zur Sicherung großer Datenmengen. Prinzipiell kommen momentan 2 Verfahren zum Einsatz:

- Das lineare und serpentinenförmige Aufzeichnungsverfahren (LTO)
- Die Heli-Scan-Technologie mit bewegten Aufzeichnungsköpfen. Hierbei zeichnet ein sehr schnell rotierender Schreib-/Lese-Kopf die Daten in einem Schrägspur-Verfahren auf das Magnetband auf, welches seinerseits mit sehr langsamer Geschwindigkeit weitergeführt wird (DAT, DDS).

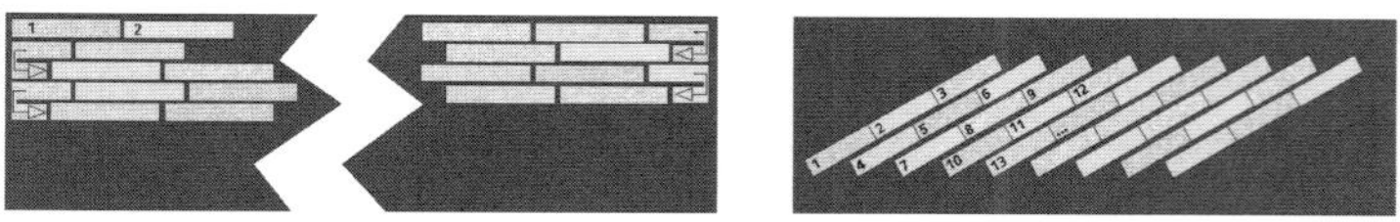

Bild 4.5 Aufbau eines Bandblockes nach dem linearen Aufzeichnungsverfahren (links) und nach dem Heli-Scan-Verfahren (rechts)

► *Hinweis*: Im Privatbereich und in kleinen Unternehmen werden Magnetbänder nur noch selten zur Datensicherung und Archivierung eingesetzt /4.22/, /4.17/, /4.14/. Stattdessen kommen dort heute vorwiegend beschreibbare CDs, DVDs, USB-Flash-Speicher oder externe Festplatten zum Einsatz. Im professionellen Umfeld werden Magnetbänder wegen ihrer allgemein hohen Zuverlässigkeit und Langzeitstabilität nach wie vor häufig genutzt.

Zwei Grundtypen von Magnetbändern haben sich am Markt durchsetzen können: **LTO-Laufwerke** (**Linear Tape Open**) und **DAT-Laufwerke** (**Digital Audio Tape**). Andere Laufwerke werden kaum noch hergestellt.

Die Marktpräsenz von **LTO** hat verschiedene Ursachen:

- LTO ist keine Lösung eines einzelnen Herstellers.
- Die Datenträger verfügen über einen 4-KByte-Halbleiterspeicher im Kassettengehäuse für einen schnelleren Datenzugriff.
- Es sind WORM-Bänder verfügbar.
- Es erfolgte eine kontinuierliche Weiterentwicklung der Laufwerke und Datenträger. Perspektivische Zielstellung: 32 TByte/Band bei 1180 MByte/s /4.12/.

Die Bezeichnung **DAT-Laufwerk** ist zwar für die Aufzeichnung digitaler Daten nach dem **DDS**-Format (**Digital Data Storage**) üblich, trifft aber den Sachverhalt kaum. Zwar basiert die Technologie auf Entwicklungen in der Tontechnik, aber **DDS-Laufwerke** sind nur für die Datenspeicherung geeignet, z. B. für kleine und mittlere Unternehmen, die Low-End- und Midrange-Server sowie Workstations zur Datensicherung einsetzen.

Die in der Tabelle 4.3 aufgeführten **SLR-Laufwerke (Scalable Linear Recording)** und **VXA-Laufwerke** und deren Medien zeichnen sich durch eine sehr hohe Zuverlässigkeit und Haltbarkeit (30 Jahre) aus /4.28/.

Tabelle 4.3 Aktuelle Tape-Varianten

Typ	Medium	Kapazität in GByte	Transferrate in MByte/s	Verfahren
DAT	4-mm-Band	72	6	Heli-Scan
DAT	8-mm-Band	320	24	Heli-Scan
LTO 5	0,5 Zoll	3000	280	linear
SLR	0,5 Zoll	140	12	linear
VXA	0,5 Zoll	320	24	Heli-Scan

Automatische **Kassettenwechsler**, **Jukeboxen**, **Autoloader** oder **Libraries** für die gängigsten Tapes (vorrangig für LTO) erlauben ein automatisches sequenzielles Wechseln der Kassetten. Problemlos können damit Archivierungssysteme von einigen TByte bis zu 150 PByte aufgebaut werden /4.20/.

4.2.3 Optische Speichermedien

Die Aufzeichnungs- und Wiedergabeverfahren optischer Speichermedien beruhen auf der Nutzung des Laserprinzips (fokussierte, polarisierte, energiereiche monochromatische Lichtwellen) und deren Kombination mit magnetischen Prinzipien. Aus Anwendungssicht hat sich eine Klassifikation nach Bild 4.6 durchgesetzt. Bezüglich der Funktionalität bietet sich aber eher die in der

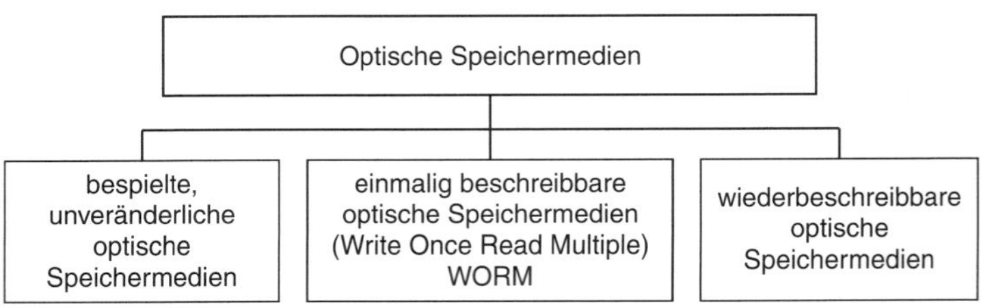

Bild 4.6 Klassifizierung optischer Speichermedien (Quelle: /4.3/)

Gliederung gewählte Klassifizierung an. Die CD-Varianten sind die größte und bekannteste Gruppe optischer Speichermedien.

4.2.3.1 CD-Varianten

► Zu den CD-Varianten werden hier alle Arten von CDs, DVDs und Blu-ray Discs gezählt.

Die optischen Speichermedien **CD-ROM** (Compact Disk – Read Only Memory) und **DVD-ROM** (Digital Versatile Disk, Digital Video Disc) sind die „Datenvarianten" der aus der Konsumelektronik bekannten **CD** (Audio) bzw. **DVD** (Video).

Aufbau und Funktion von CD-ROM, DVD-ROM und Blu-ray Disc (BD)

Eine CD-ROM kann bis 900 MByte speichern. Nicht so bekannt sind **DDCD (Double Density CD)** mit einer Speicherkapazität von 1,3 GByte. Die Scheiben (Durchmesser 12 cm, seltener 8 cm; Dicke 1,2 mm) bestehen aus einem Kunststoffträger (Polycarbonat), der mit einer reflektierenden Aluminiumschicht überzogen ist. Insgesamt wird sie von einer schützenden Schicht aus Klarlack überdeckt. Die Informationen werden entlang einer spiralförmigen Spur von innen nach außen durch Pits (Vertiefungen von 0,12 µm) und reflektierende Lands (Erhebungen) dargestellt und während des Herstellungsverfahrens mit aufgebracht. CD-ROM als auch AUDIO-CD werden nach dem gleichen Verfahren hergestellt und sind nur auf einer Seite mit Informationen versehen. DVD-Platten haben gegenüber der CD eine wesentlich erhöhte Spur- und Pitdichte (→ Bild 4.7).

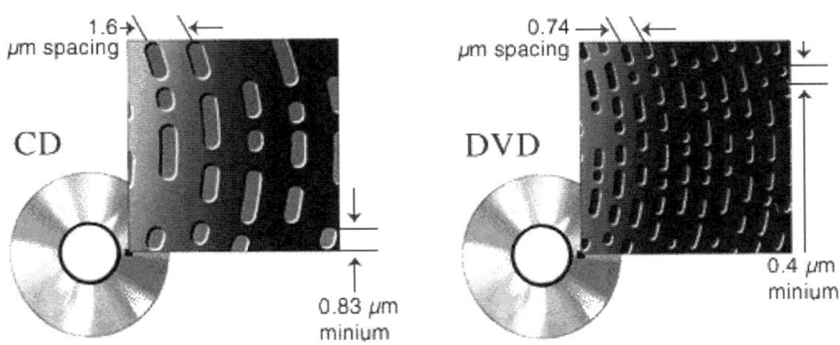

Bild 4.7 Anordnung der Pits und Lands auf einer CD und DVD

Durch zwei Speicherschichten und beidseitige Aufzeichnung lässt sich eine Speicherkapazität von 17,1 GByte erreichen. Auf einer Seite können pro Speicherschicht 4,7 GByte untergebracht werden. Durch zwei Speicherschichten, die über einen variabel fokussierbaren Laser abgetastet werden können, kann die Kapazität einer Seite auf 8,5 GByte erhöht werden. Wird beidseitig aufgezeichnet, verdoppelt sich nochmals die Speicherkapazität.

Die **Blu-ray Disc (BD)** stellt eine Weiterentwicklung der DVD dar und ist für die Speicherung von hochauflösenden Videodaten (HDTV) vorgesehen.

Blu-ray Discs verfügen über eine erheblich gesteigerte Datenrate und Speicherkapazität. Wie auch bei der DVD drängte die Filmindustrie auf die Speicherung von hochauflösenden Videodaten (HDTV) mit dem Ziel, mehr als zwei Stunden Audio- und Videodaten auf den Datenträger zu bringen. Dazu wurde die Wellenlänge des Lasers auf 405 nm (blau), der Spurabstand auf 32 µm und die Pitlänge vermindert. Somit können 25 GByte auf einer einlagigen, einseitig beschreibbaren Disc gespeichert werden. Zweilagige Blu-ray Discs haben sogar die doppelte Kapazität (50 GByte). Denkbar wären Medien mit 8 Schichten (200 GByte), die jedoch technische Probleme mit sich bringen /4.16/.

Das Lesen erfolgt durch Abtasten des Datenträgers. Wird ein Pit getroffen, wird der Laserstrahl absorbiert, sonst reflektiert und durch einen Lasersensor ausgewertet (→ Bild 4.8).

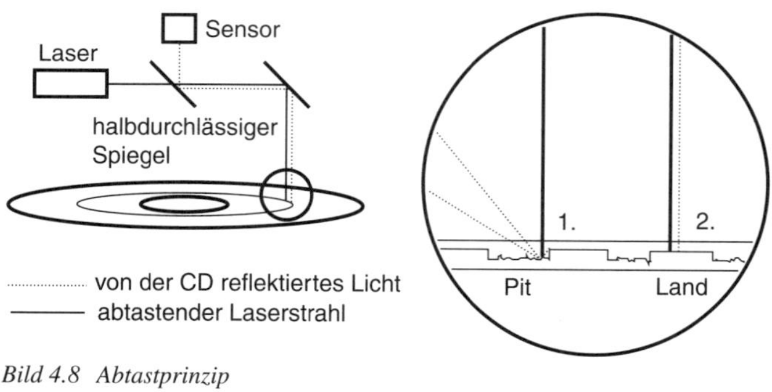

Bild 4.8 Abtastprinzip

Speicherformate der CD

Um eine zu dichte Folge von Pit-Land-Übergängen zu verhindern, müssen die 8 Bit eines Datenbytes mittels EFM (Eight to Fourteen Modulation) codiert werden. Es werden für die Codierung von 8 Bit ca. 14 Pit/Land-Folgen notwendig /4.8/. Für die Adressierung der Informationen ist die Definition von Blöcken erforderlich. Der Aufbau der Blöcke wird als (physikalisches) Format bezeichnet. Die ersten Spezifikationen einer Standardisierung erfolgten in den so genannten „bunten Büchern“ (→ Tabelle 4.4). Später legte die ISO die Norm ISO 9660 vor (→ Tabelle 4.5).

Auf einer **Audio-CD (CD-DA)** werden mit PCM (Puls Code Modulation) digitalisierte Audio-Informationen abgespeichert.

Die Wiedergabe von Audios erfordert einen konstanten Datenstrom von ca. 170 kByte/s und damit eine konstante Lineargeschwindigkeit der Spurabtastung. Die Drehzahl der CD muss sich daher ändern. Das Verfahren wird mit CLV (Constant Linear Velocity) bezeichnet. Bei einer Audio-CD können fehlerhafte Daten durch Interpolation wiedergewonnen werden.

Tabelle 4.4 Physische Formate für CDs

Bezeichnung	Format für
Red Book	Audio-CD
Yellow Book	CD-ROM Mode1, CD-ROM/XA
Green Book	CD-I (CD-Interaktiv)
Orange Book	CD-R, CD-R/W
White Book	Photo-CD
Blue Book	blauen, kurzwelligen Laser

Daten-CDs dienen der sicheren Speicherung von typischen Computerdaten, erfordern daher gegenüber Audio-CDs eine wesentlich höhere Qualität.

Fehlende Daten müssen exakt rekonstruiert werden. Die Informationsblöcke (Sektoren) beinhalten deswegen noch Steuerdaten (Sync Bits, ID-Bits, ECC-Bits). Ein Sektor ist 2352 Byte groß. Wegen des unterschiedlichen Aufbaus dieser Steuerdaten unterscheidet man:

- **Mode 1**: gängige Daten-CD. Bei dieser Variante verbleiben pro Sektor 2048 Byte Nutzdaten.
- **Mode 2**: gehört zum CD/XA-Standard und enthält keine zusätzlichen Fehlerkorrektur-Bytes. Pro Sektor stehen hier 2336 Nutzdaten zur Verfügung. Ein wichtiges Merkmal des **CD/XA-Standards** ist das Interleaving: Video-, Audio-, Animations- und Textdaten können verschachtelt gespeichert und beim Lesen quasi-parallele Datenströme erzeugt werden.

CD-I (CD-Interactive) und **Photo-CD** sind Formate für spezielle Anwendungen.

CD-R (CD-Recordable) ist eine beschreibbare CD, auf deren Oberfläche eine fotoempfindliche Farbstoffschicht aufgebracht ist.

Mit einem Laser wird beim Schreiben in diese Schicht ein Bitmuster gebrannt, das den Pits einer konventionellen CD entspricht. Die gängigen Typen von CD-R haben eine Speicherkapazität von 560 MB (63 min), 700 MB (80 min), 800 MB (90 min) und 900 MB (100 min).

CD-RW (CD-Rewritable) sind wiederbeschreibbare CDs, die mit der Phasenwechseltechnik arbeiten.

Das Verfahren beruht auf der reversiblen Umwandlung eines Materials aus dem amorphen in den kristallin geordneten Zustand unter Hitzeeinwirkung durch einen Laser. Die Reflexionseigenschaften beider Zustände unterscheiden sich und können beim Lesen ausgewertet werden. RW-Medien sind nicht beliebig oft überschreibbar (ca. 100-mal).

Dateiverzeichnisse für CD, DVD und Blu-ray Disc

Will man einen Massenspeicher nicht in Form von Blöcken, sondern als Träger von Dateien und Verzeichnissen ansprechen, benötigt man ein *logisches Format* (→ Tabelle 4.5). Die Festlegung unter ISO 9660 Level 1 wird auch High-Sierra-Format (HSG-Format) genannt. Das **Joliet-Format** ist eine Weiterentwicklung des ISO 9660-Formates von Microsoft.

Tabelle 4.5 Logisches Dateiformat von CDs

	ISO 9660 Level 1	ISO 9660 Level 2	ISO 9660 Level 3 & UDF	Joliet
Dateiname	8.3	bis 32 Zeichen	beliebig	bis 64 Zeichen
Sonderzeichen	keine	ja	beliebig	ja
Verzeichnis-struktur	max. 8 Ebenen	max. 8 Ebenen	beliebig	beliebig
Betriebssysteme	DOS, Unix, Windows	Windows	Windows, Unix	Windows

Das Inhaltsverzeichnis der CD (TOC, Table of Contents) wird nach dem letzten aufgezeichneten Datenblock angegeben. Das TOC schließt die CD ab. **Multisession-CDs** erlauben das Brennen einer CD in mehreren Arbeitsschritten. Beim endgültigen Abschluss einer CD-R oder CD-RW wird eine **VAT** (Virtual Allocation Table) gebildet. Man nennt diesen Vorgang **Finalisieren**.

Spezielle CD-Formate

Da auf CDs Audios, Videos und auch Daten in annähernd gleicher Form untergebracht werden können, haben sich auch Mischformen solcher CDs herausgebildet, z. B.:

- **Mixed Mode CD**: besteht aus einem Datentrack gefolgt von mindestens einem Audiotrack.
- Die **CD-Extra**: eine Multisession-CD, die erste Session enthält Audiotracks, die zweite Datentracks. Die Audios können problemlos von jedem Audio CD-Player wiedergegeben werden.
- **Video CD (VCD)**: enthält MPEG-1-Videosequenzen und kann mit üblichen CD/DVD-Laufwerken wiedergegeben werden. Die **Super Video CD** enthält MPEG-2-Videosequenzen und ist die technologische Fortsetzung der VCD.
- **Hybrid CD**: enthält sowohl Daten für den PC nach ISO 9660 als auch für Apple Macintosh Rechner nach dem HFS-Standard /4.20/.

Laufwerke und Recorder

CD-Laufwerke in einem Computer können alle Arten von CDs mit inzwischen der fast 56-fachen Geschwindigkeit (ca. 8 MByte/s) lesen. Die durchschnittliche Zugriffszeit liegt bei etwa 65 ms. Dabei lässt sich das CLV-Verfahren wegen der sehr hohen Drehzahlen und der damit evtl. auftretenden Unwucht nicht mehr konsequent durchhalten. Wird im inneren Bereich der CD abgetastet, ist nur mit ca. 50 % der maximalen Übertragungsrate zu rechnen. Das Laufwerk arbeitet nach dem **P-CAV**-(Partial-Constant Angular Velocity-)Verfahren /4.3/, muss zum Abspielen von CD-DA natürlich auch das CLV-Verfahren beherrschen.

DVD-Laufwerke können auch alle Arten von CDs lesen. Die maximale Lesegeschwindigkeit liegt in der Größenordnung der CD-Laufwerke (48-fach) /4.5/.

Ein CD/DVD-Recorder gehört schon zur Standardausrüstung eines PC. Er muss auch CDs/DVDs lesen können. BD-Laufwerke und Recorder sind zu den CD/DVD-Geräten abwärtskompatibel.

❑ *Beispiele* für ausgereifte Brennsoftware sind Nero der Fa. Ahead Software AG /4.11/ oder WinOnCD der Fa. Roxio Inc /4.24/.

DVD-Formate

Die DVD-Spezifikation ist nicht vollständig offengelegt, sondern wird von einem Industriekonsortium gepflegt. Das Datenformat einer DVD ist in ISO 13 490 spezifiziert und entspricht der ISO 9660. Bezüglich des Dateisystems wird UDF verwendet. Gemäß des Aufbaus einer CD gibt es verschiedene DVDs mit unterschiedlichen Speicherkapazitäten ($\rightarrow$ Tabellen 4.6, 4.7).

Historisch haben sich fünf verschiedene beschreibbare **DVD-Formate DVD-R, DVD+R, DVD-RW, DVD+RW und DVD-RAM** mit einfacher und doppelter Speicherkapazität (DL – Double Layer) entwickelt. Praktisch sind die Unterschiede zwischen dem Minus-, dem Plus- und dem RAM-Standard kaum zu bemerken. Recorder und Leser beherrschen inzwischen alle Formate.

Zur Langzeitarchivierung werden die beschreibbaren DVD-Formate als ungeeignet angesehen, einzige Ausnahme könnte die DVD-RAM darstellen, wobei auch hier die Langzeithaltbarkeit nicht sicher erwiesen ist. Bei den RW-Medien wird die DVD-RAM mit ca. 100 000 zulässigen Überschreibzyklen wesentlich besser eingeschätzt als die DVD-RW bzw. DVD+RW, die etwa 500 bis 1000 Schreibvorgänge überstehen. Ähnlich verhält es sich mit der Datensicherheit, bei der die DVD-RAM als wesentlich stabiler beurteilt wird (/4.11/: DVD).

Tabelle 4.6 DVD-Varianten

Name	Durchmesser	ein-/doppelseitig	Informationsebenen	Kapazität in GByte	Video Spieldauer
DVD-5	12 cm	einseitig	eine	4,7	$>$ 2 Stunden
DVD-9	12 cm	einseitig	zwei	8,5	$\sim$ 4 Stunden
DVD-10	12 cm	doppelseitig	eine	9,4	$\sim$ 4,5 Stunden
DVD-18	12 cm	doppelseitig	zwei	17	$>$ 8 Stunden
DVD-R, +R, RAM	12 cm	einseitig	eine	4,7	Rohlinge
DVD-R, +R, RAM	12 cm	doppelseitig	eine	9,4	Rohlinge
DVD-RW, +RW	12 cm	einseitig	eine	4,7	Rohlinge

Tabelle 4.7 Übersicht zu CD/DVD-Geräten

Typ	CD-Read	CD-Write	CD-Rewrite	DVD-Read	DVD-Write	DVD-Rewrite
CD-LW	56-fach	—	—	—	—	—
DVD-LW	48-fach	—	—	16-fach	—	—
CD-Rec.	52-fach	52-fach	24-fach	(16-fach)	—	—
DVD-Rec.	40-fach	24-fach	16-fach	10-fach	4-fach	4-fach

Der Grundwert der Datenübertragungsrate für CDs beträgt ca. 150 kByte/s, der Wert für DVDs bezieht sich auf 1,32 MByte/s.

Unterscheidung von DVDs aus anwendungsbezogener Sicht:

- **DVD-Daten** mit allen oben angegebenen Varianten
- **DVD-Audio** (auch Audio-DVD), ein Audio-Medium mit hoher Kapazität. Als Musikformate sind PCM mit einer Auflösung von 16, 20 oder 24 Bit, Dolby Digital, MPEG-Audio, DTS (Verfahren von Digital Theatre Sound) und SDDS (Verfahren der Fa. Sony) vorgesehen /4.3/.
- **DVD-Video** (auch Video-DVD) enthält Spielfilme in voller Länge bei hoher Audio- und Videoqualität. Codiert sind die Videos im MPEG-2 Format.

Blu-ray Discs (BDs) sind als Weiterentwicklung der DVD für die Speicherung von hochauflösenden Videodaten (HDTV) vorgesehen. Ihr Formfaktor mit 12 cm Durchmesser und 1,2 mm Dicke bleibt jedoch zur CD und DVD identisch, damit ist die Kompatibilität zu den Laufwerken (Recorder und Player) gegeben, die neben der Blu-ray Discs auch CDs und DVDs lesen und beschreiben können. Als Datenspeicher haben sie sich noch nicht durchgesetzt. Für die Distribution von multimedialen Anwendungen sind sie jedoch wie die DVD ausgezeichnet geeignet. Wird die Blu-ray Disc als Datenspeicher für Dateien verwendet, dann sind die Datenformate ISO 9660/Joliet und UDF 2.5 möglich.

Tabelle 4.8 Aktuelle Formate von BDs /4.16/

Format	Speicherkapazität
BD-ROM SL (Single Layer)	25 GByte
BD-ROM DL(Dual Layer)	50 GByte
BD-R (Recordable)	25 GByte
BD-RE SL (Rewriteable)	25 GByte
BD-RE DL (Rewriteable)	50 GByte

4.2.3.2 Magneto-optische Speicher

Magneto-optische Speicher (MO) ermöglichen, dass die Daten beliebig oft auf das Speichermedium geschrieben, verändert und auch wieder gelöscht werden können.

Die MO-Disk ist eine Zwitterlösung zwischen der „optischen" CD/DVD und der „magnetischen" Festplatte.

Speicherverfahren. Beim Schreiben werden in der Spur vorgefertigte Vertiefungen mittels Laser auf den CURIE-Punkt bei ca. 160 °C erhitzt. Das Magnetfeld einer vom Schreibstrom durchflossenen Spule polt in diesem erhitzten Fleck die Magnetisierungsrichtung um. Der Magnetfelddurchmesser ist kleiner als 0,1 mm und der vom Laser erhitzte Fleck ist ca. 1 µm groß. Die Information ist magnetisch gespeichert und bei Raumtemperatur „eingefroren". Das Lesen erfolgt ähnlich einer CD. Infolge des KERR-Effektes wird die Polarisationsebene des Lese-Lasers gedreht und kann ausgewertet werden (www.mo-forum.gr.jp/english/technology).

Eine MO-Disk ist unempfindlich gegenüber magnetischen Feldern. Aber auch andere äußere Einflüsse wie Feuchtigkeit, Hitze oder fahrlässige Handhabung fügen den Disks kaum Schaden zu. Trotz der guten funktionellen Eigenschaften findet keine Weiterentwicklung statt. Anbieter dieser Technologie werden immer seltener /4.5/.

4.2.3.3 WORM

WORM-(Write Once Read Multiple-)Platten dienen vorrangig der Archivierung von Dokumenten.

Dabei kommt es auf die Unveränderbarkeit der abgespeicherten Dokumente und auf Haltbarkeit der Datenträger an. CD-R bzw. DVD-R sind wegen ihrer mechanischen Empfindlichkeit dafür kaum geeignet. Herstellerspezifische WORM-Platten gibt es im Format 5,25 Zoll üblicherweise als Cartridge. Medien und Laufwerke werden von der Fa. Plasmon unter dem Namen UDO (Ultra Density Optical) angeboten /4.21/. Die einzelnen Datenträger haben Speicherkapazitäten von bis zu 60 GByte. Die Transferraten liegen bei 6 MByte/s (Schreiben) bis 12 MByte/s (Lesen). Die Spezialangebote üblicher Archivierungssysteme reichen von kleinen Geräten mit einer Platte bis zu automatischen Plattenwechslern für mehrere hundert Platten mit mehreren Laufwerken.

4.2.4 Mikroelektronische (Massen-)Speichermedien

Der Einsatz mikroelektronischer Speicher als dauerhafte externe Massenspeicher ist verbunden mit der Entwicklung von EEPROMs und Flash-RAMs und deren ökonomischer Produktion. Die schnelle serielle Schnittstelle USB 2.0 ermöglicht den bequemen und schnellen Anschluss.

4.2.4.1 Chipkarten mit Mikroprozessoren

Chipkarten sind Plastikkarten mit einem implantierten Chip, der einen einfachen Mikroprozessor und einen Speicher enthält.

Der Speicher enthält das Betriebssystem (64 KByte ROM), einen Arbeitsspeicher (einige KByte RAM) und den Benutzerspeicher mit derzeit bis 64 KByte EEPROM. Der Trend geht zur spezifischen Programmierung durch den Nutzer (Java) und damit auch zur Erhöhung des Benutzerspeichers.

4.2.4.2 Flash-Speicherkarten und Memory-Sticks

Flash-Speicher sind externe elektronische Speicher, die in verschiedenen Bauformen und verschiedenen Schnittstellen für zahlreiche Geräte (PC, Digitalkameras, Handys, PDAs usw.) angeboten werden.

Ein wesentliches Problem bei Flash-Speichern ist das Fehlen eines Marktstandards. Dies wirkt sich bei der Anschlusstechnik und den Bauformen aus (→

Tabelle 4.9). Das Dateisystem entspricht einer üblichen Speicherplatte, indem ein virtuelles Laufwerk zugeordnet wird.

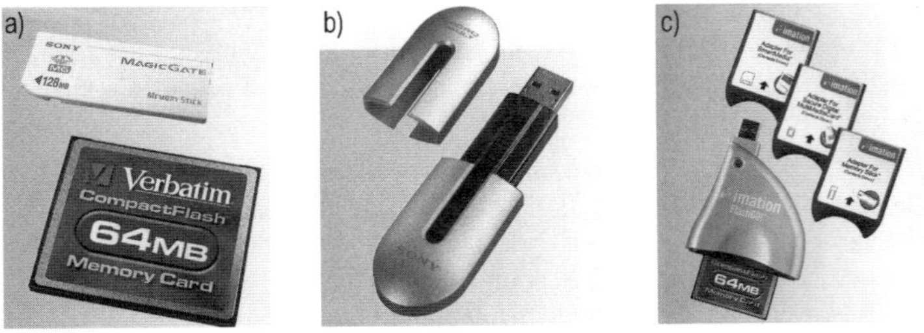

Bild 4.9 Verschiedene Flash-Speichermedien (Quelle: /4.7/)
a) Memory-Stick, CF-Card, b) USB-Stick, c) Adapter für alle Speicherkarten

Tabelle 4.9 Technische Kennwerte verschiedener Flash-Speichermedien

	USB-Stick	CF-Card Typ2	SM-Card	SD-Card miniSD microSD	Memory-Stick (Pro) Memory Stick Duo
Größe in mm (ca.)	60x15x7	42,8x36,4x5	45x32x0,76	24x32x2,1 20x21,5x1.4 11x15x1	21,5x50x2,8 20x31x1,6
Gewicht in g	10	8–15	2	1,5	4
Schnittstelle	USB	proprietär, Adapter	proprietär	proprietär	USB
Kapazität in Byte	1G … 64(256)G	4M … 12G	8M … 128M	8M … 4 (32)G	4M … 4(32)G

CF CompactFlash
SM Smart Media (veraltet)
SD Secure Digital Memory (Weiterentwicklung der Multimedia Card)
USB USB-Sticks mit einer Speicherkapazität von 256 GByte befinden sich bereits im Angebot (10/2011)

4.2.4.3 Solid State Drive (SSD)

Der Begriff „Solid State Drive“ (auch „Solid State Disc“) unterlag in den letzten Jahren einem wesentlichen Bedeutungswandel.

> Unter **Solid State Drive (SSD)** werden heute im Endkundenbereich elektronische Speicher verstanden, die mit Flash-Speichern (→ 4.2.4.2) aufgebaut sind, wie Festplatten angeschlossen werden und zum Erhalt der Informationen keine Energie benötigen.

Die Speicherchips sind die gleichen, wie sie auch für die Memorysticks und Speicherkarten für verschiedene Geräte verwendet werden. Eine SSD kommt daher ohne mechanische und bewegliche Teile aus /4.28/.

SSDs ersetzen bereits die konventionelle Festplattentechnik in bestimmten Bereichen (mit hohem Datentransfer), können aber momentan die spezifischen Speicherkosten und die hohe Speicherkapazität von Festplatten nicht erreichen.

Die nachfolgenden Vorteile qualifizieren die SSD insbesondere für den mobilen Einsatz:

- Wegfall der mechanischen Bauteile einer Festplatte
- Verbesserung der Stoß- und Schwingungsempfindlichkeit
- größerer Temperatureinsatzbereich, stabiler gegenüber Temperaturänderungen
- geringerer Energieverbrauch
- geringere Geräuschentwicklung
- höhere Performance.

► *Hinweis*: Das Problem der SSD auf Flash-Basis sind die begrenzt zulässigen Schreibzyklen, die je nach technischer Ausführung bei 10 000 bzw. 100 000 Zyklen (je Speicherzelle) liegen (/4.11/: Solid State Drive). Nur durch ein geschicktes transparentes internes Speichermanagement wird dieser Nachteil nicht unmittelbar spürbar. Nicht jeder Hersteller kann momentan optimierte Controller zur Ansteuerung von SSDs anbieten, sodass selbst renommierten Herstellern nur geringfügige Verbesserungen beim Datentransfer und bei den Zugriffszeiten im Vergleich zu Festplatten gelingen.

► *Hinweis*: Weit ab vom Massenmarkt finden sich die SDRAM-basierten Massenspeicher, die ohne Energieversorgung ihre Information verlieren. Ihren Einsatz rechtfertigen nur die Forderungen nach extrem hohem Datentransfer (100 MByte/s) und kurzen Zugriffszeiten (20 ... 50 µs). Zumindest in /4.11/: Solid State Drive) werden sie auch als SSD bezeichnet.

4.2.4.4 RFID (Radio Frequency Identification)

RFID wird als berührungslose Datenerfassungs- und Datenspeichertechnik zur Identifikation von Gegenständen bezeichnet.

► *Hinweis*: Weiterführende Informationen: /4.1/, /4.9/.

Die RFID-Technologie benötigt zwei Komponenten: ein Lesegerät und einen **Transponder**, den man üblicherweise auch als **Tag** bezeichnet. Die Transponder können als kontaktlose Chipkarten, Klebeetiketten verschiedenster Größen, als Labels zum Einnähen, als robuste Plastemarken oder auch als Glaskapseln zum Injizieren realisiert werden (→ Bild 4.10). Die Informationen sind darin entweder fest „eingebrannt“ (Read Only) oder überschreibbar (Read/Write) und können einen Umfang von mehreren KBytes haben.

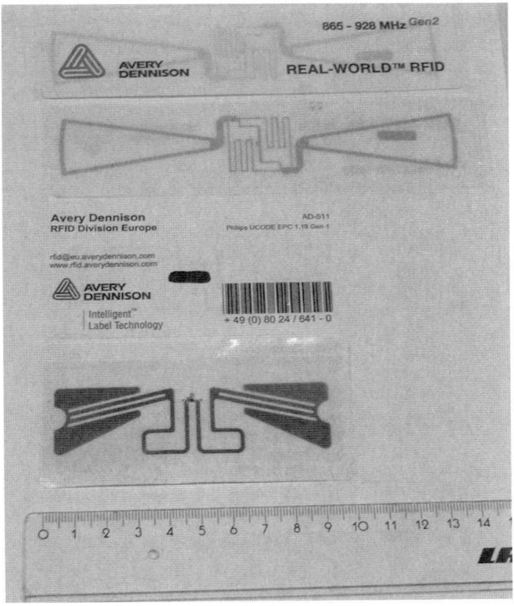

Bild 4.10 Vorder- und Rückansicht von RFID-Klebeetiketten

RFID-Tags bestehen aus

- dem Microchip: Er muss sowohl die logische Funktionalität als auch das Lesen und Versenden, das Empfangen und Speichern der Daten realisieren.
- der Antenne: Sie dient zum Austausch von Datensignalen mit dem Lesegerät und bestimmt im Wesentlichen die Größe und Bauform der Tags.
- dem Gehäuse bzw. dem Träger.

Passive Transponder besitzen keine eigene Energiequelle und müssen deshalb die Energie zur Versorgung des Mikrochips aus den empfangenen Funkwellen des Lesegerätes beziehen. Die Kopplung zwischen Lesegerät und Tag erfolgt induktiv oder elektromagnetisch. Die Reichweite dieser Transponder ist ziemlich gering (wenige Millimeter bis zu maximal 3 Meter). Die mögliche Leseentfernung hängt vor allem von der Sendeleistung des RFID-Terminals (Lesegerät) und den verwendeten Antennen ab. Der Vorteil dieser Transponder liegt in ihrer sehr geringen Größe (unter einem Millimeter sind möglich) und im geringen Produktionspreis. Sie benötigen auch keine Wartungsarbeiten und können somit sogar unter die Haut von Tieren und Menschen injiziert werden.

Aktive Transponder sind batteriebetrieben. Die Batterie befindet sich normalerweise im Ruhezustand (stand-by). Erst wenn von dem Lesegerät ein spezielles Aktivierungssignal empfangen wird, aktiviert sich der Sender. Der Vorteil eines aktiven Transponders liegt in der höheren Reichweite von 10 bis 15 Meter (bis zu etwa 100 Meter). Jedoch sind aktive Transponder vergleichsweise teuer und groß. Auch die Lesegeräte müssen entsprechend leistungsstark ausgelegt werden.

Arbeitsweise: Der Reader erzeugt ein elektromagnetisches (U)HF-Feld, das von der Antenne des Transponders empfangen wird. Der Mikrochip im Transponder wird durch einen Induktionsstrom aktiviert, welcher in der Antennenspule entsteht, wenn diese in die Nähe des elektromagnetischen Feldes kommt. Passive RFID-Transponder nutzen diesen induzierten Strom, um die Energieversorgung des Chips zu sichern. Da die Energieversorgung des Mikrochips durchgehend gedeckt werden muss, ist es nötig, dass der Reader das Feld dauerhaft erzeugt (continuous wave). Sobald der Mikrochip aktiviert ist, kann er vom Lesegerät Befehle empfangen. Die Antwort erfolgt nur indirekt. Ähnlich der Wirkungsweise von induktiven und kapazitiven Sensoren wirken die aktivierten Tags auf das elektromagnetische Feld des Readers zurück. Das Lesegerät bemerkt diese Änderungen und kann sie interpretieren. Die Kommunikation wird stark von Metall (reflektiert) oder Wasser (absorbiert die Strahlung) beeinträchtigt. Typische Frequenzbereiche sind:

- Low Frequency (LF) bis zu 135 kHz
- High Frequency (HF) bis zu 13,56 MHz
- Ultra High Frequency (UHF) von 865 bis 928 MHz
- Microwave (µW) über 2,45 GHz.

Anwendungsbeispiele für RFID (/4.11/: RFID):

- Zeiterfassungssysteme
- Tieridentifikation
- Logistik, Handel, Waren- und Bestandsmanagement (z. B. Preisschilder im Supermarkt, Buchkennzeichnung in Bibliotheken)
- Zutritts- und Benutzungsmanagement (z. B. bei Skiliften)
- Fahrzeugidentifikation (z. B. als Zündschlüssel)
- Identifikation von Medikamenten.

4.3 Systematisierung nach der Zugriffs- und Anwendungshierarchie

Die Systematisierung nach der Anwendungshierarchie spiegelt besser die in der Praxis übliche Arbeitsteilung in der IT-Branche wider. Dabei besteht eine Korrelation zu den Zugriffsverfahren /4.30/.

- **Primär-Datenspeicher** sind externe Massenspeicher, die den wahlfreien Zugriff (Random-Access) auf Daten (Datenblöcken) ermöglichen. Zu dieser Gruppe zählen Festplattenlaufwerke (auch RAID-Systeme) und Halbleiterspeicher. Sie sind im Sinne der Speicherhierarchie die schnellsten, aber auch die teuersten externen Speicher.
- **Sekundär-Datenspeicher** sind externe Massenspeicher, die Daten ähnlich wie Primär-Datenspeicher speichern. Der direkte Zugriff auf alle gespeicherten Daten ist jedoch erst nach dem Einlegen des Datenträgers möglich. Zu dieser Gruppe zählen z. B. magnetische und optische Wechselplattenlaufwerke, Diskettenlaufwerke und Memory-Sticks.
- **Backup-Datenspeicher** sind externe Massenspeicher, die sequenziell arbeiten. Übliche Backup-Technologien sind Magnetbandlösungen. Sie bieten immer noch (bzw. wieder) für die Datensicherung die höchste Speicherkapazität und die wirtschaftlichsten Lösungen für große Datenmengen. Der direkte Zugriff auf Dateien und Programme ist nicht möglich. Der Zugriff auf Dateien ist erst nach dem Speichern der Daten auf Primär- oder Sekundär-Datenspeichern möglich. Für die Sicherung kleiner Datenmengen eignen sich aber auch Sekundär- Datenspeicher (z. B. MO-Speicher).
- **Archivierungssysteme** sind externe Massenspeichersysteme, die große Datenmengen archivieren, d. h. Daten über einen Zeitraum von mehreren Jahren sicher aufbewahren. Verwendung finden die Speichertechnologien von Backup-Datenspeichern. Hinzu kommen Lösungen zur geordneten Lagerung und der Erneuerung der Datenträger. Als sichere Archivierungsmedien werden momentan nur WORM-Medien angesehen.

4.4 Speichernetze

Die Menge der zu speichernden digitalen Daten unterliegt einem enormen Wachstum. Speichermanagement (technisch als auch inhaltlich) und Realisierung eines zentralen, ohne Betriebsunterbrechung skalierbaren Speichers sind Konsequenzen dieser Entwicklung. Letztlich gibt es dafür zwei grundsätzliche Lösungen (Speichervirtualisierung) mit einer Reihe von Zwischenvarianten /4.2/.

4.4.1 Network Attached Storage (NAS)

NAS ist eine direkt an ein lokales Netz angeschlossene Speichereinheit. Eine NAS-Einheit besteht aus einem oder mehreren vorkonfigurierten Servern mit entsprechend großer Plattenkapazität.

Die Laufwerke sind meist als RAID-System über eine SAS- oder S-ATA-Schnittstelle an den Servern angeschlossen. Sie werden durch optische Speichereinheiten und Tape-Lösungen ergänzt. Das Betriebssystem ist speziell auf effektiven Datentransfer und Dateiverwaltung ausgelegt. Den Nutzern (Clients) werden die Leistungen eines NAS-Servers in Form eines Dateiservers oder eines Web-Servers angeboten. NAS-Systeme können meist problemlos erweitert werden und sind für mittelgroße Datenaufkommen eine günstige Lösung. Nachteilig ist, dass der Zugriff auf die Speichereinheiten über das lokale Netz erfolgt und dieses zusätzlich belastet.

4.4.2 Storage Area Network (SAN)

Ein **SAN** ist ein zentral verwaltetes Speichernetz für eine heterogene Umgebung, bestehend aus Servern, Festplatten, Magnetbandeinheiten und optischen Speichereinheiten, welches unabhängig vom lokalen Netz arbeitet.

Die Verbindung zwischen den einzelnen Komponenten wird meist auf der Basis von Fibre Channel realisiert. Die Reichweite kann bis zu 10 km betragen, die Übertragungsleistung liegt mindestens bei 100 MByte/s. Die Anzahl der Geräteanschlüsse ist praktisch nicht begrenzt. Die Vorteile liegen in der völligen Trennung des Speichernetzes vom lokalen Netz. Backup- und Archivierungsprozesse können fast völlig unabhängig vom „Produktionsnetz" abgearbeitet werden. SANs können sehr gut skaliert und ausfallsicher gestaltet werden. Die momentan noch recht teuren Lösungen eignen sich bei hohen Datenaufkommen.

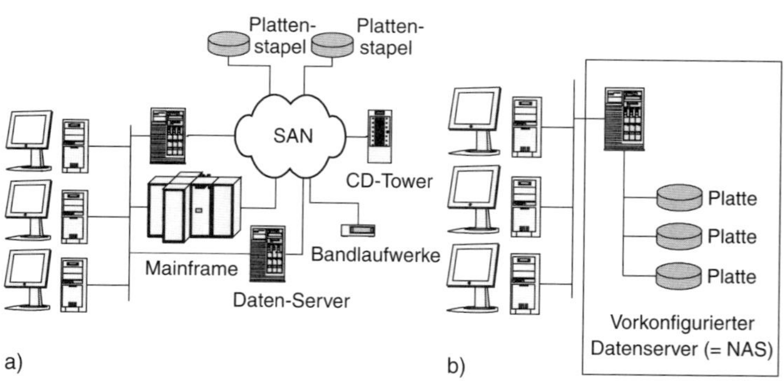

Bild 4.11 Netzschema a) eines SAN, b) eines NAS

5 Periphere Geräte

Ludwig Krauß

Unter **peripheren Geräten** versteht man üblicherweise die Zusammenfassung aller Geräte, die an die (erweiterte) Zentraleinheit eines Computers über ein Input/Output-Modul (I/O-Controller) angeschlossen werden können.

Man teilt die Peripherie bezüglich ihrer Funktion ein:

- Speicherperipherie ($\rightarrow$ 4)
- Ein-/Ausgabe-Peripherie als Funktionseinheiten für die Ein- und Ausgabe der Daten
- Netzperipherie für die Anbindung eines Computers an ein Rechnernetz (Netzkarten, Modems, ISDN-Geräte, $\rightarrow$ 10)

In diesem Kapitel wird vorrangig die Ein-/Ausgabe-Peripherie betrachtet. Sie ist im Wesentlichen die Schnittstelle zwischen Computer und seinem Benutzer (Mensch-Maschine-Schnittstelle, $\rightarrow$ 16).

5.1 Zeichen- und Bildeingabe

5.1.1 Tastaturen und Grafiktabletts

Tastaturen (Keyboard) sind momentan die wichtigsten Eingabegeräte, um einen Dialog mit einem Computersystem zu führen.

Tastaturen dienen zur Eingabe von Daten und Befehlen und können sehr unterschiedlich bezüglich ihrer konstruktiven Gestaltung und der Anzahl der Tasten ausgelegt sein. An computergesteuerten Maschinen genügen z. B. neben einem Nummernblock einige wenige Befehlstasten.

Kundenspezifische Tastaturen werden nach Anforderungen des Nutzers entworfen und gebaut. In der Computertechnik hat sich die erweiterte Tastatur mit 102 Tasten durchgesetzt. Eine Computertastatur lässt sich in vier Bereiche unterteilen:

- alphanumerisches Tastenfeld
- numerisches Tastenfeld
- Tastenfeld zur Cursor- und Bildschirmsteuerung
- Funktionstasten.

In den letzten Jahren wurde der ergonomischen Gestaltung von Tastaturen das erforderliche Gewicht beigemessen.

Tastaturen können mit zusätzlichen Funktionseinheiten (Touchpad, Chipkartenleser) ausgestattet sein.

Wenn eine Taste auf der Tastatur niedergedrückt wird, liest der in der Tastatur integrierte Prozessor die Position der Taste in der Tastenmatrix. Der Tastaturprozessor sendet dann an die Hauptplatine ein serielles Datenpaket, das den sog. Scancode für die gedrückte Taste enthält. Eine tabellarische Zusammenstellung der Scancodes ist in /5.6/, S. 568 zu finden. Der Anschluss der Tastatur erfolgt über die PS/2-Schnittstelle, den DIN-Stecker, die USB-Schnittstelle oder kabellos (propritäre Funkschnittstelle, IrDA-Anschluss oder Bluetooth).

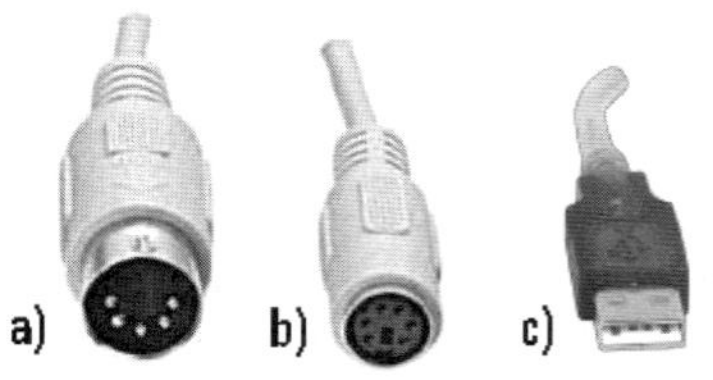

Bild 5.1 a) DIN, b) PS/2, c) USB-Stecker (Quelle: /5.5/)

Grafiktabletts (Digitalisiertabletts, Zeichen-Tableau, Digitizer) erfassen auf einer rechteckigen Fläche die Position einer Digitalisierlupe bzw. eines Stiftes.

Grafiktabletts werden vorrangig im CAD-Bereich zur Digitalisierung vorhandener Zeichnungen benötigt. Das setzt voraus, dass die nachzubildenden Vorlagen vektororientiert sind (→ 17). Meist ist in der Zeichenfläche ein feines Drahtgitter integriert. Die Position wird durch magnetische oder kapazitive Kopplung ermittelt /5.2/. Das Grafiktablett kann mittels der Treiber am Computer wie eine Maus verwendet werden. Mit dem Grafiktablett können auch feinste Strich-Zeichnungen im Computer erstellt werden, die mit der Maus kaum möglich wären.

5.1.2 Scanner und optische Markierungs- und Schriftenleser

Scanner sind Geräte, die durch zeilenweise optische Abtastung von analogen Vorlagen (gedruckte Texte, handschriftliche Vorlagen, Fotos, Zeichnungen) digitale Rasterbilder (Pixelgrafiken) erzeugen.

Im erweiterten Sinn kann man Digitalkameras (auch: Still-Videokamera) auch als Scanner bezeichnen. Ähnlichkeiten mit Scannern, zumindest in der Erfassung der Vorlagen, haben Strichcode- bzw. Barcodeleser (→ Bild 5.2).

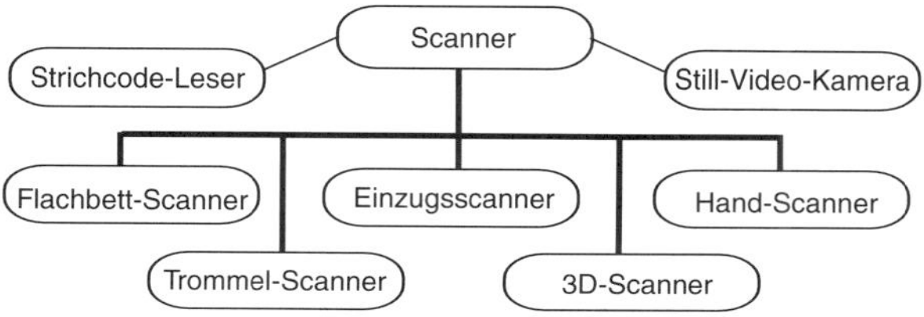

Bild 5.2 Scannertypen

Barcodeleser sind heute in der gesamten Warenwirtschaft zu finden. Mit ihrer Hilfe können kleine Datenmengen sehr einfach, schnell und vor allem sicher für die Weiterverarbeitung in einen Computer eingelesen werden.

Aufbau von Scannern

Flachbett-, Einzugs- und Handscanner tasten die Vorlage mit einer starken fokussierten Lichtzeile ab. Das reflektierte Licht trifft auf eine Zeile, die aus vielen einzelnen CCD-Halbleiter-Sensoren (**CCD**: Charge-Coupled Device) besteht und das Licht in elektrische Signale umwandelt. Da CCD-Sensoren „farbenblind" sind, muss eine Spektralanalyse des reflektierten Lichtes vorgenommen werden. Dies erfolgt bei den preiswerteren Geräten durch mehrfaches Abtasten (3-pass-Scanner) der Vorlage mit verschiedenfarbiger Beleuchtung (R, G, B) oder durch Spektralzerlegung (1-pass-Scanner) und die Kombination dreier CCD-Zeilen. Gemessen wird die Intensität des reflektierten Lichtes. Die analogen Spannungen werden dann von einem Analog/Digital-Konverter in digitale Informationen umgerechnet und an den Rechner übermittelt (→ Bild 5.3). Ähnlich funktionieren Scaneinheiten mit **CIS** (Contact Image Sensoren).

Bei **Flachbettscannern** wird die Vorlage auf eine Glasscheibe gelegt, bewegt werden die CCD- und die Lichtzeilen. Das Vorlagenformat ist aus Platzgründen nicht größer als A3. Die (physikalische) Auflösung liegt z. Z. durchschnittlich bei 4800×4800 Pixel pro Zoll (dots per inch = dpi) /5.5/.

Einzugsscanner haben fest eingebaute CCD-Zeilen, Optik und Beleuchtung. Die Vorlage wird durch einen Motoreinzug an den CCD-Sensoren, ähnlich wie bei Faxgeräten, vorbeigeführt.

Damit lassen sich größere Vorlagen einlesen. Nachteil der Einzugscanner ist, dass keine gebundenen Medien (Bücher, Zeitschriften) eingescannt werden können. Sie ähneln bezüglich der konstruktiven Ausführung den Trommelplottern. Diese Scanner realisieren Auflösungen bis 3000 dpi.

Handscanner werden „per Hand" über die Abtastvorlage gezogen. Sie erfassen eine Breite von ca. 10 cm bis 13 cm und können die Vorlage mit 100 dpi bis 700 dpi abtasten.

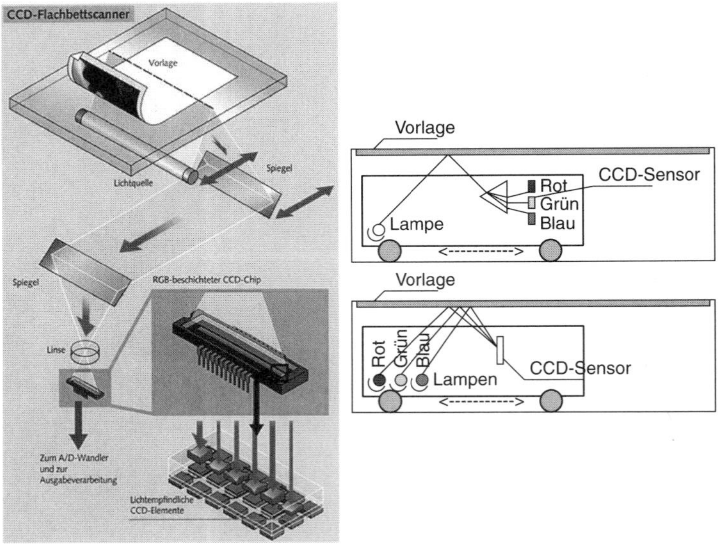

Bild 5.3 Funktion eines Scanners (Quelle: www.scp.de), Schema eines 1-pass- und 3-pass-Scanners (Quelle: /5.4/)

Bei **Trommelscannern** wird das Licht über Farbauszugsfilter in seine Bestandteile Rot, Grün und Blau (RGB) aufgespalten. Jede Farbe erreicht einen Photomultiplier (PMT), in dem die Signale verstärkt und anschließend in einem A/D-Wandler in digitale Informationen umgewandelt werden /5.10/.

Die Vorlage wird außen auf einem hohlen Glaszylinder fixiert. Oft handelt es sich dabei um eine Durchsichtvorlage. Die Trommel wird nun in gleichmäßige Rotation versetzt und von einer Lichtquelle, welche innen in den Hohlzylinder hineinragt, punktförmig durchleuchtet. Außen bewegt sich konstant und zur Rotationsachse parallel eine Abtasteinheit, welche das durchstrahlende Licht der punktförmigen Lichtquelle auffängt und über eine Optik umlenkt. Die Scanauflösung kann dabei optische 24 000 dpi betragen. Das Einsatzgebiet liegt ausschließlich im Bereich der professionellen Druckvorlagenherstellung.

Kennwerte, Qualitätsmerkmale von Scannern

Neben der physikalischen Auflösung (dpi) ist die Farbtiefe (in bit) ein Qualitätsmerkmal von Scannern. Sie legt die Anzahl der beim Scandurchgang erfassten Intensitätsstufen je Farbe fest.

► *Hinweis*: Die derzeitige Grenze liegt bei einer Farbtiefe von 24 bis 42 bit, bei Trommelscannern sogar bei 64 bit. In der praktischen Arbeit vermeidet man jedoch, die Leistungsgrenze der Geräte auszuschöpfen. In Abhängigkeit des Ausgabegerätes gibt es ein Optimum aus Dateigröße, Erfassungszeit, Ausgabezeit und Qualität des Bildes. Für die Bildschirmausgabe reicht eine Auflösung von max. 100 dpi völlig aus. Handelt es sich um Fotos, bietet sich die Erfassung mit maximaler Farbtiefe und anschließender Kompression an, z. B. in das JPG-Format (→ 2.6). Die Wahl der richtigen Scanparameter ist kein trivialer Vorgang. Die automatischen Vorgaben einiger Scan-Applikationen führen oft nicht zu optimalen Ergebnissen.

Zu jedem Scanner gehört ein sog. **Twain-Treiber** (Toolkit without an important name). Dahinter verbirgt sich ein Software-Schnittstellenstandard, der es ermöglicht, aus einer Applikation heraus Scanner verschiedener Hersteller zu nutzen.

5.1.3 Digitale Fotoapparate und Videokameras

Digitale Kameras erfassen Standbilder und stellen sie gleich digital bereit.

Digitale Fotoapparate und Videokameras nehmen einen immer größeren Stellenwert ein. Bei der digitalen Kamera wird das Bild digital auf einem internen Speicher abgelegt und über eine geeignete Memory-Card (→ 4.2.4.2) zum Computer übertragen. Die Bilder können vergrößert, verkleinert, in Dokumente integriert und über Online-Dienste verschickt werden. Besonders für multimediale Applikationen steht ein breites Angebot von qualitativ unterschiedlichen digitalen Kameras zur Auswahl. Bezüglich der maximalen Auflösung sind zwischen Einsteigermodellen und professionellen Geräten kaum Unterschiede zu verzeichnen. Sie liegt zwischen 10 Mio. und 16 Mio. Punkten. Als externe Speicherkarten haben sich im Wesentlichen SD-Karten (→ 4.2.4.2) mit Speicherkapazitäten bis 32 MByte (SDHC) bzw. bis 2 TByte (SDXC) durchgesetzt. Der Datenaustausch zwischen Kamera und Computer erfolgt über geeignete Card-Reader oder direkt über die USB- oder Firewire IEEE1394-Schnittstelle der Kamera.

► *Hinweis*: Unterschiede bestehen in den Kennwerten für den optischen Zoom (bis 30-fach), zusätzlich integrierten Funktionalitäten (Bildstabilisatoren, Aufnahme kurzer Videosequenzen), Displaygröße und Displayauflösung sowie der Größe des internen Zwischenspeichers. Wichtigste Elemente für Bilder in hoher Qualität sind hochwertige Wechselobjektive, die nur für Spiegelreflex-Kameras zum Einsatz kommen können. Verzerrte Bildränder durch „Universalobjektive“ lassen sich (falls es überhaupt gelingt) nur mit großem Aufwand verbessern.

Als Kompressionsverfahren (→ 2.6.2) wird üblicherweise JPG, aber auch TIFF oder RAW eingesetzt (→ 2.6.3).

Digitale Videokameras (Camcorder) digitalisieren und komprimieren die Videosequenz sofort bei Aufnahme und speichern das Ergebnis auf einem digitalen Datenträger.

Um den Datenstrom bewältigen zu können, wird sofort eine Kompression vorgenommen. Die gebräuchlichsten digitalen Aufzeichnungsformate sind DV (Digital Video) und Digital 8. Es sind in beiden Fällen Intraframe-Kompressionen, d. h., es wird jedes Einzelbild (25 bis 30 Bilder/s) einer Kompression unterzogen. Die Übertragung in den Computer erfolgt über die IEEE1394-Schnittstelle, neuerdings ist dies auch mit USB (→ 3.4.6) ab Version 2.0 möglich. Für die Bearbeitung werden im Computer geeignete Videokarten benötigt.

Neuere Camcorder nutzen als Speichermedien wieder beschreibbare DVDs (→ 4.2.3.1), Microdrives (1″-Festplatten), integrierte Festplatten (→ 4.2.2.3) oder Flash-Speicherkarten (→ 4.2.4.2). Meist werden damit auch die effektiveren Komprimierungsverfahren MPEG-2 und MPEG-4 (→ 2.6.2) eingesetzt. Diese Verfahren kombinieren die Interframe- und Intraframe-Kompression. Nachteilig ist, dass mit jeder Bearbeitung (z. B. bei einem Schnitt) die Qualitätsverluste zunehmen, daher wird diese Lösung eher im Amateur- bzw. im semiprofessionellen Bereich eingesetzt. Andererseits können diese Formate ohne zusätzliche Technik und Software auf einen PC überspielt und wiedergegeben werden.

Besonders für die Aufzeichnung auf Flash-Karten ist das Format **AVCHD** (Advanced Video Codec High Definition /5.34/) mit einer noch höheren Komprimierungsrate hinzugekommen. Die Bearbeitung von Videos in diesem Format erfordert relativ hohe Computerleistung.

Zunehmenden Einsatz finden Webcams, die direkt an den Computer angeschlossen werden.

Eine **Webcam** ist eine Videokamera, die zur Kommunikation über das Internet (→ 11) genutzt wird. Sie kann sowohl als Standbildkamera als auch als Videokamera (meist mit einstellbarer Framerate) eingesetzt werden.

Die Übertragung von Bildinformationen im Internet erfordert vorrangig die Begrenzung der Datenmenge, die Qualität der Übertragung steht nicht im Vordergrund.

5.2 Zeigegeräte

5.2.1 Maus, Trackball, Touchpad, Joysticks

Maus, **Trackball** (Steuerball) und **Touchpad** (Steuerfeld) sind Eingabegeräte, die zweidimensionale Bewegungen auf eine Positionsmarke auf dem Bildschirm übertragen. Sie verfügen über Auslösemechanismen (Tasten), mit denen die selektierten Objekte durch Anklicken aktiviert werden können.

Es gibt 2- und 3-Tasten-Mäuse. Die ausgelösten Funktionen sind vom Betriebssystem und/oder der Applikation abhängig. Ein evtl. vorhandenes Steuerrädchen dient zum Scrollen. Die Verbindung zum Computer erfolgt über die serielle Schnittstelle, den PS/2- oder den USB-Anschluss (→ Bild 5.1), kann aber auch kabellos über Funk oder Infrarot erfolgen. Dazu wird ein Empfänger/Sender an die genannten Schnittstellen angeschlossen. Bei **mechanischen Mäusen** wird die Bewegung über eine an der Unterseite befindliche gummierte Stahlkugel auf zwei kleine im rechten Winkel zueinander stehende Walzen übertragen. Deren Bewegung wird dann über Lochrädchen optisch abgetastet.

Optische Mäuse besitzen keine mechanisch bewegten Teile, sondern tasten natürlich strukturierte Unterlagen durch photoelektrische Sensoren ab. Sie sind robust, weniger störanfällig und kaum schmutzempfindlich.

Ein **Trackball** ist vergleichbar mit einer umgedrehten Maus und ist z. T. in mobilen Computern fest eingebaut. Die Kugel kann dann mit den Händen bewegt werden.

Ein **Touchpad** ist eine berührungsempfindliche Teilfläche, meist von Notebook-Tastaturen. Die Bedienung erfolgt mit den Fingern. Seitliche Tasten übernehmen die Funktion der Maustasten.

5.2.2 Spezielle multimediale Eingabegeräte

Neben den Standardgeräten gibt es zahlreiche Spezialausprägungen von Eingabe- bzw. Zeigegeräten, die besonders bei Spielen und im multimedialen Bereich eingesetzt werden. Dies sind Joystick, Racing-Wheel, Datenhandschuh, Druck-, Lage-, Bewegungs- und Beschleunigungssensoren.

Ein **Joystick** ist ein Steuerknüppel mit zahlreichen Funktionstasten. Die Bewegung in zwei Achsen wird über Winkel-Encoder abgegriffen. Er funktioniert ähnlich wie ein Steuerknüppel im Flugzeug und wird hauptsächlich für Computerspiele benutzt. Es gibt auch Varianten, die mit einem Rückkanal arbeiten, damit wird es möglich, z. B. Gegenkräfte beim Lenken eines Autos zu simulieren /5.2/.

Ein **Racing-Wheel** ist dem Lenkrad von Kraftfahrzeugen nachempfunden und dazu noch mit zahlreichen Funktionstasten versehen. Haupteinsatzgebiete sind Action-Spiele.

Ein **Datenhandschuh** (*data glove*) ist ein mit Sensoren versehenes Eingabegerät, mit dem man dreidimensionale Gegenstände in virtuellen Räumen manipulieren kann (virtuelle Realität, → 5.7, 16.5.3). In den Handschuh eingearbeitete Sensoren übermitteln Daten an den Computer, der daraus die jeweilige Position in der virtuellen Welt errechnet (/5.2/, → Bild 5.4).

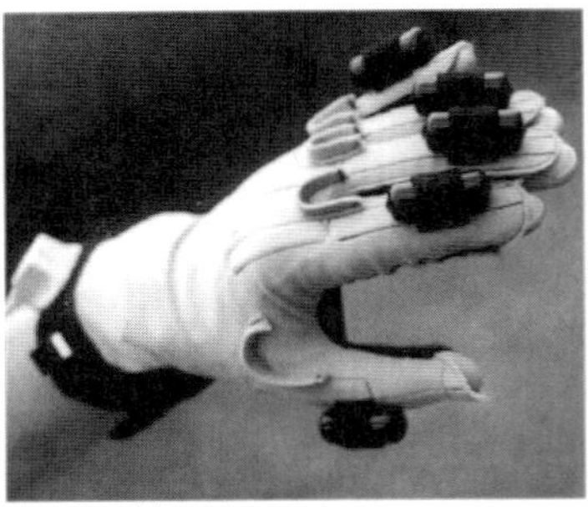

Bild 5.4 Datenhandschuh

Sensoren werden für die Erfassung von Informationen und als Schnittstelle zwischen Mensch und Computer immer bedeutsamer.

- *Beispiel*: Spielkonsole „Wii" der Firma Nintendo /5.20/. Die Wii-Fernbedienungen verfügen über dreiachsige Bewegungssensoren. Sie enthalten zusätzlich einen Lautsprecher, ein „Rumble-Feature" (zur Vibration) und können bis zu 5 Meter vom Bildschirm entfernt als Zeiger benutzt werden. Reale Bewegungen werden zu Bewegungen auf dem Bildschirm.

Fernbedienungen für TVs und DVD-Player besitzen inzwischen oft die Funktionalität eines Zeigegerätes mit Cursorsteuerung und vielen Funktionstasten (→ 5.3.1).

5.2.3 Touch-Screens und Lichtgriffel

Touch-Screens sind berührungsempfindliche Monitore. Sie ermöglichen die Auswahl von Menüpunkten durch Berührung der Oberfläche mit dem Finger oder einem Stift. Anwendung finden diese Geräte bei öffentlich zugänglichen Informationsterminals. Die Ermittlung der Position des Fingers wird mittels Drucksensoren, Ultraschall- oder Infrarot-Equipments realisiert. Wesentliche Verbreitung hat diese Technologie in Verbindung mit modernen PDAs gefunden /5.3/.

Ein **Multi-Touch-Screen** erkennt gleichzeitig mehrere Berührungen, meist mit den Fingern, womit mehr Bedienmethoden zum Einsatz kommen. Der Anwender kann dann auf die am Bildschirm angezeigten Elemente tippen, sie verschieben oder mehrere gleichzeitig auswählen. Anwendungsbeispiele sind das Vergrößern und Drehen von Bildern, indem man zwei Finger voneinander weg bewegt oder sie zueinander rotiert (→ Bild 5.5). Smartphones (→ 5.8) besitzen meist einen Multi-Touch-Screen. Sogenannte All-in-One-PCs orientieren sich auf Multi-Touch-Screen, in dessen Gehäuse die gesamte Hardware untergebracht ist.

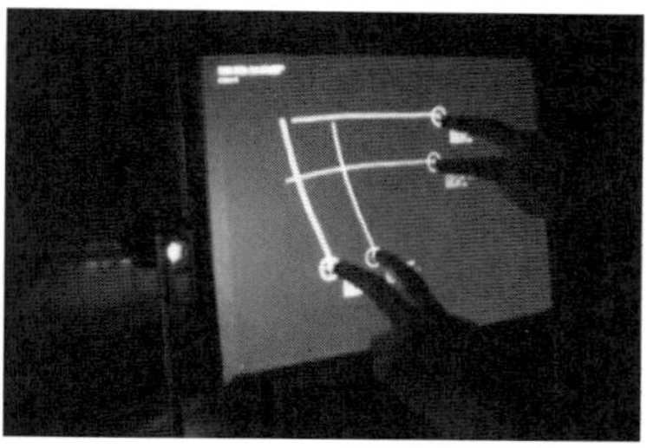

Bild 5.5 Multi-Touch-Screen
(Quelle: http://www.engadget.com/media/2006/02/still1.jpg)

Lichtgriffel dienen zur aktiven Markierung bestimmter Stellen eines Bildschirms. In der Spitze des Lichtgriffels befindet sich ein Fotosensor (Diode, Transistor), mit dem die Bildschirmposition ermittelt wird. Lichtgriffel haben nur im CAD/CAM-Bereich Verbreitung gefunden.

5.3 Optische Ausgaben

5.3.1 Monitore

Monitore sind Bildschirme, die an Computer angeschlossen werden und eine *Schnittstelle* zwischen dem Computer und seinem Nutzer bilden (→ 3.4.5).

Die zum Einsatz kommenden Monitore sind meist Raster-Scan Devices, bei denen der Bildschirm aus einer Vielzahl kleiner Pixel (pixel = picture elements) besteht, die in einem rechteckigen Raster angeordnet sind. Es kommen das Prinzip der Katodenstrahlröhre (Cathode-Ray Tube, CRT) und zunehmend LCD-Monitore (LCD: Liquid Crystal Display, Flüssigkristallanzeige) zur Anwendung. Damit ist auch die Änderung der Schnittstelle zwischen Computer und Monitor von analog zu digital verbunden.

5.3.1.1 CRT-Monitor

Die Arbeitsweise eines CRT-Monitors entspricht der von Fernsehgeräten. Beim Aufbau des Bildes tastet der Elektronenstrahl zeilenweise jeden einzelnen Punkt ab und bringt ihn zum Leuchten. Dies geschieht, indem der Elektronenstrahl über diesem Punkt angeschaltet wird und dadurch einen Phosphorpartikel auf der Bildröhre zum Aufleuchten bringt /5.4/.

Ein Farbmonitor benötigt drei Elektronenstrahlen, die gleichzeitig den Bildschirm abtasten. Hier besteht ein Bildpunkt aus drei Phosphorpartikeln in den Grundfarben Rot, Grün und Blau (RGB). Jeweils ein Elektronenstrahl ist für eine dieser Farben zuständig. Durch die Kombination der drei Farben und durch eine unterschiedliche Intensität bei der Abmischung kann man sehr viele Farben erzeugen. Dafür, dass jeder Elektronenstrahl auch „seine" Leuchtschicht trifft, sorgt eine **Lochmaske**. Technisch aufwendiger, aber in der Farbwiedergabe präziser sind Trinitron-Monitore, die mit einer **Schlitzmaske** ausgerüstet sind /5.7/.

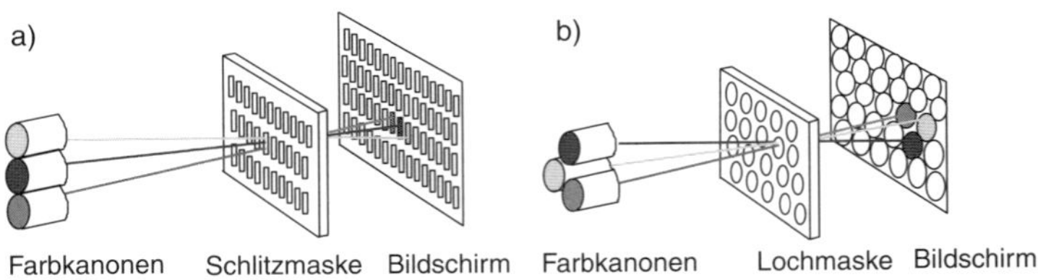

Bild 5.6 Prinzip der a) Lochmaske, b) Schlitzmaske (Quelle: /5.4/)

5.3.1.2 Flachdisplay

Alle Monitore, die *nicht* das Prinzip der Katodenstrahlröhre nutzen, zählen zu den alternativen Monitoren. Diese Bildschirme sind in der Regel nur etwa 7 cm tief. Sie werden deshalb auch als Flachbildschirme oder Flachdisplays bezeichnet. Flachbildschirme funktionieren nach einem von vier Verfahren.

Plasmabildschirme (**PDP** – Plasma Display Panel) nutzen wie Neonröhren die Eigenschaften mancher Gase aus, in einem elektrostatischen Feld zu leuchten (→ Bild 5.7).

Auch **Elektrolumineszensbildschirme** senden wie Plasmabildschirme Licht aktiv aus und können als Matrix kleinster Phosphorpartikel aufgefasst werden. Die Lichtemission wird durch einen geringen Strom erreicht.

Die **LCD-Bildschirme** bzw. **Flüssigkristallbildschirme** kommen auch im Desktop-Bereich immer mehr zum Einsatz und werden wohl früher oder später die CRT-Bildschirme ablösen. Die Darstellung bei Flüssigkristallbildschirmen erfolgt passiv. Sie nutzen die Änderung des optischen Brechungsindexes einer Familie von Chemikalien unter Einfluss eines elektrischen Feldes und funktionieren daher nur dann, wenn eine Lichtquelle vorhanden ist. Die Vorteile dieser Flachbildschirme sind jedoch unübersehbar. Außer einem geringen Stromverbrauch (ca. 8 W) und geringem Platzbedarf ist die Wiedergabe absolut flimmerfrei und es geht von ihnen so gut wie keine Strahlung aus.

Stand der Technik sind **TFT-Bildschirme** (Thin Film Transistor). Alle LCD-Displays nutzen zur Bilderstellung eine Anordnung aus vertikalen und horizontalen Leitungen (Matrix). Um Bildschirmpunkte gezielt ein- und auszuschalten, wird an die einzelnen Leitungen Spannung gelegt. Am Kreuzungspunkt wird der TFT aktiviert (deswegen auch die Bezeichnung **Aktiv-Matrix-** oder **TFT-Displays**), um ein gutes Kontrastverhältnis (bis zu 200 : 1) zu erreichen.

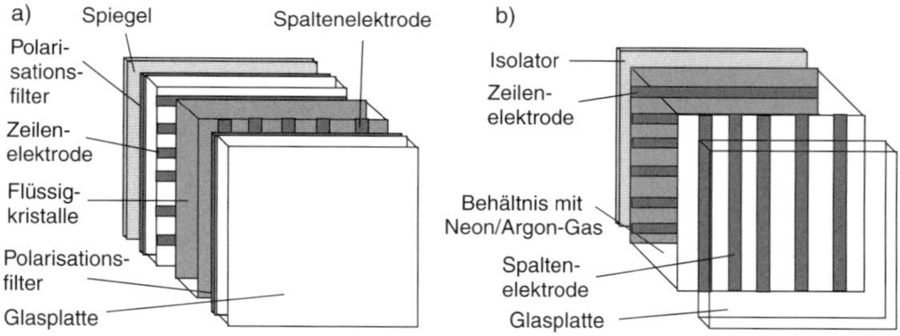

Bild 5.7 Prinzip eines a) LCD- und b) Plasmabildschirms

Der Einsatz von selbst leuchtenden Polymeren (**LEP** – Light Emitting Polymer) ist erst in den Anfängen. Für entsprechende Displays werden die Begriffe **LED** (Light Emitting Display, → Bild 5.7) bzw. **OLED** (Organic LED) verwendet, die sowohl für das Material, für die Technologie als auch für das Gerät stehen /5.21/. Die Angabe **LED-TV** im Konsumerbereich bezieht sich auf die Realisierung der Hintergrundbeleuchtung bei LCD-Fernsehgeräten.

Wegen des Funktionsprinzips bietet sich die digitale Ansteuerung für Flachbildschirme an. Das steht im Widerspruch zur bisher üblichen analogen Ansteuerung von CRT-Monitoren. Grafikkarten stellen inzwischen sowohl einen analogen als auch digitalen Ausgang über den sog. DVI-Anschluss bereit.

Mit steigender Tendenz werden auch TV-Geräte mit Flachbildschirmen zur Ausgabe genutzt. Die kommt besonders der günstigen Verbreitung von multimedialen Applikationen zu gute. Hochwertige TV-Geräte besitzen zusätzlich computertypische Schnittstellen wie z. B. VGA-, DVI-, USB-, Firewire-, Ethernet- und WLAN- Anschlüsse (→ 3.4.6). Die Auflösung von TV-Geräten und größeren PC-Displays ist mit 720×1080 (HD) bzw. 1080×1920 (Full-HD) relativ einheitlich. Geeignete Zusatzmodule und/oder externe Player erlauben einen unmittelbaren Internetzugang, die Speicherung von TV-Sendungen auf Festplatte und die Wiedergabe von vielen gängigen Datenformaten (z. B. MPEG, DivX, MP3, JPEG, → 2.6.3) via Internet, LAN oder von lokalen Datenträgern. Prinzipiell eignen sich diese TV-Geräte auch als Monitor für Computersysteme. Im Gegensatz zu Computermonitoren arbeiten TVs jedoch im Interlaced-Modus (Zeilensprung-Verfahren).

► *Hinweis*: Der Empfang der Massenmedien TV und Radio über einen entsprechend ausgestatteten Computer ist schon länger Stand der Technik. Diese Entwicklung verdeutlicht den Trend zur Fusion von Computersystemen, Kommunikationssystemen, Unterhaltungselektronik und Multimediasystemen.

5.3.2 Großdisplays und Projektoren

Digitale Projektoren („Beamer“) werden an Computern zur Präsentation von (Video-)Bildern benutzt.

LCD-Projektoren arbeiten ähnlich den LCD-Monitoren, jedoch mit Durchlicht und guten lichtstarken Objektiven. Das Bild wird dann ähnlich einem Diaprojektor auf eine Wand projiziert. Farbprojektoren haben für jede Grundfarbe (Rot, Grün, Blau) jeweils ein LCD-Panel, das weiße Licht wird per Prisma in die farbigen Bestandteile zerlegt, den drei Panels zugeführt und entweder im Projektor oder auf der Projektionsfläche wieder gemischt.

Großdisplays setzt man aus kleineren Einheiten zusammen. Durch geschickte Ansteuerung wird das Bild über das ganze Display verteilt. Genutzt werden meist aktive Technologien wie Plasmabildschirme oder Elektrolumineszens-Bildschirme.

5.3.3 3D-Bildschirme

3D-Bildschirme stehen kurz vor der Serienreife. Die Ausgabe erfolgt nicht durch geschickte perspektivische Darstellung, sondern durch räumliches Sehen, indem den Augen unterschiedliche Bilder übermittelt werden. Allgemein bekannt ist das Verfahren, mit farbigen Brillen oder polarisiertem Licht und Polarisationsfiltern vor den Augen zu arbeiten. Ziel ist aber, räumliches Sehen ohne zusätzliche Hilfsmittel zu realisieren.

Die Lösungsansätze gehen momentan davon aus, die Lage der beiden Augen oder der Pupillen des Betrachters elektronisch zu ermitteln (*head-eye-finder*) und die geringfügig unterschiedlichen Bilder den Augen gezielt zu übermitteln. Varianten der Herstellung unterschiedlicher Bilder sind:

- Durch Verschiebung einer mechanischen Bildtrennungsmaske wird das Bild unterschiedlich dem rechten und linken Auge zugeführt.
- Nach dem Prinzip der Rasterdarstellung bei Bildkärtchen, welches „Bewegtbilder“ erzeugt, werden über die Grafikkarte immer zwei unterschiedliche Halbbilder dargestellt. Dieses Verfahren wird vollelektronisch umgesetzt /5.25/
- Zwei LCD-Displays werden hintereinander gesetzt, um dort die unterschiedlichen Bilder getrennt darzustellen.

5.3.4 Elektronisches Papier

> Als Elektronisches Papier (engl. **E-Paper**) werden Anzeigetechniken bezeichnet, mit denen versucht wird, auf elektronischem Weg Papier nachzuahmen (/5.22/: Elektronisches_Papier).

Daraus ergeben sich für diese Displayvarianten recht anspruchsvolle Forderungen:

- faltbar und biegsam
- geringes Volumen des Mediums (sehr dünn)
- vernetzungsfähig
- bezahlbar als Massenprodukt
- geringster Energieverbrauch
- gute Lesbarkeit, E-Paper soll das Licht wie normales Papier reflektieren.

Es werden momentan 3 grundsätzliche Technologien für die Herstellung von E-Paper genutzt. Diese sind Elektrophorese, Elektro-Wetting und die Interferenz-Modulation /5.23/.

Das Prinzip der **Elektrophorese** für E-Paper beruht darauf, dass kleine statisch geladene Kügelchen in einer Mikrokapsel mit einer dunklen Flüssigkeit schwimmen. Diese Minikapseln befinden sich zwischen zwei leitfähigen Platten (Kondensatorprinzip). Die obere Platte ist transparent. Die Kügelchen besitzen eine reflektierende Oberfläche. Werden Sie durch das elektrische Feld nach oben bewegt, erscheint der Punkt hell (Reflexion des Lichtes), werden die Kügelchen nach unten abgestoßen, wird das Licht in der dunklen Flüssigkeit absorbiert. Farbige Punkte erzielt man durch Farbfilter /5.24/.

Elektro-Wetting ist eine Methode, Flüssigkeiten mit einer niedrigen Spannung zu manipulieren. Jedes Pixel ist dazu wie eine winzige quadratische Wanne aufgebaut. Ein weißer Boden (wasserabstoßend) sorgt für die Lichtreflexion, ein transparenter Deckel wird als weitere Elektrode genutzt. In der Wanne befinden sich ein wenig farbiges Öl und eine kleine Menge Wasser. Wasser und Öl mischen sich nicht. Im Grundzustand bedeckt das Öl vollständig den Boden. Ein solches Pixel ist nahezu schwarz.

Das System kann man in allen Richtungen bewegen oder auf den Kopf stellen. Die vermeintlich schwachen Kapillarkräfte sind in Mikrostrukturen wesentlich stärker wirksam als die Schwerkraft. Wenn eine Spannung zwischen Elektrode und Wasser angelegt wird, bewegt sich das Wasser in Richtung Boden und verdrängt dabei die Ölschicht, die sich zu einem Tropfen aufwölbt. Der Untergrund kann Licht reflektieren, das Pixel erscheint für den Betrachter heller proportional der angelegten Spannung. Sobald die Spannung reduziert oder abgeschaltet wird, geht die Zelle in den Ausgangszustand zurück.

Die Bilderzeugung bei der **Interferenzmodulation** geschieht mit winzigen Metallmembranen, die sich im Mikrometerbereich bewegen. Das dargestellte Bild entsteht durch konstruktive und destruktive Interferenzen des einfallenden Lichts. Dieses wird zwischen reflektierenden Platten so verändert, dass je nach Abstand nur noch einfarbiges Licht zu sehen ist. Ist der Abstand gleich null, erscheint das Element schwarz. Das System zeigt nicht nur farbige Bilder, sondern schaltet auch schnell genug, um Videos, Animationen oder Scroll-Vorgänge flüssig anzuzeigen.

5.4 Druckausgaben

5.4.1 Allgemeines

Drucker (*printer*) sind Ausgabegeräte, die Text und Bilder auf einem Druckträger (meist Papier, auch Folie oder Textilien) visuell darstellen.

Als grafische Ausgabegeräte werden Drucker durch Plotter ergänzt. Diese dienen vorrangig der Ausgabe von technischen Zeichnungen auf Formaten, die über DIN A3 hinausgehen. Die Ausgabe über Plotter erfolgt in der Regel mit Zeichenstiften oder mittels der Tintenstrahltechnologie.

► *Hinweis*: Der Trend geht eindeutig zu den leisen und farbigen Tintenstrahl- und Laserdruckern. Für die richtige Beurteilung der Leistung eines Druckers bedarf es einiger technischer Grundkenntnisse zu den eingesetzten Verfahren. Grundsätzlich sollten bei der Auswahl eines Druckers nicht nur der Anschaffungspreis, sondern auch die Kosten für das Verbrauchsmaterial mit berücksichtigt werden. Der Anschluss an ein Computersystem erfolgt über USB, LAN oder WAN, inzwischen seltener über die ursprüngliche parallele (Centronics-)Schnittstelle (→ 3.4.6).

Drucker werden nach unterschiedlichen Gesichtspunkten eingeteilt (→ Bild 5.8).

Impact-Drucker sind alle Drucker, die die Zeichen mechanisch anschlagen. Sie können auch Durchschläge erstellen. Dabei werden bei *Zeichendruckern* für die Zeichendarstellung Typenhebel, Kugelköpfe oder Typenräder (wie bei

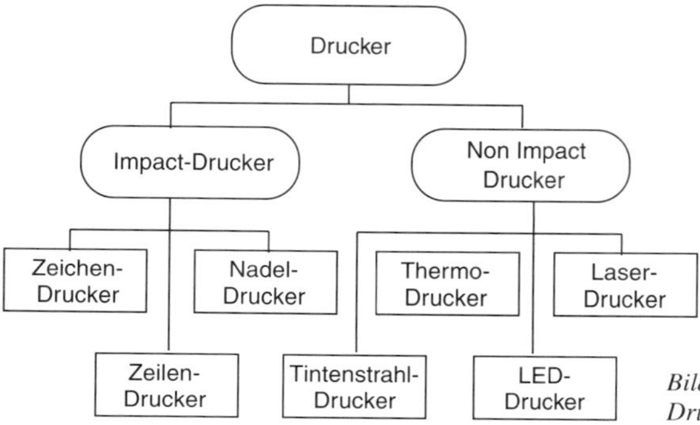

Bild 5.8 Druckervarianten

5

einer Schreibmaschine) verwendet. *Zeilendrucker* (Schnelldrucker) waren die klassischen EDV-Drucker in Rechenzentren. Für den Druck einer kompletten Zeile ist nur ein „Anschlag“ erforderlich. Nebeneinander liegende Typenbänder, -ketten oder -trommeln decken dazu eine komplette Zeile ab. Zeichen und Zeilendrucker sind heute nur noch für spezielle Anwendungen zu finden. Bei *Nadeldruckern* werden die Zeichen als Punktmatrix (**Matrixdrucker**) gedruckt.

Nichtmechanische Druckertypen sind **Non-Impact-Drucker**. Das Druckbild wird entweder elektronisch punkt- und seitenweise (*Seitendrucker*) oder punkt– und zeilenweise (*Tintenstrahldrucker*) im Drucker aufbereitet. Die zeilenweise Aufbereitung kann durchaus schmaler als eine Zeichenzeile sein.

5.4.2 Nadeldrucker

In Einsatzbereichen, in denen großer Wert auf die Herstellung von Durchschlägen gelegt wird, kommen noch Geräte dieses Typs zum Einsatz (z. B. in Arztpraxen). Die Nadeldrucker erzeugen ihr Druckbild durch den Aufschlag kleiner Nadeln auf das Farbband und das Papier. Unschlagbar sind sie bei den Betriebskosten, weil sie sehr zuverlässig arbeiten und als Verbrauchsmaterial nur ein einfaches Farbband erforderlich ist. Die Nadeln sind im Druckkopf in einer oder mehreren senkrechten Reihen angeordnet. Jede einzelne Nadel ist von einer Magnetspule umgeben. Im Nadeldrucker selbst ist für jedes einzelne Zeichen eine entsprechende Punktmatrix angelegt /5.4/, /5.15/, /5.7/.

5.4.3 Laserdrucker

Laser- und LED- Drucker sind prinzipbedingt Seitendrucker. Die gesamte zu druckende Seite muss im Drucker vorliegen und wird vollständig durch ein Farbpulver (Toner) auf einer Bildtrommel abgebildet. Beim Druckvorgang wird diese Bildtrommel über ein Lade-Corotron (Corona) negativ aufgeladen. Anschließend wandert der Strahl eines Lasers über die Trommel und schreibt das Bild der späteren Seite auf sie. Dabei werden (spiegelbildlich) alle Stellen, die später geschwärzt werden sollen, vom Strahl getroffen. Dort entlädt sich die Trommel. Dabei wird der Strahl des feststehenden Lasers durch ein Ablenksystem gesteuert und mit einem rotierenden Polygonspiegel zeilenweise über die Bildtrommel geleitet. Der Toner, ein feinkörniges Pulver mit Schmelzharz, ist ebenfalls negativ geladen. Die Entwicklerstation trägt dieses Pulver auf die Bildtrommel auf, jedoch nur dort, wo die Bildtrommel entladen ist. Die Trommel rollt über das Papier, unter dem sich ein zweites positiv geladenes Corotron befindet. Die Farbpartikel lagern sich daher lose auf dem Papier ab. Das Papier wird zwischen Fixiertrommeln auf ca. 150 °C erwärmt, das im Toner enthaltene Harz schmilzt und haftet auf dem Papier /5.26/, /5.19/.

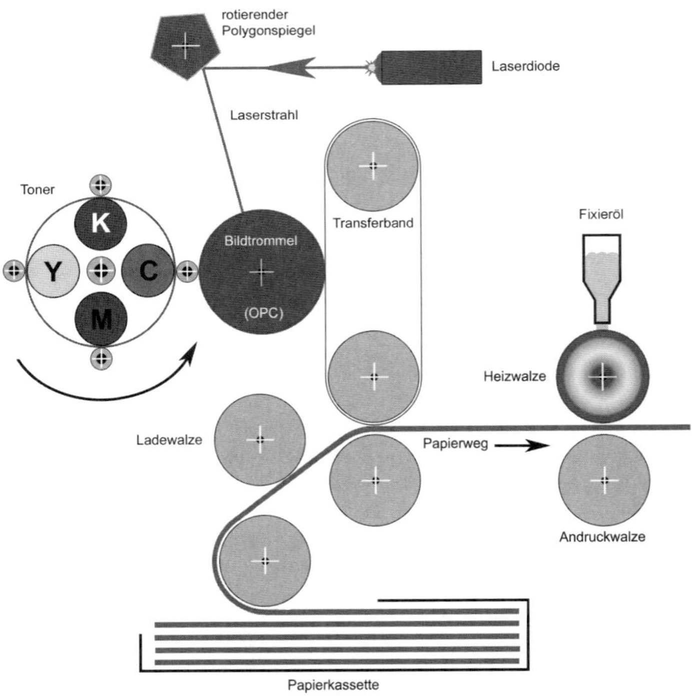

Bild 5.9 Lasereinheit, Prinzip des Farb-Laser Revolverdruckwerkes (Quelle: PCBusiness)

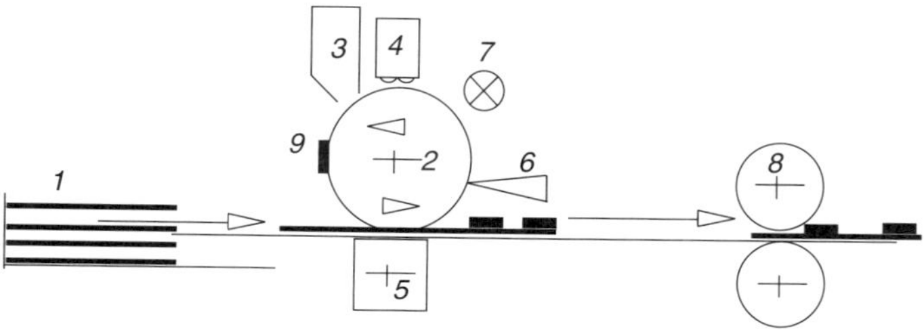

Bild 5.10 Prinzip des LED-Druckers; 1 Papier-Kassette, 2 Bild-Trommel, 3 Toner-Behälter, 4 LED-Zeile, 5 Entwickler-Einheit, 6 Abstreifer für Rest-Toner, 7 Corotron, 8 Fixiereinheit, 9 Toner (negativ geladen)

Die Palette der Modelle geht dabei vom einfachen Arbeitsplatzlaserdrucker bis hin zum Abteilungsdrucker mit einer Druckgeschwindigkeit von bis zu 60 Seiten/Minute, einschließlich Sortierstation und Hefter.

Farblaserdrucker arbeiten nach dem gleichen elektrofotografischen Verfahren, setzen das Bild jedoch aus den vier Druckfarben Cyan, Magenta, Gelb und Schwarz zusammen. Sie benötigen vier komplette Druckwerke. **In-Line-Druckwerke** incl. der Tonereinheiten sind in einer Reihe angeordnet und werden nicht mechanisch verdreht. **Revolver-Druckwerke** sitzen kreisförmig angeordnet im Drucker. Um die Farbe auf das Transfermedium (ein Band) zu bringen, können die Einheiten gedreht werden (→ Bild 5.9) /5.18/.

LED-Drucker arbeiten nach dem gleichen Prinzip wie Laserdrucker. Anstatt eines Lasers verwenden LED-Drucker eine Zeile mit LEDs zur Polarisierung der Fototrommel. Die LED-Technologie (Light Emitting Diode) bietet die besten Voraussetzungen für exzellente Druckergebnisse und wartungsfreundlichen Druckbetrieb. Die LED-Zeile besteht aus einer Vielzahl von Leuchtdioden, welche die Bildtrommel zeilenweise belichten. So entfällt nicht nur die empfindliche Spiegelmechanik, sondern auch die aufwendige Optik zur Korrektur von Verzerrungen und Randunschärfen. Die deutlich geringere Anzahl der Bauteile macht die LED-Seitendrucker absolut servicefreundlich (→ Bild 5.10) /5.16/, /5.17/.

5.4.4 Tintenstrahldrucker

Bei Tintenstrahldruckern haben sich drei Verfahren durchgesetzt: das Bubble-Jet-, das Piezo- und das Phase-Change-Verfahren. Beim **Bubble-Jet-Verfahren** befindet sich vor jeder Düse ein eingebautes Heizelement. Die in der Düse befindliche Tinte wird innerhalb einer sehr kurzen Zeit stark erhitzt. Während ein Teil der Tinte durch die Erhitzung verdampft, wird der andere Teil in Tropfenform auf das Papier geschossen (→ Bild 5.11a). Beim **Pie-**

zo-Verfahren übernehmen Piezo-Elemente die Rolle der Heizeinheiten. Der piezoelektrische Effekt bewirkt, dass sich bestimmte Kristalle durch Anlegen einer elektrischen Spannung verformen. Hierbei wird die Düse stark zusammengepresst und der in der Düse befindliche Tintentropfen auf das Papier geschleudert (→ Bild 5.11b). Piezo-Drucker haben eine längere Lebensdauer.

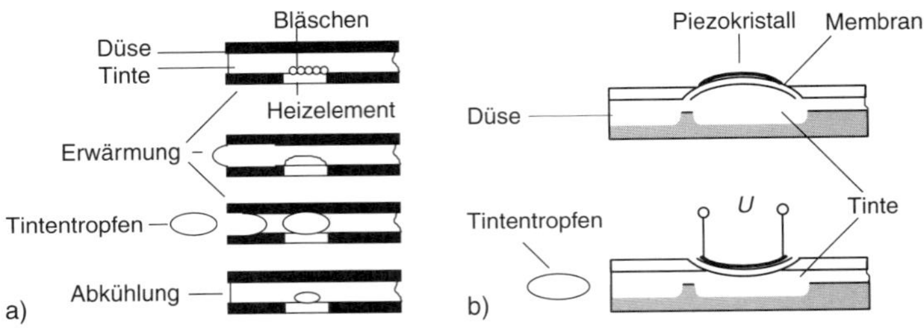

Bild 5.11 Tintendrucker; a) Prinzip des Bubble-Jet- und b) des Piezo-Verfahrens

Beim **Phase-Change-Verfahren** wechseln die Farbträger während des Druckvorganges mehrmals ihren Aggregatzustand. Häufig werden diese Drucker auch als Solid-Ink-Drucker oder Festtintendrucker bezeichnet. Als Farbträger dienen vier feste Farbstifte in den Grundfarben. Beim Druckvorgang sorgen Heizelemente dafür, dass von diesen Farbstiften jeweils eine kleine Menge Tinte in einen Vorratsbehälter abgeschmolzen und dort bei einer Temperatur von 90 °C im flüssigen Zustand gehalten wird. Die flüssige Tinte wird dann auf das Druckmedium gesprüht. Dieses Verfahren ist für Normalpapier geeignet, weil die Tinte sehr schnell abkühlt und fest wird. Auch normale Folien können problemlos damit bedruckt werden /5.8/. Die Anzahl der Düsen kann bis 408 (HP 990Cxi) betragen. Die Auflösung erreicht Maximalwerte um 1440 dpi. Die Drucker sind meist mit drei Farben und Schwarz ausgestattet. Der Trend geht aber zu insgesamt 6 Farben (Schwarz, Gelb, Magenta, Cyan, Hellmagenta, Hellcyan) /5.26/.

► *Hinweis*: Offensichtlich besitzen Piezo-Drucker das größere Entwicklungspotenzial. Diese Technologie gestattet es, Farbtropfen in sechs Größen zu erzeugen. Unterstützt wird die Technik durch Qualitätsverbesserungen der Tinte und der Algorithmen zur Berechnung der Farbaufteilungen. Letztlich werden die farbigen Bilder im Dithering-Verfahren (→ 17.3.2.1) dargestellt, auch wenn sich die Tintenpunkte etwas überdecken /5.15/. Das „Mischen" von Farben bleibt den Thermosublimationsdruckern vorbehalten.

5.4.5 Thermodrucker

Thermodrucker sind unter den Matrixdruckern einzuordnen. Da kein mechanischer Kontakt zwischen Druckkopf und Papier notwendig ist, gehören die Thermodrucker zu den Non-Impact-Druckern. Zu den Thermodruckern zählen neben den Spezialpapierdruckern die Thermotransfer- und die Thermosublimationsdrucker. Unabhängig vom konkreten Druckverfahren setzt sich der Druckkopf eines Thermodruckers lediglich aus mehreren kleinen Heizplättchen zusammen.

Spezialpapierdrucker benutzen wie Faxgeräte für den Ausdruck wärmeempfindliches Spezialpapier. Das Papier verfärbt sich genau an der Stelle dunkel, an der das aktivierte Heizelement sitzt. Meist werden 24 Thermoelemente in zwei vertikal versetzten Reihen angeordnet. Der Druckkopf ist beweglich auf einer Führungsstange positioniert und kann horizontal über das Papier geführt werden. Prinzipbedingt sind keine farbigen Ausdrucke möglich. Die Drucker sind für den mobilen Einsatz sehr gut geeignet. Doch reicht die Sommerhitze im Auto aus, um einen Ausdruck unlesbar zu machen.

Thermotransferdrucker wurden extra für farbige Ausdrucke entwickelt. Das Thermotransferverfahren basiert auf dem Abschmelzen einzelner Druckpunkte von einer mit Wachsfarbstoff beschichteten Polyesterfolie. Dieser Vorgang erfolgt durch eine Vielzahl an Heizelementen, die horizontal in einer ganzen Druckzeile angeordnet sind. Als Farbträger werden dreifarbige (Cyan, Magenta, Gelb) oder vierfarbige (zusätzlich Schwarz) Thermotransferrollen eingesetzt. Jede Rolle setzt sich aus seitengroßen Segmenten aufeinander folgender Grundfarben zusammen. Um eine einzelne Seite zu bedrucken, muss zunächst die Folie so positioniert werden, dass die erste Grundfarbe vollständig aufgebracht werden kann. Die Seite wird in den Drucker eingezogen und jeder Druckpunkt, dessen Farbe die erste Grundfarbe beinhaltet, gesetzt. Ist die erste Grundfarbe komplett abgerollt, wiederholt sich derselbe Vorgang mit den nächsten Grundfarben. Man erzielt mit diesem Verfahren brillante Dokumente. Allerdings ist ein Ausdruck nicht ganz billig. Nur mit Spezialpapier erzielt man gute Ausdrucke und für jeden Ausdruck wird ein Satz Segmente mit den Grundfarben verbraucht, gleichgültig, ob sie alle benötigt werden oder nicht.

Mit **Thermosublimationsdruckern** lassen sich fotorealistische Ausdrucke erzeugen. Das Thermosublimationsverfahren ist eigentlich nur ein verfeinertes Transferverfahren. Jedoch wird das Wachs so stark erhitzt, dass es gasförmig in das Spezialpapier hineindiffundiert. Sublimation bedeutet aus physikalischer Sicht das Überspringen eines Aggregatzustandes. Bei diesem Verfahren wird der flüssige Zustand übersprungen. Jedes einzelne Heizelement im Druckkopf kann 256 unterschiedliche Temperaturen erzeugen. Daher kann jede Farbe in bis zu 256 Intensitätsstufen abgedruckt werden. Damit wird für jeden Punkt eine Farbauflösung (ca. 16 Mio. Farben) durch Farbmischung auf dem Papier möglich /5.7/.

► *Hinweis*: Ein sinnvoller Einsatz von Transfer- und Sublimationsdruckern ist bei Werbeagenturen, Grafik- und Multimediastudios und im Druckgewerbe zu finden. Beide Druckertypen sind Seiten- und Matrixdrucker.

5.5 Multifunktionsgeräte

Multifunktionale Geräte integrieren die Funktion von Druckern Scannern, Faxgeräten und Kopierern meist in Verbindung mit dem Anschluss an einem Computer. Praktisch kann man die unterschiedlichsten Kombinationen finden. Multifunktionsgeräte eignen sich für den Einsatz in kleinen und mittleren Unternehmen bzw. als Abteilungslösung. Lösungen auf der Basis der Lasertechnologie haben wesentlich geringere Betriebskosten und sind in der Regel im professionellen Umfeld ökonomischer als die Tintenstrahl-Varianten /5.14/.

5.6 Akustische Ein- und Ausgaben

„Periphere Geräte“ der akustischen Ein- und Ausgabe sind Mikrofon, Lautsprecher, Headsets (Mikrofon und Kopfhörer als konstruktive Einheit) und eventuell notwendiger Verstärker einschließlich der Schnittstelle zum Computer, üblicherweise der Soundkarte (inzwischen sehr oft „on Board“).

5.6.1 Spracherkennung

Bei der Spracherkennung werden zwei Ziele verfolgt:

- die sprachlich geführte Bedienung eines Gerätes, konkret eines Computers
- die Wandlung der Sprache in eine editierbare Textdatei.

In beiden Fällen ist zur Erfassung der Sprache ein Mikrofon erforderlich. Die Schnittstelle zum Computer wird durch einen internen Soundchip oder durch eine Soundkarte bereitgestellt. Das Mikrofon wandelt das analoge Sprachsignal in ein analoges elektrisches Signal, der Soundadapter wandelt das analoge elektrische Signal mittels PCM in ein digitales Signal.

Die sprachlich geführte Bedienung eines Gerätes ist problemlos mit entsprechender Software (z. T. schon im Betriebssystem enthalten) möglich. Selbst in Umgebungen mit hohem Nebengeräuschpegel (Düsenflugzeug) gibt es kaum noch Probleme, weil der Umfang der sprachlichen Eingangsbefehle begrenzt ist. Die verwendeten Filteralgorithmen sind nicht trivial.

Anwendungsgebiete sind z. B. automatische Call-Center und Bedienungslösungen für Körperbehinderte (Handprothesen).

Die **Wandlung von Sprache in eine editierbare Textdatei** (oft nur als Spracherkennung bezeichnet) erfordert leistungsfähige, selbstlernende Software und auch leistungsfähige Hardware. Nebengeräusche (selbst der Lüfter eines PC) verringern die Erkennungsgenauigkeit erheblich.

5.6.2 Erfassung von Audio-Signalen

Die Digitalisierung von analogen Audio-Signalen wird von den Soundadaptern geleistet. Deren Kennwerte sind die Abtastfrequenz und die Anzahl der Quantisierungsstufen (in Bit angegeben) /5.1/. Neben den Mikrofonen, die natürliche Schallquellen umsetzen, gibt es auch elektronische Klangerzeuger (Sampler, Synthesizer). Eine Sonderstellung nimmt MIDI ein.

Das **Musical Instrument Digital Interface (MIDI)** dient der Aufnahme, Steuerung und Wiedergabe von Klängen, die vorzugsweise über Keyboards oder Computer erzeugt werden. Dabei entstehen digitale Steuerdaten, die u. a. Informationen zur Tonhöhe, zur Lautstärke, zur Tondauer und zum Instrument enthalten.

Gute Soundkarten erzeugen die Wiedergabe der Töne über sogenannte **Wavetables**, die die digitalisierten Originalklänge von Instrumenten enthalten /5.3/.

5.6.3 Ausgabe von Audio-Signalen

Die Ausgabe von Audios (Sprache Musik, Geräusche) unter dem Gesichtspunkt multimedialer Applikationen erfolgt über Lautsprechersysteme, die bei Notebooks direkt und bei Desktopsystemen im Monitor integriert sein können. Ein Lautsprecher gehört auch zur Grundausstattung eines Beamers ($\rightarrow$ 5.3.2). Für höhere Ansprüche sind externe Systeme (Stereophonie, Quadrophonie, Raumklang, Surround-Sound) besser geeignet /5.1/. Diese Systeme stehen aus der Unterhaltungselektronik zur Verfügung. Entsprechende Software und geeignete Dateiformate unterstützen die Ausgabe solcher Audios. So ermöglicht z. B. die Weiterentwicklung von MP3 (MP3 Surround) die Wiedergabe von Surround-Sound.

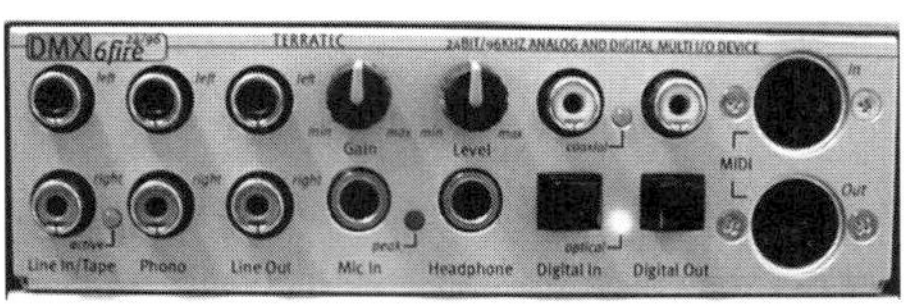

Bild 5.12 Frontmodul einer modernen Soundkarte (Quelle: /5.22/: Soundkarte)

Dies gelingt aber kaum über die integrierten Soundchips in einem Computer, sondern bedarf professioneller Soundkarten. Der Anschluss erfolgt intern meist über den PCI- bzw. PCIe-Bus oder extern über die USB-Schnittstelle (→ 3.4.6).

Bild 5.13 PCI-Soundkarte, höherwertige Ausführung mit integrierter Firewire-Schnittstelle (Quelle: /5.22/: Soundkarte)

5.7 Virtual Reality, Wearable Computing und Augmented Computing

5.7.1 Begriffe

Auf den o. g. Gebieten hat sich in letzter Zeit eine enorme Entwicklung vollzogen (→ 16.5.3, 17.5.5). Damit sind auch manche Besonderheiten bezüglich der technischen Peripherie entstanden. Auch wenn der Inhalt der Begriffe noch im Fluss ist, lassen sich einige technische Gemeinsamkeiten erkennen. In /5.27/ ist ein Video zu finden, welches einen anschaulichen Überblick zur Problematik gibt.

Virtuelle Realität (Virtual Reality, VR) bezeichnet sowohl die Darstellung als auch die Wahrnehmung einer dreidimensionalen Szene mittels Computertechnologie, die nahe der Wirklichkeit ist und durch den/die Betrachter interaktiv beeinflusst werden kann (in Anlehnung an /5.3/ und /5.22/: Virtuelle Realität, → 16.5.3).

3D-Echtzeit und VR werden oft als synonym gebraucht. Der Unterschied liegt im geringeren Grad der Einbindung des Nutzers (**Immersion**) und der benötigten Ein- und Ausgabegeräte.

3D-Echtzeit bedarf im Maximalfall zusätzlicher 3D-Brillen. Der Anwendungsbereich liegt bei 3D-Spielen und wird daher auch besonders von den Grafikkarten-Herstellern gefördert.

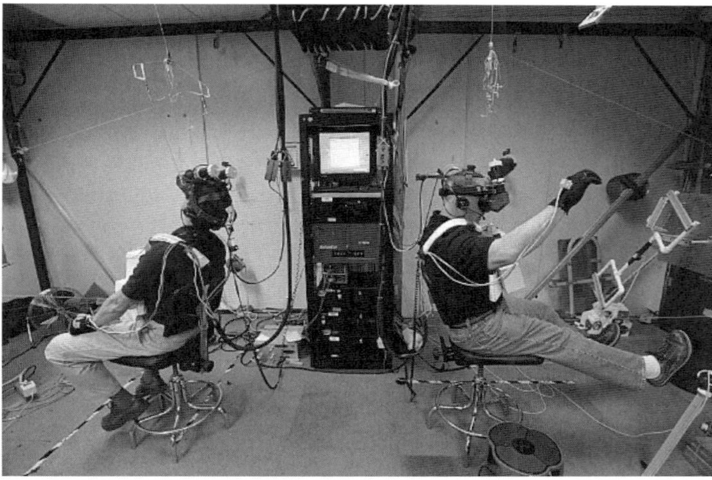

Bild 5.14 Astronauten trainieren für einen Weltraumflug in einem VR-Labor am Johnson Space Center (USA) (Quelle: http://www.navy.mil/view_single.asp?id=72274)

Wearable Computing bezeichnet tragbare Computer- und Kommunikationssysteme, die während der Anwendung am Körper des Benutzers befestigt sind. Die primäre Aufgabe besteht darin, die Sinneswahrnehmung des Trägers zu erweitern bzw. zu verstärken, die Aktionen des Benutzers zu analysieren, seine Funktion laufend zu interpretieren und den geänderten Bedingungen anzupassen.

*Bild 5.15 Beispiel für die Anwendung der Wearable Computing Technology (**WCT**) (Quelle: /5.29/)*

► *Hinweis*: Man erkennt bezüglich der Ein- und Ausgabe eine Kombination aus (drahtloser) Vernetzung einzelner Komponenten und Bedienungsfreundlichkeit, die den Benutzer in seiner Aktivität nicht behindert und uneingeschränkte Verfügbarkeit bietet 3.6.7). Ansatzpunkt ist z. B. die RFID-Technologie (→ 4.2.4.4), die über geeignete Transponder eine automatische Identifikation (**Funkerkennung**) und Lokalisation von Objekten in bereits ausgereifter Form ermöglicht.

Wearable-Computing-Systeme erfordern eine maximale Miniaturisierung und werden in die Kleidung der Benutzer integriert. Beispielsweise können bereits heute kleine Barcodeleser an einem Finger eines Mitarbeiters angebracht werden und die Scanergebnisse einem Zentralrechner mit entsprechenden Auswerteprogrammen zugeleitet werden. Virtuelle Bilder können über ein „Retina-Display" über die Augenlinse direkt auf die Netzhaut projiziert werden. Anwendungen findet man z. B. bei Wartungspersonal von Flugzeugen oder anderen komplexen Maschinen und Apparaturen, wodurch Wartungsarbeiten nach exakten sichtbaren Abläufen realisiert werden können.

Als **Augmented Reality** (**AR**, Erweiterte Realität) wird eine computergestützte Wahrnehmung bezeichnet, bei der sich reale und virtuelle Welt vermischen. Über die gerade betrachtete reale Welt werden in Echtzeit computergenerierte Zusatzinformationen wie Textinformationen, Grafiken oder Videos eingeblendet (in Anlehnung an /5.30/, → 16.5.3).

Die Anwendungsgebiete reichen von der Information über die unmittelbare Umgebung, über die ins Sichtfeld eingeblendete Navigation in Fahrzeugen (→ Bild 5.16) bis hin zu Spielen. Weitere Beispiele sind unter /5.30/ zu finden.

Bild 5.16 Beispiel für eine Anwendung von Augmented Reality (Quelle: /5.28/)

5.7.2 Peripherie im Umfeld von VR/AR

Um beim Nutzer ein Gefühl der Zugehörigkeit zur virtuellen Welt (**Immersion**) zu erreichen, bedarf es z. T. besonderer Peripherie. Üblich sind u. a. Head-Mounted Display, Netzhautprojektoren, Großbildleinwände und die CAVE. Eine Reihe verschiedener Brillen dienen dazu, den 3D-Eindruck zu erzeugen. Für die Interaktion kommen 3D-Maus, der Flystick (Joystick), Racing-Wheel und der Datenhandschuh (→ 5.2.2) infrage.

Ein **Head-Mounted Display** (**HMD**) bildet einen augennahen Bildschirm (→ Bild 5.17), auf dem virtuelle Bilder dargestellt werden. Bei Netzhautprojektoren (auch **Retina-Display**) werden die virtuellen Bilder über die Augenlinse direkt auf die Netzhaut projiziert (→ Bild 5.18).

Bild 5.17 Fallschirmspringer der US-Navy üben mit einem Head-Mounted Display virtuell das Fallschirmspringen (Quelle: http://www.news.navy.mil/view_single.asp?id=3523)

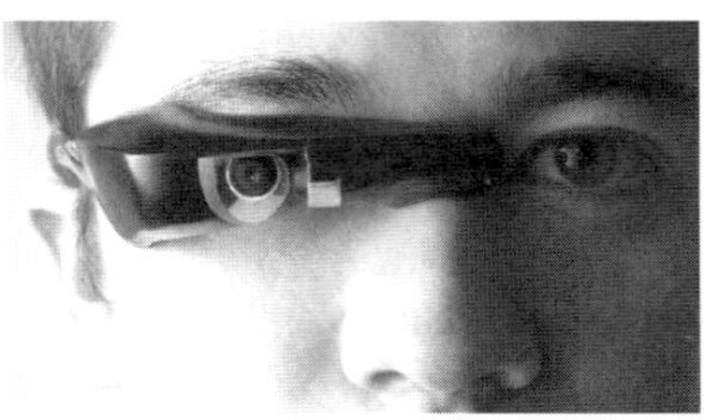

Bild 5.18 EyeTap, ein extrem kleines Retina-Display (Quelle: /5.22/: HMD)

Bei einem **CAVE** (Cave Automatic Virtual Environment) werden in einem üblicherweise quadratischen Raum an Wände, Decke und Boden Stereobilder projiziert. So entsteht ein virtueller Raum, den ein Betrachter z. B. mithilfe einer Shutterbrille dreidimensional wahrnimmt (→ Bild 5.19).

Bild 5.19 Multisided Projection System CAVE (Quelle: /5.33/)

Um für den Betrachter einen dreidimensionalen Eindruck zu erzeugen, sind sogenannte **3D-Brillen** erforderlich. Die angewendeten Prinzipien sind sehr verschieden und müssen sich nach den Aufnahme- und Wiedergabeverfahren richten. Letztlich ist das Ziel, dass die beiden Augen räumlich versetzte Bilder wahrnehmen.

Die einfachste Variante sind **Farbfilterbrillen** mit einer Rot/Blau- oder Rot/Grün- Kombination der Gläser (oder durchsichtigen Folien). **Interferenzbrillen** arbeiten scheinbar farbneutral, führen aber den Augen unterschiedliche Wellenlängenbereiche zu /5.31/. **Shutterbrillen** werden momentan am häufigsten verwendet. Die Gläser bestehen aus zwei Flüssigkristallflächen, die zwischen durchlässig und undurchlässig umgeschaltet werden können. Ein Display muss dazu abwechselnd die perspektivisch verschobenen Bilder für das linke und das rechte Auge darstellen /5.32/. Weitere Varianten sind unter /5.22, 3D-Brille/ zu finden.

Eine **3D-Maus** soll meist ein Objekt oder die eigene Position in einer virtuellen Umgebung bewegen. Sie kann auch zum Greifen, Selektieren und Positionieren von Objekten dienen. Ein solches System verfügt über drei translatorische und drei rotatorische Freiheitsgrade /5.3/. Man unterscheidet tischgebundene Geräte (→ Bild 5.20) und Handgeräte. Der Benutzer hält das Eingabegerät in seiner Hand und kann es frei im Raum bewegen. Über im Gerät integrierte oder externe Sensoren werden Position und Bewegung im Raum bestimmt. Die Erzeugung einer virtuellen Spur bzw. virtueller Bewegung nennt man **Tracking**. Bezüglich der technischen Realisierung des Trackings sei auf /5.9/ verwiesen.

Bild 5.20 Verschiedene tischgebundene 3D-Mäuse (Quelle: http://www.3dconnexion.de)

5.8 Mobile Peripherie

Der technische Stand von Mobiltelefonen, PDAs und Tablet-PCs entspricht inzwischen dem Inhalt des Begriffes **Mobile Computing** (→ 3.6.6). Damit benötigen sie aber auch geeignete Ein- und Ausgabemodule, die man bei „normalen“ Computern als Peripherie bezeichnet. Besonders deutlich wird dies bei den sogenannten Smartphones.

Ein **Smartphone** hat Computerfunktionalität als auch die Funktionalität eines Mobiltelefons. Smartphones können über zusätzliche Programme (Apps) vom Anwender individuell mit neuen Funktionen aufgerüstet werden.

Smartphones besitzen zur Synchronisation mit einem Computersystem Verbindungsarten wie WLAN, Bluetooth, Infrarot oder USB aber auch typische Handy-Verbindungsprotokolle wie z. B. GSM und UMTS (→ 10.2.7.5). So ist es beispielsweise möglich, unterwegs neben der Mobiltelefonie auch SMS, MMS, E-Mail sowie, bei modernen Geräten, Videokonferenzen per UMTS oder Internet-Telefonie (VoIP) mit WLAN über Internet-Zugriffspunkte zu nutzen. Man könnte sie insofern auch als „**mobile Peripherie**“ bezeichnen.

► *Hinweis*: Dank immer größerer Funktionsfülle lassen sich Smartphones je nach Ausstattung auch nutzen als:

- Kommunikationszentrale
- Personal Information Manager (PIM) mit Adressbuch, Terminkalender, usw.
- Diktiergerät
- Datenspeicher
- Radio, MP3-Player, Videoplayer, Bildbetrachter
- einfache Foto- und Videokamera
- Taschencomputer (z. B. Textverarbeitung, Tabellenkalkulation, PDF-Reader)
- Funk-Modem für den PC
- Navigationssystem
- Videospiel.

Wegen der konstruktiven Zielstellung (schmal, leicht und klein) weisen Smartphones bezüglich ihrer konkreten Peripherie einige Besonderheiten auf. So ist ein Smartphone üblicherweise mit einem Touchscreen (zwischen 5″ und 10″) für die Steuerung per Finger ausgestattet. Die früher nicht seltene Steuerung per Touchscreen und Eingabestift ist kaum noch zu finden. Die Geräte bieten unterschiedliche Tastaturen, von einfachen Handy–Tastaturen mit Tastenmehrfachbelegung, über ausklappbare QWERTZ-Tastaturen bis hin zu Geräten, die eine QWERTZ-Tastatur auf dem Touchscreen erscheinen lassen. Künftig soll sich das Display bei einem Fingerdruck anfühlen wie eine Tastatur.

► *Hinweis*: Smartphones verfügen oft über unterschiedliche Sensoren, wie Bewegungs-, Lage-, Magnetfeld-, Licht- und Näherungssensoren sowie GPS-Empfänger. Es lassen sich z. B. sofort die GPS-Daten eines aufgenommenen Bildes speichern. Ist ein Navigationssystem integriert, könnte durchaus ein einfaches AR-System (→ 5.7.1) entstehen. Die internen Flash-Speicher können dank der Entwicklung von Speicherkarten (→ 4.2.4.2) bis in den TByte-Bereich hinein ergänzt werden. In /5.28/ wurde sogar ein Smartphone mit Beamer-Funktion (Pico Projector Displays) vorgestellt.

Mit der weiteren Realisierung von Cloud-Computing (→ 11.5.3, 12.1.3, 13.4.3) wird die mobile Peripherie an Bedeutung zulegen.

6 Algorithmen und Datenstrukturen

Erich Ehses

6.1 Algorithmusbegriff

Die Entwicklung, Analyse und Codierung von Algorithmen ist ein Kerngebiet der Informatik.

> Der Begriff **Algorithmus** bezeichnet eine Vorschrift zur Lösung eines Problems, die für eine Realisierung in Form eines Programms auf einem Computer geeignet ist.

Die meisten Algorithmen sind Bestandteil unterschiedlicher Fachgebiete (Mathematik, Computergrafik, Bilderkennung u. a.) und werden dort näher behandelt. In diesem Kapitel sind nur solche Algorithmen angesprochen, die innerhalb der Informatik eine grundlegende Bedeutung haben. Dazu zählen Algorithmen zur Informationssuche, zum Sortieren und zum effizienten Umgang mit *Datenstrukturen*.

Zwischen der verwendeten Datenstruktur und den jeweiligen Algorithmen besteht oft ein enger Zusammenhang. NIKLAS WIRTH unterstreicht dies durch die Formel /6.13/:

> Programm = Algorithmus + Datenstruktur

In der Softwaretechnik unterscheidet man zwischen Programmierung im Großen und Programmierung im Kleinen. Die Entwicklung von Algorithmen gehört zu Letzterem. Die typische Entwurfsmethodik geht von der Methode der *schrittweisen Verfeinerung* (*stepwise refinement*) aus: Ein Problem wird in kleinere, leichter lösbare Probleme zerlegt und die Teillösungen werden zu einer Gesamtlösung zusammengesetzt (*Top-Down-Problemlösungsansatz*).

> **Schrittweise Verfeinerung** = Lösen eines Problems durch Zerlegung in separat zu lösende Teilprobleme.

Die schrittweise Verfeinerung wird unterstützt durch das Prinzip der *strukturierten Programmierung*.

> **Strukturierte Programmierung** = Verwendung von Strukturblöcken mit definiertem Eintritts- und Austrittspunkt.

6.1.1 Darstellungsformen für Algorithmen

Algorithmen können *grafisch* oder *textuell* dargestellt werden als:
- Programmablaufplan (Flussdiagramm)
- Struktogramm (NASSI-SHNEIDERMAN-Diagramm)
- Pseudocode.

Die Beschreibungsmittel für Algorithmen sind an der Darstellung des Kontrollflusses orientiert. Insbesondere die grafischen Darstellungen unterstützen nicht die Darstellung von Datenbeziehungen und von Schnittstellen, wie dies z. B. die Beschreibungsmittel der objektorientierten Programmierung anstreben (Klassendiagramme).

6.1.1.1 Programmablaufplan

Programmablaufpläne machen den Ablauf eines Algorithmus grafisch deutlich. Sie lassen jedoch keine Strukturblöcke erkennen und fördern daher nicht die strukturierte Programmierung.

6.1.1.2 Struktogramm

Struktogramme sind grafische Notationen, die die Struktur von Programmen im Sinne der strukturierten Programmierung darstellen. Die Anweisungen eines Programms werden in *Blöcken* zusammengefasst, die durch Struktogramme zu größereren Blöcken miteinander verbunden werden /6.1/:
- Sequenz (→ 6.1.2.2)
- Alternative (→ 6.1.2.2)
- Fallunterscheidung: entspricht *case*
- Schleife: entspricht *while* und *for* (→ 6.1.2.2).

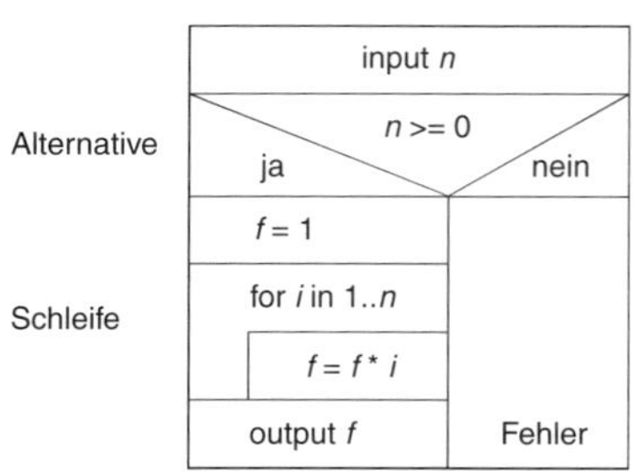

Bild 6.1 Struktogramm zur Berechnung der Fakultät

6.1.1.3 Pseudocode

Sowohl Programmablaufpläne als auch Struktogramme sind nicht gut dazu geeignet, komplexe Algorithmen übersichtlich darzustellen. Daher wird in der

Praxis häufig *Pseudocode* zur Beschreibung von Algorithmen verwendet. Es gibt viele Vorschläge mit unterschiedlichem Abstraktionsniveau, aber keine Normierung. Sehr häufig ist der verwendete Pseudocode mehr oder weniger eng an eine Programmiersprache angelehnt.

❑ *Beispiel*: Berechnung der Fakultät in Pseudocode:

```
int n = input;
if n == 0
    output 1;
else
    int f = 1;
    for i in 1..n
        f = f * i;
    end for;
    output f;
end if
```

Der Entwurf einer Programmiersprache verfolgt mehrere unterschiedliche Ziele, wie leichte und sichere Syntaxerkennung sowie leichte Übersetzbarkeit in effizienten Maschinencode. Bei der Darstellung von Algorithmen sind viele dieser Anforderungen irrelevant. Die Verwendung von passenden Pseudocode-Anweisungen kann daher die Lesbarkeit verbessern. Die in diesem Abschnitt verwendeten Sprachelemente sollen das genaue Verständnis der grundlegenden Ideen unterstützen, ohne die konkrete Implementierung in einer Programmiersprache vorwegzunehmen.

6.1.2 Grundelemente der Algorithmenbeschreibung durch Pseudocode

Die Grundelemente von Algorithmen sind:

- Variable, Literale, Ausdrücke und Zuweisungen (→ 6.1.2.1)
- Kontrollstrukturen (→ 6.1.2.2)
- Prozeduren (→ 6.1.2.3)
- Datenstrukturen (→ 6.1.2.4).

6.1.2.1 Variable, Ausdrücke und Zuweisungen

Algorithmen operieren auf Werten, die in Variablen gespeichert werden. Eine bestimmte Menge von Werten und die darauf erlaubten Operationen werden durch einen Datentyp beschrieben. Die grundlegenden numerischen und logischen Werte werden durch einfache Datentypen beschrieben. Komplexere Datenstrukturen müssen durch besondere Typdefinitionen eingeführt werden.

> **Variable** bezeichnen Speicherplätze, in denen Werte abgelegt werden können. Variable können während der Programmausführung verschiedene Werte annehmen. Oft werden Variable vor ihrer Verwendung in der Form `<Typ><Name>` definiert (z. B. `int x`).

Innerhalb eines Programms geht es oft darum, aus den momentanen Werten der Variablen neue Werte zu berechnen und diese wiederum in Variablen zu speichern.

> Ein **einfacher Ausdruck** besteht aus einem Literal oder einer Variablen. Ein **zusammengesetzter Ausdruck** besitzt eine oder mehrere Operationen, die einzelne Teilausdrücke durch *Operatoren* kombinieren. Die Argumente einer Operation heißen *Operanden*.

Ein Ausdruck liefert immer einen *Wert*. Bei zusammengesetzten Ausdrücken wird die Auswertungsreihenfolge durch die *Priorität* und *Assoziativität* der Operatoren bestimmt.

❑ *Beispiele* für Ausdrücke sind:

3.1415	einfacher Ausdruck vom Typ *Reelle Zahl*,
x1	einfacher Ausdruck mit der Variablen *x1*,
5 * c + 3	zusammengesetzter Ausdruck.

❑ *Beispiele* für Operatoren sind:

- **arithmetische Operatoren**: $+$, $-$, $*$, $/$, % (Teilerrest), $-$ (Vorzeichenumkehr)
- **relationale Operatoren**: $>$ (größer), $>=$ (größer oder gleich), $==$ (gleich), $!=$ (ungleich)
- **logische Operatoren**: **and**, **or**, **not**

> Die **Zuweisung** weist einer Variablen den Wert eines Ausdrucks zu, z. B. in der Form `x1 = 3.1 * x2`.

❑ *Beispiel*: Der Ausdruck $a = 7*7$ hat den Wert 49 mit dem Effekt, dass a den Wert 49 erhält.

6.1.2.2 Kontrollstrukturen

Kontrollstrukturen steuern den Ablauf (Kontrollfluss) eines Programms und lassen sich in drei Gruppen klassifizieren:

- Sequenz
- Verzweigung
- Schleife (Iteration).

Unter einer **Sequenz** versteht man eine Aneinanderreihung von Anweisungen, die in der Reihe nach „von oben nach unten" ausgeführt werden:

```
<Anweisung_1>
<Anweisung_2>
...
<Anweisung_n>
```

Verzweigungen des Programmablaufs werden durch die *if-Anweisung* oder durch die *Fallauswahl* ausgedrückt.

```
if    <Bedingungsausdruck>
      <Anweisungsfolge_1>
[else // optional eine else Klausel
      <Anweisungsfolge_2>
]
end if
```

Die *if-Anweisung* realisiert die Entscheidung, mit alternativen Teilen eines Programms fortzufahren.

Ausführung der if-Anweisung: Zuerst wird der hinter `if` stehende *Bedingungsausdruck* ausgewertet. Falls dessen Wert wahr ist, wird *Anweisungsfolge_1* ausgeführt. Die *Anweisungsfolge_2* des optional vorkommenden else-Teils wird dann ausgeführt, wenn die Bedingung nicht erfüllt ist.

Müssen Codesegmente in Programmen mehrfach ausgeführt werden, werden **Schleifen** eingesetzt. Eine Schleife arbeitet einen Codeabschnitt so oft wiederholt ab, solange eine Bedingung (*Schleifenbedingung*) gilt.

Die elementarste Form der Schleifenanweisung ist die while-Schleife:

```
while <Ausdruck>
      <Anweisungsfolge>
end while
```

Zusätzlich verwendet man oft die Zählschleife (meist in Form einer for-Anweisung), mit der der Schleifenkörper sukzessiv für alle Werte eines Zahlenbereichs ausgeführt wird. Im Folgenden werden zwei Varianten der for-Anweisung verwendet.

Zunächst die Zählanweisung:

```
for <Variable> in <Ausdruck> .. <Ausdruck>
      <Anweisungsfolge>
end for
```

Und eine zweite Form für die Iteration über einer sequenziellen Datenstruktur:

```
for <Variable> in <Ausdruck für Datenstruktur>
      <Anweisungsfolge>
end for
```

6.1.2.3 Prozeduren und Funktionen

Prozeduren (procedures) und **Funktionen** (functions) bezeichnen Unterprogramme zur Darstellung von Teilalgorithmen, die eigenständige Programmblöcke mit einem eigenen Namen darstellen.

Definition einer Prozedur

```
<Typ> procedure <Name>(<Par-1>,..,<Par-n>)
    <Anweisungsfolge>
end
```

- Liefert das Unterprogramm einen Wert vom Typ <Typ>, so spricht man auch von einer Funktion.
- Der Prozedurkopf führt mit <Par-1>...<Par-n> eine Liste *formaler Parameter* auf, die bei dem Prozeduraufruf durch jeweils aktuelle *Argumente* definiert werden. Die Beschreibung eines Parameters hat wie die Variablendeklaration die Form <Typ><Name>. Die Parameterliste (*Signatur*) kann auch leer sein.

Aufruf einer Prozedur

```
<Name> (<Arg-1>,...,<Arg-n>)
```

- Die Argumente <Arg-1>,...,<Arg-n> sind Ausdrücke. Sie werden auch als *aktuelle Parameter* bezeichnet.
- Beim *Aufruf durch Wertübergabe (call by value)* werden zuerst die Ausdrücke für die Argumente ausgewertet. Dann wird der Wert des jeweiligen Ausdrucks dem zugehörigen Parameter zugewiesen. In diesem Kapitel wird davon ausgegangen, dass bei einfachen Datentypen Wertübergabe stattfindet.
- Bei der *Referenzübergabe (call by reference)* werden die Adressen der Argumente in den lokalen Datenraum der Funktion kopiert. Während bei der Wertübergabe die Werte von als Argument übergebenen Variablen durch den Funktionsaufruf nicht verändert werden können, gilt für Referenzargumente, dass sie ihre Werte ändern, wenn der korrespondierende Parameter in der Funktion verändert wird.

6.1.2.4 Komplexe Datentypen

Neben den elementaren Datentypen muss die Definition von zusammengesetzten (komplexen) Datentypen *Feld* und *Struktur* möglich sein.

Ein **Feld** (array, vector) ist eine Folge von Datenelementen des gleichen Typs. Jedem Datenelement ist eindeutig ein Index zugeordnet. Der Zugriff auf die Datenelemente erfolgt über den *Indexoperator* [ ].

In Pseudocode erfolgt die Definition einer Feldvariablen durch die Form:

```
<Typ>[] <Variable>;
```

Die konkrete Erzeugung eines Feldes erfolgt dynamisch durch den new-Ausdruck:

```
new <Typ>[<Ausdruck für Anzahl der Elemente>]
```

Die Feldelemente sind von 0 bis „Anzahl der Elemente“ −1 nummeriert.

> Eine **Struktur** (struct, record) ist ein Verbund von Datenelementen (*Komponenten*), die unterschiedliche Typen haben können. Der Zugriff auf die Werte der Komponenten erfolgt durch die Form `<Name>.<Komponente>`. In objektorientierten Sprachen übernehmen Klassen die Rolle von Strukturen.

6

In Pseudocode erfolgt die Definition einer Struktur durch die Form:

```
struct <Name>
    <Komponentendeklaration>;
    ...
end;
```

Die Deklaration von Variablen geschieht in der Form

```
struct Datum
    int tag;
    int monat;
    int jahr;
end;

Datum heute;
```

In den folgenden Beispielen speichern Variable grundsätzlich nur die Speicheradresse oder Referenz einer Datenstruktur. Damit lassen sich auch dynamische Datenstrukturen ohne besondere Notation beschreiben. Anders als ältere Programmiersprachen gehen moderne Programmiersprachen wie C# und Java auch so vor.

> Eine **Referenzvariable** enthält die Adresse eines komplexen Datenobjekts. Der Zugriff auf Komponenten einer Struktur erfolgt in der Form `<Name>.<Komponente>`. Der Speicherplatz einer Struktur wird zur Laufzeit durch den new-Ausdruck bereitgestellt. Die Konstante **null** drückt aus, dass nichts referiert wird.

Der *new-Ausdruck* hat die Form `new <Typ>`. Der Wert des new-Ausdrucks ist eine Referenz der erzeugten Struktur.

Das Beispiel zeigt die Erzeugung einer Struktur und die Belegung mit passenden Werten:

```
heute = new Datum;
heute.tag = 15;
heute.monat = 3;
heute.jahr = 2003;
```

6.1.2.5 Rekursion

Eine Prozedur oder Funktion heißt **rekursiv**, wenn sie sich direkt oder indirekt selbst aufruft.

Die Fakultätsfunktion lässt sich als *rekursive Funktion* schreiben:

```
int fak (int n)
     if n == 0
          return 1
     else
          return n * fak(n-1)
     end if
end fak
```

- Viele rekursive Algorithmen lassen sich ohne weiteres *iterativ* (mit Schleifen) realisieren.
- Einige Probleme sind von Natur aus rekursiv und dann ist die Formulierung einer iterativen Lösung umständlich. Die Rekursion müsste in diesem Fall durch die Verwendung eines Stapelspeichers (→ 6.2.1.4) simuliert werden.

6.1.3 Eigenschaften von Algorithmen

6.1.3.1 Korrektheit

Ein Algorithmus löst ein vorgegebenes Problem. Die wichtigste Eigenschaft des Algorithmus ist seine Korrektheit.

Die **Spezifikation** eines Algorithmus legt fest, dass der Algorithmus, ausgehend von den durch eine **Vorbedingung** beschriebenen Ausgangsdaten, Ergebnisdaten produziert, die einer festgelegten **Nachbedingung** genügen. Ein Algorithmus ist **korrekt**, wenn er die Spezifikation erfüllt und nach endlich vielen Schritten terminiert.

Formale Verifikationsverfahren, mit denen die Korrektheit eines Algorithmus bewiesen werden kann, werden wegen ihrer Komplexität nicht allgemein eingesetzt. Moderne Programmiermethodik fordert allerdings die Überprüfung von Vor- und Nachbedingungen (in Java: Ausnahmebehandlung und assert-Anweisung). Umfassende Softwaretests dienen dazu, mögliche Fehler zu entdecken ($\rightarrow$ 8.6).

6.1.3.2 Komplexität

Meist gibt es mehrere unterschiedliche Algorithmen zur Lösung eines Problems. In diesem Fall sind das *Laufzeitverhalten* und der *Speicherplatzbedarf* die wichtigsten Auswahlkriterien. Ein detaillierter Vergleich annähernd gleich guter Verfahren ist manchmal nur unter Berücksichtigung der konkreten Laufzeitumgebung möglich. In vielen Fällen sind die Betriebsmittelanforderungen von Algorithmen jedoch so unterschiedlich, dass man generelle Aussagen machen kann. Die folgenden Aussagen gelten grundsätzlich sowohl für das Laufzeitverhalten wie auch für den Speicherplatzbedarf.

Das Laufzeitverhalten von Algorithmen wird in der Komplexitätstheorie ($\rightarrow$ 19.3) untersucht. Die Laufzeit hängt in der Regel von den Eingabegrößen ab. Der entscheidende Parameter wird als *Problemgröße* bezeichnet. Die Laufzeit kann durch eine Funktion der Problemgröße beschrieben werden. Dabei ist zunächst zu beachten, dass konstante Faktoren in einer generellen Abschätzung keine Rolle spielen, da gerade solche Faktoren von der Laufzeitumgebung abhängen. Weitere Vereinfachungen kann man erzielen, wenn man die Zeitfunktion in der O-Notation ($\rightarrow$ 19.3.1.1) darstellt. Dabei wird nur der bei großen Problemen führende Term der Funktion angegeben.

Bei polynominaler Komplexität lässt sich der Exponent der Laufzeitfunktionen im Allgemeinen an der Schachtelungstiefe von Wiederholungsanweisungen erkennen.

6.2 Grundlegende Datenstrukturen

Mit den Sprachelementen der Struktur und der Referenz können beliebig vernetzte Datenstrukturen entwickelt werden. Mit solchen komplexen Datenstrukturen werden verschiedene Ziele erreicht:

- effiziente Speicherunge von Daten
- effiziente Suche in großen Datenbeständen
- Nachbildung abstrakter oder realer Sachverhalte und Beziehungen

6.2.1 Sequenzielle Datenstrukturen

Datenstrukturen enthalten eine Anzahl untergeordneter Datenelemente in einer genau definierten Anordnung. Eine sequenzielle Datenstruktur ordnet die Datenelemente in einer Reihenfolge an.

Die definierte Reihenfolge der Datenelemente ermöglicht es, auf die Daten über eine Nummerierung (Index) zuzugreifen. Heute ist meist (z. B. in Java, C# oder C++) eine Nummerierung üblich, die bei dem ersten Element mit 0 beginnt und die sich bis zu der Anzahl der Datenelemente -1 fortsetzt.

Es gibt unterschiedliche Realisierungsmöglichkeiten für sequenzielle Datenstrukturen: sequenzielle Datei ($\rightarrow$ 9.7.2), Feld und verkettete Liste.

6.2.1.1 Abstrakte Operationen

Die Vielzahl möglicher Operationen auf sequenziellen Datenstrukturen lässt sich auf einige Grundoperationen zurückführen:

❑ *Beispiel*: Operationen, die mit der konkreten Nummerierung der Elemente zu tun haben:
- Bestimmung der Anzahl der Elemente
- Ermittlung des Wertes des *i*-ten Elements
- Änderung des Wertes des *i*-ten Elements
- Suche nach der Position eines Elements.

❑ *Beispiel*: Operationen bei iterativem Durchlaufen aller Elemente:
- Zugriff auf das jeweils nächste Element
- Entfernen des aktuellen Elements
- Einfügen eines neuen Elements an der aktuellen Position.

In der Java-Klassenbibliothek werden die abstrakten Operationen einer sequenziellen Struktur durch das Interface `java.util.List` definiert.

6.2.1.2 Realisierung sequenzieller Datenstrukturen durch Felder

Felder beschreiben sequenzielle Datenstrukturen durch die Reihenfolge der Elemente im Datenspeicher. Dies bietet wichtige *Vorteile*:
- Die Datenstruktur ist sehr speichereffizient, da keine zusätzliche Verwaltungsinformation nötig ist.
- Der indizierte Zugriff auf ein Datenelement ist sehr effizient und erfolgt unabhängig von der Feldgröße in $O(1)$.
- Der iterative Zugriff auf ein Datenelement ist ebenfalls sehr effizient in $O(1)$.

Diese Vorteile kommen insbesondere dann zur Geltung, wenn die Anzahl der Datenelemente von vornherein feststeht.

Einige der Operationen auf Feldern sind jedoch nicht so effizient. Ihre Laufzeit hängt von der Anzahl n der Datenelemente ab und erfordert einen Aufwand in der Größenordnung $O(n)$:

- Einfügen und Löschen erfordert im Mittel $n/2$ Datenbewegungen.
- Suche nach einem Datenelement erfordert im Mittel $n/2$ Vergleiche.

Zusätzlich wird bei einer veränderlichen Anzahl der Datenelemente in der Regel Speicherplatz vergeudet, da nicht alle Feldelemente aktuell genutzt werden.

Das Suchen in Feldern (Algorithmus: binäre Suche) kann durch vorhergehende Sortierung der Feldinhalte erheblich beschleunigt werden. Dies setzt die Nutzung effizienter Sortieralgorithmen voraus (→ 6.4.2).

Anwendung: Felder werden da verwendet, wo es auf den effizienten indizierten Zugriff auf einzelne Feldelemente ankommt. In fast allen Programmiersprachen stehen Felder als grundlegende Datenstruktur zur Verfügung. In vielen Klassenbibliotheken werden zusätzlich höhere auf Feldern basierende Klassen angeboten, in Java durch die Klasse `java.util.ArrayList`.

6.2.1.3 Verkettete Liste

Unter einer **verketteten Liste** versteht man eine lineare und erweiterbare Anordnung von Datenelementen. Die einzelnen Elemente (**Knoten**) einer Liste sind explizit durch Kanten verbunden, die durch Zeiger oder Referenzen ausgedrückt werden.

Das zentrale Element einer verketteten Liste ist der **Listenknoten**. Der Listenknoten enthält zunächst das Datenelement (oder eine Referenz auf das Datenelement). Zusätzlich speichert der Knoten Information zur Beschreibung der Reihenfolge. Minimal geschieht das (*einfach verkettete Liste*) durch eine Referenz auf den nachfolgenden Knoten. Die bequemere Darstellung der *doppelt verketteten Liste* (→ Bild 6.2) enthält in jedem Knoten die Referenz auf den vorangehenden und die Referenz auf den nachfolgenden Knoten. Der Zugriff auf die Listenknoten erfolgt über eine Datenstruktur, die mindestens die Referenz auf den ersten Listenknoten (Kopf der Liste), in der Regel aber auch eine Referenz auf den letzten Listenknoten und die Information über die Anzahl der Listenelemente enthält.

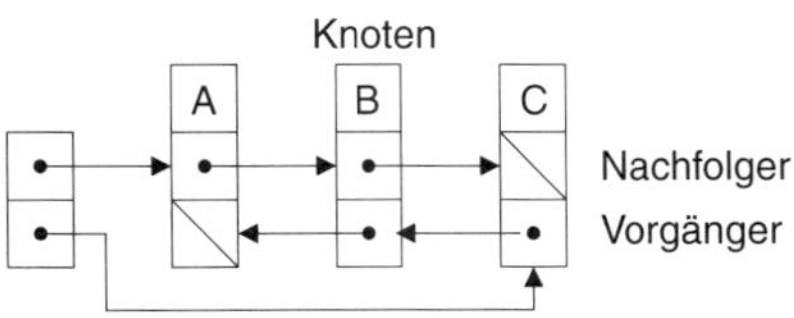

Bild 6.2 Verkettete Liste

❑ *Beispiel* für die Definition eines Listenknotens für eine doppelt verkettete Liste:

```
struct Knoten
     Typ inhalt;
     Knoten vorgaenger;
     Knoten nachfolger;
end;
```

Verkettete Listen erlauben das effiziente Durchlaufen der Datenstruktur. Sie sind den Feldern überlegen bei der Veränderung der Anzahl der Datenelemente (Einfügen und Löschen). Sie sind Feldern deutlich unterlegen bei dem indizierten Zugriff auf ein bestimmtes Element:

- Der indizierte Zugriff erfordert einen Aufwand $O(n)$.
- Der iterative Zugriff erfolgt in $O(1)$.
- Einfügen und Löschen (bei bekannter Position) erfolgt bei einer doppelt verketteten Liste in $O(1)$.
- Die Suche nach einem Datenelement erfordert im Mittel $n/2$ Vergleiche.

Anwendung: Verkette Listen werden da verwendet, wo die Anzahl der Datenelemente nicht vorhersehbar ist oder sich häufig ändert. In der Java-Klassenbibliothek bietet die Klasse `LinkedList` eine Implementierung der abstrakten Operationen durch eine doppelt verkettete Liste an.

6.2.1.4 Stapelspeicher

> Unter einem **Stapelspeicher** (*stack*) versteht man eine eingeschränkte abstrakte sequenzielle Datenstruktur. Ein Stapelspeicher erlaubt nur den Zugriff auf ein Ende der Folge der Datenelemente. Neue Elemente werden dort hinzugefügt und auch wieder von dort entfernt. Die Reihenfolge der entnommenen Datenelemente ist umgekehrt zur Reihenfolge des Einfügens der Daten (**LIFO-Prinzip**: Last In First Out).

Die wichtigsten Operationen eines Stapels sind:

- Abfrage der Größe (*isEmpty*)
- Hinzufügen eines Elements (*push*)
- Entnehmen (und Entfernen) eines Elements (*pop*).

Implementierung: Stapelspeicher können durch Felder oder durch verkettete Listen implementiert werden. Alle Operationen erfolgen in $O(1)$.

Anwendung: Stapelspeicher sind wichtig für viele Algorithmen (z. B. Syntaxanalyse, Algorithmen auf Bäumen oder auf Graphen). Die Laufzeitumgebung von Programmiersprachen verwendet (durch Hardware unterstützte) Stapelspeicher zum Speichern der Kontextinformation von Prozeduraufrufen. Die explizite Verwendung von Stapelspeichern wird häufig durch die Verwendung rekursiver Prozeduraufrufe umgangen.

6.2.1.5 Warteschlange

Unter einer **Warteschlange** (*queue*) versteht man eine eingeschränkte abstrakte sequenzielle Datenstruktur. Eine Warteschlange fügt neue Datenelemente an dem einen Ende der Liste der Daten hinzu und entfernt sie an dem anderen Ende. Beim Entnehmen erscheinen die Daten in derselben Reihenfolge wie beim Einfügen (**FIFO-Prinzip**: First In First Out).

Die wichtigsten Operationen einer Warteschlange sind:
- Abfrage der Größe (*isEmpty*)
- Hinzufügen eines Elements (*enqueue*)
- Entnehmen (und Entfernen) eines Elements (*dequeue*).

6

Implementierung: Warteschlangen können durch Felder oder durch verkettete Listen implementiert werden. Alle Operationen erfolgen in $O(1)$.

Anwendung: Warteschlangen sind wichtig für viele Algorithmen (z. B. Pufferspeicher, Algorithmen auf Bäumen oder auf Graphen).

6.2.2 Nichtsequenzielle Datenstrukturen

Für viele effiziente Algorithmen und für die Modellierung komplexer Datenbeziehungen reichen sequenzielle Anordnungen nicht aus. Hierzu ist generell die Anordnung der Daten in beliebigen Strukturen (Graphen und Netze) nötig. Ein einfacherer, aber sehr wichtiger Sonderfall von nichtsequenziellen Anordnungen sind Bäume.

6.2.2.1 Allgemeine Graphen

Ein **gerichteter Graph** ist eine Menge von **Knoten** und eine Menge von **Kanten**. Jeder Kante ist ein Anfangsknoten und ein Endknoten zugeordnet. Wird zwischen Anfang und Ende der Kante nicht unterschieden, spricht man von einem **ungerichteten Graphen**. Ein **Weg** in einem Graphen ist eine Folge benachbarter Kanten, die zwei Knoten verbindet. Ein **Kreis** ist ein Weg, der zu dem Ausgangsknoten zurückführt.

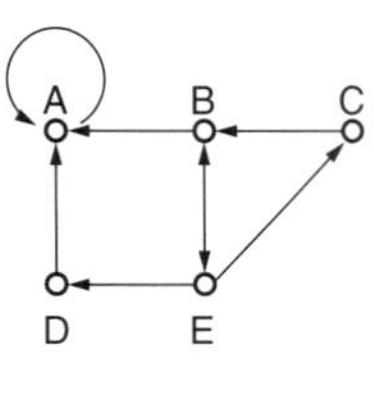

Bild 6.3 Gerichteter Graph mit Knoten (Punkte) und gerichteten Kanten (Pfeile)

Graphen sind die Grundlage für allgemeine Datenstrukturen. Graphen können im Computer entweder über *Adjazenzmatrizen* oder über *Adjazenzlisten* dargestellt werden.

Zeile und Spalte der Adjazenzmatrix stehen für Anfangs- bzw. Zielknoten einer Kante. Falls zwischen zwei Knoten eine Kante existiert, enthält die zugehörige Matrixposition eine 1, sonst eine 0. Die Adjazenzmatrix des Graphen aus Bild 6.3 lautet:

	A	**B**	**C**	**D**	**E**
A	1	0	0	0	0
B	1	0	0	0	1
C	0	1	0	0	0
D	1	0	0	0	0
E	0	1	1	1	0

Adjazenzlisten geben für jeden Knoten die Liste der Nachfolgeknoten an. Im Beispiel aus Bild 6.3 sind dies:

```
A: {A}     B: {A, E}      C: {B}
D: {A}     E: {B, C, D}
```

6.2.2.2 Graphalgorithmen

Typisch für alle Graphalgorithmen ist die Aufgabe, eine sinnvolle Reihenfolge zu finden, in der die einzelnen Graphknoten und Kanten besucht werden. Es gibt verschiedene Verfahren, die oft auch problemspezifische *Heuristiken* einbeziehen.

Suche in einem Graphen. Hier wird als Beispiel von einer Darstellung des Graphen durch Adjazenzlisten (→ 6.2.2.1) ausgegangen. Der Einfachheit halber haben die Knoten bloß einen String als Namen; in praktischen Anwendungen können sie beliebige andere Informationen enthalten.

```
struct Knoten
    String name;
    Liste nachbarn; // Liste von Knotenreferenzen;
end;
```

Da es bei Graphen keine einfache Reihenfolgebeziehung der Knoten gibt, bietet es sich an, eine Datenstruktur zu führen (Name: *zuBesuchen*), die speichert, in welcher Reihenfolge weitere Knoten besucht werden sollen. Bei der Suche muss man auch vermeiden, dass der Algorithmus sich in endlosen Kreisen verliert. Die dazu benötigte Datenstruktur hat die Eigenschaft einer *Menge*, in der gespeichert ist, welcher Knoten bereits besucht wurde (Name: *besucht*).

Der folgende Algorithmus gibt die Grundstruktur vieler Graphsuchverfahren wieder. Dabei sind anwendungsspezifische Details (z. B. das Speichern des zurückgelegten Wegs) weggelassen.

```
Knoten procedure suche(Knoten start, String ziel)
     Menge besucht = leere Menge
     DS zuBesuchen = leere Datenstruktur
     fuegeHinzu(zuBesuchen, start)
     while not istLeer(zuBesuchen)
          Knoten k = entnehmeKnoten(zuBesuchen);
          if k.name == ziel
               return k; // gefunden !
          else
               fuegeHinzu(besucht, k);
               for n in knoten.nachbarn
                    if not n in besucht
                         fuegeHinzu(zuBesuchen, n);
                    end if;
               end for;
          end if;
     end while;
     return null; // nicht gefunden !
end
```


Die Variable zuBesuchen ist hier zunächst bloß als „Datenstruktur" DS deklariert. Bei unterschiedlichen Realisierungen dieser Datenstruktur ergeben sich unterschiedliche Suchstrategien:

- Wenn als Datenstruktur ein *Stapelspeicher* genutzt wird, aus dem man die Daten umgekehrt zur Reihenfolge des Einfügens entnimmt, ergibt sich der Algorithmus der **Tiefensuche**. Diejenige Variante, die den Stapelspeicher durch eine rekursive Formulierung des Algorithmus überflüssig macht, heißt **Backtracking**.
- Wenn als Datenstruktur eine *Warteschlange* gewählt wird, bei der die Knoten in derselben Reihenfolge entnommen werden, in der sie eingefügt werden, erhält man die **Breitensuche**.
- Ein weitere Variante verwendet eine prioritätsgeordnete Warteschlange (*priority queue*). Hiermit lassen sich besondere problemorientierte Suchverfahren (z. B. Suche nach kürzesten Straßenverbindungen) effizient realisieren.

Anwendung: Graphsuchverfahren sind die Grundlage von vielen Problemlösungsalgorithmen, insbesondere im Bereich der Wissensverarbeitung ($\rightarrow$ 20.2).

6.2.2.3 Bäume

Ein **Baum** ist ein gerichteter Graph (→6.2.2.1), bei dem jeder Knoten, ausgehend von einem besonderen Knoten, dem **Wurzelknoten**, über genau einen Weg erreichbar ist. Die von einem Knoten unmittelbar über eine Kante erreichbaren Knoten heißen **Kindknoten**, der Knoten selbst **Elternknoten**. **Binärbäume** sind Bäume, bei denen jeder Knoten höchstens zwei Kindknoten hat.

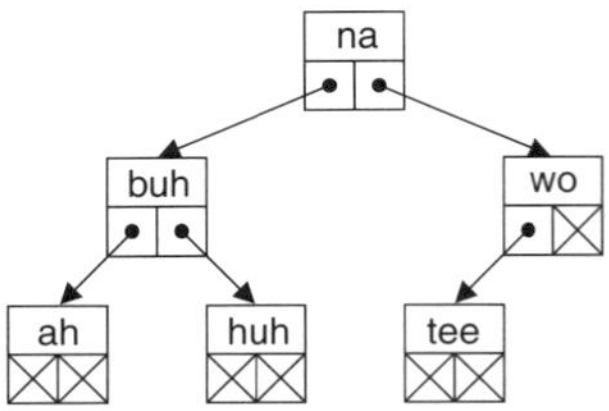

Bild 6.4 Binärbäume können durch verkettete Datenstrukturen dargestellt werden. Jeder Knoten enthält dabei die Referenzen oder Adressen der beiden Kindknoten.

Da Bäume keine Kreise enthalten, sind Baumalgorithmen erheblich einfacher als Algorithmen auf allgemeinen Graphen. Die rekursive Definition von Bäumen (ein Baum besteht aus Teilbäumen) legt in vielen Fällen rekursive Algorithmen nahe.

Da die Knoten von Binärbäumen jeweils höchstens auf zwei Kindknoten verweisen, ergibt sich eine sehr einfache Deklaration:

```
struct Knoten
     String name; // Beispiel für Dateninhalt
     Typ irgendwas; // Beispiel für Dateninhalt
     Knoten links; // linker Kindknoten
     Knoten rechts; // rechter Kindknoten
end;
```

Ein typischer Algorithmus ist das rekursive Besuchen aller Knoten eines Baums (z. B. zur Ausgabe der Namen der Baumknoten):

```
procedure besuche(Knoten k)
     if k != null
          besuche(k.links);
          ausgabe(k.name);
          besuche(k.rechts);
     end if;
end
```

Der hier dargestellte Algorithmus heißt *Inorder*-Traversierung (Er unterscheidet sich von den Varianten *Präorder* und *Postorder* insofern, als dass dort der Aufruf von *ausgabe* vor oder nach den beiden rekursiven Aufrufen steht).

Es ist auch möglich, die Baumknoten in der Reihenfolge der Baumebenen aufzusuchen. Der Algorithmus dafür ähnelt der Breitensuche in Graphen (→ 6.2.2.2).

Anwendung: die Nachbildung von hierarchischen Strukturen (z. B. Organigramm). Binärbäume unterstützen effiziente Such- und Sortierverfahren.

6.3 Suchalgorithmen und assoziativer Speicher

Unter einem **inhaltsadressierten** oder **assoziativen Speicher** versteht man eine Datenstruktur, in der die Daten über einen die Daten kennzeichnenden **Suchschlüssel** abgelegt und aufgefunden werden.

Anwendung: Symboltabellen, in denen Informationen zu meist als String dargestellten Namen abgelegt sind. Die hier beschriebenen Algorithmen der Streutabelle und des Suchbaums werden auch angewendet bei der effizienten Implementierung von Mengenoperationen (Die Schnittstelle der Java-Klassenbibliothek `java.util.Set` wird durch die beiden Klassen `java.util.HashMap` und `java.util.TreeMap` implementiert).

6.3.1 Abstrakte Operationen

Die wichtigsten Operationen inhaltsadressierter Speicher sind:

- Einfügen eines neuen Elements
- Suchen eines Datenelements zu einem Suchschlüssel
- Entfernen eines Datenelements
- Iteratives Durchlaufen aller Elemente.

Die Herausforderung bei der Realisierung dieser Operationen besteht darin, eine möglichst hohe Effizienz auch bei einer großen Anzahl n von Datenelementen zu erreichen.

Die Java Klassenbibliothek definiert die abstrakten Operationen in dem Interface `java.util.Map`.

6.3.2 Direkte Implementierung durch sequenzielle Datenstrukturen

Sequenzielle Datenstrukturen wie Listen und Felder erlauben eine einfache Realisierung eines assoziativen Speichers, die auf dem sequenziellen Durchlaufen der Datenstruktur und dem Vergleich mit dem jeweiligen Schlüsselbegriff basiert. Der dabei verwendete Grundalgorithmus ist die *lineare Suche*:

```
int procedure indexOf(Typ[] data, int anzahlDaten,
                String key)
        for i in 0 .. anzahlDaten-1
            if data[i].key == key
                return i;
            end if;
        end for;
    return -1 // nicht gefunden
end
```

Der Zeitaufwand der linearen Suche ist $O(n)$, weshalb der Algorithmus für große Datenmengen schlecht geeignet ist. Allerdings ist die lineare Suche manchmal nötig, wenn nicht nach dem eigentlichen Schlüsselbegriff, sondern nach Merkmalen des Inhalts gesucht werden muss (z. B. Suche nach einer bestimmten Telefonnummer oder einer bestimmten Adresse in einem Telefonbuch).

Häufig verwendet man zur Suche in Feldern auch die **binäre Suche**. Diese setzt voraus, dass das Feld sortiert ist. Binäre Suche hat nur noch einen Suchaufwand von $O(\log n)$. Allerdings ist das Einfügen und Löschen von Datenelementen auch hier sehr aufwändig ($O(n)$). Binäre Suche wird daher praktisch nur bei unveränderlichen Datenbeständen benutzt.

6.3.3 Streutabellen (Hashing)

Am besten kommt der Grundgedanke des assoziativen Speichers bei dem Prinzip der Streutabelle zum Ausdruck.

> Nach dem Prinzip der **Streutabelle** (*hashing*) wird jedem Suchschlüssel eine **Hashzahl** zugeordnet, die so bestimmt ist, dass sie ein gültiger Feldindex für ein Datenfeld ist. Im Idealfall (perfektes Hashing) kann unter diesem Index das Datenelement abgelegt und wieder gefunden werden. In der Regel lässt sich aber nicht vermeiden, dass unterschiedliche Schlüssel auf dieselbe Hashzahl abgebildet werden. Diese **Kollisionen** werden in einem zweiten Schritt geeignet behandelt.

Im Fall des perfekten Hashing ist klar, dass der Aufwand für alle Zugriffe unabhängig von der Anzahl n der Datenelemente ist. Im Fall von Kollisionen ergibt sich jedoch im ungünstigsten Fall ein Laufzeitverhalten von $O(n)$, wenn nämlich alle Hashzahlen gleich sind und die Kollisionsbehandlung mit linearer Suche erfolgt.

Die wichtigste praktische Realisierung der Hashtabelle (*direkte Verkettung*, *bucket sort*) beruht darauf, dass zunächst ein Feld existiert, dessen Feldindizes den möglichen Werten der Hashzahl entsprechen. Zu jedem Feldelement gehört eine verkettete Liste von Datenelementen mit einer Hashzahl, die gleich dem Index des Feldelements ist. Die Suche besteht darin, zunächst mittels der Hashzahl in $O(1)$ die richtige Liste zu finden und anschließend innerhalb der Liste nach dem passenden Datenelement zu suchen. Die Effizienz der Implementierung beruht darauf, dass die durchschnittliche Länge der Kollisionslisten beschränkt werden kann. Aufgrund der in der Regel zufälligen Verteilung der Hashzahlen lässt sich zwar keine obere Grenze angeben, man kann aber erreichen, dass der durchschnittliche Suchaufwand unabhängig von der Anzahl der Daten ist. Voraussetzung dafür ist, dass das Datenfeld vergrößert und die Tabelle neu organisiert wird, wenn eine gegebene Grenze des Verhältnisses der Anzahl der Daten zur Größe des Datenfeldes überschritten wird (*dynamisches Hashing*). Auch die Operationen des Einfügens und Löschens erfolgen dann im Mittel in konstanter Zeit (wegen der Reorganisation können einzelne Einfügeoperationen aber erheblich langsamer sein).

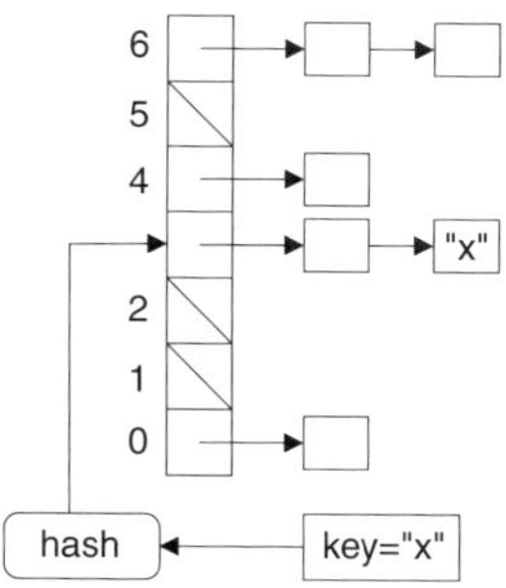

Bild 6.5 Struktur einer Streutabelle nach dem Prinzip der direkten Verkettung

Anwendung: Streutabellen haben im Mittel das beste Suchverhalten von allen Methoden des inhaltsorientierten Speicherns. Allerdings kann für den Einzelfall keine günstige Maximalzeit garantiert werden. Bei der iterativen Bearbeitung aller Daten werden diese in zufälliger Reihenfolge vorgefunden. Die Java-Klassenbibliothek enthält die beiden Klassen `java.util.Hashtable` und `java.util.HashMap` mit geringfügig unterschiedlicher Implementierung.

6.3.4 Binäre Suchbäume

Ein **binärer Suchbaum** ist ein Binärbaum, der die Datenelemente in sortierter Reihenfolge enthält. Die Sortierung ist dadurch definiert, dass ausgehend von einem beliebigen Baumknoten alle Datenschlüssel im linken Teilbaum kleiner als der Schlüssel des Knotens sind und alle Schlüssel des rechten Teilbaums größer sind.

Zur effizienten Realisierung der Suche muss an den Suchbaum die zusätzlich Anforderung gestellt werden, dass der Baum ausgeglichen ist. Ausgeglichenheit verlangt, dass sich für jeden beliebigen Knoten die Tiefe des linken und rechten Teilbaums höchstens um 1 unterscheidet.

In einem ausgeglichenen Baum ist garantiert, dass der Aufwand aller Operationen (Suchen, Einfügen und Löschen) bei n Datensätzen gleich $O(\log n)$ ist. Dies ergibt sich im Prinzip daraus, dass die Tiefe eines ausgeglichenen Baums gleich $\log_2 n$ ist.

Anwendung: Ausgeglichene binäre Suchbäume ermöglichen eine garantiert effiziente Suche in $O(\log n)$. Zusätzlich kann der Baum so durchlaufen werden, dass die Datenelemente in sortierter Reihenfolge bearbeitet werden (Inorder-Traversierung, → 6.2.2.3). Die Java-Klassenbibliothek bietet die Klasse `java.util.TreeMap` an.

Implementierung: Die Deklaration des Knotens unterscheidet sich nicht von der eines Binärbaums (→ 6.2.2.3) (ausgegelichene Bäume benötigen zusätzliche Information). Der Algorithmus verwendet eine Knotenreferenz k, die sich ausgehend von der Wurzel ihren Weg durch den Binärbaum sucht. Sie kommt irgendwann entweder an dem gesuchten Knoten oder am Ende des Baums (null-Referenz) an:

```
Knoten procedure suche(Knoten wurzel, String name)
     Knoten k = wurzel;
     while k != null
          if k.name == name
               return k; // gefunden !
          end if;
          if name < k.name
               k = k.links;
          else
               k = k.rechts;
          end if;
     end while;
     return null; // nicht gefunden !
end
```

6.4 Sortieren auf Feldern

Das Sortieren von Daten ist vor allem deshalb wichtig, weil eine sortierte Ausgabe von Daten dem Menschen einen schnellen Überblick und eine effiziente Suche ermöglicht. Daneben kann es als Voraussetzung der Anwendung der binären Suche wichtig sein.

Die größte Vielfalt von Sortierverfahren bieten Felder. Die meisten Verfahren beruhen darauf, dass der indizierte Zugriff auf ein beliebiges Feldelement in $O(1)$ möglich ist. Da Felder sehr häufig verwendet werden, haben Sortieralgorithmen auf Feldern eine besonders große Bedeutung.

6.4.1 Naive Sortierverfahren

Grundsätzlich ist das Sortieren eines Feldes nicht schwierig, wie der folgende Algorithmus „Sortieren durch direkte Auswahl" (selection sort) zeigt:


```
procedure sortiere(Typ[] feld, int anzahl)
    for i in 0 .. anzahl-1
        // suche die Position des kleinsten Feldelements
        int minPos = i;
        for j in i+1 .. anzahl -1
            if feld[j] < feld[minPos]
                minPos = j;
            end if;
        end for;
        // tausche feld[i] mit feld[minPos]
        Typ hilf = feld[i];
        Feld[i] = feld[minPos];
        Feld[minPos] = hilf;
    end for;
end
```

Der Name des Algorithmus ergibt sich daraus, dass jeweils das passende Element ausgewählt wird. Die Vertauschung gewährleistet, dass kein Feldelement verloren geht.

Für große Felder ist der Algorithmus jedoch nicht geeignet. Wie man leicht erkennt, ist zwar die Anzahl der Vertauschungen kleiner als die Anzahl der Feldelemente, die Anzahl der Vergleiche ist aber in etwa gleich $n^2/2$ und damit ist das asymptotische Laufzeitverhalten $O(n^2)$.

6.4.2 Effiziente Sortierverfahren

Es gibt für Felder Sortieralgorithmen, die erheblich effizienter als die einfachen Verfahren und nur $O(n \log n)$ sind. Besonders einfach ist der Algorithmus des *rekursiven Mischens* (*recursive merge sort*).

Beim rekursiven Mischen wird das zu sortierende Feld wiederholt in zwei etwa gleich große Teifelder zerlegt, bis man bei einer Teilfeldlänge von 1 ankommt. Nach der Rückgabe des Teilalgorithmus werden die beiden sortierten Teilfelder jeweils zusammengemischt. Da ein Feld der Länge n höchstens $\log n$ mal halbiert werden kann, erhält man $\log n$ Rekursionsebenen mit jeweils

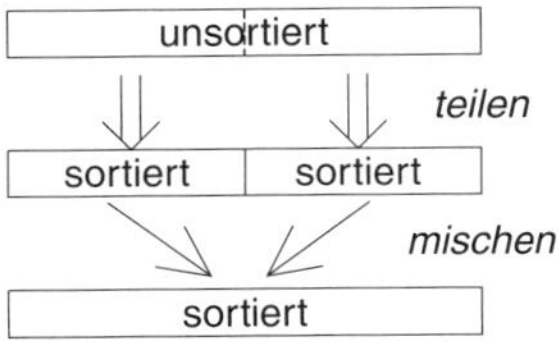

Bild 6.6 Die Grundoperation des rekursiven Mischens besteht in dem Mischen zweier sortierter Teilfelder zu einem sortierten Gesamtfeld

n Datenbewegungen und damit insgesamt einen Aufwand von $O(n \log n)$. Die effiziente Realisierung des Mischens erfordert die Verwendung eines Hilfsfeldes. Der folgende Teilalgorithmus geht davon aus, dass das Hilfsfeld anfangs eine Kopie des Datenfeldes ist. Nach dem Aufruf ist der jeweilige Feldabschnitt in dem zweiten Parameter (dest) sortiert.

```
Typ[] hilf = Kopie von daten;
mische(hilf, daten, 0, anzahl-1);

procedure mische(Typ[] src, Typ[] dest, int anfang, int ende)
     if ende - anfang > 1
          // rekursiv 2 Hälften nach src sortieren:
          int mitte = (anfang + ende) / 2;
          mische(dest, src, anfang, mitte);
          mische(dest, src, mitte+1, ende);
          // die Hälften von src nach dest mischen:
          int links = anfang;
          int rechts = mitte+1;
          for i in anfang .. ende
               if links <= mitte and
                    (rechts>ende or src[links]<=src[rechts])
                    dest[i] = src[links];
                    links = links + 1;
               else
                    dest[i] = src[rechts];
                    rechts = rechts + 1;
               end if
          end for
     end if
end
```

Varianten des Mischens lassen sich auch zum Sortieren von verketteten Listen und zum Sortieren von Dateien verwenden. Andere effiziente Sortieralgorithmen auf Feldern sind **Quicksort** und **Heapsort**.

► *Anmerkung*: Es gibt sogar ein Sortierverfahren (*proximity map sort*), das im durchschnittlichen Fall $O(n)$ erreicht. Allerdings lässt sich dieser Algorithmus nur in ganz speziellen Fällen (wenn sich den Datenelementen einigermaßen gleichverteilt ganze Zahlen zuordnen lassen) effizient anwenden, sodass er als allgemeiner Sortieralgorithmus ungeeignet ist.

6.5 Evolutionäre und genetische Algorithmen

Evolutionäre Algorithmen versuchen (Optimierungs-)Probleme dadurch zu lösen, dass sie den Prozess der DARWIN'schen Evolution durch Auswahl der erfolgreichsten Individuen (*survival of the fittest*) simulieren. In **genetischen Algorithmen** werden zusätzlich aus der Genetik bekannte Mechanismen imitiert.

Geschichte. In den 60er- und frühen 70er-Jahren wurden an der Universität von Michigan unter der Leitung von JOHN HOLLAND /6.4/ die ersten systematischen Forschungen an genetischen Algorithmen angestellt. Verallgemeinerungen in Richtung von Evolutionsverfahren wurden unter anderem in Deutschland von RECHENBERG /6.9/ und SCHWEFEL in den 70er- und 80er-Jahren entwickelt.

Anwendung: Evolutionäre Algorithmen werden vorwiegend da eingesetzt, wo keine effizienten herkömmlichen Lösungsverfahren existieren. Dies ist insbesondere die Optimierung komplexer Systeme. Andere Anwendungen sind lernende Systeme und Mustererkennung.

Genetische und evolutionäre Verfahren verfolgen das Ziel, für eine Vielzahl von Parametern diejenigen Werte zu finden, die eine vorgegebene Kostenfunktion optimieren (minimieren oder maximieren). Dazu wird eine Menge von Parametersätzen (Population) mit meist zufälligen Anfangswerten erzeugt. Jeder Parametersatz (Individuum) wird mit der Kostenfunktion bewertet und nach festgelegten Kriterien wird eine Teilmenge der Population ausgewählt. Diese Teilmenge wird wieder zu einer Gesamtpopulation vervollständigt, wobei unterschiedliche Vererbungs- und Mutationsmechanismen verwendet werden. Dieses Verfahren wird solange iteriert, bis ein vorgegebenes Abbruchkriterium erreicht ist. Diese Grundidee wird durch den folgenden Pseudocode angedeutet:

```
Menge P = Menge von Individuen
Bewerte die Individuen aus P
while not fertig
     Wähle in P eine Teilmenge von Eltern aus
     Erzeuge veränderte Nachkommen in P
     Bewerte die Individuen aus P
end while
Ergebnis = bestes Individuum aus P
```

Genetische Algorithmen im engeren Sinne zeichnen sich dadurch aus, dass sie den Parametervektor analog zu einem Satz von Genen sehen und dass sie der Natur entlehnte Vererbungsmechanismen verwenden (Mutation, crossing over).

Trotz unvollständiger theoretischer Untermauerung zeigen evolutionäre und genetische Verfahren oft eine überraschende Leistungsfähigkeit. Häufig wird diese durch die Kombination mit herkömmlichen Algorithmen weiter gesteigert. Evolutionäre Verfahren eigenen sich gut für die Implementierung auf Parallelrechnern ($\rightarrow$ 3.5).

7 Programmiersprachen

Frank Victor

Programmiersprachen ermöglichen die formale Formulierung von Algorithmen (→ 6), die auf Computersystemen ausführbar sind. Sie bilden damit die Basis zur Entwicklung von *Software* (→ 8).

7.1 Grundlagen

Höhere Programmiersprachen gibt es seit mehr als 50 Jahren. Sie schlagen eine Brücke zwischen der inhärent unscharfen Formulierung eines Algorithmus in natürlicher Sprache und einem für den Computer ausführbaren Code. Es gibt heute mehr als 1000 Sprachen.

7.1.1 Syntax und Semantik

Während die *Syntax* von Programmiersprachen formal spezifiziert werden kann, wird die *Semantik* meistens als Text formuliert.

Die **Syntax** einer Programmiersprache beschreibt die Menge der erlaubten Zeichenketten für Programme. Die Syntax fast aller Sprachen wird heute unter Verwendung kontextfreier Grammatiken (→ 19.1.3) angegeben. Als formales Beschreibungsmittel werden die BACKUS-NAUR-*Form* (BNF) bzw. *erweiterte* BACKUS-NAUR-*Form* (EBNF) und *Syntaxdiagramme* benutzt.

Eine EBNF enthält die folgenden Metazeichen:

Metazeichen der EBNF	Bedeutung
<Sprachkonstrukt>	Sprachkonstrukt der Programmiersprache
<l> ::= <r>	Ableitungsregel: Der linke Teil <l> wird durch den rechten Teil <r> definiert.
|	alternative Definition (oder)
{ }	Das in Mengenklammern eingeschlossene Konstrukt kann 0-mal oder mehrfach vorkommen.
[ ]	Das in Intervallklammern eingeschlossene Konstrukt kann 0-mal oder höchstens 1-mal vorkommen.

Die **Semantik** einer Programmiersprache definiert die Bedeutung der einzelnen Sprachkonstrukte. Obwohl es auch hier formale Ansätze gibt (z. B. *denotationelle* und *operationelle Semantik*), wird die Semantik der Konstrukte für die meisten Programmiersprachen heute textuell beschrieben.

Im Folgenden werden einige Konstrukte einer fiktiven Sprache in EBNF dargestellt:

```
<Anweisung> ::= <for-Anweisung> | <Zuweisung> | ...
<for-Anweisung> ::=
                  for <for-Schleifenkopf> do <Anweisung> end
<for-Schleifenkopf> ::= <Variable> := <Wert> to <Wert>
```

Die Darstellung als Syntaxdiagramme (→ Bild 7.1) ist äquivalent zur EBN-F-Notation:

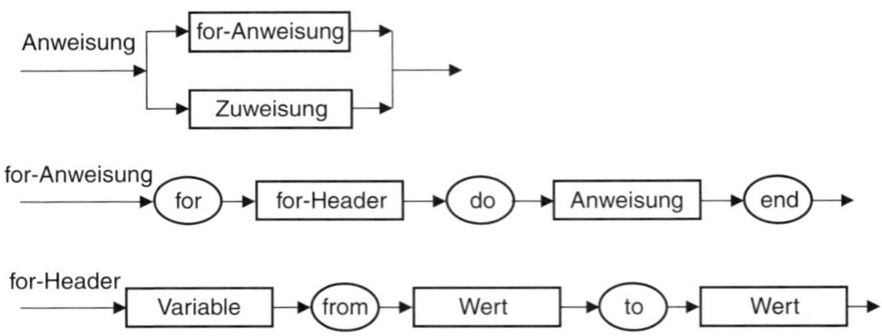

Bild 7.1 Syntaxdiagramm für eine Beispielsprache

7.1.2 Verarbeitung von Programmiersprachen

Programme werden in ausführbaren Maschinencode übersetzt. Im Allgemeinen werden dazu die folgenden Komponenten eingesetzt:

Ein **Präprozessor** bereitet das Quellprogramm als Eingabe für den Compiler vor, indem im Wesentlichen textuelle Ersetzungen im Programm durchgeführt werden, z. B. Makro-Ersetzung und Einkopieren von Deklarationsdateien in der Sprache C.

Ein **Compiler** überführt ein Programm in einer höheren Programmiersprache (*Quellsprache*) in ein äquivalentes Programm einer anderen Sprache (*Zielsprache*), z. B. in ein Maschinenprogramm. Eine wichtige Teilaufgabe eines Compilers besteht darin, dem Benutzer Fehler, die im Quellprogramm enthalten sind, zu melden.

► *Hinweis*: Dabei übersetzt der Compiler das Programm in verschiedenen Phasen: Zunächst erkennt er die Symbole des Quelltextes (lexikalische Analyse, scanning), fasst sie zu grammatikalischen Sätzen zusammen (syntaktische Analyse, parsing) und analysiert ihre Bedeutung (semantische Analyse). Darufhin erzeugt er einen Zwischencode, optimiert diesen und wandelt ihn abschließend in den Zielcode, meist einen verschiebbaren Maschinencode um.

Lader und **Binder** (Linker). Der *Lader* wandelt die verschiebbaren Adressen des Maschinencodes in Absolutadressen um und lädt das Programm an eine geeignete Stelle im Speicher. Der *Binder* ermöglicht es, verschiedene Dateien, die jeweils verschiebbaren Maschinencode enthalten, zu einem Programm zusammenzufassen. Diese Dateien können aus mehreren getrennten Übersetzungen stammen oder aber vom System bereitgestellte Bibliotheken sein.

Ein **Interpreter** analysiert wie ein Compiler den Quelltext, führt aber keine vollständige Übersetzung in Maschinensprache durch. Vielmehr wird der Programmtext entweder unmittelbar ausgeführt oder in eine Zwischencode-Darstellung übersetzt. Im letzten Fall ist für die Programmausführung eine so genannte **virtuelle Maschine** (Bytecode-Interpreter) notwendig.

Heute verwendet man zur Entwicklung von Software **integrierte Entwicklungsumgebungen** (**IDE – Integrated Development Environment**). IDEs gibt es für nahezu alle Programmiersprachen. Als Beispiele seien Microsoft Visual Studio und Eclipse genannt. IDEs integrieren in der Regel verschiedene Komponenten, wie Editor, Compiler bzw. Interpreter, Linker und Debugger, enthalten aber auch weiter gehende Werkzeuge, z. B. zur Versionsverwaltung und zur Modellierung.

7.1.3 Klassifizierung von Programmiersprachen

Programmiersprachen lassen sich je nach Abstraktionsgrad und Struktur in unterschiedliche Bereiche einteilen:

- **Maschinensprachen** bezeichnen den Befehlssatz ($\rightarrow$ 2.5.1), der durch die Hardware eines Prozessors festgelegt ist ($\rightarrow$ 3.4). Typisch für Maschinensprachen ist die Abfolge einzelner Befehle, die in einem Bitmuster den eigentlichen *Befehlscode* (*Opcode*) mit bis zu zwei Parametern (meist Speicheradressen) verbinden.
- **Assembler-Sprachen** unterscheiden sich von Maschinensprachen dadurch, dass die Befehle durch *Befehlswörter* (*Mnemonics*) ausgedrückt werden und dass für die Befehlsparameter symbolische Bezeichner verwendet werden können.
- **Höhere Programmiersprachen** ($\rightarrow$ Tabelle 7.1) beschreiben algorithmische Verfahren in einer rechnerunabhängigen Form.
- **Anwendungsorientierte Sprachen** enthalten höhere Sprachkonstrukte für einen eingeschränkten Anwendungsbereich (z. B. Datenbanksprachen).

- **Dokumentenbeschreibungssprachen** beschreiben die logische Struktur von Textdokumenten (z. B. TEX, SGML). Die Sprache HTML (→ 11.6.2) erlaubt deren Verknüpfung über das Internet.

Die Vielzahl der höheren Programmiersprachen lässt sich nicht ohne weiteres in ein einfaches Schema bringen. Einige sehr alte Programmiersprachen, wie Fortran und Cobol, wurden im Laufe der Zeit weiterentwickelt und sind auch heute noch weit verbreitet. Andere, wie Algol 60 und Simula 67, sind heute praktisch bedeutungslos.

Tabelle 7.1 Eigenschaften einiger wichtiger höherer Programmiersprachen

Sprache	Jahr	Typ	Anwendung	Vorläufer
Fortran	1956	prozedural	technisch-wissenschaftliche Anwendungen	
Cobol	1960	prozedural	Betriebswirtschaft	
Lisp	1960	funktional	künstliche Intelligenz	
Algol 60	1960	prozedural	universell	
Simula 67	1967	prozedural, objektorientiert	Simulation	Algol 60
Pascal	1970	prozedural	Ausbildung, universell	Algol 60
Prolog	1970	Logik	künstliche Intelligenz	
C	1970	prozedural	Systemprogrammierung	Algol 60
Smalltalk	1980	objektorientiert	grafische Oberflächen	Simula 67
Ada	1980	prozedural, objektorientiert	universell	Pascal
PEARL	1981	prozedural	Echtzeitprogrammierung	PL/1
C++	1986	prozedural, objektorientiert	universell	C, Simula 67
Perl	1987	Skriptsprache	Internet, Systemprogrammierung	
Python	1990	Skriptsprache	Internet, Benutzeroberflächen	
Java	1992	objektorientiert	Internet, universell	C++, Smalltalk
PHP	1995	Skriptsprache	Internet	
C#	2000	objektorientiert	Internet, universell	C++, Java

7.2 Prozedurale Programmierung

Geschichte. Prozedurale (imperative) Sprachen entsprechen hinsichtlich ihrer Struktur der Architektur eines VON-NEUMANN-Rechners (→ 3.3). Sie ermöglichen daher eine sehr gute Ausnutzung der Computerhardware. Dies gilt insbesondere für die Sprache C, die 1974 ursprünglich von DENNIS

M. RITCHIE als Systemprogrammiersprache für das UNIX-Betriebssystem entwickelt wurde. Einerseits sind in C elementare hardwarenahe Einheiten wie Bits, Wörter und Adressen direkt manipulierbar, andererseits enthält C die wichtigsten Sprachkonstrukte *prozeduraler Sprachen* und ist damit universell einsetzbar. Prozeduren (→ 6.1.2.3) sind hierbei ein wichtiges Mittel zur Modularisierung.

7.2.1 Elementare Datentypen

Elementare Datentypen der Sprache C → Tabelle 7.2.

Tabelle 7.2 Elementare Datentypen der Sprache C

Datentyp	Bedeutung	Mindestgröße nach ANSI-C
char	ganzzahliger Wert, der typischerweise ein Zeichen bezeichnet	1 Byte
short	ganzzahliger Wert	2 Byte
int	ganzzahliger Wert	2 Byte
long	ganzzahliger Wert	4 Byte
float	Fließkommawert, einfache Genauigkeit	4 Byte
double	Fließkommawert, doppelte Genauigkeit	8 Byte
long double	Fließkommawert	12 Byte

Integer-Datentypen kann das Attribut **unsigned** vorangestellt werden. Unsigned steht für „vorzeichenlose ganze Zahl". Hierdurch erreicht man eine Vergrößerung des positiven Wertebereichs um den Faktor 2.

7.2.2 Kontrollstrukturen

Die in C vorhandenen Kontrollstrukturen (→ Tabelle 7.3) entsprechen in ihrer Bedeutung den Kontrollstrukturen in → 6.1.2.2.

Tabelle 7.3 Kontrollstrukturen in C

Kontrollstruktur	C-Syntax	Beispiel

Sequenz	<Anweisung_1>;
	<Anweisung_2>;
	...
	<Anweisung_n>;
		`int x,y;`
		`x = 1;`
		`y = x + 3;`

Block	{
	<Anweisung_1>;
	<Anweisung_2>;
	...
	<Anweisung_n>;
	}
		siehe Beispiel für die if-Anweisung

Tabelle 7.3 Kontrollstrukturen in C (Fortsetzung)

Kontrollstruktur	C-Syntax	Beispiel

if-Anweisung	if (<Ausdruck>)
	<Anw.block_1>
	[else
	<Anw.block_2>]
		if (z=='a')
		{
		printf("\na gefunden");
		za ++;
		}
		else
		printf("\nKein a");

switch-Anweisung	switch(<Ausdruck>)
	{
	case <label_1>:
	<Anw.block_1>
	...
	case <label_n>:
	<Anw.block_n>
	[default:
	<Anw.block>]
	}
		switch (x)
		{
		case 1:
		printf("\nAuswahl 1");
		break;
		...
		default:
		printf("\nEingabe!");
		}

while-Schleife	while (<Bedingung>)
	<Anw.block>
		while (i < 20)
		{
		i++;
		j++;
		}

do-while-Schleife	do
	<Anw.block>
	while (<Bedingung>)
		do
		i++;
		while (i < 20);

for-Anweisung	for(<Anw_1>; <Bed>;
	<Anw_2>)
	<Anw.block>
		for (i = 0; i < 20; i++)
		{
		a = i * i;
		b = a + 10;
		}

7.2.3 Komplexe Datentypen

C stellt die folgenden komplexen Datentypen (→ 6.1.2.4) zur Verfügung: *Felder, Strukturen* und *Zeigertypen*.

Felder (arrays):

- Keine Überprüfung der Feldgrenzen,
- Index beginnt mit 0,
- Zeichenketten sind Character-Felder mit terminierendem Null-Byte ('\0') (→ Bild 7.2).

```
int x[3] = {10, 20, 30};
    /* Initialisierung bei der Definition */
int y[2][3];
    /* 2-dimensionales Feld */
x[2] = 50;
x[1] = x[1] + x[2];
y[1][2] = 20;
```

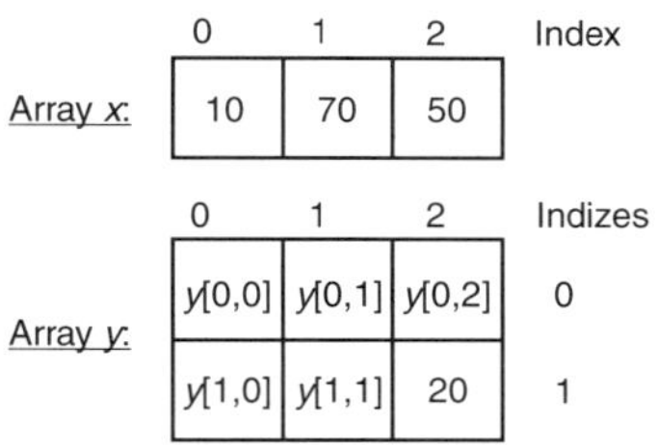

Bild 7.2 Zuweisungen an Array-Variablen

Strukturen (structs):

- Schlüsselwort *struct* (*record* in PL/1 und Pascal),
- Zugriff auf die Komponenten durch den member-of-Operator '.' (Punkt),
- Strukturen können geschachtelt sein.

```
struct Kunde {     /* Typdeklaration */
    int kundenNummer;
    double umsatz;
};

struct Kunde k;     /* Variablendefinition */
k.kundenNummer = 333; /* Verwendung */
k.umsatz = 25700.43;
```

Zeigervariablen (pointer):

- Zeiger sind Variablen, die die Adresse eines Objekts enthalten.
- Der Adressoperator & liefert die Adresse eines Objekts.
- Der Dereferenzierungsoperator * liefert den Wert des Objekts, auf das der Zeiger zeigt.
- Durch die Funktion `malloc()` wird dynamisch Speicherplatz reserviert. Die Adresse des Speicherbereichs wird zurückgegeben.

```
int x = 10;
int *z;     /* Zeiger auf ein Objekt vom Typ int  */
z = &x;     /* Zeiger z erhält die Adresse von x  */
*z = 20;    /* Mittels Dereferenzierung wird      */
            /* indirekt auf den Wert von x        */
            /* zugegriffen (x == 20).             */
```

7.3 Objektorientierte Programmierung

Geschichte. Die Grundkonzepte der Objektorientierung wurden erstmals in den sechziger Jahren in der Programmiersprache Simula 67 integriert. Eine größere Popularität ergab sich erst in den Achtzigern, zunächst mit der Sprache Smalltalk 80 und später mit C++ und Java.

Motivation. Durch Anwendung der Objektorientierung hofft man auf eine Verkürzung der Entwicklungszeit, eine Senkung der Fehlerrate und auf eine deutlich verbesserte Erweiterbar- und Anpassungsfähigkeit der Software.

Hauptmerkmale. Die wichtigsten Merkmale der Objektorientierung sind:

- **Datenkapselung**. Die Funktionalität von Softwarekomponenten wird durch genau definierte *Schnittstellen* festgelegt, die die Details der Implementation verbergen.
- **Vererbung**. Durch Vererbung können vorhandene Komponenten einfach modifiziert und erweitert und so in anderen Kontexten wiederverwendet werden.
- **Polymorphie**. Dieses mit der Vererbung verbundene Prinzip (gleiche Funktionalität für verschiedene Datentypen) ermöglicht die Entwicklung allgemein verwendbarer Softwarekomponenten.

Ein **Objekt** ist eine Einheit von **Daten** und **Funktionen**, die auf den Daten operieren. Die Struktur der Daten und die Funktionen gleichartiger Objekte sind in ihrer gemeinsamen **Klasse** definiert. Ein Objekt wird auch als **Instanz** seiner Klasse bezeichnet. Jedes Objekt besitzt eine eigene **Identität** und einen eigenen Satz der Daten.

Eine **Klassendefinition** beschreibt die **Attribute** (Instanzvariablen) und die **Methoden** (Prozeduren, Funktionen) eines Objekts. Ein **Konstruktor** ist eine besondere Methode zur Festlegung der Anfangswerte der Attribute.

Java. Die Programmiersprache Java /7.15/ wurde von der Firma Sun-Microsystems zunächst für den Internet-Bereich entwickelt. Java wird inzwischen jedoch auch als universelle Programmiersprache eingesetzt.

Java kennt die Unterscheidung zwischen *Wertdatentypen* (Zahlen) und *Referenzdatentypen* (Felder und Objekte) und verfügt über eine *automatische Speicherverwaltung*. In Java gibt es keine globalen Variablen und Funktionen. Alle Programmobjekte sind in *Klassen* definiert.

Eine weitere Eigenschaft von Java besteht darin, dass ausführbare Java-Programme vollständig portabel sein sollen. Dies wird dadurch erreicht, dass der Java-Compiler keinen Maschinencode, sondern einen architekturneutralen **Bytecode** (Unicode, → 2.4) erzeugt. Dieser Bytecode wird bei der Programmausführung interpretiert oder während der Ausführung in Maschinencode übersetzt (JIT = Just In Time Compiler). Die Abhängigkeit vom jeweiligen Betriebssystem oder der jeweiligen Fensteroberfläche ist in Java durch standardisierte Programmbibliotheken weitestgehend ausgeschaltet.

Java enthält *Sicherheitsmechanismen*, die es ermöglichen, (relativ) risikolos über das Netz geladene Java-Programme (Java-Applets) auf dem lokalen Rechner auszuführen.

7.3.1 Klassen

Java-Klassen können im folgenden Kontext auftreten:

- **Bibliotheksklassen** implementieren einzelne grundlegende Objekte und ihr Verhalten.
- **Applet-Klassen** stellen Klassen dar, die innerhalb eines Internet-Browsers aufgerufen und dargestellt werden können.
- **Servlet-Klassen** erweitern die Funktionalität eines Web-Servers.
- **Eigenständige Anwendungen** (mit oder ohne grafische Oberfläche) werden durch Klassen ermöglicht, die die Funktion `main` definieren.

❑ *Beispiel* für eine Java-Klasse:

```
public class Bruch {
    // Instanzvariable:
    private int zaehler;
    private int nenner;
    // Konstruktor:
    public Bruch(int z, int n) {
        zaehler = z; nenner = n;
    }
    // Veränderung des Objekts:
    public void add(Bruch r) {
        zaehler = zaehler*r.nenner + r.zaehler*nenner;
        nenner = nenner*r.nenner;
        kuerze();
    }
}
```

Der Konstruktor ist in Java daran zu erkennen, dass er so heißt wie die Klasse und dass er keinen Ergebnistyp definiert. Die Schlüsselworte `public` und `private` definieren unterschiedliche Sichtbarkeiten.

❑ *Beispiel* für eine einfache Anwendung dieser Klasse:

```
public class Beispiel {
    public static void main(String[] argv) {
        Bruch r1 = new Bruch(3, 4);
        Bruch r2 = new Bruch(1, 8);
        r1.add(r2);             // r1 = 7/8
        System.out.println(r1); // Ausgabe
```

```
        r2 = r1;                    // r2 == r1
        r1.add(r1);                 // r1 = r2 = 7/4
        System.out.println(r2);
    }
}
```

Falls der Java-Interpreter mit einer Klasse gestartet wird, die eine solche `main`-Funktion enthält, so wird diese Funktion als Hauptprogramm der Anwendung ausgeführt.

Java kennt auch Klassenvariable und Klassenfunktionen. Sie werden durch den Präfix `static` gekennzeichnet. Funktionen, die in anderen Programmiersprachen durch globale Funktionen dargestellt werden, werden in Java als Klassenfunktionen ausgedrückt.

7.3.2 Vererbung

In der realen Welt gibt es vielfältige Ähnlichkeitsbeziehungen zwischen unterschiedlichen Klassen von Objekten. Diese Ähnlichkeitsbeziehungen werden oft durch Hierarchien von Objektklassen ausgedrückt. Ein Beispiel für eine solche Hierarchie ist in das von LINNÉ für die Biologie entwickelte System der Arten.

Innerhalb einer **Vererbungshierarchie** beschreibt eine **Basisklasse** (**Oberklasse**) die allgemeineren, umfassenderen Aspekte, während die **abgeleitete Klasse** (**Unterklasse**) spezielle und zusätzliche Eigenschaften ausdrückt. Eine abgeleitete Klasse **erbt** die Attribute und Methoden der Basisklasse. Sie kann zusätzliche Attribute und Methoden definieren und gegebenenfalls das Verhalten der ererbten Methoden modifizieren.

Der **statische Typ** einer Variablen ist der in der Variablendeklaration festgelegte Datentyp. Der **dynamische Typ** der Variablen ist der bei der Erzeugung des Objekts festgelegte Typ. Wenn sich die Auswahl einer Funktion nach dem statischen Typ richtet, spricht man von **früher Bindung**. Richtet sich die Auswahl nach dem dynamischen Typ, so spricht man von **später Bindung**. Frühe Bindung kann durch den Compiler vorgenommen werden, während späte Bindung erst zur Laufzeit des Programms durchgeführt werden kann.

In Java ist jede Klasse entweder implizit von der Klasse `Object` oder durch Angabe eines `extends`-Ausdrucks explizit von einer anderen Klasse abgeleitet. Java unterstützt späte Bindung.

❑
```
public class Figur {
    protected double xPos;
```

```
    protected double yPos;
    public Figur(double x, double y) {
        xPos = x; yPos = y;
    }
    public String toString() {
        return "Figur("+xPos+", "+yPos+")";
    }
}

public class Kreis extends Figur {
    // xPos, yPos werden geerbt !
    protected double radius;
    public Kreis(double x, double y, double r) {
        super(x, y);    // Konstruktor der Basisklasse
        radius = r;
    }
    public String toString() {
        return "Kreis("+xPos+", "+yPos+", "+radius+")";
    }
}
```


Bei der polymorphen Verwendung von Objekten einer zusammenhängenden Vererbungshierarchie werden Variable der gemeinsamen Basisklasse verwendet.

```
Figur[] feld = new Figur[3];
feld[0] = new Figur(7.5, 8.3);
feld[1] = new Kreis(3.0, 2.5, 2.0);
feld[2] = new Figur(10.1, 5.2);
for (int i= 0; i< feld.length; i++)
    System.out.println(feld[i]);
```

7.3.3 Schnittstellen

Java unterstützt neben der Vererbung das *Schnittstellen-Konzept* (*interface*).

Eine **Schnittstelle** (**Interface**) unterscheidet sich dadurch von einer Klasse, dass sie nur abstrakte Methoden(köpfe) und keine Variablen enthält (wohl Klassenkonstanten). Mittels des Schlüsselwortes **`implements`** bezieht sich eine Klasse explizit auf eine Schnittstelle. Sie muss dann alle in der Schnittstelle angeführten Funktionen implementieren. Eine Klasse kann mehrere Schnittstellen implementieren. Von dieser Klasse abgeleitete Klassen erfüllen automatisch ebenfalls diese Schnittstellen. Eine Schnittstelle kann selbst wieder von anderen Schnittstellen abgeleitet sein (Schlüsselwort **`extends`**).

❑ *Beispiel*: Die Schnittstelle ActionListener aus dem Systempaket java.awt.event legt die Mindestanforderungen für eine Klasse fest, die von interaktiven GUI-Elementen wie Schaltsymbolen aufgerufen wird, wenn eine Benutzeraktion erfolgt ist.

```
public interface ActionListener {
    public void actionPerformed(ActionEvent e);
}
```

Damit ist festgelegt, dass jede Klasse, die auf das Drücken eines Schalters reagieren soll, die Funktion actionPerformed implementieren muss. Für einen Ende-Knopf, mit dem eine Java-Anwendung beendet werden soll, kann man die folgende Aktionsklasse verwenden:

```
public class Schluss implements ActionListener {
    public void actionPerformed(ActionEvent e) {
        System.exit(0);
    }
}
```

Die Verbindung dieser Klasse zu einem gerade erzeugten Schalter geschieht über den Aufruf von addActionListener. Ganz grob sieht die Definition des Ende-Knopfes in Java dann so aus:

```
// erzeuge GUI-Schalter mit Text "Ende"
Button b = new Button("Ende");
// erzeuge Aktionsobjekt und übergebe dies an Schalter
b.addActionListener(new Schluss());
```

7.3.4 Klassenbibliotheken

Die Nutzbarkeit von vordefinierten Softwarestrukturen ist nur dann gewährleistet, wenn die wichtigsten Klassen zusammen mit der Sprache definiert und ausgeliefert werden. Die zur Java-Entwicklungsumgebung (JDK) gehörende Klassenbibliothek hat sich allgemein als Grundlage für eigene Erweiterungen durchgesetzt.

Die nötige Übersicht wird durch eine Aufteilung dieser Klassen auf Pakete gewährleistet. In Tabelle 7.4 sind einige wenige wichtige Pakete mit wenigen ausgewählten Klassen aufgeführt.

Die Verwendbarkeit großer Klassenbibliotheken wird durch die Orientierung an allgemein verbreiteten Entwurfsmustern erleichtert /7.7/ (→ 8.3.4).

Ein **Entwurfsmuster** (Design Pattern) ist eine bestimmte Vorgehensweise bei der Definition von Klassen und bei der Gestaltung ihrer Zusammenarbeit.

Ein Strukturmerkmal vieler Klassenbibliotheken ist, dass sie als *Klassenrahmen* (*Framework*) gestaltet sind. Sie unterscheiden sich dadurch von herkömmlichen prozeduralen Bibliotheken, dass hierbei die Klasse nicht ein-

Tabelle 7.4 Einige Java-Pakete mit der Java-Klassenbibliothek

Paket	Klasse	Bemerkung
java.awt (GUI-Oberfläche)	Button Graphics TextArea	Schaltknopf Grafikfläche mehrzeiliger Text
java.io (Ein-/Ausgabe)	FileInputStream FileOutputStream Serializable	Dateieingabe Dateiausgabe speicherbare Objekte (Interface)
java.lang (Sprachobjekte)	Double Math Object	Gleitkommaobjekte mathematische Funktionen oberste Basisklasse
java.util (nützliche Klassen)	Calendar Hashtable	Datum und Zeit assoziativer Speicher

fach vordefinierte Funktionalität aufruft, sondern vielmehr selbst als spezialisierende Erweiterung eines vorgegebenen Rahmens auftritt. Der wichtigste Klassenrahmen vieler Bibliotheken gestaltet die Bildschirminteraktion. Ein typisches Entwurfsmuster zu ihrer Strukturierung ist das *MVC-Paradigma* (*Model-View-Control*).

7.3.5 Hybride objektorientierte Sprachen

Hybride Sprachen zeichnen sich dadurch aus, dass sie neben der Objektorientierung auch andere Konzepte enthalten, die zum Teil den Grundideen der Objektorientierung widersprechen. Ein typischer Vertreter einer solchen Sprache ist C++ /7.19/.

Wichtige Merkmale von C++ sind:

- C++ ist eine Compiler-Sprache.
- C++ ist fast vollständig aufwärtskompatibel zu C.
- Solange man keine neuen Features aus C++ benutzt, erhält man die gleiche *Effizienz* wie bei C.
- C++-Variable gehorchen der *Wertsemantik*.
- Referenzsemantik wird in C++ über die explizite Verwendung von *Zeigervariablen* und von dynamischem Speicher simuliert.
- In C++ ist *Mehrfachvererbung* möglich.
- C++ erlaubt über die Definition von Klassen- und *Funktionsschablonen* (*Templates*) den Aufbau von generischen Algorithmen und Datenstrukturen.
- C++ ermöglicht durch das *Überladen von Operatoren und Funktionen* die elegante Erweiterung um neue Datentypen.

7.4 Nichtprozedurale Programmierung

Während die prozedurale Programmierung am nächsten der Architektur der Computerhardware entspricht, versuchen andere Programmierstile, dem Bedürfnis nach besserer Nutzbarkeit durch den Menschen zu entsprechen.

7.4.1 Visuelle Programmierung

Unter **visueller Programmierung** ist die grafisch interaktive Erstellung von Programmteilen zu verstehen. Insbesondere wird visuelle Programmierung bei der interaktiven Erstellung von **grafischen Benutzeroberflächen** und bei der Gestaltung von Formularen angewendet.

Geschichte. Beginnend mit der Verfügbarkeit grafischer Bildschirmgeräte hat sich visuelle Programmierung entwickelt. Sie hat sich insbesondere bei der Gestaltung von Bedienoberflächen (→ 9.2.4, 16) durchgesetzt. Heute gibt es für alle gängigen Programmiersprachen und Betriebssysteme so genannte GUI-Generatoren. Dazu zählen insbesondere Werkzeuge für C++, für Java, Pascal (Delphi) und die besonders auf visuelle Programmierung ausgerichtete Sprache Visual Basic.

Anwendung. Visuelle Programmierung wird verwendet zur Gestaltung der Benutzeroberfläche. Die Programmlogik wird herkömmlich programmiert.

7.4.2 Funktionale Programmierung

Nach dem Paradigma der **funktionalen Programmierung** (applikative Programmierung) versteht man Computerprogramme als Komposition von Funktionen.

Geschichte. Die funktionale Programmierung basiert auf dem formalen λ-Kalkül, das CHURCH in den dreißiger Jahren zur Untersuchung von algorithmischen Problemen entwickelt hat. Funktionale Programmierung wurde erstmals 1960 durch MCCARTHY in der Sprache Lisp realisiert. Heute gibt es eine Vielzahl von Lisp-Dialekten und einige weitere Varianten funktionaler Sprachen.

Anwendung. Moderne funktionale Sprachen dienen insbesondere der Erforschung neuartiger Programmierkonzepte. Es haben sich verschiedene Lisp-Dialekte (Common-Lisp, Scheme) allgemein durchgesetzt. Lisp gilt als die wichtigste Programmiersprache im Bereich der künstlichen Intelligenz und Wissensverarbeitung (→ 20).

Die Sprache Lisp zeichnet sich durch eine extrem einfache Syntax aus.

Lisp-Ausdrücke sind entweder **Atome** oder **Listen**. Atome sind unter anderem **Symbolbezeichner** und **Zahlen**. Listen sind eine in Klammern eingeschlossene Folge von Lisp-Ausdrücken.

❑ *Beispiel*: Gültige Lisp-Ausdrücke sind z. B.:

```
alfa            ; Symbol
12.3            ; Zahl
(alfa 29)       ; Liste
```

Lisp-Programme bestehen aus einer Folge von Lisp-Ausdrücken. Für die Verarbeitung eines Lisp-Programms gelten *Evaluierungsregeln*:

- *Symbole* evaluieren zu dem unter dem Symbolnamen gespeicherten Wert.
- *Zahlen* evaluieren zu sich selbst.
- Listen werden als Funktionsaufrufe aufgefasst. Das erste Element der Liste steht für die Funktion, die restlichen Elemente stellen die Übergabeparameter dar. Der Funktionsaufruf wird von Lisp zu einem Ergebnisausdruck ausgewertet.
- Durch die *Quote-Notation* kann die Evaluierung von Ausdrücken verhindert (oder aufgeschoben) werden.

Anstelle von Kontrollanweisungen kennt Lisp besondere Funktionen zur Formulierung von Fallunterscheidungen oder zur Definition von Funktionen (→ 6.1.2.3). Wiederholung wird in Lisp meist durch Rekursion ausgedrückt.

Das folgende Beispiel zeigt, wie in dem Lisp-Dialekt Scheme die FIBONACCI-Funktion programmiert und aufgerufen wird:

```
(define fibonacci (lambda (n)
    (cond
        ((zero? n) 0)
        (else (fibonacci-iter n 1 0)) )))
(define fibonacci-iter (lambda (n f g)
    (cond
        ((= 1 n) f)
        (else (fibonacci-iter (- n 1) (+ f g) f)) )))
```

Aufruf und Ergebnis:

```
(fibonacci 10)    55
```

Die cond-Funktion drückt eine Fallunterscheidung aus. Sie kann eine beliebige Zahl von Argumenten, cond-Klauseln genannt, haben. Das erste Element einer cond-Klausel stellt eine Bedingung dar, das zweite Element ist der Ergebnisausdruck. Cond-Klauseln werden gemäß ihrer Reihenfolge ausgewertet. Die erste cond-Klausel, die erfüllt ist, beendet die Auswahl und der zugehörige Ergebnisausdruck wird ausgewertet und als Resultat der cond-Funktion weiterverwendet.

7.4.3 Logikprogrammierung

Ein **Logikprogramm** besteht aus Fakten und Regeln.

Geschichte. Ausgehend von den Kalkülen der Prädikatenlogik entwickelte man in den 60er-Jahren erste Ansätze zum automatischen Beweisen mathematischer Sätze (Theorembeweiser). Ein wesentlicher Durchbruch ergab sich aus dem von ROBINSON entdeckten Resolutionsverfahren. Darauf aufbauend entwickelten KOWALSKI und COLMERAUER die Idee der Logikprogrammierung, die 1970 in die Programmiersprache Prolog mündete.

Anwendung. Die Logikprogrammierung hat zum Ziel, Programmieraufgaben durch Anwendung der Logik zu lösen. Bisher hat sie sich fast ausschließlich über die Programmiersprache Prolog verbreitet. Prolog wird vorwiegend in den Forschungsgebieten der künstlichen Intelligenz eingesetzt (→ 20).

Prolog-Programme sind Logikprogramme, die durch ein **Resolutionsverfahren** mit **Backtracking** (→ 6.2.2.2, 20.2.2) ausgeführt werden.

Syntax. Wichtige lexikalische Bestandteile sind **Atome** (symbolische Namen), **Zahlen** und **Variablen**. Atome werden durch kleingeschriebene Namen oder durch in einfache Anführungszeichen gesetzte Zeichenfolgen ausgedrückt. Variablennamen beginnen mit einem Großbuchstaben. Prolog kennt drei verschiedene syntaktische Konstrukte: Fakten, **Regeln** und **Anfragen**. Alle diese Konstrukte enthalten als Grundelemente **Literale**. Literale sind atomare Namen (optional), gefolgt von einer in Klammern eingeschlossenen Parameterliste aus Ausdrücken. Alle Anweisungen werden mit einem Punkt abgeschlossen.

- Ein *Fakt* wird durch ein Literal dargestellt.
- Eine *Regel* besteht aus dem Literal des Regelkopfes, gefolgt von den Zeichen „:-“, gefolgt von dem aus einer Liste von Literalen bestehenden Regelkörper.
- Eine *Anfrage* wird durch die Zeichen „?-“, gefolgt von einer Liste von Literalen beschrieben.

❑ *Beispiel*: Das folgende Prolog-Programm stellt einige wenige Aussagen zu Familienbeziehungen dar. Die Fakten lassen sich wie einfache Sätze lesen, z. B. „klara ist_elternteil_von karl“. Die angeführte Regel lautet umgangssprachlich: „Vater ist_vater_von Kind, *wenn* Vater ist_elternteil_von Kind *und* Vater ist_maennlich“. Die Anfrage kann (umständlich) gelesen werden „Für welche Werte von Vater gilt: Vater ist_vater_von karl?“ oder einfacher „Wie heißt der Vater von Karl?“.

Prolog antwortet auf die Anfrage mit den Variablenwerten, für die die Anfrage erfüllt ist.

```
% Fakten
ist_elternteil_von(klara, karl).
ist_elternteil_von(hans, karl).
ist_maennlich(karl).
ist_maennlich(hans).
ist_weiblich(klara).
% Regel
ist_vater_von(Vater, Kind):-
    ist_elternteil_von(Vater, Kind),
    ist_maennlich(Vater).
% Anfrage
?- ist_vater_von(Vater, karl).
Vater = hans
```


7.5 Parallele und Echtzeitprogrammierung

Parallele Programme sind Programme, die die gleichzeitige Ausführung verschiedener Programmteile (**Programmparallelität**) oder die gleichzeitige Bearbeitung verschiedener Datenelemente (**Datenparallelität**) auf Parallelrechnern (oder Vektorrechnern) ermöglichen.
Echtzeitprogrammiersprachen dienen der Steuerung von realen Vorgängen. Ihre Sprachkonstrukte unterstützen die Steuerung zeitlicher Abläufe und die Reaktion auf die dem realen Prozess inhärente Parallelität.

Geschichte. Die ersten Parallelrechner wurden noch ausschließlich über besondere Softwarebibliotheken programmiert. Seit den 80er-Jahren haben sich besondere parallele Sprachen bzw. parallele Erweiterungen etablierter Sprachen durchgesetzt.

Anwendung. Der wichtigste Anwendungsbereich für Parallelrechner ist die Durchführung aufwendiger numerischer Berechnungen. Weitere Anwendungsbereiche sind die Verwaltung großer Datenmengen, fehlertolerante Systeme und künstliche Intelligenz (→ 20).

7.5.1 SIMD-Programmierung

SIMD-Programmierung (Single Instruction, Multiple Data → 3.5) basiert darauf, dass Rechenoperationen auf Datenstrukturen als Ganzes angewendet werden.

Grundsätzlich ist SIMD-Programmierung über besondere Funktionsbibliotheken möglich. Es gibt aber auch eine ganze Reihe von Programmiersprachen, die besondere SIMD-Sprachkonstrukte enthalten.

Typische SIMD-Operationen sind mathematische Funktionen und Verknüpfungen auf Vektoren, Matrizen oder anderen regulär strukturierten Datenbereichen. Die Anpassung an die parallele Hardware (Parallelisierung) kann oft automatisch durch den Compiler erfolgen. Programmiersprachen wie Fortran 90 erlauben auch, unmittelbar Anweisungen für ganze Felder anzugeben. Damit wird nicht nur die Parallelisierung erleichtert, sondern insbesondere auch die Verständlichkeit des Programms erhöht. Ein Beispiel sei die folgende Fortran-90-Funktion zur Berechnung des Skalarprodukts zweier Vektoren:

```
real function Skalarprodukt(v1, v2)
    real v1(*), v2(*)              ! Deklaration
    Skalarprodukt = sum(v1*v2)     ! Berechnung und Rückgabe
end
```

7.5.2 MIMD-Programmierung

Die Besonderheit der **MIMD-Programmierung** (Multiple Instruction, Multiple Data → 3.5) besteht darin, dass der Datenaustausch und die Synchronisation zwischen parallelen Prozessen, die auf der parallelen Hardware ablaufen, explizit programmiert werden.

Geschichte. Seit Beginn der 80er-Jahre gibt es viele Versuche zur Etablierung paralleler Sprachen. Wichtige Grundkonzepte wurden zum Beispiel von HOARE mit dem CSP-Konzept (Communicating Sequential Processes) eingeführt. Ausgehend von CSP gewann zeitweise die Sprache OCCAM weite Bedeutung. Andere Ansätze erweiterten bestehende Programmiersprachen. Besonders weite Verbreitung hat die Fortran-Erweiterung HPF (High Performance Fortran) gefunden. Heute geschieht die Programmierung von MIMD-Rechnern oft aber auch über (standardisierte) Softwarebibliotheken, wie PVM (Parallel Virtual Machine) und MPI (Multiprocessor Programming Interface), die fast für jeden Rechner verfügbar sind.

Multicore-Architekturen (→ 3.5.5) erhöhen aktuell die Popularität der Threadprogrammierung (→ 9.3.2.4). Das Java-Modell gilt als fehleranfällig und schwer beherrschbar. Als Alternative ist das **Actor-Modell** bekannt, das 1973 von CARL HEWITT entwickelt und später von anderen verfeinert wurde. Es vermeidet die Probleme, die durch Threading und Locking entstehen können. Aktoren sind aktive Objekte, deren Code von genau einem Prozess ausgeführt wird. Ein Aktor verwaltet seinen Zustand und kommuniziert mit anderen Aktoren nur über asynchronen Nachrichtenaustausch. Jeder Prozess verfügt über eine Mailbox, in der Nachrichten enthalten sind. Es gibt einerseits keine Garantien in Bezug auf die Reihenfolge der Bearbeitung der Nachrichten, andererseits ist aber sichergestellt, dass alle Nachrichten ausgeliefert werden. Aktoren arbeiten nicht mit gemeinsamen Zuständen.

Das Actor-Modell ist mit der funktionalen Sprache **Erlang** wieder populär geworden. Die funktional/objektorientierte Sprache **Scala** hat es dann von Erlang übernommen.

Scala ist eine JVM-Sprache. Die Nebenläufigkeit basiert auf Java-Threads, wird aber im Default-Fall durch einen eigenen Scheduler ergänzt, der die Zahl der Threads minimiert. Nebenläufigkeit ist in Scala durch die Bibliothek implementiert und einfach erweiterbar.

OpenMP sei als weitere Sprache im Bereich Multicores genannt. OpenMP ist standardisiert und dient zur Shared-Memory-Programmierung in der C/C++/Fortran-Welt auf Multiprozessor-Computern. Die Besonderheit besteht darin, dass Nebenläufigkeit nur über #pragmas notiert wird, sodass man nach wie vor auch die sequenzielle Semantik beibehält. Die zur Verfügung gestellten Konstrukte reichen von der low-level Annotation bis hin zu höheren Synchronisations-Mechanismen.

7

❑ *Beispiel*: Ein OpenMP-Programm, in dem mittels #pragma Nebenläufigkeit formuliert wird

```
#include <stdio.h>
#include <omp.h>

int main()
{
   #pragma omp parallel
   {
      printf("Dies ist Thread%3d von%3d\n",
             omp_get_thread_num(),omp_get_num_threads());
   }
   return 0;
}
```

Mögliche Ausgabe bei 4 Prozessoren:

```
Dies ist Thread 0 von 4
Dies ist Thread 1 von 4
Dies ist Thread 3 von 4
Dies ist Thread 2 von 4
```

7.5.3 Echtzeitprogrammierung

Programmiersprachen zur **Echtzeitprogrammierung** unterstützen die Nutzung externer Hardware und die zeitgerechte Verwaltung paralleler Prozesse. Das logische Programmiermodell entspricht dem Modell der MIMD-Programmierung.

Geschichte. Wegen der relativ großen Hardwarenähe wurden Prozesssteuerungen anfangs vorwiegend in Assembler programmiert. Später traten durch geeignete Funktionsbibliotheken ausgestattete oder geeignet erweiterte Varianten gängiger Programmiersprachen (Pascal, C) hinzu. Daneben gibt es aber seit Beginn der 80er-Jahre Programmiersprachen, wie PEARL, die besonders für die Programmierung von Echtzeitaufgaben entwickelt wurden.

PEARL. Die Sprache PEARL (DIN 66 253-2, 1998-04 und DIN 66 253-3, 1989-01) unterscheidet sich von prozeduralen Sprachen durch einige Besonderheiten:

- Task-Struktur zur Formulierung nebenläufiger Anwendungen
- Anweisungen zur Steuerung des Task-Systems
- Anweisungen zur genauen Festlegung von Prioritäten
- Steuerung zeitlicher Abläufe
- Ein-/Ausgabe über serielle und parallele Hardwareschnittstellen.

7.6 Anwendungssprachen und Skriptsprachen

In einer verbreiteten Einteilung unterschiedlicher Programmiersprachen werden die hier vorwiegend besprochenen problemorientierten Sprachen als Sprachen der 3. Generation (3GL) bezeichnet. Demgegenüber heißen die auf einem höheren Abstraktionsniveau angesiedelten *Anwendungssprachen* auch Sprachen der 4. Generation (4GL). Sie ermöglichen die Extraktion und Manipulation von Daten aufgrund von mengenorientierten und logischen Abfragen (→ Tabelle 7.5).

Tabelle 7.5 Beispiel einer Datenextraktion

<table>
<tr><th>Sprachen der 3. Generation</th><th>Sprachen der 4. Generation</th></tr>
<tr><td><pre>open(Buecher);
while not EOF(Buecher) do
  read(Buch);
  if Buch.Leihfrist=0 then
  output "Buch.Autor",
         "Buch.Titel";
  end;
end;
close(Buecher);</pre></td><td><pre>SELECT Autor, Titel
FROM   Buecher
WHERE   Ausleihfrist=0</pre></td></tr>
</table>

Ähnlich wie Anwendungssprachen sind auch Skriptsprachen durch ein hohes Abstraktionsniveau gekennzeichnet. Nach ihrer Herkunft und Verwendung gehören sie jedoch stärker in den Bereich der Systemverwaltung und der Steuerung von Programmabläufen.

7.6.1 Datenbankprogrammierung

Datenbanken (→ 13) dienen zur Verwaltung großer Datenmengen. Als weit verbreitete Methode des Datenbankzugriffs hat sich die Sprache SQL durchgesetzt.

Geschichte. *SQL* (*Structured Query Language* → 13.3) ist eine Abfrage- und Manipulationssprache für relationale Datenbanken (→ 13.2). Die Entwicklung von SQL begann in den frühen 70er-Jahren im IBM Almaden Research Center in San José, Kalifornien. Als Vorgänger von SQL gilt die Sprache SEQUEL bzw. SEQUEL/2 (*Structured English Query Language*), die später in SQL umbenannt wurde. 1982 begann der Prozess der Standardisierung von SQL mit einigen Spracherweiterungen /7.10/ und /7.3/. Der Standard SQL:1999 (SQL-3) ermöglicht die Verwendung von abstrakten Datentypen und objektorientierten Konzepten. Jüngster Standard ist SQL:2008. Der Sprachumfang heutiger SQL-Implementationen ist dennoch sehr unterschiedlich, was z. T. zu Portabilitätsproblemen führt.

7

Struktur. SQL ist eine deklarative, mengenorientierte Sprache. *SQL-Anweisungen* werden in drei Klassen eingeteilt:

- *Datendefinitionssprache* (Data Definition Language, DDL → 13.3.4). Mit DDL-Anweisungen können Datenbankobjekte (Tabellen, Views etc.) angelegt und manipuliert werden. Beispiele: CREATE TABLE und ALTER.
- *Datenmanipulationssprache* (Data Manipulation Language, DML → 13.3.3). Mit DML-Anweisungen werden Daten aus Tabellen selektiert und verändert. Beispiele: SELECT, UPDATE, INSERT und DELETE.
- *Datenkontrollsprache* (Data Control Language, DCL → 13.3.5). Mit DCL-Anweisungen werden Transaktionen gesteuert. Beispiele: COMMIT und ROLLBACK.

Tabellen. In SQL werden zwei Arten von Tabellen unterschieden: *Basistabellen* und *View-Tabellen*. Eine Basistabelle existiert physisch, z. B. auf einer Platte. Ein View hingegen ist eine logische Tabelle, die eine Sicht auf eine oder mehrere Basistabellen darstellt.

Die Anweisung *SELECT* (→ 13.3.2) dient zum Zugriff auf die in der Datenbank gespeicherten Daten und basiert auf relationaler Algebra.

7.6.2 Betriebswirtschaftliche Programmierung

Bei der betriebswirtschaftlichen Programmierung geht es um die Beschreibung betriebswirtschaftlicher Abläufe und Daten. Mit dem Erfolg der betriebswirtschaftlichen Standardsoftware (*ERP-Software*, *Enterprise Resource Planning* → 21.1) bei SAP hat sich die Sprache ABAP durchgesetzt.

ABAP (*Advanced Business Application Programming*) wurde ursprünglich von der SAP AG als Entwicklungssprache für die betriebswirtschaftlichen Standardsoftwareprodukte SAP R/2 und R/3 entworfen. Heute wird sie auch von SAP-Anwendern zur Erweiterung der Funktionalität des Systems verwendet. ABAP ist eine *prozedurale, ereignisgesteuerte* und *interpretierte Sprache*, die schwerpunktmäßig zur *Verarbeitung* von Tabellen verwendet wird.

Tabellen sind die Basisdatenstruktur im SAP-System:

- **Interne Tabellen** sind temporär, d. h. sie existieren nur zur Laufzeit des ABAP-Programms im Hauptspeicher.
- **Externe Tabellen** (*Data-Dictionary-Tabellen*) sind permanent auf der Platte gespeichert und befinden sich im Data Dictionary. Das *Data Dictionary* ist die zentrale Informationsquelle des SAP-Systems und enthält neben Tabellen auch alle Programme, Datenmodelle, Prozessdarstellungen und Dokumentationen, die im jeweiligen Unternehmen existieren.

Es gibt im Wesentlichen zwei verschiedene Arten von ABAP-Programmen:

- **Reports** generieren Listen, in denen aufbereitete Daten in komprimierter Form dargestellt sind.
- **Dynpros** (*dynamische Programme*) werden zur Gestaltung und Steuerung der grafischen Oberfläche eingesetzt.

ABAP verwendet das *Konzept der Ereignissteuerung*: Im Programm werden Abschnitte definiert, die beim Eintritt eines bestimmten Ereignisses (→ Tabelle 7.6) ausgeführt werden.

```
AT <Ereignis>.
    <Verarbeitungsblock>.
ENDAT.
```

Tabelle 7.6 Beispiele für Ereignisse in ABAP

Ereignis	Bedeutung
FIRST	Die erste Zeile einer internen Tabelle wird bearbeitet.
LAST	Die letzte Zeile einer internen Tabelle wird bearbeitet.
NEW <f>	Anfang einer Gruppe von Zeilen mit dem gleichen Inhalt im Feld <f> und in den Feldern links von <f> (*Gruppenwechsel*)
END OF <f>	Ende einer Gruppe von Zeilen mit dem gleichen Inhalt im Feld <f> und in den Feldern links von <f> (*Gruppenwechsel*)

❑ *Beispiel*: Ein ABAP-Report zur Erzeugung einer Liste von Umsätzen

```
* Data Dictionary Tabelle UMSATZ
TABLES UMSATZ.
* Interne Tabelle IUMSATZ zur Verarbeitung
```

```
DATA: BEGIN OF IUMSATZ,
      LAND      LIKE    UMSATZ-LAND,
      NAME      LIKE    UMSATZ-NAME,
      UMS       LIKE    UMSATZ-UMS,
      END OF IUMSATZ.
* Füllen der internen Tabelle IUMSATZ
SELECT * FROM UMSATZ.
   MOVE-CORRESPONDING UMSATZ TO IUMSATZ.
   APPEND IUMSATZ.
ENDSELECT.
LOOP AT IUMSATZ.
   * Ereignis: Seitenwechsel bei neuem Land
   AT NEW LAND.
          NEW PAGE.
          WRITE: / 'Land:', IUMSATZ-LAND.
          SKIP.
   WRITE: / IUMSATZ-NAME, IUMSATZ-UMS.
   * Ereignis: Summe am Ende der Ländergruppe
   AT END OF LAND.
          SUM.
          WRITE: / 'Summe:', IUMSATZ-UMS.
  ENDAT.
ENDLOOP.
```

Eine umfangreiche Entwicklungsumgebung, die *ABAP Development Workbench*, stellt Tools zur Entwicklung und zum Testen von ABAP-Programmen bereit und ist in das SAP-System integriert. Neue Versionen von ABAP sind objektorientiert (*ABAP Objects*).

7.6.3 Skriptsprachen

Skriptsprachen sind Programmiersprachen, die vorwiegend dazu dienen, Abläufe an der Oberfläche eines Betriebssystems zu steuern. Skriptsprachen werden fast immer interpretiert und verfügen über sehr mächtige Mechanismen (z. B. Mustersuche).

Beispiele für Skriptsprachen sind:

- **Kommandosprachen** gängiger Betriebssysteme, wie z. B. die Unix-Shell.
- **Perl** (Practical Extraction and Reporting Language), nach den Kommandossprachen für Betriebssysteme (z.B. Unix-Shell) eine der ältesten Skriptsprachen, wurde Mitte der 80er-Jahre von LARRY WALL entwickelt. Es vereint Ideen aus der Begriffswelt von C, der Unix-Kommandoshell sowie sed und awk. Von den Unix-Werkzeugen sed und awk wurden die auf regulären Ausdrücken basierenden Möglichkeiten der Texterkennung und damit verbunden der Textersetzung übernommen. Damit kommt Perl

insbesondere den Aufgaben der auf der Analyse und Veränderung basierenden Systemadministration (→ 9.8.3) im Unix-Bereich entgegen. Da die Aufgaben der Web-Server-Administration und die Programmierung von CGI-Skripts (→ 11.8) ebenfalls in diesen Aufgabenbereich fallen, setzte sich Perl später auch hier schnell durch. Perl unterscheidet sich durch einige syntaktische Besonderheiten von anderen Programmiersprachen:

- Variablen werden durch besondere Sonderzeichen markiert.
- Es gibt *magische Variablen* (z. B. Eingabe), die bestimmte Aufgaben automatisch durchführen.
- Reguläre Ausdrücke (→ 19.1.2.2) sind unmittelbar in die Sprache integriert.
- Perl besitzt eine große Menge von vordefinierten Bibliotheksfunktionen.
- Perl ist über eine C-Schnittstelle effizient erweiterbar.

In den letzten Jahren sind modernere Skriptsprachen entstanden, die insbesondere von den Ausdrucksmöglichkeiten der Objektorientierung profitieren. Hierzu zählen die Sprachen **Python**, die viele der Vorzüge von Perl durch ausgezeichnete Bibliotheken löst, und **Ruby**, die streng objektorientiert und hinsichtlich der Integration regulärer Ausdrücke sehr nahe an Perl ist. Beide Sprachen werden häufig bei der Entwicklung von Softwareprototypen und als eingebettete Sprache, die z. B. von einem C-Programm aus aufgerufen wird, genutzt.

- **Tcl/Tk**. Tcl/Tk ermöglicht einerseits die bequeme Erstellung von grafischen Bedienoberflächen und andererseits die einfache Integration mit C-Programmen.
- **Python**. Es vereint die Möglichkeiten von Tcl/Tk mit einer objektorientierten Sprachstruktur.
- **JavaScript** (→ 11.8). Es ermöglicht die einfache Integration von Dialogelementen in HTML-Seiten (→ 11.6.2).
- **PHP** (Personal Home Page, oder auch „PHP Hypertext Preprocessor“) ist eine weit verbreitete Open Source Skriptsprache, die sich in der Webprogrammierung in Kombination mit Linux, Apache und MySGL etabliert hat.

Die meisten Skriptsprachen verfügen über umfangreiche Softwarebibliotheken. Damit werden insbesondere Systemschnittstellen und die Internet-Programmierung (→ 11.8) abgedeckt.

Skriptsprachen erlauben neben der Programmierung auch eine interaktive Befehlseingabe. Sie arbeiten entweder auf einer eingeschränkten Menge von Datentypen (in Shells und in Tcl/Tk sind dies Zeichenketten) oder verwenden wie Python ein dynamisches Typsystem, das ebenfalls keine Variablendeklarationen erfordert. Skriptsprachen zeichnen sich gegenüber den prozeduralen Programmiersprachen meist durch deutlich mächtigere Sprachkonstrukte und Datenstrukturen aus.

Generell sind Skriptsprachen, wie PHP, Ruby und Groovy populär, da sich damit Webanwendungen einfacher entwickeln lassen, insbesondere auch mit Frameworks (z. B. ruby-on-rails, grails).

7.6.4 Programmierung von Steuerungssystemen

Der Standard **IEC 1131** „Programmable Controllers“ (1979–1993) ist eine international verbindliche Norm zur Gestaltung von Steuerungssystemen. Im Teil IEC 1131-3 werden fünf textuelle bzw. grafische Sprachen dargestellt, mit denen Steuerungsprogramme formuliert werden können:

- **Anweisungsliste AWL** (*Instruction List IL*): Assembler-ähnliche Sprache, die ursprünglich auf die Programmierung bitorientierter Coprozessoren von **SPS** (speicherprogrammierbare Steuerungen) zugeschnitten war, inzwischen ihre Funktionalität aber stark erweitert hat. AWL wird auch als weltweit portabler Zwischencode für die anderen Sprachen der IEC 1131-3 verwendet.
- **Kontaktplan KOP** (*Ladder Diagram LD*): Grafische Sprache zur Darstellung der Verarbeitung binärer Signale nach dem Vorbild eines Stromlaufplans aus Schaltern und Relais. Einsatz vor allem in den USA und in der Automobilindustrie.
- **Funktionsbausteinsprache FBS** (*Function Block Diagram FBD*): Grafische Sprache, wobei Funktionsbausteine die Verarbeitungsoperationen und Linien den Signalfluss darstellen.
- **Strukturierter Text ST** (*Structured Text ST*): Pascal-ähnliche Sprache.
- **Ablaufsprache AS** (*Sequential Function Chart SFC*): Textuelle und grafische Sprache mit Ähnlichkeit zu Petri-Netzen. AS beschreibt die Abarbeitungsreihenfolge der einzelnen Operationen und eignet sich daher zur Darstellung der Grobstruktur eines Steuerungsalgorithmus. Jedem Schritt sind Aktionen zugeordnet, die ausgeführt werden, wenn die Aktion aktiviert ist.

8 Software Engineering

Volkhard Pfeiffer, Heinz-Jürgen Spielmann

8.1 Überblick und Einordnung

Software Engineering ist das Teilgebiet der Informatik, das sich mit der Bereitstellung und Anwendung von Methoden, Techniken und Werkzeugen für die **teamorientierte** Entwicklung von **hoch qualitativen Software Systemen** mit einem fixem Budget, zu einem fixen Termin unter **Berücksichtigung von Änderungen** beschäftigt.

Der Begriff Software Engineering soll deutlich machen, dass die Entwicklung von Software – wie die Entwicklung anderer technischer Produkte auch – als ingenieurmäßige Disziplin (z. B. Bauingenieurwesen) aufzufassen ist (daher der vergleichbare Begriff *Softwaretechnik*). Dies bedeutet, dass die Entwicklung großer, komplexer Softwaresysteme keine schwarze Kunst darstellt, die Künstlern und/oder Autodidakten vorbehalten ist. Software ist vielmehr durch den gezielten Einsatz von Methoden, Techniken und Tools und unter Anlehnung an die im technischen Bereich seit Jahrzehnten geltenden Vorgehensweisen (z. B. umfangreiche Planung, entwicklungsbegleitender Methoden- und Werkzeugeinsatz, Prototyping, Wiederverwendbarkeit von Bauteilen, ausführliche technische Dokumentation, starke Betonung der Qualitätssicherung, Einsatz von Stücklisten und Verwendungsnachweisen, etc.) in einem schrittweise nachvollziehbaren, standardisierten, dokumentierten und weitestgehend personenunabhängigen Produktionsprozess zu entwickeln.

Software Engineering befasst sich hierbei nicht so sehr mit der Fragestellung, wie kleinere Programme zu entwickeln sind, sondern sie befasst sich überwiegend mit den Problemstellungen, die mit der Entwicklung großer, komplexer Softwaresysteme verbunden sind.

► *Hinweis*: Zwischen der Erstellung kleinerer Programme und der Erstellung komplexer Softwaresysteme besteht ein quantitativer *und* ein qualitativer Unterschied. Im technischen Bereich wird beispielsweise für die Erstellung einer Hundehütte keine spezielle Bauplanung erforderlich sein und es werden auch keine statischen Berechnungen für die Hundehütte durchgeführt. Für die Errichtung eines komplexen Bauwerkes (z. B. ein Hochhaus) sind diese zuvor genannten Aktivitäten aber unabdingbar. In Analogie hierzu ist somit die Programmierung eines einfachen Programms mit dem Bau einer Hundehütte vergleichbar, während die Errichtung komplexer Bauten mit der Erstellung von komplexen Softwaresystemen vergleichbar ist, für die Methoden, Techniken und Tools des Software Engineerings zum Einsatz kommen müssen.

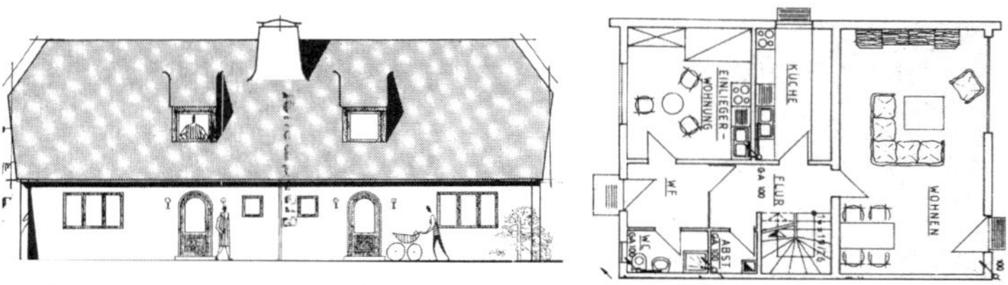

- **Viele Beteiligte**: Bauherr, Architekt, Maurer, Installateur, ...
- **Festes Budget**: nicht teurer als 500 000 €
- **Fixe Bauzeit**: 6 Monate
- **Anwendung vieler Standardtechniken, Methoden und Notationen**: Statikberechnung, Heizungsauslegung, ...
- **Qualitätsanforderungen**: Energieverbrauch maximal 7 l Heizöl pro m^2, ...
- **Diverse Werkzeuge**: Betonmischer, Kran, Hammer, ...

Bild 8.1 Software Engineering in Analogie zu klassischen Ingenieursdisziplinen

Unter anderem die rasante Entwicklung der Mikroelektronik hat dazu geführt, dass Software in vielen technischen Systemen (z. B. Automobil, Zugsteuerung, Röntgengerät, Handy) zum Einsatz kommt und dadurch die Softwarekomplexität stetig und rasant steigt. Insbesondere kann von Softwarefehlern eine Gefährdung für Leib und Leben ausgehen. Die Beherrschung dieser Komplexität ist also eine zentrale Software Engineering Aufgabe. Die Softwareerstellung für große Systeme beschränkt sich daher nicht nur auf die reine Programmierung, sondern behandelt folgende Themenkomplexe:

- Welche Aktivitäten in einem Softwareprojekt werden in welcher Reihenfolge durchgeführt, welche Ergebnisse (z. B. Pläne, Entwürfe, Dokumente, Programme) werden erzeugt, welche Rollen und Verantwortungen sind festgelegt (**Vorgehensmodelle** → 8.2)?
- Wie ermittelt und spezifiziert man Anforderungen des Auftraggebers/Kunden (**Requirement Engineering** → 8.4)?
- Welche **Softwarearchitektur** (→ 8.2.1) definiert man zur Lösung der Anforderungen?
- Wie kann man die Qualität von Software definieren, messen und sicherstellen? (**Software Qualitätsmanagement, Testen** → 8.5, 8.6)
- Wie verwaltet man Änderungen der Ergebnisse während des gesamten Software-Lebenszyklus (**Konfigurations- und Änderungsmanagement** → 8.7)?
- Wie plant und kontrolliert man Software Projekte, wie geht man mit Risiken (z. B. Aufwandsschätzungs- und Technologierisiken) bei der Software-Entwicklung um (**Projekt- und Risikomanagement** → 8.8)?

Grundlage dieser Themengebiete sind Modelle des zu entwickelnden Systems und die dazugehörigen **Modellierungssprachen** (→ 8.3).

8.2 Vorgehensmodelle

Der Erstellungsprozess für komplexe Softwaresysteme wird zur Reduktion der Komplexität in einzelne Aktivitäten untergliedert, die zu Software-Entwicklungsphasen zusammengefasst werden.

8.2.1 Software-Entwicklungsphasen

Eine **Software-Entwicklungsphase** ist ein zeitlich befristeter Abschnitt, in dem bestimmte Aufgaben durchgeführt werden, die zu Arbeitsergebnissen führen und in denen in sinnvoller Weise Methoden, Techniken und Tools eingesetzt werden. (Eine Software-Entwicklungsphase ist vergleichbar den Bauphasen bei der Errichtung eines Gebäudes).

Die Phasen werden üblicherweise im Rahmen von Software-Entwicklungsprojekten abgearbeitet und die Abwicklung ist durch ein **Projektmanagement** (→ 8.8.2, 21.4.2) zu planen, zu steuern und zielgerichtet und effizient durchzuführen. Hierzu gehört insbesondere auch die Freigabe/Initiierung der einzelnen Entwicklungsphasen.

Die in den Phasen erstellten Arbeitsergebnisse sind im Rahmen der **Qualitätssicherung** (→ 8.5, 8.6) daraufhin zu überprüfen, ob sie den gestellten Anforderungen genügen. Die getesteten und abgenommenen Arbeitsergebnisse einer Phase sind wiederum Ausgangspunkt für die Arbeiten der Folgephase. Sofern Fehler festgestellt werden oder aber wenn neue Erkenntnisse oder Änderungswünsche vorliegen, ist es erforderlich, einzelne Phasen erneut zu durchlaufen.

Die abgenommenen Ergebnisse (z. B. Pläne, Entwürfe, Programme, Dokumente) sind durch das **Konfigurationsmanagement** (→ 8.7) zu verwalten und für Änderungen bzw. Wiederverwendungen bereitzustellen. Die Softwareerstellung im Rahmen von Software-Entwicklungsprojekten ist eine zeitlich befristete Aufgabe. Die zeitlich unbefristeten, permanenten Aufgaben (wie z. B. die Wartung und der Betrieb von Software) werden im Rahmen des **Produktmanagements** (→ 8.8.3) behandelt.

In der Literatur und in der Praxis existiert zu den nachfolgend angegebenen Phasenbezeichnungen und Ergebnissen eine Vielzahl von Synonymen. Die wesentlichen Entwicklungsphasen mit ihren Ergebnissen sind in Bild 8.2 dargestellt.

Ausgangspunkt einer komplexen Software-Entwicklung ist eine **Planungsphase**. Im Rahmen der Planungsphase wird eine Klärung und Konkretisierung der Aufgabenstellung, eine Abgrenzung des zu entwickelnden Systems,

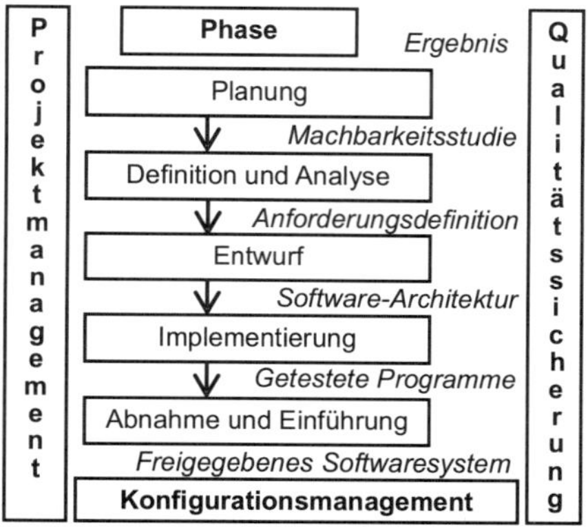

Bild 8.2 Software-Entwicklungsphasen und Aktivitäten

8

die Ermittlung von zu beachtenden Restriktionen (z. B. Zeit- und Kostenrestriktionen, Hard- und Softwarerestriktionen) und eine Wirtschaftlichkeitsbetrachtung durchgeführt sowie ein erster grober Projektplan erstellt. Für die präzisierte Aufgabenstellung sind grobe Lösungsalternativen zu erarbeiten. Die Ergebnisse der Planungsphase werden in einer **Machbarkeitsstudie** zusammengefasst.

► *Hinweis*:
1. Bei der Suche nach Lösungsalternativen wird insbesondere geprüft, ob alternativ zur Softwareerstellung auch der Einsatz von bereits existierender Software (Standardsoftware) möglich und sinnvoll ist. Daher muss u. U. in der Planungsphase auch eine Marktanalyse erstellt werden.
2. Die – u. U. groben – Vorstellungen des Auftraggebers werden in einem sog. **Lastenheft** in der Planungsphase zusammengefasst.

In der **Definitions- und Analysephase** werden die Anforderungen (**was** soll das zu entwickelnde System leisten?) ermittelt, festgelegt und beschrieben. Anforderungen werden in einer **Anforderungsspezifikation** (requirement specification) beschrieben. Häufig bezeichnet man bei plangetriebenen Vorgehensweisen (→ 8.2.3) diese Anforderungsspezifikation auch als **Pflichtenheft** (eine detaillierte Gliederung dazu findet man in /8.4/). Die Anforderungsspezifikation bildet die Grundlage für die Arbeit in den weiteren Entwicklungsphasen und ist eine Sollvorgabe für die Endabnahme des Softwaresystems. Eine Anforderungsspezifikation kann auch dazu benutzt werden, sich von Softwareherstellern Angebote zur Realisierung eines Softwaresystems einzuholen.

Außerdem wird in der Definitions- und Analysephase auf der Grundlage der Anforderungsspezifikation ein **Fachkonzept** erarbeitet. Das Fachkonzept ist eine vollständige Beschreibung der *fachlichen* Anforderungen an das zu entwickelnde Softwaresystem und liefert folgende Ergebnistypen:

- Beschreibung der fachlich relevanten Klassen und Beziehungen in einem Klassenmodell (→ 8.3).
- Beschreibung der Ereignisse, auf die das Softwaresystem reagieren muss.
- Beschreibung der Integration des zu entwickelnden Systems in die organisatorischen Arbeitsabläufe sowie in die existierende Systemlandschaft.
- Optional die Beschreibung der Benutzerschnittstelle (→ 16.1), d. h. Beschreibung der grafischen Oberfläche (Menüs, Listen, etc.). Die Benutzerschnittstelle kann auch schon in der Planungsphase mit einem Prototypen entworfen werden, um dem Kunden/Anwender eine Vorstellung des zukünftigen Softwaresystems zu vermitteln.
- Optional ein Benutzerhandbuch, das wichtige Abläufe der gestellten Anforderungen aus Sicht des Benutzers beschreibt.

Aufbauend auf den Ergebnissen der Definitions- und Analysephase wird in der **Entwurfsphase** die Software- und Systemarchitektur aufgestellt, die quasi einen Bauplan für die Realisierung des Systems darstellt.

Eine **Software-Architektur** definiert die grundsätzliche Struktur des Systems, zu der die **Zerlegung des Systems** in Komponenten, deren Schnittstellen und Beziehungen untereinander sowie das **Verhalten des Systems** gehört.

► *Hinweis*: Diese Struktur wird durch Sichten beschrieben: eine **Kontextsicht** (Beziehungen zu Nachbarsystemen und zur Systemumgebung), einer **Komponentensicht** (Komponenten und deren Beziehungen), einer **Laufzeitsicht** (Zusammenspiel/Abläufe der Komponenten) und einer **Verteilungssicht** (Verteilung einzelner Komponenten auf einzelne Rechner und/oder Threads).

In der Entwurfsphase werden zentrale Entwurfsentscheidungen getroffen: z. B. ob die Verteilung der Komponenten gemäß Client-Server Konzept (→ 12.2.1, z. B. via Socket-Kommunikation) erfolgt, oder die Architektur auf Basis von Web-Technologien (→ 11.6) entworfen wird. Insbesondere muss entschieden werden, ob Teile der Architektur auf der Grundlage kommerziell verfügbarer Komponenten oder mit open source Komponenten entwickelt werden (z. B. auf der Basis einer kommerziellen relationalen Datenbank). Alle Entwurfsentscheidungen sind zu dokumentieren, um später Bewertungen dieser Entscheidungen durchführen zu können.

► *Hinweis*: Je nach Art der zu entwickelnden Anwendung ändert sich der Architekturschwerpunkt und damit die zu lösenden Probleme: z. B. liegt der Schwerpunkt bei Echtzeit-Systemen (→ 9.8.7.1) auf der Parallelität, auf der Überwachung der Sensoren und Steuerung der Aktoren sowie dem Ressourcenbedarf. Hingegen bei webbasierten Anwendungen steht die Struktur und Steuerung der webbasierten

Bedienoberfläche, die Einbindung von Diensten sowie die Sicherheit und Sitzungsverwaltung im Vordergrund.

Das Ergebnis der Entwurfsphase ist die Beschreibung der Architektur. Welche Aspekte zu dokumentieren sind, ist in /8.45/ nachzulesen.

► *Hinweis*: Für die Festlegung der Komponenten, Schnittstellen und Verteilung reicht die reine Dokumentation der Architektur nicht aus. Vielmehr ist die *Architektur* im Hinblick auf die Realisierbarkeit von einzelnen Anforderungen *zu verifizieren*. Das bedeutet also insbesondere, dass Prototypen entwickelt werden müssen (z. B. zur Prüfung einer konkreten Effizienz Anforderung).

In der **Implementierungsphase** erfolgt die Programmierung der im Entwurf spezifizierten Komponenten/Klassen in einer Programmiersprache ($\rightarrow$ 7) sowie deren schrittweise Integration zu größeren Subsystemen.

► *Hinweis*: Es wird hierbei nicht – wie vielfach in der Literatur dargestellt – eine spezifische Testphase nach der Implementierungsphase angegeben, da der Test nicht als Phase aufgefasst werden sollte, sondern als integrierte, entwicklungsbegleitende Aufgabe, die in allen Entwicklungsphasen auszuführen ist.

In der **Abnahme- und Einführungsphase** wird das System in der Zielumgebung des Kunden installiert, es werden noch verbliebene Fehler beseitigt und schließlich das System an den Kunden übergeben. Ggf. sind auch Benutzerschulungen durchzuführen. Das Ergebnis dieser Phase ist die endgültige Freigabe des Produkts.

8.2.2 Definition Vorgehensmodelle

Vorgehensmodelle (process models) sind Leitfäden für die Software-Entwicklung.

Vorgehensmodelle haben einerseits einen Vorgabencharakter für die Entwickler. Andererseits soll den Entwicklern durch die Bereitstellung von Vorgehensmodellen eine Hilfestellung für ihre Arbeit gegeben werden (z. B. durch die Aufnahme von Beispielen, die Bereitstellung von Mustern, Formularen). Nur wenn ein Vorgehensmodell nicht nur eine „Zwangsjacke" darstellt, sondern vom Management akzeptiert ist, für die Entwickler auch von Nutzen ist und diese diesen Nutzen erkennen, wird seine Akzeptanz gewährleistet sein.
Vorgehensmodelle legen folgendes fest:

- die durchzuführenden Aktivitäten
- die Reihenfolge der Aktivitäten und deren Gliederung in Phasen
- Rollen und deren Verantwortlichkeiten
- wie und wann der Kunde mit einzubeziehen ist
- die abzuliefernden Ergebnisse (auch als Artefakte bezeichnet)
- Kriterien für die Fertigstellung der jeweiligen Phase

► *Hinweis*: Der Einsatz von Vorgehensmodellen ist in der Praxis leider noch nicht durchgängig der Fall oder eine „Pseudo-Vorgehensweise" wird als „agil" tituliert (→ 8.2.4). Ohne ein Vorgehensmodell entwickelt und dokumentiert jeder Entwickler ein Softwareprodukt so gut wie es nach seinem Kenntnisstand in der zur Verfügung stehenden Zeit möglich ist. Ohne eine zeitliche Untergliederung des Entwicklungsprozesses ist es zudem wahrscheinlich, dass die Projektabwicklung im Unternehmen problematisch ist, da Zeit- oder Budgetüberschreitungen – ohne Meilensteine wie z. B. Phasenabschlüsse – zu spät bemerkt werden.

Vorgehensmodelle lassen sich grob in zwei Kategorien einteilen: plangetriebene und agil.

8.2.3 Plangetriebene Vorgehensmodelle

Bei plangetriebenen Vorgehensmodellen erfolgt die Entwicklung auf der Basis umfassend definierter Regelwerke und Pläne sowie einer umfangreichen Dokumentation in allen Phasen (z. B. Projektplan, Qualitätsmanagementplan). In der Vergangenheit sind eine Vielzahl solcher Vorgehensmodelle entwickelt worden. Plangetriebene Vorgehensweisen legen besonderen Wert auf die **Wiederholbarkeit des Software-Entwicklungsprozesses**. Dadurch wird die Abhängigkeit der Qualität der Software-Entwicklungsergebnisse vom Können und dem Einsatz von Einzelpersonen verringert. Zu den in der Praxis am häufigsten eingesetzten zählen:

- Wasserfallmodelle
- V-Modelle
- Unified Software Development Process

Detaillierte Informationen zu den kurz vorgestellten Modellen und zur Beschreibung der weiteren Typen findet man in /8.5/, /8.36/, /8.23/, /8.6/, /8.35/.

Wasserfallmodell und V-Modell

Ein **Wasserfallmodell** unterteilt die Software-Entwicklung in einzelne Phasen mit jeweils Dokumenten als Ergebnis der Phase. Dabei werden die Phasen streng sequenziell durchlaufen, d. h. eine Phase beginnt erst, wenn die Vorgängerphase vollständig abgeschlossen ist.

Typischerweise ist der Kunde nur in der Anforderungsdefinitionsphase und bei Übergabe der Software beteiligt. In einer reinen Form ist das Wasserfallmodell nicht einsetzbar, da in der Praxis Überarbeitungen von vorherigen Phasenergebnissen erforderlich werden. Wasserfallmodelle werden von daher mit Rückkopplungsschleifen (sog. iterative Modelle) in der Praxis eingesetzt.

Die **V-Modelle** sind Weiterentwicklungen des Wasserfallmodells. Den Entwicklungsphasen werden hierbei explizit Prüfphasen gegenübergestellt. In Bild 8.4 sind die Entwicklungsphasen des Modells dargestellt. Die Phasen auf

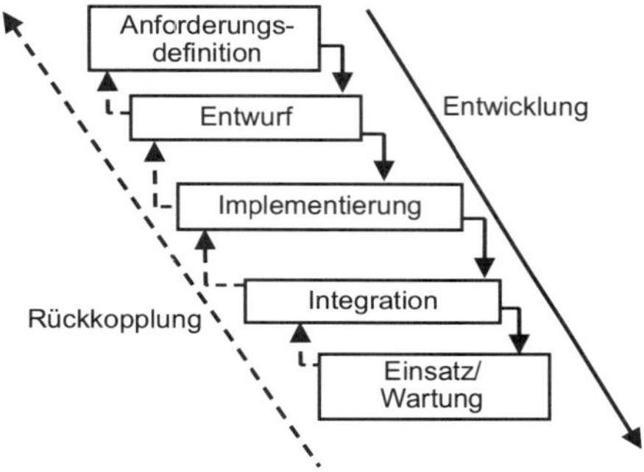

Bild 8.3 Wasserfallmodell

dem linken Schenkel des V's sind Verfeinerungen im Sinne einer Top-down Zergliederung, während die Phasen auf dem rechten Schenkel Integrationsphasen im Sinne einer Bottom-up Integration mit Prüfschritten darstellen.

► *Hinweis*: Besondere Bedeutung erhielt das V-Modell in Deutschland seit dem für den Bundesminister für Verteidigung ein Vorgehensmodell nach dem V-Modell entwickelt worden ist und seit 1991 als verbindlicher Standard bei wehrtechnischen Projekten einzusetzen ist.

Auf der Grundlage des V-Modells 97 wurde das derzeit verbindliche **V-Modell XT** /8.36/ entwickelt, das seit 2005 verfügbar ist und mit dem Ziel der besseren Anpassbarkeit (e**X**treme **T**ailoring) entwickelt wurde. Das V-Modell XT legt sog. **Vorgehensbausteine** (→ Bild 8.5) fest, die jeweils Aktivitäten mit Rollen zu einer abgeschlossenen verwendbaren Einheit zusammenfassen.

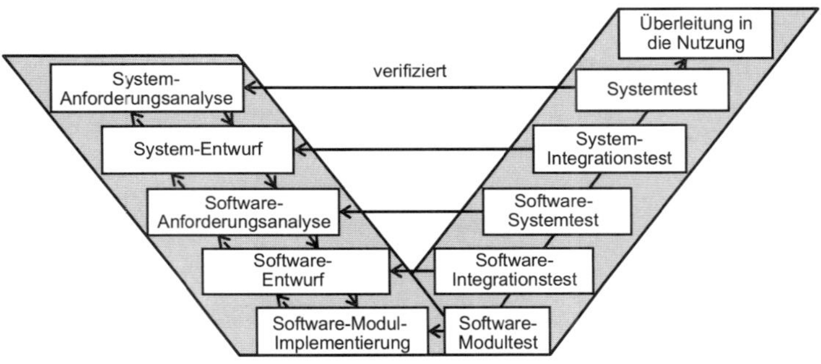

Bild 8.4 V-Modell 97 des Bundes (vereinfacht)

Außerdem definiert das V-Modell XT verschiedene **Projektdurchführungsstrategien**, die für verschiedene Projekttypen verpflichtende und optionale Vorgehensbausteine vorsieht. Die Kriterien für den Projektfortschritt werden dabei durch **Entscheidungspunkte** definiert. Dadurch wird eine bessere Anpassung und bessere Skalierbarkeit an Projektgrößen, Organisationen und Technologien möglich. Insbesondere erlaubt das V-Modell XT die Einbettung agiler Methoden (→ 8.2.4) in den Entwicklungsprozess.

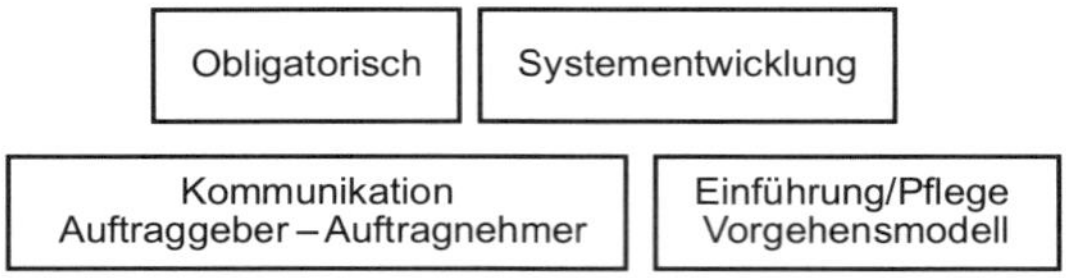

Bild 8.5 Die vier Kategorien der V-Modell XT Vorgehensbausteine

- ❑ *Beispiele* für obligatorische Bausteine: Projektmanagement, Qualitätssicherung; *Beispiele* für Systementwicklungsbausteine: Anforderungsfestlegung, Software-/Hardware-Entwicklung, Logistikkonzeption, Multiprojektmanagement.

Unified Process

Der Unified Software Development Process /8.23/ enthält Phasen, die **iterativ** zu durchlaufen sind. In jeder Phase wiederum sind einzelne Arbeitsschritte (Disziplinen) durchzuführen, wobei die Intensität der Arbeitsschritte in den einzelnen Phasen unterschiedlich ist (→ Bild 8.6). Am Ende einer Phase entsteht ein **Produktinkrement**. Zunächst wird in einer **Konzeptionsphase** das gewünschte Softwareprodukt definiert und es wird ein grobes Softwaremodell entworfen. Weiterhin werden in dieser Phase Mach-

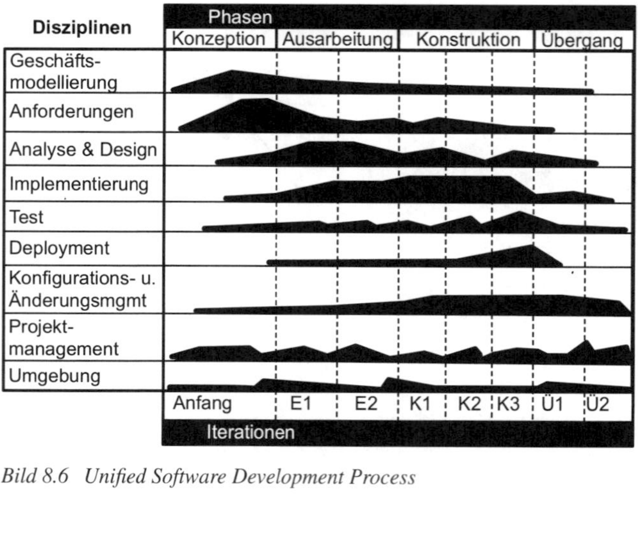

Bild 8.6 Unified Software Development Process

barkeitsstudien und Wirtschaftlichkeitsuntersuchungen durchgeführt. In der **Ausarbeitungsphase** werden die Anforderungen analysiert und es wird ein entsprechendes Analysemodell erstellt. Anforderungen werden dabei auf der Grundlage von Use-Cases (→ 8.3.3) erstellt und präzisiert. Auf dieser Basis erfolgt die Festlegung einer Softwarearchitektur, die iterativ vervollständigt und verfeinert wird. Ziel der Ausarbeitungsphase ist die **Bereitstellung einer validierten und stabilen Softwarearchitektur**. In der **Konstruktionsphase** wird iterativ ein ausführbares Softwareprodukt bis zum Reifegrad „Beta-Release" entwickelt, d. h. ein Softwarestand mit akzeptabler Qualität, lauffähig in der Kundenumgebung. In der **Übergangsphase** wird die Software-Qualität bis zum Reifegrad „Kunden-Release" verbessert, an den Kunden/Anwender ausgeliefert sowie Maßnahmen zur Markteinführung vorgenommen.

8.2.4 Agile Modelle

Die im vorigen Kapitel vorgestellten plangetriebenen Vorgehensmodelle stellen mit ihren Phasen und den in den Phasen zu erarbeitenden Ergebnissen einen „schwergewichtigen" Ansatz dar, der trotz Methoden- und Tooleinsatz immer noch ein nicht unerhebliches Restrisiko für eine komplexe Software-Entwicklung im Hinblick auf die Umsetzung der Anforderungen und der termin- und budgettreuen Projektabwicklung beinhaltet. Insbesondere wurden bei Software-Entwicklungsprojekten mit einem Zeithorizont von mehr als einem Jahr – auch bei Einsatz eines plangetriebenen Vorgehensmodells – die ursprünglichen Planansätze nicht immer eingehalten. Ende der 90 er Jahre entstand eine Gegenbewegung (agile Vorgehensweisen), die einen „leichtgewichtigen" Ansatz, insbesondere durch „Verschlankung" der Prozesse, darstellen und sich an folgenden Paradigmen orientieren:

- Software-Entwicklungsprozesse sind empirische und nicht wiederholbare Prozesse, bei denen der Mensch im Vordergrund steht (nicht der Prozess)
- Unsicherheit und Änderungen werden akzeptiert
- Minimale und grobe Beschreibung von Anforderungen (nicht präzise und vollständig zu Projektbeginn)
- Weniger Dokumentation und Pläne
- Kurze Releasezyklen und frühzeitige Erstellung von lauffähigem Code
- Kunde integraler Bestandteil des gesamten Entwicklungszyklus
- Häufige Software-Integration und permanentes Testen des Codes

Das „Weltbild" agiler Methoden ist im agilen Manifest /8.8/ nachzulesen. Beispiele für agile Vorgehensweisen sind eXtreme Programming (XP), SCRUM, Crystal, Adaptive Software Development /8.18/.

Extreme Programming

Extreme Programming (XP) ist einer der „schlankesten" agilen Prozesse mit u. a. folgenden Merkmalen /8.6/:

- Permanentes Codereview durch gemeinsames Programmieren von zwei Entwicklern an einem Rechner (**pair programming**).
- Erst Aufstellung und Implementierung des Testfälle, dann Implementierung des eigentlichen Codes (**Test-Me-First** Ansatz)
- Einfaches Design: Software enthält nur absolut notwendige Funktionalität
- Tägliche Integration und Generierung des Systems
- Kunde ist Mitglied des Teams und vor Ort

Im Kern der Vorgehensweise nach XP steht eine sog. **Entwicklungsepisode**, die iterativ wiederholt wird. In einer Entwicklungsepisode implementieren die Entwickler nach einer gemeinsamen Planung mit dem Auftraggeber/Kunden eine Programmieraufgabe, d. h. eine kleinste Terminplanungseinheit und integrieren diese nach erfolgten Tests in das übrige System. Der Kunde entwickelt Testszenarien für Abnahme- und Systemtest und entscheidet über den Umfang, die Prioritäten einzelner Funktionen sowie die Zusammensetzung einer Software-Version.

SCRUM

Eine der populärsten agilen Methoden ist die **SCRUM Methode** (→ Bild 8.7). Bei SCRUM werden die Anforderungen in einem sog. **Product Backlog** nur grob beschrieben und priorisiert. Während der Umsetzung einzelner Anforderungen kann der Product Backlog kontinuierlich ergänzt, verfeinert

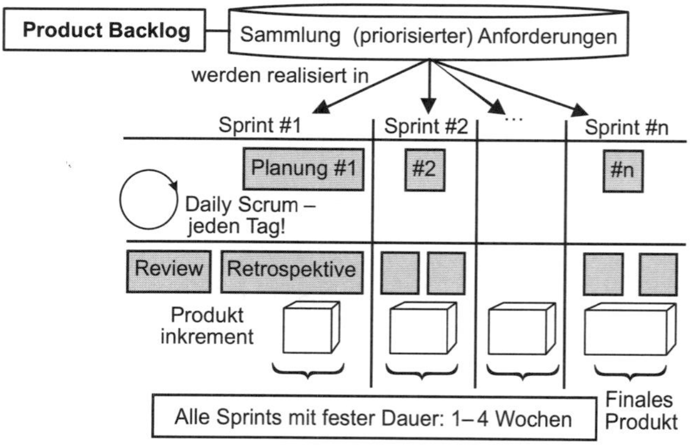

Bild 8.7 Überblick SCRUM Entwicklungsprozess

und modifiziert werden. Die Phasen der Entwicklung werden in Iterationen (**Sprints**) eingeteilt, die jeweils einen Teil der Anforderungen aus dem Product Backlog in ein (lauffähiges) Produktinkrement umsetzen. Alle Sprints sind *gleich lang* und auf jeweils *maximal 30 Tage begrenzt*, (häufig sogar auf bis zu eine Woche verkürzt). Zu Beginn eines Sprints gibt es immer eine Planungssitzung, bei der das Ziel des Sprints sowie alle notwendigen Aktivitäten für die Umsetzung der für diesen Sprint geplanten Anforderungen festgelegt werden. Die in einem Sprint umgesetzten Anforderungen werden in einem **Sprint Backlog** erfasst. Jeder Sprint endet mit einer Abnahme der Ergebnisse (**Sprint-Review**) sowie einer **Sprint-Retrospektive** mit der Zielsetzung, den aktuellen Entwicklungsprozess zu verbessern. Begleitet wird die Entwicklung durch ein tägliches Teamtreffen (**Daily Scrums**), in denen jedes Teammitglied über geplante Aktivitäten sowie über Hindernisse bei der Umsetzung kurz berichtet.

8.2.5 Auswahl und Anpassung der Vorgehensmodelle

Da Vorgehensmodelle grundsätzlich immer nur Leitfäden sind, muss ausgehend von der Größe, der Komplexität und den verwendeten Technologien *für jedes Software-Projekt ein Vorgehensmodell ausgewählt, angepasst* und auf die jeweilige Aufgabenstellung *zugeschnitten* werden. Die Anpassung eines Vorgehensmodells wird als **Tailoring** bezeichnet. Bei der Auswahl und Anpassung eines Vorgehensmodells sind Vorteile und Kritikpunkte gut abzuwägen. Bei plangetriebenen Modellen können z. B. Teilprozesse, Rollen und die Erstellung von Dokumenten entfallen, wenn dies für die Aufgabe nicht sinnvoll ist, und somit eine Überfrachtung mit Plänen und Dokumenten vermieden wird. Andererseits eignen sich agile Methoden z. B. nicht für große, verteilte Softwareprojekte.

Grundsätzlich verfolgen plangetriebene und agile Vorgehensweisen zwar diametral entgegengesetzte Philosophien, aber die Kombination beider Ansätze kann Vorteile bieten: z. B. kann zur Verifikation der Anforderungen der Test-Me-First Ansatz von XP unter Hinzunahme von systematischen Testmethoden in einem Unified Process angewendet werden.

8.3 Objektorientierte Modellierung

8.3.1 Methodische Einordnung

Der Schwerpunkt der Methodenanwendung in der Software-Entwicklung liegt in den vorderen Entwicklungsphasen (Definition & Analyse, Entwurf). Inhaltlich liegt der Methodenschwerpunkt auf der **modellhaften Beschreibung des**

Systems. Dabei unterscheiden sich die Methoden in den dargestellten Aspekten: nur Daten, nur Funktionen oder Daten und Funktionen als Einheit. Wenn nur Daten oder nur Funktionen einzeln betrachtet werden, spricht man von strukturierten Entwicklungsmethoden, andernfalls von der objektorientierten Entwicklungsmethodik.

Bei strukturierter Vorgehensweise ist für die Phase Definition und Analyse die **Entity-Relationship Modellierung** (**ERM**, → 13.2.2) nach CHEN /8.12/ für die Darstellung der Daten sowie **Structured Analysis** (**SA**) nach DE MARCO /8.15/ für die funktionale Modellierung ein Methodenstandard. In der Entwurfsphase gilt **Structured Design** (**SD**) zur Entwicklung modularer Strukturen als Standard. Methoden zur Modellierung von Geschäftsabläufen (business modeling) werden hier nicht betrachtet.

Bei objektorientierter Vorgehensweise ist die **objektorientierte Analyse (OOA)** für Definition und Analyse sowie die Methode **objektorientiertes Design (OOD)** für den Entwurf der Methodenstandard /8.11/, /8.31/. Sofern relationale Datenbanksysteme für das zu entwickelnde Softwaresystem eingesetzt werden, erfolgt bei strukturierter **und** objektorientierter Vorgehensweise der Entwurf der Datenbanken nach der **Normalformentheorie** von CODD und der ERM-Methodik (→ 13.2.3).

Im Gegensatz zur strukturierten Vorgehensweise können bei der Objektorientierung Ergebnisse der Definitions- und Analysephase als Kern weitestgehend unverändert in die Entwurfsphase übernommen werden, sodass hier kein grundlegender Wechsel in der Sichtweise entsteht. Aufgrund dieser Vorzüge hat sich die **objektorientierte Vorgehensweise als Standard bei der Software-Entwicklung** etabliert. Dementsprechend nimmt der Einsatz der Methoden SA und SD in der Praxis permanent ab, sie werden deshalb hier nicht weiter betrachtet.

► *Hinweis*: Da in der Implementierungsphase objektorientierte Programmiersprachen (→ 7.3) Standard sind, ergeben sich bei objektorientierter Vorgehensweise auch keine grundlegenden Abgleichprobleme in der Entwurfs- und Implementierungsphase. Allerdings führt der Einsatz relationaler Datenbanksysteme, die auf einer relationalen Algebra (→ 13.2.2) beruhen, in Verbindung mit objektorientierten Entwürfen zu einem Strukturproblem, das als **objekt-relationale semantische Lücke** (**object-relational impedance mismatch**) bekannt ist (→ 13.3.7.4). Zahlreiche Lösungen für dieses Problem existieren /8.17/.

8.3.2 Definitionen

Bei der objektorientierten Vorgehensweise werden Daten und Funktionen als Einheit aufgefasst. Zentrale Begriffe der Objektorientierung sind **Objekt** und **Klasse** (→ 7.3).

Ein **Objekt** ist ein problemrelevanter Gegenstand der Betrachtung, der über Eigenschaften (Attribute) verfügt und dessen Verhalten durch festgelegte Operationen beschrieben wird.

❑ *Beispiele* für Objekte: ein Mitarbeiter, ein Auftrag, ein Polygon, eine Maschine

Eine **Klasse** definiert für eine Sammlung gleichartiger Objekte deren Struktur (Attribute), deren Verhalten (Operationen) und die Beziehungen zu anderen Klassen. Ferner besitzt eine Klasse einen Mechanismus, um neue Objekte zu erzeugen (object factory).

❑ *Beispiele* für Klassen: Klasse der Mitarbeiter, Klasse der Polygone

Eine objektorientierte Systementwicklung fokussiert sich auf drei verschiedene Modellarten:

- ein **funktionales Modell**, das die Funktionalität aus Sicht des Benutzers sowie die Einbettung in die Gesamtumgebung (Kontext) beschreibt
- ein **statisches Modell**, das die Struktur des Systems darstellt (z. B. die Zerlegung in Klassen und Beziehungen) sowie
- ein **dynamisches Modell**, das das interne Verhalten des Systems zeigt (z. B. eine Sequenz von Methodenaufrufen der betreffenden Objekte).

8.3.3 UML als Modellierungssprache

Für die Beschreibung funktionaler, statischer und dynamischer objektorientierter Modelle existiert seit 1996 eine einheitliche Notation: **UML** (**Unified Modeling Language**). Zuvor gab es über 50 unterschiedliche methodische Ansätze für die objektorientierte Modellierung mit einer uneinheitlichen Begriffswelt und unterschiedlichen Notationen bei den verwendeten Diagrammen. Von drei prominenten Vertretern dieser unterschiedlichen methodischen Ansätze (G. Booch, J. Rumbaugh und I. Jacobson) wurde 1997 die UML-Version 1.0 freigegeben. UML ist kein Vorgehensmodell und auch keine Methode im engeren Sinne, sondern durch UML werden Begrifflichkeiten und Diagrammdarstellungen der objektorientierten Analyse und des Designs (→ 8.3.4) vereinheitlicht. Mittlerweile hat sich UML als Standard bei der Anwendung objektorientierter Entwicklungsmethoden bei Anwendern und Toolanbietern etabliert. Insbesondere die UML-Version 2.0 ist durch Einsatzerfahrungen der Anwender ergänzt und 2005 von der Object Modeling Group verabschiedet worden /8.29/, /8.31/.

UML bietet in der Version 2.3 dreizehn unterschiedliche Diagrammtypen für die Modellierung, die in der Tabelle 8.1 zusammengestellt sind. Die Vielzahl dieser Diagramme bedeutet nicht, dass bei einer konkreten Software-Entwick-

Tabelle 8.1 UML-Diagrammtypen

Diagramm	Einsatz-phasen	Sichtweise	Fragestellung
Klassen-diagramm	Analyse, Design	statisch	Welche Klassen mit welchen Beziehungen sind für mein System relevant?
Objekt-diagramm	Analyse	statisch	Welche Struktur besitzt mein System zu einem bestimmten Zeitpunkt?
Paket-diagramm	Analyse, Design	statisch	Wie behalte ich den Überblick über mein System?
Anwendungs-falldiagramm (Use-Case-Diagramm)	Analyse	statisch/ dynamisch	Welche Anwendungsfälle soll mein System umsetzen?
Aktivitäts-diagramm	Analyse, Design	dynamisch	Wie ist der Ablauf eines Geschäftsprozesses, Algorithmus, Methode etc.?
Zustands-Transitions-diagramm	Analyse, Design	dynamisch	Welche Zustände werden bei welchen Ereignissen von Objekten, Komponenten, etc. angenommen?
Sequenz-diagramm	Analyse, Design	dynamisch	Wer tauscht mit wem in welcher Reihenfolge Informationen aus?
Kommunikationsdiagramm	Analyse, Design	dynamisch	Wer arbeitet mit wem zusammen und tauscht welche Informationen aus?
Timing-diagramm	Analyse, Design	dynamisch	Wann befinden sich welche Interaktionspartner in welchem Zustand?
Interaktions-übersichts-diagramm	Analyse, Design	dynamisch	Wann ist welches Interaktionsdiagramm zu nutzen?
Komponenten-diagramm	Design	statisch	In welche Komponenten zerlegt sich mein System und welche Beziehungen gibt es zwischen ihnen?
Verteilungs-diagramm	Design	statisch	Auf welche Rechnerknoten werden welche Komponenten zur Laufzeit verteilt?
Kompositions-struktur-diagramm	Analyse, Design	statisch	Wie sieht die Struktur einer Klasse, einer Komponente, etc. aus?

lung alle Diagramme zu verwenden sind. Vielmehr sind diese situationsabhängig zu nutzen. Dem Vorteil, spezifische Situationen modellhaft mit einem geeigneten Diagrammtyp grafisch darstellen zu können, steht allerdings der Nachteil gegenüber, dass diese Vielfalt der Diagramme die Kommunikation zwischen Analytikern/Entwicklern und Kunden/Auftraggebern erschwert. Es ist also angeraten, sich auf wesentliche Diagrammtypen *zu beschränken*.

Vor der Entwicklung der statischen und dynamischen Modelle wird als Ausgangsbasis ein **funktionales Modell** durch sogenannte **Use Cases** gemeinsam mit Auftraggebern/Kunden entwickelt. In der Analysephase sind Use Cases deutlich besser geeignet, die Funktionalität mit Auftraggebern/Kunden zu besprechen als gemeinsame Überlegungen über fachlich benötigte Klassen. Ein Use Case ist hierbei ein fachlicher Anwendungsfall, der softwaretechnisch realisiert werden soll. Zunächst werden hierzu Use-Case-Diagramme (→ Bild 8.8) erstellt, die die relevanten Use Cases mit den betroffenen Akteuren darstellen. Ein **Akteur** ist ein Benutzer oder aber auch ein anderes IT-System, das mit dem Use Case kommuniziert. Ein **Use-Case-Diagramm** (Anwendungsfalldiagramm) ermöglicht eine Abgrenzung des zu erstellenden Systems zur Umwelt (häufig als Kontext bezeichnet). Dies bedeutet, dass explizit festgelegt wird, was zu realisieren und was bei einer Software-Entwicklung nicht zu realisieren ist. Zudem können Use Cases zur Formulierung von System-Testfällen herangezogen werden, mit denen die erstellte Software nach Fertigstellung auf fachliche Korrektheit überprüft werden kann (→ 8.6.3).

8

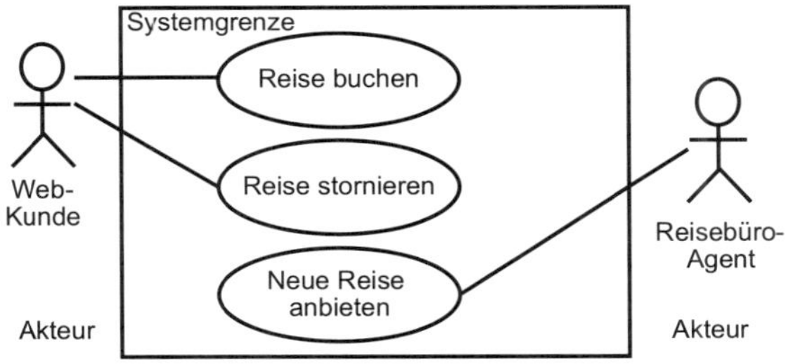

Bild 8.8 Funktionales Modell: Use Case Diagramm (Beispiel)

Die in einem Use-Case-Diagramm dargestellten Use Cases sind formal zu beschreiben (z. B. mit Namen, Zweck, Ablauf im Erfolgsfall, Akteuren, betroffenen Klassen, Ablauf im Fehlerfall etc.). Zur formalen Beschreibung von Use Cases sind Vorlagen und Beispiele verfügbar /8.14/. Durch die Modellierung und Beschreibung von Use Cases zu Beginn der Analyse wird insbesondere eine *Brücke* von der eher vorherrschenden funktionalen Denkweise zur Objektorientierung geschlagen. Die in der Use-Case-Beschreibung angegebenen betroffenen Klassen können dabei zur Modellierung erster grober Klassendiagramme herangezogen werden.

Ein **statisches Modell** beschreibt die Struktur des Systems, die u. a. durch **Klassendiagramme** definiert werden kann. Ein Klassendiagramm besteht aus einer Menge von Klassen mit Attributen und Operationen sowie Beziehungen zwischen diesen Klassen. Ein wesentliches Merkmal objektorientierter Modellierung sind **Vererbungsbeziehungen**.

► *Hinweis*: **Vererbung** (→ 7.3.2) bedeutet, dass man die Gemeinsamkeiten von Klassen in „Oberklassen" notiert und „Unterklassen" alle Attribute und Operationen von den „Oberklassen" erben. Bei den Unterklassen müssen somit nur noch spezifische Attribute und Operationen aufgeführt bzw. ggf. geerbte Operationen verfeinert werden. So erben z. B. in Bild 8.9 die Unterklassen Student und Dozent die Attribute name, adresse sowie die Operationen krankMelden() und beurlauben() von der Oberklasse Person.

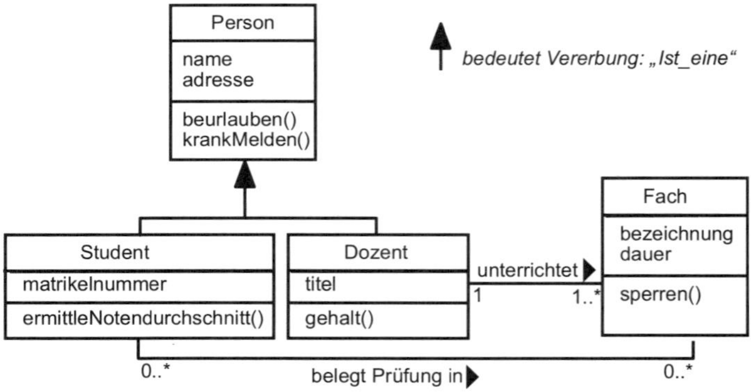

Bild 8.9 Statisches Modell: UML Klassendiagramm (Beispiel)

Die Beziehungen zwischen den Klassen werden im statischen Modell **Assoziationen** genannt. Assoziationen enthalten **Multiplizitäten**: so kann im Bild 8.9 ein Dozent 1 oder mehrere Fächer unterrichten (dargestellt durch „1..*", während ein Fach von genau einem Dozenten unterrichtet wird. Zudem ist aus dem Modell ableitbar, dass jeder Student eine Prüfung in 0, 1, oder mehreren Fächern ablegen kann, und anderseits ein Fach von 0, 1, oder mehreren Studenten für die Prüfung belegt werden kann.

In einem **dynamischen Modell** werden *verschiedene* Aspekte des Systemverhaltens dargestellt. Ein **Aktivitätsdiagramm** zeigt das **Systemverhalten** in Form von Aktivitäten, wobei Aktivitäten eine Folge von auszuführenden Operationen repräsentieren. Beispielsweise kann der Ablauf eines Use Cases, die Ausführung einer Operation einer Klasse oder aber der Ablauf eines Prozesses beschrieben werden. Bild 8.10 zeigt ein Aktivitätsdiagramm für einen Kaffeeautomaten. Aktivitätsdiagramme ab der UML 2.x sind in Anlehnung an PETRI-Netze erweitert worden und lassen daher parallele Abläufe zu /8.31/.

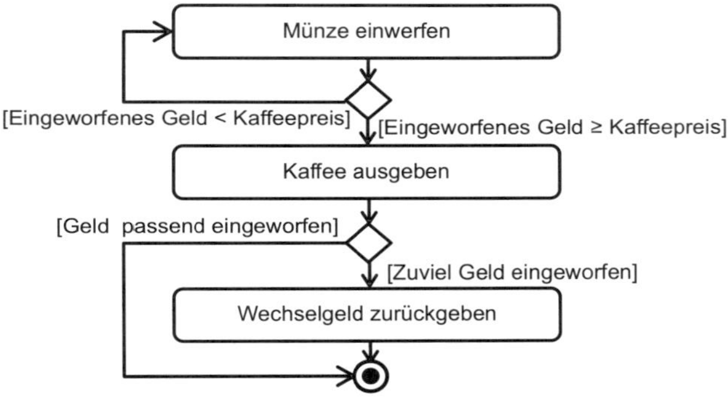

Bild 8.10 Dynamisches Modell: Aktivitätsdiagramm (Beispiel)

In einem **Sequenzdiagramm** werden für ein spezifisches Szenario die Botschaften, die zwischen den Objekten ausgetauscht werden, durch Pfeile dargestellt. Eine Botschaft ist in diesem Sinne der Aufruf einer Operation eines (Empfangs-)Objekts durch ein (Sender-) Objekt. Bei diesen Botschaftsaufrufen können – wie bei üblichen Unterprogramm- bzw. Prozeduraufrufen auch – Parameter übergeben werden. Die zeitliche Reihenfolge der Kommunikation wird in einem Sequenzdiagramm von oben nach unten dargestellt. Im Bild 8.11 ist exemplarisch ein Sequenzdiagramm für das Stellen der Minute einer Digitaluhr dargestellt.

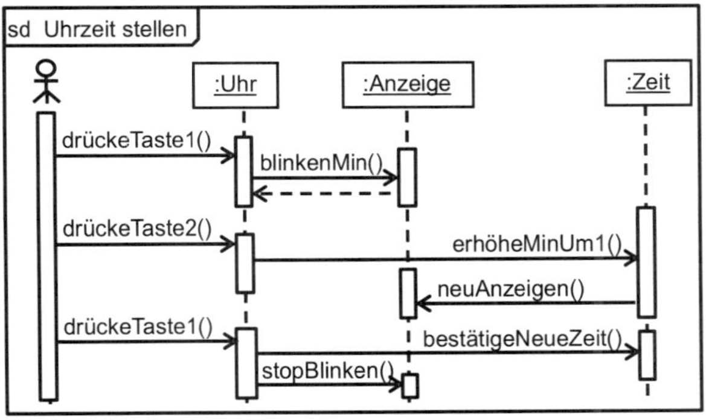

Bild 8.11 Dynamisches Modell: Sequenzdiagramm (Beispiel)

8

► *Hinweis*: Bild 8.11 zeigt drei Objekte der Klassen Uhr, Anzeige und Zeit sowie einen Akteur. Das Drücken der Taste 1 führt zum Aufruf der Operation „blinkenMin()" des Anzeige Objekts. Dies wird grafisch dadurch verdeutlicht, dass der Pfeil auf das Anzeige Objekt zeigt. Anschließend wird durch Drücken der Taste 2 die Operation „erhöheMinUm1()" des Zeit Objekts aufgerufen, das wiederum ein „NeuAnzeigen()" der Anzeige veranlasst usw. Die Rückmeldung einer Operation wird durch einen gestrichelten Pfeil symbolisiert.

Weiterhin wird im dynamischen Modell mit **Zustandsdiagrammen** /8.31/ der Lebenszyklus eines Objektes beschrieben, d. h. es wird beschrieben, wie ein Objekt auf Ereignisse (realisiert durch Botschaften) reagiert und wie es hierdurch seinen Zustand ändert. Der Zustand eines Objektes wird durch konkrete Ausprägungen von Attributen des Objektes repräsentiert.

► *Hinweis*: Bild 8.12 zeigt ein Zustandsdiagramm einer Klasse „Lampe" bei der man durch das Betätigen eines Schalters zwei Lichtstärken 50 Watt und 100 Watt schalten kann. Die entsprechenden Zustände sind „aus", „50 Watt leuchten" oder „100 Watt leuchten". Typischerweise werden Zustände in einem Attribut der Klasse abgelegt.

Zustandsdiagramme können einerseits zur Kommunikation und Abstimmung mit dem Auftraggeber/Kunden genutzt werden, andererseits können sie aber auch dazu benutzt werden, fehlende Operationen aufzudecken oder aber systematisch Testfälle herzuleiten (→ 8.6.3).

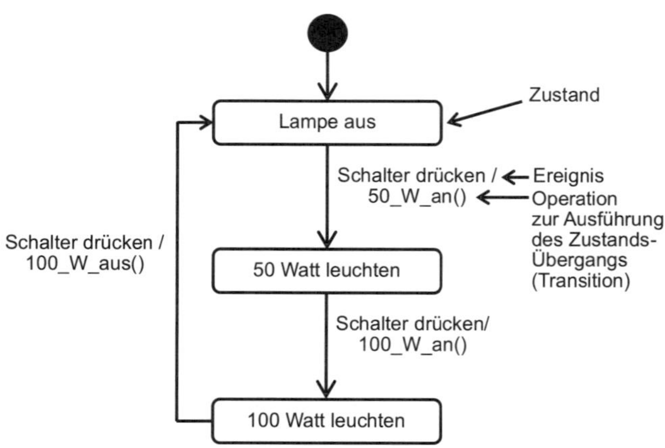

Bild 8.12 Dynamisches Modell: Zustandsdiagramm (Beispiel)

Im Entwurf sollten die Klassen zu **Komponenten** zusammengefasst werden /8.1/. Eine Komponente bietet eine spezifische Leistung nach außen an und verbirgt die Implementierung der in ihr enthaltenen Klassen. Durch eine

Komponente werden sog. **Exportschnittstellen** angeboten, d. h. es werden durch die Komponente Operationen bereitgestellt, die von anderen Komponenten genutzt werden können, ohne ihre konkrete Implementierung kennen zu müssen. Weiterhin können Komponenten über sog. **Importschnittstellen** auf Leistungen anderer Komponenten zurückgreifen. Komponenten sind (in der Regel im Gegensatz zu Klassen) ohne Änderungen *austauschbar*. Die Strukturierung eines Softwaresystems mit Komponenten wird in UML durch **Komponentendiagramme** – wie im Bild 8.13 dargestellt – dokumentiert.

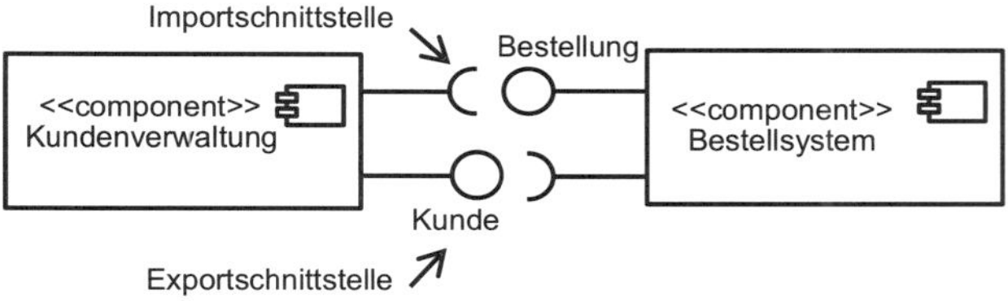

Bild 8.13 UML-Komponentendiagramm (Beispiel)

8

► *Hinweis*: Im Bild 8.13 wird von der Komponente Kundenverwaltung eine Schnittstelle Kunde (z. B. mit Operationen Kunde anlegen, Kunde suchen, Kunde löschen) bereitgestellt. Die Komponente Bestellsystem nutzt die Schnittstelle Kunde der Kundenverwaltung z. B. zur Zustellung und Abrechnung der Bestellung.

Ein weiterer wesentlicher Entwurfsaspekt (→ 8.2.1) ist die Fragestellung, wie die Komponenten auf Hardware verteilt werden. Dies wird durch ein **Verteilungsdiagramm** modelliert.

► *Hinweis*: Bild 8.14 zeigt die drei Hardware-Rechnerknoten (devices) WebClient, ApplicationServer, DBServer und einen Softwareknoten BestellServer, der auf dem ApplicationServer läuft. Die Anwendung *bestell.jar* wird vom BestellServer ausgeführt. Der ApplicationServer kann 0 bis n WebClients bedienen und ein Client kommuniziert mit genau einem ApplicationServer, wobei die Kommunikation zwischen beiden auf der Basis des http-Protokolls (→ 11.6.1) abläuft. Jedem ApplicationServer ist genau ein DBServer zugeordnet (und umgekehrt).

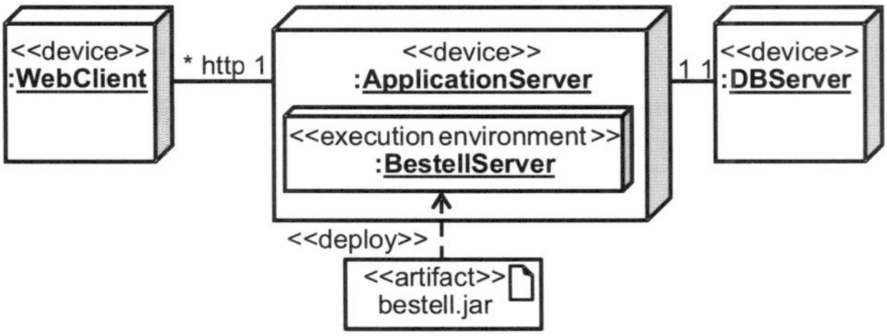

Bild 8.14 UML-Verteilungsdiagramm (Beispiel)

Zusätzlich zu den dreizehn Diagrammarten definiert die UML eine formalisierte Sprache, die **Object Constraint Language (OCL)**, mit der man UML-Diagramme um semantische Eigenschaften anreichern kann. Diese Eigenschaften werden in Form von Bedingungen notiert.

Beispielsweise können diese Bedingungen über den gesamten Lebenszyklus eines Objekts (sog. Klasseninvarianten, → Bild 8.15) gelten oder Regeln für Operationen vorgeben (sog. Vor- und Nachbedingungen, siehe auch /8.27/).

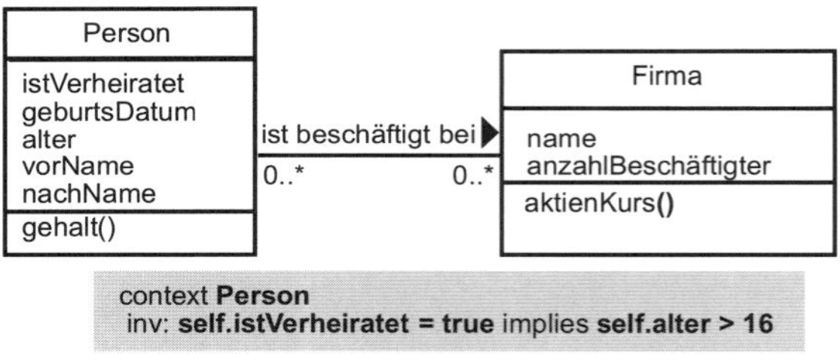

Bild 8.15 Beispiel für den OCL Ausdruck einer Klasseninvariante, die der Klasse Person zugeordnet ist. Bedeutung: wenn eine Person verheiratet ist, muss sie mindestens 17 Jahre alt sein.

8.3.4 Objektorientierte Analyse und -design

Bei der Systemmodellierung sind grundsätzlich zwei Bereiche zu unterscheiden: der **Anwendungsbereich** und der **Lösungsbereich**. Zum Anwendungsbereich zählen z. B. Kunde/Auftraggeber, Arbeitsabläufe und Geschäftsregeln, fachliche Zusammenhänge, die (physikalische) Umgebung. Zum Lösungsbereich zählen alle möglichen Technologien, Teilsysteme, existierende Softwarepakete usw., die eine gegebene Aufgabe lösen (→ 8.2.1). Modelle in der Definitions- und Analysephase beziehen sich auf den Anwendungsbereich (z. B. das Fachkonzept), Modelle in einer Entwurfsphase auf den Lösungsbereich (z. B. die Softwarearchitektur). Im Rahmen einer objektorientierten Modellierung fokussiert sich daher eine **objektorientierte Analyse (OOA)** auf den Anwendungsbereich, ein **objektorientiertes Design (OOD)** auf den Lösungsbereich. Im Unterschied zu strukturierten Methoden benutzen beide aber die gleichen Repräsentierungen (d. h. Klassen und Objekte) in der gleichen Notation (UML). Bild 8.16 zeigt die Gegenüberstellung an einem Beispiel.

▶ *Hinweis*: Man kann also nur anhand der Semantik der Klasse entscheiden, ob es sich um eine Klasse aus der Analyse („Fachklasse“) oder um eine Klasse aus der Designphase handelt. Bei Analysemodellen ist strikt darauf zu achten, dass sie keine Klassen aus dem Lösungsbereich enthalten.

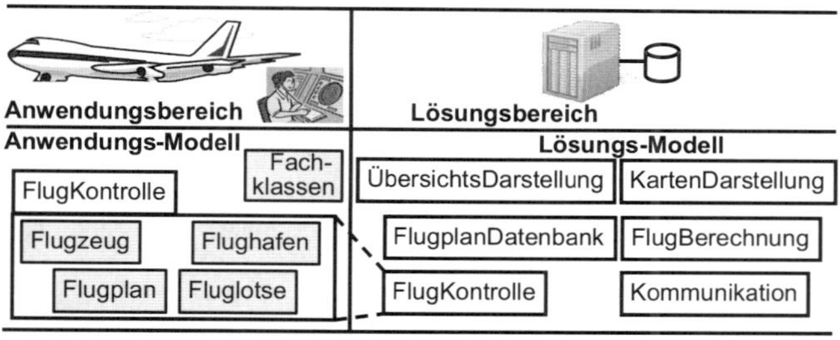

Bild 8.16 Anwendungsbereich versus Lösungsbereich (Beispiel)

Die Standardisierung auf Basis der UML erleichtert nicht nur die Kommunikation zwischen Kunde/Auftraggeber und Entwickler, sondern die Modelle sind zumindest (semi)formal und mit einer klaren Semantik hinterlegt. Dadurch wird es möglich, aus Analysemodellen (z. B. aus Klassen-, Zustandsdiagrammen) Designelemente automatisch zu generieren. Die automatische Herleitung von Designelementen aus Modellen wird als **Model-Driven-Architecture** (**MDA**) bezeichnet: MDA ist eine Abstrahierung des Softwareentwurfs von der konkreten Umsetzung und der Zielplattform. Um den Softwareentwurf variabel zu gestalten, dürfen keine Lösungsvarianten in die Analysemodelle mit einfließen /8.28/.

Das Ziel von OOD ist die Umsetzung der OOA-Ergebnisse unter den geforderten technischen Randbedingungen. Dies bedeutet einerseits, dass die in OOA aus fachlicher Sicht spezifizierten Fachklassen für die Codierung/Programmierung präzisiert werden müssen. Die Präzisierung bezieht sich hierbei u. a. auf die Festlegung der Datentypen für alle benötigten Attribute, die Spezifikation aller umzusetzenden Operationen, die Festlegung des Zugriffsschutzes für Attribute und Operationen (Sichtbarkeit), die Realisierung der Assoziationen etc. Im Idealfall können die im Rahmen der Analyse/des Fachkonzeptes spezifizierten (Fach-)Klassen somit unter Präzisierung in das Design übernommen werden. Andererseits erfolgt im Design die Festlegung der Software-Architektur, die u. a. benötigte Lösungsklassen (wie Datenhaltungsklassen zur Speicherung der Daten z. B. in relationalen Datenbanken, grafische Bedienoberflächenklassen) definiert (→ 8.2.1). Beispiele für allgemeine Entwurfsprinzipien und Hilfsmittel zur Definition von Software-Architekturen sind:

- Strukturierung der Klassen in **Schichten** (layer): Klassen mit einem hohen funktionalem Zusammenhang werden zu Schichten zusammengefasst mit klaren Abhängigkeiten zwischen den Schichten: eine Schicht ist *nur* von der darunter liegenden Schicht abhängig. Bild 8.17 zeigt eine typische 3-Schichten-Architektur.

8

- Anwendung von **Entwurfsmustern**: Entwurfsmuster (Design Pattern) sind generalisierte Lösungsideen zu immer wiederkehrenden Software-Entwurfsproblemen. Es existiert eine Vielzahl von Mustern, z. B. das **Model-View-Controller** Muster /8.20/ oder das **Data-Access-Object** Muster, das eine Lösung für einen objektorientierten Zugriff auf Daten, die in einer relationalen Datenbank gespeichert sind, darstellt /8.17/.
- Einsatz des Prinzips **Design-by-Contract**: Die Semantik von Methoden wird durch Vor- und Nachbedingungen formuliert. Der Aufrufer einer Methode muss sicherstellen, dass die Vorbedingung vor Aufruf der Methode gültig ist, im Gegenzug garantiert der Bereitsteller der Methode die Gültigkeit der Nachbedingung. Dies wird als Vertrag (contract) bezeichnet /8.27/.

Weitere objektorientierte Prinzipien sind in /8.11/ nachzulesen.

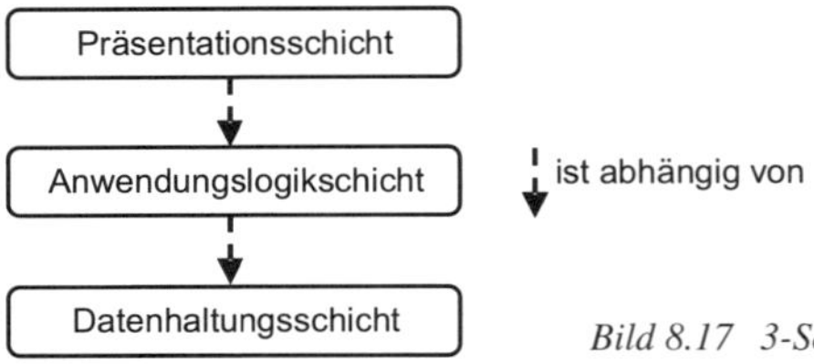

Bild 8.17 3-Schichten-Architektur

8.4 Requirement Engineering

8.4.1 Begriffsklärung und Einordnung

Requirement Engineering umfasst alle Aktivitäten, die sich mit der Erhebung, Analyse, Spezifikation und Validierung von Anforderungen für ein (Software-) System befassen.

Requirement Engineering erfordert viel Wissen über die Bedürfnisse der Kunden, über den Anwendungsbereich und über vorhandene Systeme sowie Kenntnisse über Standards, Normen und gesetzliche Vorgaben. Requirement Enginering Aktivitäten konzentrieren sich insbesondere auf die Definitions- und Analysephase sowie für die Validierung auf die Abnahmephase.

► *Hinweis*: Requirement Engineering erzeugt zwar nicht unmittelbar einen sichtbaren Nutzen, allerdings ist das zentrale Ziel, Fehler zu vermeiden, um anfallende Kosten zur Fehlerbehebung in späteren Phase einzusparen (→ 8.6.1). Die Ausgestaltung von Requirement Engineering Aktivitäten hängt u. a. auch vom gewählten Vorgehensmodell (→ 8.2) ab.

Anforderungen (requirements) legen die von einem (Software)-System zu erfüllenden Eigenschaften bzw. die zu erbringenden Leistungen fest.

► *Hinweis*: Diejenigen Personen, die diese Anforderungen erwarten, werden im englischen als „Stakeholder" (Akteur oder Interessenvertreter) bezeichnet. Beispiele dafür sind Benutzer, Marketing-Abteilung, Auftraggeber.

Dabei werden die Eigenschaften in funktionale und nicht-funktionale Anforderungen unterteilt.

Funktionale Anforderungen legen fest, *welche* Funktionen oder Dienste das (Software)-System erbringen soll.

► *Hinweis*: Funktionale Anforderungen beschreiben, *was* das System leisten soll, *aber nicht wie* das System die Leistung erbringt!

❑ *Beispiel* für eine funktionale Anforderung an eine Handgelenk-Satellitenuhr: *„Die SatUhr soll dem Kunden die Möglichkeit bieten, die Uhrzeit in Abhängigkeit der aktuellen (GPS) Position anzuzeigen."* /8.11/.

Nicht-funktionale Anforderungen sind Einschränkungen, *wie* das System die geforderte Funktionalität erbringt.

► *Hinweis*: Häufig werden nicht-funktionale Anforderungen auch als **Quality of Service (QoS)** bezeichnet und können sich auf mehrere funktionale Anforderungen beziehen.

❑ *Beispiel* für eine nicht-funktionale (Effizienz-) Anforderung: *„Die SatUhr soll die aktuelle Uhrzeit innerhalb von 5 Minuten nach einer GPS Ausfall Periode anzeigen."*

Nicht-funktionale Anforderungen werden durch Qualitätsmerkmale des Produkts, Restriktionen für den Entwurf (z. B. Nutzung bestimmter Softwaretechnologien) sowie Anforderungen an den Entwicklungsprozess (z. B. Einhaltung spezifischer Standards und Normen) präzisiert. Allerdings stellt sich die Frage, wie Qualität für Software definiert werden kann. Qualität ist nach ISO 8402 /8.49/ wie folgt definiert:

Qualität ist die Gesamtheit von Eigenschaften und Merkmalen eines Produktes oder einer Tätigkeit, die sich auf deren Eignung zur Erfüllung gegebener Erfordernisse beziehen.

► *Folgerung aus dem Qualitätsbegriff*: Die Produktqualität ist *relativ* und entscheidet sich durch einen Abgleich zwischen den geforderten und den erfüllten Erfordernissen/Anforderungen. Durch Änderungen der Erfordernisse/Anforderungen kann ein bislang qualitativ gutes Produkt – ohne Produktänderung – qualitative Mängel aufweisen.

Dieser allgemeine Qualitätsbegriff wird für Software durch **Qualitätsmerkmale** verfeinert. Die für Software definierten Merkmale sind:

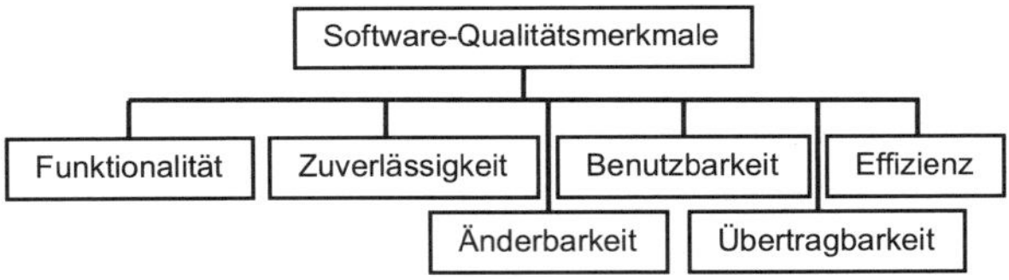

Bild 8.18 Qualitätsmerkmale für Software nach ISO 9126 /8.60/

Entscheidend ist es, diese Qualitätsmerkmale nicht nur in allgemeiner Form zu fordern (Beispiel: „*Die SatUhr soll die aktuelle Uhrzeit effizient nach einer GPS Ausfall Periode anzeigen.*“, sondern nicht-funktionale Anforderungen sollten mit **quantifizierten und überprüfbaren** Merkmalen formuliert werden (Beispiel: „*… innerhalb von 5 Minuten …*“.

► *Hinweis*: Um diese z. T. subjektiven Qualitätsmerkmale (wie z. B. Benutzbarkeit) quantifizierbar zu machen, wird jedes Qualitätsmerkmal in Teilmerkmale verfeinert und diese Teilmerkmale durch **Metriken** (→ 8.5.1), sog. Qualitäts-Indikatoren) mess- und bewertbar gemacht. Die **Goal-Question-Metric-Technik** nach /8.37/ definiert drei Schritte, wie man Metriken für Qualitätsmerkmale ableiten kann. Schritt 1: Festlegung von Zielen: z. B. Erhöhung der Kundenzufriedenheit. Schritt 2: Ermittlung von Fragen, wie das Ziel erreicht werden kann z. B. „Wie lange dauert die Problemlösung für den Kunden?“ Schritt 3: Aufstellung von Metriken, mit denen die Fragen beantwortet werden können z. B. durchschnittliche Zeitdauer zwischen Problemmeldung und Problemlösung.

8.4.2 Merkmale guter Anforderungen

Grundsätzlich soll jede Anforderung eine Reihe von Kriterien erfüllen. Die wichtigsten sind:

- **vollständig und korrekt**: alle Anforderungen werden erfasst und sind korrekt, d. h. dass das zu erstellende System sie erfüllen soll. Nicht geforderte Eigenschaften werden aber nicht beschrieben. „*Es gibt 24 Zeitzonen. Einige Staaten und Territorien (z. B. in Indien) sind eine halbe Stunde ihrer Nachbarzeitzone voraus*“ verletzt die Korrektheit.
- **eindeutig**: die Anforderung wird von allen Stakeholdern gleich interpretiert, z. B. „*Die SatUhr soll Zeitzonen und Staatsgrenzen unterstützen*“ ist nicht eindeutig, da nicht klar ist, ob Sommerzeitumstellung berücksichtigt wird oder nicht.
- **widerspruchsfrei**: die Anforderung muss in sich widerspruchsfrei sein, z. B. „*Eine SatUhr, die keine Software-Fehler enthält, muss auch keinen*

Update-Mechanismus zum Herunterladen einer neuen Softwareversion bereitstellen" ist nicht widerspruchsfrei und zugleich auch nicht testbar.

- **klassifizierbar nach Wichtigkeit**: jeder Anforderung wird eine Priorität zugeordnet, die den Nutzen der Anforderung widerspiegelt (z. B. ob und in welcher Hinsicht sie zur Wertschöpfung beiträgt). Häufig bieten sich drei Prioritätensstufen an: essenziell, bedingt und optional.
- **testbar**: jede Anforderung muss testbar sein. Beispielsweise ist eine Aussage *„soll normalerweise eintreten"* nicht testbar. Aus einer testbaren Anforderung lassen sich direkt Testfälle ableiten, die ggf. auch als Abnahmekriterium für den Auftraggeber gelten.
- **schätzbar**: der Aufwand für jede Anforderung muss vom Entwicklerteam abgeschätzt werden können. Das bedeutet insbesondere, dass Anforderungen verstanden werden müssen, sie also möglichst klar und verständlich formuliert sind. Dies setzt einen gewissen Spezifikations-Detailgrad voraus. Andernfalls sind weitere Projektplanungen hoch risikobehaftet oder unmöglich.

Weitere Kriterien sind in /8.64/, /8.4/ und /8.35/ nachzulesen.

8.4.3 Arten der Anforderungsspezifikation

Anforderungen lassen sich auf zwei verschiedene Arten spezifizieren:

- Anforderungen in natürlicher Sprache
- Anforderungen in semiformaler bzw. formaler Sprache

Anforderungen in natürlicher Sprache haben zwar den Vorteil der Einfachheit und Flexibilität, allerdings einen zentralen Nachteil: Sie können **mehrdeutig** sein. So kann z. B. die funktionale Anforderung *„Der Sensor muss neben der Tür angebracht werden"* je nach Person auf unterschiedliche Art und Weise interpretiert werden. Mehrdeutigkeiten können zwar durch das Erstellen eines **einheitlichen Glossars** reduziert werden, aber Anforderungen sollten in semiformaler bzw. formaler Sprache beschrieben werden: objektorientierte UML-Analysemodelle (→ 8.3.4) und OCL (→ 8.3.3) sind Beispiele für diese Spezifikationsart. Bei agilen Vorgehensweisen ist der Grad der Formalisierung und Grad der Detaillierung z. T. wesentlich geringer als bei plangetriebenen Vorgehensweisen. In der Regel werden hier Anforderungen durch User-Stories beschrieben. Bild 8.19 zeigt eine User-Story für einen Kalender:

► *Hinweis*: User-Stories sind nicht zu verwechseln mit UML Use-Cases. Der wesentliche Unterschied liegt darin, dass ein Use-Case in der Regel Anforderungen detaillierter und nach einem strukturierten Muster (z. B. Vorbedingung, Nachbedingung, Ablauf, beteiligte Akteure, Ausnahmen) beschreibt.

Für die Modellierung von Systemen, die aus Soft- *und* Hardware bestehen, ist auf der Basis von UML 2.0 die Sprache **SysML** entstanden. Diese definiert

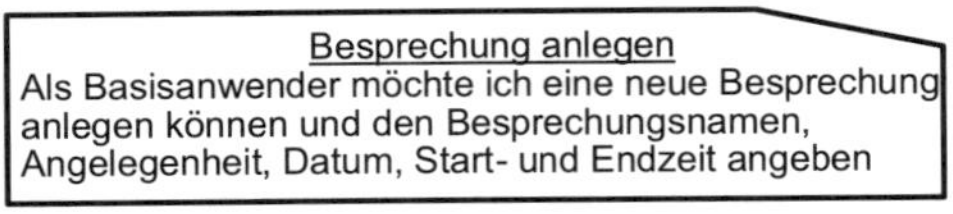

Bild 8.19 User Story Karte (aus /8.35/)

u. a. ein **Requirement Diagram** (Anforderungsdiagramm), mit dem man Anforderungen und deren Querbezüge in UML Notation verfeinern und präziser beschreiben kann /8.30/.

Es existiert eine Vielzahl von Schablonen für die Anforderungsspezifikation sowohl für agile wie auch für plangetriebene Vorgehensweisen /8.4/, /8.35/.

8.5 Software-Qualitätsmanagement

8.5.1 Begriffsklärung und Einordnung

Gemäß ISO 9000 /8.50/ ist Qualitätsmanagement wie folgt definiert:

Qualitätsmanagement umfasst aufeinander abgestimmte Tätigkeiten zum Leiten und Lenken einer Organisation bezüglich Qualität, also üblicherweise das Festlegen der Qualitätspolitik und der Qualitätsziele, die Qualitätsplanung, die Qualitätssicherung und die Qualitätsverbesserung.

► *Hinweis*: Die ISO 9000 erweitert den Qualitätsbegriff der ISO 8402 und verdeutlicht nochmals explizit, dass Qualität (und demzufolge auch Qualitätsmanagement) sich auf das Produkt *und* den Prozess bezieht.

Im Rahmen der **Qualitätsplanung** ist u. a. eine Qualitätspolitik – formuliert durch Qualitätsziele – festzulegen. Es ist eine Aufbau- und Ablauforganisation für die Qualitätssicherung einzurichten, in der die Aufgaben, die Verantwortlichkeiten und die Befugnisse der an der Qualitätssicherung beteiligten Stellen geregelt sind. Die Durchführung und Umsetzung der Qualitätspolitik erfolgt durch die Qualitätssicherung.

Qualitätsziele für ein Software-Produkt werden durch Qualitätsmerkmale formuliert (→ 8.4.1). Eine Abweichung der tatsächlichen Ausprägung eines Qualitätsmerkmals (z. B. Funktionalität, Effizienz) vom geforderten Qualitätsmerkmal betrachtet man als Fehler. Es gilt also:

Ein **Fehler** liegt sowohl bei Nicht-Erfüllung einer Anforderung als auch bei Realisierung einer unerwünschten Anforderung vor.

Die Erkenntnis, dass Qualität nicht im Nachhinein in ein Produkt und einen Prozess „hineingeprüft" werden kann, hat zur Klassifizierung der Qualitätssicherung geführt:

- die **konstruktive Qualitätssicherung** hat als Ziel, das Entstehen von Fehlern durch produkt- und prozessorientierte Massnahmen während der Entwicklung zu vermeiden. Beispiele sind der Einsatz von Software-Entwicklungsmethoden, (semi-) formalen Sprachen (z. B. UML als Modellierungssprache, C# oder Java als typisierte Programmiersprache), Werkzeugen (z. B. CASE-Tools, → 8.9), das Aufstellen von Richtlinien (z. B. Gliederungsaufbau für Dokumente, Codierungsrichtlinien).
- die **analytische Qualitätssicherung** (Synonym zu Testen) versucht, Fehler möglichst früh zu entdecken und die Qualitätsziele zu bewerten.

Die Grundlage von Qualitätszielen für Software-Produkt und -prozess ist deren Überprüfbarkeit. Dazu sind Metriken erforderlich.

8

Eine **Software-Metrik** ist eine empirische, reproduzierbare und objektive Zuordnung einer Zahl/eines Symbols zu einem Softwareprodukt oder -prozess, um eine spezifische Eigenschaft zu charakterisieren.

Software-Metriken haben den Charakter von Navigationsinstrumenten, wie sie auf Schiffen/Flugzeugen eingesetzt werden. So kann durch den Metrikeinsatz die Qualität der Produkte bzw. Prozesse zu einem Zeitpunkt im Sinne einer Standortbestimmung in quantitativer Form ermittelt werden. Eine präzise Standortbestimmung ermöglicht erst die quantifizierte und realistische Formulierung von Zielvorgaben für die Software-Entwicklung. Von daher sind nicht-quantifizierte Zielvorgaben in Software-Entwicklungsunternehmen, die nicht über präzise Standortinformationen durch einen Einsatz von Metriken verfügen, mehr als fragwürdig.

Durch den permanenten Einsatz von Metriken über einen Zeitraum können zudem Entwicklungstendenzen aufgezeigt werden.

❑ *Beispiel*: Durch die Metrik „durchschnittliche Fehlerverweildauer" (d. h. durchschnittliche Zeitspanne, die zwischen der Verursachung und der Aufdeckung eines Fehlers liegt) kann über die Durchschnittsbildung einem Softwareprodukt eine Zahl zugeordnet werden. Eine Reduktion der Verweildauer ist anzustreben, da Fehlerbeseitigungen um so teurer werden, je länger ein Fehler unentdeckt bleibt (→ 8.6.1). Falls die Zielvorstellung besteht, diese Verweildauer zu halbieren (z. B. durch Etablierung eines entwicklungsbegleitenden Testprozesses), kann die Zielerreichung durch Messung zu einem späteren Zeitpunkt überprüft werden.

8.5.2 Prozessverbesserung

Um die Softwarequalität für Softwareprodukte zu *verbessern*, gilt es insbesondere Schwachstellen im Software-Entwicklungsprozess zu finden und diese gezielt abzustellen. Dies bedarf einer Beurteilung des Software-Prozesses (software process assessment). Bekannte und umfangreiche Prozessbeurteilungsverfahren sind: **CMMI (Capability Maturity Model Integrated), SPICE (Software Process Improvement and Capability dEtermination)** und **BOOTSTRAP**. Typisch für diese Ansätze ist, dass die jeweiligen Verfahren den Software-Entwicklungsprozess in Teilprozesse mit geforderten Tätigkeiten und Artefakten gliedern z. B. die Teilprozesse Requirement Engineering, Projektplanung, Lieferantenvereinbarungen. Der aktuelle Entwicklungsprozess wird dann mit diesen definierten Teilprozessen verglichen und in eine Reifegradstufe eingeordnet. CMMI definiert beispielsweise die Reifegradstufen eins bis fünf und fordert z.B. für die Stufe vier u. a. ein Metrikmanagement, auf deren Basis ein quantitatives Projektmanagement möglich wird. Weitere Details sind in /8.5/ nachzulesen.

▶ *Hinweis*:
1. Um z. B. von einer niedrigeren Stufe zur nächsthöheren Reifegradstufe zu kommen, sind z. T. erhebliche ökonomische und organisatorische Investitionen erforderlich. Ausserdem müssen die betroffenen Personen für diese Umstellung gewonnen werden.
2. Eine hohe Reifegradstufe ist *nicht automatisch* gleichbedeutend mit guter Software-Qualität zu sehen: es ist zwar tendenziell richtig, aber noch *keine Garantie für gute Software-Qualität*.

8.6 Testen

8.6.1 Grundlagen

Ziel des Testens ist es, **Fehler aufzudecken**, um das mit der Software-Entwicklung und -bereitstellung verbundene Risiko zu minimieren. Jeder gefundene und beseitigte Fehler führt zu einer Produktverbesserung und zu einer Risikominimierung. In diesem Sinne ist ein Test erfolgreich, wenn er Fehler aufdeckt. Sofern keine Fehler gefunden werden, bleiben enthaltene Fehler unentdeckt. Es wird hierbei unterstellt – und durch die Praxis belegt –, dass jedes komplexe Softwareprodukt Fehler besitzt. Dabei sind die Kosten für die Fehlerbeseitigung umso teurer, je später sie entdeckt werden (1000 € in einer Konzeptionsphase versus 90 000 € in einer Betriebsphase /8.38/). Das Ziel muss also sein, Fehler im Entwicklungsprozess frühzeitig zu finden.

Grundsätzlich ergeben sich für das Testen folgende Problemstellungen:

- **Kombinationsproblem:** Mit welchen Werten wird geprüft? Beispiel: Die Funktion `long power(int b, int e)` hat 2^{64} mögliche Eingabewerte.
- **Überprüfungsproblem:** Stimmt der Wert mit dem zu erwartenden Wert überein? Beispiel: liefert `power(3,4)` den Wert 81?

Da die Zahl aller möglichen zu testenden Eingabekombinationen zu groß ist, beschränkt sich Testen auf die Auswahl einer „geeigneten" Stichprobe der Eingabedaten sowie auf die korrekte Auswertung der Testergebnisse. Das bedeutet aber auch, dass die Fehlerfreiheit einer kommerziellen, komplexen Software *nicht* durch den Testprozess bewiesen werden kann. Der Einsatz von Software ist somit – auch in sicherheitsempfindlichen Bereichen – immer mit einem Restrisiko verbunden, das auch durch noch so umfangreiche Testaktivitäten nicht auf null reduziert werden kann.

Testen verursacht Kosten. Ab einem bestimmten Zeitpunkt in der Entwicklung ist das Suchen nach (neuen) Fehlern nicht mehr ökonomisch. Es stellt sich daher eine weitere Frage:

- **Abbruchproblem**: Mit welchen Testfällen wird eine zu testende Software als ausreichend getestet betrachtet, sodass das Testen abgebrochen werden kann? Nur ein definierter Testprozess mit entsprechenden Testmetriken, systematisch erstellten Testfällen in angemessenem und überprüfbarem Umfang kann diese Frage beantworten.

8.6.2 Testaktivitäten

Für einen Test sind unterschiedliche Aktivitäten erforderlich (→ Bild 8.20) nach /8.38/:

Im Rahmen der **Testplanung und -steuerung** ist zu planen, welche Testobjekte (System unter Test) einem Test zu unterziehen sind, wie viel Ressourcen benötigt werden, wer für den Test verantwortlich ist und wer zu beteiligen ist, welche Testfallentwurfsmethoden einzusetzen sind, welche Tools zu benutzen sind, etc. Für den Fortschritt der Testaktivitäten sowie für die Qualität des Testobjekts sind geeignete Metriken zu definieren.

Auf der Grundlage von Dokumenten (z. B. Use Case Spezifikationen) werden in der Phase **Testanalyse und –entwurf** durch Anwendung von Testentwurfsverfahren (→ 8.6.3) Testfälle hergeleitet und diese in sog. Testspezifikationen beschrieben. Häufig beschränken sich diese Spezifikationen noch auf sog. abstrakte bzw. logische Testfälle, die keine konkreten Werte für Eingabedaten und erwartete Resultate angeben.

Konkretisiert werden die (abstrakten) Testfälle in der **Testrealisierung**: dazu sind konkrete Testdaten, ggf. Testskripte, Programme für die wiederholte Testausführung (sog. Regressionstests) sowie ggf. Handlungsanweisungen für manuelle Tests zu entwickeln. Dies erfordert eine Testumgebung, die sowohl aus Hardware- (z. B. die Bereitstellung von Servern) als auch Softwarekomponenten bestehen kann. Die Softwarekomponenten umfassen z. B. „Platzhalter"-Objekte (engl. Stub oder Mock Objekt) für noch nicht implementierte Komponenten, Testtreiber für selbstständig nicht ablauffähige Objekte.

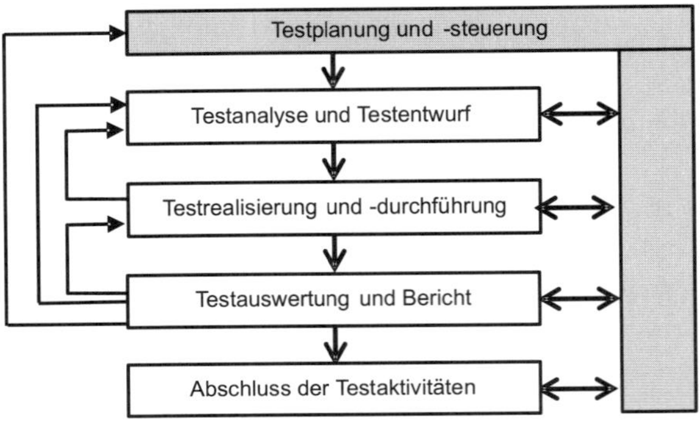

Bild 8.20 Testaktivitäten nach /8.38/

Falls die erforderlichen Testdaten und die Testumgebung bereitstehen, kann die **Testdurchführung** erfolgen. Dabei werden alle Ein- und Ausgaben, Vor- und Nachbedingungen etc. durch Testprotokolle dokumentiert, sodass eine genaue Wiederholung der Testfälle möglich wird. Bei Regressionstests werden diese Protokolle weitestgehend generiert. Im Rahmen der **Testauswertung** werden diese Protokolle analysiert und alle aufgedeckten Fehler zur Ursachenanalyse an die Entwicklungsteams weitergeleitet. Ein entsprechender Testbericht fasst die wichtigsten Ergebnisse zusammen. Ob die Tests ausreichen oder weitere Tests einzuplanen sind, findet in der Phase **Abschluss der Testaktivitäten** statt.

8.6.3 Methoden zur Testfallermittlung

Bei der Ermittlung von Testfällen gibt es eine Vielzahl von Methoden und Klassifikationen /8.25/. Allen Methoden liegt zugrunde, dass Testfälle nicht nur für den Erfolgsfall, sondern auch für Fehlerfälle entworfen werden müssen. Wichtige Testfallermittlungsmethoden sind:

Datenorientierte Testfallermittlung

Bei datenorientierten Methodiken wird versucht, das Kombinationsproblem durch eine Beschränkung auf bestimmte Eingabewerte zu lösen:

Bei der **Äquivalenzklassenanalyse** wird die Menge der möglichen Eingabewerte in sog. Äquivalenzklassen unterteilt und zwar so, dass sich alle Elemente einer Äquivalenzklasse für das zu testende System gleich verhalten. Äquivalenzklassen sind für gültige Fälle und für Fehlerfälle zu bilden. Stellvertretend für die gesamte Menge einer Äquivalenzklasse wird **ein Repräsentant** als konkretes Test-Eingabedatum ausgewählt.

Die **Grenzwertanalyse** ist eine Ergänzung der Äquivalenzklassenanalyse, wobei neue Testfälle für die Ränder der Äquivalenzklassen (Grenzwerte) zusammengestellt werden.

Kontrollflussorientierte Testfallermittlung

Diese Methodik basiert auf der Analyse des Kontrollflusses. Bild 8.21 zeigt einen Kontrollflussgraphen für ein Programm dargestellt als UML Aktivitätsdiagramm:

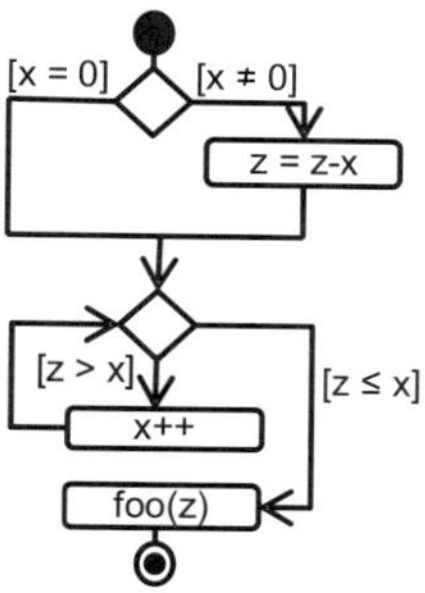


```
◊ Programm:
  if (x ≠ 0)
        z = z-x;

  while (z > x)
        x++;


  foo(z);
```

Bild 8.21 Kontrollflussgraph und zugeordnetes Programm (Beispiel)

Bei der **Anweisungsüberdeckung** sind Testfälle so zusammenzustellen, dass alle Anweisungen (d. h. *Knoten* im Kontrollflussgraphen) mindestens einmal ausgeführt werden. Die **Zweigüberdeckung** fordert analog, dass alle Verzweigungen (d. h. alle *Kanten* im Kontrollflussgraphen) mindestens einmal durchlaufen werden. Zweigüberdeckung schließt Anweisungsüberdeckung immer mit ein.

Die **Pfadüberdeckung** fordert Testfälle, sodass alle Pfade vom Start- bis zum Endknoten durchlaufen werden. Die Pfadabdeckung testet zwar den Graphen umfassend, die Anzahl der Pfade wächst aber exponentiell mit der Anzahl der Variablen/Verzweigungen. Insbesondere bei Schleifen ist die Pfadüberdeckung nicht anwendbar. Aus diesem Grund definiert man gemäß der **Boundary-Interior-Testtechnik** Testfälle für Schleifen so, dass die Schleife 0-mal, 1-mal und mehr als 1-mal ausgeführt wird.

Bei komplexen und zusammengesetzten Bedingungen kann die **Bedingungsüberdeckung** angewendet werden, die sicherstellt, dass alle Bedingungen und Teilbedingungen mindestens einmal mit „true“ und mit „false“ ausgeführt werden.

Für jede dieser Überdeckungsarten wird ein **Überdeckungsgrad (coverage)** definiert, der prozentual angibt, wie viele Anweisungen/Zweige/Pfade/Bedingungen durchlaufen wurden. 70 % Zweigüberdeckung bedeutet also, dass

30 % aller Zweige noch nicht getestet sind. Die Mindest-Testanforderung ist eine Zweigüberdeckung von 100 %. Häufig werden die verschiedenen Verfahren miteinander kombiniert.

Zustandsbasierte Testfallermittlung

Auf der Basis von Zustandsautomaten lassen sich Testfälle ableiten, sodass mindestens *jeder Zustand einmal erreicht* wird, mindestens *jeder Zustandsübergang einmal ausgeführt* wird und *alle Zustandsübergänge in Fehlerzustände durchgeführt* werden (weitere Details siehe /8.9/).

Anforderungsbasierte Testfallermittlung

Zur Überprüfung des gesamten Softwareprodukts sind Testfälle für alle Anforderungen zu entwickeln. Speziell für Anforderungen in Form von Use Case Spezifikationen gibt es folgende Systematik:

1. Ermitteln von „Eingabeplatzhaltern“ (sog. Operationsvariablen), für die der Use Case eine Eingabe durch den Akteur erwartet und das System je nach Eingabewert mit einer unterschiedlichen Antwort reagiert.
2. Darstellen des Use-Case-Ablaufs als Aktivitätsdiagramm
3. Anwendung von kontrollflussorientierten Testfallmethoden auf das zugeordnete Aktivitätsdiagramm sowie datenorientierten Testfallmethoden für die Operationsvariablen und zwar so, dass Testfälle für den Ablauf im Erfolgsfall sowie weitere Testfälle für Abläufe im Fehlerfall entstehen.

Nähere Einzelheiten findet man in /8.9/.

Wenn ein Testentwurfsverfahren nur aufgrund der Spezifikation erfolgt, so bezeichnet man dies als **Black-Box-Testentwurfsverfahren.** Wenn Testfälle mit Kenntnis der Implementierung abgeleitet werden, so spricht man von **White-Box-Testentwurfsverfahren** bzw. bei Hinzunahme eines Überdeckungskriteriums von **Glass-Box-Testentwurfsverfahren**.

❑ *Beispiele Black-Box-Verfahren: datenorientierter-, anforderungsbasierter Test*

Modellbasierter Test

Der Begriff modellbasierter Test wird im Wesentlichen verwendet, wenn mindestens eine der folgenden Vorgehensweisen angewendet wird:

- **Generierung von Testfällen aus vorhandenen Systemmodellen** (z. B. UML-Modellen) oder aus Modellen, die speziell für den Test entwickelt wurden (sog. Testmodell)
- **Modellierung von Testfällen** (z. B. durch UML-Aktivitätsdiagramme), also *keine* textuelle Spezifikation von Testfällen. Für die modellhafte Testspezifikation existieren eine Reihe von standardisierten Sprachen z. B. Testing and Test Control Notation 3 (TTCN 3) speziell für Telekommunikationssysteme, UML2 Testing Profile (U2TP) für den Black-Box Test /8.2/.

Besonders interessant werden diese Verfahren, wenn die generierten oder modellierten Testfälle von Softwaretools *direkt ausgeführt* werden können (**Testautomatisierung**, → Bild 8.22; /8.46/, /8.38/).

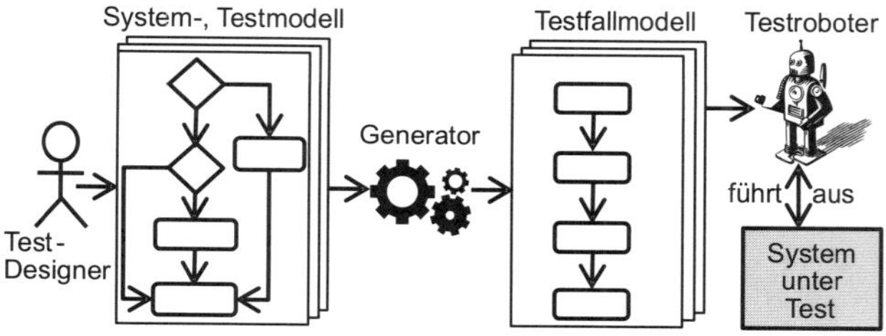

Bild 8.22 Generierung und automatisierte Ausführung von Testfällen

8

8.6.4 Statischer Test

Im Gegensatz zu den Verfahren in Abschnitt 8.6.3 wird bei statischen Testverfahren das Testobjekt nicht ausgeführt, sondern einer Analyse (z. B. durch ein Review) unterzogen:

> Ein **Review** ist ein geplanter und strukturierter Prozess, in dem Arbeitsergebnisse (z. B. Dokumente, Code, Modelle) einem Team von Gutachtern mit dem Ziel präsentiert werden, Fehler aufzudecken.

Reviews können in allen Software-Entwicklungsphasen eingesetzt werden. Insbesondere in den Phasen *vor* der Programmierung stellen sie die einzige methodische Testmöglichkeit dar. An einem Review nimmt – neben den Gutachtern – der Autor teil. Der Review-Ablauf wird von einem Moderator geleitet, ein Protokollant schreibt die gefundenen Fehler auf. Es gibt verschiedene Varianten von Reviews, die sich durch Aufwand und Leistungsfähigkeit unterscheiden /8.24/.

Wichtig ist, dass am Ende des Reviews von den Teilnehmern eine Entscheidung über die Abnahme, die notwendige Überarbeitung oder die Ablehnung des Review-Objektes getroffen werden muss.

8.7 Konfigurations- und Änderungsmanagement

Jedes komplexere Softwareprodukt besteht aus einer Vielzahl einzelner Elemente (Klassen, Dateien, Dokumente etc.). Diese Vielzahl wird dadurch erhöht, dass im Zeitablauf von einem Produkt mehrere **Versionen** entstehen, die sich durch Änderungen/Ergänzungen vom ursprünglichen Produkt unterscheiden. Weiterhin kann es von einer Version mehrere (länder- oder kundenspezifische) **Varianten** geben. Für den gesamten Lebenszyklus muss die Information darüber verfügbar sein, in welcher Version/Variante welche Elemente „eingebaut" sind oder aber in welcher Version/Variante ein bestimmtes Element verwendet worden ist. Außerdem müssen für die Software-Entwicklung *alle Änderungen nachvollziehbar* sein, damit auf vorangegangene Versionen zurückgegriffen werden kann. Diese Aufgaben werden von **Konfigurationsmanagementsystemen** übernommen.

> Unter einer **Software-Konfiguration** versteht man eine identifizierte und formal freigegebene Menge von Softwareelementen, die aufeinander abgestimmt sind und eine bestimmte Aufgabe erfüllen.
> Das **Software-Konfigurationsmanagement** (KM) identifiziert und verwaltet Softwarekonfigurationen durch den Einsatz geeigneter Methoden, Verfahrensweisen und Werkzeuge.

Das Konfigurations- und Änderungsmanagement übernimmt folgende Aufgaben (weitere Details in /8.22/):

- **Planung**: die organisatorische Abwicklung des Konfigurationsmanagements ist festzulegen z. B. in einem Konfigurationsmanagementplan.
- **Konfigurationsidentifikation**: Definition und Identifikation aller Elemente einer Konfiguration; Festlegen von Einzelkonfigurationen; Festlegung der Gesamtheit aller Konfigurationen.
- **Build-Management**: Automatische Erzeugung einer neuen Produkt-Version
- **Änderungsmanagement**: Bearbeitung, Verfolgung und Überwachung aller Änderungen bis zu ihrem dokumentierten Abschluss.
- **Administration**: Verwaltung und Bereitstellung aller Informationen über Elemente, Konfigurationen und ihre Beziehungen.

8.8 Softwaremanagement

8.8.1 Begriffsbestimmung

Unter dem Begriff des Softwaremanagements werden im Folgenden Softwareprojekt- und Softwareprodukt-Management zusammengefasst.

> Unter einem **Softwareprojekt** wird eine zielgerichtete, einmalige Aufgabe verstanden, die einen Start- und Endtermin besitzt und durch die Kriterien Umfang, Besonderheit, Schwierigkeitsgrad, Komplexität und Risiko gekennzeichnet ist.

Die Wartungs- und Pflegeaufgaben sowie alle permanenten Aufgaben, die im Zusammenhang mit Softwareprodukten abzuwickeln sind (z. B. die Produktplanung), werden durch das Produktmanagement (→ 8.8.3) wahrgenommen.

8.8.2 Projekt- und Risikomanagement

Projektmanagement umfasst alle planenden, steuernden und koordinierenden Maßnahmen, durch die sichergestellt wird, dass die vorgegebenen Ziele erreicht, die geplanten Termine und Kosten eingehalten werden sowie die geforderte Qualität der Softwarelösung realisiert wird.

Projektmanagement (→ 21.4.2) beschäftigt sich mit folgenden Aspekten: Für die **Projektdefinition** ist dafür Sorge zu tragen, dass ein abgestimmter, schriftlicher Projektauftrag vorliegt, auf dessen Basis die Projektabwicklung erfolgt. Er beinhaltet u. a. die Zielsetzungen und die zu beachtenden Restriktionen (z. B. Auslieferungsdatum). Weiterhin ist die Projektorganisation festzulegen, die die Berichts-, Entscheidungs- und Kommunikationsstruktur präzisiert. Details sind in /8.11/ nachzulesen.

Für die **Projektkalkulation** ist eine Aufwandsschätzung durchzuführen. Hierzu ist eine Vielzahl von spezifischen Schätzmethoden (z. B. Use-Case-Point-Methode, Function-Point-Methode) entwickelt worden /8.26/, /8.10/. Die Aufwandsschätzung ist um eine Wirtschaftlichkeitsbetrachtung zu ergänzen, bei der die geschätzten Aufwände dem zu erwartenden Nutzen gegenübergestellt werden.

Die **Projektplanung** ist die Grundlage für die Durchführung und Steuerung eines Projektes. Insbesondere sind die Aktivitäten zu planen, die erforderlich sind, um die festgelegten Phasenergebnisse zu erarbeiten. Die Aktivitäten sind unter Zuweisung von Zeitaufwänden und Mitarbeiterkapazitäten terminlich einzuordnen. Zur Unterstützung komplexer Projektplanungen hat sich die Netzplantechnik /8.5/ bewährt.

Die **Projektsteuerung** (Projektcontrolling) erfolgt auf der Grundlage der Planungen. Sie umfasst eine Projektüberwachung mit einem permanenten Abgleich zwischen den geplanten Werten (Termine/Budgets) und den sich ergebenden Istwerten.

Die **Kommunikation und Führung** eines Projektes zählt zu den schwierigsten Aufgaben des Projektmanagements. Im Rahmen der Kommunikation sind alle Beteiligten (Mitarbeiter, Auftraggeber) über den Projektstand, neue Informationen, Probleme etc. zu informieren. Weiterhin sind die Projektmitarbeiter anzuleiten, zu motivieren und evtl. auftretende Konflikte zu lösen.

Häufig scheitern Projekte an nicht erwarteten Ereignissen mit negativen Auswirkungen (z. B. Mitarbeiterfluktuation). Daher ist ein wesentliches Ziel, solche Risiken möglichst frühzeitig zu erkennen, um **präventive Maßnahmen zur Vermeidung** oder zumindest zur erheblichen Reduzierung der Auswirkungen zu entwickeln:

> **Risikomanagement** umfasst alle Aktivitäten, die sich mit der Erkennung, Analyse, Planung und Überwachung von Risiken befassen.

Risikomanagement wird in allen Software-Entwicklungsphasen (insbesondere in den frühen Phasen) betrieben und jedes einzelne Risiko nach einem einheitlichen Schema beschrieben und überwacht /8.43/.

8.8.3 Produktmanagement

Durch das Produktmanagement sind – im Gegensatz zu der zeitlich befristeten Projektabwicklung – alle permanenten Aufgaben zu übernehmen, die für den Einsatz, die Pflege und die Wartung von Softwareprodukten anfallen.

> Ein **Softwareprodukt** ist das Ergebnis von Tätigkeiten und Prozessen und umfasst materielle oder immaterielle Leistungen jeder Art.

Zu den Aufgaben eines Produktmanagers zählen:

- **Produktplanung**: Für ein Produkt sind Pläne aufzustellen, aus denen die zukünftige Entwicklung eines Produktes hervorgeht.
- **Anforderungsmanagement**: Die Anforderungen an das Produkt sind aktiv und passiv entgegenzunehmen und zu verwalten.
- **Bereitstellung der Produkte**: Hierzu zählen alle Maßnahmen für die Lieferung, den Einsatz und die Nutzung der Produkte.
- **Beschaffung**: z. B. durch Beauftragung von Projekten, in denen Produkte erweitert oder neue Produkte erarbeitet werden
- **Produktverwaltung**: d. h. Verwaltung aller Produktbestandteile (Produktinventar).
- **Produktcontrolling**: Erfassung aller produktbezogenen Aufwände und Erträge.

Sofern in einem Unternehmen noch kein Produktmanagement etabliert ist, erscheint es sinnvoll, sich zunächst auf das Management der Produkte zu konzentrieren, die kundenseitig bereitgestellt werden. Durch ein Produktmanagement wird – in Analogie zum Produktmanagement im Bereich der Markenartikel – die Kontinuität der Produktbetreuung und eine größere Kundennähe gewährleistet.

8.9 Tool-Unterstützung

Die für Software Engineering zur Verfügung stehenden Methoden und Techniken lassen sich in sinnvoller Weise nur mit einer Tool-Unterstützung umsetzen. Hierfür steht eine Vielzahl von verschiedenen Tools zur Verfügung, die im Sinne von Computer Aided Software Enginering (**CASE-Tools**) eingesetzt werden können. Tabelle 8.2 zeigt wichtige Tool-Kategorien, erhebt aber keinen Anspruch auf Vollständigkeit. Die Integration der verschiedenen Tools hat sich in den letzten Jahren zwar verbessert, aber nach wie vor existieren eine Reihe von Schwächen sowohl bei der Toolintegration als auch bei einzelnen Tools z. B. bei der Unterstützung der neusten UML-Standardisierungen.

Tabelle 8.2 Wichtige Tool-Kategorien

Tool-Kategorie	Aufgabe	Tool-Beispiele
Requirementmanagementtool	Management und Nachverfolgung von Anforderungen	DOORS, Agilo
UML-Modellierungstool	Erstellung und Management von UML-Modellen	Rational Software Architect, Innovator
Entwicklungsumgebung	Unterstützung bei der direkten Codierung	Eclipse, Microsoft Visual Studio
Testerstellungstool	Programmierung, Ausführung, Überprüfung von Testfällen	JUnit, NUnit
Testüberdeckungstool	Messung verschiedenster Überdeckungsarten auf Codebasis	Clover, Cobertura, CTC++
Projektmanagementtool	Management von Projekten mit Ressourcen und Aktivitäten	Microsoft Project
Versionsmanagementtool	Verwaltung von Software-Versionen und Releases	SVN, Rational Clearcase, Microsoft Team Foundation Server
Buildmanagement	Generierung von Software-Versionen	ANT, Maven
Änderungs- und Fehlertracking-Tool	Verwaltung und Nachverfolgung von Änderungen und Fehler	Bugzilla

9 Betriebssysteme

Uwe Schneider

9.1 Überblick und Einordnung

Die Hardware eines Computersystems reicht i. Allg. nicht aus, um darauf effizient Anwendungen zu entwickeln bzw. ablaufen zu lassen.

Ein **Betriebssystem** (operating system) stellt das Bindeglied zwischen der Hardware eines Computers einerseits und dem Anwender bzw. seinen Programmen andererseits dar. Es umfasst Programme, die zusammen mit den Eigenschaften des Computers „die Grundlage der möglichen Betriebsarten dieses Systems bilden und insbesondere die Abwicklung von Programmen steuern und überwachen" /9.16/.

Die Entwicklung von Betriebssystemen begann Mitte der 50er Jahre beim Einsatz von Computern der 2. Generation (→ 1.3.5).

Ausführlich werden allgemeine Konzepte, Architekturen und Funktionsprinzipien von Betriebssystemen u. a. in /9.2/, /9.3/, /9.11/, /9.18/, /9.22/, /9.29/, /9.40/, /9.42/, /9.46/ behandelt, siehe auch /9.19/, /9.21/, /9.32/.

9.1.1 Anforderungen und Aufgaben

Virtuelle (abstrakte) **Maschine** (→ Bild 9.1). Das Betriebssystem stellt sowohl für den Bediener als auch für den Programmierer *Dienste* zur Verfügung, die die Hardware in dieser Form nicht bieten kann.

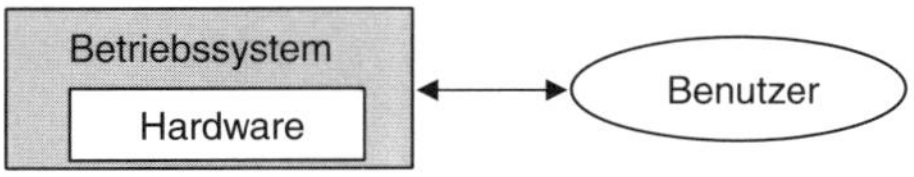

Bild 9.1 Betriebssystem als virtuelle Maschine

Aufgaben eines Betriebssystems (abhängig von Einsatzgebiet, Zielen und speziellen Forderungen der Nutzer):

- Anpassung der Leistungen der Hardware an die Bedürfnisse der Benutzer (Abstraktion der Hardware): Das Betriebssystem erweitert die Hardware-Funktionalität, z. B. durch effiziente Dateiverwaltung (→ 9.7).
- Organisation, Steuerung und Kontrolle des Betriebsablaufs im System: Zuordnung der Benutzeraufträge zu entsprechenden Ausführungseinheiten (z. B. Prozesse → 9.3), geeignete Ablaufplanung unter Beachtung von Wechselwirkungen zwischen den Ausführungseinheiten (→ 9.3.3).

- Verwaltung (Zuteilung, ggf. Entzug) von Betriebsmitteln (Ressourcen, → 9.4) an verschiedene Ausführungseinheiten.
- Kontrolle und Durchsetzung von Schutzmaßnahmen (z. B. Zugriffsrechte).
- Protokollierung des gesamten Ablaufgeschehens im System, Erkennung und Behandlung von Fehlerzuständen, Erfassung und Analyse von Leistungsdaten z. B. zur Systemoptimierung.

9.1.2 Klassifikation

Die **Betriebsart** (Nutzungsform, operation mode) eines Computers legt die Art und Weise der Kommunikation mit dem Benutzer fest.

- **Stapelverarbeitung** (batch processing): Bearbeitung einer Folge von zusammengehörigen Aufträgen. Ein solcher *Stapelauftrag* (*Job*) wird vom Benutzer mit allen erforderlichen Programmen, Daten und Anweisungen zur Ablaufsteuerung (Job Control Language, JCL) zusammengestellt. Er wird ohne Interaktion des Benutzers vollständig abgearbeitet.

  ❑ *Beispiele*: IBM OS/390, z/OS, BS 2000.

- **Dialogbetrieb** (interactive processing): Ständiger Wechsel zwischen Aktionen des Benutzers (z. B. Kommandoeingaben) und solchen des Systems (z. B. Kommandoausführung). Der Nutzer kann den Arbeitsablauf im Dialog jederzeit beeinflussen.

  ❑ *Beispiele*: MS-DOS, MS Windows 95/98/NT/2000/XP/Vista/7; UNIX/Linux.

- **Echtzeitverarbeitung** (real time processing): Einsatz eines Computersystems zur Steuerung und Überwachung von technischen Prozessen, wobei durch das **Echtzeitbetriebssystem** (→ 9.8.7.1) vor allem die Rechtzeitigkeit (Einhaltung von Zeitbedingungen) gesichert werden muss.

  ❑ *Beispiele*: VxWorks, VRTX, LynxOS, Enea OSE, MS Windows CE, QNX, OSEK/VDX (speziell im Automobilbau).

- **Verteilte Verarbeitung** (distributed processing): Ein **verteiltes System** (→ 12, 9.8.7) besteht aus mehreren miteinander gekoppelten Computern. Das Betriebssystem dient hier vorrangig der Verteilung von Daten, Ressourcen und Arbeitslast.

  ❑ *Beispiele* (neben universellen Betriebssystemen):
  - verteilte Betriebssysteme (→ 9.8.7.4): Amoeba, CHORUS, MACH.
  - spezielle Netzwerk-Betriebssysteme (→ 9.8.7.3): Novell Netware.

► *Hinweis*: Viele Betriebssysteme bieten mehrere Betriebsarten an, ggf. durch ergänzende Komponenten. Stapelverarbeitung wird oft in Verbindung mit integrierten Skriptsprachen (→ 7.6.3), z. B. für MS Windows oder UNIX/Linux (Shell Scripts) angewendet.

9

Anzahl der Benutzer, die zur selben Zeit bedient werden können:

- **Einzelnutzer-System** (Single-User-System): Ein solches System führt keine Erkennung bzw. Verwaltung mehrerer Nutzer durch.

  ❑ *Beispiele*: MS-DOS, MS Windows 3.x/95/98/ME.

- **Mehrnutzer-System** (Multi-User-System): Es steht (gleichzeitig) mehreren Benutzern zur Verfügung, z. B. über Terminals oder im Netzwerk.

  ❑ *Beispiele*: UNIX, Linux, IBM z/OS, i5/OS, BS2000, OpenVMS.

Anzahl der Aufträge, die gleichzeitig bearbeitet werden können:

- **Einzelprozess-System** (Singletasking): Das System kann jeweils nur einen einzigen Auftrag bearbeiten. Ein weiterer Auftrag wird erst nach Beendigung des aktuellen angenommen.

  ❑ *Beispiele*: CP/M, MS-DOS.

- **Mehrprozess-System** (Multitasking, auch Multiprogramming): Es kann gleichzeitig mehrere verschiedene Aufträge verwalten und parallel bzw. quasi-parallel (zeitgeschachtelt) bearbeiten. Eine modifizierte Variante findet sich bei Systemen mit **Multithreading** (→ 9.3.2.4).

  ❑ *Beispiele*: MS Windows 95/NT/2000/XP/Vista/7, UNIX/Linux, z/OS, i5/OS, OS/2, BS2000, OpenVMS, VxWorks, VRTX, LynxOS.

  ▶ *Hinweis*: Neben diesen Kriterien gibt es zahlreiche weitere Bewertungsgrößen (→ 9.2.1, 9.8.4).

9.2 Architektur von Betriebssystemen

9.2.1 Entwurfskriterien

Kriterien beim Entwurf und der Implementierung von Betriebssystemen (sie dienen auch zur qualitativen Bewertung eines Systems → 9.8.4):

- Modularität und Orthogonalität,
- inkrementelle Erweiterbarkeit und Konsistenz,
- statische oder dynamische Konfigurierung/Rekonfigurierung,
- Skalierbarkeit,
- Zuverlässigkeit und Fehlertoleranz,
- Portierbarkeit,
- Transparenz und Virtualisierung.

9.2.2 Hauptkomponenten

Gestaltungsvarianten von Betriebssystemen:

- Betriebssystem als **Sammlung von Funktionen**: Das Betriebssystem stellt zwar Unterprogramme bereit, übt aber kaum Steuerungsfunktionen aus. Damit ist meist nur Einzelnutzer- und Einzelprozessbetrieb möglich.

- Betriebssystem als **Privilegierte Kontrollinstanz**: Zur Realisierung von Mehrnutzer- und/ oder Mehrprozessbetrieb muss das Betriebssystem die Steuerung wichtiger Vorgänge übernehmen. Dadurch ergibt sich eine gewisse Strukturierung aus den zu realisierenden Aufgaben (→ 9.1.1).

Typische **Funktionskomplexe** universeller Betriebssysteme:
- Kommunikation mit der Umgebung (→ 9.2.4),
- Auftragsverwaltung (→ 9.3.1),
- Benutzerverwaltung (→ 9.8.3),
- Prozessverwaltung (→ 9.3.2) und -koordinierung (→ 9.3.3),
- Betriebsmittelverwaltung (→ 9.4),
- (Haupt-)Speicherverwaltung (→ 9.5),
- Ein-/Ausgabe-Steuerung (→ 9.6),
- Dateiverwaltung (→ 9.7).

► *Hinweis*: In Betriebssystemen für spezielle Einsatzbereiche (→ 9.8.7) sind einige Komponenten besonders ausgeprägt oder fehlen teilweise. Dies betrifft auch Betriebssysteme für mobile Computer (z. B. Symbion OS, MS Windows CE).

> Als **Systemsoftware** werden alle Programme zusammengefasst, die eine effiziente und komfortable Benutzung eines Computers ermöglichen. Neben dem Betriebssystem gehören dazu ergänzende, hardwareunabhängige Dienst- und Hilfsprogramme.

Systemsoftware umfasst u. a.:
- **Programmierumgebungen** (integrierte Entwicklungsumgebungen) mit Editoren, Compiler bzw. Interpreter, Verbinder (Linker) und Lader, Testhilfen (Debugger) und Verwaltungsprogrammen.
- **Dienstprogramme** (tools, utilities) für typische Arbeitsvorgänge (z. B. Suchen, Kopieren oder Sortieren von Daten) sowie zur Installation/Konfigurierung (→ 9.8.1) und Administration (→ 9.8.3).
- Programme zur Realisierung spezieller Betriebsformen, z. B. *Transaktionsverarbeitung* (*transaction processing, TP* → 12.4.7, 13.5.6).

9.2.3 Architekturmodelle

Architekturmodelle verdeutlichen die Anordnung der Komponenten des Betriebssystems und ihr funktionales Zusammenwirken. Sie geben auch Aufschluss über die Portabilität des Systems. Bekannte Modelle sind:
- **Monolithische Architektur**: Alle wesentlichen Komponenten des Systems sind zu einem homogenen Gebilde zusammengefügt, das zwar u. U. effizient, aber nicht flexibel anpassbar ist.
- **Kern-Schale-Architektur** (→ Bild 9.2): Ein privilegierter *Kern* (*kernel*), der die wichtigsten Komponenten vereint (z. B. Prozessverwaltung

→ 9.3.3), wird durch eine *Schale* (*shell*), z. B. Kommando-Interpreter (→ 9.2.4) ergänzt. Typischer Vertreter dieses Modells ist UNIX.

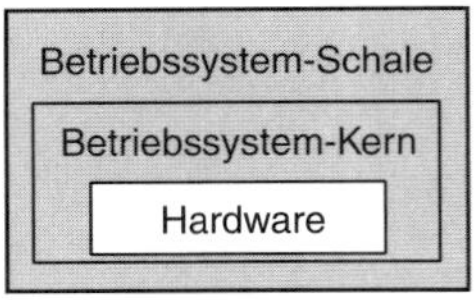

Bild 9.2 Kern-Schale-Modell

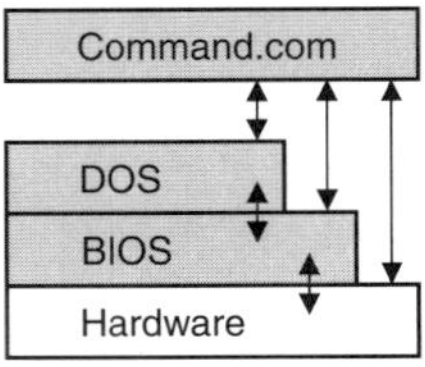

Bild 9.3 Quasi-konsistente Schichten (Beispiel MS-DOS, vereinfacht)

- **Hierarchische Schichten (Mehrschichtenmodell)**: Das System wird modularisiert und in einzelne Schichten geteilt. Zwischen diesen sind *Schnittstellen* definiert, so dass sie austauschbar sind.

  ► *Hinweis*: In der Hierarchie bietet jede Schicht ihre Dienstleistungen der (den) darüber liegenden Schicht(en) an und greift gleichzeitig zur Erfüllung ihrer Aufgaben auf die Dienste der tiefer liegenden Schicht(en) zurück. Die unterste Schicht ist i. Allg. die Hardware, die oberste oft ein Kommandointerpreter. *Konsistente Schichten* sind leicht austauschbar, das strenge Durchlaufen aller Schichten führt aber oft zu Effizienzverlusten. Bei *quasikonsistenten Schichten* (*Treppenstufenmodelle* → Bild 9.3) kann dagegen bei Bedarf auf verschiedene tiefer liegende Schichten zugegriffen werden. Dies führt jedoch u. U. zu unkontrollierbaren Abläufen. Moderne Betriebssysteme lassen daher i. Allg. keine direkten Hardwarezugriffe aus Anwendungen zu.

- **Mikrokern** (micro kernel): Er bildet nur noch eine Art Infrastruktur mit minimalem Funktionsumfang. Alle anderen Betriebssystemfunktionen werden durch Server- bzw. Systemprozesse außerhalb des Kerns erbracht, die flexibel modifiziert oder erweitert werden können (→ Bild 9.4). Damit lassen sich **Client-Server-Modelle** (→ 9.3.3.3, 12.2.1) realisieren. Mikrokerne findet man z. B. bei MACH, QNX/Neutrino.

  ► *Hinweis*: „Reine" Mikrokerne enthalten nur elementare Funktionen, z. B. zur Speicherverwaltung (→ 9.5), IPC (→ 9.3.3.3), Prozessverwaltung (→ 9.3.2), Scheduling-Mechanismus (→ 9.4.2), sowie einige hardwarenahe Funktionen (→ 9.6.2). Server- bzw. Systemprozesse realisieren dagegen z. B. die Dateiverwaltung (→ 9.7).

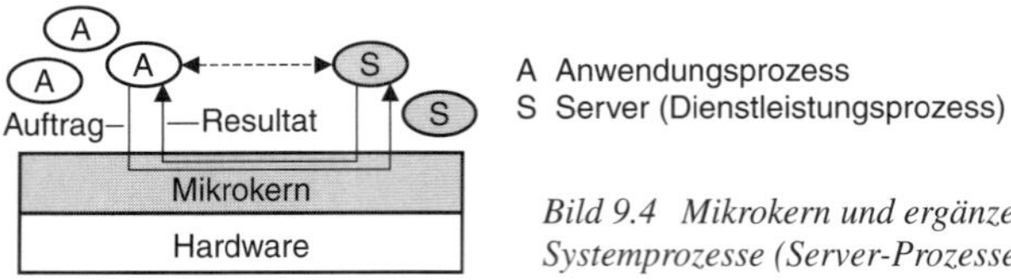

Bild 9.4 Mikrokern und ergänzende Systemprozesse (Server-Prozesse)

Konkrete Betriebssysteme weisen oft Aspekte verschiedener Architekturkonzepte auf, z. B. eine Kombination von Kern und weiteren Hierarchieschichten.

Gestützt auf immer leistungsfähigere Hardware (→ 3) gewinnen Techniken der Abstraktion bzw. **Virtualisierung** an Bedeutung (→ 9.8.6). Sie erlauben die (quasi-)parallele Ausführung mehrerer Betriebssysteme oberhalb einer zusätzlichen Virtualisierungsschicht auf demselben Rechner.

9.2.4 Schnittstellen

Betriebssysteme bieten zwei wichtige Schnittstellen an.

Die **Benutzerschnittstelle** (User Interface, UI) dient zur Interaktion des Bedieners mit dem System. Sie wird mithilfe eines Kommando-Interpreters realisiert, der Bedienhandlungen auswertet.

Interaktionsmöglichkeiten (→ 16.3.3) für Kommando-Interpreter:

- **Kommandosprachen**: Aufträge (Kommandos) werden durch Texteingaben hinter einem Bereitschaftszeichen (*prompt*) ausgelöst.

  ► *Hinweis*: Viele Kommando-Interpreter bieten Programmierkonstrukte an, um komplexe Arbeitsabläufe durch Kommandofolgen zu automatisieren (z. B. Batch Files bei MS-DOS, Shell Scripts bei UNIX und Linux, → 7.6.3).

- **Text-Menüs, Bildschirm-Masken** erlauben eine gute Bedienerführung mit strengen Eingabekontrollen.
- **Grafische Benutzeroberflächen (Graphical User Interface, GUI)**: Die Bedienung erfolgt einfach mittels grafischer Eingabegeräte (→ 5.2), Ausgaben erscheinen z. B. in Bildschirmfenstern (Windows).

  ► *Hinweis*: Beim „Schreibtisch-Modell" (desktop, workplace → 16.3) sind Objekte (z. B. Dateien) durch *Sinnbilder* (*icons*, Symbole) repräsentiert. Arbeitsvorgänge werden auf der grafischen Oberfläche visualisiert (z. B. Kopieren einer Datei durch Verschieben eines Symbols mit der Maus, „*drag and drop*").

  ► *Hinweis*: Die grafische Benutzerschnittstelle kann fester Bestandteil des Betriebssystems (z. B. bei MS Windows) oder aber (frei wählbare) Systemkomponente (z. B. bei UNIX/Linux) sein. Der letzte Ansatz bietet hohe Flexibilität durch beliebige *Window-Manager*, die Aussehen, Bedienung und „Verhalten" der Fenster („*Look and Feel*") bestimmen und auf einem (standardisierten) Fenstersystem basieren, z. B. auf X-Windows.

Die **Programmierschnittstelle (Application Programming Interface, API)** definiert in ihrer Syntax und Semantik die Funktionen des Betriebssystems in Form von **Systemdiensten** (system services).

Diese Systemdienste stehen für den Programmierer einer Anwendung i. Allg. in Funktionsbibliotheken (z. B. DLLs bei MS Windows, Sammlung in

„Win32-API" bzw. .NET Framework) für die jeweils benutzte Programmierumgebung (→ 7.1.2) bereit und sind z. T. standardisiert (POSIX /9.27/).

► *Hinweis*: Der Aufruf von Systemdiensten (system call) erfolgt unter Nutzung spezieller Unterbrechungsmechanismen bzw. privilegierter Befehle und ist Bestandteil des hardwareabhängigen *Application Binary Interface* (*ABI*).

► *Hinweis*: Auch die Funktionen eines Window-Systems können von Anwendungsprogrammen via API benutzt werden, um diese mit grafischen Bedienelementen auszustatten. Ein solches mehrschichtiges Grafiksubsystem bietet verschiedene Funktionen (*intrinsics*) zur Realisierung von typischen Grafikelementen (*widgets*), z. B. für Schaltknöpfe (*buttons*) oder Schiebebalken (*scroll bars*) an.

9.3 Prozesse

9.3.1 Prozesskonzept

Ein **Programm** (program) ist eine statische Folge von *Anweisungen* in einer Programmiersprache (→ 7) unter Nutzung von *Daten*. Es dient zur Codierung eines *Algorithmus* und liegt i. Allg. in Form einer Datei vor.

Ein (sequenzieller) **Prozess** (process, auch: **Task**) ist eine dynamische Folge von Aktionen (Zustandsänderungen), die durch Ausführung eines Programms auf einem Prozessor zustande kommt. Ein Prozess ist insbesondere durch seinen *zeitlich veränderlichen Zustand* gekennzeichnet. Er wird im Betriebssystem infolge eines Auftrags erzeugt (→ Bild 9.5).

Ein Programm kann mehreren Prozessen zugeordnet sein (→ Bild 9.5). Ein Prozess ist aus der *Sicht des Benutzers* als *„Aktivitätsträger"* bzw. *„Ausführungseinheit"* charakterisiert. Die Aktivität eines Prozesses zeigt sich in der Transformation von Eingangs- in Ausgangsoperanden, deren Werte z. B. in CPU-Registern oder Speicherzellen vorliegen können.

Bild 9.5 Beispiele für den Zusammenhang zwischen Auftrag, Prozess und Programm

Adressraum. Er umfasst alle einem Prozess zugeordneten Speicherbereiche für Programmcode, statische sowie dynamische Daten und Stack. Das Betriebssystem kann dafür einen *Zugriffsschutz* realisieren (→ 9.5).

Der **Auftrag** zur Erzeugung eines Prozesses kann u. a. ausgelöst werden:
- von einem Bediener, z. B. durch Kommandoeingabe,
- direkt aus der Umgebung, z. B. durch Interrupts (→ 3.4, 9.6.2),
- von anderen Prozessen, z. B. durch Aufruf von Systemdiensten.

► *Hinweis*: Nach Erfüllung seines Auftrages wird ein Prozess i. d. R. beendet, Ausnahmen bilden periodische Prozesse (z. B. Dienstleistungs- bzw. Server-Prozesse), die nach Erfüllung eines Auftrages auf neue Aufträge warten.

9.3.2 Verwaltung paralleler Prozesse

Wenn zu einem Zeitpunkt mehrere Prozesse im System existieren, d. h., wenn sie sich zwischen Erzeugung und Abschluss befinden, werden sie **parallele Prozesse** genannt, unabhängig davon, ob ein System mit einem oder mehreren Prozessoren bzw. Prozessorkernen (→ 3) zugrunde liegt.

Aus der *Sicht des Betriebssystems* stellen Prozesse *Verwaltungseinheiten* bzw. *Objekte* dar, die im Prinzip parallel ablaufen können (Multitasking → 9.1.2). Steht jedoch nur ein Prozessor zur Verfügung, kann die Bearbeitung der Prozesse nur quasiparallel erfolgen. Diese **Nebenläufigkeit** (concurrency) wird z. B. durch eine geeignete *zeitliche Verschachtelung* der Prozesse erreicht (wechselweise Prozessorzuteilung, Scheduling → 9.4.2).

9

Das Betriebssystem verwaltet sowohl **Anwendungsprozesse (Benutzerprozesse)** als auch **Systemprozesse** (zur Ausführung von Betriebssystemleistungen, die ggf. aus dem Betriebssystem-Kern ausgelagert wurden → 9.2.3). Alle diese Prozesse arbeiten i. Allg. im so genannten **Benutzermodus (user mode)**, in dem nicht alle Maschinenbefehle ausführbar und direkte Hardwarezugriffe nicht erlaubt sind. Die Routinen des Betriebssystem-Kerns laufen dagegen im **Systemmodus (system mode, kernel mode)** ohne Beschränkungen.

9.3.2.1 Prozesszustände

Zu einem Zeitpunkt können nur so viele Prozesse im System wirklich voranschreiten, wie Prozessoren bzw. Prozessorkerne zur Verfügung stehen. Die Prozessverwaltung basiert deshalb auf einem **Zustandsmodell** (→ Bild 9.6), das die **Zustände**, die ein Prozess während seiner Existenz (ggf. auch mehrfach) annehmen kann, und die zulässigen **Zustandsübergänge** enthält.

Typische **Grundzustände** eines Prozesses:

- *aktiv* (auch *rechnend, running*): Der betreffende Prozess hat einen Prozessor zugeteilt bekommen und schreitet voran (er „läuft").
- *bereit* (auch *laufbereit, ready*): Der Prozess wartet nur noch auf die Zuteilung eines Prozessors (keine weiteren Wartebedingungen).
- *wartend* (auch *blockiert, suspendiert, waiting*): Der Prozess muss auf die Erfüllung (mindestens) einer Bedingung (z. B. auf eine Nachricht) warten.
- *nicht existent* (*non existing*): „Formaler" Zustand für Prozesse, die noch nicht oder nicht mehr im System existieren.

► *Hinweis*: Mitunter wird der Zustand „aktiv“ als Zusammenfassung von „rechnend“ und „bereit“ benutzt. Meist besteht der Zustand „wartend“ aus vielen konkreten Unterzuständen.

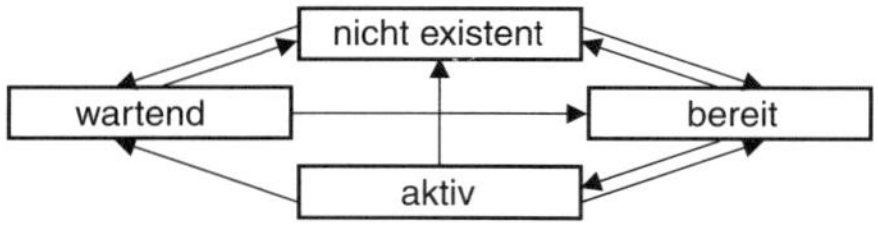

Bild 9.6 Beispiel eines Prozess-Zustandsmodells

Beispiele sinnvoller (zulässiger) Zustandsübergänge:

- nicht existent → wartend (oder bereit): Ein Prozess wird erzeugt.
- wartend → bereit: Alle Wartebedingungen für den Prozess wurden erfüllt, er wird laufbereit und benötigt nun nur noch einen Prozessor.
- bereit → aktiv: Der Prozess erhält einen Prozessor zugeteilt (Scheduling → 9.4.2) und kann in seinem Ablauf voranschreiten.
- aktiv → bereit: Der aktive Prozess wird verdrängt, ihm wird vom Betriebssystem der Prozessor zugunsten eines anderen Prozesses entzogen.
- aktiv → wartend: Im Ablauf des Prozesses tritt eine Wartebedingung auf (z. B. Warten auf Eingabedaten), er muss deshalb auf die Erfüllung dieser Bedingung warten und verliert den Prozessor.
- aktiv → nicht existent: Der Prozess hat seine Arbeit beendet und meldet sich beim Betriebssystem ab.
- bereit (oder wartend) → nicht existent: Der Prozess wird von einem anderen Prozess oder vom Betriebssystem abgebrochen und entfernt.

► *Hinweis*: Die Zustandsübergänge werden durch interne Funktionen des Betriebssystem-Kerns realisiert und sind nicht direkt am API (→ 9.2.4) verfügbar.

9.3.2.2 Prozessbeschreibung

Aus der Sicht des Benutzers ist ein Prozess vor allem durch den zugehörigen Auftrag bzw. sein Programm gekennzeichnet.

Das Betriebssystem verwaltet für jeden Prozess einen eigenen **Kontext** (context), der alle relevanten Informationen über den Prozess enthält.

Typische Bestandteile des Prozess-Kontextes /9.42/:

- **Benutzer-Kontext**: Inhalt des (virtuellen) Adressraumes des Prozesses (→ 9.3.1), quasi das „Speicherabbild“ des Prozesses.
- **Hardware-Kontext** (Register-Kontext, „Registerabbild“): Inhalt aller Prozessorregister (Befehlszähler, Stackpointer usw. → 3.4).
- **System-Kontext**: Inhalt der betriebssysteminternen Verwaltungsdaten über den Prozess.

Zum System-Kontext gehören u. a. folgende Informationen:

- Prozess-Identifikator: Name oder Nummer des Prozesses,

- Auftrag/Auftraggeber: z. B. Dateiname des auszuführenden Programms, Name des auftraggebenden Benutzers,
- Ablaufpriorität, sofern sie vom Betriebssystem berücksichtigt wird,
- Verwandschaftsbeziehungen: Identifikatoren von Eltern- und Kindprozessen, falls eine Prozesshierarchie verwaltet wird (z. B. UNIX/Linux),
- Zustand des Prozesses (Prozess-Zustandsmodell → 9.3.2.1),
- Zugriffsrechte des Prozesses für Dateien, Speicherbereiche usw.,
- Betriebsmittel: Beschreibung angeforderter und bereits zugeteilter Betriebsmittel, ggf. Auslastung (Betriebsmittelkonten → 9.4.2).

► *Hinweis*: Die Speicherung des Kontextes erfolgt i. Allg. mit Hilfe einer komplexen Datenstruktur, dem *Prozesskontrollblock* (Process Control Block, PCB).

9.3.2.3 Prozesswechsel

9

Die Änderung der Prozessorzuteilung bedeutet praktisch einen **Prozesswechsel** (task switch) bzw. **Kontextwechsel** (context switch): Der aktive Prozess gibt den Prozessor entweder *freiwillig* ab oder bekommt ihn *entzogen* (→ Bild 9.7). Dieser Vorgang wird vom **Prozessumschalter** (dispatcher) gesteuert. Die vom System dafür benötigte *Umschaltzeit* (context switch time) dient oft zur Bewertung von Betriebssystemen (→ 9.8.4). Die Auswahl des Prozesses, dem der Prozessor als nächstes zugeteilt wird, erfolgt durch den **Scheduler** anhand einer gewählten Strategie (→ 9.4.2). Prozessumschalter und Scheduler benutzen das zugrunde liegende Zustandsmodell (→ Bild 9.6).

Ein Prozesswechsel erfordert im Betriebssystem u. a. folgende Aktionen:

1. Sicherung des gesamten Kontextes des unterbrochenen Prozesses.
2. Änderung des Zustandes des unterbrochenen Prozesses in „bereit" oder „wartend" in Abhängigkeit vom Grund der Unterbrechung.
3. Scheduling: Auswahl des nächsten zu aktivierenden Prozesses.
4. Änderung des Zustandes dieses Prozesses von „bereit" in „aktiv".
5. Wiederherstellung des (gesicherten) Kontextes dieses Prozesses. Durch Laden der Prozessorregister wird dieser Prozess fortgesetzt.

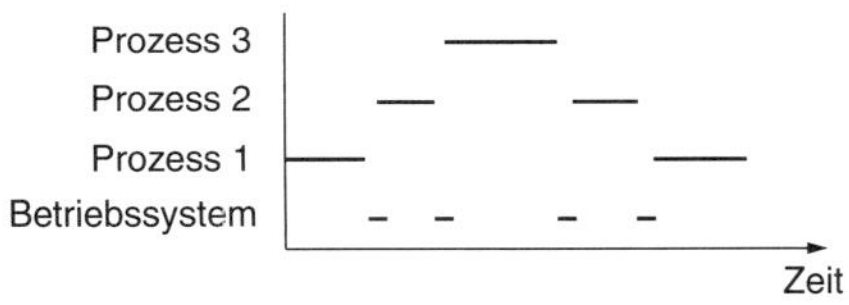

Bild 9.7 Beispiel für die Zuteilung eines Prozessors an mehrere Prozesse mit Darstellung der Umschaltzeit im Betriebssystem

Kernsperren (kernel locks) verhindern ggf. eine Unterbrechung von Abläufen innerhalb des Betriebssystem-Kerns (z. B. während des Prozesswechsels).

„Leerprozess" (Idle Task, Dummy-Prozess). Er besteht meist nur aus einer Warteschleife, so dass er jederzeit problemlos verdrängt werden kann. Er wird nur dann benötigt, wenn beim Scheduling kein anderer Prozess laufbereit ist. Ansonsten müsste innerhalb des Betriebssystem-Kerns (im Systemmodus) „aktiv“ gewartet werden („*busy waiting*“).

► *Hinweis*: Systemdienste, die *direkt* die Prozessverwaltung beeinflussen, umfassen insbesondere Erzeugung/Start und Beendigung von Prozessen (→ Tab. 9.1) sowie die Änderung von Eigenschaften (z. B. Priorität). Außerdem greifen Dienste zur Koordinierung (→ 9.3.3) *indirekt* in die Prozessverwaltung ein.

Tabelle 9.1 Beispiele für Systemdienste zur Prozesserzeugung und -beendigung

Systemdienst	UNIX/Linux	MS Windows (Win32-API)
Prozess erzeugen	fork(); exec()	CreateProcess()
Prozess (selbst) beenden	exit()	ExitProcess()

9.3.2.4 Threads

Wegen ihres umfangreichen Kontextes sind Prozesse oft „schwergewichtig“ (z. B. in UNIX). Um feinere Parallelität, auch *innerhalb einer Anwendung* zu erreichen, wurden „leichtgewichtige“ Prozesse bzw. Threads entwickelt.

Ein **Thread** ist ein *Aktivitätsträger* (sequenzieller „*Ausführungsfaden*“) mit minimalem Kontext (Stack und Register) innerhalb einer *Ausführungsumgebung* (Prozess). Jeder Prozess besitzt in diesem Fall mindestens einen (initialen) Thread. Alle Threads, die zu ein und demselben Prozess gehören, benutzen denselben Adressraum sowie weitere Betriebsmittel dieses Prozesses gemeinsam (→ Bild 9.8).

Durch die gemeinsame Umgebung verringert sich der Aufwand beim Wechsel zwischen Threads innerhalb *desselben* Prozesses erheblich. Andererseits lassen sich Zugriffe der Threads innerhalb eines Prozesses nicht mehr anhand von Adressraumgrenzen kontrollieren. Oft ist zusätzliche Synchronisation erforderlich (→ 9.3.3). Ein Wechsel zwischen Threads, die zu *verschiedenen* Anwendungen gehören, erfordert jedoch noch immer einen „teuren“ Adressraumwechsel und damit höheren Aufwand.

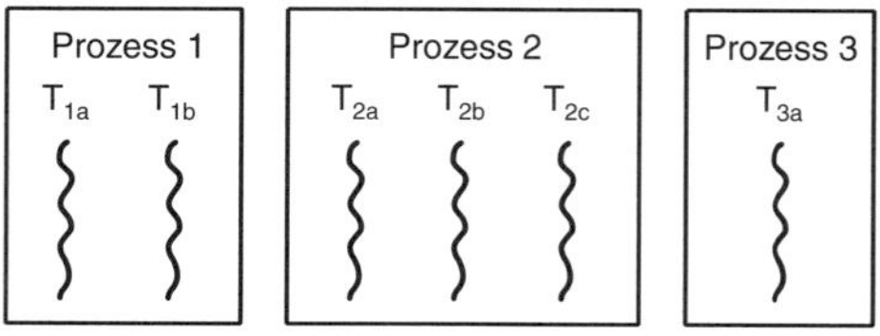

Bild 9.8 Beispiel für Anwendungen/Prozesse mit mehreren Threads (T)

► *Hinweis*: In der Praxis eigenen sich viele Anwendungen und Systemprozesse für eine Implementierung in Form paralleler Threads. So können z. B. Textverarbeitungsprogramme verschiedene Bearbeitungsfunktionen innerhalb desselben Textes (z. B. Texterfassung, Textumbruch, Rechtschreibprüfung) durch verschiedene Threads parallel ausführen. Auch Anwendungen, die viele unabhängige Anfragen bearbeiten müssen, z. B. Datenbanksysteme (→ 13) oder Web-Server (→ 11.6.1), lassen sich effizient mittels Multithreading implementieren.

Die zur Koordinierung von Threads erforderlichen Mechanismen entsprechen grundsätzlich denen paralleler Prozesse (→ 9.3.3.3). Die Implementierung von Threads kann erfolgen in Form von

- **User-Level-Threads**: Threads aus der Sicht einer Anwendung bzw. des Programmierers.
- **Kernel-Level-Threads** (auch Kernel-Threads): Threads aus der Sicht des Betriebssystems zum Ablauf auf einer CPU, z. B. in MS Windows NT/2000/XP/Vista/7.

Multithreading kann damit durch verschiedene Zuordnungen von User-Level-Threads zu Kernel-Threads realisiert werden:

- Alle User-Level-Threads einer Anwendung werden einem einzigen Kernel-Thread zugeordnet. Die Threadverwaltung wird hier außerhalb des Betriebssystems, also auf Anwendungsebene realisiert, z. B. unter Nutzung spezieller Thread-Bibliotheken (POSIX) bzw. Programmierumgebungen (z. B. Java). Damit kann Multithreading auch auf nicht multithreadingfähigen Betriebssystemen ausgeführt werden. Die Blockierung eines Anwendungsthreads führt jedoch zur Blockierung der gesamten Anwendung, da das Betriebssystem die Anwendung nur als einen Thread sieht.
- Jedem User-Level-Thread wird genau ein Kernel-Thread zugeordnet. Das Betriebssystem verwaltet alle diese Threads direkt und kann damit auch Hardware-Parallelität gut nutzen (→ 3.5). Allerdings ist hier jeder Threadwechsel mit einer Umschaltung in den Systemmodus verbunden.
- Es existieren außerdem hybride Lösungen, z. B. in Form sog. Thread-Pools, die jedoch stark implementierungsabhängig sind.

9.3.3 Koordinierung paralleler Prozesse

9.3.3.1 Wechselwirkungen zwischen Prozessen

Unter **Koordinierung** versteht man die geeignete Beeinflussung der Abläufe in einem System paralleler Prozesse (bzw. Threads), um *Wechselwirkungen* (z. B. *Konkurrenz* oder *Kooperation*) zwischen ihnen zu beherrschen. Dies erfolgt i. Allg. durch den Programmierer unter Nutzung von Mitteln der *Synchronisation* und/oder *Kommunikation*.

► *Hinweis*: Ausführliche Behandlung u. a. in /9.11/, /9.22/, /9.29/, /9.40/, /9.41/, /9.46/. Die Aussagen zur Koordinierung von Prozessen gelten sinngemäß auch für Threads.

Synchronisation (synchronization) bedeutet eine solche Beeinflussung paralleler Prozesse, dass sie hinsichtlich ihres zeitlichen Ablaufs in eine gewisse, zufällige oder vorbestimmte Reihenfolge gebracht werden.

Ein **Verarbeitungsschritt (sequenzieller Teilprozess)** umfasst alle Operationen im Abstand zwischen zwei Wechselwirkungen eines Prozesses. **Determiniertheit** eines Systems paralleler Prozesse besteht dann, wenn die globalen Ergebnisse der Verarbeitungsschritte aller Prozesse unabhängig von ihrer Ablaufgeschwindigkeit sind. Ein solches Prozesssystem liefert bei gleichen Eingabedaten und gleichen inneren Zuständen für alle möglichen Ablauffolgen stets dieselben Ergebnisse.

9.3.3.2 Konkurrenz zwischen Prozessen

Konkurrenz tritt auf, wenn mehrere Prozesse unabhängig voneinander zeitweilig dasselbe Betriebsmittel exklusiv benutzen wollen (→ 9.4.1). Konkurrierende Zugriffe werden auch als *race conditions* bezeichnet.

Durch **wechselseitigen Ausschluss** (mutual exclusion) bzw. **Sperrsynchronisation** wird aus der Menge der um das selbe Betriebsmittel konkurrierenden Prozesse *einem* der Zugriff erlaubt und *alle anderen* werden vorübergehend von der Nutzung dieses Betriebsmittels ausgeschlossen. Diejenigen Verarbeitungsschritte eines Prozesses, in deren Verlauf ein exklusives Betriebsmittel genutzt werden soll und die nicht parallel zu denselben Schritten eines anderen Prozesses ausgeführt werden dürfen, bilden einen **kritischen Abschnitt** (critical region, critical section).

❑ *Beispiel*: Ein typisches Beispiel für einen kritischen Abschnitt stellen Schreibzugriffe mehrerer Prozesse zu einem gemeinsamen Speicherbereich dar (→ 9.3.3.3).

Wechselseitiger Ausschluss wird meist durch **Protokolle** (Steueralgorithmen) realisiert, die vor dem Betreten (*Vorprotokoll*) und nach dem Verlassen des kritischen Abschnitts (*Nachprotokoll*) abgearbeitet werden und folgenden **Qualitätsanforderungen** genügen sollten:

- **Sicherheit**: Zu jeder Zeit darf sich höchstens ein einziger Prozess in einem kritischen Abschnitt desselben Betriebsmittels befinden. Eine bestimmte Zugriffsreihenfolge ist jedoch nicht vorgesehen.
- **Lebendigkeit**: Jedem Prozess, der einen kritischen Abschnitt betreten will, muss dies irgendwann gelingen.

Mittel zur Implementierung des wechselseitigen Ausschlusses:

- **Unterbrechungssperren, Verdrängungssperren**: Sie verhindern „radikal“ ungewollte Prozesswechsel (und ggf. auch Interrupts).
- **Sperrvariablen** (*spin locks*): Sie beschreiben einen (kurzen) kritischen Abschnitt durch ihren Wert als „frei“ bzw. „belegt“.

► *Hinweis*: Prozesse müssen diese Variable im Vorprotokoll abfragen und ggf. durch zyklische Nachfrage (*aktives Warten, busy waiting*) verharren. Die Zugriffe erfordern komplexe unteilbare („atomare“) Maschinenbefehle wie z. B. „Test_and_Set“. Andernfalls müssen in den Prozessen aufwendige Algorithmen implementiert werden (Dekker, Dijkstra, Peterson, /9.15/, /9.33/).

- **Semaphore**: Spezielle Koordinationsobjekte, die eine Steuervariable und eine Warteschlange (→ 6.2.1.5) für Prozesse integrieren („Ampeln“).

► *Hinweis*: Die Steuervariable kann vom Typ Boolean (*binäre Semaphore*, auch *Mutex*) oder Integer sein (*allgemeine/zählende Semaphore*). Sie gibt an, ob bzw. wie viele Prozesse den kritischen Abschnitt noch betreten dürfen. Semaphore werden im Betriebssystem implementiert, wartepflichtige Prozesse geraten in die Warteschlange. Die Protokolloperationen (nach Dijkstra p(S) und v(S), /9.15/) sind über Systemdienste am API nutzbar, die aus der Sicht der Prozesse *unteilbar* (*atomar*) ablaufen (→ Tabelle 9.2). Einige Betriebssysteme bieten weiterhin Dienste zur Abfrage der Steuervariablen ohne Wartepflicht und zur Anforderung mit Zeitüberwachung beim Warten. Auch ein korrekter Einsatz von Semaphoren birgt die Gefahr von *Verklemmungen* (→ 9.4.3).

Tabelle 9.2 Beispiele für Semaphor-Systemdienste in UNIX und Windows NT

Systemdienst	UNIX	MS Windows (Win32-API)
Semaphor erzeugen	semget ()	CreateSemaphore(), OpenSemaphore
Semaphor anfordern	semop()	WaitForSingleObject()
Semaphor freigeben	semop()	ReleaseSemaphore()
Semaphor vernichten	semctl()	CloseHandle()

❑ *Beispiel*: Einsatz eines binären Semaphors *S* zum wechselseitigen Ausschluss eines kritischen Abschnitts (kA) in zwei Prozessen P_1 und P_2 (→ Bild 9.9).

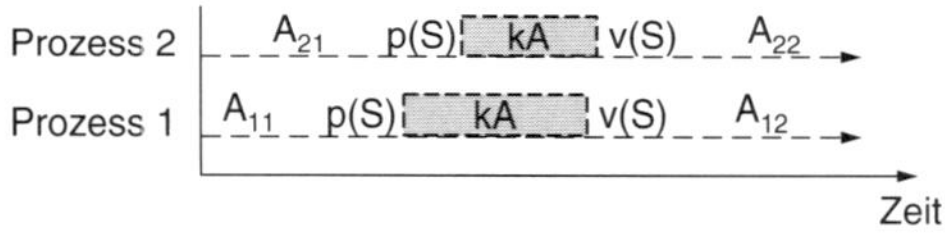

Bild 9.9 Beispiel für einen kritischen Abschnitt in 2 Prozessen

Beim Aufruf der Funktion *p*(*S*) wird anhand der Steuervariablen geprüft, ob der kA frei ist. Ist dies der Fall, wird die Steuervariable auf „belegt“ gesetzt und der Prozess darf den kA betreten. Andernfalls wird er in die Warteliste bezüglich *S* eingereiht und ein anderer, laufbereiter Prozess wird aktiviert. Beim Verlassen des kA mittels *v*(*S*) wird geprüft, ob weitere Prozesse in der Warteliste dieses

Semaphors stehen. Ist das der Fall, wird einer von ihnen freigesetzt und kann den kA betreten. Ansonsten wird die Steuervariable wieder auf „frei“ gesetzt. A_{11}, A_{12}, A_{21} und A_{22} sind irgendwelche Verarbeitungsschritte außerhalb des kA. Unabhängig davon, zu welchem Zeitpunkt P_1 und P_2 ihre Operation $p(S)$ erreichen, wird darin gesichert, dass stets maximal ein Prozess im kA arbeitet. Bei quasi-gleichzeitiger Anforderung des Semaphors wird i. Allg. ein Prozess zufällig ausgewählt.

- **Hochsprachliche Koordinationsmittel**: Sie sind leichter zu benutzen und durch Systemsoftware (z. B. Compiler) kontrollierbar, werden aber nur von wenigen Sprachen angeboten (z. B. in Java modifiziertes Monitor-Konzept /9.26/ in Form des Schlüsselwortes *synchronized*.
- **Transactional Memory (TM)**: Bei diesem Verfahren wird versucht, Transaktionen (→ 12.4.7, 13.5.6) als Hilfsmittel zur Behandlung konkurrierender Zugriffe in beliebigen Anwendungen (und nicht nur in Datenbanksystemen) einzusetzen.

  ► *Hinweis*: Entsprechende Lösungen basieren auf Software (**STM**, gegenwärtig dominierend; vgl. z. B. die Anweisung *dosynch* in der höheren Programmiersprache Clojure), Hardware (**HTM**) oder hybriden Ansätzen. STM erlaubt eine höhere Parallelität, erfordert aber Nebenwirkungsfreiheit (Rücksetzbarkeit) der innerhalb der Transaktion auszuführenden Funktionen und kann in ungünstigen Fällen zu erhöhtem Rechenzeit- und Speicherbedarf führen.

9.3.3.3 Kooperation von Prozessen

Kooperation von Prozessen bedeutet i. Allg. ein zielgerichtetes Zusammenwirken, z. B. zur arbeitsteiligen Erfüllung einer komplexen Aufgabe.

Ereignissynchronisation ist eine Form der Koordinierung paralleler Prozesse mit dem Ziel, gewünschte *Präzedenzen* (*Reihenfolgebeziehungen*) zu realisieren. Diese ergeben sich aus der zu lösenden Aufgabe und hängen von bestimmten *Ereignissen* in den Prozessen ab.

► *Hinweis*: Präzedenzen *innerhalb eines* Prozesses ergeben sich aus der Sequenz seiner Programmausführung und bedürfen daher keiner zusätzlichen Synchronisation!

❑ *Beispiel*: **Erzeuger-Verbraucher-Problem** (producer consumer problem): Von zwei zyklisch arbeitenden Prozessen „erzeugt“ der eine Daten (z. B. durch Eingaben) und der zweite „verbraucht“ Daten (z. B. durch Visualisierung). Beide Prozesse sollen so miteinander kooperieren, dass der erste seine Daten über einen gemeinsamen Puffer an den zweiten übergibt (→ Bild 9.10). Durch den Einsatz von Mitteln zur Ereignissynchronisation ist dabei die unbedingte Einhaltung von Präzedenzen zu sichern (der Puffer sollte erst ausgelesen werden, nachdem er vollständig gefüllt und umgekehrt erst wieder gefüllt werden, nachdem er vollständig geleert wurde), unabhängig von der Geschwindigkeit beider Prozesse. Ansonsten soll maximale Parallelität der Prozesse gewahrt bleiben.

Bild 9.10 Erzeuger-Verbraucher-Problem

Typische **Grundstrukturen** der Ereignissynchronisation:

- **Folge**: Ein Verarbeitungsschritt eines Prozesses kann erst begonnen werden, nachdem ein bestimmter Schritt eines zweiten Prozesses abgeschlossen wurde (→ Bild 9.11a).
- **Gleichlauf**: Zwei Prozesse warten an einer bestimmten Stelle wechselseitig aufeinander (→ Bild 9.11b).

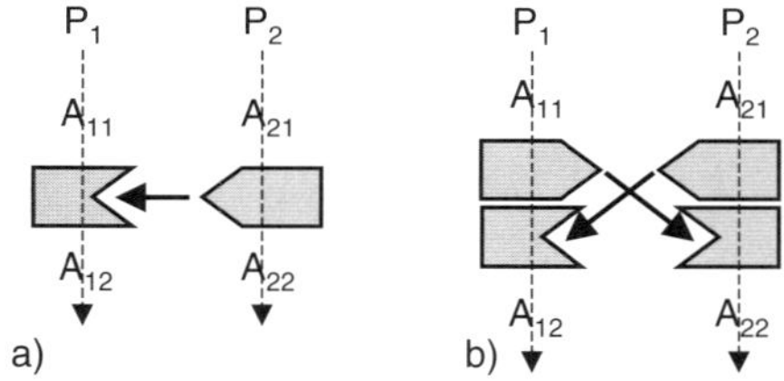

Bild 9.11 Grundstrukturen zur Ereignissynchronisation: a) Folge (A_{21} läuft immer eher als A_{12}), b) Gleichlauf (A_{11} und A_{21} laufen immer eher als A_{12} und A_{22})

Einfache Mittel zur Ereignissynchronisation (**prozedurorientierte Synchronisation** mit Hilfe globaler Datenstrukturen):

- **(private) Semaphore** (→ 9.3.3.2): Hierbei können die Semaphor-Operationen von einem Prozess zum „Signalisieren" und von einem anderen Prozess zum Prüfen (und ggf. Warten) benutzt werden.
- **Ereignisvariablen (event flags/counter)**: Datenstrukturen mit binärer oder zählender Steuervariable und Prozess-Warteliste sowie Operationen zum Warten auf ein Ereignis, zum Signalisieren eines Ereignisses mit Freisetzung aller wartenden Prozesse und zur Abfrage der Steuervariablen.
- **Signale**: Sie stellen eine asynchrone Prozessunterbrechung (*Alarm, Software-Interrupt*) dar, die insbesondere von anderen Prozessen wie auch vom Betriebssystem zur Meldung besonderer Situationen ausgelöst werden kann. Der betroffene Prozess kann darauf u. a. mit einer individuellen Signalbehandlungsroutine reagieren.

(Interprozess-)Kommunikation (Interprocess Communication, **IPC**) bedeutet einen Austausch von Informationen zwischen kooperierenden parallelen Prozessen. Sie kann als **speicherbasierte Kommunikation** (z. B. shared memory) oder als **nachrichtenbasierte Kommunikation** (**message passing**, Austausch von **Nachrichten**, messagers) erfolgen.

Kriterien zur Klassifizierung von Kommunikationsverfahren:

- Art der Nachricht: Übertragung der gesamten Information oder nur eines Verweises bzw. Zugriffsrechts darauf.
- Beteiligung des Betriebssystems: Bei **impliziter Kommunikation** regeln die Prozesse den Nachrichtenaustausch selbst. **Explizite Kommunikation** erfolgt unter Steuerung des Betriebssystems.
- Zahl der kommunizierenden Prozesse: Bei **direkter Übermittlung** sind zwischen Sende- und Empfangsprozessen Relationen der Form 1 : 1 (*Unicast*), m : 1 oder 1 : n (hierbei *Broadcast* an alle Empfänger oder *Multicast* an einige Empfänger) realisierbar. Bei **indirekter Übermittlung** lassen sich (m : n)-Formen bilden.
- Synchronisation: Der Nachrichtenaustausch kann **synchron** (blocking send) oder **asynchron** (non-blocking send) erfolgen. Im ersten Fall kann es ausreichen, nur den Sender zu blockieren, falls der Empfänger nicht bereit ist, ansonsten müssen Sender und Empfänger vor Beginn der Übermittlung mittels Gleichlauf (→ Bild 9.11) synchronisiert werden, die Übertragung kann nach einer Rückantwort des Empfängers (**bidirektionale Kommunikation**) oder ohne (**unidirektional**) erfolgen. Bei asynchronen Verfahren ist eine Abstimmung von Sender und Empfänger nicht nötig.

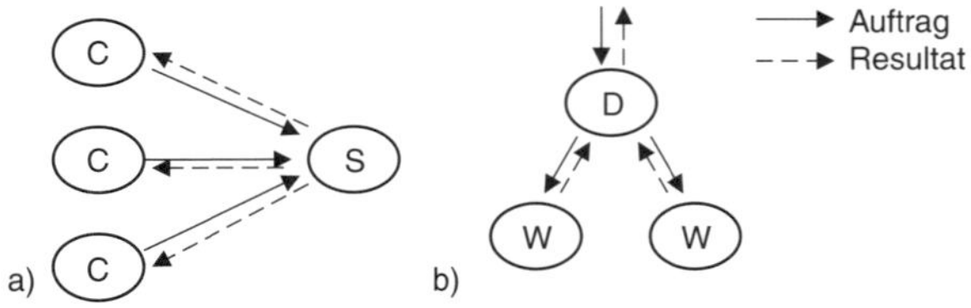

Bild 9.12 Beispiele für Kooperationsstrukturen in einem Prozess-System: a) Client-Server (C-S), b) Distributor-Worker (D-W)

Mittel zur Interprozesskommunikation:

- **gemeinsame Dateien**: relativ langsame implizite Kommunikation unter Nutzung von Systemdiensten zum Dateizugriff (→ 9.7.8), ggf. mit zusätzlicher Synchronisation (z. B. durch Semaphore).
- **gemeinsame Speicherbereiche** (shared memory): schnelle implizite Kommunikation über speziell dafür vereinbarte Speicherbereiche, ggf. mit expliziter Synchronisation.
- **Kanäle, Pipelines** (pipes, FIFOs): unidirektionaler Informationsaustausch in Form eines Datenstroms (über Puffer bzw. Dateien).
- **Briefkästen** (mailboxes) bzw. **Nachrichtenwarteschlangen** (message queues): globale Nachrichten-Übergabestellen für indirekte, asynchrone Kommunikation mit Diensten zum Anlegen/Entfernen solcher Objekte und zum Absenden/Empfangen von Nachrichten. Die Nachrichten können

darin mittels verschiedener Strategien (z. B. FIFO, Priorität, Zeitüberwachung) verwaltet werden. **Ports** entsprechen modifizierten Briefkästen zur $n:1$-Kommunikation.

- **Sockets**: Endpunkte für Kommunikationsverbindungen mit jeweils einem zugeordneten Prozess. Leistungsfähiges, universelles Kommunikationsmittel, auch für verteilte Systeme (→ 9.8.7, 12.2.2) geeignet.
- **Prozedurfernaufrufe (Remote Procedure Call, RPC)**: Damit kann ein Prozess Dienstleistungen eines *anderen* Prozesses über einen „gewöhnlichen" *Prozeduraufruf* in Anspruch nehmen. Dahinter verbirgt sich jedoch ein bidirektionaler Nachrichtenaustausch zwischen beiden Prozessen über Adressraum- bzw. Rechnergrenzen hinweg (→ 12.2.3). In objektorientierten Systemen heißt das entsprechende Verfahren **Methodenfernaufruf** (→ 12.2.4).

9.4 Betriebsmittel

9

9.4.1 Klassifikation

Betriebsmittel (resources) sind alle Komponenten (Objekte) eines Computersystems, die zur Erfüllung von Aufträgen benötigt werden.

Eigenschaften von Betriebsmitteln:

- **Realisierungsform**: *Hardware-Betriebsmittel* (z. B. Hauptspeicher, Prozessor), *Software-Betriebsmittel* (z. B. Programmcode, Dateien).
- **Benutzbarkeit**: *Lokale* (oder *dedizierte*) *Betriebsmittel* stehen jeweils nur einem einzigen Prozess zur Verfügung, *globale* (oder *gemeinsame*) *Betriebsmittel* sind von allen Prozessen nutzbar.
- **Wiederverwendbarkeit**: *Wiederverwendbare Betriebsmittel* sind nach ihrer Nutzung durch andere Prozesse in derselben Weise verwendbar (z. B. Eingabedateien). *Verbrauchbare Betriebsmittel* können nur ein einziges Mal benutzt werden (z. B. Signale, Nachrichten).
- **Benutzungsweise**: *Parallel* oder *mehrfach nutzbare Betriebsmittel* können gleichzeitig von mehreren Prozessen benutzt werden (z. B. reentrante Programmteile). *Exklusiv nutzbare Betriebsmittel* besitzen innere Zustände (z. B. die Register des Prozessors) und sind deshalb von mehreren Prozessen nur nacheinander verwendbar.
- **Entziehbarkeit**: *Entziehbare Betriebsmittel* können einem Prozess zeitweise entzogen werden, wobei ihr Zustand für eine erneute Zuteilung gesichert werden muss (z. B. Prozessor, Hauptspeicher). Bei *nicht entziehbaren Betriebsmitteln* wäre diese Sicherung nicht oder nur mit hohem Aufwand möglich (z. B. Drucker, Festplatte).

9.4.2 Verwaltung

Einige Betriebsmittel (→ 9.4.1) müssen vom System verwaltet werden. Deren Zuteilung an Prozesse ist eine zentrale Aufgabe von Betriebssystemen.

Ablaufplanung (Scheduling) ist die Vorgehensweise des Betriebssystems bei der Zuteilung von Betriebsmitteln an Prozesse. Die Auswahl eines geeigneten Prozesses wird i. Allg. anhand einer Zuteilungsstrategie vom *Scheduler*, einer speziellen Betriebssystemkomponente, vorgenommen.

► *Hinweis*: Das Scheduling kann auf mehreren Ebenen bzw. für verschiedene Betriebsmittel erfolgen. Es dient der Optimierung des Systemverhaltens anhand einer Zielfunktion, z. B. Fairness gegenüber allen Prozessen, maximaler Durchsatz (Aufträge pro Zeit) oder minimale Antwortzeiten. Besonders wichtig ist die Zuteilung des *Prozessors* an einen der laufbereiten Prozesse (→ 9.3.2.1).

Eine echte „*Planung*" der Zuteilungsreihenfolge ist praktisch nur dann möglich, wenn der Bedarf der Prozesse vorab (weitgehend) bekannt ist, z. B. im Stapelbetrieb für Jobs (→ 9.1.2) oder für periodische Prozesse.

In allen anderen Fällen erfolgt das Scheduling „*operativ*" durch *dynamische Zuteilung*, abhängig von der aktuellen *Lastsituation*. Dabei fordert ein Prozess ein Betriebsmittel bei Bedarf an, benutzt es eine gewisse Zeit exklusiv und gibt es i. Allg. danach wieder zurück (Achtung: Verklemmungsgefahr, → 9.4.3).

► *Hinweis*: Zur Anforderung und Freigabe von Betriebsmitteln stehen den Prozessen i. Allg. Systemdienste am API (→ 9.2.4) zur Verfügung. Fordert ein Prozess ein bereits belegtes Betriebsmittel an, so muss er warten, bis dieses wieder frei ist. Zur Implementierung eignet sich deshalb die Sperrsynchronisation (→ 9.3.3.2), z. B. durch Semaphore.

Kriterien für Scheduling-Strategien:

- **Verdrängung** (preemption): Bei *nicht verdrängenden* (*nonpreemptive*, auch *run-to-completion*) *Strategien* wird über die Neuzuteilung erst entschieden, wenn der aktive Prozess die Ressource selbst freigibt. Bei *verdrängenden (preemptive) Strategien* kann der aktive Prozess an einer beliebigen Stelle unterbrochen und ihm das Betriebsmittel entzogen werden.
- **Verdrängungsursache**: Bei einer *zeitgesteuerten (zyklischen) Strategie* wird die Verdrängung durch eine Zeitunterbrechung, bei *ereignisgesteuerten Strategien* durch ein Ereignis ausgelöst.

Typische **Strategien** zum (Prozessor-)Scheduling:

- **First Come First Served (FCFS)**: nichtverdrängende Strategie mit Zuteilung in der Reihenfolge des Eintreffens der Prozesse bzw. der Aufträge.
- **Shortest Job First (SJF), Shortest Processing Time (SPT)**: Bei Kenntnis der zu erwartenden Prozessorbelegungszeit erfolgt die Zuteilung an den Prozess mit der kürzesten Rechenzeit (z. B. im Stapelbetrieb).

- **Round Robin (RR), Time-Sharing-** (oder **Time-Slice-)Verfahren**: Reihum erhält jeder laufbereite Prozess den Prozessor für ein gewisses Zeitintervall (Zeitscheibe). Nach Ablauf dieser Frist wird der Prozess verdrängt und ggf. ans Ende der Liste laufbereiter Prozesse eingeordnet. Typisch für den Dialogbetrieb.
- **Feste Prioritäten (Fixed External Priorities, FEP)**: Zuordnung von Prioritäten (Vorrangzahlen) an die Prozesse. Die Betriebsmittelzuteilung erfolgt an den jeweils höchstpriorisierten laufbereiten Prozess. Niedrig priorisierte Prozesse können dabei „verhungern“ (starvation).
- **Dynamische Prioritäten**: Die Prioritäten sind von „außen“ (z. B. mittels Systemdienstaufruf) und/oder von „innen“ (z. B. durch zyklische Neuberechnung im Betriebssystem) veränderbar: **Shortest Elapsed Time, SET**: Priorität fällt mit wachsender bisheriger Bearbeitungszeit; **Highest Response Ratio Next, HRN**: Priorität in Abhängigkeit vom Quotienten aus Verweilzeit und Bearbeitungszeit; **Shortest Remaining Processing Time, SRT**: Priorität wächst mit verbleibender Restbearbeitungszeit eines Prozesses.
- **Terminabhängige Zuteilung**: dynamische Prioritäten durch Neuberechnung anhand von Zeitkriterien, z. B. Zuteilung an den Prozess, dessen einzuhaltender Antwortzeitpunkt am nächsten liegt (**Earliest Deadline First, EDF**) oder an denjenigen mit dem geringsten zeitlichen Spielraum (Differenz aus Restanwortzeit und Restbearbeitungszeit, **Least Laxity First, LLF**), z. B. bei der Echtzeitverarbeitung (→ 9.8.7.1).

9

Prioritätenverfahren bergen die Gefahr der *Prioritätenumkehr* (*priority inversion*), dies kann von einigen Betriebssystemen durch *Prioritätenvererbung* (*priority inheritance*) gemildert werden (z. B. VxWorks).

► *Hinweis*: In der Praxis werden mitunter verschiedene Strategien kombiniert, z. B. bei **Multi Level Queueing (MLQ)** oder bei **Multi Level Feedback Queueing, MLFQ**. Typisch sind Kombinationen aus Time Sharing und Prioritäten. Außerdem kann bei geeigneter Betriebssystemarchitektur (→ 9.2.3) eine Trennung von Scheduling-*Mechanismus* und konkreten Scheduling-*Strategien* vorgenommen werden: Strategien können flexibel außerhalb des Kerns (z. B. durch spezielle Systemprozesse) implementiert werden.

9.4.3 Verklemmungen

Eine **Verklemmung** (Deadlock) ist ein Zustand in einem System paralleler Prozesse, bei dem einige Prozesse derart wechselseitig aufeinander warten, dass keiner von ihnen mehr voranschreiten kann.

Der *permanente* Wartezustand bei Verklemmungen resultiert daraus, dass jeder der verklemmten Prozesse auf Bedingungen (z. B. Betriebsmittelzuteilung

→ 9.4.2) wartet, die nur von *anderen* Prozessen erfüllt werden könnten, die jedoch *ihrerseits* auf solche Bedingungen warten. Zur Beschreibung (/9.49/) dienen u. a. **Betriebsmittelgraphen** (→ Bild 9.13).

❑ *Beispiel*: In Bild 9.14 repräsentieren die Achsen den Zeitverlauf *je eines* Prozesses, die Kurven zeigen jeweils einen konkreten Gesamtablauf *beider Prozesse*, der sich durch (zufällige) Prozesswechsel ergibt. Im Beispiel enthalten beide Prozesse je zwei *überlappende* kritische Abschnitte kA1 und kA2, die korrekt durch Semaphore koordiniert sind (→ 9.3.3.2). Dadurch spannen sich Flächen auf, die von der Kurve nicht durchlaufen werden dürfen. Es hängt von der zufälligen Lage dieser „Sperrflächen“ ab, ob für die Kurve eine „Falle“ entsteht. Ablauffolgen, die in diese Falle (in Bild 9.14 die kreuzweise schraffierte Fläche) geraten, führen zu einer Verklemmung, alle anderen nicht!

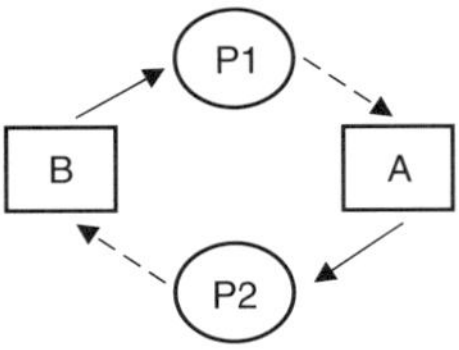

Bild 9.13 Betriebsmittelgraph für eine Verklemmungssituation

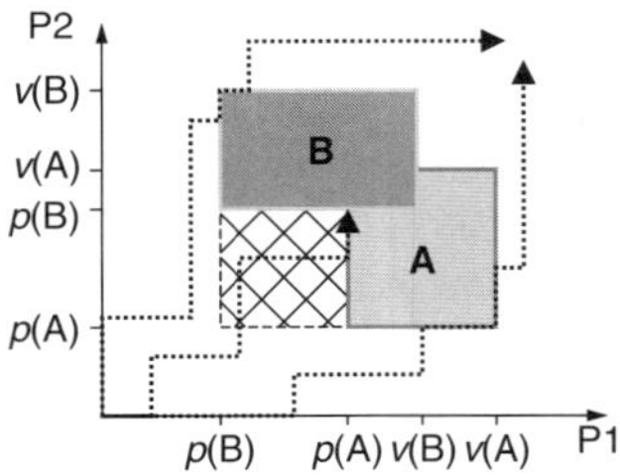

Bild 9.14 Veranschaulichung der Verklemmungsgefahr am Beispiel zweier Prozesse mit je zwei überlappenden kritischen Abschnitten, die korrekt durch Semaphore koordiniert wurden

Bedingungen zum Auftreten von Verklemmungen (→ Bild 9.13, 9.14):

1. Die Betriebsmittel werden *exklusiv* genutzt (kritische Abschnitte).
2. Bereits belegte Betriebsmittel können *nicht entzogen* werden.
3. Die Prozesse *fordern* Ressourcen *nach, ohne* die belegten *freizugeben*.
4. Die Prozesse fordern Betriebsmittel *in unterschiedlicher Reihenfolge* an, so dass eine geschlossene Kette (Kreis) entsteht.

► *Hinweis*: Die Bedingungen 1 bis 3 sind für das Auftreten von Verklemmungen zwar *notwendig*, dennoch muss es nicht zwangsläufig dazu kommen (→ Bild 9.14). *Hinreichend* ist erst die Bedingung 4, die *zufällig* eintreten kann. Daher sind Verklemmungen nicht durch Tests auszuschließen, sondern nur durch theoretische Untersuchungen unter Nutzung von Modellen (z. B. PETRI-Netze).

Verhinderung von Verklemmungen (bzw. Vorbeugen, prevention): Maßnahmen mit dem Ziel, das Eintreten einer der Verklemmungsbedingungen auszuschließen, indem den Prozessen Beschränkungen auferlegt werden.

► *Hinweis*: So werden z. B. einige Betriebsmittel nur einem einzigen Prozess fest zugeordnet und damit Konkurrenzsituationen verhindert. Mit diesem Dienstleistungsprozess könnten andere Prozesse kommunizieren und damit das Betriebsmittel indirekt nutzen, z. B. einen Drucker durch Übermittlung von Druckaufträgen an einen Drucker-Serviceprozess (Spooling, → 9.6.3).

Vermeidung von Verklemmungen (avoidance): Das Betriebssystem analysiert bei jeder Betriebsmittelanforderung, ob nach Zuteilung im weiteren Verlauf (im ungünstigsten Fall) nur *sichere, verklemmungsfreie* Zustände eintreten würden. Kann dies nicht garantiert werden, wird die aktuelle Anforderung „sicherheitshalber" nicht erfüllt, auch wenn dies zur Zeit möglich wäre (Beispiel Bankier-Algorithmus /9.42/). In der Praxis oft nicht anwendbar.

Entdeckung und Beseitigung (detect and delete): Das Betriebssystem untersucht zyklisch den Zustand aller Prozesse (und Betriebsmittel) auf mögliche Verklemmungen. Eine entdeckte Verklemmung kann nur durch vorzeitigen Abbruch mindestens eines verklemmten Prozesses aufgelöst werden.

► *Hinweis*: In vielen Betriebssystemen sind keine oder nur vereinzelte Gegenmaßnahmen zu Verklemmungen implementiert. Praktisch wird oft eine (optionale) Zeitüberwachung derjenigen Systemdienste angeboten, die zu Wartezuständen führen können, damit bei Zeitüberschreitung (timeout) eine Fehlerbehandlung eingeleitet werden kann. Außerdem zeigt der Prozess- (oder Task-)Manager mancher Betriebssysteme zwar blockierte (und ggf. verklemmte) Prozesse an, überlässt die Auswahlentscheidung zum Prozessabbruch aber dem Benutzer.

9.5 Speicherverwaltung

9.5.1 Aufgaben

Der Hauptspeicher kann sowohl *räumlich* als auch *zeitlich geteilt* genutzt werden. Seine Verwaltung erfolgt gesondert, weil sie stark von der Hardware, z. B. der MMU (→ 3.4.2) und verschiedenen Adressierungsarten (→ 2.5.3) abhängt.

Aufgaben der Speicherverwaltung:

- Bereitstellung und Zuteilung von Speicher an Prozesse, ggf. Entzug,
- effiziente Organisation freier und belegter Speicherbereiche,
- Verbergen von Beschränkungen (Virtueller Speicher → 9.5.3.2),
- Schutz vor fehlerhaften/unerlaubten Zugriffen.

Die **Zuordnung** (allocation) von Speicher an Prozesse ist *statisch* (vor dem Start des Prozesses) oder *dynamisch* (bei Bedarf) möglich.

9.5.2 Einfache Speicherverwaltung

Die **räumliche Aufteilung** des Speichers erfolgt durch getrennte Bereiche (*Partitionen*) *fester* oder *variabler Größe*.

Fragmentierung: Speicherverschnitt durch nicht nutzbare Teile.

Interne Fragmentierung ergibt sich, wenn einem Prozess verfahrensbedingt mehr Speicher zugeteilt wird, als er benötigt. *Externe Fragmentierung* tritt auf, wenn der gesamte Speicher so in freie und belegte Teile zerstückelt ist, dass kein genügend großer, zusammenhängender, freier Bereich zu finden ist. Durch *Defragmentierung* (*Kompaktifizierung, garbage collection*) erfolgt eine Umordnung, wobei alle belegten Teile „dicht" ans Ende des Speichers und alle freien Teile zusammen an den Anfang verschoben werden.

► *Hinweis*: **Verschiebbarkeit** (relocation): Programmteile müssen verschiebbar sein, damit sie in jedem beliebigen freien Bereich gespeichert werden können. Dies erfordert entsprechende Adressierungsverfahren (→ 2.5.3) und einen geeigneten Programm-Lader und -Verbinder (Linker, → 9.2.2).

Typische Datenstrukturen zur Speicherverwaltung:

- **Belegungsvektor** (Bitmap): Kennzeichnung des Zustandes (belegt/frei) eines Bereiches fester Größe durch je ein zugeordnetes Bit.
- **Verkettete Listen**: Beschreibung je eines Speicherbereichs (Größe, Belegungszustand, ggf. zugeordneter Prozess) durch ein Listenelement. Belegte und freie Bereiche können in einer gemeinsamen oder in getrennten Listen (z. B. „*Freispeicherliste*") dynamisch verwaltet werden.

Tabelle 9.3 Einige Verfahren zur Suche nach passenden Speicherbereichen

Verfahren	Suche
First Fit	stets vom Beginn an nach dem ersten ausreichend großen Bereich
Next Fit	wie First Fit, aber beginnend an der jeweils aktuellen Position
Best Fit	nach dem kleinsten passenden Bereich
Worst Fit	nach dem größten passenden Bereich

9.5.3 Verfahren bei Speichermangel

Vor allem im Multitasking-Betrieb tritt oft das Problem auf, dass Speicheranforderungen aktuell nicht befriedigt werden können. Zur Lösung erfolgt eine vorübergehende Auslagerung von Speicherbereichen auf einen geeigneten Hintergrundspeicher (z. B. Festplatte).

9.5.3.1 Swapping

Swapping ist ein Verfahren, das bei Speichermangel einen unwichtigen (z. B. zur Zeit blockierten) Prozess auswählt und *alle* von ihm belegten Hauptspeicherbereiche vorübergehend auf einem Hintergrundspeicher ausgelagert.

Dieses relativ einfache Verfahren erfordert keine weitere Hardwareunterstützung. Der benötigte Auslagerungsbereich (*swap space*) kann z. B. als Plattenpartition (→ 9.7) angelegt werden.

9.5.3.2 Virtueller Speicher

Ein **virtueller Speicher** ist ein Konzept, bei dem von der *Größe* des Hauptspeichers und der *Position*, die einzelne Bereiche darin einnehmen, abstrahiert wird. Stattdessen wird dem Anwender/Programmierer ein unbegrenzter (virtueller) Speicher vorgespiegelt. Die Umwandlung der *virtuellen* in *reale Adressen*, die Positionierung der Speichereinheiten sowie deren automatische Ein- und Auslagerung unter Nutzung eines externen Speichers erfolgen unter Steuerung des Betriebssystems.

9

► *Hinweis*: Virtueller Speicher ist quasi eine Automatisierung der **Überlagerungstechnik**. Bei dieser muss jedoch die Zerlegung einer Anwendung in so genannte *Overlays* vom Programmierer konzipiert und mittels spezieller Steueranweisungen für Linker und Lader (→ 9.2.2) formuliert werden. Sie wird heute kaum noch verwendet.

Beim virtuellen Speicher kann die Aufteilung des virtuellen Adressraums der Prozesse und des realen Hauptspeichers in zwei Formen erfolgen:

- **Segmente**: verschieden große Speichereinheiten je nach Gegebenheiten der Prozesse bzw. Festlegungen des Programmierers. Interne Fragmentierung kann vermieden werden, externe jedoch nicht. Zur Adresstransformation erhält jeder Prozess eine *Segmenttabelle*.

  ► *Hinweis*: Die Segmentierung wird sowohl von Prozessoren (Segmentregister) als auch von Compilern unterstützt. Damit sind differenzierter Zugriffsschutz wie auch gemeinsame Nutzung von Code-Segmenten durch mehrere Prozesse möglich (vgl. „shared libraries“). Ein Segment wird als zusammenhängender Bereich verwaltet. Segmente, die wegen zusätzlichem Speicherbedarf der Prozesse „wachsen“, müssen ggf. umgelagert werden.

- **Seiten** (pages) und **Seitenrahmen** (page frames): einheitlich große Speichereinheiten, die vom Betriebssystem bestimmt und für den Programmierer nicht sichtbar sind. Jeder Rahmen des Hauptspeichers kann eine beliebige Seite aus dem virtuellen Adressraum eines Prozesses aufnehmen.

Externe Fragmentierung wird vermieden, nicht jedoch interne. Zur Adresstransformation besitzt jeder Prozess eine *Seitentabelle* (page table, → Bild 9.15).

► *Hinweis*: Die optimale Seitengröße ist ein Kompromiss zwischen der Häufigkeit von Seitenwechseln und der Größe der internen Fragmentierung (im Mittel eine halbe Seite je Prozess), sie liegt in der Praxis oft zwischen 2 und 64 KByte.

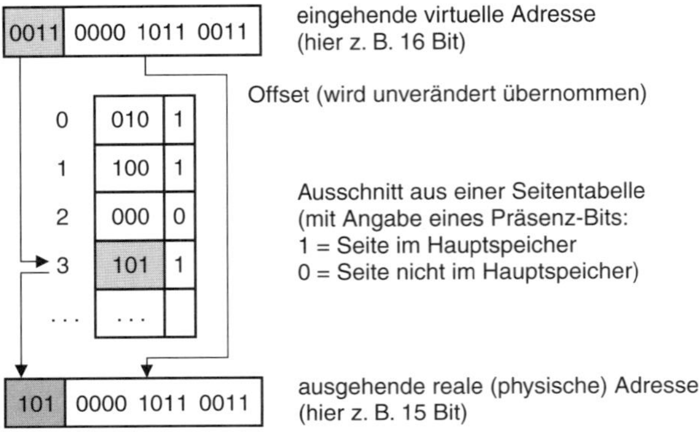

Bild 9.15 Prinzip der Adresstransformation mittels Seitentabelle (einstufig)

Ablauf bei virtuellem Speicher mit Seitentechnik (paging):

1. Bei jedem Zugriff zu einer Seite erfolgt eine Zerlegung der virtuellen Adresse in ein oder mehrere Indexanteile und eine Verschiebung (offset). Der Index verweist in die Seitentabelle, aus der bestimmbar ist, ob die Seite bereits im Hauptspeicher liegt.
2. Ist das der Fall, kann die Adresstransformation und nachfolgend der Speicherzugriff durchgeführt werden. Ansonsten wird der aktuelle Befehl mit einer speziellen Ausnahme (exception) abgebrochen, die einen **Seitenzugriffsfehler** (page fault) signalisiert. Damit wird als **Ladestrategie** das sog. „*Laden nach Bedarf*" (*demand paging*) realisiert.

   ► *Hinweis*: Mitunter wird dies kombiniert mit einem *vorausschauenden Laden (prepaging)* benachbarter Seiten in der Hoffnung auf baldige Zugriffe darauf.

3. Zur Behandlung des Seitenzugriffsfehlers muss die referenzierte Seite vom externen Auslagerungsspeicher in einen freien Rahmen des Hauptspeichers geladen und die Seitentabelle aktualisiert werden. Da jede Seite in einen beliebigen freien Rahmen gespeichert werden kann, ist die **Platzierungsstrategie** (placement) sehr einfach.
4. Steht für die Einlagerung kein freier Rahmen zur Verfügung, muss erst eine Seite ausgelagert werden. Diese **Verdrängungs-** bzw. **Ersetzungsstrate-**

gie (replacement → Tabelle 9.4) beeinflusst stark das Leistungsverhalten des Systems.

5. Nach einem Seitenzugriffsfehler und seiner Behandlung muss der zuvor erfolglos abgebrochene Befehl wiederholt werden.

Tabelle 9.4 Einige Seitenersetzungsstrategien

Der Algorithmus	Ersetzt diejenige Seite, die
First In First Out (FIFO)	sich am längsten im Hauptspeicher befindet
Least Recently Used (LRU)	die am längsten nicht benutzt wurde
Clock-Algorithmus	von einem virtuellen Uhrzeiger aus einer Ringliste ausgewählt wurde (Näherung des LRU-Verfahrens).
Aging	die in letzter Zeit (über mehrere Zeitfenster betrachtet) nicht bzw. am wenigsten benutzt wurde
Least Frequently Used (LFU)	die am wenigsten benutzt wurde

Je nach Implementierung ist unterschiedlich starke Hardwareunterstützung zur Speicherung von Informationen nötig, z. B. zur Seitenpräsenz/Gültigkeit, zur Zugriffshäufigkeit, zu Schreibzugriffen und zum Zugriffsschutz. Da die Tabellen sehr umfangreich werden können, sind weitere Organisationsformen üblich, wie *mehrstufige* oder *invertierte Seitentabellen* bzw. zusätzliche Puffer in der MMU, z. B. ein *assoziativer Speicher* (*Translation Look Aside Buffer, TLAB*). Der Transport von Seiten zwischen Extern- und Hauptspeicher wird meist von einem speziellen Dienstprozess des Betriebssystems (*Seitenwechselprozess*) übernommen.

Eine **Entladestrategie** (cleaning) bestimmt, wann modifizierte Seiten auf den Auslagerungsspeicher geschrieben werden (z. B. nach Bedarf, vorausschauend oder gepuffert).

„Seitenflattern“ (thrashing) kennzeichnet einen Überlast-Zustand des Systems infolge häufiger Lade- und Ersetzungsvorgänge. Dazu kann es kommen, wenn wegen ungünstiger Anforderungen nicht alle aktuell von Prozessen benötigten Seiten im Hauptspeicher gehalten werden können.

Es gibt Modelle und Verfahren, um diesem Effekt vorzubeugen. Das **Lokalitätsprinzip** besagt, dass sich Zugriffe eines Prozesses zeitweise auf einige Seiten konzentrieren. Dies wird durch bestimmte Programmiertechniken (z. B. Modularisierung) unterstützt. Die **Arbeitsmenge** (working set /9.14/) umfasst alle Seiten, die ein Prozess im Moment zum Voranschreiten braucht. Günstig ist es demnach, wenn die Arbeitsmengen möglichst vieler Prozesse im Hauptspeicher verbleiben.

9.6 Ein-/Ausgabe-System

9.6.1 Anforderungen und Struktur

Die Steuerung der Ein-/Ausgabe (E/A) erfordert vor allem die Abstraktion von technischen Details und Eigenschaften der E/A-Geräte (→ 4, 5) und die Bildung geeigneter Schnittstellen. Das E/A-System weist oft eine (quasikonsistente) Schichtenstruktur (→ 9.2.3) auf, → Bild 9.16.

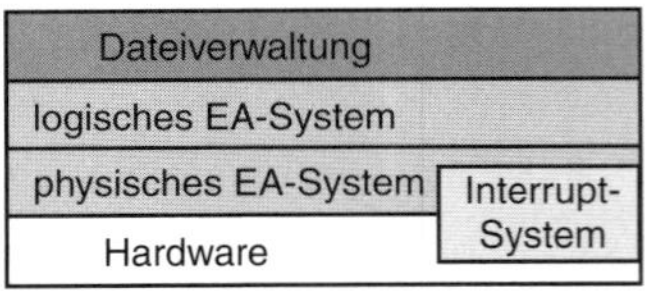

Bild 9.16 Schichtenstruktur des Ein-/Ausgabe-Systems (Die Dienste des E/A-Systems sind i. Allg. über Funktionsbibliotheken zugänglich.)

9.6.2 Physisches Ein-/Ausgabe-System

Das **physische Ein-/Ausgabe-System** steuert alle Vorgänge zur Ein-/Ausgabe von Daten mit den physischen (real angeschlossenen, peripheren) Geräten des Systems. Diese Vorgänge sind *gerätespezifisch* und werden i. Allg. durch **Gerätetreiber** (kurz: **Treiber**; device driver) erbracht.

Viele Steuerfunktionen sind in *E/A-Prozessoren* (*Controller*, → 5) realisiert, auf die über spezielle E/A-Befehle und Port-Adressen oder über gewöhnliche Speicherbefehle und Hauptspeicheradressen (*Memory Mapped I/O*) zugegriffen werden kann. Eine softwaregesteuerte Einstellung der Port-Adressen erlaubt den Anschluss peripherer Geräte ohne weitere Eingriffe („*Plug & Play*“).

Aufgaben eines Gerätetreibers:

- Initialisierung eines peripheren Gerätes,
- Vorbereitung, Initiierung und Beendigung einer E/A-Operation,
- Übergabe bzw. Übernahme von Daten,
- Unterstützung des Energiemanagements für Geräte (z. B. via ACPI-Schnittstelle, Advanced Configuration and Power Interface),
- Reaktion auf Fehler bzw. Ausnahmesituationen/Unterbrechungen,
- Synchronisation mit dem auftraggebenden Prozess.

❑ *Beispiel*: Festplattentreiber müssen den Schreib-/Lesekopf positionieren. Dazu gibt es diverse Algorithmen (z. B. *Shortest Seek Time First*, *SSTF* oder den *Fahrstuhl-Algorithmus*).

E/A-Geräte können *zeichenorientiert* (z. B. Tastatur, Bildschirm) oder *blockorientiert* (z. B. Magnetbandspeicher/Streamer, Festplatten) arbeiten. Das Zusammenspiel zwischen Treiber und Gerät ist möglich durch:

- **Hardwaresynchronisation**: Bei sehr schnellen Geräten behält der Treiber die Steuerung bis zum Abschluss einer E/A-Operation.
- **Softwaresynchronisation**: Bei langsamen Geräten muss auf das Ende der E/A-Operation gewartet werden, entweder durch zyklische Abfrage von Statusmeldungen (**Polling**) oder häufig durch **Interrupts** (→ 3.4.4).

Interrupts sind spezielle Signale, die eine asynchrone Unterbrechung der Befehlsabarbeitung durch den Prozessor veranlassen. Ein Interrupt kann durch eine spezifische Routine (**Interrupt Service Routine**, **ISR**, Interrupthandler) behandelt werden.

Nach Unterbrechung durch ein Interrupt speichert der Prozessor die Adresse der Unterbrechungsstelle und verzweigt zur weiteren Behandlung über eine *Interrupt-Vektor-Tabelle* zu derjenigen ISR, die dem auslösenden Interrupt zugeordnet ist. Die dafür benötigte Zeit wird *Interrupt-Latenzzeit* genannt. ISRs sollten kurz sein. Da es nicht immer günstig ist, die Interrupt-Behandlung vollständig innerhalb der ISR durchzuführen, wird häufig ein Teil der Behandlung durch einen speziellen Prozess (oder Thread) realisiert, der mit der ISR zu synchronisieren ist. Nach Abschluss der ISR wird die Arbeit an der Unterbrechungsstelle fortgesetzt.

Treiber erhalten Aufträge von Anwendungsprozessen bzw. höheren Systemschichten ebenso wie „Interrupt-Anstöße" von den Geräten. Sie können als Prozeduren wie auch als Prozesse bzw. Threads implementiert sein. Die Implementierung als Prozess bzw. Thread erlaubt eine höhere Parallelität. Wegen ihrer gerätespezifischen Funktionen gehören Treiber i. Allg. nicht zum Betriebssystem-Kern. Stattdessen sind sie (dynamisch) installierbar. Konkrete Betriebssysteme unterscheiden sich bez. ihres Treiber-Modells z. T. erheblich.

9.6.3 Logisches Eingabe-/Ausgabe-System

Das **logische Eingabe-/Ausgabe-System** stellt für Anwendungen oder höhere Systemschichten Funktionen zur *geräteunabhängigen* E/A zur Verfügung und benutzt dazu Dienste des physischen E/A-Systems.

Typische **Funktionen** des logischen E/A-Systems:

- Verwaltung logischer Geräte (z. B. Konsole, Plattenlaufwerk/-partition),
- Bereitstellung geräteunabhängiger Dateneinheiten, z. B. *Block* bzw. *Cluster*, ggf. Pufferung (→ 9.7.3),
- Speicherplatzverwaltung auf externen Speichermedien (→ 9.7.3).

Auch das logische E/A-System wird durch Aufruf von Systemdiensten bzw. über Bibliotheksfunktionen genutzt. Außerdem sind spezielle E/A-Dienstleistungsprozesse außerhalb des Betriebssystem-Kerns möglich, z. B. *Spooling*-Prozesse (SPOOL: *Simultaneous Peripheral Operations OnLine*).

9.7 Dateiverwaltung

9.7.1 Dateikonzept

Eine **Datei** (file) ist eine Menge von logisch zusammengehörenden Daten, die auf einem geeigneten Medium permanent gespeichert werden kann und über einen Bezeichner identifizierbar ist.

Die **Dateiverwaltung** ist eine Komponente des Betriebssystems ($\rightarrow$ Bild 7.16), die in Zusammenarbeit mit dem E/A-System ($\rightarrow$ 9.6.3) dem Benutzer bzw. Programmierer komfortable Dienste anbietet.

Aufgaben der Dateiverwaltung:

- Abbildung der Nutzerdaten auf Verwaltungseinheiten (Satz, Block),
- Realisierung von Zugriffsverfahren (sequenziell, direkt/wahlfrei),
- Zuordnung von Speicherplatz für Dateien, Verwaltung belegter und freier Teile des Speichermediums,
- Gewährleistung von Zugriffsschutz.

Ein **Dateisystem** (file system) umfasst die Menge aller von einem Betriebssystem in derselben Art verwalteten Dateien einschließlich aller dafür erforderlichen Verwaltungsinformationen.

❑ *Beispiele:* FAT (MS-DOS), VFAT, NTFS (Windows NT/2000/XP/Vista), HPFS (OS/2), ufs, s5fs (UNIX), ext2fs, ext3fs, ext4fs (Linux), NFS (Network File System, $\rightarrow$ 11.5.2), HFS, HFS+ (Mac OS), ZFS (Solaris 10), CDFS und UDF (für CD-ROM, DVD).

9.7.2 Dateiorganisation

Die **Dateiorganisation** beschreibt die Strukturierung bzw. Anordnung der Daten und die möglichen Zugriffsformen.

Die **logische Struktur** einer Datei ist für ein Programm z. B. sichtbar als:

- **Folge von Bytes** (byte stream): unstrukturierte Folge von Zeichen,
- **Folge von Datensätzen** (records): Dateneinheit für eine Dateioperation des logischen E/A-Systems von fester oder variabler Länge, die in einzelne Felder strukturiert sein kann.

Aus der Struktur der Datei ergeben sich verschiedene **Zugriffsformen**:

- **Sequenzieller Zugriff** auf die Bytes bzw. Sätze einer Datei (mittels Dateizeiger, file pointer).
- **Direkter (wahlfreier, random) Zugriff** auf Sätze fester Länge.
- **Indexsequenzieller Zugriff** unter Nutzung eines Satzschlüssels.

❑ *Beispiele*: ISAM (Indexed Sequential Access Method), VSAM (Virtual Sequential Access Method), B- bzw. B*-Bäume (→ 6.3.4, 13.5.4.2).

9.7.3 Speicherplatzzuordnung und -verwaltung

Für die Abbildung von Dateien auf Speichermedien schafft das physische E/A-System (→ 9.6.2) Voraussetzungen, z. B. durch *Formatierung* von Plattenspeichern in Zylinder, Spuren und Sektoren sowie effiziente Zugriffsalgorithmen.

Als Speicherplatz-Verwaltungseinheit benutzt das logische E/A-System **Blöcke** fester Größe (**Cluster**), typischerweise zwischen 1/2 und 64 KByte groß. Eine Datei wird auf eine Menge fortlaufend nummerierter Blöcke abgebildet. Zwischen Sätzen und Blöcken erfolgt ggf. eine Umwandlung mittels *Blockung* (mehrere Sätze in einem Block) oder *Segmentierung* (mehrere Blöcke für einen Satz).

9

Verfahren zur **Zuordnung** (allocation) von Blöcken zu Dateien:

- aufeinander folgende (zusammenhängende) Blöcke für die gesamte Datei (*contiguos files*) oder für größere Teile einer Datei.
- interne Verkettung der Blöcke untereinander durch einen Zeiger.
- externe Verkettung der Blöcke in einer gesonderten Datenstruktur (Index, z. B. MS-DOS: *File Allocation Table* (*FAT*), UNIX/Linux: *Inode*).

► *Hinweis*: Die Dateiverwaltung nutzt ähnliche Techniken wie die Hauptspeicherverwaltung (→ 9.5.2). Die nötigen Verwaltungsdaten werden auf dem Datenträger selbst gespeichert. Zur *Defragmentierung* gibt es Hilfsprogramme.

9.7.4 Verzeichnisse

Ein **Dateiverzeichnis** (Ordner, Katalog, directory) ist eine Datenstruktur mit Informationen über Dateien zu dem Zweck, diese effizient und geordnet auf einem Datenträger verwalten zu können.

Dem *Benutzer* dienen Verzeichnisse zur Herstellung einer logischen Ordnung von Dateien unabhängig von ihrer wirklichen Lage auf dem Datenträger. Dazu enthält ein Verzeichniseintrag direkt oder indirekt über weitere Datenstrukturen zahlreiche Informationen wie z. B. Name bzw. Pfadbeschreibung, ggf. Dateityp, Zugriffsrechte, Besitzverhältnisse, Dateigröße, Erstellungs- und Modifikationsdatum sowie weitere Datei-Attribute (→ Bild 9.17).

a)

Dateiname	Typ	Attribute	reserviert	Datum/Zeit	1. Cluster-Nr.	Größe

b)

Dateiname	Inode-Nr.

Bild 9.17 Beispiele für Verzeichniseinträge: a) MS-DOS (FAT), b) UNIX/Linux

Konventionen für Namen sowie Anordnung und „Wirkungsbereich" von Verzeichnissen differieren in einzelnen Systemen. Meistens findet man *mehrstufige, hierarchische Dateiverzeichnisse* für einen Datenträger oder für das gesamte System. Sie haben oft die Struktur eines Baumes (oder eines gerichteten Graphen), wobei der oberste Knoten i. Allg. als *Wurzel* (*root*) bezeichnet wird (→ Bild 9.18). Innerhalb eines Dateisystems kann die Eindeutigkeit von Dateinamen durch *Pfadangaben* (*path names*) gesichert werden. Diese können *absolut* (beginnend ab der Wurzelposition) oder *relativ* zum aktuellen Arbeitsverzeichnis (current/working directory) sein.

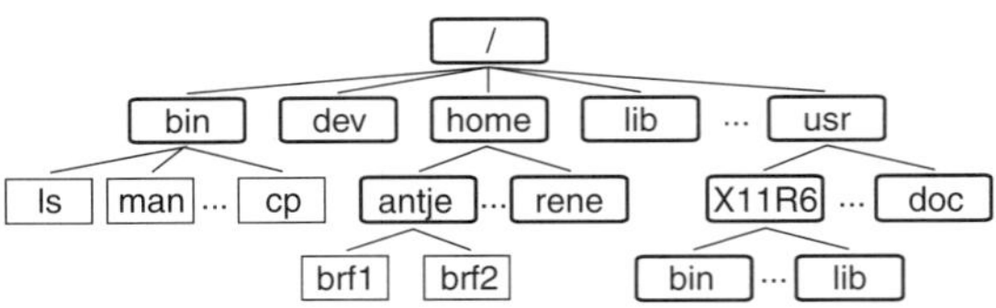

Bild 9.18 Beispiel für ein hierarchisches Dateiverzeichnis

Das Betriebssystem benutzt Verzeichnisse, um die vom Benutzer verwendeten Dateinamen auf die internen Strukturen zur Organisation des Zugriffs (→ 9.7.2) und des Speicherplatzes (→ 9.7.3) abzubilden.

9.7.5 Datenträger-Organisation

Zur Organisation von Datenträgern setzten Betriebssysteme eine gewisse Struktur voraus. Die ersten Sektoren einer Festplatte, die z. B. als *Master Boot Record (MBR)* oder *Partition Boot Sector (PBS)* bezeichnet werden, enthalten i. Allg.:

- den *Startcode* des Betriebssystems (*Boot-Code*, → 9.8.2),
- Angaben zur Identifizierung des Datenträgers,
- Informationen zur weiteren Strukturierung der Platte in *Partitionen* (auch: *Volumes, logische Laufwerke*), diese Daten werden in einer *Partitionstabelle* gespeichert. Deren Aufbau orientiert sich zumeist am MBR-Format oder am GPT-Standard (GUID Partitiontable), mit dem noch größere Platten organisiert werden können.

Damit besteht grundsätzlich die Möglichkeit, verschiedene Dateisysteme in unterschiedlichen Partitionen einer Platte zu speichern, auch wenn die Unterstützung „fremder“ Dateisysteme durch gegenwärtige Betriebssysteme relativ begrenzt ist.

Innerhalb einer Partition befindet sich i. Allg. ein konkretes Dateisystem. Zu seiner korrekten Benutzung müssen ebenfalls einige wesentliche Merkmale an definierter Stelle (und ggf. zusätzlich redundant als Sicherungskopie) gespeichert sein, z. B. die Zuordnung der belegten und die Position freier Blöcke/Cluster (→ 9.7.3), eine Liste fehlerhafter Blöcke usw. Solche Informationen befinden sich z. B. bei NTFS in der sog. *Master File Table* (*MFT*, /9.39/) und bei UNIX/Linux im sog. *Superblock* (/9.42/, /9.46/, → Bild 9.19).

Boot-Block	Super-Block	Inodes	Dateien

Boot-Block	MFT	System-dateien	Dateien

Bild 9.19 Beispiele für die Struktur von Partitionen:
a) UNIX File System (s5fs), b) MS Windows (NTFS)

9.7.6 Sicherheit und Zugriffsschutz

Datenverlust vorzubeugen erfordert vom Benutzer u. a. inkrementelle oder vollständige Sicherung von Dateien, Verzeichnissen oder ganzen Datenträgern (*Backup*). Programme erlauben dazu z. B. periodisches automatisches Erstellen einer Sicherungskopie der aktuell bearbeiteten Datei oder automatisches Sichern der alten Version. Durch Hardware-Redundanz und besondere Softwarelösungen kann die Datensicherung weiter verbessert werden, z. B. durch *RAID-Verfahren* (→ 4.2.2.4).

Maßnahmen der Dateiverwaltung zur **Datensicherheit**:

- Registrierung fehlerhafter Blöcke des Datenträgers
- Protokollierung wesentlicher Aktionen im Dateisystem (*logging, journaling*),
- Speicherung von Zeitinformationen über jede Datei für Backups,
- Sicherung der Konsistenz des Dateisystems,
- Rekonstruktion fehlerhafter Dateien durch Protokollierung,
- *Datei-Sperren* (*file locking*), *Satzsperren* (*record locking*),
- *Transaktionen* (→ 13.5.6, 12.4.7): eine Datenänderung findet entweder vollständig korrekt oder gar nicht und ohne Veränderungen statt.

Der **Zugriffsschutz** zu Dateien spielt insbesondere beim Mehrnutzer-Betrieb bzw. in verteilten Systemen (→ 12, 14.3) eine wesentliche Rolle. Es gibt viele Verfahren zur Vergabe und Kontrolle verschiedener *Zugriffsrechte* (z. B. Lesen, Schreiben, Ausführen) an Benutzer (→ 9.8.5).

9.7.7 Leistungsverbesserungen

Die Leistungsfähigkeit der Dateiverwaltung wird wesentlich durch die Häufigkeit von Zugriffen auf den Datenträger beeinflusst.

Maßnahmen zur Vermeidung bzw. Beschleunigung von Dateizugriffen:

- effiziente Organisation und „günstige" Lage bzw. räumlich verteilte Speicherung von Dateiverwaltungsinformationen (Tabellen, Listen, Verzeichnisse), z. B. durch Organisation von Daten in *Zylindergruppen, Bänder/Stripes* u. Ä.
- Realisierung eines *Pufferspeichers* (*Cache*).

► *Hinweis*: Beim *Caching* führen Lesezugriffe immer zunächst in den Cache. Bei sequenziellem Lesen können sie z. T. sogar „vorausschauend" erfolgen (*read ahead*). Analog zum virtuellen Speicher (→ 9.5.3.2) wird im Cache eine Ersetzungsstrategie realisiert, z. B. FIFO oder LRU.

Schreiboperationen in den Cache sollten zusätzlich auf dem peripheren Speicher ausgeführt werden, um Inkonsistenzen zu vermeiden, z. B. durch:

- *sofortiges Schreiben* (*write through*) nach jedem Schreibzugriff,
- *verzögertes Schreiben* (*write behind, write-on-close*),
- *zyklisches Schreiben* modifizierter Daten (*cyclic write*).

9.7.8 Systemdienste zur Dateiverwaltung

Systemdienste zur Dateiverwaltung erfordern i. Allg. die Angabe eines *Dateideskriptors* (*file descriptor/handle*) zur Identifizierung.

Typische Systemdienste zur Arbeit mit Dateien:

- Erzeugen einer neuen Datei, Festlegung von Eigenschaften,
- Löschen einer Datei, Freigabe des belegten Speicherplatzes,
- Öffnen zur Vorbereitung künftiger Dateizugriffe: Laden und Prüfen von Verwaltungsinformationen (z. B. Lage der Datei, Rechte),
- Schließen: abschließende Aktionen nach Bearbeitung einer Datei, z. B. Aktualisierung von Verwaltungsinformationen (Verzeichnisse),
- Lesen von Daten aus der Datei in einen Puffer des Prozesses,
- Schreiben von Daten aus einem Puffer des Prozesses in die Datei,
- Lesen und ggf. Verändern von Dateieigenschaften.

9.8 Einsatz von Betriebssystemen

9.8.1 Installation und Konfigurierung

Die Installation eines Betriebssystems auf einem Computer ist Voraussetzung für seine Benutzbarkeit. Bestandteil der Installation ist die Konfigurierung.

Konfigurierung ist die Auswahl und Zusammenstellung von gewünschten Hardware/Software-Komponenten zu einem funktionsfähigen System, einer entsprechenden **Konfiguration** (configuration).

Bei der Konfigurierung werden nur die konkret benötigten bzw. gewünschten Teile des Betriebssystems vom Datenträger in den Hauptspeicher geladen und dort zu einer in Funktionalität und Umfang konkret angepassten und erneut ladbaren Form des Betriebssystems zusammengefügt (*Setup-Programm*).

► *Hinweis*: Die Konfiguration wird in Systemdateien gespeichert, z. B. config.sys bei MS-DOS oder Registry bei MS Windows. Diese Dateien erfordern bei ihrer Veränderung meist detaillierte Systemkenntnisse.

9

Eine **Rekonfigurierung** des Systems bedeutet die Änderung seiner Konfiguration. Eine Änderung der Hardware-Konfiguration zieht i. d. R. eine Rekonfigurierung des Betriebssystems nach sich.

► *Hinweis*: So erfordert der Einbau eines neuen Peripheriegerätes i. Allg. die Installation eines passenden Treibers (→ 9.6.2). Eine derartige Rekonfigurierung kann bei einigen Systemen sogar dynamisch zur Laufzeit des Systems erfolgen.

9.8.2 Boot-Vorgang

Da das Betriebssystem nach dem Anschalten des Computers ohne weitere Bedienhandlungen arbeitsbereit sein sollte, muss es zuvor selbst erst (ohne Betriebssystemunterstützung!) geladen und gestartet werden.

Das Laden des Betriebssystems erfolgt in mehreren Schritten (**bootstrapping, „booten“**). Beim Einschalten des Computers wird infolge einer besonderen Unterbrechung (*Reset-Signal, Interrupt* → 9.6.2) ein systemspezifisches Programm gestartet, das an einer definierten Stelle im ROM bzw. EPROM des Computers steht (z. B. das sog. *ROM BIOS* bei PCs). Dieses testet die Hardware (*Power On Self Test*), ermittelt und speichert die Hardware-Konfiguration und initialisiert einige wichtige Komponenten (z. B. Controller → 9.6.2).

Danach wird ein kleines betriebssystemspezifisches Programm (**Urlader, Anfangslader, boot loader**) von einer definierten Position („**Boot-Sektor**“) desjenigen externen Speichers geladen und gestartet, der als dafür vorgesehen erkannt wurde. Der Urlader wiederum dient dem schrittweisen Nachladen weiterer Betriebssystem-Teile bzw. Konfigurationsdaten vom Datenträger. Erst diese Dateien vervollständigen das Betriebssystem, so dass es nun selbst die Steuerung übernehmen kann.

▶ *Hinweis*: So genannte **Boot-Manager** erlauben es, während des Bootens eines von mehreren Betriebssystemen auszuwählen, das gestartet werden soll. Diese Systeme können sich auch in verschiedenen logischen Bereichen (Partitionen) derselben Festplatte befinden.

▶ *Hinweis*: So genannte Live-Systeme (z. B. Linux-Distributionen wie Knoppix) werden von CD, DVD o. Ä. („Live-CD") gebootet, schreiben jedoch während ihrer Benutzung nicht auf die Festplatte und verändern auch die Rechnerkonfiguration nicht. Sie werden oft zu Test- oder Sicherungszwecken benutzt.

9.8.3 Administration

Bei der Nutzung eines Betriebssystems sind je nach Betriebsart (→ 9.1.2) bzw. Einsatzfall (→ 9.8.7) verschiedene **administrative Aufgaben** zu lösen, z. B. (/9.47/, /9.48/, /9.50/):

- *Wartung und Pflege des Betriebssystems*: Installation von neuen Versionen (Update) bzw. von Systemergänzungen oder -korrekturen (Patch, Bugfix, Service Pack) sowie die Konfigurierung bzw. Rekonfigurierung des Betriebssystems und ggf. der Hardware.
- *Benutzerverwaltung (Anlegen von Nutzerprofilen, accounts)*: Vergabe von Nutzerkennungen (Login-Namen), Zugriffsrechten, Beschränkungen (z. B. disk quotas) und deren Eintragung in zentrale Dateien.
- *Überwachung und Sicherung des laufenden Betriebs*: Überwachung von Ereignismeldungen, Login-Versuchen, Abrechnungsdaten; Datensicherung (Backup), Gewährleistung der Sicherheit im Betrieb, z. B. durch Installation aktueller Virenschutz-Software (Viren-Scanner).
- *Organisatorische und Planungsmaßnahmen*: Organisation/Durchführung von Nutzerschulungen, ggf. Erstellung von Hilfsprogrammen/Dokumentationen, Notfallplänen, Unterstützung des Managements durch Berichte, Konzeptionen, Kontakt zu Systemherstellern bzw. -lieferanten.

9.8.4 Leistungsbewertung

Bewertungsgrößen für Betriebssysteme sind z. B.:

- *Einsatzfähigkeit/Nutzen*: Betriebsarten, mögliche Benutzer- und Prozessanzahl, unterstützte/benötigte Hardware, Portabilität, Installationsaufwand, Integrierbarkeit in das bestehende Umfeld, Stabilität, Bedienkomfort/Benutzerschnittstelle, Umfang weiterer Systemsoftware.
- *qualitative technische Merkmale*: Innovationsgrad, Konformität zu Standards, Architektur, Skalierbarkeit, Zuverlässigkeit, Sicherheit, Prozess-/Thread-Zustandsmodell, Scheduling-Verfahren, virtueller Speicher, API.

- *quantitative technische Merkmale*: Prozess-Wechsel-Zeit, Dauer möglicher Kernsperren, Interrupt-Latenzzeit, Umfang des API.
- *betriebswirtschaftliche Größen*: Kosten für Anschaffung, Betrieb, Updates, Support, Schulung usw. (vgl. *Total Cost of Ownership, TCO*).

Möglichkeiten zur **Leistungsbewertung** (performance evaluation) eines Betriebssystems:

- *Messung* relevanter Daten, z. B. Prozesswechsel-Dauer, ggf. unter Nutzung von *Benchmarks*, z. B. *Lastprofile*),
- *analytische Modelle*, z. B. Bedienungsmodelle zur Untersuchung von Scheduling- oder Seitenersetzungsstrategien,
- *grafische Modelle* zur Beschreibung und qualitativen Bewertung, z. B. PETRI-Netze zum Nachweis der Verklemmungsfreiheit,
- *Simulation* typischer Vorgänge und Verhaltensweisen, z. B. Ermittlung von Engpässen, Dimensionierung von Wartelisten.

► *Hinweis*: Kenngrößen von Betriebssystemen werden z. T. durch die Hardware beeinflusst!

9.8.5 Schutz und Sicherheit

Schutzmechanismen (→ 14) in Betriebssystemen richten sich oft nach der Betriebsart (→ 9.1.2) bzw. der Einsatzumgebung (→ 9.8.7). Im Vordergrund stehen dabei *Integrität* und *Verfügbarkeit* des Systems.

Zur Realisierung von Schutzmechanismen werden alle Verwaltungseinheiten im System in jeweils identifizierbare *aktive Einheiten* (*Subjekte*, z. B. Benutzer, Prozesse) und *passive Einheiten* (*Objekte*, z. B. Speicherbereiche, Dateien) klassifiziert. Dadurch lassen sich Operationen ableiten, die von Subjekten über einer Menge von Objekten ausgeführt werden dürfen und einen *Schutzbereich* (*protection domain*) bilden. Ziel ist es, dem Betriebssystem die Zugriffskontrolle und -steuerung zu ermöglichen und dafür zu sorgen, dass diese nicht umgangen werden können.

Typische **Schutzkonzepte**:

- **Zugriffskontroll-Listen (Access Control List, ACL)**: Hierin wird für jedes Objekt festgelegt, wer welche Operation darüber ausführen darf (z. B. Schreibrecht eines Prozesses auf eine Datei).
- **Berechtigungen (capabilities)**: Sie sind einem Subjekt zugeordnet, von ihm jedoch nicht änderbar. Sie geben an, welche Objekte durch welche Operationen bearbeitet werden dürfen.

Potentielle **Sicherheitslücken** entstehen in der Praxis u. a. durch:

- inkonsistente Betriebssystemzustände infolge unerwarteter Abläufe (z. B. unsinnige oder unzulässige Eingaben),

- beabsichtigte oder unbeabsichtigte Schlupflöcher in Systemprogrammen, undokumentierte Systemdienste bzw. Parameter,
- fehlerhafte Betriebssystemergänzungen/-anpassungen,
- fehlerhafte Identifizierung, Authentifizierung bzw. Autorisierung.

► *Hinweis*: Angreifer nutzen solche Lücken oft aus, um durch Trojanische Pferde (Trojaner), Wurm- oder Viren-Programme im Betriebssystem oder in Anwendungen Daten auszuspähen oder zu manipulieren (→ 14).

9.8.6 Virtualisierung von Betriebssystemumgebungen

Unter **Virtualisierung** versteht man Methoden zur Abstraktion, die es erlauben, dem Benutzer scheinbar vorhandene Ressourcen so verfügbar zu machen, als wären sie real vorhanden.

Virtualisierung ist eine Hauptaufgabe von Betriebssystemen (→ 9.1.1) und wird seit langem eingesetzt, um Beschränkungen der realen Hardware vor dem Benutzer zu verbergen, wie z. B. durch folgende Ansätze /9.5/, /9.22/:

- Multitasking/Multithreading (→ 9.3.2)
- virtuelle Speichersysteme (→ 9.5.3.2)
- virtuelle Prozessoren, z. B. zur Software-Entwicklung für Mikrocontroller auf einem Host-System mit anderer Architektur oder zur Bytecode-Interpretation, z. B. in einer prozessorunabhängigen Java Virtual Machine JVM
- virtuelle Sekundärspeichersysteme wie z. B. NAS oder SAN (→ 4.4)
- virtuelle Netzwerke, z. B. VPN (→ 10.2, 14.3.1.7).

Virtualisierung kann sich auch auf *komplette Betriebssystemumgebungen* (und damit quasi auf das gesamte Computersystem) beziehen.

Die **Betriebssystem-Virtualisierung** ist eine einfache Form, bei der mehreren Anwendungen jeweils ein eigener virtueller „Container" als Laufzeitumgebung durch das vorhandene (Host-)Betriebssystem bereitgestellt wird. In den Containern können allerdings keine fremden Betriebssysteme laufen. Beispiellösungen sind BSD jails, Virtuozzo, Linux-VServer.

Die **Systemvirtualisierung** unter Nutzung eines **Virtual Machine Monitor (VMM)** erlaubt eine Vervielfachung und gezielte Verteilung der realen Ressourcen des Rechners durch Konfiguration mehrerer **virtueller Maschinen (VMs**, → Bild 9.20). Jede VM stellt eine unabhängige, von anderen VMs isolierte Plattform für je ein (im Prinzip beliebiges) Gast-Betriebssystem dar, das sich – bis auf eine gewisse Verlangsamung („Virtualisierungsschwund") – so verhalten kann, als würde ihm die gesamte Rechnerhardware allein gehören. Der VMM muss insbesondere sichern, dass alle Hardwarezugriffe privilegiert (unter seiner Kontrolle) ausgeführt werden. Moderne Prozessoren unterstützen diese zusätzliche Privilegierung (z. B. auf Basis von Intel Virtualization Technology oder AMD Virtualization). Praktisch werden folgende Formen der Systemvirtualisierung unterschieden:

- **Hardware-Emulation** (bzw. -Simulation): Die gesamte Hardware wird nachgebildet, das Gast-System braucht die reale Hardware nicht zu kennen und muss dazu nicht verändert werden.
- **Hardware-Virtualisierung** (**Voll-** bzw. **Komplett-Virtualisierung**) spiegelt den Gastsystemen eine angepasste, standardisierte Hardware vor und ist in zwei Varianten möglich: Beim Typ 1 liegt die VMM-Schicht als eigenes Betriebssystem (*Hypervisor*) direkt über der Hardware und virtualisiert diese für die Gastsysteme (→ Bild 9.20a). Produktlösungen sind z. B. Xen, VMware ESX, Microsoft Hyper-V. Beim Typ 2 („*hosted*") läuft die VMM als eine von mehreren Anwendungen auf einem vorhandenen Host-Betriebssystem (→ Bild 9.20b), ein Beispiel ist VMwareServer.
- **Paravirtualisierung** erfordert eine Anpassung der Gastsysteme, damit diese direkt (und mit weniger Schwund) mit der von der Virtualisierungsschicht bereitgestellten (und nicht mit der realen) Hardware kommunizieren können. Für diese Schnittstelle gibt es die Spezifikation VMI (Virtual Machine Interface), die von VMware und Xen verwendet wird.

9

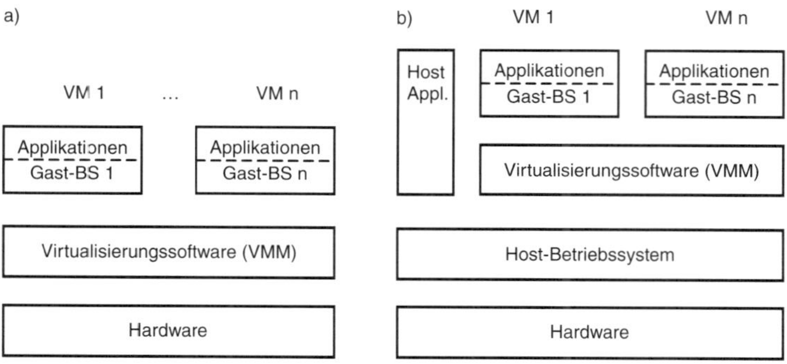

Bild 9.20 Zwei verschiedene Möglichkeiten zur Virtualisierung

9.8.7 Betriebssysteme für spezielle Einsatzgebiete

9.8.7.1 Echtzeitbetriebssysteme

Bei der **Echtzeitverarbeitung** (*real time processing*) werden Vorgänge in einem (technischen Basis-)System durch einen Computer überwacht und gesteuert (→ 3.5.7). Deshalb bestehen besondere Anforderungen an das zeitliche Verhalten (*Reaktionszeit, Antwortzeit* → Bild 9.21), auch unter hoher

Verarbeitungslast (*Hochlastfestigkeit*), sowie an die Verfügbarkeit /9.9/, /9.51/, /9.52/, www.real-time.de.

► *Hinweis*: So genannte *harte Echtzeitbedingungen* erfordern, unter allen Umständen Zeitüberschreitungen zu vermeiden, z. B. in der Medizin-, Fahrzeug- und Flugtechnik (Antiblockiersystem oder Airbag). *Weiche Echtzeitbedingungen* liegen vor, wenn einzelne oder geringfügige Zeitüberschreitungen tolerierbar sind, ohne dass größere Schäden entstehen (z. B. bei der Telefonvermittlung).

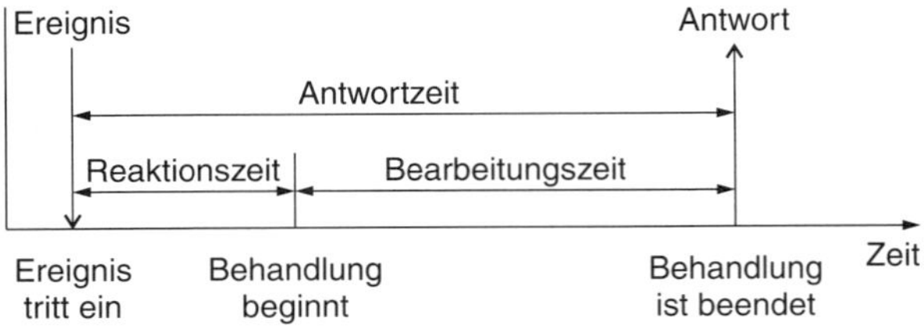

Bild 9.21 Reaktionszeit und Antwortzeit (In der Reaktionszeit ist die durch die Hardware bestimmte Interrupt-Latenzzeit enthalten, → 9.6.2)

Besonderheiten von Echtzeitbetriebssystemen:
- *Zeitverwaltung* zur Überwachung von Zeitpunkten und Zeitfristen,
- *Unterbrechungssystem* zur Annahme von Aufträgen durch Ereignisse (Interrupts) aus der technischen Umgebung,
- *Scheduling* durch präemptive Verfahren, die zeitliche Abhängigkeiten bzw. Fristen berücksichtigen, z. B. EDF, LLF (→ 9.4.3), oder eine Einplanung garantieren, z. B. bei periodischen Prozessen durch **periodenmonotones Scheduling** (**Rate Monotonic Scheduling, RMS** /9.51/, /9.52/),
- *Synchronisation/Kommunikation* durch Koordinierungsmittel (z. B. Ereigniszähler) mit minimalen Verzögerungen (Latenzzeiten),
- *Betriebsmittel*: Arbeitsfähigkeit bei beschränkten Ressourcen, insbesondere bei **eingebetteten Systemen** (embedded systems, → 3.5.7). Betriebssysteme belegen hierbei oft weniger als 1 MByte Speicher (RAM/ROM).
- *Software-Architektur*: Das Betriebssystem sollte ROM-fähig sein, damit es auf einem Festwertspeicher untergebracht werden kann.
- *Robustheit, Zuverlässigkeit, Verfügbarkeit* und *Stabilität* im Dauerbetrieb, i. Allg. ohne Bedienereingriffe.

► *Hinweis*: Der Markt für Echtzeitbetriebssysteme ist durch zahlreiche Produkte diverser Hersteller für unterschiedlichste Hardware-Plattformen (inkl. Mikro-Controller) gekennzeichnet, z. B. Enea OSE, VRTX, LynxOS, VxWorks, WindowsCE, OSEK/VDX (im Automobilbau). Eine Standardisierung der APIs wird angestrebt, z. B. POSIX /9.27/.

9.8.7.2 Betriebssysteme für mobile Geräte

Betriebssysteme, die in mobilen Endgeräten bzw. *Smart Devices* wie z. B. PDAs, Tablet Computer, Handys bzw. Smartphones (→ 3.6.6, 5.8) eingebettet sind, werden oft **mobile Betriebssysteme** (*mobile OS*) genannt. Neben den grundsätzlichen, z. T. vereinfachten Steuerungsaufgaben (wie z. B. Multitasking, Filesystem) übernehmen sie vor allem Funktionen für folgende Bereiche:

- Nutzung drahtloser Kommunikationsverbindungen (→ 10), vor allem für typische Internet-Dienste wie z. B. E-Mail (→ 11.4)
- Darstellung und Verarbeitung multimedialer Datenformate (→ 2.6.3),
- Unterstützung spezieller Eingabemöglichkeiten wie z. B. mittels Stift oder Multitouch-Bildschirm (→ 5.2.2)
- Energieverwaltung
- einfaches Laden und Installieren von mobilen Anwendungen („*Apps*").

Aufgrund des starken Marktwachstums bei mobilen Geräten bilden auch mobile Betriebssysteme einen sehr dynamischen Bereich. Dabei gibt es sowohl proprietäre Entwicklungen als auch Systeme, die auf bekannten Betriebssystemen bzw. –kernen aufbauen, z. B. auf Linux. Da APIs wie auch entsprechende Entwicklungsumgebungen für mobile Betriebssysteme (oft frei) zugänglich sind, hat sich für derartige Apps ein umfangreicher Markt herausgebildet.

9

❑ *Beispiele mobiler Betriebssysteme*: Symbian (Nokia /9.20/), Android (Google /9.7/, /9.23/), iOS (Apple /9.1/), BlackBerry OS (RIM), Windows Mobile bzw. Windows Phone (Microsoft), webOS (HP) sowie Linux.

9.8.7.3 Netzwerk-Betriebssysteme

Knoten eines Netzwerkes (→ 10) können als *Server* arbeiten, um Dienstleistungen für alle anderen Systeme zu erbringen. Ein **Netzwerk-Betriebssystem** (auch: **Server-Betriebssystem**, /9.10/, /9.13/, /9.43/) muss als besondere Form verteilter Betriebssysteme (→ 9.8.7.4, 12):

- die gekoppelten (auch autonom arbeitsfähigen) Systeme verwalten,
- die Kommunikation zwischen auftraggebenden Systemen (*clients*) und dienstleistendem System (*server*) ermöglichen und steuern. Dazu muss es entsprechende Netzwerkprotokolle (→ 10) unterstützen.

► *Hinweis*: Eine typische Aufgabe eines Netzwerk-Betriebssystems ist die Organisation eines *Datei-Servers* (*file server*) mit Daten und Programmen zur gemeinsamen Benutzung durch alle Systeme im Netz. Hier gibt es i. Allg. keine Ortstransparenz (→ 12.1.3), so dass beim Dateizugriff die konkrete Pfadangabe nötig ist.

Als Netzwerk- bzw. Server-Betriebssysteme eignen sich viele universelle Betriebssysteme, die Mehrprozess- und Mehrbenutzerbetrieb erlauben, wie

z. B. UNIX/Linux /9.24/, /9.47/, /9.50/, die Server-Versionen von Windows NT/2000/XP/Vista/7 /9.48/, OS/390 bzw. z/OS /9.25/, /9.45/, OS/400 bzw. i5/OS, BS 2000 /9.28/. Darüber hinaus gibt es spezielle Systeme (z. B. Novell Netware), die als Netzwerk-Betriebssystem konzipiert und optimiert sind.

9.8.7.4 Verteilte Systeme

„Echte" verteilte Systeme (→ 12) verfolgen das Ziel, dem Benutzer den Eindruck eines einzigen homogenen Systems zu vermitteln. Dabei ist entweder jeder Knoten des Netzes mit demselben Betriebssystem ausgestattet oder es gibt eine Verteilungskomponente. Deshalb bestehen besondere Forderungen, wie z. B. nach Transparenz, Flexibilität, Zuverlässigkeit und Skalierbarkeit /9.10/, /9.13/, /9.43/. Beispiele verteilter Betriebssysteme sind Amoeba, MACH und Chorus.

▶ *Hinweis*: Beim Entwurf der Dienste ist zu beachten, dass in einem verteilten System ein Verbindungsweg oder ein Netzknoten ausfallen kann. Geeignete Gegenmaßnahmen erfordern einen zusätzlichen Aufwand im Betriebssystem.

Universelle Betriebssysteme können innerhalb eines verteilten Systems mitwirken, wenn sie selbst oder im Zusammenwirken mit zusätzlicher Software (Middleware, → 12.2) einige spezifische Probleme lösen, wie z. B.:

- *Zeit*: Eine Uhrsynchronisation aller Systeme ist nötig.
- *Synchronisation*: Typisch sind Dienstleistungsprozesse und Transaktionen (→ 12.4.7, 13.5.6), keine zentralen Datenstrukturen (Semaphore).
- *Kommunikation*: Nutzung geeigneter Verfahren zur netzweiten Kommunikation, wie z. B. RPC, RMI oder Sockets (→ 12.2) auf Basis standardisierter Protokolle (OSI, TCP/IP, → 10, 12.2.2).
- *Anordnung der Prozessoren/Netzknoten*: Dazu gibt es verschiedene Modelle (z. B. Workstation-Modell, Prozessor-Pool).
- *Verteilte Dateisysteme* für transparenten Zugriff zu File-Servern, z. B. Network File System (NFS, → 11.5.2) oder Novell-Filesystem.

  ▶ *Hinweis*: Durch (transparente) *Migration* können Dateien zu einem anderen Knoten des Netzes verlagert werden. Bei der *Replikation* werden wegen höherer Verfügbarkeit und Fehlertoleranz eigenständige Kopien von Dateien erstellt.

9.8.7.5 Betriebssysteme für Parallelrechner

Auch Parallelrechner sind spezielle verteilte Systeme. Von Bedeutung für das Betriebssystem ist es, ob die Prozessoren über gemeinsamen Speicher verfügen (speichergekoppelte Systeme) oder nicht /9.6/, /9.13/, /9.35/, /9.43/.

Bei **UMA-Architekturen** (→ 3.5.4, **symmetrische Multiprozessoren**) können alle Prozessoren den Code ein und desselben Betriebssystems abarbeiten.

Es gibt gemeinsamen Speicher und für das Scheduling eine einzige Warteliste laufbereiter Prozesse/Threads für alle Prozessoren.

Bei **NUMA-Architekturen** (→ 3.5.4) wird der Unterschied zwischen lokalen und entfernten Speicherzugriffen meist vom Betriebssystem verborgen, so dass ein *verteilter gemeinsamer Speicher* (*distributed shared memory*) entsteht. Beim Scheduling sind ggf. Beziehungen eines Prozesses zu einem bestimmten Prozessor (*Affinität*) bzw. Prozessgruppen („*gang scheduling*") zu berücksichtigen, um eine ungünstige Zuordnung zu vermeiden.

Parallelrechner mit ausschließlich lokalem Speicher auf jedem Knoten (**NORMA** → 3.5.4) ähneln echten verteilten Systemen (→ 9.8.7.4), allerdings mit sehr schnellem Kommunikationssystem. Auf jedem Knoten kann ein (minimales) Betriebssystem als Laufzeitumgebung mit der jeweiligen Anwendung verbunden werden. Die nötigen Kommunikationsdienste werden in Bibliotheken (z. B. *PVM* oder *MPI*, → 7.5.2) angeboten.

Ein Hochleistungsparallelrechner (→ 3.6.1) kann über eine Workstation als Frontend bedient werden, die dann z. B. Jobs über einen Stapelbetrieb (→ 9.1.2) organisiert. Die entsprechenden Betriebssysteme sind z. T. herstellerspezifisch (z. B. UNICOS MAX).

Der Bereich des **High Performance Computing (HPC)** wird zunehmend durch **Cluster** /9.4/ (→ 3.6) dominiert, bei denen im Prinzip viele Standard-PCs über ein schnelles Netzwerk (z. B. Gigabit-Ethernet, Myrinet, InfiniBand, → 10.2) verbunden werden. Da hierfür vor allem Linux eingesetzt wird, sind diese Systeme im Preis-Leistungsvergleich proprietären Architekturen oft überlegen (Leistungsvergleich unter www.top500.org).

Durch den breiten Einsatz von Multicore-Prozessoren (→ 3.5.5) nicht nur im Bereich von Servern, sondern auch bei Desktop-Computern, in Echtzeit- und mobilen Systemen, finden Prinzipien der klassischen Parallelverarbeitung heute auch in diesen „Alltagsbereichen" Anwendung. Dadurch sind auch deren Betriebssysteme gefordert, diese Parallelisierung effizient zu unterstützen.

9.9 Fallstudien universeller Betriebssysteme

Im Folgenden sind (ohne Rangfolge) einige häufig benutzte *universelle* Betriebssysteme aufgelistet und grob charakterisiert.

MS-DOS (Microsoft): früheres „klassisches" PC-Betriebssystem

Singletasking- und Single-User-Betrieb; Treppenstufenmodell (→ Bild 9.3); Dateisystem FAT (File Allocation Table); beschränkte Speicherverwaltung.

Windows NT/2000/XP/Vista/7 (Microsoft): Betriebssysteme für den Desktop- und Serverbereich /9.38/, /9.48/.

Multitasking-(Multithreading-)Betrieb; in den Server-Versionen Multi-User-Betrieb möglich; grafische Benutzeroberfläche; verdrängendes Scheduling nach Prioritätsklassen und Time-Sharing; Architektur mit (Mikro-)Kern, Systemschichten, Serverprozessen und diversen Subsystemen; virtueller Speicher (paging); Dateisystem (NTFS) von Windows NT wird auch bei Nachfolgesystemen benutzt, außerdem Unterstützung von FAT/VFAT; verschiedene Schutz- und Sicherheitsmechanismen, skalierbar/multiprozessorfähig; Integration von Netzwerk-Funktionen; Vertrieb unterschiedlich leistungsfähiger Versionen.

Mac OS (Apple): Betriebssystem für Apple Macintosh Computer /9.39/.

Multitasking Betrieb; in höheren Versionen Multi-User-Unterstützung, multiprozessorfähig; zahlreiche Publishing-, Multimedia- und Internet-Tools; die Version Mac OS X basiert auf einem neuen, als „Open Source Projekt“ entwickelten Kern („Darwin“), der um proprietäre Teile erweitert wurde; grafische Benutzeroberfläche („Aqua“) mit Technologie zur grafikbeschleunigten Darstellung von Bildschirminhalten („Quartz“), Dateisysteme HFS und HFS+.

UNIX (Systeme zahlreicher Hersteller, z. B. **IBM AIX, HP-UX, Sun Solaris, SCO Unix, SGI IRIX**, u. a. /9.3/, /9.44/).

„Klassisches“ Multitasking- und Multi-User-Betriebssystem für Workstations/Server, aber auch für PCs und Mainframes portiert; System V Release 4 (SVR4) und BSD-UNIX als Quasi-Standards; Kern-Schale-Architektur mit Unterstützung des Client-Server-Modells durch Systemprozesse („Dämonen“); verschiedene austauschbare Shells mit zahlreichen Tools und Programmiermöglichkeiten (Shell Scripts); in einigen Derivaten Multithreading integriert bzw. über Thread-Bibliotheken möglich; Scheduling mittels Prioritäten und Zeitscheiben; virtueller Speicher (swapping, paging), Dateiverwaltung mittels Inodes als Beschreibungsstruktur für jede Datei, verschiedene Dateisysteme; verschiedene grafische Benutzeroberflächen auf Basis von X11 möglich, z. B. OSF/Motif, auch KDE oder GNOME; diverse Schutz- und Sicherheitsmechanismen; sehr gut skalierbar für Multiprozessorsysteme.

Linux /9.2/, /9.6/, /9.24/, /9.30/, /9.47/.

Entwicklung durch Programmierer in aller Welt als „Open Source Projekt“, meist in Form von GNU-Versionen entsprechender UNIX-Programme. *Open Source* (*Quelloffenheit*) bedeutet für Software, dass jeder den betreffenden Quellcode ansehen kann. Eine Open-Source-Lizenz (z. B. die GNU Public License, GPL) ermöglicht es, diesen Quellcode auch weiter zu geben oder zu verändern. Neben freier Verfügbarkeit im Internet auch Vertrieb von sog.

Linux-Distributionen, z. B. Debian, Suse Linux, Red Hat, Fedora, Mandriva; Ubuntu, Knoppix usw.; zahlreiche grafische Oberflächen (z. B. KDE, GNOME); für verschiedene PC-Plattformen, aber auch auf mobile Geräte sowie Server und Mainframes portiert; neben privatem Gebrauch inzwischen auch verstärkte Anwendung in Unternehmen und (öffentlichen) Einrichtungen.

z/OS (IBM): Betriebssystem für Mainframes bzw. Server der z/Series /9.25/, /9.45/.

Nachfolger von OS/390, Multitasking- und Multi-User-Betriebssystem zur kommerziellen Datenverarbeitung mit hohem E/A-Aufkommen („High-End-Enterprise-Server"); Multiprozessor-Unterstützung, gut skalierbar; virtueller Speicher; Parallel Sysplex für Hochverfügbarkeits-Cluster; diverse Schutzmechanismen; integrierte UNIX-Schnittstelle; zahlreiche Management-Dienste und Systemsoftware-Komponenten (z. B. Transaktionsmonitor CICS); gute Eignung zur Partitionierung und Virtualisierung.

10 Datenkommunikation

Helmut Löffler

Datenkommunikation (*data communication*) ist dadurch gekennzeichnet, dass die Kommunikationspartner binärcodierte Daten senden und/oder empfangen und speichern können.

Hauptgebiete der Datenkommunikation sind Daten- und Rechnernetze, deren Strukturen, Wirkungsweisen, Funktionen und Kommunikationsdienste.

10.1 OSI-Basisreferenzmodell der ISO

OSI-Basisreferenzmodell (kurz: OSI-RM oder OSI-Modell bzw. OSI-Schichtenmodell): abstraktes, logisch-funktionelles Architekturmodell der Internationalen Standardorganisation ISO für die Datenkommunikation in offenen Systemen *(OSI Open Systems Interconnection)*. Das OSI-Basisreferenzmodell ist in ISO 7498 standardisiert; es besitzt sieben logische Schichten (*layers*) (→ 10.1.3).

Offenes System (*open system*). Ein Verbundsystem ist offen, wenn es für alle Computer und Systembenutzer offen zugänglich ist, die zum System hin allgemein vereinbarte Anschlussbedingungen befolgen.

In einem offenen System können die Kommunikationspartner freizügig miteinander Informationen austauschen und gegenseitig Kommunikationsleistungen in Anspruch nehmen.

10.1.1 Hierarchische Mehrschichtenstrukturierung

Kommunikations- und Computerverbundsysteme sind i. Allg. nach dem Prinzip der sog. Mehrschichtenstrukturierung aufgebaut. Diese entspricht einem logisch-funktionellen Baukastenprinzip mit den Haupmerkmalen:

- Das Gesamtsystem wird in eine geordnete Menge von logischen Teilsystemen untergliedert.
- Teilsysteme desselben Ranges bilden eine Schicht (*layer*).
- Die einzelnen Schichten des Systems liegen entsprechend der hierarchischen Rangordnung übereinander.
- Eine hierarchisch tiefer liegende Schicht dient der Erfüllung der Kommunikationsfunktion der jeweils übergeordneten Schicht.

- Jede Schicht stellt definierte Dienste bereit. Diese Dienste realisieren bestimmte Kommunikations- bzw. Steuerungsaufgaben.

Typische Dienste sind: Informationsaustausch zwischen entfernten Computern mit verschiedenen Datenformaten; Übertragung von Nachrichten durch das Netz ggf. über mehrere Zwischenstationen; Steuerung des Bitstromes auf den Leitungen usw.

Autonomie der Diensterbringung: Jede Schicht erbringt ihre Dienstleistungen unabhängig von anderen Schichten. Für eine hierarchisch höhere Schicht ist unerheblich, wie der Dienst der darunter befindlichen Schicht zustande kommt, auf den zugegriffen werden kann.

Einrichtung (Instanz, Entität, Entity): Objekt in einer Schicht, das in der Lage ist, Informationen zu senden oder zu empfangen.

► *Hinweis*: Handelt es sich um Einrichtungen einer beliebigen (N)-Schicht, so tragen sie die Bezeichnungen (N)-Einrichtung. Einrichtungen der nächsthöheren Schicht sind ($N+1$)-Einrichtungen. Einrichtungen derselben Schicht, die miteinander kommunizieren, heißen paare Einrichtungen.

Für die kommunikative Wechselwirkung zwischen Einrichtungen gelten folgende Regeln:

- *Regel 1*: Eine Einrichtung kann nur mit anderen Einrichtungen in derselben Schicht kommunizieren (Kommunikation auf logisch gleichrangigem Niveau).
- *Regel 2*: Die Kommunikation zwischen paaren Einrichtungen ist nur durch die Benutzung von Diensten des nächsttieferen Hierarchieniveaus möglich.
- *Regel 3*: Eine Einrichtung einer (N)-Schicht darf von Einrichtungen der darunter befindlichen ($N-1$)-Schicht Kommunikationsdienste abfordern.

Dateneinheit (DU Data Unit): Sammelbegriff für Informationstypen, die in Mehrschichtenstrukturen ausgetauscht werden.

Arten von Dateneinheiten (Auswahl):

- *Nutzerdaten (User Data)* werden zwischen kommunizierenden Einrichtungen als Nutzerinformationen ausgetauscht. Sie enthalten keine Steuerinformationen.
- *Protokollsteuerinformationen (PCI Protocol Control Information)* werden zwischen paaren Einrichtungen ausgetauscht, um deren Zusammenwirken zu koordinieren.
- *Protokolldateneinheit (PDU Protocol Data Unit):* besteht aus Protokollsteuerinformationen und Nutzerdaten. Das Format von PDUs wird im jeweiligen Protokoll spezifiziert.

- *Dienstdateneinheit (SDU Service Data Unit)*: derjenige Teil von Interfacedaten, der unverändert übertragen wird.

Kommunikationsprotokoll (*communication protocol*), kurz **Protokoll**: Gesamtheit aller semantischen und syntaktischen Festlegungen für den Informationsaustausch zwischen Kommunikationspartnern. Jedes Kommunikationsprotokoll ist zugleich eine detaillierte Steuerungsvorschrift für den Informationsaustausch.

Im Einzelnen umfasst ein Protokoll:

- die Art der logischen Verbindungsaufnahme (wer möchte mit wem kommunizieren) und des Abbaus logischer Verbindungen zwischen Sender und Empfänger,
- die Reaktion auf bestimmte Ereignisse, z. B. die Reaktion auf fehlerbehaftete Informationsübertragungen oder auf ausbleibende Antwort des Kommunikationspartners,
- den zeitlichen Kommunikationsablauf (was passiert wann),
- die Formate und Codes der Steuernachrichten, Zustandsinformationen und der Daten- bzw. Nachrichtentexte (was wird ausgetauscht und in welcher Form).

In hierarchischen Mehrschichtenstrukturen von Daten- und Rechnernetzen gibt es in jeder logischen Schicht mindestens ein Protokoll für die Steuerung des Informationsaustausches zwischen den kommunizierenden Einrichtungen. Die technische Realisierung von Protokollen kann durch Hardware (elektronische Schaltkreise) oder Software erfolgen.

10.1.2 Dienstmodell

Dienst (*service*): eine Menge von Kommunikationsfunktionen in einer logischen Mehrschichtenstruktur.

Kommunikationsfunktionen in Mehrschichtenstrukturen sind z. B.:

- Fehlerfeststellungen und Fehlermeldung an die nächsthöhere Schicht zur Fehlerbeseitigung,
- Reihenfolgesteuerung der zu übermittelnden Dateneinheiten,
- Flusssteuerung der Dateneinheiten innerhalb einer Schicht oder durch einen Dienstzugriffspunkt,
- Herstellung definierter Datenübertragungsbedingungen.

Dienstbenutzer: Sammelbegriff für Einrichtungen (Nutzer, Programme usw.), die von einem Kommunikationsdienst Gebrauch machen können.

Dienstbereitsteller, Diensterbringer: abstrakte Maschine, die das Verhalten aller Einrichtungen repräsentiert, welche den betreffenden Kommunikationsdienst erbringen.

An den Dienstzugriffspunkten werden Dienstprimitive zwischen dem Diensterbringer und dem Dienstbenutzer übergeben. In einem realen Daten- oder Rechnernetz sind die Dienstzugriffspunkte durch konkrete Adressen spezifiziert, und die Dienstprimitive besitzen eindeutig festgelegte Datenformate.

Dienstzugriffspunkt (*Service Access Point, SAP*): Stelle an der Grenze zwischen benachbarten Schichten, an der Dienste bereit stehen.

Verbindung (*connection*): logisches Sender-/Empfängerverhältnis zwischen Dienstzugriffspunkten, sodass zwei oder mehrere Einrichtungen einer hierarchisch höheren Schicht darüber Daten austauschen können.

Dienstmodell (*service model*): Darstellungsmittel zur Veranschaulichung der Kommunikationsbeziehungen in hierarchischen Mehrschichtenstrukturen oder an Netzgrenzen, an denen Kommunikationsdienste bereitgestellt werden (→ Bild 10.1).

10

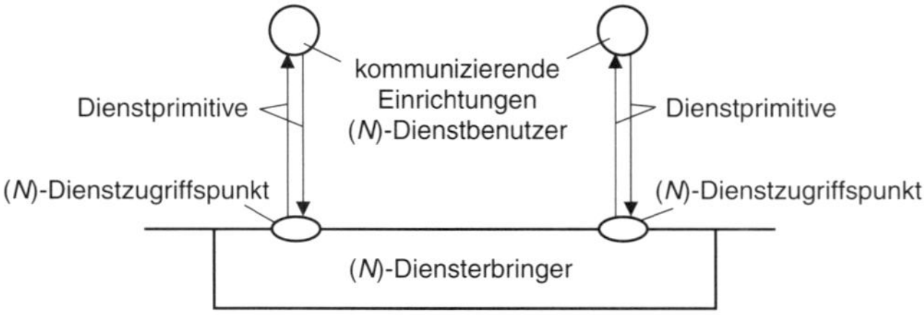

Bild 10.1 Dienstmodell; (N) bezieht sich auf eine allgemeine logische Schicht N

Dienstprimitive (*service primitives*, kurz: Primitive) sind abstrakte sprachliche Hilfsmittel zur Beschreibung von Kommunikationsvorgängen. Jedes Dienstprimitiv hat einen bestimmten Bedeutungsinhalt und ruft beim Kommunikationspartner definierte Kommunikationseffekte hervor.

10.1.3 Hauptfunktionen der OSI-Schichten

OSI-Schicht: Hierarchieschicht im OSI-Basisreferenzmodell.

OSI-Architektur: Kommunikationsarchitektur gemäß ISO 7498 mit sieben Hierarchieschichten (→ Bild 10.2 und Tabelle 10.1).

Die unteren Schichten 1 bis 4 sind kommunikationsorientiert; die Dienste der oberen drei OSI-Schichten erfüllen datenverarbeitungstypische Aufgaben.

Alle Protokolle und Dienste der Schichten 2 bis 7 können verbindungslos oder verbindungsorientiert sein (→ 10.2.3.3).

Tabelle 10.1 Die wichtigsten Funktionen der sieben OSI-Schichten

Schichtenname (Name gem. ISO 7498)	Symbol	Nr.	Hauptfunktionen
Applikationsschicht (Application Layer)	A	7	Bereitstellen von Anwendungsdiensten, z. B. Filetransfer, elektronische Post
Darstellungsschicht (Presentation Layer)	P	6	Überwindung der Heterogenität der miteinander kommunizierenden Computer; Erhaltung der Bedeutung übermittelter Datenstrukturen
Sitzungsschicht (Session Layer)	S	5	Gewährleisten kooperativer Beziehungen zwischen Anwendungen
Transportschicht (Transport Layer)	T	4	medienunabhängige Steuerung/Überwachung des korrekten Versandes von Nachrichten zwischen den Kommunikationspartnern an den Kommunikationsenden (Ende-zu-Ende-Transportsteuerung)
Netzwerkschicht (Network Layer)	N	3	Routing/Relaying von Datenpaketen durch Netze, i. Allg. via Transitknoten; Bereitstellung von Netzadressen für das Internetworking
Sicherungsschicht (Data Link Layer)	DL	2	Übertragungssteuerung von Dateneinheiten (*frames*) auf Übermittlungsabschnitten zwischen den Knoten von Kommunikationsnetzen; Übertragungsfehlererkennung und -korrektur
Bitübertragungsschicht (Physical Layer)	PHY, PH	1	Übermittlung von Bitströmen zwischen den kommunizierenden Systemen in Abhängigkeit vom Kommunikationsmedium ggf. mit verschiedenen Bitdarstellungen; Kanalcodierung; Modulation/Demodulation; Aktivieren/Deaktivieren von Verbindungen

OSI-Endsystem (kurz Endsystem): offenes (OSI-)System, welches an ein Kommunikationsnetz angeschlossen ist und es zum Informationsaustausch benutzt.

Endsysteme können z. B. sein: Computer und lokale Netze (LANs), welche mit externen Partnern kommunizieren. Zwischen den Endsystemen können sich sog. Transitknoten oder Transitsysteme befinden.

Transitknoten (*transit node*): Systemkomponente in realen Computerverbundsystemen, welche nur kommunikationsorientierte Funktionen erfüllt; z. B. Vermittlung von Datenströmen zwischen kommunizierenden Rechnern.

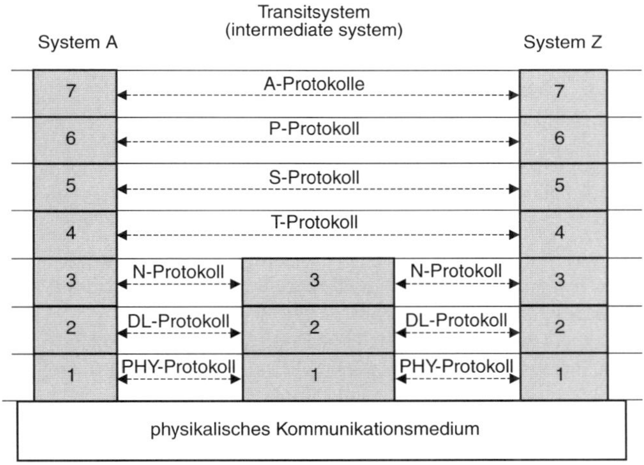

Bild 10.2 OSI-Basisreferenzmodell gemäß ISO 7498

► Weitere Details zum OSI-Referenzmodel siehe z. B. /10.5/, /10.10/, /10.13/, /10.17/, /10.19/, /10.31/.

10.2 Datennetze

Datennetze (*data networks*) sind Nachrichtennetze für die Übertragung und Vermittlung von Datensignalen zwischen den daran angeschlossenen Teilnehmern. Die Schnittstelle zwischen jedem Teilnehmer und dem Datennetz ist i. Allg. genormt (→ 10.1.1).

Teilnehmer bzw. Teilnehmerendgeräte für den Datenaustausch können sein:

- Computer,
- computerisierte Terminals (computergesteuerte Maschinen und Anlagen, Leser, Plotter, Drucker sowie Geräte der Datenspeicherung).

10

Öffentliche Datennetze sind Datennetze, die unter Berücksichtigung der Zugangsbedingungen grundsätzlich jedem Benutzer gegen Gebühren zur Verfügung stehen. Der Anschluss eines Teilnehmerendgerätes an ein öffentliches Datennetz ist an zwei Bedingungen gebunden:

- Vorliegen einer Zulassung durch den Betreiber des öffentlichen Datennetzes (z. B. Deutsche Telekom AG),
- Gewährleistung definierter Schnittstellen des Teilnehmerendgerätes, die hinsichtlich der physischen, elektrischen und prozeduralen Anschlussbedingungen dem betreffenden Datennetz entsprechen.

► *Hinweis*: Schnittstellen für öffentliche Datennetze unterliegen Normen bzw. Standardempfehlungen. Zu den wichtigsten Standardisierungsgremien auf dem Gebiet der Daten- und Telekommunikation gehören der ITU-TSS (ITU: International Telecommunication Union; TSS: Telecommunication Standards Sector) und die Internationale Standardorganisation ISO. Der ITU-TSS ersetzt den bis 1988 existierenden Beratenden Ausschuss des Weltfernmeldevereins (CCITT Comité Consultatif International Télégraphique et Téléphonique). Die Gültigkeit der CCITT-Empfehlungen ist davon unberührt! Eine übliche Schreibweise für ITU-TSS ist ITU-T. Empfehlungen des ITU-T werden in sog. Serien herausgegeben.

Für die *Datenkommunikation* sind folgende Serien von besonderer Bedeutung:

- Serie V: Datenübertragung in öffentlichen Fernsprechnetzen,
- Serie X: Datenübertragung in öffentlichen Datennetzen (→ Tabelle 10.2),
- Serie I: Datenübertragung in diensteintegrierenden Netzen (→ 10.2.6.3),
- Serie Q: Zeichengabeverfahren, Signalisierung.

Nichtöffentliche Netze (Sondernetze) sind Nachrichtennetze, die nur bestimmten Unternehmen oder Institutionen zur Verfügung stehen (z. B. Verkehrswesen, Energieversorgung, Polizei).

Value-Added Networks bieten Mehrwertdienste, die über die reinen Übertragungs- und Vermittlungsdienste der Betreiber von Nachrichtennetzen hinausgehen und eine Vielfalt von Anwendungen beinhalten. Beispiele: Weck- und Ansagedienste, Datenbankdienste, Auskunft- und Informationsdienste.

Corporate Networks (CN) sind Unternehmensnetze für Daten- und Sprachkommunikation auf der Basis von gemieteten oder unternehmenseigenen Übertragungskanälen.

Virtuelle Private Netze (VPN, → 14.3.1) sind dadurch gekennzeichnet, dass Kommunikation nur zwischen ausgewählten Nutzern eines realen Netzes möglich ist. Erreicht wird dies z. B. durch Auswahlregeln auf der Basis der IP-Adressierung (→ 10.3.2.1).

Intranet: virtuelles privates Netz, bei dem alle Standorte und Teilnehmeranschlüsse einem Unternehmen gehören.

Extranet: virtuelles privates Netz VPN, bei dem die Standorte und Teilnehmeranschlüsse verschiedenen Unternehmen gehören.

Datennetze sind überwiegend leitungsgebunden. Datenkommunikation mit Funkübertragung (via terrestrische bzw. Erdfunkstrecken, mobilem Datenfunk oder Nachrichtensatelliten) wird in Zukunft weiter stark zunehmen.

10.2.1 Aufbau von Datennetzen

Hauptkomponenten eines Datennetzes sind:

- Datenübertragungseinrichtungen DÜE an den Schnittstellen zu den Datenendeinrichtungen DEE und
- Datenübertragungswege mit den Leitungs- und Vermittlungseinrichtungen (→ Bild 10.3).

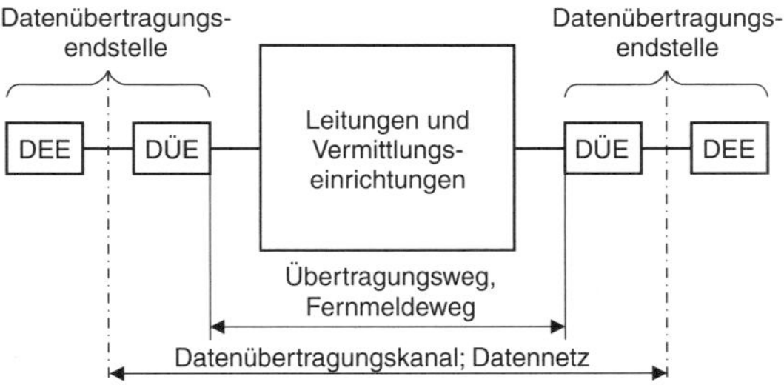

Bild 10.3 Allgemeiner Aufbau von Datennetzen
DEE Datenendeinrichtung, DÜE Datenübertragungseinrichtung

Datenendeinrichtung: Systemkomponente, welche eine Datenquelle oder eine Datensenke oder beide enthält.

❑ *Beispiel*: An Kommunikationsnetz angeschlossener Computer.

Datenübertragungseinrichtung: Systemkomponente, welche von der Datenendeinrichtung DEE gesendete Daten und Steuerinformationen an den Übertragungsweg anpasst bzw. vom Netz empfangene Datensignale und Steuerinformationen in die für die DEE erkennbare Form umwandelt.

Hauptbestandteile einer Datenübertragungseinrichtung:

- Fehlersicherungseinrichtung,
- Signalumsetzer, vorwiegend in Form von Modems,
- ggf. Hilfseinrichtungen, z. B. automatische Rufeinrichtung.

► *Hinweis*: Es gibt auch Datenübertragungseinrichtungen, die nur aus dem Signalumsetzer bestehen.

10

Datenübertragungsendstelle. Eine Datenübertragungsendstelle ist die Gesamtheit von Datenendeinrichtungen DEE und Datenübertragungseinrichtungen DÜE. Gleichwertige Bezeichnungen: Datenübertragungsstation, Datenstation, oft auch Teilnehmerendeinrichtung oder kurz Terminal.

► *Beachte*: Datenendeinrichtungen sind nicht Bestandteil des Datenübertragungskanals bzw. Datennetzes (obwohl oft DEE und DÜE in einem Gehäuse lokalisiert sind).

Tabelle 10.2 ITU-Empfehlungen der X-Serie für die Datenübertragung in öffentlichen Datennetzen (Auswahl)

Kurzbezeichnung	Inhalt der Empfehlungen
X.1	Internationale Benutzerklassen von Diensten in öffentlichen Datennetzen
X.3	Paketbildungs-/Auflösungseinrichtung PAD (packet assembly/ disassembly facility)
X.21	Benutzung öffentlicher Datennetze durch eine DEE, die mit Schnittstellen der V-Serie bei Synchronbetrieb kompatibel ist
X.25	Schnittstelle DEE/DÜE für Terminals, die im Paketmodus arbeiten (→ 10.3.2.3)
X.28	Schnittstelle DEE/DÜE für eine im Start-Stopp-Betrieb arbeitende DEE, die eine Paketbildungs-/Auflösungseinrichtung PAD im gleichen Land erreicht
X.29	Datenkommunikation zwischen einem Direktanschluss im synchronen Basisdienst nach X.25 und einem asynchronen PAD, über den eine asynchrone Datenendeinrichtung kommuniziert
X.31	Anbindung von ISDN an paketvermittelte Datennetze mit X.25-Interface
X.75	Verfahren zur Paketübermittlung zwischen den Knoten von (internationalen) Paketvermittlungsnetzen

10.2.2 Netzstrukturen

Die **topologische Struktur** (*Netztopologie*) eines Daten- oder Rechnernetzes gibt an, wie Teilnehmer am Datenverkehr, Vermittlungseinrichtungen und Leitungen wechselseitig zugeordnet sind.

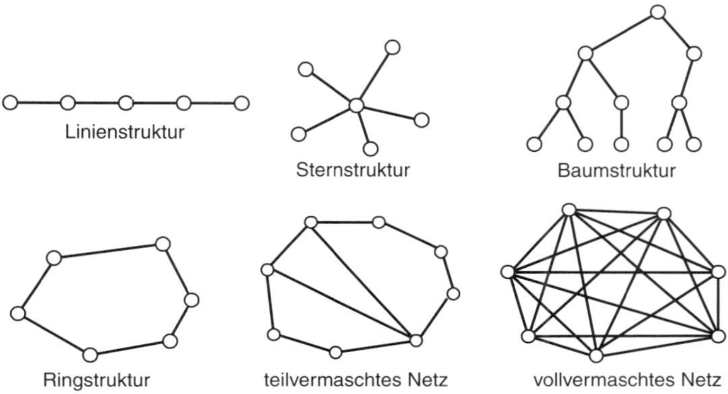

Bild 10.4 Topologische Grundstrukturen von Datennetzen

Topologische Grundstrukturen sind (→ Bild 10.4):

- **Liniennetze**: Kommunikationspartner sind linienförmig miteinander verbunden; empfindlich gegen Leitungsausfall,
- **Ringnetze**: schleifenförmiger Zusammenschluss der Kommunikationspartner,
- **Stern- und baumartige Netze**: sternförmige Verbindungen zwischen den Partnern; Kommunikation zwischen den Partnern erfolgt über einen zentralen (Vermittlungs-)Knoten,
- **Vermaschte Netze**: Bei *vollvermaschten* Netzen ist jeder Partner mit jedem anderen direkt verbunden (hoher Leitungsaufwand, aber große Robustheit gegen Leitungsdefekte aufgrund alternativer Leitungswege). Bei *teilvermaschten* Netzen reduziert sich der Leitungsaufwand, da nicht das Prinzip „jeder mit jedem direkt verbunden" zur Anwendung kommt.

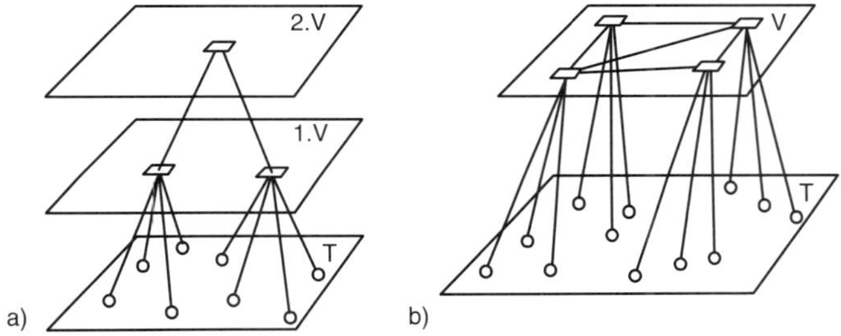

Bild 10.5 Mehrdimensionale Darstellung der Topologie von Kommunikationsnetzen einschließlich Datennetzen mit Teilnehmer- und Vermittlungsebenen
a) Sternnetz, b) vermaschtes Netz; T Teilnehmerebene, V Vermittlungsebene

Topologische Grundstrukturen von Datennetzen können eindimensional dargestellt werden (→ Bild 10.4) oder mehrdimensional mit Teilnehmer- und Vermittlungsebenen (→ Bild 10.5). In der Teilnehmerebene sind die Datenendstellen (Computer) lokalisiert. Die Einrichtungen der Vermittlungsebenen dienen ausschließlich der Weiterlenkung der Datenströme. Kommunikationspartner der Teilnehmerebene sind bei öffentlichen Datennetzen i. Allg. nicht vermascht. In den Vermittlungsebenen (Ort, Vermittlungsbezirk, Land) ist Vermaschung üblich.

Die **logische Struktur** (*Architektur*) eines Daten- oder Rechnernetzes beschreibt das funktionelle Wirkprinzip des betreffenden Netzes.

Merkmal der logischen Struktur von Daten- und Rechnernetzen ist das Vorhandensein mehrerer logischer Schichten mit hierarchischer Zuordnung und Aufgabenteilung (→ 10.1.1).

10.2.3 Betriebsverfahren der Datenkommunikation

Betriebsverfahren sind die Bedingungen und Methoden, nach denen in Daten-, Rechner- und Telekommunikationsnetzen der Informations- bzw. Nachrichtenaustausch vollzogen wird.

10.2.3.1 Belegungsstrategien der Übertragungskanäle

Jedes Kommunikationsmedium (freier Raum, verdrillte Telefonleitung, Koaxialkabel, Lichtwellenleiter) und jeder Übertragungskanal ist durch zwei Größen charakterisiert: Bandbreite und Kanalkapazität.

Die **Bandbreite** (*bandwidth*) eines Übertragungskanals gibt an, welcher Frequenzbereich für die Signalübertragung zur Verfügung steht. Einheit: Hertz (Hz).

Die **Kanalkapazität** (*channel capacity*) eines Übertragungskanals gibt an, wie viele Informationseinheiten je Zeiteinheit übertragen werden können. Einheit: bit/s.

► *Beachte*: Das Leistungsmaß Kanalkapazität eines Übertragungskanals unterscheidet nicht zwischen Nutzinformation und redundanter Information (Bits für Fehlersicherung, Steuerbits).

Zwischen Bandbreite und Kanalkapazität besteht in weiten Grenzen ein linearer Zusammenhang. Umgangssprachlich wird Bandbreite auch in der Einheit bit/s angegeben (Einfluss der amerikanischen Terminologie).

Die **Belegungsstrategie** eines Übertragungskanals charakterisiert die Art und Weise der Bandbreitenutzung durch die Kommunikationspartner. Man unterscheidet zwei wesentliche Belegungsstrategien: ohne und mit Mehrfachnutzung der verfügbaren Bandbreite.

Basisbandübertragung. Die Signale werden in der ursprünglichen Frequenzlage im Übertragungskanal übermittelt. Den Signalen steht die gesamte Bandbreite des Übertragungskanals zur Verfügung.

Bei der Basisbandübertragung müssen die zu übermittelnden Daten- und Steuersignale i. Allg. eine Form erhalten, die den Übertragungsverhältnissen im Kommunikationskanal angepasst ist. Diese Formgebung nennt man auch Basisbandmodulation. In der Datenkommunikation spielt sie vor allem bei lokalen Netzen eine Rolle (→ 10.2.7).

Signalumsetzer gehören zu den funktionsbestimmenden Komponenten einer Datenübertragungseinrichtung DÜE. Aufgabe der Signalumsetzer: Die Datensignale werden an die Übertragungsverhältnisse auf den Übertragungswegen angepasst. Dies erfolgt durch Modulation.

Modulation ist die Beeinflussung eines deterministischen Trägersignals durch informationstragende Signale. Die Geräte zur Modulation (senderseitig) und Demodulation (empfangsseitig) heißen *Modems*.

Mit **kontinuierlicher Modulation** lässt sich frequenzgestaffelte Übertragung durchführen. **Pulsmodulation** gestattet zeitgestaffelte Übertragung. Bei der *kontinuierlichen Modulation* ist das Trägersignal eine harmonische Schwingung der Form:

$$x_T(t) = A_T \cos(\omega_T + \varphi_T) = A_T \cos \phi \qquad (10.1)$$

$x_T(t)$ Trägersignal
A_T Trägersignalamplitude
ω_T Kreisfrequenz des Trägersignals: $\omega_T = 2\pi f_T$ (f_T Frequenz in Hertz)
φ_T Phasenwinkel des Trägersignals
t Zeit

Je nachdem, welcher Parameter der harmonischen Trägersignalschwingung in Abhängigkeit vom informationstragenden Signal $x(t)$ beeinflusst wird, unterscheidet man:

- **Amplitudenmodulation** (AM): $A_T = A_T(t) = A_T[x(t)]$, d. h., die Trägersignalamplitude ist eine Funktion des Signals $x_T(t)$.

- **Winkelmodulation**: $\phi = \phi(t) = [x_T(t)]$, d. h., der Winkel wird durch das Signal $x_T(t)$ verändert.

Winkelmodulation ist auf zweierlei Weise realisierbar:

- **Frequenzmodulation** (FM): Hier ist die Trägersignalfrequenz eine Funktion des informationstragenden Signals $x_T(t)$: $\omega_T = \omega_T(t)$
- **Phasenmodulation** (PM): Der Phasenwinkel φ_T des Trägersignals wird in Abhängigkeit vom informationstragenden Signal $x_T(t)$ beeinflusst, d. h., $\varphi_T = \varphi_T(t)$

Bei der Fernübertragung besitzt das modulierende binäre Datensignal zwei Wertestufen. In Abhängigkeit vom jeweiligen Wert (0 oder 1) wird das Trägersignal unstetig beeinflusst. Man spricht bei unstetiger Modulation von Tastung oder Umtastung. Folgende Tastungsformen kommen bei der Datenfernübertragung zur Anwendung:

- **Amplitudentastung**: Das amplitudenmodulierte Signal springt in Abhängigkeit von der modulierten Bitfolge zwischen zwei Werten (im einfachsten Fall zwischen Null und der vollen Trägersignalamplitude).
- **Frequenzumtastung**: Im Rhythmus der Binärzeichenfolge ändert sich die Frequenz des modulierten Signals.
- **Phasenumtastung**: Die Phase des modulierten Signals stimmt mit einer Bezugsschwingung überein, wenn das Binärzeichen übertragen wird. Beim Übertragen des Zeichens 0 ist der Phasenwinkel des modulierten Signals um 180° gegen die Bezugsschwingung verschoben. Auf der Empfängerseite ist die Kenntnis der Anfangsphase der Sendesignale erforderlich. Diese muss dem Empfänger entweder zusätzlich übermittelt werden, oder sie ist aus dem ankommenden Signal zurückzugewinnen. *Nachteil* der gewöhnlichen Phasenumtastung: Veränderung der Bezugsphase um 180° führt zu einem Bitfehler. Sobald die Phase der Vergleichsschwingung im Empfänger zur Senderanfangsphase um 180° verschoben ist, würde das Komplementzeichen festgestellt werden.
- **Differenzphasenumtastung**: Kriterium für die empfängerseitige Feststellung eines Binärzeichens ist die Phasenänderung zwischen zwei Zeichen. Dem Binärzeichen 0 entspricht die entgegengesetzte Phase bezüglich des vorhergehenden Binärzeichens und dem Binärzeichen 1 die gleiche Phase.

10.2.3.2 Methoden der richtungsabhängigen Informationsübermittlung

Je nachdem, ob der Informationsfluss zwischen zwei Kommunikationspartnern nur in einer Richtung erfolgt oder wechselseitig gerichtet sein kann, unterscheidet man:

- **Simplexbetrieb** (*simplex mode*): Informationsübertragung ist immer nur in einer Richtung möglich.
- **Duplexbetrieb** (*duplex mode*): gleichzeitiges und unabhängiges Senden und Empfangen ist möglich.

10.2.3.3 Kommunikationsarten

Kommunikationsarten – oft auch Verbindungsarten genannt – charakterisieren, ob die von einem Teilnehmer an das Netz übergebenen Daten an nur einen oder an mehrere Teilnehmer übertragen werden.

Je nachdem wird unterschieden zwischen Punkt-zu-Punkt-Kommunikation und Mehrpunktkommunikation.

Punkt-zu-Punkt-Kommunikation. Der Informationsaustausch erfolgt von einem Teilnehmer zu genau einem anderen Teilnehmer.

❑ *Beispiele*: Datenübertragungen auf Standleitungen zwischen zwei Computern; Kommunikation über leitungsgebundene Nachrichtennetze mit Vermittlungseinrichtungen.

Mehrpunktkommunikation. An das Netz übergebene Nachrichten- bzw. Datensendungen werden von allen angeschlossenen Teilnehmern „mitgehört“. Spezielle Vermittlungseinrichtungen sind i. Allg. nicht erforderlich.

❑ *Beispiele*: Funknetze (→ 10.2.7); Datenübertragungssysteme mit Mehrfachzugriff in lokalen Netzen (→ 10.2.7).

Abhängig vom Verbindungsauf- und -abbau ist eine weitere Unterscheidung möglich:

Verbindungsorientierte Kommunikation (*CO connection-oriented communication*). Bevor Nutzdaten oder Steuerinformationen zwischen den Kommunikationspartnern übermittelt werden, wird eine logische Verbindung hergestellt und nach dem Datentransfer wieder abgebaut (aufgelöst).

Verbindungsorientierte Kommunikation ist somit stets durch drei *Kommunikationsphasen* gekennzeichnet:

1. Verbindungsherstellung,
2. Transferphase,
3. Abbau (Auflösung) der logischen Verbindung.

❑ *Beispiel:* Transportprotokoll des TCP/IP-Protokollpaares (→ 10.4).

Ein Vorzug der verbindungsorientierten Kommunikation besteht darin, dass beim Empfänger die Daten in der Reihenfolge des Sendens eintreffen (sog.

Reihenfolgetreue). Verbindungsherstellung, -auflösung und der (Nutz-)Datentransfer können vollzogen werden:

- bestätigt (*confirmed*) oder
- unbestätigt (*nonconfirmed*).

Ob eine bestätigte oder unbestätigte Kommunikationsphase zur Anwendung kommt, ist im betreffenden Protokoll spezifiziert. Bei bestätigter Verbindungsherstellung kann die Datentransferphase erst beginnen, wenn vom „angerufenen" Kommunikationspartner beim „anrufenden", sendewilligen Kommunikationspartner die Bestätigung für die errichtete Verbindung eingetroffen ist (und die Bereitschaft vorliegt, mit ihm ein logisches Sender-/Empfängerverhältnis einzugehen).

Verbindungslose Kommunikation (*CL connectionless communication*). Adressierte Daten oder Steuerinformationen werden vom Sender dem Kommunikationssystem übergeben, ohne dass vorher ein logisches Sender-/Empfängerverhältnis (logische Verbindung) hergestellt wurde.

Bei verbindungsloser Kommunikation gibt es nur die Transferphase. Reihenfolgetreue kann von einem entsprechenden Protokoll nicht garaniert werden.

❑ *Beispiel:* Internetprotokoll IP (Funktionalität der OSI-Schicht 3) (→ 10.3.2).

10.2.3.4 Vermittlung in Datennetzen

Vermitteln (*switching*): Herstellen von Verbindungen zwischen Kommunikationspartnern.

Vermittlungsprinzip: Art und Weise, nach der das Vermitteln der Datenströme zwischen den Kommunikationspartnern erfolgt.

Routing, Leitweglenkung: Synonyme für das Weiterlenken von Datenströmen in einem Netz.

In Datennetzen können zwei grundsätzlich verschiedene Vermittlungsprinzipien realisiert werden: Leitungsvermittlung oder Nachrichtenvermittlung (Sonderform der Nachrichtenvermittlung: Paketvermittlung).

Leitungsvermittlung (*circuit switching*). Bei der Leitungsvermittlung (→ Bild 10.6) wird die Verbindung der Kommunikationspartner durch das Zusammenschalten von Leitungen hergestellt (Durchschaltevermittlung). Die Teilnehmer sind nach dem Herstellen der Verbindung direkt miteinander verbunden.

❑ Vorwiegendes *Anwendungsgebiet* der Leitungsvermittlung: öffentliche Fernsprechnetze.

Nachrichtenvermittlung (*message switching*). Bei der Nachrichtenvermittlung werden die zu übermittelnden Daten aufgrund ihrer Zieladresse vom Ursprungsknoten über Zwischenknoten (Vermittlungsknoten, Transitknoten) übertragen.

Switch: Vermittlungsstelle (Vermittlungsknoten) in einem Kommunikationsnetz.

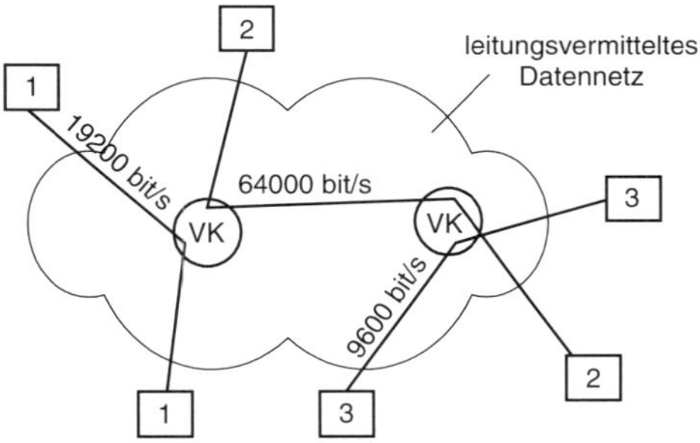

Bild 10.6 Zur Datenübertragung in leitungsvermittelten Netzen
VK Vermittlungsknoten, 1–1, 2–2, 3–3: Verbindungen zwischen Kommunikationspartnern

Verfahrensbedingt erfolgt in den Transitknoten ein Zwischenspeichern der adressierten Daten auf dem Weg von der Datenquelle zum Bestimmungsort. Daher der gleichwertige Begriff Speichervermittlung.

Paketvermittlung (*packet switching*): Sonderform der Nachrichtenvermittlung. Die zu übertragenden Daten werden in Fragmente von bestimmter Länge aufgeteilt, mit Steuerinformationen einschließlich Adressinformationen versehen und abgesandt. Die adressierten Datenfragmente heißen *Pakete* oder *Datenpakete*.

Datennetze auf der Grundlage der Paketvermittlungstechnik nennt man Paketvermittlungsnetze oder paketvermittelte Datennetze (→ 10.2.6.1).

► *Vorzüge der Paketvermittlungstechnik*:
- Die Pakete können von Vermittlungsknoten zu Vermittlungsknoten weitergeleitet werden, ohne dass erst der Empfang aller zum betreffenden Datensatz gehörigen Pakete abgewartet werden muss. Datenpakete können ggf. auf unterschiedlichen Übertragungswegen vom Sender zum Empfänger gelangen (→ Bild 10.7).

10

- Bei Paketfehlern infolge von Störungen braucht nur das fehlerbehaftete Paket wiederholt zu werden und nicht die gesamte Nachricht.
- Gute Auslastung der Verbindungsleitungen durch die Möglichkeit, die Paketströme entsprechend der Belastungssituation des Netzes auf unterschiedlichen Routen durch das Netz zu führen.

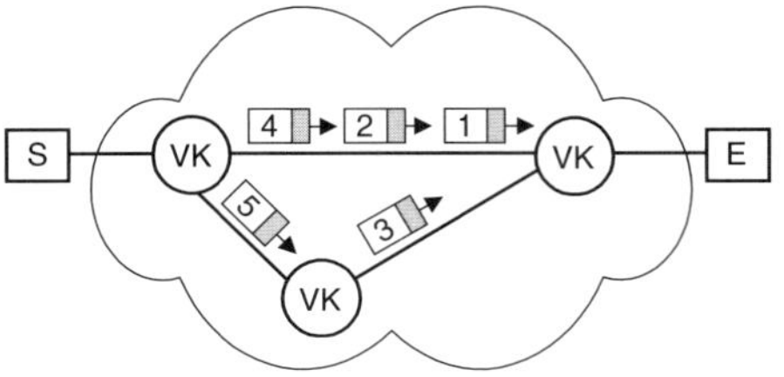

Bild 10.7 Zum Prinzip der Paketvermittlung VK Vermittlungsknoten, S Sender, E Empfänger

10.2.3.5 Synchronisationsverfahren

Synchronisation (*synchronization*). In der Datenübertragungstechnik versteht man unter Synchronisation das Herstellen fester Frequenz- und Phasenbeziehungen zwischen den am Informationsempfänger eintreffenden Signalen und dem Zeitbezugssystem im Empfänger.

In Datennetzen wird bitseriell übertragen, und die Elemente des Datensignals werden senderseitig in einem bestimmten Zeitraster auf den Übertragungsweg geschickt. Die eindeutige Feststellung am Empfangsort erfordert, dass jedes Bit mit dem gleichen Zeitraster aufgenommen wird, mit dem es abgesandt wurde. Außerdem setzt die Rückgewinnung einer Zeichenfolge am Empfänger die Kenntnis des Zeichenbeginns voraus, um die jeweils zu einem Zeichen gehörenden Bits zusammenzufassen. Daraus ergeben sich am Empfangsort zwei Aufgaben zur Herstellung eindeutiger *Gleichlaufbeziehungen*:

- Bit- oder Schrittsynchronisation und
- Zeichensynchronisation.

Schritt (*step*): Dauer eines Signalelements, dem eindeutig der Wert eines Signalparameters zugeordnet ist.

Die Schrittdauer T_s ist eine vereinbarte konstante Zeit. Sie ist gleich dem minimalen Zeitabstand zwischen zwei Werten des Signalparameters. Die Schrittgeschwindigkeit v_s ist als Kehrwert der Schrittdauer definiert:

$$v_\text{s} = \frac{1}{T_\text{s}} \tag{10.2}$$

Die Einheit der Schrittgeschwindigkeit ist das *Baud* (Bd): 1 Baud ist 1 Schritt pro Sekunde. Die Übertragungsgeschwindigkeit v ist abhängig von der Schrittgeschwindigkeit und der Anzahl der vereinbarten Wertebereiche des Signalparameters. Nur bei binärer Übertragung (zwei Wertestufen des Signalparameters) ist die Übertragungsgeschwindigkeit in bit/s gleich der Schrittgeschwindigkeit in Baud. Sonst gilt:

$$v = \frac{\operatorname{ld} N}{T_\mathrm{s}} = v_\mathrm{s} \operatorname{ld} N \qquad (10.3)$$

N Anzahl der Wertestufen des Signalparameters

Aus Gl. (10.3) folgt, dass eine Erhöhung der Übertragungsgeschwindigkeit durch verkürzte Schrittdauer T_s und Vergrößerung der Wertestufenzahl N möglich ist.

Der Zusammenhang zwischen Schrittgeschwindigkeit und Datenübertragungsrate bzw. Datenübertragungsgeschwindigkeit kann auch so angegeben werden:

$$v = v_\mathrm{s}\, n \qquad (10.4)$$

10

v Datenübertragungsrate in bit/s
v_s Schrittgeschwindigkeit in Baud
n Anzahl der je Schritt übertragenen Bits

► *Beachte*: Die Schrittgeschwindigkeit ist im Gegensatz zur Datenübertragungsgeschwindigkeit oder Datenübertragungsrate kein Maß für die übertragene Information je Zeiteinheit.

Bit- oder Schrittsynchronisation

Bit- oder Schrittsynchronisation ist das Herstellen des Gleichlaufs von Sende- und Empfängerzeitraster.

Damit jedem Bit der gleiche Stellenwert, den es beim Aussenden inne hatte, auch beim Empfang zugeordnet wird, dürfen Sende- und Empfangszeitraster nicht zeitlich versetzt sein. Die entsprechende Synchronisation wird erreicht, indem der Empfängerschrittgenerator durch die eintreffenden Datenelemente (Bits) auf die Phase des Sendeschrittgenerators abgestimmt wird.

Zeichensynchronisation

Zeichen (*character, symbol*). Informationen bestehen in der Datenkommunikation aus Zeichen. Jedes Zeichen besteht aus einer definierten Anzahl und Folge von Binärelementen (Bits) sowie optional aus zusätzlichen Paritätsprüfbits, Start- und Stoppschritt (→ Bild 10.8).

Zeichensynchronisation. Sie dient dem Feststellen der Zeichenübernahmezeit am Empfänger.

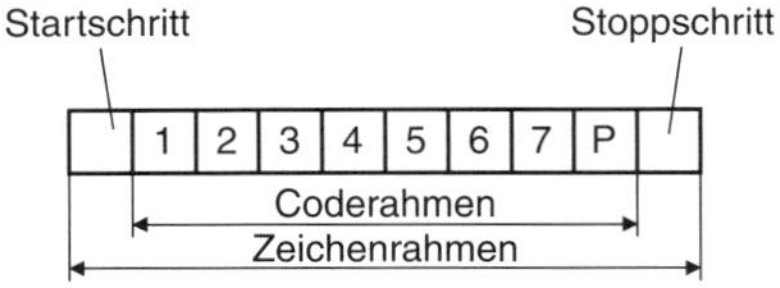

Bild 10.8 Struktur eines Zeichens mit 7-bit-Code beim Asynchronverfahren
1 . . . 7 Bitpositionen, P evtl. vorhandenes Paritätsbit

Die technische Realisierung von Bit- und Zeichensynchronisation ist durch Asynchron- oder Synchronverfahren möglich.

Asynchronverfahren (Start-Stopp-Verfahren)

Beim **Asynchronverfahren** wird zeichenweise übertragen und synchronisiert. Zeitrastergleichlauf von Sender und Empfänger wird nur für die Dauer eines Zeichens aufrechterhalten.

Der Beginn eines Zeichens wird durch Voranstellen eines Startschrittes markiert. Nach dem Senden der Bitfolge eines Zeichens geht der Sender wieder in eine definierte Ruhelage über, die Stopp-Schritt heißt. Erst nach einem Stopp-Schritt kann eine erneute Zeichenübertragung erfolgen, die wiederum mit einem Start-Schritt eingeleitet wird.

Dauer eines Start-Schrittes: i. Allg. so groß wie die Schrittdauer $T_{\text{start}} = T_{\text{s}}$
Dauer eines Stopp-Schrittes: $T_{\text{stopp}} = 1{,}5T_{\text{s}} \ldots 2T_{\text{s}}$

- *Vorteil*: geringer gerätetechnischer Aufwand
- *Nachteil*: uneffektiv bei der Übermittlung großer Datenmengen, da die Übertragung der Start- und Stopp-Schritte zusätzlichen Zeitaufwand erfordert

Synchronverfahren

Bei Datenübertragung nach dem **Synchronverfahren** werden alle Zeichenschritte unmittelbar nacheinander übertragen. Zeitrastergleichlauf von Sender und Empfänger wird während einer ganzen Zeichenfolge aufrechterhalten.

Beim Synchronverfahren wird zuerst die Bit- und dann die Zeichensynchronisation durchgeführt. Bitsynchronisation kann realisiert werden durch

- Absenden eines speziellen Signals vom Sender zum Empfänger, das den Schrittaktgebergleichlauf herstellt, oder
- Synchronisierzeichen, die bei Übertragungsbeginn und bei auftretenden Lücken in die Sendezeichenfolge eingeschoben werden.

► *Vorteile*: Hohe Datenübertragungsraten sind möglich (Fehlen von Start- und Stopp-Schritten); stetiger Zeichenfluss

► *Hauptanwendungsgebiete*: paketvermittelte Datennetze, lokale Netze

10.2.4 Fehlersicherung in Datennetzen

Aufgabe der **Fehlersicherung** ist es, die zu übertragenden Daten gegen Störeinflüsse zu schützen, Übertragungsfehler zu erkennen und zu korrigieren.

Die Fehlersicherung zu übertragender Informationen erfolgt stets durch Hinzufügen von Redundanz (redundante Bits). Theoretische Grundlage der Fehlersicherung durch Hinzufügen von Redundanz sind der Hauptsatz der Informationstheorie und die Codierungstheorie /10.12/.

Methoden der Fehlersicherung:

- Hinzufügen des Paritätsbits,
- Hinzufügen von *Blockprüfzeichen* (*FCS Frame Checking Sequence*), identisch mit zyklischer Codierung und Prüfung der mithilfe zyklischer Codes verschlüsselten Daten (*CRC Cyclic Redundancy Check*). Die zyklische Codierung erfolgt mithilfe von Generator- bzw. Prüfpolynomen. Ein genormtes Prüfpolynom ist $G(x) = x^{16} + x^{12} + x^5 + 1$ (IS 2111, ISO 3309, ITU-T X.25).

10

► *Vorteil* der zyklischen Codierung bzw. der CRC-Prüfmethode: Bildung und Prüfung der CRC-Zeichen erfolgt durch Hardware; ist daher schnell; Fehlererkennungswahrscheinlichkeit ist relativ hoch; Restfehlerwahrscheinlichkeit (Wahrscheinlichkeit der Fehlererkennung im Vergleich zu ungeprüfter Übertragung) i. Allg. kleiner als 10^{-6}.

Das Feststellen von Fehlern und die daraufhin eingeleiteten Maßnahmen zur Fehlerbehebung nennt man Fehlerbehandlung.

Methoden der Fehlerbehandlung:

- Abbruch der Übertragung bei Fehlererkennung. Es erfolgt i. Allg. eine
- Fehlermeldung, z. B. an die hierarchisch höhere Schicht in Mehrschichtenstrukturen (→ 10.1.2).

Fehlerkorrektur. Hierbei kommen zwei Methoden zur Anwendung:

Fehlererkennende Codierung: Die zu übermittelnden Daten werden durch redundante Bits so ergänzt, dass eine Verfälschung beim Empfänger erkannt wird.

Korrektur durch Wiederholung: Eine codierte Nutznachricht wird am Empfänger geprüft (CRC-Prüfung). Nach Feststellung eines Übertragungsfehlers fordert der Empfänger erneut eine Übertragung an. Das Prinzip der Fehlerkorrektur durch wiederholte Übertragung kommt in der Datenübertragungstechnik am häufigsten zur Anwendung.

Fehlersicherung mithilfe der redundanten Codierung ist ein typisches Funktionsmerkmal der 2. OSI-Schicht (→ 10.1.3). Eine weitere Codierungsart, welche zur Funktionalität der physikalischen Schicht (1. OSI-Schicht) gehört, ist die Kanalcodierung.

Die **Kanalcodierung** (*channel encoding*) dient der Umwandlung von Bits in Signalformen, die für die Übertragung in den betreffenden Kommunikationskanälen geeignet sind.

Bei der Kanalcodierung bleibt der Informationsgehalt zu übertragender Bits erhalten. Kanalcodierung spielt bei der Basisbandübertragung in lokalen Netzen eine wichtige Rolle (→ 10.2.7). Sie wird oft auch als Basisbandmodulation bezeichnet.

10.2.5 Übertragungssteuerung in Datennetzen

Die Steuerung der Datenübertragung vollzieht sich in zwei Stufen:
1. Fehlererkennung mittels CRC,
2. automatisches Anfordern einer Sendewiederholung.

ARQ-Techniken: Art und Weise, in der eine Übertragungswiederholung automatisch vollzogen wird; (ARQ: Automatic Repeat ReQuest).

Es gibt drei ARQ-Techniken:
- **Stop-and-Wait ARQ**: erneutes Senden erfolgt erst nach Eingnag einer Quittung (synonym: einfacher Quittungsbetrieb).
- **Go-Back-N ARQ (Fenstersteuerung)**: Bei vereinbarter Fenstergröße w quittiert der Empfänger alle w Dateneinheiten dieses Fensters (Frames, Datenblöcke, Pakete, usw.) gemeinsam. Nach Eintreffen einer negativen Quittung wird die fehlerbehaftete Dateneinheit erneut übertragen sowie alle nachfolgenden w Dateneinheiten. Diese Technik wird in vielen Protokollen der Datenkommunikation angewendet, z. B. bei HDLC und in Datenpaketnetzen mit X.25-Schnittstelle (→ 10.2.6.1).
- **Selective repeat ARQ**: Hier wird nur die Dateneinheit, die negativ quittiert wurde, selektiv nochmals übertragen.

10.2.6 Weitverkehrsnetze (WAN)

Ein **WAN** (*Wide Area Network*) ist ein Kommunikationsnetz für die Überbrückung größerer Entfernungen, z. B. Land, Kontinent, interkontinental.

Mit dem Begriff WAN ist weder eine eindeutige Übertragungs- und Vermittlungstechnik verbunden noch eine Aussage über die logische Mehrschichtenstruktur (→ 10.1.1) des Netzes. WANs können auf folgenden Wirkprinzipien beruhen:

- Leitungsvermittlung (→ 10.2.3.4),
- Datenpaketvermittlung (→ 10.2.3.4),
- Frame Relay (→ 10.2.6.2),
- Schmalband- oder Breitband-ISDN (→ 10.2.6.3).

Auch Netze vom Typ der Gigabit-Ethernets (→ 10.2.7.2) dringen in den WAN-Bereich vor.

10.2.6.1 Datenpaketnetze

Datenpaketnetzen liegt das Paketvermittlungsprinzip (→ 10.2.3.4) zugrunde. Standardgerechte Paketvermittlungsnetze besitzen an der DEE/DÜE-Schnittstelle ein Interface gemäß ITU-T X.25.

Benutzern standardgetreuer öffentlicher Datenpaketnetze werden zwei Dienstarten (virtuelle Leitungsdienste) zur Verfügung gestellt:

- Netzdienst *virtueller Ruf* mit den drei Phasen: Herstellen einer logischen Verbindung, Datentransfer, Auflösen der Verbindung,
- Netzdienst *permanente virtuelle Leitung* (logische Dauerverbindung).

Beide Dienstarten sind *verbindungsorientiert* und gewähren somit die Reihenfolgetreue der Pakete. Zusätzlich ist der *verbindungslose Datagrammdienst* möglich. Die Kommunikationssteuerung (Verbindungsherstellung, Datentransfer, Verbindungsauflösung) erfolgt hierbei mithilfe standardisierter Pakete.

Jedes *Paket* besteht aus einer Anzahl von *Oktetts* (→ Bild 10.9). Ein Oktett besteht aus acht Bits. Die Übertragung erfolgt oktettweise, stets mit der Bitposition 1 beginnend. Die ersten drei Oktetts bilden den Paketkopf. Maximale Länge des Datenfeldes eines Datenpaketes: 128 Oktetts. Somit lassen sich mit einem Datenpaket maximal 128×8 bit $= 1\,024$ bit übertragen. Kürzere Datenpakete werden akzeptiert, längere als Prozedurfehler behandelt und abgewiesen.

Höchster Dienst eines Datenpaketnetzes. Netzwerkdienst der 3. OSI-Schicht (→ 10.1.3). Die Pakete der 3. Schicht werden transparent übermittelt, indem sie in den Datenstrukturen der 2. Schicht als Nutzdaten behandelt werden. Es erfolgt eine Ineinanderschachtelung der Datenformate (→ Bild 10.10). Für die physikalische Schicht von Datenpaketnetzen mit X.25-Interface gelten die Festlegungen gemäß X.21 oder X.21bis.

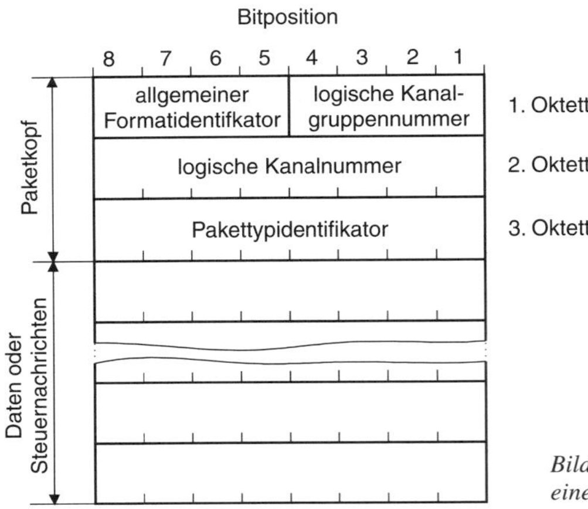

Bild 10.9 Struktur eines Datenpaketes

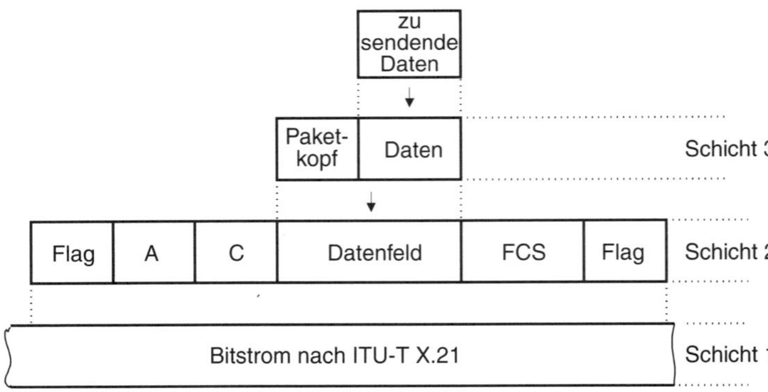

Bild 10.10 Ineinanderschachteln von Datenformaten in den Hierarchieschichten standardgerechter Paketvermittlungsnetze, FCS Fehlerkontrolle durch Prüfsummenbildung (Frame Checking Sequence)

Frame. Das Frame ist die grundlegende Datenstruktur der Schicht 2 von Daten- und Rechnernetzen (→ Bild 10.11).

Flag. Die Flags am Anfang und Ende jedes Frames sind vereinbarte Bitmuster (z. B. 01111110), die der Blockbegrenzung und der Synchronisation von Sender und Empfänger dienen.

Flag 01111110	A 8 bit	C 8 bit	I	FCS 16 bit	Flag 01111110
Block-begrenzung	Adress-feld	Steuer-feld	Datenfeld	Block-prüfungsfeld	Block-begrenzung

Bild 10.11 Frame-Format der HDLC-Prozedur (Datenstruktur der zweiten Schicht von paketvermittelten Datennetzen) FCS Fehlerkontrolle durch Prüfsummenbildung (Frame Checking Sequence)

Es gibt mehrere Frame-Arten:

- Informations-Frames (I-Frames) für die Datenübertragung,
- unnummerierte Steuer-Frames (U-Frames) für die Festlegung des Operationsmodus und für das Eröffnen und Beenden einer Übertragungsfolge,
- Steuer-Frames (S-Frames) für die Meldung der Empfangs-/Nichtempfangsbereitschaft und für die Aufforderung zur wiederholten Übertragung,
- U-Frames und S-Frames enthalten kein I-Feld.

Bitstuffing: ein Verfahren, welches verhindert, dass eine zufällige Bitkombination (01111110) im I-Feld als ein Flagbyte interpretiert wird. Die mit Bitstuffing erzielte Codetransparenz (Bitfolgeunabhängigkeit) wird erreicht, indem nach je fünf 1-Bits beim Senden ein 0-Bit eingefügt und beim Empfangen wieder entfernt wird.

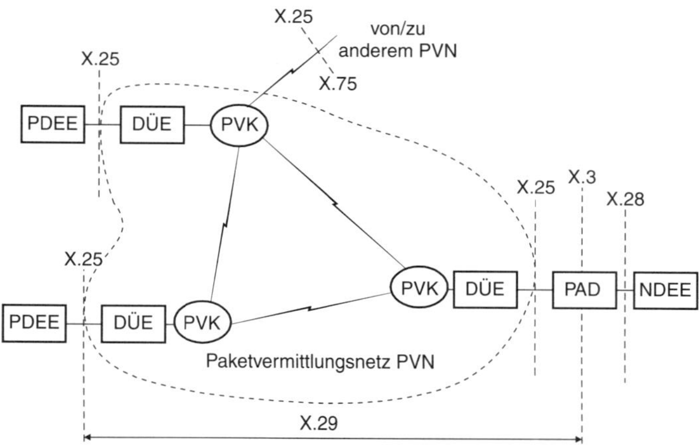

Bild 10.12 Allgemeiner Aufbau eines standardgerechten, öffentlichen Datenpaketnetzes; PVN Paketvermittlungsnetz, PVK Paketvermittlungsknoten, PDEE paketorientierte Datenendeinrichtung, NDEE nichtpaketorientierte Datenendeinrichtung, DÜE Datenübertragungseinrichtung, PAD Paketbildungs- und -auflösungseinrichtung, X.3, X.25 usw. ITU-T-Standardempfehlungen der X.-Serie

► *Hinweis*: Bei standardgerechten paketvermittelten Datennetzen kommunizieren paketorientierte Datenendeinrichtungen über die X.25-Schnittstelle unmittelbar miteinander. Bei Vorhandensein von Paketbildungs- und Auflösungseinrichtungen PAD (Abkürzung für (engl.) Packet Assembly/Disassembly Facility) können auch nichtpaketorientierte Endgeräte an das Paketvermittlungsnetz angeschlossen werden und mit paketorientierten Datenendeinrichtungen Daten austauschen (→ Bild 10.12).

Weitere Einzelheiten siehe /10.10/, /10.13/, /10.21/.

10.2.6.2 Frame-Relay-Netze

Frame-Relay-Netze (FR-Netze) übermitteln netzintern die Dateneinheiten variabler Länge auf dem Niveau der Sicherungsschicht (OSI-Schicht 2, → 10.1.3) über virtuelle (logische) Dauer- oder Wählverbindungen. Der FR-Dienst ist nach ITU-T I.233 standardisiert.

Grundgedanke: Das FR-Netz (→ Bild 10.13) sorgt für schnelle Datenübertragung; Fehlerbehandlung und Datenflusssteuerung sind Aufgaben der externen FR-Netzbenutzer. Hauptanwendung: LAN-zu-LAN-Kommunikation.

Ein Frame-Relay-Netz besitzt zwei Schnittstellenkategorien (→ Bild 10.13):

- **User Network Interface UNI**, auch Frame-Relay-Interface FRI genannt (entspricht DEE/DÜE-Interface),
- **Network Node Interface NNI**, netzinternes Interface, wichtig auch für Verbindung zwischen verschiedenen FR-Netzen.

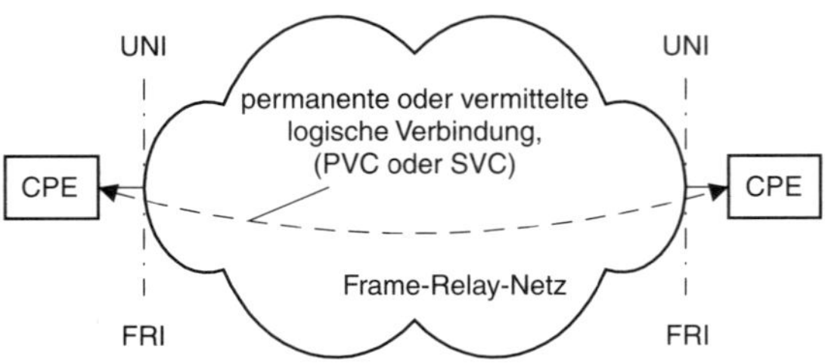

Bild 10.13 Schnittstellen von Frame-Relay-Netzen; UNI User Network Interface (Frame Relay Interface FRI), CPE Nutzerendgerät (Customer Premises Equipment), PVC permanente logische Verbindung (permanent virtual connection), SVC vermittelte virtuelle Verbindung (switched virtual connection)

Dienste von Frame-Relay-Netzen entsprechend ITU-T I.233:

- unbestätigter verbindungsorientierter Datentransfer in Form von Frames zwischen Quelle und Ziel;
- Frame Switching (ITU-T I.441), d. h. Frame-Vermittlung in den Netzknoten,

- Gewährleistung der Frame-Reihenfolge; Feststellung von Übertragungs- und Formatfehlern und Anzeige nach außen.

Mögliche Verbindungsarten in Frame-Relay-Netzen:

- **PVC** (*Permanent Virtual Circuit*) – logische Festverbindung,
- **SVC** (*Switched Virtual Circuit*) – vermittelte logische Verbindung.

► *Vorteile von Frame-Relay-Netzen*:

  - Geringere Verweilzeiten der Dateneinheiten im Netz als bei paketvermittelten Datennetzen, da weniger Protokoll-Overhead (Richtwert für mittlere Verweilzeit einer Dateneinheit im Netz: ca. 40 ... 60 ms),
  - Bandbreitebereitstellung nach Bedarf (am Frame-Relay-Interface steht den Benutzern die gesamte Übertragungskapazität zur Verfügung),
  - hoher Durchsatz,
  - jedes Teilnehmergerät benötigt nur eine Verbindung zum Netz, Garantie für Übermittlung vereinbarter Datenraten mithilfe des Parameters CIR (*Committed Information Rate*),
  - Integrierbarkeit in bestehende Systeme für paketvermittelten Datenverkehr.

► *Anmerkung*: Bei Frame-Relay-Netzen gibt es keine Fehlerkorrektur und keine Ende-zu-Ende-Überwachung (ist Aufgabe höherer Schichten).

► *Hinweis*: Ergänzende und weiterführende Literatur zu Frame Relay: /10.1/, /10.13/, /10.21/, /10.33/.

10

10.2.6.3 Diensteintegrierende digitale Netze

Diensteintegrierende digitale Netze ISDN (*Integrated Services Digital Networks*) sind Kommunikationsnetze, in denen verschiedene Informationsarten (Sprache, Daten, Texte, Fest- und Bewegtbilder) ausgetauscht werden können, wobei gilt: Die verschiedenen Informationsarten werden zwischen den angeschlossenen Endgeräten digital übertragen und vermittelt.

Es gibt zwei Arten von diensteintegrierenden Netzen:

- *Schmalband-ISDN (S-ISDN)* mit genormten Vielfachen der Bitrate 64 kbit/s,
- *Breitband-ISDN (B-ISDN)* mit genormten Vielfachen von 155,520 Mbit/s.

S-ISDN ist ein schmalbandiges, diensteintegrierendes Netz, das auf dem ETSI-Standard E-DSS1 (European Digital Subscriber System No. 1) beruht.

Wesensmerkmale des S-ISDN:

- Jedes Informationselement, z. B. aus einer analogen Informationsquelle (Sprache), wird als 8-bit-Codewort bei einer Abtastfrequenz von 8 kHz dargestellt. Daraus ergibt sich ein Informationsfluss von 64 kbit/s.

- Bereitstellung eines *Basisanschlusses* mit der Basisrate für angeschlossene Teilnehmer und eines *Primärmultiplexanschlusses*.

Signalisierung (*signalling*): Austausch vermittlungstechnischer Steuer- und Adressinformationen in Telekommunikationsnetzen zum Zwecke des Auf- und Abbaus und der Aufrechterhaltung von Verbindungen sowie für das Netzwerkmanagement einschl. der Gebührenerfassung und -abrechnung. Signalisierung kann generell über einen Nutzkanal erfolgen oder, wie bei S-ISDN, über einen separaten Kanal.

Praktische Bedeutung besitzen vor allem die S_0- und die S_{2M}-Schnittstellen.

S_0-Schnittstelle. Schnittstelle für alle ISDN-fähigen Kommunikationsendgeräte. Jedem Endgerät können zwei Basiskanäle zu je 64 kbit/s (B-Kanäle, Nutzkanäle) und ein Steuerkanal (D-Kanal) zu 16 kbit/s im Vollduplexverkehr zur Verfügung gestellt werden.

S_{2M}-Schnittstelle. Die S_{2M}-Schnittstelle umfasst 30 Nutzerkanäle zu je 64 kbit/s und ebenfalls zu 64 kbit/s einen Signalisier- bzw. Steuerkanal. Die gesamte Bitrate über die S_{2M}-Schnittstelle beträgt 2,048 Mbit/s.

Jeder Teilnehmer des ISDN erhält nur eine Rufnummer, unabhängig von der Anzahl und Art der Kommunikationsdienste (Sprache, Daten, Bilder), die er beansprucht. Analoge Endgeräte können über eine Telekommunikationsanlage (ISDN-Nebenstellenanlage) angeschlossen werden.

Weiterführende Informationen zur Datenkommunikation im ISDN, z. B. /10.1/, /10.35/.

ATM-basiertes Breitband-ISDN

Für höchste Qualitätsansprüche der integrierten Sprach-, Daten- und Bewegtbildkommunikation sowie der multimedialen Kommunikation wurden Breitbanddienste definiert (ITU-T I.211).

Breitband-ISDN (B-ISDN). Breitband-ISDN ist ein diensteintegrierendes digitales Kommunikationsnetz mit genormten Bitraten von $n \cdot 155{,}520$ Mbit/s; $n = 1, 4, 16$.

ATM (Asynchronous Transfer Mode): Übertragungs- und Vermittlungsprinzip von Datenstrukturen konstanter Länge (den Zellen), wobei sich die unregelmäßige (asynchrone) Reihenfolge der Zellen aus den Bitraten der Teilnehmer ergibt.

Das ATM-Prinzip erlaubt, Netzbenutzern Bandbreite bzw. Kanalkapazität nach Bedarf zur Verfügung zu stellen.

Zelle. Die Zelle ist die grundlegende Datenstruktur des ATM-basierten B-ISDN (→ Bild 10.14). Eine ATM-Zelle ist stets 53 Oktetts lang, wovon 5 Oktetts auf den Zellenkopf (header) entfallen, die restlichen 48 Oktetts sind Nutzinformation (*payload*).

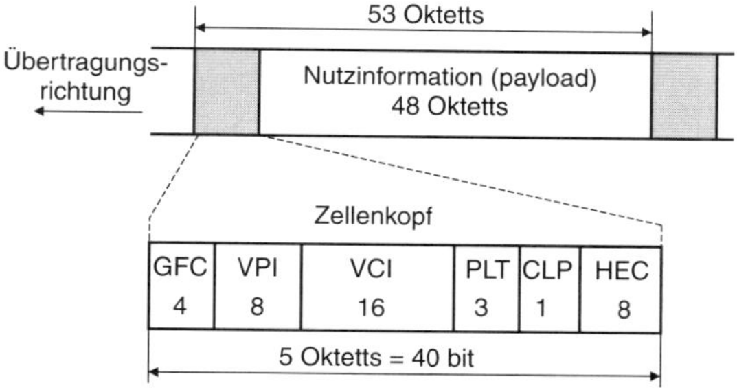

Bild 10.14 Struktur einer ATM-Zelle; GFC Generic Flow Control, VPI Virtual Path Identifier, VCI Virtual Channel Identifier, PTI Payload Typ Identifier, CLP Cell Loss Priority, HEC Head Error Check

10

ATM-Vermittlung

Die Vermittlung der ATM-Zellen (ATM-Switching) ist durch folgende Merkmale charakterisiert:

- Die Zellen werden unabhängig voneinander vermittelt und auf virtuellen Verbindungen übertragen,
- verbindungsorientierte Kommunikation,
- eine logische Verbindung in einem ATM-basierten B-ISDN ist gekennzeichnet durch einen virtuellen Kanalidentifikator VCI und einen virtuellen Pfadidentifikator VPI (→ Bild 10.14). Diese Identifikatoren können auf den Übermittlungsabschnitten ggf. ihre Werte ändern.

Virtueller Kanal (VC, Virtual Channel): Virtuelle (logische) Verbindung zwischen Endpunkten des ATM-basierten B-ISDN, auf der Zellen übertragen werden. Jeder virtuelle Kanal ist durch einen virtuellen Kanalidentifikator VCI (Virtual Channel Identifier) gekennzeichnet. Ein Endpunkt ist ein Netzelement, welches die Kanalinformation VCI im Zellen-Header verarbeitet.

Virtueller Pfad (VP, Virtual Path): Gemeinsamer Transportweg für ein Bündel virtueller Kanäle zwischen zwei oder mehreren Endpunkten. Jeder virtuelle Pfad ist durch einen virtuellen Pfadidentifikator VPI (*Virtual Path Identifier*) gekennzeichnet.

ATM-Switch: Vermittlungsstelle von ATM-Zellen. Er kann sowohl virtuelle Kanäle als auch virtuelle Pfade schalten (vermitteln).

ATM-Cross-Connect: Einrichtung, die nur virtuelle Pfade schalten (vermitteln) kann.

B-ISDN-Protokollreferenzmodell: In der ITU-T-Empfehlung I.321 spezifizierte mehrdimensionale hierarchische Mehrschichtenstruktur für diensteintegrierende digitale Breitbandnetze (→ Bild 10.15).

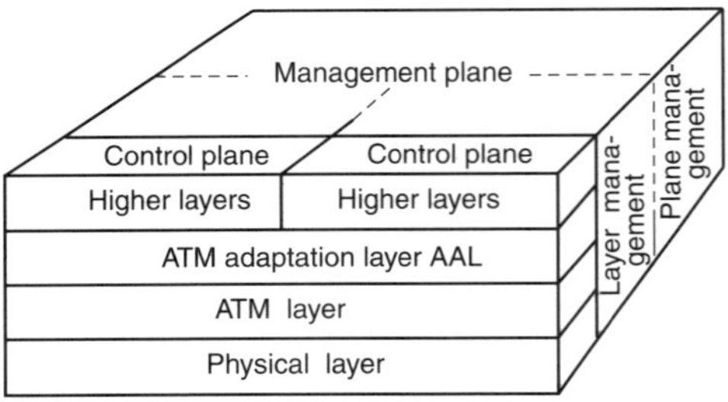

Bild 10.15
B-ISDN-Protokollreferenzmodell nach ITU-T I.321

► *Hinweis*: Das B-ISDN-Protokollreferenzmodell ist nicht völlig konform mit dem OSI-Basisreferenzmodell (→ 10.1). Die höchste ATM-relevante Schicht, die ATM-Anpassungsschicht (*AAL*), entspricht etwa dem Niveau der 2. OSI-Schicht.

Die wichtigsten Aufgaben der ATM-Schicht sind Erzeugen des Zell-Headers und Transport der von der AAL-Subschicht erhaltenen Daten entlang virtueller Kanäle und virtueller Pfade. Auf ATM-Niveau erfolgt die Kommunikation stets verbindungsorientiert.

Die **ATM-Anpassungsschicht** (*AAL*) hat die Aufgabe, die Datenströme höherer Schichten in 48 Oktetts lange Fragmente aufzuteilen (Segmentierung) bzw. beim inversen Vorgang „von unten nach oben" aus den eintreffenden Fragmenten die ursprünglichen Datenströme wieder zu bilden (Reassemblierung). Die Funktionen der AAL-Schicht sind anwendungsabhängig und zwar bezüglich folgender Parameter:

- Bitrate (konstant oder variabel),
- Kommunikationsart (verbindungsorientiert oder verbindungslos),
- Zeitbezug zwischen Quelle und Ziel.

Je nachdem unterscheidet man mehrere *AAL-Dienstklassen* sowie AAL-Typen und anwendungsabhängige ATM-Kommunikationsarchitekturen (→ Bild 10.16).

Das **ATM-Nutzer-Interface UNI** (*User Network Interface*) bildet die Gesamtheit der Schnittstellenspezifikationen für den Anschluss von Endsystemen (Computer, lokale Netze, Audio- und Videogeräte) an ATM-basierte Kommunikationsnetze.

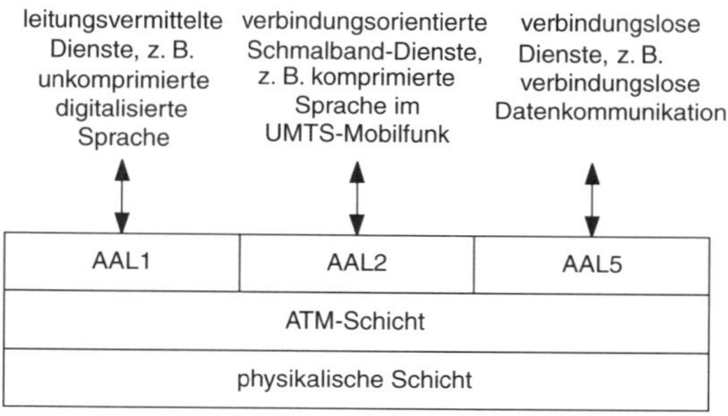

Bild 10.16 ATM-Kommunikationsarchitekturen mit anwendungsabhängigen AAL-Diensttypen

ATM-LAN. Kommunikationsnetz mit lokaler Ausdehnung (z. B. Bürogebäude, Universitätscampus), das auf dem ATM-Übertragungs- und Vermittlungsprinzip beruht.

ATM-WAN. ATM-WANs sind öffentliche oder private ATM-basierte Netze mit überregionaler Ausdehnung. Nutzzugang erfolgt über standardisierte UNIs.

► *Hinweis*: Weiterführende Literatur zu ATM z. B. /10.1/, /10.2/, /10.4/, /10.28/.

10.2.6.4 xDSL-Zugangsnetze

DSL-Zugangsnetze (Digital Subscriber Line Access Networks) sind Teilnehmerzugangsnetze aus gewöhnlichen Kupfer-Telefonleitungen zu hochbitratigen Kommunikationsnetzen.

► *Haupteinsatzgebiet*: PC-Zugang zum Internet über Kupfer-Telefonleitungen mit Downloadgeschwindigkeiten im Mbit/s-Bereich.

xDSL. Sammelbegriff für verschiedene Varianten der DSL-Familie (→ Tabelle 10.3):

- **ADSL** (*Asymmetric Digital Subscriber Line*): Die Datenrate zum Endgerät (Vorwärtskanal, *downstream*) ist bei allen Varianten dieses DSL-Typs größer als die Datenrate vom Endgerät zum Backbone-Netz (Rückkanal, *upstream*). Überbrückbare Entfernungen zwischen Endgerät und nächster Ortsvermittlungsstelle, der sog. „letzten Meile“: 3 ... 9 km.

- **SHDSL** (*Symmetrical High-Density Digital Subscriber Line*): DSL-Variante, bei der in beide Richtungen gleich hohe Datenraten realisiert werden.
- **VDSL** (*Very High Date Rate Digital Subscriber Line*): Sehr hohe Datenraten können nur im 100 m-Entfernungsbereich erzielt werden.

Tabelle 10.3 Standard-DSL-Varianten /www.dslforum.org/

DSL-Familie	ITU-Standard	Maximal mögliche Bitraten
ADSL	G.992.1	7 Mbit/s downstream, 800 kbit/s upstream
ADSL2	G.992.3	8 Mbit/s downstream, 1 Mbit/s upstream
ADSL2plus	G.992.5	24 Mbit/s downstream, 1 Mbit/s upstream
ADSL2-Reach Extented	G.992.3	8 Mbit/s downstream, 1 Mbit/s upstream
SHDSL	G.991.2	5,6 Mbit/s up-/downstream
VDSL	G.993.1	55 Mbit/s downstream, 15 Mbit/s upstream
VDSL2	G.993.2	100 Mbit/s up-/downstream

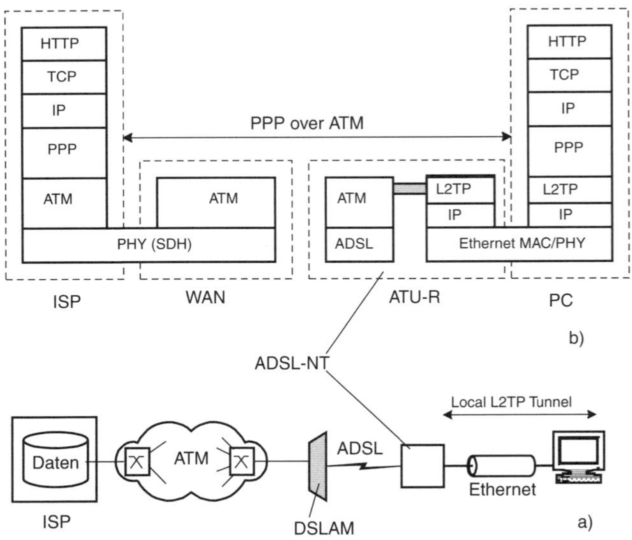

Bild 10.17 Kommunikation eines PC via ADSL und ATM mit einem Internet Service Provider
a) Aufbau eines Kommunikationsszenarios, b) Mehrschichtenstruktur
ADSL Asymmetric Digital Subsciber Line, ADSL-NT ADSL Network Termination, ATU-R Asymmetric Termination Unit Remote, DSLAM Digital Subscriber Line Access Multiplexer, ISP Internet Service Provider, HTTP Hypertext Transfer Protocol, PPP Point-to-Point Protocol, WAN Wide Area Network

► Weiterführende Literatur zu xDSL: /10.7/, /10.20/, /10.35/, /10.38/.

Um zahlreiche DSL-Endgeräte an ein Hochgeschwindigkeitsnetz anschließen zu können, werden i. Allg. *Digital Subscriber Line Access Multiplexer* (*DSLAM*) verwendet.

Bild 10.17 veranschaulicht die Kommunikation eines Internetbenutzers mit einem Internetprovider unter Nutzung der ADSL-Technologie, eines ATM-Netzes und des Point-to-Point-Protocol over ATM. Der entfernte PC, in dem sich eine Ethernet-Netzkarte und ein ADSL-Modem befinden, ist über eine Telefonleitung aus Kupfer mit einem Digital Subscriber Line Access Multiplexer DSLAM verbunden. Von hier aus erfolgt die Kommunikation mit dem Internet Service Provider ISP über das ATM-Netz. Die Mehrschichtenstruktur des Kommunikationsszenarios zeigt Bild 10.17a. Am PC-Terminal arbeitet ein Layer-2 Tunneling Protocol L2TP auf der Basis der Ethernetstruktur. Das Point-to-Point-Protocol setzt auf die entsprechende Kommunikationsschicht auf und kommuniziert über das ATM-Netz mit dem Datenbestand des Internet Service Providers ISP. Oberhalb der logischen Schicht 2 befindet sich die Netzwerkschicht mit dem IP-Internetprotokoll und dem Transmission Control Protocol TCP. Das Hypertext Transfer Protocol HTTP wiederum ermöglicht schließlich die Übertragung von Webseiten.

10.2.7 Lokale Netze (LAN)

10.2.7.1 Grundlagen

Lokales Netz LAN (*Local Area Network*): Kommunikationssystem mit territorial beschränkter Ausdehnung (Etage, Gebäude, Campus) und einer Reihe kommunikationstechnischer Besonderheiten.

Ein (Datenkommunikations-) LAN besitzt mindestens die Funktionalität der OSI-Schichten 1 und 2 ($\rightarrow$ 10.1.3). Durch Ausstattung eines lokalen Kommunikationsnetzes mit datenverarbeitungstypischen Funktionen und Schichten entsteht aus einem LAN ein lokales Rechnernetz.

LAN-Merkmale:

- begrenzte Ausdehnung (etwa $10^2 \ldots 10^3$ m, teilweise bis in den 10^5-m-Bereich, z. B. Gigabit Ethernet)
- Datenraten in der Größenordnung $10 \ldots 100\,000$ Mbit/s,
- einfache topologische Strukturen (Linie, Ring, Stern)
- spezielle Zugriffstechniken zum Kommunikationsmedium
- Anschlussmöglichkeit einer Vielzahl von Teilnehmerendgeräten
- logisch-funktionelle Unterteilung der beiden unteren Schichten, mindestens aber der Data Link Layer in die beiden Subschichten Logical Link

Control Sublayer LLC und Medium Access Control Sublayer MAC (→ 10.1.3, Bild 10.18).

LLC-Subschicht: obere Subschicht der 2. OSI-Schicht mit den Hauptfunktionen: Übertragungssteuerung, Fehlersicherung, -feststellung und -korrektur.

MAC-Subschicht: untere Subschicht der 2. OSI-Schicht zur Steuerung des Zugriffs einer Teilnehmerstation auf das Kommunikationsmedium.

LAN-Kommunikationsmedien: abgeschirmte und nicht abgeschirmte verdrillte Leitungen (STP Shield Twisted Pair, UTP Unshielded Twisted Pair, Lichtwellenleiter, freier Raum für Übertragung elektromagnetischer Wellen), selten noch Koaxialkabel.

Übertragungsmodi in LAN: vorwiegend Basisbandübertragung.

Medienanschlusseinheit (MAU Medium Attachment Unit): Komponente eines LAN, welche sich unmittelbar am Kommunikationsmedium befindet und das Senden/Empfangen der Datensignale realisiert; Bestandteil der physikalischen Schicht; Synonym: Transceiver.

Netzwerk-Interfaceeinheit (NIU Network Interface Unit): LAN-Komponente, welche die Verbindung zwischen dem internen Übertragungssystem der Teilnehmercomputer und dem LAN-Übertragungssystem realisiert und den Zugriff auf das Kommunikationsmedium steuert. Höchste Funktionalität: 2. OSI-Schicht; Synonyme: Netzwerk-Controller, Netzwerkadapter, Netzwerkkarte.

LAN-Arten

- *Shared Medium LAN*: lokales Netz, bei dem das Kommunikationsmedium von allen Teilnehmern gemeinsam benutzt wird. Beispiel: Klassisches Ethernet mit sog. Yellow Cable.
- *Switched LAN*: lokales Netz, bei dem Teilnehmerstationen über eine Vermittlungseinrichtung (Switch) miteinander verbunden werden. Beispiele: Switched Ethernet, lokales ATM-Netz
- *Wireless LAN (WLAN)*: drahtloses lokales Netz; die Kommunikation zwischen den Teilnehmern erfolgt mittels elektromagnetischer Wellen vorzugsweise im 2,4-GHz-Bereich.
- *Mobiles LAN*: Wireless LAN, in dem sich die kommunikationsfähigen Stationen bzw. Teilnehmer frei bewegen können (Roaming-Eigenschaft).
- *Virtual Local Area Network VLAN*: virtuelles lokales Netz mit gemeinsamem Adressraum (Broadcast Domain auf MAC-Niveau), das durch Zusammenschaltung von LAN-Komponenten aus verschiedenen LAN-Segmenten entsteht.
- *Storage Area Network (SAN, → 4.4.2)*: lokales Hochleistungsnetz für die Speicherung großer Datenbestände; vorwiegend beruhend auf dem Fibre Channel Standard ANSI X3T9.3; /www.fibrechannel.org/.

Medienzugriffsverfahren

Medien- oder Kanalzugriffsverfahren: Algorithmen bzw. Steuervorschriften, nach denen sendewilligen Stationen das Kommunikationsmedium belegen; Synonyme: Medienzugriffsprotokoll, Medienzugangsmethode.

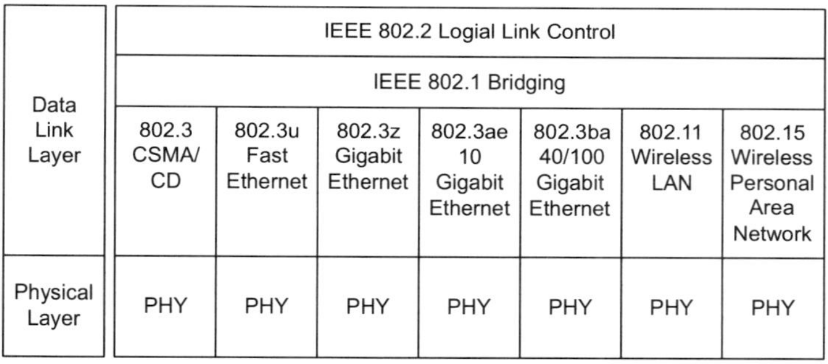

Bild 10.18 LAN-Standards (Auswahl) und deren Einordnung in das OSI-Referenzmodell

Medienzugriffsverfahren lassen sich einteilen nach der Netztopologie, für die sie geeignet sind (z. B. für Linien- oder Ringnetze), nach der Steuerungsform (zentralisierte oder verteilte Steuerung) und entsprechend der Determiniertheit des Kanalzugriffs (deterministisch oder stochastisch).

Medienzugriffprotokolle sind Bestandteil der OSI-Schicht 2, speziell der MAC Sublayer. Für die Praxis wichtige Medienzugriffsverfahren sind vom IEEE oder von der ISO genormt (→ Bild 10.18).

Das am weitesten verbreitete Medienzugriffsverfahren ist das CSMA/CD-Verfahren.

CSMA/CD-Verfahren

CSMA/CD (*Carrier Sense Multiple Access with Collision Detection)*: stochastische Zugriffsmethode mit Signalabtastung und Kollisionsfeststellung. **Kollision**: irreversible Überlagerung zweier Sendesignale. Anwendung des CSMA/CD-Verfahrens in LANs vom Ethernet-Typ, daher die Bezeichnung Ethernet-Verfahren.

CSMA/CD-Verfahrensprinzip: Sendewillige Stationen hören das physikalische Kommunikationsmedium ab und belegen es, falls keine Nachrichtensignale anderer Stationen festgestellt werden. Während des Sendens wird der

Übertragungskanal weiter abgehört. Eine Sendung wird abgebrochen, falls sich die eigene Nachricht mit der Nachricht einer anderen Station irreversibel überlagert, d. h., wenn eine Kollision auftritt. Nach der Kollisionsfeststellung setzen die involvierten Stationen eine kurze Zeit lang noch ihre Sendung fort, damit alle am Kommunikationsmedium befindlichen Teilnehmer das Stattfinden der Kollision feststellen können. Dieser Vorgang heißt *Jamming*, und das betreffende Signal ist das Jam-Signal. Im Anschluss an das Senden des Jam-Signals muss eine sendewillige Station noch eine zufällige Zeit bis zum erneuten Senden warten. Mit der zufälligen Zeitverzögerung nach einer Kollision (*backoff time*) soll verhindert werden, dass eine Station mehrfach nacheinander Kollisionen verursacht. Der Algorithmus zum Berechnen der stochastischen Zeitverzögerung heißt Backoff-Algorithmus (*binary exponential backoff algorithm*). Die Backoff-Zeit wird in Einheiten der Ausbreitungsdauer der Bitsignale im physikalischen Kommunikationskanal gemessen. Dieser so genannte Round Trip Delay τ beträgt entsprechend IEEE-802.3-Standard 512 Bit-Zeiten. In Abhängigkeit von der Sendebitrate v ergibt sich für eine Bit-Zeit $t_{\mathrm{Bit}} = 1\,\mathrm{bit}/v$. Beim klassischen 10-Mbit/s-Ethernet ist demnach $t_{\mathrm{Bit}} = 1/10^7\,\mathrm{s} = 10^{-7}\,\mathrm{s}$, und beim Gigabit Ethernet ist $t_{\mathrm{Bit}} = 10^{-9}\,\mathrm{s}$.

► Literatur zu CSMA/CD-LANs siehe z. B. /10.13/, /10.15/, /10.22/, /10.24/.

Tokenverfahren, zu denen Tokenring, Tokenbus und FDDI (Fiber Distributed Data Interface) gehören, spielen heute kaum noch eine Rolle. Erläuterungen zu diesen Verfahren findet man z. B. in /10.13/, /10.15/.

10.2.7.2 Lokale Netze vom Ethernet-Typ

Ethernet: übliche Bezeichnung für lokale Netze mit CSMA/CD-Zugriffsprotokoll.

Während das erste Ethernet für eine einzige Bitrate (10 Mbit/s) und ein einziges Kommunikationsmedium (Koaxialkabel, 50 Ω Yellow Cable) definiert war, gibt es heute eine technische Vielfalt von Ethernet-LAN, die sich u. a. in den folgenden Klassifikationskriterien äußert (→ Tabelle 10.4):

- theoretisch verfügbare Bitrate
- Art des Kommunikationsmediums
- Nutzungsweise des Kommunikationsmediums
- Übertragungsmodus
- Kommunikationsart bzw. Betriebsweise.

Netze vom Ethernet-Typ werden i. Allg. durch folgende Kurzbezeichnungen charakterisiert:

X Übertragungsmodus Y

X: Bitrate in Mbit/s, Übertragungsmodus: BASE (Basisbandübertragung), Y: Länge eines Kabelsegments in 100 m oder Medienart (T für verdrillte Leitungen, F für Lichtwellenleiter/Fiber Optics).

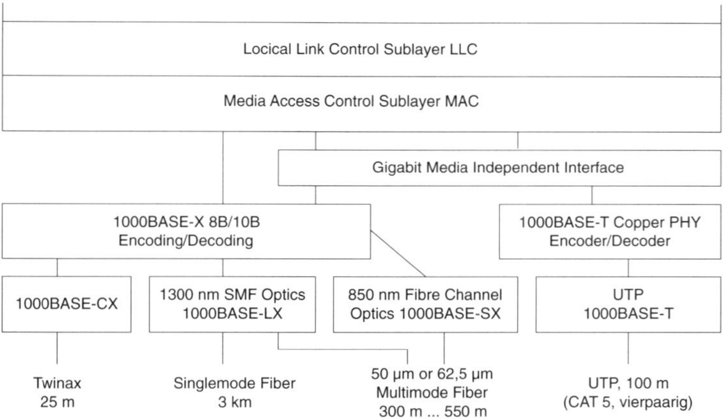

Bild 10.19 Logische Schichtenstruktur von Gigabit Ethernet
UTP Unshielded Twisted Pair, CAT Category, SMF Single Mode Fiber

Gigabit-Ethernet (GE): Ethernet-Typ mit der Bitrate 1 Gbit/s = 10^9 bit/s.

Hauptmerkmale des Gigabit Ethernet nach IEEE 802.3z:

- Nennbitrate: 1000 Mbit/s
- Die MAC-Sublayer von Gigabit Ethernet ist um zusätzliche Funktionen und Features für die 1000-Mbit/s-Geschwindigkeit erweitert.
- Auch bei Gigabit Ethernet beträgt die kürzeste Länge eines MAC-Frames $L_{\mathrm{F\,min}} = 512$ Bit (64 Byte).
- Zwischen MAC-Sublayer und Physical Layer befindet sich das medienunabhängige Interface GMII (Gigabit Media Independent Interface).
- Auf der Physical Layer (OSI-Schicht 1) kommt bei Gigabit Ethernet und Lichtwellenleitern die 8B/10B-Leitungscodierung zur Anwendung, welche ursprünglich für Fibre Channel entwickelt wurde /www.fibrechannel.org/. Zu Gigabit Ethernet für UTP-Verkabelungen der Kategorie 5 (1000-BASET) und 100 m überbrückbare Entfernungen siehe Standard IEEE 802.3ab.

10 Gigabit Ethernet (10 GE): Ethernet-Typ mit der Bitrate 10^{10} bit/s

Hauptmerkmale von 10 GE nach IEEE 802.3ae:

- Nutzbarkeit einer Übertragungskapazität von 10 Gbit/s
- Datenrate bei Nutzung im WAN-Bereich: 9,58464 Gbit/s (Bitrate entsprechend SONET OC-192c/SDH-4-64c)
- 10 Gigabit Ethernet ist nur für Vollduplexbetrieb definiert
- Kanalcodierungsverfahren 64B/66B (somit anders als bei allen anderen Ethernets)
- Reichweite mind. 100 m über Multimode-Lichtwellenleiter (62,5 µm); bis 40 km über Singlemode-Lichtwellenleiter.

Klassisches 10-Mbit/s- und Fast Ethernet arbeiten im Halbduplex-Betrieb. Das bedeutet, dass eine Station entweder nur senden oder nur empfangen kann, beides jedoch nicht zur selben Zeit. Gigabit Ethernet und das Ethernet mit 10 Gbit/s Datenrate werden im Vollduplexmodus betrieben. Es können dann keine Kollisionen auftreten und es gibt auch keine Collision Domain. Als Folge davon gibt es hier nicht die typische Längenbeschränkung der anderen CSMA/CD-Systeme. Die Länge eines GE-Links im Vollduplexmodus ist ausschließlich durch die Übertragungseigenschaften des physikalischen Mediums, z. B. die Dämpfung, begrenzt. Theoretisch könnten demzufolge Gigabit Ethernets auf Basis von Lichtwellenleitern Ausdehnungen bis in die Größenordnung 100 km (und bei entsprechender Signalregenerierung noch weiter) erreichen.

40 Gigabit Ethernet (40 GE): Ethernet-Typ mit der Bitrate $40 \cdot 10^{10}$ bit/s

Hauptmerkmale von 40 Gigabit Ethernet nach IEEE 802ba:

- Bitrate $40 \cdot 10^9$ bit/s über Kupferkabel im Nahbereich (7 m)
- Bitrate $40 \cdot 10^9$ bit/s über SMF-Lichtwellenleiter mindestens bis 10 km.

100 Gigabit Ethernet (100 GE): Ethernet-Typ mit der Bitrate 10^{11} bit/s.

Hauptmerkmale von 100 Gigabit Ethernet nach IEEE 802ba:

- Bitrate 10^{11} bit/s über Kupferkabel im Nahbereich (7 m)
- Bitrate 10^{11} bit/s über SMF-Lichtwellenleiter mindestens bis 40 km
- Vollduplex wie alle GE-Netze.

Anwendung Gigabit Ethernet, 10 GE, 40 GE, 100 GE:

- als Backbone-Systeme im Inhouse- und Campusbereich (z. B. zwischen zahlreichen Fast-Ethernet-Stationen und zentralen Serverfarmen)
- 10 GE lässt sich direkt mit OC-192-SDH-Ringen (Synchrone Digitale Hierarchie) verbinden, sodass durchgängige End-to-End-Ethernet-Verbindungen über SDH möglich sind
- 10 GE, 40 GE, 100 GE im Metropolitan Area Network

► Weiterführende Literatur zu Ethernet: /10.15/, /10.22/, /10.26/.

Tabelle 10.4 Ethernet-Arten (Auswahl)

Kurz-Bezeichnung	Hauptmerkmale
10BASE5	Original Ethernet, Koaxialkabel (Yellow Cable 50 Ω), bis 500 m Segmentlänge
10BASE2	Cheapernet, Koaxialkabel (Thin Cable), bis 185 m Segmentlänge
10BASET	Ethernets mit zweipaarigen verdrillten Leitungen UTP (Unshielded Twisted Pair)
10BASE-F	Sammelbezeichnung für 10-Mbit/s-Ethernet mit Lichtwellenleiterkomponenten (F Fiber Optic Cable)
100BASET	Sammelbezeichnung für alle 100-Mbit/s-Ethernets (Fast Ethernet)
100BASETX	Fast Ethernet mit zweipaarigem UTP-Kabel CAT 5; max. 100 m
100BaseT4	Fast Ethernet mit vierpaarigem Kabel CAT 3 oder UTP; max. 100 m
100BASEFX	Fast Ethernet mit zwei Multimode Fasern; max. 2 km
1000BASELX	Gigabit Ethernet mit 2 optischen Multimode oder Single Mode Fasern mit langwelligem Laserlicht, 1300 nm, max. 550 m
1000BASESM	Gigabit Ethernet mit 2 optischen Multimode oder Single Mode Fasern mit kurzwelligem Laserlicht, 800 nm; bei Single Mode Faser max. 5 km
1000BASET	Gigabit Ethernet mit vierpaarigen verdrillten Leitungen CAT 5, UTP, max. 100 m

10

10.2.7.3 Drahtlose lokale Netze

Bei drahtlosen lokalen Netzen (*Wireless LAN, WLAN*) erfolgt die Kommunikation mit elektromagnetischen Wellen im lizenzfreien ISM-Frequenzband (ISM: Industrial, Scientific, Medical) bei 2,4 GHz.

Zwei Techniken und WLAN-Standardfamilien dominieren: IEEE 802.11 und IEEE 802.15 (→ Tabelle 10.5). Bluetooth ist nach Harmonisierung der Standard IEEE 802.15.1.

Zur Vernetzung von Computern oder anderen Geräten bieten sich im WLAN mehrere Varianten.

- Independent Basic Service Set IBSS: Jede Station innerhalb der Reichweite einer anderen Station kann Kommunikationspartner sein.
- Extended Service Sets ESS: Um eine größere Distanz zu überbrücken, wird ein Access Point eingesetzt (→ Bild 10.20). Er dient als Repeater und verdoppelt die Reichweite des Funknetzes. In der Regel werden WLANs dazu verwendet, bestehende kabelgestützte LANs zu erweitern. Über den

Access Point erhalten die Stationen Zugang zu den Ressourcen im Festnetz. Mithilfe mehrerer Access Points lassen sich so auch große Areale abdecken. Innerhalb des so gebildeten Extended Service Sets ESS können sich mobile Clients frei bewegen.

Tabelle 10.5 Wireless LAN

Standard	Frequenzband in GHz	Maximale Reichweite in m	Reichweite bei maximaler Bandbreite in m	Übertagungsrate in Mbit/s
IEEE 802.11b	2,4	300...500	30...50	11
IEEE 802.11a	5	150...300	10...15	54
IEEE 802.11g	2,4	300...500	30...50	22 und 54
Bluetooth 1.1, IEEE 802.15.1	2,4	10	10	< 1

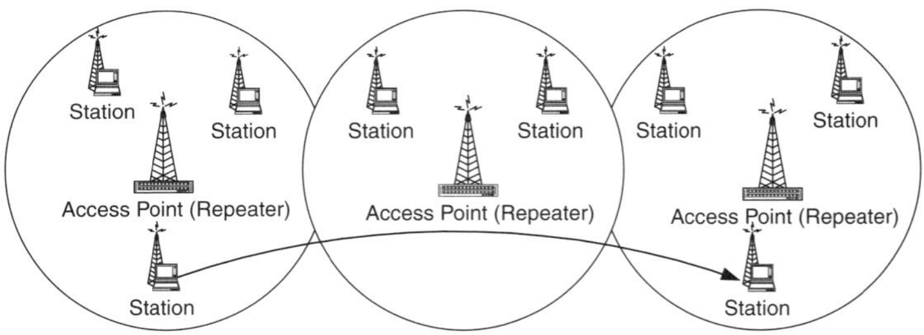

Bild 10.20 WLAN: Mehrere einander überlappende Basic Service Sets bilden ein Extended Service Set, innerhalb dessen sich der Anwender frei bewegen kann (Roaming)

Bluetooth: Spezifikation der sog. Bluetooth-SIG (Special Interest Group, insbesondere Ericsson, IBM, Intel, Microsoft) für mobile Kommunikationssysteme zur Vernetzung von PCs, schnurlosen Telefonen usw. (jetzt IEEE 802.15.1).

Die Spezifikation orientiert auf Reichweiten bis 30 m Entfernung. Bei Bluetooth werden Frequenzen von 2,4 und 2,5 GHz benutzt; daher können sich auch zwischen den Kommunikationspartnern Wände befinden. Bitrate z. Z. 720 kbit/s bei verschiedenen Datenpaketlängen.

► Weiterführende Literatur zu WLAN: /10.14/, /10.34/, /www.openlan.de/, /www.wlanreport.de/, /www.wireless-lan-forum.de/.

10.2.7.4 Metropolitan Area Networks/Citynetze

Metropolitan Area Network (MAN) ist ein Kommunikationsnetz im Großstadt- oder Regionalbereich.

Ein einheitliches Wirkprinzip für Metropolitan Area Networks gibt es nicht.

Übliche Techniken beruhen auf der synchronen digitalen Hierarchie SDH /10.2/, /10.8/, ATM (→ 10.2.6.3) und Gigabit-Ethernet (→ 10.2.7.2) sowie WiMAX (→ 10.2.7.5).

Metro-Netz: übliche Bezeichnung für Metropolitan Area Networks mit den Merkmalen: ringförmiges Kernnetz (Metro Core Network), optoelektronische Signalübertragung zwischen den Knoten, vorwiegend Nutzung der SDH-Technologie; Synonym: Citynetz.

10.2.7.5 Datenfunknetze

10

Datenfunknetze sind drahtlose Netze für die Datenkommunikation.

Datenfunknetze gibt es in Form von drahtlosen LANs und MANs oder drahtlosen Kommunikationsnetzen größerer Ausdehnung. Datenfunknetze können ortsfeste oder mobile Kommunikationspartner besitzen.

GSM (Global System for Mobile Communication). GSM-Netze sind digitale Mobilfunknetze für Sprache, Daten, Text und Bild mit einheitlicher Schnittstelle (europaweit standardisiert vom European Telecommunication Standard Institute ETSI). GSM-Netze sind nach einem Referenzmodell strukturiert (→ Bild 10.21).

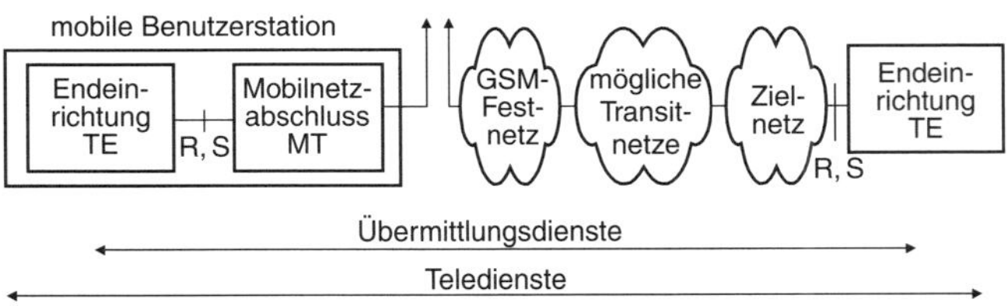

Bild 10.21 Referenzmodell für GSM-Dienst; R, S Referenzpunkte

Eine mobile Station lässt sich funktionell unterteilen in

- Mobilnetzabschluss (MT Mobile Termination) und
- eine oder mehrere Endeinrichtungen (TE Terminal Equipment).

Um die Zusammenarbeit mit Diensten der festen Partnernetze zu vereinfachen, stellt der Mobilnetzabschluss MT Benutzer-/Netzschnittstellen mit Referenzpunkten R und S zur Verfügung, welche den Referenzpunkten im ISDN entsprechen (→ ITU-T/ITU I.210). Terrestrische mobile Datenkommunikation ist grundsätzlich mit allen Mobilfunknetzen möglich. Es gibt aber auch spezielle mobile Datenfunknetze.

Wireless Access Protocol WAP. Es ermöglicht das drahtlose Empfangen von Internet-Inhalten, wie Text und Bildern auf digitalen mobilen Empfangsgeräten, die hierfür vorbereitet sind /www.wapforum.org/.

Die Sprache, in der das geschieht, heißt WML (Wireless Markup Language). Es ist eine Art stark abgerüstete HTML-Variante (→ 11.6.2). WAP-Inhalte sind nicht mit grafisch aufwendigen Web-Sites zu vergleichen, sondern kurze Texte. Zum Lesen sind spezielle Micro-Browser nötig, die in WAP-fähigen Handys installiert sind.

GPRS (General Packet Radio System): Standard zur Aufrüstung bestehender GSM-Mobilfunknetze zwecks Erzielung höherer Bitraten (Richtwert 45 . . . 160 kbit/s).

Bei Netzen auf der Basis der GPRS-Technologie werden die Daten in paketierter Form von der so genannten Luftschnittstelle bis zum Zielnetz übertragen. Höhere Übertragungsraten als in klassischen GSM-Netzen werden durch Kanalbündelung an der Luftschnittstelle erzielt. GPRS wird als Vorstufe von UMTS betrachtet.

UMTS (Universal Mobile Telecommunications System): Standard für Mobilfunknetze der dritten Generation (3G-Mobilfunknetze) /www.umts-forum.org/. In UMTS-Netzen können Bitraten bis 2 Mbit/s übertragen werden. Sie empfehlen sich daher für den mobilen Zugang zum Internet und dessen Anwendungen (z. B. Unterhaltung, multimediale Kommunikation, E-Commerce).

In schematischer Darstellung veranschaulicht Bild 10.22 den Aufbau eines UMTS-Netzes. Mobile Netznutzer kommunizieren mittels ihres Handys (UE user equipments) mit den Sende-/Empfangsantennen des UMTS-Netzes. Hier befindet sich die Basisstation (in der UMTS-Begriffswelt i. Allg. als Node B bezeichnet). Mehrere Basisstationen sind wiederum zu der UMTS-Netzzugriffskomponente UTRAN zusammengefasst (*UTRAN UMTS Terrestrical Radio Access Network*). Hier befindet sich auch der Steuerteil Radio Network Controler RNC für die Funkübertragung. In der Regel gibt es in einem UMTS-Netz die Komponenten UTRAN und RNC mehrfach verteilt über

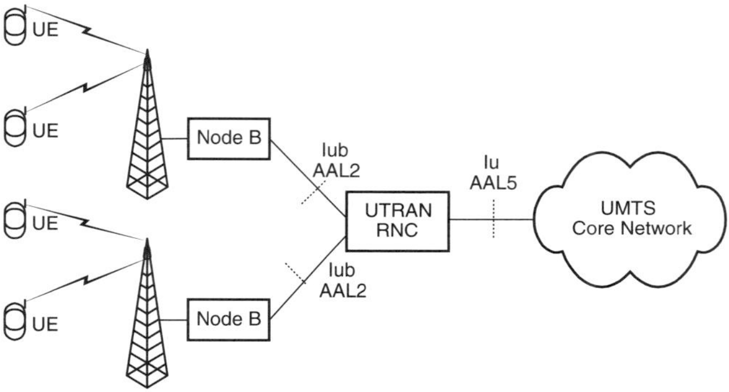

Bild 10.22 Schematischer Aufbau eines UMTS-Mobilfunknetzes
Node B Base Node, UTRAN UMTS Terrestrical Radio Access Network, RNC Radio Network Controler, Iu typische Interfacebezeichnung in UMTS-Netzen, UE User Equipment

das ganze Netz. Wie man aus Bild 10.22 entnehmen kann, spielt bei UMTS die ATM-Technologie eine wesentliche Rolle: Die Kommunikation zwischen den funktionsbestimmenden UMTS-Bestandteilen beruht auf der Benutzung der ATM Adaptionsschichten Typ 2 und Typ 5 (→ 10.2.6.3). Auch beim so genannten UMTS Core Network wird es sich in der Regel um ein AT-M-Netz handeln, damit dieVorzüge dieser Netzkategorie (z. B. Verfügbarkeit über Bandbreite nach Bedarf, wählbare Dienstgüte, Isochronität) ausgenutzt werden können.

LTE (*Long Term Evolution*): Standard für Mobilfunkkommunikation auf dem Weg zur 4. Generation. Daher auch der Begriff 3,9 G, siehe z. B. http://www.ngmn.org/.

LTE ist ein UMTS-Nachfolger. Vorteile: Nutzung der UMTS-Infrastruktur; Bitraten im Downloadbereich bis rund 1 Gbit/s, im Upload-Bereich bis 100 Mbit/s. Günstig z. B. für drahtlosen ortsunabhängigen Breitband-Internetzugang, Multimedia Messaging Service (MMS), mobiles HDTV.

WiMAX (*Worldwide Interoperability for Microwave Access*): breitbandige (hochbitratige) Zugangstechnik entsprechend IEEE 802.16-Standard für regionale Funknetze mit bis zu 50 km Reichweite und Datenraten bis 108 Mbit/s.

► *Hinweis*: IEEE 802.16 umfasst die gesamte Standard-Familie der LAN/MAN Broadband Wireless LANs /www.ieee.org/.

WiMAX ist eine drahtlose Alternative zum drahtgebundenen DSL-Zugang über Kupferkabel zu Internetdiensten (→ 10.2.6). Ein anderes Anwendungsszenarium ist die drahtlose Kommunikation in großflächigen Unternehmen, da die Reichweite größer als bei WLAN (→ 10.2.7.3) ist. Je nach gewähltem Trägerfrequenzbereich (2 ... 11 GHz) werden bei WiMAX Sichtverbindungen benötigt. Oberhalb 10 GHz ist Sichtverbindung zwischen Sender und Empfänger zwingend.

► *Hinweis*: Informationen zu WiMAX siehe z. B. in /www.wimaxforum.org/

Satellitengestützte Datenkommunikation beruht auf der Benutzung von Nachrichtensatelliten als Relaisstation zwischen den terrestrischen (mobilen oder ortsfesten) Kommunikationspartnern.

Die logische Struktur von satellitengestützten Datenkommunikationssystemen unterscheidet sich nicht prinzipiell von der logischen Struktur anderer Datenkommunikationssysteme. Wesentlich verschieden sind dagegen die physischen Strukturen satellitengestützter und terrestrischer Kommunikationssysteme. Ausführliche Darstellungen /10.11/, /10.16/, /www.umts-forum.org/.

10.3 Vermittlung in Datennetzen

10.3.1 Grundlagen

Ziel der Vermittlung in einem Netz ist es, dass die Kommunikationspartner bzw. Endsysteme (→ 10.1.3) miteinander Nutz- und Steuerinformationen austauschen können und zwar unabhängig

- von den Übertragungsverfahren auf den Übermittlungsabschnitten zwischen vorhandenen Transitknoten,
- von der Netztopologie,
- von der Funktionsweise der Teilnetze zwischen den Endsystemen.

Bezüglich der Verbindungsart sind in Datennetzen verbindungslose und verbindungsorientierte Kommunikationsarten möglich (→ 10.2.3.3).

Die netzweite Vermittlung adressierter Daten gehört zu den Hauptfunktionen der OSI-Schicht 3 (*Network Layer*, → 10.1.3).

► *Hinweis*: Aus oben genanntem Grund wird die Network Layer auch als Vermittlungsschicht bezeichnet.

Weiterhin gehören zu den Hauptfunktionen der Netzwerkschicht: Adressierung, Routing, Internetworking.

Adressierung: Vergabe netzweit unverwechselbarer Adressen, sodass Endsysteme eindeutig identifizierbar sind (→ 10.3.2.2).

Routing (Leitweglenkung): Weiterlenken von Datenströmen in einem Netz auf der Grundlage bestimmter Kriterien und Protokolle.

Ein *Router* ist ein Gerät, welches eine Netzwerkadresse (→ 10.3.2) besitzt und beispielsweise

- Datenpakete (→ 10.2.6.1) aufgrund der netzweiten Empfängeradresse zum Ziel weiterleitet,
- lokale Netze (LAN) auf dem OSI-Schicht-3-Niveau verbindet.

Als **Gateway** bezeichnet man Geräte, die Netze mit unterschiedlicher Kommunikationsarchitektur (bzw. auf dem Niveau der niedrigsten identischen Hierarchieschicht) verbinden.

Routing-Protokoll: Protokoll für den Austausch von Informationen zwischen Routern zum Zweck der Wegfestlegung der Datenpakete zwischen Sender und Empfänger.

Routing-Protokollen liegen Routing-Algorithmen zugrunde. Routing-Algorithmen wählen Datenrouten nach bestimmten Kriterien aus, z. B. nach Zustands- oder Kostenkriterien (geringste zu erwartende Übertragungszeiten, Wahl kostengünstigster Übermittlungswege usw.) (→ 11.3.1).

Zu den bekanntesten Routing-Protokollen gehören

- das zustandsabhängige Protokoll Open Shortest Path First (OSPF) (→ RFC 1247/2328/2740),
- das zustandsunabhängige Routing Information Protocol (RIP) (→ RFC 1058, RFC 2453),
- das Interior/Exterior Gateway Routing Protocol (IGRP/EGRP) sowie
- das Border Gateway- und das Gateway to Gateway Protocol (BGP/GGP).

Ausführliche Beschreibungen von Routing-Algorithmen und -protokollen siehe z. B. /10.2/, /10.3/, /10.21/, /10.31/.

Internetworking: Technologien, welche die Kommunikation und Kooperation über Netzgrenzen hinweg ermöglichen, und zwar unabhängig von der Wirkungsweise der einzelnen Netze.

► *Hinweis:* Netz-Koppeleinrichtungen, welche das Internetworking ermöglichen, heißen in der OSI-/ISO-Terminologie Interworking Units IWU.

Oberhalb der Netzwerk- bzw. Vermittlungsschicht befindet sich üblicherweise die ebenfalls kommunikationsorientierte Transportschicht. Im Kontext des Internets besitzt das Transportprotokoll TCP gemeinsam mit IP einen herausragenden Stellenwert (→ 10.4).

10.3.2 Protokolle der Vermittlungsschicht

10.3.2.1 Internetprotokolle

Internetprotokoll IP (*Internet Protocol*): Protokoll mit der Funktionalität der OSI-Schicht 3.

Es gibt genau genommen zwei Versionen von Internetprotokollen:

- Internet Protocol Version IPv4 (→ RFC 791, 1981): 4 Oktetts (Bytes) Adressenlänge;
- Internet Protocol Version 6 IPv6 (→ RFC 2460, 1998), auch IP Next Generation oder IPng genannt: 6 Oktetts (Bytes) Adressenlänge.

Beide Arten von Internetprotokollen besitzen die Merkmale:

- Sie sind verbindungslos (→ 10.2.3.3).
- Sie gewährleisten weder Reihenfolgetreue und noch sicheren Transport der IP-Dateneinheiten (Datagramme) zum jeweiligen Empfänger.
- Internetprotokolle sind weder von der ITU-T genormte noch ISO-/OSI-Protokolle. Es handelt sich um Spezifikationen, die den Status von weltweit anerkannten Standards besitzen und ihren Ursprung in der Entstehungsgeschichte des ersten Rechnernetzes (ARPANET) haben.

IPv4

Die Struktur des Headers eines IPv4-Datagramms zeigt Bild 10.23. In Tabelle 10.6 sind die Felder im Header des Internetprotokolls erläutert.

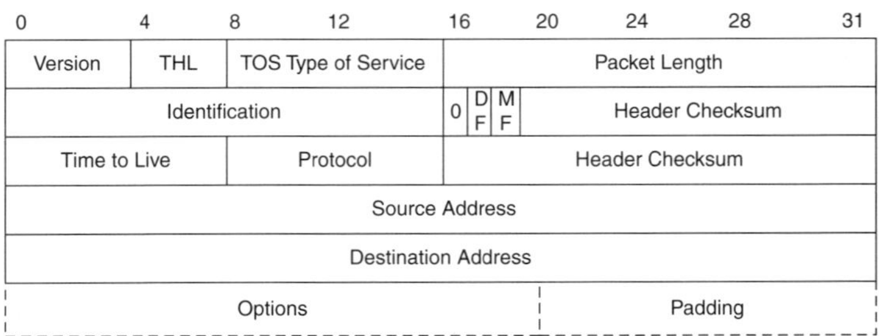

Bild 10.23 Struktur eines IPv4-Headers

IPv6

Die Version 6 des Internetprotokolls weist im Vergleich zur Version 4 folgende wesentliche Änderungen auf (→ Bild 10.24):

- Vergrößerung des Adressraumes von 4 Byte auf 6 Byte (128 bit); hierdurch sind erheblich mehr Endsysteme adressierbar (→ 10.3.2.2),

- Möglichkeit der hierarchischen Adressierung,
- einfacheres Header-Format,
- Möglichkeit der Markierung einer Datagrammfolge mit bestimmten Qualitätsanforderungen (z. B. maximalen Verzögerungszeiten). Hierzu gehört auch das Hop Limit, die Zahl der Transitknoten (Router), welche ein Datagramm passieren darf. An jedem Transitknoten wird der Wert des Hop Limit um 1 verringert. Enthält das Feld den Wert 0, wird das IPv6-Datagramm verworfen.

Tabelle 10.6 Felder im Kopfteil (Header) des IPv4- Internetprotokolls

Feld	Bedeutung
Version	IP-Version (hier Wert 4)
IHL IP Header Length	Länge des Protokollkopfes
TOS Type of Service	Kennzeichung der Qualität
Total Length	Paketlänge
Identification	kennzeichnet Fragmente, die zum gleichen Paket gehören
DF (Don't Fragment)	Fragmentieren nicht erlaubt
MF (More Fragments)	Es folgen noch mehrere Fragmente für dasselbe Paket
Fragment Offset	Zeigt den Abstand des Fragments vom Beginn des IP-Pakets in Vielfachen von 8 Oktetts an.
Time to Live (TTL)	Lebensdauer des Pakets
Protocol	Nummerierung für die höheren Protokolle, die IPv4 nutzen (Wert 6 für Transmission Control Protocol TCP)
Header Checksum	Prüfsumme über den Protokollkopf
Source Address	IP-Adresse des Absenders
Destination Address	IP-Adresse des Empfängers
Options	Zusatzinformationen (Vielfache von 32 bit)
Padding	Füllbits

10

IP Security

IP Security (*kurz IPsec*): Erweiterung des Internetprotokolls um Sicherheitsfunktionen (→ RFC 2401) (→ 14.3.1.7).

Mit IPsec sollen Schwächen des IPv4 überwunden werden, insbesondere die fehlende Möglichkeit, gesicherte Kommunikation auf Netzwerkniveau zu gewährleisten. Bei IPv6 ist IPsec ein integraler Protokollbestandteil. Zu den IPsec-Sicherheitsfunktionen zählen

- Interoperabilität,
- kryptographischer Schutz der übertragenen Daten,
- Zugangskontrolle,
- Datenintegrität,

- Authentifizierung des Absenders,
- Verschlüsselung und Authentifizierung von Schlüsseln,
- Verwaltung von Schlüsseln.

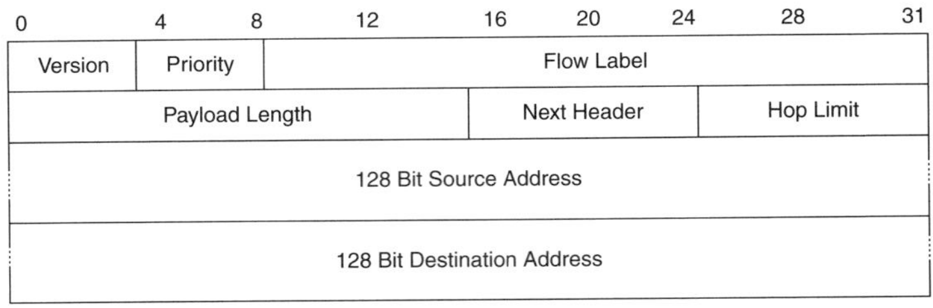

Bild 10.24 Headerformat von IPv6-Datagrammen

Tabelle 10.7 Felder im Kopfteil (Header) des IPv6-Internetprotokolls

Feld	Bedeutung
Version	IP-Version (hier Wert 6)
Priority	Eintrag des Datagramvorrangs
Flow Label	Kennzeichnung einer Datagrammfolge mit bestimmten Qualitätsanforderungen
Payload Length	Anzahl der Bytes, die auf einen IPv6-Header folgen
Next Header	Angabe des Typs des nächst folgenden Headers
Hop Limit	Zahl der Transitknoten (Router), die ein Datagramm passieren darf
Source Address	128 bit lange Adresse des Senders
Destination Address	128 bit lange Adresse des Empfängers

▶ *Hinweis*: IPv6-relevante Webseiten sind www.ipv6.org und www.ipv6forum.com.

Mobiles Internetprotokoll (Mobile IP)

Mobiles Internetprotokoll (*Mobile IP*): Internetprotokoll für mobile Kommunikationspartner (→ RFC 2002).

Das Internetprotokoll IPv4 ist für Änderungen der Adresse bei mobilen Kommunikationspartnern nicht geeignet, z. B. in GSM- und UMTS-Netzen mit ortsveränderlichen Teilnehmern. Aus diesem Grunde wurde das mobile IP entwickelt: Es definiert, wie ortsveränderliche Knoten (*mobile nodes*) ihre Anbindung an das Internet ändern können, ohne ihre IP-Adresse zu ändern.

Prinzip des mobilen Internetprotokolls: Ein mobiles Gerät besitzt zwei Adressen: die sog. Heimat-Adresse (*Home IP Address*) und die *Care-of-Address*.

Die Home IP Address ist diejenige IP-Adresse, welche ein Teilnehmer hat, wenn er sich zumindest zeitweise an seinem Heimatnetz (*home network*) befindet. Mit der Care-of-Address erhält der Teilnehmer Informationen über den jeweils aktuellen Anschlusspunkt an das Internet. Gelangt der mobile Teilnehmer mit seinem Mobile Node (z. B. Notebook) in ein anderes fremdes Netz (das sog. *Foreign Network*), kommen die an ihn bestimmten Datagramme weiterhin am Heimatnetz an. Es kapselt die Datagramme ein und sendet sie zum Foreign Network. Dort werden Datagramme entkapselt und dem Teilnehmer übergeben. (Genau genommen sendet der Home Node die Nachrichten stets an die Care-of-Address.)

Wesentliche Bestandteile bei Mobile IP sind:

- *Mobile Node*: Der mobile Computer oder Router, der von einem Netzwerk zu einem anderen wandert, ohne seine IP-Adresse zu ändern.
- *Home Agent*: Router im Home Network, der die Datagramme einkapselt und nachsendet.
- *Foreign Agent*: Ein Router am Foreign Network, der die Datagramme entkapselt und dem Mobile Node liefert.

► *Anmerkung*: Unter dem Namen Mobility Support ist in IPv6 eine spezielle Unterstützung für mobile Internetbenutzer vorgesehen. Diese ermöglicht, dass sie an jedem Ort der Welt unter der Heimat-IP-Adresse erreichbar sind.

Internet Control Message Protocol ICMP

Internet Control Message Protocol (*ICMP*): Netzwerkprotokoll zum Austausch von Fehler- und Informationsmeldungen.

Das Internet Control Message Protocol (→ RFC 792) ist ein Hilfsprotokoll, welches das Internetprotokoll als Basis benutzt. Es wird zwischen Rechnern im Netz ausgetauscht. Das ICMP-Netzwerkprotokoll muss stets mit der betreffenden IP-Version implementiert werden. ICMP trägt dazu bei, dass folgende Nachteile des verbindungslosen Internetprotokolls überwunden werden: fehlende Garantie der Reihenfolgetreue, Möglichkeit der Duplizierung von Datagrammen, Überschreitung der Datagramm-Lebensdauer (Time-To-Live).

Die meisten ICMP-Meldungen enthalten Diagnose-Informationen. ICMP-Meldungen lassen sich unterteilen in Fehler- und Informationsmeldungen. Bei Fehlermeldungen werden Fehlerangaben an die Quelle des verursachenden Datagramms gesendet. Typische Fehlermeldungen sind

- Zielknoten nicht erreichbar,
- Lebensdauer des Datagramms ist überschritten,
- Router verwirft Datagramme.

Informationsmeldungen werden benutzt, um Echomeldungen von Routern zu übermitteln. ICMP-Nachrichten befinden sich im Datenteil eines normalen IP-Paketes. Informationsmeldungen im ICMP können auch von normalen „höheren“ Anwendungen benutzt werden, z. B. um Ping-Nachrichten zu senden. Der Kopf einer ICMP-Nachricht enthält drei festgelegte Felder: Typfeld, Codefeld und ICMP-Prüfsummenfeld.

Auch für die Version IPv6 gibt es ein Internet Control Message Protocol: ICMPv6, welches bei jeder IPv6-Implementierung notwendig ist (RFC 2463). Eine ICMPv6-Nachricht besteht ähnlich wie bei IPv4 aus mindestens drei Feldern:

- 8-Bit-Feld für den Typ der ICMPv6-Nachricht,
- 8-Bit-Feld für den Code der ICMPv6-Nachricht,
- 16-Bit-Feld für die Prüfsumme der ICMPv6-Nachricht.

► Weitere Informationen zu ICMP findet man in /10.9/, /10.18/, /10.19/, /10.21/.

Internet Group Management Protocol

Internet Group Management Protocol (*IGMP*): Netzwerkprotokoll der Internetprotokollfamilie, welches zur Organisation von Multicast-Gruppen dient.

IGMP ($\rightarrow$ RFC 2236, RFC 3376) erlaubt die dynamische Verwaltung von Gruppen (Multicast, $\rightarrow$ 10.3.2.2). Die Verwaltung findet nicht direkt im Sender-Host statt, sondern in den Routern, an denen Empfänger einer Multicast-Gruppe direkt angeschlossen sind. Mithilfe des IGM-Protokolls informiert ein potenzieller Empfänger einem Router, dass er IP-Multicast-Datagramme empfangen will. Spezielle Multicast-Routing-Protokolle übernehmen die Koordination der Übertragung zwischen den Routern. IGMP-Pakete werden wie bei ICMP in IP-Datagramme gekapselt.

Address Resolution Protocol

Address Resolution Protocol (*ARP*): Netzwerkprotokoll, welches die Zuordnung von Internetadressen zu Geräteadressen (Hardware-Adressen) ermöglicht. Für die umgekehrte Zuordnung gibt es das Reverse Address Resolution Protocol (RARP).

Das Adressenauflösungsprotokoll ARP ($\rightarrow$ RFC 826) gehört zur IP-Netzwerk-Protokollfamilie. Es spielt eine besondere Rolle bei der Zuordnung (Mapping) von 48 bit langen MAC-Adressen einer LAN-Hardware, z. B. von Ethernet-Netzkarten, zu IPv4- oder IPv6-Adressen. Dies macht z. B. die Übertragung von Ethernet-Frames (OSI-Schicht 2) auf dem Niveau der Netzwerkschicht mit dem Internetprotokoll möglich.

10.3.2.2 Adressierung

In der Datenkommunikation unterscheidet man drei Arten von Adressen :

- *Physikalische Adressen* von Computern (sog. *Hosts*) und anderen realen Geräten, die sich im oder am Netz befinden (physikalische Adressen sind einzuordnen in OSI-Schicht 1).
- *MAC-Adressen* in lokalen Netzen (→ 10.2.7). Die MAC-Adresse ist eine individuelle Hardware-Adresse jedes einzelnen Netzwerkadapters (Netzwerkkarte) zur eindeutigen Identifikation des Gerätes im Netz. Bei Ethernet (→ 10.2.7.2) ist sie 48 bit lang. Anhand von MAC-Adressen können MAC-Frames ihr Ziel erreichen, wenn die Ziel-MAC-Adresse in einem Frame mit der MAC-Adresse eines Computers im LAN übereinstimmt. MAC-Adressen und MAC-Adressierung sind Bestandteil von OSI-Schicht 2.
- *IP-Adressen:* Netzweit eindeutige logische Adressen für das IP-Protokoll (→ 10.3.2.1).

Im Kontext des Internetprotokolls ist **Adressierung** die Adressenvergabe für ein Endsystem, welches von jedem anderen Endsystem erreichbar sein soll.

Die netzweit eindeutige Vergabe von Adressen zum Zwecke der unverwechselbaren Erreichbarkeit wird i. Allg. mittels eines hierarchisch strukturierten Adressraumes erzielt.

Internet-Adressierung mit IPv4

Internet-Adressierung mit IPv4 ist gekennzeichnet durch eine 4 Byte lange Adresse (Internet Protocol Version 4).

Eine IPv4-Adresse (→ Bild 10.25)

- ist 32 bit (4 Byte) lang, daher auch IPv4 genannt,
- wird in Netz- und Host-Adresse unterteilt; die Netz-Adresse bestimmt eindeutig ein Teilnetz im Netzverbund; die Host-Adresse bestimmt eindeutig den Hostcomputer in diesem Teilnetz,
- wird durch vier dreistellige Dezimalzahlen dargestellt, welche durch Punkte getrennt sind (sog. gepunktete IP-Adresse),
- theoretisch sind damit bis zu 2^{32} verschiedene Adressierungen möglich.

Allgemeine Form einer IPv4-Adresse:

xxx.xxx.xxx.xxx

xxx repräsentiert eine dreistellige Dezimalzahl.

- *Beispiel*: 141.074.103.038 oder 141.74.103.38 (Weglassen der führenden Nullen). Zur Erkennung der Internet-Adressklassen an der binären und dezimalen Darstellung des ersten Bytes (→ Bild 10.25).

Es gibt fünf Internet-Adressklassen, die sich durch die Länge der Netz- und Host-Adressen unterscheiden (→ Bild 10.25, Tabelle 10.8). Grundsätzlich lassen sich bei IPv4 Unicast-, Broadcast- und Multicast-Adressen voneinander unterscheiden.

Unicast: Auswahl einer einzigen IP-Adresse als Informationsziel.

Broadcast. Datagramme werden von einem Sender an alle potenziellen Empfänger gesendet.

Multicast (auch **Multicasting**, Gruppenruf). Datagramme werden von einem Sender nur an bestimmte Empfänger oder an eine geschlossene Nutzergruppe gesendet.

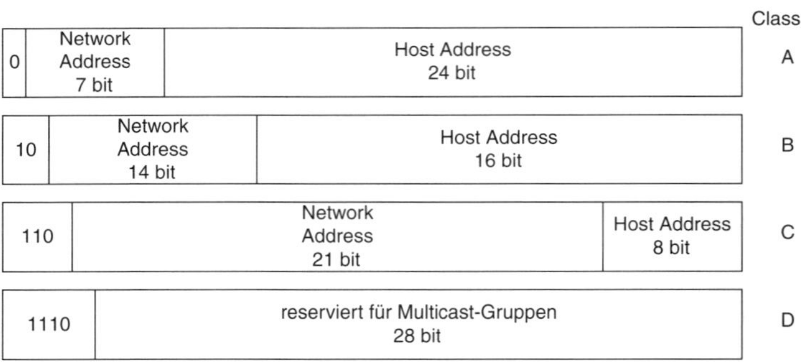

Bild 10.25 Adressklassen des Internetprotokolls IPv4, Host Address: Geräteadresse (Computeradresse)

Tabelle 10.8 Adressklassen des IPv4

Adress-klasse	Höchstwer-tige Bits	Anzahl adres-sierbarer Netze	Anwendung
A	0	128 (2^7)	wenig Netze, sehr viele Hosts (2^{24})
B	10	16 384 (2^{14})	mittlere Anzahl von Netzen und Hosts pro Netz
C	110	2 097 125 (2^{21})	viele Netze und wenige Hosts pro Netz
D	1110		reserviert für Multicast-Gruppen
E	1111		reserviert für künftige Verwendung

Für Broadcast-Nachrichten existieren Festlegungen je nach Art des Broadcasts. Beispielsweise enthält die IP-Adresse für das sog. Limited Broadcast auf allen Bit-Positionen eine 1, sodass sich die Adresse 255.255.255.255 in punktierter Dezimalschreibweise ergibt. Router leiten derartig adressierte Datagramme grundsätzlich nicht weiter.

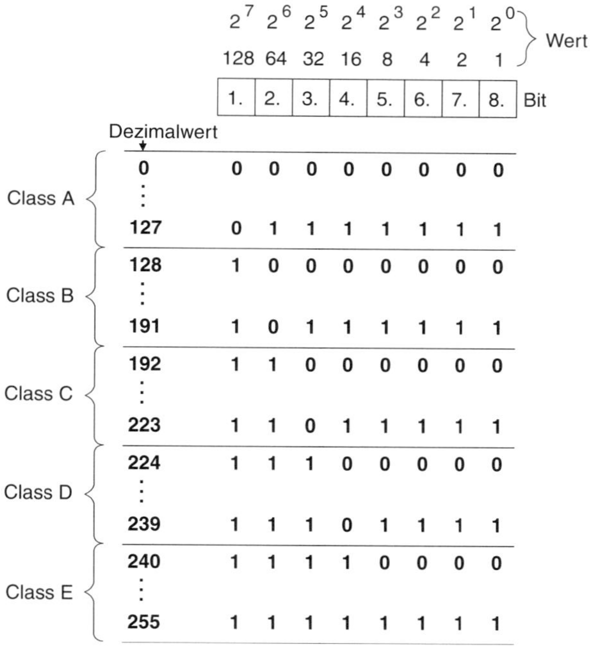

Bild 10.26 Zur Erkennung der Internet-Adressklassen an der binären und dezimalen Darstellung des ersten Bytes

Network Address Translation NAT

Die Network Address Translation NAT ist eine Möglichkeit zur Ausnutzung des Adressenbestandes von IPv4.

Vorteil: Network Address Translators erlauben es, innerhalb interner IP-Netze sog. private Adressen zu verwenden. Jeder Rechner oder jedes Mobilgerät in einem Firmennetz erhält in diesem Fall eine Adresse, die nur innerhalb dieses Bereiches gültig ist. Es sinkt somit der Bedarf an öffentlichen Adressen.

Nachteil: Der Vorzug des Internets (weltweite Kommunikation) geht verloren. Die privaten und somit nur lokal bekannten IP-Adressen verhindern, dass jedes Endgerät jeden anderen Teilnehmer erkennt. Rechner, die sich in einem lokalen Netz befinden, in dem NAT zum Einsatz kommt, können zwar Server im Internet erreichen. Umgekehrt sind Rechner im Internet jedoch nicht ohne weiteres in der Lage, eine Station hinter einem NAT anzusprechen.

Internet-Adressierung mit IPv6

Eine der wesentlichsten Änderungen des Internetprotokolls IPv6 gegenüber der Version 4 ist die Vervierfachung der IP-Adresse auf 128 bit. Außerdem gibt es keine Adressklassen. Schreibweise der Adressen: Bei IPv6 werden die 128 bit langen Adressen in Form von acht durch Doppelpunkte (bislang bei IPv4 einfache Punkte) getrennte hexadezimale Zahlen zusammengefasst.

Allgemeine Darstellungsform einer IPv6-Adresse:

X:X:X:X:X:X:X:X

Jedes X repräsentiert einen hexadezimalen Wert für einen 16 bit langen Teil der IPv6-Internetadresse. Eine Gruppe aufeinander folgender Nullen kann durch zwei Doppelpunkte ersetzt werden. Die IPv6-Adresse 63.254.4.0.2.128.0.0.0.0.0.0.0.0.0.1 würde dann in der Form 3ffe:400:280:0:0:0:0:1 und komprimiert als 3ffe:400:280::1 dargestellt (sog. Hexadezimalschreibweise mit Doppelpunkten). Bestehende IPv4-Adressen können im IPv6-Adressraum beibehalten werden. Aus der IPv4-Beispieladresse 195.26.159.14 wird dann ::ffff:195:26:159:14, was ::ffff:c31a:9f0e entspricht.

► Ausführliche Darstellungen der IPv6-Adressierung siehe z. B. RFC 2373 (1998) und /10.9/, /10.18/.

10.3.2.3 ITU-T X.25

ITU-T X.25 spezifiziert die DEE/DÜE-Schnittstelle zu einem paketvermittelten Datennetz (→ 10.2.6.1).

► *Beachte*: X.25 ist eine Schnittstellenspezifikation, weniger ein Protokoll im Sinne der Definition gemäß 10.1.1.

Die einzelnen Schichten der X.25-Schnittstelle – oft auch bezeichnet mit X.25/1, X.25/2, X.25/3 – sind durch folgende Aufgaben charakterisiert:

X.25-Schicht 1 (physikalische Schicht):

- Bereitstellung eines transparenten Übertragungsweges am DEE/DÜE-Interface für Dateneinheiten der 2. OSI-Schicht,
- serielle synchrone transparente Datenübertragung im Vollduplexbetrieb (→ 10.2.3.2),

- Verwendung physikalischer Schnittstellen nach X.21, $X.21_{bis}$ oder V.-Empfehlungen.

X.25-Schicht 2 (Sicherungsschicht):

- Datenübermittlungssteuerung entsprechend der HDLC-Prozedur (Highlevel Data Link Control) und der Übermittlungsvorschrift LAPB (Link Access Procedure Balanced) mit den Merkmalen:
- Vollduplex-Datenübertragung (Frameübertragung),
- synchrone Übertragung,
- Übertragungsfehlererkennung durch CRC-Prüfung (→ 10.2.4),
- Fehlerkorrektur durch Wiederholung entsprechend Go-Back-N ARQ (→ 10.2.5),
- Weitermelden nicht korrigierbarer Fehler an die Schicht X.25/3.

X.25-Schicht 3 (Netzwerkschicht, → 10.1.3):

- Multiplexierung mehrerer logischer Kanäle auf einem Übermittlungsabschnitt,
- Überwachung und Steuerung gewählter und/oder fester virtueller Verbindungen auf logischen Kanälen,
- Fehlerkontrolle, Fehlerkorrektur und Paketflusssteuerung,
- Reihenfolgeüberwachung und -steuerung der Pakete.

► Weitere Einzelheiten siehe z. B. /10.16/, /10.21/.

10

10.4 Datenkommunikation mit Ende-zu-Ende-Signifikanz

Ende-zu-Ende-Signifikanz (auch Ende-zu-Ende-Funktionalität, *end-to-end functionality*): Eigenschaft eines Kommunikationssystems (oder -protokolls), welches gewährleistet, dass miteinander kommunizierende Endsysteme ihre Dateneinheiten vollständig übermittelt bekommen, und zwar unabhängig von den Diensten und Protokollen der darunter liegenden Schichten.

► Die betreffende Steuerungsaufgabe heißt end-to-end flow control.

Ende-zu-Ende-Signifikanz ist eine typische Eigenschaft von Transportprotokollen, mit denen Anwendungsdaten (Nutzerdaten) höherer Schichten zuverlässig und transparent – d. h. ohne Berücksichtigung ihrer Struktur und ihres Inhaltes – übertragen werden sollen. Das bekannteste Transportprotokoll mit Ende-to-Ende-Signifikanz ist das Transmission Control Protocol TCP.

10.4.1 Transmission Control Protocol TCP

Transmission Control Protocol TCP: zuverlässiges Transportprotokoll der Internetprotokollfamilie mit Ende-zu-Ende-Signifikanz (→ RFC 793, 1981; → RFC 1323, 1992).

In dem für das Internet und viele Rechnernetzanwendungen typischen Protokollpaar TCP/IP (→ 11.4) hilft das verbindungsorientierte TCP, Nachteile des verbindungslosen Internetprotokolls IP zu überwinden, insbesondere die Möglichkeit der Duplizierung, des Verlusts von Datagrammen und das Nichteinhalten der Reihenfolgetreue (→ 12.2.2.2).

TCP besitzt folgende charakteristischen Eigenschaften:

- Es ist verbindungsorientiert (→ 10.2.3.3).
- Duplex-Kommunikation: Beide Kommunikationspartner können nach dem Verbindungsaufbau unabhängig voneinander Daten übermitteln.
- TCP sorgt dafür, dass alle abgeschickten IP-Dateneinheiten auch wirklich am anderen Ende der Kommunikationverbindung abgeliefert werden, d. h. beim adressierten Empfänger.
- Transparente Informationsübertragung: Jede Folge von Bytes, die ein Sender abschickt, wird unverändert und in gleicher Reihung an den Empfänger übermittelt. Kommunikationspartner, welche TCP bzw. TCP/IP benutzen, müssen die Struktur ihres Datenstroms selbst vereinbaren und überwachen.
- TCP-Daten werden auch dann noch sicher übertragen, wenn ein Kommunikationspartner die Verbindung abbaut bevor alle Daten beim Empfänger eingetroffen sind. Jeder Empfänger kann eine Verbindung unabhängig von der Gegenstelle schließen.
- Zuverlässigkeit und Sicherheit: TCP garantiert dem Benutzer hohe Zuverlässigkeit der Datenübermittlung bezüglich Verfälschung und Verlust von Daten. Die Sicherheit wird durch positive Rückmeldungen (*acknowledgements*) und Wiederholung fehlerhafter Blöcke erreicht.

TCP-Dateneinheiten (*TCP segments*) bestehen aus dem Header- und dem Datenbereich. Im Header befinden sich alle Informationen, die für eine gesicherte TCP-Verbindung notwendig sind. Ein TCP-Header umfasst mehrere 32 bit lange Blöcke. Ohne den optionalen Block enthält ein Header fünf Blöcke (→ Bild 10.27). Somit besitzt ein TCP-Header mindestens eine Länge von 20 Byte.

Das Transportprotokoll TCP übernimmt bei Datensendungen seitens der darüber befindlichen Anwendungsprozesse die betreffenden Daten und versieht sie mit einem Header. Dann erfolgt die Übergabe der TCP-Dateneinheiten an die Netzwerkschicht. Hier werden die TCP-Dateneinheiten in das Datenfeld des Internetprotokolls IP eingeschachtelt, mit einem IP-Header versehen und an den adressierten Empfänger geschickt. Dort werden die IP-Dateneinheiten der Transportschschicht übergeben und von TCP reihenfolgegetreu sortiert und zu einem Datenstrom vereint. Etwa verloren gegangene IP-Pakete werden durch TCP erneut von der Datenquelle angefordert, bis schließlich der Datenstrom so vorliegt, wie er vom Sender ursprünglich weggeschickt wurde.

Die Nutzung von TCP beruht auf dem Port-Konzept. Im Header jeder TCP-Dateneinheit ist eine Nummer hinterlegt, die einen Port definiert. Ports sind etwa vergleichbar mit Dienstzugriffspunkten (→ 10.1). Es handelt sich um Kontaktstellen zu Instanzen (Entities, → 10.1) von höheren Schichten als die Transportschicht (OSI-Schicht 4). Maximal sind $2^{16} - 1$ Ports möglich. Davon sind die Port-Nummern 1 bis 255 für TCP/IP-Services reserviert. Port-Nummern in Senderichtung (*Destination Ports*, → Bild 10.27) dienen der Identifikation der Anwendung oberhalb von TCP oder UDP. Empfängerports (*Source Ports*) dienen der Zuordnung von eintreffenden Daten zu den adressierten Instanzen. Beispiele für feste TCP-Portnummern enthält Tabelle 10.9.

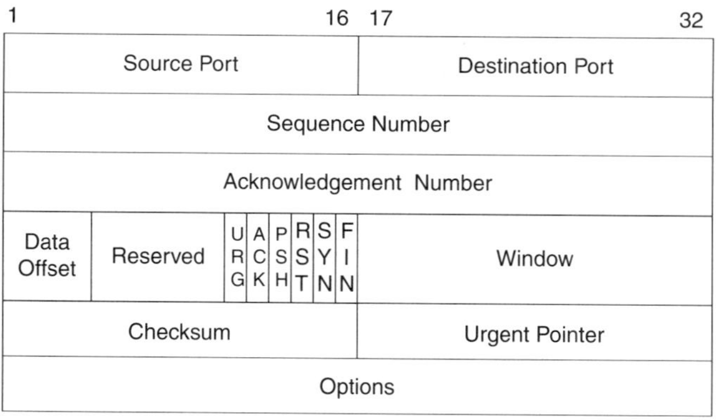

Bild 10.27 Struktur eines TCP-Headers

Tabelle 10.9 TCP-Port-Nummernzuordnung (Auswahl)

Port-Nummer	Anwendung bzw. Protokoll
21	File Transfer Protocol FTP (→ 11.4.4)
23	Simple Management Transfer Protocol SMTP (→ 11.4.3)
53	Namensdienst; Domain Name Server DNS (→ 11.3.3)
80	Web-Dienste mittels Hypertext Transfer Protocol HTTP (→ 11.4.5)
110	Postfachzugang mittels POP3 (Post Office Protocol Version 3) (→ 11.4.8)

Tabelle 10.10 Bedeutung der Felder im TCP-Header

Feld	Bit	Bedeutung
Source Port	16	Quell-Port von der eine Anwendung das TCP-Paket verschickt
Destination-Port	16	Ziel-Port über den das TCP-Paket der Anwendung zugestellt wird
Sequence Number	32	Folgenummern bei jeder TCP-Verbindung zwischen Kommunikationspartnern. Verwendung, um die TCP-Dateneinheiten eindeutig zu identifizieren
Urgent Pointer	16	Angabe von Daten im Datenstrom in Kooperation mit Sequence Number
Acknowledgement Number	32	Dient der Quittierung jeder TCP-Dateneinheit und der Kontrolle, ob die Daten beim Empfänger vollständig angekommen sind. Errechnung der Acknowledgement Number erfolgt aus der Anzahl der übertragenen Bytes und der Sequenz Number.
Data Offset	4	Anzahl der 32-Bit-Blöcke des TCP-Header. Mindestanzahl: 5
Checksum	16	Prüfsumme für Header und Daten
Reserved	6	Für Erweiterungen des TCP-Headers vorgesehen; mit 000000 gefüllt
URG-Flag	1	Falls gesetzt, wird das Urgent-Pointer-Feld ausgewertet. Ein solches Datenpaket ist keiner Anwendung zugeordnet.
ACK (ACK-Flag)	1	Markiert Gültigkeit einer Acknowledgement Number
PSH (Pusch-Flag)	1	Falls gesetzt, wird die Dateneinheit unmittelbar an den Port weitergegeben.
RST (Reset-Flag)	1	Wird gesetzt, falls eine TCP-Verbindung abgebrochen oder abgewiesen wird.
SYN-Flag	1	Wird gesetzt, wenn zwischen Sender und Empfänger eine Verbindung aufgebaut werden soll.
FIN (FIN-Flag)	1	Wird gesetzt, wenn zwischen zwei Stationen alle Daten übertragen sind. Danach gilt die TCP-Verbindung als beendet.
Windows	16	Fenster ($\rightarrow$ 10.2.5)
Options	32	Für optionale Informationen reserviert. Falls die Angaben in Data Offset kürzer als 32 bit sind, erfolgt Auffüllung mit Padding-Nullen.

Mit der Port-Struktur ist es möglich, dass mehrere Anwendungen gleichzeitig über das Netzwerk Verbindungen zu mehreren Kommunikationspartnern aufbauen.

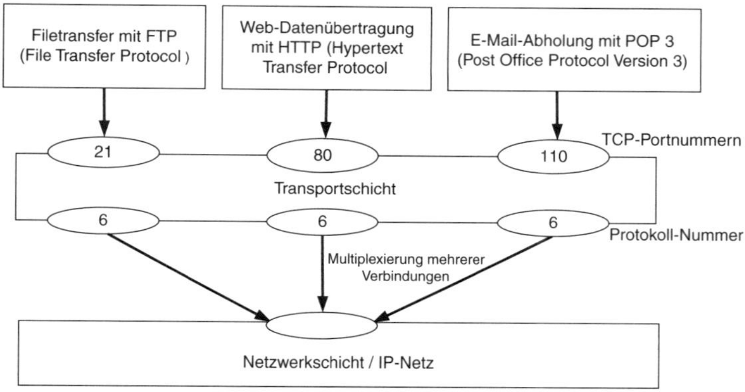

Bild 10.28 Zuordnung von TCP-Ports für ausgewählte Anwendungen

10.4.2 User Datagram Protocol UDP

User Datagram Protocol UDP: verbindungsloses Transportprotokoll der Internetprotokollfamilie (→ RFC 768).

Wesentliche Eigenschaften und Anwendungen von UDP sind:

- UDP ist ein verbindungsloses Transportprotokoll.
- Ungesicherte Übertragung: UDP-Dateneinheiten (User Datagramme) werden vom Empfänger nicht bestätigt.
- Es findet keine Fehlerkorrektur statt.
- UDP greift unmittelbar auf das Internet Protocol (→ 10.3.2.1) zu.

Mit UDP können Anwendungsprogramme Nachrichten an andere Programme bzw. Partner mit minimalem Protokolloverhead senden (→ 12.2.2.1). Haupteinsatzgebiete liegen dort, wo schnelle Datenübertragung ohne vorheriges Herstellen von Verbindungen erforderlich ist und geringe Übertragungsverzögerungsschwankungen eine Rolle spielen. Ein wichtiges Nutzungsfeld von UDP ist das Netzwerkmanagement: Beim Austausch von Managementinformationen verwendet das *Simple Network Management Protocol* (→ RFC 1155, RFC 3410) in der Transportschicht grundsätzlich das User Data Protocol.

► *Hinweis*: Bei UDP kommt wie bei TCP das Portkonzept zur Anwendung.

Simple Network Management Protocol SNMP: Standardprotokoll der Internetfamilie zum Überwachen und Steuern von Netzkomponenten (z. B. von Computern, Servern, Routern, Switches).

Wegen seiner Einfachheit und geringen Netzbelastung stellt SNMP ein bewährtes Werkzeug für das Management von Netzen dar. SNMP benutzt i. Allg. das User Datagram Protocol UDP. Es wird von fast allen Netzmanagementsystemen und netzfähigen Geräten unterstützt. Diese müssen für den SNMP-Zugriff bzw. die Kommunikation mit speziellen Programmen, den sog. Agenten (*agents*) ausgestattet sein. Wegen der gestiegenen Anforderungen an die Netzsicherheit gibt es heute mehrere SNMP-Versionen. Einzelheiten siehe RFC 1351 bis RFC 1353; RFC 1441, RFC 1901.

11 Internet und Intranet

Peter A. Henning

11.1 Einführung

Das **Internet** ist ein weltweiter Verbund von Computern, **Hosts** genannt, der technisch sehr inhomogen ist, aber in Bezug auf die Netzwerknutzung homogen erscheint. Der Begriff **Intranet** kennzeichnet die Verwendung von Internet-Technologie in geschlossenen Benutzergruppen, z. B. in Firmennetzen.

► *Hinweis*: Verwendet wird noch der Begriff **Extranet** für Computer, die zwar physikalisch außerhalb des eigenen Firmennetzes angesiedelt sind, aufgrund ihrer speziell gesicherten Verbindung aber logische Bestandteile des Intranet sind.

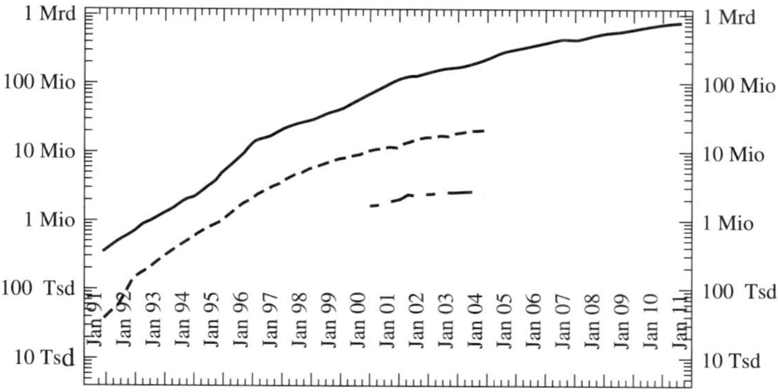

Bild 11.1 Hostanzahl global (ausgezogene Linie) und in Europa (gestrichelt) 1990–2004 sowie in Deutschland (Strich-Punkt) 1999–2004 /11.1/, /11.2/. Verlässliche Daten existieren für Deutschland und Europa seit 2004 nicht mehr.

Das Internet ist zu Beginn des 21. Jahrhunderts der bedeutendste Einzelfaktor in der menschlichen Geschichte. Seine Nutzung durch kommerzielle Interessenten und durch Privatpersonen hat bereits Umwälzungen in vielen Bereichen hervorgebracht. Das Internet wächst seit vierzig Jahren nahezu exponentiell – von 4 verbundenen Computern im April 1971 bis auf weltweit ca. *769 Millionen* gezählte Hosts im Juli 2010. Die Angaben können eher als untere Schranke angesehen werden, denn die Zählungen stoßen zunehmend auf Schwierigkeiten, weil sich ihnen ganze Subnetze aus Sicherheitsgründen entziehen. Beispielsweise schwankt deshalb inzwischen die Zählung für Europa von einem Monat zum nächsten um mehr als 30 % (96 bis 134 Millionen zum Jahresende 2010).

11.2 Entwicklung und Verwaltung

11.2.1 Geschichte

Ab **1961** beschafft die Advanced Research Projects Agency ARPA mehrere Großrechner. Zur Bedienung stehen in den Büros der ARPA-Mitarbeiter jeweils mehrere unterschiedlich arbeitende Terminals /11.3/.

1966 wird BOB TAYLOR Direktor des Information Processing Technology Office IPTO der ARPA und organisiert 1 Million $ für die Vernetzung von 17 Großrechnern, Projektleiter ist LARRY ROBERTS. PAUL BARAN (RAND) entwickelt im Auftrag der US Air Force die Idee eines Paketvermittlungsnetzes.

1969 wird das **ARPANET** eröffnet. Erste Implementierung von telnet und ftp, die Rechner kommunizieren über NCP (Network Communication Protocol, entwickelt von VINTON CERF, Stanford).

1971 entsteht als ungeplantes Nebenprodukt E-Mail. RAY TOMLINSON, Ingenieur bei BBN (IMP-Hersteller), wählt @ als Separator.

1973 sind ca. 30 Computer vernetzt, 75 % des Datenvolumens im ARPANET sind E-Mail. Aus militärischen Gründen wird vom Network Control Center NCC und Network Information Center NIC ein Kommunikationsprotokoll entwickelt, das sich selbst „Umwege" suchen kann. Projektleiter bei der Entwicklung des Transmission Control Protocol/Internet Protocol (**TCP/IP**) ist wiederum VINTON CERF.

1976 verbindet das SATNET USA und Europa unter Verwendung ziviler Satelliten.

1981 entsteht mit BITNET ein IBM-eigenes Netzwerk mit dem Protokoll RSCS sowie mit dem Computer Science Department Network CSNET eines der US-amerikanischen National Science Foundation NSF. Beide erlauben nur den Austausch von E-Mail.

1983 erfolgt die Aufspaltung in Milnet und ARPANET, in diesem wird ausschließlich TCP/IP als Protokoll verwendet.

> Seit dieser Zeit ist der Begriff **Internet** in Gebrauch.

An der University of Wisconsin wird die Idee des DNS (Domain Name Service) geboren.

1984 wird in Europa das EARN (European Academic Research Network) etabliert.

1985 gründet die National Science Foundation NSF das NSFNET zur Verbindung von fünf neuen Supercomputer-Zentren, zunächst mit T1-Leitungen (1,5 Mbit/s).

1988 gibt es die ersten deutschen Internet-Provider Eunet (Dortmund) und XLink (Karlsruhe), sie stellen Zugänge mit 9,6 kbit/s zur Verfügung.

1989 übernimmt die NSF endgültig die Verwaltung des zivilen US-Netzes, das ARPANET wird offiziell aufgelöst.

11.2.2 Gremien

Das Internet unterliegt keiner zentralen Kontrolle. Verschiedene Gremien informeller Art werden durch gegenseitige Zustimmung ihrer Mitglieder gebildet und spielen die Rolle von Vordenkern und Moderatoren.

Als wichtigste sind zu nennen: das *Internet Architecture Board IAB* /11.4/, die *Internet Corporation of Assigned Names and Numbers ICANN* /11.5/, die *Internet Engineering Task Force IETF* mit der zugehörigen *Internet Engineering Steering Group IESG* /11.6/ sowie die *Internet Society ISOC* /11.7/.

Die ISOC ist ein lockerer weltweiter Zusammenschluss von ca. 150 Verbänden und 6000 Personen. Die IETF ist eine offene Organisation, d. h., ihr gehört jeder an, der zu ihren Treffen erscheint.

Das IAB ist die oberste Instanz des Internet, sozusagen der Aufsichtsrat, bestehend aus 13 Mitgliedern. Jedes Jahr werden 6 seiner Mitglieder aus den Reihen der IETF nominiert und durch den Vorstand der ISOC bestätigt. Das IAB hat die Aufgaben:

- Ernennung des IETF-Vorsitzenden
- Festlegung von Standardisierungsprozeduren
- Überwachung der Standardisierung im Internet
- Publikation der RFC, delegiert an den RFC-Editor
- Beratung der ISOC.

Ausführende Organe im Internet sind *Network Information Center* (NIC) und *Network Operation Center* (NOC). Sie existieren sowohl auf globaler Ebene (InterNIC) als auch lokal (z. B. für Deutschland das DE-NIC in Frankfurt, eine Genossenschaft der deutschen Internet Service Provider). In dieser hierarchischen Struktur werden Internet-Adressbereiche vergeben, sodass die weltweit eindeutige Zuordnung von IP-Adressen (→ 10.3.2.2) zu Hosts gesichert ist.

Die weltweite Koordination der IP-Adressen obliegt der **Internet Corporation of Assigned Names and Numbers ICANN**.

Sie verfügt über 21 Direktoren, die zum Teil direkt durch die Internet-Benutzer gewählt werden. Bekannteste deutsche Mitglieder waren bisher H. SCHINK (2000–2003), A. MÜLLER-MAGUHN (2000–2003) und H. HULTZSCH (2003–2006). Aktuelle deutsche Mitglieder sind E. MANN (gewählt 2010–2013) und R. SCHOLL (Non-Voting Member).

Vorschläge für neue Protokolle und Technologien werden meist von Arbeitsgruppen der IETF verfasst. Die IESG ist dabei treibende Kraft, sie besteht aus Spezialisten auf bestimmten Gebieten, die aus den Reihen der IETF ernannt werden.

Die Vorschläge haben zunächst den Status von Internet Drafts. Nach ausreichender Diskussion in der IETF können sie vom IAB in den Status eines **Proposed Standard** erhoben werden und schließlich zur vollen Anerkennung gelangen.

11.2.3 Standardisierung im Internet

Die als Standard anerkannten Dokumente werden als **RFC (Request for Comments)** bezeichnet, sie sind fortlaufend nummeriert.

Die existierenden RFC sind im Internet abzurufen /11.8/. Von großer Bedeutung in der Vergangenheit waren die ersten Dokumente für Internet-Anwendungen:

- RFC 791: Internet Protocol
- RFC 793: Transmission Control Protocol
- RFC 765: File Transfer Protocol
- RFC 821: SMTP, Simple Mail Transfer Protocol
- RFC 854: TELNET.

Die gültigen Standards für wichtige Protokolle und Anwendungen sind

- RFC 1122: IP und TCP
- RFC 1123: TELNET, FTP, TFTP, SMTP, DNS.

Es kommt häufig vor, dass bis zur endgültigen Verabschiedung eines Standards mehrere Zwischenversionen als RFC veröffentlicht werden.

11.3 Technologie

11.3.1 Netzwerktechnologie

Nach dem **OSI-Schichtenmodell** der ISO weist ein Computernetzwerk sieben Schichten auf, die – obwohl aufeinander aufbauend – unabhängig zu betrachten sind (→ 10.1).

Das **Internet** ist jedoch ohne die Zugrundelegung des Schichtenmodells entstanden, ihm fehlt die Sitzungschicht (Session Layer) des OSI-Modells, in welcher Anwenderprozesse auf verschiedenen Rechnern koordiniert werden sollen.

Ferner ist die Darstellungsschicht mit der Anwendungsschicht zusammengefasst. In der Darstellungsschicht (Presentation Layer) werden abstrakte Datenstrukturen verwaltet und die Konversion von Codes, Formaten und Protokollen durchgeführt.

Eine Eigenschaft des im Internet verwendeten Kommunikationsprotokolls **TCP/IP** (→ 10.3, 10.4) ist, dass sich Datenpakete ihren Weg durch das Netzwerk selbst „suchen" können.

Dies führt dazu, dass Lücken automatisch umgangen werden, und ist einer der Gründe dafür, dass in naher Zukunft vermutlich auch alle traditionellen Kommunikationsverbindungen (z. B. Telefon) über Paketvermittlungsnetzwerke (→ 10.2.3.4) abgewickelt werden.

Das Internet und andere Paketvermittlungsnetzwerke sind aus Gründen der Sicherheit und Performance segmentiert, d. h. in disjunkte Subnetze eingeteilt, welche über **Router** (sprich: ruhter, nicht rauter), auch **Gateways** genannt, oder **Brücken** (Bridges) verbunden sind.

11

Die Wahl der besten Verbindung, Routing (→ 10.3.1) genannt, erfolgt bei Brücken auf der Netzwerkschicht, ist darum schnell und billig zu implementieren. Nachteil ist, dass die entsprechenden hierarchischen Algorithmen Teile des Netzes ungenutzt lassen. Das Routing erfolgt bei Routern auf der Vermittlungsschicht, ist darum komplizierter und teurer. Router wählen Routen je nach Zweck und können Datagramme auch fragmentieren, d. h. in Unterpakete aufspalten.

Jeder ans Internet angeschlossene Rechner (**Host**) kann i. Allg. nur mit einem Standard-Router konfiguriert werden. Ein Datenpaket, ein so genanntes IP-Datagramm des Hosts gelangt in den Router, dieser sendet es an die MAC-Adresse (→ 10.3.2.2) des nächsten Routers auf dem Weg zum Zielsubnetz. Diese Adresse ist in der **Routing Table** des Routers unter der IP-Adresse des Zielrechners gespeichert.

11.3.2 Internet-Zugang

Standard beim Internet-Zugang für Privatpersonen und kleinere Unternehmen ist heute ein DSL-Anschluss (→ 10.2.6.4), mit Downloadgeschwindigkeiten von bis zu 16 Mbit/s. Für große Unternehmen oder bei höherem Durchsatz werden faseroptische Anschlüsse verwendet, die beim Nutzer jedoch meist als Gigabit-Ethernet-LAN (→ 10.2.7) erscheinen. Internet-Zugänge mit einem Modem über analoge Telefonkabel spielen in Deutschland nur noch in wenigen Gegenden mit schwacher Netzinfrastruktur eine Rolle.

Von erheblicher Bedeutung für die moderne Kommunikation ist der mobile Internet-Zugang. Dabei sind folgende Szenarien möglich:

- Ein mobiles Endgerät (→ 3.6.6) kommuniziert über kurze Entfernung (z. B. via Bluetooth, → 10.2.7.3) mit einem Computer, der an das Internet angeschlossen ist. Dieser *Host* dient also als Zugangspunkt, der sich auch mit dem mobilen Endgerät eine IP-Adresse teilen kann. Die Datenrate ist hierbei durch z. B. Bluetooth vorgegeben und beträgt meist weniger als 1 Mbit/s bei Reichweiten von wenigen Metern.
- Ein mobiles Endgerät kommuniziert mit einem Zugangspunkt via **Wireless LAN (WLAN)**. Die derzeit meist verwendeten WLAN-Netze bieten (theoretische) Datenraten von 54 oder 300 Mbit/s an. Der Vorteil dieses Verfahrens ist seine relativ hohe Reichweite (bei abnehmender Datenrate) von bis zu 50 m. Als Folge dieser Reichweite hat sich auch bei vielen Privatanwendern ein gewisses Sicherheitsbedürfnis etabliert. Die meisten WLAN-Netze sind inzwischen nach dem Verfahren WPA2 durch eine recht starke Verschlüsselung gesichert, offene Netze findet man hauptsächlich im öffentlichen Raum (z. B. in Gaststätten).
- Ein mobiles Endgerät kommuniziert direkt mit dem **Mobilfunknetz** eines **Providers**. Hierfür sind derzeit drei Verfahren relevant (→ 10.2.7.5):
  - **Global System for Mobile Communications GSM**
    Das in Europa meistverwendete Verfahren zur Kommunikation mit Mobiltelefonen, mit einer Netto-Datenrate von 9,6 kbit/s.
  - **General Packet Radio System GPRS**
    Neueres System zur Zusammenfassung mehrerer GSM-Zeitscheiben. Maximale Bandbreite theoretisch ca. 100 kbit/s, praktisch etwa die Hälfte. Wesentlicher Unterschied zu GSM ist, dass die Knotenrechner untereinander durch das Internet Protocol IP (→ 10.3.2.1) kommunizieren.
  - **Universal Mobile Telecommunications System UMTS**
    UMTS hat innerhalb der Zellen eine andere Zugangsstruktur als GSM, die eine feinere Ressourcenverteilung auf Benutzer ermöglicht. UMTS-Endgeräten steht eine Bandbreite von 384 kbit/s mit ihrer Basisstation zur Verfügung, in Spezialfällen bis zu 1,9 Mbit/s.

► *Hinweis*: Während noch vor wenigen Jahren die Dienste GSM und GPRS der Mobiltelefonnetze ausreichend schienen, hat die Verfügbarkeit eines weit gespannten UMTS-Netzes, die Verfügbarkeit kostengünstiger Zugangsabonnements bzw. Prepaid-Karten und das Aufkommen der Web-2.0-Technologien zu einer starken Nachfrage nach mehr Bandbreite geführt. UMTS stellt hier mit einer Datenrate von ca. 2 Mbit/s einen Wert zur Verfügung, der für mobile Videoanwendungen nur gerade so ausreicht. Neuere Technologien wie WiMAX (→ 10.2.7.5), die Datenraten von ca. 100 Mbit/s über 50 km Strecke übertragen können, haben noch keine Verbreitung erfahren.

11.3.3 Domain Name Service DNS

In einem globalen Datennetz ist die Adressierung von Ressourcen, d. h. Computern und Daten, ein wesentliches Problem. Auf der Ebene der Netzwerktechnologie wird dies in Kapitel 10 beschrieben.

Internet-Hosts sind i. Allg. nicht nur mit einer IP-Adresse versehen, sondern haben einen hierarchisch aus so genannten **Domains (Domänen)** aufgebauten Namen.

- *Beispiele:*

  wanderer.andromeda.de
  www.rz.hs-karlsruhe.de

Die generelle Syntax für diese Namen ist

```
Hostname.[Subdomain.][Domain.][Top-Level-Domain]
```

11

Auch eine tiefere Schachtelung bei den Unterdomänen ist erlaubt. Bei eindeutiger Adressierung innerhalb eines Subnetzes können Teile weggelassen werden, z. B. kann der Rechner aus dem obigen Beispiel in seinem eigenen lokalen Netzwerk auch einfach als *wanderer* angesprochen werden.

Tabelle 11.1 Top-Level Domains und einige Country Codes. Vermerkt ist auch, ob eine TLD gesponsort ist, d. h. der Kontrolle durch irgendeine Organisation unterliegt

generisch	gesponsort	Urspr. Bedeutung	Country Code	Bedeutung
biz, com		kommerziell	ch	Schweiz
edu	ja	Universität o. Ä. USA	cn	China
gov	ja	Regierungsinst. USA	de	Deutschland
info		frei	fi	Finnland
int	ja	Int. Organisationen	fr	Frankreich
mil	ja	Militär in den USA	nl	Niederlande
net		Netzbetreiber	ru	Russland
org		Non-Profit Organisation	uk	Großbritannien
xxx		Erotik-Inhalte	tv	Tuvalu

Die Anzahl der Top-Level Domains (TLD) ist in den vergangenen Jahren sehr stark gewachsen, dabei ging auch in vielen Fällen die ursprüngliche Bedeutung verloren /11.5/. So etwa wird die ursprünglich für den kommerziellen Bereich reservierte TLD *.com* inzwischen auch von Privatpersonen genutzt, der Country-Code *.tv* (für das Land Tuvalu) wird von TV-Stationen verwendet, etc.

Das Verfahren zur Verknüpfung eines vollständigen Host-Namens mit einer IP-Adresse heißt **Domain Name Service** (DNS).

Dazu wird jedem Host die Adresse eines speziellen Rechners (z. B. im lokalen Subnetz) mitgeteilt, des **Name-Servers**. An diesen richtet ein Host, der eine URL auflösen muss, eine Anfrage nach der IP-Adresse des in der URL enthaltenen Host-Namens.

Entweder kennt der Name-Server die IP-Adresse des Ziel-Hosts oder er kann die Anfrage an einen übergeordneten Name-Server weitergeben, dessen Antwort abwarten und den schließlich gefundenen Namen an den anfragenden Host weiterreichen.

11.3.4 Ressourcen im Internet

Basis vieler Anwendungen sind textbasierte Protokolle und beschreibende Sprachen, die sich auf verteilte **Ressourcen** beziehen. Bei diesen Ressourcen handelt es sich im weitesten Sinne um Dateien, also Ansammlungen von digitalen Daten. Sie werden jedoch auf einer inhaltlichen Ebene adressiert – statt von Audio-Daten spricht man z. B. von Audio-Ressourcen.

Zur Adressierung der Ressourcen dient ein **Uniform Resource Identifier (URI)**. Ein URI besteht meist aus mehreren optionalen Teilen:

uri = [schema://][<benutzer>[:passwort]@][hostname][:port]/[pfad]
[?parameter][&weitere parameter][#fragment]

Darin bezeichnet *schema* die Zugriffsart, z. B. das Hypertext Transfer Protokoll http (→ 11.4.5) oder das Session Initiation Protocol sip (→ 11.4.6), *pfad* den Dateinamen inklusive Verzeichnisbaum und *fragment* eine Stelle im referenzierten Dokument. Statt eines Host-Namens kann auch eine IP-Adresse eingesetzt werden.

Spezialfall des URI ist der **Uniform Resource Locator URL**, im deutschen Sprachgebauch oft als „die URL" bezeichnet. Ein URL gibt den Speicherort für Daten an. Zweiter Spezialfall des URI ist die benannte Ressource, entsprechend als **Uniform Resource Name URN** bezeichnet.

11.3.5 Multipurpose Internet Mail Extension MIME

MIME bzw. **SMIME** (Secure MIME, incl. Verschlüsselung) ist ursprünglich ein Verfahren zum Verpacken von strukturierten Inhalten (z. B. Bildern, Texten etc.) in einfache SMTP-Mails (→ 11.4.3).

MIME-Typen (auch MIME-Types) werden bei vielen Protokollen im Internet als inhaltliche Kennzeichnung der Daten verwendet.

Ihre Darstellung folgt der Syntax *Typ/Untertyp*, in Tabelle 11.2 sind die wichtigsten MIME-Typen aufgeführt.

Tabelle 11.2 Die wichtigsten MIME-Typen

MIME-Typ	Subtyp	Näheres unter
text	plain	RFC2045, RFC2046
	enriched	RFC1896
	html	RFC1866
	css	RFC2318
	xml	RFC2376
	rtf	
multipart	mixed	RFC2045, RFC2046
	alternative	RFC2045, RFC2046
	digest	RFC2045, RFC2046
message	rfc822	RFC2045, RFC2046
	http	RFC2616
	s-http	RFC2660
application	octet-stream	RFC2045, RFC2046
	postscript	RFC2045, RFC2046
	oda	RFC2045, RFC2046
	pdf	
	zip	
	msword	
	remote-printing	RFC1486
image	jpeg	RFC2045, RFC2046
	gif	RFC2045, RFC2046
	ief	RFC1314
	g3fax	RFC1494
	tiff	RFC2302
audio	basic	RFC2045, RFC2046
	32kadpcm	RFC2421, RFC2422
video	mpeg	RFC2045, RFC2046
	quicktime	
model	vrml	RFC2077
	mesh	RFC2077

11.4 Anwendungen im Internet und Intranet

Eine zunehmende Anzahl von Protokollen und Datenformaten nutzt die Anwendungsschicht. Die zuerst im Internet vorhandenen Anwendungen sind i. Allg. Bestandteil der meisten TCP/IP-Implementationen, die als Sammlung von Programmen ausgeliefert werden (sog. TCP/IP-Protocol Stack, → Bild 11.2).

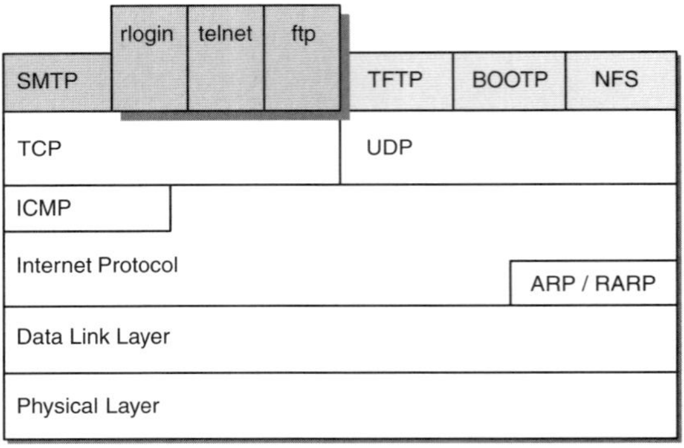

Bild 11.2 Grundlegender TCP/IP-Stack mit den wichtigsten Protokollen bis hin zur Anwenderschicht

11.4.1 TELNET

TELNET (Teletype Network) ist das älteste Protokoll für den Konsolenzugang auf einem entfernten Computer.

TELNET sollte heute aus Sicherheitsgründen nicht mehr im offenen Internet angewendet werden. Es stellt dennoch einen wichtigen „Low-Level"-Zugangsweg auf spezielle Systeme dar, z. B. zur direkten Konfiguration von Routern oder als Debug-Schnittstelle für Computer in sicheren Umgebungen.

TELNET wird über den IP-Port 23 abgewickelt. Der Aufruf erfolgt durch das Kommando

`telnet` *`hostname`*

(*hostname* kann auch eine IP-Adresse sein).

Achtung: TELNET bietet keinerlei Sicherheitsfunktionalitäten, insbesondere werden Passwörter im Klartext über das Netz geschickt.

Die wichtigsten Kommandos sind in Tabelle 11.3 aufgeführt.

Tabelle 11.3 Die wichtigsten TELNET-Kommandos

Anweisung	Bedeutung
close	Schließen der Verbindung
quit	Beendigung der Sitzung
send	Sende Sonderzeichen
set	Ändern der Betriebsparameter
status	Anzeige des Betriebszustandes
auth	Umschalten des Authentifizierungsmechanismus
?	Zeige Hilfetext

11.4.2 SSH

SSH (Secure Shell) ist ein Protokoll, bei dem der Konsolenzugang (ähnlich TELNET) zu entfernten Computern sicher verschlüsselt ist.

SSH wird über den IP-Port 22 abgewickelt. Durch konsequente Weiterentwicklung und Einbindung auch der neuesten Verschlüsselungsverfahren (→ 14) kann es für die sichere Arbeit auch in unsicheren Netzen verwendet werden. Zwar ist ein Kommandozeilenaufruf möglich (typischerweise als ssh *hostname*), doch gibt es für alle Betriebssysteme frei verfügbare Clients mit grafischer Benutzungsoberfläche, sodass sich eine Auflistung der Optionen erübrigt.

11

Neben dem sicheren „Login" auf entfernten Computern hat SSH erhebliche Bedeutung, weil es mithilfe sogenannter SSH-Tunnel den definierten und authentifizierten „Durchstoß" einer Firewall (→ 11.7.3) ermöglicht. Damit gelingt es z. B. aus abgeschotteten Unternehmensnetzwerken heraus Mail-Server und andere externe Dienste zu nutzen.

11.4.3 SMTP

SMTP (Simple Mail Transfer Protocol) ist das grundlegende Protokoll beim Austausch von E-Mail („elektronische Post").

SMTP wird über den IP-Port 25 abgewickelt. Beim Austausch von E-Mail sollten unbedingt die Regeln der **Netiquette** eingehalten werden, die im RFC 1855 festgelegt sind.

Achtung: SMTP bietet keinerlei Sicherheitsfunktionalitäten, da sich prinzipiell jeder externe Benutzer per TELNET mit dem Kommando:

```
telnet hostname 25
```

auf einem Mail-Server anmelden und dort E-Mail mit gefälschtem Absender verschicken kann. Auf einem solchen Server läuft dazu ein als Message Transfer Agent (MTA) bezeichnetes Programm. Normalerweise wird aber der MTA nicht über telnet bedient, sondern durch einen Message User Agent (MUA), eine Benutzeroberfläche. Standardausstattung einer TCP/IP-Implementation ist ein textbasierter MUA.

Mit jedem Betriebssystem werden heute in der Regel auch MUA ausgeliefert. Problematisch ist, dass diese häufig mit zusätzlicher Funktionalität zur Anzeige von multimedialen Daten versehen sind, dies stellt eine potenzielle Sicherheitslücke in Computersystemen dar.

Tabelle 11.4 Die wichtigsten SMTP-Kommandos; Parameter sind kursiv gesetzt

Anweisung	Bedeutung
HELO *hostname*	Sitzungsbeginn: Name des angeblichen Quellrechners
MAIL FROM: *sender-address*	Beginne Transaktion des angeblichen Senders
RCPT TO: *recipient-address*	Name des Empfängers
VRFY *address*	Überprüfe die Auslieferbarkeit an die übergebene Adresse
DATA	Beginne den Text der Mail-Nachricht
HELP	Anzeige der Hilfetexte
QUIT	Beende SMTP-Verbindung

Der Austausch von E-Mail stellt einen der wesentlichen Nutzwerte des Internet dar. Eine aktuelle Entwicklung, die dem Internet sehr viel Bandbreite, Speicherplatz und Nutzen raubt, ist das massenhafte Versenden unerwünschter Werbe-Mails, meist für obskure Produkte. Dieses **Spamming** genannte Vorgehen mit dem Endprodukt **Spam** soll durch Übereinkünfte der Netzbetreiber eingeschränkt werden, eine Lösung ist jedoch noch nicht in Sicht.

11.4.4 FTP und SFTP

FTP (File Transfer Protocol) ist ein Protokoll zur Dateiübertragung von oder zu einem entfernten Computer (Download und Upload).
SFTP (Secure FTP) ist die per SSH-Verschlüsselung gesicherte Version hiervon.

FTP wird über den IP-Port 21 abgewickelt, SFTP über Port 22. Auf den meisten Rechnern mit TCP/IP-Protokoll-Stack ist ein FTP-Client verfügbar, SFTP-Clients gehören meist zum SSH-Lieferumfang. Die Standard-Benutzeroberfläche ist rein textbasiert und wenig komfortabel, sie wird gestartet durch:

`ftp hostname` bzw. `sftp hostname`

Auf dem Zielrechner muss ein FTP- oder SFTP-Dämon als Prozess existieren, welcher diese Kommandos entgegennimmt und entsprechend reagiert. Ein solcher Server zählt nicht auf allen Computern zur Standardausstattung.

Tabelle 11.5 Die wichtigsten FTP-/SFTP-Kommandos (Parameter sind kursiv gesetzt)

Anweisung	Bedeutung
ascii	Umschaltung auf reine Textdaten
binary	Umschaltung auf Binärdaten
cd *verzeichnis*	Wechsel des Verzeichnisses auf dem Server
dir	Anzeige des Verzeichnisinhalts auf dem Server
get *name*	Download einer Datei
help	Anzeige der möglichen Kommandos bzw. mit help *kommando* einer Bedienungsanweisung
lcd *verzeichnis*	Wechsel des Verzeichnisses auf dem Client
mget *name_mit_**	Download mehrerer Dateien
mput *name_mit_**	Upload mehrerer Dateien
prompt	Umschalten der Bestätigungsabfrage mput/mget
put	Upload einer Datei
pwd	Anzeige des Verzeichnisnamens auf dem Server
quit	Beendigung der Sitzung

11

11.4.5 HTTP

Das **Hypertext Transfer Protocol (HTTP)** dient der Weiterleitung von Request/Response-Paaren im World Wide Web (WWW, kurz: Web, → 11.6). HTTP ist jedoch nicht an das Internet-Protokoll TCP/IP gebunden /11.10/.

Bei HTTP handelt es sich um ein zustandsloses objektorientiertes Protokoll, der Ablauf ist schematisch wie folgt:

Ein Client (Web-Browser) stellt eine Verbindung zum Web-Server her und sendet einen HTTP-Request. Der Server antwortet mit einer HTTP-Response. In der ersten Zeile der Response ist ein numerischer Code zu finden, der hilfreich beim Aufspüren von Fehlern ist. Die zulässigen HTTP Error Codes sind in Tabelle 11.6 zusammengefasst.

Die HTTP-Response (→ Bild 11.3) enthält meist HTML-Code oder binäre Daten zur Darstellung im Web-Browser.

Tabelle 11.6 HTTP Error Codes in der Statuszeile des Web-Servers

Code	Bedeutung
1xx	Information
2xx	Anforderung erfolgreich 200 = OK, 202 = Accepted, 204 = No Content
3xx	Redirektion (Umleitung) auf andere Adresse 301 = Moved Permanently, 302 = Moved Temporarily, 304 = Not Modified
4xx	Client Error 400 = Bad Request, 401 = Unauthorized, 403 = Forbidden, 404 = Not Found
5xx	Server Error 500 = Internal Server Error, 501 = Not Implemented, 502 = Bad Gateway, 503 = Service Unavailable

```
HTTP/1.1 200 OK
Date: Wed, 04.Apr.1999 14:11:11 GMT+2
Server:
Last-Modified: Mon, 02.Apr.1999 00:00:01 GMT+2
Accept-Ranges: Bytes
Content-Length: 1555
Keep-Alive: timeout=15
Connection: Keep-Alive
Content-Type: text/html
...
Hier HTML-Code
...
```

Bild 11.3 Beispiel für eine HTTP-Response

11.4.6 Voice over IP (VoIP)

Seit mehr als 20 Jahren werden Verfahren angewendet, um digitalisierte Sprache zu komprimieren und über Netzwerke zu übertragen. Erst in der jüngsten Vergangenheit aber sind die verfügbaren Bandbreiten so groß, dass diese Übertragung sowohl im kommerziellen als auch im privaten Umfeld konkurrenzfähig ist. Daher kommt es zur **Konvergenz von Telekommunikation und Internet** und zum Ersatz analoger Telefonanlagen durch IP-Telefonie.

Seit 2009 vollziehen viele Großunternehmen diesen Austausch, die Branche erzielte in diesem Jahr ein Umsatzwachstum von 13 %. Nach einer Studie von ABIresearch soll dies bis mindestens 2015 anhalten und dann zu einem jährlichen Gesamt-Umsatzvolumen von ca. 20 Mrd. US-$ führen.

Auch im Endkundenbereich etabliert sich VoIP als kostengünstige Alternative zum analogen Telefon. Voraussetzung ist eine ständig verfügbare Bandbreite von ca. 100 kbit/s Upstream, sodass in der Regel ein DSL-Anschluss (→ 10.2.6.4) Voraussetzung für Internet-Telefonie ist.

Session Initiation Protocol SIP

Ein VoIP-Telefongespräch beginnt mit der Einleitung einer so genannten Session durch einen Anrufer. Das IP-Telefon des Anrufers muss bei einem SIP-Server registriert sein, ebenso das IP-Telefon des Angerufenen. Die Identifikation des Angerufenen erfolgt durch einen Uniform Resource Identifier der Form

uri = sip://<telefonnummer>@<hostname>

Der SIP-Server überprüft beim Angerufenen, ob dieser die Verbindung aufnehmen will. Falls dies der Fall ist, wird die weitere Kommunikation ohne Beteiligung des SIP-Servers via RTP abgewickelt.

Real-Time Transport Protocol RTP

RTP ist ein Protokoll der Transportschicht zur Übertragung zeitkritischer Daten und setzt auf dem Protokoll UDP (→ 10.4.2) auf. RTP kann zusammen mit beliebigen Kompressionsverfahren zur Realisierung von Audio/Video-Datenströmen genutzt werden.

Kompressionsverfahren (→ 2.6.2)

Bei VoiP kommt eine Vielzahl von Codecs (Compressor/Decompressor- bzw. Encoder/Decoder-Algorithmen) zu Einsatz. Zwei Beispiele von entgegengesetzten Enden des Spektrums sind G.711 (unkomprimiert, Datenrate 64 kbit/s wie bei ISDN) und G.729 (hochkomprimiert, Datenrate ca. 8 kbit/s).

G.729 verwendet das Verfahren „Analyse durch Synthese“ in der Variante **Conjugate Structure Algebraic Code Excited Linear Prediction (CS-ACELP)**. Dabei wird ein synthetisches Sprachsignal erzeugt, indem eine „Anregung“ ähnlich dem Summen der menschlichen Stimmbänder durch eine Filterkette gesendet und danach mit dem Eingangssignal verglichen wird. Durch Variation der Anregungs- und Filterparameter wird die Differenz zum Eingangssignal minimiert, übertragen werden nur die Anregungs- und Filterparameter (→ Bild 11.4). Daraus folgt, dass derzeitige VoIP-Codecs meist ungeeignet für die Übertragung von Tonsignalen (z. B. Fax-Daten) sind.

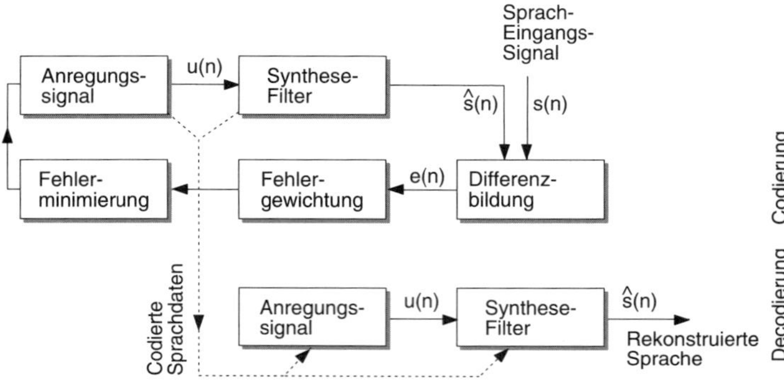

Bild 11.4 Sprachkompression nach dem Verfahren Analyse durch Synthese

11.4.7 Media Streaming im Internet

Durch die inzwischen allgemein verfügbare hohe Bandbreite (Standard bei DSL-Anschlüssen für Privathaushalte sind ca. 16 Mbit/s) kommt es zur **Konvergenz von Rundfunk und Fernsehen mit dem Internet**. Dieser technologische Wandel ist derzeit gerade im Gange und durch folgende Aspekte gekennzeichnet:

- **Fernsehdienste im Internet**
  Eine Vielzahl von Anbietern stellt im Internet Videodaten zum Abruf bereit. Das Spektrum reicht dabei von sozialen Netzwerken wie Youtube, bei denen jeder Internet-Nutzer Videoclips hochladen oder abrufen kann, bis zu Anbietern, die gegen Bezahlung abendfüllende Spielfilme anbieten.
  - Fernsehdienste im offenen Internet haben zwar den Nachteil, dass der Anbieter keine Kontrolle über den Vertriebsweg hat. Dafür aber ist die Reichweite als unbegrenzt anzusehen.
  - IPTV (Internet Protocol Television)-Provider arbeiten hingegen mit Set-Top-Boxen (oder anderen spezifischen Hardware-Komponenten) und beschränkten Verbreitungsgebieten, die nur den zahlenden Abonnenten Zugang verschaffen. Der größte Anbieter, Netflix in den USA, hat 2010 schon 15 Millionen Abonnenten.
- **Digitales Fernsehen**
  Konventionelles „Rundfunk“-Fernsehen wird in Deutschland ab 2012 nur noch in digitaler Form (Digital Video Broadcasting DVB) ausgestrahlt, und zwar als
  - DVB-T (terrestrisch) mit 7,6 MHz Bandbreite und ca. 13,7 Mbit/s Datenrate zum Empfang über bestehende Hausantennen

- DVB-S (via Satellit) mit 40 MHz Kanalbandbreite und DVB-C (via Kabel) mit 8 MHz Kanalbandbreite erzielen Datenraten von ca. 20 ... 60 Mbit/s und sind damit auch HDTV-tauglich.

- **Technische Umstellung von Fernsehgeräten**
Die zum Jahresende 2010 verkaufte neueste Generation von Fernsehgeräten und Blu-Ray-Playern ist mit Ethernet-Anschlüssen oder einem WLAN-Zugang ausgerüstet und kann häufig schon auf Online-Fernsehdienste zugreifen. Diese werden vielfach als Mehrwert bei den Geräteherstellern gehostet, die in vielfältigen und undurchsichtigen Allianzen diesen enormen Markt unter sich aufteilen.

► *Hinweis*: Derzeit werden dabei die Daten des digitalen bzw. Internet-Fernsehens meist noch mit dem Kompressionsverfahren MPEG-2 (→ 2.6.3) komprimiert, Die European Broadcasting Union EBU empfiehlt ihren Mitgliedern die Produktion als Signal mit 1280 x 720 Pixeln und einer Frame Rate von 50 (auch als 720p50 abgekürzt), oder als 1920 × 1080 × 50 (50 Vollbilder/s, Progressive Scan, 27 Mbit/s) Dies übersteigt aber die festgesetzten Bandbreiten für DVB, infolgedessen haben sich die europäischen Anbieter auf die Ausstrahlung als 720p50/60 oder 1080i50/60 (d. h. 1920 × 1080 Pixel mit Interlacing, Frame Rate 50I = 50 Fields/s oder 60I) geeinigt. Künftig wird durch Umstellung auf das Kompressionsverfahren MPEG-4/AVC (auch als H.264 bezeichnet, → 2.6.3) eine höhere Qualität bei gleicher Datenrate möglich sein. Zu befürchten steht allerdings, dass stattdessen einfach die Zahl der Kanäle vergrößert wird.

Für das offene Internet haben sich noch andere Formate etabliert. Während das proprietäre RealAudio/RealVideo-Format (von RealNetworks) offenbar derzeit an Boden verliert, hat das Format Flash (von Adobe) enorme Verbreitung gefunden (für die verteilte Speicherung von Mediendaten, → 11.5.3).

11.4.8 Weitere Anwendungen im Internet

Trivial File Transfer Protocol TFTP

Übertragung einfacher Datensätze über IP, ohne irgendwelche Absicherung. Wird verwendet zum Laden von Anfangsdateien während eines Boot-Vorgangs (FTP, → 11.4.4).

Boot Protocol BOOTP

Einfaches Protokoll zum Starten von Rechnern über IP-Netzwerke.

Dynamic Host Configuration Protocol DHCP

In vielen Netzwerken, u. a. bei vielen ISP (Internet Service Providern) werden IP-Adressen nicht statisch vergeben, sondern beim Einschalten eines Rechners für eine bestimmte Zeit zugeteilt. Der Rechner fragt dann bei seinem zugewiesenen DHCP-Server an, welche IP-Adresse er benutzen darf. Vorteil ist der ökonomische Umgang mit Netzwerkadressen, Nachteil ist allerdings, dass ein bestimmter Rechner nicht immer dieselbe IP-Adresse hat.

whois, finger

Programme zur Abfrage der Identität von Benutzern über Netzwerke. Diese Protokolle dienen Crackern zum Gewinnen von Informationen über Hosts und sollten deshalb nur in abgesicherten Umgebungen freigegeben werden.

ping, traceroute

Programme zum „Anklopfen" bei Netzwerkrechnern. ping liefert nur Information über die Verfügbarkeit des Ziel-Hosts, traceroute gibt Zwischenmeldungen von jedem passierten Internet-Knoten. Zu traceroute gibt es verschiedene grafische Frontends.

Post Office Protocol POP3

Protokoll zum Abholen dort eingetroffener E-Mail-Nachrichten von einem zentralen Server. Ein Client kontaktiert diesen nur zeitweise, fragt an, ob neue Nachrichten vorhanden sind und erhält diese dann ggf. übertragen. Die meisten E-Mail Accounts bei ISPs (Internet Service Provider) bieten POP3 als Service an, die Aufgaben der Verwaltung und Kategorisierung von E-Mails werden dann auf dem Computer des Endbenutzers erledigt. POP3 verwendet den IP-Port 110, die Sicherheit wird durch Verschlüsselung auf der Transportschicht (TSL/SSL) gewährleistet.

Internet Message Access Protocol IMAP

Protokoll zum Abholen dort eingetroffener E-Mail-Nachrichten von einem zentralen Server. IMAP bietet jedoch deutlich mehr Möglichkeiten zur Verwaltung von E-Mails auf dem Server als POP3. Die Mails werden deshalb in der Regel auf diesem Server belassen und nur zum Lesen an einen anfordernden Client übertragen. IMAP verwendet den IP-Port 143, bei SSL-Zugriff den Port 993.

Network News Transfer Protocoll NNTP

Protokoll zum Transport von Newsgroup-Nachrichten. Newsgroups sind öffentliche themengebundene Offline-Diskussionsforen im Internet. Sie werden seit 1979 auf einem weltweit verteilten Netz aus Servern abgelegt und diese untereinander repliziert. Die Gesamtheit dieser Server bildet das Usenet. NNTP verwendet den Port 119.

Internet Relay Chat IRC

Protokoll für Online-Diskussionsforen im Internet, das sich durch die Entwicklung der Web-2.0-Technologien ($\rightarrow$ 11.6.5) überlebt hat.

Wireless Application Protocol WAP

Aus Kommunikationsnetzen können mobile Endgeräte (→ 3.6.6) auf das Internet zugreifen, wenn diese Netze mit einem Gateway zum Internet versehen sind. Zwischen Endgerät und Gateway wird dabei meist das Protokoll WAP benutzt, das Gateway setzt dieses z. B. nach HTTP um.

Spezielle Seiten des World Wide Web, die mit Tags der Beschreibungssprache **WML (WAP Markup Language)** versehen sind, können vom Gateway wiederum in WAP-Nachrichten umgesetzt werden und sind damit vom Telekommunikations-Endgerät abrufbar.

11.5 Verteilte Anwendungen im Internet

Eine zunehmende Anzahl von Anwendungen ist netzwerktransparent, läuft also, ohne dass dies der Anwender merkt, auf verschiedenen Computern ab, die über Internet miteinander verbunden sind. Moderne Technologien zur Entwicklung neuer verteilter Anwendungen werden in Kapitel 12 vorgestellt.

11.5.1 Verteilte Benutzungsschnittstellen

Verteilte grafische Benutzungsschnittstellen (→ 16.1) ermöglichen die Bedienung von Programmen mit grafischer Oberfläche von entfernten Rechnern, sie stellen somit die logische Weiterentwicklung von TELNET dar.

Das älteste Beispiel für ein solches System ist das System **X-Windows**, das seit 1984 existiert und immer noch konsequent weiterentwickelt wird. Es ist das grafische Dialogsystem für alle UNIX- und Linux-Systeme, seit 1987 in der Version **X11** bekannt und seit 2005 mit dem Release X11.7 veröffentlicht. Die Entwicklung von X11 ist stark mit der Entwicklung des Internet gekoppelt.

X11 hat folgende Eigenschaften:

- Umkehrung des Client-Server-Prinzips: Ein **X-Server** läuft auf dem Rechner, der die Grafikhardware für die Ausgabe sowie Tastatur und Maus für die Eingabe besitzt. Der **X-Client** hingegen ist eine Anwendung, die auf einem ggf. zentralen Applikationsserver läuft.
- Einbindbarkeit in beliebige Anwendungen (die dadurch zum X-Client werden), indem diese Funktionalitäten der X-Library Xlib nutzen. Damit können z. B. auf dem angesteuerten Bildschirm Fenster geöffnet und manipuliert werden sowie Tastatur- und Mausevents von einem Rechner mit X-Server entgegengenommen werden.

- Asynchronität des nachrichtenbasierten **X-Protokolls**, d. h. nur in seltenen Fällen wartet eine Anwendung (ein X-Client) auf eine Rückmeldung des X-Servers. Diese Eigenschaft sorgt für die Verwendbarkeit von X11 auch bei geringen verfügbaren Bandbreiten.
- Unabhängigkeit vom Betriebssystem, d. h. X11 ist eine eigene Anwendung, die auch ohne Systemcrash gestoppt werden kann.
- Weitgehend durch späte Verfeinerung frei konfigurierbares „Look and Feel", das durch den – ebenfalls separat austauschbaren – Window-Manager bestimmt wird.

X11 enthält auch Funktionalitäten zur sicheren Anmeldung bei X-Clients (z. B. mit dem X Display Manager Control Protocol XDMCP), zur Authentifikation sowie zur Absicherung der Kommunikation.

11.5.2 Verteilte Datenhaltung

Verteilte Dateisysteme ermöglichen die gemeinsame Nutzung von Speicherhardware in Netzwerken und die gemeinsame Nutzung von Daten auf solchen Speichern.

In den meisten Implementationen handelt es sich um die Kombination von einem oder mehreren Servern (welche Dateizugriffe nach einem bestimmten Protokoll annnehmen und Lese- oder Schreiboperationen auf lokalen Speichermedien durchführen) mit einem oder mehreren Clients (welche diese Dateizugriffe ins Netzwerk aussenden).

Die Clients sind Bestandteil einer Betriebssysteminstallation und verbergen vor dem Benutzer, dass es sich hierbei nicht um client-lokale Zugriffe handelt. Sie verhalten sich vielmehr gegenüber dem Benutzer wie gewöhnliche (lokale) Dateisysteme ($\rightarrow$ 9.7).

Das älteste Beispiel für ein verteiltes Dateisystem und darum sehr weit verbreitet ist das 1985 von Sun entwickelte **Network File System NFS**. Darin *exportiert* der NFS-Server festgelegte Teile eines Verzeichnisbaums öffentlich, für bestimmte Rechner oder sogar nur für bestimmte Nutzer. Ein NFS-Client *importiert* solche Verzeichnisbäume an festgelegte Orte in dem Verzeichnisbaum seines eigenen Rechners.

► *Hinweis*: Dies schafft den Nachteil, dass kein einheitlicher Namensraum für die gemeinsam genutzten Daten existiert: Unterschiedliche Clients können die Teilbäume an ganz unterschiedlicher Stelle importieren. NFS widerspricht somit eigentlich der Idee der eindeutigen Ressourcenkennzeichnung im Internet.

NFS enthält nur geringe Sicherheitsfunktionalitäten und keine Absicherung gegen den Ausfall von Komponenten.

Ein weiteres Beispiel für ein Client-Server-basiertes verteiltes Dateisysem, aber von eher theoretischer Bedeutung ist das Andrew File System **AFS**. Ohne Server hingegen kommt das Dateisystem **xFS** aus.

Zum Einsatz kommen diese Techniken beim **Network Attached Storage** (**NAS**, → 4.4.1), wo dezidierte Server anderen Computern via Internet (bzw. Intranet) große Mengen von Speicherplatz zur Verfügung stellen. Im professionellen Sektor werden dazu häufig schnelle Lösungen eingesetzt, die auch den blockbasierten Zugriff erlauben (z. B. SCSI via TCP/IP, genannt **iSCSI**). NAS hat sich jedoch durch die massenhafte Verbreitung digitaler Film- und Fototechnik auch im privaten Bereich etabliert, entsprechende vorkonfigurierte Heim-Server mit Terabyte-Kapazität werden schon für 100 € angeboten (Stand Ende 2010). Zur einfachen Verwaltung solcher Systeme dient häufig das **Network Data Management Protocol (NDMP)**.

Von zunehmender Bedeutung sind daher auch Protokolle, mit denen sich Dateiserver und Endgeräte untereinander verbinden. Aktueller Standard ist das **DLNA-Protokoll**, benannt nach der Digital Living Network Alliance einem Verbund von ca. 250 Herstellern aus Computerindustrie, Unterhaltungselektronik und Mobilfunkbranche. Im DLNA-Protokoll gibt es u. a. Media Server (DMS) als Speicherort für Medien, Media Player (DMP) zum Abspielen sowie Controller (DMC), welche Mediendaten auffinden und an Media Renderer (DMR) weiterleiten. Weitere Funktionalitäten umfassen den Upload und Download – auch von mobilen Endgeräten aus. DLNA verwendet die IP-Ports 50001 und 50002. (TCP), UPnP (Universal Plug and Play)-Broadcasts werden auf dem Port 1900 (UDP) empfangen, um Server und Player miteinander „bekannt“ zu machen.

11.5.3 Grid Computing und Cloud Computing

Die verfügbare Bandbreite ermöglicht heute, die Idee der verteilten Anwendungen auch auf Hochleistungsrechner (→ 3.6) auszudehnen. Das Ziel ist, hohe Rechenleistung und hohe Speicherkapazität so einfach zur Verfügung zu stellen wie elektrische Energie aus dem Stromnetz (Power Grid). Entsprechend hat sich dafür der Begriff **Grid Computing** (→ 12.1.3) eingebürgert, wenn die folgenden drei Kriterien erfüllt sind /11.12/:

- Für die verwendeten Ressourcen gibt es keine zentrale Kontrolle, sondern Rechner, Datenbanken, Anwendungen und Datenquellen (Messgeräte) können global verteilt sein. Typisches Anwendungsbeispiel ist die globalisierte Auswertung von Experimenten der Hochenergiephysik, etwa beim Large Hadron Collider des CERN (erwartete Datenmenge ca. 8 Petabyte/Jahr).

- Die einzelnen Ressourcen kommunizieren über standardisierte Schnittstellen unter Verwendung offengelegter Protokolle. Typische Beispiele sind die offenen Standards **MPI (Message Passing Interface)** und **PVM (Parallel Virtual Machine)** für die parallele Ausführung von Programmcode.
- Die Dienstgüte ist definiert und kann je nach Anforderung dynamisch angepasst werden. Zu den definierten Standards gehören auch Sicherheit und Integrität der Daten.

Ein Vorschlag für die Software-Architektur von Grid-Anwendungen ist die Open Grid Service Architecture, welche Grid-Ressourcen als Web-Services (→ 21.1.4) definiert.

Von **Cloud Computing** (→ 12.1.3, 13.4.3) spricht man hingegen, wenn nicht nur Rechenzeit, sondern auch die Datenverarbeitungs- und Speicherkapazität für bestimmte Anwendungen netzbasiert zur Verfügung gestellt wird. Dabei kann es sich z. B. um die allgemeinen Office-Dienste handeln. Dokumente werden nicht auf dem Rechner des Anwenders gehalten, sondern bei seinem Provider gespeichert. Auf den Servern der *Cloud* laufen auch die Programme, etwa Tabellenkalkulationen. Inzwischen gibt es auch mit Google Android ein Betriebssystem, das Kalender- und Navigationsdienste auf diese Weise anbietet. Die Idee des Cloud Computing ist deshalb wesentlich mit dem Aufkommen des Begriffes **App** verbunden – der, unsichtbar für den Nutzer, sich entweder auf eine Anwendung mit echter Funktionalität oder nur auf ein Frontend hierfür beziehen kann.

Unterschieden wird nach dem Service- und dem Liefermodell der *Cloud.* Nach der allgemein akzeptierten Definition des National Institute of Standards (NIST) handelt es sich um die Servicemodelle *Infrastructure as a Service* (**IaaS**), *Platform as a Service* (**PaaS**) und *Software as a Service* (**SaaS**) sowie vier Liefermodelle (*private clouds, community clouds, public clouds* und *hybrid clouds*). Sicherheits- und Urheberrechtsbedenken spielen eine große Rolle für die Akzeptanz der Cloud-Idee, ebenso aber erscheint vielen Anwendern die schiere Machtfülle mancher Internet-Konzerne inzwischen bedenklich zu sein.

11.5.4 E-Learning

> **E-Learning** umfasst das Angebot und die Vermittlung von Wissen mithilfe von elektronischen Medien.

Ein wesentlicher Erfolgsfaktor beim Lernen ist die soziale Interaktion mit einer Gruppe. Internetbasierte Lernangebote haben deshalb die mithilfe einer CD/DVD (**Computer Based Teaching, CBT**) lokal installierbaren Systeme zugunsten einer netzgestützten Lehre (**Web Based Teaching, WBT**) zurückgedrängt.

Stand der Technik ist daher das **Blended Learning**, bei welchem sich Präsenzphasen mit menschlichen Lehrern abwechseln mit Selbstlernphasen unter Verwendung komplexer Server-Systeme, sogenannter **Elektronischer Lernplattformen** (**Learning Management System, LMS**), die Lehrinhalte und Interaktionsmöglichkeiten via Inter- oder Intranet bereitstellen.

Eine solche Lernplattform weist die vier in Bild 11.5 dargestellten Komponenten auf:

- Eine Wissensbasis, die Informationen, Aufgaben und Lösungen zur Verfügung stellt.
- Eine Lehrerkomponente, die den Ablauf steuert.
- Eine Schülerkomponente, die den Fortschritt des Schülers anhand seiner Eingaben modelliert.
- Ein Dialogsystem, das die Präsentation und Interaktion mit dem Schüler regelt.

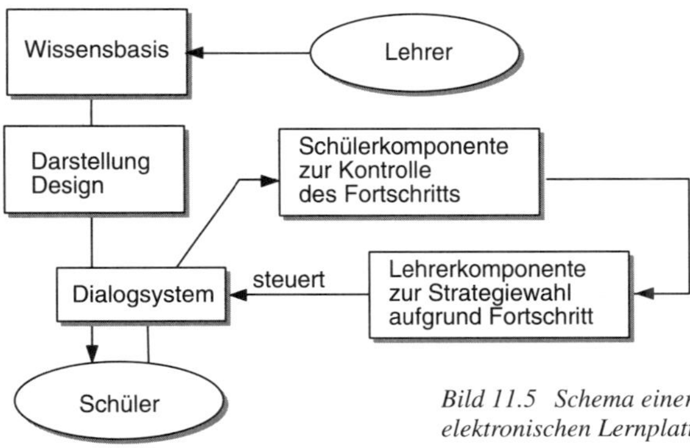

Bild 11.5 Schema einer elektronischen Lernplattform

Darüber hinaus ist in modernen E-Learning-Systemen meist noch eine komfortable Autorenumgebung enthalten, welche die Erstellung von Kursen unterstützt. Diese Autorenumgebungen sind jedoch in ihren Fähigkeiten sehr unterschiedlich.

Aufgrund der schnellen technologischen Entwicklung und des hohen Aufwandes für die Erstellung didaktisch ausgereifter Lerninhalte für diese LMS ist ein wesentliches Kriterium bei ihrer Auswahl die Unterstützung internationaler Standards für den Austausch solcher Lerninhalte. Hierbei ist insbesondere das **SCORM-Inhaltsmodell** hervorzuheben (Shareable Content Object Reference Model, /11.28/). Von erheblicher Bedeutung sind neben einer Vielzahl kommerzieller Lernplattformen auch Open Source-LMS, wie das in Deutschland entwickelte System ILIAS /11.27/.

Die neueste Entwicklung bei elektronischen Lernplattformen stattet die Lehrerkomponente mit weitgehenden didaktischen Fähigkeiten aus, die eine hochgradige Individualisierung des Lernprozesses ermöglichen. Hierzu wird Zugriff auf didaktische und fachliche Ontologien (→ 11.6.6) ebenso wie auf vordefinierte Kompetenzprofile genommen, didaktische Entscheidungen können dann durch eine semantische Komponente, den sogenannten „Reasoner" getroffen werden /11.25/. Die Vermischung von Informatikaspekten mit kognitiven Aspekten des Lernens hat dafür gesorgt, dass die Technik beim E-Learning ihre dominante Rolle zugunsten einer integrierten Betrachtung verloren hat. Obwohl heute Computer aus keinem Bildungsbereich mehr wegzudenken sind, muss ihre Anwendung deshalb einfach und transparent (im Sinne von „unsichtbar" erfolgen. An das Design von Benutzungsoberflächen beim E-Learning werden deshalb hohe Anforderungen gestellt /11.26/ (→ 16). Wenn diese Anforderungen erfüllt sind, bietet E-Learning erhebliche Vorteile: Neben dem zeitlich und räumlich flexiblen Zugang zu Lerninhalten, ihrer beliebigen Vernetzung miteinander und mit anderen Informationsquellen ist hierbei vor allem die fortlaufende Erfolgsmessung im Sinne einer formativen und summativen Evaluation des Lernerfolges zu nennen. Dies geschieht in der Regel durch die Einbindung von elektronischen Tests in die Lernplattform. Ausführliche Erfolgsmessungen zeigen, dass bei Beachtung aller Randbedingungen der Lernerfolg in ganz unterschiedlichen Bereichen deutlich höher ist, als bei traditionellen Lernangeboten /11.16/.

11.6 World Wide Web

Das World Wide Web (oder **WWW**, kurz: Web) entstand 1989. Es geht zurück auf die Idee von TIM BERNERS-LEE und ROBERT CAILLEAU, die damit die wissenschaftliche Dokumentenflut des CERN in den menschlichen Griff bekommen wollten.

Das WWW besteht aus **Web-Seiten**, auf welchen den Endbenutzern (Web-„Surfern") textuelle Informationen geboten werden, die mit Grafiken und auch anderen Mediendaten durchsetzt sind. Diese Web-Seiten sind miteinander durch **Links** verkoppelt, die eine schnelle Navigation von einer zur anderen Web-Seite erlauben. Die Kombination mehrerer Web-Seiten in einer gemeinsamen logischen Struktur heißt eine **Web-Site**.

Das WWW wird vom W3C bzw. W3-Consortium betreut. Dies ist ein 1994 gegründetes internationales Industriekonsortium, welches mit der Weiterentwicklung von Standards und der Normierung im World Wide Web befasst ist /11.14/.

Das W3C steht unter gemeinsamer Leitung des Massachusetts Institute of Technology Laboratory for Computer Science (MIT/LCS), des europäischen Institut National de Recherche en Informatique et en Automatique (INRIA) und der Keio University in Japan.

11.6.1 Technologie

Die Web-Seiten werden im WWW durch **Web-Server** zur Verfügung gestellt. Dies sind Programmsysteme, welche die intern gespeicherten Seiten durch andere Internet-Hosts abrufbar machen.

Aus seinen lokalen Anfängen hat sich das WWW dramatisch entwickelt, es bietet dem Informationssuchenden zu Beginn des Jahres 2011 ca. 290 Millionen registrierte Web-Server mit Informationen (→ Bild 11.6).

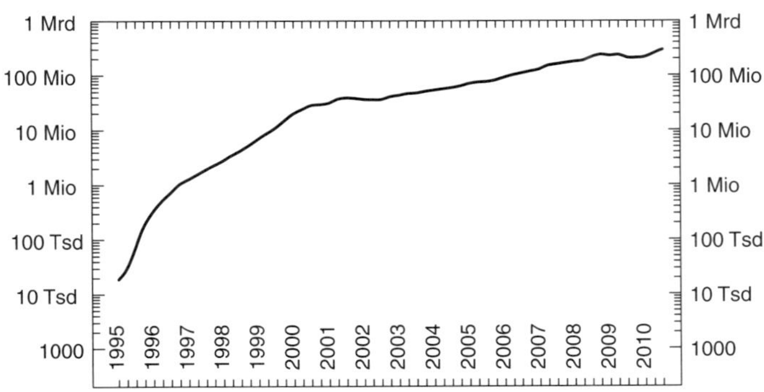

Bild 11.6 Anzahl der weltweit adressierbaren Webserver (über alle Domains), gemessen alle drei Monate (Beginn August 1995) /11.13/

Umfang. Aktuelle verlässliche Angaben über das Datenvolumen des WWW sind nicht bekannt, auch die Zählung der Webserver weist aufgrund von Serverkonsolidierungen starke Schwankungen auf. Zu Beginn des Jahres 2003 wurde das Datenvolumen auf etwa 40 TByte geschätzt, die Anzahl seiner Benutzer lag bei 1 Milliarde Menschen. 2010 waren allein beim Dienst Facebook (→ 11.6.5) mehr als 500 Millionen aktive Benutzer registriert.

Struktur. Nach einer Untersuchung des Office for Technology Assessment OTA aus dem Jahr 1997 betrug die durchschnittliche Lebensdauer einer Datenseite im WWW etwa 43 Tage. Ende 1999 waren zwei durchschnittliche

Seiten im WWW nur 19 Hyperlinks voneinander entfernt. Obwohl auch hier aktuelle Daten nicht vorliegen, kann mit Sicherheit gesagt werden: Das WWW ist damit nicht nur die größte Informationsbibliothek, die jemals Menschen zur Verfügung gestanden hat, sondern auch noch von einer Informationsdichte, die mit anderen Medien nicht erreicht werden kann.

Das WWW weist jedoch keine homogene informationelle Struktur auf, sondern zerfällt in zahlreiche nur locker verlinkte Bereiche.

Die Endbenutzer betrachten die Web-Seiten durch **Web-Browser** (WWW-Browser), die per Hypertext Transfer Protocol HTTP die Seiten vom Server anfordern, die gelieferte Hypertext Markup Language HTML interpretieren und zusammen mit Mediendaten (z. B. Bildern) zur Anzeige bringen.

Nachdem die Szene über Jahre hinweg durch den „Browser-Krieg" zwischen den Firmen Microsoft und Netscape dominiert wurde, hat sich nach der Veröffentlichung des Netscape-Codes (inzwischen Firefox) eine Vielzahl von Open-Source-Entwicklungen ergeben, die seitdem die technologische Richtung maßgeblich beeinflussen.

Die Veröffentlichung des Browsers Chrome durch den Internet-Konzern Google hat diese Situation erneut verändert (→ Tabelle 11.7)

Tabelle 11.7 Aktuelle Browser und ihre Verbreitung zum Jahresende 2009 /11.9/

Browser	Firefox	Internet-Explorer	Safari	Opera	Chrome
Version	≤ 3.6	≤ 8.0			
Marktanteil	46,1 %	44,5 %	4,4 %	2,7 %	2,3 %

Moderne Browser zeichnen sich durch eine klare Plugin-Architektur aus, die Erweiterungen zur Anzeige oder zum Abspielen spezieller Datenformate aufnehmen kann.

Zur Verringerung des Datenvolumens und zur subjektiven Beschleunigung des Zugriffs kommen beim Web-Zugriff aus geschlossenen Subnetzen heraus noch so genannte **Proxy-Server** (→ 14.4.2) zum Einsatz. Diese sorgen für ein lokales Caching der angeforderten Web-Seiten.

11.6.2 HTML

HTML (Hypertext Markup Language) ist ein System zur Markierung von Textdokumenten durch Anweisungen an ein Formatierungsprogramm, einen **Web-Browser**. Diese Anweisungen, die so genannten **Tags** werden im Text durch den Einschluss in spitze Klammern gekennzeichnet.

Die Tags weisen den Browser an, Textattribute umzustellen, z. B. Fettdruck einzuleiten, und spezielle Arten der Textformatierung (z. B. Tabellen) zu generieren. Darüber hinaus können bei einer grafischen Benutzeroberfläche des Browsers bestimmte Stellen für Mausklicks oder Texteingaben aktiviert werden sowie andere Dokumente (Texte, Grafiken, Klänge, Video, ..., → 2.6) eingebunden werden /11.14/, /11.15/.

Diese Dokumente müssen nicht lokal vorhanden sein, sondern können an beliebigen Punkten des World Wide Web liegen. Ein solcher Verweis wird als **Link** bezeichnet. Das World Wide Web bildet demnach ein semantisches Netz oder **Hypertextsystem**.

❑ *Beispiel*: Das Tag

```
<A HREF="seite.html">Klicke hier !</A>
```

erzeugt einen Link, der beim Anklicken der Worte das Dokument seite.html in den Browser lädt.

```
<!DOCTYPE HTML PUBLIC
        "-//W3C//DTD HTML  4.0//EN"
        "http://www.w3.org/TR/REC-html40/strict.dtd">
<HTML>
<HEAD>
<TITLE> Hier steht der Titel des Dokumentes</TITLE>
</HEAD>
<BODY>
Hier folgt der Dokumentenkörper
</BODY>
</HTML>
```

Bild 11.7 HTML-Minimaldokument

► *Hinweis*: HTML lag zuletzt in der Spezifikation 4.01 vor (als Recommendation des W3C datiert auf den 24.12.1999). Seit 2000 propagiert das W3C den Ersatz durch **XHTML**. Dabei handelt es sich um eine Reformulierung von HTML 4.01 in XML (→ 2.6.3), die eine Modularisierung und Erweiterung beinhaltet. Nach aktueller Lesart ist HTML deshalb eine XML-Anwendung. Seit dem 23.11.2010 gilt die Spezifikation XHTML 1.1.

Die nachfolgende Spezifikation **HTML 5.0** existiert bisher nur als W3C Working Draft (vom 13.1.2011). Sie ergänzt (X)HTML im Wesentlichen um strukturierende und Medien-Elemente und führt es noch näher an XML heran. Spezielle XML-Auszeichnungssprachen (→ 11.6.3) werden damit in entsprechende Browser integriert. Von den in Tabelle 21.7 gelisteten Browsern unterstützen bisher lediglich Safari und Opera Teile von HTML 5.0.

Die Manipulation von Web-Seiten durch externe Programme wird als **Dynamic HTML (DHTML)** bezeichnet. Nach offizieller Lesart des W3C gehören zu DHTML drei Bestandteile: HTML/XHTML selbst, dann die Cascading Style Sheets und schließlich JavaScript/ECMAScript.

► *Hinweis*: Im erweiterten Sprachgebrauch wird auch die Erzeugung von HTML-Dokumenten erst im Augenblick ihres Aufrufes (z. B. durch Zugriff auf eine Datenbank) als DHTML bezeichnet.

Mit Style Sheets (oder CSS, Cascading Style Sheets) lassen sich Textattribute (Schriftart und -größe, Farbe etc.) und sonstige Darstellungsattribute zu Klassen zusammenfassen, die in HTML-Dokumenten dann nur noch mit ihrem Klassennamen referenziert werden. Auch können die Darstellungsattribute von HTML-Tags geändert werden /11.14/.

❑ *Beispiel*: In der Datei style.css steht die Zeile

```
h1{font-family: Arial; font-size: 24 pt}
```

Sie wird in einer HTML-Datei eingebunden durch das Tag

```
<LINK REL="stylesheet" TYPE="text/css" HREF="style.css">
```

und sorgt dafür, dass ein Web-Browser die Inhalte des Tags

```
<H1>Anwendungen im Internet</H1>
```

in der Schriftartfamilie Arial, roter Farbe und einer Schriftgröße von 24 Punkt darstellt.

11.6.3 XML-Anwendungen

XML-Anwendungen sind Auszeichnungssprachen, die unter Verwendung der Regeln der **eXtensible Markup Language XML** (→ 2.6.3) erstellt worden sind.

In Internet- und Web-Anwendungen spielen diese eine erhebliche Rolle, weil sie die semantisch reiche Annotation von Medienelementen ermöglichen (Semantic Web, → 11.6.6). Bei der Weiterentwicklung des WWW wird deshalb immer mehr auf XML gesetzt. Als wichtig für die Darstellung haben sich insbesondere erwiesen:

- **MML (Math Markup Language)** zur Darstellung mathematischer Formeln, wahrscheinlicher Bestandteil von HTML.
- **SVG (Scalable Vector Graphics)**, zur auflösungsunabhängigen Weitergabe von Grafiken, derzeit verfügen nur die Browser Firefox und Opera über gute SVG-Renderer

- **X3D** und **COLLADA** zur Darstellung von 3D-Daten. Hierfür sind derzeit noch Plugins bzw. externe Anzeigeprogramme nötig.

Auch die Konfiguration der meisten Browser erfolgt inzwischen durch XML-Anwendungen.

11.6.4 Suchmaschinen

Da der Nutzen eines Datenbestandes wie des WWW erst durch seine thematische Klassifikation erschlossen wird, sind bereits sehr frühzeitig in der Entwicklung des Internet so genannte Suchmaschinen aufgetaucht.

Bei einer **Suchmaschine** handelt es sich um einen Internet-Host, der in der Regel automatisch (als so genannter *Bot* oder *Spider*) alle erreichbaren Web-Seiten nacheinander durchsucht und sie nach einer bestimmten Regel (z. B. ihrer Relevanz) klassifiziert.

Das Ergebnis wird in einem Index abgelegt. Eine Anfrage bei der Suchmaschine mit einem oder mehreren Stichworten ergibt dann eine nach der angenommenen Relevanz geordnete Liste von Einträgen, die Verweise auf die zugehörigen Web-Seiten darstellen.

11

Für die Ermittlung der Relevanz und damit Sortierung der Ergebnisse sind verschiedene Algorithmen denkbar, z. B. die Häufigkeit des Vorkommens der Stichworte auf einer Seite. Die größte und populärste Suchmaschine **Google** verwendet einen nicht veröffentlichten Algorithmus, in den unter anderem eingehen:

- der *Page Rank* der indizierten Seite. Dieser ergibt sich aus der Anzahl der darauf verweisenden WWW-Links und den *Page Ranks* der verlinkenden Seiten.
- der Text, mit dem eine verlinkende Seite auf die gesuchte Seite verweist. Wird der gleiche Text mehrfach verwendet, erfolgt eine Höherstufung der Relevanz des Link-Ziels (Target).

Wesentliche technische Kriterien für den Erfolg einer Suchmaschine sind die Schnelligkeit einer Antwort (unter 0,5 Sekunden für Google), die Größe des indizierten Seitenpools ($>$ 8 Milliarden im Jahr 2004 bei Google, seitdem nicht mehr eindeutig zählbar) und die Skalierbarkeit des Systems unter hoher Belastung (exzellent bei Google durch Unterbringung auf PC-Clustern, $\rightarrow$ 3.6.3). Im Jahr 2010 wurden deshalb 80 % aller WWW-Suchanfragen über Google abgewickelt.

Wesentliches inhaltliches Kriterium für den Erfolg ist die Übereinstimmung der Ergebnisreihenfolge mit der als *Satisficing* bezeichneten menschlichen Suchstrategie bei großer Informationsmenge.

11.6.5 Web 2.0

Unter dem Begriff **Web 2.0** sind verschiedene Anwendungen im WWW zusammengefasst, die deutlich über die Präsentation statischer oder dynamischer Informationsseiten hinausgehen. Damit ist ein Paradigmenwechsel verbunden in der Betrachtung des Internet, und zwar vom Veröffentlichungsmedium zum Teilnahmemedium.

Dabei wird keineswegs neue Technologie verwendet, sondern die entsprechende Software stand bereits in den 1990er-Jahren zur Verfügung. Neu ist lediglich ihre massenhafte Anwendung durch die immer größer werdende Anzahl von Privatnutzern des Internet mit Breitbandanschlüssen.

Im Zentrum des Paradigmenwechsels steht Software zur sozialen Interaktion von Menschen, in weitestem Sinne also zum informellen Lernen voneinander. Das Entstehen solcher Online-Communities wurde 1968 von J. C. R. LICKLIDER vorhergesagt. Allerdings setzt sich erst seit ca. 2006 die Erkenntnis durch, dass dies tatsächlich auch kommerziell von erheblicher Bedeutung sein wird.

Zu den wesentlichen so genannten Web-2.0-Anwendungen gehören die folgenden Dienste (→ 21.3.3):

Tauschbörsen

Während der Download von Software oder Musik aus dem Internet schon lange Tradition hat, gibt es seit ca. 2000 Dienste, bei denen eine direkte Verbindung zwischen zwei verschiedenen Endnutzern den *Peer-to-Peer*-Austausch von Daten ermöglicht (→ 12.5). Ein Vorläufer war die Tauschbörse Napster, die zeitweise ca. 38 Millionen Mitglieder hatte.

Internet-Auktionshäuser

Obwohl solche Dienste wie z. B. eBay den Charakter eines reinen Flohmarktes zugunsten einer stärkeren Kommerzialisierung verloren haben, stellen sie immer noch für viele Internet-Nutzer einen Einstieg in die Welt der Online-Communities dar.

Wikis

Wikis sind durch jeden Betrachter editierbare Wissenssammlungen, oft zu speziellen Themen. Es gibt sie sowohl im öffentlichen Internet, als auch in Firmennetzen (Intranet, → 11.1). Wikis werden in der Regel einer dezentralen Qualitätssicherung durch Moderatoren unterworfen. Sie stellen inzwischen einen wesentlichen Beitrag zum informellen Lernen und zum Wissensmanagement dar. Von besonderer Bedeutung ist die **Wikipedia** als große Online-Enzyklopädie. Jüngste Untersuchungen haben ergeben, dass diese ungeplant entstandene Enzyklopädie in ihrer semantischen Struktur wesentliche

Aspekte unseres Weltwissens abbildet (Semantic Web, → 11.6.6), allerdings haben viele Einzelbeiträge nach wie vor eine eher schlechte Datenqualität und sollten deshalb im Wissenschaftsbetrieb eher nicht zitiert werden.

Social Networks und Communities

Das größte dieser Systeme ist *Facebook* /11.22/, mit mehr als 500 Millionen aktiven Nutzern (Stand Juli 2010). Hier werden persönliche, politische oder geschäftliche Inhalte, sowie Bilder und Links mit anderen Nutzern ausgetauscht, die per Mausklick in den eigenen „Freundeskreis" aufgenommen wurden. Subjektiv entsteht für die bereffenden Freundeskreise deshalb ein Gefühl der Privatheit – klar im Widerspruch zu den Fakten. Die Entwicklung des Internet zu einem sozialen Faktor mit globaler Bedeutung ist in erheblichem Maße auf diese sozialen Netzwerke zurückzuführen. Problematisch ist das geringe Bewusstsein vieler Nutzer dafür, dass die hier veröffentlichten Daten nicht mehr ihrer Kontrolle unterliegen und deshalb leicht zu missbrauchen sind.

Geodienste

Inzwischen sind zahlreiche Karten- und Navigationsinformationen im Internet frei abrufbar. Sie beruhen teilweise auf ehemals kommerziellen Quellen, teilweise wurden sie (z. B. im Open Streetmap-Projekt /11.23/) durch Enthusiasten privat gesammelt. Die Verfügbarkeit von extrem billigen GPS-Empfängern ist der Grund hierfür, ebenso wie für die zunehmende Identifikation von digitalem Fotomaterial mit den Geokoordinaten der Aufnahme (*Geotagging* bzw. *Reverse Geotagging*). Mittelfristig ist davon auszugehen, dass der Mehrwert solcher Dienste für die private und kommerzielle Nutzung sie zu einem wesentlichen Bestandteil des Semantic Web (→ 11.6.6) machen wird.

Blogs

Dabei handelt es sich um öffentlich geführte persönliche Tagebücher. Je nach Informiertheit und Stellung des Autors können diese für bestimmte Benutzergruppen einen hohen Informationswert besitzen. Der Anstieg der Blog-Nutzung wird für das enorme Wachstum des WWW im Jahr 2006 verantwortlich gemacht (→ 11.6.1).

Foto- und Videoportale

Das größte Videoportal ist *Youtube* /11.24/, seit 2006 im Besitz des Internet-Konzerns Google. Nutzer können hier beliebige Videocliops hochladen und das von anderen hochgeladene Material ansehen. Ende 2010 wurden weltweit pro Minute ca. 35 Stunden Videomaterial auf Youtube hochgeladen, 2007 erzeugte Youtube-Verkehr etwa 10 % des gesamten Datenverkehrs im Internet. Derzeit sind Datenvolumen und Verkehrsvolumen des Gesamtportals kaum noch abschätzbar. Wichtige Fragen des Urheberrechts und des Medienschutzes (→ 15) sind mit diesem Thema verknüpft.

Internet-Konzerne

Das Aufkommen von Internet-Konzernen wie *Google* ist maßgeblich auf die massenhafte Einstellung von Daten durch Internet-Nutzer zurückzuführen. Neben der Suchmaschine Google und dem Videoportal Youtube betreibt der Konzern auch Geodatendienste wie Google Maps, Google Streetview und Google Earth, den Übersetzungsautomaten Google Translations und Cloud-Dienste (→ 11.5.3). Diese Entwicklung wird von vielen Bürgern inzwischen kritisch gesehen, weil sie eine bisher noch nie dagewesene kulturelle und technologische Macht in die Hände von wenigen Personen legt.

11.6.6 Semantic Web

Unter dem Begriff **Semantic Web** wird eine Vielzahl von Technologien zusammengefasst, bei der die öffentlich zugänglichen Daten des WWW mit semantischen (Bedeutung tragenden) Annotationen versehen werden.

Basistechnologie des Semantic Web ist die eXtensible Markup Language XML (→ 2.6.3) zur Strukturierung von Inhalten. Darauf werden zunächst **Metadaten** aufgesetzt, welche eine Klassifikation des Inhalts ermöglichen.

Diese Klassifikation kann aus verschiedenen semantischen Sichten (Semantic Views) erfolgen, wie sie etwa im Hypertext Design Model als so genannte Units verankert sind. Für ein komplexes multimediales Dokument könnten dies z. B. thematische Sicht, physikalische Sicht, visuelle Sicht und auditive Sicht sein.

Zum Unterbringen der Metadaten in den Dokumenten gibt es eine Vielzahl von Standards. Von großer Wichtigkeit ist das Multimedia Content Description Interface **MPEG-7** (ISO/IEC 15 938), welches eine Hierarchie von Beschreibungsebenen für multimediale Dokumente festlegt.

Die meisten dieser Metadatenstandards sind Sammlungen von **Attribut-Wert-Paaren**, die ggf. noch hierarchisch organisiert werden. Eine reichhaltigere Struktur zur Inhaltsbeschreibung wird durch das **Resource Description Framework RDF** geliefert.

In RDF erfolgt die Klassifikation von Inhalten durch Subjekt-Prädikat-Objekt-Beziehungen (die natürlich auch wieder auf einfache Attribut-Wert-Paare abbildbar sind). RDF ist somit eine Erweiterung des einfachen **Link-**Begriffes (→ 11.6.2) aus dem WWW, indem die Beziehung zwischen Objekten (z. B. Web-Seiten) selbst wieder der Klassifikation unterliegt.

Meist wird eine XML-Implementation des RDF verwendet. Das W3C hat auch die Basistechnologie XML selbst mit den entsprechenden Sprachelementen Xlink und Xpointer versehen, um klassifzierte Links zwischen Inhalten abzubilden.

Die oberste Schicht des Semantic Web sollen schließlich so genannte Ontologien bilden.

> Eine **Ontologie** ist eine in sich konsistente Sammlung von Begriffen und ihren Relationen untereinander, also die formale Spezifikation einer Konzeptbildung.

Als formale Sprache zur Definition solcher Ontologien hat sich die **Ontology Web Language OWL** etabliert, eine XML-Anwendung (→ 2.6.3). Erste Anwendungen, die auf solchen Ontologien beruhen, sind bereits im Netz zu finden: Intelligente Suchmaschinen, automatische Indizierer für Texte sowie Systeme für die maschinelle Schlussfolgerung (machine based reasoning) finden zunehmende Verbreitung. Von erheblicher Bedeutung für das Semantic Web wird die Verknüpfung von Daten mit raumzeitlichen (Geo-)Koordinaten sein (→ 11.6.5).

11.7 Sicherheit im Internet

Durch seine globale Natur stellt das Internet eine Gefahr für die Integrität der angeschlossenen Computersysteme dar. Da heute wesentliche Bestandteile einer modernen Volkswirtschaft nur unter Einsatz von Computern funktionieren, können internetbasierte Angriffe auf Computersysteme in ihrem Schadensrisiko kaum hoch genug eingeschätzt werden (→ 14, 15).

11.7.1 Viren, Würmer und Trojaner

Die häufigsten Angriffe erfolgen durch maligne Programme, die von „Crackern“ freigesetzt werden. Obwohl eine scharfe Abgrenzung nicht möglich ist, unterscheidet man grob drei Typen /11.17/ (→ 14.2.4).

- Als **Viren** werden Programme bezeichnet, die sich als Bestandteil von Anwendungsdaten installiert haben und sich bei deren Verwendung in weitere Anwendungsdaten hineinkopieren. Die Vermehrung ist somit eher passiv, sie erfordert das Ausführen von Code durch den Benutzer. Die Verbreitung geschieht über den Versand bzw. das Kopieren von Dateien. Vielfach üben die Viren darüber hinaus Schadfunktionen aus, z. B. das Löschen von Dateien zu einem bestimmten Datum.
- Als **Würmer** werden Programme bezeichnet, die sich aktiv vermehren und ihre Verbreitung – z. B. durch Übernahme des Mail-Systems – selbst in die

Wege leiten. Ihre Vermehrungsrate und der potenzielle volkswirtschaftliche Schaden sind deshalb höher als bei Viren.

- **Trojaner** (Trojanische Pferde) sind Programme, die sich auf dem befallenen Computer einnisten und dort selbstständig im Hintergrund schädliche Operationen ausführen, jedoch die Daten selbst nicht beschädigen. Eine Schädigung erfolgt z. B. durch Anruf kostenpflichtiger Telefonnummern mit so genannten Dialern, das Ausspähen von Passwörtern oder einfach die illegale Nutzung der Computerressourcen durch Dritte.

Für solche Schädlinge gibt es drei Haupteinfallstore:

1. Anwendungen, die auf Daten an bestimmten TCP/IP-Ports lauschen und – durch fehlerhafte Programmierung – nicht gegen die Überflutung dieser Ports gesichert sind. Beispielsweise kann dann durch Buffer Overflows die betroffene Anwendung dazu gebracht werden, nahezu beliebigen Binärcode auszuführen. Hierunter fallen vielfach die Sicherheitslücken in Web-Browsern. Zur Abwehr erfolgt z. B. die Sicherung aller TCP/IP-Ports gegen das Einlaufen von unerwünschten Datenpaketen.
2. Das Ausführen von „infiziertem" Code auf dem eigenen Computer, indem Anhänge von E-Mails „geöffnet", d. h. als Daten an vorhandende Anwendungen übergeben werden. Zur Abwehr erfolgt das Absuchen aller einlaufenden E-Mails und sonstiger Daten auf maligne Programme durch einen **Viren-Scanner**. Ferner sollte zur Sicherheit das Ausführen von fremden per E-Mail oder HTTP auf den eigenen Rechner gelangten Programmen auf das absolute Minimum beschränkt werden.
3. Die Ausführung „normaler" Benutzeraufgaben – z. B. Surfen im Internet, Lesen von E-Mails, Bearbeitung von Dokumenten – unter Benutzung eines Benutzeraccounts mit speziellen Rechten, d. h. als Administrator. Dies kann durch entsprechende Konfiguration der Accounts oder Verwendung eines Betriebssystems mit klar geregelter Rechtevergabe vermieden werden.

► *Hinweis*: Insbesondere der zweite Punkt ist schwierig zu befolgen, da heute eine Vielzahl von Anwendungen verteilten Charakter hat, d. h. möglicherweise sogar ohne Kenntnis des Benutzers via Internet auf entfernte Rechner zugreift.

11.7.2 Andere Angriffsszenarien

Denial-of-Service DoS

Dabei handelt es sich um einen Angriff, bei welchem Internet-Hosts (z. B. Web-Server) durch eine Flut von Anfragen (z. B. HTTP-Requests) so stark beschäftigt werden, dass sie anderen Benutzern nicht mehr zur Verfügung stehen oder gar vollständig abstürzen. Abwehrstrategie: aktuelle TCP/IP Protocol Stacks (→ Bild 11.2) verwenden.

Portscan

Dabei wird innerhalb kurzer Zeit an eine Vielzahl von UDP/TCP-Ports eines Hosts (→ 10.4.1, 10.4.2) eine Anfrage geschickt, ob unter diesem Port ein Service aktiv ist, der dann gezielt angegriffen wird. Dies kann zur Erkennung eines Angriffs dienen. Abwehrstrategie: nur die Ports aktivieren, die wirklich benötigt werden.

Social Engineering und Phishing

Hierbei werden telefonisch oder per E-Mail verlockende Angebote gemacht oder Hilfestellungen nachgefragt, in der Hoffnung, dem Angegriffenen hierbei persönliche Daten, Passwörter oder gar direkte Geldzahlungen zu entlocken.

11.7.3 Abwehrszenarien

Nach dem Stand der Technik besteht der Schutz vor Angriffen aus dem Internet in der Installation einer Firewall (→ 14.4.2), die den oder die gefährdeten Computer vom Internet separiert.

Eine **Firewall** besteht aus einem Programm bzw. einem oder mehreren Rechnern, die TCP/IP-Pakete zwischen einem unsicheren (äußeren) Netz und einem sicheren (inneren) Netz nur dann durchlassen, wenn diese bestimmten Regeln entsprechen (Port-Nummer, Ziel- oder Quellrechner). Die Firewall muss für zulässige Pakete transparent sein bzw. die Funktion eines Proxy-Servers (→ 14.4.2) wahrnehmen.

► *Hinweis*: Die einfachste Form der Firewall besteht aus einem Programm, welches auf dem gefährdeten Rechner selbst läuft. Sicherer ist die Verwendung einer speziellen Hardware, die z. B. in modernen DSL-Routern integriert ist. Zur Absicherung von Unternehmensnetzwerken besteht eine Firewall oft aus zwei Rechnern mit dazwischenliegender *demilitarisierter Zone* (DMZ), in welcher z. B. Web-Server stehen können.

Für Firmen mit einem Zugang zum Internet oder gar einem eigenen Intranet ist darüber hinaus die Festlegung einer Sicherheitsstrategie notwendig („Welche Daten sind wie wichtig und wie gefährdet?") und die Einrichtung eines **Computer Emergency Response Teams CERT** sinnvoll. Es wird ferner empfohlen, auf öffentliche Bekanntmachungen solcher CERT zu achten /11.18/.

SOCKets Secure – SOCKS

SOCKS ist ein Verfahren zur Absicherung von IP-Kommunikation durch Authentifikation bei einem zentralen Socks-Server.

Secure HTTP – SHTTP

SHTTP ist eine Variante des Hypertext-Transfer-Protokolls, bei welcher die Request/Response-Paare in der Anwendungsschicht verschlüsselt werden.

Client und Server handeln dabei einen geeigneten kryptographischen Algorithmus aus (→ 14.3). Die URL der Web-Seite beginnt mit shttp://.

Secure Sockets Layer SSL

Bei Web-Seiten mit einer Adresse https:// wird Secure Sockets Layer SSL verwendet. Die Verschlüsselung erfolgt hierbei durch eine neue Schicht im Netzwerkmodell *unterhalb* der Anwendungsschicht, jedoch oberhalb der TCP/IP-Netzwerkebene (→ 14.3.1.6).

SSL wurde zunächst von Netscape entwickelt, inzwischen aber von der IETF unter der Bezeichnung TLS (Transport Layer Security) standardisiert. SSL bzw. TLS erfüllt zwischen jeweils einem Client (i. Allg. einem Web-Browser) und einem (Web-)Server die folgenden Aufgaben:

- Server-Authentifikation erlaubt einem Benutzer mit entsprechend ausgerüsteter Client-Software, das Zertifikat und damit den öffentlichen Schlüssel eines Servers zu überprüfen, indem der Unterzeichner des Zertifikates mit der im Client gespeicherten Liste vertrauenswürdiger Zertifizierungsstellen (CA) verglichen wird.
- Client-Authentifikation erlaubt einem Server mit entsprechender Software, das Zertifikat und den öffentlichen Schlüssel eines Benutzers zu überprüfen.
- Verschlüsselung durch eines von mehreren zulässigen Verfahren, welches zwischen Client und Server ausgehandelt wird. Zu einer solchen Cipher Suite zählen ein Public Key System (PKS), ein symmetrisches Verschlüsselungsverfahren und eine kryptographische Hash-Funktion (→ 14.3).

Die verhandelbaren Verschlüsselungsverfahren können vom Systemadministrator separat für Client und Server definiert werden, sodass z. B. zu schwache Algorithmen (40-Bit-DES) ausgeschlossen werden können.

► *Hinweis*: Bestandteil des **SSL Handshake Protocol** ist die automatische Auswahl der stärksten, für beide Partner möglichen Cipher Suite. Für Browser, die auf den europäischen Markt gelangen, sind das möglicherweise aufgrund der US-Gesetzeslage bei Auslieferung nur schwache Cipher-Suites, die demnach US-amerikanischen Regierungsstellen ein eventuelles Abhören der Kommunikation ermöglichen. Starke kryptographische Verfahren sind aber durchaus in die Browser eingebaut und lediglich durch ein paar Sperrbits deaktiviert. Sie können durch einfache Programme oder durch spezielle Systembibliotheken (erhältlich beim Hersteller) auf starke Verschlüsselung ausgebaut werden. Die Anwendung dieser Programme und somit Modifikation der Browser ist nicht gesetzeswidrig, auch die Anwendung der modifizierten Browser nicht. Es wird empfohlen, die Stärke der Verschlüsselung des eigenen Web-Browsers durch Abfrage einer Testseite zu überprüfen /11.19/.

11.8 Client-Server-Technologie im Internet

► *Hinweis*: Alle gängigen Web-Browser mit grafischer Oberfläche sind in der Lage, Java und JavaScript zu verarbeiten.

Weitere Script-Sprachen für die Verwendung in Web-Browsern sind herstellerspezifisch definiert, z. B. VBScript.

Java ist eine objektorientierte Programmiersprache mit dem Paradigma „Write Once, Run Everywhere" (→ 7.3). Sie erlaubt die Erstellung von Java-Applets (→ 7.3.1), d. h. vorcompilierten Programmen ohne Laufzeitumgebung, die im Browser dann innerhalb einer Sandbox genannten sicheren Laufzeitumgebung interpretiert werden.

JavaScript ist eine objektbasierte Skriptsprache für Web-Anwendungen, sie heißt bei Browsern des Herstellers Microsoft JScript. **ECMAScript** ist eine von der ECMA als ECMA-262 standardisierte Variante von JavaScript (→ 7.6.3) /11.15/.

JavaScript-Code wird meist direkt in HTML-Code eingebettet, die Interpretation des Codes erfolgt im Web-Browser. JavaScript enthält ein einfaches Event-Handling, welches auf Web-Seiten die Reaktion auf Mausbewegungen etc. ermöglicht. JavaScript stellt also eine Möglichkeit dar, Interaktivität von Web-Seiten zu realisieren.

Durch den Zugriff auf **Browser-Objekte** ermöglicht JavaScript die weitgehende Fernsteuerung von Browserfunktionen durch HTML-Seiten.

Durch den Zugriff auf die öffentlichen Parameter von Java-Applets ermöglicht JavaScript, solche Applets miteinander und mit reinen HTML-Daten zu verknüpfen, also die Wiederverwendung von Code auf der Ebene von Java-Applets.

Eine deutliche Neubelebung der JavaScript-Nutzung ergab sich durch die Technologie **Asynchronous JavaScript and XML** (**AJAX**, → 12.3.3.4). Sie ermöglicht, aus JavaScript heraus asynchrone XMLHTTP-Requests (d. h. HTTP-Requests, die XML-Daten enthalten) an einen Server zu senden und somit einen Teil-Update einer angezeigten Web-Seite durchzuführen.

Cookies

Cookies sind Zeichenfolgen, die vom Web-Server per HTTP an den Web-Browser gesendet und dort in einer Datenbank abgelegt werden.

Diese Cookies können vom betreffenden Web-Server auch wieder angefordert werden. Einerseits kann dadurch eine Zustandsspeicherung des Dialoges zwischen Browser und Server erfolgen. Andererseits hat der Web-„Surfer" keine inhaltliche Kontrolle der bei ihm abgelegten Daten. Kommerzielle Anbieter werten Cookies aus, um Interessenprofile von Endbenutzern zu erstellen.

Apache

Das Freeware-Programm Apache stellt ca. 2/3 aller weltweit eingesetzten Web-Server /11.20/, /11.21/. Es ist modular aufgebaut, wird ständig verbessert ist hervorragend dokumentiert.

> **Server Side Includes** sind HTML-Codefragmente, die beim Apache Web-Server durch den serverseitigen Aufruf von Modulen erzeugt und an Ort und Stelle in ein HTML-Dokument eingebunden werden.

Common Gateway Interface CGI

CGI ist eine bei allen Web-Servern vorhandene Schnittstelle zum Aufruf externer Programme. Diese externen Programme liefern in den meisten Fällen HTML-Code zurück, d. h. textuelle Daten in der Hypertext Markup Language. CGI wird nach folgendem Schema benutzt (→ Bild 11.8):

- Auf einer Web-Seite befindet sich ein Formular, in dessen Textfelder Daten eingetragen werden und dessen Radio-Buttons und Checkboxes ausgewählt werden. Anschließend klickt der Endbenutzer den vorhandenen „submit"-Button an.
- Der Web-Browser sendet die Daten als HTTP-Request an einen Web-Server. Dieser reicht die erhaltenen Parameter-Wert-Paare an das spezifizierte

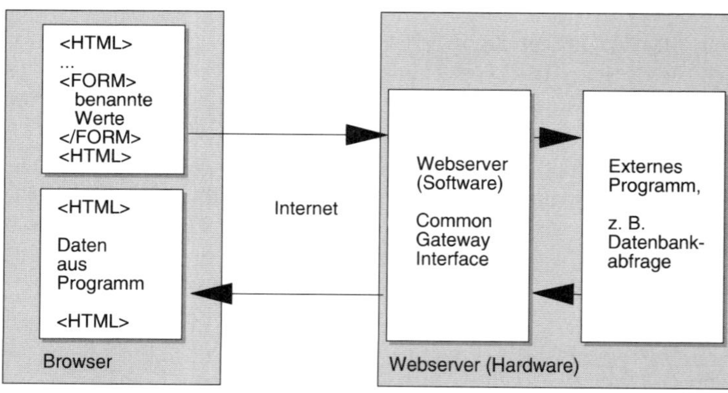

Bild 11.8 Ausführungsschema von CGI-Programmen

Programm weiter, dessen Ausgabe wird zurück an den Web-Browser gesendet.

Das Senden der Daten aus dem Formular an den Web-Server geschieht im **URL-codierten Format**.

- Die gesamte URL beginnt mit der URL des Verarbeitungsprogramms, z. B.:

```
<FORM METHOD="post"
     ACTION="http://www.server.de/cgi-bin/cgitest"
```

- Zugehörige Daten des Requests, z. B. die im Formular enthaltenen ATTRIBUT="Wert"-Paare werden durch ein Fragezeichen „?“ eingeleitet und an die URL angehängt.
- Die Felder des Formulars werden voneinander durch ein „&“-Zeichen getrennt. Leerzeichen werden durch ein Pluszeichen „+“ ersetzt.
- Sonderzeichen werden dargestellt durch ein Prozentzeichen „%“, gefolgt von dem ASCII-Hexadezimal-Äquivalent des Zeichens.
- Mehrere Werte für ein Attribut werden ebenfalls durch ein „&“ getrennt.

12 Verteilte Systeme und Entwicklung verteilter Anwendungen

Rainer Oechsle

12.1 Einleitung

12.1.1 Definition und Abgrenzung

Ein verteiltes System besteht aus unabhängigen, über ein Rechnernetz kommunizierenden Rechnern, wobei keine zentrale Systemsteuerung existiert und der Verteilungsaspekt für die Benutzer des Systems möglichst transparent (→ 12.1.3) ist.

Verteilte Systeme sind **lose gekoppelte Systeme ohne gemeinsamen Speicher** im Gegensatz zu eng gekoppelten, parallelen Systemen mit gemeinsamem Speicher (Mehrkern- bzw. Mehrprozessor-Systeme) (→ 3.5.5). Der Fokus der Betrachtung liegt auf der Entwicklung verteilter Anwendungen. Die Existenz einer funktionierenden Kommunikationsinfrastruktur, welche von den tieferen Schichten erbracht wird (→ 10), wird vorausgesetzt. Verteilte Anwendungen, mit denen häufig Anwender „das Internet" gleichsetzen wie WWW (→ 11.6) oder IP-Telefonie (→ 11.4.6), werden an anderer Stelle ausführlicher behandelt (→ 11).

12.1.2 Nutzung verteilter Systeme

Verteilte Systeme werden vor allem für folgende Zwecke eingesetzt:

- gemeinsame Nutzung von Daten (z. B. verteilte Dateisysteme (→ 11.5.2) und World Wide Web, → 11.6), auch zur Erreichung von Fehlertoleranz durch Redundanz (z. B. Replikation von Daten einer Datenbank, → 13),
- gemeinsame Nutzung von Geräten (z. B. Drucker und Scanner),
- gemeinsame Nutzung von Rechenleistung (z. B. Zugriff auf Hochleistungsrechner),
- Kommunikation der Benutzer eines verteilten Systems (z. B. elektronische Post, gemeinsamer Terminkalender einer Arbeitsgruppe, Mehrbenutzeranwendungen wie Mehrbenutzertexteditoren oder Mehrbenutzergrafikeditoren, IP-Telefonie, Audio-Video-Konferenzen, → 11).

Neben solchen, für die Endanwender sichtbaren verteilten Anwendungen gibt es auch solche, die von anderen Komponenten intern benutzt werden und den Endanwendern verborgen bleiben wie z. B. Anwendungen zur Berechnung von Wegewahltabellen (OSPF, RIP, BGP usw., → 10.3.1), Namensdienste (DNS, → 11.3.3), Konfigurationsdienste (DHCP, → 11.4.8) und Netzmanagement-Dienste (SNMP, → 10.4.2).

12.1.3 Transparenz

Da die Nutzung verteilter Systeme in der Regel komplizierter ist als die Nutzung eines einzelnen Rechners, wurden auf unterschiedlichen Ebenen (Programmierebene, Benutzerebene usw.) Mechanismen eingeführt, die den Aspekt der Verteilung verbergen; ein verteiltes System erscheint wie ein zentrales System. Man spricht von **Verteilungstransparenz**.

Folgende Arten der Verteilungstransparenz lassen sich unterscheiden:

- **Zugriffstransparenz**: Der Zugriff auf lokale und ferne Ressourcen erfolgt in derselben Weise.
- **Ortstransparenz**: Der Zugriff auf Ressourcen ist ohne Kenntnis des Orts, an dem sich die Ressourcen befinden, durchführbar.
- **Namenstransparenz**: Der Name einer Ressource ist für alle Rechner des verteilten Systems gleich.
- **Skalierungstransparenz**: Die Erweiterung des Systems um weitere Rechner ist möglich, ohne dass die Gesamtstruktur oder die Anwendungsprogramme geändert werden müssen.
- **Replikationstransparenz**: Falls das verteilte System zur Erhöhung der Verfügbarkeit und Fehlertoleranz mehrere Kopien von einer Ressource hält, so bleibt dies den Anwendungsprogrammen bzw. Benutzern verborgen.
- **Nebenläufigkeitstransparenz**: Mehrere Anwendungsprogramme bzw. Benutzer können nebenläufig auf dieselben Ressourcen zugreifen, ohne dass es dabei zu Problemen kommt.
- **Ausführungs- bzw. Migrationstransparenz**: Es ist für die Anwendungsprogramme bzw. Benutzer nicht erkennbar, auf welchem Rechner ein angeforderter Dienst ausgeführt wird. Es ist sogar möglich, dass ein laufendes Anwendungsprogramm während der Ausführung eines Dienstes auf einen anderen Rechner bewegt wird (Migration).
- **Leistungstransparenz**: Bei sich ändernden Belastungen kann das System umkonfiguriert werden, um die Leistung zu verbessern, ohne dass die Anwendungsprogramme bzw. Benutzer dies bemerken.
- **Ausfalltransparenz**: Der Ausfall von Software- oder Hardwarekomponenten bleibt Anwendungsprogrammen bzw. Benutzern weitgehend verborgen. Sie bemerken allenfalls eine Leistungseinbuße.

In einem verteilten System können unterschiedliche Transparenzaspekte mehr oder weniger stark ausgeprägt sein.

❑ *Beispiel*: Beispiele für verteilte Systeme, bei denen besonders großer Wert auf unterschiedliche Formen der Transparenz gelegt wird, stellen das **Grid Computing** und das **Cloud Computing** (→ 11.5.3, 13.4.3) dar. Beim Grid Computing geht es vor allem darum, dass eine größere Rechenleistung durch ein verteiltes System in transparenter Weise zur Verfügung gestellt wird. Beim Cloud Computing geht es neben der Rechenleistung auch um Speicherkapazität, die vom verteilten System, der Cloud, zur Verfügung gestellt wird. Während der Fokus beim Grid Computing also auf der Ausführungs- und Leistungstransparenz liegt, ist es beim Cloud Computing zusätzlich die Ortstransparenz. Es ist nur schwer möglich, Grid Computing, Cloud Computing und andere verteilte Systeme deutlich voneinander abzugrenzen.

12.2 Kommunikation in verteilten Systemen

Heute wird zur Kommunikation in verteilten Systemen fast ausnahmslos das IP-Protokoll (IPv4 oder IPv6, → 10.3.2) als Vermittlungsprotokoll sowie TCP und UDP als Transportprotokolle (→ 10.4) verwendet. Anwendungen können TCP/IP und UDP/IP über die Socket-Schnittstelle verwenden. Prozedur- und Methodenfernaufrufe sind Kommunikationsformen, die vom Senden und Empfangen von Nachrichten abstrahieren, aber auf TCP/IP basieren.

12.2.1 Client-Server-Kommunikation

Wollen zwei Komponenten miteinander kommunizieren, muss mindestens eine der Komponenten die Kommunikationsadresse der anderen kennen. Im TCP/IP- bzw. UDP/IP-Umfeld besteht die Kommunikationsadresse aus einer IP-Adresse und einer Portnummer. Ein weit verbreitetes Kommunikationsmuster ist die Client-Server-Kommunikation:

- Ein **Client** (Kunde, Auftragnehmer) fordert von einem Server eine bestimmte Dienstleistung an (Request) und wartet auf eine Antwort.
- Ein **Server** (Diensterbringer) nimmt Aufträge von Clients entgegen, bearbeitet diese Aufträge und sendet eine Antwort (Response) an den entsprechenden Client zurück.

Die Initiative für die Kommunikation geht immer vom Client aus. Deshalb muss der Client die Adresse des Servers kennen oder ausfindig machen. Der Server dagegen muss die Clients nicht kennen, da er mit einem Auftrag die Absenderadresse erfährt, sodass er dem entsprechenden Client antworten kann. Varianten dieses einfachen Kommunikationsmusters sind, dass eine Anforderung mehrere Antworten erzeugt oder dass mehrere Anforderungen gesendet werden, die nur eine einzige Antwort hervorrufen.

Client und Server sind Rollen, die von Komponenten in einer Kommunikationsbeziehung eingenommen werden. Eine Komponente kann nacheinander oder gleichzeitig mehrere Kommunikationsbeziehungen unterhalten und deshalb ihre Rolle wechseln oder beide Rollen gleichzeitig mit denselben oder unterschiedlichen Partnern einnehmen. Nehmen manche Komponenten nur die Rolle von Clients und andere nur die Rolle von Servern ein, so handelt es sich um ein reines Client-Server-System. In mehrschichtigen Architekturen (→ 12.3.1.2) gibt es neben reinen Clients und Servern auch Komponenten wie den Anwendungs-Server, der die Rolle eines Clients und eines Servers spielt. In Peer-to-Peer-Systemen (→ 12.5) nehmen alle Komponenten gleichberechtigt immer beide Rollen ein.

► *Hinweis*: Im Folgenden wird die Kommunikation über Sockets und mittels Prozedur- und Methodenfernaufrufen immer anhand des einfachen Client-Server-Kommunikationsmusters erläutert. Dies bedeutet aber nicht, dass diese Kommunikationsformen nur in reinen Client-Server-Systemen vorkommen.

12.2.2 Kommunikation über Sockets

Die **Socket-Schnittstelle** ist der De-facto-Standard einer Programmierschnittstelle für die direkte Nutzung von TCP/IP und UDP/IP zur Kommunikation (→ 10.4).

Ein **Socket** (Steckdose) ist ein Kommunikationsendpunkt innerhalb einer Anwendung. Er wird durch eine IP-Adresse und eine Port-Nummer (→ 10) adressiert.

12

12.2.2.1 Kommunikation über UDP

UDP (User Datagram Protocol) ist ein verbindungsloses, unzuverlässiges Transportprotokoll (→ 10.4.2). Der Server empfängt Aufträge über einen Socket, an den eine spezifische Port-Nummer gebunden ist. Die Programmstruktur eines UDP-Servers sieht so aus:

```
erzeuge einen UDP-Socket s
mit einer spezifischen Port-Nummer;
wiederhole immer wieder:
{
   warte auf einen Auftrag am UDP-Socket s;
   analysiere den Auftrag;
   führe den Auftrag aus;
   sende über s das Ergebnis der Ausführung an die
   IP-Adresse und Port-Nummer, von der der Auftrag kam;
}
```

Ein Client, der die Dienste des Servers in Anspruch nehmen möchte, muss die IP-Adresse des Rechners, auf dem der Server läuft, sowie die Port-Nummer des Servers kennen. Die typische Programmstruktur eines UDP-Clients lautet wie folgt:

```
erzeuge einen UDP-Socket s;
/* dabei besitzt der Socket irgendeine,
   im Moment noch nicht benutzte Port-Nummer */
wiederhole so oft wie nötig:
{
    sende über s einen Auftrag an die
    IP-Adresse und Port-Nummer des Server;
    warte auf das Ergebnis am UDP-Socket s;
    analysiere das Ergebnis;
}
```

12.2.2.2 Kommunikation über TCP

TCP (Transmission Control Protocol) ist ein zuverlässiges, verbindungsorientiertes Protokoll (→ 10.4.1). Die Programmstruktur eines TCP-Servers sieht wie folgt aus:

```
erzeuge einen TCP-Socket sAnnahme
mit einer spezifischen Port-Nummer;
wiederhole immer wieder:
{
    warte auf Verbindungsaufbau an sAnnahme,
    dabei wird ein neuer Socket sVerb erzeugt;
    wiederhole solange die Verbindung besteht:
    {
        warte auf einen Auftrag an sVerb;
        analysiere den Auftrag;
        führe den Auftrag aus;
        sende über sVerb das Ergebnis
        der Ausführung zurück;
        /* dabei ist die Angabe von
           IP-Adresse und Port-Nummer
           nicht möglich bzw. nötig */
    }
    schließe sVerb;
}
```

Ein TCP-Client muss die IP-Adresse und die Port-Nummer des TCP-Servers kennen. Die Programmstruktur eines TCP-Clients sieht so aus:

```
erzeuge einen TCP-Socket s;
/* dabei besitzt der Socket irgendeine,
   im Moment noch nicht benutzte Port-Nummer */
baue über s eine Verbindung zu einer
vorgegebenen IP-Adresse und Port-Nummer auf;
/* dabei wird der Client so lange blockiert,
   bis der Server die Verbindung annimmt */
wiederhole so oft wie nötig:
{
    sende über s einen Auftrag;
    /* dabei ist die Angabe von IP-Adresse und
       Port-Nummer nicht möglich bzw. nötig */
    warte auf das Ergebnis an s;
    analysiere das Ergebnis;
}
schließe die Verbindung über s;
```


12.2.2.3 Nachteile der Sockets

Die Nutzung von Sockets zur Realisierung verteilter Anwendungen besitzt folgende Nachteile:

- Da UDP unzuverlässig ist, müssen die obigen Programmstrukturen für den UDP-Server und -Client um Maßnahmen zur Erhöhung der Zuverlässigkeit (befristetes Warten auf eine Antwort, wiederholtes Senden des Auftrags usw.) erweitert werden.
- Bei der Nutzung von TCP muss der Verbindungsauf- und -abbau jeweils explizit programmiert werden.
- Da die Server von vielen Clients beauftragt werden, ist es ratsam, einen Server durch mehrere parallele Threads oder Prozesse zu realisieren. Dies muss explizit programmiert werden.
- Die übertragenen Daten müssen unter Umständen vor und/oder nach der Übertragung gewandelt werden, insbesondere bei der Übertragung von Binärdaten (Darstellung ganzer Zahlen mittels Big Endian oder Little Endian (→ 2.6.1), Länge von int-Zahlen: 2, 4 oder 8 Byte, Layout von Datenstrukturen usw.).
- Beim Software-Entwurf wird ein zu entwickelndes System in Module oder Objekte von Klassen aufgeteilt. Die Module interagieren über Prozeduraufrufe, die Objekte über Methodenaufrufe. Die Kommunikation über Sockets passt nicht zu diesem Paradigma.

12.2.3 Prozedurfernaufruf (Remote Procedure Call)

Der **Prozedurfernaufruf (Remote Procedure Call, RPC)** ist ein Mechanismus, bei dem Anwendungsentwickler für die Kommunikation zwischen Prozessen auf unterschiedlichen Rechnern dasselbe Paradigma benutzen wie beim lokalen Prozeduraufruf. Der Programmierer muss dabei nur die Prozedurschnittstelle spezifizieren und die Anwendung programmieren; der Programmcode zur Kommunikation der Prozesse wird automatisch generiert.

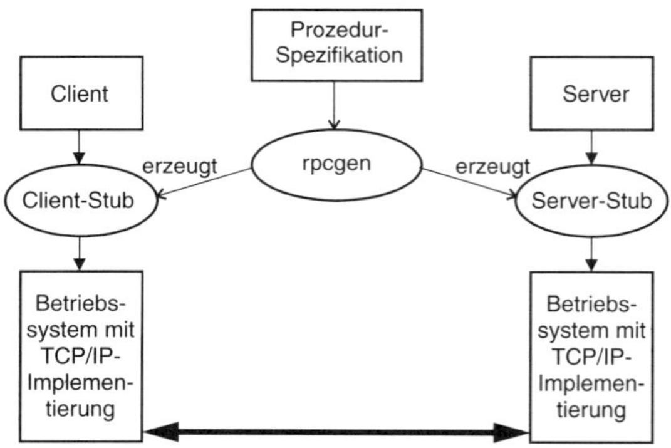

Bild 12.1
Prinzip des Prozedurfernaufrufs

In Bild 12.1 ist das Prinzip des Prozedurfernaufrufs dargestellt.

Ausgehend von einer Prozedurspezifikation (vergleichbar mit einer C-Header-Datei) werden durch ein Generatorprogramm (im Beispiel rpcgen) Client- und Server-Stub-Programme erzeugt.

Client und Server kommunizieren dann so:

1. Der Client ruft eine der spezifizierten Prozeduren auf. Damit wird eine gleichnamige Prozedur des Client-Stubs aktiviert, die lokal auf demselben Rechner wie der Client läuft.
2. Der Client-Stub konvertiert die Eingabeparameter (**Marshalling**) in ein plattformunabhängiges Datenformat (z. B. XDR: eXternal Data Representation) und verschickt sie zusammen mit weiteren Angaben (z. B. Kennung, welche Prozedur aufgerufen wird) über das Netz (in der Regel unter Verwendung der Socket-Schnittstelle mithilfe des TCP-Protokolls).
3. Die Nachricht des Client-Stubs wird vom Server-Stub entgegengenommen, die Eingabeparameter werden in das lokale Format gewandelt (**Unmarshalling**) und die gewünschte Prozedur wird mit diesen Parametern aufgerufen.

4. Die Prozedur des Servers wird ausgeführt und kehrt danach in den Server-Stub zurück.
5. Der Server-Stub wandelt die Ausgabeparameter und den Rückgabewert in ein plattformunabhängiges Datenformat um und schickt das Ergebnis zum Client zurück.
6. Der Client-Stub nimmt die Antwort entgegen, wandelt die Ausgabeparameter und den Rückgabewert in das lokale Datenformat um und kehrt zum Aufrufer zurück.

Da die Stubs Programmcode sind, der zwischen der Anwendung und der Betriebssystem-Software angesiedelt ist, wird RPC als Middleware bezeichnet.

Unter **Middleware** versteht man Software, die zwischen der Anwendungssoftware und der Betriebssystem-Software angesiedelt ist. Kommunikations-Middleware dient der vereinfachten und standardisierten Kommunikation der Komponenten eines verteilten Systems.

Der Begriff Middleware ist nicht scharf umrissen. In der Regel werden u. a. RPC, Java RMI und CORBA (→ 12.2.4), Message-Queue-Systeme (→ 12.2.5), Transaktionsmonitore (→ 12.4.7.3) und manchmal sogar auch Anwendungsserver (→ 12.3.2) zur Middleware gezählt.

12

SOAP (Simple Object Access Protocol) ist ein RPC-Mechanismus, bei dem die übertragenen Daten im XML-Format (→ 2.6.3) codiert werden. Obwohl der Name SOAP Objektorientierung vermuten lässt, handelt es sich bei SOAP dennoch um einen RPC, der auch im Rahmen des HTTP-Protokolls (→ 11.4.5) verwendet werden kann. SOAP bildet die Grundlage von **Web-Services** und **serviceorientierten Architekturen (SOA)** (→ 21.1.4).

12.2.4 Methodenfernaufruf

Der **Methodenfernaufruf** ist das Pendant des Prozedurfernaufrufs in der objektorientierten Welt. Es werden Methoden von Objekten, die sich auf fernen Rechnern befinden, so aufgerufen, als wären die Objekte lokal vorhanden.

Wie beim RPC werden aus einer Spezifikation einer Schnittstelle Client- und Server-Stubs generiert, die in diesem Fall als **Client-Stub** und **Server-Skeleton** bezeichnet werden. Ein Unterschied zum RPC besteht darin, dass Methoden nur auf Objekten aufgerufen werden können. Die wesentlichen Schritte bei der Kommunikation zwischen Client und Server sind:

1. Nach dem Starten des Servers erzeugt dieser ein Objekt, das eine für die Fernnutzung spezifizierte Schnittstelle implementiert, und registriert dieses Objekt unter einem gewissen Namen.

2. Der Client sucht bei einer Registratur nach einem Objekt dieses Namens und erhält ein Stub-Objekt zurück, das dieselbe Schnittstelle implementiert wie das Objekt auf dem Server.
3. Die weiteren Schritte erfolgen jetzt wie beim RPC: Der Client ruft eine Methode auf dem Stub-Objekt auf.
4. Das Stub-Objekt konvertiert die Parameter und schickt eine Nachricht an den Server (in der Regel unter Verwendung der Socket-Schnittstelle mithilfe des TCP-Protokolls).
5. Das Server-Skeleton wandelt die Parameter in das lokale Format und ruft die entsprechende Methode beim registrierten Objekt auf.
6. Der Rückweg erfolgt entsprechend.

Die bekanntesten Vertreter für Methodenfernaufrufe sind **RMI** und **CORBA**. Zur Kontaktvermittlung zwischen Client und Server werden Namen-, Verzeichnis- oder Trading-Dienste verwendet (→ 12.2.4.3).

12.2.4.1 RMI

RMI (Remote Method Invocation) ist ein speziell für die Programmiersprache Java (→ 7.3) von der Firma Sun entwickeltes Konzept. Die Erstellung einer RMI-Anwendung verläuft in folgenden Schritten:

1. Schnittstelle als Java-Interface zwischen Client und Server definieren: Die Schnittstelle muss von der (leeren) Schnittstelle Remote abgeleitet sein. Alle Methoden der Schnittstelle müssen mit „throws RemoteException" versehen sein. *Beispiel*:

```
public interface Counter extends Remote
{
     public void reset() throws RemoteException;
     public int increment() throws RemoteException;
}
```

2. Schnittstelle aus Schritt 1 implementieren: Eine von mehreren Möglichkeiten besteht darin, die Klasse, welche die Remote-Schnittstelle implementiert, aus UnicastRemoteObject abzuleiten. In diesem Fall müssen alle Konstruktoren mit „throws RemoteException" versehen sein. *Beispiel*:

```
public class CounterImpl
     extends UnicastRemoteObject
     implements Remote
{
     private int counter;
     public CounterImpl() throws RemoteException
     {
     }
```

```
        public synchronized void reset()
              throws RemoteException
        {
              counter = 0;
        }
        public synchronized int increment()
              throws RemoteException
        {
              return ++counter;
        }
  }
```

Ohne Zutun des Anwendungsentwicklers wird für jeden Client automatisch ein eigener Thread (→ 9.3.2.4) erzeugt. Werden also Daten auch geschrieben, so müssen alle schreibenden und lesenden Zugriffe entsprechend synchronisiert werden (im Beispiel durch synchronized realisiert).

3. Server programmieren: Der Server erzeugt in der Regel ein oder mehrere Objekte der in Schritt 2 implementierten Klasse und meldet diese an der RMI-Registry (→ 12.2.4.3) an.

```
CounterImpl counter = new CounterImpl();
Naming.rebind("counter", counter);
```

12

4. Client programmieren: Der Client beschafft sich in der Regel über die RMI-Registry (→ 12.2.4.3) eine Referenz auf das RMI-Objekt auf dem Server und kann dann Methoden der RMI-Schnittstelle anwenden. Zum Beschaffen der Referenz muss der Name oder die IP-Adresse des Rechners, auf dem der Server gestartet wurde, sowie der Name, unter dem das Objekt bei der RMI-Registry angemeldet wurde, bekannt sein. *Beispiel*:

```
Counter counter = Naming.lookup(
      "rmi://server.fh-trier.de/counter");
int i = counter.increment();
```

5. Alle Java-Dateien übersetzen.
6. Auf dem Server-Rechner RMI-Registry und danach Server-Programm starten.
7. Auf dem Client-Rechner Client-Programm starten.

In den ersten Java-Versionen musste in Schritt 5 noch die Erzeugung der Stub- und Skeleton-Klassen explizit angestoßen werden (durch Starten des Programms rmic). Ab Java-Version 1.2 muss nur noch der Stub erzeugt werden, aber nicht mehr das Skeleton. Ab Java-Version 5 muss man sich weder um die Generierung des Stubs noch um die des Skeletons kümmern.

Parameter der Basisdatentypen wie ganze Zahlen und Gleitkommazahlen werden – wie in Java üblich – als Werte übergeben (d. h. kopiert). Für Objektparameter gibt es zwei Möglichkeiten:

- **Referenzübergabe (call by reference)**: Diese Art der Parameterübergabe wird im lokalen Fall bei Objektparametern benutzt. Damit dies bei Fernaufrufen in der gleichen Weise funktioniert, muss das Parameterobjekt ebenfalls ein RMI-Objekt sein, sodass aus der aufgerufenen Methode auf dem Server heraus Methoden des Parameterobjekts auf dem Client aktiviert werden können (Callback, Vertauschung der Rollen von Client und Server).
- **Wertübergabe (call by value)**: Diese für Objekte im lokalen Fall nicht übliche Art der Parameterübergabe ist bei Fernaufrufen möglich, falls das Parameterobjekt serialisierbar ist. Mithilfe der Serialisierbarkeit von Java kann ein Objekt in einen Bytestrom gewandelt werden. Damit ist es möglich, den Zustand eines Objektes über das Netz zu übertragen und auf der anderen Seite aus dem Bytestrom wieder ein Objekt zu erzeugen, das dieselben Werte besitzt wie das als Parameter übergebene Objekt.

Durch das so genannte Exportieren von Objekten kann zur Laufzeit bestimmt werden, ob ein Objekt als Referenz oder durch seinen Wert übergeben wird.

RMI unterstützt dynamisches Laden von Klassen über das Netz. Dies bedeutet, dass z. B. der Programmcode eines Stubs oder der Programmcode einer Klasse eines Parameters von einer RMI-Methode bei Bedarf von einem Web-Server geladen wird.

12.2.4.2 CORBA

Im Gegensatz zu RMI ist **CORBA (Common Object Request Broker Architecture)** kein Produkt, sondern lediglich eine Spezifikation der **OMG (Object Management Group)**, einem Firmenkonsortium mit mehreren hundert Mitgliedern. CORBA ist unabhängig von der Plattform und der Programmiersprache. Es gibt kommerzielle und frei verfügbare Implementierungen von CORBA für alle gängigen Plattformen.

Wegen der Unabhängigkeit von der Programmiersprache bei CORBA wurde von der OMG die Sprache **IDL (Interface Definition Language)** zur Spezifikation der Schnittstelle entwickelt (→ Bild 12.2). Aus einer **IDL-Schnittstellenspezifikation** können durch unterschiedliche **IDL-Compiler** Client-Stubs und Server-Skeletons in unterschiedlichen Programmiersprachen erzeugt werden (z. B. in C++, Java, C usw.). Im Beispiel wird der Client in Java und der Server in C++ programmiert. Entsprechend wird ein Java-Client-Stub und ein C++-Server-Skeleton aus der IDL-Spezifikation generiert. Der Java-Client kann somit auf Objekte, die in C++ implementiert sind, zugreifen.

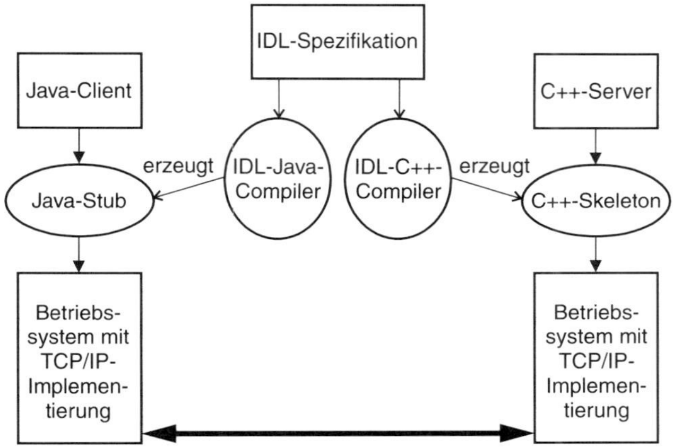

Bild 12.2 Prinzip des Methodenfernaufrufs in CORBA

12.2.4.3 Auskunfts- und Verzeichnisdienste

12

Sowohl beim Prozedur- als auch beim Methodenfernaufruf findet in der Regel **dynamisches Binden** statt (d. h. der Client beschafft sich eine Referenz auf ein fernes Objekt erst zur Laufzeit). Hierfür gibt es unterschiedliche Möglichkeiten:

- Auskunftsdienste,
- Verzeichnisdienste (Trading-Dienste),
- andere Formen der Weitergabe von Objektreferenzen.

> Ein **Auskunftsdienst** assoziiert Namen mit Objekten bzw. Objektreferenzen.

Auf einem Rechner, der sowohl dem Server als auch den Clients einer Anwendung bekannt ist, läuft ein **Auskunftsdienst (Registry)**. Der Server registriert das erzeugte Objekt, welches von anderen Clients benutzt werden kann, bei diesem Auskunftsdienst. Der Client sendet eine Anfrage an die Auskunft und erhält eine Referenz auf das Server-Objekt (der Auskunftsdienst ist unter einer wohlbekannten Port-Nummer erreichbar; andernfalls muss die Port-Nummer des Auskunftsdiensts dem Client ebenfalls bekannt sein). Dies ist der übliche Bindungsmechanismus für Java RMI (RMI-Registry), CORBA (CORBA Name Server) und RPC (Portmapper). An der RMI-Registry kann ein Server Objekte nur dann registrieren, wenn er auf demselben Rechner läuft wie die RMI-Registry.

Die Namensräume von Auskunftsdiensten sind entweder

- flach (RMI-Registry) oder
- hierarchisch (CORBA Name Server).

Bei hierarchischen Namensräumen wird eine Menge von Assoziationen zwischen Namen und Objekten bzw. Objektreferenzen **Kontext** genannt. Auf einen Kontext können Methoden zum Hinzufügen und Entfernen einer Assoziation sowie zum Auflisten aller enthaltenen Namen angewendet werden. Ein Kontext kann auch Assoziationen enthalten, die einen Namen einem anderen Kontext, einem Subkontext, zuordnen. Auf diese Weise entstehen hierarchische Namensräume.

Ein **Verzeichnisdienst** dient zum Suchen von Objekten auf Basis spezifischer Eigenschaften. Wenn sich die Suche auf die implementierte Schnittstelle (Methoden und Parameter) bezieht, spricht man von **Trading-Diensten**.

Für **Web-Services** heißt der kombinierte Auskunfts- und Verzeichnisdienst **UDDI (Universal Description, Discovery and Integration)**. Die von UDDI angebotenen Web-Services werden in dem XML-Dialekt **WSDL (Web-Services Description Language,** → 21.1.4) beschrieben. UDDI ist selbst ein Web-Service und wird deshalb wie andere Web-Services auch durch **SOAP** (→ 12.2.3) in Anspruch genommen. Es werden drei Zugriffsarten unterschieden:

- weiße Seiten (eine Art Telefonbuch): damit können Dienste anhand ihres Namens abgefragt werden,
- gelbe Seiten (eine Art Branchenbuch): damit können Dienste anhand unterschiedlicher Taxonomien abgefragt werden,
- grüne Seiten: damit können Dienste anhand unterschiedlicher technischer Details abgefragt werden.

In **Jini (Java Intelligent Network Infrastructure)** wird ein Trading-Dienst als so genannter **Lookup-Dienst** bereitgestellt, der so charakterisiert werden kann:

- Client und Server müssen nicht wissen, auf welchen Rechnern der Lookup-Dienst läuft, da sie ihn über Multicast finden können. Dies nennt man in Jini den Discovery-Vorgang.
- Ein Client sucht einen Dienst nicht aufgrund eines Namens wie in der RMI-Registry, sondern aufgrund einer Schnittstelle. Beim Anmelden eines Dienstes können beliebige Attributwerte, die den Dienst näher beschreiben, vom Server mit angegeben werden. Ein Client kann dann nur nach solchen Diensten suchen, die zu bestimmten Attributwerten passen. So kann für einen Drucker z. B. der Raum, in dem der Drucker steht, ein solches Attribut sein, nach dem der Client sucht.

- Ein Server, der sich bei einem Lookup-Dienst angemeldet hat, muss diese Anmeldung ständig erneuern (lease), sonst löscht der Lookup-Dienst diesen Eintrag nach einer gewissen Zeit. Damit erreicht man ein fehlertolerantes Verhalten.
- Falls ein Client einen Dienst in Anspruch nehmen möchte, den es momentan nicht gibt, so muss der Client seine Anfrage an den Lookup-Dienst nicht ständig wiederholen, um zu erkennen, wann der Dienst verfügbar wird. Stattdessen kann er sich bei Wunsch auch vom Lookup-Dienst informieren lassen, falls sich ein passender Dienst beim Lookup-Dienst anmeldet.
- Client und Server können aus Gründen der Fehlertoleranz gleichzeitig mit mehreren Lookup-Diensten arbeiten. Dabei überprüfen sie ständig, welche Lookup-Dienste verfügbar sind.

Ein andere, in der Praxis selten genutzte Möglichkeit ist, dass der Server die Referenz auf das erzeugte Objekt in irgendeiner Form (z. B. in eine Datei) ausgibt; für Java RMI kann dies in Form eines serialisierten Objekts, in CORBA als String in Form einer **IOR (Interoperable Object Reference)** erfolgen. Dem Client wird die Referenz zur Laufzeit zur Verfügung gestellt. Der Client erhält so eine Objektreferenz und kann damit Methoden des Objekts aufrufen.

12.2.5 Asynchrone Kommunikation

Sowohl bei der Benutzung von Sockets als auch beim Prozedur- und Methodenfernaufruf müssen Client und Server gleichzeitig aktiv sein. Beim Prozedur- und Methodenfernaufruf wartet darüber hinaus der Client auf die Fertigstellung seines Auftrags durch den Server, bevor er weiterarbeitet. Es gibt viele Fälle, in denen kommunizierende Instanzen nicht zeitgleich verfügbar sein müssen. Aus diesem Grund gibt es Dienste, die eine asynchrone Form der Kommunikation unterstützen. Dabei können Nachrichten bzw. Ereignismeldungen in einen Nachrichtenpuffer abgelegt und daraus wieder entnommen werden. Stellvertretend für diese Art von Dienst seien genannt:

- **Ereignisdienst** (event service) von CORBA: Ereigniskanäle (event channels) stellen ein Pufferobjekt für gemeldete Ereignisse dar. Ereignismeldungen können von einem Ereignisproduzenten (supplier) an den Ereigniskanal geliefert (Push-Modell) oder vom Ereigniskanal beim Produzenten abgeholt werden (Pull-Modell). Analog kann ein Ereigniskanal Ereignismeldungen einem Ereignisverbraucher (consumer) liefern (Push-Modell) oder die Ereignismeldungen können vom Verbraucher beim Kanal abgeholt werden. In Bild 12.3 sind je zwei Ereignisproduzenten und -verbraucher zu sehen. Die Ereignismeldungen jedes Produzenten können an jeden Verbraucher gelangen.
- **JavaSpaces**: JavaSpaces ist ein Jini-Dienst, der ähnlich wie eine Datenbank die Möglichkeit bietet, Daten zu speichern, zu erfragen und zu löschen.

Bild 12.3 Kombination des Push- und Pull-Modells

Die Grundlage von JavaSpaces ist ein so genannter Tupel-Raum. Ein **Tupel** ist ein Objekt, das aus mehreren Bestandteilen zusammengesetzt ist. Beim Abfragen und beim Löschen kann ein Muster vorgegeben werden, das das gelesene bzw. zu löschende Tupel erfüllen muss. Dieses Muster kann z. B. so aussehen, dass man für einige Komponenten eines Tupels nur den Typ, für andere Komponenten aber sogar den exakten Wert vorgibt. Entsprechen mehrere Tupel dem Muster, so wird irgendein beliebiges Tupel ausgewählt. Das Lesen oder Löschen eines Tupels kann den aufrufenden Client solange blockieren, bis ein passendes Tupel im Tupel-Raum vorhanden ist. Auf Wunsch kann die Lesen- bzw. Löschen-Operation aber auch sofort zurückkehren, gleichgültig, ob ein passendes Tupel gefunden wurde oder nicht. Vorbild von JavaSpaces war das System Linda.

- **Message-Queue-Systeme**: Das Ablegen und Herausnehmen von Nachrichten erfolgt im Rahmen einer Transaktion (→ 12.4.7), d. h. u. a.: Nachrichten werden solange dauerhaft (persistent) gespeichert, bis sie entnommen werden. Es gibt kommerzielle und frei verfügbare Message-Queue-Systeme.

12.3 Entwicklung verteilter Anwendungen

Verteilte Anwendungen werden heute in der Regel unter Zuhilfenahme von Kommunikations-Middleware (z. B. Java RMI oder SOAP) entwickelt (→ 12.2). Dabei wird in vielen Fällen die Verteilung der Anwendungskomponenten auf verschiedene Rechner nach dem Modell der **mehrschichtigen Architektur (multi-tier architecture)** vorgenommen (→ 12.3.1). Zur Entwicklung werden mehr oder minder mächtige Basiskomponenten (Frameworks) wie z. B. Enterprise Java Beans (→ 12.3.2) sowie Servlets, Java Server Pages und Java Server Faces (→ 12.3.3) eingesetzt.

12.3.1 Mehrschichtige Architekturmodelle

Im Gegensatz zu dem Schichtenmodell bei Rechnernetzen (→ 10.1) sind die Schichten hier nicht horizontal in einem Rechner, sondern vertikal zwischen den Rechnern angeordnet. Im Folgenden betrachten wir einige Beispiele mehrschichtiger Architekturen.

12.3.1.1 Zweischichtige Architektur

Ein Beispiel einer zweischichtigen Architektur ist in Bild 12.4 zu sehen.

Bild 12.4
Zweischichtige Architektur

❑ *Beispiele*:
- Ein WWW-Browser lädt ein Dokument von einem WWW-Server.
- Ein speziell entwickeltes Programm mit grafischer Benutzeroberfläche greift auf die Daten einer Datenbank zu.

12.3.1.2 Dreischichtige Architektur

Falls auf einem Client mit grafischer Benutzeroberfläche neben dem Abruf von Daten noch Berechnungen auszuführen sind, so spricht man von Fat Clients bzw. Rich Clients. Durch Auslagerung dieser Berechnungen, der Geschäftslogik (business logic), auf Anwendungsserver gelangt man von einer zwei- zu einer dreischichtigen Architektur (→ Bild 12.5). Ein Client, der lediglich eine Benutzeroberfläche und Funktionen zur Kommunikation mit seinem Server enthält, wird als Thin Client bzw. Poor Client bezeichnet.

12

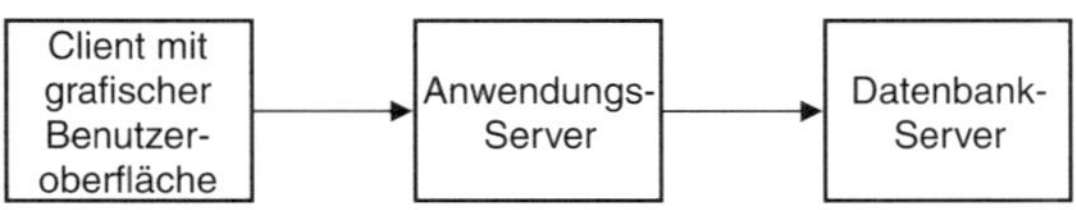

Bild 12.5
Dreischichtige Architektur

Die mittlere Schicht (der Anwendungs-Server) spielt dabei sowohl die Rolle eines Servers (gegenüber dem Thin Client) als auch die Rolle eines Clients (gegenüber dem Datenbank-Server).

12.3.1.3 Vierschichtige Architektur

In vielen Fällen erfolgt der Zugriff auf Anwendungen über einen WWW-Browser, der seine Anforderungen an einen WWW-Server (→ 11.6, 11.8) sendet. Dieser ruft eine Anwendung auf, wenn er erkennt, dass nicht nur eine statische WWW-Seite abgerufen wird. Mögliche Techniken sind:
- CGI-Programme (→ 11.8)
- PHP-Skripte (→ 7.6.3)
- Java Servlets (→ 12.3.3.1)
- Java Server Pages (JSP) (→ 12.3.3.2)
- Struts oder Java Server Faces (JSF, → 12.3.3.3) als Frameworks in Kombination mit Java Servlets und Java Server Pages
- Active Server Pages (ASP, Microsoft).

Die WWW-Anwendung kann ohne weitere Unterstützung laufen (andere Variante einer zweischichtigen Architektur), sich direkt an eine Datenbank wenden (andere Variante einer dreischichtigen Architektur) oder an einen Anwendungsserver, der wiederum mit einer Datenbank zusammenarbeitet. Der letzte Fall ist ein Beispiel einer vierschichtigen Architektur (→ Bild 12.6).

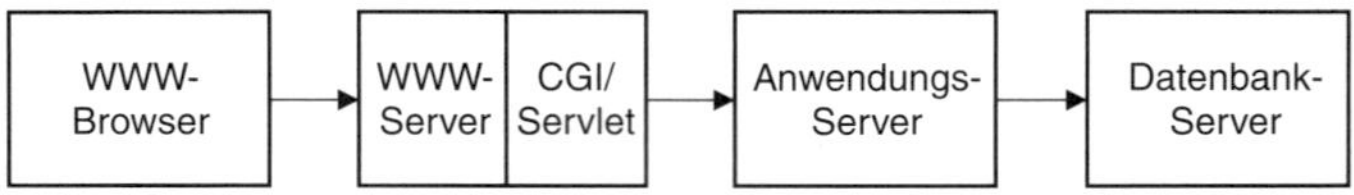

Bild 12.6 Vierschichtige Architektur

12.3.2 Enterprise Java Beans (EJB)

Das EJB-Konzept der Firma Sun ist ein Modell für Anwendungs-Server, die als **Komponenten-Transaktions-Monitore** arbeiten. Ein Komponenten-Transaktions-Monitor stellt eine robuste, komponentenbasierte Umgebung bereit, die die Entwicklung von verteilten Anwendungen für einen Anwendungs-Server erleichtert, indem sie komplexe Aufgaben wie Transaktionsmanagement, Sicherheit, Nebenläufigkeit und Persistenz übernimmt. Die EJB-Spezifikation sorgt dafür, dass eine EJB-Anwendung auf EJB-Servern unterschiedlicher Hersteller laufen und damit zwischen EJB-Servern portiert werden kann. Als Clients von Anwendungsservern treten Fat Clients oder Web-Server-Anwendungen auf (→ Bild 12.5 und 12.6). Die Interaktion zwischen den Clients eines EJB-Servers und dem EJB-Server erfolgt mittels RMI (→ 12.2.4.1).

Die folgenden Ausführungen beziehen sich auf EJB Version 3, welche einen deutlichen Fortschritt gegenüber der Vorläuferversion darstellt.

12.3.2.1 Arten von Enterprise Java Beans

Es werden drei Arten von Bean-Komponenten unterschieden:

Session Beans sind Objekte von Klassen, welche von Anwendungsentwicklern auf dem Anwendungsserver bereitgestellt werden. Die Methoden der Session Beans werden von Client-Programmen über RMI aufgerufen. Im Gegensatz zum normalen RMI wird ein Client-Aufruf nicht direkt an das Session Bean geleitet, sondern erst an den EJB-Server. Von dort wird der Aufruf an die eigentliche Bean-Komponente delegiert. Abhängig von den Einstellungen bezüglich Transaktionsbehandlung, Sicherheit usw. können vor dieser Delegation weitere Aktionen wie z. B. das Starten einer neuen Transaktion oder die Überprüfung von Rechten angestoßen werden. Ebenso können nach dem Aufruf der Methode auf der Bean-Komponente zusätzliche

Aktionen durchgeführt werden. Man unterscheidet zwei Arten von Sessions Beans:

- **Zustandsbehaftete (stateful) Session Beans** bewahren in ihren Attributen einen Zustand zwischen zwei Methodenaufrufen eines Clients. Daher werden zustandsbehaftete Session Beans zu einem Zeitpunkt von nur einem Client genutzt. Der Zustand wird nicht persistent in einer Datenbank abgespeichert. Sobald der Client beendet ist, ist der Zustand eines zustandsbehafteten Session Beans unwiederbringlich verloren. Als Beispiel eines zustandsbehafteten Session Beans kann man sich eine Klasse für eine E-Commerce-Anwendung (→ 21.3) vorstellen, mit deren Methoden man Gegenstände in einen (elektronischen) Warenkorb legen und diese Waren dann bestellen kann. Wenn man davon ausgeht, dass erst beim Bestellen der Waren entsprechende Einträge in einer Datenbank vorgenommen werden, dann besteht der Zustand des Session Beans in diesem Fall aus dem Inhalt des elektronischen Warenkorbs, der nur im Bean, nicht aber in der Datenbank gehalten wird. Der Warenkorb muss immer einem bestimmten Client zugeordnet sein.
- **Zustandslose (stateless) Session Beans** bewahren keine Zustandsinformation zwischen zwei Methodenaufrufen eines Clients. Dies ermöglicht dem EJB-Server, für zustandslose Session Beans Optimierungen bez. Performance vorzunehmen und z. B. bei jedem Methodenaufruf dem Client ein anderes Session Bean zuzuordnen. Ein Beispiel eines zustandslosen Session Beans könnte eine Klasse für eine E-Commerce-Anwendung (→ 21.3) sein, welche Methoden bereitstellt, mit der ein Administrator die zum Verkauf angebotenen Waren und deren Preise verwalten kann (neue Waren anlegen, Waren löschen, Preise oder Beschreibung angebotener Waren ändern). Wenn die Waren alle in einer Datenbank gespeichert werden und wenn bei jeder Aktion des Administrators entsprechende Einträge in einer Datenbank von dem entsprechenden Session Bean gemacht werden, dann braucht das Session Bean selbst keine Zustandsinformationen für den Client (in diesem Fall den Administrator) zu halten.

Entities (früher Entity Beans) repräsentieren Daten, die in einer Datenbank gespeichert werden. Im einfachsten Fall kann man sich ein Objekt einer Entity als eine Zeile einer Datenbank vorstellen, wobei die Attribute der Bean-Klasse den Spalten der Datenbank entsprechen. Natürlich sind auch kompliziertere Beziehungen zwischen Entity Beans und der Datenbank möglich.

Message-Driven Beans: Diese Beans sind für die Benutzung über Message-Queue-Systeme (asynchrone Kommunikation, → 12.2.5) vorgesehen.

Nur Session und Message-Driven Beans können von Clients von außerhalb aufgerufen werden. Entities werden lediglich intern von Session und Message-Driven Beans benutzt.

12.3.2.2 Session Beans

Ein Session Bean besteht aus einer Bean-Schnittstelle und einer Bean-Klasse. Ab der Version 3.0 von EJB hat sich die Programmierung stark vereinfacht. Gegenüber früheren Versionen muss eine Bean-Klasse nicht von anderen Klassen abgeleitet werden oder bestimmte Schnittstellen implementieren; eine Bean-Klasse ist somit eine „ganz normale Java-Klasse" (**POJO: Plain Old Java Object**). Weitere Vereinfachungen ergeben sich aufgrund der Benutzung der Java-Annotationen, die es seit Java 5 gibt. So können zwar bestimmte Eigenschaften einer Session Bean (z. B. zustandsbehaftet oder zustandslos) wie zuvor über einen Deployment Descriptor (eine XML-Datei) festgelegt werden. Alternativ kann aber auch auf den Deployment Descriptor verzichtet werden, wenn die Eigenschaften des Session Beans durch Annotationen festgelegt werden:

```
@Stateless(name="Hello")
public class HelloBean implements Hello
{
     public void helloWorld(String name)
     {
          ...
     }
}
```

Eine weitere Vereinfachung ergibt sich dadurch, dass die Schnittstellen von Beans automatisch erzeugt werden können (z. B. durch Entwicklungsumgebungen wie Eclipse, NetBeans und JDeveloper oder beim Installieren (Deployment) eines Beans durch den EJB-Server). Es werden zwei Arten von Schnittstellen unterschieden:

- **Remote-Schnittstellen** werden benötigt, wenn das Session Bean aus einer anderen JVM (Java Virtual Machine) heraus aufgerufen werden soll (z. B. einem Fat Client, einer Web-Anwendung oder einem anderen EJB-Server).
- **Local-Schnittstellen** werden benötigt, wenn das Session Bean aus Methoden, die dieselbe JVM (Java Virtual Machine) ausführt, aufgerufen werden soll (z. B. einem anderen Session Bean oder einer Web-Anwendung, wobei Web-Server und EJB-Server in derselben JVM laufen).

Eine Bean-Klasse kann eine der beiden Schnittstellen oder beide Schnittstellen haben. Welche Schnittstellen das sind und wie sie heißen, kann ebenfalls über Annotationen angegeben werden (falls die Angabe fehlt, wird standardmäßig eine Local-Schnittstelle angenommen):

```
@Local({HelloLocal.class})
@Remote({Hello.class})
@Stateless(name="Hello")
```

```
public class HelloBean
          implements Hello, HelloLocal
{
     public void helloWorld(String name)
     {
          ...
     }
}
```

Callbacks. In einer Bean-Klasse können Methoden definiert werden, die vom EJB-Server beim Eintreten bestimmter Ereignisse aufgerufen werden (Callbacks). Diese Ereignisse stehen in Zusammenhang mit dem Lebenszyklus eines Beans, der vom EJB-Server gesteuert wird. Bei welchen Ereignissen welche Methoden aufgerufen werden, kann ebenfalls über Annotationen festgelegt werden. Die Tabellen 12.1 und 12.2 beschreiben die Annotationen und die dazugehörigen Ereignisse, bei deren Eintreten die entsprechend gekennzeichneten Methoden aufgerufen werden.

Tabelle 12.1 Annotationen für zustandsbehaftete und zustandslose Session Beans

Annotation	Ereignis
`@PostConstruct`	Die so gekennzeichneten Methoden werden nach dem Erzeugen eines Beans aufgerufen (z. B. um eine Verbindung zu einer Datenbank aufzubauen).
`@PreDestroy`	Die so gekennzeichneten Methoden werden vor dem Löschen eines Beans aufgerufen (z. B. um eine Verbindung zu einer Datenbank abzubauen).

Tabelle 12.2 Annotationen nur für zustandsbehaftete Session Beans

Annotation	Ereignis
`@PrePassivate`	Ein länger nicht mehr benutztes zustandsbehaftetes Session Bean kann vom EJB-Server ausgelagert werden (d. h. sein Zustand wird gespeichert und das Bean-Objekte wird gelöscht). Die so gekennzeichneten Methoden werden vor dem Auslagern eines Beans aufgerufen.
`@PostActivate`	Ein ausgelagertes zustandsbehaftetes Session Bean muss vom EJB-Server wieder aktiviert werden (d. h. ein neues Bean-Objekt wird erzeugt und sein Zustand wird auf den gespeicherten Zustand gesetzt), wenn das Bean wieder benutzt wird. Die so gekennzeichneten Methoden werden nach dem Aktivieren eines Beans aufgerufen.
`@Remove`	Die so gekennzeichneten Methoden werden aufgerufen, wenn ein Client das Bean-Objekt löschen möchte.

Für zustandsbehaftete Session Beans gibt es weitere Callbacks im Zusammenhang mit Transaktionen (nach dem Starten einer Transaktion, vor und nach dem Beenden einer Transaktion).

Interceptors sind Methoden zum „Abfangen“ von Aufrufen der Geschäftslogik-Methoden eines Beans (d. h. der Methoden, die in der Local- bzw. Remote-Schnittstelle definiert sind). Alle mit der Annotation @AroundInvoke versehenen Methoden werden bei jedem Aufruf einer Geschäftslogik-Methode aufgerufen. Damit können z. B. Funktionen wie das Protokollieren aller Aufrufe (evtl. kombiniert mit einer Zeitmessung) realisiert werden. Durch Aufruf der Methode proceed wird die nächste Interceptor-Methode bzw. die Geschäftslogik-Methode selbst (falls alle Interceptor-Methoden abgearbeitet sind) aktiviert. Der Code davor und danach enthält die Funktionen, die vor bzw. nach jedem Aufruf einer Geschäftslogik-Methode ausgeführt werden sollen.

Dependency Injection. Mit der „Abhängigkeitsinjektion“ wird die „Verdrahtung“ von Objekten (Referenz von einem Objekt auf ein anderes Objekt) nicht im Programmcode, sondern außerhalb (z. B. in einer XML-Datei) definiert. Dieser Mechanismus wird nicht nur bei EJB, sondern auch in anderen Frameworks, wie z. B. Spring, verwendet. In EJB wird die „Dependency Injection“ für die von einem Bean benötigten Ressourcen (z. B. andere Beans, Datenbanken, Message Queues) eingesetzt. Die Abhängigkeiten werden in die EJB-Beans wieder mithilfe von Annotationen injiziert, die entweder vor die entsprechenden Attribute oder Setter-Methoden geschrieben werden.

12.3.2.3 Clients von Session Beans

Ein Client erhält eine Referenz auf ein Session Bean (genauer: eine Referenz auf den Stub für ein Session Bean) durch die JNDI-Schnittstelle (Java Naming and Directory Interface) oder durch Dependency Injection. Bei zustandslosen Session Beans wäre es für den Client zwar wenig effizient, aber ohne Minderung der Funktionalität möglich, sich vor jedem Aufruf einer Bean-Methode eine neue Referenz auf ein Session Bean zu beschaffen, da es aufgrund der Zustandslosigkeit eines solchen Beans gleichgültig ist, welche Instanz der Klasse benutzt wird. Für ein zustandsbehaftetes Session Bean wäre ein solches Verhalten allerdings wenig sinnvoll. Wenn nämlich eine Ware in den elektronischen Warenkorb gelegt wird, dann ist diese Ware nicht mehr da, wenn die Referenz auf das Bean-Objekt durch den Client in der Zwischenzeit erneuert wurde.

12.3.2.4 Entities

Entity-Objekte können nicht von außerhalb des Anwendungsservers benutzt werden, sondern nur aus Session Beans oder Message-Driven Beans heraus. Sie haben deshalb keine mit @Remote gekennzeichnete Schnittstelle. Bei Entity-Klassen können über Annotationen noch zusätzliche Angaben für die Abbildung auf Datenbanktabellen gemacht werden (Namen der Tabelle, Namen der Spalten, Angaben zu 1-N- bzw. M-N-Beziehungen, Art der Erzeugung eines Schlüssels, Abbildung von Vererbungsbeziehungen usw.).

12.3.2.5 Funktionen eines EJB-Servers

Der Vorteil von EJB ist, dass unterschiedliche komplexe Aufgaben vom EJB-Server durchgeführt und nicht vom Anwendungsentwickler programmiert werden müssen:

- **Ressourcen-Management:** Ein wichtiger Vorteil von EJB-Servern ist ihre Fähigkeit, für starke Belastungen ausgelegt zu sein. Dies wird vor allem durch eine Pool-Bildung von Bean-Objekten für Entities und zustandslose Session Beans und durch das Aktivierungs- und Deaktivierungskonzept für zustandsbehaftete Session Beans realisiert.
- **Nebenläufigkeit:** Die Nebenläufigkeit wird ausschließlich vom EJB-Server geregelt. Die Erzeugung von Threads aus Beans heraus sowie die Verwendung des Java-Schlüsselworts synchronized in einem Bean ist nicht erlaubt.
- **Transaktionssteuerung:** Für jede Methode eines Beans können durch Annotationen Einstellungen bezüglich Transaktionen festgelegt werden (z. B. bei Aufruf einer Methode muss eine neue Transaktion gestartet werden oder diese Methode kann nur aufgerufen werden, falls bereits eine Transaktion gestartet wurde).
- **Persistenz:** Die vom EJB-Server angebotene Persistenzfunktionalität wird über Entities realisiert ($\rightarrow$ 12.3.2.4).
- **Sicherheit:** Es können unterschiedliche Benutzerrollen definiert werden. Für jede Rolle wird angegeben, welche Bean-Methoden welcher Bean-Klassen aufgerufen werden dürfen. Beim Installieren der Beans werden diese Rollen real vorhandenen Benutzern oder Benutzergruppen zugeordnet.
- **Namensdienst:** Ein EJB-Server stellt einen JNDI-Namensdienst (Java Naming and Directory Interface) bereit, über den sich ein Client eine Referenz beschaffen kann, mit der er Methoden von Session Beans aufrufen kann. Dieser Namensdienst entspricht in seiner Funktionalität einer RMI-Registry bzw. einem CORBA-Auskunftsdienst.

12.3.3 Webbasierte Anwendungen mit Servlets, Java Server Pages und Java Server Faces

Das World Wide Web (WWW, → 11.6) hat sich von einem System zum Abruf und zur Darstellung statischer Inhalte (HTML-Dateien, eventuell mit Bildern angereichert) weiterentwickelt. Inzwischen können Inhalte von Web-Seiten dynamisch (d. h. aufgrund einer spezifischen Benutzeranforderung) erzeugt werden. Dies kann auf Client- oder auf Server-Seite erfolgen. Techniken für die Client-Seite sind:

- **JavaScript**: In den HTML-Text eingestreute Programmteile, die mit bestimmten Benutzeraktionen verknüpft werden. Diese Programme werden dann vom Browser ausgeführt, falls der Benutzer die damit verknüpfte Aktion (z. B. Klicken auf einen bestimmten Link) ausführt.
- **Java-Applets** sind Java-Programme, die vom Web-Server auf den Browser geladen werden und von einer JVM (Java Virtual Machine) des Browsers ausgeführt werden. Die Verbreitung von Java-Applets ist rückläufig.

Auf der Server-Seite gibt es mehrere Techniken zur dynamischen Erzeugung von Inhalten. Nachfolgend werden als Beispiele die folgenden drei Techniken erläutert, die aufeinander aufbauen:

- Java Servlets
- Java Server Pages
- Java Server Faces

Durch die „Dynamisierung des Webs“ werden Web-Browser als universelle Schnittstelle für viele verteilte Anwendungen benutzt, weil damit keine Installation von Software notwendig ist, um auf eine bestimmte Anwendung zuzugreifen. Solche webbasierten Anwendungen sind in der Regel gemäß dem Prinzip einer zweischichtigen Architektur (Web-Browser – Web-Server), einer dreischichtigen Architektur (Web-Browser – Web-Server – Datenbank) oder einer vierschichtigen Architektur (Web-Browser – Web-Server – Anwendungsserver – Datenbank) (→ 12.3.1.3) gestaltet.

12.3.3.1 Java Servlets

Java Servlets sind keine eigenständigen Java-Programme mit einer main-Methode, sondern Klassen, die in der Regel von der Klasse HttpServlet abgeleitet sind und die Methoden doGet, doPost oder beide überschreiben:

```
public class ExampleServlet extends HttpServlet
{
    protected void doGet(HttpServletRequest request,
                         HttpServletResponse response)
          throws IOException, ServletException
    {
```

```
            ...
      }
}
```

Der Name, über den das Servlet in Form einer URL vom Client aus angesprochen wird, ist über die Konfiguration festgelegt. Wird das Servlet über einen HTTP-GET-Request angesprochen, wird die Methode doGet ausgeführt; wird das Servlet über einen HTTP-POST-Request angesprochen, wird die Methode doPost ausgeführt. Über den ersten Parameter von doGet bzw. doPost hat das Servlet lesenden Zugriff auf Header- und Body-Daten des HTTP-Requests (→ Tabelle 12.3), über den zweiten Parameter schreibenden Zugriff auf Header- und Body-Daten des HTTP-Response (→ Tabelle 12.4).

Tabelle 12.3 Beispiele für Methoden von HttpServletRequest

Methode	Beschreibung
`getHeader`	Gibt den Wert eines bestimmten Header-Elements (angegeben als Argument) zurück.
`getHeaderNames`	Gibt eine Auflistung aller Header-Namen zurück.
`getRemoteAddr`	Gibt die IP-Adresse des Clients zurück.
`getRemoteHost`	Gibt den Rechnernamen des Clients zurück.
`getRemoteUser`	Gibt den Namen des Benutzers zurück (nur sinnvoll, falls die entsprechende Seite geschützt ist und der Benutzer sich anmelden musste).
`getParameter`	Gibt den Wert eines bestimmten Parameters (angegeben als Argument) zurück. Parameter werden in einem Query-String vom Browser im Zusammenhang mit HTML-Formularen gesendet.
`getParameterNames`	Gibt eine Auflistung aller Parameternamen zurück.
`getInputStream` / `getReader`	Gibt einen Byte- bzw. Zeichenstrom zurück, über den die Body-Daten des HTTP-Requests gelesen werden können. Nur für POST-Requests sinnvoll.
`getCookies`	Gibt die Cookie-Objekte des HTTP-Requests zurück.

Tabelle 12.4 Beispiele für Methoden von HttpServletResponse

Methode	Beschreibung
`setHeader`	Setzt den Wert eines bestimmten Header-Elements.
`setStatus`	Setzt den Status-Code für den HTTP-Response.
`sendRedirect`	Sendet eine Redirect-Antwort an den Client.
`sendError`	Sendet eine Fehlermeldung an den Client.
`getOutputStream` / `getWriter`	Gibt einen Byte- bzw. Zeichenstrom zurück, über den die Body-Daten des HTTP-Response geschrieben werden können.
`addCookie`	Fügt ein Cookie in den Header des HTTP-Response ein.

Im Code des Servlets wird kein Objekt der Servlet-Klasse, sondern ein solches Objekt wird von einem Servlets unterstützenden Web-Server (wie z. B. Apache Tomcat) erzeugt (entweder bei der erstmaligen Aktivierung des Servlets oder beim Hochfahren des Web-Servers, je nach Konfigurationseinstellungen). Der Web-Server erzeugt in der Regel nur ein einziges Servlet-Objekt. Allerdings wird jeder Request in einem eignen Thread bearbeitet. Deshalb müssen Servlet-Entwickler (wie auch RMI-Entwickler, → 12.2.4.1) auf die korrekte Synchronisation (→ 9.3.3) achten, wie folgendes Beispiel zeigt:

```
public class ExampleServlet extends HttpServlet
{
     private int counter;

     protected void doGet(HttpServletRequest request,
                            HttpServletResponse response)
             throws IOException, ServletException
     {
        response.setHeader("ContentType","text/html");
        PrintWriter out = response.getWriter();
        out.println("<html>");
        out.println("<head>");
        out.println("<title>Hello World!</title>");
        out.println("</head>");
        out.println("<body>");
        out.println("<h1>Hello World!</h1>");
        synchronized(this)
        {
               counter++;
               out.println("Call number: " + counter);
        }
        out.println("</body>");
        out.println("</html>");
     }
}
```

Da alle Benutzer auf dasselbe Servlet-Objekt zugreifen, müssen bei Anwendungen, bei denen für jeden Benutzer unterschiedliche Daten gespeichert und gelesen werden, spezielle Maßnahmen zum *Session-Tracking* eingesetzt werden. Beispiele hierfür sind Cookies (Kennungen, die vom Server an den Client gesendet werden und die vom Client bei jedem Request wieder an den Server zurückgesendet werden). Servlets unterstützen die Benutzung des *Session-Trackings* durch Cookies (→ 11.8) und HttpSession-Objekte.

12.3.3.2 Java Server Pages (JSP)

Servlets enthalten HTML-Text als Strings in Ausgabe-Anweisungen innerhalb eines Java-Programms (→ Servlet-Beispiel in 12.3.3.1). Bei Java Server Pages (JSP) ist es umgekehrt: JSP-Seiten bestehen aus HTML-Text, in den Java-Anweisungen eingestreut sind. Tabelle 12.5 fasst einige syntaktische Elemente zusammen, mit denen Java-Anweisungen in JSP-Seiten integriert werden können.

Tabelle 12.5 Einige syntaktische Elemente von JSP

`<%= Java Expr. %>`	Java-Ausdrücke. Der ausgewertete Ausdruck wird in die HTML-Seite geschrieben. Beispiel: <%= request.getRemoteHost() %>
`<% Java Code %>`	Scriptlets. Beliebiger Java-Code. Beispiel: <% if(i < 5) { %> Hallo <% } else { %> Tschüss <% } %>
`<%! Java Code %>`	Deklarationen. Java-Code, der außerhalb der Methode definiert wird (als Attribute der Klasse). Beispiel: <%! private int i; %>
`<%@page ...%>`	Page-Direktive. Zum Beispiel für import-Anweisungen oder zur Festlegung des Content-Types. Beispiele: <%@page import="java.util.*" %> <%@page contentType="text/html" %>
`<%@include ...%>`	Include-Direktive. Zum Einbinden weiterer Dateien zur Übersetzungszeit
`<jsp:include ...>`	Zum Einbinden von Dateien zur Laufzeit

`<jsp:useBean ...>`
`<jsp:getProperty ...>`
`<jsp:setProperty ...>`
	Zur Unterstützung von Beans

Das Beispiel aus 12.3.3.1 vereinfacht sich in JSP zu:

```
<%@page contentType = "text/html" %>
<html>
<head><title>Hello World</title></head>
<body><h1>Hello World</h1>
<%! private int counter; %>
<% synchronized(this) { counter++; %>
Call number: <%= counter %>
<% } %>
</body>
</html>
```

Servlets und JSPs sind nicht fundamental unterschiedlich, denn JSPs werden zur Laufzeit vom Web-Server in Servlets umgewandelt. Somit unterscheiden sich beide lediglich in der Notation.

JSP erlaubt die Definition eigener Tags, bei deren Nutzung vom Entwickler bereitgestellte Methoden aufgerufen werden (Tag-Bibliotheken, Taglibs).

12.3.3.3 Java Server Faces (JSF)

Sowohl Servlets als auch JSPs besitzen spezifische Vor- und Nachteile. Servlets sind gut geeignet, wenn viel Java-Code ohne Ausgabeanweisungen benötigt wird; JSP-Seiten sind gut geeignet, wenn viel HTML-Text produziert werden soll. In größeren Web-Anwendungen werden deshalb Servlets und JSPs nach dem **MVC-Entwurfsmuster** (Model – View – Controller) kombiniert:

- Mit Servlets wird die Controller-Komponente realisiert. Der Aufruf der Servlet-Methoden wird durch Benutzeraktionen ausgelöst. Die Servlets analysieren die Benutzereingabe, greifen lesend oder schreibend auf die Model-Komponente zu und delegieren abschließend die Weiterverarbeitung an eine JSP-Seite.
- Die Model-Komponente dient der Datenhaltung. Bei der Entwicklung der Model-Komponente wird in der Regel weitgehend davon abgesehen, dass die vorliegende Anwendung webbasiert ist. Mögliche Realisierungen der Model-Komponente sind
  - „normale“ Java-Klassen (POJO: Plain Old Java Objects), typischerweise in der Form von Beans mit Getter- und Setter-Methoden,
  - eine Datenbank (→ 13), wobei der Zugriff auf die Datenbank manuell ausprogrammiert wird (z. B. mithilfe von JDBC: Java DataBase Connection, 13.3.7.2) oder über ein Persistenz-Framework wie Hibernate oder JDO (Java Data Objects) erfolgt,
  - oder ein EJB-Anwendungsserver (→ 12.3.2), auf den mit RMI (→ 12.2.4.1) zugegriffen wird und der seinerseits eine Datenbank benutzt (vierschichtige Architektur, → 12.3.1.3).
- Die View-Komponente wird durch JSP-Seiten realisiert. Dabei wird lesend auf die Model-Komponente zugegriffen, um die dynamischen Inhalte der Web-Seite zu produzieren.

Zur Unterstützung der Entwicklung von Web-Anwendungen nach dem MVC-Prinzip gibt es Frameworks, zu deren prominentesten Vertretern **Struts** und **Java Server Faces** (JSF) gehören. Das Grundkonzept von beiden ist sehr ähnlich, die konkrete Ausgestaltung unterschiedlich. Beide Frameworks stellen Tag-Bibliotheken zur Verfügung.

In JSF kann z. B. eine Schaltfläche zum Auslösen eines HTTP-Requests in einer JSP-Seite wie folgt definiert werden:

```
<h:commandButton action="#{helloBean.hello}"/>
```

Im Gegensatz zu HTML, wo als Action eine URL angegeben wird, werden hier als Action direkt das Controller-Objekt und die aufzurufende Methode spezifiziert. Der Name helloBean des oben angegebenen Objekts muss in einer XML-Konfigurationsdatei für JSF namens faces-config.xml definiert und einer entsprechenden Klasse zugeordnet sein:

```
<managed-bean>
     <managed-bean-name>helloBean</managed-bean-name>
     <managed-bean-class>tbi.HelloBean
     </managed-bean-class>
</managed-bean>
```

Die „Verdrahtung" der Controller (im Beispiel helloBean) mit den JSP-Seiten (Views) wird dabei nicht im Programmcode festgelegt, sondern ebenfalls in der oben erwähnten XML-Konfigurationsdatei für JSF. Die Controller-Methode hello gibt als Ergebnis der Eingabeanalyse unterschiedliche Strings zurück (z. B. „good" oder „bad"). Je nach zurückgegebenem String wird der HTTP-Request an unterschiedliche JSP-Seiten weitergeleitet. Die entsprechende Navigationsregel in faces-config.xml könnte z. B. so aussehen:

```
<navigation-rule>
     <from-view-id>/hello.jsp</from-view-id>
     <navigation-case>
          <from-outcome>good</from-outcome>
          <to-view-id>/results/good.jsp</to-view-id>
     </navigation-case>
     <navigation-case>
          <from-outcome>bad</from-outcome>
          <to-view-id>/results/bad.jsp</to-view-id>
     </navigation-case>
</navigation-rule>
```

12

JSF bietet zahlreiche weitere Funktionen zur Unterstützung webbasierter Anwendungen (z. B. zur Validierung und Konvertierung von Benutzereingaben oder zur Internationalisierung).

12.3.3.4 AJAX

Der Nachteil von Servlets, JSP und JSF ist, dass bei jeder Benutzeraktion als Reaktion immer vollständige Web-Seiten vom Server zum Client übertragen werden. Mithilfe von AJAX (Asynchronous JavaScript And XML) wird diese Situation verbessert. Eine Benutzeraktion wird im Web-Browser durch eine JavaScript-Funktion abgefangen. Diese Funktion sendet an den Web-Server eine XML-Anfrage, welche vom Web-Server durch eine XML-Antwort beantwortet wird. Die JavaScript-Funktion kann die empfangenen Daten mithilfe des DOM-Modells (Document Object Model) dynamisch in die bereits vorhandene Web-Seite integrieren. Damit werden Web-Anwendungen performanter und herkömmlichen Anwendungen mit grafischer Benutzeroberfläche ähnlicher.

12.4 Grundlegende Aspekte verteilter Systeme

12.4.1 Zeit in verteilten Systemen

In einem verteilten System existiert keine global eindeutige Uhrzeit. Die Uhren unterschiedlicher Rechner weichen mehr oder weniger voneinander ab. Wenn eine Aktion A auf Rechner 1 vor einer Aktion B auf Rechner 2 abläuft und für beide Aktionen die jeweils lokal gültige Uhrzeit bestimmt wird, zu dem sich diese ereignet haben, so ist es möglich, dass Aktion B zu einer früheren Zeit als Aktion A stattgefunden hat. Dies kann in manchen Fällen zu Problemen führen.

12.4.1.1 Uhrensynchronisation

Bei der Uhrensynchronisation unterscheidet man zwischen externer und interner Synchronisation.

- Eine **externe Synchronisation** ist heute z. B. leicht durch Funkuhren realisierbar.
- **Interne Synchronisation** erfolgt durch den Einsatz verteilter Algorithmen zur Uhrensynchronisation. Eine Möglichkeit ist ein Zeit-Server, von dem alle Clients periodisch die Zeit erfragen. Beim Losschicken einer Zeitanfrage speichert ein Client seine lokale Zeit t_1. Der Server antwortet auf die Zeitanfrage durch das Verschicken seiner aktuellen Uhrzeit t_2. Beim Eintreffen der Antwort auf dem Client misst der Client wieder seine lokale Zeit t_3. In der Annahme, dass der Server seine lokale Uhrzeit genau in der Mitte des Zeitraums zwischen dem Versenden der Anfrage und dem Empfangen der Antwort durch den Client abgelesen hat, kann der Client die aktuelle Zeit errechnen zu $t_2 + (t_3 - t_1)/2$. Andere Verfahren zur Uhrensynchronisation sind z. B. BTP (Berkeley Time Protocol) oder NTP (Network Time Protocol).

12.4.1.2 Logische Uhren und logische Zeit

Beim Konzept der **logischen Uhren** von LAMPORT wird keine exakte Synchronisation der Uhren angestrebt. Stattdessen wird auf der Menge der Ereignisse die Relation $\rightarrow$ („geschieht vor“) eingeführt:

1. Falls sich das Ereignis a vor dem Ereignis b in einem sequenziell ablaufenden Prozess ereignet, gilt $a \rightarrow b$.
2. Falls a das Senden einer Nachricht ist und b das Empfangen dieser Nachricht, so gilt $a \rightarrow b$.
3. Falls $a \rightarrow b$ und $b \rightarrow c$, so $a \rightarrow c$.

Jedem Ereignis a wird eine logische Zeit $T(a)$ zugeordnet, wobei diese Zuordnung konsistent mit der Relation $\rightarrow$ („geschieht vor") ist (d. h. wenn $a \rightarrow b$, dann $T(a) < T(b)$).

Diese Zuordnung einer logischen Zeit $T(a)$ zu einem Ereignis a kann durch folgenden Algorithmus erfolgen:

1. Jeder Prozess führt eine logische Uhr (Zähler), der bei jedem Ereignis um eins erhöht wird.
2. Beim Senden wird die logische Uhr des Senders um eins erhöht und der neue Wert zusammen mit der Nachricht verschickt.
3. Beim Empfangen einer Nachricht wird die logische Uhr des Empfängers T auf folgenden Wert gesetzt, wobei T_message der in der Nachricht enthaltene Wert ist: T = max(T, T_message) + 1.

In Bild 12.7 ist ein Beispiel für die Zuordnung der logischen Zeit dargestellt.

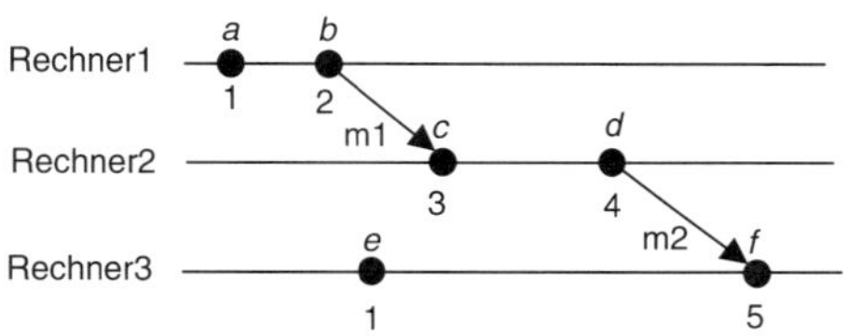

Bild 12.7 Beispiel für die Zuordnung der einfachen, logischen Zeit

Zwar wird mit diesem Verfahren erreicht, dass aus $a \rightarrow b$ gefolgert werden kann: $T(a) < T(b)$. Das Umgekehrte gilt jedoch nicht. Die logische Zeit besteht nämlich aus einem einfachen Zahlenwert, und die Relation $<$ definiert eine Totalordnung auf den natürlichen Zahlen. Die Relation $\rightarrow$ auf der Menge der Ereignisse ist aber nur eine partielle Ordnung (d. h. es gibt Ereignisse a und b, für die weder $a \rightarrow b$ noch $b \rightarrow a$ gilt). Durch Einführung der so genannten Vektorzeit TV kann man aber erreichen, dass gilt: $a \rightarrow b$ genau dann, wenn $TV(a) < TV(b)$ ($\rightarrow$ Bild 12.8 für ein Beispiel).

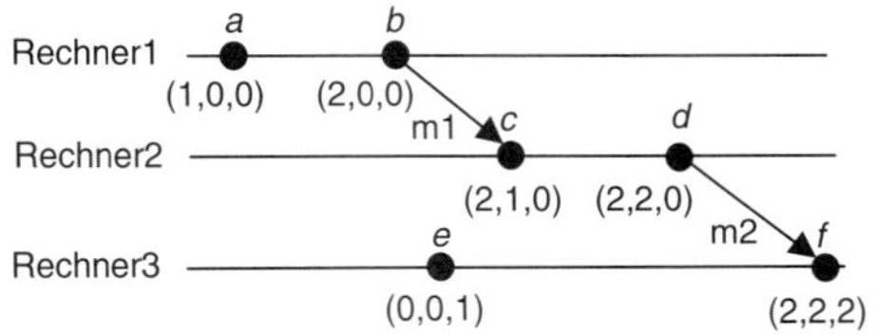

Bild 12.8 Beispiel für die Zuordnung der logischen Vektorzeit

12.4.2 Globale Zustände

Zum Aufzeichnen des globalen Zustandes eines verteilten Systems müssen alle lokalen Zustände der einzelnen Rechner zur gleichen Zeit aufgezeichnet werden. Das Problem hierbei ist der Aspekt der **Gleichzeitigkeit**. Gibt nämlich ein Rechner das Signal zur Aufzeichnung, indem er seinen Zustand aufzeichnet und eine entsprechende Nachricht an alle anderen sendet, so kann sich der Zustand des Initiators schon wieder verändert haben, wenn die anderen ihren Zustand aufzeichnen. Außerdem kann man nicht garantieren, dass alle anderen Rechner den Aufzeichnungsbefehl zur gleichen Zeit erhalten und sie gleich schnell reagieren.

Der **Schnappschuss-Algorithmus** von CHANDY und LAMPORT zeichnet einen globalen Zustand auf. Der globale Zustand besteht aus den lokalen Zuständen der einzelnen Rechner sowie aus dem Inhalt der Kommunikationskanäle zwischen den Rechnern (d. h. aus den Nachrichten, die zum Zeitpunkt der Aufzeichnung gerade unterwegs waren). Hierzu werden spezielle Markierungsnachrichten zwischen den Rechnern versendet.

Im Schnappschuss-Algorithmus von CHANDY und LAMPORT wird ein globaler Zustand erfasst, der so nicht existiert haben muss. Dennoch ist der Algorithmus nützlich, und zwar zur Feststellung, ob eine stabile Eigenschaft vorliegt oder nicht.

Eine **stabile Eigenschaft** E ist wie folgt definiert: Falls E für einen globalen Zustand Z zutrifft, so trifft E auch für den Folgezustand Z' (und damit für alle weiteren Folgezustände) zu.

Es gilt folgende Aussage für einen vom Schnappschuss-Algorithmus nach CHANDY und LAMPORT aufgezeichneten globalen Zustand Z und eine stabile Eigenschaft E:

Falls E für den aufgezeichneten Zustand Z zutrifft, so hat E auch am Ende der Aufzeichnung gegolten und gilt somit noch jetzt. Falls E für den aufgezeichneten Zustand Z nicht zutrifft, so hat E zu Beginn der Aufzeichnung auch nicht gegolten; eine Aussage über den aktuellen Zustand ist nicht möglich.

Stabile Eigenschaften sind z. B. ein Algorithmus ist terminiert, ein Objekt besitzt keine Referenzen mehr, es liegt eine Verklemmung (Deadlock, → 9.4.3) vor. Das Verfahren von CHANDY und LAMPORT kann daher für die verteilte Terminierungserkennung (distributed termination detection), für die verteilte Abfallsammlung (Distributed Garbage Collection) oder für die Erkennung von Verklemmungen in verteilten Systemen (distributed deadlock detection) benutzt werden.

12.4.3 Gegenseitiger Ausschluss

Das aus lokalen Systemen wohlbekannte Problem des gegenseitigen (wechselseitigen) Ausschlusses (→ 9.3.3.2) stellt sich auch in verteilten Systemen. Eine mögliche Lösung ist die Nutzung eines Servers, an den alle ihre Meldungen über den Ein- und Austritt in den bzw. aus dem kritischen Abschnitt schicken. Ist der kritische Abschnitt im Moment frei, so antwortet der Server unverzüglich und gibt damit dem Anfrager die Erlaubnis zum Betreten des kritischen Abschnitts. Andernfalls wird der Eintrittswunsch gespeichert. Wird der kritische Abschnitt später freigegeben, so wird aus den gestauten Eintrittswünschen einer ausgewählt und eine entsprechende Antwort verschickt.

Es existieren andere Lösungen des Problems des gegenseitigen Ausschlusses, die keinen zentralen Server als Koordinator benötigen. Eine Lösung ist ein Tokenring. Hier sind die Rechner logisch ringförmig angeordnet. Ein Token (eine Erlaubnismarke) wird reihum gereicht. Ein Rechner, der den kritischen Abschnitt betreten möchte, kann dies tun, sobald er die Erlaubnismarke von seinem Vorgänger erhält. Nach Verlassen des kritischen Abschnitts gibt er die Marke an seinen Nachbarn weiter. Erhält ein Rechner die Erlaubnismarke ohne vorliegenden Eintrittswunsch, so wird die Marke unverzüglich weitergegeben.

Ein weiteres dezentrales Verfahren für den gegenseitigen Ausschluss stammt von RICART und AGRAWALA, das eindeutige Zeitstempel und in etwa synchronisierte Uhren (→ 12.4.1) voraussetzt. Ein Eintrittswunsch wird mit einem Zeitstempel versehen und an alle anderen Rechner verschickt. Der Empfänger einer solchen Nachricht verhält sich so: Falls er sich selbst nicht im kritischen Abschnitt befindet und auch keinen Eintrittswunsch hat, so antwortet er sofort. Falls er im kritischen Abschnitt ist, so puffert er die Anfrage. Falls er nicht im kritischen Abschnitt ist, aber selber in den kritischen Abschnitt eintreten will, so hängt das Verhalten von den Zeitstempeln ab: Hat der Eintrittswunsch des Empfängers einen kleineren Zeitstempel als der des Anfragers, so wird der Eintrittswunsch des Anfragers gepuffert, andernfalls wird sofort eine Antwort gesendet. Der kritische Abschnitt kann betreten werden, sobald man von allen anderen eine Antwort erhalten hat. Nach Verlassen des kritischen Abschnitts werden die gepufferten Eintrittswünsche bearbeitet.

Der dezentrale Algorithmus von MAEKAWA basiert auf der Idee, dass man nicht alle anderen Rechner, sondern nur eine Teilmenge befragen muss, sofern sich alle solche Teilmengen überlappen.

12.4.4 Wahl eines Anführers

Bei der Wahl eines Anführers geht es darum, einen Rechner in einer Gruppe zu finden, der eine bestimmte Rolle übernimmt (z. B. die Rolle des zentralen Koordinators beim zentralen Verfahren des gegenseitigen Ausschlusses (→ 12.4.3)). Die Verfahren basieren in der Regel auf einer eindeutigen Kennung, die jeder Teilnehmer des Verfahrens besitzen muss. Wie beim gegenseitigen Ausschluss gibt es Verfahren, bei denen die Rechner logisch ringförmig angeordnet sind. Hier kann ein Rechner das Verfahren starten, indem er eine entsprechende Auswahlnachricht mit seiner Kennung an seinen Nachfolger im Ring sendet. Jeder Rechner fügt seine eigene Kennung vor der Weitergabe hinzu. Kommt die Nachricht beim Initiator an, so kann er einen Rechner (z. B. den mit der höchsten Kennung) auswählen und allen anderen mitteilen. Das Verfahren funktioniert auch dann, falls mehrere Rechner gleichzeitig den Auswahlprozess initiieren, sofern die Wahl des Anführers von allen nach dem gleichen Kriterium vorgenommen wird. Eine Variante des Verfahrens besteht darin, dass die eigene Kennung nicht hinzugefügt wird, sondern dass die vorhandene Kennung mit der eigenen Kennung überschrieben wird, sofern die eigene Kennung größer ist als diejenige in der Nachricht. Ein Rechner weiß dann, dass er der Anführer ist, wenn die Auswahlnachricht an ihn mit seiner eigenen Kennung zurückkommt. Ein weiteres Verfahren zur Wahl eines Anführers ist der so genannte Bully-Algorithmus.

12.4.5 Nachrichtenreihenfolgen

Beim Senden von Nachrichten an mehrere Empfänger können gewisse Effekte auftreten, die für manche Anwendungen zu Problemen führen.

12.4.5.1 Totale Reihenfolge

So können z. B. zwei Rechner S_1 und S_2 je eine Nachricht n_1 bzw. n_2 an die Rechner E_1 und E_2 senden. Es kann passieren, dass bei E_1 zuerst n_1 und dann n_2 ankommt, während dies bei E_2 genau umgekehrt ist. Dies ist z. B. dann ein Problem, wenn E_1 und E_2 dieselben Daten speichern (Replikation zur Fehlertoleranz) und S_1 und S_2 dieselbe Variable auf einen neuen, aber unterschiedlichen Wert setzen wollen. Wenn der soeben geschilderte Sachverhalt nicht vorkommen kann, spricht man von einer **totalen Reihenfolge** der Nachrichtenauslieferung. Ein dezentrales Verfahren zur Herstellung einer totalen Reihenfolge arbeitet mit eindeutigen Zeitstempeln. Eine Nachricht an mehrere Rechner wird immer mit dem Zeitstempel des Senders versehen. Beim Empfang der Nachricht passt der Empfänger seinen Zeitstempel an (→ 12.4.1.2), puffert die Nachricht und antwortet dem Sender mit seinem neuen Zeitstempel. Der Sender sammelt alle Antworten, berechnet das Maximum aller Zeitstempel und teilt dieses Maximum allen Empfängern mit. Die Empfänger liefern die gepufferten Nachrichten in der Reihenfolge dieses Zeitstempels aus.

12.4.5.2 Kausale Reihenfolge

Ein weiteres Beispiel für eine problematische Nachrichtenreihenfolge ist das Folgende: Ein Rechner R_1 sendet eine Nachricht n_1 an die zwei anderen Rechner R_2 und R_3. R_2 sendet nach Erhalt der Nachricht n_1 eine Nachricht n_2 an die anderen Rechner R_1 und R_3. Nun kann es vorkommen, dass bei R_3 zuerst n_2 und dann n_1 ankommt, obwohl gemäß der Relation $\rightarrow$ („geschieht vor", $\rightarrow$ 12.4.1.2) das Sendeereignis von n_1 vor dem Sendeereignis von n_2 stattgefunden hat. Kommen die Nachrichten bei den Empfängern immer gemäß der Reihenfolge $\rightarrow$ für die dazugehörigen Sendeereignisse an, so spricht man von einer **kausalen Reihenfolge**. Zur Garantie von kausaler Nachrichtenreihenfolge kann ein Verfahren eingesetzt werden, das auf der Idee der Vektorzeit ($\rightarrow$ 12.4.1.2) basiert.

Totale und kausale Reihenfolgen sind übrigens unabhängig voneinander. Es gibt kausale Reihenfolgen, die nicht total sind, und umgekehrt.

12.4.6 Übereinstimmungsprobleme

12

Viele der zuvor behandelten Probleme können als Übereinstimmungsprobleme gesehen werden (z. B. Übereinstimmung, wer einen kritischen Abschnitt betreten darf). Bei den hier betrachteten Übereinstimmungsproblemen wird nun aber auch zugelassen, dass sich die beteiligten Rechner fehlerhaft verhalten oder ausfallen können, was zuvor nicht berücksichtigt wurde. Das grundlegende **Übereinstimmungsproblem** kann so formuliert werden: Jeder Rechner R_i schlägt einen Wert w_i vor. Am Ende des Verfahrens haben sich alle korrekt arbeitenden Rechner auf denselben Wert W geeinigt. Falls alle Rechner denselben Wert vorgeschlagen haben, so muss W auch dieser von allen vorgeschlagene Wert sein. Äquivalent zu diesem Problem ist das Problem der byzantinischen Generäle: Es gibt mehrere Generäle, die eine Stadt belagern. Diese erhalten vom Oberkommandeur entweder das Kommando „angreifen" oder „zurückziehen". Es gibt loyale Generäle und Verräter, wobei auch der Oberkommandeur selbst ein Verräter sein kann. Die Aufgabe besteht nun darin, dass sich alle loyalen Generäle auf dieselbe Aktion verständigen müssen. Sollte der Oberkommandeur selbst loyal sein, so muss die Aktion, auf die sich die loyalen Generäle einigen, die vom Oberkommandeur befohlene Aktion sein. Für den Fall eines Oberkommandeurs und zwei Generälen gibt es keine Lösung. Allgemein gilt, dass bei N Teilnehmern ($N-1$ Generälen und einem Oberkommandeur), wobei f davon Verräter sind, es keine Lösung des Problems gibt, falls $N \leqq 3 \cdot f$. Andernfalls ($N \geqq 3 \cdot f + 1$) gibt es eine Lösung. Diese Lösung sieht so aus: Der Oberkommandeur sendet an alle Generäle sein Kommando. Jeder General sendet an alle anderen Generäle den Befehl, den er vom Kommandeur erhalten hat. Jeder General entscheidet sich gemäß der

Mehrheit der empfangenen Aktionen. Sollte es keine Mehrheit geben, wird eine vorher abgemachte Standard-Aktion durchgeführt. Falls der Ausfall eines Teilnehmers durch eine Frist entdeckt werden kann, so wird der Ausfall so gewertet, als habe dieser Teilnehmer eine bestimmte Aktion übermittelt. Kann hingegen eine solche Frist für die Ausfallerkennung nicht angegeben werden, so gibt es überhaupt keine Lösung des Problems.

12.4.7 Transaktionen

Mithilfe von **Transaktionen** können mehrere Aktionen zu einer unteilbaren Einheit zusammengefasst werden. Man spricht auch von atomaren (Trans-)Aktionen.

12.4.7.1 Eigenschaften

Transaktionen (→ 13.5.6) besitzen die ACID-Eigenschaften (benannt nach den Anfangsbuchstaben der folgenden vier Eigenschaften):

- **Atomarität (atomicity)**: Transaktionen werden entweder erfolgreich abgeschlossen (**commit**) oder abgebrochen (**abort, rollback**). Wird eine Transaktion abgebrochen, so ist die Wirkung so, als wäre die Transaktion nie gestartet worden. Wird eine Transaktion dagegen erfolgreich abgeschlossen, so erscheint sie nach außen als eine unteilbare Aktion. Beispiel: Bei einer Überweisung wird ein Betrag zuerst von einem Konto abgebucht und anschließend derselbe Betrag einem anderen Konto gutgeschrieben. Es werden entweder beide Änderungen oder keine Änderung durchgeführt.
- **Konsistenz (consistency)**: Die Transaktion bewahrt die Systeminvarianten. Beispiel: Bei einer Überweisung bleibt die Summe aller Kontostände unverändert.
- **Isolation (isolation)**: Falls mehrere Transaktionen parallel ablaufen, so gibt es keine störenden Wechselwirkungen. Das heißt, die Wirkung der Transaktion muss so sein, als wären diese Transaktionen (in irgendeiner Reihenfolge) hintereinander abgelaufen (Serialisierbarkeit). Beispiel: Falls im Rahmen von zwei parallel ablaufenden Transaktionen von demselben Konto abgebucht wird, so muss am Ende der Kontostand um die Summe der Abbuchungen gesunken sein.
- **Dauerhaftigkeit (durability)**: Falls eine Transaktion erfolgreich beendet wird, so sind die Wirkungen dauerhaft vorhanden. Beispiel: Falls nach einer erfolgreich abgeschlossenen Transaktion, in der eine Überweisung vorgenommen wird, der Rechner abstürzt, so ist nach dem Wiederanfahren die Wirkung der Überweisung in den Kontoständen erkennbar (d. h. der Effekt der Überweisung ist auf nichtflüchtigem Speicher festgehalten worden).

12.4.7.2 Nebenläufigkeitskontrolle

Das Ziel der Isolation ist die **Serialisierbarkeit**; diese wird in der Regel durch das **Zwei-Phasen-Sperrverfahren** (two-phase locking) erreicht.

Das bedeutet:

- Bevor ein Datensatz gelesen/geschrieben werden kann, muss die Transaktion den Datensatz mit einer Lese-/Schreibsperre sperren. Ein Datensatz kann gleichzeitig durch mehrere Transaktionen mit einer Lesesperre belegt sein. Es kann aber höchstens eine Schreibsperre für einen Datensatz geben.
- Falls eine Transaktion eine Sperre nicht setzen kann, wird die Transaktion solange blockiert, bis dies möglich ist.
- Sperren können gesetzt und wieder freigegeben werden. Zwei-Phasen-Sperren bedeutet, dass in der ersten Phase einer Transaktion nur Sperren gesetzt und in der zweiten Phase nur Sperren freigegeben werden (sonst ist die Serialisierbarkeit nicht zu gewährleisten). Mit anderen Worten: Nachdem irgendeine Sperre von einer Transaktion freigegeben wurde, darf diese Transaktion keine neue Sperre mehr setzen, weder auf denselben noch auf einen anderen Datensatz.

Veränderte Datensätze, deren Sperren vor dem Ende der Transaktion freigegeben werden, können von anderen Transaktionen gelesen werden. Falls die Transaktion abgebrochen wird, so ist die Atomarität einer Transaktion nicht mehr gegeben. Deshalb wird im Rahmen von Transaktionen das Zwei-Phasen-Sperrverfahren zum strengen Zwei-Phasen-Sperrverfahren verschärft, bei dem die Freigabe sämtlicher Sperren erst am Ende der Transaktion (erfolgreiches Ende oder Abbruch) erfolgt. Sperren bergen die Gefahr von **Verklemmungen** (**Deadlocks**, $\rightarrow$ 9.4.3).

Eine Alternative zu den Sperrverfahren stellen die Zeitstempel- und die optimistischen Verfahren dar ($\rightarrow$ 13.5.6.2).

12

12.4.7.3 Verteilte Transaktionen

Das erfolgreiche Abschließen verteilt ablaufender Transaktionen (d. h. von Transaktionen, deren Aktionen auf unterschiedlichen Rechnern ausgeführt werden) erfolgt in der Regel durch das **Zwei-Phasen-Commit-Protokoll**.

Das Protokoll ist in Bild 12.9 für eine erfolgreich abgeschlossene Transaktion dargestellt. Es wird durch einen Koordinator gesteuert. Die Teilnehmer sind in der Regel Datenbanksysteme, für die das Transaktionskonzept von besonderer Bedeutung ist ($\rightarrow$ 13.5.6). Falls nicht alle Teilnehmer mit „ok" antworten, sendet der Koordinator an alle Teilnehmer in der zweiten Phase eine „Abort“-Meldung. Das Ziel des Protokolls ist: Sollten während der Durchführung des Protokolls beteiligte Rechner oder Kommunikationsleitungen ausfallen, so kann die verteilte Transaktion nach dem Wiederanlaufen erfolgreich beendet werden (d. h. die beteiligten Rechner entscheiden sich alle für erfolgreichen Abschluss oder alle für Abbruch).

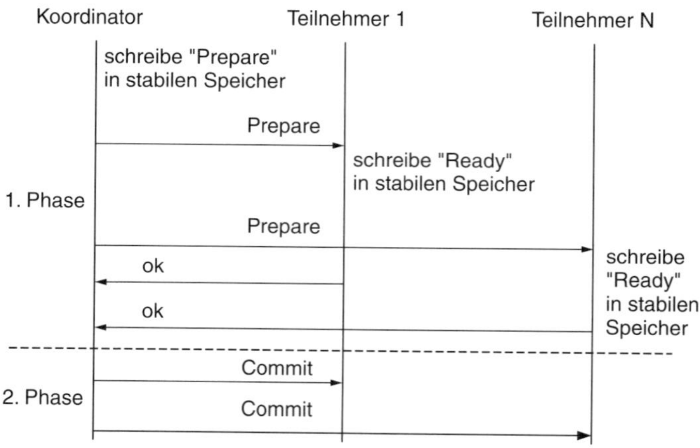

Bild 12.9 Ablauf des Zwei-Phasen-Commit-Protokolls

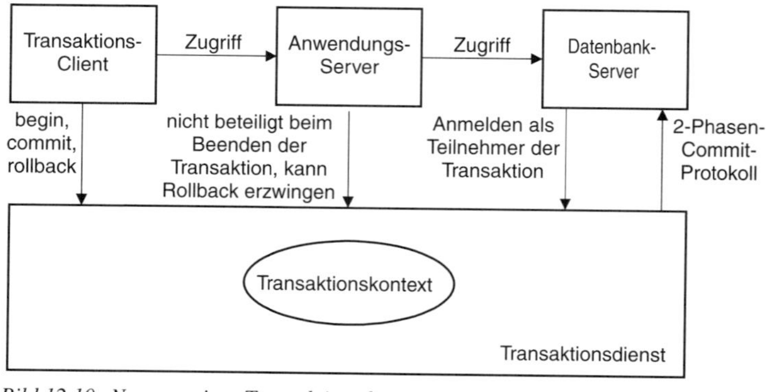

Bild 12.10 Nutzung eines Transaktionsdienstes

In Bild 12.10 ist die Nutzung eines Transaktionsdienstes im Rahmen einer dreischichtigen Architektur (→ 12.3.1.2) dargestellt.

Ein Transaktionsdienst bietet folgende Funktionen an:

- Kontrolle der Dauer einer Transaktion (Beginn, erfolgreiche Beendigung oder Abbruch)
- Registrierung der an einer Transaktion beteiligten Objekte
- Koordination beim Beenden von Transaktionen (in der Regel durch das Zwei-Phasen-Commit-Protokoll).

Transaktionsmonitore (auch **TP-Monitore** genannt, TP – Transaction Processing) realisieren Transaktionsdienste. Es gibt mehrere kommerzielle Anbieter von Transaktionsmonitoren, die zusätzliche Funktionalitäten wie z. B. Lastbalancierung enthalten. Die Spezifikation für Enterprise Java Beans (EJB) von Sun (→ 12.3.2) verfolgt das Ziel, Anwendungen für einen Anwendungs-Server entwickeln zu können, die im Rahmen von Transaktionen ablaufen, wobei aber der Entwickler die Dienste eines Transaktionsdienstes nicht explizit in Anspruch nehmen muss. Transaktionsmonitore werden zur Middleware (→ 12.2.3) gezählt.

12.5 Peer-to-Peer-Systeme

Peer-to-Peer-Systeme (Peers: gleichberechtigte Partner) sind Anwendungen, die seit einigen Jahren verstärkt besondere Aufmerksamkeit erfahren haben. Praktische Anwendungen wurden vor allem zur Realisierung von Tauschbörsen für Dateien (**File-Sharing**) entwickelt, mit denen vorwiegend Musik- und Videodateien (MP3, AVI, MPEG usw.) – nicht selten illegal – getauscht werden. Diese Form von Peer-to-Peer-Anwendungen sind momentan (trotz E-Mail-Spams und vielen webbasierten Anwendungen) für den weitaus größten Teil des Internet-Datenverkehrs verantwortlich. Bei reinen Peer-to-Peer-Anwendungen spielen alle beteiligten Instanzen dieselbe Rolle (daher die Bezeichnung Peer). Die Kommunikation erfolgt in der Regel dennoch nach dem Client-Server-Prinzip (→ 12.2.1), wobei jede beteiligte Instanz sowohl die Rolle des Clients als auch die Servers spielt (Peer = Servent [Kunstwort aus Server und Client]). In der Praxis gibt es keine scharfe Abgrenzung zwischen Client-Server- und Peer-to-Peer-Systemen, da zum einen auch bei manchen Client-Server-Systemen manche Instanzen die Rolle von Client und Server einnehmen bzw. die Server untereinander kommunizieren (z. B. bei DNS), und da zum anderen bei manchen Peer-to-Peer-Systemen nicht alle Partner dieselbe Rolle spielen.

12.5.1 Definition und Einsatzgebiete

Ein **Peer-to-Peer-System** lässt sich durch seine Funktionalität und seine Struktur charakterisieren:
Funktionalität: Die wesentliche Funktion eines Peer-to-Peer-Systems besteht im Veröffentlichen von Daten zusammen mit einem Schlüssel und dem Suchen von Daten unter Angabe eines Schlüssels (→ 14.3). Diese Funktion wird auch als **verteiltes Hash-Verfahren** bezeichnet.
Struktur: Die beteiligten Instanzen eines Peer-to-Peer-Systems bilden ein **Overlay-Netz**. Im Overlay-Netz bilden die beteiligten Instanzen die Knoten und die Kommunikationsbeziehungen zwischen den Instanzen die Kanten. Das Overlay-Netz besitzt in der Regel eine große Zahl von Instanzen, wobei ständig neue Instanzen dem System beitreten und Instanzen das System verlassen. Das System bleibt dabei aber dennoch als Ganzes stabil und ohne Unterbrechung funktionsfähig.

❑ *Beispiel*: Anwendungen für Peer-to-Peer-Systeme sind u. a.:
- Tauschbörsen für Dateien (→ 11.6.5; Veröffentlichung und Suche nach Dateien),
- Telefonieren über das Internet (→ 11.4.6; Registrierung und Suche nach Personen),
- Chat (→ 11.4.8; Registrierung und Suche nach Personen),
- Online-Spiele, insbesondere MMOG (Massive Multi-Player Online Games; Veröffentlichung und Suche nach unterschiedlichen Arten von Spielobjekten wie Spielfiguren, Gegenstände usw.).

12.5.2 Klassifikation von Peer-to-Peer-Systemen

Peer-to-Peer-Systeme lassen sich auf verschiedene Arten klassifizieren. Eine mögliche Klassifikation richtet sich nach dem Grad der Zentralisierung. Am einen Ende des Spektrums steht ein vollkommen dezentralisiertes System, in dem alle Beteiligten wirklich gleichartig sind, was dem Idealtypus eines Peer-to-Peer-Systems entspricht. Am anderen Ende des Spektrums stehen Peer-to-Peer-Systeme, in denen eine oder mehrere Instanzen zentrale Funktionen übernehmen, die andere nicht haben und die für das Funktionieren des Gesamtsystems wesentlich sind.

Eine andere Form der Klassifikation richtet sich nach dem Grad der Strukturierung eines Peer-to-Peer-Systems:
- **Unstrukturierte Systeme**: Bei unstrukturierten Peer-to-Peer-Systemen werden die Daten beim Veröffentlichen auf einem oder mehreren beteiligten Rechnern des Systems abgelegt, ganz unabhängig vom Wert des Schlüssels. Häufig werden die veröffentlichten Daten auf dem Rechner gelassen, auf dem sie veröffentlicht werden. Werden die Daten dann

später gesucht, so kann man aufgrund des Schlüssels keine Rückschlüsse ziehen, auf welchem Rechner die entsprechenden Daten zu finden sind. Im schlimmsten Fall muss entweder auf allen Rechnern gesucht werden, oder die Daten werden nicht gefunden.

- **Strukturierte Systeme**: Bei strukturierten Peer-to-Peer-Systemen werden beim Veröffentlichen basierend auf dem Wert des Schlüssels gezielt ein oder mehrere beteiligte Knoten festgelegt, auf denen die Daten oder eine Referenz darauf gespeichert werden. Wird dann später der Wert gesucht, so kann aufgrund des Schlüsselwerts der beteiligte Rechnerknoten gezielt gefunden werden, auf dem das Datum selbst oder ein Hinweis, auf welchem Rechner sich das Datum befindet, liegt.

12.5.3 Beispiele für Peer-to-Peer-Systeme

12.5.3.1 Beispiele für unstrukturierte Systeme

Napster. Napster war eine Musikdateitauschbörse, bei der auf einem zentralen Server gespeichert wurde, welche Musikdateien auf welchen Rechnern verfügbar waren. Der Dateitransfer erfolgte direkt zwischen den Rechnern der Benutzer. Aus heutiger Sicht handelte es sich bei Napster um kein Peer-to-Peer-System. Dennoch war Napster der Anstoß für die dann einsetzende Entwicklung vieler weiterer Peer-to-Peer-Systeme. Napster wurde aus rechtlichen Gründen abgeschaltet.

Gnutella. Beim Veröffentlichen lokaler Daten (Dateien) verbleiben diese auf dem eigenen Rechner. Sucht ein Rechner nach einer gewissen Datei, so „flutet" er das Overlay-Netz mit seinen Anfragen. Gegen das „Explodieren" wird ein Reichweitenzähler verwendet. Mögliche Antworten werden auf dem Weg zurückgesendet, auf dem die Anfrage jeweils kam. Der Datentransfer findet direkt zwischen dem Rechner, der die Daten besitzt, und dem Rechner, der die Daten gesucht hat, statt. Gnutella ist sehr robust. Allerdings erzeugt das Suchen viele Nachrichten, die durch die Reichweitenbeschränkung zwar reduziert werden kann. Je geringer die Reichweite ist, desto geringer ist jedoch die Chance, dass die gesuchten Daten gefunden werden. Ein Rechner von Gnutella kann ohne weitere Maßnahmen einfach aus dem System ausscheiden. Ein Rechner, der dem System beitreten will, muss in den Besitz einer initialen Liste von Mitgliedern des Systems kommen. Von diesen Mitgliedern kann er sich durch eine Suchanfrage, die im Overlay-Netz ebenfalls mit beschränkter Reichweite „geflutet" wird, eine in der Regel größere Anzahl weiterer Mitglieder beschaffen. Der neu hinzukommende Rechner wählt dann aus dieser Menge bereits vorhandener Mitglieder einige aus, mit denen er eine

Kommunikationsbeziehung herstellt, um damit selbst Teil des Overlay-Netzes zu werden.

12.5.3.2 Beispiele für strukturierte Systeme

Chord. In Chord werden sowohl für die Schlüssel von Daten als auch für die Rechner selbst nicht-negative Werte verwendet, die sich mit m Bits darstellen lassen. Die möglichen Zahlen für die Schlüssel und die Rechnerkennungen sind in einem Ring, dem Chord-Ring, angeordnet, was im Wesentlichen bei der Addition und Subtraktion eine Rolle spielt. Ein Rechner ist für Daten mit denjenigen Schlüsseln zuständig, die zwischen seinem Vorgängerknoten im Ring ausschließlich und seiner eigenen Kennung einschließlich liegen. Das Overlay-Netz in Chord wird durch folgende Nachbarschaften gebildet: Jeder Rechner des Chord-Systems kennt seinen Vorgänger im Chord-Ring sowie seine *Fingertabelle*. Die Fingertabelle hat m Einträge. Der i. Finger ist der Rechner, der für den Schlüssel zuständig ist, der sich durch Addition der eigenen Kennung und 2^i ergibt ($i \geqq 0$ und $i \leqq m - 1$, Addition modulo 2^m). Der 0. Fingereintrag ist immer der Nachfolger eines Knotens. Mit dieser Fingertabelle gelangt man sehr schnell zum zuständigen Rechner eines gegebenen Schlüssels, indem man immer einen möglichst großen Sprung zu einem Rechner macht, dessen Kennung noch vor dem gesuchten Schlüssel liegt oder der dieselbe Kennung wie der gesuchte Schlüssel hat. Das Verfahren ist sehr effizient; man benötigt in der Regel $O(\log n)$ Schritte zum Ziel, wenn das Chord-System aus n Rechnern besteht. Für das Beitreten eines neuen Knotens sowie das Ausscheiden von Knoten gibt es spezielle Verfahren.

CAN (Content Addressable Network). Bei CAN besteht der Schlüssel aus zwei Werten, die man als die Koordinaten eines Punkts interpretieren kann. Die einzelnen Knoten des Peer-to-Peer-Systems verwalten unterschiedliche Flächenstücke. Ein Datum wird auf demjenigen Knoten gespeichert, der das Flächenstück verwaltet, in dem der Schlüssel liegt. Die CAN-Knoten kennen als Nachbarn die Knoten, deren Flächenstücke an das eigene Flächenstück angrenzen. Beim Suchen wird die Anfrage an den Nachbarn weitergegeben, dessen Flächenstück dem gesuchten Zielpunkt am nächsten ist. Dies geschieht so lange, bis die Fläche, in dem der Zielpunkt ist, erreicht ist. Beim Beitritt eines Knotens wird das Flächenstück eines anderen Knotens aufgeteilt; beim Verlassen wird das Flächenstück des verlassenden Knotens einem anderen Knoten zur Verwaltung zugeteilt.

13 Datenbanken

Thomas Kudraß

13.1 Grundlagen

13.1.1 Terminologie

Informationen (→ 2.1) werden durch **Daten** (→ 2.2) repräsentiert. Man unterscheidet dabei strukturierte Daten (z. B. Adresslisten), unstrukturierte Daten (z. B. Textdokumente, Bilder) und semistrukturierte Daten (z. B. Patientenakten). Strukturierte Daten sind in **Datensätzen** (**records**) organisiert. Ein Datensatz besteht aus mehreren **Feldern** (**fields**), deren Anzahl und Struktur für einen bestimmten Datensatztyp jeweils übereinstimmt.

> Ein **Datenbank (DB)** ist eine logisch zusammenhängende Sammlung von Daten, die einen Ausschnitt der realen Welt beschreiben.
> Ein **Datenbankmanagementsystem (DBMS)** ist ein Softwaresystem, das dem Benutzer die Verwaltung einer Datenbank ermöglicht. Dies umfasst Definition, Erzeugung und Manipulation von Datenbanken.

► *Hinweis*: Für ein DBMS wird manchmal auch der Begriff Datenbankverwaltungssystem (DBVS) verwendet.

13

Ein DBMS zusammen mit einer oder mehreren Datenbanken wird als **Datenbanksystem** (**DBS**) bezeichnet. Das DBMS legt das Datenmodell der Datenbank (Datenbankmodell) fest.

> Ein **Datenmodell** enthält drei Bestandteile:
> - *Datenstrukturen*: Objekte und deren Beziehungen (statische Eigenschaften)
> - *Operationen* und Beziehungen zwischen Operationen (dynamische Eigenschaften)
> - *Integritätsbedingungen* auf Objekten und Beziehungen. Dies sind Regeln, die die Menge der erlaubten Zustände bzw. Zustandsübergänge definieren.

❑ *Beispiel*: Objekte sind dabei Kunden und Artikel, aber auch Ereignisse wie Bestellungen. Eine Beziehung zwischen diesen Objekten ist etwa die Bestellung von Artikeln durch Kunden. Operationen auf Objekten sind das Erfassen von Neukunden und die Pflege der Artikeldaten. Weiterhin kann man Integritätsbedingungen für Kunden-Objekte formulieren, z. B. dass die Kundennummer eindeutig ist (Schlüsselbedingung) und dass eine Bestellung genau einem Kunden zugeordnet werden muss.

Ein *Schema* ist die Beschreibung der Daten und beruht auf einem bestimmten Datenmodell. Das verbreitetste Datenbankmodell ist das **Relationenmodell** (→ 13.2.3) /13.11/. Dabei werden die Daten in zweidimensionalen Tabellen (Relationen) verwaltet, die über Schlüssel miteinander verknüpft sind. Relationale DBMS sind z. B. Oracle, DB2, Microsoft SQL Server und MySQL.

Die ersten (prärelationalen) Datenbankmodelle waren satzorientiert, es sind dies das **hierarchische** und das **Netzwerk-Datenmodell**. **Objektorientierte Datenbankmodelle** orientieren sich an objektorientierten Programmiersprachen (→ 7.3). Die großen DBMS-Hersteller haben ihren relationalen Systemen objektorientierte Eigenschaften hinzugefügt und diese zu **objektrelationalen** Systemen weiterentwickelt (→ 13.3.6).

► *Hinweis*: Allgemeine Lehrbücher über Datenbanken sind u. a. /13.15/, /13.33/, /13.36/, /13.55/ und /13.66/.

13.1.2 Merkmale eines DBMS

Gemäß seiner Definition bietet ein DBMS folgende Funktionalitäten:

Integrierte Datenhaltung: Das DBMS ermöglicht die *einheitliche* Verwaltung *aller* von den Anwendungen benötigten Daten. Somit wird jedes logische Datenelement, wie beispielsweise Name eines Kunden, *an nur einer* Stelle in der Datenbank gespeichert. Dabei muss ein DBMS die Möglichkeit bieten, eine Vielzahl komplexer Beziehungen zwischen den Daten zu definieren sowie zusammenhängende Daten schnell und effizient miteinander zu verknüpfen.

Sprache: Das DBMS stellt an seiner Schnittstelle eine Datenbanksprache (*Query Language*) für die folgenden Zwecke zur Verfügung (→ 13.3):

- Datenanfrage (Data Query Language, DQL)
- Datenmanipulation (Data Manipulation Language, DML)
- Verwaltung der Datenbank (Data Definition Language, DDL)
- Berechtigungssteuerung (Data Control Language, DCL)

Da viele Benutzer mit unterschiedlichen technischen Kenntnissen und Anforderungen auf eine Datenbank zugreifen, sollte ein DBMS eine Vielzahl von Benutzerschnittstellen (→ 16) bereitstellen. Dazu zählen Anfragesprachen für gelegentliche Benutzer, Programmierschnittstellen und grafische Benutzeroberflächen (*Graphical User Interface, GUI*). Die Möglichkeit eines Webzugriffs ist heute eine Grundvoraussetzung.

Katalog: Der Katalog (*Data Dictionary*) ermöglicht Zugriffe auf die Datenbeschreibungen der Datenbank, auch als Metadaten bezeichnet.

❑ *Beispiele*: Eigentümer und Erzeugungszeit von Datenbankobjekten (Tabellen), Beschreibung von Tabellen und ihren Spalten (Datentyp, Länge).

Benutzersichten: Für unterschiedliche Klassen von Benutzern sind verschiedene Sichten (*Views*) erforderlich, die bestimmte Ausschnitte aus dem Datenbestand beinhalten oder diesen in einer für die jeweilige Anwendung benötigten Weise strukturieren. Diese sind in einem externen Schema der Datenbank definiert (→ 13.1.3).

Konsistenzkontrolle: Die Konsistenzkontrolle, auch als *Integritätssicherung* bezeichnet, übernimmt die Gewährleistung der Korrektheit von Datenbankinhalten und der korrekten Ausführung von Änderungen. Ein korrekter Datenbankzustand wird durch benutzerdefinierte Integritätsbedingungen (*Constraints*) im DBMS definiert, die während der Laufzeit der Anwendungen vom System kontrolliert werden. Daneben wird aber auch die physische Integrität sichergestellt, d. h. die Gewährleistung intakter Speicherstrukturen und Inhalte (Speicherkonsistenz).

Datenzugriffskontrolle: Durch Festlegung von Regeln kann der unautorisierte Zugriff auf die in der Datenbank gespeicherten Daten verhindert werden (*Access Control*, → 13.3.5).

Transaktionen: Mehrere Datenbankänderungen, die logisch eine Einheit bilden, lassen sich zu Transaktionen zusammenfassen, die als Ganzes ausgeführt werden (Atomarität) und deren Effekt bei Erfolg permanent in der Datenbank gespeichert wird (Dauerhaftigkeit) (→ 13.5.6).

Mehrbenutzerfähigkeit: Konkurrierende Transaktionen mehrerer Benutzer müssen synchronisiert werden, um gegenseitige Beeinflussung, z. B. bei Schreibkonflikten auf gemeinsam genutzten Daten, zu vermeiden (*Concurrency Control*, → 13.5.6.2).

Datensicherung: Das DBMS muss in der Lage sein, bei auftretenden Hard- oder Softwarefehlern wieder einen korrekten Datenbankzustand herzustellen (*Recovery*, → 13.5.7).

13.1.3 Architektur eines Datenbanksystems

Das ANSI-SPARC-Modell gibt drei Architekturebenen für ein DBS vor und formuliert das Prinzip der *Separation of Concerns* für Datenbanken /13.64/. Die drei Ebenen sind wie folgt beschrieben:

1. Auf der internen Ebene wird ein **internes Schema** definiert. Dieses beschreibt die Details der physischen Speicherung der Daten und die Zugriffspfade wie z. B. Indexe.
2. Auf der konzeptuellen Ebene wird ein **konzeptuelles Schema** definiert, das die Struktur der *gesamten* Datenbank für alle Benutzer der Datenbank beschreibt. Das konzeptuelle Schema verbirgt die Details der physischen Speicherung.

3. Die externe Ebene beinhaltet eine Reihe **externer Schemata** oder **Benutzersichten (Views)** basierend auf dem konzeptuellen Schema. Jede View beschreibt einen Ausschnitt aus dem Datenbestand, der für eine bestimmte Benutzergruppe interessant ist, wobei die übrigen Daten aus der Datenbank verborgen werden.

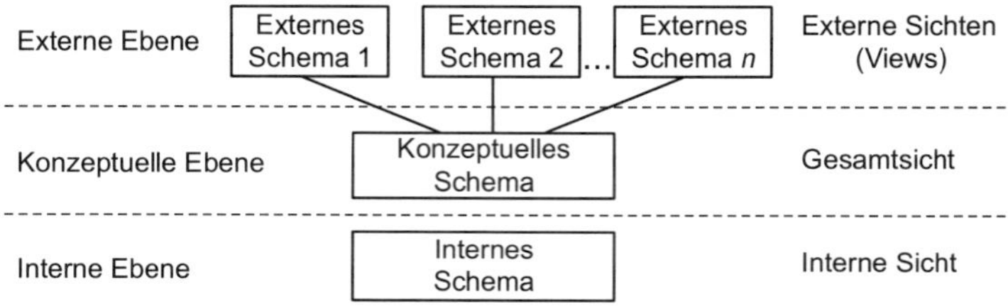

Bild 13.1 Drei-Ebenen-Architektur nach ANSI/SPARC

13.1.4 Benutzerrollen in einem Datenbanksystem

Bei der Entwicklung und Nutzung einer großen Datenbank in einem Unternehmen sind viele Personen mit unterschiedlichen **Rollen** beteiligt:

Endbenutzer benötigen den Zugriff auf die Datenbank zur Erledigung ihrer Aufgaben. Dazu zählen die Erzeugung von Berichten (Reports) oder die Aktualisierung von Daten.

Anwendungsprogrammierer implementieren auf Basis einer Spezifikation und mit einem gegebenen Datenbankschema die Applikationen, insbesondere für die Endbenutzer.

Datenbankdesigner ermitteln die Anforderungen der Benutzer, um die in der Datenbank zu speichernden Daten in einem konzeptuellen Schema festzulegen. Der Datenbankdesigner ist zusammen mit dem Administrator verantwortlich für die Umsetzung dieses Schemas in einem DBMS.

Der **Datenbankadministrator** ist für die Verwaltung des Datenbanksystems verantwortlich. Dabei hat er vorwiegend operative Aufgaben:
- Vergabe von Zugriffsrechten an Benutzer (Autorisierung),
- Sicherstellung des reibungslosen Betriebs des Datenbanksystems (Verfügbarkeit),
- Regelmäßige Datensicherungen und Archivkopien der Datenbank,
- Installation neuer DBMS-Versionen,
- Ansprechpartner für Probleme des DBS, z. B. Sicherheit, Performance.

DBMS-Entwickler sind Softwareentwickler, die an der Entwicklung eines DBMS bei einem Hersteller (vendor) beteiligt sind. Diese haben normalerweise keinen Kontakt mit Endbenutzern der Datenbanksysteme.

13.2 Datenbankentwurf

13.2.1 Phasenmodell des Datenbankentwurfs

Der Entwurf einer DB findet meistens im Zusammenhang mit der Entwicklung eines Informationssystems statt und orientiert sich an den Entwurfsschritten des **Phasenmodells** im Software Engineering (→ 8.2). Die Entwurfsphasen sind dabei angepasst an die Bedürfnisse der Datenbankentwicklung: Anforderungsanalyse, konzeptioneller Entwurf, logischer Entwurf, Datendefinition, physischer Entwurf, Implementierung und Wartung (→ Bild 13.2).

Wie auch im Software Engineering werden die Phasen nicht streng sequenziell durchlaufen. Der Datenbankentwurf ist ein iterativer Prozess.

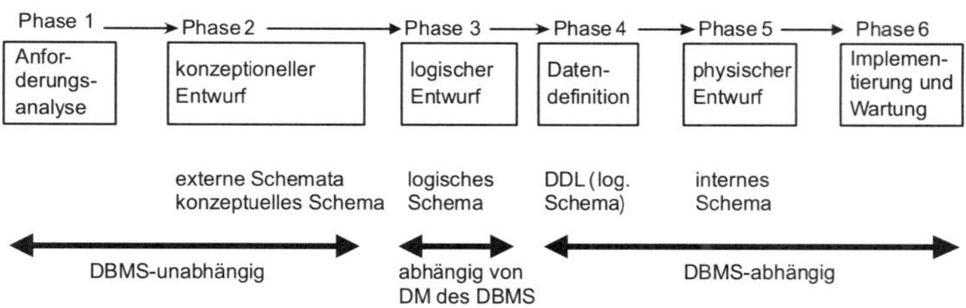

Bild 13.2 Phasenmodell des Datenbankentwurfs /13.60/

13.2.2 Entity-Relationship-Modell

Auf Basis der Ergebnisse der Anforderungsanalyse erfolgt im konzeptionellen Entwurf eine erste formale Beschreibung des abzubildenden Weltausschnitts (*universe of discourse*). Dafür wird zumeist das **Entity-Relationship-Modell** (**ERM**) eingesetzt, dessen Grundbestandteile Objekte (entities) und die zwischen ihnen bestehenden Beziehungen (relationships) bilden /13.9/. Die grafische Darstellung im ERM erfolgt in einem Entity-Relationship-Diagramm (ERD, → 13.3).

Gleichartige Entities werden zu **Entitytypen** abstrahiert (als Rechteck dargestellt), gleichartige Beziehungen zu **Beziehungstypen** (als Raute dargestellt). Objekt- und Beziehungstypen können jeweils auch als Menge interpretiert werden (entity set bzw. relationship set). **Attribute** werden Entitytypen und

Beziehungstypen als Eigenschaften zugeordnet. Ein Entity eines Typs wird durch eine Menge von identifizierenden Attributen (**Schlüssel**) identifiziert.

Beziehungstypen werden auch quantitativ beschrieben, wofür zwei Ansätze existieren: Die (1, M, N)-Notation definiert, wie viele Entities eines Typs mit wie vielen Entities eines anderen Typs maximal in Beziehung stehen können (**Kardinalität**). Zur genaueren Qantifizierung wird mit der **(min, max)-Notation** gearbeitet, um den Komplexitätsgrad der Beziehung zu definieren. Dabei wird die Beziehung gedanklich geteilt und folgende Aussage je Hälfte getroffen: Ein Entity eines Entitytyps muss minimal und kann maximal an wie vielen Beziehungen beteiligt sind. Ein **rekursiver Beziehungstyp** setzt Entities *eines* Entitytyps in Beziehung. Grundsätzlich können Entities von n Entitytypen miteinander in Beziehung gesetzt werden. Bei $n > 2$ spricht man von ***n*-ären Beziehungen**. Entitytypen lassen sich in einer Generalisierungshierarchie in Super- und Subtypen darstellen. Diese wird durch den Eintrag „**ISA**" (abgeleitet aus „is a") im Dreieck innerhalb eines ERD gekennzeichnet (→ Bild 13.3). Dem **Supertyp** werden allgemein zutreffende Attribute zugeordnet, jeder **Subtyp** verfügt über spezielle Attribute.

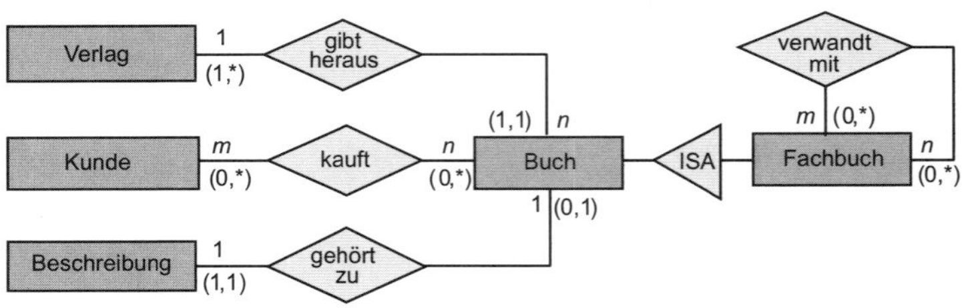

Bild 13.3 Entity-Relationship-Diagramm eines Modells im Buchhandel

❑ *Beispiel*: Aus dem ERD in Bild 13.3. gehen verschiedene Beziehungen hervor, z. B.: Ein Verlag gibt n Bücher heraus, mindestens eins und beliebig viele. Umgekehrt wird ein Buch von genau einem Verlag herausgegeben. Der Entitytyp Fachbuch ist ein Subtyp von Buch. Fachbücher können mit mehreren anderen Fachbüchern verwandt sein (rekursive Beziehung). Attribute sind in diesem Diagramm zur Vereinfachung nicht dargestellt.

13.2.3 Relationales Datenmodell

Die grundlegende Datenstruktur des relationalen Datenmodells ist die Relation, die wie eine Wertetabelle aussieht. Jedes relationale Datenbankschema D besteht aus einer Menge von Relationenschemata R: $D = \{R_1, \ldots, R_n\}$. Aus einem Relationenschema lassen sich die Relationen ableiten.

Eine **Relation** $R(A_1, A_2, \ldots, A_n)$ ist eine benannte Menge von n-Tupeln, wobei ein n-Tupel eine Anordnung von n atomaren (d. h. nicht weiter zerlegbaren) Attributen $A_1, A_2, \ldots, A_n$ ist.

Jedem *Attribut* ist ein Wertebereich, die *Domäne*, zugeordnet; jede Attributausprägung ist ein Element aus der jeweiligen Domäne.

Im Relationenmodell gelten folgende Aussagen:

- Jede Relation hat einen oder mehrere **Schlüsselkandidaten**, d. h. minimale identifizierende Attributkombinationen. Unter den Schlüsselkandidaten wird einer als **Primärschlüssel (primary key)** ausgezeichnet. Dieser muss immer belegt sein (NOT-NULL-Eigenschaft) und wird im Relationenschema unterstrichen gekennzeichnet.
- *Schlüsselattribute* sind Attribute, die zu einem Schlüsselkandidaten gehören, *Nichtschlüsselattribute* gehören keinem Schlüsselkandidaten an.
- Zwischen Attributen können **Fremdschlüsselbeziehungen** existieren.

Ein **Fremdschlüssel (foreign key)** ist eine Attributkombination, die einen Schlüsselkandidaten derselben oder einer anderen Relation referenziert. Fremdschlüssel können auch einen NULL-Wert annehmen.

❑ *Beispiel*: In der Relation Buch (ISBN, Titel, Autor, Preis, VNr) ist VNr ein Fremdschlüssel, der als Verlags-Nr. ein Tupel der Relation Verlag referenziert.

13

Die Fremdschlüsselbedingung oder **referentielle Integrität** besagt, dass zu jedem Wert eines Fremdschlüssels der Relation R_1 ein gleicher Wert des referenzierten Schlüsselkandidaten (i. Allg. des Primärschlüssels) in einem Tupel der Relation R_2 vorhanden sein muss. R_1 und R_2 können zusammenfallen (rekursive Beziehung).

13.2.3.1 Abbildung des ERM auf das Relationenmodell

- **1 : 1-Beziehungen** werden auf Relationen abgebildet, indem der Primärschlüssel einer der beteiligten Entitytypen in die Relation des anderen Entitytyps als Fremdschlüssel übernommen wird. Die Richtung der Übernahme ist frei.
- **1 : *N*-Beziehungen** werden abgebildet, indem der N-Seite der Primärschlüssel des Entitytyps der 1-Seite als Fremdschlüssel übergeben wird. Eventuell vorhandene Beziehungsattribute werden auf der N-Seite notiert.
- ***M* : *N*-Beziehungen** werden auf eine eigene Relation abgebildet. Die Primärschlüssel der beteiligten Entitytypen bilden den zusammengesetzten Primärschlüssel der neuen Relation und verweisen jeweils als Fremdschlüssel auf die Relationen, die die Entitytypen repräsentieren.

- **N-äre Beziehungen** werden auf eine eigene Relation abgebildet, wobei der Primärschlüssel der Relation sich aus den Primärschlüsseln der beteiligten Entitytypen zusammensetzt, die jeweils auch als Fremdschlüssel definiert sind.
- Bei **rekursiven Beziehungen** wird der Primärschlüssel des Entitytyps zweimal in die Relation aufgenommen, wobei durch Umbenennung eindeutige Namen zu gewährleisten sind. Die anzuwendende Abbildungsregel richtet sich dann nach der Kardinalität der Beziehung.
- Eine **ISA-Hierarchie** wird derart abgebildet, dass eigene Relationen für den Supertyp und alle Subtypen angelegt werden. Der Supertyp enthält alle generalisierbaren Attribute und den Primärschlüssel. Die Subtypen beinhalten die speziellen Attribute und erben den Primärschlüssel des Supertyps.

► *Hinweis*: Neben dieser Modellierungsregel existieren zwei weitere Varianten für die Abbildung: Die komplette ISA-Hierarchie wird in eine einzige Relation überführt, oder es werden für jeden Subtyp Relationen gebildet, die jeweils alle Attribute des Supertyps sowie die speziellen Attribute übernehmen.

❑ *Beispiel*: Die Relation Kauft (KNr, ISBN, Datum) repräsentiert eine $M:N$-Beziehung zwischen Kunden (KNr) und Büchern (ISBN) mit dem Attribut Datum.

13.2.3.2 Entwurfstheorie für relationale Datenbanken

Ein Attribut Y einer Relation R heißt **funktional abhängig** von einem Attribut X derselben Relation, wenn zu jedem X-Wert höchstens ein Y-Wert gehört. Dann gilt: X bestimmt Y funktional: $X \rightarrow Y$; X heißt Determinante von Y. X und Y können auch Attributkombinationen sein.

❑ *Beispiel*: In der Relation Buch gilt die Abhängigkeit ISBN $\rightarrow$ Titel.

Eine funktionale Abhängigkeit $\{X_1, X_2\} \rightarrow Y$ wird als **voll funktional** bezeichnet, wenn Y nicht von X_1 oder X_2, also einem Teil der Determinante, abhängig ist.

► *Hinweis*: Eine funktionale Abhängigkeit ist zugleich voll funktional, wenn X nur aus einem Attribut besteht.

Eine Relation befindet sich in **erster Normalform (1NF)**, wenn sie ausschließlich atomare Attributwerte enthält.

Treten Wiederholungen auf, so sind diese auf (stark redundante) Tupel aufzuteilen oder in eine eigenständige Relation auszulagern. Wenn es sich um zusammengesetzte Attributwerte handelt (z. B. ein Attribut Adresse mit PLZ, Stadt und Straße), so sind diese in einzelne Attribute aufzuteilen.

Eine Relation ist in **zweiter Normalform (2NF)**, wenn sie in 1NF ist und jedes Nichtschlüsselattribut von jedem Schlüsselkandidaten voll funktional abhängig ist.

Existiert eine funktionale Abhängigkeit zwischen Nichtschlüsselattributen $Y \rightarrow Z$, so resultiert daraus für das abhängige Attribut Z eine transitive Abhängigkeit von Schlüsselattribut X: $X \rightarrow Y \rightarrow Z$.Dies führt zu Anomalien, weil XY-Wertepaare mehrfach gespeichert sein können. Diese Redundanzen werden durch die 3NF eliminiert /13.12/.

Eine Relation befindet sich in **dritter Normalform (3NF)**, wenn keine transitiven Abhängigkeiten der Nichtschlüsselattribute existieren.

❑ *Beispiel*: In der Relation Kauft (KNr, ISBN, Datum) gilt KNr, ISBN → Datum. Somit besteht eine volle funktionale Abhängigkeit des Nichtschlüsselattributs vom Schlüssel (zweite Normalform). Würde in der Relation Buch zusätzlich noch eine Spalte Land existieren, so würde gelten: ISBN → VNr → Land (transitive Abhängigkeit über Verlag und somit Verletzung der 3NF).

Attribute einer Relation, durch die eine Normalform verletzt wird, sind in eine separate Relation zusammen mit ihrer Determinante auszulagern, die in der Originalrelation als Fremdschlüssel die neue Relation referenziert.

Eine Relation befindet sich in **BOYCE-CODD-Normalform (BCNF)**, wenn jede Determinante Schlüsselkandidat ist.

13

► *Hinweis*: Die BCNF ist eine Verschärfung der 3NF, da transitive Abhängigkeiten von Schlüsselattributen ausgeschlossen werden.

Neben funktionalen Abhängigkeiten müssen weitere Abhängigkeiten betrachtet werden, wenn beispielsweise einem Attributwert X eine Menge von Attributwerten Y zugeordnet ist, unabhängig von Werten anderer Attribute. Dies wird als **mehrwertige Abhängigkeit** $X \rightarrow\rightarrow Y$ bezeichnet. Treten zwei voneinander verschiedene mehrwertige Abhängigkeiten in einer Relation auf, so resultieren daraus Redundanzen.

Eine Relation ist in **vierter Normalform (4NF)**, wenn sie *keine paarweise unabhängigen mehrwertigen Abhängigkeiten* zwischen ihren Attributen enthält.

❑ *Beispiel*: In einer Relation Buch (Titel, Autor, Typ) gelten die mehrwertigen Abhängigkeiten Titel →→ Autor (ein Buchtitel hat i. Allg. mehrere Autoren) und Titel →→ Typ (ein Buchtitel kann in verschiedenen Aufmachungen vorliegen: als Taschenbuch oder gebunden). Die 4NF wird hergestellt, indem die Relation zerlegt wird in Bu_Autor (Titel, Autor) und Bu_Typ (Titel, Typ).

► *Hinweis*: Darüber hinaus gibt es weitere, noch höhere Normalformen, wie z. B. die Projektion-Verbund-Normalform (5NF) /13.15/.

13.2.3.3 Grundlagen relationaler Sprachen

Relationale Datenbanksprachen basieren auf der Relationenalgebra, die die zulässigen Operationen zur Handhabung der Relationen definiert und im Ergebnis stets eine Relation liefern. Die Relationenalgebra ist prozedural, d. h. sie beschreibt zugleich einen Abarbeitungsplan für die Anfrage.

Die Relationenalgebra umfasst folgende Operatoren:

- Selektion: Auswahl von Zeilen aus einer Relation R mittels Prädikat P
- Projektion: Auswahl von Attributen der Liste A aus einer Relation R
- Verbund (Join): Zusammenführen von Relationen, wobei Tupel aus R und S verknüpft werden, wenn sie das Verbundprädikat P erfüllen
- Umbenennung von Attributen einer Relation
- Vereinigung $R \cup S$ von zwei Relationen
- Differenz $R - S$ von zwei Relationen
- Durchschnitt $R \cap S$ von zwei Relationen
- Kartesisches Produkt (Kreuzprodukt) $R \times S$ von zwei Relationen
- Division R/S von zwei Relationen

Die Operatoren der Relationenalgebra finden ihre Anwendung in relationalen DB-Sprachen wie beispielsweise SQL. Dabei werden die Operatoren durch entsprechende Sprachelemente dargestellt (→ Tabelle 13.1). SQL wird daher auch als *relational vollständig* bezeichnet.

Tabelle 13.1 Relationenalgebra und DB-Sprache SQL

Relationenalgebra	Anfragesprache SQL
Selektion: $\sigma_{x<5}(R)$	`SELECT * FROM R` **`WHERE`** `x < 5`
Projektion: $\pi_{x,y,z}(R)$	**`SELECT`** `x, y, z FROM R`
Join: $R \bowtie_{\mathrm{R.nr=S.nr}} S$	`SELECT R.*, S.*` **`FROM`** `R, S` **`WHERE`** `R.nr = S.nr`
Umbenennung: $\beta_{\mathrm{nummer} \leftarrow \mathrm{nr}}(R)$	`SELECT nr` **`as nummer`** `FROM R`
Vereinigung: $R \cup S$	`SELECT * FROM R` **`UNION`** `SELECT * FROM S`
Differenz: $R - S$	`SELECT * FROM R` **`EXCEPT`** `SELECT * FROM S`
Durchschnitt: $R \cap S$	`SELECT * FROM R` **`INTERSECT`** `SELECT * FROM S`
Kartesisches Produkt: $R \times S$	`SELECT R.*, S.*` **`FROM`** `R, S`

13.3 SQL

13.3.1 Grundkonzepte

SQL (Structured Query Language) ist die Datenbanksprache, die von allen bedeutenden relationalen Datenbanksystemen unterstützt wird. SQL beruht auf dem Relationenmodell und der Relationenalgebra (→ 13.2.3.3). In einer SQL-Datenbank bieten Tabellen die einzige Datenstruktur zur Speicherung von Daten. Eine **Tabelle** besteht aus Spalten (columns) und Zeilen (rows). Im Gegensatz zu einer Relation im Relationenmodell kann eine Tabelle Zeilenduplikate enthalte. Die echte Mengeneigenschaft muss bei der Definition der Tabelle erzwungen werden.

Der aktuelle Standard SQL:2008 umfasst mehr als 3600 Seiten Spezifikation, verteilt auf mehrere Dokumente /13.23/. Verfügbaren Implementierungen liegt zumeist SQL:1999 /13.65/ oder noch SQL92 zugrunde; der jeweilige Sprachumfang ist jedoch herstellerabhängig.

13.3.2 SELECT-Anfragen

Die Datenanfragesprache (DQL) dient zur Abfrage von Tabelleninhalten. Eine Anfrage in SQL ist ein Ausdruck, der sich wie folgt zusammensetzt:

`SELECT` Projektionsliste
`FROM` Tabellenreferenzliste
[`WHERE` Selektionsbedingung]
[`GROUP` BY Gruppierungsliste]
[`HAVING` Selektionsbedingung]
[`ORDER BY` Sortierliste]

13

Die **`SELECT`-Klausel** beschreibt die Spalten der Ergebnistabelle. Spalten können auch mittels Wertausdrücken berechnet werden. Die **`FROM`-Klausel** gibt an, welche Tabellen in die Anfrage eingehen. Dabei kann eine Tabelle auch das Ergebnis der Berechnung einer Unteranfrage sein. Für eine Tabelle kann in der `FROM`-Klausel ein Alias eingeführt werden, der auch in den anderen Teilen der Anfrage angesprochen werden kann. Die optionale **`WHERE`-Klausel** spezifiziert eine Selektionsbedingung, diese kann auch Unteranfragen enthalten. Die optionale **`GROUP-BY`-Klausel** gibt eine oder mehrere Gruppierungsspalten an. Eine Gruppe wird durch gemeinsame Werte in den Gruppierungsmerkmalen gebildet. SQL erzeugt für jede Gruppe eine Zeile, wobei die Spalten, die nicht an der Gruppierung teilnehmen, aggregiert (verdichtet) werden. Die optionale **`HAVING`-Klausel** definiert eine Bedingung, die alle Gruppen erfüllen müssen. Diese umfasst zumeist Aggregratfunktionen. Die optionale **`ORDER-BY`-Klausel** dient zum Sortieren des Anfrageergebnisses.

❑ *Beispiel*: Ausgabe von Autor und Anzahl der von ihm geschriebenen Bücher mit einem Preis von mehr als 20 €, falls diese Anzahl größer als 3 ist:

```
SELECT Autor, COUNT(*) FROM Buch WHERE preis < 20
GROUP BY Autor HAVING COUNT(*) > 3 ;
```

13.3.3 Datenmanipulation (DML)

Die Datenmanipulationssprache (DML) ermöglicht das Erzeugen, Ändern und Löschen von Tabelleninhalten. Tabelle 13.2 gibt einen Überblick über die wichtigsten Operationen.

Tabelle 13.2 DML-Operationen in SQL

<table>
<tr><th>Operation</th><th>SQL</th></tr>
<tr><td>Einfügen von Zeilen</td><td><code>INSERT INTO</code> Tabellenname [(Spaltennamensliste)]
{<code>VALUES</code>(Werteliste) | Anfrageausdruck}</td></tr>
<tr><td>Ändern von Zeilen</td><td><code>UPDATE</code> Tabellenname
<code>SET</code> Spaltenname = Wertausdruck, ...
[<code>WHERE</code> Bedingung]</td></tr>
<tr><td>Löschen von Zeilen</td><td><code>DELETE FROM</code> Tabellenname
[<code>WHERE</code> Bedingung]</td></tr>
</table>

Mittels **`INSERT`** können einzelne Zeilen eingefügt werden (**`VALUES`-Klausel**), oder die Tabelle wird mit dem Ergebnis einer Anfrage gefüllt. Die Befehle **`UPDATE`** und **`DELETE`** wirken in allen Zeilen der angegebenen Tabelle, die Menge der betroffenen Zeilen lässt sich jeweils mittels `WHERE`-Klausel einschränken.

13.3.4 Datendefinition (DDL)

SQL bietet eine Reihe von Basisdatentypen (→ Tabelle 13.3). Jeder Datentyp definiert einen Wertebereich mit zugehörigen Operationen und unterstützt den Wert **NULL**, den sogenannten **Nullwert**, der als „unbekannt", „nicht vorhanden" oder „nicht anwendbar" interpretiert werden kann.

Tabelle 13.3 SQL-Datentypen (Auswahl)

<table>
<tr><th>Kategorie</th><th>Typ</th></tr>
<tr><td>Numerisch</td><td><code>INTEGER</code> | <code>DECIMAL(p,q)</code> | <code>REAL</code> | <code>FLOAT(p)</code></td></tr>
<tr><td>Zeichen</td><td><code>CHAR(q)</code> | <code>VARCHAR(q)</code> | <code>CLOB</code> | <code>NCLOB</code> | <code>XML</code></td></tr>
<tr><td>Datum/Zeit</td><td><code>DATE</code> | <code>TIME</code> | <code>TIMESTAMP</code> | <code>INTERVAL</code></td></tr>
<tr><td>Weitere</td><td><code>BOOLEAN</code> | <code>BLOB</code></td></tr>
</table>

Mit DDL-Befehlen können Objekte im Datenbankschema definiert werden (**Schemaobjekte**), im Unterschied zu DML-Befehlen, die auf einzelnen Datensätzen wirken. Das Erzeugen erfolgt jeweils mit dem Befehl **CREATE**, das Entfernen des Objektes mittels **DROP**, zum Ändern steht teilweise der Befehl **ALTER** zur Verfügung. Dabei werden folgende Arten von Schemaobjekten unterschieden:

- `TABLE`: Basistabelle
- `VIEW`: Sicht auf einer Basistabelle
- `DOMAIN`: Wertebereich, der wie ein Datentyp verwendet werden kann
- `INDEX`: Zugriffspfad (→ 13.5.4)
- `SCHEMA`: Logischer Speicherbereich einer Datenbank
- `USER`: Benutzerkennung mit Passwort
- `ROLE`: Benutzerrolle zur Vereinfachung der Zugriffskontrolle
- `TABLESPACE`: Physischer Speicherbereich einer Datenbank
- `SEQUENCE`: Zähler für die Erzeugung von Primärschlüsselwerten
- `PROCEDURE, FUNCTION, TRIGGER`: Programmeinheiten (→ 13.3.7.3)

Die Definition einer Tabelle geschieht auf folgende Weise:

`CREATE TABLE` Tabellenname (
Spaltenname Datentyp [`DEFAULT` Wert] [Spaltenbedingungsliste], ...,
[Tabellenbedingungsliste])

Das Anlegen einer Tabelle umfasst eine Liste von Spaltendefinitionen. Dabei wird jede Spalte mit einem Datentyp und einem Default-Wert versehen. Mittels **`DEFAULT`**-Klausel kann ein beliebiger Wert als Standardwert definiert werden, der beim Erzeugen eines Datensatzes verwendet wird, falls kein anderer Wert angegeben wurde. Darüber hinaus kann für eine Spalte eine Menge von **Integritätsbedingungen** formuliert werden. Am Ende der Tabellendefinition können weitere Integritätsbedingungen stehen, insbesondere solche, die zwei oder mehr Spalten der Tabellen umfassen. Tabelle 13.4 zeigt die definierbaren Integritätsbedingungen: 13

Tabelle 13.4 Integritätsbedingungen in SQL

Bedingung	SQL-Definition
Not Null	`NOT NULL`
Eindeutigkeit	`UNIQUE`
Primärschlüssel	`PRIMARY KEY`
Fremdschlüssel	`REFERENCES` Tabelle [(Spalte)]
Beliebige Bedingung	`CHECK`(Prädikat)

❑ *Beispiel*: Definition der Beziehungstabelle `Kauft` aus der Buchhandels-DB.

```
CREATE TABLE Kauft (
KNr INTEGER REFERENCES Kunde,
```

```
ISBN CHAR(13) REFERENCES Buch,
Datum DATE,
PRIMARY KEY (KNr, ISBN) );
```

Sichten gestatten beliebige lesende Zugriffe (→ 13.1.3). Änderungen der Basistabellen über Sichten sind jedoch nur eingeschränkt möglich. Das Erzeugen einer Sicht geschieht mit folgender Anweisung:

`CREATE VIEW` Sichtenname [(Spaltennamensliste)]
`AS` Anfragespezifikation

Die Anfragespezifikation legt implizit die Namen und Datentypen der Spalten der Sicht fest. Eine explizite Umbenennung der Spalten ist mittels Spaltennamensliste möglich.

13.3.5 Kontrollanweisungen (DCL)

Eine **SQL-Transaktion** ist eine Sequenz von SQL-Anweisungen, die atomar ausgeführt wird (→ 13.5.6). Eine SQL-Transaktion endet entweder mit einem **`COMMIT`** oder mit einem **`ROLLBACK`**. Mittels COMMIT werden alle Änderungen der Transaktion in die Datenbank übernommen. Die `ROLLBACK`-Anweisung setzt die laufende Transaktion bis zum Anfang der Transaktion zurück oder bis zu einem Sicherungspunkt. Ein Sicherungspunkt wird mit einer **`SAVEPOINT`**-Anweisung angelegt.

Der Zugriff auf eine Datenbank wird über **Zugriffsrechte** kontrolliert. Der Besitzer eines Schemaobjekts verfügt über alle Rechte an diesem Objekt, die er an andere Benutzer vergeben (**`GRANT`**) kann. Gegebenenfalls ist auch wieder eine Rücknahme dieser Rechte (**`REVOKE`**) möglich. Die Syntax für die Vergabe von Zugriffsrechten sieht wie folgt aus:

`GRANT` Privilegienliste `TO` Benutzernamensliste
[`WITH GRANT OPTION`]

Die zu vergebenden *Privilegien* können sein: Anfragen auf einer Tabelle (`SELECT`), Einfügen in eine Tabelle (`INSERT`), Ändern einer Tabelle (`UPDATE`), Löschen (`DELETE`) aus einer Tabelle, Referenzieren einer Tabelle (`REFERENCES`) oder das Ausführen einer Routine (`EXECUTE`). Die `WITH-GRANT`-Option erlaubt dem Benutzer, das gewährte Zugriffsrecht an Dritte weitergeben zu dürfen.

❑ *Beispiel*: `GRANT SELECT ON` Buch `TO PUBLIC`;

13.3.6 Objektrelationale Erweiterungen

Objektrelationale Datenbanksysteme sind um objektorientierte Konzepte (→ 7.3) /13.2/ erweiterte relationale Datenbanksysteme. Diese Erweiterungen spiegeln sich im SQL:1999-Standard wider (/13.65/, /13.44/):

- **Benutzerdefinierte Datentypen** als Kopien von Basisdatentypen (Distinct) oder strukturierte Typen, die auch als Subtyp eines anderen strukturierten Typs definiert werden können.
- **Typkonstruktoren** zur Definition von beliebig komplexen Datentypen, z. B. der Tupeltyp `ROW` für zusammengesetzte Attribute, der Typ `ARRAY` für mehrwertige Attribute.
- **Benutzerdefinierte Casts** für Typumwandlungen für benutzerdefinierte Datentypen.
- **Benutzerdefinierte Ordnungen** für den Vergleich von Werten eines benutzerdefinierten Typs.
- **Typisierte Tabellen** und **typisierte Sichten**, basierend auf strukturierten Typen, deren Attribute die Spalten der Tabelle (oder Sicht) ergeben.

13.3.7 Datenbankanwendungsprogrammierung

Zur Integration der Datenbankschnittstelle in eine Programmiersprache lassen sich drei verschiedene Techniken unterscheiden:

- Erweiterung einer konventionellen Programmiersprache um zusätzliche Elemente zum Zugriff auf die Datenbank (→ 13.3.7.1)
- Nutzung von Aufrufschnittstellen, also Bibliotheken von Funktionen oder Klassen, als Verbindung zur Datenbank (→ 13.3.7.2)
- Einsatz einer eigens für den Datenbankzugriff entwickelten Programmiersprache (→ 13.3.7.3).

13

13.3.7.1 Embedded SQL

Embedded SQL ist Teil des SQL-Standards und umfasst Konstrukte zur Verwendung von SQL in konventionellen Programmiersprachen, z. B. C, C++, COBOL. Die Sprache, in die die Einbettung erfolgt, wird als **Wirtssprache** (host language) bezeichnet, Variablen der Wirtssprache als Host-Variablen. Embedded SQL erweitert den Sprachumfang der Wirtssprache, sodass ein Precompiler die Anwendung in ein gültiges Programm der Wirtssprache vor-übersetzen muss. Im generierten Code befinden sich Funktionsaufrufe zum Datenbankzugriff, die in einer Bibliothek (*DB-Library*) zusammengefasst sind. Blöcke mit SQL-Anweisungen werden mit speziellen Schlüsselwörtern gekennzeichnet (`EXEC SQL`). Jeder ausgeführte SQL-Befehl liefert einen abrufbaren Fehlercode zurück, der in der Anwendung ausgewertet werden kann.

Konventionelle Programmiersprachen sind satzorientiert, SQL ist dagegen tupelorientiert. Dieser Impedanzunterschied (*impedance mismatch*) erzwingt die Einführung eines Cursors (oder Iterators) für den Fall, dass als Ergebnis eine Tupelmenge erwartet wird. Ein **Cursor** ist eine Datenstruktur, die einen Verweis auf einen Satz der Ergebnismenge darstellt. Dieser Verweis kann auf der Ergebnismenge bewegt werden, um nacheinander die Tupel in die Anwendung zu transportieren (mittels **FETCH**). Bevor ein Cursor verwendet werden kann, muss er deklariert werden. Dabei wird er an eine (gegebenenfalls parametrisierte) Anfrage gebunden, deren Ausführung zur Laufzeit des Programms erfolgt.

Hängt die SQL-Anfrage von Parametern ab, die erst zur Laufzeit des Programms feststehen, wie z. B. bei komplexen Suchbedingungen, so erfolgt eine **dynamische Einbettung**. Die Anfrage wird als String im Laufe des Programms zusammengesetzt und dann in einer Host-Variablen übergeben. Mittels **PREPARE**-Anweisung wird die Anfrage an die Datenbank zur Analyse und Planung übergeben. Der übrige Ablauf ist wie bei statischen Anfragen.

❑ *Beispiel*: Definition einer dynamischen Anfrage aus einer Host-Variablen

```
EXEC SQL BEGIN DECLARE SECTION;
   anfrage_txt VARCHAR(256);
   preis INTEGER;
EXEC SQL END DECLARE SECTION;
anfrage_txt = "SELECT * FROM Buch WHERE Preis < ?";
EXEC SQL PREPARE anfrage_p FROM :anfrage_txt;
EXEC SQL DECLARE cu CURSOR FOR anfrage_p;
EXEC SQL OPEN cu USING :preis;
```

13.3.7.2 Aufrufschnittstellen

SQL/CLI. Im Rahmen der Standardisierung von SQL wurde SQL/CLI (Call Level Interface) definiert /13.24/. Die wohl bekannteste Implementierung von SQL/CLI ist ODBC (Open Database Connectivity), das ursprünglich von Microsoft entwickelt wurde und als Vorbild für den Standard diente. Die Schnittstelle erfordert, dass ein entsprechender Treiber (driver) für die eingesetzte Datenbank zur Verfügung steht. Optional kann ein Treiber-Manager eingesetzt werden, der mehrere Treiber verwaltet. Wie bei allen Aufrufschnittstellen ist nur eine dynamische Einbettung möglich.

JDBC. JDBC (Java Database Connectivity) ist ein Java-Standard zum datenbankunabhängigen Zugriff auf relationale Datenbanken /13.7/. Für jede Datenbank wird ein passender Treiber benötigt, von denen sich vier Typen unterscheiden lassen:

- Typ 1 – JDBC-ODBC-Bridge, d. h. Aufsetzen auf ODBC-Treiber
- Typ 2 – Aufsetzen auf einem DB-proprietären Treiber
- Typ 3 – Aufsetzen auf Middleware-Infrastruktur (→ 12.2)
- Typ 4 – Purer Java-Treiber unabhängig von der jeweiligen Plattform

13.3.7.3 Relationale Datenbankprogrammiersprachen

Routinen und Trigger. Datenbankinterne Programmiersprachen erlauben die Formulierung von *Routinen*, die in der Datenbank gespeichert und vom DBMS ausgeführt werden können. In der Praxis werden anstelle der Bezeichnung Routine wesentlich häufiger die Begriffe *Stored Procedure* und *User-Defined Function* verwendet.

> Unter einer **Stored Procedure** versteht man ein Unterprogramm, das in der Datenbank selbst gespeichert und ausgeführt wird. Eine **User-Defined Function** wird genauso verarbeitet, verfügt aber nur über Eingabeparameter und liefert einen Ausgabewert zurück.

Es gibt zahlreiche Aktivitäten in Datenbankanwendungen, die immer in Abhängigkeit von anderen Aktivitäten ausgeführt werden müssen. Solche Abhängigkeiten können aus der Anwendung heraus in das Datenbanksystem verlagert werden, wofür im SQL-Standard das Trigger-Konzept eingeführt wurde.

> **Trigger** sind Regeln, die eine Aktion auslösen, sofern ein bestimmtes DB-Ereignis (Event) eingetroffen ist.

Zur Formulierung komplexer Integritätsbedingungen gibt es das Konzept der *Assertion* (Zusicherung) zum Verhindern einer DB-Aktion, sofern eine spezifizierte Bedingung verletzt wird.

SQL/PSM. Im SQL-Standard ist die Programmiersprache SQL/PSM (Persistent Stored Module) enthalten /13.25/. Alle üblichen Konstrukte prozeduraler Programmiersprachen wie Sequenzen, Alternativen, Schleifen sind vorhanden. Variablen und Cursor werden mittels DECLARE-Anweisung definiert. *Blöcke* sind durch die Schlüsselwörter BEGIN und END gekennzeichnet. Ergebnisse eines Datenbankzugriffs können mittels INTO-Klausel Variablen zugewiesen werden.

Es gibt bereits einige standardkonforme Implementierungen von SQL/PSM wie z. B. IBM DB2 SQL/PL. Andere proprietäre Sprachen wie etwa Oracle PL/SQL werden sich im Laufe der Zeit dem Standard anpassen.

13.3.7.4 Objektrelationales Mapping (ORM)

Ein **Persistenz-Framework** ist eine Technik der Software-Entwicklung, mit der ein Anwendungsprogramm, das in einer objektorientierten Sprache (→ 7.3) geschrieben ist, Zugriff auf eine relationale Datenbank hat. Die objektrelationale Abbildung von Objekten auf Relationen hat den Vorteil, dass einerseits die verwendete Programmiersprache (z. B. Java) nicht erweitert werden muss und andererseits relationale DBMS als etablierte Technologie zur Datenspeicherung genutzt werden können. Die Datenbankanwendung umfasst bei Nutzung eines Persistenz-Frameworks Angaben, wie die Datenstrukturen der Datenbank auf Klassen der Programmiersprache abgebildet werden sollen (*Mapping-Spezifikation*), zumeist im XML-Format (→ 2.6.3) oder über *Annotations* im Code. Aus dieser Mapping-Spezifikation erzeugt ein Generator eine *OO-DB-Mapping-Schicht*, die eine Abstraktionsebene zur Datenbank hin bildet. Beispiel für solche Frameworks sind Hibernate und EclipseLink (vorher TopLink). Deren Ideen sind in das Java Persistence API (JPA) /13.54/ eingeflossen.

13.4 Datenbanken im Web

13.4.1 Anbindungstechniken

Die Architektur einer Webanwendung gibt die Verteilung der Aufgaben auf einzelne Softwarekomponenten vor /13.30/. Die Aufgaben werden meist in einer 3-Schichten-Architektur (three tier architecture) angeordnet:

- **Präsentation** (presentation) für Darstellung und Benutzer-Interaktion
- **Anwendungs-/Geschäftslogik** (application/business logic) für die Verarbeitung von Daten
- **Datenhaltung** (persistence) für dauerhafte Speicherung und Mehrbenutzerzugriff.

Bei der Anbindung von Datenbanken über das Web (→ 11.6, 11.8) müssen einige Besonderheiten beachtet werden /13.52/:

- einfache Plausibilitätsprüfungen von Formularparametern in Webseiten mithilfe von Skripten auch außerhalb der Datenbank möglich,
- Session-Verwaltung durch Webanwendung aufgrund der Zustandslosigkeit des HTTP-Protokolls,
- verschlüsselte Kommunikation (HTTPS) zur Übertragung von Authentifizierungsdaten oder vertraulichen Anwendungsdaten,
- Ausführung von SQL-Anweisungen als einzelne Transaktionen (AutoCommit-Modus),
- Minimierung der Netzwerklast bei der Kommunikation mit dem Server durch Reduzierung der Ergebnisgröße oder Caching.

Die **clientseitige Datenbankanbindung** erfolgt über Skripte oder Programme, die an den Webclient gesendet werden und sich bei ihrer Ausführung direkt mit einer Datenbank verbinden. Skriptsprachen, die für die browserseitige Einbettung verwendet werden, sind z. B. JavaScript oder Visual Basic Script (VBScript). Java-Applets werden im Browser ausgeführt und können über JDBC auf die Datenbank direkt zugreifen (→ 11.8, 12.3).

Die **serverseitige Datenbankanbindung** erfolgt über Skripte oder Programme, die sich vom Webserver aus bei ihrer Ausführung direkt mit einer Datenbank verbinden (→ 11.8, 12.3). Vom Browser aus kann über den Aufruf einer Webseite die Ausführung eines Programms auf dem Webserver angestoßen werden. Ein solches Programm kann als *Webseitengenerator* eine Webseite erzeugen. Beispiele sind CGI (Common Gateway Interface), Webserver-API, Java Servlets.

Auch können in Webseiten Skripte und Programme eingebettet werden, die der Webserver ausführt. Sie liefern Fragmente einer Webseite, die zusammen mit der umgebenden Seite zum Browser gesendet werden. Beispiele sind JavaScript, Active Server Pages (ASP), PHP, Java Server Pages (JSP) sowie ASP.NET als Weiterentwicklung von ASP für die Einbettung von Programmiersprachen wie C# oder Visual Basic.

13.4.2 XML und Datenbanken

XML-Dokumente (→ 2.6.3) lassen sich als Baum darstellen. Die Elemente eines XML-Dokuments entsprechen Knoten dieses Baumes. Diese können in Subelemente verzweigt sein. Jeder Wert in einer XML-Datei ist über einen Pfad durch die Baumstruktur zu erreichen. XML-Datenzugriffe sind daher im Gegensatz zum zeilenorientierten Zugriff bei relationalen Datenbanken pfadorientiert.

13

XQuery. Für den Zugriff auf XML-Daten wurde die Sprache XQuery entwickelt, die sich an SQL orientiert und ebenfalls deklarativ gebraucht wird /13.39/. Der grundlegende Datentyp von XQuery ist die Sequenz. Jeder XQuery-Ausdruck operiert auf einer Sequenz und ergibt wieder eine solche (Abgeschlossenheit). Eine Sequenz ist eine Folge von mehreren Einträgen und kann auch leer sein. Einträge sind Knoten oder atomare Werte. XQuery ist eine getypte Sprache und baut auf dem Datenmodell von XML Schema (→ 2.6.3) auf. Neben den Pfadausdrücken sind die FLWOR-Ausdrücke das wichtigste Konstrukt von XQuery.

Ein **FLWOR-Ausdruck** besteht aus:

- beliebig vielen `for`- und `let`-Bestandteilen in beliebiger Reihenfolge, die eine Variablenbindung vornehmen, mit `for` nacheinander an jeden Eintrag einer Sequenz, mit `let` an die ganze Sequenz,
- optional einem `where`-Bestandteil zum Filtern der Ergebnisse,
- optional einem `order-by`-Bestandteil zur Sortierung,
- einem `return`-Bestandteil zur Beschreibung des Ergebnisses unter Verwendung von Elementkonstruktoren (variable Teile erscheinen dabei in geschweiften Klammern).

❑ *Beispiel*: Der folgende XQuery-Ausdruck

```
for $buch in collection("Bücher")//Buch
where $buch/preis < 20
return <Angebot Preis="{$buch/Preis}">{$buch/Titel}</Angebot>
```

liefert für jedes preisgünstige Buch ein Element `Angebot`, dessen Inhalt der Buchtitel ist und das ein Attribut `Preis` hat, das den Buchpreis angibt.

Drei grundlegende Methoden der **Speicherung von XML** in relationalen Datenbanken haben sich entwickelt /13.62/.

Tabelle 13.5 Methoden zur Speicherung von XML in Datenbanken

Methode	Charakteristik
Inhaltsorientierte Zerlegung	Abbildung des Inhalts des XML-Dokuments, Dokumentstruktur in Tabellenstruktur enthalten
Strukturorientierte Zerlegung	Vollständige Abbildung des XML-Dokuments (auch bei unbekanntem Schema) auf eine generische Datenbankstruktur (typischerweise Kanten- und Knotentabellen)
Opake Speicherung	Abspeicherung des gesamten XML-Dokuments in einer einzigen Spalte vom Typ `VARCHAR` oder `CLOB`

SQL/XML ist eine SQL-Erweiterung für XML und umfasst einen Datentyp **XML**, der die opake Speicherung ermöglicht /13.26/. In Spalten dieses Typs können XML-Dokumente oder Fragmente gespeichert werden. Zu diesem Typ gehört eine Reihe von Operatoren, die den Übergang von Werten des Typs `XML` und den anderen SQL-Typen ermöglichen.

❑ *Beispiel*: `XMLELEMENT` konstruiert bei Angabe von Name, Attributen und Elementinhalt einen Wert des Typs `XML` in Form eines XML-Elements

```
XMLELEMENT (NAME 'Kundengruppe',
XMLATTRIBUTES (2010 AS 'Nummer'), 'gute Kunden'
```

erzeugt

```
<Kundengruppe Nummer="2010">gute Kunden </Kundengruppe>
```

Eine SQL-Tabelle wird durch SQL/XML auf zwei verschiedene XML-Konstrukte abgebildet. Es entsteht zum einen eine Beschreibung mit XML-Schema, die Typinformationen der Tabelle widerspiegelt, zum anderen ein diesem Schema entsprechendes XML-Dokument, das die Daten der Tabelle enthält. Die Struktur des XML-Dokuments entspricht einer *generischen inhaltsorientierten Abbildung*. Dabei wird für eine Tabelle ein korrespondierendes Element gleichen Namens erzeugt. Die Tabellenzeilen werden durch `<row>`-Elemente dargestellt, die in Subelemente gegliedert sind. Dabei wird jede Spalte und der dazugehörige Wert durch ein gleichnamiges Subelement repräsentiert.

Viele relationale DBMS bieten eine oder mehrere der Varianten zur XML-Speicherung an.

❑ *Beispiel*: Oracle unterstützt die inhaltsorientierte Zerlegung als auch die opake Speicherung über den Datentyp `XMLType`. Bei der inhaltorientierten Zerlegung muss vorher ein XML-Schema-Dokument in der Datenbank registriert werden, woraus das DBMS dann entsprechende Tabellen zur Abbildung erzeugt. Darüber hinaus bietet Oracle mit dem XML Developer Kit (XDK) die Möglichkeit, das Ergebnis von SQL-Anfragen als XML-Dokument darzustellen bzw. Daten aus XML-Dateien in Tabellen einzupflegen.

Eine Alternative sind sog. **native XML-Datenbanksysteme**, die XML in dafür optimierten Datenstrukturen abspeichern und eine XML-zentrische Schnittstelle haben. In /13.5/ sind ca. 40 XML-Datenbanksysteme aufgelistet.

13.4.3 Datenbanken als Service

Ein **Web-Service** gibt Aufträge und dessen Resultate über das Internet in Form von standardisierten XML-Dokumenten weiter.

Datenbanken werden indirekt über Web-Services (→ 12.2, 21.1.4) angebunden. Der Client sendet eine Datenbankanfrage mit ihren Parametern über SOAP und HTTP an einen Anbieter. Der führt über eine direkte Datenbankverbindung die Anfrage aus und schickt synchron oder asynchron das Ergebnis als XML-Dokument zurück /13.31/.

13

Eine Weiterentwicklung der Serviceorientierung stellt das **Cloud Computing** dar (→ 11.5.3, 12.1.3). Durch eine Cloud können persistente Speicher-Ressourcen als sog. *Cloud Storage* für Anwendungen bereitgestellt werden. Anwendungen können Daten in der Cloud auslagern oder sogar ganz auf einen eigenen Datenbankserver verzichten.

Es gibt drei Kategorien von Cloud Storage /13.29/:

- *Blob Storages* erlauben die Speicherung von großen Binär- oder Textdaten wie z. B. Bilder, Software oder XML-Dokumente.
- *Table Storages* dienen der Speicherung von strukturierten Daten in einer großen Tabelle, deren Struktur sich dynamisch den zu speichernden Werten anpasst.
- *Datenbankserver* werden als virtuelle Server für jeden Benutzer der Cloud bereitgestellt, wobei der zugrunde liegende physische Datenbankserver mehrere Kunden bedienen kann.

❑ *Beispiel*: Amazon bietet für alle drei Kategorien Lösungen an: Simple Storage Service (S3), SimpleDB sowie RDS (Relational Database Service).

► *Hinweis*: Der Begriff *NoSQL-Datenbank* (Not Only SQL) als Plattform eines Cloud Storage steht für den Ansatz eines verteilten strukturierten Datenspeichers, der nicht die Komplexität eines RDBMS aufweist /13.47/.

13.5 Implementierungstechniken

13.5.1 Speicher- und Zugriffssystem

Die **physische Speicherung** von Datenbanken erfolgt in *Dateien* (→ 9.7.1), die unter Verwaltung eines DBMS stehen. Dabei wird von der konkreten Form des Externspeichers abstrahiert, sodass dieser als eine Folge von *Blöcken* in einem linearen Adressraum angesehen werden kann. Dies erfolgt über Zwischenstufen, indem Relationen auf logische Dateien bzw. Tupel der Relation auf Sätze der jeweiligen Datei und dann diese logischen Dateien auf physische Dateien abgebildet werden. Die Abbildung wird durch Metadaten aus dem *Datenbankkatalog* unterstützt. Diese beschreiben, welche Dateien einer Relation zugeordnet sind, wie die Speicherung erfolgt, welche Zugriffspfade existieren und welche Struktur (Spalten, Datentypen, Größe) die Relationen besitzen.

Die Blöcke des Externspeichers werden vom DBMS als *Seiten* fester Größe (meist 4 oder 8 KB) gelesen, die über eine Seitennummer identifiziert werden. Die Seitennummer soll eine einfache Zuordnung zu den Blöcken ermöglichen. Die Adressierung von Datensätzen erfolgt durch eine Kombination aus Seitennummer und Position des Satzes innerhalb der Seite. Hierfür wird meist ein *Tupelidentifikator* (*TID*) verwendet, der neben der Seitennummer einen Verweis auf einen Eintrag im Satzverzeichnis der Seite enthält, wo die eigentliche Position des Datensatzes vermerkt ist. Durch diese **indirekte Adressierung** lassen sich Sätze problemlos verschieben, ohne dass sich der TID ändert.

13.5.2 Datenbankpuffer

Datenbankpuffer ist der Bereich im Hauptspeicher, in den Datenbankinhalte geladen werden.

Im Puffer geänderte Daten werden erst nach Zurückschreiben auf den Hintergrundspeicher dauerhaft gesichert. In der Regel verfügt der Datenbankpuffer über mehrere **Komponenten**: den *Datenpuffer* für die eigentlichen Daten der Datenbank, den *SQL-/Prozedurpuffer* zur Aufbewahrung der zuletzt ausgeführten SQL-Anweisungen und gespeicherten Prozeduren sowie den *Log-Puffer* zur Protokollierung der Log-Einträge (→ 13.5.7). Die verschiedenen Aufgabenbereiche sind durch Zuweisung optionaler Pufferanteile derart zu optimieren, dass für die jeweilige Anwendung die bestmögliche Performance erzielt wird.

13.5.3 Interne Dateiorganisation

Folgende Organisationsformen für Dateien lassen sich unterscheiden:

- **Heap-Datei**. Datensätze werden unsortiert gespeichert. Die physische Reihenfolge der Sätze entspricht dabei der zeitlichen Abfolge ihrer Aufnahme in die Datenbank.
- **Sortierte Datei**. Datensätze werden sortiert abgelegt. Häufigstes Kriterium ist die Sortierung nach dem Schlüsselattribut (sequenzielle Organisation). Eine zusätzliche Verkettung durch Pointer kann die Anordnung unterstützen.
- **Hash-Datei**. Die Seiten einer Hash-Datei sind gruppiert in *Buckets*. Die Bucket-Adresse eines Satzes berechnet sich als Funktion von Attributwerten des Satzes mithilfe einer Hash-Funktion (→ 6.3.3).

13.5.4 Zugriffsstrukturen

13.5.4.1 Indexstrukturen

Nur die Hash-Datei (→ 13.5.3) lässt einen wahlfreien direkten Zugriff auf einen Satz zu, alle anderen erlauben nur sequenzielle Zugriffe und erfordern unter Umständen ein Durchsuchen des gesamten Bestandes (Scan) zum Auffinden eines Satzes. Hash-Organisationen unterstützen aber keinerlei sortierte Bearbeitung, wie sie z. B. für Bereichsanfragen notwendig ist. Beides muss angestrebt werden, die *sortierte Bearbeitung* und der *direkte Zugriff*. Letzteres ist nur über zusätzliche Zugriffsstrukturen erreichbar. 13

> Ein **Index** ist ein Verzeichnis von Dateneinträgen der Form (k, k^*), das den effizienten Zugriff zu allen Einträgen mit einem Suchschlüsselwert k erlaubt. Dabei bezeichnet k^* den Verweis auf einen oder mehrere Datensätze in der Datei, die k als Wert des Suchschlüssels enthalten.

Indexe sind zumeist nach Suchbegriffen sortiert, können aber auch als Hash-Tabelle organisiert sein (**Hash-Index**). Suchen über einen Index spart in der Regel Zugriffe auf Hintergrundspeicher ein (Anzahl der Zugriffe mindestens zwei), erfordert aber zusätzlichen Speicherplatz und Wartungsaufwand.

▶ *Hinweis*: Indexe können ein- oder mehrstufig (baumartig, → 13.5.4.2) und mehrdimensional (→ 13.5.4.4) sein. Beim Anlegen des Index sollte darauf geachtet werden, dass dieser vollständig im Hauptspeicher gehalten werden kann.

13.5.4.2 Balancierte Mehrwegbäume

Mehrstufige Indexe sind nur mit erheblichem Reorganisationsaufwand in der Lage, ihre Struktur den Änderungen des Datenbestandes anzupassen. Diesen

Nachteil vermeiden (*sortierte*) *balancierte Mehrwegbäume*, zu denen die B-Bäume gehören.

Für Datenbanken sind **B*- bzw. B⁺-Bäume** /13.13/, die bevorzugten Verzeichnisstrukturen, da sie zusätzlich zum Direktzugriff auch eine sortierte Bearbeitung unterstützen: Die inneren Knoten enthalten in sortierter Anordnung nur Referenzen als Wegweiser zur nächsten Ebene (hohle Bäume). Die Blätter enthalten alle Schlüsselwerte in sortierter Anordnung samt Verweisen auf die zugehörigen Datensätze und sind zu einer linearen Liste verkettet. Die Knotengröße ist abgestimmt auf die Seitengröße des Hintergrundspeichers; die Anzahl der Zugriffe ist abhängig von der Höhe des Baumes.

► *Hinweis*: In der Literatur werden B*- und B⁺-Bäume nach der Mindestbelegung ihrer Knoten unterschieden /13.35/.

13.5.4.3 Hash-Verfahren

Hash-Verfahren ermöglichen es, einen bestimmten Datensatz mit ein bis zwei Seitenzugriffen zu finden. Wachsende Datenbestände bedingen eine Überlaufbehandlung und führen u. U. zu einer deutlichen Erhöhung der Anzahl der Zugriffe, die durch aufwändige Reorganisation wieder reduziert werden kann.

Zur Anpassung an größere Bestandsänderungen existieren verschiedene **dynamische Hash-Techniken** zur Vermeidung langer Überlaufketten. Eine Verbesserung bietet das *erweiterbare (extendible) Hashing*, dessen Grundidee darin besteht, den Hash-Index dynamisch anzupassen, wenn zu adressierende Speicherbereiche voll werden. Extendible Hashing hat wegen der leichten Implementierbarkeit und der optimalen Speicherplatznutzung Bedeutung erlangt. *Lineares Hashing* behandelt das Problem langer Überlaufketten ohne Verwendung eines Verzeichnisses. Weitere Verfahren sind in /13.41/, /13.42/ beschrieben.

13.5.4.4 Strukturen für mehrdimensionale Daten

Mehrdimensionale Indexe bilden die zu organisierenden Datensätze (Objekte) auf einen mehrdimensionalen Datenraum ab, wobei die Anzahl der zu unterstützenden Attribute die Anzahl der Dimensionen bestimmt. Bei Anordnung der Datensätze in diesem Raum spricht man von mehrdimensionaler Dateiorganisation.

Bei Baumstrukturen wird die Aufteilung des Objektraums in Partitionen von der Wurzel zu den Blättern hin sukzessive verfeinert; jeder innere Knoten repräsentiert einen Teilraum des ursprünglichen Objektraums. Für die Aufteilung werden unterschiedliche Strategien angewendet, z. B.:

- Bei einem **Quadtree** wird der Objektraum rekursiv in vier gleich große Zellen unterteilt. Quadtrees sind geeignete Repräsentationsformen für Punkte, Linien und Flächen /13.58/.
- Ein **R-Baum** stellt eine B^+-Baum-Erweiterung dar und organisiert *k*-dimensionale Rechtecke mithilfe überlappender Blockregionen. Im Unterschied dazu erlauben **R*-Bäume** keine Überlappungen.
- Ein **kdB-Baum** /13.53/ ist ein B^+-Baum, bei dem die Indexseiten als binäre Bäume mit Schlüsselattributen, Schlüsselwerten und Zeigern realisiert werden. Dabei bezeichnet *k* die Anzahl der unterschiedlichen Schlüsselattribute, der Baum ist entsprechend *k*-dimensional.

Das **Grid-File** ist die bekannteste mehrdimensionale Dateiorganisationsform, eine erweiterbare Hash-Struktur für zwei und mehr Dimensionen. Die Datensätze werden dabei in einem mehrdimensionalen Raum angeordnet, der gleichmäßig in Grid-Blöcke aufgeteilt wird, was bei Suche und Reorganisation von Vorteil ist. Ein Grid-Directory verwaltet die dynamischen Beziehungen zwischen den Grid-Blöcken und den Seiten mit den gespeicherten Sätzen /13.46/.

13.5.5 Anfrageverarbeitung und -optimierung

13.5.5.1 Phasen

13

In Bild 13.4 sind die einzelnen Phasen der Planung und Ausführung von Anfragen skizziert, die im Folgenden kurz beschrieben werden.

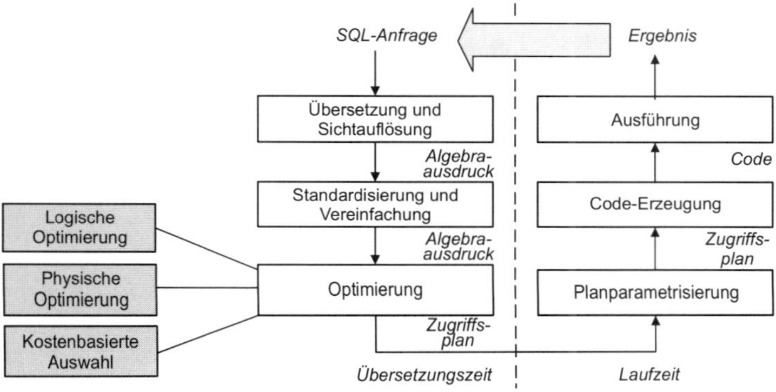

Bild 13.4 Phasen der Anfrageverarbeitung /13.59/

In einem ersten Schritt wird die SQL-Anfrage *syntaktisch überprüft* und in einen Ausdruck der Relationenalgebra (repräsentiert als Operatorbaum) *übersetzt*. Sichten müssen durch die die Sicht definierende Anfrage ersetzt werden. In der nächsten Phase erfolgt eine *Standardisierung* und *Vereinfachung* durch Umwandlung der Bedingungen in die konjunktive Normalform der Aussagenlogik (→ 19.4.1.2) und durch Entschachtelung von Anfragen.

Unter Anwendung von Heuristiken (Transformationsregeln) werden Anfrage-Terme durch andere ersetzt ohne Zugriff auf das Datenbank-Schema. Aufgrund dieser Regelanwendung bezeichnet man diese Phase auch als *regelbasierte Optimierung*. Dies zielt insbesondere auf die Minimierung von Zwischenergebnissen und das Entfernen redundanter Operationen. In der *physischen Optimierung* werden die logischen Operatoren des Plans durch konkrete Algorithmen ersetzt. Dabei werden auch die Speicherungsformen der Relationen und die verfügbaren Zugriffspfade berücksichtigt.

Vor der Ausführung kann ein bereits optimierter Plan noch *parametrisiert* werden durch Belegung von Platzhaltern mit konkreten Werten. Als letzter Schritt wird der Plan in ausführbaren Code *umgewandelt* und dieser dann *ausgeführt*.

13.5.5.2 Kosten und Statistiken

Die Basis für die Auswahl des besten Anfrageplans bilden die **Kosten**, die hauptsächlich durch die Eingabe-/Ausgabekosten bestimmt werden. Das **Kostenmodell** umfasst folgende Komponenten:

- *Kostenfunktionen* zur Abschätzung der Ausführungskosten von einzelnen Operatoren und darauf aufbauenden Plänen,
- *Kostenformeln* zur Bestimmung der Größe von Zwischenergebnissen der einzelnen Schritte des Plans,
- *Statistiken* zur Größe von Relationen und Zugriffspfaden, zu Wertebereichen und Datenverteilungen (Histogramme) der Attribute.

Die Kostenbestimmung für die einzelnen Planoperatoren erfolgt, indem ausgehend von den bekannten Größen der Basisrelationen Abschätzungen der Ergebnisgrößen vorgenommen werden. Daraus lässt sich dann eine Gesamtabschätzung der Kosten vornehmen.

> Die **Selektivität** eines Operators bezeichnet das Verhältnis zwischen der Größe (Kardinalität) der Ergebnisrelation und der Eingaberelation.

Gründe für ungenügende Antwortzeiten sind häufig:

- Eine unverhältnismäßig hohe Anzahl von *Festplattenzugriffen* (z. B. ein Durchsuchen der gesamten Tabelle bei einer sehr selektiven Anfrage).
- Ein signifikanter *Index* wird nicht genutzt (der Ausführungsplan lässt dies erkennen).

Einige Hinweise zur Verbesserung der Anfrage-Performance sind /13.34/:

- Regelmäßige Aktualisierung der **Statistiken** des DBMS
- Explizite Steuerung des Optimierers über sogenannte **Hints** (Hinweise) in der Anfrage, um den Ausführungsplan zu beeinflussen (z. B. die Join-Reihenfolge oder die Wahl der Join-Methoden)
- **Tuning** einzelner SQL-Anweisungen, z. B. Vermeiden von Unteranfragen bzw. möglichst geringe Schachtelungstiefe abhängiger Unteranfragen

13.5.6 Transaktionsverwaltung

13.5.6.1 Grundlagen von Transaktionen

Eine **Transaktion** ist eine Folge von Operationen, die eine Datenbank von einem konsistenten Zustand in einen neuen, ebenfalls konsistenten Zustand überführt und dabei das ACID-Prinzip einhält.

ACID steht für die Anfangsbuchstaben der vier Eigenschaften **Atomarität** (atomicity), **Konsistenz** (consistency), **Isolation** (isolation) und **Dauerhaftigkeit** (durability) ($\rightarrow$ 12.4.7.1).

❑ *Beispiel*: Ein Beispiel einer Transaktion ist eine Banküberweisung. Die zwei Operationen (Abbuchung vom ersten Konto, Gutschrift auf dem zweiten Konto) müssen immer vollständig ausgeführt bzw. im Fehlerfall zurückgesetzt werden (Atomarität), die Integritätsbedingungen (Konsistenz) müssen erfüllt sein (z. B. Dispokredit nicht überschreiten), parallele Transaktionen (etwa eine Auszahlung am Geldautomat) dürfen nicht zu Fehlern führen (Isolation) und die Überweisung muss persistent in der Bank-DB gespeichert sein (Dauerhaftigkeit).

13

Mögliche Fehlerquellen im unkontrollierten Mehrbenutzerbetrieb lassen sich durch sogenannte **Mehrbenutzer-Anomalien** beschreiben. Dazu gehören *Lost Update*, *Dirty Read* oder das *Phantom-Problem*.

❑ *Beispiel*: Das Dirty-Read-Problem tritt auf, wenn eine Transaktion T_1 Daten liest, die von einer anderen noch nicht beendeten Transaktion T_2 verändert wurden und T_2 dann abbricht. In diesem Fall hat T_1 inkonsistente („schmutzige") Daten gelesen.

Die Isolationseigenschaft fordert den Eindruck der Nacheinanderausführung von Transaktionen, um Anomalien zu vermeiden.

Ein **Schedule** ist eine Anordung nebenläufiger Transaktionen. Ein Schedule heißt **(konflikt)serialisierbar**, wenn dessen Ausführung im Ergebnis dem Effekt eines *seriellen* Schedules entspricht, der aus den gleichen Transaktionen besteht.

Ein theoretischer Test auf Konfliktserialisierbarkeit ist über *Präzedenzgraphen* möglich, dessen Knoten durch die beteiligten Transaktionen und Kanten durch die Konflikte gebildet werden. Ein zyklenfreier Graph repräsentiert einen konfliktserialisierbaren Schedule.

13.5.6.2 Concurrency-Control-Techniken

Um potenzielle Konflikte nebenläufiger Transaktionen zu behandeln und die Isolationseigenschaft umzusetzen, existieren zwei prinzipiell verschiedene Verfahren zur Nebenläufigkeitskontrolle (→ 12.4.7.2): die pessimistische und die optimistische Synchronisation.

Bei **pessimistischer Synchronisation** wird davon ausgegangen, dass potenzielle Konflikte auch zu einem nicht serialisierbaren Schedule führen. Zu dieser Kategorie gehören die *sperrbasierte* und die *zeitstempelbasierte Synchronisation*.

Die sperrbasierte Synchronisation ist in fast allen kommerziellen Systemen implementiert. Sie kann konfliktserialisierbare Schedules garantieren, aber keine *Deadlocks* (→ 9.4.3) verhindern /13.4/.

Aufgrund der unterschiedlichen Zugriffsarten (Lesen und Schreiben von Objekten) werden auch zwei **Arten von Sperren** verwendet: Lesesperren **S** (shared lock) und Schreibsperren **X** (exclusive lock). Beliebig viele Transaktionen können das gleiche Objekt gleichzeitig lesen, eine schreibende Transaktion verträgt sich aber nicht mit anderen Lese- oder Schreibtransaktionen. Ein Datenobjekt muss entsprechend gesperrt sein, wenn eine Transaktion darauf zugreifen will. Alle Transaktionen müssen ein spezielles Protokoll einhalten, das **Zwei-Phasen-Sperrprotokoll** (two-phase locking – 2PL, → 12.4.7.2). Hierbei läuft jede Transaktion in zwei Phasen ab. In der *Anforderungsphase* werden Sperren nur gesetzt, während in der *Freigabephase* Sperren nur noch aufgehoben werden dürfen.

Ein wichtiger Aspekt von Sperrverfahren ist die Größe der **Sperrgranulate**, d. h. der sperrbaren Einheiten einer Datenbank (Attribut, Satz, Seite, Relation oder Datenbank). Feingranulare Sperren, etwa auf einzelnen Attributwerten, ermöglichen natürlich eine höhere Parallelität von Transaktionen, da die Konfliktwahrscheinlichkeit sinkt, erzeugen aber einen höheren Verwaltungsaufwand. Ein möglicher Ansatz sind **hierarchische Sperrverfahren**, bei denen zunächst Intentsperren **IS** oder **IX** auf den gröberen Ebenen gesetzt werden, die dann auf den feineren Ebenen zu echten Sperren S oder X verschärft werden.

► *Hinweis*: Auch Zugriffe auf Indexstrukturen sind über Sperrverfahren zu synchronisieren, insbesondere bieten sich Baumprotokolle /13.32/ hierfür an.

Bei **Zeitstempelverfahren** wird jeder Transaktion ein eindeutiger Zeitstempel zugeordnet. Jedes Objekt erhält den *Zeitstempel* derjenigen Transaktion, die die letzte Modifikation vorgenommen hat. Versucht eine Transaktion mit kleinerem Zeitstempel zuzugreifen, so ist die zeitliche Reihenfolge verletzt; es wird dann entweder die jüngere Transaktion zurückgesetzt – und mit neuem Zeitstempel gestartet – oder sie muss warten, bis die ältere fertig ist. Dies garantiert konfliktserialisierbare Schedules, äquivalent zu einem Schedule der Transaktionen in der Reihenfolge ihrer Zeitstempel.

Optimistische Synchronisation beruht auf der Annahme, dass in einem Schedule nur selten Konflikte auftreten.

Bei optimistischen Verfahren werden während der Laufzeit der Transaktion keine weiteren Maßnahmen zur Synchronisation wie Sperren oder Tests vorgenommen. Erst mit dem Ende der Transaktion wird überprüft, ob während der Abarbeitung Konflikte aufgetreten sind – in diesem Fall muss eine der in Konflikt stehenden Transaktionen zurückgesetzt werden.

13.5.7 Recovery

Recovery bezeichnet alle Maßnahmen zur Wiederherstellung verloren gegangener Datenbestände und umfasst insbesondere die Datensicherung zur Vorbeugung sowie das Wiederherstellen eines konsistenten Datenbankzustandes im Fehlerfall.

Zum Verständnis der Aufgaben des Recovery werden folgende **Fehlerklassen** unterschieden:

- **Transaktionsfehler** entstehen durch Abbruch einer Transaktion, verursacht durch ein explizites ROLLBACK, einen Programmfehler oder einen systemgesteuerten Abbruch, z. B. wegen Deadlock.
- **Systemfehler** sind Fehler wie z. B. Systemabstürze, bei denen der Hauptspeicherinhalt (und damit Pufferinhalt) verloren geht.
- **Externspeicherfehler** bezeichnen Fehler, wie Medienfehler und Plattenausfälle, bei denen der persistente Datenbankzustand verloren geht.

Die Behandlung derartiger Fehler erfordert im Wesentlichen die zwei folgenden Basisoperationen:

- **Undo** macht alle bereits ausgeführten Änderungen einer Transaktion rückgängig und stellt damit den alten konsistenten DB-Zustand her.
- **Redo** dient zum Wiederholen der Operationen einer bereits abgeschlossenen Transaktion und führt damit zu einem neuen konsistenten DB-Zustand.

Aus den Fehlerklassen und den grundsätzlichen Behandlungsmöglichkeiten ergeben sich vier Recovery-Klassen /13.18/:

- **R1 – Transaktions-Undo**. Nach einem Transaktionsfehler wird diese Transaktion isoliert zurückgesetzt.
- **R2 – partielles Redo**. Nach einem Systemfehler werden die noch nicht in die DB eingebrachten Änderungen erfolgreich beendeter Transaktionen wiederholt.
- **R3 – globales Undo**. Nach einem Systemfehler werden die Änderungen der zum Fehlerzeitpunkt noch aktiven Transaktionen rückgängig gemacht.
- **R4 – globales Redo**. Nach einem Externspeicherfehler muss die Archivkopie eingespielt werden und es sind alle Transaktionen, die seit der Archivierung protokolliert wurden, nachzuvollziehen.

Zur Unterstützung der Undo/Redo-Operationen müssen die Änderungen des Datenbankzustandes protokolliert werden.

Logging ist das Protokollieren von Änderungen in der Datenbank sowie von Zustandsänderungen der Transaktionen in einer Log-Datei zum Zweck des Recovery.

Protokolliert werden können Ausgangszustände (**before image**) und Endzustände (**after image**) veränderter DB-Objekte. Beim *logischen Logging* werden die Änderungsoperationen direkt protokolliert.

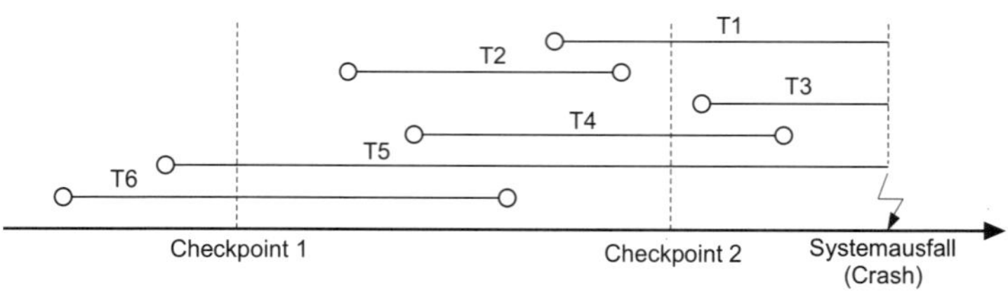

Bild 13.5 Transaktions-Szenario
Recovery Maßnahmen: Redo auf T4 (ab Checkpoint 2). Undo von T1 und T5 (über alle Checkpoints zurück). Für T2 und T6 sind keine Recovery-Maßnahmen nötig, die geänderten DB-Objekte sind zum Crash-Zeitpunkt bereits persistent. Bezüglich T3 sind keine Recovery-Maßnahmen notwendig, da evtl. Änderungen noch nicht persistent protokolliert sind.

Zur Reduzierung des Redo-Aufwandes und auch zur Begrenzung der Größe der Log-Datei werden sogenannte **Checkpoints** (Sicherungspunkte) eingeführt, bei denen alle Änderungen in die Datenbank eingebracht werden oder zumindest Statusinformationen geschrieben werden. Checkpoints werden zumeist im laufenden Betrieb geschrieben. Dabei gilt das **WAL-Prinzip** (Write Ahead Logging): Bevor eine geänderte Seite festgeschrieben wird, müssen alle zugehörigen Log-Einträge geschrieben werden. Das Szenario in

Bild 13.5 veranschaulicht einen Systemzusammenbruch zu einem bestimmten Zeitpunkt und sechs Transaktionen in unterschiedlichen Abarbeitungsstadien relativ zu Checkpoints und zum Crash.

► *Hinweis*: Lehrbücher über DB-Implementierungstechniken sind /13.56/, /13.27/.

13.6 Data Warehousing und Data Mining

13.6.1 Data Warehouse

Ein **Data-Warehouse-System** (DWS) enthält neben der Datenbank (dem eigentlichen Data Warehouse, DWH) die Menge aller Komponenten (und deren Beziehungen untereinander), die für das Beschaffen, Aufbereiten, Speichern und Analysieren von Daten notwendig sind.

DWS haben sich in den letzten Jahren als Standardansatz für entscheidungsunterstützende Systeme (→ 21.1) etabliert (/13.3/, /13.21/, /13.38/). Bild 13.6 zeigt die *Architektur eines DWS* mit seinen Komponenten.

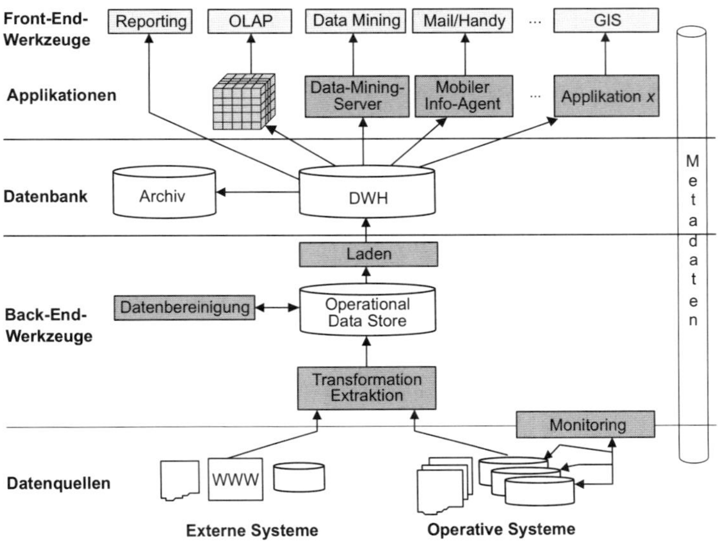

Bild 13.6 Referenzarchitektur eines Data-Warehouse-Systems /13.28/

Die Daten stammen aus internen oder externen Quellen. Monitore sind für die Entdeckung von Datenänderungen in den Quellen zuständig. Der Back-End-

13

Bereich umfasst Werkzeuge zur Extraktion, Transformation und zum Laden von Daten (**ETL** – Extract, Transform, Load). Als physischer Zwischenspeicher dient eine als Operational Data Store (ODS) bezeichnete Datenbank.

Zentrale Komponente eines DWS ist das Data Warehouse, eine durch folgende Charakteristika gekennzeichnete Datenbank:

- Die Datenbank ist *physisch* realisiert,
- sowohl Schema als auch Daten sind *integriert*,
- das Schema ist *analyseorientiert*,
- an den Daten werden *keine Modifikationen* mehr vorgenommen,
- in der Regel liegen die Daten *historisiert* vor.

► *Hinweis*: Ein *Data Mart* („kleines DWH") als Alternative zu einem zentralen DWH ist ein Extrakt aus einem DWH, kann aber auch unabhängig durch isolierte Sichten auf die Datenquellen realisiert werden.

Front-End-Werkzeuge sind auf dem DWH basierende Applikationen. Dazu zählen Berichts- und Anfragewerkzeuge, OLAP- (→ 13.6.2) und Data-Mining-Werkzeuge (→ 13.6.3). Im DWS werden *Metadaten*, die Informationen über Syntax und Semantik der auszuwertenden Daten repräsentieren, zentral in einem Repository (Verzeichnis/Archiv) hinterlegt.

13.6.2 OLAP

Online Analytical Processing (OLAP) ist der Sammelbegriff für alle analytischen Operationen auf Datenbanken und betrifft Auswertungen unter verschiedenen a-priori nicht bekannten Gesichtspunkten.

OLAP betrachtet die zugrunde liegenden Daten als multidimensionalen logischen Datenwürfel (data cube), der für alle **Dimensionen** Werte enthalten kann. Die in der Praxis am häufigsten betrachteten Dimensionen sind Zeit und Raum, ergänzt durch weitere Dimensionen wie z. B. Kategorien. Bei bis zu drei Dimensionen lässt sich dieser Würfel gut veranschaulichen. **Fakten** umfassen Kennzahlen, die zumeist numerisch und somit quantifizierbar sind, dagegen beschreiben Dimensionen den qualifizierbaren Aspekt.

Die Speicherung der Datenwürfel kann in unterschiedlichen Datenbankstrukturen erfolgen:

- **ROLAP** (relationales OLAP): auf Basis eines relationalen DBS
- **MOLAP** (multidimensionales OLAP): basierend auf DBS, die mehrdimensionale Datenstrukturen unterstützen (→ 13.5.4.4)
- **HOLAP** (hybrides OLAP): Kombination aus ROLAP und MOLAP.

Die relationale Speicherung der Würfel wird zumeist im **Star-Schema** vorgenommen. Hierbei wird jede Dimension durch eine eigene Tabelle, die Dimensionstabelle, dargestellt. In einer Faktentabelle stehen neben den Fakten die

Fremdschlüsseleinträge jeder Dimension, die den zusammengesetzten Primärschlüssel bilden. Eine Erweiterung dieses Schemas stellt das **Snowflake-Schema** dar, in dem jede Hierarchieebene durch eine eigene Tabelle repräsentiert wird. Beide Schemaformen sind gängig. Außerdem sind Mischformen wie das sog. **Starflake-Schema** anzutreffen.

► *Hinweis*: Typischerweise besitzen die Dimensionstabellen gegenüber den Faktentabellen nur relativ wenige Einträge. Die Anzahl der Tupel in der Faktentabelle ist immer kleiner gleich dem Kreuzprodukt der Dimensionstabellen.

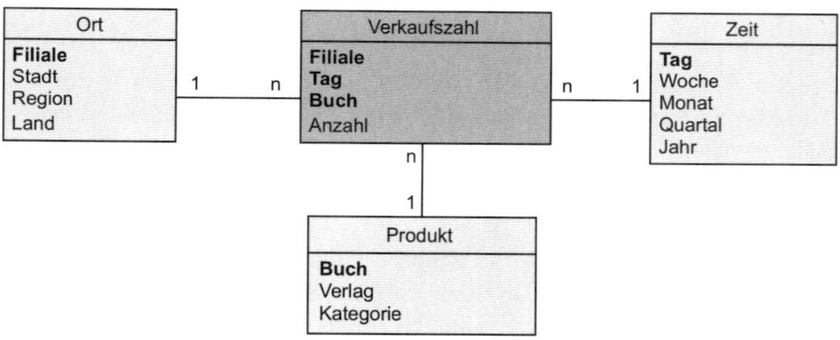

Bild 13.7 Star-Schema zur Speicherung von Verkaufszahlen in drei Dimensionen

Eine Verbesserung der Anfrageperformance lässt sich erzielen durch Nutzung von *Materialized Views* oder von Indexen, die vorweggenommene Join-Operationen unterstützen. 13

Ziel von OLAP ist die Gewinnung von Informationen und Informationszusammenhängen aus dem bestehenden Datenbestand durch **Verdichtung** (**Aggregation**) unter Gesichtspunkten, die zum Datenerhebungszeitpunkt noch nicht alle bekannt waren /13.8/. Tabelle 13.6 gibt eine Zusammenstellung häufiger Operationen auf einem Datenwürfel eines DWH.

Tabelle 13.6 OLAP-Operationen

Operation	Funktion
Roll Up	Erhöhung des Aggregierungsgrades durch Wechsel auf eine gröbere Hierarchieebene mit weniger Details
Drill Down	Verringerung des Aggregrierungsgrades durch Wechsel auf eine feinere Hierachieebene mit mehr Details
Pivot	Neuausrichtung des mehrdimensionalen Blickwinkels (Rotieren)
Slice & Dice	Entspricht den relationalen Operationen Selektion und Projektion

► *Hinweis*: SQL:1999 bietet mit den Operatoren `ROLLUP`, `CUBE` und `GROUPING SETS` direkte Unterstützung für Aggregrationen auf mehrdimensionalen Datendarstellungen /13.10/.

13.6.3 Data Mining

Data Mining bezeichnet die Auswertung vorhandener Daten mit dem Ziel, bisher nicht explizit hergestellte Zusammenhänge offenzulegen (*Knowledge Discovery*) /13.19/.

Der Knowledge-Discovery-Prozess (KDD) umfasst mehrere Phasen, die dem Data-Mining-Schritt vorausgehen /13.16/. Dazu zählen die Selektion der zu analysierenden Daten, die Vorverarbeitung und Bereinigung sowie die Transformation in Vorbereitung der Analyse. Die Ergebnisse des Data Mining müssen vom Anwender bewertet werden (Interpretation).

Für den Data-Mining-Schritt sind folgende Verfahren bekannt /13.67/:

- Als **Clustering** wird das Partitionieren von Datenobjekten bezeichnet.
- Gegenstand der **Assoziationsanalyse** ist das Entdecken von Zusammenhängen innerhalb des zu analysierenden Datenbestandes.
- Bei der **Klassifikation** wird für eine Menge von Trainingsdaten mit bekannter Klassenzugehörigkeit eine Funktion gelernt, mit deren Hilfe später neue Datenobjekte klassifiziert werden können.
- Bei der **Anomalieentdeckung** werden Datenobjekte identifiziert, die sich signifikant von allen anderen Datenobjekten unterscheiden.

❑ *Beispiel*: Eine Warenkorbanalyse ist ein Anwendungsfall einer Assoziationsanalyse. In einer Menge von Verkaufs-Transaktionen werden Artikel gesucht, die häufig zusammen gekauft werden. Daraus lassen sich Wenn-Dann-Regeln über das Einkaufsverhalten der Kunden ableiten /13.1/.

13.7 Fortgeschrittene Konzepte

13.7.1 Verteilte Datenbanken

Eine **verteilte Datenbank** ist ein logisch zusammengehörender Datenbestand – beschrieben in einem globalen Schema – der physisch auf mehrere Knoten (Rechner) verteilt ist und mit einem **verteilten Datenbanksystem** (VDBS) verwaltet wird.

Vorteile einer Verteilung sind schneller Zugriff auf die lokalen Daten und höhere Ausfallsicherheit /13.50/.

Der Gesamtbestand ist in **Fragmente** partitioniert, die **Allokation** verteilt die Fragmente auf die einzelnen Knoten. **Replikation** heißt, ein Fragment ist mehr als einem Knoten zugeordnet; dies bedeutet aber (kontrollierte) Redundanz. Verteilung setzt eine Vernetzung der Rechner voraus (→ 10, 11, 12). Für relationale Datenbanken heißt Fragmentierung Aufteilung von Relationen nach verschiedenen Gesichtspunkten:

- **horizontale Fragmentierung**: Zerlegen einer Relation in disjunkte Tupelmengen
- **vertikale Fragmentierung**: Aufteilung der Attribute und der zugehörigen Werte auf verschiedene Knoten, wobei der Primärschlüssel der Ausgangsrelation in jedem Fragment vorkommt
- **kombinierte Fragmentierung**: horizontale und vertikale Fragmentierung der gleichen Relation

Fragmentierungen müssen rekonstruierbar, vollständig und disjunkt sein.

Grundprinzip eines VDBS ist die **Transparenz** (→ 12.1.3). Daraus leitet DATE einen Anforderungskatalog /13.14/ ab, der wie folgt zusammengefasst wird:

- *lokale Autonomie* eines jeden Knotens und keine Abhängigkeiten von einer Zentrale
- *ständige Verfügbarkeit* des Gesamtbestandes an allen Knoten
- *Unabhängigkeit* gegenüber *Fragmentierung* und *Replikation*
- globale *Zugriffsoptimierung* und *verteilte Transaktionsverarbeitung*
- Unabhängigkeit vom lokaler Systemplattform (z. B. DBMS, Hardware)

In /13.48/ wird die mögliche Architektur eines VDBS in den drei Dimensionen Verteilung, Autonomie und Heterogenität klassifiziert. Der komplexeste und damit anspruchsvollste Fall ist der eines verteilten, heterogenen und föderierten Datenbanksystems (**FDBS**) /13.40/. Hierfür sind Techniken zur *Schemaintegration* einzusetzen. Aktuelle Arbeiten entwickeln Verfahren für flexible und sich dynamisch ändernde Systemverbunde, die über FDBS hinausgehen. Dazu zählen *Peer-Data-Management-Systeme* und *Data Grids*. Die meisten DBMS-Hersteller (z. B. IBM und Oracle) bieten verteilte Varianten ihrer DBMS-Produkte.

13.7.2 Multimedia-Datenbanken

Multimedia-Datenbanksysteme (MMDBS) sind Datenbanksysteme, die außer einfach strukturierten Daten (Zahlen, Zeichenketten) auch noch digitale Medien speichern können (/13.45/, /13.63/).

MMDBS sollen insbesondere die **Datenunabhängigkeit** der Mediendaten realisieren. Zur Datenunabhängigkeit gehört, dass die Anwendung die Speichergeräte (z. B. CD-ROMs, DVDs) nicht kennt. Ein zweiter Aspekt der Datenunabhängigkeit betrifft die Speicherformate der Mediendaten (z. B. GIF für Bilder, MPEG für Video, → 2.6.3), die vor der Anwendung verborgen werden.

Zu den **Mediendatentypen** gehören: Text, Grafik, Rasterbild, Tonaufnahme und Bewegtbild (Video). Sie weisen große Unterschiede in der Struktur, der Art der Elemente und der Zeitabhängigkeit (z. B. Ton, Video, → 2.6) auf. Ein MMDBS muss jeden Mediendatentyp spezifisch behandeln.

Ein MMDBS muss Unterstützung für die **Suche nach Mediendaten** leisten /13.61/. Die Suche erfolgt nicht über Wertegleichheit wie bei strukturierten Daten aufgrund der Größe der Medienobjekte. Stattdessen wird über die *Ähnlichkeit* gesucht, wofür einige wenige Merkmale (sog. *Features*) aus den Rohdaten extrahiert werden. So könnte man z. B. Gegenstände oder Farben angeben, die in einem gesuchten Bild zu sehen sein sollen. Bei der **Textsuche** sind das vor allem Worte oder Phrasen, die den Text gut charakterisieren. *Stichworte* entstammen immer dem Text selbst, *Schlagworte* können dagegen auch zugeteilt werden. Ein Thesaurus enthält alle zugelassenen Schlagworte mit Verweisen auf zugeordnete Informationen (z. B. „DBS“ → „Datenbanksystem“. Diese Ideen sind Gegenstand einer Disziplin, die als **Information Retrieval** bezeichnet wird. Die Verfahren des Information Retrieval lassen sich auch auf andere Medien als Text übertragen. Man spricht dann von **Multimedia Information Retrieval**.

Ein Mediendatentyp ist ein *abstrakter Datentyp*, d. h. eine Klasse mit einem abstrakten Modell des Medienobjekts und einer Menge von Operationen zu seiner Handhabung. Die Definition solcher Datentypen muss in einem MMDBS mit den Mitteln erfolgen, die das Datenmodell bzw. die DDL dafür vorsieht. Seit der Sprachnorm SQL:1999 und deren Ergänzung **SQL/MM** sind das *benutzerdefinierte Typen* (User-Defined Types, UDTs), die dem Anwender bereitgestellt werden /13.43/.

► *Hinweis*: Einsatzmöglichkeiten für MMDBS sind Content Management Systeme (→ 21.3.3), digitale Archive und Bibliotheken oder medizinische Informationssysteme (elektronische Patientenakte).

13.7.3 Geodatenbanken

Geodatenbanken (**Spatial Databases**) sind essenzielle Bestandteile von Geoinformationssystemen (GIS) und anderen Anwendungen, die räumliche Daten verarbeiten. Sie dienen der Modellierung, der Speicherung und der Anfrage von Geodaten.

Geodatenbanksysteme ersetzen dateibezogene Komponenten zur Verwaltung von Geodaten. Damit wird eine standardisierte, integrierte Datenhaltung von Sach- und Geodaten möglich und der Datenaustausch zwischen verschiedenen Anwendungsprogrammen vereinfacht /13.6/.

Die **Eigenschaften von Geodaten** lassen sich in vier Kategorien einteilen:

- Geometrisch: beschreiben die Lage und Ausdehnung im Raum, dargestellt durch Koordinaten oder Breiten- und Längengrade.
- Topologisch: beschreiben die relativen räumlichen Beziehungen von Geoobjekten zueinander.
- Thematisch: entsprechen Sachattributen, z. B. Städtename, PLZ, Einwohnerzahl.
- Temporal: beschreiben für Geoobjekte (Gültigkeits-)Zeitpunkte oder Zeiträume, z. B. eine sich ändernde Form.

Metadaten repräsentieren Informationen über die eigentlichen Geodaten, z. B. Datenformat, Qualitätseigenschaften, Erfassungsart. Im Rahmen des Geocoding-Prozesses werden implizite Geodaten (wie Straßennamen) in explizite (z. B. Lage) transformiert.

Eine wesentliche Voraussetzung für den Datenaustausch zwischen verschiedenen raumbezogenen Anwendungen ist die *Standardisierung der Geodatenmodelle*. Das **ISO 19107 Spatial Schema** beinhaltet ein konzeptionelles Modell, das die räumlichen Eigenschaften von Geoobjekten (Geometrie, Topologie) bis zu einer Dimension von 3 beschreibt.

13

Räumliche Anfragen ermitteln Geoobjekte, die geometrische oder topologische Bedingungen erfüllen. Dazu zählen z. B. die *räumliche Selektion* (Punktanfragen, Abstandsanfragen), die *Nächste-Nachbarn-Anfrage* (Nearest Neighbour Query) und der *räumliche Verbund* (Spatial Join), der die Grundlage für die *Verschneidung* von Karten in einem GIS ist. Die physische Organisation mehrdimensionaler Daten muss durch spezielle Zugriffsstrukturen wie räumliche Indexe /13.58/ unterstützt werden.

Alle namhaften RDBMS-Hersteller bieten Erweiterungen ihrer Systeme zur Verwaltung von Geodaten an. Grundlage sollten die in **SQL/MM Spatial** spezifizierten Datentypen sein, die von objektrelationalen Systemen unterstützt werden. Konkrete Geodatenbanksysteme sind Oracle Spatial, IBM DB2 Spatial Extender und PostGIS als räumliche Erweiterung von PostgreSQL.

13.7.4 Biologische Datenbanken

Biologische Datenbanken speichern Informationen über das Erbgut (Genom) sowie den Bestand an Proteinsequenzen (Proteom) des Menschen sowie anderer Spezies. Dabei wird eine Vielzahl von Fragestellungen und Anwendungen unterstützt: mögliche Verwandtschaftsbeziehungen (phylogenetische Stammbäume), Zusammenhänge zwischen Genveränderungen und Krankheiten, Zuständigkeit von Proteingruppen für bestimmte Stoffwechselprozesse (z. B. Blutgerinnung), Proteindesign für neue Medikamente /13.37/.

Bezogen auf den Inhalt unterscheidet man drei **Kategorien**:

- Genom-DB: Gensequenzen und -mutationen, Genkartierungen,
- Protein-DB: Proteinsequenzen und –strukturen, Proteingruppen,
- Stoffwechsel-DB: Pfade (Pathways).

Die gewonnenen **Biodaten** lassen sich je nach Bearbeitungsgrad in drei Phasen unterteilen /13.20/:

- Primär: unmittelbare Experiment-Daten, mit wenig Verarbeitung,
- Sekundär: aufbereitete Daten mit Annotationen (meist nur semistrukturiert) und Verlinkungen,
- Tertiär: ontologiebasiert, strukturierte Annotationen.

Zur Speicherung können Dateien, proprietäre Systeme, aber auch objektrelationale und XML-Datenbanken eingesetzt werden. Zugriffsmethoden für biologische Daten sind: Navigation (über Links), Stichwortsuche, Anfragesprachen und Data Mining.

❑ *Beispiel*: GenBank ist weltweit eine der drei großen DNA-Sequenzdatenbanken, betrieben in den USA. Sie ist frei zugänglich und stellt die Daten von ca. 400 000 Organismen über eine Webschnittstelle oder FTP bereit.

13.7.5 Aktuelle Entwicklungen

Gray formuliert in /13.17/ Thesen, die die möglichen Trends bei der Weiterentwicklung von Datenbanktechnologien beschreiben:

So werden zunehmend Algorithmen des *Data Mining* (→ 13.6) und des *maschinellen Lernens* (→ 20) Bestandteil eines DBMS. Dazu gehören z. B. Entscheidungsbäume, neuronale Netze, genetische Algorithmen, Zeitreihenanalysen. Dies beinhaltet probabilistisches Schließen und unscharfe Antworten. Somit entwickeln sich Datenbanksysteme weiter zu intelligenten Informationssystemen (→ 21), wie sie auch im Bereich der *Computational Intelligence* (CI) zu finden sind.

Eine wachsende Menge von Daten wird durch Beobachtung der Umwelt erzeugt (z. B. RFID-Scanner, Monitoring von Patientendaten), die auch als *Datenströme* (Data Streams) bezeichnet werden. *Publish-Subscribe-Systeme* und ereignisbasierte Middleware (*Complex Event Processing*) kehren das traditionelle Verhältnis von Anfrage und Daten um, d. h. ankommende Daten werden mit sehr vielen Anfragen verglichen. Diese Technologie stellt eine Weiterentwicklung der Ideen *aktiver Datenbanken* dar /13.57/. Sie ermöglicht

Benachrichtigungsmechanismen für Anwendungen, die flexibel auf Ereignisse (z. B. Preisänderungen) reagieren können.

Wachsende Hauptspeicher- und Plattenkapazitäten erfordern dynamischere Strategien bei der Verarbeitung von Anfragen durch die Datenbank-Engine (*Late Binding*). **In-Memory-Datenbanksysteme** verwalten eine Kopie der operativen Datenbank vollständig im Hauptspeicher, sodass Festplattenzugriffe weitgehend entfallen. Sie sind gekennzeichnet durch eine sehr hohe Leistung, aber auch durch die höheren Speicherkosten. Dabei gewinnen alternative Speicherungsansätze für dünnbesetzte Tabellen mit sehr vielen Spalten an Bedeutung (*Column Stores*), da diese sich auch gut für Kompression eignen /13.49/.

Periphere Geräte (z. B. Sensoren) und mobile Systeme (→ 3.6.6, 5.8) können sich selbst wie eine Datenbank verhalten. Diese Mini-Datenbanken (*Embedded Databases*) müssen sich als *adaptierbare Systeme* selbst administrieren, ein Trend, der auch für herkömmliche DBMS gilt /13.22/.

14 Datenschutz und Datensicherheit

Hannes Federrath, Andreas Pfitzmann

14.1 Grundbegriffe

14.1.1 Schutzziele

IT-Systeme (einschließlich der Übertragungsstrecken) müssen gegen unbeabsichtigte Fehler und Ereignisse (z. B. höhere Gewalt, technische Fehler, Fahrlässigkeit, Programmierfehler, Verschleiß, Havarien) und beabsichtigte Angriffe (z. B. Abhören, Manipulation und Zerstören von Informationen, aber auch von Software und Hardware) von außen (Outsider, z. B. Hacker oder Terroristen mit Sprengstoff) und innen (Insider, z. B. Administratoren, Programmierer) gesichert werden.

Im Englischen werden die Begriffe **Security** für Schutz vor beabsichtigten und **Safety** für Schutz vor unbeabsichtigten Ereignissen verwendet (→ Tabelle 14.1), im Deutschen wird beides **Sicherheit** genannt. Manchmal wird der Unterschied zwischen Security und Safety auch anders definiert: Security sichert den Schutz des IT-Systems, Safety den der Umwelt des IT-Systems. Der Bereich Datenschutz und Datensicherheit befasst sich insbesondere mit dem Schutz vor beabsichtigten Angriffen (Security).

Tabelle 14.1 Abgrenzung von Security und Safety

Security Schutz gegen beabsichtigte Angriffe		**Safety** Schutz gegen unbeabsichtigte Ereignisse	
Vertraulichkeit:	Anonymität, Unbeobachtbarkeit, Unverkettbarkeit, Pseudonymität, Abhörsicherheit, Sicherheit gegen unbefugten Gerätezugriff	Verfügbarkeit:	Funktionssicherheit, technische Sicherheit
Integrität:	Zurechenbarkeit, Übertragungsintegrität, Abrechnungssicherheit	Sonstige Schutzziele:	Maßnahmen gegen hohe Gesundheitsbelastung
Verfügbarkeit:	Ermöglichen von Kommunikation		

Bei **Datenschutz** (→ 15.4) steht die Wahrung der Persönlichkeitsrechte natürlicher Personen in Bezug auf die Verarbeitung von Daten über sie im Mittelpunkt, was oftmals Schutz *vor* personenbezogenen Daten und deren

Auswirkungen bedeutet (also eine Safety-Eigenschaft im Sinne der zweiten Abgrenzungsmöglichkeit zwischen Security und Safety). Bei **Datensicherheit** geht es um den Schutz *der* Daten. Bei ihr unterscheidet man die drei Schutzziele Vertraulichkeit, Integrität und Verfügbarkeit.

Schutzinteressen können sich nicht nur auf die über die Netze ausgetauschten Nachrichteninhalte (Vertraulichkeit, Integrität) beziehen, sondern gelten ebenfalls für den Schutz von Kommunikationsumständen: In manchen Anwendungen ist zu schützen, wer wann mit wem kommuniziert hat (Anonymität und Unbeobachtbarkeit), in anderen Anwendungen ist vor allem sicherzustellen, dass eine Nachricht nachprüfbar und beweisbar von einem bestimmten Absender stammt (Zurechenbarkeit).

14.1.2 Angreifermodell

Ein **Angreifermodell** definiert die Stärke eines Angreifers, gegen den ein bestimmter Schutzmechanismus (z. B. ein ganz bestimmtes Verschlüsselungsverfahren) gerade noch sicher ist.

Dabei berücksichtigt es folgende Aspekte:

1. Aktive oder passive Rolle des Angreifers:
   - Was kann der Angreifer maximal passiv beobachten?
   - Was kann der Angreifer maximal aktiv kontrollieren (steuern, verhindern) bzw. verändern?
2. Mächtigkeit des Angreifers:
   - Wie viel Rechenkapazität besitzt der Angreifer?
   - Wie viel finanzielle Mittel besitzt der Angreifer?
   - Wie viel Zeit besitzt der Angreifer?
   - Welche Verbreitung hat der Angreifer? Oder spezieller: Welche Leitungen, Kanäle, Stationen kann der Angreifer beherrschen?

Als potentielle Angreifer können Außenstehende, Teilnehmer, Betreiber, Hersteller, Entwickler und Wartungstechniker betrachtet werden, die natürlich auch kombiniert auftreten können. Außerdem kann man nach Angreifern innerhalb des betrachteten IT-Systems (Insider) und außerhalb (Outsider) unterscheiden. Die Feststellung, dass eine Instanz angreifen kann, ist nicht gleichzusetzen damit, dass sie wirklich angreift.

14.1.3 Sicherheitsmanagement

Je mehr Funktionen eine Organisation mit Hilfe von IT-Systemen erledigt, umso abhängiger wird sie von der fehlerfreien und verlässlichen Funktion der

Systeme. Im Rahmen des Sicherheitsmanagements sind folglich entsprechende Maßnahmen zu ergreifen:

1. Entwicklung einer IT-Sicherheitspolitik und eines IT-Sicherheitskonzeptes,
2. Realisierung der IT-Sicherheitsmaßnahmen,
3. Schulung und Sensibilisierung der Benutzer,
4. Erhaltung der IT-Sicherheit im laufenden Betrieb.

Im Rahmen des IT-Sicherheitskonzeptes werden Maßnahmen festgelegt, die auf weite Teile der Organisation Einfluss haben. Beispiele sind:

- Infrastruktur: physische Zugangs- und Zutrittskontrolle, Stromversorgung, Feuerschutz, Klimatisierung;
- Organisation: Überwachung, Kontrolle, Dokumentation, permanente Anpassung des Sicherheitskonzeptes an veränderte Gegebenheiten;
- Personal: Maßnahmen bei Auswahl, Einstellung, Ausscheiden; fortlaufende Schulung;
- Hardware und Software: Hardware-, Betriebssystem- und Softwareauswahl, Passwort- und Virenschutz;
- Kommunikation: Netztopologie, Netzverwaltung, -administration, Übertragungssicherung, Protokollierung von Zugriffen;
- Notfallvorsorge: Datensicherungskonzept (Backup), Versicherungen, Notfallrechenzentrum.

▶ *Hinweis*: Informationen zum IT-Grundschutz, konkrete Maßnahmen- und Gefährdungskataloge, aktuelle Informationen: http://www.bsi.de/gshb/.

14.2 Sicherheit einzelner Rechner

Um sichere Kommunikation zu erreichen, werden Geräte (Hardware) und Programme (Software) benötigt, die für denjenigen, der sie benutzt, sicher sind. Diese persönliche Rechenumgebung (typischerweise der PC) ist der Vertrauensbereich des Benutzers. Er ist vor Zugang und Zugriff durch Unberechtigte zu schützen. Dies muss zunächst durch physische Schutzmaßnahmen erfolgen, bevor weitere Maßnahmen wie Zugangs- und Zugriffskontrolle sinnvoll sind.

14.2.1 Physische Sicherheit

Alle technischen Schutzmaßnahmen benötigen eine physische „Verankerung“ in Form eines Systemteils, auf den der Angreifer keinen physischen Zugriff hat.

Beispielsweise ist es unmöglich, den Inhalt einer zu verschlüsselnden Nachricht vor dem Verschlüsselungsbaustein zu verbergen. Dies gilt analog für die eingesetzten kryptographischen Schlüssel. Die Größe physisch sicherer Geräte muss skalierbar sein (→ Bild 14.1).

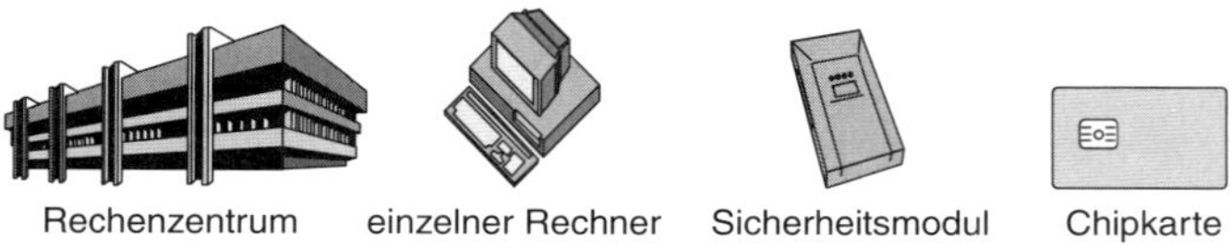

Bild 14.1 Die Größe physisch sicherer Geräte muss skalierbar sein

❑ *Beispiel*: Es soll der Inhalt einer Festplatte vor unbefugtem Zugriff geschützt werden. Um zu verhindern, dass die Festplatte aus dem Rechner ausgebaut wird, muss der Rechner physisch sicher sein. Alternativ kann die Festplatte verschlüsselt werden. Die Ver- und Entschlüsselung der Festplatte erfolgt über ein Sicherheitsmodul, das während des Betriebs im Rechner steckt. Nun genügt es, dass das Sicherheitsmodul physisch geschützt wird. Wird der Rechner bzw. die Festplatte gestohlen, bleiben die gespeicherten Inhalte trotzdem vertraulich.

Angriffe auf die physische Sicherheit werden, unabhängig von der jeweiligen Größe des physischen Gerätes, durch Schirmung (z. B. gegen elektromagnetische Abstrahlung), Erkennen und Bewerten (z. B. durch entsprechende Sensoren) sowie Verzögern des Angriffs (z. B. durch hartes Material) realisiert. Bei Angriffen können als letzte Maßnahme die gespeicherten Geheimnisse gelöscht werden.

14.2.2 Zugangskontrolle und Identifikation von Menschen durch IT-Systeme

> Unter **Zugangskontrolle** (admission control) versteht man, dass ein IT-System die Identitäten seiner Kommunikationspartner erfragt, prüft und nur mit berechtigten Partnern weiter kommuniziert.

Tabelle 14.2 Identifikation von Menschen durch IT-Systeme

Was man		
ist:	**hat**:	**weiß**:
Handgeometrie, Fingerabdruck, Aussehen, eigenhändige Unterschrift, Retina-Muster, Stimme, Tipp-Charakteristik (Tastenanschlag)	Papierdokument, Metallschlüssel, Magnetstreifenkarte, Chipkarte, Taschenrechner	Passwort, Antworten auf Fragen

Die Zugangskontrolle verhindert so mindestens die unbefugte Inanspruchnahme seiner Betriebsmittel. Ein IT-System kann einen Menschen daran erkennen (**Identifikation**), was er ist, hat oder weiß (→ Tabelle 14.2).

❑ *Beispiele*:
1. Ein (maschinenlesbarer) Personalausweis ist eine Kombination aus Foto („Aussehen"), eigenhändiger Unterschrift und Papierdokument.
2. Die in IT-Systemen derzeit noch am häufigsten vorkommende Form der Identifizierung ist das Passwort.

14.2.3 Zugriffskontrolle und Rechtevergabe

Unter **Zugriffskontrolle** (access control) versteht man, dass ein IT-System auch berechtigten Partnern nicht alles erlaubt: Jedes *Subjekt* (Mensch, IT-System, Prozess) hat nur bestimmte *Rechte*, Operationen auf *Objekten* (Prozesse, Daten, Peripheriegeräte etc.) auszuführen.

Ein möglichst kleiner und gut abgegrenzter Teil des IT-Systems kontrolliert vor Ausführung aller Operationen, ob ihr Urheber die dafür nötigen Rechte hat. Dieser Teil des IT-Systems wird Zugriffsmonitor genannt (→ Bild 14.2). Der **Zugriffsmonitor** merkt sich ihm vorgelegte oder implizit entstehende Rechte und muss auch deren Ungültigwerden erkennen.

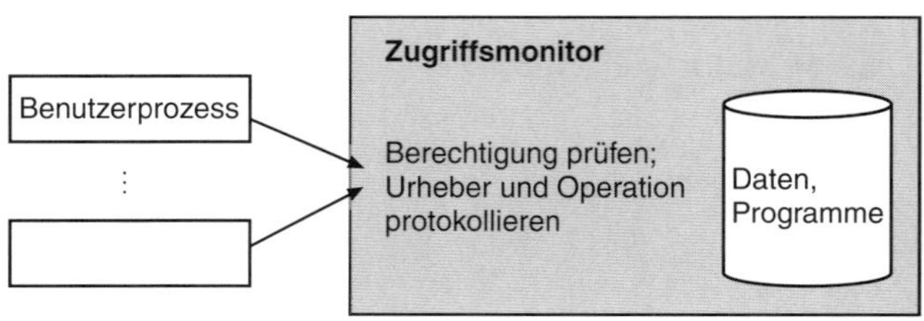

Bild 14.2 Gewährung von Rechten über einen Zugriffsmonitor

❑ *Beispiel*: Rechte werden z. B. in einer Zugriffskontrollmatrix gespeichert. Typische Rechte sind Schreiben, Lesen, Verändern, Löschen, Ausführen.

Die Rechtevergabe selbst wird **Autorisierung** (*authorization*) genannt.

Mit der zunehmenden Verbreitung von urheberrechtlich geschützten, meist kostenpflichtigen Multimedia-Inhalten (Musik, Video, E-Books etc.) wächst der Bedarf an Kopierschutzsystemen und Mechanismen zum sog. **Digital Rights Management** (**DRM**, → 15.3.4.2).

DRM-Systeme sind elektronische Vertriebssysteme für digitale Inhalte im Online- und Offline-Bereich. Sie ermöglichen den Rechteinhabern einen sicheren Vertrieb zu berechtigten Nutzern (z. B. über das Internet oder mittels Datenträger beispielsweise zu mobilen Abspielgeräten), eine effektive und differenzierte Rechteverwaltung sowie weitgehende Kontrolle über die Verbreitung und Nutzung digitaler Inhalte. DRM-Systeme eröffnen so neue Nutzungsarten und Geschäftsmodelle /14.10/.

DRM-Systeme können allgemein als Verfahren zur Zugangs- und Zugriffskontrolle gesehen werden, allerdings unter erschwerten Bedingungen: Auf einem Abspielgerät, das unter der Kontrolle des Nutzers steht, darf dieser Multimedia-Inhalte nur eingeschränkt benutzen können, beispielsweise Inhalte nur eingeschränkt kopieren. Die heute verfügbare Technik erfüllt diese Sicherheitsanforderungen nur unzureichend, da sicheres DRM eine Verankerung in der Hardware der Abspielgeräte erfordert ($\rightarrow$ 14.2.1).

14.2.4 Schutz vor Computerviren durch geringstmögliche Privilegierung

In vielen heute noch verbreiteten PC-Betriebssystemen (DOS, Windows 95/98/ME/CE/XP home edition, MacOS bis Version 9) fehlt die Zugriffskontrolle. Dies begünstigt die Ausbreitung von Computerviren und Trojanischen Pferden (Trojaner, $\rightarrow$ 11.7.1) erheblich.

14

Ein **Computervirus** (computer virus) ist ausführbarer Code, der sich in fremde Programme einpflanzt, dort ausgeführt wird und ggf. eine so genannte **Schadenfunktion** ausführt. Ein **Trojanisches Pferd** (Trojan horse) ist ein Computerprogramm, das neben einer bekannten (vom Anwender gewünschten) Funktion eine (nicht gewünschte) Schadenfunktion ausführt.

Viren und Trojanische Pferde können nicht nur die Integrität und Verfügbarkeit von Daten und Programmen verletzen, sondern alle Schutzziele, also auch die Vertraulichkeit von Daten. Im schlimmsten Fall können Viren und Trojanische Pferde ihre Schadenfunktion modifizieren und sogar sich selbst zerstören, nachdem sie ihre „Aufgabe“ erfüllt haben, um die hinterlassenen Spuren zu vernichten ($\rightarrow$ 11.7.1).

In IT-Systemen mit Zugriffskontrolle kann die Ausbreitung von Viren durch das **Prinzip der geringstmöglichen Privilegierung** (*principle of least privilege*) verhindert werden. Das bedeutet, jedes Programm bekommt nur die minimal notwendigen (Schreib-)Rechte. Bei Trojanischen Pferden kann der Schaden zumindest auf die autorisierten Ressourcen begrenzt werden.

14.3 Sicherheit in verteilten Systemen

14.3.1 Kryptographie

Kryptographische Systeme (Kryptosysteme) lassen sich sowohl zum Schutz der Vertraulichkeit (Konzelations- oder Verschlüsselungssysteme) als auch zum Schutz der Integrität (Authentikationssysteme) einsetzen.

In den kryptographischen Algorithmus geht neben der zu schützenden Nachricht noch ein **kryptographischer Schlüssel** ein. Im einfachsten Fall ist der Schlüssel eine geheime Bitfolge und dient der Parametrisierung des Verschlüsselungsalgorithmus. Der Algorithmus selbst darf und sollte öffentlich bekannt und wohluntersucht sein, um möglichst sicher zu gehen, dass er keine unbekannten Designfehler enthält. Wenn sowohl Sender als auch Empfänger über den gleichen Schlüssel verfügen, spricht man von symmetrischen Systemen, andernfalls von asymmetrischen. In der Praxis wird meistens eine Kombination von asymmetrischen und symmetrischen Systemen eingesetzt (Hybride Kryptographie → 14.3.1.5).

Man unterscheidet Blockchiffren und Stromchiffren. Bei **Blockchiffren** wird die zu verschlüsselnde Nachricht in mehrere gleich große Bitblöcke zerlegt. **Stromchiffren** arbeiten direkt auf einzelnen Zeichen (Bits oder Bytes) des Klartextes. Stromchiffren haben den Vorteil, dass ein Klartextstrom fortlaufend Zeichen für Zeichen unabhängig von dem zugrunde liegenden Verschlüsselungsalgorithmus verschlüsselt werden kann.

Blockchiffren können in mehreren **Betriebsarten** genutzt werden. Wenn jeder Klartextblock unabhängig von den anderen (vorhergehenden) Klartextblöcken verschlüsselt wird, spricht man vom **ECB-Modus** (Electronic Code Book). Beim ECB-Modus ergeben gleiche Klartextblöcke unter dem gleichen Schlüssel stets gleiche Schlüsseltextblöcke, was jedoch häufig unerwünscht ist. Daher existiert mit dem **CBC-Modus** (Cipher Block Chaining) eine Betriebsart, bei der gleiche Klartextblöcke auf unterschiedliche Schlüsseltextblöcke abgebildet werden: Ein Schlüsseltextblock hängt jeweils von allen vorhergehenden Klartextblöcken und einem sog. Initialisierungsvektor ab. Aus einer Blockchiffre lassen sich mit den Betriebsarten **OFB** (Output Feedback) und **CFB** (Cipher Feedback) auch Stromchiffren konstruieren. Neben den genannten Betriebsarten existieren weitere Betriebsarten zur Authentikation, zur Kombination von Authentikation und Konzelation und solche zur Konstruktion von kryptographischen Hilfsfunktionen wie Pseudozufallszahlengeneratoren und von kollisionsresistenten Hash-Funktionen aus Blockchiffren.

Kollisionsresistente Hash-Funktionen sind kryptographische Einwegfunktionen. Aus einer beliebig langen Eingabenachricht x lässt sich effizient ein relativ kurzer (üblicherweise 160 ... 256 Bit langer) Hash-Wert $h(x)$ berechnen. Wegen der verkürzenden Eigenschaft der Hash-Funktion (→ 6.3.3) sind Kollisionen (unterschiedliche x erzeugen den gleichen Hash-Wert) nicht ausgeschlossen; bei einer kollisionsresistenten Hash-Funktion ist das Finden einer Kollision jedoch nicht effizient möglich (bestenfalls durch Ausprobieren sehr vieler verschiedener x). Weit verbreitete Hash-Funktionen sind **SHA** (Secure Hash Algorithm) und **MD5** (Message Digest 5).

14.3.1.1 Symmetrisches kryptographisches Konzelationssystem

Die bekanntesten und ältesten kryptographischen Systeme sind symmetrische Konzelationssysteme (→ Bild 14.3). Ihre bekanntesten modernen Vertreter sind **DES** (Data Encryption Standard), **Triple-DES**, **IDEA** (International Data Encryption Algorithm) und **AES** (Advanced Encryption Standard). Wichtige Eigenschaften dieser Systeme werden in Tabelle 14.3 genannt.

Tabelle 14.3 Eigenschaften einiger moderner symmetrischer Konzelationssysteme

	DES	Triple-DES	IDEA	AES
Schlüssellänge	56 Bit	112 Bit	128 Bit	128, 192 oder 256 Bit
Blockbreite	64 Bit	64 Bit	64 Bit	128 Bit
Sicherheit (heute)	gering wegen zu kurzer Schlüssel	ausreichend, jedoch wegen hardwarenahem Design in Software sehr langsam	hoch	hoch
Einsatzbereiche (heute)	Einsatz heute nicht mehr empfehlenswert	z. B. Geldautomat	universell; für kommerziellen Einsatz ist Lizenzierung erforderlich	universell; auch besonders gut für mobile Geräte geeignet

Wenn eine Nachricht x verschlüsselt über einen unsicheren Kanal gesendet werden soll, muss der Schlüssel k bei Sender und Empfänger vorliegen. Wenn sich Sender und Empfänger vorher getroffen haben, können sie k bei der Gelegenheit austauschen. Andernfalls muss k über eine vertrauenswürdige „Schlüsselverteilzentrale“ Z ausgetauscht werden (→ Bild 14.4): Hierzu melden sich die Teilnehmer A und B bei Z an und tauschen jeweils Schlüssel mit Z aus. A und Z tauschen k_{AZ} aus und B und Z tauschen k_{BZ} aus. Wenn A mit B kommunizieren will und noch keinen Schlüssel mit B gemeinsam hat, so fragt er bei Z an. Z generiert einen Schlüssel k und schickt ihn sowohl an A als auch

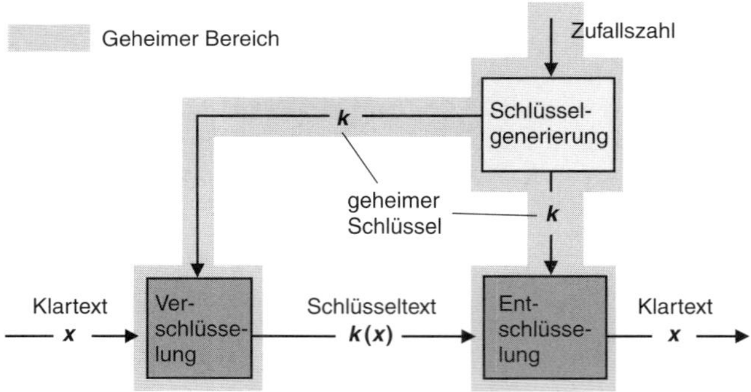

Bild 14.3 Symmetrisches kryptographisches Konzelationssystem

an B, und zwar mit k_{AZ} bzw. k_{BZ} verschlüsselt (→ Bild 14.4). Ab jetzt können A und B den Schlüssel k benutzen, um in beide Richtungen verschlüsselte Nachrichten N zu schicken. Die Vertraulichkeit ist allerdings nicht sehr groß: Außer A und B kann auch Z alle Nachrichten entschlüsseln.

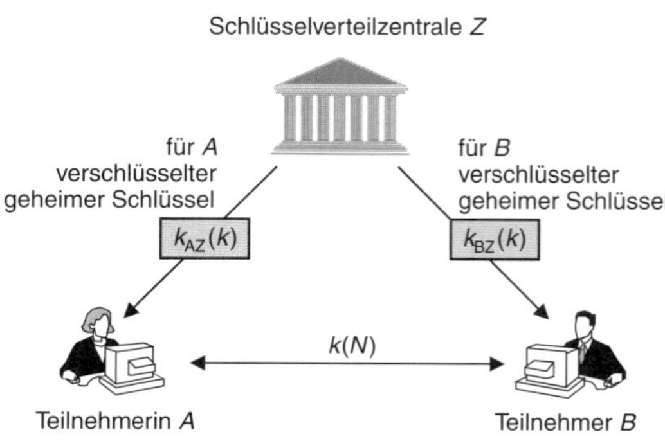

Bild 14.4 Schlüsselverteilung bei symmetrischen Konzelationssystemen

14.3.1.2 Asymmetrisches kryptographisches Konzelationssystem

Die bekanntesten Vertreter asymmetrischer kryptographischer Konzelationssysteme sind **RSA** (→ 14.3.1.8) und **ElGamal** (jeweils benannt nach ihren Erfindern RIVEST, SHAMIR, ADLEMAN bzw. ELGAMAL). Im Vergleich zu symmetrischen Konzelationssystemen sind sie deutlich rechenaufwendiger (etwa Faktor 100 bis 10 000).

Asymmetrische Konzelationssysteme (→ Bild 14.5) wurden erfunden, um die Schlüsselverteilung zu vereinfachen. Hier sind zum Ver- und Entschlüsseln

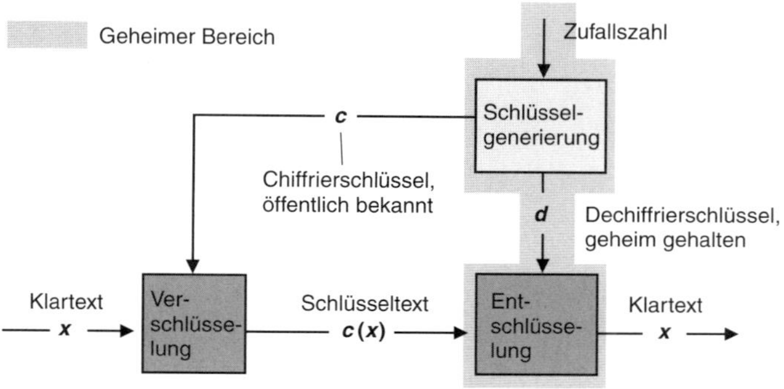

Bild 14.5 Asymmetrisches kryptographisches Konzelationssystem

verschiedene Schlüssel c und d erforderlich und nur d muss geheim gehalten werden. Damit man c tatsächlich nicht geheim halten muss, darf d nicht mit vernünftigem Aufwand aus c zu bestimmen sein.

Nun kann jeder Benutzer A sich selbst ein Schlüsselpaar (c_A, d_A) generieren und muss d_A nie jemand anderem mitteilen. Der öffentliche Schlüssel (Public Key) c_A kann in einem öffentlichen Schlüsselregister R gespeichert sein.

14.3.1.3 Symmetrisches kryptographisches Authentikationssystem

14

Bei symmetrischen kryptographischen Authentikationssystemen (→ Bild 14.6) wird die Nachricht durch den kryptographischen Algorithmus links nicht verschlüsselt, sondern es wird ein Prüfteil **MAC** (*Message Authentication Code*) an x angehängt. Der Empfänger kann anhand von x auch den richtigen MAC bilden und prüfen, ob der mit der Nachricht mitgekommene damit übereinstimmt.

Die Schlüsselverteilung kann wie bei symmetrischen Konzelationssystemen erfolgen. Entsprechend könnte die Schlüsselverteilzentrale diesmal gefälschte Nachrichten unterschieben.

14.3.1.4 Asymmetrisches kryptographisches Authentikationssystem

Asymmetrische kryptographische Authentikationssysteme (→ Bild 14.7) werden **digitale (elektronische) Signatursysteme** genannt und vereinfachen zunächst die Schlüsselverteilung analog zu asymmetrischen Konzelationssystemen. Ihr Hauptvorteil ist aber ein anderer: Der Empfänger B einer signierten Nachricht von A kann jedem, der As öffentlichen Schlüssel t_A kennt, beweisen, dass diese Nachricht von A stammt. Dies geht bei einem symmetrischen

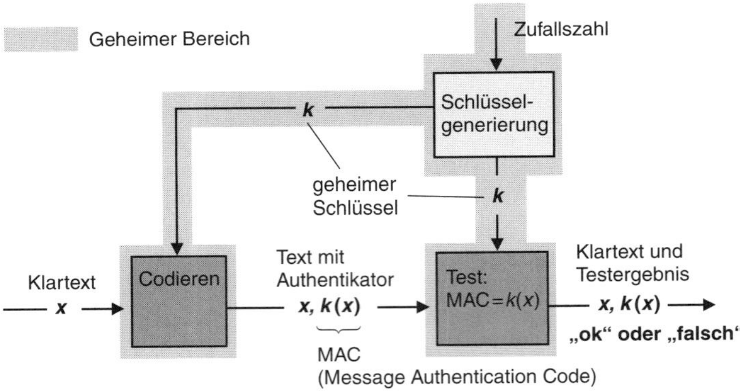

Bild 14.6 Symmetrisches kryptographisches Authentikationssystem

Authentikationssystem nicht: Selbst wenn z. B. vor Gericht die Schlüsselverteilzentrale bestätigen würde, welchen Schlüssel *A* und *B* hatten, kann *B* den *MAC* genauso gut selbst erzeugt haben. Bei digitalen Signatursystemen ist jedoch *A* der einzige, der die Signatur erzeugen kann. Deswegen sind digitale Signatursysteme unumgänglich, wenn man rechtlich relevante Dinge digital in *zurechenbarer* Weise abwickeln will, z. B. bei Electronic-Commerce und digitalen Zahlungssystemen (→ 21.3). Digitale Signaturen haben dort die Funktion der eigenhändigen Unterschrift in heutigen Rechtsgeschäften (→ 15.5).

Bekannte Signaturverfahren sind **RSA** (ebenfalls für asymmetrische Konzelation einsetzbar, → 14.3.1.8) und **DSS** (Digital Signature Standard).

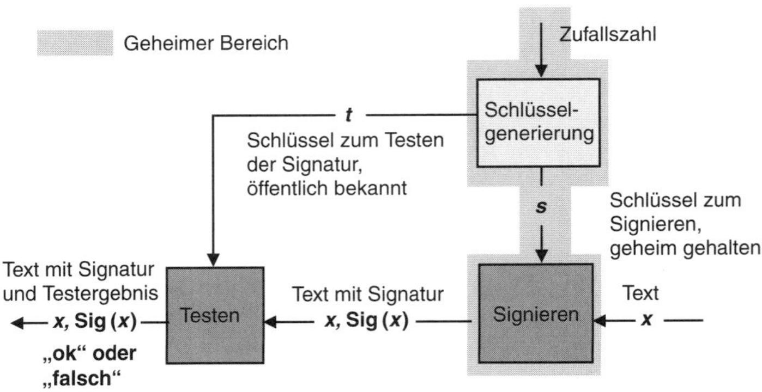

Bild 14.7 Digitales Signatursystem

Im Gegensatz zur symmetrischen Authentikation wird bei der digitalen Signatur ein eigener Testalgorithmus benötigt, der mit dem öffentlichen Schlüssel t arbeitet.

Will man sicher sein, dass eine Signatur später ggf. vor Gericht anerkannt wird, muss man sich versichern, dass man den richtigen bzw. authentischen Testschlüssel hat. Die Authentizität eines öffentlichen Schlüssels kann durch die Prüfung eines Zertifikats festgestellt werden.

Die **Zertifizierung** (Beglaubigung) **des öffentlichen Testschlüssels** bezieht sich nicht auf den Schlüssel allein, sondern auf den *Zusammenhang* zwischen Schlüssel und Teilnehmer. Bei der Zertifizierung überprüft die Zertifizierungsstelle (auch vertrauenswürdiger Dritter oder **Trust Center** genannt) die Identität des Teilnehmers (beispielsweise anhand seines Personalausweises) und erstellt ein **Zertifikat**, d. h. eine digitale Signatur für den Zusammenhang der Identität mit dem öffentlichen Schlüssel des Teilnehmers.

► *Hinweis*: Weiterführende Literatur zur Kryptographie: /14.18/.

14.3.1.5 Hybride Kryptosysteme

Hybride Kryptosysteme vereinen die Vorteile von symmetrischen (hohe Effizienz, → 14.3.1.1) und asymmetrischen (einfacher Schlüsselaustausch, → 14.3.1.2) Kryptosystemen.

> Bei **hybriden Kryptosystemen** wird das asymmetrische Verfahren zum Austausch eines symmetrischen Schlüssels verwendet, während das effiziente symmetrische Verfahren zur Verschlüsselung des Nachrichteninhalts eingesetzt wird.

14

Ein Teilnehmer A möchte eine Nachricht M verschlüsseln. Der Empfänger B hat einen asymmetrischen Verschlüsselungsschlüssel c_B veröffentlicht. Der private Entschlüsselungsschlüssel von B sei d_B.

A generiert einen symmetrischen Schlüssel k und verschlüsselt k mit c_B: $c_B(k)$. Sodann verschlüsselt er M mit k, d. h. $k(M)$. A sendet an B:

$$A \to B\text{: } c_B(k), k(M)$$

B entschlüsselt k mit d_B, d. h. $d_B(c_B(k)) = k$, und M mit k, d. h. $k(k(M)) = M$. Hybride Verschlüsselung ist immer dann sinnvoll, wenn die Länge der Nachricht M sowohl länger als ein symmetrischer Schlüssel ist als auch länger als die kürzeste vom asymmetrischen Kryptosystem sinnvoll zu verschlüsselnde Einheit. Zusätzlich wird durch hybride Verschlüsselung die Verschlüsselung **probabilistisch**, d. h. wenn zweimal derselbe Klartext mit demselben öffentlich bekannten Chiffrierschlüssel verschlüsselt wird, entstehen sehr wahrscheinlich völlig verschiedene Schlüsseltexte, da die symmetrischen Schlüssel jeweils zufällig gewählt werden. Probabilistische Verschlüsselung vereitelt so den folgenden Angriff auf asymmetrische kryptographische Konzelationssysteme: Der Angreifer probiert wahrscheinliche Klartexte, d. h. er verschlüsselt sie mit dem öffentlich bekannten Chiffrierschlüssel des Empfängers. Ist Verschlüsselung deterministisch, dann erhält er exakt den gleichen Schlüsseltext, wenn er den gleichen Klartext probiert. Damit hat er entschlüsselt, indem er richtig rät und mit dem öffentlichen Chiffrierschlüssel verschlüsselt.

Das Verfahren kann noch effizienter gestaltet werden, indem in das asymmetrisch Verschlüsselte bereits ein Teil der Nachricht hineincodiert wird. B erhält dann

$$c_{\mathrm{B}}(k, M'), k(M'') \quad \text{mit} \quad M = M'M''$$

Authentisierung von k: Soll B ebenfalls den Schlüssel k benutzen, um Nachrichten an A zurückzusenden, sollte k durch den Sender authentisiert werden. Hierzu legt A noch eine digitale Signatur von k bei:

$$A \to B\text{: } c_{\mathrm{B}}(k, Sig_{\mathrm{A}}(B, k)), k(M)$$

Die Signatur muss mitverschlüsselt werden, da sie evtl. etwas über k verraten kann. Sie muss zusätzlich auch B nennen, da sonst ein Teilnehmer C, der einst eine solche Nachricht von A erhalten hat, diesen Teil in einer Nachricht an B verwenden und sich so als A ausgeben könnte.

14.3.1.6 Secure Sockets Layer (SSL)

Secure Sockets Layer ist ein von der Firma Sun Microsystems entwickeltes Verschlüsselungs- und Authentisierungsprotokoll. Es ist in jeden modernen Web-Browser (→ 11.6.1) integriert.

HTTPS ist ein verschlüsseltes HTTP auf der Basis von SSL (→ 11.7.3). SSL kann in einem sog. Tunnel-Modus betrieben werden und sichert dann auch Verbindungen anderer Protokolle.

Beim Abruf einer URL, die mit https:// beginnt, wird zunächst vom Web-Server ein Schlüssel-Zertifikat (enthält den öffentlichen Verschlüsselungsschlüssel des Web-Servers) zurück gesendet. Der Browser überprüft das Zertifikat auf Gültigkeit, generiert einen symmetrischen Sitzungsschlüssel und schickt diesen mit dem öffentlichen Verschlüsselungsschlüssel des Web-Servers verschlüsselt an den Web-Server. Nachdem beide Seiten den Sitzungsschlüssel kennen, erfolgt die weitere Kommunikation symmetrisch verschlüsselt (→ Bild 14.8). SSL ist somit ein Beispiel für die Anwendung von hybrider Kryptographie (→ 14.3.1.5), wobei bei SSL der Web-Server nicht erfährt (und also auch nicht überprüfen kann), mit wem er wirklich verschlüsselt kommuniziert.

Die SSL-Schlüsselzertifikate sind nach dem weit verbreiteten Standard ITU X.509 aufgebaut.

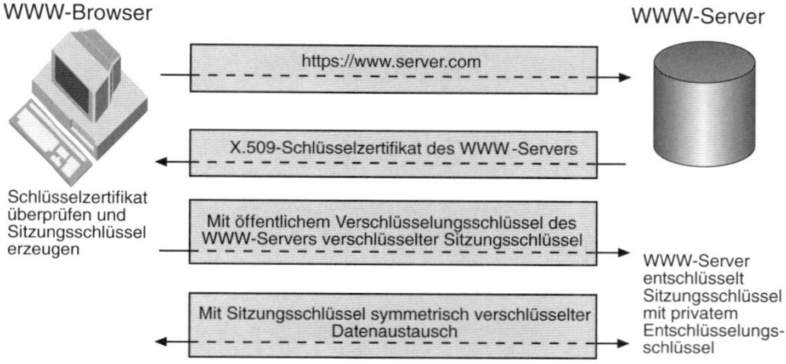

Bild 14.8 Hybride Verschlüsselung bei Secure Sockets Layer (SSL)

14.3.1.7 IPsec und IP Version 6

IPsec ist eine Erweiterung des Internet-Protokolls IP (→ 10.3.2.1) zur Vertraulichkeits- und Integritätssicherung auf IP-Ebene. Mit IP Version 6 (IPv6) ist IPsec fester Bestandteil von IP.

IPv6/IPsec besitzt folgende Funktionen, die kryptografische Systeme nutzen:

Mit einem **Authentication Header** (AH, RFC 2402) ist es möglich, den Sender eines Paketes zu authentisieren sowie die Nutzdaten (pay load) vor unerkannter Verfälschung zu schützen. 14

In einem **Encapsulating Security Payload** (ESP, RFC 2406) ist es möglich, den Inhalt eines Paketes verschlüsselt zu übertragen. Dies bietet einerseits ideale Voraussetzungen für das sog. **Tunneling**, bei dem beliebige Datenpakete (auch anderer Übertragungsprotokolle) zwischen den Endpunkten des verschlüsselten Übertragungskanals („Tunnels") ausgetauscht werden. Andererseits können im ESP auch Daten der übergeordneten Protokolle (z. B. TCP, → 10.4.1) verschlüsselt werden.

Obwohl es natürlich bereits heute mit entsprechenden Erweiterungen möglich ist, über das Internet (→ 11) vertraulich und authentisch zu kommunizieren, bietet das Internet mit IPv6/IPsec erstmals eine Sicherheitsbasis, auf die sich alle Dienste der höheren Schichten stützen können.

Das Schlüsselmanagement ist nicht Bestandteil der Spezifikationen, ebenso sind die zu verwendenden kryptografischen Verfahren nicht näher spezifiziert. Aus Kompatibilitätsgründen wird beim Authentication Header zumindest der

MD5-Hash-Algorithmus vorgeschrieben und beim Encapsulating Security Payload der DES (Data Encryption Standard) in der Betriebsart CBC (Cipher Block Chaining).

Eine der heute schon verbreiteten Anwendungen von IPsec ist das Tunneling von firmeninternen Daten zwischen entfernten Unternehmensstandorten über sog. **Virtual Private Networks (VPN)**.

14.3.1.8 RSA

RSA /14.17/ ist ein asymmetrisches Kryptosystem. Es kann sowohl zur asymmetrischen Verschlüsselung ($\rightarrow$ 14.3.1.2) als auch zur digitalen Signatur ($\rightarrow$ 14.3.1.4) eingesetzt werden.

► *Hinweis*: Die Abkürzung steht für die Erfinder des Systems: RONALD RIVEST, ADI SHAMIR und LEONARD ADLEMAN. Das RSA-System war bis 20. September 2000 insgesamt 17 Jahre lang lizenzrechtlich durch ein US-Patent geschützt.

Bei der RSA-Schlüsselerzeugung werden zunächst zwei große, unabhängig und zufällig gewählte Primzahlen p und q gesucht. Diese Primzahlen sollten in etwa gleich lang sein. Als derzeitig ausreichende Länge je nach Anwendung und Sicherheitsniveau gelten etwa 1000 bis 1500 bit, mittelfristig eher 2048 bit.

Die Primzahlen p und q werden vom Erzeuger geheim gehalten. Das Produkt aus p und q

$$n = p \cdot q$$

wird dagegen veröffentlicht. Die Sicherheit von RSA basiert auf der **Faktorisierungsannahme**. Zwar ist es mit vernünftigem Aufwand möglich, solche großen Primzahlen zu erzeugen und miteinander zu multiplizieren, man nimmt aber an, dass es nicht mit vernünftigem Aufwand möglich ist, die Primfaktoren von n zu finden. Diese Annahme ist jedoch nicht bewiesen. Genauer besagt die Faktorisierungsannahme, dass für jeden schnellen Faktorisierungsalgorithmus F die Wahrscheinlichkeit, dass F eine Zahl $n = p \cdot q$ tatsächlich faktorisieren kann, schnell kleiner wird, je größer die Länge der Primfaktoren p und q wird.

❑ *Beispiel*: Der schnellste bekannte Algorithmus zum Faktorisieren einer Zahl n aus beispielsweise 200 Dezimalstellen (entspricht 665 bit) erfordert ca. $1{,}2 \cdot 10^{23}$ Operationen. Bei einer Rechengeschwindigkeit von 10^7 Operationen pro Sekunde benötigt man ca. $4 \cdot 10^8$ Jahre Rechenzeit. Inzwischen ist es gelungen, große Zahlen, die auch für den Modulus bei RSA geeignet sind, bis zu einer Länge von 768 bit zu faktorisieren, indem sehr viele Rechner parallel arbeiten.

Nachdem der Teilnehmer geeignet große Primzahlen p und q gefunden hat, wählt er sich eine Zufallszahl c mit $3 \leqq c < \Phi(n)$ und $\mathrm{ggt}(c, \Phi(n)) = 1$. Die EULER'sche Φ-Funktion gibt die Anzahl der zu n teilerfremden Zahlen an, die kleiner als n sind. Da n das Produkt der zwei verschiedenen Primzahlen p und q ist, ergibt sich

$$\Phi(n) = (p-1)(q-1)$$

c dient im asymmetrischen Konzelationssystem (→ 14.3.1.2) als Verschlüsselungsschlüssel und beim digitalen Signatursystem (→ 14.3.1.4) als Testschlüssel (hier meist mit t bezeichnet) und wird ebenfalls veröffentlicht.

Zur Entschlüsselung bzw. zum Signaturtest wird das multiplikative Inverse modulo $\Phi(n)$ benötigt. Wir bezeichnen es mit d. Es muss also gelten:

$$c \cdot d \equiv 1 \bmod \Phi(n)$$

d lässt sich effizient mit dem erweiterten EUKLID'schen Algorithmus berechnen. Im Konzelationssystem dient d zur Entschlüsselung und im Signatursystem (hier meist mit s bezeichnet) zum Berechnen der Signatur. Folglich muss d (bzw. s) vom Teilnehmer geheim gehalten werden.

Der Teilnehmer, der verschlüsselte Nachrichten empfangen möchte, generiert sich zwei Primzahlen (p,q) und ein Paar (c,d). Die Parameter (c,n) veröffentlicht er, während er die Parameter (d,p,q) geheim hält.

Möchte ihm ein anderer Teilnehmer eine Nachricht m mit $(0 \leqq m < n)$ verschlüsselt schicken, besorgt sich dieser den öffentlichen Schlüssel (c,n) des Empfängers. Falls $m \geqq n$, muss der Sender die Nachricht entweder in einzelne Blöcke m_i mit $0 \leqq m_i < n$ teilen oder er verwendet RSA in einem hybriden Kryptosystem (→ 14.3.1.5), d. h. mit RSA wird lediglich der Schlüssel eines symmetrischen Kryptosystems (z. B. DES, IDEA, AES) verschlüsselt, während die eigentliche Nachricht symmetrisch verschlüsselt wird. So wird der Vorteil der asymmetrischen Kryptosysteme (vereinfachter Schlüsselaustausch, da keine geheimen Parameter ausgetauscht werden müssen) mit dem Vorteil der symmetrischen Kryptosysteme (deutlich höhere Verschlüsselungsrate) kombiniert.

Die Nachricht m wird nun vom Sender modular exponentiert mit c als Exponent und n als Modul:

$$c(m) := m^c \bmod n$$

Der Sender schickt die verschlüsselte Nachricht $c(m)$ an den Empfänger. Der Empfänger benutzt seinen geheimen Schlüssel d (*Dechiffrierschlüssel*, auch *privater Schlüssel* genannt), um die Nachricht zu entschlüsseln:

$$m := (m^c)^d \bmod n$$

Für die praktische Benutzung muss noch mit der Homomorphie-Eigenschaft von RSA umgegangen werden, dass die Verschlüsselung des Produktes von Nachrichten gleich dem Produkt der Verschlüsselungen der Nachrichten ist.

Wird RSA so naiv benutzt wie oben beschrieben, sind aktive Angriffe erfolgreich. Um dies zu verhindern, sollte Nachrichten Redundanz hinzugefügt werden, damit nicht das Produkt von Nachrichten wieder eine Nachricht ist.

► *Hinweis*: Weiterführende Literatur zur Kryptographie: /14.18/

14.3.2 Steganographie

14.3.2.1 Symmetrisches steganographisches Konzelationssystem

Bei Verwendung von Kryptographie ist im Kommunikationsnetz erkennbar, ob gerade vertraulich oder authentisiert kommuniziert wird, sofern keine weiteren Schutzmaßnahmen ergriffen werden. Bei Steganographie ist das nicht der Fall.

Steganographische Konzelationssysteme betten geheim zu haltende Nachrichten in harmlos wirkende Hüllnachrichten (z. B. digitalisierte Fotos oder Sound-Dateien) ein, so dass für Außenstehende, die nur den Stegotext (→ Bild 14.9) beobachten, nicht einmal die Existenz der geheimen Nachricht erkennbar ist und damit auch nicht ihr Inhalt.

Politische Diskussionen um ein Kryptoverbot führten zu einer verstärkten Beachtung der Steganographie, da mit Steganographie Verschlüsselungsverbote unterlaufen werden können.

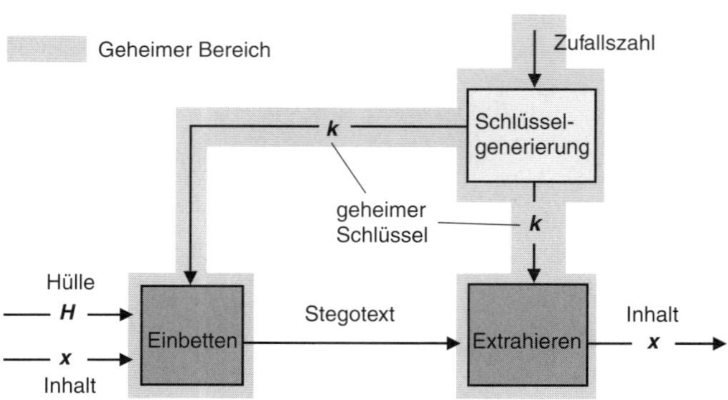

Bild 14.9 Symmetrisches steganographisches Konzelationssystem

Ein Nachteil der steganographischen Konzelation ist, dass zum Übertragen einer bestimmten Informationsmenge ein Vielfaches an Stegotext benötigt wird. Der Grund liegt darin, dass x meist nur in manchen niederwertigsten Bits der Hüllinformation H untergebracht werden kann, da nur diese Bits je nach Hüllinformation derart indeterministisch sind, dass ihre Veränderung für den Außenstehenden zu keiner beobachtbaren Beeinträchtigung der Hüllinformation führt.

Bisher sind nur *symmetrische* steganographische Konzelationssysteme bekannt. Die selbstverständlich mögliche Hintereinanderschaltung eines asymmetrischen Konzelations- und eines symmetrischen Stegosystems führt nicht zu einem asymmetrischen Stegosystem.

14.3.2.2 Steganographisches Authentikationssystem

Steganographische Authentikationssysteme werden **Watermarking-Systeme** genannt. Durch die zunehmende Bedeutung von Multimedia und dem damit verbundenen Wunsch, die Urheberrechte bei der Verbreitung digitaler Objekte (Daten, Programme, Computerkunst etc.) über CD-ROM und Internet zu sichern, gewinnen Watermarking-Verfahren an Bedeutung. Die Hülle H ($\rightarrow$ 14.3.2.1) stellt dabei die urheberrechtlich ($\rightarrow$ 15.3) zu schützende Information dar. Die Urheberinformation für H sei x. Nun kommt es nicht darauf an, eine möglichst große Menge an Informationen x in die Hülle einzubetten. Vielmehr soll die Urheberinformation möglichst *robust* eingebettet werden. Am Beispiel digitaler Bilder wird dies deutlicher: Trotz einer Veränderung von Bildparametern (Größe, Farbe, Helligkeit etc.) oder Ausschneiden von Bildteilen zum Zwecke der eigenen Nutzung soll die Urheberinformation erhalten bleiben.

Das Einbetten von Daten über den Käufer eines digitalen Objektes nennt man **Fingerprinting**.

► *Hinweis*: Weiterführende Literatur zur Steganographie: /14.19/.

14.3.3 Diversität als Verfügbarkeitsmaßnahme

Kryptographische Systeme allein können das Schutzziel Verfügbarkeit nicht realisieren. Die Verfügbarkeit von Daten, Programmen und Diensten kann jedoch durch die adäquate technische Gestaltung der Kommunikationsinfrastruktur sichergestellt werden. Dabei spielen der Grad an **Diversität** und **Entwurfskomplexität** eine entscheidende Rolle.

So sollte im Interesse der Durchschaubarkeit eine Kommunikationsinfrastruktur mit geringstmöglicher Entwurfskomplexität gewählt werden, damit sie keine, zumindest keine schweren, verborgenen Entwurfsfehler enthält.

Ein diversitäres Kommunikationsnetz mit mehrfach redundanter und unterschiedlicher Leitungsführung kann z. B. den Totalausfall bei Ausfall von Teilen des Netzes vermeiden. Bei Funknetzen könnte auf unterschiedliche

Frequenzbänder ausgewichen werden, sobald Störungen auftreten. Besonders problematisch sind evtl. vorhandene Kommunikationsengpässe, z. B. Netzübergänge.

14.4 Datenschutzfreundliche Technologien

Es ist nicht das primäre Interesse eines Betreibers, beispielsweise Daten über seine Nutzer zu sammeln, um diese anschließend missbräuchlich zu verwenden. Im Gegenteil: Je weniger Daten ein Betreiber zur Diensterbringung benötigt, umso weniger Kosten fallen für deren Verarbeitung und Schutz an. Außerdem reduzieren sich die Missbrauchsmöglichkeiten. Bekannte Schutzmechanismen für **Anonymität** und **Unbeobachtbarkeit** sind:

- Schutz des Empfängers durch Verteilung (broadcast) und implizite Adressierung,
- Schutz des Senders durch Dummy Traffic, DC-Netze (überlagerndes Senden /14.2/) und Ring-Netze /14.9/
- Schutz der Kommunikationsbeziehung zwischen Sender und Empfänger durch Proxies und Mixe /14.3/
- Schutz von Datenbankzugriffen durch „Blindes Lesen" (blinded message service, /14.5/)
- Schutz des Senders gegen Peilbarkeit (in Funknetzen) durch Bandspreiztechniken (spread spectrum systems, siehe z. B. /14.16/, /14.21/)
- Schutz von Aufenthaltsorten (in Funknetzen und mobilen Festnetzen) durch spezielle Pseudonyme sowie anonyme und unbeobachtbare Verfahren zum Location Management (siehe z. B. /14.7/).

► *Hinweis*: Weiterführende Literatur zu datenschutzfreundlichen Technologien: /14.20/.

14.4.1 Schutz des Empfängers durch Verteilung (Broadcast)

Einer der einfachsten und wirkungsvollsten Schutzmechanismen ist **Verteilung** (**Broadcast**). Jeder Nutzer eines Kommunikationsnetzes erhält alle Nachrichten aller Teilnehmer. Handelt es sich um vertrauliche Daten, können sie problemlos verschlüsselt werden. Ebenso ist eine Integritätssicherung mit Authentikationssystemen möglich.

Die Adressierung eines Nutzers erfolgt über implizite Adressen, damit die Nachrichten nur vom intendierten Adressaten erkannt werden können. **Implizite Adressen** kennzeichnen im Gegensatz zu *expliziten* weder einen Ort im Netz noch einen Teilnehmer. Sie sind ein für Außenstehende mit nichts in Beziehung zu setzendes Merkmal. Der Empfänger kann daran erkennen, ob eine Nachricht für ihn bestimmt ist.

Offene implizite Adressen können von Unbeteiligten auf Gleichheit getestet werden. Die einfachste Implementierung von offenen impliziten Adressen sind Zufallszahlen: Ein Teilnehmer wählt sich eine Menge solcher Zufallszahlen (seine Adressen), die er in einem lokalen Speicher hält. Die Nachricht wird mit einer dieser Zufallszahlen adressiert. Durch Vergleich der verteilten Zufallszahl mit denen im lokalen Speicher kann der Empfänger erkennen, ob eine Nachricht für ihn bestimmt ist.

Verdeckte implizite Adressen können nur vom Adressaten auf Gleichheit getestet werden. Der Test auf Gleichheit durch den Adressaten stellt eine kryptographische Operation dar und ist deshalb auch für den Adressaten deutlich aufwendiger als bei offenen impliziten Adressen.

14.4.2 Proxies

Proxies (Stellvertreter) verbergen den Ursprung einer Verbindung im Internet (→ 11.7.3). Hierzu bauen die Programme eines Benutzers zunächst eine Verbindung zu einem Proxy-Server auf, der seinerseits (stellvertretend) die vom Benutzer gewünschte Verbindung zum Zielrechner (z. B. einem WWW-Server) aufbaut (→ Bild 14.10). Proxy-Server werden häufig zusammen mit Cache-Servern und **Firewalls** (→ 11.7.3) an der Übergangsstelle vom (firmeninternen) Intranet zum Internet betrieben. Beobachtern im Internet bleiben damit die (firmeninternen) Netzstrukturen und Adressen verborgen. Die Schutzmaßnahmen erschweren Hackern das Eindringen in das Intranet. Darüber hinaus verhindern Proxies die Beobachtung einzelner Nutzer, da die Ursprungsadresse einer Verbindung vor dem Internet verborgen wird. 14

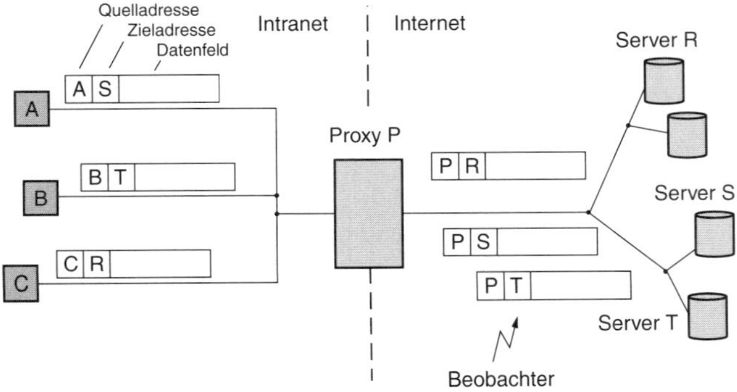

Bild 14.10 Proxies als Schutz vor Beobachtern im Internet

Proxies schützen nicht vor einem Beobachter, der im Intranet verbreitet ist. Ebenso schützen sie nicht, wenn der Proxy selber der Beobachter ist. Ein

Verfahren, das selbst gegen Beobachtung durch den Betreiber des Proxys sicher ist, ist das Mix-Netz (→ 14.4.3).

14.4.3 Das Mix-Netz

Das **Mix-Netz** /14.3/ verbirgt die Kommunikationsbeziehung zwischen Sender und Empfänger einer Nachricht. Dabei darf ein Angreifer alle Leitungen des Kommunikationsnetzes beobachten, und trotzdem bleibt die Kommunikationsbeziehung unbeobachtbar. Hierzu wird die Nachricht über so genannte Mixe geschickt. Ein Mix verbirgt dabei die Verkettung zwischen eingehenden und ausgehenden Nachrichten.

Von seiner Grundfunktion ist der Mix einem Proxy ähnlich. Allerdings schützt das Mix-Netz auch vor Beobachtung durch die Mixe selber. Hierzu wird eine Nachricht über mehrere Mixe zum Empfänger transportiert. Beim Mix-Netz müssen alle Mixe, die von einer Nachricht durchlaufen wurden, zusammenarbeiten, um die Kommunikationsbeziehung zwischen Sender und Empfänger aufzudecken. Die durchlaufenen Mixe sollten bez. ihres Entwurfs, ihrer Herstellung und insbesondere bez. ihres Betreibers möglichst unabhängig sein. Andernfalls könnten Mixe (oder gar ganze Mix-Ketten) überbrückt und so die Kommunikationsbeziehung aufgedeckt werden.

Ein Mix muss eingehende Nachrichten speichern, bis genügend viele Nachrichten von genügend vielen Absendern vorhanden sind, ihr Aussehen verändern, d. h. sie umcodieren, und die Reihenfolge der ausgehenden Nachrichten verändern, d. h. sie umsortieren und in einem Schub ausgeben.

Die Kernfunktion eines Mixes ist das Umcodieren der Nachrichten. Das Umcodieren erfolgt mit einem asymmetrischen Konzelationssystem (→ 14.3.1.2).

► *Hinweis*: Weiterführende Literatur zum Mix-Netz: /14.9/, /14.12/, /14.13/, /14.14/.

14.4.4 Das DC-Netz: Schutz des Senders

Beim **DC-Netz** (die Abkürzung steht für die Initialen des Erfinders DAVID CHAUM, /14.2/) wird durch so genanntes überlagerndes Senden aller Teilnehmer des Netzes der Schutz des Senders erreicht: Teilnehmer können Nachrichten ins Netz senden, ohne dass beobachtbar ist, wer der Absender der Nachricht ist.

Die Teilnehmer haben paarweise miteinander Schlüssel ausgetauscht, die sie vor den anderen Teilnehmern geheim halten. Das Netz ist getaktet und das Funktionsprinzip jedes Taktes (auch Runde genannt) ist folgendes: Alle Teilnehmer, die nichts zu senden haben, senden eine codierte Leerbotschaft (Null-Bits). Derjenige, der etwas zu senden hat, sendet seine Botschaft codiert.

A:

Echte Nachricht von *A*	00110101	
Schlüssel mit *B*	**00101011**	
Schlüssel mit *C*	**00110110**	
Summe	00101000	*A* sendet 00101000

B:

Echte Nachricht von *B*	00000000	
Schlüssel mit *A*	**00101011**	
Schlüssel mit *C*	**01101111**	
Summe	01000100	*B* sendet 01000100

C:

Echte Nachricht von *C*	00000000	
Schlüssel mit *A*	**00110110**	
Schlüssel mit *B*	**01101111**	
Summe	01011001	*C* sendet 01011001

Summe = echte Nachricht von *A*: 00110101

Bild 14.11 Bitweises überlagerndes Senden im DC-Netz

Leernachrichten bzw. echte Botschaften werden dabei mit allen symmetrischen Schlüsseln, die ein Teilnehmer mit anderen Teilnehmern paarweise ausgetauscht hat, lokal bitweise XOR verknüpft und als so genannte lokale Summe auf das Netz gegeben. Durch die lokale XOR-Verknüpfung der (Leer-)Botschaft mit den Schlüsseln sieht eine lokale Summe für denjenigen, der nicht alle lokalen Schlüssel kennt, wie eine Zufallszahl aus. Durch die globale Überlagerung (globale Summe) aller lokalen Summen heben sich die paarweisen Schlüssel auf, die Leerbotschaften liefern keinen Beitrag und es entsteht so die Summe der (Leer-)Botschaften, die ihrerseits alle Teilnehmer erhalten.

❑ *Beispiel*: Es kooperieren drei Teilnehmer *A*, *B* und *C* in einem DC-Netz (→ Bild 14.11). Sie haben vorher *paarweise* miteinander Schlüssel ausgetauscht. Teilnehmer *A* sendet die Botschaft „00110101“. *B* und *C* senden Leerbotschaften.

14.4.5 Pseudonymität

Manche Anwendung erfordert trotz anonymer und unbeobachtbarer Kommunikation auch die Zurechenbarkeit von Aktionen (z. B. Bestellungen) zu ihrem Akteur. **Pseudonymität** gestattet die Verknüpfung von Anonymität und Zurechenbarkeit. Das bedeutet, Transaktionen werden nicht unter der Identität des Akteurs durchgeführt, sondern unter einem Kennzeichen (Pseudonym), das ggf. (z. B. im Streitfall) aufgedeckt werden kann, d. h. mit der Identität verknüpft wird. Einfache Pseudonymitätskonzepte arbeiten mit einem vertrauenswürdigen Dritten (hier Treuhänder genannt), der die Identität des Teilnehmers kennt und im Bedarfsfall aufdeckt. Kompliziertere Pseudonymitätskonzepte bilden die Funktion des Treuhänders mithilfe kryptographischer Verfahren nach und lassen sich so auch ohne aktive Beteiligung vertrauenswürdiger dritter Instanzen realisieren /14.1/.

Man unterscheidet Personen- und Rollenpseudonyme, die bezüglich ihrer Anonymität skalierbar sind. In /14.15/ wurden die verschiedenen Arten von Pseudonymen grob eingeteilt (→ Bild 14.12).

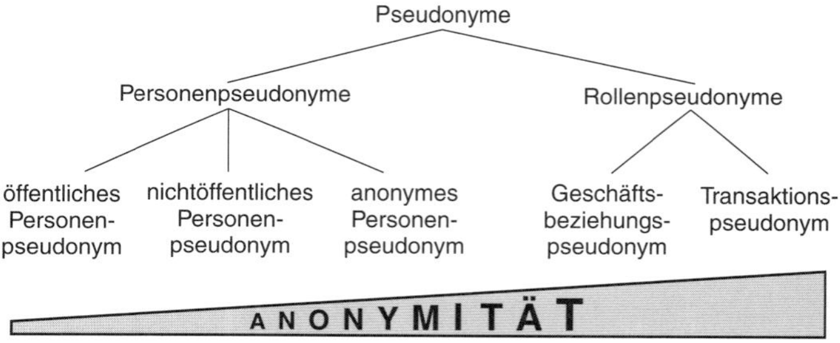

Bild 14.12 Pseudonyme sind skalierbar in ihrem Personenbezug

Ein **Personenpseudonym** wird für viele verschiedene Geschäftsbeziehungen über lange Zeit hinweg verwendet. Es stellt somit einen Namensersatz dar. Bei *öffentlichen* Personenpseudonymen ist die Zuordnung zu einer Person allgemein bekannt (z. B. Telefonnummern), bei *nichtöffentlichen* Personenpseudonymen ist diese Zuordnung nur wenigen Stellen bekannt (z. B. nicht im Teilnehmerverzeichnis aufgeführte Telefonnummern) und bei anonymen Personenpseudonymen ist diese Zuordnung nur dem Besitzer bekannt (z. B. biometrische Merkmale des Teilnehmers oder gar seine DNA).

Im Streitfall ist man bei den öffentlichen und nichtöffentlichen Personenpseudonymen in der Lage, die Verkettung zwischen der Identität und dem Pseudonym herzustellen. Damit kann eine Person trotz Pseudonymverwendung verfolgt werden, falls dies erforderlich ist.

Bei anonymen Personenpseudonymen besteht innerhalb des Kommunikationsnetzes keine direkte Möglichkeit zur Verkettung mit einer Identität. Da sich jedoch bei jeder Pseudonymbenutzung personenbezogene Daten ansammeln, besitzt man nach einer gewissen Zeit genug Informationen zur Deanonymisierung des anonymen Personenpseudonyms. Über Kontextinformationen, z. B. die zeitlich oder örtlich verkettete Beobachtung einer verdächtigen Person bei nicht anonymen Handlungen (u. U. auch außerhalb des Kommunikationsnetzes), kann ein Bezug zur Identität der Person hergestellt werden.

Rollenpseudonyme sind im Gegensatz zu Personenpseudonymen nicht einer Person, sondern *nur* ihrer momentan ausgeübten Rolle zugeordnet. Geschäftsbeziehungspseudonyme werden für viele Transaktionen verwendet, z. B. eine Kontonummer bei den vielen Buchungen eines Kontos. Transaktionspseudonyme hingegen werden nur für eine Transaktion verwendet, z. B. Kennwörter bei anonym aufgegebenen Chiffreanzeigen. Bei Verwendung von Rollenpseudonymen können verschiedene Parteien über den Pseudonymträger gesammelte Information zumindest nicht einfach über die Gleichheit von Pseudonymen, sondern allenfalls über Korrelation von Zeiten, Geldbeträgen etc. verketten. Trotzdem besteht bei Geschäftsbeziehungspseudonymen die Gefahr, dass bei intensiv genutzten Beziehungen der Partner genügend pseudonymbezogene Information zur Deanonymisierung erhält. Aus Sicht des Datenschutzes sollten daher, wenn immer möglich, Transaktionspseudonyme verwendet werden.

► *Hinweis*: Weiterführende Literatur zu Pseudonymität: /14.11/, /14.4/.

15 Computer- und Multimediarecht

Matthias Pierson [1)]

15.1 Einleitung

15.1.1 Unsere Rechtsordnung im Überblick

Unsere Rechtsordnung lässt sich als die Gesamtheit der Rechtsnormen verstehen, durch die das Verhältnis einer Gruppe von Menschen zueinander oder zu den übergeordneten Hoheitsträgern oder zwischen diesen geregelt wird. Bei der ganz überwiegenden Anzahl unserer Rechtsvorschriften handelt es sich dabei nicht um Gewohnheitsrecht, sondern um normiertes bzw. „gesetztes" Recht, also um Gesetze.

> **Gesetze** sind Rechtssätze (Rechtsnormen), die von den verfassungsmäßig berufenen Trägern der gesetzgebenden Gewalt in einem Verfahren und in einer Form, die beide von der Verfassung vorgeschrieben sind, erlassen wurden.

Von zentraler Bedeutung für das Verständnis der grundlegenden Systematik unserer Rechtsordnung ist dabei die Unterscheidung zwischen dem sog. öffentlichen Recht und dem sog. Privatrecht (→ Tabelle 15.1).

> Das **öffentliche Recht** regelt das Verhältnis des Einzelnen zum Staat und den übrigen Trägern öffentlicher Gewalt sowie das Verhältnis der Verwaltungsträger untereinander.

> Das **Privatrecht** ist der Teil der Rechtsordnung, der auf der Grundlage der Gleichberechtigung und Selbstbestimmung die Rechtsbeziehungen verschiedener Rechtssubjekte, insbesondere der einzelnen Bürger, zueinander regelt.

Kennzeichnend für das öffentliche Recht ist danach eine **Überordnung** des Hoheitsträgers und eine **Unterordnung** des Einzelnen (z. B. Bürger A beantragt nach Maßgabe der öffentlich-rechtlichen Vorschriften des Baurechts bei der zuständigen Verwaltungsbehörde eine Baugenehmigung). Demgegenüber ist das Privatrecht durch Rechtsbeziehungen auf dem Boden der **Gleichordnung** gekennzeichnet (z. B. A kauft von B einen Computer).

[1)] unter Mitarbeit von Frau Dipl.-Wirtschaftsjuristin (FH) Kim Altemark

Tabelle 15.1 Übersicht zu wichtigen Rechtsgebieten

Recht		
Öffentliches Recht	Privatrecht	
	Bürgerliches Recht	Handels- und Wirtschaftsrecht
▪ Völkerrecht ▪ Europarecht ▪ Verfassungsrecht ▪ Verwaltungsrecht ▪ Strafrecht ▪ Prozessrecht ▪ Steuerrecht	▪ Schuldrecht ▪ Sachenrecht ▪ Familienrecht ▪ Erbrecht	▪ Gesellschaftsrecht ▪ Wertpapierrecht ▪ Bank- und Börsenrecht ▪ Gewerblicher Rechtsschutz und Urheberrecht

► *Hinweis*: Darüber hinaus gibt es sog. Querschnittmaterien, wie das „Computerrecht“ oder das „Multimedia- bzw. Internet-Recht“ (→ 15.5), die dadurch gekennzeichnet sind, dass ein bestimmter Regelungsgegenstand (wie der Computer oder das Internet) Rechtsfragen aus den unterschiedlichsten Gebieten aufwirft.

15.1.2 Gerichtsbarkeit

Die Rechtsprechung, d. h. die Entscheidung darüber, was bei Streitfällen bzw. bei bestimmten sonstigen Sachverhalten rechtens ist, obliegt den Gerichten. Die Frage, welches Gericht im Einzelfall zuständig ist, hängt davon ab, um welche Art von Rechtsverhältnissen es im konkreten Fall geht. Die deutsche Gerichtsbarkeit ist in verschiedene Zweige untergliedert (→ Tabelle 15.2).

Tabelle 15.2 Übersicht zur deutschen Gerichtsbarkeit

<table>
<tr><th colspan="5">Bundesverfassungsgericht (BVerfG)</th></tr>
<tr><th>Ordentliche Gerichtsbarkeit (Zivil- und Strafgerichte)</th><th>Allgemeine Verwaltungsgerichtsbarkeit</th><th>Arbeitsgerichtsbarkeit</th><th>Sozialgerichtsbarkeit</th><th>Finanzgerichtsbarkeit</th></tr>
<tr><td>Bundesgerichtshof (BGH)
Bundespatentgericht (BPatG)</td><td>Bundesverwaltungsgericht (BVerwG)</td><td>Bundesarbeitsgericht (BAG)</td><td>Bundessozialgericht (BSG)</td><td>Bundesfinanzhof (BFH)</td></tr>
<tr><td>Oberlandesgerichte (OLG)</td><td>Oberverwaltungsgerichte (OVG)</td><td>Landesarbeitsgerichte (LAG)</td><td>Landessozialgerichte (LSG)</td><td rowspan="3">Finanzgerichte (FG)</td></tr>
<tr><td>Landgerichte (LG)</td><td rowspan="2">Verwaltungsgerichte (VG)</td><td rowspan="2">Arbeitsgerichte (ArbG)</td><td rowspan="2">Sozialgerichte (SG)</td></tr>
<tr><td>Amtsgerichte (AG)</td></tr>
</table>

15.1.3 Wichtige Rechtsgebiete für Informatiker

Informatiker kommen in ihrer Berufspraxis immer häufiger mit rechtlichen Fragestellungen in Berührung, ebenso wie sich Juristen in ihrem Berufsalltag zunehmend mit Problemen der Informations- und Kommunikationstechnologie konfrontiert sehen.

► *Hinweis*: Um dem juristisch nicht vorgebildeten Informatiker den Zugang zu dem fremden Terrain des „Rechts" zu erleichtern, liegt der Schwerpunkt hier auf den Rechtsgebieten, denen in der Praxis der Informatiker besondere Bedeutung zukommt, wobei die Darstellung überblicksartig und z. T. vereinfacht erfolgt.

15.1.3.1 Anwendungsspezifische Rechtsvorschriften

Dem „Recht" und der „Informationstechnologie" ist gemeinsam, dass es wohl kaum einen Bereich in unserer modernen Gesellschaft gibt, der nicht von beiden Materien durchdrungen ist. Da informationstechnische Anwendungen in sämtlichen Bereichen unseres gesellschaftlichen Lebens zum Einsatz kommen, können sich Berührungspunkte folglich zu den unterschiedlichsten Gebieten unserer Rechtsordnung ergeben. So gesehen ist es nicht möglich, einen abgeschlossenen Katalog von Rechtsgebieten zu bestimmen, die für einen Informatiker relevant sind. So hat z. B. ein Anwendungsentwickler in einer Bank, dessen Aufgabe darin besteht, eine elektronische Plattform für ein Handelssystem zu entwickeln, neben allgemeinen Normen eine Vielzahl bankrechtlicher Spezialbestimmungen zu beachten. Oder: Der im Bereich der öffentlichen Sozialverwaltung tätige Entwickler hat naturgemäß eine Vielzahl öffentlich-rechtlicher Vorschriften aus dem Bereich des Sozialrechts zu berücksichtigen. Die Relevanz derartiger **anwendungsspezifischer Rechtsvorschriften**, die sich aus dem konkreten betrieblichen oder behördlichen Kontext ergeben, liegt auf der Hand.

15.1.3.2 Anwendungsübergreifende Rechtsvorschriften

Neben den anwendungsspezifischen Rechtsfragen lässt sich eine Reihe von Rechtsgebieten benennen, denen generell im Hinblick auf die Entwicklung bzw. den Einsatz von Informationstechnologie eine besondere Bedeutung zukommt. Es kann bei diesen **anwendungsübergreifenden Rechtsvorschriften** davon ausgegangen werden, dass jeder Informatiker früher oder später mit diesen in Berührung kommt. Die nachfolgende Darstellung beschränkt sich daher auf eine Skizzierung dieser Themenkomplexe. Angesprochen sind damit die folgenden Rechtsgebiete:

- das **Computervertragsrecht**, meist **IT-(früher EDV-)Vertragsrecht** genannt

- das Recht des geistigen Eigentums (insbesondere das **Urheberrecht**)
- das **Datenschutzrecht** und seit jüngerer Zeit
- das **Multimedia-** bzw. **Internet-Recht**.

15.2 IT-Vertragsrecht

In der Berufspraxis der meisten Informatiker spielen Verträge eine nicht unerhebliche Rolle. Sie sind das unverzichtbare Instrument, um privatrechtliche Beziehungen zwischen zwei oder mehreren Personen in den unterschiedlichsten Bereichen verbindlich zu regeln.

15.2.1 Allgemeines Vertragsrecht

Die zentralen Bestimmungen über die Entstehung, die Ausgestaltung und Abwicklung von Verträgen finden sich im Bürgerlichen Gesetzbuch (BGB). So sind im BGB im 8. Abschnitt (§§ 433–853 BGB) „Einzelne Schuldverhältnisse" (auch „Besonderes Schuldrecht" genannt) umfassende Regelungen zu den wichtigsten Vertragstypen zu finden (z. B. Kaufvertrag, Mietvertrag, Dienstvertrag, Werkvertrag). Durch einen Vertrag werden zwischen den Beteiligten sog. **Schuldverhältnisse** begründet. Bei diesen stehen sich stets eine schuldrechtliche Forderung eines Berechtigten (des Gläubigers) und eine Schuld (auch „Obligation" oder „Verbindlichkeit") des Verpflichteten (des Schuldners) gegenüber.

Ein **Vertrag** ist ein zumindest zweiseitiges Rechtsgeschäft, bei dem durch mindestens zwei sich ergänzende sog. Willenserklärungen ein rechtlicher Erfolg erzielt werden soll.

15

Erforderlich für das Zustandekommen eines Vertrages ist demnach das Vorliegen eines Antrages zum Abschluss eines Vertrages (**Angebot**) durch die eine Seite und eine **Annahme** dieses Antrages durch die andere Seite. Diese beiden Willenserklärungen der Vertragsparteien – Angebot und Annahme – müssen sich dabei inhaltlich vollständig decken. Solange sich die Parteien noch nicht über alle regelungsbedürftigen Punkte geeinigt haben, ist der Vertrag im Zweifel noch nicht verbindlich geschlossen. Im Übrigen gilt der **Grundsatz der Formfreiheit**. Das heißt, auf den Abschluss eines Vertrages gerichtete Willenserklärungen können grundsätzlich in jeder beliebigen Form abgegeben werden, die geeignet ist, den jeweiligen Adressaten zu erreichen (z. B. mündlich, telefonisch, per Brief, Fax, E-Mail oder SMS o. Ä.). Entgegen der verbreiteten Annahme kommt ein Vertrag grundsätzlich also auch dann wirksam zustande, wenn er nicht schriftlich, sondern (z. B.) lediglich mündlich geschlossen wurde. Es besteht also **kein generelles Schriftformerfordernis**.

Tabelle 15.3 Kategorien elektronischer Signaturen nach dem SigG v. 21.05.2001

<table>
<tr><th>Bezeichnung</th><th>Begriffsbestimmung</th><th>Rechtliche Wirkungen</th></tr>
<tr><td>Einfache „elektronische Signaturen“</td><td>Daten in elektronischer Form, die anderen elektronischen Daten beigefügt oder logisch mit ihnen verknüpft sind und die zur Authentifizierung dienen (vgl. § 2 Nr. 1 SigG).
Beispiel: eingescannte Unterschrift</td><td rowspan="2">Keine unmittelbare Rechtswirkung.
Einfache und fortgeschrittene elektronische Signaturen können eingesetzt werden, wenn keine strengere Form gesetzlich oder vertraglich vorgeschrieben ist.
Als Beweismittel zulässig im Rahmen der freien richterlichen Beweiswürdigung, aber mangels gesetzlicher Sicherheitsvermutung vergleichsweise geringerer Beweiswert.</td></tr>
<tr><td>„Fortgeschrittene elektronische Signaturen“</td><td>Einfache elektronische Signaturen, die
a) ausschließlich dem Signaturschlüssel-Inhaber zugeordnet sind,
b) die Identifizierung des Signaturschlüssel-Inhabers ermöglichen
c) die mit Mitteln erzeugt werden, die der Signaturschlüssel-Inhaber unter seiner ausschließlichen Kontrolle halten kann, und
d) mit denen Daten, auf die sie sich beziehen, so verknüpft sind, dass eine nachträgliche Veränderung der Daten erkannt werden kann
(vgl. § 2 Nr. 2 SigG).
Beispiel: frei verfügbare Verschlüsselungsprogramme wie Pretty Good Privacy (PGP)</td></tr>
<tr><td>„Qualifizierte elektronische Signaturen“</td><td>Fortgeschrittene elektronische Signaturen, die
a) auf einem zum Zeitpunkt ihrer Erzeugung gültigen qualifizierten Zertifikat beruhen und
b) mit einer sicheren Signaturerstellungseinheit erzeugt werden
(vgl. § 2 Nr. 3 SigG)</td><td>Erfüllt die gesetzlichen Anforderungen der elektronischen Form, damit Gleichstellung mit der für Wahrung der Schriftform maßgeblichen Unterschrift.
Erhöhte Beweiskraft (wegen Anscheinsbeweis § 292a ZPO).</td></tr>
<tr><td>„Qualifizierte elektronische Signaturen mit Anbieterakkreditierung“</td><td>Auf dem qualifizierten Zertifikat eines akkreditierten Zertifizierungsdienstanbieters beruhende elektronische Signaturen mit Nachweis der umfassend geprüften Sicherheit
(vgl. § 15 Abs. 1 S. 4 SigG)</td><td>Mit ihr verbindet sich wegen erbrachtem Sicherheitsnachweis die Erwartung eines besonders hohen Beweiswertes (Entspricht höchster Stufe des Sicherheitsniveaus).</td></tr>
</table>

► *Hinweis*: Zwar gibt es von diesem Grundsatz eine Vielzahl von Ausnahmen, in denen das Gesetz für bestimmte Rechtsgeschäfte die Beachtung einer bestimmten Form vorschreibt (so bedarf z. B. ein Vertrag über die Veräußerung oder den Erwerb des Eigentums an einem Grundstück der notariellen Beurkundung). Von diesen gesetzlichen Formerfordernissen sind die typischen IT-Verträge jedoch nicht betroffen. Allerdings können auch die Vertragsparteien selbst die zwingende Beachtung einer bestimmten Form vereinbaren (sog. gewillkürte Form). Von dieser Möglichkeit wird in der Vertragspraxis in aller Regel aus Beweisgründen durch Aufnahme einer sog. **Schriftformklausel** in den Vertrag Gebrauch gemacht.

Dem rasant zunehmenden elektronischen Rechtsverkehr hat der deutsche Gesetzgeber Rechnung getragen, indem er durch Erlass des Signaturgesetzes (SigG) Rahmenbedingungen für elektronische Signaturen (→ 14.3.1.4) geschaffen hat. Durch das Gesetz soll die Rechtssicherheit für die Bereiche E-Commerce (→ 21.3) und E-Government erhöht werden. Tabelle 15.3 stellt eine kurze Übersicht über die verschiedenen Kategorien elektronischer Signaturen und ihre rechtlichen Wirkungen dar.

Für ein elementares Verständnis des Vertragsrechts von Bedeutung ist ferner, dass für die Begründung von Schuldverhältnissen der **Grundsatz der Vertragsfreiheit** gilt. Dieser besagt, dass sowohl der Abschluss (das „Ob") als auch der Inhalt (das „Wie") eines Vertrages grundsätzlich der freien Bestimmung der Parteien unterliegen (sog. **Abschlussfreiheit** und **Gestaltungsfreiheit**). Dies bedeutet, dass es sich bei den im BGB geregelten **gesetzlichen Vertragstypen** nur um typische Beispiele handelt, an deren Regelungsmodelle die Parteien eines Vertrages nicht gebunden sind. IT-typische Verträge sind im BGB nicht geregelt. Hinzu kommt, dass sich in der IT-Praxis – gerade im Projektbereich – häufig sehr komplexe und durch die Kombination unterschiedlichster Leistungsbilder gekennzeichnete Vertragsverhältnisse anzutreffen sind. Eine Einordnung von IT-Verträgen in eine oder mehrere der geläufigen Vertragskategorien des BGB zwecks Bestimmung des nach dem Gesetz anwendbaren Regelungsmodells (bezüglich Leistungspflichten, Rechten und Pflichten bei Leistungsstörungen, Haftung etc.) erweist sich daher mitunter als schwierig.

15.2.2 Typische IT-Verträge

In der IT-Praxis hat sich im Laufe der Jahre eine Vielzahl **IT-spezifischer Vertragstypen** herausgebildet, insbesondere:

1. Verträge über die **Hardwarebeschaffung** (Hardwarekauf, Hardwaremiete, Hardwareleasing);
2. **Hardwarewartungsverträge**;

Tabelle 15.4 Checkliste für wichtige IT-Verträge

	Hardwarekauf	Hardwarewartung	Softwareerstellung	Softwareüberlassung	Softwarepflege
1.	Vertragsgegenstand	Vertragsgegenstand	Vertragsgegenstand	Vertragsgegenstand	Vertragsgegenstand
2.	Leistungen des Lieferanten	Leistungen des Auftragnehmers (Reaktionszeiten, Verfügbarkeiten etc.)	Ausführung/Spezifikation	Lieferung (Codes, Medium; Dokumentation)	Lieferung neuer Versionen
3.	Vergütung (Fälligkeit; Verzug/Zinsen)	Nicht pauschal abgegoltene weitere Leistungen	Änderung der Leistungen	Rechtseinräumung	Individuelle Beseitigung von Mängeln
4.	Mitwirkung des Kunden	Nicht im Vertrag enthaltene Leistungen	Rechtseinräumung	Quellcode-Hinterlegung	Anwendungsunterstützung
5.	Sach- und Rechtsmängel	Vergütung/Fälligkeit	Quellcode-Hinterlegung	Vergütung	Hotline
6.	Garantie	Dauer/Kündigung	Projektorganisation/ Mitwirkung Auftraggeber	Sach- und Rechtsmängel	Zugang zu Pflegekundeninformationen
7.	Haftungsbeschränkung	Mitwirkung des Auftraggebers	Vergütung	Haftungsbeschränkung	First-Level-Support durch Kunden
8.	Gerichtsstand/ Erfüllungsort	Bestätigung der Leistungen (Arbeitsscheine)	Sach- und Rechtsmängel	Sonstiges	Remote-Zugriff
9.	Sonstiges (Schriftform, Salvatorische Klausel)	Sach- und Rechtsmängel	Haftungsbeschränkung		Vergütung
10.		Haftung/Geheimhaltung	Geheimhaltung/ Datenschutz		Sach- und Rechtsmängel
11.		Leistungsort	Sonstiges		Haftungsbeschränkung
12.		Sonstiges			Laufzeit des Vertrages

3. **Softwareerstellungsverträge** (Einordnung als Werkvertrag, soweit Erfolg geschuldet; bei lediglich unterstützender Mitwirkung an der Erstellung ohne Erfolgsversprechen: Dienstvertrag);
4. Verträge über die **Beschaffung von Standard-Software** (Softwareüberlassung/Softwarekauf);
5. **Softwarepflegeverträge** und
6. sog. **Systemverträge** (meist zusammengesetzt aus den Leistungsbildern Planung, Softwareerstellung, Softwareüberlassung, Hardwarekauf, Wartung und Pflege).

► *Hinweis*: Wie auch in anderen Bereichen der Vertragspraxis haben vorformulierte Formularverträge einen großen Einfluss auf die Ausgestaltung von IT-Verträgen. Gute Musterverträge sind ohne Zweifel – im Sinne einer Formulierungshilfe und Übersicht über regelungsbedürftige Punkte – ein äußerst nützliches Hilfsmittel bei der Erstellung von Verträgen.

► *Hinweis*: **Vorsicht!** Vor der unkritischen Verwendung vermeintlich „passender" Vertragsmuster muss eindringlich gewarnt werden. Die einzelfallbezogene Betreuung eines IT-Vertrags-Projektes durch einen einschlägig erfahrenen Juristen (Unternehmensjurist, Rechtsanwalt) ist unverzichtbar. Der juristische Laie kann die Eignung eines vorformulierten Vertragsmusters für den konkreten Einzelfall und dessen Qualität in der Regel nicht beurteilen. Hinzu kommt, dass ein Nichtjurist bei erforderlichen Anpassungen, durch die in die „Feinmechanik" eines Vertrages eingegriffen wird, die damit einhergehenden Auswirkungen auf den Gesamtvertrag meist nicht überblickt. Schließlich ist der Nichtjurist nicht dazu in der Lage, die gesetzliche (insbesondere AGB-rechtliche) Zulässigkeit bestimmter vertraglicher Vereinbarungen zu beurteilen, noch übersieht er die Bedeutung, die ggf. vertragsergänzend geltenden gesetzlichen Bestimmungen für die beiderseitigen Rechte und Pflichten zukommt!

Beim Abschluss einiger in der Praxis besonders häufig anzutreffender IT-Verträge sind mehrere typische Punkte zu regeln (→ Tabelle 15.4). Sie sollen dem Informatiker die Vorbereitung von Vertragsprojekten sowie die erforderliche Abstimmung mit dem betreuenden Vertragsjuristen erleichtern, denn der Vertragsjurist kann ohne die Leistungsbeschreibung durch den Informatiker und die wirtschaftlichen Vorgaben durch den Kaufmann keinen IT-Vertrag erstellen.

15.3 Schutz des geistigen Eigentums

15.3.1 Überblick

Das Recht des „geistigen Eigentums" erstreckt sich auf zwei umfassende, einander ergänzende Rechtsgebiete, die in unterschiedlichen Sondergesetzen geregelt sind:

- Das im Urheberrechtsgesetz (UrhG) geregelte **Urheberrecht**, das dem Schutz von Werken der Literatur, Wissenschaft und Kunst dient. Vom Urheberrechtsschutz erfasst sind ganz unterschiedliche Werke, insbesondere Sprachwerke, wie u. a. Computerprogramme (§ 2 Abs. 1 Nr. 1, 69a ff. UrhG), Musik, Architektur, Fotografien, Filme, Datenbankwerke (§§ 4, 87a ff. UrhG) etc.
- Die spezialgesetzlichen Bestimmungen zum Schutz des geistigen Schaffens im gewerblichen Bereich, der sog. **gewerbliche Rechtsschutz**, z. B. zum Schutz **technischer Erfindungen** (PatentG, GebrauchsmusterG), mikroelektronischer Halbleitererzeugnisse (sog. **Topographieschutz**, HalbleiterschutzG), von ästhetisch gestalteten Mustern und Modellen (sog. **Designschutz**, GeschmacksmusterG) sowie von **Marken** (Wortmarken, Logos etc. – MarkenG).

15.3.2 Schutz von Computerprogrammen

15.3.2.1 Entwicklung des Softwareschutzes

Computerprogramme haben sich spätestens seit der Verbreitung des PC Anfang der 80er-Jahre zu den wichtigsten immateriellen Wirtschaftsgütern entwickelt. Da die Entwicklung von wirtschaftlich bedeutsamen Computerprogrammen mit erheblichen Investitionen verbunden ist, andererseits Computerprogramme mit geringstem Aufwand massenhaft raubkopiert werden können, stellte sich früh die heftig und kontrovers diskutierte Frage nach einem geeigneten rechtlichen Schutz von Computerprogrammen. Schließlich wurde der Urheberrechtsschutz von Computerprogrammen international als die geeignetste Schutzmöglichkeit für Computerprogramme gegenüber dem Patentschutz favorisiert. Computerprogramme sind nach § 2 Abs. 1 Nr. 1 UrhG als urheberrechtliches Werk geschützt. An dem Computerprogramm kann der Informatiker als Schöpfer einfache oder ausschließliche, d. h. exklusive Nutzungsrechte seinem Kunden bzw. Auftraggeber einräumen. Bei Standard-Software erhält der Erwerber in der Regel ein einfaches Nutzungsrecht, d. h. außer ihm darf der Hersteller das Programm noch anderen verkaufen. Bei individuell erstellter Software lässt sich der Auftraggeber regelmäßig ein ausschließliches Nutzungsrecht einräumen, d. h. ohne seine Zustimmung darf das Programm dann weder vom Auftragnehmer selbst noch einem Dritten genutzt werden.

15.3.2.2 Besondere Regelungen über den Schutz von Computerprogrammen

Die Sonderregelungen betreffend den urheberrechtlichen Schutz der Computerprogramme sind nicht abschließend, vielmehr werden sie, soweit keine speziellen Regelungen getroffen sind, durch die allgemeinen Regelungen des Urheberrechts ergänzt (§ 69a Abs. 4 UrhG):

- **Schutzgegenstand**: Geschützt sind Programme jeder Gestalt, einschließlich des Entwurfsmaterials (§ 69a Abs. 1 UrhG). Nicht geschützt sind die zugrunde liegenden „Ideen und Grundsätze" (§ 69a Abs. 2 UrhG).
- **Schutzvoraussetzung**: Computerprogramme werden geschützt, wenn sie individuelle Werke in dem Sinne darstellen, dass sie das Ergebnis der eigenen geistigen Schöpfung ihres Urhebers sind (§ 69a Abs. 3 S. 1 UrhG). Diese Anforderungen an den urheberrechtlichen Schutz sind gering. Nach der Intention des Gesetzgebers soll die Urheberrechtsschutzfähigkeit von Computerprogrammen die Regel sein und nur bei völlig banalen Programmierleistungen infrage stehen.
- Wichtig bei in **Arbeits- und Dienstverhältnissen** erstellten Programmen ist, dass die Ausübung der vermögensrechtlichen Befugnisse (Eigennutzung, Lizenzierung etc.) ausschließlich dem Arbeitgeber zustehen (§ 69b UrhG).
- **Zustimmungsbedürftige Handlungen**: Im Hinblick auf die ausschließlichen Verwertungsrechte des Urhebers dürfen folgende Handlungen nur mit dessen Einwilligung vorgenommen werden: die Vervielfältigung (§ 69c Ziff. 1 UrhG); Übersetzung, Bearbeitung, Arrangement (§ 69c Ziff. 2); die Verbreitung (§ 69c Ziff. 3).
- **Ausnahmen** von den zustimmungsbedürftigen Handlungen:
  - die bestimmungsgemäße Benutzung einschließlich Fehlerberichtigung (§ 69d Abs. 1 UrhG)
  - die Erstellung einer Sicherungskopie (§ 69d Abs. 2 UrhG)
  - die Analyse des Programms (§ 69d Abs. 3 UrhG)
  - **Dekompilierung** (§ 69e UrhG) zur Herstellung der Interoperabilität.

15.3.3 Besondere Regelungen über den Schutz von Datensammlungen und Datenbanken

Investitionen in Datenbanken (→ 13) sind durch das Urheberrechtsgesetz geschützt (insbes. §§ 4, 87a ff. UrhG). Kennzeichnend für den Schutz von Datenbanken ist ein **zweispuriges Schutzkonzept**:

Eine Datenbank genießt danach als sog. **Datenbankwerk** einen verstärkten urheberrechtlichen Schutz gemäß § 4 UrhG, wenn es sich um eine „Sammlung von Werken, Daten oder anderen unabhängigen Elementen" handelt, „die aufgrund der Auswahl oder Anordnung der Elemente eine persönlich-geistige Schöpfung darstellen".

❑ *Beispiel*: CD-ROM mit Sammlung von literarischen, künstlerischen, musikalischen oder anderen Werken oder von anderem Material, wie z. B. Texte, Töne, Bilder etc. als Datenbankwerk.

Daneben tritt als sog. **Leistungsschutzrecht** ein Schutzrecht für den Hersteller der Datenbank hinzu (§§ 87a–87e UrhG). In dessen Genuss kommt bereits jede „Sammlung von Werken, Daten oder anderen unabhängigen Elementen, die systematisch oder methodisch angeordnet und einzeln mithilfe elektronischer Mittel oder auf andere Weise zugänglich sind und deren Beschaffung, Überprüfung oder Darstellung eine nach Art oder Umfang **wesentliche Investition (Geld, Zeit etc.)** erfordert" (§§ 87a ff. UrhG).

❑ *Beispiel*: Nichtschöpferische Datenbanken, die einer schöpferischen Struktur, d. h. einer individuellen Auswahl und/oder Anordnung ihres Inhalts, zwar entbehren, aber deren Erstellung eine wesentliche Investition erfordert hat, wie z. B. ein Verzeichnis von Telefonteilnehmern (Tele-Info-CD).

Das Leistungsschutzrecht schützt den **Datenbankhersteller** zunächst für 15 Jahre (§ 87d UrhG) vor wesentlichen Entnahmen aus seiner Datenbank, die ausschließlich er insgesamt oder in wesentlichen Teilen vervielfältigen, verbreiten und veröffentlichen darf (§ 87b UrhG). Die fünfzehnjährige Schutzfrist (§ 87d UrhG) beginnt erneut zu laufen, wenn an einer bestehenden Datenbank nach Art und Umfang wesentliche Änderungen vorgenommen werden, sodass diese als neue Datenbank (i. S. v. § 87a Abs. 1 S. 2 UrhG) gilt.

15.3.4 Anpassung des Urheberrechts an das Internet

In den Jahren 2003 und 2007 wurde das UrhG aufgrund des Ersten und Zweiten Gesetzes „zur Regelung des Urheberrechts in der Informationsgesellschaft" umfassend überarbeitet. Zielsetzung war es, das deutsche Urheberrecht der Entwicklung im Bereich der neuen Informations- und Kommunikationstechnologien (IuK), insbesondere der digitalen Technologie, anzupassen.

15.3.4.1 Herausforderung des Urheberrechts durch die Digitaltechnik

Die vom Urheberrechtschutz erfassten Werke – wie z. B. Musik, Filme, Fotografien und Texte, aber auch Software und Datenbanken – sind als immaterielle geistige Güter, in dem durch immer leistungsstärkere digitale Reproduktionstechniken und weltweit vernetzte Computer gekennzeichneten Informationszeitalter dem unberechtigten Zugriff und der Manipulation durch Dritte stärker ausgesetzt als je zuvor. Als Grund für das im Zeitalter der Informationsgesellschaft erhöhte Verletzungsrisiko urheberrechtlicher Werke lassen sich im Wesentlichen die folgenden **Besonderheiten der Digitaltechnik** anführen:

- Eine digitale Speicherung und Übertragung von Daten ist ohne jeglichen Qualitätsverlust möglich. 1 : 1-Kopien lassen sich mit zu vernachlässigendem Kostenaufwand herstellen und weltweit verbreiten.

- Erleichterung der Datenübertragung durch die Technik der **Datenkompression** (→ 2.6.2).
- Digitale Speicher- und Kommunikationsmedien erlauben den zielgenauen Zugriff auf jeden Punkt eines gespeicherten und individuell abrufbaren Werkes.
- Urheberpersönlichkeitsrechtlich problematisch ist, dass in digitaler Form vorliegende Werke mühelos eine Bearbeitung und damit u. U. auch eine Entstellung durch unautorisierte Dritte ermöglichen.
- Die Möglichkeit der Bereitstellung eines Werkes im Internet (→ 11) erübrigt schließlich den traditionellen Vertrieb von (körperlichen) Vervielfältigungsstücken, da die Verfügbarkeit im Internet weltweit einen individuellen elektronischen Abruf ermöglicht.

15.3.4.2 Wesentliche Regelungen der Urheberrechtsnovelle 2003 (Korb 1)

Als wesentliche Änderungen im Zuge der Urheberrechtsnovelle 2003 sind die folgenden Regelungsbereiche zu nennen:

- Die Normierung eines sog. **Online-Rechts** durch Aufnahme eines neuen Verwertungsrechts der öffentlichen Zugänglichmachung (§§ 15 Abs. 2 Nr. 2, 19a UrhG) sowie in diesem Zusammenhang die Neufassung des Öffentlichkeitsbegriffs (§ 15 Abs. 3 UrhG).
- Die erweiterte Definition des **Vervielfältigungsrechts** (§ 16 Abs.1 UrhG) sowie die Neuaufnahme einer hiermit korrespondierenden neuen Schrankenbestimmung betreffend vorübergehende Vervielfältigungshandlungen (§ 44a UrhG).
- Weitere Schrankenregelungen, wie die Normierung einer neuen Schranke betreffend die öffentliche Zugänglichmachung für Unterricht und Forschung (§ 52a UrhG) sowie die Neufassung der wichtigen Schrankenregelung betreffend das Privileg der **Privatkopie** (§ 53 Abs. 1 UrhG).
- Die Neuaufnahme von Regelungen zum Schutz technischer Maßnahmen (§ 95a UrhG – **Kopierschutz**), einschließlich des Verbots der mittelbaren Umgehung von Kopierschutzvorrichtungen und der Aufnahme entsprechender Kennzeichnungspflichten (§ 95d UrhG); Regelungen zur Durchsetzung von Schrankenbestimmungen durch die von technischen Maßnahmen Betroffenen (§ 95b UrhG); zum Schutz von Informationen über die Rechtewahrnehmung, sog. **Digital Rights Management** (**DRM**, §§ 95c UrhG, → 14.2.3), ergänzt durch flankierende Straf- und Bußgeldtatbestände (§§ 108b, 111 UrhG).

15.3.4.3 Wesentliche Regelungen der Urheberrechtsnovelle 2007 (Korb 2)

Mit dem Zweiten Korb wurde die Anpassung des Urheberrechts an das digitale Zeitalter weiter vorangetrieben. Folgende Regelungen sind diesbezüglich hervorzuheben:

- § 31a UrhG: Es dürfen nun auch Verträge über zukünftige, zum Zeitpunkt des Vertragsschlusses unbekannte Nutzungsarten geschlossen werden. Sollte der Vertragspartner später eine solche neue Art der Werknutzung aufnehmen, steht dem Urheber eine gesonderte, angemessene Vergütung zu (§ 32c UrhG).
- § 52b UrhG: Erstmalig wird erlaubt, dass öffentliche Bibliotheken, Museen und Archive ihre Bestände an elektronischen Leseplätzen zeigen.
- § 53 UrhG: Das Recht auf Privatkopie bleibt nach wie vor bestehen, es wurde aber klargestellt, dass neben der Kopie einer offensichtlich rechtswidrig hergestellten Vorlage auch der **Download** von unrechtmäßig **online** angebotenen Vorlagen verboten ist (Stichwort: Tauschbörsen, → 11.6.5, 12.5).

15.4 Datenschutz

Dem Datenschutz kommt in Unternehmen eine große Bedeutung zu und stellt daher einen wesentlichen Bestandteil der **IT-Compliance** (die Befolgung von rechtlichen Pflichten und Geboten im Hinblick auf die in den Unternehmen angesiedelte Informationstechnik) in der Unternehmensführung dar. Zweck des Datenschutzes ist es, den Einzelnen vor dem Missbrauch seiner personenbezogenen Daten zu schützen. Insbesondere sind hier das Bundesdatenschutzgesetz (BDSG), das Telemediengesetz (TMG) und das Telekommunikationsgesetz (TKG) zu nennen, welche nachfolgend kurz vorgestellt werden. Für unternehmensbezogene Daten gibt es Schutzbestimmungen im Gesetz gegen den unlauteren Wettbewerb (Betriebs- und Geschäftsgeheimnisse, vgl. §§ 17 ff. UWG), das sog. Unternehmenspersönlichkeitsrecht und vertragliche Vertraulichkeitsvereinbarungen.

15.4.1 Bundesdatenschutzgesetz

Das Bundesdatenschutzgesetz (BDSG) regelt die Zulässigkeit der Verarbeitung von personenbezogenen Daten durch Behörden und durch die Privatwirtschaft. Dazu stellt das Gesetz Voraussetzungen auf, unter denen personenbezogene Daten erhoben, verarbeitet und genutzt werden dürfen. Außerdem enthält es Regeln, wie mit personenbezogenen Daten umzugehen ist. Das heißt, beim Datenschutz geht es im Wesentlichen um das „**Ob**“ und das „**Wie**“ der Verarbeitung personenbezogener Daten.

Das BDSG ist als Verbot mit Erlaubnisvorbehalt zu verstehen. Das heißt, grundsätzlich ist die Erhebung, Verarbeitung und Nutzung von personenbezogenen Daten (also Einzelangaben über persönliche oder sachliche Verhältnisse einer bestimmten oder bestimmbaren natürlichen Person (= Betroffener)) verboten, es sei denn, das BDSG oder eine andere Rechtsvorschrift erlaubt dies oder ordnet es an oder der Betroffene willigt ein (§ 4 BDSG). § 3a stellt klar, dass die Erhebung, Verarbeitung und Nutzung personenbezogener Daten und die Auswahl und Gestaltung von Datenverarbeitungssystemen an dem Ziel auszurichten sind, so wenig personenbezogene Daten wie möglich zu erheben, zu verarbeiten oder zu nutzen.

Das BDSG stellt ein „Generalgesetz" dar, das immer dann greift, wenn es in anderen Gesetzen keine spezielleren Datenschutzvorschriften gibt.

15.4.2 Telekommunikationsgesetz

Das Telekommunikationsgesetz (TKG) hat die Förderung des Wettbewerbs und leistungsfähiger Infrastrukturen im Bereich der Telekommunikation sowie die Gewährleistung von flächendeckend angemessenen und ausreichenden Dienstleistungen zum Ziel. Die Vorschriften zum Datenschutz sind in Teil 7 (§§ 88 und 91ff.) geregelt und stellen bereichsspezifische Regelungen dar, die dem BDSG vorgehen. Von dem Schutz sind Teilnehmer (jede natürliche oder juristische Person, die mit einem Anbieter von Telekommunikationsdiensten einen Vertrag geschlossen hat) und Nutzer (jede natürliche Person, die einen Telekommunikationsdienst für private oder geschäftliche Zwecke nutzt, ohne notwendigerweise Teilnehmer zu sein) von Telekommunikation bei der Erhebung und Verwendung personenbezogener Daten durch Personen oder Unternehmen, die geschäftsmäßig Telekommunikationsdienste erbringen oder an der Erbringung mitwirken, erfasst (§ 91). In den Datenschutzvorschriften ist u. a. geregelt, in welcher Form und welchem Ausmaß Diensteanbieter ihre Teilnehmer über die Erhebung und Verwendung personenbezogener Daten informieren müssen (§ 93) und unter welchen Voraussetzungen sie Daten erheben, verwenden und speichern dürfen (§§ 96–107). Ferner geben die Vorschriften im BDSG und TKG Aufschluss über die Dokumentations- und Archivierungspflichten von Unternehmen in Bezug auf elektronische Daten (z. B. E-Mails).

15.4.3 Telemediengesetz

Das Telemediengesetz (TMG) gilt für alle elektronischen Informations- und Telekommunikationsdienste, soweit sie nicht Telekommunikationsdienste bzw. telekommunikationsgestützte Dienste im Sinne des TKG oder Rundfunk im Sinne des Rundfunkstaatsvertrags sind (z. B. Online-E-Mail-Diensteanbieter oder auch auf Websites befindliche Angebote). Wie auch das TKG stellt das TMG ein bereichsspezifisches Gesetz dar und ist somit vorrangig anzuwenden. Die Datenschutzvorschriften finden sich in Abschnitt 4. Danach darf der Diensteanbieter personenbezogene Daten zur Bereitstellung von Telemedien nur erheben und verwenden, soweit dieses Gesetz (§§ 14 und 15) oder eine andere Rechtsvorschrift, die sich ausdrücklich auf Telemedien bezieht, es erlaubt oder der Nutzer eingewilligt hat (§ 12 Abs. 1). Ferner ist in § 13 geregelt, welche Pflichten (z. B. Informationspflichten) der Diensteanbieter dem Nutzer gegenüber zu erfüllen hat. Diensteanbieter ist jede natürliche oder juristische Person, die eigene oder fremde Telemedien zur Nutzung bereithält oder den Zugang zur Nutzung vermittelt; bei audiovisuellen Mediendiensten auf Abruf ist Diensteanbieter jede natürliche oder juristische Person, die die Auswahl und Gestaltung der angebotenen Inhalte wirksam kontrolliert.

15.4.4 Sonstige bereichsspezifischen Datenschutzregelungen

Außer dem BDSG und den unter 15.4.2 und 15.4.3 vorgestellten bereichsspezifischen Gesetzen gibt es zahlreiche weitere datenschutzrechtliche Regelungen in anderen Spezialgesetzen, die dem BDSG vorgehen: z. B. im Sozialgesetzbuch (SGB), Straßenverkehrsgesetz (StVG), Melderechtsrahmengesetz (MRRG), Bundeszentralregistergesetz (BZRG), Bundesverfassungsschutzgesetz (BVerfSchG) oder dem Bundespolizeigesetz (BPG). Ferner existieren noch Landesdatenschutzgesetze, die für die jeweiligen Landesbehörden und Kommunalverwaltungen gelten.

15.5 Multimedia- bzw. Internet-Recht

Parallel zur rasanten Verbreitung des Internet (→ 11) und seiner zunehmenden Kommerzialisierung haben sich Fragen des Multimedia- bzw. Internet-Rechts zu einer neuen rechtlichen Querschnittmaterie entwickelt. Nachdem die An-

Tabelle 15.5 Ausgewählte Themen des Multimedia- bzw. Internet-Rechts

Schutz personenbezogener Daten	TMG, BDSG
Urheberrechtlicher Schutz des „Content"	Urheberrechtsgesetz (UrhG)
Verantwortung für den Web-Inhalt	TMG
Vertragsschluss im E-Commerce	BGB (insbesondere § 312e)
Authentizität und Integrität der Daten (Einsatz elektronischer Signaturen)	Signaturgesetz (SigG), Signaturverordnung (SigV)
Schutz der Verbraucher durch umfassende Informationen und Widerrufsrechte	BGB (insbesondere §§ 312b ff.)
Schutz von Domain-Namen	MarkenG, Namensrecht (§ 12 BGB)

fänge der zivilen Nutzung des Internet in der ersten Hälfte der 1990er-Jahre noch von Diskussionen um das Internet als einem „rechtsfreien Raum“ begleitet waren, ist die Verbindlichkeit der allgemeinen Rechtsordnung im Internet inzwischen allgemein anerkannt. Ein Grund hierfür ist, dass der Gesetzgeber die zentrale Bedeutung des Internet für die wirtschaftliche und soziale Entwicklung der globalen Informationsgesellschaft früh erkannt hat. Eine selbst für Juristen schwer überschaubare Anzahl einschlägiger Gesetze belegt das Bemühen der Politik, die Rechtsordnung an die Besonderheiten der „neuen Medien“ und nicht zuletzt die Erfordernisse des „E-Commerce“ (→ 21.3) anzupassen (→ Tabelle 15.5).

16 Mensch-Computer-Interaktion

Heiner Klocke

Mensch-Computer-Interaktion (MCI) beschäftigt sich mit der Wechselwirkung (Interaktion) zwischen dem *Menschen* und dem *Computer*. Qualitätsmerkmale der MCI sind *Benutzbarkeit*, *Gebrauchstauglichkeit* und *Gebrauchskomfort* von Soft- und Hardware.

16.1 Was ist Mensch-Computer-Interaktion?

Die **Mensch-Computer-Interaktion** beschäftigt sich mit der Analyse, der Strukturierung und Gestaltung, der softwaretechnischen Konzeption sowie der Evaluierung von Benutzungsschnittstellen zwischen Menschen und Computersystemen. Bei der Gestaltung interaktiver Systeme müssen physische und kognitive Fähigkeiten der Benutzer, soft- und hardwaretechnische Möglichkeiten des Computers, Eigenschaften von Ein- und Ausgabegeräten, Bedingungen der Arbeitsumgebung usw. beachtet werden.

Gestaltungsziele der Mensch-Computer-Interaktion

- **Nutzen** (utility). Verfügbarkeit von präzisen, auf die Arbeitsziele und Arbeitsmethoden des Benutzers ausgerichteten Funktionen.
- **Effektivität**. Hohe *Qualität* von Aufgaben- und Problemlösungen, um die Ziele möglichst genau und vollständig zu erreichen.
- **Effizienz**. Angemessener zeitlicher und kognitiver *Aufwand* für die Zielerreichung.
- **Benutzbarkeit** (usability). *Produktqualität* nach ISO/IEC 9126 mit Sicht auf definierte Merkmale eines Produkts. Individuelle Beurteilung durch Benutzer hinsichtlich Verständlichkeit, Erlernbarkeit, Bedienbarkeit, Attraktivität und Konformität.
- **Gebrauchstauglichkeit** (usability). *Nutzungsqualität* nach DIN EN ISO 9241-11 mit Sicht auf den beabsichtigten Gebrauch eines Produkts. Vom Benutzer, seinen Aufgaben und dem Nutzungskontext abhängiges Qualitätsmerkmal /16.10/.
- **Sicherheit** (→ 14). Fehler- und Ausfallsicherheit der Software; Schutz privater und vertraulicher Daten.

Eine **Benutzungsschnittstelle** (auch: **Benutzerschnittstelle**, User Interface, UI) ist die physikalische und logische Verbindung zwischen Mensch und Computer. Sie ermöglicht den wechselseitigen Austausch von Informationen. Ihre Struktur, das grafische Layout und die Interaktionsfolgen müssen an die Ziele, Anforderungen und Eigenschaften der **Anwendungsbereiche** und **Arbeitsumgebungen**, den sogenannten **Nutzungskontext**, angepasst sein.

- *Beispiele für Anwendungsbereiche*: Flugüberwachung, Patientenmonitoring, Logistik, Reservierungen, Transaktionen, Büroanwendungen, Präsentationssysteme, Enzyklopädien, Spiele usw.
- *Beispiele für Arbeitsumgebungen*: Büro, Kundenschalter, Leitzentralen, OP und Intensivstation, Terminals in öffentlichen Einrichtungen, Fabrikhallen, Baustellen usw.

16.2 Kognitive Grundlagen

Kognitive Prozesse sind Programme, die im menschlichen Gehirn ablaufen. Dazu zählen Aufmerksamkeit, Wahrnehmung, Gedächtnis, logisches Schließen usw. Sie sind für die Mensch-Computer-Interaktion von zentraler Bedeutung, da sie das Verhalten des Benutzers steuern. Die Interaktion mit einem Computersystem wird beim Menschen durch seine physiologischen und kognitiven Eigenschaften und Fähigkeiten beeinflusst. Das effektive und effiziente Arbeiten mit formalen Strukturen – dazu zählen Programme, Benutzungsschnittstellen, formale Sprachen, Datenstrukturen usw. – beruht auf speziell ausgeprägten kognitiven Programmen (Denkprozessen), die erlernt wurden und die sich durch Erfahrungen immer weiter im Gedächtnis differenzieren und festigen /16.1/, /16.3/, /16.7/, /16.13/.

Computer – Mensch. Der Computer führt Funktionen aus, die der Mensch durch Eingaben initiiert. Einen Entscheidungs- oder Handlungsspielraum hat der Computer selbst nicht. Seine Aufgabe ist das Wiedererkennen und Ausführen von gespeicherten Funktionen. Der Computer arbeitet **deterministisch** und **kontextfrei**, seine Ausgaben sind daher prinzipiell vorhersagbar. Beim Menschen beeinflussen physiologische und kognitive Faktoren seine Reaktionen und Entscheidungen. Im Vordergrund steht das Finden neuer Lösungen durch kreative Denkprozesse und nicht, wie beim Computer, das Wiedererkennen von bekannten Lösungsmustern. Die folgenden Beispiele zeigen, wie der Mensch **kontextabhängig** wahrnimmt, entscheidet und handelt.

16

16.2.1 Wahrnehmung

Wahrnehmung. MCI-relevante **physiologische Faktoren** sind die Eingabe-/Ausgabekanäle des Menschen wie Hören, Sehen, Fühlen, Sprechen und Motorik. Für die visuelle Wahrnehmung gilt: Ein Bild entsteht nicht im Auge, sondern im Gehirn /16.12/.

> Der Kontext beeinflusst die *Wahrnehmung* (→ Bild 16.1).

Die Gestaltgesetze von M. WERTHEIMER /16.27/ erklären die Abhängigkeit zwischen grafischer Darstellung und kognitiver Wahrnehmung. Ein Objekt stellt sich als Gesamtheit dar und unterscheidet sich von der Summe seiner Details.

Bild 16.1 Kontextabhängige Wahrnehmung: Zahl 13 oder Buchstabe B

Grafische Benutzeroberflächen (Graphical User Interface, GUI) bestehen aus vielen grafischen Details. Beim GUI-Design muss auf die Wahrnehmung als Gesamtheit geachtet werden. Wichtig für die Bedienbarkeit ist, welches mentale Modell der Benutzer aus der Darstellung ableitet. Kleine grafische Details können diese Wahrnehmung stark beeinflussen (→ Bild 16.2, 16.3).

Bild 16.2 Kanizsa-Figur: Die wahrgenommenen Objekte (Dreiecke) sind nicht real dargestellt, sondern sie werden „nur" wahrgenommen, d. h. als mentales Modell im Gedächtnis des Betrachters erzeugt

Bild 16.3 Sichtbarkeit links: die Funktion Stopp hängt von der Funktion Start ab; Sichtbarkeit rechts: die Funktion Stopp hängt nicht von der Funktion Start ab

WERTHEIMER erklärt in seinen Gestaltgesetzen, wie durch grafisches Design die Wahrnehmung des Betrachters gelenkt werden kann (→ Bild 16.4).

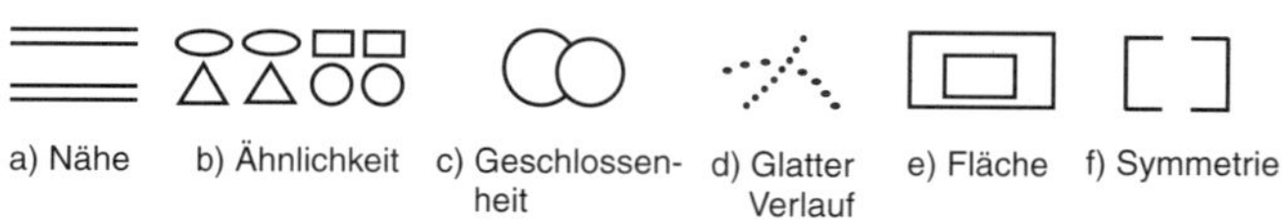

Bild 16.4 Beispiele für Gestaltgesetze: Wahrgenommen bzw. interpretiert werden a) benachbarte Elemente sowie b) in Farbe und Form ähnliche Elemente als Gruppe, c) nicht geschlossene als geschlossene Formen, d) unterbrochene Linienverläufe als zusammenhängende Linien, e) kleinere Objekte vor bzw. über größeren Objekten und f) symmetrische Objekte als Figur oder Gruppe

▶ *Hinweis*: Ein dargestelltes Muster kann die inhaltliche Wahrnehmung oder das Erkennen einer Gesamtheit behindern, wenn dIegEstaLtgEseTzE – hier die Gesetze der Nähe und der Ähnlichkeit – verletzt werden.

16.2.2 Behalten und Vergessen

Die Qualität von Aufgabenlösungen und die subjektive Zufriedenheit des Benutzers werden durch **kognitive Prozesse** beeinflusst. Von ihnen hängen das Verhalten und die Entscheidungen des Benutzers bei der Interaktion mit dem Computer ab.

> Wichtige kognitive Prozesse bei der Mensch-Computer-Interaktion sind *Behalten*, *Veressen* und *schlussfolgerndes Denken.*

Behalten. Der Mensch kann ca. 7 Informationseinheiten (chunks) für einige Minuten behalten (7 ± 2-Regel). Durch Codierung lässt sich der Informationsgehalt dieser 7 Chunks vergrößern. Merkt man sich z. B. die Ziffern einer 6-stelligen Telefonnummer, so werden 6 Chunks benötigt. Bildet man aus je zwei Ziffern eine Zahl, so reichen zum Behalten 3 Chunks. Im Kurzzeitgedächtnis gewinnt man also Speicherplatz für weitere Informationen.

Vergessen. Die Funktionen eines Softwaresystems und deren Bedienbarkeit werden bei unregelmäßiger Computerarbeit vom Benutzer leicht vergessen. EBBINGHAUS /16.9/ zeigte schon 1885 in einem Experiment, dass schon 30 Minuten nach dem Lernen eines Stoffes ca. 50 % vergessen werden. Durch UI-Design kann das Behalten unterstützt und die Vergessensrate verringert werden.

16.2.3 Schlussfolgerndes Denken

Schlussfolgerndes Denken ist ein kognitiver Prozess, der den Benutzer in die Lage versetzt, Aufgaben mithilfe eines Computerprogramms zu lösen. Das Ziehen falscher Schlüsse ist die Hauptursache für Fehlentscheidungen und Bedienfehler. Man unterscheidet zwischen *deduktivem Schließen* und *induktivem Schließen.* 16

Deduktives Schließen. Hierbei handelt es sich um formal korrektes Schließen. Zwei wichtige Schlussregeln für deduktives Schließen sind:

Modus Ponens (MP)	*Modus Tollens (MT)*
wenn p, dann q	*wenn p, dann q*
p	*nicht q*
es folgt: q	*es folgt: nicht p*

Deduktives Schließen ist für den Menschen besonders in unvertrauten Situationen und Umgebungen schwierig; wie das folgende Beispiel zeigt, werden häufig falsche Schlüsse gezogen und daraus folgend Fehlentscheidungen getroffen.

❑ *Beispiel* für deduktives Schließen mit dem Modus Tollens (→ Bild 16.5). Es gilt: Jede Karte hat auf einer Seite eine Zahl, auf der anderen einen Buchstaben. Überprüfe die Regel: *Steht auf einer Seite ein Vokal (p), so steht auf der anderen eine gerade Zahl (q).*

Bild 16.5 Welche Karten müssen zur Überprüfung der Regel mindestens umgedreht werden?

Nur 20 % der befragten Personen antworteten richtig mit „E und 7“. Die Prüfung der „schwierigen“ Karte 7 beruht auf dem MT, die der Karte E auf dem MP. Ursache des Fehlschlusses: In einem wenig vertrauten Kontext wird eher nach Regelbestätigungen (MP) als nach Regelverletzungen (MT) gesucht.

Ähnliche Aufgaben in einem vertrauten Kontext führen zu weniger Fehlentscheidungen. Auf die Problematik und die Kontextabhängigkeit des deduktiven Schließens ist beim Design von Benutzungsschnittstellen besonders zu achten. MCI-Designer müssen beobachten und verstehen, wie Benutzer in ihrem Arbeitsumfeld argumentieren, damit bei der UI-Modellierung keine „Schlussfallen“ eingebaut werden.

Durch **induktives Schließen** – basierend auf Beobachtungen und Erfahrungen – werden Hypothesen gebildet und mit Wahrscheinlichkeiten bewertet. Dies ist die Grundlage menschlichen Lernens. Die Forderung beim MCI-Design nach konsistenten Aktionsfolgen und Informationsdarstellungen in ähnlichen Situationen verschiedener Softwaresysteme beruht auf vielfältigen Erkenntnissen über das induktive Schließen beim Benutzer. Je häufiger dieser z. B. eine Interaktionsfolge in verschiedenen Programmen zur Lösung eines Problems durchläuft, desto wahrscheinlicher wird er die Hypothese, dass diese Interaktionsfolge auch in anderen Programmen ähnliche Lösungen liefert, bewerten.

16.2.4 Aufmerksamkeit, Gedächtnis, Wiedererkennen

Wissen steuert Aufmerksamkeit und Wahrnehmung: *faktisches Wissen, prozedurales Wissen, episodisches Wissen.*

Durch **Aufmerksamkeit** werden kognitve Prozesse aktiviert, wobei auf verschiedene Arten von Wissen zugegriffen wird: *Faktisches Wissen* speichert das, was man gelernt hat, z. B. welche Funktionen ein System hat (Funktionalität); *prozedurales Wissen* erklärt, wie man etwas macht, z. B. wie man ein System bedient (Interaktion); *episodisches Wissen* besteht aus besonders intensiven Erinnerungen, z. B. Symbolen, Metaphern, Ereignissen, Bildern, und ruft oft spontane Reaktionen hervor.

Durch MCI-Design soll die Aufmerksamkeit des Benutzers gelenkt, sein Wissen aktiviert und seine Wahrnehmung unterstützt werden. Aufmerksamkeitsfördernde Techniken sind: Gruppierung logisch zusammengehöriger Objekte in sinnvolle Kategorien, Raum- und Zeithinweise wie Vorder-/Hintergrund und Sanduhr, Blinken, inverse Darstellung, akustische Signale usw.

Kognitive Prozesse können *automatisch* oder *kontrolliert* ablaufen. Beispiele für automatisch ablaufende Prozesse sind Lesen, Radfahren, Schreiben. Automatische kognitive Prozesse

- sind schnell,
- benötigen wenig Aufmerksamkeit,
- werden durch die Gedächtniskapazität nicht beeinflusst,
- sind für das Bewusstsein nicht erreichbar und
- sind schwer veränderbar.

Die Vorteile automatischer kognitiver Prozesse werden bei der MCI genutzt. So werden gleiche Befehls- und Darstellungsstrukturen in verschiedene Programme übernommen, damit die Bedienung „quasi automatisch" abläuft, z. B. die Tasten <ctrl-F> für Suchfunktionen.

Kontrollierte kognitive Prozesse sind für komplexe und/oder seltene Aufgaben von Bedeutung. Sie haben die inversen obigen Eigenschaften.

Der MCI-Designer muss beachten, dass bei der Interaktion sowohl automatische als auch kontrollierte kognitive Prozesse ablaufen. Dies kann gezielt bei der Konzeption eines UI eingesetzt werden.

> Einflussfaktoren beim Erinnern und Wiedererkennen sind: *Signifikanz* eines Reizes, *Bildhaftigkeit* und *Vertrautheit* eines Objektes.

16

Das menschliche **Gedächtnis** kann detaillierte Sinnbilder speichern. Es kann Gesehenes, Geräusche, Geschmack, Gerüche und Gefühlseindrücke indentifizieren und klassifizieren. Das Gedächnis arbeitet nicht fehlerfrei. Manchmal fällt es schwer, sich an etwas Bestimmtes zu erinnern. Das Wiedererkennen (Erinnern) hängt von der *Signifikanz* eines Reizes ab. Zwei für die MCI wichtige Faktoren für das Erinnern sind die *Bildhaftigkeit* und die *Vertrautheit* von Objekten.

❑ *Beispiele*: Vertraute Worte sind z. B. *Tür*, *lesen*, *stopp*. Weniger vertraut sind *übersetzen*, *substituieren* und *scannen*. Hohe Bildhaftigkeit haben die Wörter *reiten*, *schlafen* und *essen* im Gegensatz zu *beginnen*, *zunehmen* und *auswerten*.

Je vertrauter und bildhafter die auf der Benutzungsoberfläche dargestellten Interaktionsobjekte sind, desto einprägsamer sind sie für den Benutzer. Durch Kombination von Bildhaftigkeit und Vertrautheit erreicht man eine hohe Signifikanz.

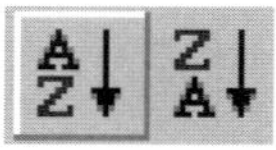

Bild 16.6 Signifikantes Symbol
Kontext: Text und/oder Tabellen; Funktion: sortieren; Form der Repräsentation: Referenz auf Alphabet (AZ, ZA) und Sortierrichtung (↓); Konzept: Text sortieren

Interaktionsobjekte werden durch grafische (Icons, Buttons, Listboxen usw.) und/oder durch akustische Symbole (kurze Klänge) repräsentiert. Sie ermöglichen es dem Benutzer, die Funktionen eines Systems zu finden und zu identifizieren. Das Erkennen von Symbolen hängt in hohem Maße davon ab, wie signifikant diese für den Benutzer sind. Einfluss auf die Signifikanz haben: der *Kontext*, in dem ein Symbol benutzt wird, die *Funktion*, für die es steht, die *Form* der Repräsentation und das *Konzept*, welches das Symbol repräsentiert (→ Bild 16.6).

► *Hinweis*: Weiterführende Literatur: /16.11/, /16.13/, /16.14/.

16.3 Entwurf und Spezifikation

16.3.1 Benutzer- und Benutzungsmodelle

> *Funktionale Aufgaben* beziehen sich auf den Inhalt eines Problems. *Operationale Aufgaben* umfassen die Möglichkeiten, wie Probleme gelöst werden.

Beide Aufgaben konkurrieren um kognitive Ressourcen, die miteinander interferieren. Sind die Aufgaben zu anspruchsvoll, so nimmt die Performance der Aufgabenbearbeitung und somit der Interaktion ab. MCI-Designer können die Benutzer-Performance optimieren, indem sie Schnittstellen entwerfen, die ein **Minimum an kognitiven Ressourcen** für die Durchführung operationaler Aufgaben erfordern.

> Das *Benutzermodell* beschreibt die funktionalen Aufgaben, das *Benutzungsmodell* die operationalen Aufgaben eines Systems.

MCI-Designer müssen Benutzermodelle umfassend und im Detail verstehen, um durch die Gestaltung des User Interface den Aufbau von Benutzungsmodellen zu ermöglichen. Einem Benutzermodell liegt ein **abstraktes Modell** der Realwelt zugrunde, welches Informationen enthält, die zunächst unabhängig von der Sicht des Benutzers sind:

❑ *Beispiel* für ein abstraktes Modell: Ein Informationssystem enthält Informationen, die von verschiedenen Benutzern verwendet werden. Sie werden durch ein abstraktes (allgemeines) Modell beschrieben. Spezielle Aufgaben und Ziele

(= Sichten) unterschiedlicher Benutzer werden in speziellen Benutzermodellen gespeichert.

Für die Inhalte abstrakter Modelle gibt es meist unterschiedliche Präsentationsformen, die vom Benutzermodell für Darstellungen und Interaktionsfolgen verwendet werden, z. B. analoge und digitale Anzeige der Uhrzeit.

Für MCI-Designer ist die Kenntnis des abstrakten Modells und aller Benutzermodelle eine Voraussetzung für die Konstruktion eines adäquaten Benutzungsmodells.

Jede natürliche und auch künstliche Interaktion mit unserer Umwelt basiert auf **Benutzungsmodellen**. Diese beeinflussen Vorhersagen und Erwartungen über die Effekte der Interaktion.

❑ *Beispiel* eines Benutzungsmodells (→ Bild 16.7):

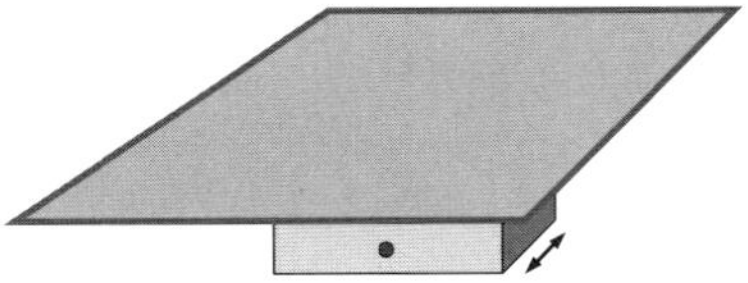

Bild 16.7 Eine besonders kurze Schublade wird aus einem Tisch herausgezogen; das Benutzungsmodell „Schublade", das diese Aktion steuert, basiert auf einer normalen Schubladenlänge; Folge: die Schublade fällt heraus

Benutzungsmodelle verwenden Wissen aus theoretisch Gelerntem und aus praktischen Erfahrungen. Sie aktualisieren und spezialisieren sich beim interaktiven Arbeiten durch Konzept- und Hypothesenbildung. Der Grad ihrer Vollständigkeit und Genauigkeit ist ein wichtiger Faktor für die effektive und effiziente Interaktion zwischen Mensch und System.

16

16.3.2 Prinzipien und Richtlinien

D. A. Norman definiert in /16.17/ drei **Grundprinzipien** der Mensch-Computer-Interaktion:

- **Abstraktion**: aufgabenrelevante Informationen darstellen und interne, im aktuellen Kontext nicht benötigte Informationen weglassen. Ein UI ohne Abstraktionstechniken würde dem Benutzer Speicher- und Registerinhalte des Computers zeigen.
- **Visibility** (Sichtbarkeit): Funktionalität sichtbar machen.
- **Affordance** (Aufforderung): Benutzer zum Handeln und zum Ausführen bestimmter Funktionen auffordern.

Die drei Grundprinzipien beruhen auf elementaren kognitiven Prozessen der Wahrnehmung, des Behaltens und Vergessens sowie des logischen Schließens.

Sie sollen MCI-Designer wie ein „roter Faden“ beim Entwurf und bei der Evaluierung von Benutzungsschnittstellen lenken.

16.3.2.1 Benutzer- und Aufgabenprofile

Das Wissen des Benutzers über Funktionalität und Bedienung eines Systems wird als *mentales Systemmodell* bezeichnet. Es ist im Gedächtnis des Benutzers gespeichert. Je genauer ein Modell mit dem System korreliert, desto einfacher und effizienter ist die MCI.

Benutzerprofile (user profiles): *unerfahrene Benutzer, geübte Benutzer, Experten*

Unerfahrene Benutzer benötigen bei der Interaktion intensive Unterstützung. Hilfsprogramme (wizards, Assistenten) begleiten den Benutzer bei der Spezifikation seiner Problemstellung. Sie stellen Fragen und generieren aus den Antworten die für die Lösung notwendigen Funktionen. Ein mentales Systemmodell wird sukzessiv aufgebaut.

Geübte Benutzer kennen die meisten Systemfunktionen und deren Repräsentation auf der Benutzungsoberfläche. Schwerpunkt beim MCI-Design: Strukturierung der Funktionen (Menüs), Festlegung präziser und eindeutiger Begriffe in Menüs und Dialogen, Definition von Aktionsfolgen durch den Benutzer (Makros), adäquate Fehlerbehandlung. Geübte Benutzer verfeinern und erweitern ihr mentales Systemmodell.

Experten initiieren Funktionen ohne weitere Unterstützung durch das System. Die Funktionen und die Bedienung sind genau bekannt. Wichtig beim MCI-Design: schneller Zugang zur Funktionalität, klare Informationsdarstellung, einfaches Fehlermanagement, Codierungen für Funktionen und deren Parameter. Experten besitzen ein sehr genaues mentales Modell von dem System.

Aufgabenprofile (task profiles): *high-level, middle-level, atomare Aufgaben*

Die aus den drei Abstraktionsstufen abgeleiteten Zerlegungen von Aufgaben in Teilaufgaben müssen sich an den Benutzerprofilen orientieren. Unerfahrene Benutzer bevorzugen längere Folgen kleiner Teilaufgaben. Erfahrene Benutzer und Experten möchten oft mehrere Teilaufgaben zu abstrakteren Aufgaben zusammenfassen. Dies kann z. B. durch Aufzeichnung von Makros, einer Folge von Benutzeraktionen, geschehen. Durch die Ausführung eines Makros wird eine komplexe Benutzeraufgabe gelöst.

Grundlegende MCI-Designregeln nennt SHNEIDERMAN in /16.23/:

- **Konsistenz**: ähnliche Aktionsfolgen in ähnlichen Situationen. Gleiche Begriffe in Prompts, Menüs und Hilfefenstern. Einheitlichkeit bei Farben, Layout, Fonts, Rechtschreibung usw. So wenig Ausnahmen wie möglich.
- **Effiziente Interaktion**: kurze und schnelle Interaktionszyklen für erfahrene Benutzer durch Abkürzungen, Funktionstasten, Makros usw. Kurze Antwort- und Darstellungszeiten.
- **Konstruktives Feedback**: akustisches oder visuelles Feedback für jede Aktion: möglichst knapp bei häufigen oder kurzen Aktionen; informativ bei langen Aktionsfolgen.
- **Abgeschlossene Dialoge**: Organisation von Aktionsfolgen in Gruppen mit klarer Definiton von Anfang, Mitte und Ende.
- **Fehlervermeidung, Fehlerbehandlung**: MCI-Design zur *Fehlervermeidung*. Beispiele: Auswahlmenü statt Tastatureingabe, Eingabeausschluss von Buchstaben in numerischen Feldern, Sperren nicht beschreibbarer Felder. Unterstützung der *Fehleridentifikation* und *Fehlerbehebung* durch konstruktive Hinweise. Fehlerbehebung ohne Auswirkung auf den Systemzustand.
- **Einfache Undo-Funktion**: Stärkung des Sicherheitsgefühls durch die Möglichkeit, Aktionen rückgängig zu machen.
- **Kontrolle über das System**: Experten und erfahrene Benutzer sind Initiatoren von Aktionen, das System reagiert. Vergleich: Pilot steuert Flugzeug.
- **Minimale Belastung des Kurzzeitgedächtnisses**: Beachtung der 7 ± 2-Regel. Beispiele: einfache Darstellungen, Einschränkung mehrseitiger Darstellungen, wenig Fensterverschiebungen, genügend Übungszeit zum Erstellen von Codierungen, Abkürzungen usw.

16

16.3.2.2 Informationsdarstellungen

Grundregel: keine Personifizierung des Computers in Informationsdarstellungen, z. B. keine „Ich"-Form in Systemmeldungen verwenden.

Organisation von Darstellungen: konsistente und strukturierte Darstellungen (Farben, Fonts, Abkürzungen usw). Minimale Gedächtsnisbelastung. Kompatibilität von Eingabe und Darstellung. Flexibilität beim Verändern von Informationsdarstellungen.

❑ *Beispiel*: Organisation einer Textdarstellung

Name, Tel.-Nr.
Meier, 02200/743339
Hoppelmeier, 8133791
Müller, 02499-23 77 6

Name	**Vorw. / Tel.-Nr.**
Hoppelmeier	0201 / 8 13 37 91
Meier	0 22 00 / 74 33 39
Müller	0 24 99 / 2 37 76

Konsistenz:	Vorwahl fehlt, verschiedene Trennzeichen „/“ und „-“
Struktur:	keine Spaltenausrichtung für Name und Tel.-Nr.
Gedächtnis:	8133791 schlecht zu merken, besser 8 13 37 91
Kompatibilität:	gleiche Reihenfolge bei Eingabe und Darstellung
Flexibilität:	Filter zum Aus- und Einblenden von Spalten, Sortieren

Optisch ruhige Darstellungen erreicht man besser durch natürliche inhaltliche Strukturierung (rechts) als durch Hilfslinien (links).

Aufmerksamkeit des Benutzers: Durch verschiedene Techniken wie *Intensität*, *Markierung*, *Größe*, *Font*, *Farbe*, *Blinken* und *Audio* kann die Aufmerksamkeit des Benutzers erzeugt werden. Die Techniken sollten eingesetzt werden, um den Benutzer auf bestimmte Ereignisse aufmerksam zu machen. Auf eine kontextgerechte Integration ist dabei zu achten; z. B. ist ein akustisches Signal notwendig, wenn der Benutzer nicht permanent auf den Bildschirm schaut, aber schnell auf ein Ereignis reagieren soll.

16.3.2.3 Informationseingaben

SMITH und MOSIER /16.24/ nennen fünf allgemeine Regeln:

- **Konsistenz der Dateneingabe-Transaktionen**: ähnliche Eingabeaktionen unter allen Bedingungen.
- **Minimale Eingabeaktionen des Benutzers**: Der Benutzer soll nur die Informationen eingeben, die das System nicht von anderer Stelle beziehen kann. Keine redundanten Eingaben; besser die Information kopieren. Abwägen von Auswahlmenüs und freier Texteingabe.
- **Minimale Gedächtnisbelastung**: System unterstützt den Benutzer bei der Eingabe durch Erinnerungshilfen.
- **Kompatibilität von Informationseingabe und -darstellung**: zum Beispiel gleiches Datumsformat bei der Eingabe und der Darstellung.
- **Flexibilität bei der Informationseingabe**: Der Benutzer kann verschiedene Eingabeformen wie Wizards, Menüs, Funktionstasten, Befehle, Makros usw. wählen.

16.3.3 Interaktionsstile

Ein **Interaktionsstil** ist die Art des Mensch-Computer-Dialogs. Bei der so genannten *navigations-basierten Interaktion* konstruiert der Benutzer einzelne Lösungswegabschnitte während der Interaktion. Diese Art der Interaktion – dazu zählen Menüs, direkte Manipulation und virtuelle Umgebungen – ist sinnvoll, wenn die Aufgabe komplex ist und der Lösungsweg und damit die benötigten Systemfunktionen im Voraus nicht in exakter und abgeschlossener Form beschrieben werden können.

16.3.3.1 Kommandos

Bei der kommandobasierten Interaktion initiiert der Benutzer Funktionen des Systems durch die Formulierung von Befehlen. Diese werden über eine Tastatur oder ein Mikrofon eingegeben. Das System stellt die Ergebnisse auf dem Bildschirm dar oder führt Aktionen durch.

❑ *Beispiele*:
a) Steuerung eines Operationsmikroskops durch gesprochene Befehle. Der Chirurg hat so beide Hände für die Arbeit frei.
b) Formulierung von Suchkriterien bei einer Literaturrecherche.

Kommandos sind keine veraltete Form der Interaktion. Vielmehr können strukturierte und wohl definierte Aufgaben durch exakte Formulierung von Befehlen oft besser und effizienter gelöst werden als über eine ikonisierte Benutzungsschnittstelle (→ 16.3.3.4). Das *Designproblem* ist der Entwurf einer geeigneten formalen Befehlssprache. Hierfür muss der MCI-Designer die aufgabenrelevanten kognitiven Prozesse des Benutzers (→ 16.2) gut kennen.

Bei der kommandobasierten Interaktion hat der Benutzer die aktive Rolle, er steuert den Dialog. Es gibt keine Aufforderung und Sichtbarkeit.

16.3.3.2 Menüs

Menüs zeigen Optionen zur Auswahl. Jede Option steht für eine Systemfunktion. Man unterscheidet *Pull-down-Menüs*, die sich nach Auswahl einer Option automatisch schließen, und *Pop-up-Menüs*, die explizit geschlossen werden müssen. Moderne Systeme erlauben dem Benutzer das Verändern von Menüs zur Laufzeit.

❑ *Beispiele*:
- Ein- und Ausblenden von Optionen
- Zuweisung von Tastenkombinationen an Optionen
- Umwandlung von Pull-down- in Pop-up-Menüs
- horizontale, vertikale, kreisförmige (Kuchenmenü) Anordnung der Optionen.

Das Designproblem ist die Strukturierung der Optionen nach logischen Ordnungskriterien, z. B. anwendungsbezogene Kategorien, alphabetische oder natürliche Reihenfolge (Jahresmonate), Häufigkeit usw.

Menüs unterstützen das Wiedererkennen von Systemfunktionen. Bei der Interaktion über Menüs hat der Benutzer die aktive Rolle. Das System unterstützt durch moderate Aufforderung und Sichtbarkeit.

16.3.3.3 Dialoge und Formulare

Beim **Dialog** zwischen Mensch und Computer werden Informationen im Frage-Antwort-Wechsel ausgetauscht. Das System hat die aktive Rolle, es steuert den Dialog. Es fordert den Benutzer auf, bestimmte Daten einzugeben bzw. Fragen zu beantworten (Aufforderung). Eine Sichtbarkeit ist nicht erforderlich, weil der Benutzer nur reagiert und nicht agiert.

Dialoge eignen für Aufgaben, die vom Benutzer höchste Aufmerksamkeit fordern. Das System stellt dadurch sicher, dass alle für die Ausführung von Funktionen benötigten Daten eingegeben wurden.

Ein **Formular** ist eine in seiner Struktur genau festgelegte Eingabemaske. Der Benutzer wird aufgefordert, in die Maskenfelder Daten einzutragen. Die Plausibilität der Daten muss geprüft werden. Für endliche, nicht zu große Wertebereiche eignen sich Listboxen für die Datenauswahl. Formulare unterstützen durch moderate Aufforderung und Sichtbarkeit. Häufige Anwendungen für Formulare sind Systeme und Funktionen zur Datenerfassung.

16.3.3.4 Direkte Manipulation

Bei der **direkten Manipulation** werden Objekte auf dem Bildschirm durch Zeigen mit einer Maus, einem Lightpen, einem Finger usw. aktiviert. Das Objekt bestätigt die Aktivierung durch ein visuelles oder akustisches Signal. Nach Ausführung der initiierten Objektmethoden werden Ergebnisse möglichst dort dargestellt, wo sich der aktuelle Fokus des Benutzers befindet. Bei Verletzung des Direktheitsprinzips kommt es zu einer erhöhten kognitiven Belastung des Benutzers.

Qualitätsmerkmale einer Schnittstelle mit direkter Manipulation sind die *semantische und artikulatorische Distanz*. Eine Schnittstelle heißt *semantisch direkt*, wenn die subjektive Distanz zwischen den Benutzerabsichten und den an der Schnittstelle repräsentierten semantischen Objekten und Operationen möglichst gering ist. Ein Interfaceobjekt heißt *artikulatorisch direkt*, wenn seine physikalische Form möglichst genau das ausdrückt, was der Benutzer wissen oder tun will.

❑ *Beispiel* für artikulatorische Direktheit (→ Bild 16.8):

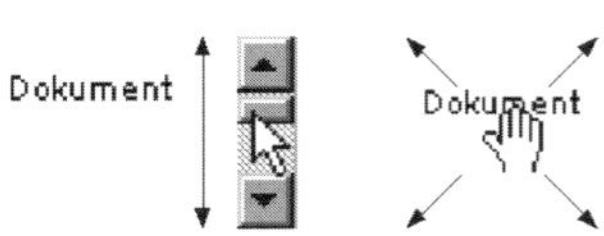

Bild 16.8 Indirekte Manipulation der Dokumentensicht über Scrollbars; direkte Manipulation: die Dokumentensicht folgt direkt der Bewegungsrichtung

---

16.3.4 Formale Spezifikationen

Die Einflussgrößen und Komponenten von Benutzungsschnittstellen wie Benutzer- und Benutzungsmodelle, Interaktionsabläufe, Darstellungsstrukturen, Repräsentationsformen, grafische Layouts, Dialoge, Fehlermanagement, Benutzerführung z. B. durch Agenten usw. sind konzeptionell sehr unterschiedlich. Ihre detaillierte Beschreibung und Spezifikation mithilfe formaler Methoden ist daher schwierig und erfordert verschiedene fachlich-methodische Vorgehensweisen aus der kognitiven Psychologie und Informatik. Ansätze aus der Informatik finden sich z. B. in der Modellierungssprache UML (Unified Modelling Language, → 8.3.3), in Form von Use Case-, Aktivitäts- und Sequenzdiagrammen. Interessante Forschungsarbeiten und Entwicklungen gibt es bei der kognitiven Modellierung und bei kognitiven Agenten /16.26/ (→ 16.4). Dennoch können nur wenige Aspekte des MCI-Designs wie Benutzungsfälle, genau definierte Interaktionsfolgen und einfache kognitive Modelle formal beschrieben werden. Präzise und umfassende formale Spezifikationsmethoden, wie man sie in der objektorientieren Software-Entwicklung z. B. zur Beschreibung von Klassenstrukturen kennt, sind beim MCI-Design zurzeit nicht in Sicht. Im Gegenteil, stark wachsende Anforderungen und die dadurch bedingte wachsende Komplexität von Benutzungsschnittstellen – zum Beispiel durch die Verwendung multimodaler Interaktion und virtueller Interaktionsräume – erweitern das Spektrum der Forschungs- und Entwicklungsarbeiten und deren Komplexität.

Bei der objektorientierten Software-Entwicklung werden statische und dynamische Realwelt-Strukturen, die meistens in hohem Maße analysierbar sind, durch formale Strukturen wie Klassendiagramme (→ 8.3.3), Datenmodelle (→ 13.2) usw. vollständig und exakt beschrieben. Damit können Datenstrukturen und Funktionen eines Systems softwaretechnisch konstruiert werden. Aufgrund individueller Eigenschaften und Fähigkeiten des Menschen sind die Möglichkeiten und Grenzen bei der Benutzung eines Systems wesentlich schwieriger vollständig und genau zu spezifizieren. Die Tatsache, dass menschliches Denken auch durch nichtdeterministische Strategien (Algorithmen) geprägt ist, erschwert zusätzlich das formale Spezifizieren von Benutzungsmodellen.

16.4 Usability Engineering

16.4.1 Gebrauchstauglichkeit im Nutzungskontext

Softwaresysteme sind bei vielen unserer täglichen privaten und beruflichen Aktivitäten allgegenwärtig. Der Forschungsbereich Ubiquitous Computing beschäftigt sich mit der Problematik, dass die Verknüpfungen zwischen Realwelt und Computerwelt immer dichter werden. Eine Folge davon ist, dass der Mensch diese vielen kleinen Softwaredienste weniger bewusst wahrnimmt. Sie gehören zu seinen alltäglichen Aufgaben und Beschäftigungen.

❑ *Beispiele*: Fahhradcomuter, Navigationssystem im Auto, Internet per Handy, Internetshops, Online-Dienste von Banken, Behörden, Museen etc.

Neue Software-Entwicklungs- und Evaluierungstechniken berücksichtigen den Nutzungskontext und betrachten von Anfang an den Benutzer als Ausgangspunkt von Anforderungsanalysen (requirements engineering →8.4). Softwarequalität (→ 8.4.1, 8.5) ist eng verknüpft mit der Frage nach der **Gebrauchstauglichkeit** eines Softwareprodukts im alltäglichen Routinegebrauch, d. h. im **Nutzungskontext** /16.10/.

Gebrauchstauglichkeit ist das Ausmaß, in dem ein Produkt durch den Benutzer in einer physischen und sozialen Umgebung genutzt werden kann, um Ziele effektiv, effizient und mit Zufriedenheit zu erreichen (DIN EN ISO 9241-11).

Die szenariobasierte Methodik des **Usability Engineering** (UE) ist auf das Qualitätsmerkmal Gebrauchstauglichkeit ausgerichtet. ROSSON & CARROL /16.20/ unterscheiden zwei Analyse-, zwei Design- und eine Prototyping-/Evaluierungsphase. Die Ergebnisse der einzelnen Phasen werden als **Szenarien** festgehalten.

16.4.2 Kontext- und Aufgabenszenarien

Kontext- und Aufgabenszenarien sind beim Usability Engineering Bestandteil der Analysephase.

Kontextszenarien beschreiben, was der Benutzer über seine Ziele und Aufgaben weiß.

Kontextszenarien beschreiben die Handlungen und das beobachtbare Verhalten des Benutzers in der Realwelt. Durch Fragen des MCI-Designers angeregt erzählt der Benutzer, was er denkt, tut und wünscht, wenn er ein bestimmtes Ziel erreichen will und dazu verschiedene Aufgaben zu bearbeiten hat. Kontextszenarien enthalten stilles, d. h. nur im Nutzungskontext aktiviertes Wissen, sowie Informationen über den sozialen Kontext des Handlungs- und Arbeitsbereichs.

Aufgabenszenarien beschreiben, welche Funktionen das System dem Benutzer bereitstellen muss.

Bei der Aufgabenanalyse werden typische Handlungen und Aufgaben identifiziert, die zum Erreichen eines Ziels vom Benutzer auszuführen sind. Aufgabenszenarien beschreiben die funktionalen Aspekte des zu entwickelnden Systems.

16.4.3 Informations- und Interaktionsdesign

Durch **Informationsdesign** werden **Informationsszenarien** erstellt, welche Informationen und Darstellungsstrukturen beschreiben, die für die Zielerreichung und Aufgabenbearbeitung im Nutzungskontext erforderlich sind. Vom MCI-Designer werden verschiedene Formen der Informationsdarstellung entworfen und durch Zielkonfliktanalyse bewertet. Die Analyse von **Zielkonflikten** (trade-off) verfolgt hierbei das Ziel, Vor- und Nachteile von Designentscheidungen abzuwägen und vertretbare Kompromisse für den Nutzungskontext zu finden; zum Beispiel kann nicht jede technische Möglichkeit ausgeschöpft werden, weil der Benutzer diese im Nutzungskontext nicht einsetzen kann oder will.

> **Informationsszenarien** beschreiben, welche Informationen der Benutzer vom System und welche das System vom Benutzer benötigt.

Beim **Interaktionsdesign** werden die interaktiven Schritte zwischen Benutzer und System gestaltet. Das Ergebnis sind Interaktionsszenarien, die auch GOMS-Modelle /16.5/ enthalten können. GOMS-Modelle beschreiben den Ablauf von Interaktionsfolgen im Detail. Sie werden auch bei der Evaluierung von Prototypen benutzt, um typische Aufgaben im Nutzungskontext zu formulieren.

> **GOMS**: **Goals** – Ziele des Benutzers; **Operators** – Basisfunktionen zur Benutzung des Systems; **Methods** – verschiedene Methoden, um ein Ziel zu erreichen; **Selections** – Regeln, nach denen die Methoden ausgewählt werden.

> **Interaktionsszenarien** beschreiben, welche interaktiven Schritte zwischen Mensch und Computer erforderlich sind, um ein Ziel zu erreichen.

16.4.4 Prototypen und Evaluation

Szenarien und GOMS-Modelle beschreiben Interaktionsschritte zum Lösen von Teilaufgaben, die als **Prototypen** realisierbar sind. Mit ihrer Hilfe kann bereits während aller Designphasen die Gebrauchstauglichkeit, die Funktionalität und die Akzeptanz einzelner Systemfunktionen getestet (evaluiert) werden. Fehler bei der Analyse und beim Design lassen sich dadurch frühzeitig entdecken, denn früh gemachte, aber spät entdeckte Fehler sind teuer.

> **Prototypen** simulieren typische, aber nicht notwendig alle Eigenschaften eines Systems.
> Durch **Evaluation** werden die Gebrauchstauglichkeit, die Funktionalität und die Akzeptanz eines Systems getestet.

SCRIVEN /16.22/ unterscheidet formative und summative Evaluation. **Formative Evaluation** findet während des Designprozesses statt und prüft, wie gut typische Teilaufgaben mithilfe von Prototypen lösbar sind. Durch **summative Evaluation** wird die Gebrauchstauglichkeit eines Systems in seiner Gesamtheit getestet, z. B. im Vergleich mit konkurrierenden Systemen oder anderen Systemversionen.

► *Hinweis*: Weiterführende Literatur: /16.7, Abschn. 6.4, Kap. 9/.

16.4.5 Usability-Evaluation

Bei einem **Usability-Test** wird die Gebrauchstauglichkeit einer Software in ihrem Nutzungskontext geprüft und evaluiert /16.8/, /16.21/.

In einem **Usability- und Wahrnehmungsstudio** (Usability Lab) wird beobachtet, protokolliert und per Video aufgezeichnet, wie ein Benutzer ihm vorgelegte Aufgaben bzw. Probleme bearbeitet und löst, und wie er seine Handlungen durch Mimik, Gestik und sprachliche Äußerungen (unbewusst) kommentiert.

Bei vielen Anwendungen, insbesondere Webanwendungen, ist es wichtig zu erfahren, wie sich der Benutzer auf einer Bildseite visuell orientiert. Dazu können mit einem Eyetracker (Augenkamera) Blickbewegungen live mitverfolgt und aufgezeichnet werden /16.18/.

Blickbewegungsanalysen mit einem **Eyetracker** liefern Informationen und Erkenntnisse über bewusste und unbewusste Wahrnehmungen und die Aufmerksamkeit des Benutzers.

Neben den Usability- und Eyetracking-Tests gibt es weitere Evaluationstechniken zur Verbesserung der Gebrauchstauglichkeit:

- **Fragebogen**. Geeignet bei vielen Probanden. Validierte standardisierte Fragebögen, z. B. „Software Usability Measurement Inventory" (SUMI) oder „Questionnaire for User Interaction Satisfaction" (QUIS). Spezifische Fragebögen für konkrete Fälle sind oft aussagekräftiger.
- **Interview**. Befragung realer Nutzer. Vorteile: Herausfinden von Meinungen und Intentionen, Klären von Details, Eingehen auf den Nutzer. Nachteile: zeitintensiv, mehr qualitativ als quantitativ auswertbar.
- **Contextual Inquiry**. Mischung aus Interview und Beobachtung im realen Umfeld von Nutzern. Ziel: Informationen gewinnen über Ziele, Aufgaben und Arbeitsumfeld von Nutzern. Anwendung sowohl im Design- als auch im Evaluationsprozess.
- **Heuristische Evaluation**. Formative Prüfung durch Usability-Experten. Bewertung anhand anerkannter Usability-Kriterien (Heuristiken). Ziel:

möglichst viele Fehler finden. Vorteile: kostengünstig, schnell, im Entwicklungsprozess früh durchführbar. Nachteil: keine erfahrungsbasierten Hinweise von realen Benutzern, die meistens noch andere Probleme aufdecken.

- **Cognitive Walkthrough**. Ein Usability-Experte analysiert konkrete Interaktionsfolgen durch Simulation des Problemlöseverhaltens realer Benutzer. Vorteile: früh durchführbar, schnell, einfach, kostengünstig. Nachteile: keine echten Anwender, aufwändige und detaillierte Aufgabenanalyse für alle Aufgaben.
- **Thinking aloud**. Lautes Denken offenbart handlungsbegleitende Denkprozesse und Emotionen des Benutzers.

Durch formative Evaluation sollen Fehler und Verstöße gegen folgende *Grundsätze der Dialoggestaltung* frühzeitig aufgedeckt werden /16.10/:

- **Aufgabenangemessenheit**. Geeignete Funktionalität. Keine unnötigen Interaktionsschritte.
- **Selbstbeschreibungsfähigkeit**. Verständlichkeit durch Hilfen und Rückmeldungen.
- **Steuerbarkeit**. Steuerung des Dialogs durch den Benutzer.
- **Erwartungskonformität**. Konsistenz und Anpassung an das Benutzermodell (→ 16.3.1).
- **Fehlertoleranz**. Fehlervermeidung, einfache Fehlerkorrektur, fehlerresistentes System.
- **Individualisierbarkeit**. Anpassung an den Nutzer und seine Arbeitsumgebung.
- **Lernförderlichkeit**. Anleitung des Benutzers, möglichst kurze Lernzeit, Verwendung geeigneter Metaphern.

16.4.6 Joy of Use

16

Die Prozesse des Usability-Engineering sind auf zwei Produktqualitäten ausgerichtet, auf die *Gebrauchstauglichkeit* mit dem Ziel, möglichst unbewusst zu handeln und auf das *emotionale Gebrauchserlebnis*, mit dem Ziel, durch emotionale Gestaltung /16.16/ Aufmerksamkeit bewusst zu lenken. Unbewusstes Handeln minimiert die kognitive Belastung nach STEVE KRUG'S Motto „Don't make me think" /16.15/. Hedonistische Qualitätsmerkmale wie emotionales Erlebnis, Spaß, Vertrauen, subjektives Empfinden, usw. erhöhen den *Joy of Use* /16.4/. „Ergonomie bedeutet, alles mit geschlossenen Augen zu finden. Design ist, wenn man trotzdem hinschaut." (aus einer Skoda Werbung). Beide Qualitäten zusammen machen den Charakter eines Produkts aus.

Gebrauchstauglichkeit (usability). Pragmatisches Qualitätsmerkmal. Produkt als Werkzeug benutzen. Ziel: weitgehend unbewusst und mit wenig kognitivem Workload handeln.

> **Gebrauchserlebnis** (Joy of Use). Hedonistisches Qualitätsmerkmal. Emotionen, Freude und Spaß beim Benutzen. Ziel: bewusst auf das Produkt aufmerksam gemacht werden.

16.5 Virtuelle Assistenten

Virtuelle **Assistenten** sind Softwaremodule, welche den Benutzer bei der Interaktion unterstützen. Entsprechend ihren Eigenschaften und Zielen werden sie in reaktive Agenten, kognitive Agenten und Avatare unterteilt.

16.5.1 Agenten

Anders als einfache, vorprogrammierte Assistenten (*wizards*), die den Benutzer Schritt für Schritt durch Interaktionszyklen führen, beobachten und merken sich **reaktive Agenten** Handlungen und Interaktionsschritte. Sie geben später Hinweise und Empfehlungen für die Interaktion, die im direkten Bezug zum aktuellen Arbeitskontext stehen.

❑ *Beispiel*: Eine Folge von Arbeitsschritten wird vom Benutzer mehrmals ausgeführt. Der Assistent merkt dies und gibt dem Benutzer den Hinweis, dass die Handlungsfolge als Makro gespeichert und später über einen Tastaturkürzel ausgeführt werden kann.

Im Gegensatz zu reaktiven Agenten konstruieren **kognitive Agenten** ein (kognitives) Modell über das Verhalten und das zielgerichtete Handeln von Benutzern. Sie eignen sich Wissen über den Benutzer an. Sie agieren modellgesteuert und erkennen vorausschauend das Verhalten und Handeln von Benutzern. Informationsdarstellungen und Layouts können so auf zu erwartende Handlungen und Entscheidungen abgestimmt werden. Die Erforschung kognitiver Agenten ist heute ein Teilgebiet der künstlichen Intelligenz ($\rightarrow$ 20).

> **Reaktive Agenten** haben ein reaktives Verhalten, agieren direkt und ohne Modellwissen.
> **Kognitive Agenten** haben ein adaptives Verhalten, konstruieren kognitive Modelle, agieren modellgesteuert, passen sich an aktuelle kontextbezogene Denkprozesse des Benutzers bei der Interaktion an.

16.5.2 Avatare

Avatar (Sanskrit: Avatara, Herabkunft) bezeichnet im Hinduismus den Herabstieg (Inkarnation) einer Gottheit auf die Erde. Bei der Mensch-Computer-Interaktion ist ein Avatar eine künstliche Figur, die sich als Fachexperte mit dem Benutzer unterhält, ihn bei der Interaktion begleitet, ihm Inhalte und Handlungsmöglichkeiten erklärt und ihn bei seinen Entscheidungen berät.

Welche neue Qualität bringen Avatare in die Mensch-Computer-Interaktion? Ein Avatar ist eine künstliche Person mit speziellem Wissen und kein Interfaceobjekt im herkömmlichen Sinne. Damit fließen vom Benutzer wahrnehmbare Persönlichkeitsmerkmale des Avatars in den Mensch-Computer-Dialog ein, wie z. B. die Gesichtszüge, das Geschlecht, die Mimik, die Gestik, die Ausstrahlung der Augen und der Klang der Stimme.

Avatare berühren kognitive Bewusstseins- und Empfindungssysteme des Menschen, die bei reinen objekt- und funktionsorientierten grafischen User Interfaces eine untergeordnete Rolle spielen.

❑ *Beispiel*: In einem Online-Verkaufsshop für Auto- und Motorrad-Tuning steigerte ein weiblicher Avatar mit blonden Haaren die Umsätze bei männlichen Kunden.

Ein Avatar repräsentiert einen bestimmten Personentyp. Durch Fragen an den Benutzer können Informationen über seine Vorlieben, seine Wünsche, seinen Geschmack usw. gewonnen werden, sodass die Gestaltung des Avatars auf spezifische Benutzereigenschaften ausgerichtet werden kann.

Avatare eignen sich vor allem für Internetanwendungen, bei denen die Benutzer zu Entscheidungen und Handlungen hingeführt werden sollen, wie z. B. den Kauf bestimmter Artikel, den Abschluss eines Vertrages, usw. Die Rolle des Avatars ist vergleichbar mit der Rolle eines Beraters oder Verkäufers, dessen Ziel ein erfolgreicher Geschäftsabschluss ist.

16.5.3 MCI bei Virtual Reality, Augmented Reality, Wearable Computing

Mensch-Computer-Interaktion in einer **virtuellen Umgebung** (**Virtual Reality** – VR, → 5.7) befasst sich damit, wie Benutzer mit Produkten, Prozessen und Umgebungen interagieren, die in der Realität (noch) nicht existieren. Für den Austausch von Informationen sind spezielle Geräte erforderlich, mit denen der Benutzer Informationen an die Umgebung weitergeben und von ihr empfangen kann. Ein am Kopf des Benutzers befestigtes sogenanntes **Head-Mounted Display** (HMD) stellt die vom Computer erzeugte virtuelle Umgebung auf einem augennahen Bildschirm grafisch dar oder projiziert Bilder direkt auf die Netzhaut. Für die räumliche Wahrnehmung von Szenen gibt es **Shutterbrillen**, die stereoskopisches Sehen auf einem Computerbildschirm oder einer Leinwand ermöglichen.

Augmented Reality (AR, → 5.7) ist eine Visualisierungstechnik, mit der digitale Informationen in eine realitätsnah dargestellte Umgebung integriert werden. Die Wahrnehmung der virtuellen Umgebung wird so multimodal erweitert. Viele AR-Anwendungen werden vor allem für Smartphones und mobile Computer (→ 3.6.6) entwickelt, wie z. B. ein Reiseführer mit Bildern und zusätzlichen Text- und Sprachinformationen über Sehenswürdigkeiten, Hotels, Parkmöglichkeiten, usw.

In der heutigen mobilen Gesellschaft wird im Berufsalltag und in der Freizeit immer häufiger *allgegenwärtige (ubiquitous), tragbare (wearable)* und *vernetzte (pervasive) Computerleistung* verlangt (→ 3.6.7, 5.7). Viele Soft- und Hardware-Systeme unterstützen den Menschen daher bei Alltagstätigkeiten sowohl proaktiv, wie z. B. Hörgerät und E-Mail-Client-App als auch reaktiv, wie z. B. MP3-Player und elektronische Wörterbücher. Die Gebrauchstauglichkeit sowie das emotionale Erlebnis spielen beim **Wearable Computing** (→ 5.7) eine besondere Rolle: Mithilfe kognitiver Agenten können sie sich in den Alltag des Menschen allgegenwärtig aber unauffällig integrieren, seinen Kontext erkennen, seine Aufmerksamkeit nicht zu sehr binden und sein subjektives Empfinden bei der Benutzung positiv beeinflussen.

16.6 Barrierefreiheit (accessibility)

Der bei der Arbeit mit Computern für die Aufnahme von Informationen wichtigste Sinneskanal des Menschen ist seine visuelle Wahrnehmung. Dementsprechend sind webbasierte Anwendungen primär visuell gestaltet. Durch die grafische Gestaltung von Webseiten dürfen jedoch keine Barrieren entstehen, die Menschen mit Seh- oder Lesebehinderungen den Zugang zu Informationen im Internet erschweren oder unmöglich machen. Diese Personen sind meist für das Lesen von Bildschirmseiten auf Hilfsmittel angewiesen: z. B. benötigen blinde Menschen für ihre Arbeit am Computer eine spezielle Software (**Screenreader**), welche Bildschirminhalte hörbar oder über eine so genannte **Braillezeile** in Blindenschrift zugänglich macht. Die Forderung nach Barrierefreiheit soll gewährleisten, dass alle Menschen – soweit dies technisch möglich ist – die gleichen Möglichkeiten und Chancen erhalten, Informationen im Internet zu nutzen.

Mit der zunehmenden Nutzung des Internets im beruflichen und privaten Umfeld des Menschen stellt die Forderung nach Barrierefreiheit oder **Zugänglichkeit** (accessibility) wichtige Anforderungen an Web-Designer. Die barrierefreie Informationstechnik-Verordnung (BITV) des Behindertengleichstellungsgesetzes (BGG) formuliert Anforderungen und Bedingungen für die Gestaltung webbasierter Anwendungen, die auf den W3C-Zugänglichkeitsrichtlinien für Web-Inhalte beruhen.

17 Computergrafik

Frank Jaeger

17.1 Computergrafik als Teilgebiet der grafischen Datenverarbeitung

Die **grafische Datenverarbeitung** (computer graphics) ist ein Teilgebiet der praktischen Informatik. Sie beschäftigt sich mit der Eingabe, Speicherung, Transformation und Ausgabe von grafischen Informationen.

Tabelle 17.1 Teilgebiete der grafischen Datenverarbeitung

	Computergrafik	Bildbearbeitung	Bildanalyse
Eingabe	formale Beschreibung (Textform, grafischer Dialog), Tabellendaten	unstrukturiertes Bild, Fotografie, Video, Pixelgrafik	unstrukturiertes Bild, Fotografie, Video, Pixelgrafik
Speicherung	grafische Primitive (Punkte, Linien, Kreise, Kreisbögen, Flächen, Körper), anwenderspezifische Grundelemente (Welle, Zahnrad, Wand, Fenster, Tür), logische Zusammenhänge, Tabellen	gescanntes Bild in Form von Farbpunkten (Pixelmatrix)	gescanntes Bild in Form von Farbpunkten (Pixelmatrix)
Transformation	vektororientierte formale Beschreibungen → Beschreibung von Bildern mit Pixelstruktur	unstrukturiertes Bild → unstrukturiertes Bild	Bild → formale Beschreibung
Ausgabe	Bild, Zeichnung, Diagramm	unstrukturiertes Bild	formale Beschreibung, grafische Primitive, alphanumerische Texte
Beispiele	CAD-Systeme, Gebrauchsgrafiken, Geschäftsgrafiken, Computeranimation, virtuelle Realität	Bildverbesserung (Kontrast erhöhen, Farben verändern, Defekte retuschieren), Bildmanipulation	vektorisierte Bilddarstellung, Mustererkennung, Texterkennung

Ein wesentliches Gliederungsmerkmal der grafischen Datenverarbeitung ist die Struktur von Eingabe- und Ausgabedaten. Anhand der Datentransformationen lassen sich die Teilgebiete **Computergrafik**, **Bildbearbeitung** und **Bildanalyse** definieren. Bildbearbeitung und Bildanalyse werden auch häufig als Bildverarbeitung (→ 18) bezeichnet. Tabelle 17.1 stellt den Zusammenhang zwischen den Teilgebieten der grafischen Datenverarbeitung dar.

Gegenstand der Computergrafik sind von Computerprogrammen generierte grafische Darstellungen, die aus bildbeschreibenden Daten abgeleitet werden. Um dies hervorzuheben, spricht man auch von **generativer Computergrafik**. Die Daten werden vom Anwender eines Grafiksystems interaktiv eingegeben oder mit Algorithmen vom Programm erzeugt.

Für die praktische Darstellung von Grafiken spielt das verwendete **Farbmodell** eine besondere Rolle (→ Tabelle 17.2).

Tabelle 17.2 Auswahl einiger Farbmodelle

Name	Parameter	Bemerkung
RGB	R – Rot G – Grün B – Blau	Additives System für leuchtende Farben (z. B. Bildschirme, → 5.3)
CMY CMYK	C – Türkis M – Purpur Y – Gelb (K – Schwarz)	Farben werden vom weißen Hintergrund subtrahiert (z. B. Drucker, → 5.4)
HLS	H – Farbton L – Helligkeit S – Sättigung	Entspricht dem menschlichen Farbempfinden
HSV	H – Farbton S – Sättigung V – Wert (Helligkeit)	Farbraum wird ähnlich dem HLS-Modell beschrieben
YCbCr	Y – Luminanz Cb – Chrominanz (Blauanteil) Cr – Chrominanz (Rotanteil)	Luminanz hat größeren Informationsgehalt, da das menschliche Auge Helligkeitsunterschiede stärker erfasst als Farbunterschiede. Anwendung: Digitalfernsehen, Komprimierungsverfahren

17.2 Datenmodelle für geometrische Objekte

Bevor Daten zu Objekten der realen Welt gespeichert werden können, muss man für diese Objekte Modelle bilden, mit denen die grafischen Zusammenhänge so genau wie nötig beschrieben werden können.

Allgemein gültige Anforderungen an die Modellierung /17.3/:

- einfache Beschreibung des Objektes durch den Anwender,
- Erkennung ungültiger Modellbeschreibungen,
- Möglichkeit der interaktiven Bearbeitung des Objektmodells,
- kompakte Speicherung des Modells mit wenigen Daten, wobei geforderte Genauigkeit erreicht werden muss,
- Transformationen der Modelldaten mit effizienten Algorithmen,
- Vermeidung von Mehrdeutigkeiten bei der Beschreibung, um identische Objekte auch als solche zu erkennen,
- Erhalt gültiger Datenmodelle nach Operationen mit den Objekten.

17.2.1 Darstellung von Kurven

Für eine **Strecke** sind die Koordinaten von Anfangs- und Endpunkt zu speichern. Eingabe und interaktive Bearbeitung sind mit Zeigegeräten, Koordinateneingaben, Bezug zu vorhandenen Objekten möglich. Beliebige **Kurven** werden nicht als Folge von Strecken, sondern durch die Koordinaten und Eigenschaften ausgezeichneter Punkte beschrieben, mit denen Zwischenpunkte berechnet werden (Kurvenapproximation).

Kubische Splines. Jeweils zwei Punkte werden durch eine Kurve 3. Ordnung verbunden, so dass bei n Punkten insgesamt $n - 1$ Funktionen (Polynome 3. Grades) zu bilden sind ($\rightarrow$ Bild 17.1).

Bild 17.1 Approximation von n Punkten durch kubische Splines

Da eine Kurve 3. Ordnung nicht lediglich durch zwei Punkte definiert ist, wird zur stetigen Verbindung gefordert, dass die 1. und 2. Ableitung benachbarter Kurvenstücke den gleichen Wert haben. Damit ist jede Kurve durch zwei Punkte und zwei Tangenten festgelegt. Für die Bestimmung der Koeffizienten ist ein lineares Gleichungssystem zu lösen. Da für die äußeren Punkte der beiden Randkurven keine Gleichung formuliert werden kann, sind die Ableitungen geeignet festzulegen /17.9/.

17

BÉZIER-Kurven. Für die Beschreibung von BÉZIER-Kurven sind die beiden Endpunkte und zwei Punkte zur Definition der Tangentenvektoren in den Endpunkten erforderlich. Wird eine Kurve aus mehreren Stücken zusammengesetzt, gewährleisten gleiche Tangentenvektoren im Übergang den gleichmäßigen Kurvenverlauf ($\rightarrow$ Bild 17.2).

B-Splines. Während kubische Splines (s. o.) so berechnet werden, dass die Kurvenstücke durch alle Kontrollpunkte verlaufen, interpoliert die Kurve bei

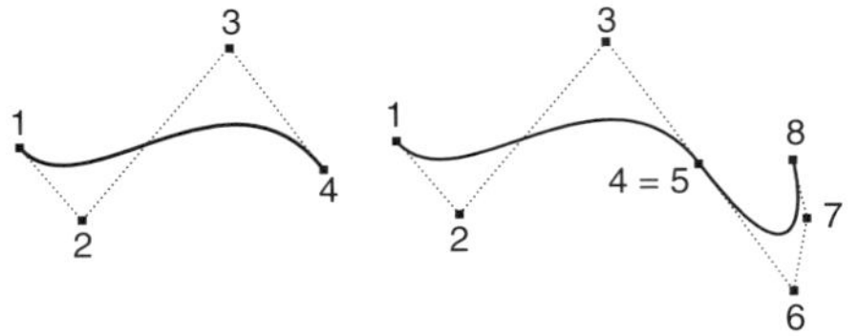

Bild 17.2 BÉZIER-*Kurven*

Basis-Splines oder B-Splines die Kontrollpunkte nicht. Eine Kurve wird durch $m + 1$ Kontrollpunkte definiert und besteht aus m Kurvenstücken /17.2/. Ein Kurvenstück hängt immer von vier Kontrollpunkten ab, so dass sich Verschiebungen von Kontrollpunkten nicht auf die gesamte Kurve auswirken ($\rightarrow$ Bild 17.3).

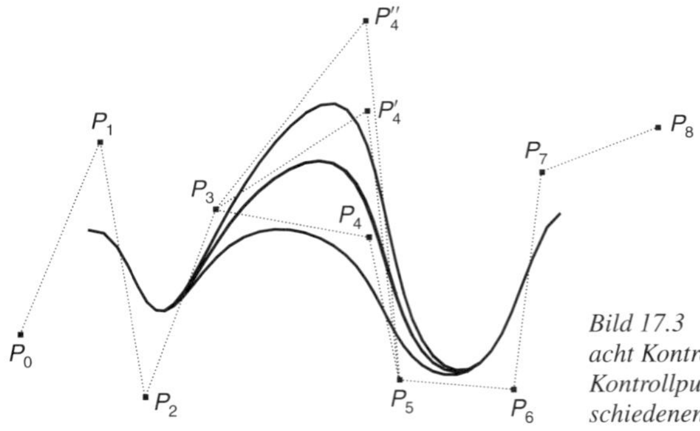

Bild 17.3 B-Spline mit acht Kontrollpunkten, Kontrollpunkt 4 an verschiedenen Positionen

17.2.2 Darstellung von Flächen

Polygon. Es wird als Liste von *n* Punkten definiert. Zwei in der Liste benachbarte Punkte sind durch eine Kante verbunden, wobei zusätzlich eine Kante zwischen dem letzten und ersten Punkt eingeführt wird, um das Gebiet abzuschließen. Für mehr als drei Punkte entstehen Ungenauigkeitsprobleme, da das Polygon in einer Ebene liegen muss. Deshalb erfolgt die Näherung einer Fläche durch mehrere Polygone, die ein Polygonnetz bilden.

Polygonnetz. Mehrere Polygone sind miteinander verbunden. Eine Verbindung entsteht, wenn eine Kante zu zwei Polygonen gleichzeitig gehört. Damit ein Polygon in einer Ebene liegt, kann man sich auf Dreiecke beschränken.

Halbkantendarstellung. Jedes Polygon wird durch eine Kantenfolge beschrieben /17.6/. Um die Oberfläche eines Körpers zu modellieren, definiert der Umfahrungssinn der Kantenfolge, ob die Fläche von außen (Uhrzeigersinn) oder innen (Gegenuhrzeigersinn) betrachtet wird. Falls ein Widerspruch in der Orientierung zu beheben ist, wird eine Kante als zwei Halbkanten unterschiedlicher Richtung beschrieben.

Quadtree-Verfahren. Wenn die Speicherung der Fläche als Pixelraster erfolgen soll, registriert dieses Verfahren /17.3/ für jedes Pixel, ob es von der Fläche bedeckt wird oder nicht. Die Fläche wird rekursiv in Quadrate unterteilt und in einer Baumstruktur wird gespeichert, ob ein Quadrat vollständig in der zu beschreibenden Fläche liegt, zur Fläche disjunkt ist oder keine Entscheidung getroffen werden kann. Im letzteren Fall wird das Quadrat in vier gleich große Quadrate geteilt, für die wiederum die Tests durchzuführen sind. Diese Unterteilung erfolgt, bis die gewünschte Genauigkeit erreicht ist (→ Bild 17.4).

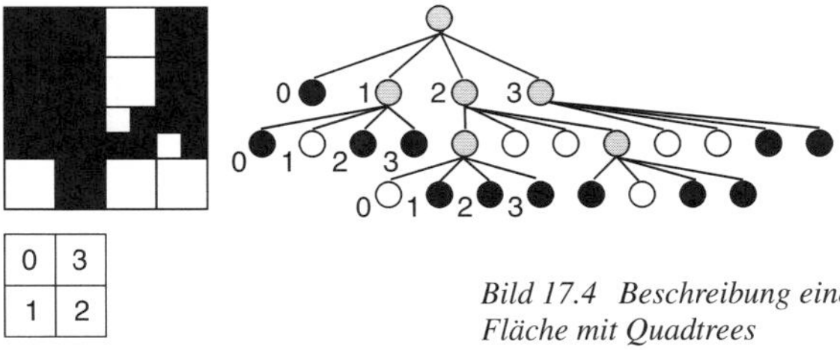

Bild 17.4 Beschreibung einer ebenen Fläche mit Quadtrees

17.2.3 Fraktale Modelle

Fraktale Objekte entstehen durch einen unendlichen rekursiven Prozess. Je mehr Rekursionsstufen durchgeführt werden, desto detaillierter ist das Objekt. Charakteristisch ist die Selbstähnlichkeit der Objekte. Das Objekt kann durch Skalierung in einen Teil des Objektes der nächsten Iterationsstufe überführt werden /17.3/ (→ Bild 17.5).

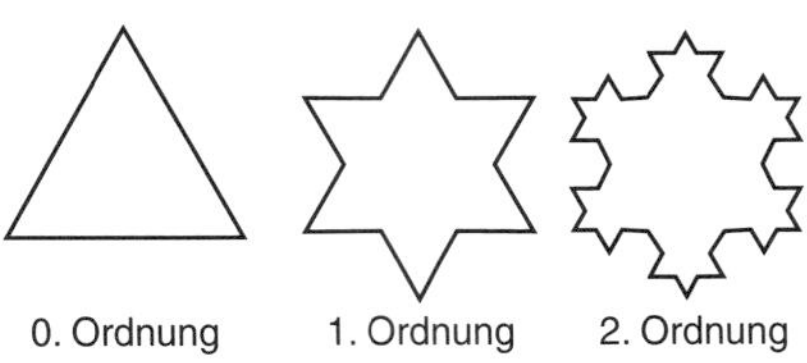

Bild 17.5
KOCH*'sche Schneeflocke*

Die **Mandelbrotmenge** ist die Menge aller Punkte, für die gilt

$$\lim_{n\to\infty} |z_n| \neq \infty \quad \text{mit} \quad f(z) = z^2 + c, \quad z_n = f(z_{n-1}), \quad n \geqq 1, \quad z_0 = 0 \tag{17.1}$$

wobei z und c komplexe Zahlen sind.

► *Hinweis*: Markiert man alle Punkte, die zu dieser Menge gehören, in der Zahlenebene, entsteht das bekannte „Apfelmännchen“. Im Beispiel (→ Bild 17.6) sind die Punkte der Mandelbrotmenge schwarz dargestellt, die anderen Punkte in Abhängigkeit davon gefärbt, nach wie vielen Iterationen sicher war, dass sie nicht zur Menge gehören.

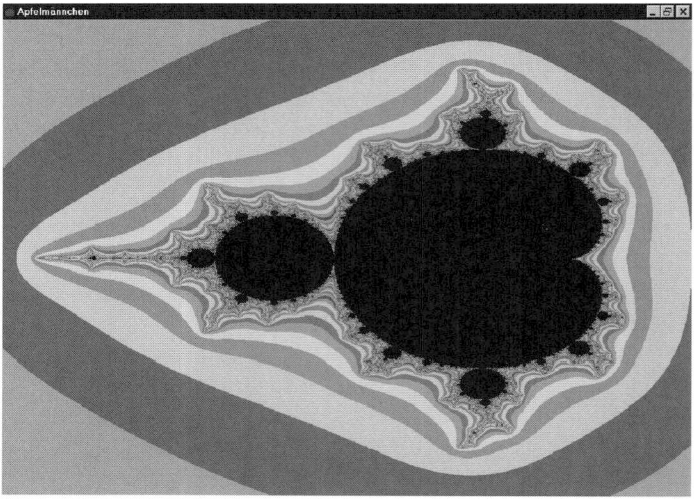

Bild 17.6 Mandelbrotmenge mit c_{reell}: $-2{,}15\ldots+0{,}75$; $c_{\text{imaginär}}$: $-1{,}4\ldots+1{,}4$

Fraktale Modelle lassen sich in der Computergrafik für die Erzeugung natürlich aussehender Objekte wie Pflanzen, Flussverläufe und Gebirge einsetzen. Bild 17.7 zeigt, zur Vereinfachung im Schnitt, wie ein Gebirge durch rekursive Unterteilung eines Ausgangsobjektes immer weiter verfeinert werden kann. Bei Unterteilung der Verbindung zwischen zwei Punkten entsteht ein neuer Punkt mit geänderter z-Koordinate. Die Z-Veränderung wird zufällig gewählt (positiver oder negativer Wert) und sollte betragsmäßig mit jeder Iterationsstufe kleiner werden.

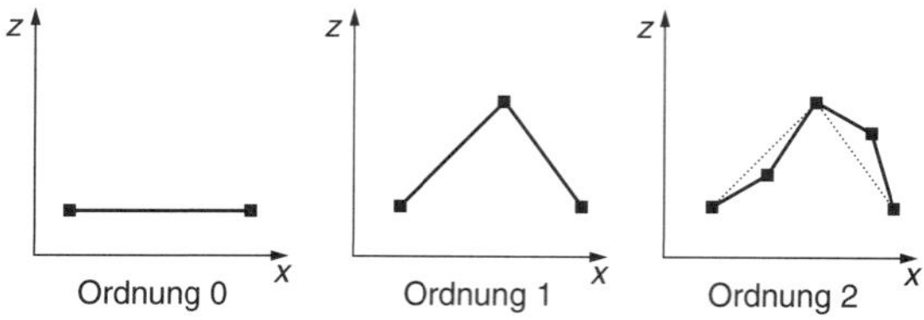

Bild 17.7 Fraktales Gebirge (Schnitt)

17.2.4 Darstellung von Körpern

17.2.4.1 Kantenmodell

Beim Kantenmodell werden Körper durch Punkte und sie verbindende Kanten definiert. Dieses einfache, leicht zu bearbeitende Modell ist aber nicht geeignet, realistische Darstellungen von Objekten zu liefern. Da keine Flächen vorhanden sind, werden unsichtbare Kanten nicht von ihnen verdeckt. Es sind also nur Drahtkörperdarstellungen möglich.

17.2.4.2 Flächenmodelle

Ausgangspunkt ist ein Kantenmodell, jedoch werden zwischen den Kanten Flächen aufgespannt. Flächen verdecken unsichtbare Kanten, so dass realistische Darstellungen abgeleitet werden können. Für einige Aufgabenstellungen (Volumenberechnung, Schnittdarstellung) ist es wichtig zu wissen, welche Punkte im Raum innerhalb des Körpers liegen /17.9/.

Begrenzungsflächenrepräsentation (*boundary representation, B-reps*). Jeder Körper wird durch die Beschreibung seiner Begrenzungsflächen modelliert. Um Körper eindeutig zu bestimmen, ist für jede Fläche angegeben, auf welcher Seite das Äußere des Körpers liegt. Teilweise erfolgt eine Beschränkung auf Polygone als Seitenflächen, aber auch beliebige Flächen (B-Spline-Flächen, BÉZIER-Flächen) /17.3/.

17.2.4.3 Translationskörper

Wird eine Fläche oder ein Körper auf einer Kurve im Raum bewegt, entsteht als Spur ein neuer Körper (→ Bild 17.8). In der Regel bewegt man eine Fläche entlang eines geradlinigen Pfades (Extrusion). Steht der Extrusionspfad senkrecht zu einem flächigen Objekt, ist der Körper mit Grundfläche und Größe der Extrusion beschrieben ($2\frac{1}{2}$-D-Datenmodell). Wird das Ausgangsobjekt auf einem Pfad bewegt, der kreisförmig um eine Achse angeordnet ist, entsteht ein **Rotationskörper**. 17

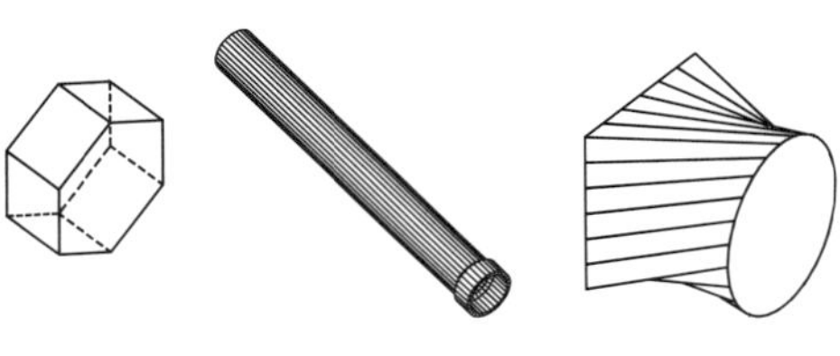

Bild 17.8 Verschiedene Translationskörper

17.2.4.4 Zusammensetzen von Teilkörpern

Räumliche Enumeration. Teilkörper sind kleine identische Würfel, die in Anlehnung an den Begriff Pixel als **Voxel** (volume elements) bezeichnet werden. Je nach gewünschter Genauigkeit sind die Voxel genügend klein zu wählen. Obwohl für ein Voxel nur ein Bit Speicherplatz benötigt wird (gefüllt oder nicht gefüllt), findet das Verfahren schnell Speichergrenzen.

Octree-Verfahren. Räumliche Erweiterung des Quadtree-Verfahrens (→ 17.2.2). Zur Beschreibung der Körper wird der Raum in acht gleich große Würfel als Volumenelemente unterteilt /17.3/. In einer Baumstruktur wird abgelegt, ob der Körper das Volumenelement vollständig füllt oder mit ihm disjunkt ist. Kann keine Entscheidung getroffen werden, wird das Volumenelement rekursiv in acht Würfel unterteilt, bis die gewünschte Näherung an den realen Körper erreicht ist.

Zellenzerlegung. Parametrisierte Teilkörper (z. B. Quader, Pyramiden und Keile /17.3/) werden wie Bausteine aneinander gefügt. Im Gegensatz zum CSG-Verfahren ist nur die Vereinigung von Teilkörpern erlaubt.

Constructive Solid Geometry (CSG). Ein Körper wird mit BOOLE'schen Mengenoperationen (Vereinigung, Durchschnitt, Differenz) von Grundkörpern (Quader, Pyramide, Keil, Kugel, Zylinder, Kegel, Torus) beschrieben. Das Datenmodell ist ein binärer Baum mit Verknüpfungsoperationen als Knoten und Grundkörpern als Blätter (→ Bild 17.9). Nachteile: Aufwendige Auswertung des Datenmodells, identisches Objekt kann mit verschiedenen CSG-Bäumen beschrieben werden.

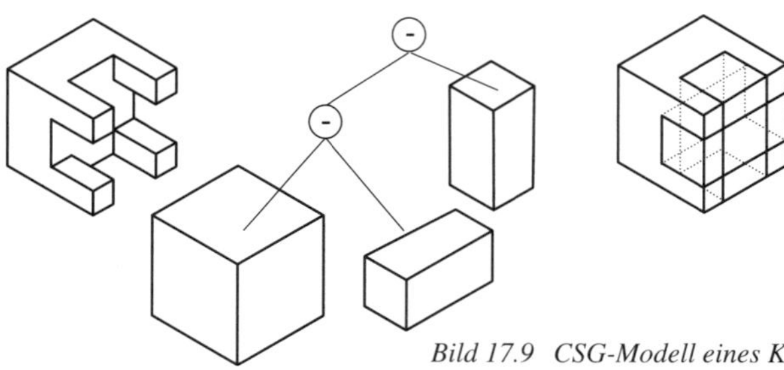

Bild 17.9 CSG-Modell eines Körpers

17.3 Algorithmen der Computergrafik

In der Computergrafik werden viele Algorithmen eingesetzt, deren Wirkung leicht geometrisch überschaubar ist (z. B. aus einer Anzahl von Strecken sind diejenigen auszuwählen, die sich innerhalb eines Polygons befinden), die jedoch nicht trivial zu implementieren sind.

► *Probleme bei der Implementierung*:
- Datenstrukturen zur Beschreibung von Bildern können sehr umfangreich werden,
- Sortieren nach den verschiedensten Kriterien erforderlich,
- Algorithmen werden zur Bilddarstellung sehr oft durchlaufen (z. B. für jedes Pixel alle Objekte),
- Bilddarstellung sollte möglichst schnell erfolgen,
- Möglichkeiten zur Implementierung effektiver Algorithmen,
- Nutzung von ganzzahliger Arithmetik, Divisionen und Multiplikationen mit Potenzen von 2, effektive Sortieralgorithmen,
- Ausschluss von Objekten aus der weiteren Betrachtung, wenn sie offensichtlich nicht zu berücksichtigen sind /17.5/.

17.3.1 Geometrische Transformationen

Zur Vereinheitlichung der Transformationen wird jeder Punkt im Raum $P(X,Y,Z)$ in homogener Koordinatenschreibweise durch $\boldsymbol{p}[x,y,z,w]$ dargestellt /17.2/.

Es gilt:

$$\begin{aligned} x &= X \cdot w \qquad & X &= x/w \\ y &= Y \cdot w \qquad & Y &= y/w \\ z &= Z \cdot w \qquad & Z &= z/w \qquad \text{mit } w \neq 0 \end{aligned} \tag{17.2}$$

Meist wird $w = 1$ gesetzt, so dass sich die Umrechnung vereinfacht:

$$P(X,Y,Z) = \boldsymbol{p}[x,y,z,1] \tag{17.3}$$

Für Transformationen gilt:

$$\boldsymbol{p}' = \boldsymbol{p} * \boldsymbol{T} \tag{17.4}$$

$\boldsymbol{p}$ homogene Koordinaten des Ausgangspunktes
$\boldsymbol{p}'$ homogene Koordinaten des transformierten Punktes
$\boldsymbol{T}$ Transformationsmatrix

17

Die Transformationsmatrix $\boldsymbol{T}$ ist für räumliche Transformationen eine (4×4)-Matrix, in der Ebene eine (3×3)-Matrix. Der Vorteil der Verwendung von homogenen Koordinaten besteht darin, dass alle Transformationen im Matrizenkalkül darstellbar sind (Translation könnte ohne homogene Schreibweise nicht als Matrizenmultiplikation angegeben werden).

Für eine Folge von Transformationen kann **eine** Matrix $\boldsymbol{T}$ durch vorherige Multiplikation der einzelnen Transformationsmatrizen gefunden werden. Bei Anwendung dieser Matrix auf eine Vielzahl von Punkten ergibt sich eine erhebliche Einsparung von Rechenzeit.

Translation. Verschiebung eines Punktes $P(X,Y,Z)$ um $t = (t_x, t_y, t_z)$

$$\boldsymbol{T}_1 = \begin{bmatrix} 1 & 0 & 0 & 0 \\ 0 & 1 & 0 & 0 \\ 0 & 0 & 1 & 0 \\ t_x & t_y & t_z & 1 \end{bmatrix} \tag{17.5}$$

Skalierung. Fixpunkt der Skalierung im Ursprung. Skalierungswerte $s = (s_x, s_y, s_z)$

$$\boldsymbol{S}_1 = \begin{bmatrix} s_x & 0 & 0 & 0 \\ 0 & s_y & 0 & 0 \\ 0 & 0 & s_z & 0 \\ 0 & 0 & 0_z & 1 \end{bmatrix} \tag{17.6}$$

Rotation um die Koordinatenachsen mit Winkel φ

Rotation um die z-Achse; Rotation um die x-Achse

$$\boldsymbol{R}_z = \begin{bmatrix} \cos\varphi & \sin\varphi & 0 & 0 \\ -\sin\varphi & \cos\varphi & 0 & 0 \\ 0 & 0 & 1 & 0 \\ 0 & 0 & 0 & 1 \end{bmatrix}; \quad \boldsymbol{R}_x = \begin{bmatrix} 1 & 0 & 0 & 0 \\ 0 & \cos\varphi & \sin\varphi & 0 \\ 0 & -\sin\varphi & \cos\varphi & 0 \\ 0 & 0 & 0 & 1 \end{bmatrix}$$

Rotation um die y-Achse

$$\boldsymbol{R}_y = \begin{bmatrix} \cos\varphi & 0 & -\sin\varphi & 0 \\ 0 & 1 & 0 & 0 \\ \sin\varphi & 0 & \cos\varphi & 0 \\ 0 & 0 & 0 & 1 \end{bmatrix}$$

17.3.2 Darstellung von geometrischen Objekten

17.3.2.1 Rasterkonvertierung und Alias-Effekte

Ausgabegeräte werden fast ausschließlich digital angesteuert und arbeiten mit einer diskreten Auflösung. Bei grafischen Bildschirmen ist die kleinste ansteuerbare Einheit das **Pixel**. Grafikfähige Drucker (Laserdrucker, Tintenstrahldrucker) steuern Punkte für die Darstellung von Bildern an. Da stetige Objekte durch die Anordnung diskreter Pixel darzustellen sind, treten folgende Effekte auf:

Aliasierung (aliasing). Ein Punkt wird nicht an seinem wahren Ort, sondern an einem genäherten Rasterpunkt gezeichnet. Strecken erscheinen in der Regel als Treppenkurven (→ Bild 17.10).

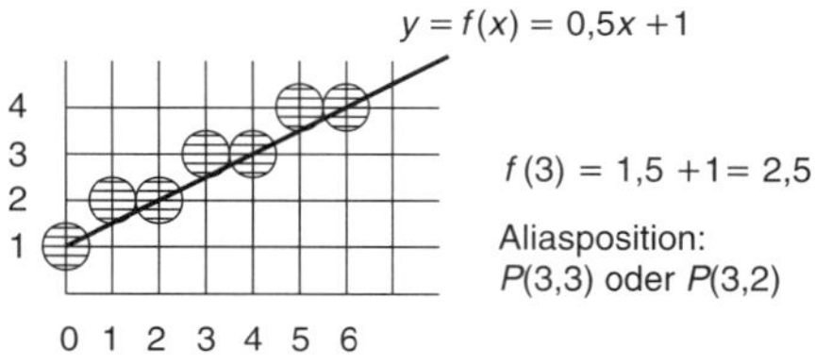

Bild 17.10
Aliasierung von Strecken

Ungleiche Intensität. Linien auf Diagonalen erscheinen infolge des größeren Pixelabstandes schwächer (→ Bild 17.11).

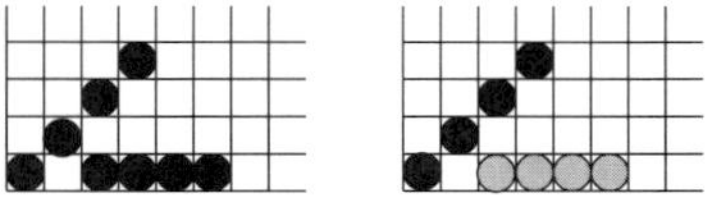

Bild 17.11 Intensität von Strecken mit und ohne Antialiasing

Overstrike. Bei bestimmten Ausgabemedien kann ein mehrfaches Überschreiben desselben Pixels zu erhöhter Intensität der Darstellung führen.

Lattenzaunproblem. Objekte mit gegebenen Abmessungen werden in das Pixelraster konvertiert, wobei die Größenverhältnisse nicht genau im Raster abgebildet werden können (→ Bild 17.12).

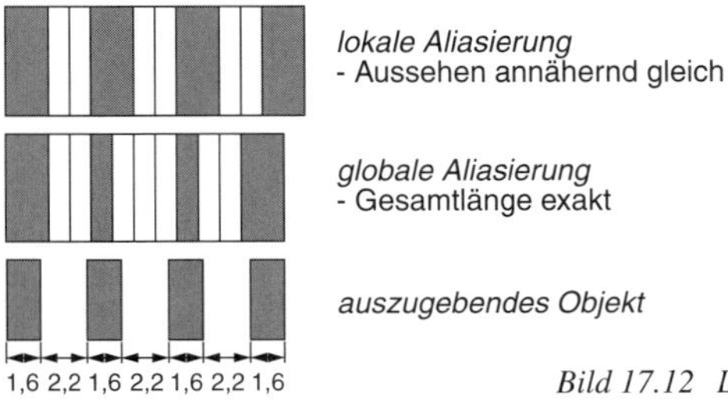

Bild 17.12 Lattenzaunproblem

17

Rasterkonvertierung. Bei der Rasterkonvertierung von Objekten besteht die Aufgabe, die Darstellung am jeweiligen Gerät so genau wie möglich vorzunehmen und dabei effiziente Algorithmen einzusetzen. Der BRESENHAM-*Algorithmus* löst die Aufgabe für eine Reihe von grafischen Primitiven (Linie, Kreis, Kreisbogen) mit einfachen Operationen, wie ganzzahlige Addition, ganzzahlige Subtraktion und Multiplikation mit 2.

Für Linien mit einem Anstieg $0 \leqq m \leqq 1$ werden von einem Pixel (x_0, y_0) beginnend nacheinander alle x-Werte betrachtet, bis der Endpunkt (x_n, y_n) erreicht ist. Es ist jeweils zu entscheiden, welcher y-Wert für das nächste x zu nehmen ist. Hierfür wird eine Entscheidungsvariable d eingeführt, die den Abstand der zu zeichnenden Linie zum Mittelpunkt zwischen den beiden möglichen Pixel angibt (→ Bild 17.13). Für $d < 0$ wird y beim folgenden x-Wert nicht verändert. Ansonsten erhöht man bei $d \geqq 0$ den y-Wert um 1.

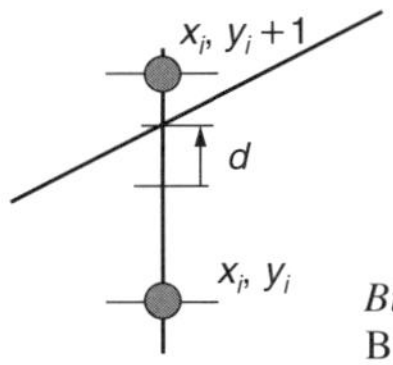

Bild 17.13 Entscheidungsvariable d beim BRESENHAM-*Algorithmus für Linien*

Schema zur Berechnung von d:

$$\begin{array}{lll} d_1 = 2\Delta y - \Delta x & & \\ d_{i+1} = d_i + 2(\Delta y - \Delta x) & \text{falls } d_i \geqq 0 & \text{mit: } \Delta y = y_n - y_0 \\ d_{i+1} = d_i + 2\Delta y & \text{falls } d_i < 0 & \Delta x = x_n - x_0 \end{array}$$

Hat die zu zeichnende Strecke einen Anstieg außerhalb des angegebenen Bereichs, kann dieser Fall durch Vertauschen von Anfangs- und Endpunkt oder der beiden Achsen auf den beschriebenen Algorithmus zurückgeführt werden.

Unter **Antialiasing** versteht man die Abschwächung der Alias-Effekte durch Erhöhung der Geräteauflösung (aufwendigere Hardware und Software) oder Anpassung der Pixelintensitäten (Pixel, die nur teilweise überdeckt werden, erhalten nur anteilige Intensität, → Bild 17.14).

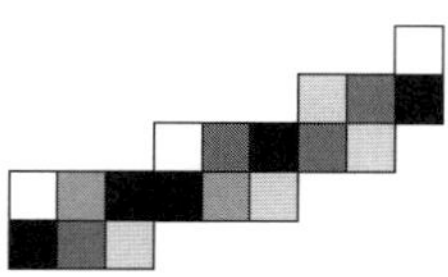

Bild 17.14 Antialiasing einer Strecke bei Anpassung der Pixelintensitäten

Horizontale und vertikale Linien sollten mit geringerer Intensität gezeichnet werden als Diagonalen (→ Bild 17.11).

Falls zu rasternde Objekte teilweise außerhalb der Darstellungsfläche liegen, müssen nicht sichtbare Teile abgeschnitten werden. Dieser Vorgang wird **Clipping** genannt. Es gibt hierzu für Strecken und Polygone effiziente Algorithmen (COHEN und SUTHERLAND, CYRUS BECK, HODGEMANN und SUTHERLAND) /17.3/.

Unter **Dithering** versteht man eine Technik, mit der beim Rastern von Flächen, Farben durch pixelweise Anordnung von Grundfarben gemischt werden. Dithering wird bei Farbdruckern und für Komprimierungsverfahren (Einschränkung des Farbraumes mit Farbpaletten) verwendet.

17.3.2.2 Ermittlung sichtbarer Flächen

Zum Betrachter näher liegende Objekte müssen auf dem 2D-Bild die dahinter liegenden verdecken. Verfahren zur Klärung der Sichtbarkeit gehören zu den aufwendigsten Algorithmen der Computergrafik.

Die Verfahren lassen sich nach zwei Prinzipien unterteilen /17.3/. Entweder klärt der Algorithmus für jedes Pixel, welches Objekt sichtbar ist (Z-Puffer-Algorithmus, Rasterzeilenalgorithmus, Strahlverfolgung) oder er eliminiert unsichtbare Objekte bzw. Objektteile aus der Liste der anzuzeigenden Objekte (Entfernen der Rückseiten, Teilungsalgorithmus, Maleralgorithmus).

Z-Puffer-Algorithmus. Es wird zusätzlich zum Bildwiederholspeicher für jeden Bildpunkt der Abstand zum Betrachter in einem Z-Puffer gespeichert. Objekte werden in beliebiger Reihenfolge rasterkonvertiert ausgegeben. Ein Bildpunkt ist dann zu setzen, wenn er näher zur Bildfläche liegt als der bisher nächste. Dabei ist der Eintrag im Z-Puffer zu aktualisieren. Das Verfahren erfordert einen großen Zusatzspeicher für den Z-Puffer.

Rasterzeilenalgorithmus. Das Verfahren ähnelt dem Z-Puffer-Algorithmus. Für jede Bildschirmzeile wird eine Ebene durch die darzustellende Szene gelegt, die parallel zur x,z-Ebene liegt und die Polygone so schneidet, dass Strecken entstehen. Für jeden Punkt der Bildschirmzeile werden die Strecken mit einer Geraden, senkrecht zur Bildebene, geschnitten und die Schnittpunkte bezüglich der z-Koordinate sortiert. Das Polygon, das den Schnittpunkt mit der kleinsten z-Koordinate liefert, bestimmt die Farbe des Bildpunktes /17.5/.

Teilungsalgorithmus. Das Verfahren betrachtet die Sichtbarkeitsverhältnisse in einem Rechteck. Falls die Sichtbarkeit geklärt ist, wird gezeichnet, sonst wird das Rechteck in vier Bereiche geteilt, für die wiederum eine Entscheidung zu treffen ist oder die Teilung vorgenommen wird. Der Vorgang wird rekursiv wiederholt, bis das Rechteck auf Pixelgröße verkleinert wurde. Objekte liegen als Polygon vor. Zu untersuchen ist das Verhältnis des Polygons zum Fenster (→ Bild 17.15).

17

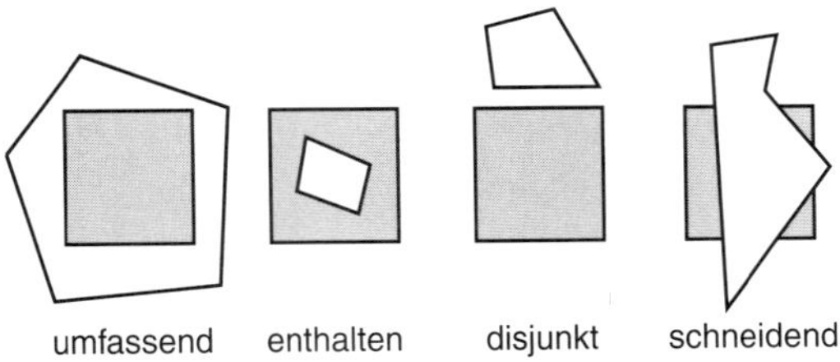

Bild 17.15 Teilungsalgorithmus, Relationen zwischen Polygon und Fenster /17.2/

Entfernen der Rückseiten. Besteht ein Objekt aus einem konvexen Polyeder, kann geklärt werden, welche Flächen vom Betrachter gesehen die Rückseiten sind. Für jede Teilfläche wird die Normale berechnet. Zeigt sie nicht in Richtung der Bildebene, ist die Fläche unsichtbar und kann entfernt werden. In der Regel ist das Verfahren nur geeignet, um in einem ersten Schritt die Anzahl der zu untersuchenden Flächen zu verringern /17.3/. Sind Objekte der Szene nichtkonvex oder offen, müssen weitere Untersuchungen vorgenommen werden.

Maleralgorithmus. Polygone werden nach dem Abstand zum Betrachter sortiert ausgegeben, zunächst weiter entfernte und dann näher liegende. Vordere Polygone überschreiben weiter entfernte, so dass der räumliche Eindruck erreicht wird. Eine reine Tiefensortierung scheitert jedoch, wenn sich Polygone überschneiden. Hierzu können verschiedene Kriterien herangezogen werden, wie die Untersuchung, ob sich umfassende Quader zweier Polygone schneiden /17.3/. Zwei sich schneidende Polygone müssen weiter unterteilt werden.

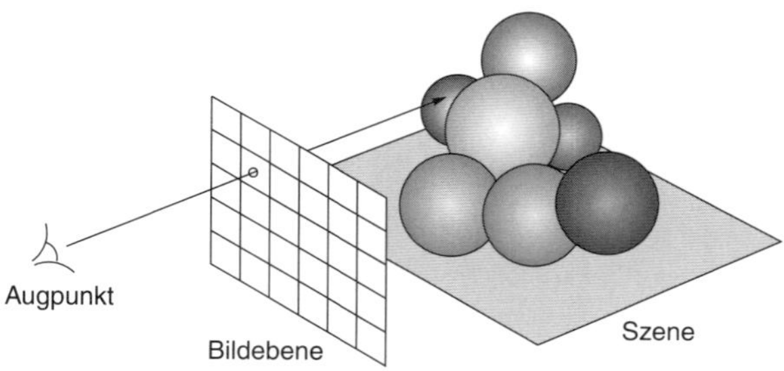

Bild 17.16 Raytracing-Verfahren zur Ermittlung sichtbarer Flächen

Strahlverfolgung (Raytracing). Bei diesem Verfahren (→ Bild 17.16) wird vom Augpunkt durch die Mitte jedes Pixels der Darstellungsebene ein Strahl geschickt. Für jeden Strahl wird geprüft, welche Objekte der Szene er schneidet. Falls der Strahl Objekte schneidet, bestimmt das dem Augpunkt am nächsten liegende Objekt die Farbe des Bildpunktes, schneidet er kein Objekt, erhält das Pixel die Hintergrundfarbe. Ein Vorteil des Verfahrens besteht darin, dass es für fotorealistische Darstellungen erweitert werden kann (→ 17.3.3).

17.3.3 Fotorealistische Darstellungen

Im Abschnitt 17.3.2 wurden Algorithmen behandelt, mit denen bei Projektionen nicht sichtbare Flächen ausgeblendet werden können. Die berechneten Bilder sind zwar anschaulich und vor allem für CAD-Aufgaben völlig ausreichend. Sollen jedoch Bilder entstehen, die fotorealistisch wirken, in denen die Oberflächen der Objekte strukturiert sind, Spiegelung und Brechung des Lichtes erkennbar und Farben möglichst natürlich dargestellt sind, müssen sich an die Sichtbarkeitsuntersuchung weitere Betrachtungen anschließen. Die Erzeugung derartiger Bilder wird häufig mit dem Begriff **Rendering**, die Darstellung von Farben mit Licht und Schatten auf den Objekten als **Schattierung** bezeichnet.

17.3.3.1 Beleuchtungsmodelle

Soll für einen Punkt des darzustellenden Objektes geklärt werden, mit welcher Farbe er abzubilden ist, sind neben den Datenmodellen für die Körper, die sich in der Szene befinden, auch Modelle für die Lichtquellen und die Ausbreitung des Lichtes erforderlich. Das mögliche Verhalten von Licht an einer Objektoberfläche ist in Bild 17.17 dargestellt /17.4/.

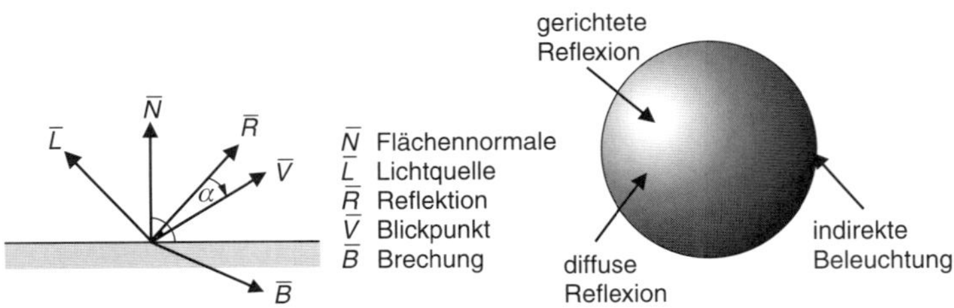

Bild 17.17 Verhalten von Licht an einer Oberfläche und Wirkung auf eine Kugel

Indirekte Beleuchtung. Das einfachste Modell geht von einer indirekten Beleuchtung der Szene aus. Es existieren keine Lichtquellen, sondern das Licht trifft aus allen Richtungen gleichmäßig auf Objekte. Diese Art der Beleuchtung wird als indirekte Beleuchtung, Hintergrundbeleuchtung oder ambientes Licht bezeichnet.

Diffuse Reflexion. Bei der diffusen Reflexion (LAMBERT-Reflexion) sind Flächen matt und reflektieren das Licht in alle Richtungen gleichmäßig. Flächen erscheinen deshalb aus allen Richtungen betrachtet gleich hell und haben keine Glanzpunkte. Bei punktförmiger Lichtquelle hängt die Helligkeit eines Objektpunktes vom Abstand der Lichtquelle und der Richtung, mit der Licht die Fläche trifft, ab.

Gerichtete Reflexion. An einer spiegelnden Fläche wird das Licht vorzugsweise gerichtet reflektiert. Bei idealer Reflexion sieht ein Betrachter in $\overline{V}$ nur dann Licht, wenn $\overline{V}$ mit $\overline{R}$ übereinstimmt, α also den Wert 0 hat (→ Bild 17.17). Bei glänzenden Oberflächen ist Licht auch dann zu sehen, wenn Reflexions- und Betrachterrichtung nicht identisch sind. Das Beleuchtungsmodell von PHONG geht davon aus, dass die Reflexion in Richtung des Betrachters bei $\alpha = 0$ maximal ist und mit wachsendem Winkel schnell abnimmt. Dieser Zusammenhang wird mit $\cos^n \alpha$ angenähert, wobei n materialabhängig ist und mindestens den Wert 1 hat. Je größer n, umso schärfer ist der Bereich des Glanzlichtes begrenzt.

17.3.3.2 Schattierung von Polygonen

Theoretisch müsste für fotorealistische Darstellungen zu jedem Pixel die Intensität der Beleuchtung bestimmt werden. Häufig sind jedoch Objekte polygonal begrenzt oder werden derart genähert, so dass vereinfachte Berechnungen möglich sind. Bei der **konstanten Schattierung** bekommt die gesamte Polygonfläche einen einzigen Intensitätswert zugewiesen. Dieser Ansatz liefert nur brauchbare Ergebnisse, wenn der Winkel des einfallenden Lichtes und der Betrachtungswinkel für die gesamte Fläche konstant sind. Das ist nur der Fall, wenn Lichtquelle und Betrachterstandpunkt unendlich weit entfernt sind. Außerdem ist konstante Schattierung unbefriedigend, wenn gekrümmte Flächen durch ein Polygonnetz genähert wurden. Auch bei engem Netz sind Flächen als Facetten sichtbar. Bei der **GOURAUD-Schattierung** /17.6/ werden die Intensitäten zunächst in Polygonpunkten berechnet. Anschließend erfolgt eine lineare Interpolation der Intensitäten auf den Kanten, indem jeweils die Werte benachbarter Knoten berücksichtigt werden. Flächeninneres wird danach mittels zeilenweiser Interpolation der Werte auf den begrenzenden Kanten ermittelt. Die Ergebnisse der GOURAUD-Schattierung sind deutlich besser als die der konstanten Schattierung. Da nur Randpunkte betrachtet werden, können allerdings bestimmte Effekte in der Flächenmitte nicht erkannt werden. Für gekrümmte Flächen ist das Verfahren geeignet, da Kanten benachbarter Flächen den gleichen Farbverlauf aufweisen und für die Interpolation benachbarter Flächen genutzt werden. Bei der **PHONG-Schattierung** /17.6/ wird die spiegelnde Reflexion besser dargestellt als bei der GOURAUD-Schattierung. Dieses Verfahren interpoliert nicht Farbintensitäten, sondern Normalen. Ausgehend von Polygonpunkten werden Normalen auf den Kanten und danach für jede Rasterzeile Normalen auf der Fläche interpoliert. Jede interpolierte Normale wird in das Beleuchtungsmodell eingesetzt. Da das Verfahren auch das Flächeninnere betrachtet, ist es gut geeignet, Glanzpunkte infolge spiegelnder Reflexionen zu berücksichtigen (→ Bild 17.18).

Rekursives Raytracing. Das Raytracing-Verfahren (→ 17.3.2.2) kann zur Behandlung von Schatten, Reflexion und Brechung erweitert werden /17.9/. Dazu wird wiederum vom Augpunkt durch jedes Pixel der Bildebene ein Strahl betrachtet. Das erste Objekt, das vom Strahl geschnitten wird, ist jedoch weiter zu untersuchen. Vom berechneten Schnittpunkt wird zu jeder Lichtquelle ein Strahl geschickt. Erreicht der Strahl die Lichtquelle, liefert

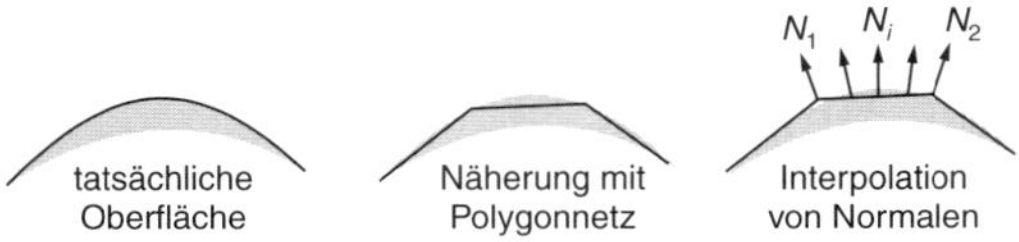

Bild 17.18 Interpolation der Normalen bei der PHONG-*Schattierung*

die Lichtquelle einen Beitrag zur Beleuchtung des Punktes, ansonsten liegt der Punkt bezüglich dieser Lichtquelle im Schatten. Der rekursive Raytracing-Algorithmus untersucht für den Schnittpunkt weiterhin Spiegelungs- und Brechungsstrahlen. An Schnittpunkten mit Objekten kann jeder Spiegelungs- und Brechungsstrahl rekursiv neue Strahlen auslösen /17.3/. Die Bildqualität ist abhängig davon, wie oft derartige Sekundärstrahlen untersucht werden.

Beim **Strahlungsverfahren** (radiosity-approach) wird wechselseitiger Strahlungsaustausch zwischen Teilflächen einer Szene betrachtet.

► *Verfahren*: Die Oberfläche aller Objekte einer Szene wird in n Flächenelemente A_i $(i = (1\ (1)\ n)$ zerlegt. Jedes Element hat eine endliche Größe, strahlt über seine Fläche gleichmäßig Licht ab und reflektiert Licht. Lichtquellen können so als strahlende Flächen modelliert werden. Mit Formfaktoren wird beschrieben, welcher Anteil der Energie B_j, der von der Fläche A_j abgestrahlt wird, die Fläche A_i erreicht. Da die abgestrahlte Energie einer Teilfläche von der Energie aller anderen Flächen abhängt, muss zur Klärung der Strahlungsverhältnisse der Szene ein Gleichungssystem aufgestellt werden. Jede Zeile i enthält für das Flächenelement i eine Gleichung, so dass ein Gleichungssystem mit n Gleichungen und den n Unbekannten B_i zu lösen ist. Nach Lösen des Gleichungssystems ist die von jeder Fläche abgestrahlte Energie einer Farbe zugeordnet, so dass nach Ausblendung der unsichtbaren Flächen das Bild generiert werden kann.

Das Strahlungsverfahren ist das aufwendigste Verfahren zur Erzeugung fotorealistischer Bilder, hat jedoch einen entscheidenden Vorteil gegenüber den anderen Verfahren. Da Resultate nicht vom Blickpunkt abhängig sind, ist es möglich, nachdem eine Szene berechnet wurde, mehrere Bilder zu erzeugen, bei denen nur die unsichtbaren Flächen ausgeblendet werden müssen. Benutzt man dafür ein schnelles Verfahren (z. B. Z-Puffer-Algorithmus durch Hardware bereitgestellt), kann der Betrachterstandpunkt schnell verändert werden. Damit sind Bewegungen in Echtzeit durch die Szene möglich.

17.3.4 Modellierung von Oberflächen

Realistische Oberflächen sind nicht nur durch Farbwerte gekennzeichnet, sondern enthalten bestimmte Strukturen (Holzmaserung, Marmorierung, Putz, Poren, Kratzer). Bei der Modellierung der Objekte im Rechner werden derartige Strukturen in der Regel nicht in das 3D-Objektmodell übernommen, sondern als 2D-Objekt auf der Oberfläche aufgetragen. Damit werden die Oberflächen durch **Texturen** modelliert /17.9/ (→ 18.1).

Oberflächenmuster. Auf die Oberfläche des Objektes wird eine zweidimensionale Bildvorlage abgebildet (*picture mapping*). Bildvorlagen liegen als Pixelbild vor und lassen sich durch wiederholte Anordnung auch für großflächige Objekte verwenden. Probleme können auftreten, wenn das Bild auf gekrümmte Oberflächen (z. B. eine Kugel) zu legen ist oder bei einer Wiederholung Übergänge zwischen den Teilbildern unbefriedigend sind. Für die Modellierung natürlicher Oberflächen ist es günstiger, Muster über Programme zu erzeugen (*procedural mapping*). Besonders organische Strukturen können so naturgetreu abgebildet werden, da von den Prozeduren die gesamte Oberfläche des Objektes berücksichtigt werden kann und nicht jede Fläche isoliert mit einem festen Bild belegt wird /17.9/. Beispielsweise hat Holzmaserung ein völlig anderes Aussehen, wenn Holz in Faserrichtung oder quer zur Faser betrachtet wird. Außerdem müssen Verläufe an Schnittflächen kontinuierlich ineinander übergehen.

Oberflächenrauheit. Zur Modellierung von kleinen Unebenheiten auf den Oberflächen werden ebenfalls zweidimensionale Vorlagen genutzt. Diese Bilder enthalten keine Farbinformationen, sondern für jeden Bildpunkt geringfügige Verschiebungswerte (*bump mapping*) /17.9/. Weiße Stellen auf der Bildvorlage werden als Erhöhungen betrachtet, schwarze Stellen als Vertiefungen. Dazwischenliegende Grauwerte werden als Abstufungen genutzt. Mit Bump Mapping können sowohl unregelmäßige Oberflächen (Kratzer, Putz, Rinde von Bäumen, Oberflächen von Früchten) als auch gleichmäßige Vertiefungen und Erhebungen (eingravierter Text, Oberfläche eines Golfballs) realisiert werden.

17.4 Programmierung von Grafiksystemen

Ein Grafiksystem besteht prinzipiell aus den drei Komponenten:

- Anwendersystem,
- Grafiksoftwaresystem und
- Grafikgeräte /17.1/ ($\rightarrow$ 5).

Die Anwendungssoftware legt ein Datenmodell für die konkrete Anwendung ab, das die Objekte entsprechend der Aufgabenstellung des Grafiksystems enthält (Wände, Fenster, Türen usw. bei einem CAD-System für Architekurentwurf, Tabellendaten für Geschäftsgrafiken).

Die Ansteuerung der Grafikgeräte übernimmt die Grafiksoftware, die Eingaben des Nutzers über eine Schnittstelle an das Anwenderprogramm weiterreicht und Bilder anhand der Spezifikation der Anwendersoftware ausgibt. Die Grafiksoftware legt Bilder in der Grafikdatenstruktur ab, die aus grafischen Primitiven und Zusammenfassungen von Primitiven zu neuen Objekten bestehen.

17.4.1 Standardisierung der Programmierung

Ziel der Programmierung sollte es sein, alle geräteabhängigen Aspekte aus der Anwendungssoftware herauszunehmen. Ein Wechsel der Hardware führt dann nicht zwangsläufig zu einer umfangreichen Überarbeitung des Gesamtsystems. Zusätzlich wird die Portierbarkeit der Software verbessert, wenn die Anpassung an andere Hardware nur an wenigen definierten Stellen erforderlich ist.

GKS (*Graphical Kernel System*) war die erste Grafikschnittstelle, die standardisiert wurde. Es definiert den Funktionsumfang einer breit nutzbaren Grafiksoftware sowie deren Schnittstelle zur Anwendungssoftware. GKS wurde 1985 als Standard eingeführt und ist seit 1994 als ISO/IEC 7942-1 genormt. Um den verschiedenen Anforderungen der Nutzer an die Komplexität eines grafischen Kernsystems gerecht zu werden, wurden neun aufeinander aufbauende *GKS-Leistungsstufen* definiert. Das wesentliche Konzept von GKS ist die Bereitstellung von abstrakten *grafischen Arbeitsplätzen* (*workstation*), die die geräteunabhängige Programmierung erlauben. Ein Arbeitsplatz ist die Verallgemeinerung realer Geräte und enthält eine Darstellungsfläche und Eingabemöglichkeiten über *logische Eingabegeräte*. *Darstellungselemente von GKS* sind die elementaren Ausgabemöglichkeiten auf einem grafischen Arbeitsplatz. Ihre Ausgabeform wird mit Attributen festgelegt. GKS erlaubt die Zusammenfassung von Elementen zu einem *Segment*. Der Standard definiert lediglich den Funktionsumfang der Grafiksoftware. Für die konkrete Nutzung muss eine Einbindung in eine Programmiersprache erfolgen.

GKS-3D. Ursprünglich orientierte sich GKS an 2D-Grafiken. Es wurde 1991 im Standard DIN/ISO 8805 zu *GKS-3D* und durch zusätzliche 3D-Darstellungselemente und 3D-Transformationen ergänzt. Die Behandlung von verdeckten Kanten und Flächen wurde ebenfalls möglich.

PHIGS (*Programmer's Hierarchical Interactive Graphics System*) wurde im Gegensatz zum GKS in der Norm DIN EN 29 592 sofort für die 3D-Computergrafik konzipiert. Während GKS nur die Strukturierung in Segmente kennt, ist es in PHIGS möglich, verschachtelte hierarchische Strukturen zu definieren (*Strukturgraphen*). Die durch den Standard ISO/IEC 9592-4 festgelegte Erweiterung *PHIGS PLUS* enthält Funktionen für die Beleuchtungssimulation sowie verbesserte Darstellungselemente für Kurven und Flächen.

Inoffizielle Standards. Neben den offiziellen Standards, die von Standardisierungsgremien festgeschrieben wurden, gibt es weitere inoffizielle Standards /17.3/, die vor allem dann häufig im Einsatz sind, wenn die dazugehörige Hardware weite Verbreitung gefunden hat (OpenGL von Silicon Graphics, PostScript von Adobe, DirectX von Microsoft).

OpenGL (Open Graphics Library) /17.12/ enthält etwa 120 Funktionen, mit denen die Objekte einer Szene als Polygonnetze, ihre geometrischen Transformationen, Materialeigenschaften und Beleuchtung der Szene beschrieben werden können. Ausblenden von verdeckten Flächen und Rendering werden von den Routinen vorgenommen. Der Vorteil besteht vor allem in der Plattformunabhängigkeit. Die Funktionen sind für verschiedene Betriebssysteme und Programmiersprachumgebungen implementiert. Eine Reihe von Grafikkarten stellen OpenGL-Funktionen hardwareseitig bereit.

Die Schnittstelle **DirectX** wurde von Microsoft eingeführt, um es den Programmierern zu ermöglichen, hardwareunabhängige Software zu schreiben /17.8/. Für die Grafikprogrammierung steht dabei die Komponente DirectDraw zur Verfügung. DirectDraw beurteilt selbstständig spezielle Hardwareeigenschaften und nutzt diese automatisch, falls vorhanden. Spezielle Funktionen, die von der Hardware nicht direkt unterstützt werden, können mit Software emuliert werden.

17.4.2 Datenaustausch zwischen Grafiksystemen

Der Austausch von Bildern zwischen Grafiksystemen sollte in anwendungs- und geräteunabhängiger Weise erfolgen. Zur Weiterverarbeitung der Daten ist es erforderlich, dass die Bilddatenstruktur abgeleitet werden kann, also eine Erkennung der grafischen Darstellungselemente mit ihren aktuellen Attributen und ihrer Hierarchie möglich ist. Pixelgrafiken scheiden für eine derartige Aufgabe aus, da der Zusammenhang zu den Darstellungselementen verloren gegangen ist. Sollen Bilddaten in geräteunabhängiger Form vorliegen, dürfen die Daten nicht in interner Form verschlüsselt sein, da Zahlenformate auf verschiedenen Computern unterschiedlich definiert sein können. Für den Bilddatenaustausch haben sich sequenzielle Dateien im *ASCII-Format* ($\rightarrow$ 2.4) durchgesetzt.

DXF-Datei. Eine ganze Reihe von Grafiksystemen ist in der Lage, Daten über das *DXF-Dateiformat* (Drawing Interchange Format) auszutauschen. Es wird vom CAD-System AutoCAD bereitgestellt und hat sich als inoffizieller Standard durchgesetzt /17.11/. Eine derartige Datei wird im ASCII-Format geschrieben und besteht aus sechs Abschnitten (sections):

- HEADER: enthält die aktuellen Werte aller Systemvariablen,
- TABLES: Tabellen mit Definitionen von Linientypen, Textstilen, u. a.,
- BLOCKS: Definitionen von Blöcken und der zugehörigen Elemente,
- CLASSES: Verbindung von Objekten zu Anwenderprogrammen,
- ENTITIES: enthält die Beschreibung der Zeichnungselemente,
- OBJECTS: Datenstrukturen, die keine grafische Darstellung haben.

SVG (Scalable Vector Graphics). Das World Wide Web Consortium (W3C) hat einen auf XML basierenden Standard zum Austausch von 2D-Vektorgrafiken definiert /17.13/. Damit ist die Übertragung im Internet möglich und Internetbrowser sind in der Lage derartige Dateien anzuzeigen. Eine SVG-Datei enthält Informationen zu grafischen Primitiven (Linie, Polygonzug, Pfad, Rechteck, Kreis, Polygon, Text und Rastergrafik) und deren Attribute wie Koordinatenwerte, Farben, Farbverläufe und Füllmuster.

17.5 Anwendungen der Computergrafik

17.5.1 Gebrauchsgrafiken

Viele Aufgaben, die früher die Arbeit eines Grafikers erforderten, lassen sich programmgestützt erledigen, z. B. die Gestaltung von Firmenlogos sowie Werbung und Anzeigen aller Art. Mit derartigen Systemen können Bilder völlig neu gezeichnet oder unter Einbeziehung vorhandener Bilder (*cliparts*) entworfen werden. Sehr groß sind die Möglichkeiten zur Schriftgestaltung. Texte können an Kurven angepasst oder mit räumlichen Effekten versehen werden.

17.5.2 CAD-Systeme

Beim computergestützen Entwurf (CAD: Computer Aided Design) werden technische Systeme interaktiv am Computer entworfen. Es sind zahlreiche Beispiele aus dem Maschinen-, Flugzeug-, Automobilbau, Bauwesen und Schaltkreisentwurf bekannt.

Vorteile gegenüber der herkömmlichen Zeichnungserstellung sind:

- einfache Manipulationsmöglichkeiten (Löschen, Kopieren, Spiegeln, systematisches Anordnen)
- Nutzung von vorgefertigten Teilen
- Modellieren in 3D-Bereich
- Ausgabe von Zeichnungen, Stücklisten, Anbindung an CAM
- Anbindung von Berechnungsprogrammen (Statik, FEM ...)
- Auswertungen des Datenmodells
- Weitergabe des Datenmodells an nachfolgende Prozesse.

In CAD-Systemen werden folgende Modellierungsverfahren eingesetzt:

- Skizzentechnik: Angabe der Kontur, danach Spezifikation durch Maße und Bedingungen (*constraints*)
- Parametrische Modellierung: Maße werden mit funktionalen Zusammenhängen angegeben.

- Modellierung mit Features: Beschreibung des Objektes mit Konstruktionsverfahren (*feature*) wie Drehen, Bohren, usw.

17.5.3 Computeranimation

Mit einem Programm zur Computeranimation wird eine **3D-Szene** modelliert (Standardkörper, zusammengesetzte Körper, beliebige Netzmodelle, Partikelsysteme). Für die Animation definiert man zeitliche Veränderungen der Szene:

- **Schlüsselbilder**: Zu bestimmten Zeitpunkten (*keyframe*) werden Parameter erfasst. Das Programm berechnet die Parameterwerte für Zwischenbilder nach bestimmten Regeln. Parameter können zum Beispiel sein: Position, Rotation, Skalierung eines Körpers, Farbwerte des Materials, Größenwerte für Körper.
- **Morphing**: Beim Morphing verändert ein Körper seine Gestalt in einen Zielkörper.
- **Pfadsteuerung**: Die Bewegung eines Körpers verläuft auf einer Kurve.
- **Ausdruckssteuerung**: Veränderungen in der Szene werden mit Formeln angegeben.
- **Bewegungserfassung**: Die Bewegung eines realen Objektes wird an charakteristischen Punkten erfasst und auf das Computermodell übertragen (*motion capture*).
- **Dynamik**: Es werden die Reaktionen bewegter Objekte aufeinander nach den physikalischen Regel berechnet.

Objekte können mit einer *Objekthierarchie* in Baumstruktur zugeordnet werden, z. B.: Oberkörper – Oberarme – Unterarme – Hände – Finger. Im entstehenden *Szenegraphen* vererben übergeordnete Objekte Animationsparameter an untergeordnete Objekte. Animiert man das übergeordnete Objekt, bleibt die Verbindung zu den untergeordneten Objekten erhalten. Das untergeordnete Objekt kann allerdings bei eigener Animation vom übergeordneten getrennt werden. Natürliche Bewegungen sind deshalb mit der Methode „*inverse Kinematik*“ leichter zu definieren. Hier wird das untergeordnete Objekt bewegt und die Position der übergeordneten berechnet, z. B.: Hand greift nach Gegenstand – Arm wird gestreckt – Oberkörper wird gebeugt. Hierzu sind zwischen den Objekten Gelenke angeordnet, deren Freiheitsgrade so zu beschränken sind, dass die gewünschten Bewegungsmöglichkeiten entstehen.

Man unterscheidet zwei Arten von Computeranimationen:

- Bei der **Echtzeitanimation** wird jedes Bild während der Vorführung berechnet.
- Bei der **Filmanimation** wird zunächst die gesamte Bildfolge gerendert und gespeichert, um später vorgeführt werden zu können.

17.5.4 Computerspiele

Hier reagiert der Spieler in einer grafischen Umgebung auf Mitspieler (Mensch, virtueller Gegner) oder simuliert bestimmte Aktionen. Nach Eingaben über Maus, Tastatur, Gamepad oder Bewegungsverfolgung mit einer Kamera erhält er auf einem Bildschirm Reaktionen. Die virtuelle Spielewelt ist vordefiniert. In ihr kann sich der Spieler nach bestimmten Regeln bewegen. Die Reaktion auf die Bewegungen erfolgt in Echtzeit. Aus diesem Grund erfordern Spiele mit hohen grafischen Ansprüchen einen großen Rechenaufwand. Verschiedene Methoden versuchen den Aufwand zu senken:

- vorgefertigte Bilder und Texturen statt Bildberechnungen
- Aussortieren von Objekten aus der Berechnung, die der Spieler aktuell nicht sieht (*Culling*).
- Darstellung in verschiedenen Detailstufen in Abhängigkeit vom Spielerstandpunkt (*level of detail*).

17.5.5 Virtuelle Realität

Virtuelle Realität (**VR**, → 5.7) stellt besonders hohe Ansprüche an die Computergrafik. Neben in Echtzeit generierten realistischen Bildern werden hierbei weitere Sinneswahrnehmungen angesprochen (→ 16.5.3). Dazu werden spezielle Geräte wie z. B. ein Head-Mounted Display (HMD) oder ein Datenhandschuh zur Manipulation von im Computer erzeugten Objekten eingesetzt (→ 5.7). Neben VR-Anwendungen für Computerspiele sind solche für Simulationen im CAD-Bereich, in der Medizin und der Piloten-Ausbildung bekannt.

18 Bildverarbeitung

Walter Pätzold

Bei der **Bildverarbeitung** (imaging) werden computergerecht dargestellte Bilder zu neuen Bildern transformiert (Bildbearbeitung) und nach ihren Inhalten und Bedeutungen ausgewertet (Bildanalyse).

Die **Bildbearbeitung** dient der allgemeinen Verbesserung des Bildes (→ 18.3), der Modifikation des Bildes nach gestalterischen Gesichtspunkten /18.21/, /18.22/, /18.25/ oder der Vorbereitung des Bildes für eine Analyse. Das Ergebnis ist stets wiederum ein Bild (→ 18.2).

Die **Bildanalyse** (→ 18.4) extrahiert die für den jeweiligen Anwendungsbereich relevanten Objekte aus dem Bild und erzeugt eine abstrakte Beschreibung des Bildes (/18.1/, /18.3/– /18.5/, /18.7/– /18.12/, /18.14/– /18.18/, /18.20/, /18.24/, /18.26/, /18.28/). Mithilfe weiteren Wissens kann dann eine komplexe semantische Analyse des Bildinhaltes erfolgen (**Bildverstehen**; /18.13/, /18.18/, /18.23/, /18.27/).

Diese Phasen der Bildverarbeitung im Prozess der Interpretation von Bildern sind in Bild 18.1 dargestellt. Die digitale Bildverarbeitung findet in zahlreichen Gebieten wie zum Beispiel der Produktionsautomatisierung, der Qualitätskontrolle, der Medizin, des Umweltschutzes und der Robotik Anwendung.

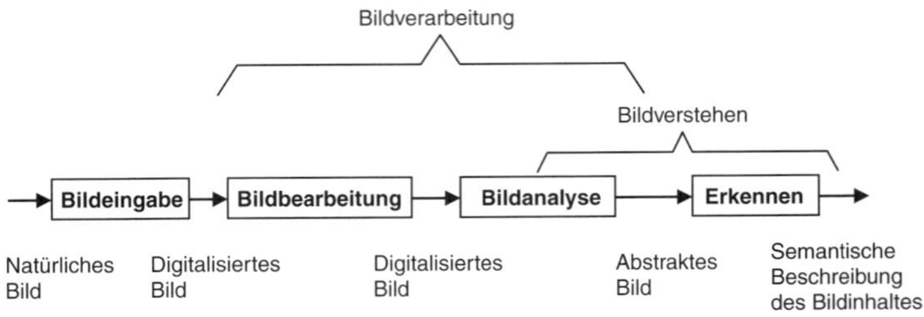

Bild 18.1 Phasen der Verarbeitung und Interpretation digitalisierter Bilder

18.1 Grundbegriffe

Alle digitalen Bildbe- und -verarbeitungssysteme basieren auf den hier gelisteten Grundbegriffen. Die Berechnung von Regionen- und Texturmerkmalen ist in der Regel aber nur bei professionellen Bildverarbeitungssystemen zu finden.

Bildbereich: $M = X \times Y$
$X = \{0, 1, 2, \ldots, Z\}$ Menge der Zeilenindizes
$Y = \{0, 1, 2, \ldots, S\}$ Menge der Spaltenindizes
(→ Bild 18.2)

$$\begin{array}{llll} \{ (0,0), & (0,1), & \ldots & (0,S), \\ (1,0), & (1,1), & \ldots & (1,S), \\ \ldots & & & \\ (Z,0), & (Z,1), & \ldots & (Z,S) \} \end{array}$$

Bild 18.2 Bildbereich eines digitalisierten Bildes mit Z + 1 Zeilen und S + 1 Spalten

Ein Bildpunkt ist somit nur ein Paar von Indizes, die den Koordinaten des Punktes in der Bildmatrix entsprechen. Der Bildpunkt (25, 17) befindet sich dementsprechend in der Bildzeile mit Nummer 25 und der Bildspalte mit Nummer 17. Man beachte, dass Zeilen und Spalten hier jeweils ab 0 nummeriert werden.

Die Elemente des Bildbereichs heißen **Bildpunkte** oder **Pixel** (picture element).
Eine **Region** R (region) ist eine (nicht notwendig zusammenhängende) Teilmenge des Bildbereichs (**Regionenmerkmale** → Tabelle 18.2).

Eine Region ist somit eine Menge von Bildpunkten, d. h. eine Menge von Indexpaaren (zusammenhängende Region → Tabelle 18.2) . Die **Umgebung eines Bildpunktes** ist eine (zumeist zusammenhängende) Region, die den Bildpunkt enthält oder umschließt.

Digitalisiertes Bild: b: $M \rightarrow W$
M Bildbereich
W Menge von Grau- oder Farbwerten (Farbbereich) (→ Tabelle 18.1)

Ein digitalisiertes Bild besteht somit nur aus einem Bildbereich, dessen Punkte je einen Farbwert besitzen. Es entspricht einer Matrix und wird im Computer auch entsprechend dargestellt (→ Bild 18.3). Je nach Struktur des Farbbereiches unterscheidet man zwischen ein- und mehrkanaligen Bildern (→ Tabelle 18.1).

18

$$\begin{pmatrix} w_{00} & w_{01} & \ldots & w_{0S} \\ w_{10} & w_{11} & \ldots & w_{1S} \\ \vdots & & \ldots & \vdots \\ w_{Z0} & w_{Z1} & \ldots & w_{ZS} \end{pmatrix}$$

Bild 18.3 Digitalisiertes Bild mit Z + 1 Zeilen und S + 1 Spalten als Matrix

► *Hinweis*: Ein mehrkanaliges Bild kann als eine Zusammenfassung von mehreren einkanaligen Bildern mit demselben Bildbereich aufgefasst werden.

Tabelle 18.1 Beispiele von Grau- und Farbwertmengen

W	Bezeichnung des Bildes
$\{0, 1\}$	Binärbild, logisches Bild
$\{0, 1, 2, \ldots, 255\}$	Graubild, einkanaliges Bild
$W_{\text{rot}} \times W_{\text{grün}} \times W_{\text{blau}}$	Farbbild (im RGB-System), 3-kanaliges Bild
$W_1 \times W_2 \times \ldots \times W_n$	n-kanaliges Bild, z. B.: Multispektralbild

Als **Farbtiefe** wird die Anzahl der möglichen Grau-/Farbwerte oder der zur Abspeicherung eines solchen Wertes benötigte Speicherplatz (in Bit oder Byte) bezeichnet.

Bei der **Digitalisierung** wird aus einem natürlichen Bild oder einer Bildvorlage ein digitalisiertes Bild gewonnen. Dies geschieht z. B. mit einem Scanner (→ 5.1.2) oder einer (Video-, Digital-, Multispektral-)Kamera (→ 5.1.3, /18.6/, /18.24/).

Tabelle 18.2 Einige Merkmale für Regionen (/18.1/, /18.9/)

Merkmal	Definition
Fläche	$F = \|R\|$ (Anzahl der Punkte in der Region R)
Umfang	U = Anzahl der Regionenpunkte, die zu einem Punkt benachbart sind, der nicht zur Region gehört (Anzahl der Randpunkte)
Kompaktheit	$K = \dfrac{U^2}{F}$
zusammenhängend	Zwischen zwei beliebigen Punkten der Region gibt es einen Weg, der nur aus Punkten der Region besteht.
Momente für Bild b	$m_{kl} = \sum_{(x,y)\in R} x^k y^l b(x,y); \quad (k, l \geqq 0, \text{ganz})$
Schwerpunkte	$x_S = \dfrac{m_{10}}{m_{00}}, \quad y_S = \dfrac{m_{01}}{m_{00}}$
Translationsinvariante Momente für Bild b	$\mu_{kl} = \sum_{(x,y)\in R} (x - x_S)^k (y - y_S)^l b(x,y); \quad (k, l \geqq 0, \text{ganz})$
Translations- und größeninvariante Momente	$\eta_{kl} = \dfrac{\mu_{kl}}{\mu_{00}^{\frac{k+l}{2}+1}}; \quad (k, l \geqq 0, \text{ganz})$
Translations-, größen- und rotationsinvariante Momente	$\omega_1 = \eta_{20} - \eta_{02}$ $\omega_2 = (\eta_{20} - \eta_{02})^2 + 4\eta_{11}^2$ $\omega_3 = (\eta_{30} - 3\eta_{12})^2 + (3\eta_{21} - \eta_{03})^2$

R Region
b Bild

Die **Auflösung** (resolution) ist das Verhältnis von Bildpunkten je Längeneinheit bei der Digitalisierung und bei der Ausgabe von digitalisierten Bildern /18.28/. Die übliche Maßeinheit ist *dpi* (Dots/Inch, Punkte/Zoll).

► *Beachte*: Die Auflösung sollte so groß sein, dass auf das kleinste noch interessierende Detail im Bild in jeder Richtung mindestens zwei Bildpunkte kommen (nach Abtasttheorem von SHANNON /18.2/).

Histogramm h eines Bildes b:

$$h\colon W \to [0,1] \quad \text{mit}$$
$$h(g) = \frac{|\{x \in M\colon b(x) = g\}|}{|M|}$$
$$b\colon M \to W \quad \text{Bild}$$

► *Hinweis*: Das Histogramm liefert zu jedem Grauwert dessen relative Häufigkeit. Bei mehrkanaligen Bildern wird auch zu jedem Kanal ein eigenes Histogramm gebildet.

Bimodales Histogramm. Im Histogramm überwiegen zwei Grauwertteilbereiche (z. B. Hintergrund und Objekt) (→ Bild 18.4).

Kumulatives Histogramm: $H\colon W \to [0,1]$ mit

$$H(g) = \sum_{i=0}^{g} h(i) \tag{18.1}$$

h Histogramm (→ Bild 18.5)

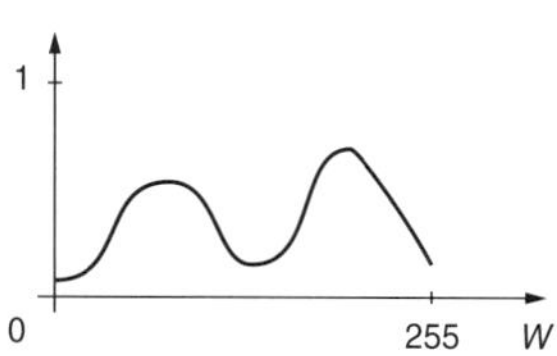

Bild 18.4 Bimodales Histogramm

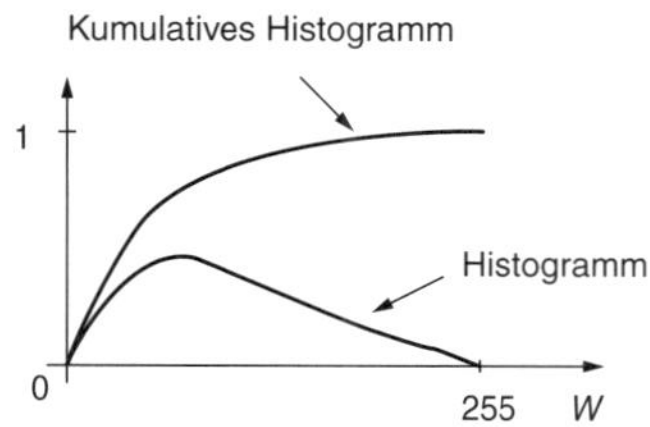

Bild 18.5 Kumulatives Histogramm

18

► *Hinweis*: Das kumulative Histogramm stellt die Verteilungsfunktion dar, wenn das Bild als eine Zufallsgröße mit dem Histogramm als Dichtefunktion betrachtet wird.

Eine **Kante** (edge) ist eine linienförmige Region von Punkten mit annähernd gleichen Gradienten (→ 18.2.6).
Eine **Linie** (line) besitzt zwei annähernd parallele Kanten, wobei

- deren geometrischer Abstand gering und konstant ist,
- deren Gradienten entgegengerichtet sind und
- in deren Zwischenraum der Gradient verschwindet.

Umgebungsabhängige Bildmerkmale. Zur Charakterisierung eines Bildpunktes p dienen häufig Merkmale, die anhand von Bildpunkten in einer Umgebung $U(p)$ definiert werden (→ Tabelle 18.3). Derartige Merkmale heißen auch **Texturmerkmale** (→ 17.3.4).

Tabelle 18.3 Einige Texturmerkmale (weitere Merkmale z. B. in /18.17/, /18.18/)

Merkmal	Definition
Mittelwert	$m(p) = \frac{1}{\lvert U(p)\rvert} \sum_{q \in U(p)} b(q)$
Rauhigkeit	$s(p) = \frac{1}{\lvert U(p)\rvert} \sum_{q \in U(p)} (b(q) - m(p))^2$
Kontrast	$K_1(p) = \frac{\max(p) - \min(p)}{\max(p) + \min(p)}, \quad K_2(p) = \frac{s(p)}{m(p)}$ $\max(p)$, $\min(p)$: maximaler bzw. minimaler Grauwert in der Umgebung
Energie E Entropie T	$E(p) = \sum_{q \in U(p)} b^2(q), \quad T(p) = \sum_{q \in U(p)} b(q) \log(b(q))$
Gerichtetheit	$G_1(p) = \gamma_{U_p}(p), \quad G_2(p) = \lvert G_1(p)\rvert \quad (\rightarrow 18.2.6)$

b Bild
p Bildpunkt
$U(p)$ Umgebung von p innerhalb b

Umwandlung von Farbbildern im RGB-System in Graubilder:

$$\boxed{y = 0{,}3r + 0{,}59g + 0{,}11b} \tag{18.2}$$

(r, g, b) Farbwert aus W^3
r Rotanteil
g Grünanteil
b Blauanteil
y Grauwert (**Luminanz**) im Intervall $[0, \lvert W\rvert]$ (/18.26/)
$W = \{0, 1, 2, \ldots, 255\}$

Umwandlung von Graubildern in Binärbilder:

$$\boxed{b'(x) = \begin{cases} 0 & \text{wenn } b(x) < c \\ 1 & \text{sonst} \end{cases}} \tag{18.3}$$

b Graubild
c Schwellkonstante (Beispiel → Bild 18.6)

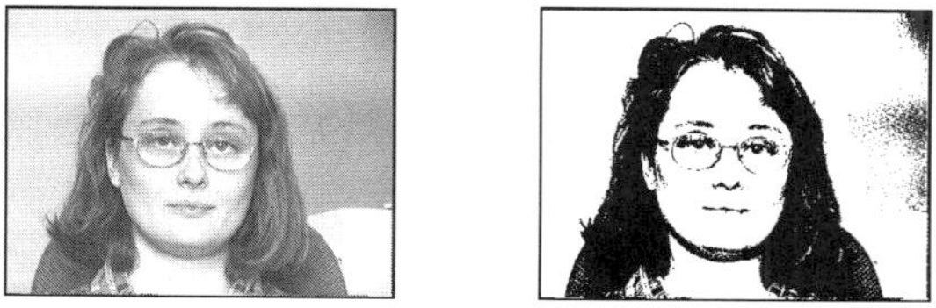

Bild 18.6 Binärisierung eines Graubildes

18.2 Bildtransformationen für die Bildbearbeitung

Jede Bildbearbeitung besteht aus einer Folge von Bildtransformationen. Diese kann man unterteilen in punktweise Transformationen (z. B. Skalierung im Graubereich, → 18.2.1), lokale Transformationen oder Operationen im Ortsbereich (z. B. Rangordnungsoperatoren, → 18.2.2, geometrische Transformationen, → 18.2.7) und Transformationen im Frequenzbereich (z. B. FOURIER-Transformation, → 18.2.5).

Die hier aufgeführten Bildtransformationen sind in der Regel auch in den gängigen Bildbearbeitungssystemen (z. B. Adobe Photoshop) enthalten, wobei aber dort zumeist weitere und oft nicht genau für den Nutzer definierte Varianten angeboten werden.

► *Hinweis*: Die Auswahl und Reihenfolge der für eine konkrete Bildverarbeitungsaufgabe zweckmäßigen Transformationen hängen stark vom vorliegenden Bildmaterial und den zur Verfügung stehenden Ressourcen an Rechenzeit und Speicherplatz ab.

18.2.1 Skalierung im Farbbereich

Skalierungen in einem Farbkanal werden insbesondere bei Anpassungen an Farbbereiche und zur Bildverbesserung genutzt.

Allgemeine Skalierung im Farbbereich:

$$\boxed{b'(p) = s\,[b(p)]} \tag{18.4}$$

W_1, W_2	Grau-/Farbbereiche
$s\colon W_1 \to W_2$	Skalierungsfunktion
$b\colon M \to W_1$	einkanaliges Bild

Die Skalierungsfunktion ordnet jedem Farbwert aus dem Originalbild einen neuen Farbwert zu (z. B. zur Veränderung des Kontrastes oder der Helligkeit, → 18.3).

18

Dehnen oder Stauchen des Farbbereichs:

$$s(x) = (x - g_{\min})\,\frac{W_{\max}}{g_{\max} - g_{\min}} \tag{18.5}$$

$g_{\min}, g_{\max}$	minimaler, maximaler Farbwert des Bildes b
$[0, W_{\max}]$	neues Farbintervall

Das Berechnungsergebnis ist auf natürliche Zahlen zu runden. Ein Bild mit z. B. 256 Graustufen kann auf wenige Graustufen eingeschränkt werden, ohne den Kontrast zu verschlechtern. Diese Reduktion kann bei der Weiterverarbeitung Vorteile hinsichtlich Rechenzeit und auch Speicherplatz bringen. Besitzt ein Bild nur Grauwerte eines Teilintervalls der zur Verfügung stehenden Grauwerte, dann erhöht eine Dehnung den Kontrast.

18.2.2 Rangordnungsoperatoren

Aus der Umgebung eines Bildpunktes werden entsprechend einer Schablone (genannt Strukturelement) Punkte ausgewählt und deren Grauwerte in einer Liste gesammelt. Der Grauwert des Originalbildpunktes wird dann durch einen dieser Grauwerte ersetzt.

Ein **Strukturelement** besteht aus einer Region eines (kleinen) Bildbereichs und einem Bezugspunkt aus diesem Bildbereich.

❑ *Beispiele* von Strukturelementen:

$$\left(\left\{\begin{matrix} & (0,1) & \\ (1,0) & (1,1) & (1,2) \\ & (2,1) & \end{matrix}\right\}, (1,1)\right) \quad \left(\left\{\begin{matrix} (0,0) & (0,1) & & (0,3) & (0,4) \\ (1,0) & (1,1) & (1,2) & (1,3) & (1,4) \\ (2,0) & (2,1) & & (2,3) & (2,4) \end{matrix}\right\}, (1,2)\right)$$

Bestimmung der Grauwertliste mit dem Strukturelement:

$$T_b(p) = (b(q - r + p) \colon q \in N) \tag{18.6}$$

b	Bild
p	Bildpunkt im Bild b
(N, r)	Strukturelement

$T_b(p)$ ist eine Folge der Grauwerte der Bildpunkte in einer bestimmten Umgebung des Punktes p im Bild b. Diese Umgebung wird durch das verwendete Strukturelement festgelegt: Der Bezugspunkt samt Strukturelement wird gedanklich über den Punkt p gelegt. Damit liegen die anderen Punkte des Strukturelements ebenfalls über Punkte des Bildes. Die Menge all dieser bedeckten Punkte des Bildes b bildet die Umgebung von p.

► *Hinweis*: Falls ein Grauwert mehrfach vorkommt, wird er auch mehrfach berücksichtigt.

Median-Operator. Jeder Punkt p des Originalbildes erhält das mittlere Element der sortierten Grauwertliste $T_b(p)$ als neuen Grauwert.

Dilatation: $b'(p) = \max T_b(p)$
Bei Binärbildern erhalten alle Bildpunkte den Grauwert 1, in deren Umgebung mindestens einmal der Grauwert 1 vorkommt. Dies kann zum Schließen von Lücken genutzt werden.

Erosion: $b'(p) = \min T_b(p)$
Bei Binärbildern erhalten lediglich die Bildpunkte den Grauwert 1, in deren Umgebung nur der Grauwert 1 vorkommt. Dies kann zum Verdünnen von Linien genutzt werden (falls die Linien den Grauwert 1 tragen).

Opening. Folge von Erosionen mit nachfolgenden Dilatationen.

Closing. Folge von Dilatationen mit nachfolgenden Erosionen.

18.2.3 Faltung

Die Faltung ist eine grundlegende Operation und wird bei der Manipulation von Bildern wie z. B. Glätten (→ 18.3.2) und Kantenverstärkung (→ 18.3.3) eingesetzt. In Bildbe- und -verarbeitungssystemen wird der Operator für das Falten oft nicht explizit zur Verfügung gestellt oder nur unter dem Stichwort *Filter* angeboten.

Faltungsbild d zweier Bilder b und c:

$$\boxed{d(p) = (b * c)(p) := \frac{1}{|M_c|} \sum_{q \in M_c} b(p - m + q)c(q)} \qquad (18.7)$$

b Bild mit Bildbereich M_b
c Bild mit quadratischem Bildbereich M_c und ungeradzahliger Zeilen-/Spaltenzahl Z_c
$*$ Faltungsoperator
m Mittelpunkt des Bildbereichs M_c
$p \in M_b$

▸ *Hinweis*: Bei der Faltung wird zu jedem Bildpunkt des ersten Operanden der gewichtete mittlere Grauwert in einer Umgebung berechnet. Die Umgebung und die Gewichte sind durch den zweiten Operanden gegeben. Das Faltungsbild ist an den Rändern nicht definiert und es sind Ersatzwerte zuzuordnen.

18

18.2.4 Diskrete Bildapproximation

Bei der Analyse und auch bei der Synthese von Bildern ist es vorteilhaft zu wissen, nach welchen Prinzipien und aus welchen Bausteinen sich diese zusammensetzen. Man betrachtet insbesondere so genannte Basisbilder, mit denen alle anderen beliebigen Bilder wenigstens näherungsweise dargestellt werden können.

Bei der **diskreten Bildapproximation** werden komplexwertige Koeffizienten bestimmt, so dass das Bild näherungsweise als eine Linearkombination von vorgegebenen **Basisbildern** dargestellt werden kann:

$$b(p) \approx b'(p) = \sum_{q \in M} f_q E_q(p) \qquad (18.8)$$

b, b' Original-, Näherungsbild; M Bildbereich; E_q Basisbilder; f_q Koeffizienten

► *Hinweis*: Häufig angewandt werden Basisbilder nach FOURIER, HADAMARD, WALSH (/18.18/, /18.26/). Anhand der Anteile der Basisbilder am Gesamtbild können Rückschlüsse auf wichtige Bildeigenschaften gezogen und je nach Zielrichtung weitere Bearbeitungsschritte abgeleitet werden (z. B. FOURIER-Transformation → 18.2.5).

18.2.5 FOURIER-Transformation

Bei der **FOURIER-Transformation** wird das Bild mit den komplexwertigen **Basisbildern nach FOURIER** approximiert:

$$\begin{aligned} E_{u,v}(x\,y) &= \mathrm{e}^{2\pi \mathrm{j}\left(\frac{ux}{Z} + \frac{vy}{S}\right)} \\ &= \cos\left[2\pi\left(\frac{ux}{Z} + \frac{vy}{S}\right)\right] + \mathrm{j}\sin\left[2\pi\left(\frac{ux}{Z} + \frac{vy}{S}\right)\right] \end{aligned} \qquad (18.9)$$

Z, S Zeilenanzahl, Spaltenzahl des Bildes
(u, v), (x, y) Bildpunkte

► *Hinweis*: Die Werte u und v repräsentieren die **Ortsfrequenzen**. Sie geben die Anzahl der Perioden innerhalb des Basisbildes in Spalten- beziehungsweise Zeilenrichtung an.

❑ *Beispiel*: Alle Bilder mit zwei Zeilen und zwei Spalten lassen sich als Linearkombination der Basisbilder

$$E_{0,0} = \begin{pmatrix} 1 & 1 \\ 1 & 1 \end{pmatrix}, \quad E_{0,1} = \begin{pmatrix} 1 & -1 \\ 1 & -1 \end{pmatrix}, \quad E_{1,0} = \begin{pmatrix} 1 & 1 \\ -1 & -1 \end{pmatrix} \quad \text{und}$$

$$E_{1,1} = \begin{pmatrix} 1 & -1 \\ -1 & 1 \end{pmatrix}$$

nach FOURIER approximieren.

FOURIER-Koeffizienten.

$$f_q = \frac{1}{|M|} \sum_{p \in M} b(p) \frac{1}{E_q(p)} \qquad (18.10)$$

M Bildbereich
q Bildpunkt

► *Hinweis*: Diese Koeffizienten resultieren aus der Forderung, den mittleren quadratischen Fehler zwischen Original- und Näherungsbild zu minimieren. Die Berechnung erfolgt mit schnellen Algorithmen (**Schnelle FOURIER-Transformation** /18.13/).

FOURIER-Transformierte zum Bild b:

$$F_b(q) = f_q$$

$q = (u, v)$ Bildpunkt
f_q Koeffizient der Linearkombination für die Basisfunktion $E_q = E_{(u,v)}$

Die FOURIER-Transformierte stellt nur die Zusammenfassung der FOURIER-Koeffizienten in der Form eines Bildes dar.

❑ *Beispiel*: Für das Originalbild $\begin{pmatrix} 1 & 2 \\ 3 & 4 \end{pmatrix}$ gilt

$$\begin{pmatrix} 1 & 2 \\ 3 & 4 \end{pmatrix} = \frac{5}{2}\begin{pmatrix} 1 & 1 \\ 1 & 1 \end{pmatrix} - \frac{1}{2}\begin{pmatrix} 1 & -1 \\ 1 & -1 \end{pmatrix} - 1\begin{pmatrix} 1 & 1 \\ -1 & -1 \end{pmatrix} + 0\begin{pmatrix} 1 & -1 \\ -1 & 1 \end{pmatrix}$$

und es hat damit die FOURIER-Transformierte

$$\begin{pmatrix} 5/2 & -1/2 \\ -1 & 0 \end{pmatrix}$$

FOURIER-Spektrum zum Bild b:

$$|F_b|(q) = \sqrt{\mathrm{Re}^2\left[F_b(q)\right] + \mathrm{Im}^2\left[F_b(q)\right]}$$

$\mathrm{Re}(x)$ Realteil der komplexen Zahl x
$\mathrm{Im}(x)$ Imaginarteil der komplexen Zahl x

Hier werden nur die Beträge der FOURIER-Koeffizienten zusammengefasst.

Liegen die FOURIER-Koeffizienten oder solche Koeffizienten vor, die als FOURIER-Koeffizienten betrachtet werden können, dann wird die Rücktransformation als **inverse FOURIER-Transformation** bezeichnet:

$$\boxed{b(p) = \sum_{q \in M} f_q E_q(p)} \qquad (18.11)$$

Filterung. Verändert man die FOURIER-Koeffizienten eines Bildes, dann liefert die inverse FOURIER-Transformation ein gegenüber dem Originalbild verändertes, d. h. gefiltertes Bild (Filterarten → Tabelle 18.4).

18

Tabelle 18.4 Filterarten

Filterung	Betragsmäßige Verminderung der Koeffizienten	Effekt bei Rücktransformation
Tiefpassfilterung	zu höheren Frequenzen	Abschwächung der Grauwert-/ Farbübergänge
Hochpassfilterung	zu niederen Frequenzen	Hervorhebung der Grauwert-/ Farbübergänge

► *Hinweis*: Allgemein werden alle Bildtransformationen als Filterung bezeichnet, die ähnliche Wirkungen wie bei der Filterung mithilfe der FOURIER-Transformation besitzen (→ Faltung und FOURIER-Transformation, → Konstruktion von Filtern).

Modifikation der FOURIER-Transformierten:

$$\boxed{F_b'(q) = F_b(q)T(q)} \tag{18.12}$$

T reell- oder komplexwertige **Übertragungsfunktion**

Man ordnet somit jedem FOURIER-Koeffizienten einen (reellen) eigenen Faktor zu. Ist dieser z. B. gleich null, so wird der betreffende FOURIER-Koeffizient bei der inversen FOURIER-Transformation wirkungslos (→ Filterung).

Faltung und FOURIER-Transformation. Die FOURIER-Koeffizienten eines Faltungsbildes lassen sich direkt aus den FOURIER-Koeffizienten der Einzelbilder berechnen (→ Bild 18.7):

$$\boxed{F_d(p) = F_b(p)F_c(p)} \tag{18.13}$$

b, c Bilder
$d = b * c$ Faltungsbild (→ 18.2.3)

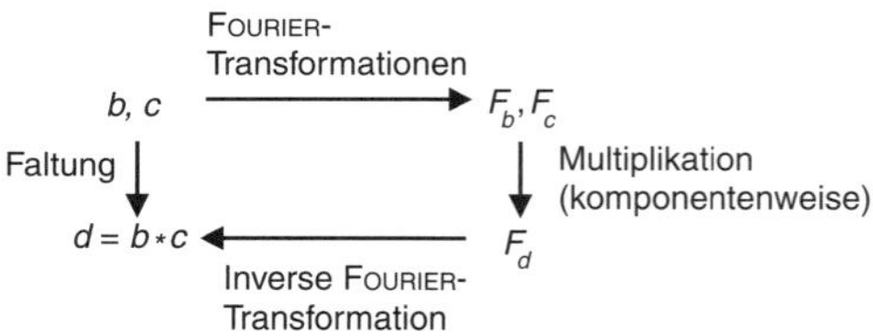

Bild 18.7 Zusammenhang von Faltung und FOURIER-*Transformation*

Konstruktion von Filtern. Wegen des Zusammenhangs von Faltung und FOURIER-Transformation können Bilder (genannt Filter) konstruiert werden, die als Faltungsoperanden den gleichen Effekt haben wie eine FOURIER-Transformation mit Modifikation der Koeffizienten und anschließender inverser FOURIER-Transformation (/18.8/):

1. Schritt: Ermitteln einer Übertragungsfunktion, die bei der inversen FOURIER-Transformation die gewünschte Filterwirkung im Originalbild hervorruft.

2. Schritt: Die Übertragungsfunktion als FOURIER-Transformierte eines Bildes betrachten und dieses durch inverse FOURIER-Transformation berechnen. Das entstehende Bild ist der gesuchte Filter.

18.2.6 Differenzenoperatoren

Bei der Faltung (→ 18.2.3) eines Bildes mit so genannten **Differenzen**- oder **Ableitungsoperatoren** (→ Tabelle 18.5) werden Farbänderungen besonders hervorgehoben. Man erhält **Ableitungsbilder**.

Tabelle 18.5 Beispiele von Differenzenoperatoren

Bezeichnung der Operatoren, Ergebnisbilder	Operator
einfache Ableitungsoperatoren, Ableitung in Spalten- bzw. Zeilenrichtung	$\begin{pmatrix} 0 & 1 & 0 \\ 0 & -1 & 0 \\ 0 & 0 & 0 \end{pmatrix}, \begin{pmatrix} 0 & 0 & 0 \\ 1 & -1 & 0 \\ 0 & 0 & 0 \end{pmatrix}$
SOBEL-Operatoren, Ableitungen in Spalten- bzw. Zeilenrichtung (→ Bild 18.8)	$\begin{pmatrix} 1 & 2 & 1 \\ 0 & 0 & 0 \\ -1 & -2 & -1 \end{pmatrix}, \begin{pmatrix} 1 & 0 & -1 \\ 2 & 0 & -2 \\ 1 & 0 & -1 \end{pmatrix}$
Kompassoperatoren (Nordost und Südost), Ableitung in diagonalen Richtungen	$\begin{pmatrix} 1 & 1 & 1 \\ -1 & -2 & 1 \\ -1 & -1 & 1 \end{pmatrix}, \begin{pmatrix} -1 & -1 & 1 \\ -1 & -2 & 1 \\ 1 & 1 & -1 \end{pmatrix}$
LAPLACE-Operator, richtungsunabhängige Ableitung	$\begin{pmatrix} 0 & 1 & 0 \\ 1 & -4 & 1 \\ 0 & 1 & 0 \end{pmatrix}$

Gradient im Bildpunkt:

$$\gamma_b(p) = \begin{pmatrix} b_x(p) \\ b_y(p) \end{pmatrix} \qquad (18.14)$$

b_x, b_y Ableitungsbilder in Spalten-, Zeilenrichtung des Bildes b
p Bildpunkt (→ Bild 18.8)

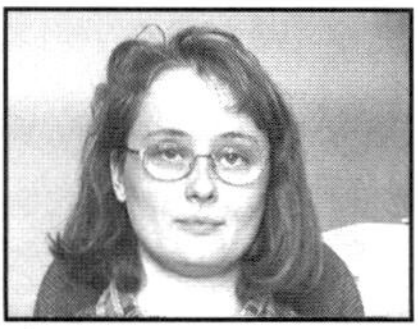
a)

b)

c)

Bild 18.8 Richtungsorientierte Ableitung im Graubild
a) Graubild
b) Ableitung in Zeilenrichtung
c) Gradientenbetragsbild (invertiert)

Gradientenbetragsbild:

$$|\gamma_b|(p) = \sqrt{b_x^2(p) + b_y^2(p)} \tag{18.15}$$

b_x, b_y Ableitungsbilder in Spalten-, Zeilenrichtung des Bildes b (→ Bild 18.8)
p Bildpunkt

18.2.7 Geometrische Transformationen

Geometrische Transformationen werden zur Veränderung der Bildbereiche, zur Ausrichtung und Entzerrung der Bildinhalte genutzt (→ 17.3.1, /18.13/, /18.15/).

Änderung der Bildgröße. Die Anzahl der Zeilen Z und/oder die Anzahl der Spalten S werden verändert:

$$Z' = Zc, \qquad S' = Sd \tag{18.16}$$

c, d nichtnegative Faktoren (→ Tabelle 18.6)

Tabelle 18.6 Wirkung der Faktoren

Faktor	Wirkung
$c > 1, d > 1$	Bildvergrößerung
$0 < c < 1, 0 < d < 1$	Bildverkleinerung
$c \neq d$	Verzerrung

18.3 Bildverbesserung

Bei der **Bildverbesserung** sollen die für den jeweiligen Verwendungszweck des Bildes relevanten Informationen und Bildanteile so hervorgehoben werden, dass eine nachfolgende inhaltliche Analyse des Bildes unterstützt wird.

Die hier definierten Operationen werden den so genannten Dunkelkammer-Arbeiten eines Fotografen zugeordnet und sind mit mindestens einem Grundsortiment sogar in einfachen Bildbearbeitungssystemen (z. B. als Zugabe zu Digitalkameras) enthalten.

18.3.1 Kontrast, Helligkeit

Lineare Skalierung der Farbwerte:

$$\boxed{b'(p) = [b(p) + c_1]\, c_2} \qquad (18.17)$$

b einkanaliges Bild
c_1, c_2 Koeffizienten (→ Tabelle 18.7; Beispiel → Bild 18.9)

Tabelle 18.7 Wirkung der Koeffizienten bei linearer Skalierung

Koeffizient c_1	$c_1 > 0$	Aufhellung
	$c_1 < 0$	Verdunkelung
Koeffizient c_2	$\lvert c_2\rvert > 1$	Verstärkung des Kontrastes
	$\lvert c_2\rvert < 1$	Abschwächung des Kontrastes

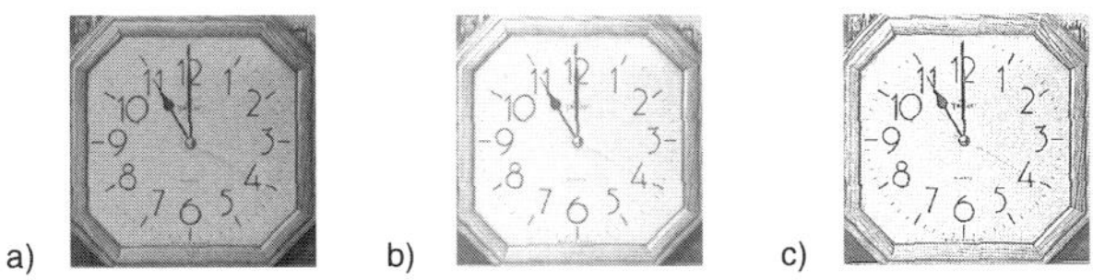

Bild 18.9 Bildverbesserung durch lineare Skalierung
a) Original, b) Aufhellung, c) Kontrastverstärkung

Nichtlineare Skalierung der Farbwerte. Hier wirken sich die Helligkeits- und Kontraständerungen in hellen und dunklen Farbwertbereichen verschieden aus.

❑ *Beispiele*: $b'(p) = \left(b^2(p) + c_1\right) c_2, \quad b'(x) = c_1 \log(b(p) + 1)$

Histogrammeinebnung. Der Kontrast eines Bildes wird auch als gut empfunden, wenn alle Farbwerte mit gleicher Häufigkeit vorkommen. Dies kann näherungsweise wie folgt erreicht werden:

$$\boxed{b'(p) = W_{\max} H_b[b(p)]} \qquad (18.18)$$

$b\colon M \to \{0, 1, \ldots, W_{\max}\}$ einkanaliges Bild
H_b kumulatives Histogramm (→ 18.1)

Adaptive Histogrammeinebnung. Überwiegen im Bild bestimmte Grauwertbereiche durch große Objekte oder ungleichmäßige Ausleuchtung, dann verwendet man günstiger die adaptive Histogrammeinebnung /18.26/:

1. Schritt: Das Bild wird in gleich große Rechtecke zerlegt und in jedem der entstehenden Teilbilder die einfache Histogrammeinebnung durchgeführt.

2. *Schritt*: Zur Milderung der Grauwertübergänge an den Rechteckkanten wird für jeden Punkt des Ergebnisbildes ein Mittelwert anhand der Mittelpunkte von jeweils vier benachbarten Teilbildern berechnet.

Vorgabe der Histogrammform. Kennt man aus Erfahrung die für das Bild optimale, stets positive Histogrammform v, so kann diese durch eine spezielle Skalierung näherungsweise erreicht werden:

1. *Schritt*: Bestimmung des inversen kumulativen Histogrammes V^{-1} zu v und des kumulativen Histogrammes H_b zum zu behandelnden Bild b (→ 18.1)
2. *Schritt*: Skalierung des Bildes b mit $b'(p) = V^{-1}\,[H_b\,(b(p))]$ (→ Bild 18.10)

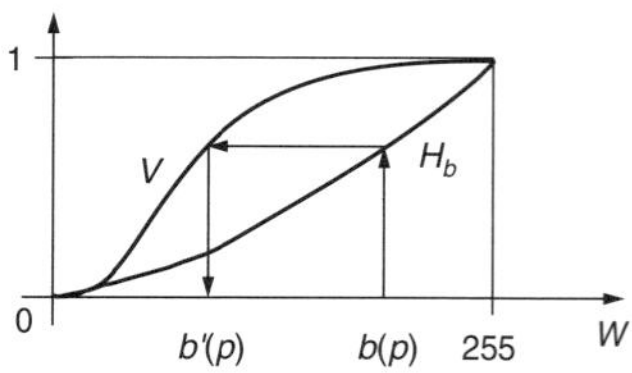

Bild 18.10 Skalierung eines Bildes nach vorgegebener Histogrammform

18.3.2 Glätten

Beim **Glätten** (smoothing) sollen abrupte Grauwertübergänge abgeschwächt und das Bild weicher dargestellt werden. Der Vorgang entspricht einer Tiefpassfilterung. Sie vermindert in der Regel die Bildschärfe und das Rauschen (→ Bild 18.11).

Glätten durch FOURIER-Transformation. Vor der inversen Transformation werden die FOURIER-Koeffizienten (→ 18.2.5) zu höheren Frequenzen abgeschwächt.

Glätten mit bewegtem Mittelwert:

$$b'(p) = \frac{1}{|U_p|} \sum_{q \in U_p} b(q) \qquad (18.19)$$

U_p Umgebung zum Bildpunkt p

► *Hinweis*: Das Glätten mit bewegtem Mittelwert entspricht genau der Faltung (→ 18.2.3) mit einem Bild, dessen sämtliche Bildpunkte den Farbwert 1 besitzen.

Glätten mit Medianfilter. Bessere Ergebnisse als mit dem bewegten Mittelwert erreicht man mit dem Medianoperator (→ 18.2.2), jeweils auf die Umgebung angewendet.

Glätten durch Faltung. Das Bild wird mit Operatoren gefaltet, die glättende Wirkung besitzen.

a) 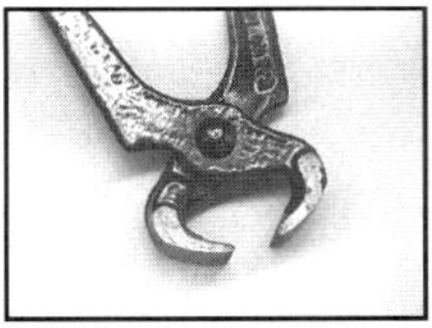 b) 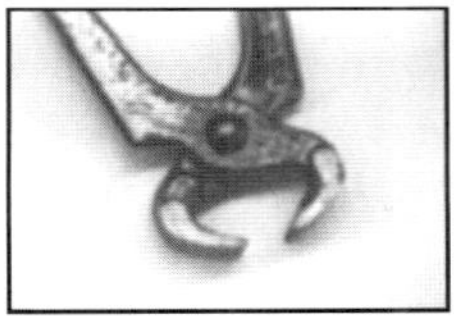

Bild 18.11 Glätten eines Graubildes; a) Original, b) Geglättetes Bild

► *Hinweis*: Solche Filter können zum Beispiel mithilfe der FOURIER-Transformation (→ 18.2.5) berechnet werden.

18.3.3 Kantenverstärkung

Bei der **Kantenverstärkung** sollen die Grauwert-/Farbkanten im Bild hervorgehoben und die Bildschärfe erhöht werden. Der Vorgang entspricht einer Hochpassfilterung (→ 18.2.5). In der Regel ist auch eine Verstärkung des Rauschens zu erwarten.

Kantenverstärkung durch FOURIER-Transformation. Vor der inversen Transformation werden die FOURIER-Koeffizienten zu niederen Frequenzen abgeschwächt (→ 18.2.5).

Kantenverstärkung mit gleitendem Mittelwert:

$$b'(p) = \frac{b(p) - c m_{U(p)}}{1 - c} \tag{18.20}$$

$m_{U(p)}$ mittlerer Grauwert in einer Umgebung des Bildpunktes p
c Verstärkungsfaktor mit $0 \leqq c \leqq 1$

18

Kantenverstärkung mit LAPLACE-Operator:

$$b'(p) = b(p) - d(p) \tag{18.21}$$

$d = b * c$ Faltungsbild mit LAPLACE-Operator c (→ 18.2.6)

Kantenverstärkung durch Faltung. Das Bild wird mit Operatoren gefaltet, die Kanten verstärkende Wirkung besitzen.

► *Hinweis*: Solche Filter können zum Beispiel mithilfe der FOURIER-Transformation (→ 18.2.5) berechnet werden.

18.4 Bildanalyse

Die Bildanalyse besteht aus den Phasen Segmentierung und Extraktion. Bei der **Segmentierung** soll das Bild nach Möglichkeit so in Teilbereiche (Regionen, **Segmente**) zerlegt werden, dass diese bedeutungstragende Bildbestandteile darstellen (z. B. Trennung von Hintergrund und Objekt /18.7/, /18.15/, /18.18/, /18.27/). Bei der nachfolgenden **Merkmalsextraktion** werden die Regionen hinsichtlich ihrer Lage, Ausdehnung, Form und weiteren Eigenschaften und Merkmale beschrieben (→ Merkmale von Regionen 18.1, **Mustererkennung** /18.8/, /18.15/, /18.16/, /18.18/, /18.19/, /18.27/).

Mithilfe weiteren Wissens und auch Methoden kann dann eine komplexe semantische Analyse des Bildinhaltes erfolgen. Die dafür nützlichen Bildverarbeitungsoperatoren werden in der Regel nur in professionellen Bildverarbeitungssystemen oder weiterführenden Systemen angeboten. Als Anwendungsbereiche seien nur einige Beispiele genannt: Schrifterkennung, Steuerung von Robotern in der Produktion, Navigation eines mobilen Roboters in einer fremden Umgebung, Erkennung von Hindernissen im Bahnverkehr, Überwachung von Verkehrsströmen, Qualitätskontrolle für Oberflächen, Zugangskontrolle für Personen, Auswertung von Ultraschallbildern (medizinische Bildverarbeitung), Luftbildauswertung, Fernerkundung.

18.4.1 Regionenorientierte Segmentierung

Eine Menge S von Regionen (→ 18.1) heißt genau dann **Zerlegung des Bildbereichs** M, wenn gilt:

- $A \cap B = \emptyset$ für alle $A, B \in S, A \neq B$,
- $\bigcup_{A \in S} A = M$.

Die Gewinnung einer Zerlegung entspricht einer Segmentierung (Beispiel → Bild 18.12). Bei der **Segmentierung nach Farben** werden jeweils die Bildpunkte zu Regionen zusammengefasst, deren Farbwerte in gleichen Bereichen liegen (Beispiel → Bild 18.13).

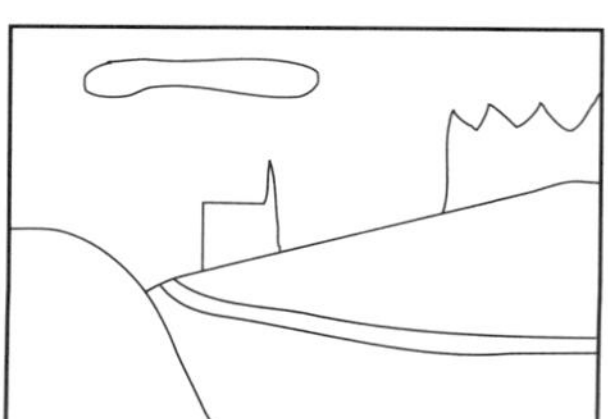

Bild 18.12 Zerlegung eines Bildbereichs

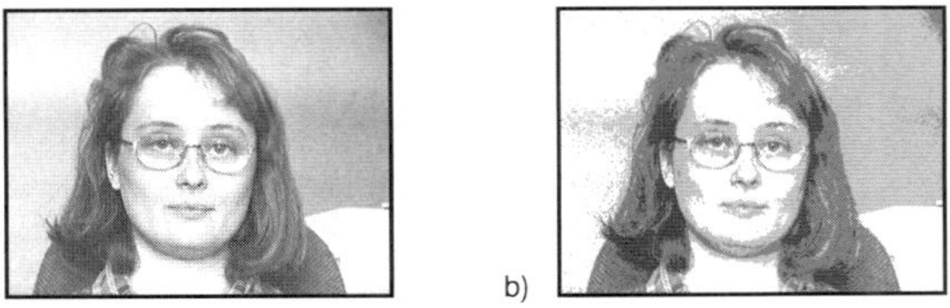

a) b)

Bild 18.13 Segmentierung nach 5 Grauwertbereichen
a) Original, b) segmentiertes Bild

Segmentierung durch unüberwachte Klassifizierung.

1. Schritt: Es wird ein beliebiger Bildpunkt einer ersten Region zugeordnet. Es gibt am Anfang somit nur eine Region. Sie enthält nur einen Punkt.

2. Schritt: Es wird ein weiterer Bildpunkt p ausgewählt, der noch keiner Region zugeordnet wurde. Falls kein solcher Punkt mehr vorhanden: Ende des Verfahrens.

Schritt 2.1: Auswahl aller Regionen, deren Abstände zum Bildpunkt p mit seinem Grau-/Farbwert kleiner als ein vorzugebender Schwellwert sind. Falls keine solche Region vorhanden: Fortsetzung bei Schritt 3.

Schritt 2.2: Auswahl der Region mit dem kleinsten Abstand entsprechend 2.1. Diese Region wird mit dem betrachteten Punkt p erweitert. Fortsetzung mit Schritt 2.

3. Schritt: Es wird eine neue Region gebildet, die nur den betrachteten Punkt p enthält. Anschließend wird mit Schritt 2 fortgesetzt.

► *Hinweis*: Das Abstandsmaß zwischen Punkt und Region ist nach Bedarf zu definieren. Der Schwellwert und die Reihenfolge der Behandlung der Bildpunkte können das Segmentierungsergebnis stark beeinflussen.

Segmentierung mit dem Wachstumsverfahren.

1. Schritt: Jedem Bildpunkt wird genau eine einelementige Region zugeordnet.

2. Schritt: Es wird zu jedem Paar verschiedener, aber benachbarter Regionen der Abstand berechnet. Falls alle Abstände größer als eine Schwellkonstante sind: Ende des Verfahrens. Sonst: Vereinigung der beiden Regionen, die den geringsten Abstand haben. Fortsetzung des Verfahrens mit Schritt 2.

Segmentierung durch kantenorientierte Verfahren. Zerlegungen können auch gewonnen werden, indem man die Kanten (→ 18.1) in mindestens einem Bildkanal ermittelt und diese als Ränder der Regionen/Objekte betrachtet /18.3/, /18.26/, /18.27/. Bei linienorientierten Bildern sind sowieso nur diese Kanten von Interesse.

18.4.2 Kanten- und Linienextraktion

Bei der **Kanten- und Linienextraktion** sollen die Kanten bzw. Linien im Bild ermittelt und erfasst werden. Diese Elemente bilden die Grundlage einer abstrakten Beschreibung des Originalbildes.

Ermitteln von Kantenpunkten. Es wird ein Binärbild konstruiert, das nur die potentiellen Kantenpunkte enthält:

1. Schritt: Glätten des Bildes zur Verminderung des Rauschens und zur Unterdrückung von zu kleinen, nicht interessierenden Kanten (→ 18.3.2),
2. Schritt: Kantenverstärkung (→ 18.3.3),
3. Schritt: Ermitteln des Gradientenbildes durch Faltung mit Ableitungsoperatoren (→ 18.2.6),
4. Schritt: Ermittlung des Gradientenbetragsbildes (→ 18.2.6) und dessen Binärisierung (→ 18.1).

Skelettierung. Bei größeren Breiten von Kanten/Linien geht man davon aus, dass die ideale Linie jeweils in der Mitte verläuft (→ Bild 18.14). Um diese zu erhalten, werden entweder die überflüssigen Punkte durch morphologische Operatoren wie Dilatation, Erosion (→ 18.2.2) eliminiert oder die Mittelachsen der dicken Linien anhand der Randlinien berechnet (/18.1/, /18.18/, /18.26/).

Bild 18.14 Skelettieren einer Region

Konturpunktverkettung. Enthält ein Binärbild nur noch potentielle Kantenpunkte, können diese zu Kanten/Linien verkettet werden:

1. Schritt: Verbesserung des Bildes wie Elimination isolierter Punkte, Verdünnung der Linien und Schließen von Lücken (→ 18.2.2).
2. Schritt: Jede zusammenhängende Menge von Kantenpunkten wird in einer Region erfasst und durch einen Polygonzug oder Spline approximiert.

HOUGH-Transformation. Enthält ein Binärbild nur noch potentielle Konturpunkte, so können die geraden Kanten/Linien extrahiert werden:

1. Schritt: Gedanklich werden durch jeden Kantenpunkt alle möglichen Geraden gelegt. Jede dieser Geraden wird durch den Abstand vom Koordinatennullpunkt und den Winkel des Lotes auf die Geraden charakterisiert. Diese beiden Werte repräsentieren einen Punkt im zweidimensionalen HOUGH-Raum (→ Bild 18.15).
2. Schritt: Diesen Punkten wird jeweils die Anzahl der Kantenpunkte zugeordnet, die auf der jeweiligen Geraden liegen. Wenn diese Anzahl für einen

Punkt genügend hoch ist, wird die zugehörige Gerade als tatsächlich im Originalbild vorhanden betrachtet.

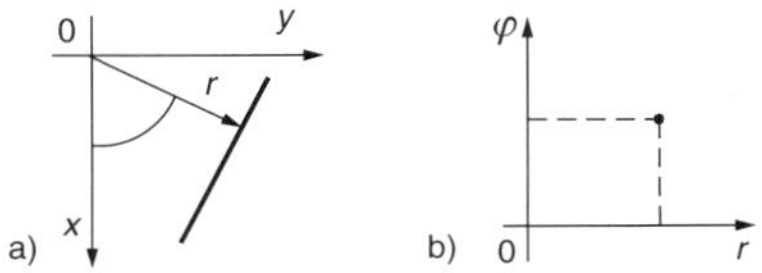

Bild 18.15 HOUGH-*Transformation*
a) Charakterisierung einer Geraden mit Abstand und Richtung
b) Ein Punkt im HOUGH-*Raum entspricht einer Geraden im Bild*

Wenn

$$\boxed{|\{(x,y) \in R\colon r = x\cos\varphi + y\sin\varphi\}| > c} \tag{18.22}$$

dann gilt folgende Gerade als im Binärbild enthalten:

$$\boxed{\frac{x - r\cos\varphi}{y - r\sin\varphi} = -\tan\varphi} \tag{18.23}$$

c	Schwellkonstante
R	Menge der Konturpunkte
$r \geqq 0$	Abstand der Geraden vom Koordinatenursprung
φ	Winkel des Lotes vom Koordinatenursprung auf die Gerade

Konturverfolgung. Kantenlinien mit beliebigem Verlauf werden Punkt für Punkt verfolgt und erfasst:

1. Schritt: Glätten des Bildes (→ 18.3.2) und Verstärken der Kanten (→ 18.3.3),

2. Schritt: Ermitteln eines Anfangspunktes, der mit Sicherheit zu einer Kante gehört,

3. Schritt: Suchen eines jeweils benachbarten Kantenpunktes anhand der Farbverteilung in der Umgebung des bereits gefundenen Punktes (zum Beispiel: Auswahl des Nachbarpunktes mit größtem Grauwert) (→ Bild 18.16),

4. Schritt: Übertragung des ermittelten Konturpunktes in eine Liste zur späteren Approximation der Kante durch Polygonzüge oder Splines. Fortsetzung mit 2.

18

Bild 18.16 Konturverfolgung

19 Theoretische Informatik

Rolf Socher

Kann es einen Algorithmus geben, der prüft, ob ein vorgelegtes Quellprogramm bei bestimmten Eingaben in eine Endlosschleife gerät? Die Antwort, die schon 1936 von A. M. TURING gegeben wurde, lautet: Nein, einen solchen Algorithmus kann es nicht geben. Damit wurde eine Grenze dessen, was von Computerprogrammen machbar ist, aufgezeigt. Aber auch wenn ein Algorithmus zur Lösung einer Problemstellung existiert, bedeutet dies nicht unbedingt, dass das Problem auch in der Praxis in vertretbarer Zeit lösbar ist, wie das Beispiel des Problems des Handlungsreisenden zeigt.

Die theoretische Informatik beschäftigt sich mit Fragen dieser Art: Welche Probleme sind überhaupt algorithmisch lösbar? Welche sind in vertretbarer Zeit lösbar? Wie muss ein minimales Modell eines Rechners beschaffen sein, um die gesamte Funktionalität eines modernen Computers zu simulieren? Wie kann man beweisen, dass ein bestimmter Algorithmus genau das tut, was er soll?

Der grundlegende Formalismus zur Formulierung und Beantwortung solcher Fragen ist die Theorie der formalen Sprachen. Problemstellungen, Algorithmen und Computerprogramme lassen sich alle als formale Sprachen darstellen.

19.1 Formale Sprachen und Automaten

19.1.1 Grundlegende Begriffe

Ein *Alphabet* Σ ist eine endliche, nichtleere Menge, deren Elemente Zeichen genannt werden. Ein *Wort* über einem Alphabet Σ ist eine endliche Folge von Zeichen aus Σ. Man bezeichnet Wörter mit den Buchstaben $u, v, w, \ldots$ und Zeichen mit den Buchstaben $a, b, c, \ldots$ Die *Länge* $|w|$ des Wortes w ist die Anzahl der in w vorkommenden Zeichen, beispielsweise ist $|abacca| = 6$. Das *leere Wort*, also das Wort der Länge 0, wird mit ε bezeichnet. Σ^* bezeichnet die Menge aller Wörter über Σ. Die *Konkatenation* zweier Wörter $u = a_1a_2 \ldots a_n$, $v = b_1b_2 \ldots b_m$ ist definiert durch $uv = a_1a_2 \ldots a_nb_1b_2 \ldots b_m$. Es gilt $\varepsilon w = w\varepsilon = w$ für alle $w \in \Sigma^*$. Ist $w \in \Sigma^*$, so ist $w^0 = \varepsilon$ und $w^n = ww^{n-1}$.

Eine *Sprache* über Σ ist eine Teilmenge von Σ^*. Die *Konkatenation* zweier Sprachen L_1 und L_2 ist definiert durch $L_1L_2 = \{uv \mid u \in L_1, v \in L_2\}$. Die KLEENE'*sche Hülle* L^* von L ist definiert durch $L^0 = \{\varepsilon\}$, $L^{n+1} = LL^n$ und $L^* = \bigcup_{n=0}^{\infty} L^n$. Das *Komplement* von L ist definiert durch $\bar{L} = \Sigma^* - L$.

Ist R eine Relation auf einer Menge M, so bezeichnet R^* die reflexive, transitive Hülle von R.

19.1.2 Endliche Automaten und reguläre Ausdrücke

Endliche Automaten sind einfache Berechnungsmodelle, die zum Erkennen von einfachen Sprachen dienen. Sie werden beispielsweise zur lexikalischen Analyse (→ 7.1.2) verwendet. Ein endlicher Automat verfügt über eine endliche Menge von Zuständen und eine Berechnungsvorschrift δ. In jedem Schritt einer Berechnung liest A das nächste Zeichen des Eingabewortes $w \in \Sigma^*$ und geht entsprechend der Vorschrift δ in Abhängigkeit vom gelesenen Zeichen und dem aktuellen Zustand in einen möglichen Folgezustand über. Ist das Wort vollständig gelesen, so wird es je nach aktuellem Zustand akzeptiert oder auch nicht. Ein Automat heißt deterministisch, wenn der Folgezustand eindeutig durch den aktuellen Zustand und das gelesene Zeichen bestimmt ist, ansonsten nichtdeterministisch.

19.1.2.1 Endliche Automaten

Ein **nichtdeterministischer endlicher Automat** (NEA) ist ein Quintupel $A = (\Sigma, Z, \delta, z_0, E)$ mit:

- Σ, Z sind endliche, nichtleere Mengen *(Eingabealphabet, Zustände)*.
- δ ist eine Funktion $\delta\colon Z \times \Sigma \to 2^Z$ *(Übergangsfunktion)*.
- $z_0 \in Z$ ist der *Startzustand*, $E \subseteq Z$ ist eine Menge von *Endezuständen* (*akzeptierende Zustände*).

Der Automat A heißt *deterministisch* (DEA), falls $|\delta(z,a)| = 1$ für alle $z \in Z$, $a \in \Sigma$ gilt. Man schreibt dann δ als Funktion $\delta\colon Z \times \Sigma \to Z$. Automaten werden meist durch Graphen dargestellt. Dabei gilt $z_j \in \delta(z_i, a)$ genau dann, wenn eine mit a markierte Kante von z_i nach z_j führt (→ Bild 19.1).

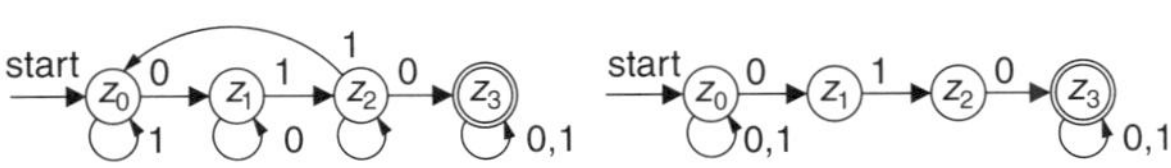

Bild 19.1 Ein deterministischer (links) und ein nichtdeterministischer (rechts) endlicher Automat, die Endezustände sind doppelt umrandet

19

Eine *Konfiguration* eines endlichen Automaten ist ein Element $(z, w) \in Z \times \Sigma^*$. Dabei bezeichnet z den aktuellen Zustand, w das restliche Eingabewort. Die Relation $\to$ auf der Menge $Z \times \Sigma^*$ ist definiert durch $(z_1, v) \to (z_2, w)$, falls $z_2 \in \delta(z_1, a)$ und $v = aw$ gilt. $\overset{*}{\to}$ bezeichnet die reflexive, transitive Hülle von $\to$.

Akzeptierung durch einen endlichen Automaten. Ein Automat A *akzeptiert* ein Wort $w \in \Sigma^*$, falls $(z_0, w) \overset{*}{\to} (z_n, \varepsilon)$ mit $z_n \in E$ gilt. Die von A *akzeptierte Sprache* $L(A)$ ist die Menge aller von A akzeptierten Wörter.

Eine Sprache L heißt **regulär**, wenn es einen Automaten gibt, der L akzeptiert.

Zwei Automaten A_1 und A_2 heißen **äquivalent**, falls $L(A_1) = L(A_2)$ gilt.

Beide in Bild 19.1 dargestellten Automaten akzeptieren die Sprache $L(A) = \{v010w \mid v, w \in \{0,1\}^*\}$.

Ein nützliches Hilfsmittel, um zu zeigen, dass eine gegebene Sprache L nicht regulär ist, ist das *Pumping-Lemma* für reguläre Sprachen.

Pumping-Lemma für reguläre Sprachen. Ist L eine reguläre Sprache, so gibt es ein $N \in \mathbb{N}$, so dass gilt: Zu jedem Wort $x \in L$ mit $|x| \geqq N$ gibt es Wörter u, v, w, mit $|uv| \leqq N$ und $v \neq \varepsilon$, so dass $x = uvw$ und $uv^iw \in L$ für alle $i \geqq 0$.

Mit dem Pumping-Lemma lässt sich beispielsweise zeigen, dass die Sprache $L = \{0^n1^n \mid n \geqq 0\}$ nicht regulär ist: Wäre L regulär, so gäbe es ein N wie im Lemma. Man wählt nun das Wort $x = 0^N1^N$ aus L. Erfüllen u, v, w die Bedingungen des Lemmas, so gilt wegen $x = uvw$ also $u = 0^k$, $v = 0^j$, $w = 0^{N-j-k}1^N$ mit $j > 0$. Außerdem ist $uv^iw \in L$ für alle $i \geqq 0$, insbesondere also für $i = 0$, das heißt $uw = 0^k0^{N-j-k}1^N = 0^{N-j}1^N \in L$, ein Widerspruch.

Eine zweite Möglichkeit zum Nachweis der Nichtregularität einer Sprache ergibt sich durch den Satz von MYHILL und NERODE.

Satz von MYHILL-NERODE. Ist L eine Sprache über Σ und ist $w \in \Sigma^*$, so ist die Menge $\Delta(w)$ definiert durch: $\Delta(w) = \{u \in \Sigma^* \mid wu \in L\}$. Es gilt: Die Sprache L ist genau dann regulär, wenn die Menge $\{\Delta(w) \mid w \in \Sigma^*\}$ endlich ist.

Dieser Satz wird folgendermaßen verwendet, um zu zeigen, dass eine Sprache $L \subseteq \Sigma^*$ nicht regulär ist: Man wählt eine geeignete Folge $w_n \in \Sigma^*$ und bestimmt zu jedem w_n die Menge $\Delta_n := \{\delta_n \in \Sigma^* \mid w_n\delta_n \in L\}$. Findet man auf diese Weise unendlich viele verschiedene Δ_n, so ist L nicht regulär.

❑ *Beispiel*: Die Tabelle 19.1 zeigt, dass die Sprache $L = \{0^n1^n \mid n \geqq 0\}$ nicht regulär ist.

Tabelle 19.1 Beispiel zum Satz von MYHILL *und* NERODE

i	w_i	Δ_i
1	01	$\{\varepsilon\}$
2	001	$\{1\}$
...	...	...
n	0^n1	$\{1^{n-1}\}$

Die Mengen Δ_i, $i = 1, 2, \ldots$, sind alle verschieden, also ist L nicht regulär. Die Kunst bei der Anwendung des Satzes liegt darin, eine geeignete Folge w_n zu finden.

Die folgende Konstruktion zeigt, dass es zu jedem NEA einen äquivalenten DEA gibt. Sei $A = (\Sigma, Z, \delta, z_0, E)$ ein NEA. Der wie folgt definierte DEA $A' = (\Sigma, 2^Z, \delta', \{z_0\}, E')$ ist äquivalent zu A:

- $E' = \{M \subseteq Z \mid M \cap E \neq \emptyset\}$,
- $\delta'(z_1', a) = z_2'$, falls es $z_1 \in z_1'$ und $z_2 \in z_2'$ gibt, so dass $\delta(z_1, a) = z_2$, d. h. $\delta'(z_1', a) = \bigcup_{z_1 \in z_1'} \delta(z_1, a)$.

19.1.2.2 Reguläre Ausdrücke

Reguläre Sprachen lassen sich durch reguläre Ausdrücke beschreiben.

Regulärer Ausdruck über einem Alphabet Σ:

- $\emptyset$ ist ein regulärer Ausdruck. Er beschreibt die leere Sprache.
- ε ist ein regulärer Ausdruck. Er beschreibt die Sprache $\{\varepsilon\}$.
- Ist $a \in \Sigma$, so ist a ein regulärer Ausdruck. Er beschreibt die Sprache $\{a\}$.
- Sind r und s reguläre Ausdrücke, die die Sprachen R bzw. S bezeichnen, so sind auch $r + s$, $r \cdot s$ und r^* reguläre Ausdrücke. Sie bezeichnen die Sprachen $R \cup S$, RS bzw. R^*.

Beim Schreiben regulärer Ausdrücke gelten die folgenden Operatorprioritäten: $*$ hat höhere Bindungskraft als $\cdot$, dieses hat höhere Bindungskraft als $+$. Die Operatoren $\cdot$ und $+$ sind assoziativ. Ähnlich wie bei der Multiplikation wird der Operator $\cdot$ meist nicht geschrieben. Beispielsweise ist $0^* + 0^*10^* = (0^*) + (0^* \cdot (1 \cdot (0^*)))$. Dieser Ausdruck bezeichnet die Menge der Wörter, in denen höchstens einmal die 1 vorkommt. Der Ausdruck $(0 + 1)^*010(0 + 1)^*$ bezeichnet die Sprache $\{v010w \mid v, w \in \{0, 1\}^*\}$, also dieselbe Sprache, die von den Beispielautomaten (→ Bild 19.1) akzeptiert wird.

Eine nichtleere Sprache ist genau dann regulär, wenn sie sich durch einen regulären Ausdruck darstellen lässt.

19.1.2.3 Kellerautomaten

Ein *Kellerautomat* K ist ein endlicher Automat, der sowohl über ein Eingabewort als auch über einen Keller gesteuert wird. In jedem Berechnungsschritt liest K das nächste Zeichen der Eingabe und das erste Zeichen x des Kellers. Er geht dann entsprechend der Übergangsvorschrift δ in den Nachfolgezustand über und ersetzt das Zeichen x auf dem Keller durch ein Wort W. Bild 19.2 zeigt ein Beispiel für einen Kellerautomaten. Die Übergangsvorschrift besagt beispielsweise: Ist der aktuelle Zustand z_1 und wird das Eingabezeichen 0 und das Kellerzeichen A gelesen, so bleibe in Zustand z_1 und ersetze das Zeichen A im Keller durch ε, d. h., entferne A vom Keller.

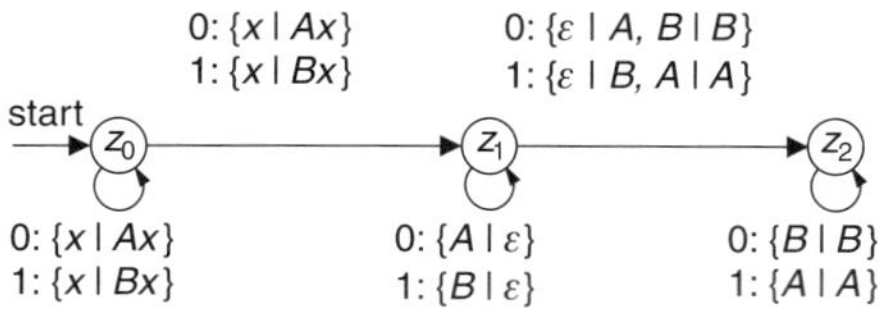

Bild 19.2 Ein Kellerautomat

Für Kellerautomaten gibt es zwei äquivalente Konzepte der Akzeptierung:

Akzeptierung mit Endezustand. Ein Kellerautomat K akzeptiert ein Wort $w \in \Sigma^*$, falls er sich nach Lesen des letzten Zeichens der Eingabe in einem akzeptierenden Zustand befindet.

Akzeptierung mit leerem Keller. Ein Kellerautomat K akzeptiert ein Wort $w \in \Sigma^*$, falls nach Lesen des letzten Zeichens der Eingabe der Keller leer ist.

> Eine Sprache heißt **kontextfrei** ($\rightarrow$ 19.1.3.1) genau dann, wenn sie von einem Kellerautomaten akzeptiert wird.

Der in Tabelle 19.1 dargestellte Kellerautomat K akzeptiert beispielsweise das Wort 10101 mit leerem Keller:

$$(z_0, 10101, \varepsilon) \rightarrow (z_0, 0101, B) \rightarrow (z_0, 101, AB) \rightarrow (z_1, 101, BAB)$$
$$\rightarrow (z_1, 01, AB) \rightarrow (z_1, 1, B) \rightarrow (z_1, \varepsilon, \varepsilon)$$

Die von K akzeptierte Sprache $L(K)$ ist die Menge aller Palindrome (d. h. die Wörter, die rückwärts und vorwärtsgelesen gleich sind) über dem Alphabet $\{0, 1\}$. Diese Sprache ist nicht regulär, wie sich mit dem Pumping-Lemma zeigen lässt. Das Beispiel verdeutlicht also, dass es Sprachen gibt, die von Kellerautomaten, aber nicht von endlichen Automaten akzeptiert werden. Dies bedeutet, dass die Klasse der regulären Sprachen eine echte Teilmenge der Klasse der kontextfreien Sprachen ist.

Ein Kellerautomat heißt **deterministisch**, wenn der Nachfolgezustand und die Operation auf dem Keller eindeutig durch den aktuellen Zustand, das eingelesene Zeichen und das erste Kellerzeichen bestimmt sind. Im Gegensatz zu den endlichen Automaten besteht bei den Kellerautomaten keine Äquivalenz zwischen der deterministischen und der nichtdeterministischen Version. Beispielsweise gibt es keinen deterministischen Kellerautomaten, der die Menge aller Palindrome erkennt.

19.1.3 Formale Sprachen

19.1.3.1 Grammatiken für formale Sprachen und Ableitungen

Während ein endlicher Automat ein Mittel darstellt, um eine bestimmte Sprache zu erkennen, hat eine Grammatik den Zweck, eine bestimmte Sprache zu produzieren.

> Eine **Grammatik** (grammar) ist ein Quadrupel $G = (V, \Sigma, P, S)$ mit:
> - V ist eine endliche Menge *(Variablen/Nichtterminalsymbole)*.
> - Σ ist ein Alphabet *(Terminalalphabet)*.
> - P ist eine endliche Menge (*Regeln/Produktionen*) von Paaren der Form $l \to r$ mit $l \in (V \cup \Sigma)^+ - \Sigma^+$ und $r \in (V \cup \Sigma)^*$.
> - $S \in V$ ist die *Startvariable*.

Im Folgenden werden Großbuchstaben für Variablen und Kleinbuchstaben für Terminalsymbole benutzt. Ist G eine Grammatik, so ist die *Ableitungsrelation* $\Rightarrow_G$ (im Folgenden nur $\Rightarrow$) auf $(V \cup \Sigma)^*$ definiert durch $u \Rightarrow v$, falls $u = u_1 l u_2$, $v = u_1 r u_2$ mit $u_1, u_2 \in (V \cup \Sigma)$ und $l \to r \in P$. Die von G erzeugte formale Sprache ist

$$L(G) = \{w \in \Sigma^* \mid S \overset{*}{\Rightarrow} w\}$$

Zwei Grammatiken G_1, G_2 heißen *äquivalent*, wenn $L(G_1) = L(G_2)$ gilt.

❑ *Beispiel*: Sei $G = (\{S\}, \{0, 1\}, P, S)$ mit $P = \{S \to \varepsilon,\ S \to 0S1\}$. Dann gilt $L(G) = \{0^n 1^n \mid n \geqq 0\}$.

Man schreibt auch abkürzend $A \to a \mid b$ für $A \to a, A \to b$.

Tabelle 19.2 definiert verschiedene Grammatiktypen anhand von Bedingungen für die Form aller Regeln $l \to r$. Typ 0 steht für beliebige Grammatiken (ohne Einschränkung). Die Tabelle zeigt außerdem die Beziehungen zwischen Sprach- und Automatenklassen. Beispielsweise ist also die Klasse der regulären Sprachen gleich der von (links- oder rechts-)linearen Grammatiken erzeugten Sprachklasse. Dies ist auch genau die Klasse der von endlichen Automaten akzeptierten Sprachen. Die Einteilung der Sprachklassen in Sprachen vom Typ 0, Typ 1 usw. stammt von NOAM CHOMSKY und wird allgemein als **CHOMSKY-Hierarchie** bezeichnet.

19

❑ *Beispiel*: Sei $G = (\{S, A, B, C\}, \{0, 1\}, P, S)$ mit

$$P = \{S \to 1S \mid 0A,\quad A \to 0A \mid 1B,\quad B \to 1S \mid 0C,\quad C \to \varepsilon \mid 1C \mid 0C\}$$

Die Grammatik G ist linear. Es gilt $L(G) = \{v010w \mid v, w \in \{0, 1\}^*\}$ (→ 19.1.2.1).

Jede reguläre Sprache ist kontextfrei, aber nicht umgekehrt. Beispielsweise ist die Sprache $L(G) = \{0^n 1^n \mid n \geqq 0\}$ kontextfrei, denn sie wird von der im

Tabelle 19.2 Grammatiktypen (CHOMSKY-Hierarchie)

Grammatiktyp	Form der Regeln ($l \to r$)	Sprachklasse	Automatentyp
allgemein	beliebig	Typ 0	TURING-Maschine (→ 19.2.1)
kontextsensitiv	$\|l\| \leqq \|r\|$	Typ 1	Lin. beschr. TM (→ 19.2.1.1)
kontextfrei	$l \in V$	Typ 2	Kellerautomat (→ 19.1.2.3)
linear	$l \in V$ und $r \in \Sigma \cup V\Sigma$ oder $r \in \Sigma \cup \Sigma V$	Typ 3 (regulär)	endl. Automat (→ 19.1.2.1)

einleitenden Beispiel vorgestellten kontextfreien Grammatik erzeugt. Sie ist jedoch nicht regulär (→ 19.1.2.1).

Jede kontextfreie Sprache ist kontextsensitiv, aber nicht umgekehrt. Die Sprache $L(G) = \{0^n 1^n 2^n \mid n \geqq 1\}$ ist kontextsensitiv, denn sie wird von der folgenden kontextsensitiven Grammatik erzeugt:

$$S \to abc \qquad S \to aXbcY \qquad X \to aXbc \qquad X \to aZ$$
$$Zb \to bZ \qquad cY \to Yc \qquad cb \to bc \qquad ZY \to bc$$

Sie ist jedoch nicht kontextfrei, was sich mit dem Pumping-Lemma für kontextfreie Sprachen nachweisen lässt.

19.1.3.2 Normalformen

Reguläre Sprachen sind zwar sehr nützlich, da sie von den sehr einfachen endlichen Automaten erkannt werden können. Andererseits können viele wichtige Sprachstrukturen, etwa ausgewogene Klammerpaare, wie sie in fast allen Programmiersprachen auftreten, nicht erkannt werden. Diese können jedoch mit kontextfreien Sprachen beschrieben werden, was die große Bedeutung dieser Sprachklasse erklärt. Für kontextfreie Grammatiken gibt es zwei Normalformen, bei denen nur bestimmte Regeltypen zugelassen sind. Im Folgenden sei G eine kontextfreie Grammatik mit $\varepsilon \notin L(G)$.

CHOMSKY-Normalform. G heißt in CHOMSKY-*Normalform* (CNF), falls alle Regeln von der Form $l \to r$ sind mit $r \in \Sigma \cup VV$.

GREIBACH-Normalform. G heißt in GREIBACH-*Normalform* (GNF), falls alle Regeln von der Form $l \to r$ sind mit $r \in \Sigma V^*$.

Zu jeder kontextfreien Grammatik G mit $\varepsilon \notin L(G)$ gibt es eine äquivalente CNF-Grammatik und eine äquivalente GNF-Grammatik.

Das **Wortproblem** für eine Grammatik G über Σ lautet: Gegeben ein Wort $w \in \Sigma^*$. Gilt $w \in L(G)$?

Das Wortproblem lässt sich für CNF-Grammatiken mit einem Algorithmus (dem so genannten COCKE-YOUNGER-KASAMI-Algorithmus, auch *CYK-Algorithmus*) der Komplexität $O(n^3)$ entscheiden ($\rightarrow$ 19.1.3.3).

19.1.3.3 Abschluss- und Entscheidbarkeitseigenschaften von Sprachklassen

Eine Sprachklasse K heißt *abgeschlossen unter einer Operation*, wenn die Anwendung dieser Operation nicht aus K herausführt. Die Abschlusseigenschaften der vier Sprachklassen unter der Bildung von Schnittmengen, Vereinigung, Mengendifferenz, Konkatenation und KLEENE'scher Hüllenbildung zeigt Tabelle 19.3.

Tabelle 19.3 Abschlusseigenschaften verschiedener Sprachklassen

	$L_1 \cap L_2$	$L_1 \cup L_2$	$L_1 - L_2$	L_1L_2	L_1^*
Typ 0	ja	ja	nein	ja	ja
Typ 1	ja	ja	ja	ja	ja
Typ 2	nein	ja	nein	ja	ja
Typ 3	ja	ja	ja	ja	ja

Tabelle 19.4 zeigt die Entscheidbarkeitseigenschaften einiger wesentlicher Probleme im Zusammenhang mit Sprachen. Der Eintrag lautet *ja*, wenn das zugehörige Problem entscheidbar ist ($\rightarrow$ 19.2.3.1). Das **Äquivalenzproblem** beispielsweise lautet: Gegeben sind zwei Grammatiken G_1, G_2. Sind G_1 und G_2 äquivalent?

Tabelle 19.4 Entscheidbarkeitseigenschaften verschiedener Sprachklassen

	$w \in L(G)$	$L(G) = \emptyset$	$L(G_1) \cap L(G_2) = \emptyset$	$L(G_1) = L(G_2)$
Typ 0	nein	nein	nein	nein
Typ 1	ja	nein	nein	nein
Typ 2	ja	ja	nein	nein
Typ 3	ja	ja	ja	ja

19

19.2 Modelle der Berechenbarkeit

Es gibt mehrere Ansätze, die intuitiven Begriffe der Berechenbarkeit einer Funktion und der Entscheidbarkeit eines Problems zu formalisieren. Das Konzept der TURING-Maschine bietet einen eher maschinenorientierten, das Konzept der partiellen Rekursion einen mathematischen Ansatz. Die verschiedenen *Berechenbarkeitsmodelle*, von denen zwei in diesem Abschnitt vorgestellt werden, erweisen sich alle als äquivalent, das heißt, keines dieser Konzepte ist echt umfassender als ein anderes.

Aus diesen Ansätzen ergibt sich dann auch eine Formalisierung des Begriffs einer nicht berechenbaren Funktion bzw. eines unentscheidbaren Problems. Als grundlegendes unentscheidbares Problem dient das Halteproblem für TURING-Maschinen. Die Unentscheidbarkeit anderer Probleme lässt sich stets auf die des Halteproblems zurückführen.

19.2.1 TURING-Maschinen

Die TURING-Maschine (TM) ist ein einfaches mathematisches Modell für Computer. Trotz der Beschränkung auf elementare Operationen lassen sich mit diesem Modell alle Berechnungen durchführen, die auch von realen Computern absolviert werden können.

Eine TURING-Maschine besteht aus einem Lese-Schreib-Kopf und einer endlichen Steuerung, die verschiedene Zustände annehmen kann. Sie operiert auf einem zweiseitig unendlichen Band, das in einzelne Zellen unterteilt ist (→ Bild 19.3). Die TM kann in jedem Schritt der Berechnung ein Zeichen lesen, ein Zeichen schreiben, den Lese-Schreib-Kopf um eine Zelle nach links oder rechts bewegen und in einen anderen Zustand übergehen.

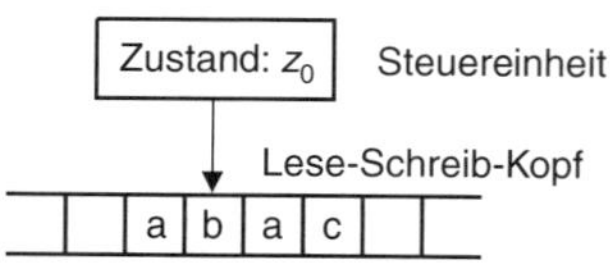

Bild 19.3 Aufbau einer TURING-Maschine

Eine **nichtdeterministische TURING-Maschine** (TM) ist ein 6-Tupel $(\Sigma, Z, \delta, \Box, z_0, E)$ mit:

- Σ,Z sind endliche, nichtleere Mengen (*Bandalphabet, Zustände*).
- δ ist eine Funktion $\delta : Z \times \Sigma \to 2^{Z \times \Sigma \times \{L,R,N\}}$ (*Übergangsfunktion*). Die Zeichen L, R, N stehen für links, rechts und keine Bewegung.
- $\Box \in \Sigma$ ist das *Blanksymbol*.
- $z_0 \in Z$ ist der *Startzustand*, $E \subseteq Z$ ist eine Menge von *Endezuständen*.

Die TM heißt *deterministisch*, falls $|\delta(z,a)| = 1$ für alle $z \in Z, a \in \Sigma$. Man schreibt in diesem Fall δ als Funktion nach $Z \times \Sigma \times \{L,R,N\}$.

Tabelle 19.5 zeigt eine nichtdeterministische TM mit 4 Zuständen, Startzustand z_0, Endezustand z_3 und dem Bandalphabet $\{0, 1, \Box\}$. Diese Tabelle ist so zu lesen, dass beispielsweise $\delta(z_1, 0) = (z_2, 1, L)$ gilt. Dies bedeutet: Befindet sich die TM im Zustand z_1 und ist das aktuelle Zeichen 0, so geht die TM

Tabelle 19.5 Eine TURING-*Maschine*

	0	1	$\square$
z_0	$(z_0,0,R)$	$(z_0,1,R)$	$(z_1,\square,L)$
z_1	$(z_2,1,L)$	$(z_1,0,L)$	$(z_3,1,N)$
z_2	$(z_2,0,L)$	$(z_2,1,L)$	$(z_3,\square,N)$
z_3	–	–	–

in Zustand z_2 über, schreibt das Zeichen 1 auf das Band und bewegt den Lese-Schreib-Kopf eine Zelle nach links.

Das *Blanksymbol* $\square$ wird nicht als Zeichen der Eingabe betrachtet. Es markiert das Ende der Eingabe. Die restlichen Zeichen auf dem Band stellen die Eingabe dar. Zu Beginn einer Berechnung steht der Lese-Schreib-Kopf auf dem ersten Zeichen der Eingabe, die TM befindet sich im Startzustand z_0.

Eine *Konfiguration* einer TURING-Maschine ist ein Element $(w,z,v) \in \Sigma^* \times Z \times \Sigma^*$. Dabei bezeichnet z den Zustand, in dem sich die TM befindet, w und v geben den links bzw. rechts (einschließlich der aktuellen Zelle) vom Lese-Schreib-Kopf stehenden Bandinhalt an. Man kann links an w und rechts an v beliebig viele Blanksymbole anhängen.

Die Relation $\rightarrow$ auf der Menge $\Sigma^* \times Z \times \Sigma^*$ ist definiert durch

$$(v,z,aw) \rightarrow (v,z',bw), \text{ falls } (z',b,N) \in \delta(z,a)$$

$$(vc,z,aw) \rightarrow (v,z',cbw), \text{ falls } (z',b,L) \in \delta(z,a)$$

$$(v,z,acw) \rightarrow (vb,z',cw), \text{ falls } (z',b,R) \in \delta(z,a)$$

Die Beispielmaschine führt mit der Eingabe 101 folgende Berechnung durch:

$$\begin{aligned}(\square,z_0,101) &\rightarrow (1,z_0,01) \rightarrow (10,z_0,1) \rightarrow (101,z_0,\square)\\ &\rightarrow (10,z_1,1) \rightarrow (1,z_1,00) \rightarrow (\square,z_2,110)\\ &\rightarrow (\square,z_2,\square 110) \rightarrow (\square,z_3,110)\end{aligned}$$

Bei Eingabe von 101 produziert also die TM als Ausgabe das Wort 110. Wird die Eingabe als Binärzahl z interpretiert, so produziert diese Maschine als Ausgabe die Zahl $z+1$.

19.2.1.1 TURING-Berechenbarkeit

TURING-Berechenbarkeit. Die TURING-Maschine M berechnet die (partielle) Funktion $f\colon \Sigma^* \rightarrow \Sigma^*$, wenn sie bei Eingabe eines Wortes w nach endlich vielen Schritten anhält und anschließend der Wert $f(w)$ auf dem Band steht, vorausgesetzt, $f(w)$ ist definiert. Ist $f(w)$ undefiniert, so terminiert M bei Eingabe von w nicht. Die von M berechnete Funktion bezeichnen wir mit f_M.

Akzeptierung durch eine TURING-Maschine. Eine TM M *akzeptiert ein Wort* $w \in \Sigma^*$, wenn es $u, v \in \Sigma^*$ und $z_e \in E$ gibt mit $(\square, z_0, w) \overset{*}{\rightarrow} (u, z_e, v)$, d. h., wenn M bei Eingabe von w schließlich anhält. Im Falle einer nichtdeterministischen TURING-Maschine kann es dafür mehrere Möglichkeiten geben. Ist $w \in L(M)$, so bezeichnet $t_M(w)$ die Länge einer minimalen akzeptierenden Berechnung von w. Die von M akzeptierte Sprache wird mit $L(M)$ bezeichnet.

1. Die Klasse der von TURING-Maschinen akzeptierten Sprachen ist die Klasse der Typ-0-Sprachen (→ 19.1.3).
2. Die Klasse der von linear beschränkten nichtdeterministischen TURING-Maschinen akzeptierten Sprachen ist die Klasse der Typ-1-Sprachen (→ 19.1.3). Eine TM heißt *linear beschränkt*, wenn sie den Teil des Bandes, auf dem die Eingabe steht, niemals verlässt.

Eine Sprache $L \neq \emptyset$ heißt **rekursiv aufzählbar**, wenn es eine totale, TURING-berechenbare Funktion $f\colon \mathbb{N} \rightarrow \Sigma^*$ gibt, mit $L = \{f(0), f(1), f(2), \ldots\}$.

Eine Sprache ist rekursiv aufzählbar genau dann, wenn sie von einer TURING-Maschine akzeptiert wird.

Unabhängig von der TURING-Maschine wurden andere Berechnungskonzepte entwickelt, wie λ-Kalkül, POST'sche Systeme oder partiell-rekursive Funktionen, die sich schließlich alle als äquivalent zur TURING-Berechenbarkeit herausstellten. Die CHURCH'sche These sagt aus, dass alles, was überhaupt berechnet werden kann, durch eine TURING-Maschine berechnet werden kann.

CHURCH'sche These. Die Klasse der TURING-berechenbaren Funktionen ist gleich der Klasse der intuitiv berechenbaren Funktionen.

Daher wird der Begriff „Berechenbarkeit" im Allgemeinen synonym mit „TURING-Berechenbarkeit" verwendet. Die CHURCH'sche These kann jedoch nicht bewiesen werden, da sie eine Aussage über den undefinierten Begriff der intuitiven Berechenbarkeit macht.

19.2.1.2 Die universelle TURING-Maschine

Die **universelle TURING-Maschine** U ist eine TM, die jede beliebige TM M simulieren kann. Sie hat als Eingabe ein Wort $\langle M \rangle$, das die Maschine M codiert, und ein Wort v, das Eingabewort für M ist. Das Wort $\langle M \rangle$ wird als **GÖDEL-Nummer** von M bezeichnet. Bei Eingabe von $\langle M \rangle$ und v berechnet

U die Ausgabe, die M mit Eingabe v berechnen würde. Die von U berechnete Funktion $f_U: \Sigma^* \to \Sigma^*$ hat folgende Eigenschaft:

> Für jede berechenbare Funktion $f_M: \Sigma^* \to \Sigma^*$ und jedes Wort $w \in \Sigma^*$ gilt: $f_U(\langle M \rangle, w) = f_M(w)$.

19.2.2 Partiell rekursive Funktionen

Primitiv rekursive Funktionen

Der Berechnungsbegriff der primitiv rekursiven und der μ-rekursiven Funktionen beruht auf der folgenden Idee: Ausgehend von einigen wenigen einfachen Basisfunktionen (Nullfunktion, Projektionen, Nachfolgerfunktion) lassen sich komplexere Funktionen durch gewisse Kompositionsschemata (Funktionsschachtelung, Rekursion) definieren. Im Folgenden werden Funktionen von $\mathbb{N}^k$ nach $\mathbb{N}$ betrachtet. Für Funktionen auf einem Alphabet Σ lassen sich auf analoge Weise Basisfunktionen sowie Rekursionsschemata angeben.

Die Basisfunktionen der primitiven Rekursion sind:

- die *Nullfunktion* $n(x) = 0$,
- die *Nachfolgerfunktion* $s(x) = x + 1$,
- die *Projektionen* $\pi_k^n(x_1, \ldots, x_n) = x_k$ für $k = 1, \ldots, n$.

Eine Funktion $f: \mathbb{N}^k \to \mathbb{N}$ wird durch *Einsetzen* aus den Funktionen $g: \mathbb{N}^l \to \mathbb{N}$ und $h_i: \mathbb{N}^k \to \mathbb{N}$ gebildet, wenn

$$f(\vec{x}) = g(h_1(\vec{x}), \ldots, h_l(\vec{x}))$$

Eine Funktion $f: \mathbb{N}^{k+1} \to \mathbb{N}$ wird durch *primitive Rekursion* aus den Funktionen $g: \mathbb{N}^k \to \mathbb{N}$ und $h: \mathbb{N}^{k+2} \to \mathbb{N}$ gebildet, wenn

$$\begin{aligned} f(0, \vec{x}) &= g(\vec{x}) \\ f(n+1, \vec{x}) &= h(f(n, \vec{x}), n, \vec{x}) \end{aligned}$$

> Die Klasse der **primitiv rekursiven Funktionen** ist die kleinste Funktionenklasse, die die Basisfunktionen enthält und abgeschlossen ist unter Einsetzung und primitiver Rekursion.

19

❑ *Beispiele*: Jede konstante Funktion $c_n: \mathbb{N} \to \mathbb{N}$, $c_n(x) = n$ ist primitiv rekursiv, denn sie erfüllt das Einsetzungsschema:

$$c_n(x) = s(s(\ldots s(n(x)) \ldots))$$

Die Addition $a: \mathbb{N} \times \mathbb{N} \to \mathbb{N}$, $a(n, m) = n + m$ ist primitiv rekursiv, denn sie erfüllt das Rekursionsschema:

$$\begin{aligned} f(0, m) &= \pi_1^1(m) = m \\ f(n+1, m) &= s(\pi_1^3(f(n, m), n, \vec{x})) = s(f(n, m)) \end{aligned}$$

Das Schema der primitiven Rekursion gewährleistet, dass primitiv rekursive Funktionen auf $\mathbb{N}$ stets wohldefiniert und total sind. Partielle Funktionen lassen sich also mit diesem Konzept nicht modellieren. Es gibt jedoch auch totale und berechenbare Funktionen, die nicht primitiv rekursiv sind. Eine solche Funktion ist die ACKERMANN-Funktion:

Die **ACKERMANN-Funktion** $ack : \mathbb{N} \times \mathbb{N} \to \mathbb{N}$ ist folgendermaßen definiert:

$$\begin{aligned} ack(0, m) &= m + 1 \\ ack(n+1, 0) &= ack(n, 1) \\ ack(n+1, m+1) &= ack(n, ack(n+1, m)) \end{aligned}$$

Die ACKERMANN-Funktion ist berechenbar ($\to$ 19.2.1.1), jedoch nicht primitiv rekursiv.

Eine Erweiterung der Klasse der primitiv rekursiven Funktionen wird durch Hinzunahme des μ-Operators erreicht.

μ-Operator, μ-rekursive Funktionen. Sei g: $\mathbb{N}^{k+1} \to \mathbb{N}$. Der μ-Operator ist definiert durch

$$\mu g = \min\{n \mid g(n, \vec{x}) = 0 \text{ und } g(m, \vec{x}) \text{ ist definiert für alle } m < n\}$$

Dabei ist $\min \emptyset$ undefiniert. Die Klasse der *μ-rekursiven Funktionen* ist die kleinste Klasse, die die Basisfunktionen enthält und abgeschlossen ist unter Einsetzung, primitiver Rekursion und dem μ-Operator.

Beispielsweise ist die ganzzahlige Division μ-rekursiv:

$$x/y = \min\{n \mid x + 1 \div (n+1)y = 0\}.$$

Dabei bedeutet $\div$ die modifizierte Subtraktion, $x \div y = \max(x - y, 0)$.

Die Klasse der μ-rekursiven Funktionen stimmt mit der Klasse der TURING-berechenbaren ($\to$ 19.2.1.1) Funktionen überein.

In Analogie zur universellen TURING-Maschine U ($\to$ 19.2.1.2) gibt es eine *universelle μ-rekursive Funktion ϕ*.

KLEENE'scher Normalformsatz. Es gibt eine μ-rekursive Funktion ϕ, so dass es zu jeder μ-rekursiven Funktion f eine Zahl k gibt mit:

$$f(\vec{x}) = \phi(k, \vec{x})$$

19.2.3 Unentscheidbare Probleme

19.2.3.1 Entscheidbarkeit und Semientscheidbarkeit

Entscheidungsprobleme werden meist in der folgenden Form präsentiert: Gegeben ein beliebiges Element x aus einer Grundmenge M. Frage: Hat x die Eigenschaft P, das heißt, gilt $P(x)$? Mit $L := \{y \mid P(y)\}$ lässt sich dieses Problem auch in der folgenden Form formulieren: „Gilt $x \in L$?“. Ein *Entscheidungsverfahren* für L ist ein Algorithmus, der bei Eingabe von $x \in M$ eine 1 ausgibt, wenn $x \in L$, und sonst eine 0. Im Folgenden sei $L \subseteq \Sigma^*$.

Entscheidbarkeit, Semientscheidbarkeit:

1. Die Funktion χ_L: $\Sigma^* \to \{0,1\}$ (*charakteristische Funktion* von L) und die partielle Funktion χ_L': $\Sigma^* \to \{0,1\}$ sind folgendermaßen definiert:

$$\chi_L(x) = \begin{cases} 1 & \text{für } x \in L \\ 0 & \text{für } x \notin L \end{cases} \qquad \chi_L'(x) = \begin{cases} 1 & \text{für } x \in L \\ \text{undefiniert} & \text{für } x \notin L \end{cases}$$

2. L heißt *entscheidbar* (oft auch *rekursiv*), wenn χ_L berechenbar ist (→ 19.2.1.1). L heißt *semientscheidbar*, wenn χ_L' berechenbar ist.

L ist also semientscheidbar, wenn es eine TURING-Maschine gibt, die L akzeptiert.

1. L ist semientscheidbar genau dann, wenn L rekursiv aufzählbar ist (→ 19.2.1.1).
2. L ist entscheidbar genau dann, wenn L und $\bar{L}$ semientscheidbar sind.

19.2.3.2 Das Halteproblem

Allgemeines Halteproblem. Das *allgemeine Halteproblem* lautet: Gegeben eine TURING-Maschine M und ein Wort $w \in \Sigma^*$. Hält M bei Eingabe von w an? Dieses Problem ist unentscheidbar.

Es gibt also keine TURING-Maschine, die bei Eingabe der GÖDEL-Nummer $\langle M \rangle$ (→ 19.2.1.2) einer TURING-Maschine M und eines Wortes w eine 1 liefert, wenn M angesetzt auf w anhält, und sonst eine 0.

Dieses grundlegende Resultat wurde von ALAN M. TURING entdeckt /19.9/. Es dient als Hilfsmittel zum Beweis vieler Unentscheidbarkeitsresultate. Um nachzuweisen, dass eine Menge $B \subseteq \Gamma^*$ unentscheidbar ist, reicht es aus, B auf eine unentscheidbare Menge $A \subseteq \Sigma^*$ zu reduzieren. Dies bedeutet, dass es eine totale, berechenbare (→ 19.2.1.1) Funktion $f : \Sigma^* \to \Gamma^*$ gibt, so dass $x \in A$ genau dann wenn $f(x) \in B$ gilt.

19.2.3.3 Weitere unentscheidbare Probleme

Aus der Unentscheidbarkeit des Halteproblems ergeben sich Unentscheidbarkeitsresultate für viele andere Probleme. Beispielsweise ist es unentscheidbar, ob eine gegebene TURING-Maschine M irgendein Wort akzeptiert.

Satz von RICE. Sei R die Klasse aller rekursiv aufzählbaren Sprachen und sei S eine beliebige nichtleere echte Teilklasse von R. Das folgende Problem ist nicht entscheidbar: Gegeben eine TM M. Gilt $L(M) \in S$?

Der Satz von RICE zeigt, dass keine nichttriviale Eigenschaft rekursiv aufzählbarer Sprachen entscheidbar ist. Er hat weitreichende Konsequenzen bezüglich der Unentscheidbarkeit von Eigenschaften rekursiv aufzählbarer Sprachen. Beispielsweise ist es unentscheidbar, ob eine durch eine TM M gegebene Sprache leer, endlich, regulär oder kontextfrei ist.

Das **POST'sche Korrespondenzproblem** lautet: Gegeben ein Alphabet Σ und zwei Abbildungen α und β von $\{1,\ldots,n\}$ nach Σ. Gibt es ein Wort $w \in \{1,\ldots,n\}^+$, so dass $\alpha(w) = \beta(w)$ gilt? Ein solches w heißt dann Lösung des Korrespondenzproblems.

Beispielsweise besitzt das in Tabelle 19.6a dargestellte Problem die Lösung $w = 2113$, denn $\alpha(w) = abaaaaab = \beta(w)$, während das Problem in Tabelle 19.6b keine Lösung hat.

Tabelle 19.6 Beispiele für das POST*'sche Korrespondenzproblem*

a)	1	2	3
α	*a*	*abaaa*	*ab*
β	*aaa*	*ab*	*b*

b)	1	2	3
α	*ab*	*bba*	*aba*
β	*aba*	*aa*	*baa*

Das POST'sche Korrespondenzproblem ist nicht entscheidbar.

19.3 Komplexitätstheorie

19.3.1 Komplexitätsklassen

Im Allgemeinen wird ein Algorithmus dann als effizient angesehen, wenn seine maximale Rechenzeit in Abhängigkeit von der Länge der Eingabe eine polynomiale Funktion ist. Die Komplexitätstheorie beschäftigt sich weniger mit der Konstruktion oder Untersuchung effizienter Algorithmen als vielmehr mit der Analyse von Problemen im Hinblick auf ihre Komplexität. Diese ist durch die Rechenzeit des günstigsten Algorithmus für dieses Problem gegeben.

Ist man nur an der Einteilung von Problemen in polynomiale und nichtpolynomiale interessiert, so reicht es aus, sich auf Entscheidungsprobleme (→ 19.2.3.1) zu beschränken. Andere Probleme (z. B. Optimierungsprobleme) lassen sich stets mit polynomialem Aufwand in entsprechende Entscheidungsprobleme transformieren.

❑ *Beispiel*: Das **Rucksackproblem**: Gegeben sind ein Rucksack mit maximaler Tragekraft G und n Objekte. Jedes Objekt i hat ein Gewicht g_i und einen Nutzwert w_i. Eine Bepackung heißt erlaubt, wenn ihr Gesamtgewicht kleiner als W ist.

1. Gibt es zu gegebenem Nutzwert W eine erlaubte Bepackung des Rucksacks?
2. Wie groß ist der größte Nutzen mit einer erlaubten Bepackung?
3. Wie sieht eine erlaubte Bepackung aus, die den größten Nutzen bringt?

Die erste Variante ist ein Entscheidungsproblem, die anderen beiden sind Optimierungsprobleme. Es gilt: Ist eine der drei Problemvarianten in polynomialer Zeit lösbar, so sind alle Varianten in polynomialer Zeit lösbar.

19.3.1.1 Die O-Notation

Die Notation $O(f(n))$ dient dazu, das asymptotische Wachstum einer Funktion abzuschätzen. Man schreibt $f(n) = O(g(n))$, für Funktionen $f, g\colon \mathbb{N} \to \mathbb{N}$, wenn es Konstanten c und n_0 gibt mit $f(n) \leqq cg(n)$ für alle $n \geqq n_0$. Das Zeichen $=$ wird dabei zwar missbräuchlich verwendet, jedoch hat sich diese Schreibweise eingebürgert. Beispielsweise gilt:

$$a_k n^k + \ldots + a_1 n + a_0 = O(n^k)$$
$$2^n + a_k n^k + \ldots + a_1 n + a_0 = O(2^n)$$

19.3.1.2 Die Klassen $\mathcal{P}$ und $\mathcal{NP}$

Eine Präzisierung des Begriffs der Rechenzeit eines Algorithmus ergibt sich durch die TURING-Maschine (→ 19.2.1). Entscheidungsprobleme (→ 19.2.3.1) lassen sich stets auf das Problem der Erkennung eines Wortes $w \in L$ zurückführen. Ist w ein Wort, das von einer (deterministischen oder nichtdeterministischen) TURING-Maschine M akzeptiert wird, so bezeichnet $t_M(w)$ die minimale Länge einer akzeptierenden Berechnung von w.

Sei $f\colon \mathbb{N} \to \mathbb{N}$ eine Funktion. Eine TURING-Maschine M heißt *$O(f(n))$-rechenzeitbeschränkt*, wenn für alle $w \in L(M)$:

$$t_M(w) \leqq f(|w|)$$

Sei L eine Sprache. Die **Komplexitätsklassen** $TIME$, $NTIME$, $\mathcal{P}$, $\mathcal{NP}$ sind folgendermaßen definiert:

1. $L \in TIME(f(n))$, wenn es eine deterministische $O(f(n))$-rechenzeitbeschränkte TURING-Maschine M mit $L = L(M)$ gibt.
2. $L \in NTIME(f(n))$, wenn es eine nichtdeterministische $O(f(n))$-rechenzeitbeschränkte TURING-Maschine M mit $L = L(M)$ gibt.
3. $L \in \mathcal{P}$, wenn $L \in TIME(n^k)$ für ein $k \geqq 0$ gilt.
4. $L \in \mathcal{NP}$, wenn $L \in NTIME(n^k)$ für ein $k \geqq 0$ gilt.

19

Eine Sprache L ist also genau dann in $\mathcal{P}$, wenn es ein Polynom p und eine deterministische TURING-Maschine M gibt, die alle Wörter $w \in L$ in der Zeit $t_M(w) \leqq p(|w|)$ akzeptiert. Man sagt, die Maschine M erkennt L in polynomialer Zeit. Entsprechend sagt man, eine deterministische TM berechnet eine Funktion f in polynomialer Zeit.

Es ist klar, dass $\mathcal{P} \subseteq \mathcal{NP}$ gilt, ob allerdings auch die umgekehrte Inklusion gilt, ist unbekannt und eines der wichtigsten offenen Probleme (das $\mathcal{P}$-$\mathcal{NP}$-Problem) der theoretischen Informatik.

Die Klassen $\mathcal{P}$ und $\mathcal{NP}$ sind robust unter gewissen Änderungen des zugrunde liegenden Berechnungsmodells. Es lässt sich zeigen, dass eine $O(f(n))$-rechenzeitbeschränkte k-Band-TM M in eine $O(f^2(n))$-rechenzeitbeschränkte äquivalente Ein-Band-TM M' transformiert werden kann. Lässt sich also eine Sprache L durch eine k-Band-Maschine in polynomialer Zeit erkennen, so lässt sie sich auch von einer Einbandmaschine in polynomialer Zeit erkennen.

19.3.2 NP-Vollständigkeit

Polynomiale Reduzierbarkeit. Seien $L_1 \subseteq \Sigma^*$ und $L_2 \subseteq \Gamma^*$ Sprachen. Man schreibt $L_1 \leqq_P L_2$ (L_1 ist *polynomial* auf L_2 *reduzierbar*), wenn es eine totale, in polynomialer Zeit berechenbare (→ 19.2.1.1) Funktion $f\colon \Sigma^* \to \Gamma^*$ gibt mit

$$w \in L_1 \text{ genau dann wenn } f(w) \in L_2$$

Die Relation $\leqq_P$ ist eine transitive, reflexive Relation auf Sprachen. Die Technik der polynomialen Reduktion dient hauptsächlich dazu, die Mitgliedschaft einer Sprache L in einer Klasse K dadurch nachzuweisen, dass man L auf eine Sprache $L' \in K$ reduziert. Es gilt: Ist $L_1 \leqq_P L_2$ und ist L_2 in $\mathcal{P}$ (bzw. $\mathcal{NP}$), so ist auch L_1 in $\mathcal{P}$ (bzw. $\mathcal{NP}$).

Eine Sprache L heißt **NP-hart**, wenn $L' \leqq_P L$ für alle $L' \in \mathcal{NP}$ gilt.
Eine NP-harte Sprache $L \in \mathcal{NP}$ heißt **NP-vollständig**.

Ist L NP-vollständig, so gilt:

- Ist $L \in \mathcal{P}$, so ist $\mathcal{P} = \mathcal{NP}$.
- Ist $L \notin \mathcal{P}$, so gilt für jedes NP-vollständige Problem L': $L' \notin \mathcal{P}$.

Dies bedeutet: Wird für ein einziges NP-vollständiges Problem ein polynomialer Algorithmus gefunden, dann sind alle Probleme in $\mathcal{NP}$ polynomial. Lässt sich dagegen für ein einziges NP-vollständiges Problem beweisen, dass es nicht polynomial lösbar ist, dann ist kein NP-vollständiges Problem polynomial.

19.3.3 NP-vollständige Probleme

Erfüllbarkeitsproblem der Aussagenlogik (satisfiability problem SAT) (→ 19.4.1.1):
Gegeben: Eine aussagenlogische Klauselmenge $\mathcal{K}$.
Gefragt: Ist $\mathcal{K}$ erfüllbar?

Satz von Cook. Das Erfüllbarkeitsproblem der Aussagenlogik ist NP-vollständig.

Eine weitere Charakterisierung der Klasse $\mathcal{NP}$ lässt sich an dem Problem SAT veranschaulichen. In diesem Fall ist die gefragte Eigenschaft der Erfüllbarkeit der Klauselmenge $\mathcal{K}$ von der Form $\exists I\ p(I, \mathcal{K})$. Ein solches Problem der Form $\exists x \in X\ p(x, y)$ lässt sich im Prinzip dadurch lösen, dass man sämtliche $x \in X$ prüft, ob $p(x, y)$ gilt. Im Beispiel SAT müsste man jede Interpretation über A testen, ob sie die gegebene Klauselmenge erfüllt. Ein Problem dieser Art ist in $\mathcal{NP}$, wenn das Testen eines einzelnen Objektes in polynomialer Zeit durchgeführt werden kann:

Sei P ein Problem der folgenden Form: *Gegeben* $y \in Y$. *Gefragt*: Gibt es ein $x \in X$, so dass $p(x, y)$ gilt?
P ist genau dann in $\mathcal{NP}$, wenn es einen Algorithmus gibt, der bei Eingabe eines Objektes $x \in X$ in polynomialer Zeit entscheidet, ob $p(x, y)$ gilt.

Aus dem grundlegenden Satz von Cook /19.1/ lassen sich weitere NP-Vollständigkeitsresultate durch polynomiale Reduktion ableiten. Das Rucksackproblem (→ 19.3.1) ist NP-vollständig. Im Folgenden werden einige der bekanntesten NP-vollständigen Probleme aufgeführt:

- **3SAT**: *Gegeben*: eine Menge M von aussagenlogischen Klauseln über A mit $|K| = 3$ für alle $K \in M$.
  Gefragt: Ist M erfüllbar?
- **Cliquenproblem**: *Gegeben*: Ein Graph $G = (V,E)$ und $k \geqq 0$. Eine Clique ist eine Menge $V' \subseteq V$ mit $\{v, w\} \in E$ für alle $v, w \in V'$, $v \neq w$.
  Gefragt: Gibt es eine Clique V mit $|V| = k$?
- **Partitionsproblem**: *Gegeben*: $a_1, \ldots, a_n \in \mathbb{N}$.
  Gefragt: Gibt es $J \subseteq \{1, \ldots, n\}$ mit $\sum_{j \in J} a_j = \sum_{j \notin J} a_j$?
- **Travelling-Salesman-Problem**: *Gegeben*: n Städte und Entfernungen c_{ij} zwischen i und j sowie eine Zahl $k \geqq 0$.
  Gefragt: Gibt es eine Permutation π: $\{1, \ldots, n\} \to \{1, \ldots, n\}$ mit $c_{\pi(1),\pi(2)} + c_{\pi(2),\pi(3)} + \ldots + c_{\pi(n-1),\pi(n)} + c_{\pi(n),\pi(1)} \leqq k$?
- **Bin-Packing-Problem**: *Gegeben*: $b \geqq 0$ und $a_1, \ldots, a_n$ mit $0 \leqq a_n \leqq b$.
  Gefragt: Gibt es eine Abbildung f: $\{1, \ldots, n\} \to \{1, \ldots, k\}$ mit $\sum_{f(i)=j} a_i \leqq b$ für $j = 1, \ldots, k$.

19.4 Logik

19.4.1 Aussagenlogik

19.4.1.1 Syntax und Semantik

Grundbestandteile der (klassischen) aussagenlogischen Sprache sind Formeln. Formeln werden aus einer Menge A von Aussagenvariablen und den zweistelligen Junktoren $\vee$ (*Disjunktion*) und $\wedge$ (*Konjunktion*) sowie dem einstelligen Junktor $\neg$ (*Negation*) gebildet. Sie können wahr oder falsch sein.

> Die Menge $F(A)$ der **Formeln** über A ist der Abschluss von A unter der Bildung von Konjunktion, Disjunktion und Negation.

Weitere Junktoren werden als Abkürzungen definiert: So steht $F \Rightarrow G$ (*Implikation*) für $\neg F \vee G$ und $F \Leftrightarrow G$ (*Äquivalenz*) für $(\neg F \vee G) \wedge (F \vee \neg G)$.

Beim Schreiben von Formeln gelten die folgenden Operatorprioritäten: $\neg$ hat höhere Bindungskraft als $\wedge$, dieses hat höhere Bindungskraft als $\vee$.

Eine **Interpretation** (auch Belegung genannt) I über A ist eine Abbildung $I\colon F(A) \to \{0, 1\}$ mit den in Tabelle 19.7 dargestellten Eigenschaften:

Tabelle 19.7 Eigenschaften einer Interpretation

$I(F)$	$I(G)$	$I(F \wedge G)$	$I(F \vee G)$
0	0	0	0
0	1	0	1
1	0	0	1
1	1	1	1

$I(F)$	$I(\neg F)$
0	1
1	0

Eine Interpretation I ist eindeutig festgelegt durch die Werte $I(a), a \in A$. Ist etwa $I(a) = I(b) = 1$, so ist $I(\neg a){=}0$, $I(\neg a{\vee}b){=}1$ und $I((\neg a{\vee}b){\wedge}\neg a){=}0$.

> Eine Interpretation I heißt **Modell** einer Formel F, wenn $I(F) = 1$ gilt. Man sagt auch, I **erfüllt** die Formel F und schreibt $I \models F$. I heißt *Modell* einer Formelmenge M, wenn I jede Formel in M erfüllt.
> Eine Formel(menge) F heißt **erfüllbar**, wenn sie mindestens ein Modell besitzt, andernfalls heißt sie *unerfüllbar*.

> Eine Formel, die von jeder Interpretation erfüllt wird, heißt *allgemein gültig* (**Tautologie**).

Beispielsweise ist die Formel $a \vee \neg a$ eine Tautologie, während die Formel $a \wedge \neg a$ unerfüllbar ist.

19.4.1.2 Äquivalenz und Normalformen

Zwei Formeln F und G heißen **semantisch äquivalent** ($F \equiv G$), wenn jedes Modell von F auch ein Modell von G ist und umgekehrt.

Praktische Bedeutung hat die semantische Äquivalenz für die Vereinfachung von Formeln. So kann jede Teilformel einer Formel durch eine (evtl. einfachere) äquivalente Formel ersetzt werden, ohne den Wahrheitswert der Formel zu ändern.

❑ *Beispiele* wichtiger semantischer Äquivalenzen:

$\neg(A \vee B) \equiv \neg A \wedge \neg B$	*Gesetze von* DE MORGAN
$\neg(A \wedge B) \equiv \neg A \vee \neg B$	
$\neg\neg A \equiv A$	*Doppelte Negation*
$A \wedge (B \vee C) \equiv (A \wedge B) \vee (A \wedge C)$	*Distributivgesetze*
$A \vee (B \wedge C) \equiv (A \vee B) \wedge (A \vee C)$	

Für viele Anwendungen ist die Darstellung von Formeln in einer standardisierten und möglichst einfachen Form wichtig. Besonders bedeutsam sind die konjunktive und die disjunktive Normalform.

Ein **Literal** ist eine Aussagevariable oder deren Negation.
Eine Formel F heißt in **konjunktiver Normalform** (*KNF*), wenn sie eine Konjunktion von Disjunktionen von Literalen $L_{i,j}$ ist:

$$((L_{1,1} \vee \ldots \vee L_{1,m_1}) \wedge \ldots \wedge (L_{n,1} \vee \ldots \vee L_{n,m_n}))$$

Eine Formel F heißt in **disjunktiver Normalform** (*DNF*), wenn sie eine Disjunktion von Konjunktionen von Literalen $L_{i,j}$ ist:

$$((L_{1,1} \wedge \ldots \wedge L_{1,m_1}) \vee \ldots \vee (L_{n,1} \wedge \ldots \wedge L_{n,m_n}))$$

Jede aussagenlogische Formel kann in KNF bzw. DNF überführt werden. Dies kann mit den oben dargestellten Äquivalenzen durchgeführt werden, die man jeweils von links nach rechts so lange wie möglich anwendet. Die Anwendung des ersten (zweiten) Distributivgesetzes zusammen mit den übrigen Regeln führt dabei zur DNF (KNF).

❑ *Beispiel*: Die Formel $(a \Rightarrow b) \Rightarrow c$ soll in DNF transformiert werden:

$$(a \Rightarrow b) \Rightarrow c \;\rightarrow\; \neg(\neg a \vee b) \vee c \;\rightarrow\; (\neg\neg a \wedge \neg b) \vee c \;\rightarrow\; (a \wedge \neg b) \vee c$$

Dies ist die DNF der ursprünglichen Formel. Wendet man nun auf diese Formel das zweite Distributivgesetz an, so erhält man die KNF $(a \vee c) \wedge (\neg b \vee c)$.

19

Anstelle der KNF wird auch oft die Darstellung mit Klauselmengen verwendet. Eine **Klausel** ist eine Menge $\{L_1, \ldots, L_n\}$ von Literalen und entspricht der Disjunktion $L_1 \vee \ldots \vee L_n$. Die leere Klausel entspricht dem Wahrheitswert 0. Sie wird meist $\square$ geschrieben. Eine **Klauselmenge** ist eine Menge $\{K_1, \ldots, K_n\}$ von Klauseln und entspricht der Konjunktion $K_1 \wedge \ldots \wedge K_n$. Beispielsweise entspricht die KNF-Formel aus obigem Beispiel der Klauselmenge $\{\{a,c\}, \{\neg b,c\}\}$. Die Klauselmenge $\{K_1, \ldots, K_n\}$ ist erfüllbar, wenn es eine Interpretation gibt, die in jeder Klausel K_i mindestens ein Literal erfüllt.

Eine **Hornklausel** ist eine Klausel, die höchstens ein positives Literal enthält. Hornklauseln bilden die Basis der logischen Programmiersprache Prolog (→ 7.4.3, 20.3).

19.4.1.3 Folgerung und Resolution

Eine wichtige Anwendung der Logik besteht in der Herleitung neuen Wissens aus vorhandenem Wissen. Die dazu nötigen Schlussfolgerungen können mit dem Begriff der semantischen Folgerung formalisiert werden.

(Semantische) Folgerung. Die Formel F *folgt* aus der Formelmenge M, wenn jedes Modell von M auch ein Modell von F ist. Man schreibt $M \models F$.

Deduktionssatz. Sei M eine Formelmenge und F eine Formel. Dann gilt $M \models F$ genau dann wenn $M \cup \{\neg F\}$ unerfüllbar ist.

Dieser Satz zeigt, dass sich die Prüfung der semantischen Folgerungsbeziehung auf einen Unerfüllbarkeitstest zurückführen lässt. Das Unerfüllbarkeitsproblem ist NP-vollständig (→ 19.3.3). Alle bisher bekannten Unerfüllbarkeitstests sind also von exponentieller Komplexität. Ein in der Praxis weit verbreitetes Verfahren ist die Resolution. Dazu muss die Formelmenge als Klauselmenge vorliegen. Nun werden mit Hilfe einer syntaktischen Ableitungsregel so lange neue Klauseln abgeleitet, bis ein Widerspruch in Form einer leeren Klausel abgeleitet wird.

Seien K_1 und K_2 Klauseln und sei A ein Atom mit $A \in K_1$ und $\neg A \in K_2$. Dann heißt die Klausel R *Resolvente* von K_1 und K_2, wenn sie die folgende Form hat:

$$R = (K_1 - \{A\}) \cup (K_2 - \{\neg A\})$$

Beispielsweise ist die Klausel $\{B\}$ eine Resolvente der beiden Klauseln $\{A\}$ und $\{\neg A, B\}$ (→ Bild 19.4).

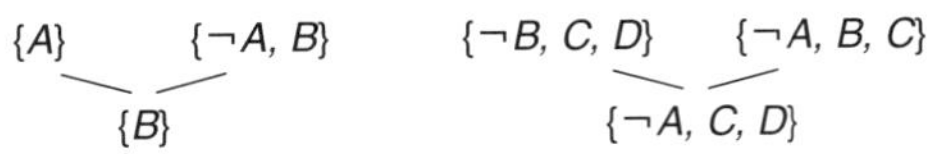

Bild 19.4 Beispiele für Resolventen

Insbesondere ist also die Resolvente zweier widersprüchlicher Klauseln der Form $\{A\}$ und $\{\neg A\}$ die leere Klausel. Dies entspricht auch der Bedeutung der leeren Klausel als Wahrheitswert 0. Ist R eine Resolvente zweier Klauseln K_1 und K_2, so gilt $\{K_1, K_2\} \models R$.

Der *Resolutionsabschluss* $[M]_{\text{Res}}$ einer Klauselmenge M ist der Abschluss von M unter der Bildung von Resolventen.

> **Resolutionssatz.** Eine Klauselmenge M ist unerfüllbar genau dann, wenn $\square \in [M]_{\text{Res}}$ gilt, das heißt, wenn die leere Klausel mit einer endlichen Anzahl von Resolutionsschritten aus M abgeleitet werden kann.

❑ *Beispiel*: Gegeben sei die Klauselmenge $\{\{A,B\},\{\neg A,B\},\{A,\neg B\},\{\neg A,\neg B\}\}$. Bild 19.5 zeigt die graphische Darstellung einer Resolutionswiderlegung dieser Klauselmenge.

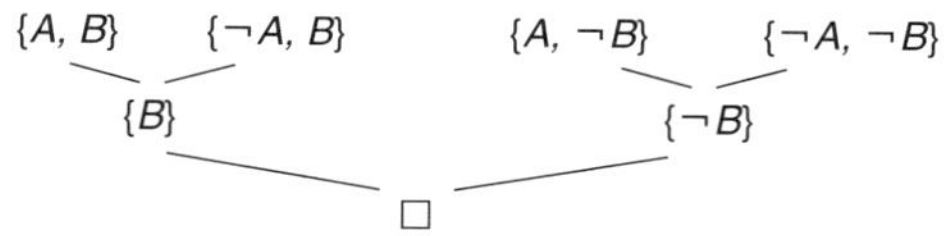

Bild 19.5 Beispiel zum Resolutionssatz

19.4.2 Prädikatenlogik

19.4.2.1 Syntax und Semantik

In der Aussagenlogik sind Aussagen die atomaren Bestandteile der Sprache. Damit lassen sich keine Aussagen über Individuen treffen. Diese Einschränkung wird von der Prädikatenlogik überwunden.

Eine prädikatenlogische Sprache ist aufgebaut aus einer Menge $\mathcal{F} = \bigcup_{n\geq 0} \mathcal{F}_n$ von *Funktionssymbolen* und einer Menge $\mathcal{P} = \bigcup_{n\geq 0} \mathcal{P}_n$ von *Prädikatensymbolen* sowie einer unendlichen Menge $\mathcal{V}$ von *Individuenvariablen*. Funktions- bzw. Prädikatensymbole aus $\mathcal{F}_n$ bzw. $\mathcal{P}_n$ heißen auch n-stellige Symbole. Nullstellige Funktionssymbole werden auch als *Konstanten* bezeichnet. Es werden die Buchstaben $x, y, z, \ldots$ für Variablen, $f, g, \ldots$ für Funktionssymbole und $P, Q, R, \ldots$ für Prädikatensymbole verwendet. Die Prädikatenlogik wird gegenüber der Aussagenlogik um die beiden einstelligen Junktoren $\exists x$ (*Existenzquantor*) und $\forall x$ (*Allquantor*) erweitert. Dabei ist x eine beliebige Variable.

Ist $U \subseteq V$, so ist die Menge $T(F,U)$ der *Terme* über U der Abschluss von U unter sämtlichen Funktionssymbolen in F. Ist beispielsweise $U = \{x\}$ und $F_0 = \{0\}$, $F_1 = \{s\}$, so ist $T(F,U) = \{0, x, s(0), s(x), s(s(0)), s(s(x)), \ldots\}$.

Im Folgenden seien feste Mengen P, F, V gegeben.

> **Formeln der Prädikatenlogik.** Eine *atomare Formel* ist von der Form $P(t_1, \ldots, t_n)$, mit $P \in \mathcal{P}_n$ und $t_1, \ldots, t_n \in T(F,V)$.
> Die Menge der *Formeln* ist der Abschluss der Menge der atomaren Formeln unter Konjunktion, Disjunktion, Negation sowie den Allquantoren $\forall x$ und Existenzquantoren $\exists x$ für alle $x \in V$.

Ebenso wie im aussagenlogischen Fall sind weitere Junktoren wie die Implikation oder die Äquivalenz als Abkürzungen definiert.

Erweitert man das obige Beispiel um das einstellige Prädikatensymbol even und das zweistellige Prädikatensymbol equal, so sind $\text{even}(s(s(0)))$, $\text{equal}(s(x), s(s(0)))$ und $\forall x\ (\text{even}(x) \Rightarrow \text{even}(s(s(x))))$ Formeln. Die ersten beiden sind atomar.

Prädikatenlogische Formeln werden interpretiert über einer bestimmten Grundmenge M.

Gegeben sei eine Menge $M \neq \emptyset$ (der Grundbereich). Eine **Interpretation** I bildet jedes $f \in \mathcal{F}_n$ auf eine Funktion $I(f)\colon M^n \to M$ und jedes $P \in \mathcal{P}_n$ auf eine Relation über M ab: $I(P) \subseteq M^n$.

Bezogen auf das oben eingeführte Beispiel der Arithmetik kann man folgende Interpretation I über der Grundmenge $\mathbb{N}$ definieren:

1. Das Konstantensymbol 0 wird auf die Zahl 0 und das Funktionssymbol s wird auf die Funktion $s\colon \mathbb{N} \to \mathbb{N}$, $s(n) = n + 1$ abgebildet.
2. Die Prädikatssymbole equal und even werden als Gleichheitsrelation bzw. gerade-Eigenschaft auf $\mathbb{N}$ interpretiert:

$$I(\text{equal}) = \{(0,0), (1,1), \ldots\}$$
$$I(\text{even}) = \{0, 2, 4, \ldots\}$$

Die obige Definition einer Interpretation legt die Werte der Variablen nicht fest. Dies geschieht durch eine so genannte *Variablenbelegung*. Eine Variablenbelegung α ordnet jeder Variablen ein Element der Grundmenge M zu. Ist I eine Interpretation und α eine Variablenbelegung, so ist $I_\alpha(t)$ wie folgt definiert:

Interpretation von Termen:
1. Ist t eine Variable x, so ist $I_\alpha(t) = \alpha(x)$.
2. Ist $t = f(t_1, \ldots, t_n)$, so ist $I_\alpha(t) = I(f)(I_\alpha(t_1), \ldots, I_\alpha(t_n))$.

Interpretation von Formeln:
1. $I_\alpha(P(t_1, \ldots, t_n)) = 1$ genau dann wenn $(I_\alpha(t_1), \ldots, I_\alpha(t_n)) \in I(P)$.
2. Für die Konjunktion, Disjunktion, Implikation und Negation gelten dieselben Regeln wie im aussagenlogischen Fall.
3. $I_\alpha(\forall x\ G) = 1$ genau dann wenn $I_\alpha(G) = 1$ für alle Werte von $\alpha(x)$.
4. $I_\alpha(\exists x\ G) = 1$ genau dann wenn es einen Wert für $\alpha(x)$ gibt, so dass $I_\alpha(G) = 1$ gilt.

Es ergibt sich beispielsweise mit der obigen Interpretation I über der Menge $\mathbb{N}$:

$$I(s(s(0))) \qquad = 2$$

$$I_\alpha(\text{equal}(s(x),s(s(0)))) = 1 \quad \text{genau dann wenn } \alpha(x) = 1 \text{ gilt.}$$

Die Variablenbelegung spielt im ersten Fall keine Rolle.

19.4.2.2 Äquivalenz und Normalformen

Der Begriff der semantischen Äquivalenz ist im prädikatenlogischen Fall genauso definiert wie im aussagenlogischen. Prädikatenlogische Formeln lassen sich stets in eine Normalform der Form

$$Q_1x_1\ Q_2x_2 \ldots Q_3x_nF$$

bringen, wobei F eine quantorenfreie Formel in KNF oder DNF (→ 19.4.1.2) ist, $Q_i \in \{\forall, \exists\}$ und $x_1, \ldots, x_n$ Variablen in F sind. In dieser Form lassen sich auch noch die Existenzquantoren durch so genannte Skolemfunktionen /19.2/ ersetzen. Dabei bleibt allerdings nur noch die (Un-)erfüllbarkeit der Formel, aber nicht mehr ihre Bedeutung erhalten. Die Klauselform einer prädikatenlogischen Formel ist genauso definiert wie im aussagenlogischen Fall. Alle vorkommenden Variablen sind dabei als implizit allquantifiziert zu betrachten.

19.4.2.3 Unifikation und Resolution

Eine *Substitution* σ ist eine Menge

$$\sigma = \{v_1 \leftarrow t_1, \ldots, v_n \leftarrow t_n\}$$

mit $v_i \in V$, $t_i \in T$. Die *Anwendung* $\sigma(t)$ der Substitution σ auf einen Term t, ein Atom A oder eine Klausel K ist dadurch definiert, dass in t bzw. A bzw. K alle Vorkommen der Variablen v_i durch den Term t_i ersetzt werden. Der Term $\sigma(t)$ heißt auch eine *Instanz* von t.

Man spricht bei der Anwendung einer Substitution $\sigma = \{v_1 \leftarrow t_1, \ldots, v_n \leftarrow t_n\}$ auch davon, dass die Variable v_i an den Term t_i *gebunden* wird. Die Komposition $\tau\sigma$ der Substitutionen σ und τ ist definiert durch $\tau\sigma(t) = \tau(\sigma(t))$.

Unifikation. Die Substitution σ heißt *Unifikator* der Terme oder Atome s und t, falls $\sigma(s) = \sigma(t)$ gilt. s, t heißen *unifizierbar*, wenn sie einen Unifikator besitzen.
σ heißt *allgemeinster Unifikator* von s und t, falls es für jeden Unifikator τ von s und t eine Substitution ρ gibt mit $\tau = \rho\sigma$.

19

❑ *Beispiel*:
Sei $s = f(x, g(y))$ und $t = f(g(z), z)$. Dann sind $\sigma_1 = \{x \leftarrow g(g(y)), z \leftarrow g(y)\}$, $\sigma_2 = \{x \leftarrow g(g(a)), z \leftarrow g(a)\}$, $\sigma_3 = \{x \leftarrow g(g(y)), z \leftarrow g(y), w \leftarrow g(y)\}$ Unifikatoren von s und t. σ_1 ist ein allgemeinster Unifikator von s und t.

Es gibt einen Unifikationsalgorithmus /19.6/, der feststellt, ob zwei gegebene Terme oder Atome s und t unifizierbar sind und gegebenenfalls deren allgemeinsten Unifikator berechnet.

> Seien K_1 und K_2 Klauseln ohne gemeinsame Variablen. Seien $A_1, \ldots, A_k \in K_1$ positive Literale und $\neg A \in K_2$ ein negatives Literal und σ ein allgemeinster Unifikator von $A_1, \ldots, A_k, A$. Dann heißt R *Resolvente* von K_1 und K_2, wenn
> $$R = \sigma((K_1 - \{A_1, \ldots, A_k\}) \cup (K_2 - \{\neg A\}))$$

❑ *Beispiel*: Bild 19.6 zeigt einen Resolutionsschritt zwischen den Klauseln $\{P(x,b), P(a,y), Q(x,f(y))\}$ und $\{\neg P(z,w), \neg Q(w,z)\}$. Die beteiligten Literale sind unterstrichen. Die Substitution σ ist der allgemeinste Unifikator der beteiligten Literale.

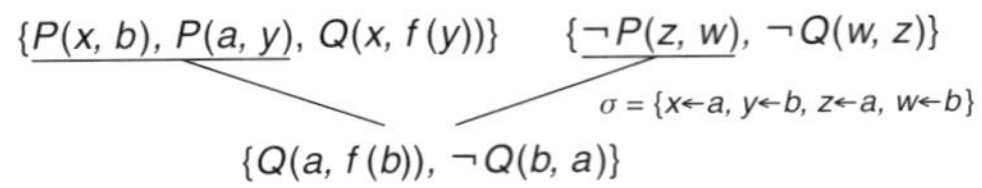

Bild 19.6 Beispiel für einen Resolutionsschritt

Der Resolutionssatz (→ 19.4.1.3) gilt auch im prädikatenlogischen Fall:

> **Resolutionssatz der Prädikatenlogik**. Eine Klauselmenge M ist unerfüllbar genau dann, wenn $\square \in [M]_{\text{Res}}$ gilt, das heißt, wenn die leere Klausel mit einer endlichen Anzahl von Resolutionsschritten aus M abgeleitet werden kann.

Im Unterschied zur Aussagenlogik stellt jedoch das Resolutionsverfahren kein Entscheidungsverfahren für die Unerfüllbarkeit einer Klauselmenge dar, denn die Menge $[M]_{\text{Res}}$ ist i. Allg. unendlich. Das zugrunde liegende Problem ist zwar semientscheidbar, aber nicht entscheidbar (→ 19.2.3.1). Ist also die Klauselmenge M unerfüllbar, dann wird das Resolutionsverfahren schließlich die leere Klausel ableiten. Ist M jedoch erfüllbar, so kann es passieren, dass das Resolutionsverfahren immer neue Klauseln erzeugt und somit nicht terminiert.

20 Wissensverarbeitung

Jochen Heinsohn, Rolf Socher

20.1 Wissensverarbeitung und Künstliche Intelligenz

Die Wissensverarbeitung ist ein Teilgebiet der Künstlichen Intelligenz (KI). Die **Künstliche Intelligenz** ist ein interdisziplinärer Wissenschaftsbereich, an dem neben der Informatik auch die Psychologie, Neurologie, Linguistik und Philosophie beteiligt sind. Gegenstand der KI ist die Untersuchung intelligenten Verhaltens und dessen Implementierung auf Computern. Wissenschaftliches Ziel dieses Unterfangens ist das bessere Verständnis intelligenten Verhaltens von Lebewesen, ingenieurmäßiges Ziel ist die Konstruktion von Hardware- und Softwaresystemen, die intelligentes Verhalten aufweisen. Zwar ist man weit entfernt von einer zufrieden stellenden Definition des Begriffs Intelligenz, Einigkeit herrscht jedoch darüber, dass intelligentes Verhalten (mindestens) die folgenden Merkmale aufweist: Lernfähigkeit, Fähigkeit zu logischen Schlussfolgerungen, Planungsfähigkeit, Problemlösungsfähigkeit und motorische Intelligenz.

Hauptansätze der KI sind:

- Der klassische Ansatz der *Symbolverarbeitung*. Bei diesem Ansatz wird das Wissen mit symbolischen Strukturen dargestellt. Der wichtigste Repräsentationsformalismus ist die Sprache der Prädikatenlogik. Mit diesem Ansatz lassen sich die Fähigkeit zu logischen Schlussfolgerungen und die Planungsfähigkeit modellieren.
- Der *subsymbolische Ansatz*. Bei diesem Ansatz lassen sich Wissenseinheiten (Begriffe oder Konzepte) nicht in einzelnen Symbolen lokalisieren, sondern sind über ein gesamtes Netz verteilt. Das bekannteste Konzept zur subsymbolischen KI ist das der *neuronalen Netze* (→ 20.9). Dieser Ansatz betont die evolutionäre Entwicklung der natürlichen Intelligenz und versucht diese nachzuahmen. Auf diese Weise lassen sich Lernfähigkeit und motorische Intelligenz modellieren.

► *Hinweis*: Bei den meisten Problemen, die mit Methoden der Künstlichen Intelligenz behandelt werden, handelt es sich um NP-vollständige Probleme (→ 19.3.2, 19.3.3), für die es keine effizienten algorithmischen Methoden gibt. Die wichtigste Methode der Künstlichen Intelligenz zur Lösung solcher Probleme ist die Verwendung von *Wissen*.

Wissen ist in diesem Zusammenhang meist spezialisiertes Wissen aus einem bestimmten Anwendungsbereich, also kein Allgemeinwissen. Die Verwendung des geeigneten Wissens bietet im Allgemeinen die Möglichkeit einer effizienten Problemlösung, jedoch keine Garantie dafür. Beim Einsatz von Wissen zur Problemlösung treten mehrere Problemstellungen auf:

- die Wahl einer geeigneten Wissensrepräsentation, die die Problemlösung optimal unterstützt,
- die Wahl eines geeigneten Problemlösungsverfahrens,
- die Akquisition und die Aktualisierung des Wissens.

Folgende Arten von Wissen und Verfahren der Wissensrepräsentation werden unterschieden:

- Wissensrepräsentation durch Prädikatenlogik (→ 19.4.2),
- Wissensdarstellung mit Regelsystemen (→ 20.4),
- unvollständiges Wissen (→ 20.6),
- unsicheres Wissen (→ 20.7),
- vages Wissen (→ 20.8),
- subsymbolisches Wissen und neuronale Netze (→ 20.9).

Einen ausführlichen Überblick über das Gebiet der Wissensverarbeitung geben /20.2/, /20.6/, /20.9/, /20.12/ und /20.15/.

20.2 Heuristische Suche

20.2.1 Zustandsraum und Suchbaum

Viele Probleme der Künstlichen Intelligenz lassen sich mit *Zuständen* und *Zustandsübergangsoperatoren* formulieren.

❑ *Beispiel*: Das bekannteste Beispiel für ein *Suchproblem* besteht darin, in einem Graphen (→ 6.2.2, 6.3) einen Weg von einem Startknoten *A* zu einem Zielknoten *D* zu finden (das Routenproblem → Bild 20.1, links). Ein solcher Weg sollte i. Allg. keine Zyklen enthalten. Hierbei sind mehrere Problemstellungen möglich:
- entscheiden, ob es einen Weg von *A* nach *D* gibt,
- einen beliebigen nichtzyklischen Weg von *A* nach *D* finden,
- einen optimalen (kürzesten, billigsten etc.) Weg von *A* nach *D* finden.

Die *Zustände* dieses Problems sind nichtzyklische Wege, die mit *A* beginnen, beispielsweise *ABC*. Die Operatoren des Problems beschreiben das Erweitern eines Weges um einen neuen Knoten, beispielsweise *ABC* → *ABCD*.

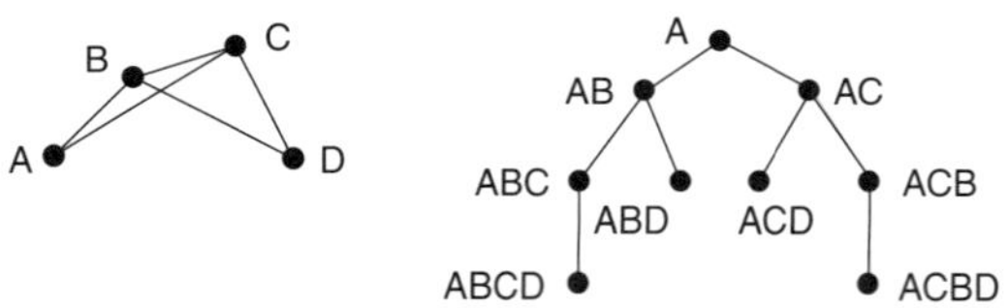

Bild 20.1 Routenplanung (links) und der daraus resultierende Suchbaum (rechts)

Ein **Suchproblem** ist gegeben durch einen Startzustand, einen oder mehrere Zielzustände und eine Menge von Zustandsübergangsoperatoren.

Der **Suchbaum eines Suchproblems** ist ein Baum, dessen Knoten die Zustände des Problems darstellen. Die Wurzel des Suchbaums ist der Startzustand, die Nachfolger jedes Knotens werden durch Anwendung der Operatoren erzeugt.

Bild 20.1 zeigt rechts den Suchbaum für das obige Beispiel.

Der Prozess der Erzeugung der Nachfolger eines Knotens k wird als **Expansion** des Knotens k bezeichnet. Bei der Expansion ist zu beachten, dass keine zyklischen Pfade erzeugt werden dürfen.

Die **Tiefe** eines Knotens k in einem Suchbaum ist die Anzahl der Knoten auf dem Ast von der Wurzel bis zum Knoten k.

Ein **Suchverfahren** ist ein Algorithmus, der ausgehend von der Wurzel des Suchbaums einen Zielknoten finden soll.

20.2.2 Uninformierte Suchverfahren

Das allgemeine Suchverfahren (→ Bild 20.3) arbeitet mit einer Liste (*Agenda*), die zu Beginn nur den Wurzelknoten enthält. In jedem Schritt wird das erste Element der Agenda entfernt und geprüft, ob es sich um einen Zielknoten handelt. Falls nicht, so werden dessen Nachfolgeknoten berechnet und in die Agenda eingefügt. Die verschiedenen konkreten Suchverfahren unterscheiden sich lediglich in der Art des Einfügens (→ 6.2.2).

Tiefensuche. Bei der *Tiefensuche* werden die Nachfolger des aktuellen Knotens am Anfang der Agenda eingefügt, die Agenda verhält sich also wie ein *Keller*. Dabei wird jeweils der aktuelle Ast des Suchbaums so weit wie möglich in die Tiefe verfolgt (→ Bild 20.2, rechts). Gerät das Verfahren in eine Sackgasse, so setzt es zurück zum letzten Knoten, an dem eine noch unerforschte Alternative gegeben war (*Backtracking*).

Breitensuche. Bei der *Breitensuche* wird am Ende eingefügt, die Agenda entspricht also der Datenstruktur *Schlange*. Dabei wird der Suchbaum schichtenweise (→ Bild 20.2, links) durchlaufen.

20

Der allgemeine Algorithmus (→ Bild 20.3) verwendet die folgenden Funktionen:

`start()`	liefert den Wurzelknoten des Suchbaums,
`expandiere(knoten)`	liefert die Liste der Nachfolger von `knoten`,
`ziel?(knoten)`	liefert `true`, wenn `knoten` ein Zielknoten ist.

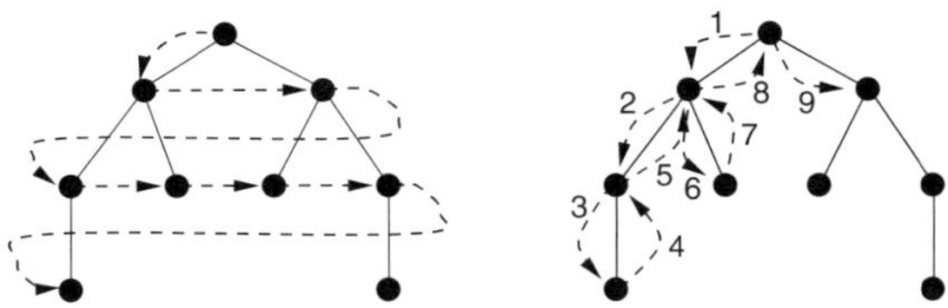

Bild 20.2 Verlauf der Breitensuche (links) und der Tiefensuche (rechts)

```
function suche()
    agenda := [start()];
    while agenda ≠ []
        aktknoten := loesche_erstes(agenda);
        if ziel?(aktknoten) then return aktknoten;
        agenda := einfuegen(expandiere(aktKnoten), agenda);
    return fehler.
```

Bild 20.3 Das allgemeine Suchverfahren

Eigenschaften der Tiefen- und Breitensuche. Die wichtigsten Eigenschaften eines Suchverfahrens sind die *Korrektheit* und die *Vollständigkeit*.

Ein Suchverfahren heißt **korrekt**, wenn die Antwort, die es liefert, tatsächlich eine Lösung des Problems ist.
Ein Suchverfahren heißt **vollständig**, wenn es für ein lösbares Problem stets eine Lösung findet.

Das allgemeine Suchverfahren ist korrekt, vorausgesetzt, die BOOLE'sche Funktion `ziel?` ist korrekt implementiert.

► *Hinweis*: Ist der Suchbaum endlich, so ist das allgemeine Verfahren vollständig. Ist der Suchbaum unendlich und hat jeder Knoten nur endlich viele Nachfolger, so ist die Breitensuche vollständig, die Tiefensuche im Allgemeinen jedoch nicht.

Die *Komplexitätseigenschaften* der uninformierten Suchverfahren sind in Tabelle 20.1 dargestellt. Der Hauptnachteil der Breitensuche gegenüber den anderen Verfahren ist ihre ungünstige Speicherplatzkomplexität.

Tabelle 20.1 Eigenschaften der verschiedenen Suchverfahren. Den Komplexitätswerten liegt ein endlicher Suchbaum der Verzweigungsrate b und Tiefe t zugrunde.

	Tiefensuche	Breitensuche
Art der Agenda	Keller	Schlange
Vollständig?	nein	ja
Zeitkomplexität	$O(b^t)$	$O(b^t)$
Speicherplatzkomplexität	$O(bt)$	$O(b^t)$

20.2.3 Heuristische Suchverfahren

Heuristische Funktionen. Die grundlegenden Suchverfahren lassen sich wesentlich effizienter gestalten, wenn Information darüber vorliegt, wie erfolgversprechend ein bestimmter Knoten ist. Eine *Heuristik* ist ein Verfahren, das die durchschnittliche Zeitkomplexität von Suchverfahren mit Hilfe einer *Bewertung* der Knoten des Suchbaums verbessert.

> Eine **heuristische Funktion** h ordnet jedem Knoten k im Suchbaum eine nichtnegative Zahl $h(k)$ zu, die eine Schätzung für die Entfernung des Knotens k zum nächsten Zielknoten angibt.

► *Hinweis*: Je kleiner der heuristische Wert eines Knotens, umso „besser“ ist dieser. Ist k ein Zielknoten, so ist $h(k) = 0$. Ein bekanntes Beispiel für eine heuristische Funktion bei der Routenplanung ist die Luftlinienentfernung zum Zielort.

❑ *Beispiel*: Bei dem *Schiebepuzzle* (→ Bild 20.4) können die Plättchen horizontal oder vertikal auf den freien Platz bewegt werden. Die Aufgabe besteht darin, in der Ausgangsstellung die Plättchen sukzessive so lange zu verschieben, bis die Zielstellung erreicht wird.

Heuristische Funktionen für das Schiebepuzzle:

- Die heuristische Funktion $h_1(z)$ zählt die Plättchen im Zustand z, die nicht an der Zielposition liegen. Beispielsweise gilt im Startzustand in Bild 20.4 $h_1(z) = 7$.
- Die Funktion $h_2(z)$ ist die Summe der Entfernungen aller Plättchen von ihrer jeweiligen Zielposition. Die Entfernung eines Plättchens zur Zielposition wird dabei durch die Anzahl der Züge angegeben, die notwendig wären, wenn das Plättchen frei ziehen könnte. Im Startzustand in Bild 20.4 gilt $h_2(z) = 18$.

5	4	
6	1	8
7	3	2

Startzustand

1	2	3
8		4
7	6	5

Zielzustand

Bild 20.4 Das Schiebepuzzle

Im Allgemeinen ist eine Schätzung um so brauchbarer, je mehr Zustände sie unterschiedlich bewertet. Die Funktion h_2 im obigen Beispiel ergibt eine etwas präzisere Schätzung als h_1.

► *Hinweis*: Die Verwendung einer Heuristik gibt keine Garantie für eine effizientere Problemlösung, denn es handelt sich nur um eine Schätzung. Die Wahl einer geeigneten heuristischen Funktion ist stark problemabhängig und bisher noch nicht völlig automatisierbar.

Bestensuche. Die *Bestensuche* ist eine Ausprägung des allgemeinen Suchverfahrens (→ Bild 20.3), bei der die Agenda durch eine (aufsteigend) sortierte Liste realisiert wird. Das Sortierkriterium ist der heuristische Wert der Knoten. Das Prinzip der Bestensuche lautet: „den vielversprechendsten Knoten zuerst".

► *Hinweis*: Die Bestensuche unter Verwendung der heuristischen Funktion h ist vollständig, wenn es zu jedem $n \geqq 0$ nur endlich viele Knoten k gibt mit $h(k) \leqq n$.

20.2.4 Optimierungsprobleme

20.2.4.1 Optimale Suchverfahren

Bei vielen Suchproblemen gibt es mehrere Lösungen, die sich in ihrer Qualität unterscheiden. In diesem Fall ist man meist an einer *optimalen Lösung* interessiert. Bei der Wegesuche beispielsweise könnte dies eine Strecke kürzester Fahrzeit oder geringster Kosten sein.

Eine **Kostenfunktion** ist eine Funktion, die jedem Knoten k im Suchraum ein Gewicht $g(k) \geqq 0$ zuordnet. Eine Kostenfunktion g heißt *streng monoton*, wenn $g(k_1) < g(k_2)$ gilt für alle Knoten k_1,k_2, so dass k_1 ein Vorgänger von k_2 ist.

In vielen praktischen Fällen, wie etwa der Routenplanung, ist die Kostenfunktion implizit dadurch gegeben, dass jeder Übergangsoperator (→ 20.2.1) mit einem bestimmten positiven Kostenwert verbunden ist. Die Kosten eines Knotens k werden dann berechnet durch die Summe der Werte aller Operatoren vom Wurzelknoten bis k. In diesem Fall ist die Kostenfunktion stets streng monoton (→ Bild 20.5).

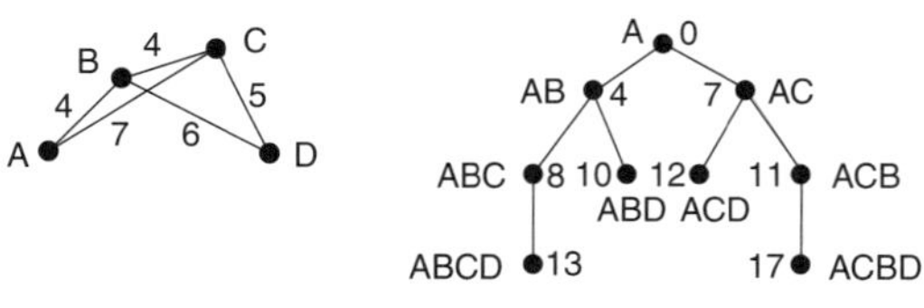

Bild 20.5 Ein Wegeproblem mit Kostenfunktion. Startort ist A, Zielort ist D. Rechts: Der Suchbaum

Die Aufgabe bei einem Optimierungsproblem besteht darin, einen Lösungsknoten mit geringstem Kostenwert zu finden. Die in diesem Abschnitt vorgestellten Verfahren setzen alle eine streng monotone Kostenfunktion voraus.

Ein Suchverfahren heißt **optimal**, wenn es im Fall mehrerer Lösungen zuerst eine optimale Lösung findet.

Die *Gleiche-Kosten-Suche* ist eine Ausprägung des allgemeinen Suchverfahrens (→ Bild 20.3), bei der die Agenda durch eine (aufsteigend) sortierte Liste realisiert wird. Das Sortierkriterium ist der Kostenwert der Knoten. Das Prinzip der Gleiche-Kosten-Suche lautet: „den billigsten Knoten zuerst“. Ist die verwendete Kostenfunktion streng monoton, so ist die Gleiche-Kosten-Suche vollständig und optimal.

20.2.4.2 Der A*-Algorithmus

Verbindet man bei der Gleiche-Kosten-Suche die Kostenfunktion mit einer heuristischen Funktion, so erhält man den *A*-Algorithmus*. Dieser beruht auf ähnlichen Ideen wie die aus der Operations Research bekannten *Branch-and-Bound-Verfahren*.

Zulässigkeit der Schätzfunktion. Eine Schätzfunktion h heißt *zulässig*, wenn sie die Kosten, um von einem Knoten k zum Ziel zu kommen, niemals überschätzt, das heißt wenn für jeden Knoten k und für jeden Zielknoten z, der von k aus erreichbar ist, die folgende Ungleichung gilt:

$$h(k) \leqq g(z) - g(k)$$

Für das Routenproblem (→ 20.2.1) bildet die Luftlinienheuristik eine zulässige Schätzfunktion, denn die Luftliniendistanz ist niemals länger als die tatsächliche Distanz zwischen zwei Orten. Auch die beiden Heuristiken h_1 und h_2 beim Schiebepuzzle (→ 20.2.3) sind zulässig.

Der **A*-Algorithmus** ist eine Gleiche-Kosten-Suche mit der Funktion $f(k) = g(k) + h(k)$, wobei g eine streng monotone Kostenfunktion und h eine zulässige heuristische Funktion ist. Der A*-Algorithmus ist optimal.

Der Hauptnachteil des A*-Algorithmus ist seine ungünstige Speicherplatzkomplexität, denn ähnlich wie bei der Breitensuche kann die Agenda stark anwachsen.

Es wurden daher verschiedene Verbesserungen des A*-Algorithmus entwickelt (*Iterative Deepening A** oder *Simplified Memory-bounded A** /20.15/), die aus der Methode der schrittweisen Vertiefung abgeleitet sind und deren günstige Speicherplatzkomplexität mit den Vorteilen der Verwendung einer heuristischen Funktion kombinieren.

20.3 Wissensverarbeitung mit Logik

Die Prädikatenlogik (→ 19.4.2) ist eine der wichtigsten Methoden zur Darstellung und Verarbeitung von Wissen. Für viele praktische Anwendungen reicht die Darstellung mit Hornklauseln aus. Hornklauseln bilden die Grundlage der logischen Programmierung, etwa in Form der Programmiersprache Prolog /20.3/ (→ 7.4.3). Eine Hornklausel ist eine Klausel der Form $\{\neg A_1, \ldots, \neg A_n, B\}$, meist auch in der Form $A_1 \wedge \ldots \wedge A_n \Rightarrow B$ geschrieben. Mit Hornklauseln lassen sich folgende Elemente darstellen:

- Ein **Faktum** ist eine Hornklausel der Form $\Rightarrow B$, also eine nichtleere Hornklausel ohne negative Literale. Notation in Prolog: `B.`
- Eine **Regel** ist eine Hornklausel der Form $A_1 \wedge \ldots \wedge A_n \Rightarrow B$ mit $n > 0$. Notation in Prolog: `B :- A1,...,An.`
- Eine **Anfrage** ist eine Hornklausel der Form $A_1 \wedge \ldots \wedge A_n \Rightarrow$ mit $n > 0$, also eine nichtleere Hornklausel ohne positives Literal. Notation in Prolog: `?- A1,...,An.`

Ein logisches Programm ist eine Menge von Fakten und Regeln (auch *Wissensbasis* genannt). Wird an eine solche Wissensbasis eine Anfrage gestellt, so erzeugt der Interpreter mit Hilfe eines speziellen *Resolutionsverfahrens* (→ 19.4.2.3) eine Antwort.

❑ *Beispiel*: Gegeben sei das folgende logische Programm. Die Fakten der Form `kante(X,Y)` beschreiben einen Graphen. Die Prozedur `pfad(X,Y)` beschreibt die Tatsache, dass ein Pfad von X nach Y führt.

```
kante(a,b).
kante(b,c).
kante(b,d).
pfad(X,Y) :- kante(X,Y).
pfad(X,Z) :- kante(X,Y),pfad(Y,Z).
```

Die Anfrage `?- pfad(a,c).` wird mit `yes` beantwortet, die Anfrage `?- pfad(a,X).` liefert die Lösungen `X = b`, `X = c` und `X = d`.

SWI-Prolog (http://www.swi-prolog.org) ist eine freie und stabile Standard-Prolog Implementierung, die sich gut für Lehre und Übungen in der Wissensverarbeitung eignet.

20.4 Regelsysteme

20.4.1 Aufbau eines Regelsystems

Die Verwendung von Regeln stellt eines der am weitesten verbreiteten Verfahren der KI zur Repräsentation von Wissen dar. Ein Regelsystem besteht im Allgemeinen aus den drei Hauptkomponenten Regelbasis, Faktenbasis und Regelinterpreter (→ Bild 20.6).

Die Regelbasis. Sie besteht aus einer Menge von Regeln der Form

$$r\colon a_1, a_2, \ldots, a_n \rightarrow b$$

Dabei ist r der Name der Regel, die a_i heißen Prämissen der Regel, b ist die Konklusion. Die Regelbasis repräsentiert das allgemeine Wissen über

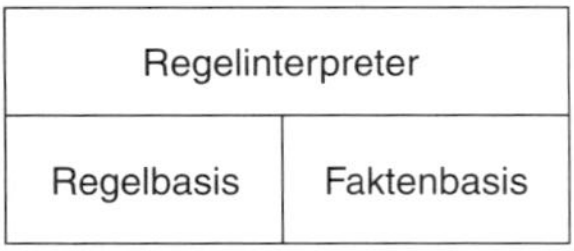

Bild 20.6 Aufbau eines Regelsystems

die Anwendungsdomäne. Zur Erstellung und Wartung der Regelbasis muss im Allgemeinen ein menschlicher Experte für die entsprechende Domäne herangezogen werden. Die dazu erforderlichen Methoden sind Gegenstand des Gebiets des *Knowledge-Engineering* /20.18/.

Heutige **Regelsysteme** (rule engines) ermöglichen die gemeinsame Arbeit von Experten an einer Regelbasis in Produktivsystemen ohne Programmierkenntnisse.

Die Faktenbasis. Sie besteht aus einer Menge von Fakten. Die Faktenbasis repräsentiert das Wissen über ein konkretes Problem. Dieses Wissen kann in einer Datenbank oder in Form von Messdaten vorliegen. Es kann aber auch direkt vom Benutzer erfragt werden.

Der Regelinterpreter. Er führt Inferenzschritte durch, das heißt, er leitet aus den vorhandenen Fakten mit Hilfe von logischen Inferenzregeln (z. B. Resolution, → 19.4.2.3) neue Fakten ab, die dann in die Faktenbasis eingefügt werden.

Regelsysteme lassen sich grafisch durch Regelnetze darstellen.

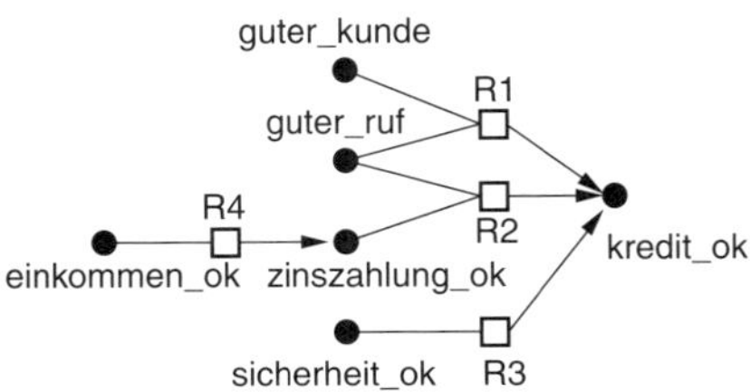

Bild 20.7 Ein Regelnetz

❑ *Beispiel*: Das folgende Regelsystem dient zur Entscheidung, ob einer Person X ein Kredit gewährt werden kann (→ Bild 20.7):

R1: Wenn X ein guter Kunde der Bank ist und einen guten Ruf hat, dann kann der Kredit gewährt werden.

R2: Wenn X einen guten Ruf hat und die Zinszahlung garantiert ist, dann kann der Kredit gewährt werden.

R3: Wenn eine Sicherheit vorhanden ist, dann kann der Kredit gewährt werden.

R4: Wenn X ausreichendes Einkommen hat, dann ist die Zinszahlung garantiert.

Die Knoten eines Netzes, zu denen keine Kanten hinführen (im Beispiel u. a. die Knoten einkommen_ok und sicherheit_ok), stellen Eingabedaten dar. Die Knoten, aus denen keine Kanten herausführen (im Beispiel der Knoten kredit_ok) stellen Hypothesen bzw. Diagnosen dar.

20.4.2 Die Rückwärtsverkettung

Bei der Rückwärtsverkettung (*backward chaining*) wird zunächst eine Hypothese aufgestellt, die bestätigt oder verworfen werden soll. Bei dieser Form der Regelinterpretation kann die Faktenbasis zu Beginn leer sein, das heißt, die Fakten werden erst im Lauf der Regelinterpretation eingetragen. Dabei wird das Regelnetz von der Hypothese zu den Eingabedaten hin verarbeitet.

Schema der Rückwärtsverkettung: Die aktuelle Hypothese sei h. Um h zu bestätigen, werden der Reihe nach folgende Schritte durchgeführt:

1. Ist h als Faktum in der Faktenbasis vorhanden?
2. Falls nicht: Gibt es eine Regel r, deren Konklusion mit h unifiziert (→ 19.4.2.3) und deren sämtliche Prämissen (rekursiv) bestätigt werden können?
3. Falls nicht: Kann der Benutzer h bestätigen?

Lautet die Antwort auf eine dieser Fragen „Ja“, so ist die Hypothese h bestätigt und wird als neues Faktum in die Faktenbasis eingefügt.

❑ *Beispiel*: Im Beispiel aus Bild 20.7 sei zu prüfen, ob Person X ein Kredit gewährt werden kann. Die Faktenbasis sei zu Beginn leer. Zunächst wird Regel $R1$ geprüft. Deren Prämissen werden vom Benutzer erfragt und die Ergebnisse in die Faktenbasis eingetragen. Werden beide Prämissen bestätigt, so ist damit die Kreditwürdigkeit gesichert. Andernfalls wird Regel $R2$ aufgerufen und deren Prämissen überprüft. Der Status der Prämisse guter_ruf kann aus der Faktenbasis entnommen werden, da er im vorigen Schritt dort eingetragen wurde. Zur Bestätigung der Prämisse zinszahlung_ok wird Regel $R4$ aufgerufen usw.

20.4.3 Die Vorwärtsverkettung

Die Vorwärtsverkettung (*forward chaining*) startet mit den Eingabedaten und leitet aus ihnen und den Regeln neue Fakten ab. Ist $a_1, \ldots, a_n \rightarrow b$ eine Regel und σ eine Substitution, so heißt $\sigma(a_1), \ldots, \sigma(a_n) \rightarrow \sigma(b)$ eine *Regelinstanz*.

Eine Regelinstanz heißt **anwendbar**, wenn alle ihre positiven Prämissen und keine ihrer negativen Prämissen in der Faktenbasis eingetragen sind. Man sagt, eine anwendbare Regelinstanz feuert, wenn ihre Konklusion in die Faktenbasis eingefügt wird.

❑ *Beispiel*: Das folgende Spiel wird mit schwarzen und weißen Chips gespielt, die sich in einer Tüte befinden. Das Spiel hat zwei Regeln:

- Wenn sich in der Tüte mindestens zwei schwarze Chips befinden, nimm sie heraus und lege stattdessen einen weißen Chip hinein.
- Wenn sich in der Tüte mindestens ein schwarzer und ein weißer Chip befinden, so nimm einen weißen heraus.

Ziel des Spiels ist es, am Ende so wenig Chips wie möglich in der Tüte zu haben. Die Spielregeln lassen sich unter Verwendung des Prädikats status(s, w), wobei w die Anzahl der weißen, s die Anzahl der schwarzen Chips angibt, folgendermaßen formulieren:

$$R_1(s,w) : \mathrm{status}(s,w),\ s \geqq 2 \quad \rightarrow \mathrm{status}(s-2, w+1)$$

$$R_2(s,w) : \mathrm{status}(s,w),\ w \geqq 1,\ s \geqq 1 \rightarrow \mathrm{status}(s, w-1)$$

Die Wissensbasis enthält zu Beginn die Anfangskonfiguration als Faktum, etwa status(2, 2).

Dann sind die Instanzen $R_1(2,2)$ von Regel R_1 und $R_2(2,2)$ von Regel R_2 anwendbar. Im ersten Fall wird das Faktum status(0, 3), im zweiten Fall das Faktum status(2, 1) in die Faktenbasis eingetragen.

20.4.4 Konfliktlösung

Im Allgemeinen sind bei einem Schritt der Regelinterpretation (vorwärts oder rückwärts) mehrere Regelinstanzen anwendbar. Daraus ergibt sich das Problem der Auswahl der zu feuernden Regel.

Ein **Regelkonflikt** ist eine Situation, in der mehrere Regeln anwendbar sind. Die **Konfliktmenge** ist die Menge der anwendbaren Regeln. Eine **Konfliktlösungsstrategie** ist eine allgemeine Vorschrift zur Löschung bestimmter Regelinstanzen aus der Konfliktmenge.

Bei der Konfliktlösung ist zu unterscheiden zwischen Instanzen verschiedener Regeln und verschiedenen Instanzen derselben Regel. Folgende Strategien haben sich als sinnvoll erwiesen:

Refraktion. Sie verhindert insbesondere bei der Vorwärtsverkettung das Problem, dass dieselbe Regel immer wieder feuert. Sie löscht alle Regelinstanzen aus der Konfliktmenge, die bereits gefeuert haben.

Priorität. Jede Regel r erhält eine Priorität $p(r) \in \mathbb{N}$. Ist p die minimale Priorität der Regeln in der Konfliktmenge, so werden alle Regeln r mit $p(r) > p$ gelöscht. Im Beispiel des Chipsspiels ist es sinnvoll, der Regel R_2 eine höhere Priorität einzuräumen als Regel R_1. Auf diese Weise wird das Spielziel schneller erreicht.

Spezifität. Die Regel r_2 heißt spezifischer als r_1, wenn die Prämissenmenge von r_2 eine Instanz der Prämissenmenge von r_1 enthält. Enthält die Konfliktmenge zwei Regeln r_1 und r_2, so dass r_2 spezifischer ist als r_1, so wird r_1 gelöscht.

Aktualität. Dies ist die einzige Strategie, die auch zwischen verschiedenen Instanzen derselben Regel entscheiden kann. Eine Regel r_1 heißt aktueller als r_2, wenn sich die Prämissen von r_1 auf aktuellere Fakten in der Faktenbasis beziehen als die von r_2. In diesem Fall wird r_2 aus der Konfliktmenge gelöscht.

Regelbasierte Expertensysteme werden seit längerer Zeit in folgenden Bereichen erfolgreich angewandt:

- **Diagnose**: medizinische und technische Diagnostik, Anlageberatung, Kreditprüfung, Analyse von Schaltkreisen.
- **Planen und Konfigurieren**: Konfiguration von Computeranlagen, HiFi-Geräten, Planen von wissenschaftlichen Experimenten.

20.5 Weitere Wissensrepräsentationsformalismen

20.5.1 Semantische Netze

Ein semantisches Netz ist ein gerichteter Graph mit folgenden Eigenschaften:

- Die *Knoten* eines semantischen Netzes symbolisieren Begriffe. Zu jedem Begriff des Anwendungsbereichs gibt es genau einen Knoten. Die Knoten werden in verschiedene Knotentypen eingeteilt: Knoten können Individuen, Klassen oder Eigenschaften von Individuen bezeichnen.
- Die *Kanten* eines semantischen Netzes bezeichnen Relationen zwischen den Objekten bzw. Klassen. Auch hier werden verschiedene Typen unterschieden: Die AKO (*a kind of*)-Kante bezeichnet die Abstraktionsrelation zwischen Klassen, die IS-A-Kante bezeichnet die Objektzugehörigkeit, die Has-Part-Kante drückt eine Partonomie aus.

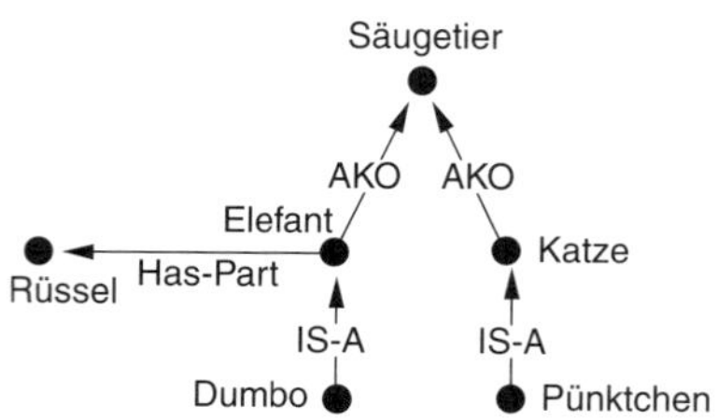

Bild 20.8 Beispiel für ein semantisches Netz

Inferenzen können in einem semantischen Netz durch Vererbung von Information entlang der AKO- und IS-A-Kanten berechnet werden. In Bild 20.8 kann beispielsweise abgeleitet werden, dass Dumbo einen Rüssel hat.

20.5.2 Beschreibungslogiken

Ein Defizit früher semantischer Netze ist ihre nicht klar definierte Semantik, sodass fundierte Inferenzen bzw. Beweise in der Regel nicht möglich waren. Dieses Defizit beheben *Beschreibungslogiken* (DL, *description logics*) /20.1/, die mit einer fundierten, zumeist modelltheoretischen Semantik versehen sind.

DLs sind eine Familie verschiedener Logiken mit unterschiedlicher Ausdrucksfähigkeit, ihr jeweiliger Wissensrepräsentationsformalismus gestattet die deklarative Beschreibung von Wissen einer Anwendungsdomäne. Diese Beschreibung umfasst die Definition relevanter *Konzepte* und deren Beziehungen untereinander und damit das Vokabular (*terminologisches Wissen*) sowie die Verwendung dieser Konzepte bei der Spezifikation von *Objekten* und Individuen (*assertorisches Wissen*). Während Konzepte Mengen von Individuen denotieren, denotieren die auch als *Rollen* bezeichneten Beziehungen binäre Relationen zwischen Individuen.

Alle DLs ermöglichen die Beschreibung komplexer Konzepte und Rollen, die Möglichkeiten dazu werden durch die jeweilige Beschreibungssprache festgelegt.

❑ *Beispiel*: Seien Weiblich, Männlich, Mann und Person atomare Konzepte sowie HatKind eine atomare Rolle. Dann können über die Konzept-Operatoren Konjunktion, Disjunktion und Komplement, die mengentheoretisch interpretiert werden, neue Konzepte beschrieben werden, z. B.

- Person $\sqcap\neg$ Weiblich: Personen, die nicht weiblich sind
- Weiblich $\sqcup$ Männlich: Individuen, die weiblich oder männlich sind

Über Existenz- und Allquantor und Rollenrestriktion lassen sich weitere Konzepte definieren:

- $\forall HatKind.Weiblich$: Individuen mit ausschließlich weiblichen Kindern
- $Mann \sqcap \exists HatKind.Person$: Vater

$\mathcal{ALC}$ (Attributive Language with Complements) ist eine DL, die von praktischem Interesse ist und auf der viele andere Sprachen aufsetzen. Konzeptausdrücke der Sprache $\mathcal{ALC}$ werden auf Basis der nachfolgenden abstrakten Syntaxregel aufgebaut. Dabei denotieren $\top$ und $\bot$ die gesamte Domäne bzw. die leere Menge und sind *Konzeptsymbole*, A sei ein Konzeptsymbol und R ein *Rollensymbol*. *Konzeptausdrücke* seien durch die Buchstaben C und D denotiert.

$$
\begin{array}{rlll}
C, D \rightarrow & & A \mid \top \mid \bot & \text{(Atomare Konzepte)} \\
& \mid & C \sqcap D & \text{(Konzeptkonjunktion)} \\
& \mid & C \sqcup D & \text{(Konzeptdisjunktion)} \\
& \mid & \neg C & \text{(Konzeptnegation)} \\
& \mid & \forall R.C & \text{(Wertrestriktion)} \\
& \mid & \exists R.C & \text{(Existenzrestriktion).}
\end{array}
$$

20

Schlussfolgerungsverfahren (*reasoning services*) ermöglichen es, implizit vorhandenes Wissen auch explizit zu machen. Insbesondere sind Schlussfolgerungen möglich, die auch wir Menschen bei der Erschließung und Strukturierung einer Anwendung verwenden: Die *Klassifikation* von Konzepten und Individuen.

Die Klassifikation von Konzepten bestimmt deren Unter-/Oberbegriffsbeziehungen, die auch als *Subsumption* bezeichnet wird: Ein Konzept C heißt genau dann „durch ein Konzept D subsumiert", wenn in allen möglichen Welten die Menge der dem Konzept C zugeordneten Objekte eine Teilmenge der Menge der dem Konzept D zugeordneten Objekte ist, geschrieben als $C \sqsubseteq D$. Konzeptsubsumption steht dabei in einem beweistechnisch wichtigen Zusammenhang zur *Erfüllbarkeit* von Konzeptbeschreibungen: $C \sqsubseteq D$ gilt nämlich genau dann, wenn $C \sqcap \neg D$ unerfüllbar ist.

DLs werden heute in vielen praktischen Fällen angewendet, so bilden sie die Basis für die *Ontologiesprache* OWL2 als Grundlage des *Semantic Web* (→ 11.6.6), das die weltweite Vernetzung von Wissen durch gemeinsame Ontologien ermöglicht. OWL2 ist entscheidbar und entspricht der Beschreibungslogik SROIQ(D) /20.7/, die die obige Sprache $\mathcal{ALC}$ hinsichtlich folgender Konstrukte erweitert: Transitive Hülle primitiver Rollen (S), Hierachie komplexer Rollen (R), Namen von Objekten (O), inverse Rollen (I), qualifizierte Zahlenrestriktionen (Q) und Datentypen (D). OWL2 wird vom W3C entwickelt (http://www.w3.org).

20.5.3 Constraint-Netze

Ein Constraint-Netz ist ein ungerichteter Graph. Die Knoten des Netzes entsprechen Objekten des Anwendungsbereichs, die bestimmte Werte aus einer festen Domäne annehmen können. Die Kanten des Netzes entsprechen Beziehungen zwischen den Objekten, die die Werte einschränken.

❑ *Beispiel*: Die Länder a, b, c, d, e (→ Bild 20.9, links) sollen so mit den vier Farben rot, blau, grün, gelb gefärbt werden, dass keine zwei benachbarten Länder dieselbe Farbe haben. Bild 20.9 zeigt rechts das entsprechende Constraint-Netz.

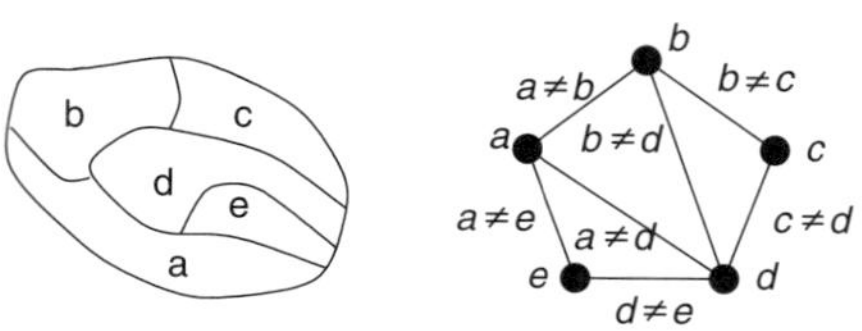

Bild 20.9 Das Kartenfärbungsproblem

Die Informationsverarbeitung in einem Constraint-Netz erfolgt durch Propagierung der Wertebereiche der Problemvariablen entlang der Kanten des

Netzes. Wird der Wertebereich einer Variablen eingeschränkt, so hat dies im Allgemeinen Auswirkungen auf andere Variablen.

Mit Constraintnetzen lassen sich Scheduling-Probleme, wie etwa die Stundenplanung an Schulen oder die Zuordnung von Ressourcen zu Prozessen, lösen.

20.6 Unvollständiges Wissen

20.6.1 Nichtmonotone Logiken

Reicht das vorhandene Wissen nicht aus, um eine bestimmte Schlussfolgerung zu ziehen, so gibt es in der klassischen Logik keine Möglichkeit dazu. In der Alltagswelt trifft man jedoch meistens gewisse (plausible) Annahmen, um diese Schlussfolgerungen doch durchführen zu können. Müssen diese Annahmen aufgrund neuer Erkenntnisse später revidiert werden, so müssen auch alle daraus abgeleiteten Schlussfolgerungen gegebenenfalls zurückgezogen werden.

Ist Φ eine Formelmenge, so bezeichnet $[\Phi]$ die Menge $\{\phi \mid \Phi \models \phi\}$. Man bezeichnet $[\Phi]$ auch als die **Theorie** (theory) von Φ.
Eine Theorie $\mathcal{T}$ heißt **vollständig** (complete), wenn jedes Grundatom der Sprache oder dessen Negation in $\mathcal{T}$ enthalten ist.

Eine wesentliche Eigenschaft der klassischen Logik ist die Monotonie:

Monotone Logik. Eine Logik heißt monoton, wenn sie folgende Eigenschaft hat:
Sind Φ und Ψ Formelmengen mit $\Phi \subseteq \Psi$, so gilt stets $[\Phi] \subseteq [\Psi]$.

Die oben beschriebenen annahmenbasierten Schlussfolgerungen besitzen nicht diese Eigenschaft, aus diesem Grund nennt man die entsprechenden Logiken nichtmonoton. Die wichtigsten *nichtmonotonen* Logiken sind:

Closed-World-Assumption (CWA). Dieses System geht aus von einer Formelmenge Δ, die das Wissen über die zu modellierende Welt beschreibt. Dieses ist im Allgemeinen unvollständig. Die Grundannahme der CWA lautet, dass alles, was nicht aus Δ folgt, falsch ist. Dazu wird die Menge Δ um die Menge $\Delta_a = \{\neg A \mid A \notin [\Delta]\}$ erweitert. Die CWA-vervollständigte Theorie ist definiert durch $\text{CWA}(\Delta) = [\Delta \cup \Delta_a]$. Ist die Klauselform von Δ eine konsistente Hornklauselmenge, so ist auch die vervollständigte Theorie konsistent. Die CWA liegt auch der von der Programmiersprache Prolog bekannten *Negation durch Fehlschlagen* zugrunde.

Default-Logik. Diese Logik verwendet nichtmonotone Inferenzregeln. Die allgemeine Form der **Default-Regeln** lautet:

$$\frac{\alpha(x) : \beta_1(x), \ldots, \beta_n(x)}{\gamma(x)}$$

Eine solche Regel wird in einer Wissensbasis Δ folgendermaßen interpretiert: Gibt es eine Instanz x_0 von x, so dass $\alpha(x_0)$ aus Δ folgt und alle $\beta_i(x_0)$ mit Δ konsistent sind, so wird $\gamma(x_0)$ in die Wissensbasis Δ aufgenommen. Default-Regeln treten meistens in der Form

$$\frac{\alpha(x) : \gamma(x)}{\gamma(x)}$$

auf. Eine solche Regel heißt **normale Default-Regel**. Ein Beispiel für eine normale Default-Regel ist die Regel

$$\frac{\text{vogel}(x) : \text{kann\_fliegen}(x)}{\text{kann\_fliegen}(x)}$$

Ist also etwa Hansi ein Vogel, so kann man folgern, dass Hansi fliegen kann, vorausgesetzt, diese Schlussfolgerung ist konsistent mit der aktuellen Datenbasis.

20.6.2 Begründungsverwaltung

Begründungsverwaltungssysteme (BVS, *Reason Maintenance Systems*) stellen eine praktische Umsetzung der nichtmonotonen Logiken dar. Ihre Aufgaben sind die Aktualisierung und die Konsistenzhaltung der Wissensbasis.

Aktualisierung. Wird in einer Wissensbasis der Status eines Faktums geändert, so wird sich diese Änderung im Allgemeinen auf die Gültigkeit von anderen Fakten auswirken. Die Aufgabe eines BVS ist es, diese Aktualisierung auf effiziente Weise durchzuführen und einen konsistenten Zustand herzustellen.

Semantische Konsistenzhaltung. In einer Wissensbasis können semantische Inkonsistenzen durch Widerspruchsregeln explizit gemacht werden. Beispielsweise kann der semantische Widerspruch zwischen den Fakten schuldig(a) und unschuldig(a) durch die Regel schuldig(x),unschuldig(x) $\rightarrow \perp$ ausgedrückt werden. Dabei steht das Symbol $\perp$ für die logische Kontradiktion. Das Auftreten des Faktums $\perp$ in der Wissensbasis zeigt dann eine semantische Inkonsistenz an. Aufgabe eines BVS ist es, eine minimale Menge von Fakten (die so genannte *Nogood-Menge*) zu bestimmen, die zu diesem Widerspruch beitragen, und Möglichkeiten vorzuschlagen, wie der Widerspruch beseitigt werden kann.

Die wichtigste Form der Begründungsverwaltung, das rechtfertigungsbasierte BVS (*Justification Based Reason Maintenance*), arbeitet mit so genannten Rechtfertigungsnetzen, die im Wesentlichen genau wie die Regelnetze ($\rightarrow$

20.4.1) aufgebaut sind. Die Prozeduren zur Aktualisierung und Konsistenzhaltung von Wissensbasen ähneln der Vorwärts- bzw. Rückwärtsverkettung. Jedes Faktum, das in der Wissensbasis als wahr eingetragen ist, erhält als Rechtfertigung entweder die Kennzeichnung als Benutzereingabe oder die Menge aller Regeln, die dieses Faktum direkt stützen.

❑ *Beispiel*: Am Montag oder Dienstag soll eine Besprechung stattfinden, bei der Frau Schulz oder Herr Meier teilnehmen müssen. Meier kann an beiden Terminen nicht teilnehmen, Schulz kann montags nicht. Die Sachlage ist in Bild 20.10 dargestellt.

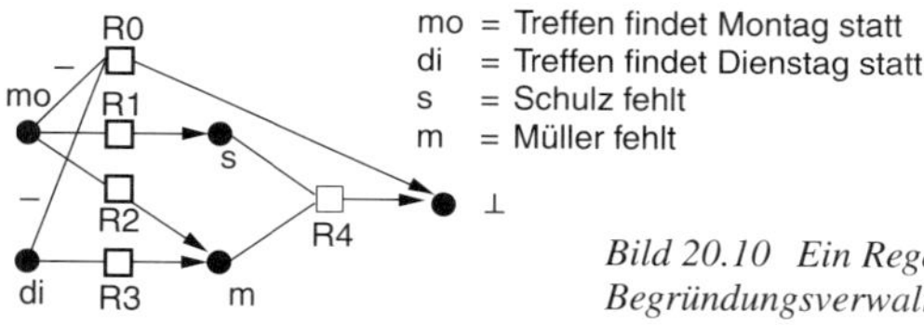

Bild 20.10 Ein Regelnetz zur Begründungsverwaltung

Ist die Faktenbasis zu Beginn leer, so kann aufgrund von Regel R_0 der Widerspruch $\perp$ abgeleitet werden, da an einem dieser Tage die Besprechung stattfinden muss. Tabelle 20.2 zeigt in Zeile 1 die jeweiligen Rechtfertigungen der Fakten (E bedeutet: Benutzereingabe). Das BVS kann diese Information benutzen, um mittels Rückwärtsverkettung die Nogood-Mengen $\{-mo\}$ und $\{-di\}$ zu bestimmen. Dies bedeutet: Eines von beiden Fakten, *mo* oder *di*, muss eingefügt werden, um den Widerspruch aufzulösen. Wird der Montag als Termin gewählt, so können mit Regel R_1 und R_2 die Fakten s und m abgeleitet werden sowie mit Regel R_4 wieder der Widerspruch. Wird der Dienstag als Termin gewählt, so ergibt sich kein Widerspruch.

Tabelle 20.2 Rechtfertigungstabelle für das obige Beispiel

Faktum	*mo*	*di*	*s*	*m*	$\perp$
Rechtfertigung (1)	—	—	—	—	$\{R_0\}$
Rechtfertigung (2)	E	—	$\{R_1\}$	$\{R_2\}$	$\{R_4\}$
Rechtfertigung (3)	—	E	—	$\{R_3\}$	—

Ein Begründungsverwaltungssystem wird üblicherweise als Komponente eines Expertensystems für Aufgaben der Aktualisierung und Konsistenzhaltung eingesetzt.

20.7 Unsicheres Wissen

Bei der Modellierung und Darstellung von Alltagswissen und der Entwicklung von wissensbasierten Verfahren für Schlussfolgerungen und zur Entscheidungsfindung spielen *Unsicherheitsphänomene* eine wesentliche Rolle. Unsicherheit liegt vor, wenn eine Aussage nicht eindeutig wahr oder falsch ist. Unsicherheit kann beispielsweise aufgrund von nicht-perfekten Sensoren entstehen, kann aber auch inhärent vorhanden sein, wenn sich Menschen äußern. Ein Beispiel ist die Aussage „Der Dollarkurs wird sich in den nächsten zwei Tagen *wahrscheinlich* nicht erholen".

Wichtige Methoden zur Modellierung von Unsicherheit sind BAYES'*sche Netze*, die auf der Wahrscheinlichkeitstheorie basieren, und die DEMPSTER-SHAFER-*Theorie* /20.2/, /20.16/.

20.7.1 Wahrscheinlichkeiten

Sei A eine Zufallsvariable mit endlichem Wertebereich (*Ereignisraum*) Ω.

> Eine Funktion $P : \Omega \to [0, 1]$ heißt *Wahrscheinlichkeit*, wenn
> $$\sum_{a \in \Omega} P(A = a) = 1$$
> gilt.

$P(A = a)$ ist damit ein numerischer Index, der die „Wahrscheinlichkeit" dafür angibt, dass die Variable A einen bestimmten Wert a annimmt. Man schreibt auch $P(a)$ bei bekanntem und $P(A)$ bei unbekanntem Wert. Im Kontext der Wissensverarbeitung beschreibt P häufig einen *subjektiven Vertrauensgrad*.

Die Wahrscheinlichkeit P wird häufig auch als Maß für die Abhängigkeit mehrerer Zufallsvariablen verwendet.

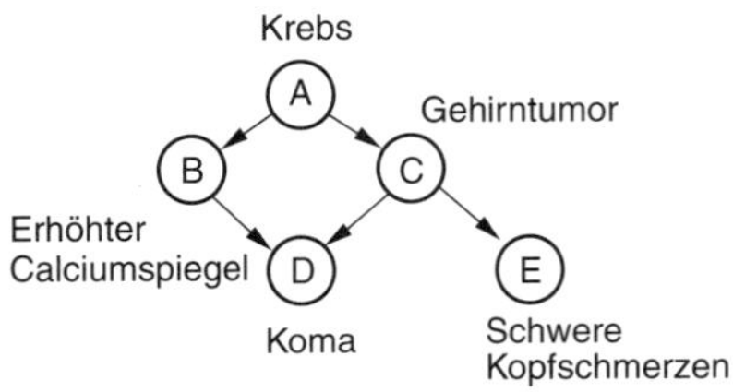

Bild 20.11 Abhängigkeiten zwischen fünf Variablen

❑ *Beispiel*: Bild 20.11 zeigt die folgenden Zusammenhänge: Krebsmetastasen sind ein möglicher Grund für Gehirntumor und sind auch eine Erklärung für einen erhöhten Serum-Calciumspiegel. Beide können wiederum erklären, warum ein Patient ins Koma fällt. Schwere Kopfschmerzen können ebenfalls mit einem Gehirntumor in Verbindung stehen.

Der zugrunde liegende Produktraum ist $\Omega = \Omega_A \times \Omega_B \times \Omega_C \times \Omega_D \times \Omega_E$, jedes Merkmal kann die Werte 1 (vorhanden) und 0 (nicht vorhanden) annehmen. So beschreibt beispielsweise das Tupel $(0, 0, 0, 1, 1)$ den Zustand, in dem der Patient im Koma liegt und vorher schwere Kopfschmerzen hatte, obwohl weder Krebs, noch erhöhter Calciumspiegel, noch ein Gehirntumor vorliegen.

Falls die Verbundwahrscheinlichkeiten $P(A, B, C, D, E)$ alle bekannt sind, so können Schlussfolgerungen durchgeführt werden. Die Beantwortung der Frage „Hat der Patient Gehirntumor?“ führt beispielsweise zur Berechnung der Randwahrscheinlichkeit $P(C=1)$:

$$P(C=1) = \sum_{a\in\Omega_A}\sum_{b\in\Omega_B}\sum_{d\in\Omega_D}\sum_{e\in\Omega_E} P(a,b,1,d,e)$$

Die Akquisition von Wahrscheinlichkeiten und das Rechnen in Produkträumen ist aus Komplexitätsgründen praktisch nicht durchführbar. Eine effiziente Behandlung dieser Aufgabe ermöglichen *graphbasierte Modelle*.

Der Grad der Abhängigkeit von Zufallsvariablen, wie er beispielsweise in der Expertenregel „Wenn A dann B mit Wahrscheinlichkeit p“ vorhanden ist, kann durch bedingte Wahrscheinlichkeiten ausgedrückt werden.

> Seien A und B zwei Zufallsvariablen. Die *bedingte Wahrscheinlichkeit* von A unter der Bedingung B ist definiert durch
>
> $$P(A|B) = \frac{P(A,B)}{P(B)}$$
>
> mit $P(A,B)$ als Verbundwahrscheinlichkeit über $\Omega = \Omega_A \times \Omega_B$ und $P(B)$ als Randwahrscheinlichkeit über Ω_B.

Eine Verbundwahrscheinlichkeit lässt sich also vereinfacht darstellen, es gilt $P(A,B) = P(A|B)\cdot P(B)$. Eine Verallgemeinerung dieses Zusammenhangs auf n Variablen heißt *Multiplikationsregel*.

20.7.2 BAYES'sche Netze

BAYES'sche Netze können wesentlich dadurch charakterisiert werden, dass Unsicherheit und Vertrauen in einem Netzwerk auf der Basis ausschließlich *lokaler Operationen* propagiert werden: Jeder Knoten des Netzes wird als eigenständiger Prozessor angesehen, der mit seinen Nachbarknoten Nachrichten austauscht /20.13/, /20.10/.

> Ein **BAYES'sches Netz** ist ein gerichteter azyklischer Graph, dessen Knoten Variablen und dessen Kanten die Existenz direkter Abhängigkeiten zwischen Knoten denotieren. Die Stärke solcher Abhängigkeiten wird auf der Basis *bedingter Wahrscheinlichkeiten* angegeben.

Eine Unabhängigkeit von Variablen beeinflusst wesentlich die Struktur eines BAYES'schen Netzes.

20

> Zwei Variablen A und B heißen *unabhängig*, wenn $P(A,B) = P(A)\cdot P(B)$. A und B heißen *bedingt unabhängig* unter der Bedingung C, wenn $P(A,B|C) = P(A|C)\cdot P(B|C)$. Es gilt dann auch $P(A|B,C) = P(A|C)$.

- *Beispiel*: In dem in Bild 20.11 dargestellten Graph ist E direkt nur abhängig von C und es gilt $P(E|A,B,C,D) = P(E|C)$. D hängt von B und C ab und es gilt $P(D|A,B,C) = P(D|B,C)$ etc. Insgesamt ergibt sich unter Anwendung der Multiplikationsregel eine Darstellung der Verbundwahrscheinlichkeit, die zur Abhängigkeitsstruktur passt:

$$\begin{aligned} P(A,B,C,D,E) &= P(E|A,B,C,D) \cdot P(D|A,B,C) \cdot P(C|A,B) \cdot P(B|A) \cdot P(A) \\ &= P(E|C) \cdot P(D|B,C) \cdot P(C|A) \cdot P(B|A) \cdot P(A) \end{aligned}$$

Die benötigten Wahrscheinlichkeiten können durch Experten beispielsweise in Form von Regeln festgelegt werden.

Durch die Transparenz der Abhängigkeiten ergibt sich, dass sich die Knoten leicht gegenseitig über ihre Zustände informieren können. Ein Knoten B enthält folgende Einträge (→ Bild 20.12):

- Matrix $\boldsymbol{M}(B|A)$ bedingter Wahrscheinlichkeiten $P(b|a)$, die die Beziehung zwischen B und seinem Vater A beschreibt.
- Vektor $\boldsymbol{\pi}(B)$ beschreibt den Einfluss der Väter von B.
- Vektor $\boldsymbol{\lambda}(B)$ beschreibt den Einfluss der Kinder von B.
- Wahrscheinlichkeiten $Bel(b) = \gamma \cdot \boldsymbol{\lambda}(b) \cdot \boldsymbol{\pi}(b)$ definieren den aktuellen Zustand der Variablen B, γ ist ein Normierungsfaktor.

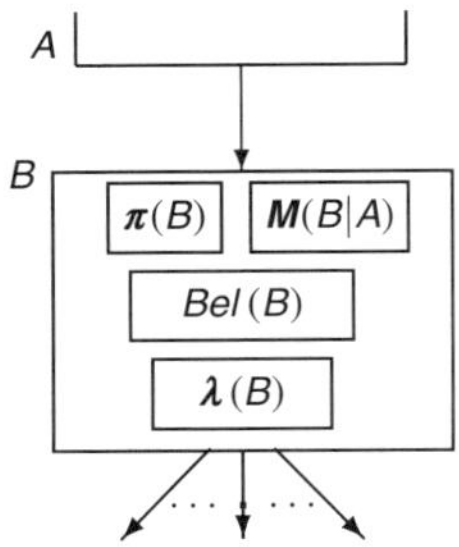

Bild 20.12 Lokale Daten in einem BAYES*'schen Netz*

Die Propagierung von Nachrichten in einem Abhängigkeitsgraphen wird durch Veränderung von Vertrauenswerten angestoßen. Nachrichten werden top-down zu den Kindern und bottom-up zu Eltern geschickt. Erhält ein Knoten eine Nachricht, so aktualisiert er zunächst seine Parameter $\boldsymbol{\lambda}$, $\boldsymbol{\pi}$ und Bel, um dann neue Nachrichten an die Nachbarn zu senden.

❑ *Beispiel*: Ist ein Student qualifiziert ($A = a$), so bekommt er im Allgemeinen eine gute Diplomnote ($B = b$). Absolventen mit guten Noten werden in dem untersuchten Unternehmen in nahezu jedem Fall eingestellt ($C = c$). Das BAYES'sche Netz ist in Bild 20.13 dargestellt.

Die folgenden Wahrscheinlichkeiten sind bekannt: $P(a) = 0{,}4$, $P(b|a) = 0{,}8$, $P(b|\neg a) = 0{,}5$, $P(c|b) = 0{,}9$, $P(c|\neg b) = 0{,}2$. Man erhält daraus die Matrizen $\boldsymbol{M}(B|A)$ und $\boldsymbol{M}(C|B)$, die lokal in den Knoten B und C gespeichert werden:

$P(B\|A)$	a	$\neg a$
b	0,8	0,5
$\neg b$	0,2	0,5

$P(C\|B)$	b	$\neg b$
c	0,9	0,2
$\neg c$	0,1	0,8

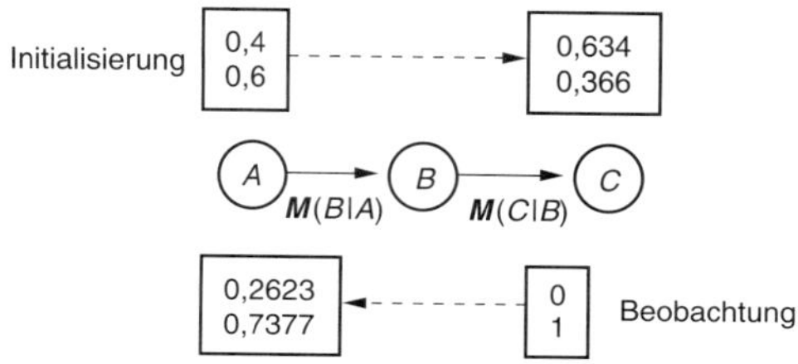

Bild 20.13 Zeitliche Veränderung der Wahrscheinlichkeiten

Die Initialisierungsphase berechnet zunächst die Wahrscheinlichkeit, dass ein Bewerber eingestellt wird. Zu Beginn der Initialisierungsphase befindet sich der Knoten A im Zustand $\boldsymbol{\pi}(A) = [0{,}4,\ 0{,}6]^{\mathrm{T}}$, $\boldsymbol{\lambda}(A) = [1,\ 1]$. Man berechnet $Bel(A) = \gamma \cdot \boldsymbol{\lambda}(A) \times \boldsymbol{\pi}(A)^{\mathrm{T}} = [0{,}4,\ 0{,}6]$ mit $\times$ als komponentenweiser Multiplikation. Die $\boldsymbol{\pi}$- und $\boldsymbol{\lambda}$-Vektoren der übrigen Knoten sind alle gleich $[1,\ 1]$.

Im ersten Schritt wird B von A informiert. Dies geschieht durch Versenden des Vektors $\boldsymbol{\pi}_{A \to B} = \boldsymbol{\pi}(A)$. Knoten B empfängt die Nachricht von A und aktualisiert seinen $\boldsymbol{\pi}$-Vektor:

$$\boldsymbol{\pi}(B) = \boldsymbol{M}_{B|A} \cdot \boldsymbol{\pi}_{A \to B} = \begin{bmatrix} 0{,}8 & 0{,}5 \\ 0{,}2 & 0{,}5 \end{bmatrix} \cdot \begin{bmatrix} 0{,}4 \\ 0{,}6 \end{bmatrix} = \begin{bmatrix} 0{,}62 \\ 0{,}38 \end{bmatrix}$$

Dies führt zur Berechnung von $Bel(B) = [0{,}62,\ 0{,}38]$.

Knoten B informiert sein Kind C durch das Versenden von $\boldsymbol{\pi}_{B \to C} = \boldsymbol{\pi}(B)$. Knoten C verwendet diese Information wie zuvor der Knoten B zur Aktualisierung: $\boldsymbol{\pi}(C) = \boldsymbol{M}_{C|B} \cdot \boldsymbol{\pi}_{B \to C} = [0{,}634,\ 0{,}366]^{\mathrm{T}}$. Damit ist $Bel(C) = [0{,}634,\ 0{,}366]$. Die Firma stellt also einen Studenten mit einer Wahrscheinlichkeit von 63,4 % ein.

Es wird nun beobachtet, dass die Firma einen Bewerber nicht eingestellt hat. Es soll herausgefunden werden, was dies in Bezug auf die Qualifikation dieses Studenten zu bedeuten hat: Die Beobachtung verändert den $\boldsymbol{\lambda}$-Vektor $\boldsymbol{\lambda}(C) = [0,\ 1]$ und damit auch den Belief-Wert in Knoten C:

$$Bel(C) = \gamma \cdot \boldsymbol{\lambda}(C) \times \boldsymbol{\pi}(C)^{\mathrm{T}} = \gamma \cdot [0,\ 1] \times [0{,}634,\ 0{,}366] = [0,\ 1]$$

Diese Veränderung führt zu einer Nachricht an Vater B:

$$\boldsymbol{\lambda}_{C \to B} = \boldsymbol{\lambda}(C) \cdot \boldsymbol{M}_{C|B} = [0,\ 1] \cdot \begin{bmatrix} 0{,}9 & 0{,}2 \\ 0{,}1 & 0{,}8 \end{bmatrix} = [0{,}1,\ 0{,}8]$$

In Knoten B wird auf Basis des vorhandenen π-Vektors und des neuen $\boldsymbol{\lambda}$-Vektors $\boldsymbol{\lambda}(B) = \boldsymbol{\lambda}_{C \to B}$ der Belief-Vektor $Bel(B)$ neu berechnet: $Bel(B) = \gamma \cdot \boldsymbol{\lambda}(B) \times \boldsymbol{\pi}(B)^{\mathrm{T}} = [0{,}1694,\ 0{,}8306]$.

Auf analoge Weise berechnet man für den Vaterknoten A mit $\boldsymbol{\lambda}(A) = \boldsymbol{\lambda}_{B \to A}$ und $\boldsymbol{\pi}(A)$ den Belief-Wert $Bel(A) = [0{,}262\,3,\ 0{,}737\,7]$. Der von der Firma abgewiesene Student ist offensichtlich nur unterdurchschnittlich qualifiziert.

Im Allgemeinen sind die Abhängigkeitsstrukturen nicht so einfach, wie auch Bild 20.11 zeigt. In komplizierteren Netzen haben Knoten mehrere Väter und Kinder. Weiterhin können Netze Zyklen enthalten.

Es gibt zahlreiche erfolgreiche Anwendungen BAYES'scher Netze /20.4/, /20.5/. Für Übungen und die praktische Nutzung eignet sich u. a. die Entwicklungsumgebung HUGIN (http://www.hugin.dk).

Das umfangreiche Gebiet der Unsicherheitsmodellierung – häufig auch unter dem Begriff des *Soft Computing* eingeführt – spielt in der Wissensverarbeitung eine wichtige Rolle. Während frühe Verfahren, wie beispielsweise der im medizinischen Expertensystem MYCIN umgesetzte Ansatz der Sicherheitsfaktoren /20.17/, häufig rein heuristisch begründet waren, stellt der heutige Stand der Forschung und Entwicklung solide in die Wahrscheinlichkeitstheorie eingebettete und benutzerfreundliche Verfahren zur Verfügung.

20.8 Fuzzy-Logik

In dem vorangehenden Abschnitt wurden Unsicherheitsphänomene betrachtet, die sich auf die Unsicherheit bezüglich der Wahrheit einer Aussage beziehen. Unabhängig davon kann Unsicherheit aber auch aufgrund einer Ungenauigkeit bzw. *Vagheit* der Repräsentationssprache auftreten: Die Aussage selbst oder Begriffe dieser Aussage können unpräzise oder vage sein. Zur Modellierung von Vagheit wurde von ZADEH die *Fuzzy-Logik* eingeführt /20.21/. Ihr heutiger Bekanntheitsgrad ist wesentlich darauf zurückzuführen, dass Ende der 80er-Jahre ihre Bedeutung für die Regelung von Systemen erkannt wurde /20.8/, /20.11/, /20.23/.

20.8.1 Fuzzy-Menge und Fuzzy-Logik

Die Idee von *Fuzzy-Mengen* (*fuzzy sets*) basiert auf einer kontinuierlichen Festlegung des Grads der Zugehörigkeit von Elementen zu einer Menge bzw. einem Begriff.

❑ *Beispiel*: Für den vagen Begriff „groß“ bestimmt man eine *Zugehörigkeitsfunktion* (*membership function*) $\mu_{\text{groß}}: X \to [0,1]$. X ist dabei der Wertebereich für die „Körpergröße“. $\mu_{\text{groß}}(x)$ gibt den Zugehörigkeitsgrad des Wertes $x \in X$ zum Begriff „groß“ an. Der Begriff „groß“ kann beispielsweise durch die in Bild 20.14 gezeigte Zugehörigkeitsfunktion modelliert werden.

Die klassischen Mengenoperationen Komplement, Durchschnitt und Vereinigung lassen sich leicht auf Fuzzy-Mengen verallgemeinern. Auf Basis der Fuzzy-Mengen $\mu_A(x)$ und $\mu_B(x)$ mit $x \in X$ gilt

$$
\begin{aligned}
\text{Komplement:} \quad & \mu_{X\setminus A}(x) &=& \ 1 - \mu_A(x),\\
\text{Vereinigung:} \quad & \mu_{A\cup B}(x) &=& \ \max(\mu_A(x), \mu_B(x)),\\
\text{Durchschnitt:} \quad & \mu_{A\cap B}(x) &=& \ \min(\mu_A(x), \mu_B(x)).
\end{aligned}
$$

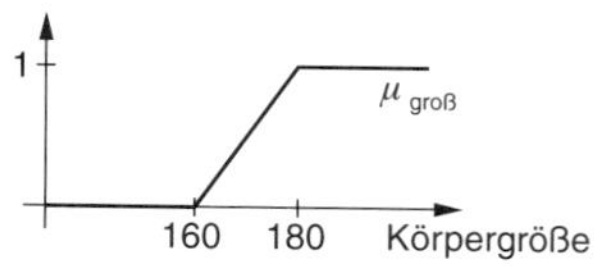

Bild 20.14 Die Zugehörigkeitsfunktion des Begriffs „groß“

Die *Fuzzy-Logik* kann als Erweiterung der klassischen Logik angesehen werden, die genannten Mengenoperationen werden dazu mit den Operatoren Komplement, Disjunktion und Konjunktion der Logik assoziiert.

20.8.2 Fuzzy Control

Die grundlegende Idee des Fuzzy Control ist die Regelung von Prozessen auf der Basis menschlicher Expertenregeln, die vage Begriffe enthalten können. Im Wesentlichen bedeutet die Lösung der regelungstechnischen Aufgabe die Angabe einer geeigneten *Kontrollfunktion*: Für die Wertebereiche $X_1, \ldots, X_n, Y$ ist die Funktion

$$f\colon X_1 \times \ldots \times X_n \to Y$$

gesucht, die zu jedem Tupel $(x_1, \ldots, x_n) \in X_1 \times \ldots \times X_n$ von Messwerten einen Stellwert $y = f(x_1, \ldots, x_n)$ angibt.

Bei dem Beispiel des *inversen Pendels* handelt es sich um das vertikale Balancieren eines Stabes, wobei nur das untere Stabende bewegt werden darf (→ Bild 20.15) /20.8/. Die Stellgröße F gibt die Kraft auf den Fußpunkt des Stabs an und hängt von zwei Ausgangsgrößen ab, dem Winkel M_1 des Stabs zur vertikalen Achse und der Veränderung des Winkels in der Zeit, der Winkelgeschwindigkeit M_2.

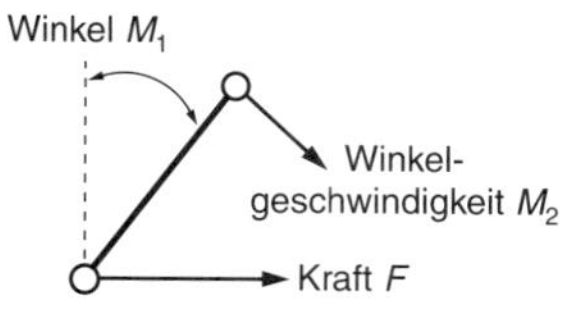

Bild 20.15 Das inverse Pendel

Nach Befragung des Experten werden linguistische Regeln formuliert, z. B.:

R_1: **Wenn** M_1 ist *etwa null* und M_2 ist *etwa null*, **dann** F ist *etwa null*
R_2: **Wenn** M_1 ist *positiv klein* und M_2 ist *etwa null*, **dann** F ist *positiv klein*

► *Hinweis*: Regeln haben also dieselbe Struktur wie in Abschnitt 20.4. Die Werte der Mess- und Stellgrößen werden hier jedoch unscharf spezifiziert.

Die *Entscheidungslogik* führt für eingehende Messwerte die Anwendung einer oder mehrerer Regeln durch und berechnet als Ergebnis eine Fuzzy-Menge. Aus dieser kann dann der konkrete Stellwert berechnet werden. Die Art der von der Entscheidungslogik durchgeführten Operationen hängt stark von der Art des Reglers ab.

Für das Stabbalance-Problem erhält man zu einem bestimmten Zeitpunkt die Messwerte $x_1 = 22{,}5$ Grad für den Winkel und $x_2 = 0$ Grad pro Sekunde für die Winkelgeschwindigkeit. Der Stab steht zwar nicht senkrecht, bewegt sich aber nicht. Dies kann daran liegen, dass unmittelbar zuvor bereits eine Ausgleichskraft auf den Fußpunkt des fallenden Stabes ausgeübt wurde. Die Prämissen der beiden Regeln R_1 und R_2 haben einen Erfüllungsgrad größer als Null. Die Fuzzy-Mengen beider Regeln – hier Dreiecksfunktionen – sowie die nachfolgenden Berechnungen sind in Bild 20.16 dargestellt.

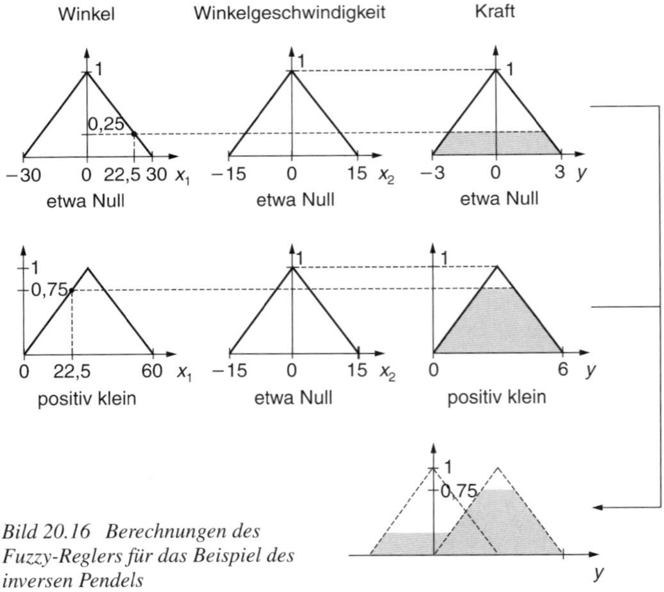

Bild 20.16 Berechnungen des Fuzzy-Reglers für das Beispiel des inversen Pendels

Für die Prämisse der Regel R_1 berechnet man die beiden Erfüllungsgrade $\mu_1^{(1)}(x_1) = 0{,}25$ und $\mu_1^{(2)}(x_2) = 1$, für Regel R_2 die beiden Werte $\mu_2^{(1)}(x_1) = 0{,}75$ und $\mu_2^{(2)}(x_2) = 1$.

Da die Messwerte beide Prämissenterme einer Regel erfüllen müssen, berechnet sich der Gesamterfüllungsgrad jeder Regel aus dem Minimum der beiden Erfüllungsgrade:

$$\alpha_1 = \min\{\mu_1^{(1)}(x_1), \mu_1^{(2)}(x_2)\} = 0{,}25,$$
$$\alpha_2 = \min\{\mu_2^{(1)}(x_1), \mu_2^{(2)}(x_2)\} = 0{,}75$$

Das Ergebnis der Anwendung einer Regel r ist die Fuzzy-Menge, die man durch Abschneiden von $\mu_r(y)$ in der Höhe α erhält: Die Fuzzy-Menge der Konklusion der Regel R_1 wird also bei 0,25 abgeschnitten und die Fuzzy-Menge der Konklusion der Regel R_2 bei 0,75. Die beiden Ergebnismengen $\mu_1^{\text{out}}(y)$ und $\mu_2^{\text{out}}(y)$ werden abschließend vereinigt:

$$\mu_{1,2}^{\text{out}}(y) = \max\{\mu_1^{\text{out}}(y), \mu_2^{\text{out}}(y)\}$$

Zur Regelung des Prozesses wird ein *scharfer* Stellwert benötigt. Den entsprechenden Vorgang der Berechnung eines konkreten Wertes aus einer Fuzzy-Menge bezeichnet man auch als *Defuzzifizierung*. Nach der so genannten *Schwerpunktmethode* wird der Schwerpunkt der Fläche der Ergebnismenge μ^{out} berechnet und der Wert unterhalb dieses Schwerpunktes ist der aktuelle Stellwert.

Eine auf diese Weise bestimmte Kontrollfunktion kann in Form eines so genannten *Kennfeldes* angezeigt werden. Das Verhalten eines Fuzzy-Reglers wird vollständig durch dieses Kennfeld beschrieben.

Bei der Fuzzy-Regelung handelt es sich um ein Gebiet, das Methoden der Fuzzy-Logik einsetzt, um Prozesse zu regeln. Die Modellierung des Prozesses selber entfällt und Wissen über die Art, auf die Menschen den Prozess regeln, wird maschinell verfügbar. Das Aufstellen der Regeln ist i. Allg. einfach, es schließt sich jedoch eine intensive Phase an, in der im Kontext des zu regelnden Prozesses Regeln und Fuzzy-Mengen verändert werden. Auf diese Weise entstandene Systeme sind schnell und robust und anwendbar auf komplexe Probleme. Frühe Anwendungen des Fuzzy Control betrafen vorwiegend die Steuerung von Maschinen oder auch handelsüblichen Haushaltsgeräten, bei Waschmaschinen beispielsweise zur Waschmittelzufuhr in Abhängigkeit vom Verschmutzungsgrad der Wäsche. Heutige Anwendungen gehen weit über diesen Bereich hinaus. Beispiele sind die Optimierung der Beatmung beim akuten Lungenversagen (direkte Fuzzy-Regelung), die Fehlerklassifikation bei Verbrennungsmotoren (Fuzzy-Diagnose) und die Qualitätskontrolle in der Automobilindustrie (Fuzzy-Klassifikation). Gegenstand aktueller Forschung sind verschiedene Formen hybrider Systeme, die Fuzzy-Logik beispielsweise mit *neuronalen Netzen* verbinden: Ziel neuronaler Fuzzy-Systeme ist das Erlernen einer optimalen Regelungsstrategie /20.11/.

20.9 Künstliche neuronale Netze

Neuronale Netze sind Systeme, die sich an der Funktionsweise des menschlichen Gehirns orientieren. Sie bestehen aus einer Menge so genannter Neuronen, die über gewichtete Verbindungen Nachrichten austauschen.

Neuronale Netze zeichnen sich aus durch folgende Eigenschaften:

- parallele Verarbeitung,
- Lernfähigkeit. Diese wird ermöglicht durch die Veränderung der Verbindungsgewichte.
- Robustheit. Dies bedeutet, dass der Ausfall einzelner Neuronen oder Verbindungen die Performance des Systems nur unwesentlich beeinträchtigt.

Neuronale Netze werden in folgenden Bereichen eingesetzt:

- Mustererkennung (Handschriftenerkennung, Bildinterpretation, Spracherkennung),
- visuelle und akustische Prüfmethoden zur Qualitätssicherung,
- Optimierungsprobleme,
- Prognose,
- Clusterung von Daten zur Datenanalyse.

Ausführliche Darstellungen der Theorie und Praxis neuronaler Netze finden sich in /20.22/, /20.14/.

20.9.1 Allgemeines Modell

Ein neuronales Netz wird durch folgende Komponenten beschrieben:

- $U = \{u_1, \ldots, u_n\}$ ist eine endliche Menge von *Neuronen* (Einheiten). Dabei wird oft unterschieden zwischen Eingabeeinheiten, Ausgabeeinheiten und versteckten Einheiten. Jede Einheit u_i besitzt eine *Aktivierung* $a_i \in \mathbb{R}$ (→ Bild 20.17).

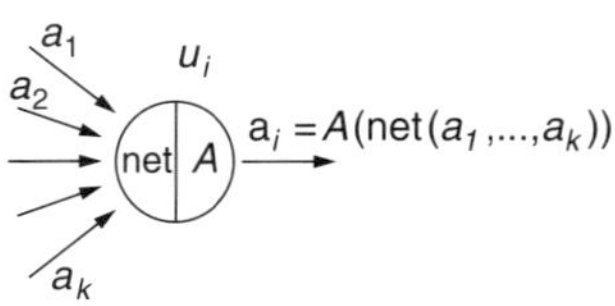

Bild 20.17 Informationsverarbeitung der Einheit u_i eines neuronalen Netzes

- $W = (w_{ij})$ mit $w_{ij} \in \mathbb{R}$ ist eine Matrix. Der Wert w_{ij} bestimmt das Gewicht der Verbindung zwischen den Einheiten u_i und u_j. Die *Verbindungsgewichte* bestimmen die Netztopologie. Ist $w_{ij} = 0$, so gibt es keine Verbindung zwischen u_i und u_j.

- Die *Aktivierungsfunktion* A gibt an, wie der Aktivierungszustand einer Einheit in Abhängigkeit von der Netzeingabe zu aktualisieren ist: $a_i \leftarrow A(\text{net}_i)$. Die gebräuchlichsten Aktivierungsfunktionen sind in Bild 20.18 dargestellt.

- Die *Netzeingabefunktion* fasst alle Eingabewerte einer bestimmten Einheit zu einem Wert zusammen. Meistens wird die Netzeingabe net_j der Einheit u_j berechnet durch die um einen Bias-Term erweiterte gewichtete Summe:

$$\text{net}_j = \sum_{i=1}^{n} w_{ij} a_i - \theta_j$$

Dabei bezeichnet a_i die Aktivierung der Einheit u_i und θ_j den so genannten *Bias* (Schwellenwert) der Einheit u_j.

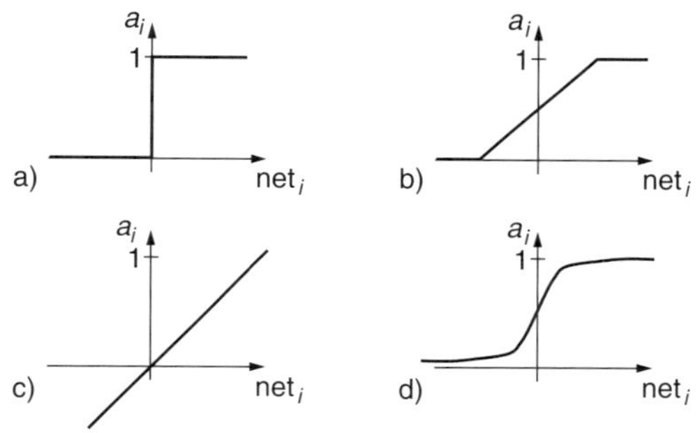

Bild 20.18 Verschiedene Aktivierungsfunktionen; a) Schwellwertfunktion, b) semilineare Funktion, c) lineare Funktion, d) sigmoide Funktion

Verarbeitung. Die Informationsverarbeitung eines neuronalen Netzes soll an dem in Bild 20.19 gezeigten Beispiel verdeutlicht werden. Die Eingabeschicht besteht aus den Einheiten u_1 und u_2, die Ausgabeschicht aus u_3 und u_4. Die Aktivierung kann die beiden Werte 0 und 1 annehmen. Dieses neuronale Netz realisiert also eine Funktion $f\colon \mathbb{B}^2 \to \mathbb{B}^2$ mit $\mathbb{B} = \{0, 1\}$. Als Aktivierungsfunktion dient die Schwellwertfunktion (→ Bild 20.18a), als Netzeingabe die gewichtete Summe (die Bias-Werte sind in den Einheiten dargestellt).

Zur Berechnung des Wertes $f(1, 0)$ wird die Aktivierung der Eingabeeinheiten auf die Eingabewerte gesetzt, also $a_1 = 1$, $a_2 = 0$. In u_3 und u_4 wird die Netzeingabe $\text{net}_3 = 1 \cdot 0{,}5 + 0 \cdot 0{,}5 - 0{,}9 = -0{,}4$ bzw. $net_4 = 0{,}1$ berechnet. Damit ergeben sich die Ausgabewerte $a_3 = 0$ und $a_4 = 1$.

Es ist leicht zu sehen, dass in a_3 die BOOLE'sche Funktion AND, in a_4 die BOOLE'sche Funktion OR berechnet wird.

Die Informationsverarbeitung im Netz kann seriell oder parallel erfolgen:

- *Serielle Verarbeitung* bedeutet, dass in jedem Zeittakt t nur die Aktivierung $a_i(t)$ einer einzelnen Einheit u_i neu berechnet wird. Im nächsten Zeittakt $t + 1$ ist dann für die Auswertung der anderen Einheiten diese bereits geänderte Aktivierung $a_i(t)$ maßgebend.

- *Parallele Verarbeitung* bedeutet, dass in jedem Zeittakt t die Werte $a_i(t)$ für alle i gleichzeitig aktualisiert werden. Dabei gehen die Aktivierungswerte $a_j(t-1)$ in die Berechnung ein.

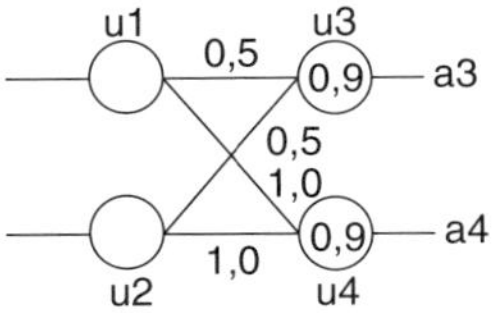

Bild 20.19 Ein neuronales Netz

Lernfähigkeit. Ein neuronales Netz soll eine bestimmte Funktion realisieren, die im Allgemeinen durch eine Menge von Eingabe-Ausgabe-Paaren gegeben ist. Bei der Handschriftenerkennung besteht die Eingabe aus dem Bild des handschriftlich geschriebenen Zeichens in einer geeigneten Codierung, die Ausgabe aus dem dazugehörigen Buchstaben.

In einfachen Fällen, etwa der AND-Funktion, können die Parameter des Netzes (Gewichte und Schwellenwerte) per Hand so gesetzt werden, dass das Netz die vorgegebene Funktion realisiert. In komplexeren Fällen, etwa der Handschriftenerkennung, ist das nicht mehr möglich. Ziel des Lernvorgangs ist, durch sukzessive Vorgabe von Eingabe-Ausgabe-Paaren die Netzparameter so zu bestimmen, dass das Netz die vorgegebene Funktion realisiert. Dazu werden zunächst die Gewichte und Schwellenwerte mit zufälligen Werten initialisiert.

Der eigentliche Lernvorgang beim *überwachten Lernen* verläuft folgendermaßen:

- Eingabe eines Eingabemusters und Berechnung der Netzausgabe,
- Vergleich der Netzausgabe (Istwert) mit der gewünschten Ausgabe (Sollwert),
- Änderung der Gewichte und Schwellenwerte derart, dass der Fehler (die Differenz zwischen Ist- und Sollwert) kleiner wird.

Dieses Verfahren wird so lange angewendet, bis der Gesamtfehler einen vorgegebenen Minimalwert unterschreitet.

Das *unüberwachte* Lernen unterscheidet sich vom überwachten dadurch, dass keine Ausgabewerte (Sollwerte) vorgegeben werden. Ziel des Lernens ist dabei, dass ähnliche Eingaben ähnliche Ausgaben hervorrufen.

Bei der dritten Lernart, dem *bestärkenden* Lernen, steht dem lernenden System nur eine Aktionsbewertung zur Verfügung, die es zur Auswahl neuer geeigneterer Aktionen nutzen kann.

20.9.2 Das Perzeptron

20.9.2.1 Aufbau des Perzeptrons

Das *Perzeptron* ist ein neuronales Netz mit zwei Schichten: der Eingabeschicht $U_\mathrm{I} = \{u_1, \ldots, u_n\}$ und der Ausgabeschicht $U_\mathrm{O} = \{v\}$ mit nur einer Einheit. Die Gewichtswerte $w(u, u')$ sind nur ungleich null für $u \in U_\mathrm{I}$ und $u' = v$. $\vec{w} = (w(u_1, v), \ldots, w(u_n, v))$ ist der *Gewichtsvektor*, $\vec{x} = (x_1, \ldots, x_n)$ ist der *Eingabevektor*. Die Aktivierung kann die Werte 0 und 1 annehmen. Ein Perzeptron P lässt sich also vollständig beschreiben durch die Angabe des Gewichtsvektors und des Schwellenwertes: $P = (\vec{w}, \theta)$.

Da die Aktivierung der Eingabeeinheiten extern gesetzt wird, sind die Netzeingabe- ebenso wie die Aktivierungsfunktion nur interessant für die Ausgabeeinheit v. Diese sind gegeben durch

$$\mathrm{net}_v = \sum_{i=1}^{n} x_i w_i - \theta = \vec{x} \cdot \vec{w} - \theta$$

und Schwellwertfunktion $a_v = A(\mathrm{net}_v)$.

Das Perzeptron $P = (\vec{w}, \theta)$ realisiert also folgende Funktion $f_{\vec{w},\theta}\colon \mathbb{B}^n \to \mathbb{B}$:

$$f_{\vec{w},\theta}(\vec{x}) = \begin{cases} 1 & \text{falls} \quad \vec{x} \cdot \vec{w} > \theta \\ 0 & \text{sonst} \end{cases}$$

❑ *Beispiel*: Das Perzeptron P mit $\vec{w} = (1, 1)$, $\theta = 1$ realisiert die BOOLE'sche AND-Funktion, das Perzeptron mit $\vec{w} = (1, 1)$, $\theta = 0{,}9$ realisiert die BOOLE'sche OR-Funktion.

Nicht alle BOOLE'schen Funktionen sind durch ein Perzeptron darstellbar. Ein Beispiel dafür ist die XOR-Funktion.

20.9.2.2 Die Lernregel für das Perzeptron

Die Lernregel für das Perzeptron zum Lernen einer Funktion $g\colon \mathbb{B}^n \to \mathbb{B}$ lautet:

$$\Delta_{\vec{x}}\, \vec{w} = \sigma \cdot e(\vec{x}) \cdot \vec{x}$$
$$\Delta_{\vec{x}}\, \theta = -\sigma \cdot e(\vec{x})$$

Dabei ist $e(\vec{x}) = g(\vec{x}) - f_{\vec{w},\theta}(\vec{x})$ der Fehler bei Eingabe des Vektors $\vec{x}$. Die Gewichtsänderung ist also proportional zum Fehler und zur Eingabeaktivierung. Der Parameter $\sigma > 0$ ist die *Lernrate*, die die Konvergenzgeschwindigkeit des Verfahrens entscheidend beeinflusst.

Der Lernalgorithmus für das Perzeptron verläuft nach folgendem Schema:

1. Initialisiere $\vec{w}$ und θ mit Zufallswerten,
2. so lange bis $\sum\limits_{\vec{x} \in \mathbb{B}^n} e(\vec{x}) = 0$. Für alle $\vec{x} \in \mathbb{B}^n$:

$$\vec{w} \leftarrow \vec{w} + \Delta_{\vec{x}}\, \vec{w}$$

$$\theta \leftarrow \theta + \Delta_{\vec{x}}\, \theta$$

Perzeptron-Konvergenztheorem: Ist $g\colon \mathbb{B}^n \to \mathbb{B}$ eine durch ein Perzeptron darstellbare Funktion, so terminiert der obige Algorithmus.

► *Hinweis*: Die Konvergenzgeschwindigkeit des obigen Verfahrens hängt ab von der Lernrate σ, der Initialisierung der Gewichte und des Schwellenwertes, der zu lernenden Funktion g und von der Reihenfolge der Auswertung der Eingabevektoren $\vec{x}$.

20.9.3 Mehrschicht-Perzeptron

20.9.3.1 Formales Modell

Das *Mehrschicht-Perzeptron* (MSP) ist ein neuronales Netz mit mehreren Schichten: der Eingabeschicht U_0, den verborgenen Schichten $U_1, \ldots, U_{N-1}$ und der Ausgabeschicht U_N. Damit können auch solche Funktionen realisiert werden, die nicht durch ein Perzeptron darstellbar sind, wie etwa die XOR-Funktion.

Die Gewichtswerte $w(u, u')$ sind nur ungleich null für $u \in U_i$ und $u' \in U_{i+1}$.

Die Aktivierung kann kontinuierliche Werte im Intervall $[0, 1]$ annehmen. Die *Netzeingabefunktion* ist gegeben durch

$$\mathrm{net}_j = \sum_i w_{ij} a_i - \theta_j$$

Die *Aktivierungsfunktion* ist stets eine so genannte *sigmoide Funktion* (→ Bild 20.18), das heißt eine monoton wachsende, differenzierbare und nichtlineare Funktion $f\colon \mathbb{R} \to (0, 1)$. Häufig wird die logistische Funktion

$$f(x) = \frac{1}{1 + e^{-\beta x}}, \qquad \beta > 0$$

verwendet.

❑ *Beispiel*: Das in Bild 20.20 dargestellte Mehrschicht-Perzeptron realisiert die XOR-Funktion.

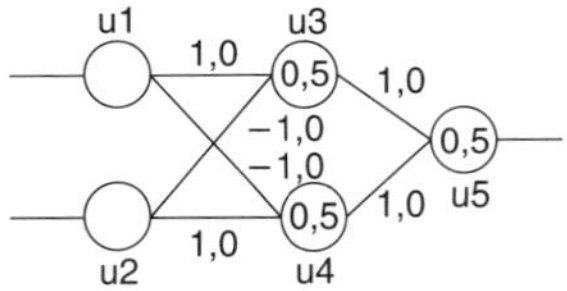

Bild 20.20 Ein Mehrschichtperzeptron für die XOR-Funktion

Die Informationsverarbeitung in einem MSP verläuft folgendermaßen: Zunächst werden an den Einheiten der Schicht 0 die Eingabewerte angelegt und anschließend vorwärts durch das Netz propagiert. Die Ausgabewerte werden dann an den Einheiten der Ausgabeschicht abgelesen.

20.9.3.2 Lernregel (Backpropagation)

Das Lernverfahren des Mehrschicht-Perzeptrons beruht auf dem Prinzip der *Backpropagation* (auch verallgemeinerte Delta-Regel genannt). Dabei wird das Fehlersignal an der Ausgabeschicht gemessen und rückwärts durch das Netz bis zur Eingabeschicht propagiert. Dabei werden die Gewichts- und Schwellenwerte aktualisiert.

Mit $\vec{e}(\vec{x})$ bezeichnet man den Fehlervektor bei Eingabe von $\vec{x}$, also die Differenz zwischen der Ist- und der Sollausgabe.

Die Lernregel für ein MSP P bei Eingabe des Vektors $\vec{x}$ lautet:

$$\Delta_{\vec{x}} w_{ij} = \sigma \cdot a_i^{(x)} \cdot \delta_j^{(x)}$$

$$\Delta_{\vec{x}} \theta_j = -\sigma \cdot \delta_j^{(x)}$$

mit

$$\delta_j^{(x)} = \begin{cases} f'(\mathrm{net}_j^{(x)}) \cdot e_j(\vec{x}) & \text{falls} \quad u_j \in U_N \\ f'(\mathrm{net}_j^{(x)}) \cdot \sum_k w_{jk}\delta_k & \text{sonst} \end{cases}$$

Dabei ist $\sigma > 0$ die *Lernrate*, die die Konvergenzgeschwindigkeit des Verfahrens entscheidend beeinflusst.

Der Lernalgorithmus für das MSP verläuft nach folgendem Schema:
1. Initialisiere die w_{ij} und θ_k mit Zufallswerten,
2. so lange bis $\sum_{\vec{x} \in \mathbb{B}^n} ||\vec{e}(\vec{x})|| < \varepsilon$. Für alle $\vec{x} \in \mathbb{B}^n$ und für $i, j = 1, \ldots, N$:

$$w_{ij} \leftarrow w_{ij} + \Delta_{\vec{x}} w_{ij}$$

$$\theta_j \leftarrow \theta_j + \Delta_{\vec{x}} \theta_j$$

Dabei definiert ε das Abbruchkriterium. Die Konvergenz des Verfahrens ist abhängig von der Lernrate und von der Topologie des Netzes. Dabei stellt die Bestimmung der Anzahl und Größe der inneren Schichten ein Problem dar. Eine Verbesserung der Konvergenzgeschwindigkeit tritt ein, wenn die Gewichtsänderung nicht sofort bei jedem Iterationsschritt durchgeführt wird, sondern erst nach einer Epoche, das heißt, einem vollständigen Durchlauf durch alle Eingabevektoren. Weitere Verbesserungen werden durch die Einführung eines Momentterms erzielt, der in jedem Schritt die Gewichtsänderung des letzten Schritts mit berücksichtigt.

Der Umfang der Anwendungen neuronaler Netze in Wirtschaft, Produktion und Dienstleistung hat in den letzten Jahren stark zugenommen. Beispiele erfolgreicher Anwendungen sind die Qualitätskontrolle von Motoren durch Abhören des Motorengeräuschs, das Vorlesen eines geschriebenen Textes, Erkennen handgeschriebener Texte, das Management von Rentenfonds, die Prognose von Wirtschaftsdaten und Aktienkursen und die Bonitätsanalyse von Kreditnehmern.

Neben den hier dargestellten neuronalen Netzen gibt es noch viele weitere Modelle (HOPFIELD-Netze, BOLTZMANN-Maschine, KOHONEN-Netze /20.14/), die sich in ihrer Topologie und ihren Lernverfahren unterscheiden. KOHONEN-Netze (auch selbstorganisierende Karten genannt) sind eine spezielle Form neuronaler Netze mit vorgegebener topologischer Struktur. KOHONEN-Netze stellen eine Methode dar, um Gruppierungsprobleme (Clusterung von Eingabedaten) zu lösen. Der Lernvorgang ist unüberwacht und beruht auf der Idee des Wettbewerbslernens, bei dem mehrere Ausgabeneuronen konkurrieren, wobei dasjenige, das am besten zu einer bestimmten Eingabe passt, diese Eingabe für sich „gewinnt".

20.10 Ausblick

Reine KI-Systeme, wie sie beispielsweise in Form der Expertensysteme vorgestellt wurden, sind in den letzten Jahren eher in den Hintergrund getreten. Von viel größerer Bedeutung ist heute die Integration der Wissensverarbeitung in herkömmliche Software oder technische Systeme. Dabei sind die Methoden der Wissensverarbeitung oft nach außen unsichtbar, tragen aber wesentlich zum Erfolg des jeweiligen Produkts bei. Je nach dem Umfang, in dem man in einem solchen System Aspekte menschlicher Intelligenz nachgebildet hat, bezeichnet man sie auch als *intelligente Systeme*.

Methoden der Wissensverarbeitung spielen in intelligenten Systemen eine wichtige Rolle. Für autonome mobile Systeme, beispielsweise intelligente Serviceroboter, ist heute ein enormes Marktpotenzial absehbar. Der Einsatzbereich solcher Systeme reicht von der Weltraumtechnik – als Beispiel sei die Marssonde Sojourner genannt – bis hin zur Medizin, dem Haushalt und der Freizeit.

Auch im Softwarebereich existieren ähnliche Vorstellungen und Absichten: Selbständig agierende Programme, so genannte „**Agenten**" /20.12/ (→ 16.5.1), führen beispielsweise die Suche nach Information im Internet (→ 11) durch oder stehen beim elektronischen Handel (→ 21.3) miteinander in Kontakt.

Spezielle intelligente Systeme mit Orientierung auf Lösung von Geschäftsproblemen, wie Kündigungsprognose, Betrugserkennung, Kundenmodellierung oder Strategieplanung bilden das Feld der **Business Intelligence** (**BI**). Hier stehen neben der eigentlichen Wissensmodellierung, bspw. mit BAYES'schen

Netzen, insbesondere die Verarbeitung großer Datenmengen, die analytische Visualisierung und Geschäftsprozessintegration im Vordergrund.

Computerlinguistik ist ein interdisziplinäres Forschungsgebiet. Sie strebt die Beschreibung natürlicher Sprachen unter Verwendung der Begriffe und Methoden der Informatik an. Weiteres Ziel ist die Simulation von Sprachverstehen und Spracherzeugung. Die Anwendungen der Computerlinguistik liegen vor allem in den Gebieten der maschinellen Sprachübersetzung und der natürlichsprachlichen Dialogschnittstellen (Dialogsysteme) /20.19/.

Methoden der Künstlichen Intelligenz bzw. der Wissensverarbeitung sind zu einem festen Bestandteil der Informatik geworden. Ihre Verfahren werden in intelligenten Systemen seit vielen Jahren erfolgreich angewendet /20.2/.

21 Betriebliche Informationssysteme

Georg Disterer, Friedrich Fels, Andreas Hausotter

Betriebliche Informationssysteme (auch: „**Anwendungssysteme**") unterstützen Anwender in Wirtschaft und Verwaltung bei der Bewältigung ihrer Aufgaben. Von technischen Systemen (etwa Systemprogramme, Betriebssysteme) unterscheiden sie sich vor allem durch ihre Anwender, die in der Regel nicht Berufe der Informatik oder solche aus deren Nähe ausüben, sondern betriebswirtschaftliche Rollen wie Buchhalter, Disponent, Vertriebsmitarbeiter, Produktionsplaner einnehmen. Zudem dienen betriebliche Informationssysteme der Verwaltung und Steuerung betrieblicher Ressourcen wie etwa Material, Finanzmittel, Fertigfabrikate. Informationssysteme bilden die Leistungs- und Zahlungsströme in einem Unternehmen und zwischen Unternehmen ab und dienen der Steuerung und Überwachung dieser Ströme.

21.1 Innerbetriebliche Informationssysteme

21.1.1 Aufgabenbereiche

Informationssysteme unterschiedlichster Aufgabenbereiche dienen der Steuerung und Überwachung von Leistungs- und Zahlungsströmen in Unternehmen (→ Bild 21.1). Mit **Administrationssystemen** sollen betriebliche Abläufe primär rationalisiert werden, d. h. das Verhältnis von Input (z. B. Material und Arbeitskraft) zu Output (z. B. Produktionsmenge und Auftragsvolumen) soll verbessert werden. Mit **Dispositionssystemen** werden betriebliche Entscheidungen (z. B. Festlegung von Bestellmengen) unterstützt, indem die dafür benötigten Informationen bereit gestellt werden. Administrations- und Dispositionssysteme werden auch zu **operativen Informationssystemen** zusammen gefasst. **Managementinformationssysteme** aggregieren die Daten der operativen Informationssysteme; dies geschieht entweder in Form von Berichten, die regelmäßig, nach vorgegebener Struktur und festgelegtem Detailgrad das betriebliche Geschehen wiedergeben, oder durch Abfrage- und Auskunftssysteme. Mit **Planungs- und Entscheidungssystemen** werden mittel- und langfristige betriebliche Entscheidungen unterstützt, indem die dafür benötigten Informationen bereitgestellt werden und mit DV-Unterstützung mehr Alternativen in Planungsprozessen berücksichtigt werden können. **Kontrollsysteme** unterstützen die Führungskräfte, die Übersicht über das betriebliche Geschehen zu erhalten und zu behalten. Sie gestatten, bei Bedarf – etwa bei erheblichen Abweichungen zwischen Planvorgaben („Soll") und

Informationen zum tatsächlichen Geschehen („Ist") – Detailinformationen zu erlangen. Sie bilden in dem Sinne **Führungsinformationssysteme**, indem sie auf Fehlentwicklungen im betrieblichen Geschehen hinweisen und frühe Warnungen aussprechen („**Frühwarnsysteme**").

Bild 21.1 Informationssysteme unterschiedlicher Aufgabenbereiche

► *Hinweis*: Die pyramidenförmige Anordnung der Informationssysteme in Bild 21.1 gibt wieder, dass Anwender der Administrations- und Dispositionssysteme eher Mitarbeiter der unteren und mittleren Ebenen der Unternehmenshierarchie sind, Anwender von Planungs-, Entscheidungs- und Kontrollsystemen dagegen eher den mittleren und höheren Ebenen angehören. Zudem basieren Planungs-, Entscheidungs- und Kontrollsysteme auf den Systemen der unteren Schichten, da sie deren Informationen aus verschiedenen operativen Informationssystemen aufnehmen, zusammenfassen und in Beziehung setzen.

21.1.2 Teilsysteme betrieblicher Informationsverarbeitung

In Unternehmen werden heute an vielen Stellen und in vielfältiger Art Informationssysteme eingesetzt. Mit dem Bild der betrieblichen Wertschöpfungskette /21.17/ lassen sich betriebliche Informationssysteme entlang der Primär- und Unterstützungsprozesse eines Unternehmens anordnen. Bild 21.2 gibt mit Blick auf ein Produktionsunternehmen gängige Teilsysteme beispielhaft wieder; für Dienstleistungsunternehmen oder andere Organisationen sind Teilsysteme analog zu identifizieren. Die Durchdringung von Unternehmen mit derartigen betrieblichen Informationssystemen ist hoch.

Dabei verursacht die Vielzahl und Vielfalt der Teilsysteme beträchtliche Probleme: Einige Teilsysteme basieren auf denselben Inputdaten (z. B. Transportdisposition, Lieferterminierung) oder Systeme benötigen als Inputdaten

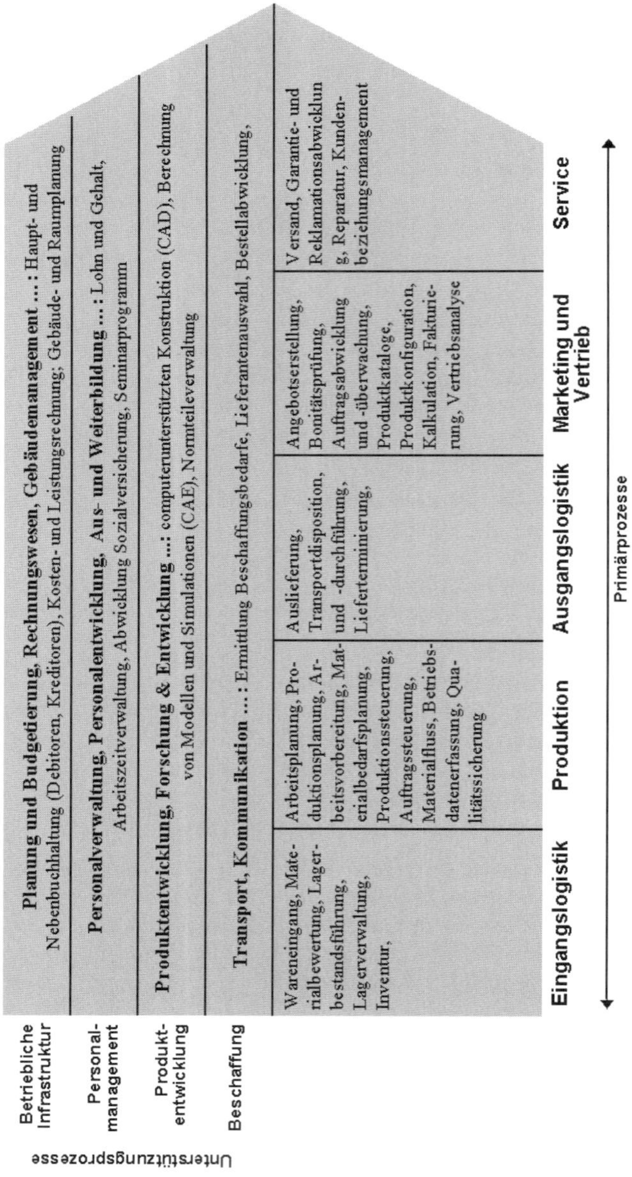

Bild 21.2 Betriebliche Teilsysteme der Informationsverarbeitung

die Outputdaten anderer Teilsysteme (z. B. Produktionsplanung und Konstruktion). Damit Daten nicht aufwendig (schlimmstenfalls manuell) und fehlerträchtig von einem Teilsystem zum nächsten übergeben werden müssen, wird eine **Datenintegration** angestrebt, bei der sich möglichst alle Informationssysteme auf eine Datenbasis beziehen. Diese Datenbasis wird dann in der Regel von Datenbanksystemen ($\rightarrow$ 13) verwaltet. Ebenso wird angestrebt, die Nachteile zu mindern, die durch Abgrenzung von Teilprozessen oder betrieblichen Funktionen entstehen. **Prozess-** bzw. **Funktionsintegration** hat dann zum Ziel, übergreifende und „ganzheitliche" Informationssysteme einzusetzen ($\rightarrow$ 21.1.4).

21.1.3 Spezielle Branchensysteme

In Unternehmen unterschiedlicher **Branchen** nehmen jeweils andere Informationssysteme eine besonders wichtige Rolle im betrieblichen Geschehen ein. Im Folgenden sind für einige beispielhafte Branchen betriebliche Informationssysteme kurz beschrieben, die aufgrund der branchenspezifischen Konstellation aus Merkmalen wie Produkt, Produktionsart, Kunden u. a. für Unternehmen bedeutend sind.

In Unternehmen der **Fertigungsindustrie** bilden Systeme der Produktionsplanung und -steuerung (PPS-Systeme) den Kern der betrieblichen Informationsverarbeitung. Alle Prozessschritte vom Kundenauftrag bis zur Auslieferung des Endproduktes können von PPS-Systemen unterstützt werden, dabei sind wesentliche Teilfunktionen: Ermittlung des Primärbedarfs an Endprodukten (etwa aus Absatzprognosen oder Aufträgen/Bestellungen), Ermittlung des Bedarfs an Komponenten, Einzelteilen und Materialien, Zeit- und Kapazitätsplanung der Produktion, Arbeitsplanung, Reihenfolgeplanung und Auftragsfreigabe. Eine möglichst durchgängige Unterstützung durch Informationssysteme wird unter dem Begriff **Computer Integrated Manufacturing (CIM)** zusammengefasst, nach dem Produkte mit Systemen des **Computer Aided Design (CAD, $\rightarrow$ 17.5.2)** konstruiert und entwickelt und mit Systemen des **Computer Aided Engineering (CAE)** berechnet und bewertet werden. Anschließend werden mit Systemen des **Computer Aided Planning (CAP)** Fertigungspläne und -anweisungen sowie NC-Programme erstellt, und letztlich wird die Fertigung mit Systemen des **Computer Aided Manufacturing (CAM)** gesteuert und überwacht. Die vormals separat ablaufenden Systeme werden in **CIM**-Systemen so weit verknüpft, dass die Teilsysteme möglichst weitgehend eine gemeinsame Datenbasis nutzen; allerdings sind derartige CIM-Systeme oftmals im konzeptionellen Stadium verblieben, da die zu bewältigende Komplexität erheblich ist. Eine darüber hinausreichende Integration mit anderen betrieblichen Informationssystemen wie Finanzwesen, Kostenrechnung und Controlling, Personalwesen, Unternehmensplanung wird unter dem Begriff **Enterprise Resource Planning (ERP)** geführt. Unter **Supply Chain Management (SCM)** wird die über die Unternehmensgrenzen reichende Integration der Informationssysteme mehrerer Unternehmen einer Wertschöpfungskette von den Lieferanten über mehrere Fertigungsstufen hinweg bis zum Endkunden verstanden.

Im **Handel** spielen **Warenwirtschaftssysteme** eine zentrale Rolle. Mit diesen Informationssystemen werden alle Prozesse der Distribution und Logistik über mehrere Handelsstufen (fertigende Industrie, Großhandel, Einzelhandel, Versandhandel, Direktvertrieb) hinweg gesteuert und überwacht. Notwendige Voraussetzungen zum Austausch von Daten werden durch verschiedene **Standards** geschaffen, u. a. EDIFACT (Electronic Data Interchange for Administration, Commerce and Transport, → 21.2.2), ILN (International Location Number), EAN (Europäische Artikelnummer). Der Einsatz von **RFID** (→ 4.2.4.4) erlaubt mittels Funkübertragung die Identifikation und Verfolgung von Waren auf Großverpackungs- oder Artikelebene.

In **Kreditinstituten** wird die Abwicklung der Kernleistungen Kontoführung/Zahlungsverkehr, Geldanlage, Kreditvergabe und Finanz- und Risikomanagement durch zentrale Informationssysteme unterstützt. Diese Systeme sind in der Regel großrechnerbasiert und werden häufig von speziellen Rechenzentren – getrennt nach den wesentlichen Bankensektoren Sparkassen, Volksbanken, Privatbanken – vorgehalten. Daneben haben Informationssysteme zur Abwicklung des weltweiten **Interbanking-Geschäfts** besondere Bedeutung. Zusätzlich sind in den vergangenen Jahren **Vertriebssysteme** besonders wichtig geworden, die den Absatz von Finanzdienstleistungen über verschiedene Vertriebswege (Selbstbedienungsautomaten, Home-Banking, Call-Center) unterstützen.

Wesentliche Informationssysteme in **Versicherungsunternehmen** zielen auf die Unterstützung des Vertriebs, der Vertragsverwaltung und Schadensbearbeitung.

In der **Tourismuswirtschaft** sind Informationssysteme bedeutend, die den Informationsaustausch zwischen den Leistungsträgern (z. B. Hotels, Fluggesellschaften), Reiseveranstaltern, Reisebüros und Kunden unterstützen. Dafür werden häufig unterschiedliche unternehmensinterne Systeme eingesetzt, die auch die Terminierung, Abwicklung und Abrechnung der meist aus mehreren Einzelleistungen mehrerer Anbieter bestehenden Dienstleistungen steuern und überwachen. Daneben haben sich internationale Kommunikationssysteme (z. B. START) und Reservierungssysteme (z. B. AMADEUS, GALILEO) etabliert, die von Tourismusunternehmen genutzt werden.

In Unternehmen der **öffentlichen Verwaltung** sind Informationssysteme zur Unterstützung des **Haushalts-, Kassen- und Rechnungswesens (HKR)** wesentlich. Daneben sind Systeme zur **Personalverwaltung und -abrechnung** wichtig. Zudem werden spezielle und umfangreiche Informationssysteme in vielen Behörden geführt. Auf kommunaler Ebene sind Einwohnermeldesysteme, Standesamtssysteme, Systeme zur Abwicklung von Wahlen und Berechnung und Zahlung von Sozialhilfe sowie zur Unterstützung kommunaler Baumaßnahmen (Hochbau, Tiefbau, Kanalisation, Kataster, Flächennutzungspläne, Bebauungspläne) wichtig.

21.1.4 Integration von Informationssystemen

In vielen Fällen existiert innerhalb eines Unternehmens eine Vielzahl von Informationssystemen, die isoliert voneinander für ein eng abgegrenztes Aufgabenspektrum entwickelt wurden und sich häufig an der Aufbauorganisation orientierten. Die Ausrichtung der Informationsverarbeitung an **Geschäftsprozessen** macht jedoch die **Interaktion** und damit die **Integration** solcher **Insellösungen** erforderlich. Allgemein lassen sich folgende Formen der Integration unterscheiden /21.10/:

- Integration über die Benutzungsschnittstelle
- Integration über Datenbanken
- Integration über Funktionsaufrufe.

Die Integration über die Benutzungsschnittstelle (→ 16) erfolgt beispielsweise durch **Workflow-Manager**, die in der Lage sind, Funktionen unterschiedlicher Systeme über eine einheitliche Oberfläche aufzurufen. Bei der Integration über **Datenbanken** (→ 13) geht man davon aus, dass die an einem Geschäftsprozess beteiligten Systeme eine gemeinsame Datenbasis für die Kommunikation nutzen. Der Aufwand für die Umsetzung ist bei existierenden Systemen nicht zu unterschätzen, da die beteiligten **Datenhaltungskomponenten** angepasst werden müssen. Dies gilt sowohl für die **Datenhaltungssysteme** (Datenbank- bzw. Dateisysteme) als auch für die **Strukturierung** der Daten. Bei kompletten Neuentwicklungen bzw. bei einem weitgehenden Reengineering vorhandener Systeme ist die Integration über Datenbanken heute obligatorisch. Insbesondere **Standard-Softwarepakete** gruppieren ihre in ihrer Funktionalität exakt aufeinander abgestimmten Module um eine gemeinsame Datenbank. So kann der Kunde bei Bedarf auch nachträglich noch weitere Funktionalitäten bei akzeptablem Aufwand implementieren. Zu diesen Produkten zählen z. B. **Enterprise-Resource-Planning-Systeme** (**ERP-Systeme**) wie **SAP R/3**, die verschiedene betriebswirtschaftlich relevante Aufgabenbereiche abdecken (→ 21.1.3). Zur Unterstützung betrieblicher Entscheidungsprozesse müssen oft Daten verschiedener Datenbanken und -strukturen eingesetzt werden. Mit Ansätzen des **Business Intelligence** (BI, → 20.10) werden diese Daten gesammelt, aufbereitet und analysiert. Dafür werden Daten themenorientiert und integriert in ein **Data Warehouse** eingestellt und für Analysemethoden (z. B. Online Analytical Processing OLAP, Data Mining, → 13.6) zur Verfügung gestellt.

Die Integration von Anwendungen entlang von Geschäftsprozessen kann es erforderlich machen, dass aus einem System heraus eine Teilfunktionalität eines anderen Systems aufgerufen werden muss. Damit steht man vor dem Problem, Anwendungen unmittelbar miteinander kommunizieren zu lassen, obwohl dies bei der Entwicklung nicht vorgesehen war. Unter **Enterprise Application Integration** (**EAI**) versteht man einen Ansatz, der diese Kommunikation ggf. auch nachträglich und unter minimalen Anpassungen ermöglicht. Benötigt wird dazu eine als **Middleware** (→ 12.2) bezeichnete Infrastruktur, die anwendungsunabhängige, systemnahe, nicht vom Betriebssystem angebotene Dienste bereitstellt. Insbesondere erwartet man von einer Middleware, dass Rechnergrenzen überwunden und verteilte Anwendungen möglich werden. Dies schließt insbesondere ein:
- Systeme für den Datenbankzugang
- Transaktionsmonitore (→ 12.4.7.3), z. B. CICS (IBM)
- verteilte Systeme (Verteilungsplattformen), z. B. CORBA (→ 12.2.4.2)
- Message Oriented Middleware MOM, z. B. MQSeries (IBM).

Als technische Infrastruktur wird heute das Internet (→ 11) mit seinen Standards genutzt.

Zunehmend werden Anwendungssysteme aus Softwarekomponenten erstellt. Dabei sind **Komponenten** wiederverwendbare, abgeschlossene und vermarktbare Softwarebausteine, die Anwendungsdienste über eine wohldefinierte Schnittstelle zur Verfügung stellen und in zur Zeit der Entwicklung nicht unbedingt vorhersehbaren Kombinationen mit anderen Komponenten einsetzbar sind /21.22/. Diesem Ansatz liegt die Idee zugrunde, Anwendungen nach einem Baukastenprinzip möglichst aus bereits vorhandenen Komponenten aufzubauen und deren Funktionalität mehrfach zu nutzen. Notwendig sind **Komponenten-Frameworks** als „Montage-Umgebungen“, die u. a. allgemeine Leitlinien und Regeln zur Integration von Komponenten bereitstellen und aus einer Sammlung konkreter kooperierender Systemtechniken bestehen.

Komponentenarchitekturen legen mit einem Komponentenmodell die spezifischen Eigenschaften der Komponenten fest und fassen Middlewaredienste und Komponenten-Frameworks zusammen. Wichtige auf dem Markt verfügbare Komponentenarchitekturen sind:
- **Common Object Request Broker Architecture CORBA** (→ 12.2.4.2): Spezifikation einer offenen Architektur für verteilte objektorientierte Anwendungen. Mit der Business Objects Component Architecture **BOCA** wurde CORBA zu einer mächtigen Komponentenarchitektur (z. B. für die B2B-Integration, → 21.3) weiterentwickelt.

- **Enterprise JavaBeans EJB** (→ 12.3.2): Spezifikation einer Komponentenarchitektur zur Entwicklung verteilter, transaktionsorientierter und sicherer Geschäftsanwendungen auf der Grundlage des J2EE-Programmiermodells (Sun Microsystems, 1999).
- **.NET** (Microsoft) ist der Nachfolger von COM/DCOM mit einem auf Web-Services (→ 21.3.1, 14.4.3) basierenden Komponentenmodell.

Sind Komponenten in der Regel nur innerhalb eines Unternehmens im Intranet verfügbar, so verfolgt man mit **Web-Services** (→ 13.4.3) den Ansatz, einem Nutzer (Service User) Anwendungsdienste im Internet zur Verfügung zu stellen, die von Komponenten oder Anwendungen eines Anbieters (Service Providers) erbracht werden. Technisch überschreitet man damit die Unternehmensgrenzen, weil ein Web-Service in einer fremden Umgebung abläuft, funktional handelt es sich jedoch weiterhin um innerbetriebliche Informationssysteme. Die Beschreibung der standardisierten Schnittstelle, über die ein Web-Service genutzt wird, erfolgt in einem maschinenlesbaren Format mittels der **Web-Service Description Language (WSDL)**. Anwendungen interagieren mit einem Web-Service auf der Grundlage so genannter SOAP-Nachrichten, die direkt aus der Schnittstellenbeschreibung abgeleitet und mittels eines geeigneten Anwendungstransportprotokolls, typischerweise HTTP, transportiert werden. Darüber hinaus werden Mechanismen angeboten, die es erlauben, einen Service öffentlich zu machen oder zu suchen (Discovery). Letztlich ist es möglich, ganze Anwendungen nur durch die „Orchestrierung" verschiedener Services zu bauen. Aus Sicht des Nutzers sind Fragen der Sicherheit (Security) und des Quality of Service (QoS) von besonderer Bedeutung. Einen Überblick über die Web-Services-Architektur gibt Bild 21.3 /21.23/.

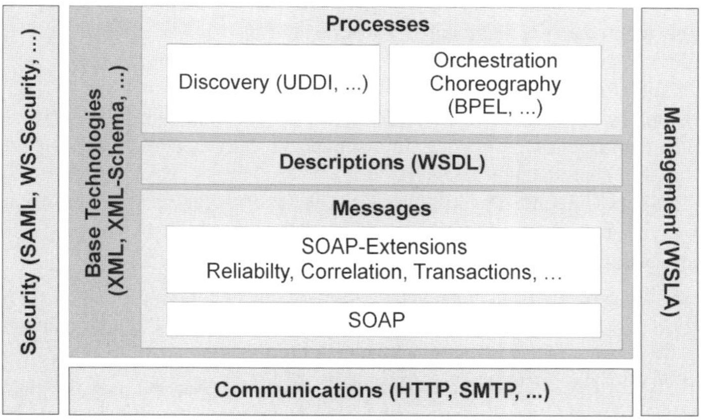

Bild 21.3 Web-Services-Architektur

21

Web-Services sind interoperabel, da sie sich auf Internet- und weitere Standards stützen und Plattform- und Programmiersprachen-unabhängig sind. Diese Eigenschaften fördern nicht zuletzt die breite Akzeptanz dieses Technologieansatzes bei Anbietern und Anwendern.

Steht mit Web-Services primär eine technische Infrastruktur zur Verfügung, so verfolgt man mit **serviceorientierten Architekturen (SOA)** eher einen prozessorientierten, managementgetriebenen Ansatz: Die IT in den Unternehmen steht bei gestiegenen Serviceerwartungen der Kunden vor erheblichen Herausforderungen. Die Orientierung an anwendungsübergreifenden Geschäftsprozessen führt zu Systembrüchen, die durch eine Vielzahl nicht standardisierter Schnittstellen auf Grundlage unterschiedlicher Technologien behoben werden müssen. Gleichzeitig sollen in immer kürzer werdenden Zyklen neue Geschäftsprozesse auch im B2B-Umfeld unterstützt bzw. die vorhandenen Prozesse kurzfristig und flexibel an sich schnell ändernde Anforderungen angepasst werden. Erschwerend wirkt sich dazu aus, dass in Unternehmen oft kein generelles Konzept für die Integration von Anwendungen existiert und Individuallösungen einen umfassenden Ansatz ersetzen.

Ein Weg, die beschriebenen Probleme zu lösen, wird in der Wiederverwendung und Orchestrierung von neuen oder vorhandenen Anwendungsbausteinen gesehen. Dieser Ansatz ist nicht neu, allerdings konnten die bislang eingeschlagenen Wege die in sie gesetzten Erwartungen nicht erfüllen. Ein Grund dafür ist neben der Komplexität und mangelhaften Standardisierung, dass sich Anwendungsbausteine z. Z. eher an technischen als an fachlichen Erfordernissen orientieren.

Eine SOA beruht allgemein auf folgenden Ansätzen:

- Services sind vorhandene oder angebotene fachliche Dienste, sie stellen eine fachliche Sicht auf einen Anwendungsbaustein dar und verbergen alle Implementierungsdetails. Die Schnittstelle eines Service besitzt den Charakter eines Softwarevertrages zwischen Anbieter und Nutzer.
- Komplexe Anwendungen oder Workflows werden aus einzelnen Services nach dem Baukastenprinzip zusammengebaut. Services lassen sich hierzu über ihre Schnittstellen lose koppeln.
- **Find-Bind-Execute-Paradigma**: Services werden über einen einheitlichen Mechanismus aufgerufen. Ein geeigneter Service wird dabei aufgrund seiner abstrakten Beschreibung lokalisiert (Ortstransparenz).

Für die Implementierung einer SOA-basierten Anwendung bieten sich neben anderen Ansätzen Web-Service-Technologien und -Standards an, die von den SOA-Werkzeugen und -Ablaufumgebungen aller namhaften Hersteller (etwa SAP, IBM, BEA, SUN, Oracle, Microsoft) unterstützt werden. Als wichtige Architektur- und Infrastrukturkomponente ist in diesem Zusammenhang der so genannte **Enterprise Service Bus (ESB)** zu erwähnen, der u. a. für die

Kommunikation, die Nachrichtentransformation, die Transaktionssteuerung und das Sicherheitsmanagement zuständig ist und weitere systemnahe Dienste bereitstellt.

Die Idee der Enterprise Application Integration mit den darunter liegenden Technologien lässt sich direkt auf überbetriebliche Informationssysteme wie z. B. für den Bereich **Electronic Business** (→ 21.3) übertragen.

21.1.5 Beispiele

Folgende Beispiele konkreter Architekturen von Informationssystemen in Großunternehmen sollen deren Funktionsvielfalt, Umfang und Komplexität verdeutlichen.

❑ *Beispiel 1*: In Bild 21.4 ist ein Ausschnitt aus dem Informationssystem eines großen Dienstleistungsunternehmens wiedergegeben. Das Mengengerüst dazu lautet für das Jahr 2002:

- 500 Benutzer
- Datenvolumen: 350 GByte, +100 GByte p. a.
- Anzahl Kunden: 4,5 Mio., Anzahl Ausgangsrechnungen: 6,7 Mio.
- Anzahl Lieferanten: 2.000, Anzahl Eingangsrechnungen: 1 Mio.
- Anzahl Buchungen im Hauptbuch: 380 000.

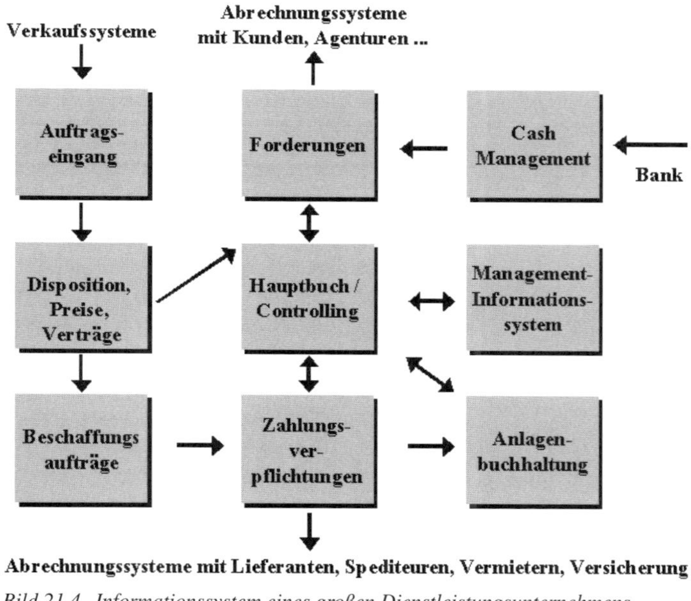

Bild 21.4 Informationssystem eines großen Dienstleistungsunternehmens

21

- *Beispiel 2*: Ein international tätiges Industrieunternehmen unterstützt die Prozessketten Auftragsmanagement, Absatzplanung und Kapazitätsmanagement durch zentrale, datenintegrierte Anwendungssysteme, die weltweit über SNA und TCP/IP betrieben werden. Jeder Kundenauftrag wird von der Auftragsannahme über die Einplanung und Bildung von Wochen- bzw. Tagesprogrammen bis zur Fakturierung und Distribution über diese Systeme abgearbeitet. Für die Auftragsabwicklung im Ersatzteilebereich wird SAP R/3 in einer Client-Server-Umgebung eingesetzt. Einen Überblick über die Größe der Anwendungen gibt Tabelle 21.1.

Tabelle 21.1 Mengengerüste

	Anzahl Anwender	Transaktionen/Sek.	Datenvolumen	Effective Lines of Code
Angebotsprogramm	6000	1,5	16,5 GByte	820 000
Auftragsannahme/ Einplanung	2600	2,3	integriert 130 GByte	730 000
Auftragsverwaltung	1300	0,35		630 000
Distribution	3000	0,8		1 070 000
Abwicklung Ersatzteile	3300	25	1200 GByte	—

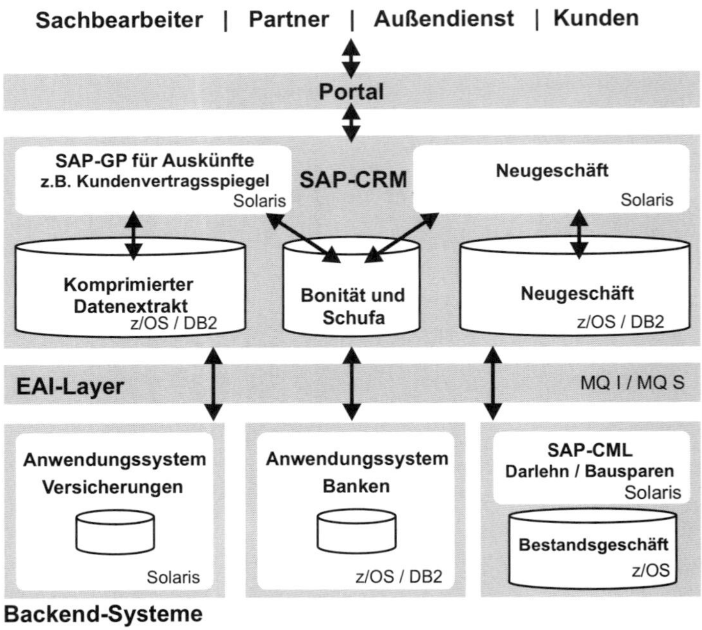

Bild 21.5 Anwendungsarchitektur eines namhaften Finanzdienstleisters

❑ *Beispiel 3*: Auf Basis von SAP entwickelt derzeit ein namhafter Finanzdienstleister aus Niedersachsen eine Portallösung, die ab Mitte 2003 bestehende Transaktionen und Anwendungen unter z/OS ablöst. Für den Bereich Bausparen und -finanzierungen wird folgendes Mengengerüst zugrunde gelegt:

- 9000 PCs und Laptops im Innen- und Außendienst (MS Win 2000)
- Datenbank-Server: IBM z/OS, 7 CPUs, Kapazität ca. 120 GByte
- Applikations-Server: mehrere SUN Solaris/FSC, insgesamt 64 CPUs
- Transaktionen: ca. 800 000 täglich, zwischen 7.00 und 18.00 Uhr.

21.2 Zwischenbetriebliche Informationssysteme

21.2.1 Ansatz, Ziele und Risiken

Die Orientierung betrieblicher Informationssysteme an Geschäftsprozessen bzw. an der Wertschöpfungskette lässt sich über die **Unternehmensgrenze** hinaus ausdehnen. Ziel ist eine möglichst friktionsfreie und weitgehend automatisierte **Kollaboration** der an der gesamten Wertschöpfungskette beteiligten Unternehmen – im Idealfall von allen Lieferanten bis zum Endkunden.

Die damit verbundenen Vorteile sind:

- Reduktion der Komplexität durch **Funktions-** und **Datenintegration** über Unternehmensgrenzen hinweg
- Koordination des Material- und Informationsflusses
- verkürzte Reaktionszeiten bei sich ändernden Marktsituationen
- Erhöhung der Liefertreue
- Verkürzung der Durchlaufzeiten
- Verminderung von Lagerbeständen
- Erhöhung der Produktivität.

Diesen Vorteilen stehen für die beteiligten Unternehmen erhebliche Risiken gegenüber. Einerseits erfordert die Ausrichtung aller an einer gemeinsamen Wertschöpfungskette Beteiligten zumindest in der Anfangsphase einen erhöhten **Abstimmungs**- und **Standardisierungsbedarf** sowie die Anpassung der eigenen Informationssysteme. Damit wird die Etablierung von zwischenbetrieblichen Informationssystemen zu einem großen DV-Projekt mit allen daraus resultierenden Kosten und Risiken. Andererseits sind die Unternehmen gezwungen, ihr spezifisches Know-how und ihre Kompetenzen zumindest partiell offen zu legen. Dies setzt ein hohes Maß an Vertrauen zwischen den Partnern voraus. Zudem besteht die Gefahr, dass die Unternehmen unterschiedlichen Nutzen aus einem überbetrieblichen Informationssystem ziehen und schwächere Beteiligte – z. B. durch die Marktmacht dominierender Teilnehmer – gezwungen werden, ihre Systeme einseitig zu adaptieren.

Unternehmensübergreifende Informationssysteme lassen sich hinsichtlich des Grades ihrer Kopplung klassifizieren.

21.2.2 Electronic Data Interchange (EDI)

Der **elektronische Datenaustausch** ist die einfachste Form der zwischenbetrieblichen Kopplung. Die unmittelbare Übertragung von Geschäftsdaten auf elektronischem Wege ermöglicht es den Partnern, Informationen ohne einen Medienbruch – wie z. B. beim Austausch über Belege – weiterzuverarbeiten.

Voraussetzung für einen Datenaustausch sind verbindliche Konventionen über **Datenstruktur**, **Datenformat**, **Semantik** und **Übertragungsprotokolle**, an die sich alle Teilnehmer exakt halten müssen. Dies gilt insbesondere in heterogenen Systemen.

Eine bekannte Norm ist **Electronic Interchange for Administration, Commerce and Transportation** (**EDIFACT**) für den Austausch von Handelsdaten. Relativ hohe Kosten und mangelnde Flexibilität bei sich ändernden Rahmenbedingungen haben dazu geführt, dass EDIFACT nicht die angestrebte Verbreitung gefunden hat /21.20/.

Mit der **eXtensible Markup Language** (**XML**, → 2.6.3) bietet sich eine Möglichkeit, diese Inflexibilität zumindest zu reduzieren. Dabei werden für auszutauschende Daten zunächst die Struktur, das Format und (mit Einschränkung) die Semantik als Metadaten festgelegt, um anschließend die Einhaltung dieser Regeln für übermittelte Daten zu überprüfen. Die Beschreibung dieser Metadaten kann in verschiedenen Sprachen erfolgen, zu den am weitesten verbreiteten gehören **Document Type Definition** (**DTD**, → 2.6.3) und **XML Schema** (**XSD**, → 2.6.3). Voraussetzung für einen Datenaustausch ist, dass sich die Kommunikationspartner auf eine gemeinsame DTD bzw. XSD für auszutauschende Daten einigen. Da DTDs und XSDs über das Internet (→ 11) weltweit verfügbar gemacht werden können, stehen sie jedem Interessierten zur Verfügung. Eine durchgehende Standardisierung wird so allerdings noch nicht erreicht, da Absprachen nur zwischen wenigen Partnern erfolgen.

Zurzeit wird eine Vielzahl von standardisierten, eigenständigen DTDs und XSDs von Softwareherstellern bzw. Anwendern entwickelt. Dabei handelt es sich um Beschreibungssprachen für spezifische Zwecke. Einen Überblick findet man z. B. in /21.15/.

Vielfältige Initiativen zur Standardisierung kommen aus dem Umfeld des klassischen EDI. Neben reinen Beschreibungssprachen wie xCBL und cXML werden auch **XML/EDI-Repositories** und **XML/EDI-Frameworks** zur Verfügung gestellt. Als technische Infrastruktur hat sich das Internet etabliert. Ausschlaggebend dafür sind die **weltweite Verfügbarkeit**, die einfache **Zugangsmöglichkeit** und die **geringen Nutzungskosten** /21.20/.

21.2.3 Supply Chain Management

Supply Chain Management (**SCM**) verfolgt das Ziel, den Wertschöpfungsprozess über das einzelne Unternehmen hinaus zu planen, zu koordinieren und abzuwickeln. SCM umfasst im Idealfall alle in einem horizontalen Güteraustausch stehenden Unternehmen von den Rohstoffproduzenten bis zu den Endkunden.

Neben der Steuerung des Materialflusses bindet SCM explizit auch die Informations- und Geldflüsse ein und verbindet alle Elemente eines solchen umfassenden Geschäftsprozesses in einer homogenen Kette. Ressourcen und Kompetenzen der beteiligten Unternehmen werden dabei im Sinne einer virtuellen Organisation miteinander verknüpft /21.18/. SCM nimmt damit die Grundidee des **Enterprise Resource Planning** (→ 21.1.4) auf und verallgemeinert diesen Ansatz auf unternehmensübergreifende Szenarien. Charakteristisch ist eine enge Lieferanten-Kunden-Beziehung.

Neben der Reduktion von Bestands- und Abwicklungskosten bzw. der Reduktion von Durchlaufzeiten soll SCM Unternehmen in die Lage versetzen, flexibel auf veränderte Marktsituationen zu reagieren. Schnellere Rückkopplungen über veränderte Kundenbedürfnisse sind die Folge /21.18/. Werden z. B. alle Abverkäufe einer Supermarkt-Kette direkt und automatisch an die Lieferanten weitergeleitet, so kann auf mögliche Engpässe oder schleppende Verkäufe direkt und unmittelbar reagiert werden.

SCM-Systeme setzen auf EDI auf, gehen in ihrer Funktionalität jedoch weit darüber hinaus, da sie z. B. in vorgelagerten Einheiten Produktions- oder Beschaffungsprozesse auslösen. Vom Ansatz her sollen solche Prozesse automatisch angestoßen werden und nur im Ausnahmefall ist ein Eingreifen durch Mitarbeiter notwendig.

Dies birgt aber auch Risiken, wenn solche durch ihre hohe Komplexität gekennzeichneten Vorgänge nicht adäquat implementiert werden. So ist zu beobachten, dass in vorgelagerten Stufen tendenziell wesentlich höhere Bedarfsschwankungen auftreten, und zwar umso höher, je weiter ein Unternehmen in der Supply Chain vom Endkunden entfernt ist. Dies führt zu schwer beherrschbaren Kapazitätsanpassungen und zum Aufbau zu hoher (Lager-) Bestände. In der Literatur spricht man in diesem Zusammenhang vom **Bullwhip-Effekt**.

Zunehmend werden SCM-Tools **Optimierungs-** und **Simulationsaufgaben** übernehmen, um so die Auswirkungen unternehmerischer Alternativen zu prognostizieren und **What-If-Analysen** durchzuführen.

21.3 Electronic Business

21.3.1 Begriffe und technologische Grundlagen

Gegenstand des **Electronic Business (E-Business)** sind Marktmodelle, Anwendungen und Technologien, die der Kommunikation (Austausch von Informationen über Netzwerke), Koordination (gegenseitige Abstimmung von Aktivitäten auf der Grundlage von Geschäftsregeln) und Kollaboration (abgestimmte Zusammenarbeit der Teilnehmer zur Bewältigung einer gemeinschaftlichen Aufgabe) zwischen Marktteilnehmern über alle Transaktionsphasen hinweg dienen.

E-Commerce dient der Anbahnung und Durchführung von Handelstransaktionen im Internet /21.15/.

Als **Transaktionen** (→ 12.4.7, 13.5.6) werden im E-Business Handlungen verstanden, die zu einer „Markträumung" führen /21.8/. Hierbei lassen sich drei Phasen unterscheiden:

- **Informationsphase**: Marktbeobachtung und Evaluation der Angebote z. B. aufgrund von Preisen und Qualitätsmerkmalen.
- **Verhandlungsphase**: Potenzielle Partner treten in Verbindung, um durch Angebote/Gegenangebote zum Vertragsabschluss zu kommen.
- **Abwicklungsphase**: Ausgehandelte Vereinbarungen werden umgesetzt (z. B. Zeitpunkt und Umfang von Lieferungen).

Während beim E-Business die „integrierte Ausführung aller digitalisierbaren Bestandteile ökonomischer Prozesse" /21.21/ und damit die Kooperation und Integration von Unternehmenseinheiten und Anwendungssystemen (insbesondere ERP-Systemen) im Vordergrund steht, liegt beim **E-Commerce** der Fokus auf den kommerziellen Aktivitäten zwischen Marktteilnehmern. Damit schließt E-Business per Definition E-Commerce ein und stellt darüber hinaus die organisatorische und technische Grundlage für ein erfolgreiches E-Commerce dar. E-Commerce-Modelle lassen sich grob nach folgenden Kriterien klassifizieren /21.15/:

- **Akteure** einer Handelstransaktion sind die Marktteilnehmer. Aus deren Rolle (Kunde, Anbieter) ergeben sich z. B. die **Transaktionsmuster** B2B, B2C, B2A, C2C (→ Tabelle 21.2).
- Eine **Handelstransaktion** lässt sich in die o. a. Phasen Information, Verhandlung einschließlich Abschluss und Abwicklung zerlegen.
- Das **Transaktionsvolumen** bestimmt die organisatorischen und technischen Verfahren der Zahlungstransaktion. Unterschieden wird zwischen

Macro (> 1000 €), **Medium** (5 ... 1000 €), **Micro** (0,1 ... 5 €) und **Nano** (< 0,1) (→ 21.3.2).

- Die ökonomischen und technischen Aspekte beleuchten die zugehörigen Markt- und Geschäftsmodelle, Anwendungen, Frameworks und Basistechnologien.

Tabelle 21.2 Transaktionsmuster im E-Commerce

Bezeichnung	Beschreibung
Business-to-Customer (B2C)	Bestell- und Verkaufsprozess zwischen einem Anbieter und Kunden bei niedrigem Transaktionsvolumen
Business-to-Business (B2B)	Handel zwischen Unternehmen entlang komplexer Wertschöpfungsketten
Business-to-Administration (B2A)	Unterstützung der Informations- und Verhandlungsphase bei öffentlichen Ausschreibungen durch die Verwaltung (Beschaffungswesen)
Customer-to-Customer (C2C)	Handel zwischen Privatpersonen z. B. auf der Basis von Auktionen

Die technischen und ökonomischen Aspekte von E-Business-Systemen lassen sich den in Bild 21.6 dargestellten Ebenen eines Architekturmodells im E-Business zuordnen /21.15/.

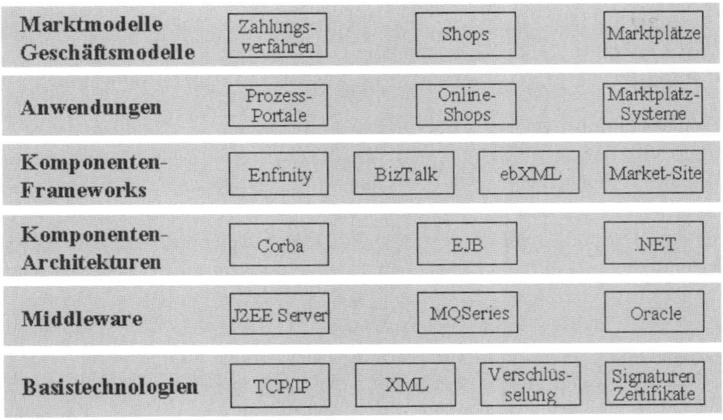

Bild 21.6 Architekturmodell im E-Business

Basisstandards und -technologien stellen vor allem Methoden und Verfahren für die sichere Kommunikation zwischen Anwendungen bereit. Hierzu zählen insbesondere:

- Internet-Standards wie TCP/IP, HTTP, HTML, XML (→ 10, 11, 2)

- Standards für die Mobilkommunikation, vor allem GSM und UMTS (→ 10.2.7.5)
- Simple Object Access Protocol SOAP (→ 12.2.3) für ein XML-basiertes Messaging zwischen Anwendungen, z. B. zur Codierung entfernter Aufrufe von Web-Services
- Verschlüsselungsverfahren zur sicheren Übertragung vertraulicher Daten im Netz, z. B. DES (→ 14.3.1.1), RSA (→ 14.3.1.8)
- Authentifizierungsverfahren zur sicheren und vertrauenswürdigen Abwicklung von Handelstransaktionen, u. a. Digitale Signaturen, Zertifikate und darauf aufbauende Standards und Systeme wie Smart Cards (→ 14).

Frameworks für E-Commerce- und E-Business-Anwendungen (→ 21.1.4) bieten eine technische Unterstützung bei der Etablierung von Geschäftsbeziehungen über das Internet. Prominente Vertreter sind:

- **Enfinity** (Intershop) für Shop- und Marktplatzsysteme
- **MarketSite** (Commerce One) für Marktplatzsysteme mit dem Schwerpunkt Beschaffung und Handel von Standard-Gütern (Maintenance, Repair and Operating **MRO**)
- **BizTalk** (Industriestandard) für den Austausch von XML-basierten EDI-Nachrichten
- **Electronic Business Extensible Markup Language ebXML** als UN-Standard eines offenen Frameworks für die B2B-Integration (Referenzarchitektur, Repository und Registry, Transport, Routing und Packaging, Beschreibung von Geschäftsprozessen)
- **RosettaNet** als Industriestandard zur XML-basierten B2B-Integration

Mobile Computing (→ 3.6.6) bezeichnet die orts- und zeitunabhängige Nutzung von IT-Diensten auf mobilen, über Mobilfunk, WLAN oder Bluetooth (→ 10.2.7.3) angebundenen Endgeräten. Diese Geräte stellen über ihre speziell angepassten Betriebssysteme (→ 9.8.7.2) eine Ablaufumgebung bereit, die den Betrieb leistungsfähiger Applikationen („Apps") unterschiedlichster Kategorien unterstützt. Richtete sich das Interesse zunächst vorwiegend auf Applikationen für die private Nutzung, so wird Mobile Computing zunehmend betrieblich genutzt. **Mobile Business** bezeichnet dabei jede Art geschäftlicher Transaktionen, bei der die Transaktionspartner Kommunikationstechnologie in Verbindung mit mobilen Endgeräten einsetzen. Dabei muss Mobile Business nicht zwingend unmittelbar der Geschäftsabwicklung dienen. Vielmehr werden alle Aspekte des geschäftlichen Alltags (Betreuung von Personal, Kunden und Geschäftspartnern) berührt. So gibt es mobile Lösungen für ECM (Enterprise Content Management) und ERP (Enterprise Resource Planning, → 21.1.3; z. B. SAP Business One als integrierte Lösung für kleinere und mittlere Unternehmen), für das Warehouse Management (Lagerverwaltung; z. B. ICS Stradivari) oder das Transportmanagement (LIS Winspeed).

21.3.2 Anwendungen im B2C

Als „klassische" Anwendung des B2C-Commerce unterstützen **Online-Shops** den Bestell- und Verkaufsprozess für materielle (z. B. Bücher, DVDs) und immaterielle Produkte (z. B. Video- und Audio-Clips, Software, Datenbankrecherchen). Einstiegspunkt in ein Shop-System ist der **Produktkatalog**, der den Kunden über das Angebot informiert. Bei einer Kaufentscheidung wird das Produkt im **elektronischen Warenkorb** (shopping basket, cart) abgelegt und der Bestellvorgang ausgelöst. Abhängig vom Zahlungsverfahren wird ein komplexer Clearing-Prozess angestoßen und bei positiver Bestätigung die Lieferung veranlasst. Als Ergänzung zu Shop-Systemen fassen **Shopping-Malls** mehrere Online-Shops unter einer einheitlichen Oberfläche zusammen und stellen zudem zentrale Funktionen (z. B. Clearing und Inkasso) zur Verfügung (Beispiele: eVita, Amazon).

Allgemein setzt sich ein Shop aus folgenden Subsystemen zusammen /21.15/:

- Shop-Software mit Produktdatenbank
- Redaktionssystem zur Präsentation unstrukturierter, "statischer" Inhalte (z. B. AGB)
- Anbindung an ein Warenwirtschaftssystem und die Finanzbuchhaltung
- **Payment-Gateway** (z. B. X-Pay von Brokat). Im Rahmen des Clearing-Prozesses werden die Auftragsdaten zwecks Prüfung vom Shop-System dem Gateway überstellt und weitergeleitet an den Server des Finanzdienstleisters (z. B. das Kreditkarteninstitut).
- Zusätzliche Schnittstellen zu **Content-Management-Systemen CMS** (→ 21.3.3), **Customer-Relationship-Management-Systemen CRM** (zwecks Integration der gesammelten Kundeninformationen für das Marketing) und zu Statistik- und Data-Mining-Modulen (→ 13.6.3).

Während in den 90er-Jahren vorwiegend monolithische und damit nur aufwendig anzupassende Systeme den Markt beherrschten (z. B. Intershop 4), geht der Trend heute zu **Frameworks**, die eine Kombination vorgefertigter Fachkomponenten zu individuellen, hoch skalierbaren Shop-Systemen einschließlich ihrer Anbindung an externe Anwendungen ermöglichen (z. B. Intershop Enfinity, → 21.3.1).

Die zur Durchführung von Transaktionen im B2C praktizierten **Zahlungsverfahren** unterscheiden sich u. a. in den ökonomischen und technischen Voraussetzungen („Welches Geschäftsmodell liegt zu Grunde?", „Welche Software wird benötigt?"), der Sicherheit und Vertraulichkeit („Werden Transaktionsdaten verschlüsselt übertragen?", „Ist Missbrauch seitens der Akteure ausgeschlossen?"), der Anonymität der Transaktionsdaten (Datenschutz), der Zuverlässigkeit („Kann der mögliche Verlust von Transaktionsdaten toleriert werden, etwa aufgrund eines zu geringen Transaktionsvolumens?") und der

Transaktionskosten. Diese Kriterien bestimmen maßgeblich über den wirtschaftlichen Erfolg und die Marktakzeptanz eines Verfahrens. Tabelle 21.3 fasst die etablierten Verfahren zusammen.

Zahlungsverfahren lassen sich grob den folgenden Kategorien zuordnen /21.15/:

- Klassische Verfahren beruhen auf der Übertragung des traditionellen Bezahlens auf das Internet. Beispiele: **Kreditkarte**, **Lastschriftverfahren** und **kreditkartenbasierte Verfahren**, etwa **Secure Electronic Transaction SET**. Bei SET, das eine aufwendige Sicherheitsinfrastruktur voraussetzt (Verschlüsselungsverfahren, Zertifikate), kann Missbrauch durch die Marktteilnehmer weitestgehend ausgeschlossen werden.
- Bei den kartenbasierten Verfahren kommt vor allem die **Geldkarte** zum Einsatz, die bei hoher Sicherheit keine Anonymität der Transaktionsdaten (Verbraucherschutz!) gewährleistet.
- **Elektronisches Geld** als „virtuelles Pendant" zu Münzen und Scheinen konnte sich trotz seines einfachen Geschäftsmodells bislang in der Praxis nicht durchsetzen. Beispiel: eCash.
- Bei **Billing-Verfahren** (Inkassosystemen) erfolgt eine verfahrensmäßige Trennung von Buchung und Bezahlung. Beispiele: MilliCent (Digital), MiniPay (IBM), Net900 (T-Online, Abrechnung über 0190er-Nummern), Paybox (Kombination mit dem Mobilfunknetz) und FirstGate.

Tabelle 21.3 Transaktionsvolumen und Zahlungsverfahren im E-Commerce

Transaktionsvolumen	Etablierte Zahlungsverfahren
Macro	Traditionell „offline" (nur teilweise automatisiert)
Medium	Kreditkarte, Lastschrift, Geldkarte
Micro	Kreditkarte, Billing-Systeme (z. B. Net900, PayBox, FirstGate)
Nano	Bannerwerbung

21.3.3 Anwendungen im B2B

Anwendungen im B2B nutzen die in 21.3.1 dargestellten Frameworks zur B2B-Integration (z. B. BizTalk, ebXML, Enfinity). Dabei bestimmt die Interaktionsform (Kommunikation/Koordination/Kollaboration) die Grobarchitektur einer Anwendung. Grundsätzlich sind folgende Ansätze zu unterscheiden /21.15/:

- **Hubs** (engl. "Nabe") sind zentrale Vermittler, die Dokumente der Marktteilnehmer entgegennehmen, konvertieren und an die Empfänger weiterleiten. Hubs erfüllen damit lediglich Kommunikationsfunktionen.

- **Portale** bieten eine einheitliche Browser-Schnittstelle, über die die Marktteilnehmer auf eine zentrale Anwendung zugreifen. Je nach Ausprägung kann dabei das Portal Koordinations- oder Kollaborationsaufgaben übernehmen.
- **Marktplätze** sind allgemein Portale des E-Business. Dabei liegt der Schwerpunkt auf den Mechanismen der Preisfindung.

Zu den wichtigsten Anwendungen im B2B zählen (→ 11.6.5):

- **Informationsportale**. Sie bieten ihren Nutzern nur redaktionelle Inhalte wie z. B. Brancheninformationen, Nachrichten, Statistiken und Ähnliches. Insbesondere unterstützen sie keine Transaktionen im Sinne des E-Business.
- **Katalogdaten**. Der Austausch findet auf der Grundlage von EDI- oder XML-basierten Standard-Katalogformaten (z. B. vom Bundesverband Materialwirtschaft, Einkauf und Logistik BMEcat) statt. Im Gegensatz zum B2C wird auf Katalogdaten (als integraler Bestandteil von Shops) nicht online zugegriffen, sondern vielmehr in den Bestellkatalog der Kunden integriert.
- **Prozessportale**. Sie unterstützen im Sinne einer "freien Verhandlung" an einem komplexen Prozess beteiligte Partner bei der Bewältigung einer gemeinschaftlichen Aufgabe (Kollaboration, "Collaborative Commerce" /21.15/). Beispiele finden sich u. a. in der Bauindustrie und im Druckgewerbe.
- **Online-Börsen** (Portale). Sie ordnen automatisch passende Angebote vorliegenden Anfragen zu ("Matching"). Dieses Verfahren lässt sich allerdings erfolgreich nur bei einfach strukturierten Produkten oder Dienstleistungen (z. B. Wertpapieren, Paket- und Kurierdiensten) einsetzen.
- **Online-Auktionsdienste** (Portale). Sie adaptieren die klassischen Varianten der Auktion für den Prozess der Preisfindung. Auktionen sind dann eine Option, wenn die gehandelten Produkte zu unterschiedlich sind und daher einfache Verfahren (wie Börsen) ungeeignet sind. Beispiele: Lufthansa InfoFlyway zur Versteigerung von Flügen, e-Sixt zur Versteigerung von Gebrauchtwagen.
- **Ausschreibungssysteme** (Portale). Sie unterstützen die aus der öffentlichen Verwaltung bekannten Ausschreibungen. Dieses Verfahren kommt dann zur Anwendung, wenn das gewünschte Produkt (z. B. "Entwicklung eines elektronischen Marktplatzes") und die Spezifikation des Angebots (eines IT-Anbieters) zu komplex sind, um über einfache, automatische Verfahren (Börsen, Auktionen, ...) zum Vertragsabschluss zu gelangen.
- **Beschaffungssysteme**. Sie zentralisieren den Beschaffungsvorgang in Unternehmen oder Unternehmenskooperationen mit dem Ziel der Preisreduktion, der Optimierung des Bestellprozesses und der Transparenz angebote-

ner Produkte. Zu unterscheiden sind direkte, in die Produktion einfließende Einstandsgüter, und indirekte, branchenunabhängige Güter, die für den "laufenden Betrieb" benötigt werden (MRO-Güter, z. B. Büromaterial). Bei direkten Gütern geht der Beschaffung in der Regel eine intensive Informations- und Verhandlungsphase voraus, bei der die Partner strategische Partnerschaften eingehen. Diese Komplexität wird bei MRO-Gütern nicht erreicht. Aufgrund der Variantenvielfalt findet man Beschaffungssysteme auf der Basis direkter Punkt-zu-Punkt-Kommunikation mittels EDI, Hubs (für MRO-Güter, z. B. von Ariba), Portalen, Beschaffungsmarktplätzen und Supply-Chain-Management-Systemen SCM (→ 21.2.3).

Elektronische Marktplatzsysteme integrieren mehrere der o. a. Anwendungen und Dienste, um Anforderungen, die sich aus Handel, Bestellung und Lieferung von Produkten ableiten lassen, abzudecken /21.15/:

- Das Web-Portal bietet einen personalisierten Zugriff der Marktteilnehmer auf die Marktplatzkomponenten.
- Die Anbindung der ERP-Systeme im Rahmen von EAI (→ 21.1.4) wird durch entsprechende Messaging-Schnittstellen unterstützt.
- Die Kernfunktionalität wird durch Komponenten zur Preisfindung (Börsen, Auktionen, Ausschreibungen), zum Einkauf (Beschaffung) und für Supply Chain bereitgestellt.
- Datenbanksysteme übernehmen die persistente und konsistente Speicherung der Daten.

Wichtige Anbieter innovativer Marktpatzsysteme sind u. a. Commerce One (Produkt „MarketSite“), Oracle, Ariba und Microsoft.

Content-Management-Systeme (CMS) dienen der Erstellung, der Pflege und Ausgabe umfangreicher und vielfältiger Inhalte im Web, sowohl im internen Intranet eines Unternehmens als auch im weltweit zugänglichen Internet. Vor allem die leichte und schnelle Aktualisierung von Inhalten soll durch den Einsatz von CMS ermöglicht werden. Zur adäquaten und (auch) attraktiven Darstellung werden unterschiedliche Medien (Text, Grafik, Bild, Film, Ton, ...) eingesetzt und entsprechende Formate unterstützt. Dabei wird eine Datenhaltung der Inhalte unabhängig von dem bei der Ausgabe zu nutzenden Format angestrebt, erst bei einer Abfrage werden die auszugebenden Daten in das erforderliche Ausgabeformat transferiert.

Unterschieden wird zwischen dem Redaktions- und dem Produktionssystem eines CMS. Im Redaktionssystem werden die Inhalte erstellt, aufbereitet und geprüft, bevor sie freigegeben und an das Produktionssystem übergeben und veröffentlicht werden. Das Bereitstellen und Aufbereiten von Inhalten im Redaktionssystem durch mehrere Benutzer ist vorgesehen und wird durch entsprechende Benutzerprofile, Vorgaben und Abläufe geregelt. Vorlagen und Muster (Templates) ermöglichen ein einheitliches Aussehen und die Einhaltung von Standards. Bekannte CMS auf Basis von Open Source sind Drupal, Typo3, Joomla und Wordpress.

21.4 Management betrieblicher Informationssysteme

21.4.1 Informationsmanagement

Informationsmanagement umfasst alle Führungsaufgaben, die sich in einem Unternehmen mit Information und Kommunikation befassen /21.7/.

Damit ist Informationsmanagement zuerst Aufgabe jeder Führungskraft eines Unternehmens. Werden Aufgaben der Information und Kommunikation zusammengefasst – etwa in einem Bereich „Informationsverarbeitung" oder „Datenverarbeitung" – dann ist für diesen Bereich der Aufbau, die Nutzung und die Entwicklung der Infrastruktur für Information und Kommunikation (**Informationsinfrastruktur**) eine besonders wichtige Führungsaufgabe.

Die **Informationsinfrastruktur** umfasst dabei verschiedenste Objekte, die für eine effektive und effiziente Informationsverarbeitung im Unternehmen notwendig sind: Rechner und -peripherie, Betriebssysteme und Systemsoftware, Anwendungssoftware, Netze und dazugehörige Geräte, Fachpersonal, Vorgehensweisen und Hilfsmittel, Organisation.

Mit der **Informationsinfrastruktur** müssen in einem Unternehmen unterschiedliche **Kernfunktionen** bereitgestellt werden, wie etwa: Bereitstellung und Pflege von Kommunikationsnetzwerken, Sicherheitsfunktionen (Vorsorge, Maßnahmen in Notfällen, Wiederanlauf), Rechenzentrumsbetrieb, Bereitstellung und Pflege von Anwendungs- und Systemsoftware, Aufbau und Pflege von Datenbeständen, Projektmanagement (→ 21.4.2), Aufbau und Weiterentwicklung von Rechnerarchitektur(en) und Anwendungsarchitektur(en), Unterstützung von Arbeitsplatzrechnern, Schulung und Beratung von Benutzern und Abteilungen, Beschaffung von Geräten und Materialien zur Informationsverarbeitung, Prüfen und Bewerten neuer Technologien, Aufbau elektronischer Verbindungen zu Lieferanten und Kunden, Bereitstellung und Pflege des Intranets.

Bedeutende **Ziele des Informationsmanagements** sind dabei: Sicherheit, Wirtschaftlichkeit (Effizienz), Wirksamkeit (Effektivität) und Flexibilität. Dabei gelten diese Ziele sowohl in der Informationsverarbeitung („intern") als auch in Bezug auf die Wirkung der Informationsverarbeitung im Unternehmen.

- Sicherheit: Alle Funktionen der Informationsverarbeitungsinfrastruktur sind sicher und stabil bereitzustellen.
- Wirtschaftlichkeit: Vorgehensweisen in der Informationsverarbeitung müssen wirtschaftlich (effizient) sein, d. h. verursachte Kosten dürfen erbrachte Leistungen (Nutzen) nicht überschreiten.
- Wirksamkeit: Ziele der Informationsverarbeitung – z. B. mittelfristiger Umstieg auf eine andere Rechnerarchitektur – müssen wirksam (effektiv) unterstützt werden.
- Flexibilität: Auf Änderungen im Unternehmen und Unternehmensumfeld muss schnell reagiert werden können.

Noch wichtiger als diese internen Anforderungen an die Informationsverarbeitung sind diese Ziele in Bezug auf die Wirkungen der Informationsverarbeitung im Unternehmen. Informationsverarbeitung hat die Sicherheit des Unternehmens zu unterstützen (z. B. durch rechnergesteuerte Überwachung wichtiger Aggregate und Komponenten oder durch Bereitstellung von Ausfallrechenzentren). Traditionell soll Informationsverarbeitung die Wirtschaftlichkeit eines Unternehmens durch Automatisierung, Rationalisierung und Standardisierung verbessern. Die Unterstützung von **Unternehmenszielen** durch Informationsverarbeitung ist in den vergangenen Jahren in den Mittelpunkt gerückt, so etwa um durch Informationsverarbeitung Effektivität und Flexibilität eines Unternehmens zu verbessern. Informationsverarbeitung kann und soll **Unternehmensstrategien** wie Kostenführerschaft, Differenzierung oder Konzentration unterstützen und damit die Wettbewerbsfähigkeit stärken. Zudem kann Informationsverarbeitung dazu beitragen, neue Produkte hervorzubringen, neue Märkte und neue Kundengruppen zu erschließen sowie neue Vertriebswege und Beschaffungswege zu nutzen. Informationsverarbeitung wird so zu einem **strategischen Faktor** im Bemühen um die Wettbewerbsfähigkeit eines Unternehmens.

❑ *Beispiel*: Dem strategischen Ziel der Erhöhung der Kundenbindung kann durch Informationssysteme gedient werden, die Kunden bei der (automatischen) Bedarfsermittlung unterstützen, Bedarfe als Bestellungen an Lieferanten übermitteln, die Bestellungen administrieren, die Rechnungsstellung veranlassen, die Bezahlung auslösen, Warenübergabe und -prüfung erleichtern, die Lagerbestandsführung und Disposition automatisieren. Kunden, denen die Funktionen derartiger Informationssysteme zur Verfügung gestellt werden, werden eine höhere Kundenbindung an den Lieferanten aufweisen.

Die **Aufgaben des Informationsmanagements** gliedern sich wie folgt:

- Management von Informationseinsatz und -verwendung: Erkennen und Bewerten strategischer Potenziale der Informationsverarbeitung; Informationsbedarfsanalyse; Schulung und Beratung der Benutzer; Controlling der Informationsverarbeitung (z. B. mit dem Ziel der Leistungsverrechnung)

- Management der Anwendungssysteme: Aufbau und Weiterentwicklung von Anwendungsarchitektur(en); Entwicklung und Etablierung von Vorgehensmodellen und Standards; Entwicklung und Betreuung von Individualsoftware; Auswahl, Beschaffung und Betreuung von Standardsoftware; Schnittstellenmanagement
- Management des Betriebs: Planung und Weiterentwicklung von Komponenten wie Hardware, Netzwerk, Betriebssystem, DB-System; Betrieb der Rechnerinfrastruktur (DB-Administration, Jobsteuerung, Systemprogrammierung, Netzwerkmanagement, Rechenzentrumsbetrieb ...).

Daneben sind wichtige **Organisationsaufgaben** zur Koordination der arbeitsteiligen Beziehungen innerhalb der Informationsverarbeitung und zwischen der Informationsverarbeitung und den Fachabteilungen eines Unternehmens wahrzunehmen:

- Aufbau und Ablauforganisation /21.14/
- Projektmanagement ($\rightarrow$ 21.4.2)
- Personalorganisation
- Organisation der Anwendungsentwicklung.

Die Organisation der Abläufe im DV-Betrieb wird von Unternehmen oftmals nach dem Rahmenwerk **Information Technology Infrastructure Library (ITIL)** vorgenommen, das eine serviceorientierte Gestaltung der Prozesse vorschlägt. ITIL ist von der OGC, einer britischen Behörde, entwickelt und stellt einen hersteller- und technologieunabhängigen Vorschlag für die Prozessorganisation dar, der Transparenz, Effizienz, Qualität, Stabilität im DV-Betrieb sichern soll. Bei der Ausrichtung der Organisation nach ITIL ist erheblicher Aufwand zur Berücksichtigung unternehmensindivueller Aspekte notwendig. Personen können im Rahmen der Weiterbildung ITIL-Zerftifikate erwerben. Nachdem zu ITIL die internationale Norm ISO/IEC 20 000 im Jahr 2005 erschienen ist, können auch Unternehmen nach ITIL zertifiziert werden.

Dabei sind im Informationsmanagement zwei **zentrale Fragen** in Abhängigkeit verschiedener Einflussgrößen wie Unternehmensgröße, Branche, Spezialisierungsgrad, räumliche Verteilung des Unternehmens und der Märkte, Zentralisierungsgrad etc. zu beantworten:

- **Einsatz von Individual- oder Standardsoftware** /21.6/: Zur Beschaffung von **Anwendungssystemen** stehen verschiedene Wege offen. Zum einen kann eine Standardsoftware gekauft und eingesetzt werden, die von einem Anbieter entwickelt und an mehrere Abnehmer vertrieben wird. Zum anderen kann **Individualsoftware** entwickelt werden. Dies entspricht der Wahl zwischen einer standardisierten Lösung und einer individuellen Lösung mit hoher Passgenauigkeit. Allgemein wird von **Standardsoftware** gesprochen, wenn eine Software in Unternehmen verschiedener Struktur eingesetzt werden kann, sie an die Erfordernisse dieser Unternehmen in ge-

wissem Maße angepasst werden kann, ohne den Programmcode zu ändern („**customizing**"), und wenn die Entwicklung der Software abgeschlossen ist und der Beschaffungspreis feststeht.
Individualsoftware kann entweder weitestgehend von eigenen Mitarbeitern entwickelt („inhouse") oder von einem Anbieter von Software-Entwicklungen („Softwarehaus") beschafft werden. Diese Entscheidung zwischen interner Entwicklung oder Vergabe eines Entwicklungsauftrags an Dritte entspricht dem klassischen betriebswirtschaftlichen Entscheidungsproblem zwischen **Eigenerstellung** oder **Fremdbezug**, das oftmals mit dem Begriff „**Make or Buy**" gekennzeichnet wird.

- **Outsourcing** /21.14/: Unter Outsourcing wird die mittel- oder langfristige Übertragung von Aufgaben der Informationsverarbeitung an rechtlich unabhängige Dienstleistungsunternehmen verstanden. Hierfür spricht vor allem das erhebliche Maß an Fachkenntnissen, das für viele wichtige Aufgaben der Informationsverarbeitung notwendig ist, und das nur schwer in erforderlichem Ausmaß in einem Unternehmen aufgebaut und erhalten werden kann. Zudem erfordert die rasche technische Entwicklung ständig weitere Fortbildung und Qualifikation der Mitarbeiter in der Informationsverarbeitung. Unter diesen Aspekten kann die Auslagerung an spezialisierte Dienstleistungsunternehmen für viele Unternehmen sinnvoll sein. Auch bei weitgehendem Outsourcing von Aufgaben der Informationsverarbeitung verbleiben in einem Unternehmen Aufgaben des Informationsmanagements wie strategische Aufgaben („**IV-Strategie**"), die Pflege von Lieferantenbeziehungen sowie die Steuerung und Überwachung der Beziehung zum Outsourcing-Anbieter (Vertragsmanagement, -controlling).

Eine besondere Form des Outsourcings hat mit zunehmender Globalisierung der Wirtschaft, verbesserten elektronischen Übertragungstechniken und größeren Übertragungskapazitäten an Bedeutung gewonnen: Die Übertragung von Aufgaben der Informationsverarbeitung an Unternehmen in fernen Ländern wie Indien oder China wird mit **Offshoring** bezeichnet. Betriebswirtschaftlich werden dabei vor allem Vorteile bei Löhnen/Gehältern und Steuern genutzt. Sprachliche und kulturelle Probleme bei Offshoring-Vorhaben haben dazu geführt, dass nunmehr unter dem Begriff **Nearshoring** solche Aufgaben an Unternehmen in Ländern wie Polen, Tschechien, Ungarn oder Irland übertragen werden.

21.4.2 Projektmanagement

Ein Großteil aller Arbeiten in der Informationsverarbeitung wird organisatorisch in Form von Projekten durchgeführt, da andere Organisationsformen den speziellen Anforderungen nicht gewachsen sind. Ein Projekt ist die geeignete Organisationsform, wenn eine komplexe Aufgabe mit Fachleuten verschiedener Disziplinen (interdisziplinär) und aus verschiedenen Abteilungen eines Unternehmens (organisationsübergreifend) in einem vorgegebenen zeitlichen Rahmen erledigt werden soll. Bei dieser Aufgabenstellung versagen z. B. traditionelle Linienorganisationen, da sie vor allem darauf ausgerichtet sind, auf Dauer Routinetätigkeiten zu steuern und Arbeitsteilung und Spezialisierung zu unterstützen.

Ein **Projekt** ist eine Organisationsform für eine Aufgabe, die die Lösung einer speziellen Fragestellung zum Ziel hat, die zeitlich begrenzt und von anderen Aufgaben abgegrenzt werden kann und die interdisziplinär zu bearbeiten ist.

In der Regel sind für diese Vorhaben Rahmen für die verfügbaren finanziellen, personellen und sachlichen Ressourcen (z. B. Budget) vorgegeben. **Projektmanagement** umfasst alle Tätigkeiten der Planung, Steuerung und Kontrolle zur zielgerichteten und effizienten Abwicklung solcher Aufgaben bzw. Vorhaben (vgl. DIN 69 901 /21.4/; → 8.8.2).

❑ *Beispiele* für Aufgaben in der Informationsverarbeitung, die in Projektform durchgeführt werden, sind:
- Entwicklung und Einführung eines betrieblichen Anwendungssystems
- Auswahl, Beschaffung und Einführung einer betrieblichen Standardsoftware
- Einführung einer Systemsoftware (Betriebssystem, Datenbanksystem, ...)
- Implementierung einer neuen Version („major release") einer Software
- Austausch wichtiger Rechnerkomponenten
- Umstellung der Rechner-Infrastruktur bzw. Architektur (etwa von Großrechner- auf Client-Server-Architektur)
- Reorganisation einer Fachabteilung mit Einführung eines neuen Anwendungssystems
- Umzug eines Rechenzentrums.

Erkennbar sind bei diesen Beispielen die o. g. Merkmale: Das Ziel der Vorhaben ist klar zu beschreiben, in aller Regel werden vorgegebene, streng einzuhaltende zeitliche und finanzielle Rahmen zu berücksichtigen sein, und mehrere Experten verschiedener Fachrichtungen werden benötigt.

Die oftmals als definitorische Eigenschaft für Vorhaben in Projektform genannte Einmaligkeit der Aufgabe ist zu relativieren: Wie aus den Beispielen erkennbar ist, werden diese Aufgaben nicht täglich durchzuführen sein und als Routinetätigkeiten angesehen werden, jedoch werden sie in einem Unternehmen durchaus mehrfach anliegen, sodass Erfahrungen gesammelt und genutzt werden können.

Projektcontrolling umfasst dabei verschiedene Tätigkeiten zur Sicherung des Projektziels, wie z. B. Plan/Ist-Vergleich, Feststellung, Analyse und Bewertung von Abweichungen, ggf. Entwicklung geeigneter Korrekturmaßnahmen,

Planung und Durchführung der Maßnahmen, Kontrolle des Erfolgs der Maßnahmen (vgl. DIN 69 901, → 8.8.2).

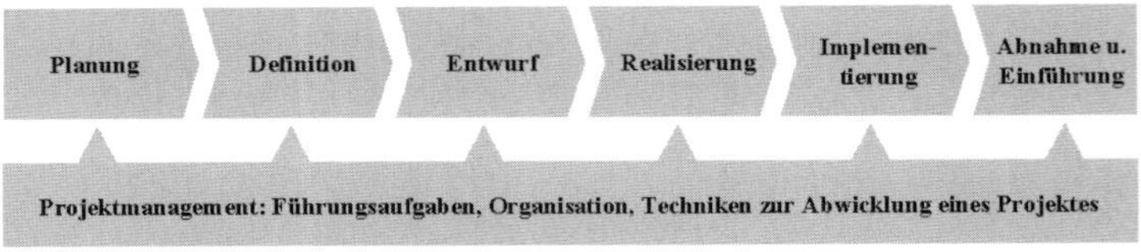

Bild 21.7 Phasenkonzept im Projektmanagement

Ein wesentliches Instrument zur **Ablaufsteuerung** in Projekten sind **Phasenkonzepte**. Diese gliedern den Projektverlauf inhaltlich und zeitlich und dienen der besseren, gezielteren Projektsteuerung durch größere Übersicht und höhere Transparenz. Ein allgemeines Phasenkonzept ist in Bild 21.7 wiedergegeben. Bei einem konkreten Projekt (etwa einem aus der o. g. Liste mit Beispielen) müssen die Phasen an die jeweiligen Spezifika angepasst werden.

Die Phasen eines Projektes sind durch fest definierte Teilziele und -aufgaben gekennzeichnet. Zudem wird für jede Phase festgelegt, welche konkreten Ergebnisse (Phasenergebnisse) erreicht werden sollen. Das Ende jeder Phase bildet für ein Projekt einen **Meilenstein**, zu dem das Phasenergebnis vom Auftraggeber oder der Unternehmensführung abzunehmen ist. Erst mit der Abnahme der Ergebnisse einer Phase erfolgt die Freigabe der nächsten Phase.

Eine besonders wichtige Aufgabe des Projektmanagements in der Informationsverarbeitung ist die Planung und Kontrolle des **Projektaufwands**.

Im Projektmanagement bestimmt die zeitliche Planung wesentlich den Projektablauf (**Ablaufsteuerung**). Dabei werden häufig Instrumente der **Netzplantechnik** eingesetzt, mit denen Teilaufgaben des Projektes, deren geplante Durchführungsdauer, geplante Beginn- und Ende-Termine sowie die Abhängigkeiten der Teilaufgaben untereinander geplant und kontrolliert werden.

Die **Dokumentation** des Projektverlaufs sowie der Projektergebnisse stellt eine weitere wichtige Teilaufgabe im Projektmanagement dar. Im **Berichtswesen** werden der Projektverlauf sowie die -ergebnisse aufbereitet und dargestellt, um die verschiedenen Zielgruppen zeitnah und angemessen zu informieren.

► *Hinweis*: Die in der Informationsverarbeitung in Projektform geleisteten Aufgaben betreffen in aller Regel schwierige, für ein Unternehmen wichtige Arbeiten, die zu bestimmten Terminen fertig gestellt werden müssen und mit verschiedenen Fachleuten im Team zu erledigen sind. Projektmanagement dient der Steuerung dieser Aufgaben und Arbeiten. Diese Führungsaufgaben stellen einen verantwortungsvollen Tätigkeitsbereich in der Informationsverarbeitung dar.

Literaturverzeichnis

1 Informatik

/1.1/ *Appelrath, H.-J.; Boles, D.; Claus, V.; Wegener, I.*: Starthilfe Informatik. – Stuttgart; Leipzig: Teubner-Verlag, 2002

/1.2/ *Appelrath, H.-J.; Ludewig, J.*: Skriptum Informatik: eine konventionelle Einführung. – 5. Auflage. – Stuttgart; Leipzig: Teubner-Verlag, 2000

/1.3/ *Balzert, H.*: Lehrbuch Grundlagen der Informatik. – 2. Auflage. – Heidelberg: Spektrum Akad. Verlag, 2004

/1.4/ *Broy, M.*: Informatik: eine grundlegende Einführung. – Bd. 1: Programmierung und Rechnerstrukturen. – 2. Auflage. – Berlin u. a.: Springer-Verlag, 1998

/1.5/ *Broy, M.*: Informatik: eine grundlegende Einführung. – Bd. 2: Systemstrukturen und Theoretische Informatik. – 3. Auflage. – Berlin u. a.: Springer-Verlag, 2003

/1.6/ *Broy, M.; Endres, A.*: Informatik überall, jederzeit und für alle. – Informatik-Spektrum 32 (2009) H. 2, S. 153–162. Heidelberg: Springer-Verlag

/1.7/ *Broy, M.; Rumpe, B.*: Übungen zur Einführung in die Informatik: strukturierte Aufgabensammlung mit Musterlösungen. – 2., überarb. Auflage. – Berlin u. a.: Springer-Verlag, 2002

/1.8/ Computer-Lexikon – Sonderausgabe. – 8. akt. Auflage. – Unterschleißheim: Microsoft Press Deutschland, 2005

/1.9/ Duden – Informatik A–Z: Fachlexikon für Studium, Ausbildung und Beruf. – 4., überarb. u. akt. Auflage. – Mannheim u. a.: Dudenverlag, 2006

/1.10/ *GI e. V.*: Was ist Informatik? Unser Positionspapier. http://www.gi.de/fileadmin/redaktion/Download/was-ist-informatik-lang.pdf

/1.11/ *Glaser, T.*: Die Rolle der Informatik im gesellschaftlichen Diskurs. – Informatik-Spektrum 32 (2009) H.3, S. 223-227. Heidelberg: Springer-Verlag

/1.12/ *Goos, G.; Zimmermann, W.*: Vorlesungen über Informatik. – Bd. 1: Grundlagen und funktionales Programmieren. – 4., überarb. Auflage. – Berlin u. a.: Springer-Verlag, 2006

/1.13/ *Goos, G.; Zimmermann, W.*: Vorlesungen über Informatik. – Bd. 2: Objektorientiertes Programmieren und Algorithmen. – 4., überarb. Auflage. – Berlin u. a.: Springer-Verlag, 2006

/1.14/ *Gumm, H.-P.; Sommer, M.*: Einführung in die Informatik. – 9., vollst. überarb. u. erw. Auflage. – München: Oldenbourg-Wissenschaftsverlag, 2011

/1.15/ *Heuser, L.*: Heinz' Life. Kleine Geschichte vom Kommen und Gehen des Computers. – München: Hanser-Verlag, 2010

/1.16/ *Horn, Chr.; Kerner, I. O.; Forbrig, P. (Hrsg.)*: Lehr- und Übungsbuch Informatik. – Bd. 1: Grundlagen und Überblick. – 3., neu bearb. Auflage. – Leipzig: Fachbuchverlag, 2003

/1.17/ *Horn, Chr.; Kerner, I. O.; Forbrig, P. (Hrsg.)*: Lehr- und Übungsbuch Informatik. – Bd. 2: Theorie der Informatik. – 2., bearb. Auflage. – Leipzig: Fachbuchverlag, 2001

/1.18/ *Küchlin, W.; Weber, A.*: Einführung in die Informatik: objektorientiert mit Java. – 3., überarb. Auflage. – Berlin u. a.: Springer-Verlag, 2005

/1.19/ *Levi, P.; Rembold, U.*: Einführung in die Informatik: für Naturwissenschaftler und Ingenieure. – 4., aktual. u. überarb. Auflage. – München; Wien: Carl Hanser Verlag, 2002

/1.20/ *Ortmann, J.*: Einführung in die PC-Grundlagen. – 9., aktual. Auflage. – Bonn; Reading u. a.: Addison-Wesley-Longman, 2006

/1.21/ *Precht, M.; Meier, N.; Tremel, D.*: EDV-Grundwissen: eine Einführung in Theorie und Praxis der modernen EDV. – 7., aktual. Auflage. – Bonn; Reading u. a.: Addison-Wesley-Longman, 2004

/1.22/ *Rechenberg, P.*: Was ist Informatik?: eine allgemeinverständliche Einführung. – 3., überarb. u. erw. Auflage. – München; Wien: Carl Hanser Verlag, 2000

/1.23/ *Rechenberg, P.; Pomberger, G. (Hrsg.)*: Informatik-Handbuch. – 4., aktual. u. erw. Auflage. – München; Wien: Carl Hanser Verlag, 2006

/1.24/ *Siefkes, D. u. a.*: Pioniere der Informatik: ihre Lebensgeschichten im Interview. – Berlin u. a.: Springer-Verlag, 1999

/1.25/ *Zuse, K.*: Der Computer – mein Lebenswerk. – 5., unveränd. Auflage; korr. Nachdruck – Berlin u. a.: Springer-Verlag, 2010

2 Informationsdarstellung

/2.1/ ANSI/IEEE Std 745-1985: Binary Floating-Point Arithmetic

/2.2/ Apple Quicktime. – Apple Inc. http://www.apple.com/quicktime/

/2.3/ *Burrows, M.; Wheeler, D. J.*: A block-sorting lossless data compression algorithm. – Palo Alto, CA: digital Systems Research Center, 1994 http://citeseerx.ist.psu.edu/viewdoc/summary?doi=10.1.1.121.6177

/2.4/ DIN 66 003 06.74 Informationsverarbeitung; 7Bit-Code

/2.5/ DIN 66 303 11.86 Informationsverarbeitung; 8Bit-Code

/2.6/ DIN-Taschenbuch 210: Zeichenvorräte und Codierung für den Textaustausch und Datenaustausch. – Berlin: Beuth, 1998

/2.7/ *Ercegovac, M. D.; Lang, T.*: Digital Arithmetic. – Morgan Kaufmann Publishers, 2004

/2.8/ Extensible Markup Language (XML) 1.0 (Fifth Edition), W3C Recommendation. – W3C, Nov. 2008 http://www.w3.org/TR/REC-xml/

/2.9/ *Fisher, J. A.*: Very Long Instruction Word architectures and the ELI-512. – SIGARCH Comput. Archit. News, Vol. 11, June 1983, pp. 140–150 http://portal.acm.org/citation.cfm?id=1067651.801649

/2.10/ *Göbel, J.*: Informationstheorie und Codierungsverfahren: Grundlagen und Anwendungen. – Berlin: VDE Verlag, 2007

/2.11/ *Hamming, R. W.*: Informationen und Codierung. – Weinheim: VCH Verlagsgesellschaft, 1987

/2.12/ *Hennessy, J. L.; Patterson, D. A.*: Computer Architecture – A Quanitative Approach. – 4th Edition. – San Francisco, CA: Morgan Kaufmann Publishers, 2007

/2.13/ *Henning, P. A.*: Taschenbuch Multimedia. – 4. Auflage. – Leipzig: Fachbuchverlag, 2007

/2.14/ *Huffman, D. A.*: A Method for the Construction of Minimum Redundancy Codes. Proceedings of the Institute of Radio Engineers 40 (1952) 9, 1098–1101

/2.15/ ISO/IEC 10 646 Universal Multiple-Octet Coded Character Set, 2003

/2.16/ *Klimant, H.; Piotraschke, R.; Schönfeld, D.*: Informations- und Codierungstheorie. – 3. überarb. u. erw. Auflage. – Wiesbaden: B. G. Teubner Verlag, 2006

/2.17/ *Koren, I.*: Computer Arithmetic Algorithms. – 2nd Edition. – Natick, MA, USA: A. K. Peters, Ltd., 2001

/2.18/ MIME Media Types. – The Internet Assigned Numbers Authority (IANA) http://www.iana.org/assignments/media-types/

/2.19/ *Princen, J.; Johnson, A.; Bradley, A.*: Subband/Transform coding using filter bank designs based on time domain aliasing cancellation. – IEEE International Conference on Acoustics, Speech, and Signal Processing (ICASSP '87), Vol. 12, April 1987, pp. 2161–2164

/2.20/ *Ray, E. T.*: Einführung in XML. – Köln: O' Reilly, 2001

/2.21/ *Ryan, W. E.; Lin, S.*: Channel Codes: Classical and Modern. – Cambridge University Press, 2009

/2.22/ *Rissanen, J. J.; Langdon, G. G.*: Arithmetic coding. IBM Journal of Research and Development 23 (1979) 149–162

/2.23/ The MPEG Home Page. – Moving Picture Experts Group (MPEG) http://mpeg.chiariglione.org/

/2.24/ The Unicode Standard, Version 6.0.0. – Mountain View, CA: The Unicode Consortium, 2011

/2.25/ *Tidwell, D.*: XSLT. XML-Dokumente transformieren. – Köln: O'Reilly, 2002

/2.26/ White Paper: Blu-ray Disc Read-Only Format, 2.B Audio Visual Application Format Specifications for BD-ROM Version 2.4. – Blu-ray Disc Association, 2010
http://www.blu-raydisc.com/assets/Downloadablefile/BD-ROM_Audio_Visual_Application_Format_Specifications-18780.pdf

/2.27/ Xiph.org. – Xiph.Org Foundation. http://www.xiph.org/

/2.28/ *Ziv, J.; Lempel, A.*: A Universal Algorithm for sequential Data Compression. IEEE Transactions on Information Theory 23 (1977) 3, 337–343

/2.29/ *Ziv, J.; Lempel, A.*: Compressionof Individual Sequences via Variable-Rate Coding. IEEE Transactions on Information Theory 24 (1978) 5, 530–536

3 Computer

/3.1/ *Brinkschulte, U.; Ungerer, Th.*: Mikrocontroller und Mikroprozessoren. – 2. Auflage. – Berlin, Heidelberg : Springer-Verlag, 2007

/3.2/ *Dembowski, K.*: Computerschnittstellen und Bussysteme. – Heidelberg: Hüthig-Verlag, 2001

/3.3/ DIN 44 300

/3.4/ *Flik, Th.*: Mikroprozessortechnik und Rechnerstrukturen. – 7. Auflage. – Berlin, Heidelberg: Springer-Verlag, 2005

/3.5/ *Hennessy, J. L.; Patterson, D. A.*: Computer Architecture – A Quantitative Approach. – 4. Auflage. – San Francisco, CA: Morgan Kaufmann Publishers, 2007

/3.6/ *Hoffmann, D. W.*: Grundlagen der Technischen Informatik. – 2. neu bearb. Auflage. – München: Carl Hanser Verlag, 2010

/3.7/ *Jungmann, D.; Stange, H.*: Einführung in die Rechnerarchitektur. – München: Carl Hanser Verlag, 1992

/3.8/ *Lerch, R.*: Elektrische Messtechnik – Analoge, digitale und computergestütze Verfahren. – 5. Auflage. – Berlin; Heidelberg: Springer-Verlag 2010

/3.9/ *Märtin, C.*: Rechnerarchitekturen. – Leipzig: Fachbuchverlag, 2001

/3.10/ *Oberschelp, W.; Vossen G.*: Rechneraufbau und Rechnerstrukturen. – 10. Auflage. – München : Oldenbourg Wissenschaftsverlag, 2006

/3.11/ *Patterson, D. A.; Hennessy, J. L.*: Computer organization and design – the hardware/software interface. – 4. Auflage. – Burlington, MA: Morgan Kaufmann Publishers, 2009

/3.12/ *Patterson, D. A.; Hennessy, J. L.*: Rechnerorganisation und -entwurf – 3. Auflage. – Hrsg: Bode, A.; Karl, W.; Ungerer, Th. – München: Spektrum Akademischer Verlag, 2005

/3.13/ *Schiffmann, W.; Bähring, H.; Hönig, U.*: Technische Informatik 3 : Grundlagen der PC-Technologie. – 1. Auflage. – Berlin; Heidelberg: Springer-Verlag, 2011

/3.14/ *Schiffmann, W.; Schmitz, R.*: Technische Informatik, 1: Grundlagen der digitalen Elektronik. – 5. Auflage. – Berlin, Heidelberg, New York: Springer-Verlag, 2004

/3.15/ *Schiffmann, W.; Schmitz, R.*: Technische Informatik, 2: Grundlagen der Computertechnik. – 5. Auflage. – Berlin, Heidelberg, New York: Springer-Verlag, 2005

/3.16/ *Schiffmann, W.; Schmitz, R.*: Technische Informatik: Übungsbuch zur Technischen Informatik 1 und 2. – 3. Auflage. – Berlin, Heidelberg, New York: Springer-Verlag, 2004

/3.17/ *Schmidt, F.*: The SCSI Bus and IDE Interface. Addison-Wesley Publishing Company, 1995

/3.18/ *Spath, D.; Bauer, W.; Rief, S.*: Green Office. – 1. Auflage. – Wiesbaden: Gabler Verlag, 2010

/3.19/ *Tanenbaum A. S.*: Computerarchitektur. – 5. Auflage. – Pearson Studium, 2006

/3.20/ *Woitowitz, R.; Urbanski, K.*: Digitaltechnik. – 5. Auflage. – Berlin, Heidelberg: Springer-Verlag, 2007

/3.21/ *Wörn, H.; Brinkschulte, U.*: Echtzeitsysteme. – Berlin, Heidelberg: Springer-Verlag, 2005

/3.22/ http://www.fibrechannel.org

/3.23/ http://www.intel.com/products/chipsets

/3.24/ http://www.amd.com/de-de/Processors

/3.25/ http://www.hypertransport.org

/3.26/ DIN IEC 625 oder IEEE 488 oder ANSI MC 1.1

/3.27/ http://www.pcisig.com/news_room/faqs/pcie3.0_faq

/3.28/ http://www.usb.org

/3.29/ IEEE 1394-2008

/3.30/ http://www.serialata.org

/3.31/ http://www.expresscard.org/web/site/about.jsp

4 Externe Speicher

/4.1/ *Finkenzeller, K.*: RFID-Handbuch. – München: Carl Hanser Verlag, 2006

/4.2/ *Graefen, R; Wiehr, H.*: State of Storage – ZAZA media München, 2003

/4.3/ *Hansen, H. R.; Neumann, G.*: Wirtschaftsinformatik 2. – 9. Auflage. – Stuttgart: Lucius & Lucius, 2005

/4.4/ *Horn, C.; Kerner, I.*: Lehr- und Übungsbuch Informatik. Grundlagen und Überblick. – Leipzig: Fachbuchverlag, 2003

/4.5/ MISCO-Gesamtkatalog 1/2011: MISCO Germany Inc. 63225 Langen (siehe auch: http://www.misco.de)

/4.6/ *Müller, S.*: PC-Hardware Superbibel. – 12. Auflage. – München: Markt + Technik Verlag, 2001

/4.7/ *Tanenbaum, A. S.*: Computerarchitektur. – 5. Auflage. – München: Pearson Education, 2001

/4.8/ *Tanenbaum, A. S. Goodmann, J.*: Computerarchitektur. – München: Pearson Education, 2001

/4.9/ *Schoblik, R.; Schoblik, G.*: RFID Radio Frequency Identification. – München: Franzis-Verlag, 2005

/4.10/ Softwarehandbuch Nero 7. Ahead Software AG (Stand 2006)

/4.11/ http://de.wikipedia.org/

/4.12/ http://lto.org/technology/roadmap.html/

/4.13/ http://www.hardware.thgweb.de/komponenten/festplatten

/4.14/ http://www.dlttape.com

/4.15/ http://www.heise.de/newsticker/meldung/Iomega-verabschiedet-sich-still-und-leise-von-REV-937037.html/

/4.16/ http://www.elektronik-kompendium.de/sites/com/1204171.htm

/4.17/ http://www.iomega-europe.com

/4.18/ http:// www.kingston.com

/4.19/ http://www.lto-technology.com

/4.20/ http://www.oracle.com/de/products/servers-storage/storage/index.html

/4.21/ http://www.plasmon.com/archive_solutions.

/4.22/ http://www.qic.org

/4.23/ http://www.quantum.com

/4.24/ http://www.roxio.de

/4.25/ http://www.storage.ibm.com/tape/lto/index.html

/4.26/ http://www.serialata.org

/4.27/ http://www.speicherguide.de

/4.28/ http://www.ssd-test.de/was-ist-ssd-solid-state.html

/4.29/ http://www.tandberg.com

/4.30/ http://www.transtec.de

5 Periphere Geräte

/5.1/ *Bruns, K.; Meyer-Wegner, K.*: Taschenbuch der Medieninformatik – Leipzig: Fachbuchverlag, 2005

/5.2/ *Hansen, H. R.; Neumann, G.*: Wirtschaftsinformatik 2. – 9. Auflage. – Stuttgart: Lucius & Lucius, 2005

/5.3/ *Henning, P. A.*: Taschenbuch Multimedia. – 3. Auflage. – Leipzig: Fachbuchverlag, 2003

/5.4/ *Horn, C.; Kerner, I. O.; Forbrig, P.*: Lehr- und Übungsbuch Informatik. Grundlagen und Überblick. – 3. Auflage. – Leipzig: Fachbuchverlag, 2003

/5.5/ MISCO-Gesamtkatalog 2/2011: MISCO Germany Inc. 63225 Langen (siehe auch: http://www.misco.de)

/5.6/ *Müller, S.*: PC-Hardware Superbibel. – 12. Auflage. – München: Markt+Technik Verlag, 2001

/5.7/ *Tannenbaum, A. S.; Goodmann, J.*: Computerarchitektur. – München: Pearson Education, 2001

/5.8/ transtec-Gesamtkatalog 2002/2003: transtec AG 72072 Tübingen (siehe auch: http://www.transtec.de)

/5.9/ *Schmitz, R.*: Kompendium Medieninformatik. Band 2: Medienpraxis. – Berlin; Heidelberg: Springer-Verlag, 2007

/5.10/ http://www.screened.de/

/5.11/ http://www.brother.de

/5.12/ http://www.canon.de/For_Work/Products/Professional_Print/Large_Format/index.asp

/5.13/ http://www.canon.de/

/5.14/ http://welcome.hp.com/country/de/de/prodserv/printing_multifunction.html

/5.15/ http://www.epson.de/

/5.16/ http://germany.oki.com/

/5.17/ http://www.kyoceramita.de/

/5.18/ http://www.lexmark.de/

/5.19/ http://www.xerox.de/

/5.20/ http://www.nintendo.de/NOE/de_DE/systems/technische_details_1072.html

/5.21/ http://www.cdtltd.co.uk/technology/glossary/

/5.22/ http://de.wikipedia.org/wiki/

/5.23/ E-Book in Farbe; Chip 05/2010 S. 56-57

/5.24/ http://www.golem.de/1001/72270.html

/5.25/ http://www.seereal.com

/5.26/ http://www.druckerchannel.de

/5.27/ http://www.elektrischer-reporter.de/elr/video/208/

/5.28/ http://www.microvision.com/

/5.29/ http://research.dnv.com/hci/WPC/Default.htm

/5.30/ http://www.golem.de/specials/augmented-reality/

/5.31/ http://www.infitec.de/index2.php

/5.32/ http://www.shutterbrillen.net/

/5.33/ http://www.vdtc.de/en/en_dru/press-photos.htm

/5.34/ http://www.avchd-info.org

6 Algorithmen und Datenstrukturen

/6.1/ DIN 66 261 11.85 Informationsverarbeitung: Sinnbilder für Struktogramme nach Nassi-Shneiderman.

/6.2/ ECMA-4 09.66: Ablaufdiagramme.

/6.3/ *Harel, D.*: Algorithmics – The Spirit of Computing. – Bonn: Addison-Wesley, 1992

/6.4/ *Holland, J. H.*: Adaption in Natural and Artificial Systems. – University of Michigan Press, 1975

/6.5/ *Knuth, D.*: The Art of Computer Programming. Vol. 1–3. – Bonn: Addison-Wesley, 1998

/6.6/ *Lang, H. W.*: Algorithmen in Java. – München: Oldenbourg-Wissenschaftsverlag, 2006

/6.7/ *Michalewicz, Z.*: Genetic Algorithms + Data Structures = Evolution Programs. – Berlin; Heidelberg: Springer-Verlag, 1999

/6.8/ *Press, W. H.; Flannery, B. P.; Teukolsky, S. A.; Vetterling, W. T.*: Numerical Recipes in C. – Cambridge University Press, 1988

/6.9/ *Rechenberg, I.*: Evolutionsstrategie: Optimierung technischer Systeme nach Prinzipien der biologischen Evolution. – Fromann-Holzbog Verlag, 1973

/6.10/ *Sedgewick, R.*: Algorithmen in Java, Part 5, Graph Algorithmus. – Bonn: Addison-Wesley, 2003

/6.11/ *Sedgewick, R.*: Algorithmen in C, Part 5 Algorithms. – Bonn: Pearson Studium, 2001

/6.12/ *Standish, T.*: Data Structures in Java. – Bonn: Addison-Wesley, 1997

/6.13/ *Wirth, N.*: Algorithmen und Datenstrukuren. – Stuttgart: B. G. Teubner, 1990

7 Programmiersprachen

/7.1/ *Abelson, H.; Sussman, G. J.*: Struktur und Interpretation von Computerprogrammen. – Berlin; Heidelberg: Springer-Verlag, 2001

/7.2/ *Aho, A. V.; Sethi, R.; Ullman, J. D.*: Compilerbau, Teil 1 und 2. – München: R. Oldenbourg Verlag, 1999

/7.3/ *American National Standards Institute*: Database Language Embedded SQL. Document ANSI X3.168-1989

/7.4/ *Clocksin, W. F.; Mellish, C. S.*: Programmimg in Prolog. Using the ISO Standard. – New York: Springer-Verlag, 2010

/7.5/ *Elmasri, R. A.; Navathe, S. B.*: Grundlagen von Datenbanksystemen. – München: Pearson Studium, 2009

/7.6/ *Flanagan, D.*: Java in a Nutshell. – Köln: O'Reilly Media, 2005

/7.7/ *Gamma, E.; Helm, R.; Johnson, R.; Vlissides, J.*: Entwurfsmuster: Elemente wiederverwendbarer objektorientierter Software. – Bonn: Addison-Wesley 2010

/7.8/ *Gray, S.*: Data Structures in Java: From Abstract Data Types to the Java Collections Framework. – Addison-Wesley, 2006

/7.9/ *Horstmann, C. S.; Budd, T.*: Big C++. – John Wiley & Sons, 2008

/7.10/ *International Organization for Standardization*: Database Language SQL. Document ISO/IEC 9075: 1992

/7.11/ *Jones, K.; Ousterhout, J. K.*: Tcl and the Tk Toolkit. – Amsterdam: Addison-Wesley, 2009

/7.12/ *Kernighan B. W.; Ritchie, D. M.*: The C Programming Language (Ansi C Version). – Pearson, 2004

/7.13/ *Keller, H.; Krüger, S.*: ABAP Objects: ABAP-Programmierung mit SAP NetWeaver. – SAP PRESS, 2006

/7.14/ *Knuth, D.*: Art of Computer Programming. Vol. 1–3. – Pearson, 2005

/7.15/ *Krüger, G.; Stark, T.*: Handbuch der Java-Programmierung: Standard Edition Version 6. – Addison-Wesley Longman, 2009

/7.16/ *Martelli, A.*: Python Cookbook. – O'Reilly Associates, 2008

/7.17/ *Meyer, B.*: Object-oriented Software Construction. – Prentice Hall International, 1997

/7.18/ *Neumann, P.; Grötsch, E.; Lubkoll, C.; Simon, R.*: SPS-Standard: IEC 1131. – Oldenbourg, 1995

/7.19/ *Stroustrup, B.; Alm, P.; Louis, D.*: Einführung in die Programmierung mit C++. – Pearson, Studium 2010

/7.20/ *Wall, L.*: Perl Language Reference Manual – For Perl Version 5.12.1. – Network Theory Ltd, 2010

/7.21/ *Warden, S.; Biancuzzi, F.*: Visionäre der Programmierung: Die Sprache und ihre Schöpfer. – O'Reilly, 2009

8 Software Engineering

/8.1/ *Andresen, A.*: Komponentenbasierte Software-Entwicklung mit MDA, UML 2 und XML. – 2. Auflage. – München; Wien: Carl Hanser Verlag, 2004

/8.2/ *Baker, P.; Dai Z. R.; Grabowski, J.; Haugen Ø.; Schieferdecker, I.; Williams C.*: Model Driven Testing. – Berlin; Heidelberg: Springer-Verlag 2009

/8.3/ *Balzert, H.*: Lehrbuch der Objektmodellierung: Analyse und Entwurf mit der UML 2.0. – 2. Auflage. – Heidelberg; Berlin: Spektrum Akademischer Verlag, 2005

/8.4/ *Balzert, H.*: Lehrbuch der Software-Technik – Basiskonzepte und Requirements Enginering. –3. Auflage. – Heidelberg; Berlin; Oxford: Spektrum Akademischer Verlag, 2009

/8.5/ *Balzert, H.*: Lehrbuch der Software-Technik – Software Management. – 2. Auflage. – Heidelberg; Berlin; Oxford: Spektrum Akademischer Verlag, 2008

/8.6/ *Beck, K.*: Extreme Programming Explained. – Reading MA: Addison-Wesley, 2000

/8.7/ *Beck, K.; Gamma, E.*: Test Infected: Programmers Love Writing Tests. 2000
http://members.pingnet.ch/gamma/junit.htm

/8.8/ *Beck, K. et. al*: Manifesto for Agile Software Development.
http://www.agilemanifesto.org/

/8.9/ *Binder, B.*: Testing Object-oriented Systems. – Addison-Wesley Professional, 1999

/8.10/ *Bundschuh, M.; Fabry, A.*: Aufwandsschätzungen von IT-Projekten. – Bonn: MITP-Verlag, 2000

/8.11/ *Bruegge, B.; Dutoit Allen H.*: Object-oriented Software Engineering. – 3rd edition. – Prentice Hall 2009

/8.12/ *Chen, P.*: The Entity-Relationship Model – Towards to a Unified View of Data. In: ACM Transactions on Database Systems, Vol. 1, No. 1, March 1976; p. 9–36

/8.13/ *Cockburn, A.*: Agile Software Development. – Bonn: Addison-Wesley Professional, 2001

/8.14/ *Cockburn, A.*: Use Cases effektiv erstellen. – Bonn: MITP-Verlag, 2007

/8.15/ *De Marco, T.*: Structured Analysis and System Specification. – Englewood Cliffs: Yourdon Press, 1979

/8.16/ *Dunkel, J.; Eberhart A; Fischer A.; Kleiner C.; Koschel A.*: Systemarchitekturen für verteilte Anwendungen. – München: Hanser-Verlag, 2008

/8.17/ *Fowler, M.*: Patterns of Enterprise Application Architecture. – Pearson Education, 2003

/8.18/ *Fowler, M.*: The New Methodology.
http://www.martinfowler.com/articles/newMethodology.html – 2005

/8.19/ *Fowler, M.; Scott K.*: UML distilled – 3. Auflage. – Addison Wesley Reading, 2004

/8.20/ *Gamma, E.; Helm, R.; Johnson, R.; Vlissides J. M.*: Design Patterns: Elements of Reusable Object-Oriented Software. – Addison Wesley, 1994

/8.21/ *Gernert, C.*: Agiles Projektmanagement. – München; Wien: Carl Hanser Verlag, 2003

/8.22/ *Hass, A. M.; Hass. G.*: Configuration Management Principles and Practice. – Longman, Amsterdam: Addison-Wesley, 2003

/8.23/ *Jacobson, I.; Booch, G.; Rumbaugh, J.*: The Unified Software Development Process. – Reading MA: Addison-Wesley, 1999

/8.24/ *Liggesmeyer, P.*: Software Qualität, Analysieren und Verifizieren von Software. – 2. Auflage. – Spektrum Akademischer Verlag 2009

/8.25/ *Mathur, A. P.*: Software Testing. – Delhi: Pearson Education, 2008

/8.26/ *McConell, S.*: Software Estimation. – Microsoft Press, 2006

/8.27/ *Meyer, B.*: Object-oriented Software Construction. – 2nd edition. – Prentice Hall, 2000

/8.28/ *Miller, J. et. al*: MDA Guide Version 1.01. OMG Dcoument Number omg/3003-06-01, 2003

/8.29/ Object Modeling Group (OMG) zur UML. http://www.omg.org/uml

/8.30/ OMG Systems Modeling Language (OMG SysML™) http://www.omg.org/spec/SysML/1.2, 2010

/8.31/ *Oestereich, B.*: Analyse und Design mit UML 2.3. – 9. Auflage. – München; Wien: Oldenburg Verlag, 2009

/8.32/ *Oestereich, B.*: Die UML-Kurzreferenz 2.3. für die Praxis. – 5. Auflage. – München; Wien: Oldenburg Verlag, 2009

/8.33/ *Petrasch, R.; Meimberg, O.*: Model Driven Architecture. – Heidelberg: dpunkt.verlag, 2006

/8.34/ *Pfleger, S.L.; Atlee, J.M.*: Software Engineering. – 4th edition. – Pearson Prentice Hall, Upper Saddle River, 2008

/8.35/ *Pichler, R.*: Scrum. – dpunkt.verlag, 2008

/8.36/ *Rausch, A.; Broy, M.*: Das V-Modell XT. – Heidelberg: dpunkt.Verlag, 2008

/8.37/ *Basili, V.; Caldiera, G.; Rombach, H. D.*: The Goal Question Metric Approach. In: Encyclopedia of Software Engineering. John Wiley & Sons, 1994, S. 528–532

/8.38/ *Roßner, T.; Brandes, C.; Götz, H.; Winter, M.*: Basiswissen Modellbasierter Test. – dpunkt.Verlag 2010

/8.39/ *Rupp, C.*: Requirements-Engineering und -Management: Professionelle, iterative Anforderungsanalyse für die Praxis. – 5. Auflage. – München; Wien: Carl Hanser Verlag, 2009

/8.40/ *Siedersleben, J.*: Moderne Softwarearchitektur. – Heidelberg: dpunkt-verlag, 2004

/8.41/ *Sneed, H. M., Winter, M.*: Testen objektorientierter Software. – München; Wien: Carl Hanser Verlag, 2002

/8.42/ *Spillner, A.; Linz, T.*: Basiswissen Softwaretest. – 4. Auflage. – dpunkt.Verlag 2010

/8.43/ *Sommerville, I.*: Software Engineering. – 9th revised edition. – Longman, Amsterdam: Addison Wesley, 2010

/8.44/ *Stahl, T.; Völter M.*: Modellgetriebene Software-Entwicklung. – Heidelberg: dpunkt.Verlag, 2007

/8.45/ *Starke, G.*: Effektive Software-Architekturen. – 4. Auflage. – München; Wien: Carl Hanser Verlag, 2009

/8.46/ *Utting, M.; Legeard, B.*: Practical Model-based Testing. – Morgan Kaufmann, 2007

/8.47/ V-Modell XT. http://www.v-modell-xt.de, 2006

/8.48/ *Wallmüller, E.*: Software-Qualitätsmanagement in der Praxis. – 2. Auflage. – München; Wien: Carl Hanser Verlag, 2001

Relevante Normen und Standards (Auswahl)

/8.49/ ISO 8402: 1994 Quality management and quality assurance – Vocabulary

/8.50/ ISO 9000: 2005 Qualitätsmanagmentsysteme – Grundlagen und Begriffe

/8.51/ ISO 9001: 2008: Qualitätsmanagementsysteme – Anforderungen

/8.52/ ISO 10007: 2003(E): Qualitätsmanagement – Guidelines for configuration management

/8.53/ ISO 19 011: 2002: Leitfaden für das Audit von Qualitätsmanagement und/ oder Umweltmanagementsystemen

/8.54/ ISO/IEC 12 207: 2008: Systems and software Engineering – Software life cycle processes

/8.55/ ISO/IEC 14 102: 2008: Information technology – Guidelines for the evaluation and selection of CASE tools

/8.56/ ISO/IEC TR 14 471: 2007: Information technology – Software Engineering – Guidelines for the adoption of CASE tools

/8.57/ ISO/IEC 14 598-1: 1999: Information technology – Software product evaluation – Part 1 – General overview

/8.58/ ISO/IEC 15 271: 1998: Information technology – Guide for ISO/IEC 12207 (Software life cycle processes)

/8.59/ ISO/IEC TR 15 846: 1998(E): Information technology – Software life cycle processes – Configuration management

/8.60/ ISO/IEC 25 000: 2005: Software-Engineering – Qualitätskriterien und Bewertung von Softwareprodukten (SQuaRE)

/8.61/ IEEE Std 610.12-1990 (R2002): Standard Glossary of Software Engineering Terminology

/8.62/ IEEE Std 828-1998: Standard for Software Configuration Management Plans

/8.63/ IEEE Std 829-1998: Standard for Software Test Documentation

/8.64/ IEEE Std 830-1998: Recommended Practice for Software Requirements Specifications

/8.65/ IEEE Std 1016-1998: Recommended Practice for Software Design Descriptions

/8.66/ IEEE Std 1028-1997: Standard for Software Reviews

/8.67/ IEEE Std 1061-1998: Standard for Software Quality Metrics Methodology

/8.68/ IEEE Std 1063-2001: Standard for Software User Documentation

/8.69/ IEEE Std 1219-1998: Standard for Software Maintenance

/8.70/ IEEE Std 1228-1994: Standard for Software Safety Plans

9 Betriebssysteme

/9.1/ Apple Corp.: iOS 4: http://www.apple.com/iphone/ios4/

/9.2/ *Achilles, A.*: Betriebssysteme. – Berlin: Springer, 2006

/9.3/ *Bach, M. J.*: UNIX: Wie funktioniert das Betriebssystem? – München; Wien: Hanser, London: Prentice-Hall Intern., 1991

/9.4/ *Bauke, H., Mertens, S.*: Cluster Computing. – Berlin u. a.: Springer, 2006

/9.5/ *Baumgarten, U.; Siegert, H.-J.*: Betriebssysteme. Eine Einführung. – 6. Auflage. – München: R. Oldenbourg, 2007

/9.6/ *Beck, M. u. a.*: Linux Kernel Programmierung. – 6. Auflage. – Bonn u. a.: Addison-Wesley, 2001

/9.7/ *Becker, A.; Pant, M.*: Android 2. – Heidelberg: dpunkt.verlag, 2010

/9.8/ *Benra, J. T.; Halang, W. A. (Hrsg.)*: Software-Entwicklung für Echtzeitsysteme. – Berlin; Heidelberg: Springer, 2009

/9.9/ *Beierlein, Th.; Hagenbruch, O.*: Taschenbuch Mikroprozessortechnik. – Leipzig: Fachbuchverlag, 2003

/9.10/ *Bengel, G. u. a.*: Masterkurs Parallele und Verteilte Systeme. – Wiesbaden: Vieweg + Teubner | GWV-Fachverlage, 2008

/9.11/ *Brause, R.*: Betriebssysteme: Grundlagen und Konzepte. – 3. Auflage. – Berlin u. a.: Springer, 2003

/9.12/ *Brinch Hansen, P.*: The Programming Language Concurrent Pascal. – IEEE Transactions on Software Engineering, SE-1(1975), S. 199–207

/9.13/ *Coulouris, G.; Dollimore, J.; Kindberg, T.*: Verteilte Systeme, Konzepte und Design. – München: Pearson Studium, 2002

/9.14/ *Denning, P. J.*: The Working Set Model for Program Behaviour. – Communications of the ACM 11(1968), S. 323–333

/9.15/ *Dijkstra, E. W.*: Co-operating sequential Processes. – in: *Genuys, F. (Hrsg)*: Programming Languages. – London; New York: Academic Press, 1965

/9.16/ DIN: DIN 44 300: Informationsverarbeitung – Begriffe. 1988

/9.17/ *Eckert, C.*: IT-Sicherheit. – 6. Auflage. – München: Oldenbourg Verlag, 2009

/9.18/ *Ehses, E. u. a.*: Betriebssysteme: Ein Lehrbuch mit Übungen zur Systemprogrammierung in UNIX/Linux. – München: Pearson Studium, 2005

/9.19/ Resource Center for Free Operating Systems (FreeOS Technologies Pvt. Ltd.): http://www.freeos.com

/9.20/ *Gerlicher, A.; Rupp, St.*: Symbian OS – Eine Einführung in die Anwendungsentwicklung. – Heidelberg: dpunkt Verlag, 2004

/9.21/ *GI e. V.*: Fachgruppe Betriebssysteme: http://www.betriebssysteme.org

/9.22/ *Glatz, E.*: Betriebssysteme: Grundlagen, Konzepte, Systemprogrammierung. – 2. Auflage. – Heidelberg: dpunkt-Verlag, 2010

/9.23/ Google Inc.: Android SDK (http://developer.android.com)

/9.24/ *Gulbins, J. u. a.*: Linux. – Berlin u. a.: Springer, 2003

/9.25/ *Herrmann, P., Kebschull, U.; Spruth, W. G.*: Einführung in z/OS und OS/390. – München: Oldenbourg, 2003

/9.26/ *Hoare, C. A. R.*: Monitors, An Operating System Structuring Concept. – Communications of the ACM 17(1974), S. 549–557

/9.27/ DIN/EN/ISO/IEC 9945: POSIX – Portable Operating System Interface for Computing Environments. (IEEE Std. 1003.1-2008)

/9.28/ *Jilek, P. (Hrsg.)*: BS 2000 OSD: Technische Beschreibung. – Siemens-Nixdorf Informationssysteme AG. – Erlangen: Publicis-MCD-Verlag, 1995

/9.29/ *Mandl, P.*: Grundkurs Betriebssysteme. – 2. Aufl.; Wiesbaden: Vieweg + Teubner | GWV Fachverlage, 2010

/9.30/ *Mauerer, W.*: Linux-Kernelarchitektur. – München; Wien: Hanser Verlag, 2004

/9.31/ Mirosoft Corp.: Win32 API.
http://msdn.microsoft.com/de-de/library/ee663266.aspx

/9.32/ Operating System Documentation Project:
http://www.operating-system.org

/9.33/ *Peterson, G. L.*: Myth about the Mutual Exclusion Problem. – Information Processing letters 12(1981), S. 115–116

/9.34/ QNX Neutrino RTOS v6.5. – QNX Software Systems Ltd., 2010 http://www.qnx.com/products/neutrino-rtos/neutrino-rtos.html

/9.35/ *Rauber, Th.; Rünger, G.*: Parallele Programmierung. – 2. Auflage. – Berlin: Springer, 2007

/9.36/ *Rechenberg, P.; Pomberger, G. (Hrsg.)*: Informatik-Handbuch. – München; Wien: Hanser, 2005

/9.37/ *Richter, J.; Nasarre, Chr.*: Windowes via C/C++. – 5th edition. – Redmond: Microsoft Press, 2008

/9.38/ *Russinovich, M. E.; Solomon, D. A.*: Windows Internals. – 5th edition. – Redmond: Microsoft Press, 2009

/9.39/ *Singh, A.*: Mac OS X. – Boston: Pearson Education, 2007

/9.40/ *Stallings, W.*: Betriebssysteme – Prinzipien und Umsetzung. – Prentice Hall; München: Pearson Studium, 2003

/9.41/ *Stäuble, M.*: Programmieren für iPhone und iPad. – Heidelberg: dpunkt.verlag GmbH, 2011

/9.42/ *Tanenbaum, A. S.*: Moderne Betriebssysteme. – München: Pearson Studium, 2009

/9.43/ *Tanenbaum, A. S.; van Steen, M.*: Verteilte Systeme, Grundlagen und Paradigmen. – München: Pearson Studium, 2003

/9.44/ *Teer, R.*: Solaris Systems Programming. – Prentice Hall, 2005

/9.45/ *Teuffel, M.; Vaupel, R.*: Das Betriebssystem z/OS und die zSeries. – München: Oldenbourg, 2004

/9.46/ *Vogt, C.*: Betriebssysteme. – Heidelberg; Berlin: Spektrum Akademischer Verlag, 2001

/9.47/ *Ward, B.*: Linux verstehen und administrieren. – Heidelberg: dpunkt Verlag, 2006

/9.48/ *Weltner, T.*: Microsoft Windows XP Professional – Das Handbuch. – Unterschleißheim: Microsoft Press Deutschland, 2004

/9.49/ *Weske, M.*: Deadlocks in Computersystemen. – Bonn u. a.: Internat. Thomson Publ., 1995

/9.50/ *Wolfinger Ch., u. a.*: Linux Systemadministration. – Berlin u. a.: Springer, 2005

/9.51/ *Wörn, H.; Brinkschulte, U.*: Echtzeitsysteme. – Berlin: Springer, 2005

/9.52/ *Zöbel, A.*: Echtzeitsysteme: Grundlagen der Planung. – Berlin: Springer, 2008

10 Datenkommunikation

/10.1/ *Badach, A.*: Datenkommunikation mit ISDN. – Bonn: MITP Verlag, 1997

/10.2/ *Badach, A.; Hoffmann, E.; Knauer, O.*: High-Speed und Virtual Networking. – 2. Auflage. – Bonn: Addison-Wesley, 1998

/10.3/ *Badach, A.*: Routing in IP-Netzen. in: *Schulte, H.*: Vom LAN zum Kommunikationsnetz. – Kissing: interest Verlag, 2003

/10.4/ *Black, U.*: ATM: Foundations for Broadband Networks. – Prentice Hall, 1999

/10.5/ *Black, U.*: OSI – A Model for Computer Communications Standards. – Englewood Cliffs (N. J.): Prentice Hall, 1991

/10.6/ *Bedell, P.*: Gigabit Ethernet for Metro Area Networks. – New York: McGraw-Hill Professional, 2002

/10.7/ *Bluschke, A.; Michael Matthews, M.*: xDSL-Fibel. – Offenbach: VDE-Verlag 2001

/10.8/ *Chimi, E.*: High-Speed Networking. – München; Wien: Carl Hanser Verlag, 1998

/10.9/ *Comer, D. E.*: Internetworking with TCP/IP, Vol. 1: Principles, Protocols, and Architecture. – Englewood Cliffs (N. J.): Prentice Hall, 2005

/10.10/ *Dickson, G.; Lloyd, A.*: Open Systems Interconnection. – Sydney: Prentice Hall of Australia, 1992

/10.11/ *Eberspächer, J.; Vögel, H.-J.*: GSM Global System for Mobile Communication. – Stuttgart: B. G. Teubner, 1997

/10.12/ *Frohberg, W.; Kolloschie, H.; Löffler, H. (Hrsg.)*: Taschenbuch der Nachrichtentechnik. – Leipzig: Fachbuchverlag, 2008

/10.13/ *Halsall, F.*: Data Communications, Computer Networks and Open Systems. – 4. Ed. – Reading (Mass.): Addison-Wesley, 1996

/10.14/ *Hein, M.; Maciejewski, B.*: Wireless LAN. – Poing: Francis-Verlag, 2002

/10.15/ *Kauffels. F.-J.*: Lokale Netze. – 15. Auflage. – Bonn: MITP Verlag, 2003

/10.16/ *Kauffels. F.-J.*: Globale Netze. – Bonn: MITP Verlag, 2006

/10.17/ *Kerner, H.*: Rechnernetze nach OSI. – 2. Auflage. – München: Addison Wesley Verlag, 1993

/10.18/ *Knapp, D.*: Der TCP/IP-Administrator. – Kissing: interest Verlag, 2005

/10.19/ *Krüger, G.; Reschke, D.*: Lehr- und Übungsbuch Telematik. – 2. Auflage. – Leipzig: Fachbuchverlag, 2002

/10.20/ *Lackerbauer, I.*: ADSL, T-DSL. Highspeed-Technologien für das Internet. – Haar: Markt und Technik, 2000

/10.21/ *Orlamünder, H.*: Paket-basierte Kommunikationsprotokolle. – Bonn: Hüthig Telekommunikation, 2005

/10.22/ *Rech, J.*: Ethernet. Technologien und Protokolle für die Computervernetzung. – Hannover: Heise-Verlag, 2002

/10.23/ *Rech, J.*: Wireless LANs. – 3. Auflage. – Hannover: Heise Zeitschriftenverlag GmbH & Co KG, 2008

/10.24/ *Reisner, M. (Hrsg.)*: Ethernet. Das Grundlagenbuch. – Poing: Francis-Verlag, 2002

/10.25/ *Sauter, M.*: Mobile Kommunikationssysteme. – 4. Auflage. – Wiesbaden: Vieweg + Teubner-Verlag | Springer Fachmedien, 2011

/10.26/ *Seifert, R.*: Gigabit-Ethernet. – Reading (Mass.): Addison-Wesley, 1998

/10.27/ *Sesia, St.; Toufik, I.; Baker, M. (Hrsg.)*: LTE, The UMTS Long Term Evolution: Chichester (UK): From Theory to Practice. – John Wiley & Sons Ltd., 2009

/10.28/ *Siegmund, G.*: ATM – Die Technik. – 3. Auflage. – Heidelberg: Hüthig Verlag, 1997

/10.29/ *Siegmund, G.*: Technik der Netze: Neue Ansätze: SIP in IMS und NGN. – 6. Auflage. – Heidelberg: Hüthig-Verlag, 2009

/10.30/ *Sikora, A.*: Technische Grundlagen der Rechnerkommunikation. – Leipzig: Fachbuchverlag, 2003

/10.31/ *Tanenbaum, A. S.*: Computernetzwerke. – 4. Auflage. – München: Pearson Studium, 2003

/10.32/ *Walke, B.*: Mobilfunknetze und ihre Protokolle. – Stuttgart: B. G. Teubner, 2000

/10.33/ *Weppler, G.*: Frame-Relay-Netze. Technik, Netzdesign, Anwendungen. – Berlin: VDE-Verlag, 1997

/10.34/ *Wollert, J.*: Das Bluetooth Handbuch. – Poing: Francis-Verlag, 2002

/10.35/ *Zitt, H.*: ISDN und DSL für PC und Telefon. – München: Markt und Technik Verlag, 2004

/10.36/ ATM: www.atmforum.org

/10.37/ Bluetooth: http://german.bluetooth.com

/10.38/ DSL: www.dslforum.org

/10.39/ Frame Relay: www.frame-relay.org

/10.40/ GE: http://www.gigabit-ethernet.org/

/10.41/ 100 GE: http://www.ethernetalliance.org/files/document_files/40G_100G_Tech_overview.pdf

/10.42/ IEEE: www.ieee.org

/10.43/ ISO: www.iso.org

/10.44/ ITU: www.itu.org

/10.45/ LAN: http://www.heineshof.de/lan/lan.htm

/10.46/ LTE: http://www.ngmn.org/

/10.47/ UMTS: www.umts-forum.org

/10.48/ WiMAX: www. www.wimaxforum.org

/10.49/ WLAN: www.wireless-lan-forum.de

11 Internet und Intranet

/11.1/ Internet Software Consortium, Globale Internet-Host-Statistik, http://www.isc.org

/11.2/ RIPE NCC, Europäische Internet-Host-Statistik, http://www.ripe.net

/11.3/ *Hafner, K.; Lyon, M.*: ARPA KADABRA. Die Geschichte des Internet. – Heidelberg: dpunkt, 1997

/11.4/ Internet Architecture Board, http://www.iab.org

/11.5/ Internet Corporation for Assigned Names and Numbers, http://www.icann.org

/11.6/ Internet Engineering Task Force, http://www.ietf.org

/11.7/ Internet Society, http://www.isoc.org; German Chapter, http://www.isoc.de

/11.8/ Texte der RFC, http://www.rfc-editor.org

/11.9/ http://www.fittkaumaass.de

/11.10/ *Washburn, K.; Evans, J.*: TCP/IP. – Bonn: Addison Wesley, 1997

/11.11/ ABIresearch, http://www.abiresearch.com

/11.12/ *Foster, I.; Kesselman, C.*: The Grid: Blueprint for a new computing infrastructure. – Morgan Kaufmann, Tech. Rep., 1998.

/11.13/ Netcraft Webserver Survey, http://www.netcraft.com

/11.14/ Web-Site des W3C: http://www.w3.org/, mit detaillierten Informationen zu HTML, XML, XSL

/11.15/ *Henning, P. A.*: Taschenbuch Multimedia. – 4. Auflage. – Leipzig: Fachbuchverlag, 2007

/11.16/ *Henning, P. A.; Schnur, A.*: eLearning in continuing medical education: A comparison of knowledge gain and learning efficiency. – Journal of Medical Marketing Vol. 9 (2009), pp. 156–161

/11.17/ *Szor, P.*: The Art Of Computer Virus Research And Defense. – Upper Saddle River NJ: Addison-Wesley, 2005

/11.18/ DFN-CERT http://www.dfn-cert.de/

/11.19/ http://www.fortify.net

/11.20/ Apache Software Foundation, http://www.apache.org/

/11.21/ *Eilebrecht, L.; Rath, N.; Rohde, T.*: Apache Webserver. – Bonn: mitp, 2002

/11.22/ http://www.facebook.de

/11.23/ http://www.openstreetmap.org

/11.24/ http://www.youtube.com

/11.25/ *Roller, W.; Bargel, B. A.; Henning, P. A.; Reinert, F.; Szentes, D.*: Methoden und Konzepte zur situationsangepassten Ausbildung und Assistenz. – Proceedings des 4. Fernausbildungskongresses der Bundeswehr: Hamburg, 2009

/11.26/ *Lehr, A.*: Lernen am Computer – Eine explorative Studie zu den Einflussgrößen der Mensch-Computer-Interaktion. – Dissertation, PH Karlsruhe, 2010

/11.27/ http://www.ilias.de

/11.28/ SCORM Dokumentation. http://www.adlnet.org

12 Verteilte Systeme und Entwicklung verteilter Anwendungen

/12.1/ *Bengel, G.; Baun, C.; Kunze, M.; Stucky, K.-U.*: Masterkurs Parallele und Verteilte Systeme: Grundlagen und Programmierung von Multicoreprozessoren, Multiprozessoren, Cluster und Grid. – Vieweg + Teubner, 2008

/12.2/ *Coulouris, G.; Dollimore, J.; Kindberg, T.*: Distributed Systems – Concepts and Design. – 4th Edition. – Addison-Wesley, 2005

/12.3/ *Eberling, W.; Leßner, J.*: EnterpriseJavaBeans 3.1: Das EJB-Praxisbuch für Ein- und Umsteiger. – 2. Auflage. – München: Carl Hanser Verlag, 2011

/12.4/ *Hammerschall, U.*: Verteilte Systeme und Anwendungen. – Pearson, 2005

/12.5/ *Mahlmann, P.; Schindelhauer, C.*: Peer-to-Peer-Netzwerke. – Springer, 2007

/12.6/ *Müller, B.*: Java Server Faces 2.0. – 2. Auflage. – Carl-Hanser-Verlag, 2010

/12.7/ *Oechsle, R.*: Parallele und verteilte Anwendungen in Java. – 3. Auflage. – München: Carl Hanser Verlag, 2011

/12.8/ *Rücker, B.; Backschat, M.*: Enterprise JavaBeans und JPA: Grundlagen – Konzepte – Praxis zu EJB 3.1 und JPA 2.0. – 3. Auflage. – Spektrum Akademischer Verlag, 2011

/12.9/ *Tanenbaum, A.; van Steen, M.*: Distributed Systems - Principles and Paradigms. – 2nd Edition. – Prentice-Hall, 2006

/12.10/ http://java.oracle.com/technetwork/java: Java-Startseite: Software und Dokumentation zu RMI, EJB, Servlets, JSP, JSF usw.

13 Datenbanken

/13.1/ *Agrawal, R.; Imielinski, T.; Swami, A.*: Mining association rules between sets of items in large databases. In: Proceedings of the 1993 ACM SIGMOD Conference, S. 207–216

/13.2/ *Atkinson, M. P.; et. al.*: The Object-Oriented Database System Manifesto. In: Proc. of the 1st Internat. Conference on Deductive and Object-Oriented Databases (DOOD 89). – North-Holland / Elsevier Science Publ., 1990, S.223–240

/13.3/ *Bauer, A.; Günzel, H. (Hrsg.)*: Data-Warehouse-Systeme. – 3. Auflage. – Heidelberg: dpunkt.verlag, 2009

/13.4/ *Bernstein, P. A.; Hadzilacos, V.; Goodman, N.*: Concurrency Control and Recovery in Database Systems. – Reading, MA: Addison-Wesley, 1987

/13.5/ *Bourret, R.*: XML and Databases. – http://www.rpbourret.com

/13.6/ *Brinkhoff, T.*: Geodatenbanksysteme in Theorie und Praxis. – Heidelberg: Herbert Wichmann Verlag, 2005

/13.7/ *Bruce, J.; Ellis, J.; Fisher, M.*: JDBC API Tutorial and Reference. – Addison Wesley, 2003

/13.8/ *Chamoni, P.; Gluchowski, P.*: Analytische Informationssysteme. – 4. Auflage. – Berlin: Springer-Verlag, 2010

/13.9/ *Chen, P. P.-S.*: The Entity-Relationship Model – Toward a Unified View of Data. ACM Transactions on Database Systems 1(1976)1, S. 9–36

/13.10/ *Celko, J.*: Analytics and OLAP in SQL. – Morgan Kaufmann Publishing, 2006

/13.11/ *Codd, E. F.*: A Relational Model for Large Shared Data Banks. Communications of the ACM, 13(1970)6, S. 377–387

/13.12/ *Codd, E. F.*: Further Normalization of the Data Base Relational Model. In: *R. Rustin (Ed.)*: Data Base Systems. – Englewood Cliffs: Prentice-Hall, 1972, S. 65–98

/13.13/ *Comer, D.*: The Ubiquitous B-Tree. ACM Computing Surveys 11(1979)2, S. 121–137

/13.14/ *Date, C. J.*: Twelve Rules for a Distributed Database. Computerworld, Vol. 21, No. 23, 1987, S. 21

/13.15/ *Elmasri, R.; Navathe, S.*: Grundlagen von Datenbanksystemen. – Pearson Studium. – München: Pearson Education, 2005

/13.16/ *Ester, M.; Sander, J.*: Knowledge Discovery in Databases. – Berlin: Springer-Verlag, 2000

/13.17/ *Gray, J. N.*: The Next Database Revolution. ACM SIGMOD Conference, 2004

/13.18/ *Gray, J. N.; Reuter, A.*: Transaction Processing: Concepts and Techniques. – Morgan-Kaufmann, 1992

/13.19/ *Han, J.; Kamber, M.*: Data Mining. Concepts and Techniques. – Morgan Kaufmann Publishers, 2000

/13.20/ *Hernandez, T.; Kambhampati, S.*: Integration of biological sources: Current systems and challenges ahead. SIGMOD Record, 33(2004)3, S. 51–60

/13.21/ *Inmon, W. H.*: Building the Data Warehouse. – 2nd Edition. – John Wiley, 1996

/13.22/ *IEEE Computer Society*: Data Engineering Workgroup on Self-Managing Database Systems. – http://db.uwaterloo.ca/tcde-smdb/

/13.23/ *ISO/IEC* 9075-2008, ISO International Standard: Database Language SQL, 2008

/13.24/ *ISO/EIC* 9075-2008:3 – Part3: Call-Level Interface (CLI), 2008

/13.25/ *ISO/EIC* 9075-2008:4 – Part4: Persistent Stored Modules (PSM), 2008

/13.26/ *ISO/IEC* 9075-14:2008 – Part 14: SQL/XML, 2008

/13.27/ *Härder, T.; Rahm, E.*: Datenbanksysteme: Konzepte und Techniken der Implementierung. – Berlin: Springer, 2001

/13.28/ *Herden, O.*: Data Warehouse. In /13.36/, S. 427–455

/13.29/ *Jaeger, M. C.; Hohenstein, U.*: Cloud Storage: Wie viel Cloud Computing steckt dahinter? In: Datenbanksysteme für Business, Technologie und Web (BTW): 14. GI-Fachtagung, Kaiserslautern, März 2011, S. 687–702

/13.30/ *Kappel, G.; et. al.*: Architektur von Web-Informationssystemen. In /13.51/, S. 101–134

/13.31/ *Keidl, M.; et. al.*: Web Services. In /13.51/, S. 293–331

/13.32/ *Kedem, Z.; Silberschatz, A.*: Non-Two-Phase-Locking Protocols with Shared and Exclusive Locks. In: Proc. of the 6th Internat. VLDB Conference, 1980, Montreal, S. 309–317

/13.33/ *Kemper, A.; Eickler, A.*: Datenbanksysteme: Eine Einführung. – 7.Auflage. – München: Oldenbourg-Verlag, 2009

/13.34/ *Knolle, H.*: Optimierung von Datenbanken und Leistungsbewertung. In /13.36/, S. 300–337

/13.35/ *Knuth, D. E.*: The Art of Computer Programming, Vol. 3: Sorting and Searching. – Addison Wesley, 1973

/13.36/ *Kudraß, T. (Hrsg.)*: Taschenbuch Datenbanken. – Leipzig: Fachbuchverlag, 2007

/13.37/ *Lacroix, Z.; Critchlow, T.*: Bioinformatics - Managing Scientific Data. – Morgan Kaufmann Publishers, 2003

/13.38/ *Lehner, W.*: Datenbanktechnologie für Data-Warehouse-Systeme. – Heidelberg: dpunkt.verlag, 2002

/13.39/ *Lehner, W.; Schöning, H.*: XQuery - Grundlagen und fortgeschrittene Methoden. – Heidelberg: dpunkt.verlag, 2004

/13.40/ *Leser, U.; Naumann, F.*: Informationsintegration. – Heidelberg: dpunkt.verlag, 2007

/13.41/ *Litwin, W.*: Linear Hashing: A new Algorithm for Files and Table Addressing. In: Proceedings of the International Conference on Very Large Databases 1980, Aberdeen, S. 260–276

/13.42/ *Lomet, D. B.*: Bounded Index Exponential Hashing. ACM Transactions on Database Systems, 8(1983) 1, S. 136–165

/13.43/ *Melton, J.; Eisenberg, A.*: SQL Multimedia and Application Packages (SQL/MM). – SIGMOD Record 30(2001)4, S. 97–102

/13.44/ *Melton, J.; Simon A. R.*: SQL:1999 – Understanding Relational Components – San Francisco: Morgan Kaufmann, 2001

/13.45/ *Meyer-Wegener, K.*: Multimediale Datenbanken: Einsatz von Datenbanktechnik in Multimedia-Systemen. – 2. Auflage. – Stuttgart; Leipzig; Wiesbaden: B. G. Teubner Verlag 2003

/13.46/ *Nievergelt, J.; Hinterberger; H.; Sevcik, K. C.*: The Grid File: An Adaptable Symmetric Multikey File Structure. ACM Transactions on Database Systems, 9(1984)1, S. 38–71

/13.47/ http://no-sql-database.org

/13.48/ *Özsu, M. Z.; Valduriez, P.*: Principles of Distributed Database Systems. – Englewood Cliffs, NJ: Prentice Hall, 1999

/13.49/ *Plattner, H.*: SanssouciDB: An In-Memory Database for Processing Enterprise Workloads. In: Datenbanksysteme für Business, Technologie und Web (BTW): 14. GI-Fachtagung, Kaiserslautern, März 2011, S. 2–21

/13.50/ *Rahm, E.*: Mehrrechner-Datenbanksysteme: Grundlagen der verteilten und parallelen Datenbankverarbeitung. – Addison-Wesley, 1994

/13.51/ *Rahm, E.; Vossen, G.(Hrsg.)*: Web & Datenbanken. – Heidelberg: dpunkt.verlag, 2003

/13.52/ *Rakow, T.*: Datenbanken im Web. In /13.36/, S. 198–238

/13.53/ *Robinson, J.*: The k-d-b-Tree: A Search Structure for Large Multidimensional Indexes. In: Proceedings of the ACM SIGMOD Conference 1981, Ann Arbor, S. 10–18

/13.54/ *Röder, D.*: JPA mit Hibernate: Java Persistence API in der Praxis. – entwickler.press, 2010

/13.55/ *Saake, G.; Sattler, K.-U.; Heuer, A.*: Datenbanken – Konzepte und Sprachen. – 4. Auflage. – Bonn: mitp-Verlag, 2010

/13.56/ *Saake, G.; Heuer, A.; Sattler, K.-U.*: Datenbanken: Implementierungstechniken. – Bonn: mitp-Verlag, 2005

/13.57/ *Sachs, K.; Petrov, I.; Guerrero, P. (Hrsg.)*: From Active Data Management to Event-Based Systems and More. – LNCS 6462. – Springer-Verlag, 2010

/13.58/ *Samet, H.*: The Design and Analysis of Spatial Data Structures. – Reading: Addison Wesley, 2006

/13.59/ *Sattler, K.-U.*: Komponenten eines Datenbankmanagementsystems. In /13.36/, S. 239–280

/13.60/ *Sauer, P.*: Informationsmodellierung. In /13.36/, S. 45–72

/13.61/ *Schmitt, I.*: Ähnlichkeitssuche in Multimedia-Datenbanken: Retrieval, Suchalgorithmen und Anfragebehandlung. – München: Oldenbourg, 2006

/13.62/ *Schöning, H.*: XML und Datenbanken – Konzepte und Systeme. – München: Hanser Verlag, 2003

/13.63/ *Subrahmanian, V. S.*: Principles of Multimedia Database Systems. – 2. Auflage. – San Francisco: Morgan Kaufmann, 2013

/13.64/ *Tsichritzis, D.*: Interim Report from the Study Group on Data Base Management Systems. FDT (Bulletin of the ACM SIGMOD), Vol. 7, No. 2, 1975

/13.65/ *Türker, C.*: SQL:1999 & SQL:2003 – Objektrelationales SQL, SQLJ & SQL/XML. – Heidelberg: dpunkt.verlag, 2003

/13.66/ *Vossen, G.*: Datenmodelle, Datenbanksprachen und Datenbankmanagementsysteme. – 5. Auflage. – Oldenbourg-Verlag, 2008

/13.67/ *Witten, Ian H.; Frank, E.*: Data Mining. Practical Machine Learning Tools and Techniques. – Elsevier-Verlag, 2000

14 Datenschutz und Datensicherheit

/14.1/ *Chaum, D.*: Security without Identification: Transaction Systems to make Big Brother Obsolete; Communications of the ACM 28/10 (1985) 1030–1044

/14.2/ *Chaum, D.*: The Dining Cryptographers Problem: Unconditional Sender and Recipient Untraceability. Journal of Cryptology 1/1 (1988) 65–75

/14.3/ *Chaum, D.*: Untraceable Electronic Mail, Return Addresses, and Digital Pseudonyms. Communications of the ACM 24/2 (1981) 84–88

/14.4/ *Clauß, S.; Pfitzmann, A.; Hansen, M.; Herreweghen, E. v.*: Privacy-Enhancing Identity Management; The IPTS Report 67 (September 2002) 8–16

/14.5/ *Cooper, D. A., Birman, K. P.*: Preserving Privacy in a Network of Mobile Computers. 1995 IEEE Symposium on Research in Security and Privacy. – Los Alamitos: IEEE Computer Society Press, 1995, 26–38

/14.6/ Der Bundesbeauftragte für den Datenschutz und die Informationsfreiheit: BfD-Info 5 – Datenschutz in der Telekommunikation. – 6. Auflage. Feb. 2004

/14.7/ *Federrath, H.*: Sicherheit mobiler Kommunikation. DuD Fachbeiträge. – Wiesbaden: Vieweg Verlag, 1999

/14.8/ *Geppert, M., Rossnagel, A.*: TeleMediaRecht – Telekommunikations- und Multimediarecht. Beck-Texte im dtv., 1999

/14.9/ *Pfitzmann, A.*: Diensteintegrierende Kommunikationsnetze mit teilnehmerüberprüfbarem Datenschutz. IFB 234. – Berlin: Springer-Verlag, 1990

/14.10/ *Pfitzmann, A.; Federrath, H.; Kuhn, M.*: Anforderungen an die gesetzliche Regulierung zum Schutz digitaler Inhalte unter Berücksichtigung der Effektivität technischer Schutzmechanismen. Studie im Auftrag des Deutschen Multimediaverbandes (dmmv) e. V. und des Verbandes Privater Rundfunk & Telekommunikation (VPRT) e. V., 2002

/14.11/ *Pfitzmann, A.; Köhntopp, M.*: Anonymity, Unobservability, and Pseudonymity – A Proposal for Terminology. In: Federrath, H. (Ed.): Designing Privacy Enhancing Technologies; Workshop on Design Issues in Anonymity and Unobservability, LNCS 2009. – Heidelberg: Springer-Verlag, 2001, 1–9

/14.12/ *Pfitzmann, A., Pfitzmann, B., Waidner, M.*: Datenschutz garantierende offene Kommunikationsnetze. Informatik-Spektrum 11/3 (1988) 118–142

/14.13/ *Pfitzmann, A., Pfitzmann, B., Waidner, M.*: ISDN-MIXes – Untraceable Communication with Very Small Bandwidth Overhead. Proc. Kommunikation in verteilten Systemen, IFB 267. – Berlin: Springer-Verlag, 1991, 451–463

/14.14/ *Pfitzmann, B., Pfitzmann, A.*: How to Break the Direct RSA-Implementation of MIXes. Eurocrypt '89, LNCS 434. – Berlin: Springer-Verlag, 1990, 373–381

/14.15/ *Pfitzmann, B., Waidner, M., Pfitzmann, A.*: Rechtssicherheit trotz Anonymität in offenen digitalen Systemen. Datenschutz und Datensicherung DuD 14/5-6 (1990) 243–253, 305–315

/14.16/ *Pickholtz, R. L., Schilling, D. L., Milstein, L. B.*: Theory of Spread-Spectrum-Communications – A Tutorial. IEEE Transactions on Communications 30/5 (1982) 855–878

/14.17/ *Rivest, R. L.; Shamir, A.; Adleman, L.*: A Method for Obtaining Digital Signatures and Public-Key Cryptosystems. CACM 21/2 (1978) 120–126, Reprinted: 26/1 (1983) 96–99

/14.18/ *Schneier, B.*: Applied Cryptography: Protocols, Algorithms, and Source Code in C (2nd ed.). – New York: John Wiley & Sons, 1996. (Die deutsche Übersetzung ist bei Addison-Wesley-Longman erschienen.)

/14.19/ Proc. der Workshops on Information Hiding. – Berlin: Springer-Verlag, 1996–2006. (Die Tagungsbände erscheinen in der Reihe LNCS.)

/14.20/ Proc. der Workshops on Privacy Enhancing Technologies. – Berlin: Springer-Verlag, 2001–2006. (Die Tagungsbände erscheinen in der Reihe LNCS.)

/14.21/ *Torrieri, D. J.*: Principles of Secure Communication Systems. 2nd ed., Artech House Books, 1992

15 Computer- und Multimediarecht

/15.1/ *Creifelds*: Rechtswörterbuch. – 20. Auflage. – München: Verlag C. H. Beck, 2010

/15.2/ Der Bundesbeauftragte für den Datenschutz (Hrsg.), BfD-Info 1, Bundesdatenschutzgesetz und Erläuterung. – 14. Auflage. – März 2009

/15.3/ *Friedrich, J.; Herrmann, T.; Pescheck, M.*: Informatik und Gesellschaft. – Heidelberg: Spektrum, 1995

/15.4/ *Koch, F.*: Computer-Vertragsrecht, Umfassende Erläuterungen, Beispiele und Musterformulare für Erwerb und Nutzung von EDV-Systemen. – 7. Auflage. – Haufe Mediengruppe Freiburg (u. a.) 2009

/15.5/ *Pierson, M.; Ahrens, Th.: Fischer, K.*: Recht des geistigen Eigentums. – Patente, Marke, Urheberrecht, Design. – 2. Auflage. – München: Verlag Vahlen, 2010

/15.6/ *Pierson, M.; Seiler, D.*: Internet-Recht im Unternehmen, B2B, B2C in der Praxis, Beck-Rechtsberater im dtv, 2002

/15.7/ *Schneider, J.*: Handbuch des EDV-Rechts, IT-Vertragsrecht (Rechtsprechung – AGB – Vertragsgestaltung), Datenschutz, Rechtsschutz. – 4. Auflage. – Köln: Verlag Dr. Otto Schmidt, 2008

/15.8/ *Spindler, G.; Schuster, F.*: Recht der elektronischen Medien. – München: Verlag C. H. Beck oHG, 2008

16 Mensch-Computer-Interaktion

/16.1/ *Anderson, J. R.*: Cognitive Psychology and Its Implications. – Palgrave Macmillan, 2009

/16.2/ *Anderson, J. R.*: Kognitive Psychologie – Eine Einführung. – 6. Auflage. – Spektrum-Verlag, 2007

/16.3/ *Anderson, J. R.*: Rules of the Mind. – Hillsdale, NJ: Lawrence Erlbaum Associates, 1993

/16.4/ *Burmeister, M.; Hassenzahl, M.; Koller, F.*: Usability ist nicht alles – Wege zu attraktiven Produkten. – i-com 01/2002, S. 32–40

/16.5/ *Card, S. K.; Moran, T. P.; Newell, A.*: The Psychology of Human-Computer Interaction. – Hillsdale, NJ: Lawrence Erlbaum Associates, 1983

/16.6/ *Cooper, A.; Reimann, R.; Cronin, D.*: About Face: Interface und Interaction Design. – mitp, 2010

/16.7/ *Dix, A., Finlay J., Abowd, G. D., Beale, R.*: Human-Computer Interaction. – 3rd ed. – Pearson/Prentice Hall, 2005

/16.8/ *Dumas, J. S. Redish J. C.*: A Practical Guide to Usability Testing. – Intellect Books, 1999

/16.9/ *Ebbinghaus, H.*: Memory: A Contribution to Experimental Psychology, 1885. Translated by Henry A. Ruger & Clara E. Bussenius (1913). http://psychclassics.yorku.ca/Ebbinghaus/index.htm (An internet resource developed by Christopher D. Green York University, Toronto, Ontario)

/16.10/ Europäische Norm EN ISO 9241
Teil 11: Anforderungen an die Gebrauchstauglichkeit, 1998
Teil 110: Grundsätze der Dialoggestaltung, 01.04.2006

/16.11/ *Eysenck, M. W.; Keane, M. T.*: Cognitive Psychology: A Student's Handbook. – Taylor & Francis, 2010

/16.12/ *Goldstein, E. B.*: Sensation and Perception. – Cengage Learning Services, 2009

/16.13/ *Goldstein, E. B.*: Wahrnehmungspsychologie: Der Grundkurs. – Spektrum Akademischer Verlag, 2007

/16.14/ *Haberlandt, K.*: Cognitive Psychology. – Allyn & Bacon, 1997

/16.15/ *Krug, St.*: Don't make me think! – New Riders, 2000

/16.16/ *Norman D. A.*: Emotional Design: Why We Love (or Hate) Everyday Things. – New York: Basic Books, 2003

/16.17/ *Norman, D. A.*: The Psychology of Everyday Things. – New York: Basic Books, 2002.

/16.18/ *Pernice, K.; Nielsen, J.*: Eyetracking Web Usability. – Addison-Wesley, 2009

/16.19/ *Preim, B.; Dachselt, R.*: Interaktive Systeme 1: Grundlagen, Graphical User Interfaces, Informationsvisualisierung. – Springer 2010

/16.20/ *Rosson, B. R., Carroll J. M.*: Usability Engineering. Scenario-Based Development of Human-Computer Interaction. – Academic Press, 2002

/16.21/ *Sarodnick, F.; Brau, H.*: Methoden der Usability Evaluation: Wissenschaftliche Grundlagen und praktische Anwendung. – Huber 2011

/16.22/ *Scriven, M.*: The methodology of evaluation. In: Perspectives of Curriculum Evaluation, eds. R. Tyler, R. Gagne, & M. Scriven, 39–83. – Chicago: Rand McNally, 1967

/16.23/ *Shneiderman, B.; Plaisant, C.*: Designing the user interface. Strategies for Effective Human-Computer Interaction. – 5th Edition. – Addison-Wesley, 2009

/16.24/ *Smith, S. L.; Mosier, J. N.*: Guidelines for Designing User Interface Software. Report ESD-TR-86-278, Electronic Systems Division, MITRE Corporation, Bedford, MA, 1996

/16.25/ *Vester, F.*: Denken, Lernen, Vergessen. – DTV-Sachbuch, 1993

/16.26/ *Weiss, G. (ed.)*: Multiagent Systems: A Modern Approach to Distributed Artificial Intelligence. – MIT Press Cambridge, MA, 2000

/16.27/ *Wertheimer, M.*: Untersuchungen zur Lehre von Gestalt. II Psychologische Forschung, 4, 301–350, 1923

17 Computergrafik

/17.1/ *Encarnação, J.; Straßer, W.; Klein, R.*: Grafische Datenverarbeitung: Gerätetechnik, Programmierung und Anwendung grafischer Systeme: 1: Gerätetechnik, Programmierung und Anwendung grafischer Systeme – 4. aktualisierte u. wes. erw. Auflage. – München; Wien: Oldenbourg Verlag, 1996

/17.2/ *Encarnação, J.; Straßer, W.; Klein, R.*: Grafische Datenverarbeitung: Gerätetechnik, Programmierung und Anwendung grafischer Systeme: 2: Modellierung komplexer Objekte und photorealistische Bilderzeugung – aktualisierte u. wes. erw. Auflage. – München; Wien: R. Oldenbourg Verlag, 1997

/17.3/ *Foley, J. D. u. a.*: Einführung in die Computergrafik. – Bonn; Paris: Addison Wesley, 1994

/17.4/ *Leister, W.; Müller, H.; Stößer, A.*: Fotorealistische Computeranimation. – Berlin; Heidelberg; New York; London; Paris; Tokyo; Hong Kong; Barcelona; Budapest: Springer-Verlag, 1991

/17.5/ *Xiang, Z.; Plastock, R. A.*: Computergrafik – Einführung in die theoretischen Grundlagen. (Schaum's Repetitorien). – Heidelberg: mitp, 2003

/17.6/ *Brüderlin, B.; Meier, A.*: Computergrafik und geometrisches Modellieren. – Stuttgart; Leipzig; Wiesbaden: B. G. Teubner, 2001

/17.7/ *Apetri, M.*: 3D-Grafik-Programmierung – 2., vollst. überarb. und aktualisierte Auflage. – Heidelberg: mitp, 2008

/17.8/ *Bruns, K.; Neidhold, B.*: Audio-, Video- und Grafikprogrammierung. – München: Carl Hanser Verlag, 2003

/17.9/ *Bender, M.; Brill, M.*: Computergrafik – Ein anwendungsorientiertes Lehrbuch. – 2., überarb. Auflage. – München; Wien: Carl Hanser Verlag, 2006

/17.10/ *Rieg, F.*: Grafikprogrammierung für Windows: eine OpenGL- und GDI-Einführung. – München; Wien: Fachbuchverlag Leipzig im Carl Hanser Verlag, 2005

/17.11/ *Sommer, W.*: AutoCAD 2011 und LT 2011: Zeichnungen, 3D-Modelle, Layouts und Parametrik. – München: Markt + Technik Verlag, 2011

/17.12/ *Orlamünder, D.; Mascolus, W.*: Computergrafik und OpenGL – Eine systematische Einführung. – Leipzig: Fachbuchverlag, 2004

/17.13/ W3C Working Draft: Scalable Vector Graphics (SVG) 1.1 (Second Edition).
http://www.w3.org/TR/SVG11/

18 Bildverarbeitung

/18.1/ *Abmayr, W.*: Einführung in die digitale Bildverarbeitung. – 3. Auflage. – Stuttgart: Teubner Verlag, 2001

/18.2/ *Bachmann, W.*: Signalanalyse, Grundlagen und Mathematische Verfahren. – Braunschweig; Wiesbaden: Vieweg-Verlag, 1992

/18.3/ *Bässmann, H.; Kreyss, J.*: Bildverarbeitung Ad Oculos. – 4. aktualisierte Auflage. – Berlin; Heidelberg; New York: Springer-Verlag, 2004

/18.4/ *Bredies, K.; Lorenz, P.*: Mathematische Bildverarbeitung – Einführung in Grundlagen und moderne Theorie. – Wiesbaden: Vieweg + Teubner, 2010

/18.5/ *Burger, W.; Burge, M.*: Digitale Bildverarbeitung – Eine kompakte Einführung mit Java. – Berlin; Heidelberg; New York: Springer, 2005

/18.6/ *Demant, Ch.; Streicher-Abel, B.; Springhoff, A.*: Industrielle Bildverarbeitung – Wie optische Qualitätskontrolle wirklich funktioniert. – 3. Auflage. – Berlin; Heidelberg: Springer-Verlag, 2011

/18.7/ *Ehrhardt, A.*: Einführung in die digitale Bildverarbeitung – Grundlagen, Systeme, Anwendung. – Wiesbaden: Vieweg+Teubner, 2008

/18.8/ *Gonzalez, R. C.; Woods, R. E.*: Digital image processing. – 3rd Edition. – Upper Saddle River, New Jersey: Pearson Prentice Hall, 2008

/18.9/ *Haberäcker, P.*: Digitale Bildverarbeitung. – 4. Auflage. – München; Wien: Carl Hanser Verlag, 1991

/18.10/ *Handels, H.*: Medizinische Bildverarbeitung. – 2. Auflage. – Wiesbaden: Vieweg + Teubner, 2009

/18.11/ *Hermes, T.*: Digitale Bildverarbeitung – Eine praktische Einführung. München; Wien: Carl Hanser Verlag, 2004

/18.12/ *Jähne, B.*: Digitale Bildverarbeitung. – 6. Auflage. – Berlin; Heidelberg: Springer-Verlag, 2005

/18.13/ *Klette, R.; Zamperoni, P.*: Handbuch der Operatoren für die Bildbearbeitung. – Braunschweig; Wiesbaden: Vieweg-Verlag, 1992

/18.14/ *Mertins, A.*: Signaltheorie – Grundlagen der Signalbeschreibung, Filterbänke, Wavelets, Zeit-Frequenz-Analyse, Parameter- und Signalschätzung. – 2. Auflage. – Wiesbaden: Vieweg + Teubner, 2010

/18.15/ *Neumann, B.*: Bildverarbeitung für Einsteiger. – Berlin: Springer 2005

/18.16/ *Nischwitz, A.; Fischer, M.; Haberäcker, P.*: Computergrafik und Bildverarbeitung. – 2. Auflage. – Braunschweig; Wiesbaden: Vieweg-Verlag, 2007

/18.17/ *Nischwitz, A.; Haberäcker, P.*: Masterkurs Computergrafik und Bildverarbeitung – Alles fürs Studium und Praxis. – Braunschweig; Wiesbaden: Vieweg, 2004

/18.18/ *Parker, J. R.*: Algorithms for image processing and computer vision. – 2nd Edition. – New York: Wiley, 2010

/18.19/ *Paulus, D. W. R.; Hornegger, J.*: Applied Pattern Recognition. – 4. Auflage. – Vieweg-Verlag, 2003

/18.20/ *Petrou, M.; Petrou, C.*: Image processing: The fundamentals. – 2nd Edition. – New York: Wiley, 2010

/18.21/ *Pfaffe, W.*: Bildbearbeitungsfibel 1. – Hamburg: Pixelteacher Verlag, 2010

/18.22/ *Pfaffe, W.*: Digitale Bildverarbeitung für Fotografen – Bildoptimierung mit Photoshop. – Berlin; Heidelberg; New York: Springer, 2004

/18.23/ *Pinz, A.*: Bildverstehen. – Wien; New York: Springer-Verlag, 1994

/18.24/ *Schurr, U.*: Handbuch digitale Bildverarbeitung. Vom Scannen bis zum Colormanagement. – Heidelberg: dpunkt, 2000

/18.25/ *Sonnenberg, G.; Dorn, U.*: Photoshop CS5 – das Workshop-Buch. – München: Franzis-Verlag, 2010

/18.26/ *Steinbrecher, R.*: Bildverarbeitung in der Praxis. – München; Wien: Oldenbourg Verlag, 1993

/18.27/ *Steinmüller, J.*: Bildanalyse – Von der Bildverarbeitung zur sinnvollen Interpretation von Bildern. – Berlin; Heidelberg; New York: Springer, 2008

/18.28/ *Waldraff, T.*: Digitale Bildauflösung – Grundlagen, Auflösungsbestimmung, Anwendungsbeispiele. – Berlin; Heidelberg; New York: Springer, 2004

19 Theoretische Informatik

/19.1/ *Cook, S. A.*: The complexity of theorem-proving procedures. In: Proceedings of the 3rd Annual ACM Symposium on Theory of Computing, pp. 151–158, – New York: 1971

/19.2/ *Ebbinghaus, H.-D.; Flum, J.; Thomas, W.*: Einführung in die mathematische Logik. – 5. Auflage. – Heidelberg: Spektrum Akademischer Verlag, 2007

/19.3/ *Garey, M. R.; Johnson, D. S.*: Computers and Intractability. A Guide to the Theory of NP-Completeness. – 2. Auflage. – New York: Freeman, 1979

/19.4/ *Hopcroft, J. E.; Motwani, R.; Ullman, J. D.*: Einführung in die Automatentheorie, formale Sprachen und Komplexitätstheorie. – 2. Auflage. – München: Pearson Studium, 2002

/19.5/ *Lewis, H.; Papadimitriou, C.*: Elements of the Theory of Computation. – Englewood Cliffs: Prentice-Hall, 1981

/19.6/ *Schöning, U.*: Logik für Informatiker. – 5. Auflage. – Heidelberg: Spektrum Akademischer Verlag, 2000

/19.7/ *Schöning, U.*: Theoretische Informatik – kurzgefasst. – 5. Auflage. – Heidelberg: Spektrum Akademischer Verlag, 2008

/19.8/ *Socher, R.*: Grundlagen der theoretischen Informatik. – 3. Auflage. – München: Hanser, 2008

/19.9/ *Turing, A. M.*: On Computable Numbers with an Application to the Entscheidungsproblem. Proc. London Math. Soc., 42, 231–272

/19.10/ *Wegener, I.*: Theoretische Informatik. – 3. Auflage. – Stuttgart: Teubner Verlag, 2005

20 Wissensverarbeitung

/20.1/ *Baader, F.; Calvanese, D.; McGuinness, D. L.; Nardi, D.; Patel-Schneider, P. F.*: The Description Logic Handbook: Theory, Implementation and Applications. – Cambridge University Press, 2010

/20.2/ *Boersch, I.; Heinsohn, J.; Socher, R.*: Wissensverarbeitung. Eine Einführung in die Künstliche Intelligenz für Informatiker und Ingenieure. – 2. Auflage. – Heidelberg: Spektrum Akademischer Verlag, 2007

/20.3/ *Bratko, I.*: Prolog Programming for Artificial Intelligence. – 3rd Edition. – Addison Wesley, 2000

/20.4/ Communications of the ACM: Special Issue on Bayesian Networks, Band 38(3). ACM Press, 1995

/20.5/ *Dechter, R.; Geffner, H.; Halpern, Y. H.*: Heuristics, Probability and Causality. – College Publications, 2010

/20.6/ *Görz, G.; Rollinger, C.-R.; Schneeberger, J.*: Handbuch der Künstlichen Intelligenz. – 4., korrigierte Auflage. – Oldenbourg-Verlag, 2003

/20.7/ *Horrocks, I.; Kutz, O.; Sattler, U.*: The Even More Irresistible SROIQ. In Proc. of the 10th Int. Conf. on Principles of Knowledge Representation and Reasoning (KR 2006). – AAAI Press, 2006
http://www.cs.man.ac.uk/~sattler/publications/sroiq-TR.pdf

/20.8/ *Kruse, R.; Gebhardt, J.; Klawonn, F.*: Fuzzy Systeme. – 2. Auflage. Leitfäden und Monographien der Informatik. – Stuttgart: Teubner-Verlag, 1995

/20.9/ *Lämmel, U., Cleve, J.*: Künstliche Intelligenz. – 3. Auflage. – München: Hanser Fachbuch, 2008

/20.10/ *Lauritzen, S. L.; Spiegelhalter, D. J.*: Local Computations with Probabilities on Graphical Structures and their Application to Expert Systems. Journal of the Royal Statistical Society Series B, 50: 157–224, 1988

/20.11/ *Nauck, D.; Borgelt, W.; Klawonn, F.; Kruse, R.*: Neuro-Fuzzy-Systeme – Von den Grundlagen künstlicher Neuronaler Netze zur Kopplung mit Fuzzy-Systemen. – Wiesbaden: Vieweg Verlag, 2003

/20.12/ *Nilsson, N. J.*: The Quest for Artificial Intelligence. – Cambridge University Press, 2009

/20.13/ *Pearl, J.*: Probabilistic Reasoning in Intelligent Systems: Networks of Plausible Inference. – San Mateo, Cal.: Morgan Kaufmann, 1988

/20.14/ *Rojas, R.*: Neural Networks. – New York: Springer, 1996

/20.15/ *Russell, S.; Norvig, P.*: Artificial Intelligence: A Modern Approach. – 3rd Edition. – Pearson Studium, 2009

/20.16/ *Shafer, G.*: A Mathematical Theory of Evidence. – Princeton, New Jersey: Princeton University Press, 1976

/20.17/ *Shortliffe, E. H.*: Computer Based Medical Consultations: MYCIN. – New York: Elsevier, 1976

/20.18/ *Spreckelsen, C.; Spitzer, K.*: Wissensbasen und Expertensysteme in der Medizin: KI-Ansätze zwischen klinischer Entscheidungsunterstützung und medizinischem Wissensmanagement. – Vieweg + Teubner, 2008

/20.19/ *Wahlster, W.*: Verbmobil: Foundations of Speech-to-Speech Translation. – Springer Verlag, 2000

/20.20/ *Winston, P.*: Artificial Intelligence. – 3. Auflage. – Reading, MA.: Addison-Wesley, 1993

/20.21/ *Zadeh, L. A.*: Fuzzy Sets. Information and Control, 8: 338–353, 1965

/20.22/ *Zell, A.*: Simulation neuronaler Netze. – München: Oldenbourg Wissenschaftsverlag, 2003

/20.23/ *Zimmermann, H.-J.*: Fuzzy Set Theory and its Applications. – Fourth Edition. – Boston: Kluwer, 2001

21 Betriebliche Informationssysteme

/21.1/ *Abts, D.; Mülder, W.*: Grundkurs Wirtschaftsinformatik. Eine kompakte und praxisorientierte Einführung. – 7. Auflage. – Braunschweig; Wiesbaden: Vieweg-Verlag, 2011

/21.2/ *Alpar, P.; Grob, H. L.; Weimann, P.; Winter, R.*: Anwendungsorientierte Wirtschaftsinformatik. – 5. Auflage. – Braunschwieg; Wiesbaden: Vieweg-Verlag, 2008

/21.3/ *Bon, J. v.; Kemmerling, G.; Pondmann, D.*: IT-Service-Management. Eine Einführung. – Zaltbommel: Van Haren, 2002

/21.4/ *Burghardt, M.*: Projektmanagement. Leitfaden für die Planung, Überwachung und Steuerung von Entwicklungsprojekten. – 8. Auflage. – München: Siemens, 2008

/21.5/ *Daum, A.*: Projektmanagement. In: Disterer, G.; Fels, F.; Hausotter, A. (Hrsg.): Taschenbuch der Wirtschaftsinformatik. – 2. Auflage. – München; Wien: Carl Hanser Verlag, 2003

/21.6/ *Disterer, G.*: Auswahl und Einführung von Standardsoftware. In: Disterer, G.; Fels, F.; Hausotter, A. (Hrsg.): Taschenbuch der Wirtschaftsinformatik. – 2. Auflage. – München; Wien: Carl Hanser Verlag, 2003

/21.7/ *Heinrich, L.; Stelzer, K.*: Informationsmanagement. – 9. Auflage. – München; Wien: Oldenbourg-Verlag, 2009

/21.8/ *Hofmann, U.*: Electronic Business. In: Disterer, G.; Fels, F.; Hausotter, A. (Hrsg.): Taschenbuch der Wirtschaftsinformatik. – 2. Auflage. – München; Wien: Carl Hanser Verlag, 2003

/21.9/ *Kazakos, W.; Schmidt, A.; Tomczyk, P.*: Datenbanken und XML. – Berlin et. al.: Springer-Verlag, 2002

/21.10/ *Keller, W.*: Enterprise Application Integration. Erfahrungen aus der Praxis. – Heidelberg: dpunkt-verlag, 2002

/21.11/ *Krafzig, D., Banke, K., Slama, D.*: Enterprise SOA: Best Practices für Serviceorientierte Architekturen. Einführung, Umsetzung, Praxis. – Heidelberg: mitp-Verlag, 2007

/21.12/ *Litke, H.-D.*: DV-Projektmanagement. Zeit und Kosten richtig einschätzen. – München; Wien: Carl Hanser Verlag, 1996

/21.13/ *Melzer, I. (Hrsg.)*: Service-orientierte Architekturen mit Web Services: Konzepte – Standards – Praxis. – 4. Auflage. – Heidelberg: Spektrum akademischer Verlag, 2010

/21.14/ *Mertens, P.; Knolmayer, G.*: Organisation der Informationsverarbeitung. – 3. Auflage. – Wiesbaden: Gabler, 1998

/21.15/ *Merz, M.*: E-Commerce und E-Business. Marktmodelle, Anwendungen und Technologien. – 2. Auflage. – Heidelberg: dpunkt-verlag, 2002

/21.16/ *Olbrich, A.*: ITIL kompakt und verständlich. – 4. Auflage. – Wiesbaden: Vieweg, 2008

/21.17/ *Porter, M.*: Wettbewerbsvorteile. – 7. Auflage. – Frankfurt a. M.; New York: Campus, 2010

/21.18/ *Schinzer, H.; Böhnlein, C.*: Supply Chain Management. In: Thome, R.; Schinzer, H.(Hrsg.): Electronic Commerce – Anwendungsbereiche und Potentiale. – 2. Auflage. – München: Vahlen, 2000

/21.19/ *Stahlknecht, P.; Hasenkamp, U.*: Einführung in die Wirtschaftsinformatik. – 11. Auflage. – Berlin et. al.: Springer-Verlag, 2005

/21.20/ *Steffen, T.*: XML/EDI-Standardisierung. Ein Überblick. In: Turowski, K.; Fellner, K. J. (Hrsg.): XML in der betrieblichen Praxis. – Heidelberg: dpunkt-verlag, 2001

/21.21/ *Thome, R.*: E-Business. In: Informatik Spektrum, Band 25, 2002, Nr. 2, S. 151–153

/21.22/ *Turowski, K.*: Spezifikation und Standardisierung von Fachkomponenten. In: Wirtschaftsinformatik, Band 43, 2001, Nr. 3, S. 269–281

/21.23/ http://www.w3.org/TR/2004/NOTE-ws-arch-20040211/

Sachwortverzeichnis

23

23

E

23

G

23

J

23

L

M

N

23

O

P

23

T

U

W

X

Einheiten für die Speicherkapazität

a) mit SI-Präfix (Dezimalpräfix, nach dem internationalen Einheitensystem SI)

Präfix	Benennung	Quantität	Abstand bis zum Binärpräfix
k	Kilo	10^3	+2,4 %
M	Mega	10^6	+4,9 %
G	Giga	10^9	+7,4 %
T	Tera	10^{12}	+10,0 %
P	Peta	10^{15}	+12,6 %
E	Exa	10^{18}	+15,3 %
Z	Zetta	10^{21}	+18,1 %
Y	Yotta	10^{24}	+20,9 %

❑ *Beispiel*: 1 GByte = 10^9 Byte = 1.000.000.000 Byte

b) mit Binärpräfix (IEC-Präfixe zur Basis 2)

Präfix	Benennung	Quantität
Ki	kibi	$2^{10} = 1024^1$ = 1.024
Mi	mebi	$2^{20} = 1024^2$ = 1.048.576
Gi	gibi	$2^{30} = 1024^3$ = 1.073.741.824
Ti	tebi	$2^{40} = 1024^4$ = 1.099.511.627.776
Pi	pebi	$2^{50} = 1024^5$ = 1.125.899.906.842.624
Ei	exbi	$2^{60} = 1024^6$ = 1.152.921.504.606.846.976
Zi	zebi	$2^{70} = 1024^7$ = 1.180.591.620.717.411.303.424
Yi	yobi	$2^{80} = 1024^8$ = 1.208.925.819.614.629.174.706.176

❑ *Beispiel*: 1 GiByte = 2^{30} Byte = 1.073.741.824 Byte

Vergleich: 1 GByte ≈ 0,931 GiByte
1 GiByte ≈ 1,074 GByte

Genormte Codetafel des ASCII-Codes (7-bit-Code)

			1. Halbbyte Bitpositionen Nr. 7, 6, 5							
			000	001	010	011	100	101	110	111
		Hex	0	1	2	3	4	5	6	7
2. Halbbyte Bitpositionen Nr. 4, 3, 2, 1	0000	0	NUL	DLE	SP	0	@	P	‘	p
	0001	1	SOH	DC1	!	1	A	Q	a	q
	0010	2	STX	DC2	"	2	B	R	b	r
	0011	3	ETX	DC3	#	3	C	S	c	s
	0100	4	EOT	DC4	$	4	D	T	d	t
	0101	5	ENQ	NAK	%	5	E	U	e	u
	0110	6	ACK	SYN	&	6	F	V	f	v
	0111	7	BEL	ETB	’	7	G	W	g	w
	1000	8	BS	CAN	(	8	H	X	h	x
	1001	9	HT	EM	)	9	I	Y	i	y
	1010	A	LF	SUB	*	:	J	Z	j	z
	1011	B	VT	ESC	+	;	K	[	k	{
	1100	C	FF	FS	,	<	L	\	l		
	1101	D	CR	GS	-	=	M	]	m	}
	1110	E	SO	RS	.	>	N	^	n	~
	1111	F	SI	US	/	?	O	_	o	DEL

Anordnung der Bitpositionen

8	7	6	5	4	3	2	1

Taschenbuch der Informatik
7., neu bearb. Aufl. - Fachbuchverl. Leipzig im Hanser-Verl., 2012
ISBN 978-3-446-42638-2 fl. Pl. : EUR 29.90

Standardwerk zu den wichtigsten Teilgebieten der Informatik.